南宁市新城区人民政府

新城区的诞生，是20世纪70年代末期，但真正引人注目，则是新旧世纪相交之时。随着南宁市经济重心的东移，我们瞄准并把握了这个发展的极好机遇，便以惊人的速度迅速崛起，致使世人刮目相看。

人们惊叹的不仅仅是新城区环境的优美，而是我们经济的快速发展。增强城区综合实力是我们经济发展的近期目标。围绕这一目标，巩固第二产业，重点发展第三产业，积极培育新的经济增长点，实现了城区经济建设的快速稳步发展，从而迈入了广西综合经济实力强区行列。

工业经济在竞争中不断拓展自己的发展空间。多品种、多门类、多种经济成分协调发展的工业体系已经形成，产品远销欧美、中东等国家和地区。

商贸流通，波澜壮阔。以梦之岛、金湖广场为标志的现代化新型商业购物群，如雨后春笋般涌现，南宁市新的商业重心已经在我们城区扎根。

信息、金融、房地产这些新型产业，方兴未艾，如火如荼，使得城区的经济多姿多彩。

以广西医科大学为代表的51所大中专院校；以南宁二中、南宁三中、天桃实验学校为旗帜的43所中小学，使我们城区的文化教育事业傲视群雄。

南宁市最大的全国4A综合旅游区——青秀山景区；最大的湖泊公园——南湖公园；最大的花卉公园——金花茶公园；亚洲最大的药物园——广西药用植物园；广西最大的会展中心——南宁国际会展中心；亚洲最大的水幕电影——南湖新城水幕电影综合水景，构成了我们城区旅游业的一大优势。这些景区和公园，以绿草的娇嫩，花朵的绚丽，物种的稀有，为国内外游人所倾倒，因而遐迩闻名。

"九五"期间，城区国内生产总值和财政收入保持年均20%和23%的增长速度。2003年，实现国内生产总值216912万元，财政总收入48189万元。

几年来，我们城区先后获得了"全国科技先进城区"、"全国群众体育先进单位"、"全国爱心献功臣先进城区"、"全国中小学课程改革实验区"、"全国社区教育工作实验区"、"全国社区建设示范区"、"全国普及家庭知识、促进家庭教育先进单位"、"全国城市市容环境卫生先进集体时传祥奖"、"全国文明社区示范点"、"全国关心下一代工作先进单位"、"全国青少年读书先进单位"、"全国青少年文明社区"、"全国人民满意的检察院"、"全国人民满意的好法院"、"全国青少年维权岗"、"自治区双文明建设先进单位"、"自治区社会治安综合治理模范县（区）"、"自治区双拥模范城区"、"自治区绿化先进单位"等光荣称号。

当我们回望自己走过的路程时，千种体会，万种感慨，归结到一点，那就是：机遇稍纵即逝！在激烈的竞争中，不仅要敏于捕捉机遇，还要好好地把握机遇。只有这样，才能写精美的文字，才能作鸿篇巨制。

大南宁建设的号角刚刚吹响，我们的事业还刚刚开始，更加辉煌的业绩等待着我们去创造，更加险恶的难关等待我们去攻克。我们相信，在南宁市委、市政府的率领下，高举邓小平理论伟大旗帜，努力实践"三个"代表的重要思想，团结在以胡锦涛为总书记的党中央周围，好好把握机遇，与时俱进，努力开拓，团结奋战，我们就一定能够实现跨跃式的发展，从胜利走向更加辉煌的胜利。

① 中共南宁市新城区区委书记赖贵寿

② 南宁市新城区人民政府区长黄润斌

③ 由南宁市政府决策、新城区政府投资2600多万元、北京东方光大喷泉公司设计施工兴建的南湖新城水幕电影综合水景于2003年9月竣工开放。2003年"十一"国庆节期间，水幕电影观众达40万之众。

④ 2002年4月2日，时任中共中央政治局常委、国家副主席，现任中共中央总书记、国家主席胡锦涛在自治区党委书记曹伯纯（左一）、南宁市市长林国强（左二）、新城区党委书记赖贵寿（左三）、时任新城区区长汪夏明（右三）等领导陪同下视察新城区新兴苑社区，与社区党支部成员亲切交谈。

⑤ 2004年春节，中共新城区委书记赖贵寿（右二）、新城区政府区长黄润斌（右一）慰问环卫工人。

广西统计年鉴

GUANGXI STATISTICAL YEARBOOK

2004

总第22期

广西壮族自治区统计局 · 编

Compiled by Guangxi Statistical Bureau

中国统计出版社

China Statistics Press

（京）新登字 041 号

图书在版编目（CIP）数据

广西统计年鉴. 2004/广西壮族自治区统计局编.
北京：中国统计出版社，2004. 6
ISBN 7 - 5037 - 4339 - 5

Ⅰ. 广...　Ⅱ. 广...　Ⅲ. 统计资料 - 广西 - 2004 - 年鉴　Ⅳ. C832. 67 - 54

中国版本图书馆 CIP 数据核字（2004）第 032175 号

广西统计年鉴—2004

作　　者/ 广西壮族自治区统计局
责任编辑/ 蔡启新
E · mail / yearbook@ stats. gov. cn
责任校对/ 杨耀忠
封面设计/ 王　涛　陈昌远　张海燕
出版发行/ 中国统计出版社
通信地址/ 北京市西城区三里河月坛南街 75 号　中国统计出版社
邮　　编/ 100826
电　　话/（010）63262295
印　　刷/ 广西民族印刷厂
经　　销/ 新华书店
开　　本/ 880 × 1240 毫米 1/16
字　　数/ 138. 8 万字
印　　张/ 41
印　　数/ 1—5 000 册
版　　别/ 2004 年 9 月第 1 版
版　　次/ 2004 年 9 月第 1 次印刷
书　　号/ ISBN 7 - 5037 - 4339 - 5/F · 1804
定　　价/ 260. 00 元

编 者 说 明

一、《广西统计年鉴—2004》是一部全面反映广西壮族自治区国民经济和社会发展情况的大型资料性年刊。本书收录了全自治区2003年以及1978年以来重要年份的主要统计数据,各市县(区)2003年的主要统计数据。

二、全书内容分为23个篇章,即:1.行政区划和自然资源;2.综合;3.国民经济核算;4.人口;5.从业人员和职工工资;6.固定资产投资;7.能源生产与消费;8.财政、金融和保险;9.物价;10.人民生活;11.环境保护及城市公用设施;12.城市概况;13.农业;14.工业;15.建筑业;16.交通、运输和邮电通信业;17.国内贸易;18.对外经济贸易和旅游;19.教育、科技和文化;20.体育、卫生、社会福利及服务业;21.区域经济;22.各市基本情况;23.县市基本情况。为便于读者更直观地了解全书内容和正确使用资料,大部分篇章的前面附有统计图,后面附有主要统计指标解释。书的后面还另附2003年广西国民经济和社会发展统计公报和《2020年广西人均GDP达到3000美元所需经济增长速度及增长潜力分析》。

三、资料中所使用的度量衡单位均采用国际统一标准计量单位。

四、本年鉴部分数据合计数或相对数由于单位取舍不同产生的计算误差均未作机械调整。

五、本年鉴的资料来源:大部分来自统计年报,部分来自抽样调查。

六、本年鉴表中的符号使用说明:

"…"表示数据不足本表最小计量单位数;

"空格"表示该项统计数据不详或无该项统计数据;

"#"表示其中的主要项。

七、由于统计制度的改革,年鉴中某些统计指标数据作了相应的调整,对这些指标我们作了脚注,请读者在使用数据时要加以注意。

八、为方便读者查阅使用资料,今年首次对年鉴资料部分进行了英文翻译,并随书配有电子版光盘一张。

九、在本年鉴的编辑过程中,得到了许多单位和同志的大力支持,在此我们深表谢意。限于我们的水平,年鉴中的错误和不足之处在所难免,欢迎各级领导、各界人士和广大读者给予批评指正,以帮助我们提高年鉴的编辑水平,更好地为广大读者服务。

《广西统计年鉴—2004》编辑委员会及编辑人员

编辑委员会

名誉主任　陆　兵
名誉副主任　郭声琨
主　　任　廖新华
委　　员　邹伟忠　黄卫东　张澄汉　韦世良　周树民　何永东
主　　编　廖新华
副 主 编　邹伟忠　黄卫东　张澄汉

编辑工作人员

年鉴资料部分

责任编辑　梁杰才　杨耀忠
执行编辑　李士创　冯华春　黄贵忠　韦学敏　沈环宇　佘婉丹
编辑人员　（以姓氏笔画为序）
付天德　司丽锋　史　进　李剑波　许景玲　陈伟豪
邱　燕　杜雪勇　杨　荣　陆寿湖　林家豪　林春波
居　青　郑贵敏　钟　俊　莫小峰　唐　旭　梁华家
温丹丹　蒋志华　谢　胜　蒙庆彬
统计制图　冯华春
英文翻译　杨耀忠　沈环宇　佘婉丹

图片资料部分

责任编辑　卢金邦　卢增勤　杨寿欧
编　　辑　谭慧英　江智新　覃梅珍　吕俊山　韦文春　李晓群
发行人员　谭慧英　李晓群

《广西统计年鉴》编辑委员会特邀编委委员名单

覃日飞	广西区高级法院院长
罗黎明	广西区民族事务委员会主任
赖德荣	广西区计生委主任
陆炳华	广西区公安厅厅长
张廷登	广西区民政厅厅长
蔡江生	广西区司法厅厅长
余益中	广西区教育厅厅长
李良业	广西区劳动和社会保障厅厅长
文　明	广西区水利厅厅长
张明沛	广西区农业厅厅长
陈秋华	广西区审计厅厅长
秦兆雄	武警广西总队副总队长
章远新	广西区发展和改革委员会副主任
谭明杰	广西区卫生厅副厅长
谢景开	广西区国家税务局局长
谢向东	广西区体育局局长
刘　君	广西区工商局局长
黎梅松	广西区林业局局长
肖建刚	广西区旅游局局长
梁雨祥	广西区粮食局局长
陈荣贵	广西区水产畜牧局局长
邓于仁	广西区质量技术监督局局长
钟夏平	广西区信息产业局局长
林国强	南宁市人民政府市长
李汉金	广西区侨务办主任

蒋济雄	广西区农垦局局长
韦艳兰	广西区发改委副主任、物价局局长
张振东	广西区招商促进局局长
阳建国	广西区广播电影电视局局长
李继喜	广西区监狱管理局副局长
黄明初	广西区档案局(馆)局(馆)长
龙安明	广西区地震局副局长
黄树芬	广西区供销联社主任
曲　曙	广西电力有限公司总经理
黄日波	广西科学院院长
李扬瑞	广西农业科学院院长

广西壮族自治区监狱管理局

①中共中央政治局常委、政法委书记罗干同志、自治区党委书记曹伯纯同志视察我区监狱工作。

②③自治区人民政府副主席张文学视察南宁监狱。

广西壮族自治区监狱管理局是广西监狱机关的行政主管部门，属自治区人民政府的部门管理机构，负责全区监狱工作的组织和领导。广西壮族自治区监狱管理局是刑罚执行机关，担负着对各级人民法院判处有期徒刑、无期徒刑和死缓犯的惩罚和改造。广西壮族自治区监狱管理局下辖监狱19所，其中重刑犯监狱5所、女子监狱1所、未成年犯管教所1所，另设有警官学校和监狱总医院各1所，并在南宁、柳州、桂林、北海等市设有4个干警转送站。

2003年，广西监狱工作机关认真贯彻执行党和国家的监狱工作方针政策，树立稳定压倒一切的思想，依法、严格、科学、文明管理和改造罪犯。全面推行民警直接管理罪犯工作，使监管工作更加科学化、制度化；与社会同步在狱内开展“严打”整治斗争，打击又犯罪活动；严格执行司法“对新收押犯劳教人员14天隔离观察”、“七个暂停”和“干警分批封闭连续工作”的规定，设置“两个封闭圈”，阻断疫情传入监狱区域，全系统没有出现“非典”病例和疑似病例。加强教育改造工作和生活卫生工作，在罪犯中开展心理测试、心理咨询、心理矫治、亲情热线等活动，充分利用社会力量开展帮教。与此同时充分利用自身的区位优势、资源优势，优化监狱的经济结构，走以主导产业为主、多种经营、齐头并进的道路，发展监狱经济。从严治警、从优待警，建设一支严格执法、公正执法、廉洁奉公高素质的监狱人民警察队伍，为监狱工作的改革与发展提供强有力的组织保障。积极推进监狱布局调整，不断提升全区监狱的整体水平。

据统计，2003年，全区监狱持续安全稳定，没有发生罪犯脱逃，为广西监狱工作创建50年来防范罪犯脱逃最好的一年，罪犯改好率达98%以上；全系统工农业总产值7.5亿元，实现收支平衡、略有盈余。监狱人民警察的综合素质和执法水平不断得到提高，涌现出一大批先进集体和先进个人。其他监狱工作也得到了平衡发展。

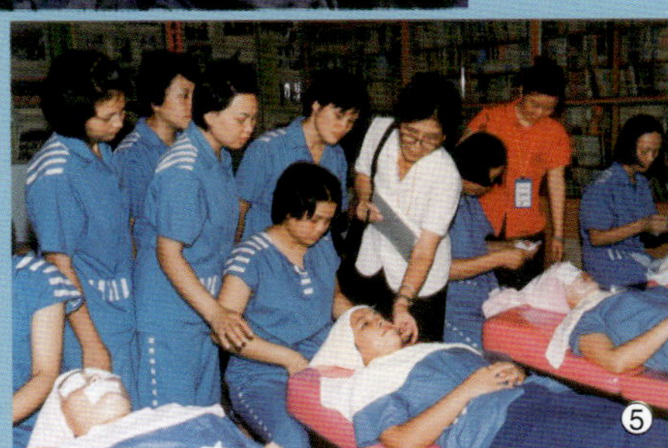

④广西监狱人民警察进行了为期三年的基本素质教育。图为监狱人民警察进行队列操练。

⑤广西女子监狱组织女犯进行美容技能培训

⑥我区监狱机关取得抗击“非典”战斗的全面胜利，成功地将“非典”阻击在监狱门外。

广西壮族自治区招生考试院

——广西最大的招生、考试、命题服务机构

经广西壮族自治区机构编制委员会批准，广西壮族自治区招生考试院（简称广西招生考试院）于1995年1月16日正式组建运转。

广西招生考试院作为省级教育考试机构，独家承担普通高等学校招生全国统一考试、成人高等学校招生全国统一考试、硕士研究生招生全国统一考试、全国高等教育自学考试等国家教育考试项目广西考区的考试管理、招生录取和相关命题任务。独家承担全国计算机等级考试、全国英语等级考试、剑桥少儿英语考试、剑桥办公管理国际秘书证书考试等教育部开办的社会考试项目广西考区的考试管理任务。归口负责电大注册视听生考试，自学考试社会助学管理工作，负责普通中等学校、成人中等学校招生录取工作，负责教育考试、招生录取和命题工作的研究、宣传、信息咨询和技术服务等工作。

与此同时，广西招生考试院还面向社会，承接各部门、各单位委托的各类非学历资格证书的考试和命题工作。

广西招生考试院与广西壮族自治区招生考试委员会办公室和广西壮族自治区高等教育自学考试委员会办公室合署办公，“一套人马，三块牌子”。广西招生考试院内设办公室、普通高校招生处、成人高校招生处、命题与科研管理处、信息技术处、自学考试管理与社会考试处等6个办事机构。

广西招生考试院是广西规模最大、最权威的教育考试、招生录取和命题工作的管理机构和服务机构。拥有全国一流的招生考试计算机网络系统、网络运行环境和网络技术管理人员。专门的招生考试机构遍及全区各市县、各高校、中专、中学（考点），全区设有90个考区、6000多个考场，拥有近1000名的专职招生考试管理人员和技术人员，拥有10000多名的兼职招生考试管理人员，拥有一支具有丰富的教学经验、较高的学科造诣的大学教授、副教授、讲师和中学特级教师、高级教师组成的资深的命题、评卷专家队伍，能胜任各级各类大规模的考试、招生、命题组织管理工作。目前，广西招生考试院每年承办各级各类考试17次，每年参加各类考试的考生超过100万人次，录取各类新生30多万人，颁发各类学历证书、资格证书3万多份。

中国联通广西分公司

中国联合通信有限公司（简称中国联通）是经国务院批准成立的我国目前全面经营各项基本电信业务和增值业务的特大型国有电信骨干企业，经营业务范围涵盖移动电话、无线寻呼、长途电话、固定电话、数据互联网等基本电信业务及其增值业务。2000年6月21日，中国联通在纽约、香港成功上市，标志着中国联通已经稳步进入国际资本市场。2002年10月，联通A股发行上市，中国联通成为最先进入A股市场的基础电信运营商。

中国联通广西分公司自1996年2月在南宁成立以来，在各级党委、政府及有关部门的关心和支持下，广西联通始终以实现“企业价值和股东利益最大化”为目标，以提高企业核心竞争力为中心，以发展、改革、管理、服务为主线，加大了投资与管理力度，通过全体员工的共同努力，取得了长足发展，公司在南宁、柳州、桂林、梧州、北海、玉林、钦州、防城港、贵港、河池、百色、贺州、来宾、崇左等十四个市设立了分公司，营业网点遍及广西城乡，公司总资产近33亿元，员工1460人。经营业务范围由成立之初的单一移动电话迅速发展到目前的移动电话（GSM130和CDMA133）、长途电话（193）、数据IP电话（17910、17911）、互联网（165）、无线寻呼（126、127、191、192、198、199）等多项综合电信业务，已真正成为名副其实的综合性电信运营企业。

中国联通是目前世界上为数不多的同时经营两种移动制式的电信运营商。截止2003上半年，中国联通集团公司拥有8000多万移动电话用户，用户规模名列全球第三位。目前，广西联通GSM网络系统容量已超过160万，网络已覆盖全区所有市县及乡镇；而代表3G发展方向的广西联通新时空CDMA网络现有系统容量为110万门，网络覆盖全区各市、县、主要旅游景点、公路干线与绝大部分乡镇，乡镇覆盖率高达92%以上；联通193长途电话业务、IP电话业务及互联网业务在广西各地已全面开通。同时，作为国家公众寻呼网，联通寻呼业务发展继续保持广西市场的主导地位。几年来，广西联通与其他通信运营企业密切合作，相互促进，共同发展，通过竞争不断完善自我，使通信技术含量和服务质量不断提高，给消费者带来实实在在的实惠，共同推动了广西电信市场的繁荣。

中国联通坚持“两新、两高、一综合”（建立新机制、建设新网络、采用高技术、实现高增长、发展综合业务）的发展战略，在全球化战略中，要——以一流的服务、一流的业绩，立于国际一流综合电信企业之林，立于世界500强企业之前列。

在“十五”期间，中国联通广西分公司将按照国际一流电信运营公司的标准和要求，继续坚持“两新、两高、一综合”的发展战略，进一步加快GSM和CDMA两个移动通信网络的建设，秉承“以市场为导向，以客户为中心”的宗旨，以移动通信、数据互联网、国内长途通信为重点业务，继续保持无线寻呼在市场的绝对优势。通过深化改革，加强管理，改善服务，全面提高企业核心竞争力，努力为广西经济建设和广大消费者提供更为全面、快捷、便利、有特色的通信服务。

广 西 壮 族 自

▶2003年12月,《中华人民共和国统计法》颁布20周年纪念大会在广西人民会堂召开。

▶2004年1月12～13日,全区统计局长会议在南宁召开,图为自治区统计局局长廖新华、副局长邹伟忠、副局长黄卫东、纪检组长张澄汉等与会议代表合影。

▶2003年10月28日，全国综合统计工作会议暨GDDS培训在南宁举行。国家统计局党组副书记、副局长邱晓华同志到会作了重要讲话。

◀为迎接"三·八"国际劳动妇女节，2004年3月，我局女同胞组成合唱队参加全区歌咏比赛，获得优秀表演奖和组织奖。图为比赛中的统计系统中巾帼风貌。

治　区　统　计　局

◀2004年6月21日，自治区党委副书记、自治区副主席郭声琨同志到我局检查指导工作，图为郭副主席在听取工作汇报后，与同志们讨论统计业务工作，并提出了宝贵的意见和建议。

◀2003年11月27～28日，我局举办"十六届三中全会精神"学习班，组织机关、事业单位的正处级以上干部认真学习《中共中央关于完善社会主义市场经济体制若干问题的决定》，深入领会党的十六届三中全会精神。

◀2004年6月7日，广西第一次全国经济调查工作会议在柳州市召开，布置前期准备工作。

▶2003年9月11日，我局第二次妇女代表大会在南宁召开。图为局领导与妇女委员亲切合影。

新世纪、新奉献

——广西人口

① 2003年 10月，中国计划生育协会西部地区协会工作研讨会在我区宜州市召开。图为中国计生协常务副会长杨魁孚（前中）在广西计生委领导赖德荣、何劳的陪同下，兴致勃勃地到基层考察。

② 自治区党委书记曹伯纯、自治区政府主席陆兵、自治区党委副书记潘琦接见全区人口和计划生育工作会议代表。

★2003年，广西年末总人口为4857万人，人口出生率为13.86‰，自然增长率为7.29‰，年出生67万人，年净增35万人，妇女总和生育率保持在1.86左右，年度人口计划圆满完成。

★面对突如其来的非典疫情，全自治区计划生育系统干部职工积极参加抗击“非典”斗争，涌现出一批履行职责、团结战斗、忠于职守、无私奉献、勇于创新的先进典型。有3个先进集体和15名先进个人受到国家人口计生委的表彰。

★综合改革取得阶段性进展，新的工作机制不断完善。到2003年底，全自治区有84.51%的村实行了计划生育村民自治；群众对计划生育工作和计划生育干部作风的满意率均达到85%；荔浦县、龙胜县、田阳县被评为首批“全国计划生育优质服务先进县”；全自治区有13个单位和41名个人被评为“全国计划生育法制建设和科技工作先进集体和先进工作者”。

★计划生育奖励政策和保障机制探索取得进展。一年来，各市、县实施“少生快富”和出台的对实行计划生育的家庭给予“奖、优、免、补”配套政策，受到干部群众的普遍欢迎。在国家人口计生委的统一部署和指导下，全自治区农村计划生育家庭奖励扶助计划已进入前期准备阶段。

★“关爱女孩”行动和“婚育新风进万家”活动蓬勃开展。2003年，计划生育宣传品进村率达80%以上，入户率超过50%；育龄夫妇对人口与计划生育政策的知晓率达80%以上；有60%的县、40%的乡实现人基教育普及化、阵地建设标准化、宣传手段现代化、宣传管理规范化、干部教育培训制度化“五化”。

★以技术服务为重点的计划生育优质服务得到积极推进。2003年全自治区的综合避孕率、避孕及时率均达到80%以上；节育手术并发症控制在0.6‰以下；87%的群众享受节育免费；80%的夫妇掌握3种以上的避孕方法；90%的县和 80%的乡级计划生育技术服务网络建设健全。

新人口、新形象

与计划生育工作

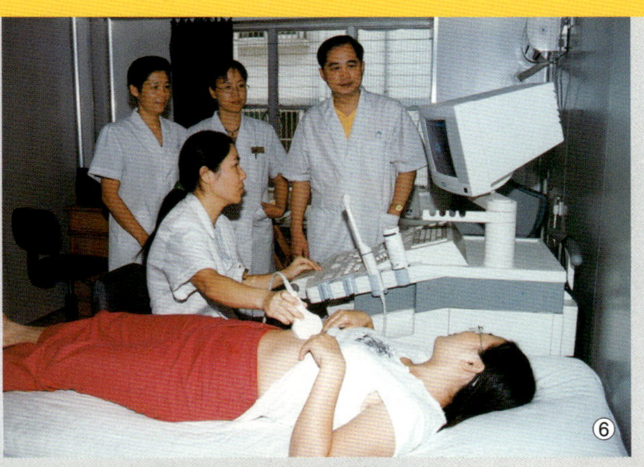

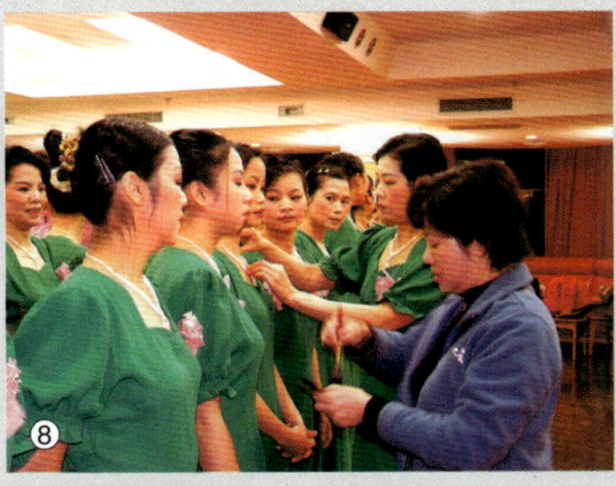

③ 2003年7月，由中国计生协和联合国人口基金会合作的预防艾滋病“安全百分百项目”在我区柳州市顺利启动，标志着该市的预防性病、艾滋病工作已进入实施阶段。图为项目启动会议主席台。

④ 自治区计划生育药具站经常面向社会开展避孕节育、优生优育宣传服务活动，图为药具站的干部职工利用双休日，在宣传咨询服务点为育龄群众宣传和免费发放避孕药具。

⑤ 到2003年底，全自治区所有的市、县（区）和96%的乡级计生部门配备了计算机，78%的乡级建立了育龄妇女管理信息系统，其中有1/3的乡能正常变更育龄妇女的结婚、怀孕、生育、节育、政策服务、流动人口等信息，同时生成报表并逐步实现联网。图为自治区政府副主席刘新文（右一）在贺州市副市长孙克坚（左二）等陪同下，到八步区莲塘镇计生站实地检查、指导基层育龄妇女计算机管理与服务信息系统的应用情况。

⑥ 近年来，全自治区开展计划生育宣传教育、依法行政、科技服务和群众满意的“三好一满意”活动和以避孕节育优质服务、育龄妇女生殖道感染干预和出生缺陷干预“三大工程”为重点的生殖健康推进计划，取得了较好的社会和经济效益。图为自治区计生委主任赖德荣（右一）、副主任韩萍（右三）在自治区计划生育研究服务中心检查指导工作时，观看医务人员为育龄妇女做B超检查。

⑦ 为动员全社会进一步做好艾滋病防治工作，实现我国控制艾滋病目标，2002年11月，广西首府南宁市预防艾滋病“青春红丝带”行动正式启动。图为广大青年市民涌跃参加“相互关爱、共享生命”签名活动。

⑧ 2003年12月，自治区计生委在参加区直机关工委举办纪念毛泽东诞辰110周年歌咏比赛中荣获二等奖。图为歌咏比赛前的准备工作。

⑨ 在2003年防治“非典”的斗争中，全自治区计划生育系统积极参与防治“非典”的攻坚战，为夺取防治“非典”攻坚战的最后胜利，为推动人口与计划生育事业取得新发展作出了贡献，图为邕宁县计划生育服务站医务人员深入乡村为群众测量体温和龙胜各族自治县计划生育技术人员坚持走村入户，上门为群众开展健康检查。

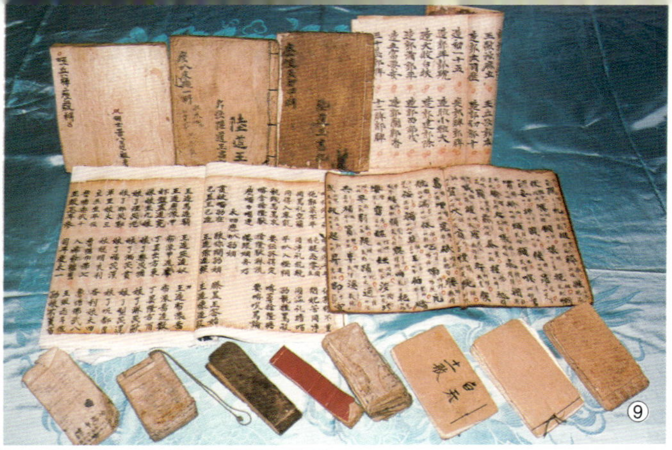

⑧ 广西民族古籍办致力于民族古籍的整理和出版，迄今为止已整理出版各民族古籍20多种，约2000多万字。

⑨ 古壮字是壮族先民早在唐宋时期借用汉字偏旁部首创造的民族文字，用以抄写宗教经书、民歌等，对研究壮族历史与文化具有极高的价值。图为广西民族古籍办历年来搜集到的部分古壮字手抄本。

⑩ "救书、救人、救学科"是国务院关于民族古籍工作的指导思想，为此广西民族古籍办开展了大量的民族古籍普查、抢救、搜集工作。图为古籍办工作人员深入民间了解民族古籍传承情况。

⑪ 壮族古籍《嘹歌》荣获广西壮族自治区人民政府颁发的广西文艺创作最高奖——铜鼓奖。

广西民族音像出版社简介

广西民族音像出版社创建于1983年，隶属于广西壮族自治区民族事务委员会，是全国专业音像出版单位。出版宗旨是：立足于广西和全国少数民族地区文艺类音像制品的出版、发行。为繁荣健康的音像出版物市场，丰富人民群众的文化生活，弘扬优秀的民族文化，开展国内、国际的音像制品交流。出版范围是：立足本区，出版少数民族文化艺术，社会教育方面的音像制品。多年来，出版发行的录音带、录像带、CD、VCD、DVD等音像制品近千种，出版的电视剧《体操王子李宁》获美国国际评估学会"国际优秀节目奖"；《税标》获国家司法部"金剑奖"；组织创作的"第四届全国少数民族传统体育运动会"会歌《爱我中华》获国家"突出贡献奖"；在自治区人民政府举办的"桂版音像奖"中，我社出版的音像制品连续多年获奖，电视剧《苦楝树开花的季节》荣获特等奖；《中乐》CD精装版和《黄春艳演唱专辑》分别获得一等奖；《受心出动》、《中国瑶族》、《张全复作品专辑》荣获二等奖；电视连续剧《刘三姐》荣获三等奖。《苦楝树开花的季节》VCD光盘荣获第二届"国家音像制品奖"；《徐沛东作品集》、《黑衣壮之歌》分别荣获第三届全国优秀文艺音像制品奖。推出了广西第一张少数民族无伴奏合唱专辑《山歌年年唱春光》；出版了被全国观众认为民歌山歌的原创民族音乐《黑衣壮》等一系列优秀少数民族文艺类音像制品，屡获国家及自治区大奖，名牌CD唱片《中乐》等深受广大群众的喜爱。广西民族音像出版社为壮大民族音像实力，特聘国家著名作曲家：徐沛东、王佑贵为艺术顾问；拥有较先进的音源录制处理系统，有专业录音棚——大壮音乐工作室。签约了本地歌手6人，形成了编曲、演唱、录制、设计出版发行一体化，成为广西民族音像出版带头兵。广西民族音像出版社在全国建立了600多个发行网络，为向全国推出广西民族文化打下了基础，实践证明了我们广西民族音像出版社有能力出版、发行属于我们广西自己的民族文化产品。

广西民族音像出版社地址：南宁市桂春路3号　　邮编：530022

电话：0771—5523201　　传真：0771—5523277

广西壮文学校、广西民族中等专业学校、广西民族高中

简　　介

广西壮文学校、广西民族中等专业学校、广西民族高中是直属于自治区民委、民语委的一所职业教育与基础教育兼于一身的民族学校，三块牌子一套人马。校址位于南宁市武鸣灵水风景区，占地165亩。

广西壮文学校、广西民族中等专业学校属普通中等专业学校，面向全区招生，已有近五十年的办学历史。学校师资力量雄厚，教学设施设备完善，环境幽雅整洁，办学条件优越，是各族学生学习深造的理想场所。办学至今已为广西少数民族地区培养输送了近三万名各类专业技术人才，为广西少数民族地区政治、经济、文化、教育等事业的发展作出了极大的贡献。

广西民族高中2001年经自治区教育厅、自治区民委批准成立，面向全区招生，属自治区级公办普通高中。学校从全区各地抽调了一批优秀的高中教师到校任教，教学设施设备先进。学校将以一流的管理、一流的设备、一流的师资、一流的教学质量，高起点、高效率地帮助各族学子实现心中的梦想。

①学校全貌
②图音班学生上手风琴课
③校园一角——办公楼远眺
④各族学生求学的好地方——教学楼
⑤各族学生学习电脑
⑥图音班学生上电子琴课
⑦图音班学生参加“三月三”歌节表演

抓住区域特色

做大做强

近年来，广西水产畜牧系统明确目标，选准突破口，大抓优势产品规模养殖，一批具有地方特色的优势产品规模养殖发展迅猛，优势产品产业带已呈雏形。2003年，全区规模养殖户（场）达到21.36万户（个）、规模养殖村2823个、规模养殖示范乡镇196个，分别比上年增长15.4%、200%和115%。全区规模养殖水产品产量达到106.66万吨，已占总产量的41.52%。规模养殖肉类产量95.28万吨，占总产量26.76%。

优势产品规模养殖的发展带动了水产

广西壮族自治

发挥规模优势

水产畜牧业

畜牧业产业化和标准化发展的大突破。2003年，全区水产畜牧行业共有龙头企业257家，同比增长31.1%。其中，国家级重点龙头企业1家，自治区级重点龙头企业18家；年产值（经营收入）超亿元的19家。全区共有行业协会123家，农民合作经济组织113个。加盟各种产业化组织的养殖农户88.3万户，占全区农户总数的10.03%，所养殖的产量占全区养殖总量的32.57%，共增收11.2亿元，户均增收1266.1元，人均增收263.7元。2003年，全区共制定、发布养殖业地方标准20项，使我区养殖业地方标准总数达到91项；初步建立了我区养殖业无公害产品产地认定制度，并对33个养殖场进行了无公害产品产地认证的考核验收，其中有27个养殖场通过了无公害产品产地认定。建立无公害标准化生产示范区（县）21个，实施无公害产品标准化示范生产的水产养殖面积达5.56万亩，养殖生猪102.8万头，养殖肉鸡1067.6万羽。

2004年，广西将以推进罗非鱼和草食动物规模养殖为重点，全面推进优势产品规模养殖的发展，提高水产畜牧业的产业素质。

区水产畜牧局

地址：南宁市思贤路8号 电话：5868810 传真：5866413 邮编：530023

快速发展的

中国烟草总公司广西

2003年，全区烟草行业在国家烟草专卖局、自治区党委、政府的正确领导下，在有关部门的大力支持下，认真学习贯彻“三个代表”重要思想和党的十六大精神，紧紧抓住发展这个第一要务，以企业结构调整为主线，继续夯实基础，深化改革，理顺机制，大力抓好整顿规范市场经济秩序，加强经济运行调控，创新管理，不断提升管理水平，促进了行业各项工作的发展，达到了预期的目标。

——产销运行协调，工商利税创历史新高

2003年，全区累计生产卷烟494.5亿支，完成年计划100%，同比增长11.25%；累计销售卷烟556.9亿支，完成年计划100.24%，同比增长2.4%；形成了以“真龙”系列为高端品牌、“大伯爵”为中端品牌、“甲天下”系列为支柱品牌的品牌体系，工业实现单箱利税1999.43元，同比增长18.79%；种植烤烟12万亩，收购33.8万担（其中烤烟28万担，晒烟5.8万担）；全年加工原烟47万担，合格率达100%。全行业全年实现利税24.2亿元，同比增长21%，创历史最高水平。

——专销紧密结合，市场控制力不断增强

全区专卖管理工作继续加大对制售假冒卷烟违法分子的打击力度，全区共查处烟草违法案件9604起，查获各种非法卷烟37398.9万支，收缴烟叶、烟丝8023.51吨，端掉窝点2192个，收缴制假机械675台（套），移送公安机关违法人员556人；组织了多次铲除非法种植烟叶行动，铲除非法种植烟苗18267.76亩；全区网建工作转入以提高网络管理水平和运行质量、提高市场控制力和增强企业竞争力为重点的完善提高阶段。

①

③

——深化行业改革，进一步转换内部机制

根据国家烟草专卖局关于实行工商管理体制改革的要求，成立了广西中烟工业公司。根据行政区域的变动，新成立了市级崇左市烟草专卖局（公司）。继续推进商业企业组织结构调整，取消了77个县公司法人资格，确定了市级公司管理规范的基本原则。

——统一规划运作，信息化建设加快推进

2003年建成广西烟草行业广域网，推广应用行业资金管理系统、区产卷烟交易系统、卷烟分销系统、行业财务系统、专卖零售许可证管理系统、呼叫中心软件系统，实现了全区各级单位间的网络互联互通。

——加大整顿力度，行业管理进一步规范

抓住财经秩序专项整顿和卷烟体外循环整顿两项重点，整顿“帐外帐”、“小金库”，抓好卷烟体外循环专项治理工作，进一步加强了财务成本资金管理、预算管理和行业国有资产管理，取得了良好的成效。

2004年广西烟草总体宏观经济指标是：卷烟产量505亿支（101万箱），辖区销量490亿支（98万箱），确保实现工商利税28亿元，力争30亿元。

工作重点是：工业要着力整合品牌、提升品牌竞争力，加大品牌培育力度，大力开拓区外市场；整合资源，充分发挥优势，提高企业竞争实力。商业要继续加大专卖管理力度，进一步优化零售户布局；全面推进信息化进程，加快物流体系建设，努力实现由传统商业向现代流通转变；烟叶生产要依靠科技、提质增量。工商企业都要把队伍建设摆在十分重要的位置，突出抓好人才工作；要加强预算管理，降低费用，提高效益。

广西烟草
壮族自治区公司

①广西区烟草专卖局（公司）局长、总经理、党组书记
广西中烟工业公司　总经理　党组书记　罗毅
②广西区烟草专卖局（公司）副局长、副总经理　谈天江
③广西卷烟形象品牌——真龙
④广西中烟工业公司成立大会
⑤⑥具有“国内一流、国际先进”的柳州卷烟厂和南宁卷烟厂新厂房

广西壮族自治区经济技术协作办公室（广西壮族自治区招商促进局）

广西壮族自治区经济技术协作办公室（2004年已改为：广西壮族自治区招商促进局），成立于1984年，是隶属于自治区人民政府领导的主管全区国内经济技术合作的综合职能部门。主要负责广西参与西南六省区市七方经济协调会、中南经济技术协作联席会议、广东对口帮扶广西、江苏广西对口协作、广西对口支援西藏自治区和重庆长寿区三峡库区、桂沪合作、广西与北京航空民营企业“百企入桂”活动等工作及履行自治区政府赋予的其他职能。近20年来，广西开展国内经济技术合作，密切了与兄弟省市的经济合作与交流，建立了省际友好合作关系，引进了资金、技术、人才，对增加广西经济建设投入起到了重要的推动作用。据不完全统计，1998年至2003年，广西共签订国内经济技术合作项目 9460项，实施项目7187项，实际到位资金 311.44亿元。

随着国家实施西部大开发战略和不断加大对内开放力度，广西国内经济技术合作迎来了发展的好时机。东引西联，加快接受东部产业转移步伐，完善西南出海大通道，提升与西南省区市联合对外开放的水平；扎实推进与国内知名高等院校的科教合作，加快了高新技术产业发展；特别是引进区外民营企业“百企入桂”活动拓宽了引资渠道，创新了招商工作机制，改善了投资软环境，产生了良好的经济效益和社会效益，得到了自治区领导的大力支持和充分肯定。在改革开放和发展的大潮中，全区经协干部队伍充分展现

出开拓创新，与时俱进的良好精神面貌。

按照自治区党委、政府的部署，广西国内经济技术合作将紧紧围绕贯彻党的十六大精神，抓住加快西部大开发和加紧构建中国东盟自由贸易区的机遇，创新招商工作机制，以开展引进民营企业“百企入桂”为重点，拓宽引资渠道，大力引进区外民间资本参与广西经济建设；配合自治区办好中国东盟博览会，巩固与西南区域的良好合作关系，提高区域联合协作的水平，深化两广对口帮扶经贸合作，进一步加强东西部合作，全方位扩大对内对外开放，为推动广西经济发展作出积极的贡献。

图片说明

① “百企入桂”合作项目。2002年11月，湖南省怀化宝集团投资4800万元的广西融安综合批发市场开业庆典。

② 2003年9月，自治区经协办主任张振东率团前往重庆市长寿区考察。期间，举行了广西对口支援长寿三峡移民暨对援项目签约仪式。图为南宁市援建长寿区凤城镇项目资金80万元。

③ 2003年4月10日，自治区党委书记曹伯纯会见上海复星高科技（集团）有限公司董事长郭广昌一行。

欣　欣　向　荣　的

①

②

广西农垦集农工商、产加销、经科教于一体，现有94家企事业单位，110亿元总资产，250万亩土地，18万人。广西农垦的机制糖、剑麻制品、木薯淀粉、畜牧水产、亚热带水果、茶叶的六大产业已具规模。

2003年，广西农垦走产业化经营路子，通过深化改革，创新体制机制，突出重点狠抓发展，强化管理，降低成本，盘活资源、资产，强化质量意识，推进无公害食品行动计划，积极扩大对外开放，实施人才、科技兴垦战略等一系列措施，使垦区经济社会协调发展，各方面取得了可喜的成绩：经济快速增长。广西农垦2003年经济增长速度是历史上最快的一年，全年实现经营总收入414677万元，比上年增长26.64%。国民生产总值106815万元，比上年增长21.68%。全年实现利税总额25286万元，比上年增长34.98%，创历史最好水平；结构调整有了新的突破，一、二、三产业的比例由2002年的25:50:25到2003年末的23:51:26。非公经济在垦区所占份额由2002年的20.80%增加到2003年的25.49%，成为垦区重要的新的经济增长点；经济效益明显好转。2003年实现利润5302万元。职工收入大幅提高，职均收入由2000年的4970元增加到2003年的8086元，年均递增17.42%；产业集中度明显提高，辐射带动力增强。糖业、剑麻、畜牧、明阳生化四家企业被列入自治区产业化重点龙头企业，其中农垦糖业集团、明阳生化科技股份公司已列为全国重点产业化龙头企业。农垦企业通过良种良法、定单农业等方式，以产业化带动近25万农户增产增收4亿多元，平均每户增收1600多元；项目建设实现较大突破。①30万吨精制糖项目已破土动工，为占领中国糖业制高点奠定了基础。②山圩剑麻工业园1.5万吨生产线已投入使用，300万平方米的地毯项目设备即将到位。③九曲湾高尔夫练习场已经建成，温泉一期工程正加紧建设。④以十万大山品牌，立足农垦，整合广西优质农副产品资源，推向国内、国际市场的现代物流项目已经启动，并将建成为广西最大的农产品现代物流龙头。

糖业集团

广西农垦糖业集团是自治区大型糖业集团，是国家级农业产业化重点龙头企业。拥有9家制糖加工厂，分布自治区各蔗区，拥有蔗区面积85万亩，年榨甘蔗460万吨以上，日榨甘蔗3.2万吨。年产机制糖55万吨，酒精4万吨。其中，下属6家企业获ISO9002认证，4家企业生产的白砂糖荣获“绿色食品”标志。近年来，该集团通过向农村蔗区推广良种及深耕深松、宽行密植、喷灌等良法，使蔗区良种覆盖面达到100%，吨糖田10万亩以上，大幅度提高了蔗农的甘蔗产量，增加蔗农的收入。该集团年产30万吨精制糖项目和年产5万吨高纯度食用酒精项目已经动工；防城糖厂年产20万吨精制糖项目正在筹建中。项目建成投产后，广西农垦糖业集团年产机制糖将达到100万吨，销售收入超过30亿元。

剑麻集团

广西剑麻集团是中国最大的剑麻纤维和剑麻制品生产企业之一，是广西农业产业化重点龙头企业。集团拥有7个全资子公司和一家海外销售公司。山圩剑麻工业园拥有国际先进水平剑麻制品生产设备及世界最先进水平的剑麻地毯生产设备，年产剑麻制品3万吨。主要产品有剑麻直纤维、纱线、白棕绳、剑麻布、钢丝绳主芯、抛光轮、剑麻地毯、环保制品及工艺品等，产品畅销全国各地，远销欧美、东南亚和中东等国家地区。

茶业集团

广西农垦茶业集团有限公司是以种植、加工茶叶为主的专业集团公司，是广西红碎茶、绿茶出口的骨干企业和主要生产基地。茶叶种植基地均在高海拔的山麓，终年云雾缭绕，承接天地之灵气。该公司生产的“大明山”系列茶，有消暑解毒、生津止渴、提神醒脑、延年益寿的功效，汤色清澈明亮，香气浓郁自然。主要产品有红茶、绿茶、茉莉花茶、桂花茶等30多个品种系列，多次在国内外茶叶评比中获奖，产品畅销欧美和东南亚等地。农垦茶叶已与俄罗斯合作，产品进入俄罗斯市场。

畜牧集团

广西农垦永新畜牧集团是以瘦肉型生猪繁育、饲养为主的企业，下属永新原种猪场是目前华南地区养殖规模最大、种猪

广　西　农　垦

——广西壮族自治区农垦局

质量最好、猪场设施档次最高的外种原种猪场。该集团公司计划在3-5年内建成100万头生猪、10万头奶牛和肉牛、100万头山羊生产基地及年屠宰加工100万头牲畜和肉制品生产基地，把畜牧业做大做强做优，丰富菜篮子，提高人民群众的生活水平。

明阳生化公司

广西明阳生化科技股份有限公司是目前国内最大的木薯淀粉、变性淀粉生产企业，在全国淀粉行业中首家通过了ISO9002认证，是国家级农业产业化重点龙头企业。公司生产的"潭峰"牌系列木薯淀粉、变性淀粉广泛应用于造纸、食品、医药等各个行业，产品畅销全国并远销日本、韩国等地，产销量在同类行业中稳居全国第一。

打造"十万大山"品牌

广西农垦以"十万大山"品牌整合垦区及广西农产品资源，按照无公害食品、绿色食品、有机食品的标准进行分类精包装和深加工，并将产品打入北京、上海、深圳以及俄罗斯等大市场，促进广西农产品生产、流通。目前，公司正按《广西（农垦）十万大山现代物流发展规划》，在广西各地建设高标准、高档次、设备先进的农产品加工基地和配送中心。

①广西壮族自治区农垦局党组书记、局长
广西农垦集团有限责任公司董事长、总经理
广西农垦糖业集团有限公司董事长　蒋济雄

②自治区党委书记曹伯纯在蒋济雄局长的陪同下，到广西农垦考察

③自治区主席陆兵在蒋济雄局长的陪同下，到广西农垦现代农业王灵示范基地考察。

④2004年2月，中共中央政治局委员、国务院副总理回良玉（左三）在自治区主席陆兵（左四）的陪 同下，到广西农垦金光农场视察。图为回副总理在听取区农垦局局长蒋济雄（左二）介绍情况。

⑤柳兴年产30万吨精制糖项目的开工，标志着广西农垦抢占全国制糖业制高点迈出了实质性的步伐。

⑥十万大山系列产品

广西壮族自治区 地震局

GUANGXI ZHUANGZUZIZHIQU DIZHENJU

自治区地震局领导班子：袁家治（左二）、李竞志（左三）、劳王枢（左四）、龙安明（左一）

广西壮族自治区地震局隶属中国地震局和广西壮族自治区人民政府双重领导。广西壮族自治区地震局是全区防震减灾工作的主管部门，行使广西壮族自治区人民政府赋予的防震减灾工作行政职能，制订全区防震减灾工作方针、政策，组织起草有关的地方法律、法规，制定防震减灾的技术规范并监督实施，管理地震监测预报并承担在破坏性地震发生后政府指挥抗震救灾办事机构的职责，管理抗震设防标准和震害预测工作，推进地震科技现代化，开展防震减灾的宣传教育工作等。广西壮族自治区地震局下设15个处级职能处室和中心。

自治区党委和自治区人民政府非常重视防震减灾工作，相继出台了《广西壮族自治区工程建设场地地震安全性评价管理规定》、《广西壮族自治区防震减灾条例》、《广西壮族自治区破坏性地震应急预案》、《关于建立健全广西防震减灾计划体制和相应经费渠道意见的通知》、《广西壮族自治区防震减灾规划》等一系列法规、文件，加大了防震减灾事业的投入。因此，广西防震减灾事业取得了长足进展，防震减灾工作服务能力不断增强，服务社会经济效益显著提高。

地震监测预报 广西壮族自治区地震局不断加强地震监测台网建设。目前，全区共有地震台（网）14个，电磁、形变、地下流体、流动短水准测量等地震前兆观测站18个，数百个群测点，开展9个学科的地震观测研究。“九五”其间，自治区地震局建成了广西壮族自治区防震减灾指挥中心；完成了桂林、灵山、邕宁地震台观测仪器数字化技术改造和自治区级地震通信网络中心、前兆中心建设；柳州市建成数字地震监测台网并投入运行，各市（地）

图为天生桥一级水电站的检查组向吴恒副主席汇报抗灾设防工作。

吴恒副主席（前排左二）在袁家治局长（前排左三）、李竞志副局长（前排左一）的陪同下，在凭祥地震台视察。

监测台网建设取得新进展，大大提高了全区的地震监控能力。总投资2800万元的“十五”重点项目《广西数字观测网络》已启动，该项目包括：建设广西测震、前兆、强震数字台网，建设广西地震信息服务系统，建设广西地震应急指挥技术系统。

震灾预防 1996年以来，自治区防震减灾工作领导小组每年都召开会议，部署全区防震减灾工作，组织有关成员单位对全区地震应急、建设工程地震安全性评价和抗震设防进行执法检查。2004年3月，自治区人民政府副主席吴恒还亲自率防震减灾检查组对自治区重大工程进行抗震设防执法检查，重点检查了平果铝业基地和天生桥一级水电站。自治区地震局工程地震研究中心是广西唯一具有国家资质的建设工程地震安全性评价许可证的单位，具有大中型建设工程项目地震安全性评价、地震小区划桩基检测、地球物理勘探等多项资质。该中心先后完成了平果铝业基地、百色水利枢纽、百龙滩电站、南宁市永和大桥、南宁市应急联动中心、柳州市潭中高架桥、桂林市解放大桥等近百项大中型项目的地震安全性评价和南宁市高新技术开发区、北海市铁山港等地震小区划工作，取得了很好的社会效益和经济效益。

地震应急 近几年来，广西境内、海域发生的几次中强地震（1994、1995年北部湾6.1、6.2和1998年环江5.0级地震）或强有感地震，造成一定程度的破坏。震后，自治区地震局立即启动《破坏性地震应急预案》，开展地震应急、震灾调查、地震趋势判断等工作。为社会稳定做出了积极贡献。

袁家志局长（右三）在流动地震台视察工作

台站改造后新建的灵山地震台办公室

工程地震研究中心在工程场地进行波速测试

服务 中国—东盟博览会

1 2 3
4 5

广西壮族自治区广播电影电视局

广西广播电影电视局是广西壮族自治区人民政府的职能部门，直属单位有广西人民广播电台、广西电视台、广西电影制片厂等17个，现任局长阳建国，副局长何丹、苏新生、朱日荣。主要职责：贯彻党中央、国务院和自治区党委、自治区人民政府及国家广播电影电视总局有关广播电视宣传、事业建设、社会管理的方针、政策，把握正确的舆论导向；根据自治区人民政府委托起草有关的地方性法规、规章和规范性文件草案，拟订广播电影电视事业的发展规划，管理全区广播电影电视科技工作和制订有关技术政策，保证广播电视节目的安全播出，贯彻落实广播电影电视系统外事工作的有关规定等等。中华人民共和国成立以来，特别是改革开放以来，广播影视事业发展很快，为促进广西经济建设和社会主义发展发挥了重要的作用。2003年，全区有无线广播电台11座，自办41套对国内广播节目(其中卫星传送2套)，1套对外广播节目，平均每天播音544小时56分；无线电视台15座，自办电视节目56套，平均每天播出电视节目610.23小时，有县级广播电视台26座，广播中波发射台22座，调频发射台88座，电视发射台227座，卫星电视广播地面接收站35454座。现在，广播电视光缆线路1万多公里，电缆线路7万多公里。广播电视人口综合覆盖率达到86.7%和91.48%。

广西电视台为办好《广西新闻》开辟的《走东盟》栏目，派记者分批赴东盟各国采访，制作介绍东盟国家情况的节目。图为该台记者在泰国一家汽车企业与采访对象合影。

广西对外广播电台于1984年用越南语开始对越南广播，1989年用粤语对东南亚华人华侨广播。1998年12月4日该台举行《山水相连看广西》知识竞赛颁奖仪式。图为越南听众在颁奖结束时向广西对外广播电台赠送牌匾。

广西人民广播电台完成了数字音频自动播出系统的建设，实现了广播音频节目录制、编辑、编排、审定、播出、管理、监控自动化。图为计算机网络中心机房。

宣传 中国—东盟博览会

6 7 8 9 10

1、2. 广西广播电视局局长阳建国(图一)、副局长常务副总编苏新生(图二中)召开宣传工作会议,部署中国—东盟博览会的广播电视宣传报道工作,提出广西广播电视部门要全力以赴做好博览会的宣传报道和服务工作。

3. 2004年2月16日,广西人民广播电台记者就中国—东盟博览会的有关问题,采访中共广西区委书记曹伯纯(中)。

4. 2004年6月8日,中共广西区委书记、广西壮族自治区人大常委会主任、广西代表团团长曹伯纯(左一)在香港接受香港亚洲电视台专访。

5. 2003年12月17日,由国务院新闻办公室和广西壮族自治区人民政府共同举办中国—东盟博览会新闻发布会在北京举行。图为广西电视台记者采访文莱大使馆特命全权大使阿卜杜勒·哈密德。

6. 位于广西南宁市民族大道73号的广西彩色电视中心,总建筑面积34675平方米,第一期工程(主楼20层,高99.5米)1988年建成使用,第二期工程(演播厅)1998年10月建成使用。

7、8. 广西卫星广播电视上行站1994年建成,1997年1月1日开始传输广西人民广播电台、广西电视台各1套节目送到卫星播出。

9. 图为玉林大容山电视调频转播台发射铁塔,海拔高度1275米,铁塔高76米,1983年1月建成转播中央和广西广播电视节目,覆盖面积38013平方公里,覆盖人口983.16万人,占当年广西人口的25.76%。

10. 图为大明山电视调频转播台传输发射部分,海拔高1507米,铁塔高48米,1972年7月1日建成使用,是广西广播电视转播综合骨干台。该台除转播广西人民广播电台3套节目、广西电视台1套节目外,还设14部微波机分别往东、南、北、西北方向传送、回传广播电视微波信号,使柳州、桂林、河池、玉林、梧州等方向的广播电视发射台(站)接收微波信号节目转播。

1998年1月建立广西广播电视监测中心,1999年开始建立北海、柳州、玉林、梧州等监测台,现在已基本建成广西广播电视监测网,无线监测率66.12%,有线电视网中传送的中央、广西及市自办的5套节目的监测率100%。图为直属监测台大楼。

1999年9月,广西实现了有电的行政村村村通广播电视。图为环江毛南族自治县驯乐苗族乡福寿村大田屯苗族群众高兴地看到中央和广西电视台节目。

厅长容小宁到基层文化单位视察

厅长容小宁在区图书馆改造工程施工现场

厅长容小宁到基层文化站考察

广 西 区 文 化 厅

2002年，广西文化厅以创作为龙头、演出为中心，精心打造一批有地域民族特色的重点新剧目和一批优秀的小戏作品。广西木偶剧团参加在捷克首都布拉格举行的世界木偶艺术节演出获“最佳艺术表现奖”和“最受儿童观众欢迎奖”。柳州市民族音乐剧《白莲》、桂林市儿童音乐剧《太阳童谣》参加全国第十二届孔雀奖少数民族题材戏剧剧本评奖，分获特别奖和银奖。南宁市民族舞蹈《妈勒访天边》获全国第十届文华新剧目奖。广西文化厅策划的歌曲《中国好运》获首届全国主旋律歌曲金奖。

2002年，文化信息资源共享工程和文化基础设施建设、农村业余文艺演出和群众歌咏比赛及农民读书活动等社会文化工作在全区蓬勃开展。南宁、桂林、那坡3个市县合唱团参加全国群众歌咏评奖，获得2金1银的好成绩。桂林市象山区舞蹈《苗山彩虹》、南宁市新城区《广西少数民族服饰展演》参加全国社区文艺节目展各获银、铜奖。

此外，广西文化厅加强文博基础性工作和规范化管理，组织完成了一批国家和自治区重点文物保护和博物馆建设项目的编制、方案设计的初审和申报；进一步规范和完善文化市场各项管理制度，对音像制品经营、电子游戏娱乐和互联网上网服务营业场所进行的专项治理整顿斗争取得了阶段性成果；努力开拓文化旅游、网络文化、节庆文化、艺术教育和“漓江刘三姐歌圩”等新的文化产业项目取得了突破性进展；在对外文化交流、文化体制改革、文化艺术人才培训等方面都取得了新的进展。广西文化市场管理办公室和广西稽查总队获全国文化市场管理先进单位奖和全区“扫黄打非”先进集体奖。桂林市桂海碑林博物馆被人事部和国家文物局授予全国文物系统先进单位。广西选送参加第三届全国少数民族题材电影“骏马奖”评选的影片，有8部分获少数民族译制奖和综合技术奖。广西文化信息工作获2000年至2002年度全国文化信息工作先进单位奖。文化厅连续12年组团参加在日本熊本等3个县举办的“大中国展”演出活动，获广西壮族自治区人民政府和熊本县政府联合颁发的表彰奖励匾牌。

销毁现场

销　毁

杂技节目

首届广西彩调艺术节

广西军区

表彰和鼓励

2003年，广西军区部队坚持以党的十六大精神和“三个代表”重要思想为指导，按照广州军区党委的要求，突出主线抓根本，加紧备战求突破，狠抓基层打基础，确保稳定求发展，圆满完成了各项工作任务，部队和民兵预备役全面建设呈现稳步发展的好势头。

思想政治建设在深入学习贯彻十六大精神中得到加强 各级认真贯彻党的十六大精神和党中央、中央军委的决定，采取有效措施，兴起了学习“三个代表”重要思想新高潮。军区举办三期师团职领导干部读书班，正团职以上干部培训率达到83%。部队深入开展了“举旗帜、话小康、做贡献”教育活动。毫不松懈地抓好边境政策纪律教育、“四反”教育，巩固了思想防线，确保了部队的集中统一和政治纯洁。认真落实考核、讲评、谈心、上一级党委常委参加下一级党委民主生活会等制度，狠抓了各级党委班子建设，师团级班子建设整体水平有提高。对各级执行党风廉政建设规定的情况进行了专项检查，下大力纠正领导机关插手干预基层敏感事务的问题，促进了领导干部和领导机关的廉洁自律。贯彻落实军委总部实施人才战略工程的决策，抓好干部选拔培训，干部队伍建设得到加强。

军事斗争准备在加紧备战谋打赢上加大了力度 各部队紧紧围绕未来军事斗争可能担负的任务，扎实推进军事斗争各项准备。边海防通信网络数字化改造基本完成，电子监控设施在各边防部队投入使用。清障排雷、勘界立碑等工作进展顺利。稳妥处理边情127起，确保了边境的稳定。落实首长机关以信息战知识为重点的在职学习和训练，开展新“六会”集训，提高了首长机关建设水平。采取集中轮训与分散自学相结合，促进了军官训练落实，提高了训练质量。炮兵、通信兵、侦察兵和后勤、装备等兵种的专业训练得到较好落实。组织预备役师成建制实施加快速动员转服现役演习，取得了8个方面的试验攻关成果。加大依法从严治军力度，狠抓部队经常性管理教育工作落实，确保了部队演习、排雷、训练、施工、废旧地爆器材销毁等工作的安全。认真落实城市警备工作，开展军车运行秩序整顿，维护了军队良好形象。4000多名退伍老兵安全文明返乡。

后勤和装备建设在巩固改革成果抓保障上取得新成效 着眼提高保障“打赢”能力，后勤和装备建设坚持抓改革促发展，抓管理增效益。协调自治区政府出台《关于进一步推进驻桂部队后勤社会化改革的实施意见》，深化了后勤社会化保障改革。积极开展了采购改革试点，推动了政府采购制度的落实。编制预算、住房制度、军交运输等三项改革稳步推进。严格了经费预算、审批权限、标准经费和预算外经费的管理。投入100多万元完善了边海防连队的生产生活设施。采取科学防治措施，确保军区部队实现了抗“非典”“零感染”目标。加大战备物资储备、战备基础设施建设力度，深化装备“两成两力”建设试点成果，完善装备保障体系和装备管理制度，全区轻重武器和车辆、船艇完好率均达到条例规定的要求。

基层建设在发挥“一线指挥部”作用中呈现良好发展势头 认真学习贯彻新的《军队基层建设纲要》，进一步理清了抓基层的思路。召开“一线指挥部”建设工作会议，明确了加强“一线指挥部”建设的目标和要求。认真落实常委挂钩帮建责任制，帮建的10多个团级单位都有不同程度的进步，整顿的35个基层党支部“三个能力”普遍有提高。协调解决官兵涉法问题110多起，移交安置伤残官兵40多名，600多名干部随军家属得到安置就业。表彰了基层全面建设先进团、人武部全面建设先进单位、标兵连队、优秀带兵干部，颂扬了一心谋打赢的“铁团长”戚平同志的事迹，激发了部队建设的活力。

后备力量建设在紧贴任务抓动员上有新的发展 坚持党管武装原则，研究解决了国防后备力量建设中经费保障、机构设置、武器库建设等重点难点问题；城市民兵全面落实了新的改革措施，民兵应急分队、专业技术分队等组织建设得到加强。民兵哨所、侦察船和情报信息网建设取得新的进步；学生军训工作落实比较好；2003年冬季新兵征集任务圆满完成；召开全区人武部建设工作会议，总结了人武部收归军队建制7年来的经验，理清了“按纲建部”的思路；开展了新一轮定点挂钩扶贫活动，各级协调、投入资金800多万元，建立帮扶点153个，帮建希望小学67所，资助1500多名贫困学生重返校园；组织21万多官兵和民兵投入“兴边富民”工程建设和“东巴凤基础设施建设大会战”，军区援建的田阳县永常村、龙州县农顿屯两个“文明示范村”发挥了较好的示范作用；胜利完成了抗击台风、抢险救灾等急难险重任务。

保卫祖国南大门

政治文化环境建设朝气蓬勃

预备役部队紧急动员和检阅

广西壮族自治区粮食局

团结务实的自治区粮食局领导班子。左起为谢俊副局长 、梁雨祥局长、黄显阳副局长、罗奕华纪检组长。

2003年以来，我区粮食系统在自治区党委、自治区人民政府的正确领导下，坚持以邓小平理论和“三个代表”重要思想为指导，认真贯彻落实党中央、国务院和自治区党委、自治区人民政府关于粮食工作的各项政策措施，继续推进以“一取消、两开放”为主要内容的粮食购销市场化改革，进一步完善粮食调控体系，加大国有粮食企业改革力度，积极推进粮食产业化经营，努力扩大对外开放和招商引资，大胆探索粮食行业发展的新路子，各项工作取得了新的成效。一是围绕加强宏观调控，切实抓好粮食安全工作。按照中央和自治区关于加强宏观调控和确保粮食安全的决策措施，做好粮食购销工作，充实地方储备粮规模，投入近4000多万元资金维修改造粮食仓储设施，采取有效措施稳定粮食市场，确保粮食安全。二是围绕企业增效，大力开展粮食产业化经营。2003年全区粮食部门参与发展优质稻种植面积550多万亩，收购订单优质谷4亿多公斤；计划总投资1.98亿元的优质山茶油开发项目已正式启动；一批粮油骨干加工、购销企业龙头企业得到了较好发展。2003年，全区国有粮食企业的经济效益明显提高，剔除老粮老账因素，盈利3000多万元。三是围绕职工稳定，加快国有粮食企业改革步伐。2003年，广西粮食企业通过盘活企业资产等办法，筹集资金1亿多元，用于安置富余人员；通过招商引资、多种经营等办法，累计安排1万多人就业。确保了企业职工稳定。四是围绕农民增收，积极探索对种粮农民直接补贴的机制。经自治区人民政府同意，从2004年起，自治区财政拿出专项资金在18个粮食主产县（市、区）开展对种粮农民直接补贴与储备粮订单收购挂钩试点工作。各地粮食收购部门按照自治区下达的储备粮订单收购计划，与农民签订了订单合同，积极落实这项政策。五是围绕对外开放，大力开展招商引资工作。2003年我区粮食系统充分利用闲置资产开展招商引资，当年全系统落实招商引资项目85个，引进资金7.54亿元，为加快我区粮食行业的发展，开创粮食工作新局面奠定了良好的基础。六是围绕粮食流通现代化，加快粮食现代物流体系建设。2003年，自治区粮食局与深圳综合开发研究院合作，研究制订了《广西粮食物流体系发展规划》，并充分整合全区粮食系统的资源，引入第三方物流，组建广西海格粮食物流有限公司，积极发展现代粮食物流业，取得了明显的社会效益和经济效益。同时，还围绕依法管粮，加强了对粮食购销市场的监管；围绕政企分开，进一步转变了行政管理职能；围绕廉政建设，加强了党的组织建设和社会主义精神文明建设，为各项工作顺利开展提供了有力保障。

为确保人民群众吃上安全优质的粮油食品，我区粮食系统积极开展“放心粮油”宣传活动。

自治区粮食局与广东省粮食局签订了粮食购销合作协议书，积极推动两省区粮食行业的合作与发展。

我区粮食系统大力发展粮油产业化经营，取得了农民增收、企业增效、政府满意的明显效果。图为梁雨祥局长视察优质稻产业化生产基地。

广西国土资源厅

GUANGXI GUOTU ZIYUANTING

2003

自治区常务副主席王万宾（前排中）、副主席杨道喜（前排左一）向国务院联合督查组汇报广西土地市场整顿工作情况。

2003年，广西国土资源厅坚持以邓小平理论和“三个代表”重要思想为指导，认真贯彻党的十六大和十六届三中全会精神，以解放思想再讨论为契机，狠抓干部职工的思想和作用建设，不断更新观念和职能转变，有效地提高了依法行政的水平和“三服务”的质量。积极为我区的经济和社会的协调发展提供资源保障，有效地保护了国土资源。连续5年实现了耕地总量动态占补平衡，进一步加大国土资源市场秩序的整顿工作力度，市场秩序进一步规范。经营性土地使用权招拍挂出让制度的执行情况良好，通过招拍挂实现的土地同让价款达20亿元以上，比2002年翻了一番。矿产资源补偿费征收连续第四年超额完成任务。矿业权通过招拍挂出让的宗数是去年的40多倍，出让价款是去年的5倍多。地质灾害防治能力进一步提升，灾害死亡率比去年减少了41%。海洋管理在去年荣获全国海域先进单位的基础上，今年又添新亮点。海洋功能区划、海域有偿使用制度的贯彻、海域使用权市场培育工作走在全国沿海省区的前列，海域使用金征收额比2002年翻了一番。招标拍卖海域使用权宗数占全国宗数的一半以上，招标拍卖海域面积占全国总数的13.3%。

国土资源部副部长李元（前排左四）在平果铝公司调查铝土矿资源开发利用情况。

广西国土资源厅厅长黄方方（左一）、副厅长张勤铭（右一）、黄日富（左二）在钦州港港口区现场办公，研究钦州火电厂建设用地、用海报批问题。

广西民族学院

GUANGXI MINZU XUEYUAN

极富东南亚民族特色的国家外语非通用语种本科人才培养基地大楼

广西民族学院创办于1952年，是广西重点建设的普通高校之一。学校位于广西南宁市风景秀丽的相思湖畔，占地面积1079亩（另有预留发展用地800亩），建筑面积33万M²。绿化覆盖率58.14%，是“全国部门造林绿化先进单位400佳”和南宁市“最佳花园式单位”之一。图书馆藏书97万册。学校现设有15个二级学院，各类在校生近2万人，专任教师560人，其中高级职称265人。共有41个普通本科专业，13个硕士点，1个国家外语非通用语种本科人才培养基地，2个自治区级重点学科，1个自治区级人文社会科学重点研究基地（壮学研究中心），1个自治区级重点实验室（绿色化学与技术重点实验室），学校曾获中组部、中宣部、国家 教委党组授予的“党的建设和思想政治工作先进普通高校”称号，先后2次获国务院和国家民委授予的“全国民族团结进步模范单位”称号，多次获广西壮族自治区人民政府授予的“自治区民族团结先进集体”和“自治区文明单位”称号。1998年顺利通过了教育部的本科教学工作合格评价。2001年被教育部确定为国家外语非通用语种本科人才培养基地和“海外汉语教师来华培训资助项目执行学校”；同年被国家对外汉语教学领导小组办公室确定为“支持周边国家汉语教学重点学校”。2003年顺利通过了教育部本科教学工作水平评估。

碧波荡漾的相思湖

庄严古朴的大礼堂

地址：广西南宁市大学西路80号　邮编：530006　电话：0771-3260212　传真：0771-3262241　E-mail：gxunyzb@mail.gxun.edu.cn

广西壮族自治区审计厅

2003年，我区各级审计机关在自治区党委、自治区人民政府和审计署的正确领导下，以邓小平理论和“三个代表”重要思想为指导，认真贯彻落实全国审计工作会议精神和“全面审计、突出重点”的工作方针，紧紧围绕党委、政府的工作中心，扎扎实实做好各项审计工作，取得了较好的成绩。据统计，2003年全区完成审计项目2,943个，完成计划的165%，共查出违规金额382,507万元；管理不规范金额741,990万元；损失浪费金额3,699万元；应纠正金额846,682万元；已自行纠正金额190,516万元；应上交财政35,152万元，已上交财政20,054万元；建议有关部门处理事件20件，提交工作报告、信息452篇，被有关部门批示或采用188篇。

◀ 图为国家审计署李金华审计长在自治区人民政府滕冲副秘书长、自治区审计厅陈秋华厅长的陪同下，在我区考察、调研。

▶ 图为2003年9月27～29日在柳州市召开的全区各市审计局长座谈会，会议明确了今后5年我区审计工作的指导思想、总体目标、发展方向和主要任务。

▶ 图为自治区审计厅派出发展计划审计处的审计人员在实地检查农网改造工程建设情况。

◀ 图为自治区审计厅派出农业水利林业审计处审计人员在实地了解大型水库建设情况。

▼ 图为自治区审计厅为加大干部培训力度，全面提升审计人员的整体素质，对审计人员进行计算机基础知识和操作技能的培训。

广西壮族自治区档案局

自治区档案局（馆）党组书记、局（馆）长黄明初同志

广西壮族自治区档案局、档案馆是局馆合一，一个机构两块牌子，履行档案事业行政管理和档案保管利用两种职能的单位。局（馆）下设办公室、档案馆（室）业务指导处、经济科技档案业务指导处、法规科教处、档案管理处、档案保护技术处和机关党委。

在自治区党委、政府的领导下，自治区档案局（馆）认真履行两种职能，忠实服务工作大局，切实加强档案事业宏观管理，不断推进档案基础业务建设，积极开发档案信息资源，努力创新档案服务机制。档案工作为广西的改革开放和现代化建设做出了积极贡献。

截止2003年底，自治区档案馆馆藏文书和照片档案已达50万卷，资料6.5万册，向社会开放到期档案10.9万卷。1998年11月，自治区档案馆晋升为国家一级档案馆，1999年2月，自治区档案馆被自治区党委、自治区人民政府命名为自治区级爱国主义教育基地。经自治区党委办公厅、自治区人民政府办公厅批准，自治区档案馆建成了现行文件查阅中心和“广西档案信息网”，正式向社会开放，免费提供服务。为适应新形势、新任务的要求，自治区档案局（馆）进一步解放思想，开拓创新，走新型档案工作发展之路，大力推进档案服务社会化，档案管理法制化，档案资源结构多元化，档案基础工作信息化，努力把档案馆建设成档案安全保管的基地、利用档案开展爱国主义教育的基地、已公开现行文件集中向社会提供利用的中心和档案资料信息服务中心“四位一体”的国家综合档案馆，为全面建设小康社会提供更加高效优质服务。

做好档案工作，为全面建设小康社会服务

全区档案工作暨表彰先进会议于2004年1月15日在南宁召开。自治区党委副书记刘奇葆（中）、自治区党委常委、秘书长车荣福（右四）、自治区副主席吴恒（左四）等领导出席会议。刘奇葆同志在会上讲话。

自治区档案局（馆）党组书记、局（馆）长黄明初同志（左四）深入昭平县附城村检查指导村级档案工作。

广西壮族自治区农业区划办公室

从右到左为聂文光处长、陆耀邦副主任、莫明荣主任、杨庆连处长

科技档案室

广西壮族自治区农业区划办公室是自治区人民政府直接领导下的副厅级事业单位，办主任为厅党组成员，内设综合处、区划一处、区划二处，现有在职职工16人。主要职能：负责农业资源调查、监测、评价，农业区域规划，农业资源管理保护及开发论证，可持续高效利用实验示范等工作。

广西农业区划委员会办公室自1979年8月成立至今，先后组织完成了全区土地、气候、水、生物等资源和社会经济情况调查，果树资源调查，广西农业名特优新品种资源调查，农业主导产业布局与产业化开发建设调查研究，农业公里网点监测等农业资源调查，农村劳动力转移调查、12个县土壤养分监测取样及成分化验、调减甘蔗面积后替代产业选择研究、农民收入构成变化调研等工作，完成了《主要野生蔬菜开发利用》、《蔬菜区域布局与发展规划研究》、《蔬菜种质资源特点及开发利用方向研究》三个蔬菜种质资源调研报告的撰写和蔬菜生产现状示意图、区域规划布局示意图的绘制，还完成了《2002年度农业资源和农村经济监测》、《广西蕉类区域布局与发展研究》、《公里网点监测农户问卷调查评述》等重要调研工作；初步建立起广西农业资源档案及资料信息库，档案室还被自治区档案管批准为自治区事业单位科技档案室。共编制了12000多份有关农业自然资源调查、综合农业区划、农业区域开发规划、农业综合开发项目投资论证等报告。这些工作的完成，为各级政府指导农业生产进行宏观决策提供了重要的参考依据，促进了广西经济的发展。

部分获奖成果

部分研究成果

广西种子公司
GUANGXI SEED CORPORATION

种子加工、仓储中心（左为加工车间和种子仓库，右为低温库）

种子加工车间

种子精选机械（重力选、风筛选）

种子烘干设备

华夏大酒店

人工气候室

育种网室

育种网室

育种中心大楼

公司简介

广西壮族自治区种子公司成立于1978年。历经25年的奋斗与发展，已成为一个集科研、示范、推广、生产、经营于一体，拥有完善的加工贮藏设施和检验设备，具有强大市场竞争能力的大型专业种子公司。

公司总资产1.58亿元，注册资金1057万元，现有1000平方米的国家级低温低湿库、3600平方米的大型种子仓库、现代化的检测中心和每天可加工10万公斤种子的大型种子加工中心；公司育种中心先后育成水稻、玉米、瓜菜等新品种32个，其中18个新品种已通过自治区级审定。近年来，公司共荣获部省级科研成果17项。

公司目前已建立起规模较大的营销网络。2000年在南宁建成全国首家大型种子零售超市广西壮族自治区种子公司销售中心。在全区各地设立种子经销店1300多个；与自治区邮政部门合作开展种子邮购业务，设立邮购网点1000多个。

2000年公司被农业部授予全国种业百强称号。2001年经国家外经贸部批准，获得农作物种子种苗及农资产品进出口经营权；2003年被农业部和自治区分别评为全国种业五十强、自治区农业产业化重点龙头企业和全国“三下乡”先进单位；公司党总支多次被评为自治区农业厅和自治区直属机关党委优秀基层党组织；公司总经理文信连2001年荣获“自治区十大杰出青年”称号，2002年荣获广西“五一”劳动奖章，2003年荣获“广西新世纪十百千人才”、“广西青年科技奖”、“全国星火计划先进个人”及“自治区直属机关优秀党务工作者”称号，2004年获全国农业科技年活动先进工作者。

绿宇良种　全心为农

2003年，全区价格主管部门积极开展解放思想再讨论，探索社会主义市场经济条件下价格工作的新思路，认真履行“定规则、当裁判、搞服务”的职能，继续推进价格改革，完善政府定价形成机制，整顿和规范市场价格秩序，为全社会营造一个宽松、有序的投资和消费价格环境，在促进我区扩大对外开放、发展非公有制经济、加快工业化和城镇化步伐等方面，发挥了积极的作用。

上半年，为保持受非典疫情影响的市场价格基本稳定，维护社会稳定的大局，各级价格主管部门采取各种措施，保持市场价格稳定：一是全力加强市场价格监测，严密监测与防治非典相关的药品、医疗器械、卫生材料和人民生活必需品价格；二是及时报请自治区人民政府出台了相应的价格干预措施，及时引导市场价格行为，指导各地迅速平抑市场价格异动，维护社会稳定；三是加大价格监督检查的力度，重点打击哄抬价格、扰乱市场、牟取暴利等价格违法行为。

为了优化我区发展的体制环境，全区从8月1日起，

广西物价检查所

取消商业性投资的旅游景点门票价格和民办医疗机构的医疗服务价格等十二项价格和收费的行政审批，改为市场调节价格管理；将资源保护性的旅游景点门票价格、水利工程供水价格等五项由政府定价改为政府指导价，下放了部分价格审批权限。制定和颁布了《广西壮族自治区城市供水价格管理实施细则》。改进了水价分类计算办法，对城市居民生活用水，分步实行阶梯式计量水价。改革了污水处理费的征收管理方式，加快了城市污水处理产业化步伐。开展了对部分重要商品和服务价格的成本监审工作，提高了价格决策的科学性和透明度。

全区各级价格主管部门紧紧围绕各级党委、政府以及各界群众关心的价格热点、难点问题，继续深入开展价格和收费秩序的整治，取得了明显效果。据统计，1—12月全区共查处价格违法案件4354件，查处价格违法金额5368.55万元，实行经济制裁3555.27万元（其中退还消费者1093.58万元，没收违法所得2364.76万元，罚款97.18万元），涉农价格和收费公示制度也继续得到完善。

① 11月13-14日，广西物价检查所召开全区教育收费专项检查工作汇报会，会议通报前一阶段我区全国治理教育乱收费专项检查情况；研究异地交叉检查案件；部署下一步工作。

② 非典期间，自治区物价检查所卢启权所长带领检查队伍，深入市场开展防治非典药品和相关商品价格检查。

③ 2003年，我区再次举办全区价格监督检查法律文书培训班。经过多次培训，我区的价格执法水平已经有了很大的提高。

④ 2003年，我区各地积极受理价格举报投诉，受到群众的欢迎和赞扬。图为陆川县乌石镇的个体户代表给自治区物价检查所举报中心送来锦旗和感谢信。

南宁国际会展中心

Nanning International Convention and Exhibition Center

南宁国际会展中心是一座现代化标志性建筑，是南宁市的新地标，居国内先进水平。它设计巧妙，匠心独运，依山就势逐层升高，建筑主体具有很强的层次感、流露出活泼的韵律。会展中心气势恢宏，象征南宁市对未来发展充满信心，体现出南宁市面向世界的开放形象。特别是位于多功能厅的拱顶，造型独特，结构巧妙，宛如一朵硕大的朱槿花盛开在青山之上，光彩照人。夜幕降临，在绚丽多彩的灯光照耀下象一块玲珑剔透的水晶，散发出迷人的魅力。十二边形组成的拱顶象征着生活在广西这片土地上和睦相处、团结协作、共同进步的十二个世居民族。

主体建筑造型别致优美，与周围环境相互协调，相映生辉；群体建筑韵律和谐，格调高雅；建筑内外的金属构件采用曲线形式，冷硬的金属材料被柔美了，结构显出了优美的韵律感，使会展中心成为南宁市现代化建筑的典范之作。

◀ 南宁市市长林国强在会展中心启用仪式暨第七届南宁国际学生用品交易会开幕式致辞

▼ 客户服务中心为广大客户提供专业、热情、周到的服务

公共电话为广大客户提供通讯方便

学术讲座厅

一号展厅

会议厅

隆平高科
LONGPING HIGH-TECH

广西隆平高科种业有限公司

撒向人间都是福

广西隆平高科种业有限公司是袁隆平农业高科技股份有限公司控股，于2002年6月组建成立的现代高科技企业。凭借隆平高科无与伦比的品牌优势、科研优势、资金优势及现代企业管理机制，广西隆平高科种业有限公司迅速在八桂大地上腾飞了。公司聚集了一批有志于我国种业的科研、生产和营销人才，注重人、科技和自然的紧密结合，致力于农作物新品种的研究、开发生产和销售，把隆平高科的科研成果源源不断地推向市场。目前公司拥有较稳定的种子生产基地3万多亩，可生产的优良杂交水稻、杂交玉米种子500多万公斤。一年来已在全区建立了600多个销售网点，并在桂林、柳州设立了分公司，销售双杂种子300多万公斤，销售收入3000多万元，还出口东南亚80多万公斤，出口金额达500多万元，取得了巨大的社会效益和较好的经济效益。

创造无限、惠及人类是隆平高科的经营理念，撒向人间都是福，是隆平高科的质量方针，为造福人类，造福农民，造福股民，造福员工，实现袁隆平院士发展杂交水稻、造世界人民的心愿，广西隆平高科人将以更加饱满的热情，更加严谨的作风，更加周到的服务，秉承袁隆平精神，把隆平高科更多更好的新品种源源不断地推向市场。

诚征加盟　共创辉煌

杂交水稻种业辉煌的明天靠你我来共同创造
国际一流的育种家作后盾是你我成功的保证

公司地址：南宁市科园大道38号
联系电话：0771-3212106　3211728
传真：0771-3211556
http://www.lpht.com.cn
E-mail：gxlpgk@lpht.com.cn

广西注册

广西会计师事务所、资产评估事务所名录

广西注册会计师协会于1990年1月8日经自治区财政厅批准成立，是由广西注册会计师组成并经自治区民政厅注册登记的社会团体，是中国注册会计师协会的地方组织，依法对全区注册会计师行业进行管理、监督，其业务主管部门为自治区财政厅。

广西各会计师事务所，资产评估事务所是经自治区财政厅批准

名称	地址	电话
广西众益会计师事务所	南宁市金湖路38-1号时代丽都大厦四、五层	0771-5503803
广西祥浩会计师事务所	南宁市嘉宾路2号南宁晚报社新闻中心第13层	0771-5535521
广西新时代会计师事务所	南宁市星湖路28号	0771-5324075
广西华通会计师事务所	南宁市新民路48号	0771-2814853
广西正德会计师事务所	南宁市民族大道68号	0771-5855080
广西诚信会计师事务所	南宁市民主路7号	0771-5653519
广西桂鑫诚会计师事务所	南宁市新竹路20号	0771-5862063
中天银会计师事务所广西分所	南宁市桃源路88-3号	0771-5302843
广西起元（联合）会计师事务所	南宁市七星路129号	0771-2806752
广西兴瑞（联合）会计师事务所	南宁市园湖南路19号	0771-5877246
广西风华（联合）会计师事务所	南宁市星湖路17号	0771-5863409
广西东方广信会计师事务所	南宁市葛村路10号	0771-5881490
广西同德会计师事务所	南宁市金州路36号金州大厦3楼	0771-5523078
南宁金誉（联合）会计师事务所	南宁市明秀东路191号	0771-3108897
广西正则会计师事务所	柳州市滨江东路1号海鸿广场1栋5楼	0772-2865697
北京中路华会计师事务所柳州分所	柳州市鹅山路三区1号	0772-3923722
广西公立会计师事务所	桂林市中山北路296号	0773-2823020
广西立信会计师事务所	桂林市中山中路十字街大世界七楼	0773-2855066
广西方中会计师事务所	桂林市中山中路8号桂名大厦	0773-2833176
广西信达会计师事务所	桂林市翊武路20号	0773-2823047
桂林阳光（联合）会计师事务所	桂林市中山北路3号	0773-2814182
广西健业会计师事务所	梧州市新兴一路196号3楼	0774-3831188
贺州汇业会计师事务所	贺州市建设东路种子公司大楼东侧3楼	0774-5273355
南宁公信（联合）会计师事务所	南宁市民族大道38-2号泰安大厦金座901室	0771-5850806
广西天辰会计师事务所	北海市北京路城建大厦4楼	0779-2038979
北海中泰（联合）会计师事务所	北海市北部湾西路中航大厦	0779-3062717
北海珠城（联合）会计师事务所	北海市北部湾东路3号	0779-2056031
钦州永信会计师事务所	钦州市南珠西大街45号二楼	0777-2830381
钦州中恒（联合）会计师事务所	钦州市文锋北路市工商局（斜对面）	0777-2813578
广西英威尔会计师事务所	玉林市香莞路55号	0775-2823575
百色德盛（联合）会计师事务所	百色市中山2路嘉和商厦	0776-8809076
容县泰和（合伙）会计师事务所	容县容城镇南门街113号	0775-5325168
平南鸿达（联合）会计师事务所	平南县冬笋塘136号	0775-7827752
河池华信会计师事务所	河池市新建路271号	0778-2285774
河池龙江（联合）会计师事务所	宜州市公园东路2号	0778-3143573
华寅会计师事务所广西分所	南宁市桃源路67号	0771-5329496

会计师协会

设立的为社会提供经济鉴证服务的中介机构，其服务范围是：依法从事各类企业会计报表审计、注册资本验证、资产评估、税务代理、基建预决算审核、司法活动中有关会计鉴证、企业改制、兼并、清算的审计、各类财务会计咨询服务等。截止2002年12月31日，广西共有50家会计师事务所，16家资产评估机构。

上海东华会计师事务所广西分所	南宁市民族大道103号投资大厦	0771-5536579
广西银海会计师事务所	南宁市葛村路9号珉旖大厦	0771-5890801
柳州天立（联合）会计师事务所	柳州市广场路4号商厦4楼	0772-2832886
桂林新鹏（联合）会计师事务所	桂林市八桂路大厦南三层楼	0773-2832238
贵港广源（联合）会计师事务所	贵港市中山北路	0775-4215073
柳州永禾会计师事务所	柳州市五一路21号	0772-2827881
南宁武鸣诚德（联合）会计师事务所	武鸣县审计局内	0771-6223103
广西中和（联合）会计师事务所	北海市贵州南路金海岸中心3楼	0779-3061455
柳州中阳（联合）会计师事务所	柳州市三中路45号龙都花苑3号楼	0772-2802802
柳州众益会计师事务所	柳州市北站路14号中百大厦4楼	0772-2827612
桂林华浩会计师事务所	桂林市文明路科学技术局2楼	0773-3892001
贵港众益会计师事务所	贵港市中山路证券营业部三楼	0775-4552698
北海永华联合会计师事务所	北海市海玉小区88幢五楼508号房	0779-3200584
中通诚资产评估有限责任公司广西分公司	南宁市东葛路26号	0771-5860846
北京北方亚事资产评估有限公司柳州分公司	柳州市滨江东路1号7楼	0772-2866520
广西中锋大公资产评估有限公司	南宁市桃源路86号桃苑大厦4楼	0771-5335457
广西桂科资产评估有限公司	南宁市东葛路20-1号	0771-5881032
广西信达友邦资产评估有限责任公司	南宁市东葛路22号万锋大厦	0771-5875137
南宁新科资产评估事务所	南宁市桃源路88-3号	0771-5303505
梧州弘正资产评估事务所	梧州市新兴二路51-52号广辉楼2单元4楼	0774-3846509
钦州正和资产评估事务所	钦州市文锋北路141号	0777-2822723
北海诚信资产评估事务所	北海市贵州南路33号桂兴大院内	0779-3057441
百色红星资产评估事务所	百色市中山一路100号	0776-2823798
东方资产评估公司广西分公司	南宁市石油大厦22楼	0771-5302332
桂林市方圆资产评估事务所	桂林市民主路5号	0773-2881003
北海明大资产评估事务所	北海市四川路35号	0779-3033331
上海华审资产评估有限公司广西分公司	南宁市民族大道103号投资大厦	0771-5536579
南宁市金正资产评估事务所	南宁市葛村路7-1号金都大厦	0771-5892163
梧州正益联合会计师事务所	梧州市新兴二路51-52号	0774-3861136
荔浦立德联合会计师事务所	荔浦县城西街荔柳路24号	0773-7224358
崇左县众信联合会计师事务所	崇左市江南一中	13978138500
南宁华泰天三联合会计师事务所	南宁市桃源路67号石油大厦21楼	0771-5312869
来宾华普联合会计师事务所	来宾市柳来路来宾商业大厦1栋7楼	0772-4211408
柳州市柳城长信联合会计师事务所	柳城县大浦镇柳城县审计局一楼	0772-7611542
南宁元浩会计师事务所	南宁市鲤湾路5号盛源大厦七楼	0771-5886593
大信会计师事务所广西分所	南宁市民族大道93号新兴大厦A座	0771-5880247

广西壮族自治区侨办

广西是中国主要侨乡之一。在海外的华侨、华人有320多万人，分布在92个国家和地区，其中80%以上居住在东南亚各国。在广西境内的归侨侨眷有120多万人，其中归侨18.5万多人。还有40多万港澳同胞及约60万港澳同胞眷属。广西在海外的侨众是广西经济建设和社会发展一支不可忽视的力量，他们同世界各地有着广泛的联系，其中有部分拥有一定的资本和技术。我国改革开放以来，广大华侨华人为广西的改革开放、经济发展做出了积极的贡献。在广西引进的外资项目中，80%左右是华侨华人和港澳同胞兴办的。2003年，在自治区党委和政府的领导下，我区桥务工作取得了较大的成就。

一、组团访问广交侨友

2003年，全区各级侨办共组织或参加出访团组32个，分别出访了印尼、菲律宾、新加坡、马来西亚、泰国、澳大利亚、新西兰、香港、澳门、台湾等国家和地区，其中自治区侨办组织的出访团组8个。9月20日—22日世界广西同乡联谊会第十一届代表大会暨新加坡广西暨高州会馆成立120周年纪念庆典在新加坡举行，以自治区政府副主席杨道喜为团长，自治区侨办李汉金主任为副团长的广西庆贺团和南宁、梧州、玉林、钦州、来宾、崇左等市庆贺分团共130多人到会祝贺。此次出访拓展了新的友好力量。年内全区共接待了20多个国家和地区的华侨华人、港澳台同胞共5095人次，283个团组，其中，自治区侨办共接待2863人（次），34个团组。

二、举办各种联谊活动，促进海外社团之间的团结和友谊

【“八桂挚友”联谊】去年，利用南宁国际民歌节暨广西投资贸易洽谈会，举办了2003海外“八桂挚友”联谊座谈会，来自美国、英国、菲律宾、新加坡、泰国、马来西亚、台湾、香港、澳门等9个国家和地区的侨领、侨商120多人出席了座谈会。中国侨联副主席林丽蕴、自治区党委副书记刘奇葆、自治区政府高虎城副主席等领导出席座谈会。该活动作为“2003年广西投资贸易洽谈会”的一项配套内容获得了2003年广西投资贸易洽谈会组委会颁发的“优秀组织奖”。座谈会期间，邀请来自印尼的“祖国之音”东风乐队与广西华侨学校的师生在广西华侨学校举行了一场别开生面的“八桂挚友”联欢晚会。“八桂挚友”侨务主题活动为海外嘉宾认识广西，了解广西，增强海外侨胞与各方面交往，开展相关合作提供了好机会，也促进了海外社团之间的团结友谊。

【华文教育和海外华裔青少年联谊】年内外派教师15名，分赴越南、柬埔寨、老挝及非洲的马达加斯加等国进行华文教学。在做好“走出去”进行华文教学的同时，开展了“请进来”的师资培训工作。同时，开展了“海外华裔青少年壮乡行”联谊活动，经过大量的前期选点、筹备等工作，确定53位新加坡国际基金会组织的夏令营营员赴钦州市开展服务交流活动，确定200位东盟国家华裔青少年赴北京参加“寻根之旅”夏令营活动。2003年，继续加强南宁中国语言文化学校教育基地的建设，自治区政府同意将南宁华侨补习学校更名为“广西华侨学校”，为今后扩大对外招生和开展华文教育工作创造了更有利于的条件。当年广西华侨学校的海外招生工作取得新突破，在校海外留学生已达50多人。

三、制定广西侨务经济科技工作规划，明确了各项措施。

（一）服务侨资企业，增强华商来桂投资的信心。

一年来，全区各级侨办主动协调有关部门，积极帮助侨资企业解决生产经营中遇到的各种问题。使外商深切地感受到广西各级政府是关心他们的，侨办是他们可信赖的朋友，表示今后一定介绍更多的亲朋到广西发展事业。自治区高虎城副主席还率自治区侨办的同志到广西东亚糖业集团、南宁正大畜牧有限公司等侨资企业进行慰问，了解他们的经营状况，鼓舞他们克服困难，积极发展生产，增强了侨商们在广西投资的信心。

（二）围绕地方经济建设，努力开展侨务引资引智工作。

全区各级侨办还围绕自治区扩大利用外资，提高对外开放水平的工作目标和重点，努力推进侨务引资引智工作，为广西经济建设出力。

一年来，全区各级侨务部门直接或牵线搭桥引进外资合同项目48个，利用外资额28.4亿元人民币，其中自治区侨办直接引进外资合同项目2个，利用外资额3.4亿元人民币。

四、开展“富侨兴桂”活动

为了努力营造良好的归侨侨眷非公经济发展环境，自治区侨办开展了“富侨兴桂－促归侨侨眷非公经济发展”主题活动，积极推动华侨农林场归侨侨眷致力发展非公经济，侧重抓好分散在城乡的归侨侨眷的工作。各市、县侨务部门积极响应，结合当地实际作了认真部署，精心安排各项活动，加大宣传力度，采取有效措施，充分调动归侨侨眷积极性，努力推进当地归侨侨眷非公经济的发展。

五、关心归侨侨眷下岗职工再就业工作

2003年，自治区侨办多次召开了全区归侨侨眷下岗职工再就业座谈会，关心归侨侨眷下岗职工再就业问题，同时，多次深入下岗失业职工及特困户慰问。2003年，自治区侨办共下拨了115万元的春节慰问经费，各地侨办也都向当地财政争取了慰问经费，由党委、政府领导率有关人员对归侨侨眷贫困户进行慰问。

六、寻求华侨农林场走出困境的途径

自治区党委、政府对我区华侨农林场的发展极为关注，决定建立华侨投资区经济区。自治区侨办和自治区华侨企业局结合实际，积极协调、配合华侨农场所在地政府，推进华侨经济管理区的建设。最近，自治区区党委、政府已决定以南宁华侨投资区为依托，建设“中国—东盟经济园”，拟通过对南宁华侨投资区进行重新规划、改造，并制定特殊政策，以吸引东盟国家及其他国家企业前来广西投资，吸引国内对东盟国家出口企业到广西办厂，把华侨区建设成为一个制造业示范基地和新兴的工业城市，同时使其成为中国—东盟经贸合作的新载体。这必将对华侨区扩大对外招商，实现跨越式发展起到极大的促进作用。

七、全面实施“侨居工程”，改善归难侨职工居住条件。

今年初，自治区侨办和自治区华侨企业管理局提出了实施“侨居工程”计划，争取通过筹措一定补助资金，引导华侨农林场用三年的时间，以归难侨和职工自筹资金为主的方式，新建、改建住房面积56万平方米，通过这一工程，从根本上解决归难侨职工危房多、居住环境差、住房难等问题。同时彻底改变归难职工等、靠、要的陈旧观念，促使他们抓住机遇，靠辛勤劳动和党的好政策自我改善居住条件。目前，全区华侨农林场计划年内共建住房2435户约30万平方米，现已开工建设1500户，这些“侨居工程”都是经统一规划、统一设计，结构新颖实用，居住舒适，具有“侨”或民族特色建筑。

八、继续引进侨心小学建设项目和做好资助学童工作。

全年，全区各级侨办共引进侨心小学项目20个，引进捐款232.4万元。自治区侨办拨付由马来西亚华人柯来发先生资助的巴马、乐业县共41名特困生春季学期的学杂费4920元。容县侨办引荐香港马鞍山扶苗之友会捐增11.97万元，扶持资助学生600多人。

自治区副主席杨道喜在印度尼西亚访问期间，受到总统梅加瓦蒂·苏哈诺的亲切会见。

广西沿海铁路股份有限公司

广西沿海铁路位于广西南（宁）北（海）钦（州）防（城港）经济区域，北接南昆、湘桂线，与全国铁路联网运营，南连广西沿海港口，四线(南防、钦北、黎钦、钦港)连三港（防城港、钦州港、北海港)，辐射西南和广西经济区域，是我国西南出海便捷通道，区位优势独特，具有较强的市场竞争力。广西沿海铁路股份有限公司是广西与铁道部于2002年6月组建的合资铁路公司，经营管理南防、钦北、黎钦、钦港铁路，营业里程416公里。南昆铁路货物经广西沿海铁路到防城港比到湛江港缩短运距275公里，黔桂铁路货物经广西沿海铁路到防城港比到湛江港缩短运距111公里。经南昆铁路至广西通道出海的货物，铁路运费比广东通道每吨节省9元-11元。经水柏铁路及南昆铁路至广西通道出海的金属矿类货物比广东通道每吨节省4元。

随着西部大开发的推进，中国加入WTO、中国-东盟自由贸易区的构建、中国-东盟博览会落户广西南宁、广西南北钦防经济区的建成、合(浦)河(唇)铁路的修建，广西沿海铁路出海通道将成为国际化综合性通道。公司将继续遵循双赢原则，热诚为广大用户提供最优质的运输服务，愿与各界携手合作，共谋发展，为广西经济发展作贡献。

公司地址：广西南宁市明秀西路100-3号

邮编：530003　电话（传真）：(0771)3835306

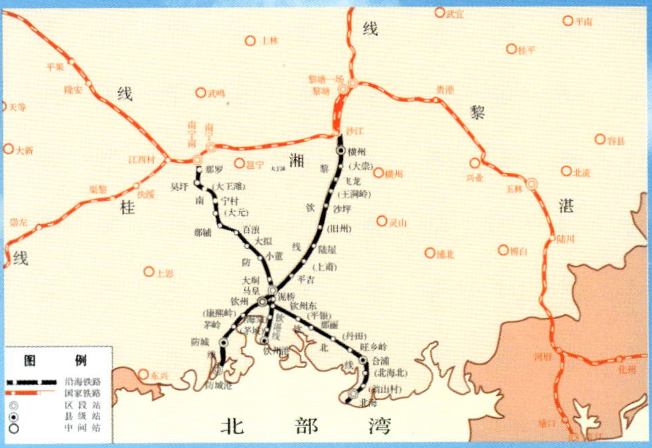

不待扬鞭更奋蹄
——广西福彩中心发展掠影

继上年度广西福彩中心获得嘉奖之后，2004年2月，国家民政部又授予广西福彩中心“2003年度销售总量一等奖”、“2003年度电脑票市场份额一等奖”、“2003年度创新奖”、“2003年度人均销量二等奖”、“2003年度销售进步二等奖”、“2003年度即开票销量二等奖”，中国福利彩票发行管理中心也授予广西福彩中心桂南、桂中、桂东、桂北四个管理处“中国福利彩票电脑型全国先进单位”的荣誉称号，广西风采37选7游戏还荣获中国电脑福利彩票著名品牌的称号。这些奖项的获得，无疑是对广西福彩中心各项工作的肯定。

在全区各级党委政府领导重视和中彩中心的指导帮助下，在区民政厅的正确领导和各市县民政局的积极支持配合下，广西福彩中心立足行业实践“三个代表”，全面推进彩票销售，积极开拓进取，内抓管理，外拓市场，解放思想，实现观念创新、制度创新、科技创新和业务创新的四大创新，发行彩票16年来，共销售47亿多元，其中电脑票28亿元，即开票19亿元，共为国家和广西筹措公益金15亿元。去年，在全国许多大省福利彩票崛起的条件和情况下，年销量仍在全国排第四名，在西部12个省市区排第1名，在广西始终占有80%的市场份额。其中仅广西风采电脑福利彩票2003年就突破10亿元大关，跨越了广西福彩事业16年来征途中的一个极为重要的里程碑。发行广西风采电脑福利彩票近四年来已缔造百万元以上大奖145个，其中500万富翁55个，代扣上缴国家税收1.4亿多元，建设有风采投注站点3000多个，安排和解决了6000多人的就业问题，拉动了机械制造、造纸、电脑、通讯、仓储、运输、印刷、广告和媒体等行业的发展，被誉为广西一项重要的建设成就。

之所以在连续几年福利彩票销售取得年年增长的好成绩：一在于领导高度重视，区民政厅党组一如既往地重视和支持彩票工作；二是福彩中心坚持和完善改革措施，继续深化发行管理体制以及劳动人事和分配制度三项改革；三是福彩销售系统人员努力拼搏和奋斗，人人讲奉献，个个创佳绩；四是各有关方面大力支持和配合，审计、人事、财政、北京大学、新闻媒体等均给予大力支持，被全国同行所称道的“三项改革，两支队伍”广西模式更加得到完善。由于措施得力，使得广西社会福利事业建设水平年年跃上一个新台阶，仅广西去年首创的“五保村”建设，就建成了1300多个，安排了17000多名农村五保老人入住安度晚年。

广西区经济信息中心

广西区经济信息中心是归口自治区发展计划委员会（现已改为自治区发展和改革委员会）管理的全民所有制事业单位，和全区各市、县（区）经济信息中心一起构成广西经济信息系统，是国家经济信息系统的组成部分。广西区经济信息中心的基本职能是：统一规划和管理全自治区经济信息系统建设，为各级政府和综合经济管理部门提供信息和技术支持；向社会提供信息和技术服务；组织协调信息资源的开发利用；指导市、县（区）经济信息部门的工作；建设和管理广西互联网、广西电子政务外网和广西经济信息网；参与建设广西电子政务内网。

广西区经济信息中心坚持“服务政府、服务社会”的宗旨，努力做好我区国民经济运行监测与预测，开展经济重大课题研究，着力推进广西党政部门信息互联的网络建设，开发一批为经济管理决策服务的专业化信息系统，实施计委系统信息化建设，为党政部门和社会提供了综合性、基础性经济信息咨询服务，提供了良好的信息技术服务，取得了丰硕的成果。

团结务实的领导班子：黄永科常务副主任（中）、胡安韩副主任（左二）、郭建中副主任（左一）、陈友初副主任（右二）、杨勇副总工程师（右一）。

全区经济信息系统工作座谈会

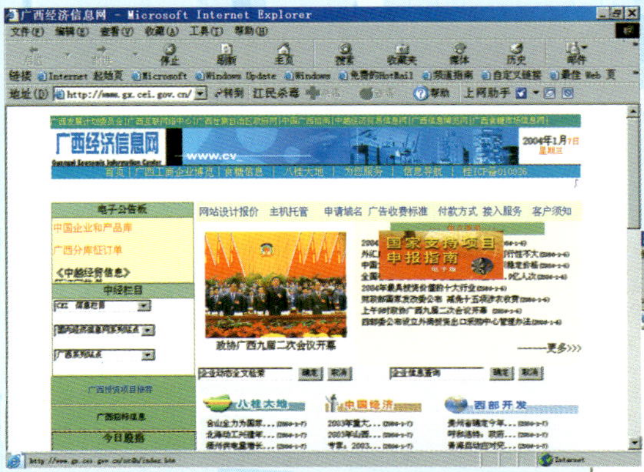

广西经济信息网 www.gx.cei.gov.cn

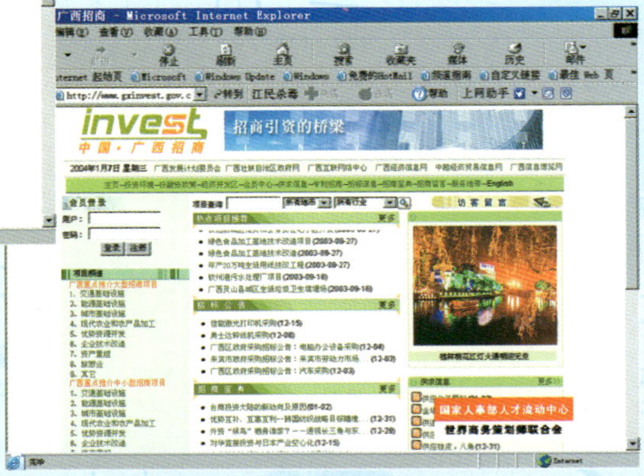

广西招商网 www.gxinvest.gov.cn

地址：南宁市星湖路10号　　电话：0771-5317058　5306823　　网址：www.gx.cei.gov.cn

邮编：530022　　传真：0771-5315749　　E-mail:gov@gxi.gov.cn

南宁市发展计划委员会

◀ 南宁市计委积极推进我市重点项目的前期工作，南宁城市水环境综合整治工程、南宁电厂、葫芦顶大桥、北大桥、桃源桥等一批重点项目的前期工作取得重大进展，部分已开工建设，2003年我委协助项目业主争取国债及补助等各项建设资金共1.67亿元。图为自治区人民政府与日本协力银行的代表签订南宁城市水环境综合整治工程项目利用日元贷款备忘录。

南宁市发展计划委员会是首府经济和社会发展综合管理部门，2003年，全委紧紧围绕实施城市建设和管理“136”目标以及“大南宁”发展战略，积极为全市经济社会发展提思路、出主意、抓大事、办实事。组织编制了2003年全市国民经济和社会发展计划和《南宁市服务业发展规划》，启动了南宁市“十一五”规划编制前期工作；完成了《适应入世形势改善我市投资环境课题研究》、《非典对我市经济的影响与对策研究》等40多篇调研报告。狠抓项目协调和管理，加强资金筹措工作，了解了“136”项目建设顺利实施，推进了一批重大项目前期工作。重视队伍建设，结合干部教育年、投资环境改善年、解放思想再讨论以及行政效能监察工作和市民评议机关活动，加强干部职工政治思想教育和业务培训，有力地提高了全委干部职工的整体素质和机关办事效率。

▲ 南宁市计委认真做好我市中长期规划，从2003年底开始进行编制南宁市“十一五”规划的前期工作，开展各项专项规划及课题评审及调研工作，另外我委与国家计委产业经济与技术经济研究所联合完成的《南宁市服务业发展规划》，在2003年10月29日由市人民政府以南府发［2003］138号批转执行。图为南宁市“十一五”规划编制工作动员会及专题知识讲座。

◀ 南宁市计委认真组织抓好南宁电厂项目前期工作，项目前期工作取得重大进展，目前已确定项目业主为中国国电集团公司，项目预可研报告已基本完成，争取2004年内开工建设。图为市人民政府市长林国强与中国国电集团公司副总经理李庆奎签订项目建设协议，自治区党委副书记、市委书记李纪恒、自治区党委常委、自治区人民政府副主席李金早、中国国电集团公司总经理周大兵以及自治区和南宁市的领导出席了签字仪式。

抓住机遇　开创新局面

——南宁市公安局

近年来，南宁市公安局在党委、政府和上级公安机关的领导下，高举邓小平理论伟大旗帜，认真实践“三个代表”重要思想，为维护国家安宁，促进首府经济发展，保持社会稳定做出了积极的贡献，全体民警恪尽职守，英勇无畏，无私奉献，以辛勤的汗水和流血牺牲换来了一方平安。

2004年是南宁市实现“136”工程目标中三年一中变的一年，是建设大南宁思路和决策的头一年，是中国—东盟博览会首次在首府南宁举行的一年。在新的形势和面临更大的机遇和挑战下，南宁市公安局将切实担负起巩固共产党执政地位、维护国家长治久安、保障人民安居乐业的重大政治责任和社会责任，为打击犯罪、维护稳定、治安管理、服务群众做出新的更大的贡献，努力造就一支让党和人民完全可以信赖的文明之师、威武之师和钢铁之师。

南宁市公安局党委书记、局长颜石廉

地　址：第一办公区（怡宾路8号）　邮编：530022
第二办公区（友爱北路25号）　邮编：530001

威风凛凛

忠诚卫士

蓄势待发

2003年5月17日，中共中央政治局常委全国政协主席贾庆林与全国政协副主席李兆焯在广西壮族自治区党委书记曹伯纯、区党委常委自治区代主席陆兵、区党委副书记南宁市委书记李纪恒、南宁市市长林国强的陪同下到南宁市社会应急联动中心视察并听取了南宁市副市长张冬梅对南宁市社会应急联动系统的建设情况的汇报。

广西南宁市社会应急联动中心

国家计委批准建设的中国第一套城市应急联动系统于2001年11月在南宁市投人试运行，2002年5月1日正式运行。它是联合国开发计划署在华的第一个应急联动智力援助项目。南宁市社会应急联动中心在市政府的直接领导下，负责该联动系统的运行、管理、指挥、协调工作。该系统在全国率先建成对公安110报警服务台、火警119、急救120、交警122和市长公开电话12345的统一指挥平台和信息网络平台，实现跨部门、跨警区以及不同警种之间的统一指挥协调，向市民提供便捷的紧急求助服务。月接听各类报警求助电话约17万个，处理各类报警求助事件约2万件。南宁市的城市防洪、护林防火、防震、防空、水、电、气等公共求助系统也将纳人该系统。南宁市人民政府自2002年5月1日起发布实施中国第一部社会应急联动法规《南宁市社会应急联动试行规定》。系统有计算机辅助调度、数据库、地理信息、有线及无线通信指挥调度、无线移动数据传输、全球卫星定位系统等15个子系统构成，达到世界先进水平。南宁市社会应急联动中心还承担了国家“十五”科技攻关项目“城市公共安全综合试点”的研究工作，最大限度地打击各种犯罪活动，减少国家和人民生命财产的损失。

2003年4月12日，中共中央政治局常委、中央政法委书记罗干在广西壮族自治区党委书记曹伯纯、区党委常委自治区代主席陆兵、区党委副书记刘奇葆、区党委副书记南宁市委书记李纪恒、南宁市市长林国强的陪同下到南宁市社会应急联动中心视察并听取了南宁市副市长张冬梅对南宁市社会应急联动系统的建设情况的汇报。

南宁市社会应急联动中心接处警大厅

目　　录
CONTENTS

第一篇 行政区划和自然资源
CHAPTER 1. DIVISIONS OF ADMINISTRATIVE AREAS AND NATURAL RESOURCES

第二篇　综　合
CHAPTER 2. GENERAL SURVEY

第三篇 国民经济核算

CHAPTER 3. NATIONAL ECONOMIC ACCOUNTING

第四篇 人 口

CHAPTER 4. POPULATION

第五篇 从业人员和职工工资
CHAPTER 5. EMPLOYMENT AND WAGES

第六篇 固定资产投资
CHAPTER 6. INVESTMENT IN FIXED ASSETS

第七篇　能源生产与消费
CHAPTER 7. ENERGY PRODUCTION AND CONSUMPTION

第八篇　财政、金融和保险
CHAPTER 8. FINANCE, BANKING AND INSURANCE

第九篇 物 价
CHAPTER 9. PRICE

第十篇 人民生活
CHAPTER 10. PEOPLE'S LIVELIHOOD

第十一篇 环境保护及城市公用设施

CHAPTER 11. ENVIRONMENTAL PROTECTION AND PUBLIC FACILITIES IN CITIES

第十二篇 城市概况
CHAPTER 12. GENERAL SURVEY OF CITIES

第十三篇 农 业
CHAPTER 13. AGRICULTURE

第十四篇 工 业
CHAPTER 14. INDUSTRY

第十五篇 建筑业
CHAPTER 15. CONSTRUCTION

第十六篇 交通、运输和邮电通信业
CHAPTER 16. TRANSPORTATION, POSTAL AND TELECOMMUNICATIONS SEVERICES

第十七篇 国内贸易
CHAPTER 17. DOMESTIC TRADE

第十八篇　对外经济贸易和旅游
CHAPTER 18. FOREIGN ECONOMY, TRADE AND TOURISM

统计图
Statistical Chart

第十九篇 教育、科技和文化
CHAPTER 19. EDUCATION, SCIENCE AND CULTURE

第二十篇 体育、卫生、社会福利及服务业
CHAPTER 20. SPORT, PUBLIC HEALTH, SOCIAL WELFARE AND OTHERS

第二十一篇　区域经济
CHAPTER 21. ECONOMIC ZONES

第二十二篇　各市基本情况
CHAPTER 22. BASIC STATISTICS OF CITY

第二十三篇　县市基本情况
CHAPTER 23. BASIC STATISTICS OF COUNTY AND CITY

附录
APPENDIX

第一篇
CHAPTER 1

行政区划和自然资源

DIVISIONS OF ADMINISTRATIVE AREA AND NATURAL RESOURCES

1—1 行政区划(2003年末)

Division of Administrative Areas (End of 2003)

单位:个(unit)

市	City	地级单位 Number of Prefectures	市数 Number of Cities 合计 Total	地级市 Cities at Prefetural Level	县级市 Cities at County Level	县数 Number of Counties 合计 Total	县 County	自治县 Automous County	市辖区 Districts under the Jurisdiction of Cities
全区合计	**Total**	**14**	**21**	**14**	**7**	**69**	**57**	**12**	**33**
南宁市	Nanning	1	1	1		7	7		5
柳州市	Liuzhou	1	1	1		6	4	2	4
桂林市	Guilin	1	1	1		12	10	2	5
梧州市	Wuzhou	1	2	1	1	3	3		3
北海市	Beihai	1	1	1		1	1		3
防城港市	Fangcheng-gang	1	2	1	1	1	1		2
钦州市	Qinzhou	1	1	1		2	2		2
贵港市	Guigang	1	2	1	1	1	1		3
玉林市	Yulin	1	2	1	1	4	4		1
百色市	Baise	1	1	1		11	10	1	1
贺州市	Hezhou	1	1	1		3	2	1	1
河池市	Hechi	1	2	1	1	9	4	5	1
来宾市	Laibin	1	2	1	1	4	3	1	1
崇左市	Chongzuo	1	2	1	1	5	5		1

1—1 续表 continued

单位:个(unit)

市	City	乡镇数 Number of Townships & Towns				街道办事处 Urban Sub-district Office	居民委员会 Neighbourhood Committees	村民委员会 Village Committees
		合计 Total	乡 Township	民族乡 Nationlity Township	镇 Town			
全区合计	**Total**	**1324**	**576**	**61**	**748**	**72**	**1605**	**14369**
南宁市	Nanning	129	36	3	93	16	336	1392
柳州市	Liuzhou	98	53	6	45	21	170	316
桂林市	Guilin	145	81	15	64	10	202	1652
梧州市	Wuzhou	65	6	2	59	9	109	865
北海市	Beihai	27	3		24	5	96	342
防城港市	Fangcheng-gang	30	16	1	14	2	39	281
钦州市	Qinzhou	61	1		60	4	66	956
贵港市	Guigang	85	28	2	57	1	75	1072
玉林市	Yulin	117	14		103	4	67	1378
百色市	Baise	183	122	16	61		78	1808
贺州市	Hezhou	67	17	5	50		61	707
河池市	Hechi	164	113	11	51		136	1500
来宾市	Laibin	74	44		30		44	727
崇左市	Chongzuo	79	42		37		79	765

1—2 县级以上行政区划(2003 年末)
Division of Administrative Areas at and above County Level(End of 2003)

市	City	县(市、区)名称	Name of County (City, District) Level
南宁市	Nanning	兴宁区 新城区 城北区 江南区 永新区 邕宁县 武鸣县 横 县 宾阳县 上林县 隆安县 马山县	Xingning, Xincheng, Chengbei, Jiangnan, Yongxin, Yongning, Wuming, Hengxian, Binyang, Shanglin, Long'an, Mashan
柳州市	Liuzhou	城中区 鱼峰区 柳南区 柳北区 柳江县 柳城县 鹿寨县 融安县 三江侗族自治县 融水苗族自治县	Chengzhong, Yufeng, Liunan, Liubei, Liujiang, Liucheng, Luzhai, Rong'an, Sanjiang Dong Automous County, Rongshui Miao Automous County
桂林市	Guilin	秀峰区 叠彩区 象山区 七星区 雁山区 阳朔县 临桂县 灵川县 全州县 兴安县 永福县 灌阳县 龙胜各族自治县 资源县 平乐县 荔浦县 恭城瑶族自治县	Xiufeng, Diecai, Xiangshan, Qixing, Yanshan, Yangshuo, Lingui, Lingchuan, Quanzhou, Xing'an, Yongfu, Guanyang, Longsheng all of Nationality Automous County, Ziyuan, Pingle, Lipu, Gongcheng Yao Automous County
梧州市	Wuzhou	万秀区 蝶山区 长洲区 苍梧县 藤 县 蒙山县 岑溪市	Wanxiu, Dieshan, Changzhou, Cangwu, Tengxian, Mengshan, Cenxi
北海市	Beihai	海城区 银海区 铁山港区 合浦县	Haicheng, Yinhai, Tieshangang, Hepu
防城港市	Fangchenggang	港口区 防城区 上思县 东兴市	Gangkou, Fangcheng, Shangsi, Dongxing
钦州市	Qinzhou	钦南区 钦北区 灵山县 浦北县	Qinnan, Qinbei, Lingshan, Pubei
贵港市	Guigang	港南区 港北区 覃塘区 平南县 桂平市	Gangnan, Gangbei, Qintang, Pingnan, Guiping
玉林市	Yulin	玉州区 容 县 陆川县 博白县 兴业县 北流市	Yuzhou, Rongxian, Luchuan, Bobai, Xingye, Beiliu
百色市	Baise	右江区 田阳县 田东县 平果县 德保县 靖西县 那坡县 凌云县 乐业县 田林县 隆林各族自治县 西林县	Youjiang, Tianyang, Tiandong, Pingguo, Debao, Jingxi, Napo, Lingyun, Leye, Tianlin, Longlin all of Nationality Automous County, Xilin
贺州市	Hezhou	八步区 昭平县 钟山县 富川瑶族自治县	Babu, Zhaoping, Zhongshan, Fuchuan Yao Automous County
河池市	Hechi	金城江区 罗城仫佬族自治县 环江毛南族自治县 南丹县 天峨县 凤山县 东兰县 巴马瑶族自治县 都安瑶族自治县 大化瑶族自治县 宜州市	Jinchengjiang, Luocheng Mulao Automous County, Huanjiang Maonan Automous County, Nandan, Tian'e, Fengshan, Donglan, Bama Yao Automous County, Du'an Yao Automous County, Dahua Yao Automous County, Yizhou
来宾市	Laibin	兴宾区 象州县 武宣县 金秀瑶族自治县 忻城县 合山市	Xingbin, Xiangzhou, Wuxuan, Jinxiu Yao Automous County, Xincheng, Heshan
崇左市	Chongzuo	江州区 扶绥县 大新县 天等县 宁明县 龙州县 凭祥市	Jiangzhou, Fusui, Daxin, Tiandeng, Ningming, Longzhou, Pingxiang

1—3 自然资源(2003 年)
Natural Resources(2003)

指　标	Indicators	2003
一、土地	**Land**	
土地面积(万平方公里)	Land Area(10 000 sq. km)	23.67
按土地特征分:(万公顷)	By Land Use(10 000 hectares)	
林地面积	Area of Afforested Land	1151.23
牧草地面积	Grass	75.19
水域面积	Inland Water Area	80.00
按地型分各类土地所占比重	By Topographic Feature	
山地(海拔 400 米以上)	Mountian Area(Elevation >400m)	39.7
石山	Rock Mountain	19.7
丘陵(海拔 200—400 米)	Hill Area(Elevation between 200 and 400m)	10.3
台地(海拔 200 米以下)	Mesa(Elevation <200m)	6.3
平原	Plain Area	20.6
水面	Water Area	3.4
二、海洋	**Sea**	
海岸线长度(公里)	Length of Mainland Shore(km)	1500
浅海面积(平方公里)	Shallow Sea Area(sq. km)	6488
滩涂面积(平方公里)	Sea-beach Area(sq. km)	1005
海水可养殖面积(平方公里)	Cultivatable Area in Marine Area(sq. km)	1000
三、气候	**Climate**	
年平均气温(℃)	Annual Average Temperature(℃)	21.4
年日照时数(小时)	Annual Sunshine Time(hour)	1648
年降水量(毫米)	Annual Average Precipitation(mm)	1431.8
四、森林	**Forest**	
森林面积(万公顷)	Forest Area(10 000 hectares)	981.91
人均森林面积(亩)	Per Capita Forest Area(mu)	3.07
森林蓄积量(万立方米)	Stock Volume of the Forest(10 000 cu. m)	36477

1—3 续表 continued

指 标	Indicators	2003
森林覆盖率(%)	Forest-coverage Rate(%)	41.33
按市分	Grouped by City	
南宁市	Nanning	39.1
柳州市	Liuzhou	31.0
桂林市	Guilin	66.5
梧州市	Wuzhou	72.3
北海市	Beihai	28.6
防城港市	Fangchenggang	58.5
钦州市	Qinzhou	49.2
贵港市	Guigang	41.9
玉林市	Yulin	49.6
百色市	Baise	42.3
贺州市	Hezhou	66.1
河池市	Hechi	54.0
来宾市	Laibin	57.1
崇左市	Chongzuo	43.3
五、矿产资源(保有储量,万吨)	**Mineral Resources(Ensured Reserves,10 000 tons)**	
锰矿(矿石)	Manganese Ore	22083.9
锡(Sn)	Tin	102.5
砷(As)	Arsenic	67.1
钒(V_2O_5)	Vanadium	203.1
钨(WO_3)	Wolfram	32.3
锑(Sb)	Antimony	55.6
铝土矿	Bauxite	51145.9
滑石	Barite	1740.1
重晶石	Talcum	5614.4
镁(白云岩)	Magnesium	21180.7
硫铁矿	Iron Ore	10148.4
煤炭	Coal	215605.4

1—4 主要河流基本情况(2003 年)
Major Rivers(2003)

河流名称	River	流域面积（万平方公里）Drainage Area (10000 sq. km)	年径流量（亿立方米）Annual Flow (100 million cu. m)	水力资源蕴藏量（万千瓦）Hydropower Resource(10000 kw)	流域面积占全区总面积的比重(%) Percentage to Total(%)
全自治区	**Total**	**23.67**	**1783.1**	**2133.00**	**100.00**
#红水河	Hongshuihe River	3.86	233.63	690.00	16.3
郁江	Yujiang River	6.81	340.70	355.86	28.8
西江下游区	Lower Reaches of Xijiang River	2.14	153.79	25.82	9.0
桂江	Guijiang River	1.82	175.22	146.20	7.7
南流江	Nanliujiang River	0.92	74.31	49.06	3.9
柳江	Liujiang River	4.20	374.41	341.82	17.8
贺江	Hejiang River	0.84	80.75		3.5

注:本表由自治区水文资源局提供。

Note:The date on this table are provided by Autonomous Region Hydrometvic Resources Bureau.

1—5 主要城市平均气温(2003 年)
Monthly Average Temperature of Major Cities(2003)

单位:C°(C°)

城市名称	City	1月 Jan.	2月 Feb.	3月 Mar.	4月 Apr.	5月 May	6月 June	7月 July	8月 Aug.	9月 Sep.	10月 Oct.	11月 Nov.	12月 Dec.	年平均 Annual Average
南宁	Nanning	12.6	17.2	18.4	23.5	26.8	27.3	28.8	28.3	26.1	23.0	19.5	13.4	22.1
柳州	Liuzhou	11.6	15.1	16.2	22.7	26.0	27.6	30.9	29.6	27.4	22.8	18.6	12.7	21.8
桂林	Guilin	9.1	11.7	13.4	19.7	23.2	26.1	30.1	29.0	25.9	20.6	15.9	10.4	19.6
梧州	Wuzhou	12.5	16.3	17.3	23.2	26.6	26.9	29.6	28.6	26.6	22.9	19.2	13.4	21.9
北海	Beihai	14.7	18.8	19.7	25.1	28.3	28.8	29.6	28.5	27.5	24.8	21.5	16.2	23.6
防城港	Fangchenggang	14.9	17.6	19.1	24.0	27.6	28.3	29.3	28.6	27.4	25.1	21.7	16.6	23.4
钦州	Qinzhou	14.5	18.0	19.3	24.5	27.9	28.2	29.4	28.8	27.5	25.1	21.5	16.3	23.4
贵港	Guigang	13.2	17.0	17.9	23.8	27.0	27.3	30.1	29.3	27.5	23.9	20.2	14.0	22.6
玉林	Yulin	14.1	18.0	18.9	24.4	27.4	27.3	30.0	28.9	27.4	24.2	20.8	14.8	23.0
百色	Baise	13.8	18.4	19.8	25.6	27.5	27.5	29.7	28.8	26.4	23.2	19.9	14.4	22.9
贺州	Hezhou	10.5	13.8	15.3	21.8	25.3	27.0	30.6	29.2	26.8	21.8	17.8	11.3	20.9
河池	Hechi	12.4	15.8	17.0	23.0	25.8	27.4	30.1	29.3	26.8	22.2	18.5	13.1	21.8
来宾	Laibin	12.2	15.8	16.8	23.1	26.3	27.4	30.0	28.8	26.8	22.6	18.8	12.5	21.8
崇左	Chongzuo	14.0	18.7	20.1	25.4	28.0	28.3	29.7	28.4	26.8	25.0	21.4	15.9	23.5

注:本表及下表资料由自治区气象局气象台气候预测评价室提供。

Nate: The date on this table and the next tabte are provided by Climate Forecast and Estimate office of Autonomous Region Meteorological Observatory.

1—6 主要城市降水量(2003 年)

Monthly Average Precipitation of Major Cities(2003)

单位:毫米(mm)

城市名称	City	1 月 Jan.	2 月 Feb.	3 月 Mar.	4 月 Apr.	5 月 May	6 月 June
南宁	Nanning	65.0	26.1	45.1	154.9	193.7	175.2
柳州	Liuzhou	62.9	39.3	78.2	113.1	210.9	135.4
桂林	Guilin	108.4	79.4	88.7	192.1	462.6	303.7
梧州	Wuzhou	52.9	9.1	68.1	50.3	193.2	355.4
北海	Beihai	57.4	12.3	49.5	8.9	85.2	153.8
防城港	Fangchenggang	57.1	13.9	43.2	57.7	307.9	462.4
钦州	Qinzhou	62.1	30.1	51.9	116.6	160.8	633.2
贵港	Guigang	50.8	14.1	45.0	151.3	239.9	341.7
玉林	Yulin	53.6	7.2	72.1	62.9	125.6	455.2
百色	Baise	72.3	8.9	31.9	63.4	183.7	321.4
贺州	Hezhou	95.6	51.0	75.8	199.7	238.5	344.0
河池	Hechi	63.5	36.9	75.8	96.4	254.3	281.0
来宾	Laibin	74.8	25.4	51.4	115.2	240.7	291.2
崇左	Chongzuo	54.8	19.2	26.6	63.8	149.4	195.7

1—6 续表 continued

城市名称	City	7 月 July	8 月 Aug.	9 月 Sep.	10 月 Oct.	11 月 Nov.	12 月 Dec.	年平均 Annual Average
南宁	Nanning	245.1	146.5	236.3	0.0	2.7	7.0	1297.6
柳州	Liuzhou	51.5	158.8	65.2	10.1	3.2	12.0	940.6
桂林	Guilin	29.3	48.3	145.2	48.9	28.0	20.1	1554.7
梧州	Wuzhou	43.4	196.2	96.6	14.1	4.2	5.7	1089.2
北海	Beihai	243.0	536.3	127.8	2.8	9.8	0.3	1287.1
防城港	Fangchenggang	384.9	638.1	216.1	36.3	0.8	1.2	2219.6
钦州	Qinzhou	502.9	553.8	205.1	8.4	3.3	8.0	2336.2
贵港	Guigang	120.4	201.3	22.3	0.7	3.0	17.8	1208.3
玉林	Yulin	120.8	162.7	119.9	0.0	7.2	14.2	1201.4
百色	Baise	128.4	74.7	91.5	69.6	5.8	23.6	1075.2
贺州	Hezhou	16.1	147.0	84.7	14.3	5.8	10.7	1283.2
河池	Hechi	59.7	132.6	99.9	40.8	3.9	21.9	1166.7
来宾	Laibin	122.1	178.7	69.6	0.7	1.3	19.6	1190.7
崇左	Chongzuo	126.0	238.9	154.3	4.7	0.9	0.9	1035.2

主要统计指标解释

自然资源 指人类可以直接从自然界获得,并用于生产和生活的物质资源。自然资源一般可以分成可再生资源和非再生资源两大类。可再生资源指在较短时间内可以再生、可以循环利用的资源,包括土地资源、水资源、气候资源、生物资源和海洋资源等。非再生资源指在使用后不能再生的资源,包括矿产资源和地热能源。

土地资源 土地是指陆地的表层部分,它主要由岩石、岩石的风化物和土壤构成。土地资源按利用类型可以分为农用地、建筑用地和未来用地。农用地包括耕地、园地、林地、牧草地和水面。建筑用地包括居民点及工矿用地、交通用地和水利设施用地。未利用地指家用地和建筑用地以外的土地,包括滩涂、荒漠、戈壁、冰川和石山等。

林业用地面积 指生长乔木、竹类、灌木、沿海红树林等林木的土地面积,包括有林地、灌木林、疏林地、未成林造林地、迹地、苗圃等。

草地面积 指牧区和农区用于放牧牲畜或割草,植被盖度在5%以上的草原、草坡、草山等面积。包括天然的和人工种植或改良的草地面积。

海洋 是海和洋的统称。洋为地球表面上相连接的广大咸水水体的主体部分。海为地球表面相连接的广大咸水水体被陆地、岛礁、半岛包围或分隔的边缘部分。

海水可养殖面积 指利用滩涂、浅海、港湾进行鱼、虾、蟹、贝、藻等海水经济动植物的工人养殖的水面面积。

森林面积 指由乔木树种构成,郁闭度0.2以上(含0.2)的林地或冠幅宽度10米以上的林带的面积,即有林地面积。森林面积包括天然起源和人工起源的针叶林面积、阔叶林面积、针阔混交林面积和竹林面积,不包括灌木林地面积的疏林地面积。

森林蓄积量 指一定森林面积上存在着的林木树干部分的总材积。它是反映一个国家或地区森林资源总规模和水平的基本指标之一,也是反映森林资源的丰富程度、衡量森林生态环境优劣的重要依据。

森林覆盖率 指一个国家或地区森林面积占土地总面积的百分比。森林覆盖率是反映森林资源的丰富程度和生态平衡善的重要指标。在计算森林覆盖率时,森林面积包括郁闭度0.2以上的乔木林地面积和竹林地面积,国家特别规定的灌木林地面积、农田林网以及四旁(村旁、路旁、水旁、宅旁)林木的覆盖面积。计算公式为:

$$森林覆盖率(\%)=\frac{森林面积}{土地总面积}\times 100\%$$

矿产资源保有储量 指探明的矿产储量(包括工业储量和远景储量)扣除已开采部分和地下损失量后的年底实有储量。它反映国家矿产资源的现状。

径流量 指在一定时段内通过河流某一过水断面的水量,用以反映一个国家或地区水资源的丰歉程度。计算公式为:

径流量 = 降水量 - 蒸发量

气温 指空气的温度,我国一般以摄氏度(℃)为单位表示。气候观测的温度表是放在离地面约1.5米处通风良好的百叶箱里测量的,因此,通常的气温指的是离地面1.5米处百叶箱中的温度。其统计计算方法为:

月平均气温是将全月各日的平均气温相加,除以该月的天数而得。

年平均气温是将12个月的平均气温累加后除以12而得。

降水量 指从天空降落到地面的液态或固态(经融化后)水,未经蒸发、渗透、流失而在地面上积聚的深度。其统计计算方法为:

月降水量是将全月各日的降水量累加而得。

年降水量是将12个月的月降水量累加而得。

日照时数 指太阳实际照射地面的时间。其统计方法与降水量相同。

第二篇
CHAPTER 2

综　合

GENERAL SURVEY

广西主要经济指标占全国比重（2003年）

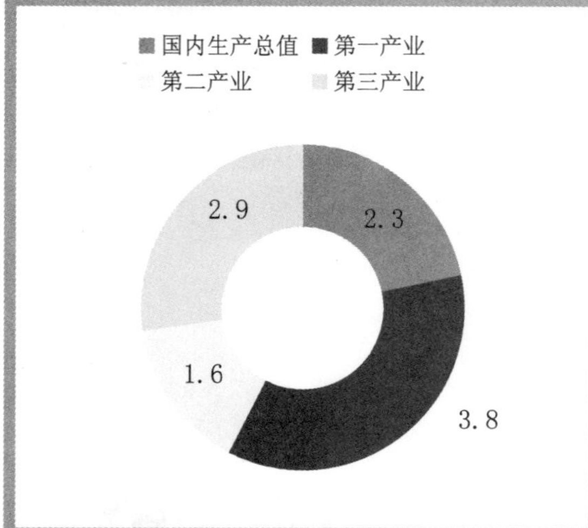

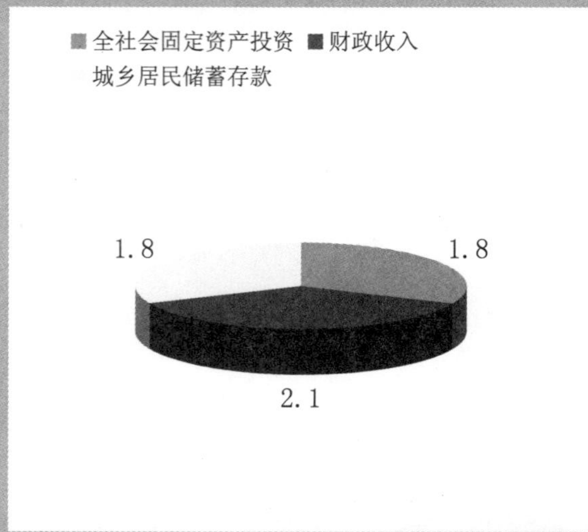

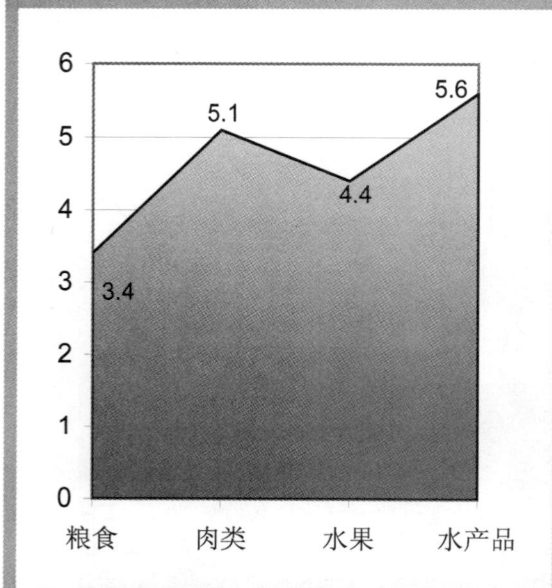

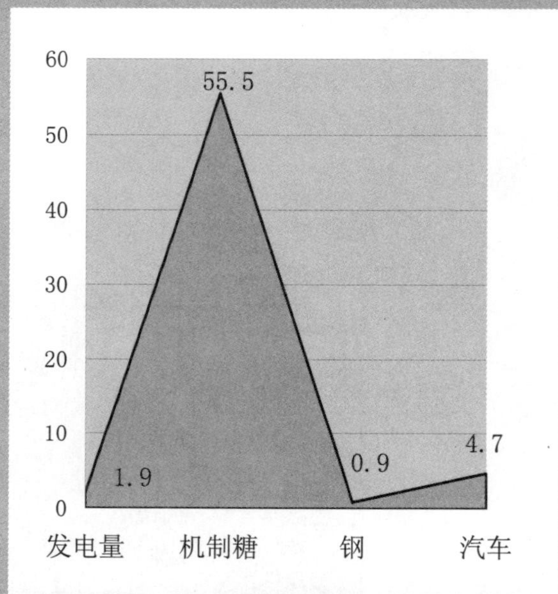

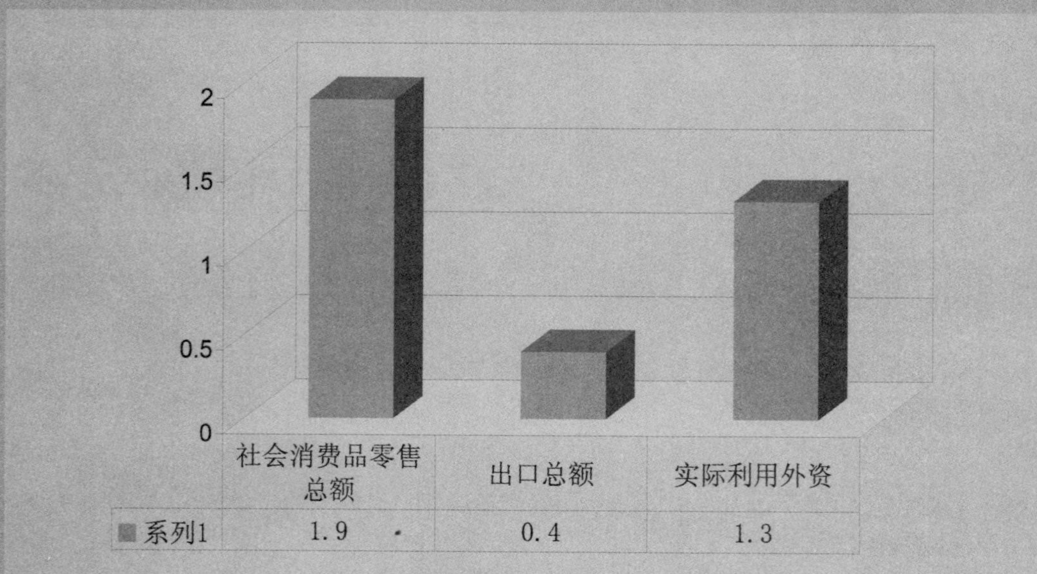

2—1 主要年份国民经济和社会发展主要指标

Major Indicators on National Economic and Social Development in Main Years

指　标	Indicators	1990	1995	2000	2002	2003
人口与就业	**Population and Employment**					
人 口(万人)	**Population(10 000 persons)**					
年末总人口	Year-end Total Population	4242	4543	4751	4822	4857
非农业人口	Non-agricultural Population	565	745	826	864	884
农业人口	Agricultural Population	3677	3757	3898	3927	3946
男性人口	Male	2205	2377	2484	2521	2542
女性人口	Female	2037	2166	2267	2301	2315
就　业(万人)	**Employment(10 000 persons)**					
从业人员	Employment	2109	2383	2566	2589	2601
#在岗职工人数	Staff and Workers	312	343	283	259	256
#国有单位	State-owned Units	259	283	225	194	190
乡村从业人员	Rural Employed Persons	1768	1965	2145	2189	2216
城镇登记失业人数	Number of Registered Unemployed Persons	13.9	10.1	11.3	14.7	15.0
宏观经济	**Macroeconomic Indicators**					
国民核算(亿元)	**National Accounting (100 million yuan)**					
广西生产总值	Gross Domestic Product of Guangxi	449.06	1497.56	2050.15	2455.36	2735.13
第一产业	Primary Industry	175.61	449.64	538.70	595.68	652.28
第二产业	Secondary Industry	118.45	535.86	748.00	863.96	1007.96
#工业	Industry	104.79	461.25	619.84	699.16	813.81
第三产业	Tertiary Industry	155.00	512.06	763.45	995.72	1074.89
支出法广西生产总值	Gross Demestic Product of Guargxi by Expenditure Approach	449.06	1497.56	2050.15	2455.36	2735.13
#最终消费	Final Consumption Expenditure	346.68	993.95	1443.17	1698.54	1850.81
居民消费	Resident Consumption	265.41	754.12	1019.36	1157.95	1244.70
政府消费	Government Consumption	81.27	239.83	423.81	540.59	606.116
资本形成总额	Total Capital Formation	107.40	618.75	676.12	877.93	1030.40
固定资本	Fixed Assets Formation	72.60	423.37	670.65	842.72	990.71
存贷增加	Inventory Increment	34.80	195.38	5.47	35.20	39.69
固定资产投资(亿元)	**Investment in Fixed Assets (100 million yuan)**					
全社会固定资产投资	Total Investment in Fixed Assets	68.57	423.37	660.01	834.99	987.31
#基本建设	Capital Counstruction	21.29	157.10	281.54	372.52	448.83
更新改造	Innovation	16.96	68.56	80.16	105.54	142.74
房地产开发	Real Estate Development	2.20	51.51	38.67	75.28	120.31
其他	Other Investment	3.58	16.27	59.26	73.65	62.29
新增固定资产	Newly Increased Fixed Assets		358.81	638.25	529.20	667.75

注:总人口中,1990 年为户籍统计数,2000 年为第五次人口普查数,其他年份为人口变动抽样调查数,农业、非农业人口为户籍统计数,不能直接相加等于总计。

Note: The Date on the total population 1990 are taken from the annual reports of public security organs. The date 2000 are collected from fifth population surveys. The date other years are collected from the sample surveys on population changes. The date of non-agricultural population and agricultural population are taken from the annual reports of public security organs, total is not aqual to the sum of each items.

2—1 续表 1 continued

指 标	Indicators	1990	1995	2000	2002	2003
财 政(亿元)	**Public Finance(100 million yuan)**					
财政收入	Financial Revenue		133.29	220.01	305.51	341.42
#一般预算收入	General Budgetary Financial Revenue	46.83	79.44	147.05	186.73	203.66
一般预算支出	General Budgetary Financial Expenditure	65.00	140.59	258.49	419.86	443.60
物价总指数(上年=100)	**Price Indices(preceeding year=100)**					
居民消费价格总指数	General Consumer Price Index	101.1	118.4	99.7	99.1	101.1
城 市	Urban Area	98.3	118.0	100.0	98.9	100.9
农 村	Rural Area	104.4	118.6	99.5	99.3	101.3
商品零售价格总指数	General Retail Price Index	100.1	116.4	98.6	98.1	100.2
利用外资(亿美元)	**Utilization of Foreign Capital (100 million USD)**					
新签外商直接投资合同额	Amount of Foreign Direct Investment through Newly Signed Contracts	1.25	10.42	7.15	4.92	6.72
实际利用外资额	Total Amount of Foreign Capital Actually Used	0.6	9.64	7.53	6.18	6.90
能源生产与消费(万吨标准煤)	**Production and Consumption of Energy(10 000 tons of SCE)**					
能源生产总量	Total Energy Production	704.63	1103.39	833.28	770.23	729.67
能源消费总量	Total energy Consumption	1308.21	2256.52	2669.34	2981.82	3420.82
产 业	**Industry**					
农 业	**Agriculture**					
耕地面积(千公顷)	Cultivated Land(1 000 hectares)	2595.9	2614.2	2652.57	2631.4	2548.70
农林牧渔业劳动力(万人)	Labor Force of Farming, Forestry, Animal Husbandry and Fishery(10 000 persons)	1589.12	1562.88	1556.84	1557.01	1541.02
农林牧渔业总产值(亿元)	Gross Output Value of Farming, Forestry, Animal Husbandry and Fishery (100 million yuan)	252.22	698.28	828.97	916.5	1030.9
主要农产品产量(万吨)	Output of Major Farm Products (10 000 tons)					
粮 食	Grain	1402.57	1553.3	1667.24	1549.38	1484.82
油 料	Oil-bearing Crops	25.19	45.35	58.61	55.99	55.70
甘 蔗	Sugar Cane	1501.84	2556.00	2937.89	4593.38	4861.84
水 果	Fruits	91.61	266.60	360.14	455.78	462.20
肉 类	Meat	104.15	195.61	287.26	329.67	353.52
水产品	Aquatic Products	32.35	103.29	239.86	255.15	264.61
工 业	**Industry**					
全部工业总产值(亿元)	All Included Gross Industrial Output Value(100 million yuan)	353.43	1463.17	1800.24	2036.56	2354.25
轻工业	Light Industry	195.32	695.59	862.00	976.06	1081.53
重工业	Heavy Industry	158.19	767.58	938.24	1060.49	1272.71
主要工业产品产量	Output of Major Industrial Products					

2—1 续表 2 continued

指　标	Indicators	1990	1995	2000	2002	2003
机制糖(万吨)	Machine-made Sugar(10 000 tons)	136.64	178.12	325.76	480.03	601.41
机制纸(万吨)	Machine-made Paper(10 000 tons)	33.50	95.02	82.55	86.71	96.47
钢(万吨)	Steel(10 000 tons)	52.41	88.78	104.73	165.32	206.20
成品钢材(万吨)	Steel Products(10 000 tons)	45.48	80.50	102.63	184.13	228.84
十种有色金属(万吨)	Nonferrous Metal(10 000 tons)	8.68	27.27	60.59	61.03	65.93
发电量(亿千瓦时)	Electricity(100 million kwh)	125.62	217.29	289.09	317.03	363.67
原 煤(万吨)	Coal(10 000 tons)	979.45	1391.42	706.67	436.75	443.47
农用化肥(折纯100%)(万吨)	Chemical Fertilizer(10 000 tons)	41.35	43.12	53.3	71.84	68.87
水 泥(万吨)	Cement(10 000 tons)	765.28	1980.47	2198.35	2401.18	2665.19
建筑业	**Construction**					
建筑企业年末从业人数(万人)	Number of Employed Persons(10 000 persons)			33.30	34.90	35.40
建筑业总产值(亿元)	Gross OutputValue(100 million)			150.92	221.33	281.85
交通运输业	**Transportation**					
货运量(万吨)	Freight Traffic(10 000 tons)	19898	28620	31270	33392	33457
#铁路	Railways	3798	5072	5843	6636	6516
客运量(万人)	Passenger Traffic(10 000 persons)	26272	34317	42952	45868	43595
#铁路	Railways	2391	2819	2508	2148	1936
公路通车里程(公里)	Length of Highways(km)	36214	40904	52910	56297	58451
铁路正线里程(公里)	Length of Railways(km)	2118	2440	3155	3236	3235
主要港口货物吞吐量(万吨)	Volume of Freight Handled at Major Ports(10 000 tons)	1101	1717	2917	3729	4409
邮电通信业	**Post and Telecommunication Services**					
邮电计费业务总量(万元)	Revenue from Postal and Telecommunication Services(10 000 yuan)	14235	205600	963559	1265902	1622611
本地电话年末用户(万户)	Year-end Installed Telephones (10 000 subscribers)	12.41	76.69	319.12	516.56	638.40
城 市	Urban	8.91	65.65	233.48	355.74	429.20
农 村	Rural	3.5	11.04	85.64	160.82	209.20
国内商业	**Domestic Trade**					
社会消费品零售总额(亿元)	Total Retail Sales of Consumer Goods (100 million yuan)	175.44	532.48	859.16	1025.54	857.71
对外经济贸易和国际旅游	**Foreign Trade and International Tourism**					
进出口总额(亿美元)	Total Exports and Imports(100 million USD)	8.98	32.11	20.38	24.30	31.92
进口总额	Exports	1.69	9.65	5.45	9.22	12.22
出口总额	Imports	7.29	22.46	14.93	15.08	19.70

注:1. 进出口总额1990年、1995年为外贸部门数,其他年份为海关数。

2. 2003年社会消费品零售总额不包括制造业和农业生产者的直接零售。

Note: 1. Date of total exports and imports in 1990 and 1995 are collected from foreign trade department, the date other years are collected from costoms.

2. Total Retail Sales of Consumer Goods in 2003 Excluds Retail Volume for Farmers and Manufacturers.

2—1 续表 3 continued

指 标	Indicators	1990	1995	2000	2002	2003
国际旅游人数(万人)	Number of International Tourists (10 000 persons)	51.83	41.85	124.03	130.22	64.53
国际旅游收入(亿元)	Earnings from International Tourism (100 million yuan)	3.66	10.92	21.78	21.82	10.97
金融、保险	**Finance and Insurance**					
金融机构存款余额(亿元)	Total Saving Depososit of Financial Insti-tutions(100 million yuan)	271.17	1152.32	2269.07	2784.14	3175.34
金融机构贷款余额(亿元)	Total Loan Balances of Financial In-stitu-tions(100 million yuan)	326.29	1055.67	1613.25	1941.07	2320.66
国内保险承保额(亿元)	Premium Income(100 million yuan)	655.00	3103.00	4289.00	7849.00	12617.88
教育、科技、文化	**Education,Science and Technology and Culture**					
教 育	**Education**					
专任教师数(万人)	Full-time Teachers(10 000 persons)					
高等学校	Institutions of Higher Education	0.68	0.75	0.93	1.21	1.41
中等专业学校	Special Secondary Schools	0.73	0.78	0.88	0.92	0.8
普通中学	Secondary Schools	8.15	9.77	12.67	14.07	14.5
小 学	Primary Schools	20.47	19.48	19.9	20.55	20.51
在校学生数(万人)	Student Enrollment (10 000 persons)					
高等学校	Institutions of Higher Education	3.78	6.00	11.79	18.63	22.73
中等专业学校	Special Secondary Schools	7.17	11.67	15.87	17.18	17.32
普通中学	Secondary Schools	140.88	194.05	285.63	298.71	303.50
小 学	Primary Schools	560.55	639.92	536.79	510.04	491.85
科 技	**Science and Technology**					
国有企事业单位科技人员(万人)	Scientific and Technological Personnel in State-owned Enterprises and Institu-tions(10 000 persons)		69.19	79.46	78.13	77.01
文 化	**Culture**					
图书出版数量(万册)	Number of Books Published (10 000 copies)	13360	25397	23868	26229	24326
杂志出版数量(万册)	Number of Magazines Issued(10 000 copies)	3226	4630	5243	5492	6152
报纸出版数量(万份)	Number of Newspapers Issued(10 000 copies)	33603	47475	56056	68024	34048
家庭 生活 环境	**Family,Livelihood and Environment**					
家 庭	**Family**					
家庭总户数(万户)	Total Number of Households(10 000 households)		1020	1150	1197	1235
城镇居民平均每户家庭人口(人)	Average Persons Per Household in Ur-ban Areas(person)	3.62	3.30	3.19	3.09	3.07

2—1 续表 4 continued

指　标	Indicators	1990	1995	2000	2002	2003
农村居民平均每户家庭人口(人)	Average Persons Per Household in Rural Areas(person)	5.62	5.32	4.82	4.79	4.73
居 住	**Housing**					
城镇居民人均居住面积(平方米)	Per Capita Net Floor Space of Urban Residents(sq. m)		14.51	18.91	21.01	21.6
农村居民人均生活用房面积(平方米)	Per Capita Net Floor Space of Rural Residents(sq. m)	15.80	18.21	23.40	24.91	26.1
生 活	**Livelihood**					
城镇居民人均可支配收入(元)	Per Capita Annual Disposable Income of Urban Households(yuan)	1448	4792	5834	7315	7785
农村居民人均纯收入(元)	Per Capita Net Income of Rural Residents(yuan)	639	1446	1865	2013	2095
工资和福利	**Wages and Welfare**					
城镇在岗职工工资总额(亿元)	Total Wages of Staff and Workers(100 million yuan)				280.41	305.29
城镇在岗职工平均工资(元)	Average Annual Wages of Staff and Workers(yuan)				10774	11953
离退休退职职工保险福利费用(亿元)	Insurance and Welare Funds of VCSR, Retired and Resigned(100 million yuan)	8.52	30.24	52.89	74.96	90.01
卫 生	**Health Care**					
卫生机构数(个)	Health Institution(unit)	5791	5571	13707	10107	7966
#医院、卫生院	Hospitial	1496	1709	1868	1762	1749
医院、卫生院病床数(万张)	Hospital Beds(10 000 beds)	6.90	7.88	8.30	8.32	8.31
卫生技术人员(万人)	Medical Professionals(10000 Persons)	10.78	11.65	12.70	12.20	12.17
市政建设	**City Construction**					
自来水供水总量(亿吨)	Volume of Tap Water Supply(100 million tons)	13.23	16.62	13.58	17.48	13.44
排水管道长度(公里)	Length of Sewer Pipelines(km)	782	2142	2885	5439	3430
园林绿地面积(公顷)	Area of Gardens and Green Land(hectare)	6313	37350	44149	52909	25542
环 境	**Environment**					
污染治理本年完成投资额(亿元)	Actual Investment for Pollution Treatment in the Year(100 million yuan)	0.32	3.32	7.37	1.62	2.40
污染治理本年施工项目(个)	Implementation Project of Pollution Treatment in the Year(unit)	292	1002	1270	320	355
工业废水排放达标量(万吨)	Volume of Meeting Standard for Industrial Sewage Discharged(10 000 tons)	33235	42227	30303	81774	103212

注:2003 年市政建设指标统计范围仅包括 14 个地级市,不含县级市,故与其他年份不可比。

Note: The statistical range of city construction indicators just include 14 cities at prefectual level, excluding cities at county level, so it is incomparable with other years.

2—2 主要年份国民经济和社会发展速度指标

Growth Rates of Major Indicators on National Economic and Social Development in Main Years

单位:%(%)

指 标	Indicators	指数(2003年为下列各年) Index(2003 as Percentage of the Following Years)				平均增长速度 Average Annual Growth Rate		
		1990	1995	2000	2002	1991-1995	1996-2000	2001-2003
人口与就业	**Population and Employment**							
人 口	**Population**							
年末总人口	Year-end Population	114.5	106.9	102.2	100.7	1.4	0.9	0.7
非农业人口	Non-agricultural Population	156.5	118.7	107.0	102.3	5.7	2.1	2.3
农业人口	Agricultural Population	107.3	105.0	101.2	100.5	0.4	0.7	0.4
男性	Male	115.3	106.9	102.3	100.8	1.5	0.9	0.8
女性	Female	113.6	106.9	102.1	100.6	1.2	0.9	0.7
就 业	**Employment**							
从业人数	Employment	123.3	109.1	101.4	100.5	2.5	1.5	0.5
#职工人数	Staff and Workers	82.1	74.6	80.0	87.7	1.9	-1.4	-7.2
#国有单位	State-owned Units	73.4	67.1	75.7	88.0	1.8	-2.4	-8.9
乡村劳动者	Rural Employed Personst	125.3	112.8	103.3	101.2	2.1	1.8	1.1
城镇登记失业人数	Number of Registered Unemployed Persons	107.9	148.5	132.7	102.0	-6.2	2.3	9.9
宏观经济	**Macroeconomic Indicators**							
国民核算	**National Accounting**							
广西生产总值	Gross Domestic Product of Guangxi	393.7	194.5	131.8	110.2	15.2	8.1	9.6
第一产业	Primary Industry	233.5	155.8	115.4	104.0	8.4	6.2	4.9
第二产业	Secondary Industry	631.5	212.5	137.9	114.6	24.3	9.0	11.3
#工业	Industry	618.2	209.1	137.3	114.6	24.2	8.8	11.1
第三产业	Tertiary Industry	393.3	207.6	137.5	109.9	13.6	8.6	11.2
支出法广西生产总值	Gross Domestic Product by Expenditure Approach	393.3	194.3	131.8	110.2	15.1	8.1	9.6
#最终消费	Total Consumption	317.3	190.4	124.0	106.5	10.8	9.0	7.4
居民消费	Resident Consumption	281.8	169.8	119.2	105.0	10.7	7.3	6.0
政府消费	Public Consumption	434.4	256.2	135.9	110.0	11.1	13.5	10.8
资本形成总额	Total Investment	625.2	163.4	147.0	115.2	30.8	2.1	13.7
固定资本	Fixed Assets	885.8	219.4	141.8	115.5	32.2	9.1	12.3
存贷增加	Stock	82.3	24.3	788.3	110.1	27.7	-50.1	99.0
固定资产投资	**Investment in Fixed Assets**							
全社会固定资产投资	Total Investment in Fixed Assets	1439.9	233.2	149.6	118.2	43.9	9.3	14.4
#基本建设	Capital Counstruction	2108.2	285.7	159.4	120.5	49.1	12.4	16.8

2—2 续表 1 continued

单位:%(%)

指 标	Indicators	指数(2003年为下列各年) Index(2003 as Percentage of the Following Years)				平均增长速度 Average Annual Growth Rate		
		1990	1995	2000	2002	1991-1995	1996-2000	2001-2003
更新改造	Innovation	841.6	208.2	178.1	135.2	32.2	3.2	21.2
房地产开发	Real Estate development	5468.6	233.6	311.1	159.8	87.9	-5.6	46.0
其他	Other Investment	1739.9	382.9	105.1	84.6	35.4	29.5	1.7
新增固定资产	Newly Increased Fixed Assets		186.1	104.6	126.2		12.2	1.5
财 政	**Public Finance**							
财政收入	Financial Revenue		256.1	155.2	111.8		10.5	15.8
#一般预算收入	General Budgetary Financial Revenue	434.9	256.4	138.5	109.1	11.1	13.1	11.5
一般预算支出	General Budgetary Financial Expenditure	682.5	315.5	171.6	105.7	16.7	13.0	19.7
利用外资	**Utilization of Foreign Capital**							
新签外商直接投资合同额	Amount of Foreign Direct Investment through Newly Signed Contracts	537.6	64.5	94.0	136.6	52.8	-7.3	-2.0
实际利用外资额	Total Amount of Foreign Capital Actually Used	1150.0	71.6	91.6	111.7	74.3	-4.8	-2.9
能源生产与消费	**Production and Consumption of Energy**							
能源生产总量	Total Energy Production	103.6	66.1	87.6	94.7	9.4	-5.5	-3.4
能源消费总量	Total energy Consumption	261.5	151.6	128.2	114.7	11.5	3.4	8.6
产 业	**Industry**							
农 业	**Agriculture**							
耕地面积	Cultivated Land	98.2	97.5	96.1	96.9	0.1	0.3	-1.3
农林牧渔业总产值	Gross Output Value of Farming, Forestry, Animal, Husbandry and Fishery	248.0	154.8	118.0	104.3	9.9	5.6	5.7
主要农产品产量	Output of Major Farm Products							
粮 食	Grain	105.9	95.6	89.1	95.8	2.1	1.4	-3.8
油 料	Oil-bearing Crops	221.1	122.8	95.0	99.5	12.5	5.3	-1.7
甘 蔗	Sugar Cane	323.7	190.2	165.5	105.8	11.2	2.8	18.3
水 果	Fruits	504.5	173.4	128.3	101.4	23.8	6.2	8.7
肉 类	Meat	339.4	180.7	123.1	107.2	13.4	8.0	7.2
水产品	Aquatic Products	818.0	256.2	110.3	103.7	26.1	18.4	3.3
工 业	**Industry**							
全部工业总产值	All Included Gross Industrial Output Value	635.9	200.1	138.3	115.4	26.0	7.7	11.4
轻工业	Light Industry	468.3	173.4	138.6	117.2	22.0	4.6	11.5
重工业	Heavy Industry	679.6	189.8	140.0	116.2	29.1	6.3	11.9

单位:%（%）

指 标	Indicators	指数(2003 年为下列各年) Index(2003 as Percentage of the Following Years)				平均增长速度 Average Annual Growth Rate		
		1990	1995	2000	2002	1991－1995	1996－2000	2001－2003
主要工业产品产量	Output of Major Industrial Products							
机制糖	Machine-made Sugar	440.1	337.6	184.6	125.3	5.4	12.8	22.7
机制纸	Machine-made Paper	288.0	101.5	116.9	111.3	23.2	－2.8	5.3
钢	Steel	393.4	232.3	196.9	124.7	11.1	3.4	25.3
成品钢材	Steel Products	503.2	284.3	223.0	124.3	12.1	5.0	30.6
十种有色金属	Nonferrous Metal	759.6	241.8	108.8	108.0	25.7	17.3	2.9
发电量	Electricity	289.5	167.4	125.8	114.7	11.6	5.9	8.0
原 煤	Coal	45.3	31.9	62.8	101.5	7.3	－12.7	－14.4
农用化肥	Chemical Fertilizer	166.6	159.7	129.2	95.9	0.8	4.3	8.9
水 泥	Cement	348.3	134.6	121.2	111.0	20.9	2.1	6.6
建筑业	**Construction**							
建筑企业年末从业人数	Number of Employed Persons			106.3	101.4			2.1
建筑业总产值	Gross OutputValue			186.8	127.3			23.1
交通运输业	**Transportation**							
货运量	Freight Traffic	168.1	116.9	107.0	100.2	7.5	1.8	2.3
#铁路	Railways	171.6	128.5	111.5	98.2	6.0	2.9	3.7
客运量	Passenger Traffic	165.9	127.0	101.5	95.0	5.5	4.6	0.5
#铁路	Railways	81.0	68.7	77.2	90.1	3.3	－2.3	－8.3
公路通车里程	Length of Highways	161.4	142.9	110.5	103.8	2.5	5.3	3.4
铁路正线里程	Length of Railways	152.7	132.6	102.5	100.0	2.9	5.3	0.8
主要港口货物吞吐量	Volume of Freight Handled at Major Ports	400.5	256.8	151.1	118.2	9.3	11.2	14.8
邮电通信业	**Post and Telecommunication Services**							
邮电计费业务总量	Revenue from Postal and Telecommuni-cation Services	11398.7	789.2	168.4	128.2	70.6	36.2	19.0
本地电话年末用户	Year-end Installed Telephones	5144.2	832.4	200.1	123.6	43.9	33.0	26.0
城 市	Urban	4817.1	653.8	183.8	120.6	49.1	28.9	22.5
农 村	Rural	5977.1	1894.9	244.3	130.1	25.8	50.6	34.7
国内商业	**Domestic Trade**							
社会消费品零售总额	Total Retail Sales of Consumer Goods				112.2	24.9	10.0	10.2
对外经济贸易	**Foreign Trade**							
进出口总额	Total Exports and Imports	355.5	99.4	156.6	131.4	29.0	－8.7	16.1
进口总额	Exports	723.1	126.6	224.2	132.5	41.7	－10.8	30.9

单位:%(%)

指 标	Indicators	指数(2003 年为下列各年) Index(2003 as Percentage of the Following Years)				平均增长速度 Average Annual Growth Rate		
		1990	1995	2000	2002	1991-1995	1996-2000	2001-2003
出口总额	Imports	270.2	87.7	131.9	130.6	25.2	-7.8	9.7
国际旅游	**International Tourism**							
国际旅游人数	Number of International Tourists	124.5	154.2	52.0	49.6	-4.2	24.3	-19.6
国际旅游收入	Earnings from International Tourism	299.7	100.5	50.4	50.3	24.4	14.8	-20.4
金融、保险	**Finance and Insurance**							
金融机构存款余额	Total Saving Depososit of Financial Institutions	1171.0	275.6	139.9	114.1	33.6	14.5	11.9
金融机构贷款余额	Total Loan Balances of Financial Institutions	711.2	219.8	143.8	119.6	26.5	8.9	12.9
国内保险承保额	Premium Income	1926.4	406.6	294.2	160.8	36.5	6.7	43.3
教育、科技、文化	**Education, Science and Technology and Culture**							
教 育	**Education**							
专任教师数	Full-time Teachers							
高等学校	Institutions of Higher Education	207.4	188.0	151.6	116.5	2.0	4.4	14.9
中等专业学校	Special Secondary Schools	109.6	102.6	90.9	87.0	1.3	2.4	-3.1
普通中学	Secondary Schools	177.9	148.4	114.4	103.1	3.7	5.3	4.6
小 学	Primary Schools	100.2	105.3	103.1	99.8	-1.0	0.4	1.0
在校学生数	Student Enrollment							
高等学校	Institutions of Higher Education	601.3	378.8	192.8	122.0	9.7	14.5	24.5
中等专业学校	Special Secondary Schools	241.6	148.4	109.1	100.8	10.2	6.3	3.0
普通中学	Secondary Schools	215.4	156.4	106.3	101.6	6.6	8.0	2.0
小 学	Primary Schools	87.7	76.9	91.6	96.4	2.7	-3.5	-2.9
科 技	**Science and Technology**							
国有企事业单位科技人员	Scientific and Technological Personnel in State-owned Enterprises and Institutions		111.3	96.9	98.6		2.8	-1.0
文 化	**Culture**							
图书出版数量	Number of Books Published	182.1	95.8	101.9	92.7	13.7	-1.2	0.6
杂志出版数量	Number of Magazines Issued	190.7	132.9	117.3	112.0	7.5	2.5	5.5
报纸出版数量	Number of Newspapers Issued	101.3	71.7	60.7	50.1	7.2	3.4	-15.3
家庭 生活 环境	**Family, Livelihood and Environment**							
家 庭	**Family**							
家庭总户数	Total Number of Households		121.1	107.4	103.2		2.4	2.4

2—2 续表 4 continued

单位:%(%)

指 标	Indicators	指数(2003 年为下列各年) Index(2003 as Percentage of the Following Years)				平均增长速度 Average Annual Growth Rate		
		1990	1995	2000	2002	1991-1995	1996-2000	2001-2003
城镇居民平均每户家庭人口	Average Persons Per Household in Urban Areas	84.8	93.0	96.2	99.4	-1.8	-0.7	-1.3
农村居民平均每户家庭人口	Average Persons Per Household in Rural Areas	84.2	88.9	98.1	98.7	-1.1	-2.0	-0.6
居 住	**Housing**							
城镇居民人均居住面积	Per Capita Net Floor Space of Urban Residents		148.9	114.2	102.8		5.4	4.5
农村居民人均生活用房面积	Per Capita Net Floor Space of Rural Residents	165.2	143.3	111.5	104.8	2.9	5.1	3.7
生 活	**Livelihood**							
城镇居民人均可支配收入	Per Capita Annual Disposable Income of Urban Households	537.6	162.5	133.4	106.4	27.0	4.0	10.1
农村居民人均纯收入	Per Capita Net Income of Rural Residents	327.9	144.9	112.3	104.1	17.7	5.2	4.0
工资和福利	**Wages and Welfare**							
城镇单位在岗职工工资总额	Total Wages of Staff and Workers				108.9			
城镇单位在岗职工平均工资	Average Annual Wages of Staff and Workers				110.9			
离退休退职职工保险福利费用	Insurance and Welare Funds of VCSR, Retired and Resigned	1056.5	297.7	170.2	120.1	28.8	11.8	19.4
卫 生	**Health Care**							
卫生机构数	Health Institution	137.6	143.0	58.1	78.8	-0.8	19.7	-16.5
#医院、卫生院	Hospitial	116.9	102.3	93.6	99.3	2.7	1.8	-2.2
医院、卫生院病床数	Hospital Beds	120.4	105.5	100.1	99.9	2.7	1.0	0.04
卫生技术人员	Medical professionals	112.9	104.5	95.8	99.8	1.6	1.7	-1.4
市政建设	**City Construction**							
自来水供水总量	Volume of Tap Water Supply					4.7	-4.0	
排水管道长度	Length of Sewer Pipelines					22.3	6.1	
园林绿地面积	Area of Gardens and Green Land					42.7	3.4	
环 境	**Environment**							
污染治理本年完成投资额	Actual Investment for Pollution Treatment in the Year	750.0	72.3	32.6	148.1	59.7	17.3	-31.2
污染治理本年施工项目	Implementation Project of Pollution Treatment in the Year	121.6	35.4	28.0	110.9	28.0	4.9	-34.6
工业废水排放达标量	Volume of Meeting Standard for Industrial Sewage Discharged	310.6	244.4	340.6	126.2	4.9	-6.4	50.5

2—3 主要年份国民经济和社会发展结构指标

Structural Indicators on National Economic and Social Development in Main Years

单位:%(%)

指　标	Indicators	1990	1995	2000	2002	2003
人口与就业	**Population and Employment**					
人口	**Population**					
农业非农业人口结构	Structure of Agriculture and Non-agriculture					
非农业人口	Non-agricultural Population	13.32	17.05	17.49	18.03	18.30
农业人口	Agricultural Population	86.68	82.95	82.51	81.97	81.70
性别结构	Sexual Structure					
男	Male	51.98	52.26	52.58	52.28	52.34
女	Female	48.02	47.74	47.72	47.72	47.66
就业	**Employment**					
从业人员结构	Exployment Structure of Industry					
第一产业	Primary Industry	76.5	66.4	61.2	60.8	59.8
第二产业	Secondary Industry	9.8	11.8	10.8	10.4	10.7
第三产业	Tertiary Industry	13.7	21.8	28.0	28.8	29.5
宏观经济	**Macroeconomic Indicators**					
国民核算	**National Accounting**					
广西生产总值产业结构	Industrial Structure of GDP					
第一产业	Primary Industry	39.11	30.03	26.30	24.30	23.80
第二产业	Secondary Industry	26.38	35.78	36.50	35.20	36.90
第三产业	Tertiary Industry	34.51	34.19	37.20	40.50	39.30
广西生产总值支出结构	Expenditure Structure of GDP					
最终消费	Final Consumption	77.2	66.37	70.39	69.18	67.70
居民消费	Personal Consumption	59.1	50.4	49.7	47.16	45.50
农村居民	Urban Households	40.1	28.7	28.2	26.16	24.20
城镇居民	Rural Households	19	21.6	21.5	21.00	21.30
政府消费	Government Consumption	18.1	16	20.7	22.02	22.20
资本形成总额	Gross Capital Formation	23.9	41.32	33	35.76	37.70
固定资本	Fixed Assets Formation	16.2	28.3	32.7	34.30	36.20
存货增加	Inventory Increment	7.7	13	0.3	1.44	1.50
固定资产投资	**Investment in Fixed Assets**					
全社会投资结构	Administrative Channels of Total Investment					
基本建设	Capital Counstruction	31.05	37.11	42.66	44.61	45.46
更新改造	Innovation	24.73	16.19	12.15	12.64	14.46
房地产开发	Real Estate Development	3.21	12.17	5.86	9.02	12.19
其他投资	Other Investment	5.22	3.84	8.98	8.82	6.31
资金来源结构	Structure of Funded Sources					
国家预算内资金	State Budgetary Appropriation	12.77	2.68	9.02	11.14	8.88
国内贷款	Domestic Loans	33.24	29.06	24.51	26.29	28.96
利用外资	Foreign Investment	5.37	7.49	3.67	2.8	3.03

 单位:%(%)

指　标	Indicators	1990	1995	2000	2002	2003
自筹和其他投资	Fundraising and Others Investment	41.81	43.00	45.29	43.87	42.13
财 政	**Government Finance**					
财政收入结构	Structure of Government Revenue					
中央	Central Government		40.40	33.16	38.88	40.35
地方	Local Government		59.60	66.84	61.12	59.65
财政支出结构	Structure of Government Expenditures					
#基本建设支出	Capital Counstruction	5.62	6.06	9.78	14.79	9.02
农业支出	Agricultural	13.35	11.04	10.79	10.58	9.30
教育支出	Education	20.80	21.54	18.90	18.90	19.40
利用外资	**Utilization of Foreign Capital**					
实际利用外资结构	Structure of Foreign Capital Actually Used					
对外借款	Loans from Abroad	29.51	30.13	29.91	29.29	33.89
外商直接投资	Direct Investment by Foreign Entrepreneurs	50.16	69.46	69.69	70.71	66.11
外商其他投资	Other Investment by Foreign Entrepreneurs	20.33	0.41	0.4		
能源生产和消费	**Production and Consumption of Energy**					
能源生产总量结构	Structure of Energy Production					
原 煤	Coal	59.1	50.9	36.0	24.1	25.8
原 油	Petroleum Crude Oil	2.4	1.3	0.6	0.7	0.6
水 电	Hydropower	38.5	51.6	63.4	75.2	73.6
能源消费总量结构	Structure of Energy Consumption					
煤 炭	Coal	62.7	55.9	49.3	47.6	51.2
石 油	Petroleum Crude Oil	11.6	10.1	15.2	19.3	21.3
水 电	Hydropower	20.7	23.4	20.5	20.6	17.3
产 业	**Industry**					
农 业	**Agriculture**					
农林牧渔业产值结构	Structure of Gross Output Value of Agriculture					
农 业	Farming	59.35	54.84	50.52	50.79	48.6
林 业	Forestry	7.16	4.64	4.68	4.34	5.2
牧 业	Animal Husbandry	29.93	32.11	33.21	33.44	33.3
渔 业	Fishery	3.56	8.41	11.59	11.43	11.2
农林牧渔服务业	Agriculture Service Industries					1.7
工 业	**Industry**					
全部工业总产值结构	Structure of Gross Output Value of Industry					
轻工业	Light Industry	55.25	47.54	47.88	47.93	45.94
重工业	Heavy Industry	44.75	52.46	52.12	52.07	54.06

2—3 续表 2 continued 单位:%(%)

指　　标	Indicators	1990	1995	2000	2002	2003
建筑业	**Construction**					
建筑业总产值结构	Structure of Gross Output Value of Construction Industry					
#国有企业	State-owned Enterprises			58.86	54.10	56.29
城镇集体企业	Urban Collective-owned Enterprises			30.89	23.55	20.92
交通运输业	**Transportation**					
货运量结构	Structure of Freight Traffic					
铁路	Railways	19.14	17.72	18.69	19.87	19.48
公路	Highways	74.12	72.28	75.2	72.85	72.22
水运	Waterways	6.74	10.00	6.11	7.28	8.29
客运量结构	Structure of Passenger Traffic					
#铁路	Railways	9.1	8.21	5.84	4.68	4.44
公路	Highways	86.88	87.49	91.55	92.57	92.96
水运	Waterways	3.75	3.47	1.78	1.85	1.80
国内贸易	**Domestic Trade**					
社会消费品零售总额构成	Structure of Retail Sales of Consumer Goods					
城市	City	40.01	44.28	48.46	49.97	53.46
县城	Counties	25.63	25.5	20.53	21.03	19.78
县以下	Below Counties	34.36	30.22	31.01	29.00	26.76
对外经济贸易	**Foreign Trade**					
出口商品结构	Structure of Exports	81.23	69.95	73.27	62.04	61.72
进口商品结构	Structure of Imports	18.77	30.05	26.73	37.96	38.28
国际旅游	**International Tourism**					
来华旅游人数结构	Structure of Tourists					
外国人	Foreigners	29.6	73.46	40.82	48.95	48.95
华侨	Overseas Chinses	4.65	0.81	0.26	0.08	0.11
港澳台同胞	Compatriots from Hongkong, Macao and Taiwan	65.75	25.73	58.92	50.97	50.94
教育、科技、文化	**Education, Science and Technology and Culture**					
教育	**Education**					
在校学生结构	Structure of Students Enrollment					
大学生	College and University Students	0.5	0.7	1.4	2.2	2.67
中学生	Secondary School Students	21.9	27.9	35.5	37.8	39.71
小学生	Primary School Students	77.6	71.4	63.1	60.0	57.62
专任教师结构	Structure of Full-time Teachers					
大学	College and Universities	2.22	2.28	2.7	3.26	3.68

单位:%(%)

指标	Indicators	1990	1995	2000	2002	2003
中学	Secondary School	31.25	37.9	39.4	41.38	42.81
小学	Primary School	66.62	59.8	57.9	55.36	53.51
科技	**Science and Technology**					
国有企事业单位科技人员结构	Structure of Scientific and Technological Personnel in State-owned Enterprises and Institutions					
#工程技术人员	Engineering	36.32	15.44	16.17	15.00	14.19
农业技术人员	Agriculture	9.21	2.88	2.97	2.96	2.97
科学研究人员	Scienctific Research	1.65	0.48	0.35	0.38	0.39
卫生技术人员	Health Care	33.11	13.22	13.11	13.39	13.67
教学人员	Tecahing	19.75	47.64	50.11	52.44	53.80
生活 环境	**Livelihood and Environment**					
生活	**Livelihood**					
城镇居民消费结构	Consumption Structure of Urban Residents					
#食品类	Food	58.7	51.0	39.9	40.67	40.01
衣着类	Clothing	8.7	8.8	6.5	7.55	6.48
用品及其他	Articles for Daily Use and Others	9.2	9.5	9.0	6.7	6.54
居住	Residence	5.5	8.1	15.5	10.2	13.90
农村居民消费结构	Consumption Structure of Rural Residents					
#食品类	Food	65.17	61.28	55.44	51.9	53.34
衣着类	Clothing	4.96	4.3	3.47	3.78	3.49
家庭设备、用品及服务	Household Facilities, Articles and Services	4.57	4.55	4.23	3.85	3.64
居住	Residence	15.09	12.2	13.52	17.11	18.46
卫生	**Health Care**					
卫生技术人员结构	Structure of Medical Professionals			17.51	29.92	32.69
#执业(助理)医师	Doctors & Assistant Doctors with License		35.44	36.19	42.55	35.92
注册护士	Registered Nurses		30.58	31.75	33.70	31.66
环境	**Environment**					
污染治理投资结构	Used of Funds in Pollution Treatment					
治理废水	Waste Water Treatment	57.87	53.83	54.33	35.93	64.11
治理废气	Waste Gas Treatment	28.53	30.68	36.51	25.23	21.03
治理固体废物	Solid Waste Treatment	9.69	11.36	3.69	4.60	2.81
治理噪声	Noise Treatnent	0.9	1.17	0.14	0.23	0.28
其他	Others	2.96	2.96	5.33	34.01	3.11

2—4 主要年份国民经济和社会发展比例和效益指标

Indicators on Proportions and Efficiency in National Economic and Social Development in Main Years

指　　标	Indicators	1990	1995	2000	2002	2003
人口与就业	**Population and Employment**					
人 口	**Population**					
人口出生率(‰)	Birth Rate(‰)	20.2	17.54	13.6	13.3	13.86
人口死亡率(‰)	Death Rate(‰)	6.6	6.53	5.7	6.3	6.57
人口自然增长率(‰)	Natural Growth Rate(‰)	13.60	11.01	7.90	7.00	7.29
就 业	**Employment**					
三次产业就业者比例(以第一产业为100)	Employment Ratio by Types of Industry (Employment in primary industry = 100)					
第一产业	Primary Industry	100	100	100	100	100
第二产业	Secondary Industry	12.81	17.77	17.69	17.19	17.93
第三产业	Tertiary Industry	17.91	32.83	45.63	47.61	49.23
城镇失业率(%)	Unemployment Rate in Urban Area(%)	3.9	2.4	3.2	3.7	3.6
宏观经济	**Macroeconomic Indicators**					
国民核算	**National Accounting**					
三次产业增加值比例(以第一产业为100)	Ratio of Value-added by Tape of Industry(Value-added in primary industry = 100)					
第一产业	Primary Industry	100	100	100	100	100
第二产业	Secondary Industry	67.5	119.2	138.9	145.04	154.53
第三产业	Tertiary Industry	88.3	113.9	141.7	167.16	164.79
全社会劳动生产率(元/人)	Overall Labor Productivity(yuan/person)	2129	6284	7990	9484	10516
第一产业	Primary Industry	1088	2840	3429	3792	4192
第二产业	Secondary Industry	5722	19002	26906	31999	36128
第三产业	Tertiary Industry	5382	9885	10648	13312	14033
固定资产投资	**Investment in Fixed Assets**					
全社会固定资产投资相当于地区生产总值比例(%)	Proportion of Investment in Fixed Assets to GDP(%)	15.27	28.27	32.19	34.01	36.10
施工房屋建筑面积竣工率(%)	Rate of Total Floor Space of Buildings Completed in Construction (%)			81.04	72.68	73.09
基本建设固定资产交付使用率(%)	Rate of Fixed Assets Completed in Capital Construction and Put into Use(%)		89.5	109.68	51.7	62.9
基本建设项目建成投产率(%)	Rate of Projects Completed in Capital Con-struction and Put into Use(%)		52.32	58.43	52.4	49.0

2—4 续表 1 continued

指　　标	Indicators	1990	1995	2000	2002	2003
财政	**Government Finance**					
财政收入相当于地区生产总值比例(%)	Proportion of Financial Revenue to GDP(%)		8.9	10.7	12.4	12.5
一般预算收入相当于地区生产总值比例(%)	Proportion of General Budgetary Financial Revenue to GDP(%)	10.43	5.3	7.17	7.6	7.5
一般预算支出相当于地区生产总值比例(%)	Proportion of General Budgetary Financial Expenditure to GDP(%)	14.47	9.39	12.61	17.1	16.2
能源生产与消费	**Production and Consumption of Energy**					
能源消费弹性系数	Elasticity Ratio of Energy Consumption	1.17	0.89	1.1	1.17	0.89
每万元地区生产总值消耗的能源(吨)	Energy Consumption per 10 000 yuan GDP(ton)	2.91	1.51	1.3	1.22	1.25
产　业	**Industry**					
农　业	**Agriculture**					
人均耕地面积(亩)	Per Capita Cultivated Land(mu)	0.93	0.87	0.84	0.82	0.79
每公顷耕地农业机械总动力(千瓦)	Total Power of Agricultural Machinery per Hectare Cultivated Land (kw)	3.0	4.1	5.5	6.2	6.7
每公顷耕地用电量(千瓦小时)	Electric Power Consumption per Hectare Cultivated Land(kwh)	485	903	1115	1186	1223
每公顷耕地化肥施用量(公斤)	Chemical Fertilizer Consumption per Hectare Cultivated Land(kg)	332	470	595	671	721
工　业	**Industry**					
总资产贡献率(%)	Total Assets Contribution Ratio(%)			7.98	7.72	9.45
资产负债率(%)	Asset-debt Ratio(%)			68.29	65.61	65.74
成本费用利润率(%)	After-Tax Profits/Cost(%)			3.86	3.2	4.96
流动资产周转次数(次/年)	Turnover Times of Current Assets (times/year)			1.49	1.61	1.79
全员劳动生产率(元/人.年,按增加值计)	Over Labor Productivity (yuan/person-year, in terms of value-added)		18488	35486	45005	53836
建筑业	**Construction**					
技术装备率(元/人)	Value of Machinery per Laborer (yuan/person)	3968	4675	7784	9191	10172
产值利税率(%)	Ratio of Per-tax Profits to Gross Output Value(%)	7.3	3.5	3.4	4.5	4.5
全员劳动生产率(元/人,按总产值计算)	Overall Labor Productivity(yuan/person, in terms of gross output value)	14323	41860	56937	72008	97199
运输邮电业	**Transportation, Post and Tele-communica-tion Services**					

2—4 续表 2 continued

指 标	Indicators	1990	1995	2000	2002	2003
铁路网密度(公里/万平方公里)	Railway Density(km/10 000 sq. km)	89	103	133	137	137
公路网密度(公里/万平方公里)	Highway Density(km/10 000 sq. km)	1530	1728	2235	2378	2473
电话普及率(部/万人,含移动电话)	A ccess to Telephones (sets/10 000persons, include mobilphone)	48	234	1102	1973	2662
对外贸易	**Foreign Trade**					
进出口总额相当于地区生产总值比例(%)	Proportion of Total Exports and Imports to GDP(%)	9.44	17.82	8.23	8.19	9.66
金 融	**Finance**					
金融机构存款相当于地区生产总值比例(%)	Bank Deposits as Percentage of GDP(%)	60.39	76.95	110.68	113.39	116.09
金融机构贷款相当于地区生产总值比例(%)	Bank Loans as Percentage of GDP (%)	72.66	70.49	78.69	79.05	84.85
教育、科技、文化	**Education, Science and Technology and Culture**					
教 育	**Education**					
学龄儿童入学率(%)	Rate of School-age Children Enrollment(%)		98.16	98.68	98.50	98.90
每万人在校小学生(人)	Number of Primary School Students per 10 000 Persons (person)	1336	1424	1139	1065	1013
每万人在校中学生(人)	Number of Secondary School Students per 10 000 Persons (person)	372	492	670	689	698
每万人在校大学生(人)	Number of University and College Students per 10 000 Persons (person)	9	13	25	39	47
科 技	**Science and Technology**					
县及县以上研究与开发经费支出相当于地区生产总值比例(%)	R&D Expenditures above County Level as Percent-age of GDP(%)		0.26	0.26	0.30	0.29
文 化	**Culture**					
每百万人有公共图书馆(个)	Number of Public Libraries per Million Persons(unit)	2.12	2.18	1.98	1.99	1.98
卫 生	**Health Care**					
每万人卫生技术人员(人)	Number of Medical Technical Personnel per 10 000 Persons(person)	25.4	25.6	26.7	25.3	25.1
每万人医院、卫生院病床数(张)	Number of Hospital Beds per 10 000 Persons(unit)	16.0	17.3	17.4	17.2	17.1

2—5 主要年份人均主要工农业产品产量

Per Capita Output of Major Industrial and Agricultural Products in Main Years

指 标	Indicators	1990	1995	2000	2002	2003
粮食产量(公斤)	Grain(kg)	334	344	352	322	307
油料产量(公斤)	Oil-bearing Crops(kg)	6	10	12	12	12
甘蔗产量(公斤)	Sugarcane Crops(kg)	358	566	621	956	1005
水果产量(公斤)	Fruits(kg)	22	59	76	95	95
猪牛羊肉(公斤)	Pork, Beef and Mutton(kg)	22	45	49	54	57
水产品(公斤)	Aquatic Products(kg)	8	23	51	53	55
原煤(吨)	Coal(ton)	0.23	0.31	0.15	0.09	0.09
发电量(千瓦时)	Electricity(kwh)	299	481	611	660	751
水泥(公斤)	Cement(kg)	182	438	465	507	551
糖产量(公斤)	Sugar(kg)	33	40	69	100	124
机制纸及纸板(公斤)	Machine-made Paper and Paperboard(kg)	8	21	17	18	20

2—6 各个时期主要经济指标

Main Economic Indicators of Each Period

单位:亿元(100 million yuan)

时 期	Period	广西生产总值 Gross Domestic Product of Guangxi	第一产业 Primary Industry	第二产业 Secondary Industry	#工业 Industry	第三产业 Tertiary Industry	固定资产投资 Investment in Fixed Assets
"一五"时期	"First Five-Year Plan" Period	88.96	50.35	22.59	19.89	16.02	6.19
"二五"时期	"Second Five-Year Plan" Period	125.03	57.92	37.65	31.64	29.46	19.58
	1963—1965	83.12	43.66	22.42	19.26	17.04	7.21
"三五"时期	"Third Five-Year Plan" Period	165.9	89.17	41.41	36.68	35.32	19.42
"四五"时期	"Fourth Five-Year Plan" Period	287.04	133.8	91.39	82.8	61.85	32.87
"五五"时期	"Fifth Five-Year Plan" Period	393.84	172.14	132.55	119.91	89.15	48.79
"六五"时期	"Sixth Five-Year Plan" Period	708.45	321.87	202.77	175.97	183.81	120.68
"七五"时期	"Seventh Five-Year Plan" Period	1592.8	627.12	479.93	417.65	485.75	337.65
"八五"时期	"Eighth Five-Year Plan" Period	4732.74	1447.01	1655.27	1423.97	1630.46	1314.72
"九五"时期	"Ninth Five-Year Plan" Period	9421.61	2778.07	3323.46	2796.81	3320.07	2808.14
	2001—2003	7421.68	1810.48	2663.77	2161.16	2947.43	2553.54

注:本表价值指标按当年价格计算。

Note: The value indictors on this table are calculated at current prices.

2—6 续表 continued

时 期	Period	一般预算收入(亿元) General Budgetary Financial Revenue (100 million yuan)	一般预算支出(亿元) General Budgetary Financial Expenditure (100 million yuan)	外贸进出口总额(亿美元) Total Exports and Imports (100 million USD)	#出口总额 Exports	社会消费品零售总额(亿元) Total Retail Sales of Consumer Goods(100 million yuan)	货运量(万吨) Freight Traffic (10 000 tons)
"一五"时期	"First Five-Year Plan" Period	15.33	12.61	1.74	1.74	41.8	4344
"二五"时期	"Second Five-Year Plan" Period	23.66	34.7	1.48	1.48	59.36	12595
	1963—1965	12.64	15.92	1.24	1.21	42.88	5191
"三五"时期	"Third Five-Year Plan" Period	25.24	34.25	2.37	2.19	84.47	11523
"四五"时期	"Fourth Five-Year Plan" Period	48.32	61.57	7.77	7.21	114.48	21750
"五五"时期	"Fifth Five-Year Plan" Period	61.72	87.53	13.66	12.82	177.1	26379
"六五"时期	"Sixth Five-Year Plan" Period	72.99	105.13	21.12	17.46	321.52	30448
"七五"时期	"Seventh Five-Year Plan" Period	177.9	265.93	37.97	28.32	720.45	94604
"八五"时期	"Eighth Five-Year Plan" Period	354.75	923.09	104.11	71.14	1715.24	138187
"九五"时期	"Ninth Five-Year Plan" Period	589.95	1009.68	126.74	91.87	3669.51	155717
	2001—2003	569.06	1215.11	74.19	47.13	2819.13	100116

2—7 各个时期主要经济指标平均增长率

Average Growth Rate of Main Economic Indicators of Each Period

单位:%(%)

时 期	Period	广西生产总值 Gross Domestic Product of Guangxi	第一产业 Primary Industry	第二产业 Secondary Industry	#工业 Industry	第三产业 Tertiary Industry	固定资产投资 Investment in Fixed Assets
"一五"时期	"First Five-Year Plan" Period	10.8	6.5	11.2	12.1	27.5	
"二五"时期	"Second Five-Year Plan" Period	1.2	-4.5	3.9	4.7	8.4	
	1963—1965	7.5	11.5	9.5	8.4	-0.02	
"三五"时期	"Third Five-Year Plan" Period	5.1	2.6	5.3	5.1	8.7	
"四五"时期	"Fourth Five-Year Plan" Period	9.6	6.2	15.0	16.5	9.9	
"五五"时期	"Fifth Five-Year Plan" Period	6.2	3.9	4.8	5.5	12.2	10.5
"六五"时期	"Sixth Five-Year Plan" Period	8.3	4.4	9.9	9.2	13.3	27.4
"七五"时期	"Seventh Five-Year Plan" Period	6.1	5.0	8.7	9.7	4.4	10.2
"八五"时期	"Eighth Five-Year Plan" Period	15.1	8.4	24.3	24.2	13.6	43.9
"九五"时期	"Ninth Five-Year Plan" Period	8.1	6.2	9.0	8.8	8.6	9.3
	2001—2003	9.6	4.9	11.3	11.1	11.2	14.4

注:本表广西生产总值增长率按可比价格计算。

Note: Average grouth rate of GDP is calculated at comparable prices.

2—7 续表 continued

单位:%(%)

时 期	Period	一般预算收入 General Budgetary Financial Revenue	一般预算支出 General Budgetary Financial Expenditure	外贸进出口总额 Total Exports and Imports	#出口总额 Exports	社会消费品零售总额 Total Retail Sales of Consumer Goods	货运量 Freight Traffic
"一五"时期	"First Five-Year Plan" Period	6.4	14.7	47.1	47.1	13.2	39.8
"二五"时期	"Second Five-Year Plan" Period	2.7	2.0	-20.3	-20.3	6.1	1.7
	1963—1965	12.9	18.7	37.1	33.5	7.1	19.9
"三五"时期	"Third Five-Year Plan" Period	8.5	8.3	0.3	0.4	2.9	5.9
"四五"时期	"Fourth Five-Year Plan" Period	8.6	7.5	33.5	33.2	8.1	11.5
"五五"时期	"Fifth Five-Year Plan" Period	2.1	5.8	11.4	12.7	11.9	-2.4
"六五"时期	"Sixth Five-Year Plan" Period	10.4	11.3	6.7	0.3	14.1	23.5
"七五"时期	"Seventh Five-Year Plan" Period	18.3	16.9	11.4	14.4	14.6	9.0
"八五"时期	"Eighth Five-Year Plan" Period	11.1	16.7	29.0	25.2	24.9	7.5
"九五"时期	"Ninth Five-Year Plan" Period	13.1	13.0	-8.7	-7.8	10.0	1.8
	2001—2003	11.5	19.7	16.1	9.7	10.2	2.3

2—8 主要年份平均每天主要社会经济活动

Selected Indicators on Average Daily Social and Economic Activities in Main Years

指 标	Indicators	1990	1995	2000	2002	2003
每天创造的财富	**Daily Production**					
广西生产总值(亿元)	Gross Domestic Product of Guangxi (100 million yuan)	1.23	4.10	5.62	6.73	7.49
第一产业	Primary Industry	0.48	1.23	1.48	1.63	1.79
第二产业	Secondary Industry	0.32	1.47	2.05	2.37	2.76
#工业	Industry	0.29	1.26	1.70	1.92	2.23
第三产业	Tertiary Industry	0.42	1.40	2.09	2.73	2.94
#运输、仓储及邮电业	Transport, Storage, Post& Telecommunication	0.07	0.25	0.44	0.62	0.68
批发零售、餐饮业	Wholesale, Retail and Catering Businesses	0.16	0.46	0.76	0.87	0.94
一般预算收入(亿元)	General Budgetary Financial Revenue(100 million yuan)	0.12	0.22	0.40	0.51	0.56
一般预算支出(亿元)	General Budgetary Financial Expenditure(100 million yuan)	0.18	0.39	0.71	1.15	1.22
粮食(万吨)	Grain(10 000 tons)	3.84	4.26	4.57	4.24	4.07
油料(万吨)	Oil-bearing Grops(10 000 tons)	0.07	0.12	0.16	0.15	0.15

2—8 续表 continued

指　标	Indicators	1990	1995	2000	2002	2003
猪牛羊肉(万吨)	Meat(10 000 tons)	0.25	0.44	0.63	0.71	0.75
水产品(万吨)	Aquatic Products(10 000 tons)	0.09	0.28	0.66	0.7	0.72
布(万米)	Cloth(10 000 m)	48.52	46.03	23.87	22.42	12.80
原 煤(万吨)	Coal(10 000 tons)	2.68	3.81	1.94	1.2	1.21
发电量(亿千瓦时)	(100 million kwh)	0.34	0.60	0.79	0.87	1.00
钢(万吨)	Stee(10 000 tons)	0.14	0.24	0.29	0.45	0.56
钢 材(万吨)	Steel Products(10 000 tons)	0.12	0.22	0.28	0.50	0.63
水 泥(万吨)	Cement(10 000 tons)	2.10	5.43	6.02	6.58	7.30
每天消费量	**Daily Consumption**					
最终消费(亿元)	Final Consumption Expenditure(100 million yuan)	0.95	2.72	3.95	4.65	5.07
居民消费	Resident Consumption	0.73	2.07	2.79	3.17	3.41
农 民	Peasant Consumption	0.49	1.18	1.58	1.76	1.82
非农业居民	Non-agricultural Residents' Consumption	0.23	0.89	1.21	1.41	1.59
政府消费	Government Consumption	0.22	0.66	1.16	1.48	1.66
能源消费量(万吨标准煤)	Energy Consumption	3.58	6.18	7.31	8.14	9.37
社会消费品零售总额(亿元)	Total Retail Sales of Consumer Goods(100 million yuan)	0.48	1.46	2.35	2.81	2.35
每天其他经济活动	**Other Daily Economic Activities**					
资本形成总额(亿元)	Gross Capital Formation(100 million yuan)	0.29	1.70	1.85	2.41	2.82
固定资产形成	Fixed Assets Formation	0.20	1.16	1.83	2.31	2.71
存货增加	Inventory Increment	0.09	0.54	0.02	0.10	0.11
货运量(万吨)	Freight Traffic(10 000 tons)	54.52	78.41	85.67	91.48	91.66
客运量(万人)	Passenger Traffic(10 000 persons)	71.98	94.02	117.68	125.67	119.44
主要港口货物吞吐量(万吨)	Volume of Freight Handled at Major Ports(10 000 tons)	3.02	4.70	7.99	10.22	12.08
邮电业务总量(万元)	Revenue from Postal and Telecommunica-tion Services(10 000yuan)	39	563	2640	3468	4446
进出口总额(万美元)	Total Exports and Imports (10 000 USD)	246	880	558	666	874
出口总额	Exports	200	615	409	413	540
进口总额	Imports	46	265	149	253	334
实际利用外资额(万美元)	Total Amount of Foreign Capital Actually Used(10 000 USD)	17	264	206	169	189
来华旅游人数(万人)	Number of International Tourists (10 000 persons)	1420	1147	3398	3568	1768
每天人口变动和婚姻	**Daily Population Changes and Marriages**					
出 生(人)	Births(person)	2329	2164	1753	1753	1836
死 亡(人)	Deaths(couple)	767	795	712	822	877
结 婚(对)	Marriages(couple)	966	896	873	773	811
离 婚(对)	Divorces(couple)	60	71	80	62	90

主要统计指标解释

发展速度 是表示某一时期内某一指标发展程度的相对数,它是报告期与基期水平之比,一般用百分数表示,即把基期水平定为1(或100%),以报告期的指标数值除以基期指标数值的商乘100%,即得发展速度。由于比较的标准时期不同,发展速度可分为定期发展速度和环比发展速度两种。发展速度的计算公式为:

发展速度 =(指标当期数值/指标基期数值)×100%

增长速度 是反映社会经济增长程度的指标,它是期增长量与基期水平之比,又称增长率。其计算公式为:

增长速度 =(指标当期数值/指标基期数值 -1)×100%

或 = 发展速度 -1(或100%)。

平均每年增长速度 我国计算平均增长速度有两种方法,一种是习惯上经常使用的"水平法",又称几何平均法,是以间隔最后一年的水平同基期水平对比来计算平均每年增长(或下降)的速度;另一种是"累计法"又称代数平均法或方程法,是以间隔年内各年水平的总和同基期水平对比来计算平均每年增长(或下降)的速度。

在一般正常情况下,两种方法计算的平均每年增长速度比较接近,但在经济发展不平衡出现大起大落时,两种方法计算的结果差别较大。

本年鉴内所列的平均每年增长速度都是用水平法计算的。从某年到某年平均增长速度的年份,均不包基期年在内。如1981 -2000年平均每年增长速度,是以1980年为基期,2000年为报告期,年份从1981年算起,共20年。

当年价格 是报告期当年的实际价格,也称现价或现行价格。使用当年价格计算的以货币表现的物量指标,反映当年的实际情况,可用于考核社会经济效益,便于对生产、流通、分配、消费之间进行经济核算和综合平衡。

可比价格 亦称固定价格。指在不同时期的价值指标对比时,扣除了价格变动因素,以确切反映物量的变化。按可比价格计算有两种方法:一种是直接用于产品产量乘其不变价格;一种是指数法换算。

不变价格 用某一时期的同类产品的平均价格作为固定价格,来计算各个时期的产品价值。目的是为了消除各个时期价格变动的影响,保证各时期间、地区间的可比性。解放后,国家统计局先后五次制订了全国统一的工业产品和农业产品的不变价格,即从1949年至1957年使用1952年工(农)业产品不变价格,从1957年到1971年使用1957年不变价格,从1971年到1980年使用1970年不变价格,从1981年到1990年使用1980年不变价格。从1990的开始使用1990年不变价格。

指数 指数是一种表明社会经济现象动态的相对数,一般用百分数表示。运用指数可以测定不能直接相加和直接对比的社会经济现象的总动态;可以分析社会经济现象总变动中各因素变动的影响程度;可以研究总平均指标变动中各组标志水平和总体结构变动的作用。它是在把各个年份的产值换算成可比价格的基础上,根据定基数等于相应各个环比指数的连乘积这个换算关系计算出来的。

本《年鉴》所列"国内生产总值指数"等都是按可比价格计算的,如计算有关年份产值增长情况,可用定期指数(即简称年度为100的定基指数)直接进行对比。例如,求2000年国内生产总值为1980年的百分比,按表上2000年指数,1980年指数,两者相除即得,其余以此类推。

各个计划时期 本年鉴表内所用各个"时期"代表的年份如下:第一个五年计划时期(简称"一五"时期)为1953到1957年;第二个五年计划时期(简称"二五"时期)为1958到1962年;第三个五年计划时期(简称"三五"时期)为1966到1970年;第四个五年计划时期(简称"四五"时期)为1971到1975年;第五个五年计划时期(简称"五五"时期)为1976到1980年;第六个五年计划时期(简称"六五"时期)为1981到1985年;第七个五年计划时期(简称"七五"时期)为1986到1990年;第八个五年计划时期(简称"八五"时期)为1991到1995年;第九个五年计划的时期(简称"九五"时期)为1996到2000年;第十个五年计划时期(简称"十五"时期)为2001到2005年。

第 三 篇
CHAPTER 3

国民经济核算

NATIONAL ECONOMIC ACCOUNTING

广西生产总值及增长速度

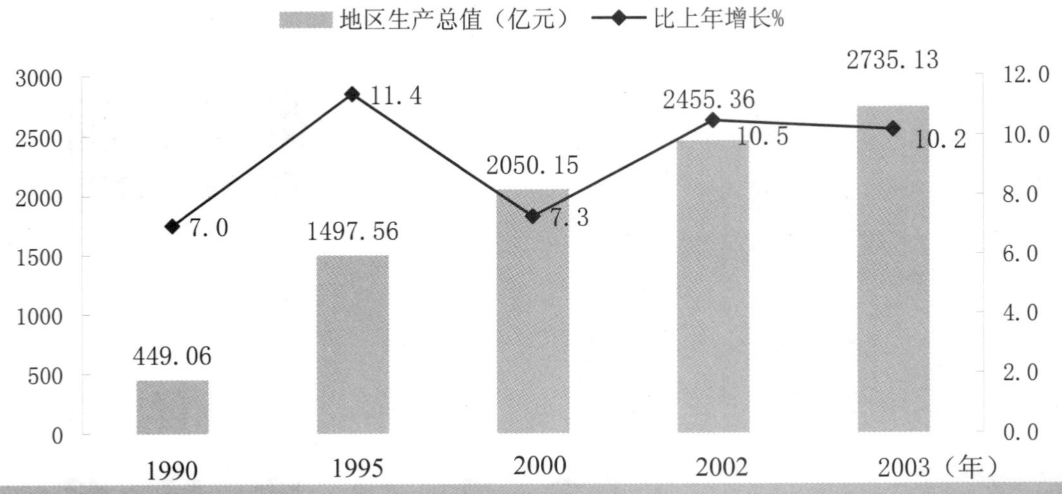

广西生产总值构成

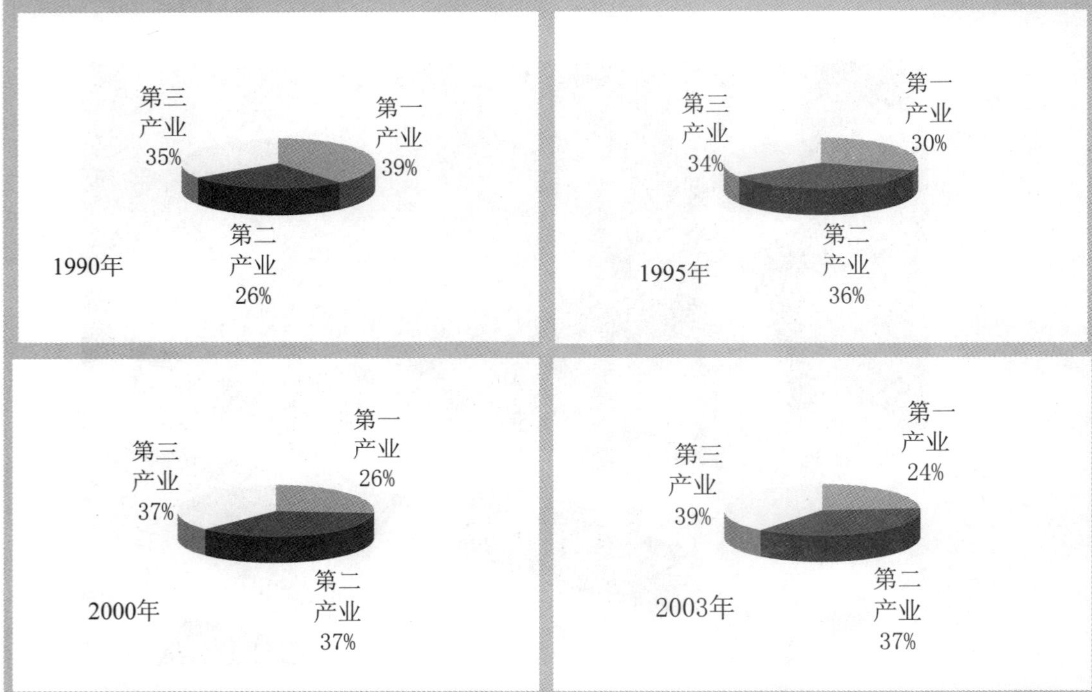

人均生产总值（元）

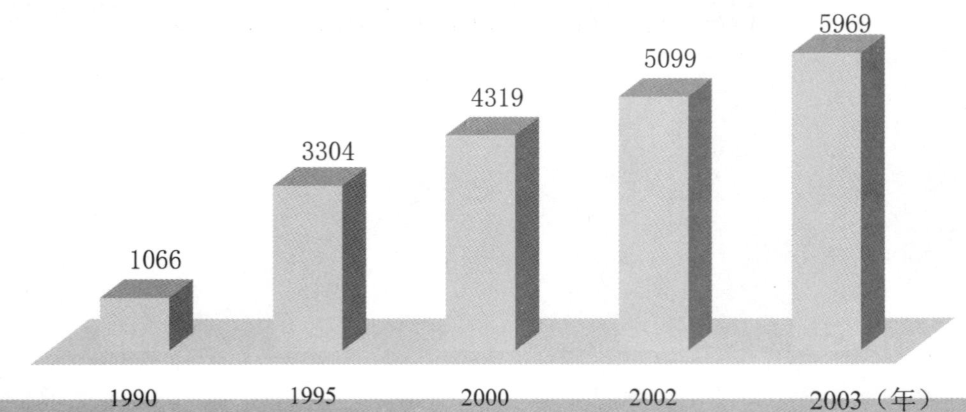

3—1 广西生产总值(1978 - 2003 年)
Gross Domestic Product(1978 - 2003)

(按当年价格计算)(Calculated at current prices)　　单位：亿元(100 million yuan)

年份 Year	广西生产总值 Gross Domestic Product	第一产业 Primary Industry	第二产业 Secondary Industry	工业 Industry	建筑业 Construction	第三产业 Tertiary Industry	#交通运输、仓储及邮电通信业 Transport, Post & Telecommunication Services	批发和零售贸易餐饮业 Wholesale, Retail Trade & Catering Services	人均地区生产总值(元/人) Per Capita GDP (yuan/person)
1978	75.85	30.88	25.81	23.29	2.52	19.16	3.67	4.43	225
1979	84.59	37.43	27.98	25.12	2.86	19.18	3.71	3.98	246
1980	97.33	43.91	30.79	27.78	3.01	22.63	4.79	5.00	278
1981	113.46	52.39	33.01	29.71	3.30	28.06	5.06	10.40	317
1982	129.15	62.93	34.72	30.98	3.74	31.50	5.36	11.36	354
1983	134.60	63.36	37.09	32.39	4.70	34.15	5.93	11.17	363
1984	150.27	66.01	43.26	36.97	6.29	41.00	6.88	12.31	399
1985	180.97	77.18	54.69	45.92	8.77	49.10	7.70	14.56	471
1986	205.46	85.27	69.03	58.41	10.62	51.16	9.04	12.30	525
1987	241.56	99.53	81.79	70.96	10.83	60.24	11.53	13.55	607
1988	313.28	117.72	100.69	86.38	14.31	94.87	15.72	28.23	770
1989	383.44	148.99	109.97	97.11	12.86	124.48	20.44	44.41	927
1990	449.06	175.61	118.45	104.79	13.66	155.00	25.79	57.53	1066
1991	518.59	192.68	141.02	123.66	17.36	184.89	38.65	62.03	1211
1992	646.60	229.13	187.48	161.44	26.04	229.99	49.14	74.92	1490
1993	871.70	245.60	321.10	273.03	48.07	305.00	61.16	101.66	1982
1994	1198.29	329.96	469.81	404.59	65.22	398.52	69.52	130.96	2675
1995	1497.56	449.64	535.86	461.25	74.61	512.06	93.02	168.97	3304
1996	1697.90	531.51	587.37	503.32	84.05	579.02	111.95	200.72	3706
1997	1817.25	579.14	614.07	524.49	89.58	624.04	120.06	223.52	3928
1998	1903.04	574.25	678.19	569.90	108.29	650.60	125.04	243.50	4076
1999	1953.27	554.48	695.83	579.26	116.57	702.96	145.30	260.33	4148
2000	2050.15	538.70	748.00	619.84	128.16	763.45	160.87	277.73	4319
2001	2231.19	562.52	791.85	648.19	143.66	876.82	187.66	295.15	4668
2002	2455.36	595.68	863.96	699.16	164.80	995.72	225.81	318.46	5099
2003	2735.13	652.28	1007.96	813.81	194.15	1074.89	248.22	344.78	5969

3—2 广西生产总值构成(1978－2003年)

Composition of Gross Domestic Product (1978－2003)

(按当年价格计算)(Calculated at current prices)　　单位:%(%)

年份 Year	广西生产总值 Gross Domestic Product	第一产业 Primary Industry	第二产业 Secondary Industry	工业 Industry	建筑业 Construction	第三产业 Tertiary Industry	#交通运输、仓储及邮电通信业 Transport, Post & Telecommunication Services	批发和零售贸易餐饮业 Wholesale, Retail Trade & Catering Services
1978	100	40.7	34.0	30.7	3.3	25.3	4.8	5.8
1979	100	44.2	33.1	29.7	3.4	22.7	4.4	4.7
1980	100	45.1	31.6	28.5	3.1	23.3	4.9	5.1
1981	100	46.2	29.1	26.2	2.9	24.7	4.5	9.2
1982	100	48.7	26.9	24.0	2.9	24.4	4.2	8.8
1983	100	47.1	27.6	24.1	3.5	25.4	4.4	8.3
1984	100	43.9	28.8	24.6	4.2	27.3	4.6	8.2
1985	100	42.6	30.2	25.4	4.8	27.1	4.3	8.0
1986	100	41.5	33.6	28.4	5.2	24.9	4.4	6.0
1987	100	41.2	33.9	29.4	4.5	24.9	4.8	5.6
1988	100	37.6	32.1	27.6	4.6	30.3	5.0	9.0
1989	100	38.9	28.7	25.3	3.4	32.5	5.3	11.6
1990	100	39.1	26.4	23.3	3.0	34.5	5.7	12.8
1991	100	37.2	27.2	23.8	3.3	35.7	7.5	12.0
1992	100	35.4	29.0	25.0	4.0	35.6	7.6	11.6
1993	100	28.2	36.8	31.3	5.5	35.0	7.0	11.7
1994	100	27.5	39.2	33.8	5.4	33.3	5.8	10.9
1995	100	30.0	35.8	30.8	5.0	34.2	6.2	11.3
1996	100	31.3	34.6	29.6	5.0	34.1	6.6	11.8
1997	100	31.9	33.8	28.9	4.9	34.3	6.6	12.3
1998	100	30.2	35.6	29.9	5.7	34.2	6.6	12.8
1999	100	28.4	35.6	29.7	6.0	36.0	7.4	13.3
2000	100	26.3	36.5	30.2	6.3	37.2	7.8	13.5
2001	100	25.2	35.5	29.1	6.4	39.3	8.4	13.2
2002	100	24.3	35.2	28.5	6.7	40.5	9.2	13.0
2003	100	23.8	36.9	29.8	7.1	39.3	9.1	12.6

3—3 广西生产总值指数（1978－2003年）

Indices of Gross Domestic Product（1978－2003）

（按可比价格计算，以上年为100）（Data in this table is calculated at comparable prices, preceding year ＝ 100）

年份 Year	广西生产总值 Gross Domestic Product	第一产业 Primary Industry	第二产业 Secondary Industry	工业 Industry	建筑业 Construction	第三产业 Tertiary Industry	#交通运输、仓储及邮电通信业 Transport, Post & Telecommunication Services	批发和零售贸易餐饮业 Wholesale, Retail Trade & Catering Services	人均地区生产总值 Per Capita GDP
1978	111.7	102.3	100.2	100.0	103.6	148.2	119.5	123.6	109.1
1979	103.4	105.5	105.4	105.2	109.1	98.3	100.7	91.8	101.3
1980	110.2	112.6	107.5	108.5	92.1	110.2	129.2	114.9	108.2
1981	108.0	102.5	105.5	106.9	92.7	123.0	106.2	205.2	105.9
1982	112.5	118.5	105.0	104.1	114.7	110.6	106.9	106.8	110.5
1983	103.3	99.3	106.9	105.0	125.6	107.0	104.0	100.6	101.5
1984	106.9	97.8	113.6	112.6	122.0	115.5	117.8	108.0	105.2
1985	111.0	105.0	119.0	117.8	128.2	111.1	107.7	109.2	108.9
1986	106.4	105.7	118.1	119.4	109.2	93.7	106.5	79.8	104.6
1987	109.2	105.7	112.0	114.5	92.6	110.8	119.7	103.3	107.3
1988	104.5	93.8	108.8	108.1	115.0	114.2	117.6	137.3	102.3
1989	103.6	112.4	99.2	100.7	86.1	99.0	102.4	82.9	101.8
1990	107.0	108.5	106.4	106.6	104.3	105.8	93.3	96.8	105.2
1991	112.7	108.8	115.9	114.8	125.0	114.8	131.7	106.2	110.9
1992	118.3	112.9	128.0	127.9	128.5	116.6	119.7	112.8	116.8
1993	118.3	99.6	144.9	145.1	143.8	115.1	108.4	116.9	116.7
1994	115.2	106.0	127.3	128.3	120.0	110.7	111.7	104.2	113.2
1995	111.4	115.6	108.6	108.2	111.4	111.1	116.0	111.2	110.0
1996	108.3	107.2	109.3	109.4	108.8	108.2	113.5	113.3	107.2
1997	108.0	111.2	106.4	106.4	106.1	107.3	106.6	111.3	107.0
1998	109.1	105.8	113.9	113.2	118.9	106.4	103.4	112.8	108.1
1999	107.7	107.0	106.8	106.1	111.5	109.5	113.9	109.6	106.8
2000	107.3	100.2	109.0	109.0	108.9	111.5	112.1	108.6	106.4
2001	108.2	103.4	108.1	108.0	108.2	111.8	107.2	108.7	107.5
2002	110.5	107.3	111.3	110.9	113.1	111.9	110.6	110.1	109.7
2003	110.2	104.0	114.6	114.6	114.6	109.9	112.5	109.0	109.4

3—4 广西生产总值指数(1978－2003年)

Indices of Gross Domestic Product (1978－2003)

(按可比价格计算,以1978年为100)(Data in this table is calculated at comparable prices, 1978 = 100)

年份 Year	广西生产总值 Gross Domestic Product	第一产业 Primary Industry	第二产业 Secondary Industry	工业 Industry	建筑业 Construction	第三产业 Tertiary Industry	#交通运输、仓储及邮电通信业 Transport, Post & Telecommunication Services	批发和零售贸易餐饮业 Wholesale, Retail Trade & Catering Services	人均地区生产总值 Per Capita GDP
1978	100.0	100.0	100.0	100.0	100.0	100.0	100.0	100.0	100.0
1979	103.4	105.5	105.4	105.2	109.1	98.3	100.7	91.8	101.3
1980	113.9	118.8	113.3	114.2	100.5	108.3	130.2	105.4	109.4
1981	123.1	121.8	119.6	122.1	93.2	133.3	138.2	216.4	115.8
1982	138.4	144.3	125.6	127.2	106.9	147.3	147.7	231.1	127.7
1983	143.0	143.2	134.3	133.5	134.2	157.7	153.6	232.5	129.8
1984	152.9	140.1	152.6	150.2	163.8	182.1	181.0	251.1	136.5
1985	169.7	147.2	181.6	177.0	210.0	202.2	194.8	274.3	148.8
1986	180.6	155.6	214.6	211.4	229.4	189.5	207.5	218.8	155.5
1987	197.2	164.4	240.2	242.1	212.6	209.8	248.3	226.0	166.8
1988	206.0	154.2	261.3	261.8	244.3	239.6	292.1	310.3	170.5
1989	213.5	173.3	259.2	263.5	210.4	237.2	299.0	257.3	173.8
1990	228.4	188.0	275.7	280.9	219.4	251.1	279.1	249.1	182.6
1991	257.5	204.5	319.6	322.3	274.3	288.2	367.5	264.4	202.4
1992	304.7	230.9	409.1	412.3	352.5	336.1	440.0	298.4	236.3
1993	360.4	230.0	592.8	598.2	506.8	386.9	476.9	348.8	275.7
1994	415.2	243.8	754.5	767.4	608.2	428.2	532.6	363.5	312.0
1995	462.4	281.7	819.3	830.5	677.7	475.8	618.0	404.1	343.3
1996	500.9	301.9	895.4	908.2	737.1	515.1	701.4	457.8	368.1
1997	541.2	335.6	952.4	966.3	782.4	552.8	747.8	509.6	393.8
1998	590.5	354.9	1084.7	1094.0	930.0	588.3	772.9	574.8	425.7
1999	636.0	379.7	1158.5	1160.7	1036.9	644.2	880.3	630.0	454.6
2000	682.4	380.5	1262.7	1265.2	1129.2	718.3	986.8	684.2	483.7
2001	738.4	393.4	1365.0	1366.4	1221.8	803.1	1056.9	743.7	520.0
2002	815.9	422.1	1519.2	1515.3	1381.9	898.7	1168.9	818.8	570.4
2003	899.2	439.0	1741.1	1736.6	1582.2	987.6	1315.0	892.5	624.0

3—5　各市生产总值、人均生产总值(2003 年)

GDP & Per Capita by City (2003)

(按现行价格计算)(Calculated at current prices)　　单位:亿元(100 million yuan)

城　市	City	地　区 生产总值 Gross Domestic Product	第一产业 Primary Industry	第二产业 Secondary Industry	#工业 Industry	第三产业 Tertiary Industry	人均地区生产总值 (元/人) Per Capita GDP (yuan/person)
南宁市	Nanning	502.53	95.65	148.46	103.09	258.42	7874
柳州市	Liuzhou	326.67	44.61	161.07	136.05	120.99	9337
桂林市	Guilin	388.29	105.64	137.74	109.99	144.90	7940
梧州市	Wuzhou	162.00	40.22	56.02	46.32	65.76	5538
北海市	Beihai	140.14	39.08	42.82	33.29	58.24	9590
防城港市	Fangchenggang	71.98	19.95	24.00	19.12	28.03	9159
钦州市	Qinzhou	155.33	69.78	37.17	29.00	48.38	4636
贵港市	Guigang	134.40	52.51	35.91	30.08	45.98	2882
玉林市	Yulin	244.76	79.68	90.75	82.99	74.34	4160
百色市	Baise	162.52	50.32	61.78	46.99	50.43	4416
贺州市	Hezhou	114.98	40.71	38.24	31.86	36.03	5505
河池市	Hechi	143.27	44.23	46.35	30.55	52.69	3768
来宾市	Laibin	119.22	48.72	41.48	35.20	29.02	4916
崇左市	Chongzuo	106.49	40.71	25.48	18.36	40.30	4687

3—6　各市地区生产总值、人均地区生产总值指数(2003 年)

Indices of GDP & Per Capita GDP by City (2003)

(按可比价格计算,以上年为 100)(Calculated at comparable prices, preceding year = 100)

城　市	City	地　区 生产总值 Gross Domestic Product	第一产业 Primary Industry	第二产业 Secondary Industry	#工业 Industry	第三产业 Tertiary Industry	人均地区 生产总值 Per Capita GDP (yuan/person)
南宁市	Nanning	10.9	3.7	19.3	12.7	9.4	9.9
柳州市	Liuzhou	11.9	4.6	17.1	12.4	8.6	11.0
桂林市	Guilin	9.8	6.0	12.1	10.2	10.6	9.1
梧州市	Wuzhou	9.5	0.8	20.2	16.5	7.6	8.7
北海市	Beihai	11.8	2.9	23.6	16.4	10.7	11.0
防城港市	Fangchenggang	10.7	6.2	16.7	14.9	9.6	10.0
钦州市	Qinzhou	5.8	0.1	13.2	11.5	11.0	4.8
贵港市	Guigang	11.0	4.9	25.7	20.6	9.1	9.4
玉林市	Yulin	8.3	-2.0	16.8	16.4	12.5	7.5
百色市	Baise	13.4	3.4	30.7	35.3	5.1	14.6
贺州市	Hezhou	10.5	4.9	21.3	17.5	11.2	10.0
河池市	Hechi	6.9	4.1	8.4	3.5	8.3	6.6
来宾市	Laibin	10.2	6.8	15.5	15.7	10.1	8.9
崇左市	Chongzuo	8.3	3.8	15.1	9.8	9.8	7.8

3—7 按支出法计算的广西生产总值(2000 - 2003 年)

Gross Domestic Product by Expenditure Approach(2000 - 2003)

(按当年价格计算)(Calculated at current prices) 单位:亿元(100 million yuan)

指　　标	Indicators	2000	2001	2002	2003
支出法广西生产总值	**Gross Demestic Product by Expenditure Approach**	**2050.15**	**2231.19**	**2455.36**	**2735.13**
最终消费	Final Consumption Expenditure	1443.17	1597.05	1698.54	1850.81
居民消费	Resident Consumption	1019.36	1075.89	1157.95	1244.70
农村居民	Rural Households	578.22	597.95	642.30	663.06
自给性消费	Self - sufficiency	156.74	165.87	163.95	156.49
商品性消费	Commodity	291.60	312.68	328.30	342.39
文化生活服务消费	Culture and Services	97.52	95.28	123.95	129.47
住房及水电消费	Residence, Water and Electricity	32.36	24.12	26.10	34.71
#住房消费	Residence	13.94	15.20	17.54	22.92
城镇居民	UrbanHouseholds	441.14	477.94	515.65	581.64
商品性消费	Commodity	318.93	338.57	351.60	383.66
文化生活服务消费	CultureandServices	66.17	78.75	119.55	130.51
住房及水电消费	Residence, Water and Electricity	56.04	60.62	44.50	67.47
#住房消费	Residence	28.93	33.15	12.64	29.84
政府消费	Government Consumption	423.81	521.16	540.59	606.11
资本形成总额	**Total Capital Formation**	**676.12**	**769.04**	**877.93**	**1030.40**
固定资本形成总额	Fixed Assets Formation	670.65	735.56	842.72	990.71
第一产业	Primary Industry	27.62	42.22	35.48	29.94
第二产业	Secondary Industry	189.56	177.91	245.22	320.03
采掘业	Mining and Quarrying	8.89	10.74	11.71	7.28
制造业	Manufacturing	70.40	84.86	117.39	162.17
电力、煤气及水的生产和供应业	Power, Gas and Water Production and Supply	101.98	69.95	96.91	121.28
建筑业	Construction	8.29	12.36	19.21	29.30
第三产业	Tertiary Industry	453.47	515.43	562.02	640.74
交通运输、仓储及邮电通信业	Transport, Storage, Postand Telecommunications	143.58	148.14	143.95	162.37
批发零售贸易、餐饮业	Wholesale, Retailand Catering Businesses	14.70	28.63	28.91	30.97
金融保险业	Finance and Insurance	2.38	2.93	1.60	1.29
房地产业	Real Estate	156.58	196.03	149.52	296.65
其他行业	Others	136.23	139.70	238.04	176.46
存货增加	Inventory Increment	5.47	33.48	35.21	39.69
货物和服务净出口	**Net Outflows of Goods and Services**	**-69.14**	**-134.90**	**-121.11**	**-146.08**
出口	Exports	1412.24	1445.54	1590.78	1918.84
进口	Imports	1481.38	1580.44	1711.89	2064.92

3—8 支出法广西生产总值(1978－2003年)

Gross Domestic Product by Expenditure Approach (1978－2003)

(按当年价格计算)(Calculated at current prices)　　单位:亿元(100 million yuan)

年 份 Year	支出法广西生产总值 Gross Domestic Product by Expenditure Approach	最终消费 Final Con－sumption Expenditure	居民消费 Resident Consump－tion	农村居民 Rural Households	城镇居民 Urban Households	政府消费 Govern ment Consump－tion	资本形成总额 Total Capital Formation	固定资本 Fixed Assets Formation	存货增加 Inventory Increment
1978	75.85	59.22	50.14	38.55	11.59	9.08	26.80	20.89	5.91
1979	84.59	65.41	55.19	41.75	13.44	10.22	26.21	20.57	5.64
1980	97.33	77.79	65.62	49.28	16.34	12.17	29.08	26.76	2.32
1981	113.46	87.29	74.09	56.28	17.81	13.20	32.73	26.97	5.76
1982	129.15	105.45	89.60	71.17	18.43	15.85	30.56	19.11	11.45
1983	134.60	111.40	93.87	73.94	19.93	17.53	32.40	23.30	9.10
1984	150.27	126.73	102.82	80.34	22.48	23.91	36.51	34.42	2.09
1985	180.97	152.73	123.92	96.13	27.79	28.81	61.80	42.22	19.58
1986	205.46	169.14	137.65	102.06	35.59	31.49	72.04	55.21	16.83
1987	241.56	189.66	154.31	112.71	41.60	35.35	79.69	62.72	16.97
1988	313.28	251.93	196.36	134.04	62.32	55.57	104.29	75.63	28.66
1989	383.44	296.29	228.80	157.25	71.55	67.49	111.54	70.81	40.73
1990	449.06	346.68	265.41	180.03	85.38	81.27	107.40	72.60	34.80
1991	518.59	394.07	297.08	195.00	102.08	96.99	137.14	99.38	37.76
1992	646.60	445.12	328.31	212.95	115.36	116.81	227.39	150.11	77.28
1993	871.70	564.25	422.30	257.72	164.58	141.95	350.54	278.07	72.47
1994	1198.29	778.82	588.47	336.66	251.81	190.35	472.33	382.59	89.74
1995	1497.56	993.95	754.12	430.25	323.87	239.83	618.75	423.37	195.38
1996	1697.90	1202.63	919.89	544.74	375.15	282.74	596.99	483.57	113.42
1997	1817.25	1255.76	936.65	548.93	387.72	319.11	578.61	487.29	91.32
1998	1903.04	1308.67	952.63	560.99	391.64	356.04	650.55	573.10	77.45
1999	1953.27	1342.88	978.81	566.36	412.45	364.07	645.64	629.07	16.57
2000	2050.15	1443.17	1019.36	578.22	441.14	423.81	676.12	670.65	5.47
2001	2231.19	1597.05	1075.89	597.95	477.94	521.16	769.04	735.56	33.48
2002	2455.36	1698.54	1157.95	642.30	515.65	540.59	877.93	842.72	35.21
2003	2735.13	1850.81	1244.70	663.06	581.64	606.11	1030.40	990.71	39.69

3—9 支出法广西生产总值指数(1978－2003 年)

Indices of Gross Domestic Product by Expenditure Approach (1978－2003)

(按可比价格计算,以上年为 100)(Calculated at comparable prices, preceding year = 100)

年份 Year	支出法广西生产总值 Gross Domestic Product by Expenditure Approach	最终消费 Final Consumption Expenditure	居民消费 Resident Consumption	农村居民 Rural Households	城镇居民 Urban Households	政府消费 Government Consumption	资本形成总额 Total Capital Formation	固定资本 Fixed Assets Formation	存货增加 Inventory Increment
1978	111.7	110.0	106.7	108.2	101.7	132.2	109.2	109.2	109.4
1979	103.4	101.6	100.3	97.3	110.4	108.5	91.8	92.3	90.8
1980	110.2	117.3	117.1	117.7	115.3	118.1	95.7	121.5	41.8
1981	108.0	111.5	112.2	114.1	106.4	107.9	99.9	89.4	220.8
1982	112.5	117.6	118.0	123.9	98.8	115.7	95.2	67.3	225.6
1983	103.3	104.3	103.5	102.9	105.9	108.7	106.3	130.1	73.1
1984	106.9	110.3	105.3	103.5	112.1	137.8	102.9	135.1	23.0
1985	111.0	110.8	111.3	110.4	114.6	108.8	161.1	115.0	833.1
1986	106.4	103.4	103.1	102.1	106.8	104.4	109.8	122.3	84.7
1987	109.2	104.6	104.5	102.9	110.2	104.8	102.5	105.1	94.7
1988	104.5	106.7	104.5	100.2	117.9	116.2	90.4	78.1	129.7
1989	103.6	95.6	98.8	100.7	93.6	83.5	110.9	97.1	137.5
1990	107.0	108.0	107.1	104.2	115.1	112.2	102.5	89.0	120.9
1991	112.7	113.0	111.3	108.6	116.8	118.5	112.5	115.7	105.9
1992	118.3	110.5	105.7	104.6	108.1	124.9	153.6	135.8	194.2
1993	118.3	106.4	109.2	102.0	122.8	99.3	151.8	196.0	81.4
1994	115.2	111.7	113.6	106.8	124.3	106.6	118.8	122.5	104.5
1995	111.4	112.3	113.7	115.9	110.7	108.2	122.8	107.0	193.8
1996	108.3	111.5	111.4	114.6	107.0	111.7	94.7	110.3	55.9
1997	108.0	107.9	104.8	103.6	106.5	117.8	97.2	100.5	81.3
1998	109.1	108.9	106.2	107.0	105.0	116.5	112.0	116.1	87.5
1999	107.7	107.5	107.9	108.9	106.4	106.4	104.3	114.4	23.1
2000	107.3	109.0	106.5	106.2	107.0	115.6	103.4	105.1	33.5
2001	108.2	108.8	104.6	102.5	107.3	118.9	112.0	107.5	661.4
2002	110.5	107.0	108.5	108.9	108.0	103.9	113.9	114.2	108.3
2003	110.2	106.5	105.0	100.4	110.8	110.0	115.2	115.5	110.1

3—10 支出法广西生产总值指数

Indices of Gross Domestic Product by Expenditure Approach (1978－2003)

（按可比价格计算，以 1978 年为 100）(Calculated at comparable prices, 1978 = 100)

年份 Year	支出法广西生产总值 Gross Domestic Product by Expenditure Approach	最终消费 Final Con－sumption Expenditure	居民消费 Resident Consump－tion	农村居民 Rural Households	城镇居民 Urban Households	政府消费 Govern ment Consump－tion	资本形成总额 Total Capital Formation	固定资本 Fixed Assets Formation	存货增加 Inventory Increment
1978	100.0	100.0	100.0	100.0	100.0	100.0	100.0	100.0	100.0
1979	103.4	101.6	100.3	97.3	110.4	108.5	91.8	92.3	90.8
1980	113.9	119.2	117.5	114.5	127.3	128.1	87.9	112.1	38.0
1981	123.1	132.9	131.8	130.7	135.4	138.3	87.8	100.3	83.8
1982	138.4	156.3	155.5	161.9	133.8	160.0	83.6	67.5	189.1
1983	143.0	163.0	160.9	166.6	141.7	173.9	88.8	87.8	138.2
1984	152.9	179.8	169.5	172.4	158.9	239.6	91.4	118.6	31.8
1985	169.7	199.2	188.6	190.4	182.0	260.7	147.2	136.4	264.8
1986	180.6	206.0	194.5	194.4	194.4	272.2	161.7	166.8	224.3
1987	197.2	215.4	203.2	200.0	214.3	285.2	165.7	175.3	212.4
1988	206.0	229.9	212.4	200.4	252.6	331.4	149.8	136.9	275.5
1989	213.5	219.8	209.8	201.8	236.4	276.8	166.1	132.9	378.8
1990	228.4	237.3	224.7	210.3	272.1	310.5	170.3	118.3	458.0
1991	257.4	268.2	250.1	228.4	317.9	368.0	191.6	136.9	485.0
1992	304.5	296.4	264.4	238.9	343.6	459.6	294.2	185.9	941.9
1993	360.2	315.3	288.7	243.6	422.0	456.4	446.6	364.4	766.7
1994	415.0	352.2	327.9	260.2	524.5	486.5	530.6	446.4	801.2
1995	462.3	395.5	372.9	301.6	580.6	526.4	651.6	477.6	1552.7
1996	500.7	441.0	415.4	345.6	621.3	588.0	617.1	526.8	868.0
1997	540.7	475.9	435.3	358.0	661.6	692.6	599.8	529.4	705.6
1998	589.9	518.2	462.3	383.1	694.7	806.9	671.8	614.7	617.4
1999	635.4	557.1	498.8	417.2	739.2	858.6	700.6	703.2	142.6
2000	681.8	607.2	531.3	443.1	790.9	992.5	724.5	739.0	47.8
2001	737.7	660.7	555.7	454.1	848.7	1180.1	811.4	794.5	316.0
2002	815.1	706.9	602.9	494.6	916.6	1226.1	924.2	907.3	342.3
2003	898.3	752.9	633.1	496.5	1015.5	1348.7	1064.7	1047.9	376.8

3—11 支出法广西生产总值构成(1978－2003年)

Composition of Gross Domestic Product by Expenditure Approach

(按当年价格计算)(Calculated at current prices) 单位:%(%)

年份 Year	支出法广西生产总值 Gross Domestic Product by Expenditure Approach	最终消费 Final Con－sumption Expenditure	居民消费 Resident Consump－tion	农村居民 Rural Households	城镇居民 Urban Households	政府消费 Govern ment Consump－tion	资本形成总额 Total Capital Formation	固定资本 Fixed Assets Formation	存货增加 Inventory Increment
1978	100.0	78.1	66.1	50.8	15.3	12.0	35.3	27.5	7.8
1979	100.0	77.3	65.2	49.4	15.9	12.1	31.0	24.3	6.7
1980	100.0	79.9	67.4	50.6	16.8	12.5	29.9	27.5	2.4
1981	100.0	76.9	65.3	49.6	15.7	11.6	28.8	23.8	5.1
1982	100.0	81.6	69.4	55.1	14.3	12.3	23.7	14.8	8.9
1983	100.0	82.8	69.7	54.9	14.8	13.0	24.1	17.3	6.8
1984	100.0	84.3	68.4	53.5	15.0	15.9	24.3	22.9	1.4
1985	100.0	84.4	68.5	53.1	15.4	15.9	34.1	23.3	10.8
1986	100.0	82.3	67.0	49.7	17.3	15.3	35.1	26.9	8.2
1987	100.0	78.5	63.9	46.7	17.2	14.6	33.0	26.0	7.0
1988	100.0	80.4	62.7	42.8	19.9	17.7	33.3	24.1	9.1
1989	100.0	77.3	59.7	41.0	18.7	17.6	29.1	18.5	10.6
1990	100.0	77.2	59.1	40.1	19.0	18.1	23.9	16.2	7.7
1991	100.0	76.0	57.3	37.6	19.7	18.7	26.4	19.2	7.3
1992	100.0	68.8	50.8	32.9	17.8	18.1	35.2	23.2	12.0
1993	100.0	64.7	48.4	29.6	18.9	16.3	40.2	31.9	8.3
1994	100.0	65.0	49.1	28.1	21.0	15.9	39.4	31.9	7.5
1995	100.0	66.4	50.4	28.7	21.6	16.0	41.3	28.3	13.0
1996	100.0	70.8	54.2	32.1	22.1	16.7	35.2	28.5	6.7
1997	100.0	69.1	51.5	30.2	21.3	17.6	31.8	26.8	5.0
1998	100.0	68.8	50.1	29.5	20.6	18.7	34.2	30.1	4.1
1999	100.0	68.8	50.1	29.0	21.1	18.6	33.1	32.2	0.8
2000	100.0	70.4	49.7	28.2	21.5	20.7	33.0	32.7	0.3
2001	100.0	71.6	48.2	26.8	21.4	23.4	34.5	33.0	1.5
2002	100.0	69.2	47.2	26.2	21.0	22.0	35.8	34.3	1.4
2003	100.0	67.7	45.5	24.2	21.3	22.2	37.7	36.2	1.5

3—12 广西生产总值构成项目(2003 年)

Composition of Gross Domestic Product by Item(2003)

(按当年价格计算)(Calculated at current prices)　　单位:亿元(100 million yuan)

行业	Sector	地区生产总值 Gross Domestic Product	劳动者报酬 Compensation of Laborers	固定资产折旧 Depreciation of Fixed Assets	生产税净额 Net Taxes on Production	营业盈余 Operating Surplus
广西生产总值	**Gross Domestic Product**	**2735.13**	**1706.99**	**339.38**	**334.79**	**353.97**
第一产业	Primary Industry	652.28	585.75	18.81	15.89	31.83
农业	Farming	355.04	323.36	10.38	8.78	12.52
林业	Forestry	43.04	30.86	0.99	0.83	10.36
畜牧业	Animal Husbandry	173.26	157.81	5.07	4.28	6.10
渔业	Fishery	80.94	73.72	2.37	2.00	2.85
第二产业	Secondary Industry	1007.96	439.88	116.01	218.08	233.99
工业	Industry	813.81	315.24	101.35	182.74	214.48
采掘业	Mining and Quarrying	73.13	43.62	10.43	13.04	6.04
制造业	Manufacturing	660.15	250.68	65.56	150.52	193.39
电力、煤气及水的生产和供应业	Power, Gas and Water Production and Supply	80.53	20.94	25.36	19.18	15.05
建筑业	Construction	194.15	124.64	14.66	35.34	19.51
第三产业	Tertiary Industry	1074.89	681.36	204.56	100.82	88.15
农林牧渔服务业	Services for Farming, Forestry, Animal Husbandry and Fishery	7.31	4.21	0.46	2.40	0.24
地质勘探业、水利管理业	Geological Prospecting and Water Conservancy	4.85	2.77	2.21	0.04	-0.17
交通运输、仓储及邮电通信业	Transport, Storage, Post and Telecommunications	248.22	147.64	66.74	16.16	17.68
交通运输业和仓储业	Transport and Storage	184.31	136.28	40.63	12.38	-4.98
邮电通讯业	Post and Telecommunications	63.91	11.36	26.11	3.78	22.66
批发和零售贸易、餐饮业	Wholesale, Retail and Catering Businesses	344.78	212.10	41.55	57.40	33.73
批发和零售贸易业	Wholesale and Retail Sale Trades	290.52	166.68	31.24	50.44	42.16
餐饮业	Catering Businesses	54.26	45.42	10.31	6.96	-8.43
金融保险业	Finance and Insurance	56.15	31.10	10.59	6.63	7.83
金融业	Finance	50.88	27.31	9.38	5.65	8.54
保险业	Insurance	5.27	3.79	1.21	0.98	-0.71
其　他	Others	0.00	0.00	0.00	0.00	0.00
房地产业	Real Estate	81.67	8.02	47.10	9.32	17.23
房地产管理业	Real Estate Management	3.13	2.46	0.55	0.01	0.11
房地产开发与经营业	Real Estate Development and Operation	33.00	5.56	1.01	9.31	17.12
城市居民自有住房	Urban Residents Owner - occupiers	26.44	0.00	26.44	0.00	0.00
农村居民自有住房	Rural Residents Owner - occupiers	19.10	0.00	19.10	0.00	0.00
社会服务业	Social Sevices	66.13	45.69	10.18	5.16	5.10
卫生、体育、社会福利业	Health Care, Sports and Social Welfare	47.10	41.92	3.24	0.19	1.75
教育、文艺、广播电影电视业	Education, Culture, Arts, Broadcasting, Film and Television	95.65	81.98	8.75	1.07	3.85
科学研究和综合技术服务业	Scinentific Research and Comprehensive Technical Services	11.08	9.02	0.73	0.64	0.69
国家机关、政党机关和社会团体	Government Agencies, Political Part and Social Organizations	97.30	84.86	11.23	1.21	0.00
其他行业	Others	14.65	12.05	1.78	0.60	0.22

3—13 广西生产总值构成项目比重(2003 年)

Structure of Gross Domestic Product by Item(2003)

(按当年价格计算)(Calculated at current prices)　　单位:%(%)

行业	Sector	广西生产总值 Gross Domestic Product	劳动者报酬 Compensation of Laborers	固定资产折旧 Depreciation of Fixed Assets	生产税净额 Net Taxes on Production	营业盈余 Operating Surplus
广西生产总值	**GrossDomesticProduct**	**100.0**	**62.4**	**12.4**	**12.2**	**12.9**
第一产业	Primary Industry	23.8	21.4	0.7	0.6	1.2
农业	Farming	13.0	11.8	0.4	0.3	0.5
林业	Forestry	1.6	1.1	0.0	0.0	0.4
畜牧业	Animal Husbandry	6.3	5.8	0.2	0.2	0.2
渔业	Fishery	3.0	2.7	0.1	0.1	0.1
第二产业	Secondary Industry	36.9	16.1	4.2	8.0	8.6
工业	Industry	29.8	11.5	3.7	6.7	7.8
采掘业	Mining and Quarrying	2.7	1.6	0.4	0.5	0.2
制造业	Manufacturing	24.1	9.2	2.4	5.5	7.1
电力、煤气及水的生产和供应业	Power, Gas and Water Production and Supply	2.9	0.8	0.9	0.7	0.6
建筑业	Construction	7.1	4.6	0.5	1.3	0.7
第三产业	Tertiary Industry	39.3	24.9	7.5	3.7	3.2
农林牧渔服务业	Services for Farming, Forestry, Animal Husbandry and Fishery	0.3	0.2	0.0	0.1	0.0
地质勘探业、水利管理业	Geological Prospecting and Water Conservancy	0.2	0.1	0.1	0.0	0.0
交通运输、仓储及邮电通信业	Transport, Storage, Post and Telecommunications	9.1	5.4	2.4	0.6	0.6
交通运输业和仓储业	Transport and Storage	6.7	5.0	1.5	0.5	-0.2
邮电通讯业	Post and Telecommunications	2.3	0.4	1.0	0.1	0.8
批发和零售贸易、餐饮业	Wholesale, Retail and Catering Businesses	12.6	7.8	1.5	2.1	1.2
批发和零售贸易业	Wholesale and Retail Sale Trades	10.6	6.1	1.1	1.8	1.5
餐饮业	Catering Businesses	2.0	1.7	0.4	0.3	-0.3
金融保险业	Finance and Insurance	2.1	1.1	0.4	0.2	0.3
金融业	Finance	1.9	1.0	0.3	0.2	0.3
保险业	Insurance	0.2	0.1	0.0	0.0	0.0
其　他	Others	0.0	0.0	0.0	0.0	0.0
房地产业	Real Estate	3.0	0.3	1.7	0.3	0.6
房地产管理业	Real Estate Management	0.1	0.1	0.0	0.0	0.0
房地产开发与经营业	Real Estate Development and Operation	1.2	0.2	0.0	0.3	0.6
城市居民自有住房	Urban Residents Owner-occupiers	1.0	0.0	1.0	0.0	0.0
农村居民自有住房	Rural Residents Owner-occupiers	0.7	0.0	0.7	0.0	0.0
社会服务业	Social Sevices	2.4	1.7	0.4	0.2	0.2
卫生、体育、社会福利业	Health Care, Sports and Social Welfare	1.7	1.5	0.1	0.0	0.1
教育、文艺广播电影电视业	Education, Culture, Arts, Broadcasting, Film and Television	3.5	3.0	0.3	0.0	0.1
科学研究和综合技术服务业	Scinentific Research and Comprehensive Technical Services	0.4	0.3	0.0	0.0	0.0
国家机关、政党机关和社会团体	Government Agencies, Political Part and Social Organizations	3.6	3.1	0.4	0.0	0.0
其他行业	Others	0.5	0.4	0.1	0.0	0.0

主要统计指标解释

生产总值（原国内生产总值） 是指一个国家（或地区）所有常住单位在一定时期内生产活动的最终成果。生产总值有三种表现形态，即价值形态、收入形态和产品形态。从价值形态看，它是所有常住单位在一定时期内所生产的全部货物和服务价值超过同期投入的全部非固定资产货物和服务价值的差额，即所有常住单位的增加值之和；从收入形态看，它是所有常住单位在一定时期内所创造并分配给常住单位和非常住单位的初次分配收入之和；从产品形态看，它是最终使用的货物和服务减去进口货物和服务。在核算中，生产总值的三种表现形态表现为三种计算方法，即生产法、收入法和支出法。三种方法分别从不同的方面反映国内生产总值及其构成。根据国家统计局有关我国 GDP 核算和数据发布制度的规定，广西国内生产总值自 2004 年起更名为"广西生产总值"，简称"广西 GDP"。

国内生产净值 是市场价格计算的国内生产净值的简称，它等于国内生产总值减去所有常住单位的固定资产折旧。

国民生产总值 是按市场价格计算的国民生产总值的简称。它是一个国家或地区所有常住单位在一定时期内收入初次分配的最终成果。一国常住单位从事生产活动所创造的增加值在初次分配过程中主要分配给该国的常住单位，但也有一部分以生产税及进口税（扣除生产和进口补贴）、劳动者报酬和财产收入等形式分配给非常住单位，同时，国外生产所创造的增加值也有一部分以生产税及进口税（扣除生产和进口补贴）、劳动者报酬和财产收入的形式分配给该国的常住单位，从而产生了国民生产总值概念。它等于国内生产总值加上来自国外的净要素收入。国内生产总值是一个生产概念，而国民生产总值是个收入概念。

国民生产净值 是按市场价格计算的国民生产净值简称，它等于国民生产总值减所有常住单位的固定资产折旧。

三次产业 是根据社会生产活动历史发展的顺序对产业结构的划分，产品直接取自然界的部门称为第一产业，对初级产品进行再加工的部门称为第二产业，为生产和消费提供各种服务的部门称为第三产业。

我国的三次产业划分是：

第一产业：农业（包括种植业、林业、牧业和渔业）。

第二产业：工业（包括采掘业，制造业，电力、煤气及水的生产和供应业）和建筑业。

第三产业：除第一、第二产业以外的其他各业。由于第三产业包括的行业多，范围广，根据我国的实际情况，第三产业又分为两大部分：一是流通部门，二是服务部门。

增加值 是指常住单位生产过程中创造的新增价值和固定资产的转移价值。它可以按生产法计算，也可以按收入法计算。按生产法计算，它等于总产出减去中间投入；按收入法计算，它等于劳动者报酬、生产税净额、固定资产折旧和营业盈余之和。

劳动者报酬 是指劳动者因从事生产活动所获得的全部报酬。它包括劳动者获得的各种形式工资、奖金和津贴，既包括货币形式的，也包括实物形式的，还包括劳动者所享受的公费医疗和医药卫生费、上下班交通补贴和单位支付的社会保险费等。单位支付的社会保险费，就是单位直接支付给负责社会保险的政府单位（一般指劳动部门）的社会保险金或为本单位职工离退休、发生死亡、伤残、医疗保险等而支付的保险费。对于个体经济来说，其所有者所获得的劳动报酬和经营利润不易区分，这两部分统一作为劳动者报酬处理。

生产税净额 是指生产税减生产补贴后的差额。生产税指政府对生产单位生产、销售和从事经营活动以及因从事生产活动使用某些生产要素，如固定资产、土地、劳动力所征收的各种税、附加费和规费。具体包括销售税金及附加、增值税、管理费中开支的各种税、应交纳的养路费、排污费和水电费附加、烟酒专卖上缴政府的专项收入等。生产补贴与生产税相反，是政府对生产单位的单方面收入转移，因此视为负生产税处理，包括政策亏损补贴、粮食系统价格补贴、外贸企业出口退税收入等。

固定资产折旧 是指一定时期内为弥补固定资产损耗按照核定的固定资产折旧率提取的固定资产折旧，或按国民经济核算统一规定的折旧率虚拟计算的固定资产折旧。它反映了固定资产在当期生产中的转移价值。

营业盈余 是指常住单位创造的增加值扣除劳动者报酬、生产税净额和固定资产折旧后的余额。它相当于企业的营业利润加上生产补贴，但要扣除从利润中开支的工资和福利等。

支出法国内生产总值 指一个国家（或地区）所有常住单位在一定时期内用于最终消费、资本形成总额、以及货物和服务的净出口总额，它反映本期生产的国内生产总值的使用及结构。

最终消费 是指常住单位在一定时期内对于货物和服务的全部最终消费支出，也就是常住单位为满足物质、文化和精神生活的需要，从本国经济领土和国外购买的货物和服务的支出。它不包括非常住单位在本国经济领土内的消费支出。最终消费分为居民消费和政府消费。

居民消费 指常住住户在一定时期内对于货物和服务的全部最终消费支出。居民关于货物的最终消费支出在货物的所有权发生变化时记录，关于服务的最终消费支出在服务提供的时候记录。居民消费按市场价格计算，即按居民支付的购买者价格计算，货物的购买者价格是购买者取得交货所支付的价格，它包括购买者支付的运输和商业费用。

政府消费 指政府部门为全社会提供的公共服务的消费支出和免费或以较低的价格向居民住户提供的货物和服务的净支出，前者等于政府服务的产出价值减去政府单位所获得的经营收入的价值，政府服务的产出价值等于它的经常性业务支出加上固定资产折旧；后者等于政府部门免费或以较低价格向居民住户提供的货物和服务的市场价值减去向住户收取的价值。

资本形成总额 指常住单位在一定时期内对固定资产和存货的投资支出合计，包括固定资本形成总额和存货增加。

固定资本形成总额 指常住单位在一定时期内购置、转入和自产自用的固定资产，扣除固定资产的销售和转出后的价值。可分为有形固定资本形成总额和无形固定资本形成总额。

存货增加 指常住单位在一定时期内存货实物量变动的市场价值，即期末价值减期初价值的差额，存货增加可以是正值，也可以是负值，正值表示存货上升，负值表示存货下降。它包括生产单位购进的原材料、燃料和储备物资等存货，以及生产单位生产的产成品、在制品和半成品等存货等。

货物和服务净出口 指货物和服务出口减货物和服务进口的差额。出口包括常住单位向非常住单位出售或无偿转让的各种货物和服务的价值；进口包括常住单位从非常住单位购买或无偿得到的各种货物和服务的价值。由于服务活动的提供与使用同时发生，因此服务的进出口业务并不发生出入境现象，一般把常住单位从国外得到的服务作为进口，非常住单位从本国得到的服务作为出口。货物的出口和进口都按离岸价格计算。

来自国外的净要素收入 指一个国家（或地区）来自国外（地区外）的生产税及进口税（扣除生产及进口补贴）、劳动者报酬和财产收入，减去支付给国外（地区外）的生产税及进口税（扣除生产及进口补贴）、劳动者报酬和财产收入的差额。国内生产总值加上来自国外的净要素收入等于国民生产总值。

第四篇
CHAPTER 4

人口

POPULATION

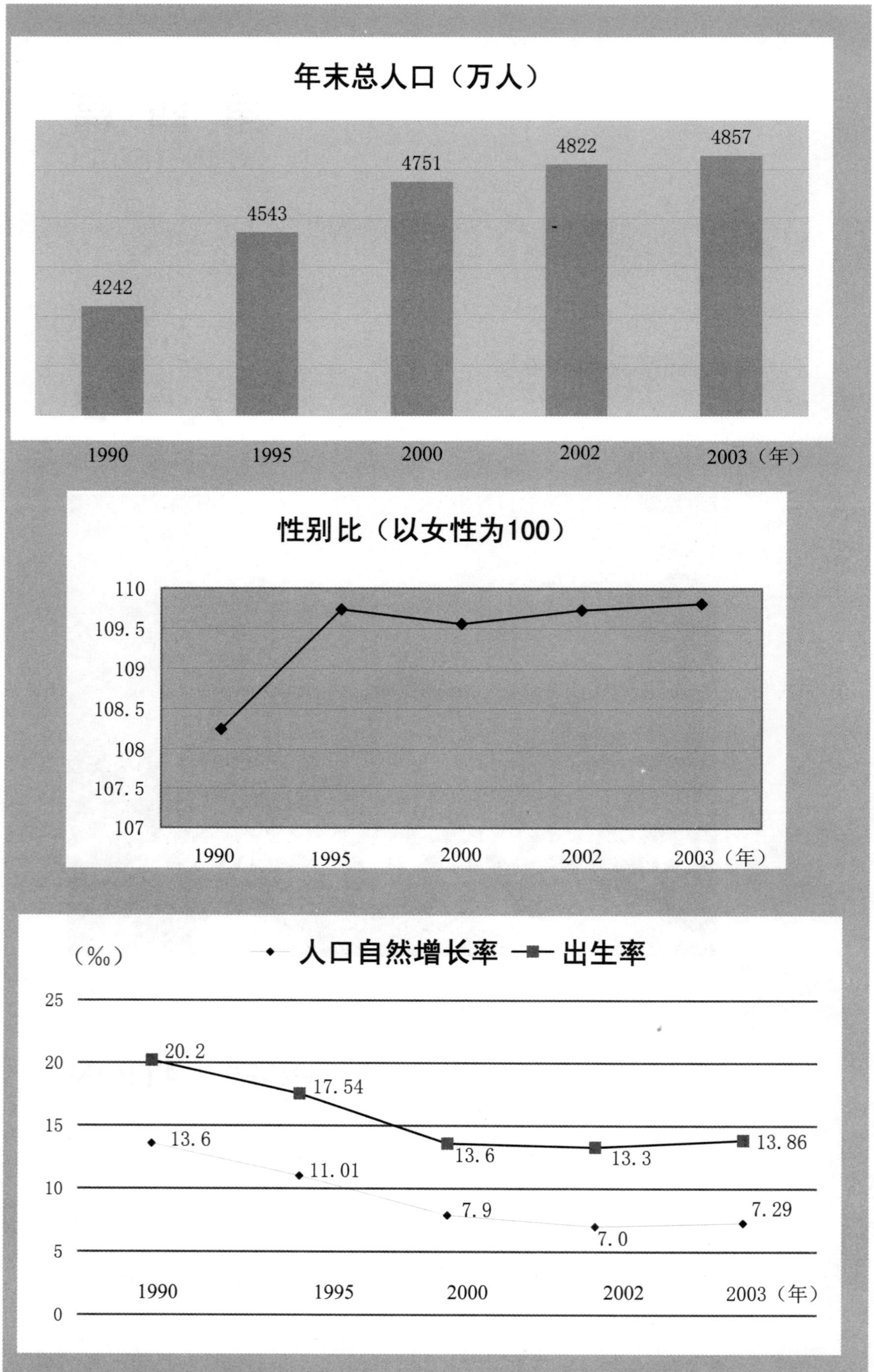
年末总人口（万人）
4242
4543
4751
4822
4857
1990
1995
2000
2002
2003（年）
性别比（以女性为100）
110
109.5
109
108.5
108
107.5
107
1990
1995
2000
2002
2003（年）
（‰）
人口自然增长率
出生率
25
20
15
10
5
0
20.2
17.54
13.6
13.3
13.86
13.6
11.01
7.9
7.0
7.29
1990
1995
2000
2002
2003（年）

4—1 总人口及其构成
Population and Its Composition

年 份 Year	总户数(万户) Total Households (10 000 households)	总人口(万人) Total Population (10 000 persons)			性别比(以女性为100) Sex Ratio (Female = 100)	年平均人口(万人) Annual Average Population (10 000 persons)	人口密度(人/平方公里) Population Density (person/sq. km)
			男 性 Male	女 性 Female			
1978	661	3402	1753	1649	106.31	3365	144
1980	676	3538	1822	1716	106.18	3504	149
1985	757	3873	2005	1868	107.33	3840	164
1990	896	4242	2205	2037	108.25	4196	179
1991	918	4324	2250	2074	108.49	4283	183
1992	950	4380	2285	2095	109.07	4352	185
1993	973	4438	2317	2121	109.24	4409	187
1994	997	4493	2346	2147	109.27	4466	190
1995	1020	4543	2377	2166	109.74	4518	192
1996	1040	4589	2398	2191	109.45	4566	194
1997	1069	4633	2421	2212	109.45	4611	196
1998	1092	4675	2442	2233	109.37	4654	198
1999	1110	4713	2463	2250	109.51	4694	199
2000	1140	4751	2484	2267	109.56	4732	201
2001	1178	4788	2506	2282	109.90	4770	202
2002	1197	4822	2521	2301	109.73	4805	204
2003	1235	4857	2542	2315	109.84	4840	205

注:本表数字按2003年行政区划计算,总人口从1991—1999年和2001—2003年为人口抽样调查推算数,2000年根据第五次人口普查资料推算,其余年份总户数、总人口、性别比均为户籍统计年报数。

Note:The data in this table is calculated on the administrative division in 2003, the total population from 1991 to 1999 and from 2001 to 2003 are estimated by the Population Sample Survey, the data in 2000 were estimated by the fifth population census, and all the total households, total population and sex ratio in other years are based on the annual reports of the household registration.

4—2 人口自然变动情况
Status of Population Natural Changes

年份 Year	总人口比上年增减 Total Population Changes in Comparison with Last Year		出生人口(万人) Birth Population (10 000 persons)	出生率(‰) Birth Rate (‰)	死亡人口(万人) Death Rate (10 000 persons)	死亡率(‰) Death Rate (‰)	自然增长率(‰) Natural Growth Rate (‰)
	绝对数(万人) Absolute Population (10 000 persons)	增长速度(%) Growth Rate (%)					
1978	73	2.19	83	24.69	19	5.79	18.90
1980	68	1.96	88	25.17	20	5.80	19.37
1985	67	1.76	98	25.51	22	5.60	19.91
1990	92	2.22	85	20.20	28	6.60	13.60
1991	63	1.48	93	21.89	31	7.24	14.65
1992	56	1.30	87	20.19	32	7.28	12.91
1993	58	1.32	86	19.58	28	6.35	13.23
1994	55	1.24	84	18.84	29	6.60	12.24
1995	50	1.11	79	17.54	29	6.53	11.01
1996	46	1.01	77	16.83	31	6.82	10.01
1997	44	0.96	74	15.93	30	6.40	9.53
1998	42	0.91	74	15.87	32	6.86	9.01
1999	38	0.81	70	14.96	32	6.93	8.03
2000	38	0.81	64	13.60	26	5.70	7.90
2001	37	0.78	66	13.80	29	6.07	7.73
2002	34	0.71	64	13.30	30	6.30	7.00
2003	35	0.73	67	13.86	32	6.57	7.29

注:(1) 1978、1980年的"三率"数字,根据第三次人口普查资料进行了调整,1985年以后为人口抽样调查数。
(2) 1990年以前的总人口增减绝对数、增长速度和年平均人口为户籍统计年报数,1991年起为人口抽样调查数。

Note:(1) The data of birth rate, mortality rate and natural growth rate in 1978 and 1980 were adjusted by the Third Population census, and the data since 1985 is based on population sample survey.
(2) Before 1990, the absolute figures of the total population variation, the growth rate and the annual average population are based on the annual reports of the household registration. Since 1991, they are based on the population sample survey.

4—3 农业、非农业人口及少数民族人口

Population by Agriculture, Non - agriculture and Minority Population

单位:万人(10 000 persons)

年份 Year	按农业、非农业分 Population by Agriculture and Non - agriculture		少数民族人口 Minority Population
	农业人口 Agriculture	非农业人口 Non - agriculture	
1978	3042	360	1272
1980	3140	398	1335
1985	3402	471	1510
1990	3677	565	1650
1991	3713	581	1664
1992	3730	629	1683
1993	3735	673	1701
1994	3743	712	1719
1995	3757	745	1734
1996	3771	775	1752
1997	3793	795	1764
1998	3816	806	1777
1999	3841	817	1790
2000	3898	826	1809
2001	3912	846	1820
2002	3927	864	1839
2003	3946	884	1854

注:本表为户籍统计年报数。

Note:This table is based on the annual reports of household registration .

4—4 主要年份按居住地分的城乡人口

Population of Urban and Rural by Living Area in Main Years

单位:万人(10000 persons)

年　份 Year	按城乡分 Population by Urban and Rural		占总人口比例(%) As Percentage of Total Population (%)	
	市镇人口 Urban	乡村人口 Rural	市镇人口 Urban	乡村人口 Rural
1990	641	3601	15.10	84.90
1995	838	3705	18.45	81.55
2000	1337	3414	28.15	71.85
2002	1365	3457	28.30	71.70
2003	1411	3446	29.06	70.94

注:本表1990、2000年为人口普查数,其余年份为人口抽样调查数。

Note:The data in 1990 and 2000 is based on the population census,while the data in the other years is based on the population sample survey.

4—5 各市县人口数(2003 年)
Population by City and County (End of 2003)

单位:万人(10 000 persons)

市县名称	Region	总户数(万户) Total Households (10 000 households)	总人口 Total Population	男性 Male	女性 Female	#非农业人口 Non-agriculture
南宁市	**Nanning**	**165.66**	**641.67**	**334.78**	**306.89**	**167.99**
市辖区	District	42.29	145.77	75.19	70.58	108.97
邕宁县	Yongning	23.85	93.08	49.06	44.02	10.28
武鸣县	Wuming	18.72	64.51	33.64	30.87	10.96
隆安县	Long'an	8.82	36.93	19.28	17.65	3.63
马山县	Mashan	10.72	50.10	25.17	24.93	3.81
上林县	Shanglin	11.06	45.57	23.60	21.97	4.38
宾阳县	Binyang	22.53	97.90	51.52	46.38	13.08
横县	Hengxian	27.67	107.80	57.32	50.48	12.88
柳州市	**Liuzhou**	**95.10**	**351.26**	**183.21**	**168.04**	**121.26**
市辖区	District	28.66	95.89	49.66	46.23	84.35
柳江县	Liujiang	15.04	53.13	27.70	25.43	7.87
柳城县	Liucheng	10.95	40.68	20.81	19.87	6.14
鹿寨县	Luzhai	12.92	48.21	25.90	22.31	9.21
融安县	Rong'an	8.60	31.83	16.80	15.03	5.22
融水苗族自治县	Rongshui	10.81	46.81	24.33	22.48	5.49
三江侗族自治县	Sanjiang	8.12	34.71	18.02	16.69	2.98
桂林市	**Guilin**	**139.71**	**490.47**	**255.26**	**235.20**	**110.72**
市辖区	District	18.98	71.00	35.88	35.12	55.17
阳朔县	Yangshuo	8.30	29.94	15.42	14.52	3.89
临桂县	Lingui	11.33	45.33	23.27	22.06	5.49
灵川县	Lingchuan	10.67	35.20	18.04	17.16	6.22
全州县	Quanzhou	22.81	76.86	41.22	35.64	8.98
兴安县	Xing'an	11.19	37.07	19.14	17.93	5.48
永福县	Yongfu	7.36	26.80	14.01	12.79	3.24
灌阳县	Guanyang	8.61	27.11	14.76	12.35	2.85
龙胜各族自治县	Longsheng	4.61	16.55	8.66	7.89	2.25
资源县	Ziyuan	5.19	16.67	8.67	8.00	2.06
平乐县	Pingle	11.40	43.04	22.45	20.59	5.86
荔浦县	Lipu	11.01	36.94	19.10	17.84	5.26
恭城瑶族自治县	Gongcheng	8.25	27.96	14.64	13.32	3.97
梧州市	**Wuzhou**	**76.59**	**293.69**	**154.82**	**138.86**	**58.68**
市辖区	District	14.29	47.24	24.10	23.13	27.46
苍梧县	Cangwu	13.58	54.97	29.18	25.79	6.35
藤县	Tengxian	23.21	93.49	49.49	44.00	10.01
蒙山县	Mengshan	5.57	19.64	10.38	9.26	2.49
岑溪市	Cenxi	19.94	78.35	41.67	36.68	12.36
北海市	**Beihai**	**39.02**	**146.77**	**76.80**	**69.97**	**43.09**
市辖区	District	16.04	53.93	27.68	26.25	24.84
合浦县	Hepu	22.98	92.84	49.12	43.72	18.25

市县名称	Region	总户数(万户) Total Households (10 000 households)	总人口 Total Population	男性 Male	女性 Female	#非农业人口 Non-agriculture
防城港市	**Fangchenggang**	**22.47**	**78.85**	**43.07**	**35.78**	**20.05**
市辖区	District	13.58	47.45	25.78	21.66	13.09
防城区	Fangcheng District	9.75	36.56	19.88	16.68	7.91
上思县	Shangsi	5.66	20.98	11.71	9.27	3.95
东兴市	Dongxing	3.23	10.43	5.58	4.85	3.02
钦州市	**Qinzhou**	**76.70**	**336.74**	**180.78**	**155.96**	**37.65**
市辖区	District	28.62	120.32	65.58	54.74	19.86
钦南区	Qinnan District	14.24	56.22	30.35	25.87	16.05
钦北区	Qinbei District	14.38	64.10	35.22	28.87	3.81
灵山县	Lingshan	29.18	137.23	72.61	64.63	10.71
浦北县	Pubei	18.90	79.19	42.60	36.59	7.08
贵港市	**Guigang**	**120.96**	**470.35**	**245.81**	**224.54**	**51.44**
市辖区	District	45.59	172.44	89.03	83.42	23.22
港北区	Gangbei District	17.84	58.77	30.48	28.29	17.45
港南区	Gangnan District	15.02	59.83	31.26	28.57	3.60
覃塘区	Qintang District	12.73	53.84	27.29	26.55	2.17
平南县	Pingnan	30.72	128.17	67.64	60.53	11.41
桂平市	Guiping	44.65	169.74	89.14	80.60	16.81
玉林市	**Yulin**	**147.30**	**589.55**	**314.21**	**275.35**	**68.89**
市辖区	District	24.65	90.04	48.12	41.92	20.03
玉州区	Yuzhou District	15.61	55.30	29.21	26.09	18.83
福绵管理区	Fumian District	9.04	34.74	18.91	15.83	1.20
容　县	Rongxian	21.29	76.05	40.17	35.88	7.98
陆川县	Luchuan	19.78	88.63	47.05	41.58	8.95
博白县	Bobai	32.71	149.20	80.23	68.97	13.08
兴业县	Xingye	15.80	66.36	35.56	30.80	3.21
北流市	Beiliu	33.07	119.27	63.08	56.19	15.64
百色市	**Baise**	**86.02**	**368.44**	**189.41**	**179.03**	**46.26**
右江区	Youjiang District	8.10	32.82	16.71	16.11	12.69
田阳县	Tianyang	8.49	32.77	16.50	16.27	4.36
田东县	Tiandong	9.37	39.39	20.03	19.36	5.84
平果县	Pingguo	11.08	45.83	23.50	22.32	6.00
德保县	Debao	7.79	34.09	18.06	16.02	2.63
靖西县	Jingxi	12.57	58.11	30.30	27.81	4.20
那坡县	Napo	4.48	19.25	10.11	9.14	1.62
凌云县	Lingyun	4.32	18.56	9.49	9.07	1.38
乐业县	Leye	3.32	14.95	7.61	7.35	1.31
田林县	Tianlin	5.51	23.78	12.12	11.66	2.27
西林县	Xilin	3.03	13.13	6.74	6.39	1.30
隆林各族自治县	Longlin	7.96	35.76	18.24	17.52	2.66
贺州市	**Hezhou**	**49.44**	**209.22**	**109.60**	**99.62**	**28.85**
八步区	Babu District	23.01	92.64	48.09	44.55	13.92
昭平县	Zhaoping	9.12	39.42	20.94	18.48	5.61

单位:万人(10 000 persons)

市县名称	Region	总户数(万户) Total Households (10 000 households)	总人口 Total Population	男 性 Male	女 性 Female	#非农业人口 Non－agriculture
钟山县	Zhongshan	9.97	47.18	24.97	22.21	5.04
富川瑶族自治县	Fuchuan	7.34	29.98	15.60	14.38	4.28
河池市	**Hechi**	**97.51**	**381.00**	**195.85**	**185.15**	**56.44**
金城江区	Jinchengjiang District	8.37	30.92	15.91	15.01	11.35
南丹县	Nandan	7.87	28.26	14.54	13.72	6.75
天峨县	Tian'e	3.61	14.43	7.46	6.96	1.84
凤山县	Fengshan	4.26	18.97	9.72	9.25	1.85
东兰县	Donglan	6.66	28.01	14.41	13.60	2.32
罗城仫佬族自治县	Luocheng	9.18	36.05	18.56	17.49	4.73
环江毛南族自治县	Huanjiang	9.76	36.69	19.11	17.58	5.52
巴马瑶族自治县	Bama	5.50	24.02	12.37	11.65	2.39
都安瑶族自治县	Du'an	14.69	61.12	31.19	29.94	3.97
大化瑶族自治县	Dahua	10.98	41.15	21.20	19.95	5.37
宜州市	Yizhou	16.63	61.38	31.38	30.00	10.35
来宾市	**Laibin**	**61.88**	**244.14**	**128.47**	**115.67**	**35.58**
兴宾区	Xingbin District	22.97	99.24	52.47	46.78	15.25
忻城县	Xincheng	11.35	39.67	20.65	19.02	3.35
象州县	Xiangzhou	10.14	34.90	18.20	16.70	4.09
武宣县	Wuxuan	9.84	41.58	22.11	19.47	5.07
金秀瑶族自治县	Jinxiu	3.91	14.81	7.77	7.03	1.92
合山市	Heshan	3.66	13.94	7.27	6.67	5.91
崇左市	**Chongzuo**	**56.32**	**227.89**	**117.89**	**110.00**	**37.39**
江州区	Jiangzhou District	8.42	33.50	17.43	16.07	8.82
扶绥县	Fusui	11.30	41.70	22.04	19.66	7.96
宁明县	Ningming	9.68	39.56	20.43	19.13	6.01
龙州县	Longzhou	6.88	26.92	13.73	13.19	4.57
大新县	Daxin	8.51	35.50	18.38	17.11	4.31
天等县	Tiandeng	8.69	40.46	20.65	19.80	2.69
凭祥市	Pingxiang	2.84	10.25	5.22	5.03	3.03

注:本表为户籍统计年报数。

Note:The data in this table is based on the annual reports of household registration .

4—6 各市县出生死亡人口(2003年)

Births and Deaths Population by City and County (2003)

市县名称	Region	出生人口(人) Birth (person)	出生率(‰) Birth Rate (‰)	死亡人口(人) Death (person)	死亡率(‰) Death Rate (‰)	自然增长率(‰) Natural Growth Rate (‰)
南宁市	**Nanning**	**70035**	**10.50**	**24932**	**3.74**	**6.67**
市辖区	District	13458	8.28	4901	3.02	5.26
邕宁县	Yongning	12219	12.74	3427	3.57	9.17
武鸣县	Wuming	6473	9.61	3440	5.11	4.50
隆安县	Long'an	4145	11.00	1992	5.28	5.72
马山县	Mashan	5534	11.26	2005	4.08	7.18
上林县	Shanglin	4220	9.11	1641	3.54	5..57
宾阳县	Binyang	11108	11.40	2412	2.48	8.92
横　县	Hengxian	12878	11.63	5114	4.62	7.01
柳州市	**Liuzhou**	**32007**	**9.18**	**14390**	**4.13**	**5.05**
市辖区	District	7422	7.39	2997	2.99	4.40
柳江县	Liujiang	4681	8.97	2245	4.30	4.67
柳城县	Liucheng	3752	9.43	1776	4.46	4.97
鹿寨县	Luzhai	4212	9.53	1917	4.34	5.19
融安县	Rong'an	2627	8.39	1151	3.68	4.71
融水苗族自治县	Rongshui	5173	11.07	2541	5.44	5.63
三江侗族自治县	Sanjiang	4140	12.13	1763	5.17	6.96
桂林市	**Guilin**	**40331**	**8.26**	**25609**	**5.25**	**3.01**
市辖区	District	5345	7.51	2372	3.33	4.18
阳朔县	Yangshuo	2582	8.53	1355	4.48	4.05
临桂县	Lingui	3651	8.45	1711	3.96	4.49
灵川县	Lingchuan	2565	7.34	2054	5.88	1.46
全州县	Quanzhou	6518	8.42	4305	5.56	2.86
兴安县	Xing'an	2679	7.37	2412	6.64	0.73
永福县	Yongfu	2276	8.24	1691	6.12	2.12
灌阳县	Guanyang	2477	9.17	1430	5.29	3.88
龙胜各族自治县	Longsheng	1421	8.63	1292	7.85	0.78
资源县	Ziyuan	1619	10.08	1053	6.56	3.52
平乐县	Pingle	3296	7.67	1719	4.00	3.67
荔浦县	Lipu	3415	9.35	2392	6.55	2.80
恭城瑶族自治县	Gongcheng	2487	8.84	1823	6.48	2.36
梧州市	**Wuzhou**	**36871**	**12.61**	**14397**	**4.93**	**7.68**
市辖区	District	4036	8.88	1860	4.09	4.79
苍梧县	Cangwu	6986	12.83	2791	5.13	7.70
藤　县	Tengxian	12783	13.68	4636	4.96	8.72
蒙山县	Mengshan	2360	11.73	1045	5.19	6.54
岑溪市	Cenxi	10706	13.57	4065	5.15	8.42
北海市	**Beihai**	**12426**	**8.62**	**4081**	**2.83**	**5.79**
市辖区	District	3799	7.26	1485	2.84	4.42
合浦县	Hepu	8627	9.39	2596	2.83	6.56

4—6 续表 1 continued

市县名称	Region	出生人口（人）Birth (person)	出生率（‰）Birth Rate (‰)	死亡人口（人）Death (person)	死亡率（‰）Death Rate (‰)	自然增长率（‰）Natural Growth Rate (‰)
防城港市	**Fangchenggang**	**9733**	**12.18**	**3318**	**4.15**	**8.03**
市辖区	District	5661	12.16	1829	3.93	8.23
防城区	Fangcheng District	4578	12.79	1578	4.41	8.38
上思县	Shangsi	2689	11.91	1002	4.44	7.47
东兴市	Dongxing	1383	12.81	487	4.51	8.30
钦州市	**Qinzhou**	**41631**	**12.47**	**11833**	**3.54**	**8.93**
市辖区	District	13665	11.39	3382	2.82	8.57
钦南区	Qinnan District	5658	11.11	1650	3.24	7.87
钦北区	Qinbei District	7888	11.59	1689	2.48	9.11
灵山县	Lingshan	17984	13.47	5910	4.43	9.04
浦北县	Pubei	9982	12.42	2541	3.16	9.26
贵港市	**Guigang**	**59597**	**12.79**	**21773**	**4.67**	**8.12**
市辖区	District	20939	12.18	7111	4.14	8.04
港北区	Gangbei District	6605	11.20	2603	4.41	6.79
港南区	Gangnan District	7631	12.74	2656	4.43	8.31
覃塘区	Qintang District	6703	12.64	1852	3.49	9.15
平南县	Pingnan	15635	12.30	5323	4.19	8.11
桂平市	Guiping	23023	13.79	9339	5.59	8.20
玉林市	**Yulin**	**78079**	**13.31**	**27982**	**4.77**	**8.54**
市辖区	District	12740	13.93	4969	5.43	8.50
玉州区	Yuzhou District	7456	13.25	3116	5.54	7.71
福绵管理区	Fumian District	5284	15.03	1853	5.27	9.76
容　县	Rongxian	10073	13.20	3826	5.01	8.19
陆川县	Luchuan	11058	13.24	3762	4.50	8.74
博白县	Bobai	19077	12.66	6913	4.59	8.07
兴业县	Xingye	9745	14.37	3316	4.89	9.48
北流市	Beiliu	15386	13.18	5196	4.45	8.73
百色市	**Baise**	**43200**	**11.84**	**22500**	**6.17**	**5.67**
右江区	Youjiang District	3274	9.98	1804	5.50	4.48
田阳县	Tianyang	3287	10.10	2434	7.48	2.62
田东县	Tiandong	4952	12.69	2273	5.83	6.86
平果县	Pingguo	5832	12.38	2635	5.60	6.78
德保县	Debao	3273	10.54	2487	8.01	2.53
靖西县	Jingxi	5611	9.94	3113	5.52	4.42
那坡县	Napo	2669	13.70	1492	7.66	6.04
凌云县	Lingyun	2434	13.16	1121	6.06	7.10
乐业县	Leye	1895	12.45	710	4.66	7.79
田林县	Tianlin	3165	13.77	1245	5.42	8.35
西林县	Xilin	2021	14.47	816	5.84	8.63
隆林各族自治县	Longlin	4787	13.37	2370	6.62	6.75
贺州市	**Hezhou**	**21481**	**10.24**	**6671**	**3.18**	**7.06**
八步区	Babu District	10250	11.00	2821	3.03	7.97
昭平县	Zhaoping	4101	10.30	1466	3.68	6.62

4—6 续表 2 continued

市县名称	Region	出生人口（人）Birth (person)	出生率（‰）Birth Rate (‰)	死亡人口（人）Death (person)	死亡率（‰）Death Rate (‰)	自然增长率（‰）Natural Growth Rate (‰)
钟山县	Zhongshan	4689	9.91	1367	2.89	7.02
富川瑶族自治县	Fuchuan	2441	8.32	1017	3.47	4.85
河池市	**Hechi**	**39492**	**10.36**	**20445**	**5.36**	**5.00**
金城江区	Jinchengjiang District	3215	9.88	1999	6.14	3.74
南丹县	Nandan	3457	11.78	1764	6.01	5.77
天峨县	Tian'e	1871	12.78	986	6.74	6.04
凤山县	Fengshan	2092	11.30	891	4.81	6.49
东兰县	Donglan	3638	13.27	1839	6.71	6.56
罗城仫佬族自治县	Luocheng	3366	9.38	1681	4.68	4.70
环江毛南族自治县	Huanjiang	3048	9.25	1648	5.00	4.25
巴马瑶族自治县	Bama	3140	13.11	1440	6.01	7.10
都安瑶族自治县	Du'an	6103	9.62	3270	5.15	4.47
大化瑶族自治县	Dahua	4167	10.09	2478	6.00	4.09
宜州市	Yizhou	5395	8.83	2449	4.01	4.82
来宾市	**Laibin**	**25076**	**10.49**	**8781**	**3.67**	**6.82**
兴宾区	Xingbin District	10899	11.08	2430	2.47	8.61
忻城县	Xincheng	3762	9.74	2239	5.80	3.94
象州县	Xiangzhou	3462	10.11	1688	4.93	5.18
武宣县	Wuxuan	4275	10.37	1073	2.60	7.77
金秀瑶族自治县	Jinxiu	1570	11.70	855	6.37	5.33
合山市	Heshan	1108	8.36	496	3.74	4.62
崇左市	**Chongzuo**	**24624**	**10.85**	**12659**	**5.58**	**5.27**
江州区	Jiangzhou District	3720	11.01	1975	5.85	5.16
扶绥县	Fusui	4351	10.70	1943	4.78	5.92
宁明县	Ningming	4379	11.21	1694	4.34	6.87
龙州县	Longzhou	2789	10.55	1756	6.64	3.91
大新县	Daxin	3471	9.74	2094	5.87	3.87
天等县	Tiandeng	4875	11.84	2629	6.38	5.46
凭祥市	Pingxiang	1039	10.19	568	5.57	4.62

注：本表为计划生育年报数。

Note: The data in this table is based on the annual reports of family planning.

4—7 主要年份育龄妇女生育孩次构成

Composition of Birth for Women at Childbearing Age in Main Years

单位:%（%）

年份 Year	合计 Total	第一孩 One Child	第二孩 Two Children	第三孩 Three Children	第四孩 Four Children	第五孩及以上 Five Children and Above
1990	100	39.65	31.34	16.08	8.04	4.90
1995	100	54.28	31.32	14.40		
2000	100	61.63	27.44	10.93		
2002	100	62.36	29.27	8.37		
2003	100	63.19	27.43	9.38		

注:2000 年为人口普查数,其余年份为人口抽样调查数。

Note:The data in 2000 is based on the population census,while the data in other years is based on the population sample survey.

4—8 主要年份婚姻情况

Marriage Statistics in Main Years

项目	Item	1990	1995	2000	2002	2003
内地居民登记结婚（万对）	Registered Marriages of Inland Residents（10 000 couples）	35.27	32.7	31.86	28.23	29.59
初婚(万人)	First Marriage(10 000 persons)	68.5	63.53	61.43	54.22	56.58
再婚(万人)	Remarriage(10 000 persons)	2.04	1.96	2.28	2.24	2.59
#女性	Female	1.04	0.92	1.12	1.02	1.22
涉外婚姻(对)	Registered Foreign Marriage（couple）	852	1364	3700	3525	3109
#国内公民(人)	Domestic Individuals(person)	852	1364	3700	3525	3109
#男性	Male	29	54	504	302	135
女性	Female	823	1310	2196	3223	2974
离婚人数(万人)	Divorces（10 000 persons）	4.38	5.2	5.8	5.99	6.55
#民政部门批准	Divorces Approved	1.57	2.1	2.6	2.91	3.62
法院调判	Mediated by the Court	2.81	3.1	3.2	3.08	2.93

4—9 主要年份各种规模家庭户构成

Composition of Various Sizes of Family Household in Main Years

单位:%（%）

年份 Year	合计 Total	1人户 Family of 1 Person	2人户 Family of 2 Persons	3人户 Family of 3 Persons	4人户 Family of 4 Persons	5人户 Family of 5 Persons	6人户 Family of 6 Persons	7人户 Family of 7 Persons	8人及以上户 Family of 8 and More Persons	家庭户平均每户人数（人） Average Population of One Family (person)
1990	100	6.55	7.82	14.43	21.41	20.79	13.54	7.67	7.79	4.60
1995	100	6.50	9.58	16.84	23.75	19.30	12.50	6.40	5.12	4.31
2000	100	10.05	13.86	21.67	23.43	17.54	7.63	3.34	2.48	3.81
2002	100	8.01	14.74	25.48	25.57	14.83	6.70	2.58	2.09	3.67
2003	100	7.20	14.40	25.40	26.40	14.60	7.20	2.60	2.20	3.70

注:2000 年为人口普查数,其余年份为人口抽样调查数。

Note:The data in 2000 is based on the population census,while the data in other years is based on the population sample survey .

主要统计指标解释

户数　包括家庭户（含单身独居）和集体户。

人口数　指一定时点、一定地区范围内有生命的个人的总和。

人口出生率　指在一定时期内（通常为一年）一定地区的出生人数与同期平均人数（或期中人数）之比，一般用千分率表示。计算公式：

$$人口出生率=\frac{年出生人数}{年平均人数}\times 1000‰$$

式中：出生人数指指活产婴儿，即胎儿脱离母体时（不管怀孕月数），有过呼吸或其他生命现象。年平均人数指年初、年底人口数的平均数，也可用年中人口数代替。

出生人数　指活产婴儿，即胎儿脱离母体时（不管怀孕月数），有过呼吸或其他生命现象。

人口死亡率（又称粗死亡率）　指在一定时期内（通常为一年）一定地区的死亡人数与同期平均人数（或期中人数）之比，一般用千分率表示。计算公式：

$$人口死亡率=\frac{年出生人数}{年平均人数}\times 1000‰$$

人口自然增长率　指在一定时期内（通常为一年）人口自然增加数（出生人数减死亡人数）与该时期内平均人数（或期中人数）之比，一般用千分率表示。计算公式：

$$人口自然增长率=\frac{本年出生人数-本年死亡人数}{年平均人数}\times 1000‰$$

性别比　反映两性人口间比例的指标，指在总人口中或各年龄组人口中，男性人数与女性人数之比。通常以每100个女性人口相对应的男性人口数来表示。计算公式：

$$性别比=\frac{男性人口}{女性人口}\times 100$$

市人口　指地级市市辖区（不含辖县）和县级市的全部人口。

镇人口　指镇辖区内的全部人口

市镇人口　指市人口和县辖镇人口。

乡村人口　指县辖乡的全部人口。

农业人口　指农业户口人口。

非农业人口　指非农业户口人口。

孩次构成　指一定时期内（通常为一年）某一孩次的出生婴儿人数占同期全部出生婴儿的比例。

家庭户规模　家庭的大小，亦即家庭成员的多少。

第五篇

CHAPTER 5

从业人员和职工工资

EMPLOYMENT AND WAGES

全社会从业人员（万人）

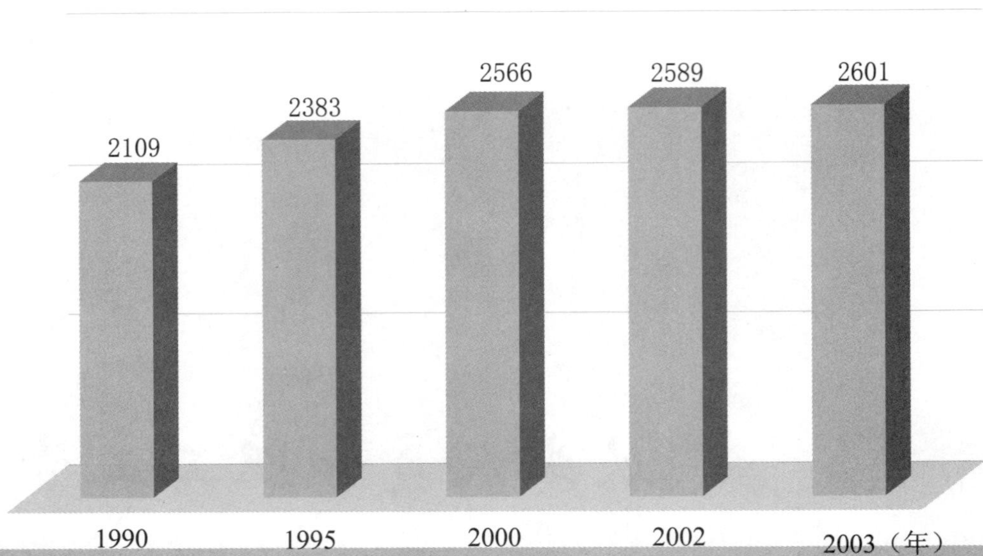

从业人员构成

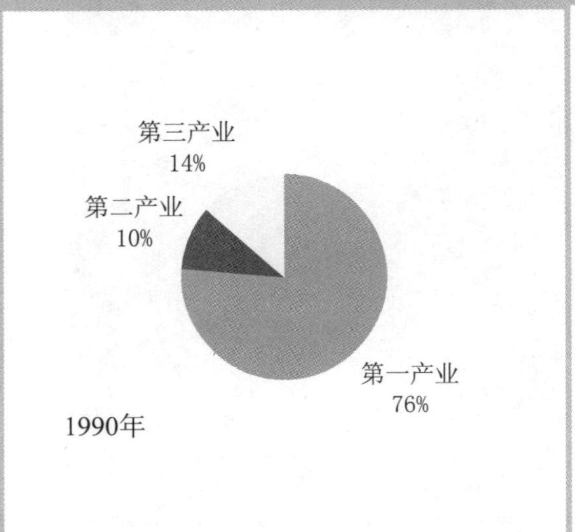

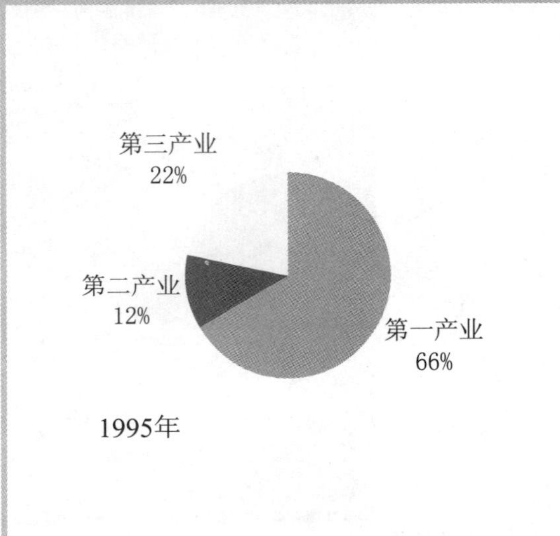

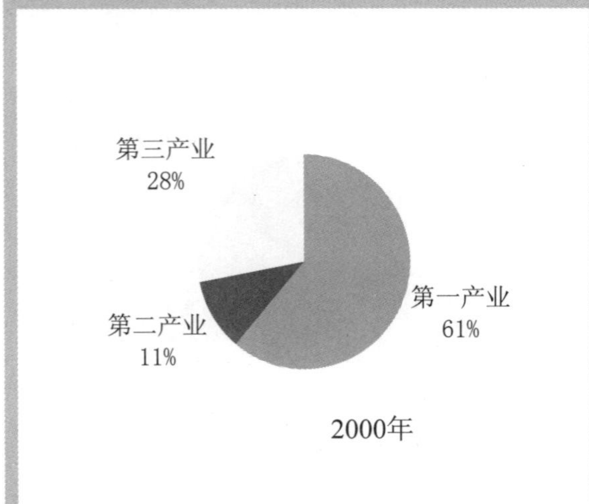

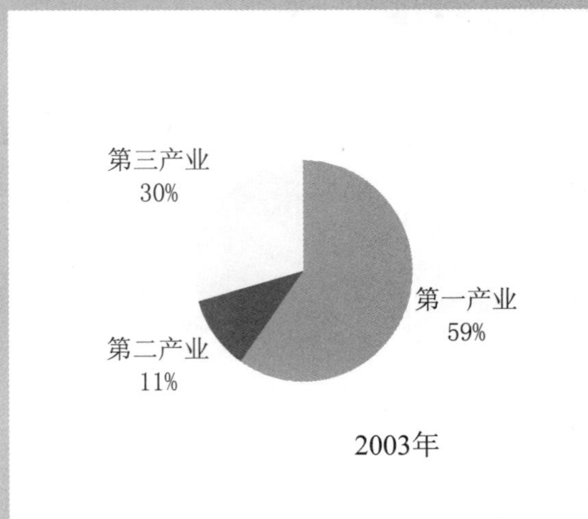

5—1 主要年份劳动力资源和就业基本情况

Resource of Labor Force and Number of Employed Persons in Main Years

指　标	Item	1990	1995	2000	2002	2003
劳动力资源总数(万人)	**Total Resource of Labor Force (10 000 persons)**	**2439**	**2907**	**3203**	**3338**	**3408**
占人口总数比重(%)	Proportion in Total Population (%)	57.5	64.0	67.4	69.2	70.2
劳动力资源利用率(%)	Utilization Ratio of Resource of Labor Force (%)	86.5	82	80.1	77.6	76.3
从业人员合计(万人)	**Employed Persons (10 000 persons)**	**2109**	**2383**	**2566**	**2589**	**2601**
第一产业	Primary Industry	1614	1583	1571	1574	1556
第二产业	Secondary Industry	207	282	278	270	279
第三产业	Tertiary Industry	288	518	717	745	766
从业人员构成(%)	Composition of Employment (%)					
第一产业	Primary Industry	76.5	66.4	61.2	60.8	59.82
第二产业	Secondary Industry	9.8	11.8	10.8	10.4	10.73
第三产业	Tertiary Industry	13.7	21.8	28	28.76	29.45
按城乡分从业人员	Employed Persons by Urban & Rural					
城镇从业人员(万人)	Urban (10 000 persons)	341	405	421	640	656
国有单位	State Owned Units	259	293.45	234.52	204.97	201
城镇集体单位	Urban Collective Owned Units	51.08	48.72	28.36	25.00	23
股份合作单位	Cooperative Share Holding Units			1.39	2.05	2
联营单位	Joint-owned Units		0.42	0.34	0.88	1
有限责任公司	Limitied-liability Companies			15.09	23.14	24
股份有限公司	Share Holding Limited Companies		6	8.79	10.03	10
港澳台商投资单位	Enterprises Funded by Hong Kong ,Macao and Taiwan		1.62	2.97	3.93	4
外商投资单位	Foreign-funded Enterprises		5.66	3.83	3.83	4
私营企业	Private Enterprises	2.13	9.01	22.14	30.41	36
个体	Individual	26.77	52.99	67.86	76.37	77
在岗职工人数(万人)	Staff and Workers at Post (10 000 persons)	312	343	283	259	256
国有单位	State-owned Units	259	283	225	194	190
城镇集体单位	Urban Collective Owned Units	51	47	26	22	20
其他类型单位	Others	2	13	32	43	46
乡村从业人员(万人)	Rural(10 000 persons)	1768	1965	2145	2189	2216
城镇登记失业人数(万人)	Registered Unemployment in Urban Areas (10 000 persons)	13.9	10.1	11.3	14.71	15
城镇登记失业率(%)	Registered Unemployment Rate in Urban Areas (%)	3.9	2.4	3.2	3.7	3.6

注:2002 年以后城镇从业人员数含农村进城从业人员。

Note:Employed population in urban areas since 2002 include employed persons entering urban areas from rural areas.

5—2 按产业、经济类型分组的从业人员(2003年)

Number of Employed Persons Grouped by Industry and the Categories of Registration(2003)

单位:万人(10 000 persons)

行业	Sector	从业人员 Employed Persons	国有单位 State-owned Units	城镇集体单位 Urban Collective owned Units	城镇私营企业和个体劳动者 Urban Private Enterprises & Individual Laborers	乡村从业人员 Rural Employed Persons
总计	**Total**	**2601.41**	**200.86**	**23.04**	**113.41**	**2216.26**
第一产业	**Primary Industry**	**1556.56**	**13.27**	**0.11**	**1.49**	**1541.02**
农、林、牧、渔业	Farming, Forestry, Animal Husbandry & Fishery	1556.56	13.27	0.11	1.49	1541.02
第二产业	**Secondary Industry**	**279.35**	**38.91**	**12.24**	**20.1**	**171.81**
工业	Industry	166.94	33.75	5.79	18.18	78.13
采矿业	Mining	5.71	2.91	0.33	0.96	
制造业	Manufacturing	152.93	23.53	5.3	17.22	78.13
电力、煤气及水的生产和供应业	Electricity, Gas & Water Production & Supply	8.3	7.31	0.16		
建筑业	Construction	112.41	5.16	6.45	1.92	93.68
第三产业	**Tertiary Industry**	**765.5**	**148.68**	**10.7**	**91.82**	**503.43**
交通运输、仓储和邮政业	Transportation, Storage & Postal Services	104.91	12.74	2.38	7.97	79.49
信息传输、计算机服务和软件业	Information Transmission, Computer Service & Software Industries	5.7	1.88	0.03		3
批发和零售业	Wholesale & Retail Trade	230.01	8.56	3.71	42.38	172.71
住宿和餐饮业	Hotel & Catering Trade	129.67	2.78	0.56	21.39	103.19
金融业	Finance	8.04	5.57	1.87		
房地产业	Real Estate	2.35	1.26	0.16		
租赁和商务服务业	Leasing & Business Service	4.97	3.06	1.12		
科学研究、技术服务和地质勘查业	Scientific Research, Technology Service & Geological Prospecting	4.48	4.27	0.05		
水利、环境和公共设施管理业	Water Conservancy, Environment & Public Facility Management	4.63	4.44	0.11		
居民服务和其他服务业	Inhabitant& Other Services	128.8	0.19	0.42	20.08	108
教育	Education	54.3	53.95	0.15		
卫生、社会保障和社会福利业	Public Health, Social Security & Social Welfare	20.46	15.24	0.08		5
文化、体育和娱乐业	Culture, Sports & Entertainment	34.99	2.75	0.01		32.04
公共管理和社会组织	Public Administration & Social Organizations	32.19	31.99	0.05		
国际组织	International Organizations					

5—3 城镇单位从业人员(2003年)

Number of Employed Persons in Urban Units(2003)

单位:人(person)

项目	Item	从业人员年末人数 Total Employed Persons at Year-end	在岗职工 Staff & Workers at Post	其他从业人员 Others
总计	**Total**	**2717362**	**2557489**	**159873**
按登记注册类型分	By Registered Style			
国有单位	State-owned Units	2008583	1898637	109946
城镇集体单位	Urban Collective Owned Units	230405	201260	29145
其他类型单位	Others	478374	457592	20782
内资	Domestic Capital	392986	376975	16011
外商投资	Foreign Investment	41878	40078	1800
港、澳、台投资	Enterprise Funded by Hong Kong, Macao and Taiwan	43510	40539	2971
按企业、事业、机关分	By Enterprise, Institution & Agency			
企业	Enterprise	1494458	1396809	97649
事业	Institution	948550	893185	55365
机关	Agency	274354	267495	6859
按国民经济行业分	By Sector			
农、林、牧、渔业	Farming, Forestry, Animal Husbandry & Fishery	140544	131161	9383
采矿业	Mining	47509	46140	1369
制造业	Manufacturing	575832	556436	19396
电力、煤气及水的生产和供应业	Electricity, Gas & Water Production & Supply	82958	80672	2286
建筑业	Construction	168081	146897	21184
交通运输、仓储和邮政业	Transportation, Storage & Postal Services	174543	160576	13967
信息传输、计算机服务和软件业	Information Transmission, Computer Service & Software Industries	27023	23165	3858
批发和零售业	Wholesale & Retail Trade	149086	138216	10870
住宿和餐饮业	Hotel & Catering Trade	50863	47726	3137
金融业	Finance	80444	72678	7766
房地产业	Real Estate	23491	21925	1566
租赁和商务服务业	Leasing & Business Service	49658	46478	3180
科学研究、技术服务和地质勘查业	Scientific Research, Technology Service & Geological Prospecting	44825	42308	2517
水利、环境和公共设施管理业	Water Conservancy, Environment & Public Facility Management	46313	42410	3903
居民服务和其他服务业	Inhabitant& Other Services	7160	6030	1130
教育	Education	542976	503716	39260
卫生、社会保障和社会福利业	Public Health, Social Security & Social Welfare	154598	149393	5205
文化、体育和娱乐业	Culture, Sports & Entertainment	29542	28155	1387
公共管理和社会组织	Public Administration & Social Organizations	321916	313407	8509
国际组织	International Organizations			

注:城镇单位不包括城镇私营和个体(下同)。

Note: Urban collective owned units exclude urban private and individual enterprises.

5—4 城镇单位分行业专业技术人员(2003年)

Number of Scientific and Technical Personnel Grouped by Sector in Urban Units (2003)

单位:人(person)

行　业	Sector	专业技术人员 Number of Scientific and Technical Personnel	#女性 Female
总　计	**Total**	**917223**	**384521**
第一产业	Primary Industry	25931	7121
农、林、牧、渔业	Farming, Forestry, Animal Husbandry & Fishery	25931	7121
第二产业	Secondary Industry	146991	44586
工业	Industry	112714	36855
采矿业	Mining	8534	2912
制造业	Manufacturing	84100	27930
电力、煤气及水的生产和供应业	Electricity, Gas & Water Production & Supply	20080	6013
建筑业	Construction	34277	7731
第三产业	Tertiary Industry	744301	332814
交通运输、仓储和邮政业	Transportation, Storage & Postal Services	24178	7324
信息传输、计算机服务和软件业	Information Transmission, Computer Service & Software Industries	9570	2920
批发和零售业	Wholesale & Retail Trade	29111	11920
住宿和餐饮业	Hotel & Catering Trade	4845	2276
金融业	Finance	44118	18558
房地产业	Real Estate	7288	2695
租赁和商务服务业	Leasing & Business Service	9395	3826
科学研究、技术服务和地质勘查业	Scientific Research, Technology Service & Geological Prospecting	25283	8053
水利、环境和公共设施管理业	Water Conservancy, Environment & Public Facility Management	7022	2352
居民服务和其他服务业	Inhabitant& Other Services	949	388
教育	Education	416336	182842
卫生、社会保障和社会福利业	Public Health, Social Security & Social Welfare	110595	70169
文化、体育和娱乐业	Culture, Sports & Entertainment	13795	5775
公共管理和社会组织	Public Administration & Social Organizations	41816	13716
国际组织	International Organizations		

5—5 按行业、经济类型分组的城镇单位女性从业人数(2003年)

Number of Female Employed Persons in Urban Units Grouped by Industry and the Categories of Registration(2003)

单位:人(person)

行业	Sector	合计 Total	国有单位 State-owned Units	城镇集体单位 Urban Collective owned Units	其他类型单位 Others
总计	**Total**	**1035239**	**774381**	**74903**	**185955**
按企业、事业、机关分	By Enterprise, Institution & Agency				
企业	Enterprise	541453	287017	71119	183317
事业	Institution	421759	415655	3559	2545
机关	Agency	72027	71709	225	93
按国民经济行业分	By Sector				
第一产业	Primary Industry	52950	50034	353	2563
农、林、牧、渔业	Farming, Forestry, Animal Husbandry & Fishery	52950	50034	353	2563
第二产业	Secondary Industry	294338	126993	35077	132268
工业	Industry	269088	115904	26773	126411
采矿业	Mining	14316	7842	1600	4874
制造业	Manufacturing	227161	83727	24565	118869
电力、煤气及水的生产和供应业	Electricity, Gas & Water Production & Supply	27611	24335	608	2668
建筑业	Construction	25250	11089	8304	5857
第三产业	Tertiary Industry	687951	597354	39473	51124
交通运输、仓储和邮政业	Transportation, Storage & Postal Services	45868	33103	4295	8470
信息传输、计算机服务和软件业	Information Transmission, Computer Service & Software Industries	9632	6378	101	3153
批发和零售业	Wholesale & Retail Trade	65829	35689	16240	13900
住宿和餐饮业	Hotel & Catering Trade	30134	16349	3718	10067
金融业	Finance	35185	25367	6845	2973
房地产业	Real Estate	8190	4315	552	3323
租赁和商务服务业	Leasing & Business Service	19852	12316	4068	3468
科学研究、技术服务和地质勘查业	Scientific Research, Technology Service & Geological Prospecting	14238	13711	155	372
水利、环境和公共设施管理业	Water Conservancy, Environment & Public Facility Management	19621	18710	531	380
居民服务和其他服务业	Inhabitant& Other Services	2593	619	1375	599
教育	Education	244465	242388	815	1262
卫生、社会保障和社会福利业	Public Health, Social Security & Social Welfare	92883	91458	560	865
文化、体育和娱乐业	Culture, Sports & Entertainment	11700	10649	45	1006
公共管理和社会组织	Public Administration & Social Organizations	87761	86302	173	1286
国际组织	International Organizations				

5—6 城镇单位从业人员

Changes in the Employed Persons

指 标	Item	合计 Total	从农村招收 Recruited from Rural Area	从城镇招收 Recruited from Urban Area
总 计	**Total**	**159199**	**31578**	**21828**
按登记注册类型分	By Registered Style			
国有单位	State Owned Units	109635	15008	11386
城镇集体单位	Urban Collective Owned Units	8607	3602	1576
其他类型单位	Others	40957	12968	8866
按国民经济行业分	By Sector			
农、林、牧、渔业	Farming, Forestry, Animal Husbandry & Fishery	4316	1047	240
采矿业	Mining	6189	1427	327
制造业	Manufacturing	41393	13775	8425
电力、煤气及水的生产和供应业	Electricity, Gas & Water Production & Supply	3264	676	265
建筑业	Construction	14392	7642	600
交通运输、仓储和邮政业	Transportation, Storage & Postal Services	14184	1411	2398
信息传输、计算机服务和软件业	Information Transmission, Computer Service & Software Industries	2376	107	515
批发和零售业	Wholesale & Retail Trade	5635	561	1876
住宿和餐饮业	Hotel & Catering Trade	5745	1844	1906
金融业	Finance	3933	159	616
房地产业	Real Estate	1676	122	501
租赁和商务服务业	Leasing & Business Service	1978	124	428
科学研究、技术服务和地质勘查业	Scientific Research, Technology Service & Geological Prospecting	2113	37	256
水利、环境和公共设施管理业	Water Conservancy, Environment & Public Facility Management	2386	509	688
居民服务和其他服务业	Resident & Other Services	375	19	162
教育	Education	21619	979	492
卫生、社会保障和社会福利业	Public Health, Social Security & Social Welfare	8495	716	883
文化、体育和娱乐业	Culture, Sports & Entertainment	1320	77	214
公共管理和社会组织	Public Administration & Social Organizations	17810	346	1036
国际组织	International Organizations			

变动情况(2003年)
in Urban Units(2003)

单位:人(person)

本年增加人数 Total Increment				
录用的复员转业军人 Demobilized Soldiers & Armymen Transferred to Civilian Work	录用的大、中专、技工学校毕业生 Graduates from Universities, Secondary Technical Schools & Worker Training Schools	调入 Transfered into	#由外省、自治区、直辖市调入 Transfered from Other Regions	其　他 Others
3538	32685	39668	627	29902
2638	23620	36071	443	20912
68	1058	734	18	1569
832	8007	2863	166	7421
87	518	630	15	1794
96	124	192	6	4023
597	7315	3607	63	7674
166	641	890	10	626
46	1482	2702	58	1920
280	1457	5547	22	3091
23	765	399	17	567
272	877	1113	91	936
320	633	416	10	626
36	746	863	21	1513
265	329	234	7	225
39	388	535	16	464
64	666	579	29	511
103	267	457	10	362
11	75	48	0	60
157	9675	8507	126	1809
339	3501	2096	38	960
33	379	385	22	232
604	2847	10468	66	2509

单位:人(person)

指 标	Item	本年减少人数 Total Decrement 合计 Total	离休退休退职 VCSR, Re-tired & RRSW	开除除名辞职 Discharged Persons	终止解除合同 Terminated Contracts	离开本单位仍保留劳动关系职工 Staff & Workers Leaving Working Units While Keeping Labour Contract	调出 Trans-fered Out	#调到外省、自治区、直辖市 Trans-fered to Other Regions	其他 Others
总 计	**Total**	**221137**	**47990**	**12528**	**54504**	**35587**	**43694**	**688**	**26834**
按登记注册类型分	By Registered Style								
国有单位	State Owned Units	141339	34475	6363	25674	23244	37369	549	14214
城镇集体单位	Urban Collective Owned Units	27265	4560	1194	8379	6993	1316	5	4823
其他类型单位	Others	52533	8955	4971	20451	5350	5009	134	7797
按国民经济行业分	By Sector								
农、林、牧、渔业	Farming, Forestry, Animal Husbandry & Fishery	10758	3184	465	502	1500	2115	7	2992
采矿业	Mining	9304	1272	417	4294	1786	451	6	1084
制造业	Manufacturing	64535	13281	4396	20520	13437	5167	165	7734
电力、煤气及水的生产和供应业	Electricity, Gas & Water Production & Supply	2720	950	118	432	423	281	12	516
建筑业	Construction	18474	2249	365	4051	1533	6039	11	4237
交通运输、仓储和邮政业	Transportation, Storage & Postal Services	17053	3367	214	2673	2997	6717	27	1085
信息传输、计算机服务和软件业	Information Transmission, Computer Service & Software Industries	1767	199	65	718	79	147	12	559
批发和零售业	Wholesale & Retail Trade	27133	4829	1045	9163	9111	1489	41	1496
住宿和餐饮业	Hotel & Catering Trade	8617	1507	1160	3821	532	405	8	1192
金融业	Finance	5999	458	138	2413	1178	1107	65	705
房地产业	Real Estate	1843	173	430	482	257	394	3	107
租赁和商务服务业	Leasing & Business Service	3195	922	119	1062	249	533	23	310
科学研究、技术服务和地质勘查业	Scientific Research, Technology Service & Geological Prospecting	2985	925	71	479	258	974	16	278
水利、环境和公共设施管理业	Water Conservancy, Environment & Public Facility Management	2565	671	163	568	211	411	62	541
居民服务和其他服务业	Resident & Other Services	390	93	76	161	9	12	0	39
教育	Education	21398	8099	2058	990	267	8166	89	1818
卫生、社会保障和社会福利业	Public Health, Social Security & Social Welfare	5473	1774	800	439	329	1712	49	419
文化、体育和娱乐业	Culture, Sports & Entertainment	2451	500	181	1019	189	378	9	184
公共管理和社会组织	Public Administration & Social Organizations	14477	3537	247	717	1242	7196	83	1538
国际组织	International Organizations								

5—7 城镇单位从业人员劳动报酬（2003年）

Remuneration of Employed Persons in Urban Units(2003)

单位:万元(10 000 yuan)

项目	Item	从业人员全年劳动报酬 Total Remuneration	在岗职工工资总额 Wages of Staff & Workers at Work	其他从业人员劳动报酬 Remuneration Payment to Other Employed Persons
总计	**Total**	**3143661**	**3052909**	**90752**
按登记注册类型分	By Registered Style			
国有单位	State Owned Units	2403736	2344598	59138
城镇集体单位	Urban Collective Owned Units	174790	158458	16332
其他类型单位	Others	565135	549853	15282
内资	Domestic Funds	460229	449979	10250
外商投资	Foreign Investment	67262	64770	2492
港、澳、台投资	Enterprises Funded by Hong Kong, Macao and Taiwan	37644	35104	2540
按企业、事业、机关分	By Enterprise, Institution & Agency			
企业	Enterprise	1679146	1616522	62624
事业	Institution	1084244	1059944	24300
机关	Agency	380271	376443	3828
按国民经济行业分	By Sector			
农、林、牧、渔业	Farming, Forestry, Animal Husbandry & Fishery	93842	90112	3730
采矿业	Mining	51915	50800	1114
制造业	Manufacturing	628133	617413	10720
电力、煤气及水的生产和供应业	Electricity, Gas & Water Production & Supply	142507	141254	1254
建筑业	Construction	172627	157635	14992
交通运输、仓储和邮政业	Transportation, Storage & Postal Services	228067	222850	5218
信息传输、计算机服务和软件业	Information Transmission, Computer Service & Software Industries	59010	55184	3826
批发和零售业	Wholesale & Retail Trade	126639	120785	5854
住宿和餐饮业	Hotel & Catering Trade	40837	38628	2209
金融业	Finance	135605	127615	7990
房地产业	Real Estate	29127	27354	1773
租赁和商务服务业	Leasing & Business Service	50067	48880	1187
科学研究、技术服务和地质勘查业	Scientific Research, Technology Service & Geological Prospecting	66285	63143	3141
水利、环境和公共设施管理业	Water Conservancy, Environment & Public Facility Management	45125	43193	1931
居民服务和其他服务业	Resident & Other Services	8674	6947	1727
教育	Education	582075	567042	15034
卫生、社会保障和社会福利业	Public Health, Social Security & Social Welfare	207523	204133	3390
文化、体育和娱乐业	Culture, Sports & Entertainment	37522	36419	1103
公共管理和社会组织	Public Administration & Social Organizations	438081	433522	4559
国际组织	International Organizations			

5—8 城镇单位在岗职工工资总额(2003 年)

Total Wages of Staff and Workers at Post in Urban Units(2003)

单位:万元(10 000 yuan)

项 目	Item	在岗职工全年工资总额 Wages of Staff & Workers at Post	国有单位 State-owned Units	城镇集体单位 Urban Collective-owned Units	其他类型单位 Others
总 计	**Total**	**3052909**	**2344598**	**158458**	**549853**
按企业、事业、机关分	By Enterprise, Institution & Agency				
企业	Enterprise	1616522	921502	152422	542598
事业	Institution	1059944	1047087	5704	7153
机关	Agency	376443	376009	332	102
按国民经济行业分	By Sector				
农、林、牧、渔业	Farming, Forestry, Animal Husbandry & Fishery	90112	84285	964	4863
采矿业	Mining	50800	28081	2383	20336
制造业	Manufacturing	617413	257399	36863	323151
电力、煤气及水的生产和供应业	Electricity, Gas & Water Production & Supply	141254	120861	3387	17006
建筑业	Construction	157635	58204	39759	59672
交通运输、仓储和邮政业	Transportation, Storage & Postal Services	222850	182011	11500	29339
信息传输、计算机服务和软件业	Information Transmission, Computer Service & Software Industries	55184	38717	185	16282
批发和零售业	Wholesale & Retail Trade	120785	74358	20814	25613
住宿和餐饮业	Hotel & Catering Trade	38628	20591	3658	14379
金融业	Finance	127615	93826	23716	10073
房地产业	Real Estate	27354	15112	1407	10835
租赁和商务服务业	Leasing & Business Service	48880	33971	7316	7593
科学研究、技术服务和地质勘查业	Scientific Research, Technology Service & Geological Prospecting	63143	60215	780	2148
水利、环境和公共设施管理业	Water Conservancy, Environment & Public Facility Management	43193	41770	668	755
居民服务和其他服务业	Resident & Other Services	6947	3387	2737	823
教育	Education	567042	564121	1099	1822
卫生、社会保障和社会福利业	Public Health, Social Security & Social Welfare	204133	200833	793	2508
文化、体育和娱乐业	Culture, Sports & Entertainment	36419	34700	65	1653
公共管理和社会组织	Public Administration & Social Organizations	433522	432156	364	1002
国际组织	International Organizations				

5—9 城镇单位在岗职工平均工资(2003 年)

Average Wages of Staff and Workers in Urban Units(2003)

单位:元（yuan）

项　目	Item	在岗职工 Staff & Workers at Work	国有单位 State-owned Units	城镇集体单位 Urban Collective-owned Units	其他类型单位 Others
总　计	**Total**	**11953**	**12331**	**7962**	**12118**
按企业、事业、机关分	By Enterprise, Institution & Agency				
企业	Enterprise	11547	12136	7963	12078
事业	Institution	11934	11944	8070	16170
机关	Agency	14153	14170	6188	
按国民经济行业分	By Sector				
农、林、牧、渔业	Farming, Forestry, Animal Husbandry & Fishery	6796	6742	7990	7628
采矿业	Mining	10865	9750	7520	13753
制造业	Manufacturing	11156	11217	7160	11860
电力、煤气及水的生产和供应业	Electricity, Gas & Water Production & Supply	17571	17130	22021	20492
建筑业	Construction	10604	11518	8272	11920
交通运输、仓储和邮政业	Transportation, Storage & Postal Services	13999	14999	7964	12533
信息传输、计算机服务和软件业	Information Transmission, Computer Service & Software Industries	23783	24378	7761	22988
批发和零售业	Wholesale & Retail Trade	8558	9217	5778	10482
住宿和餐饮业	Hotel & Catering Trade	8001	7879	7253	8408
金融业	Finance	17341	18865	12745	19193
房地产业	Real Estate	12596	12995	9655	12554
租赁和商务服务业	Leasing & Business Service	10396	11251	6905	12185
科学研究、技术服务和地质勘查业	Scientific Research, Technology Service & Geological Prospecting	14944	14887	15272	16598
水利、环境和公共设施管理业	Water Conservancy, Environment & Public Facility Management	10166	10288	6166	9391
居民服务和其他服务业	Resident & Other Services	12021	18479	9192	8495
教育	Education	11344	11350	8946	11155
卫生、社会保障和社会福利业	Public Health, Social Security & Social Welfare	13800	13774	10320	18632
文化、体育和娱乐业	Culture, Sports & Entertainment	12926	13310	8811	8137
公共管理和社会组织	Public Administration & Social Organizations	13912	13960	7210	6476
国际组织	International Organizations				

5—10 分市城镇单位从业人员(2003 年)

Number of Employed Persons in Urban Units by City (2003)

单位:人(person)

地区别	Region	单位从业人员年末数 Number of Employed Persons in Urban Units at the Year-end	国有单位 State-owned Units	城镇集体单位 Urban Collective Owned Units	其他类型单位 Others
全区总计	Total	2717362	2008583	230405	478374
南宁市	Nanning	504872	359853	36772	108247
柳州市	Liuzhou	347119	206844	39506	100769
桂林市	Guilin	313412	228577	22861	61974
梧州市	Wuzhou	152144	101507	14737	35900
北海市	Beihai	94205	76245	6817	11143
防城港市	Fangchenggang	54039	47788	3316	2935
钦州市	Qinzhou	113314	91979	10541	10794
贵港市	Guigang	138675	109289	16620	12766
玉林市	Yulin	231281	173904	25560	31817
百色市	Baise	176204	150743	9581	15880
贺州市	Hezhou	82217	65957	3596	12664
河池市	Hechi	173386	142311	18481	12594
来宾市	Laibin	103263	84666	4660	13937
崇左市	Chongzuo	117639	93974	7823	15842

注:总计包括柳州铁路局、广西建工集团、总后勤部等单位。

Note: The total data includes Liuzhou Railway Bureau, Guangxi Building Engineering Group Corporation and Central Logistics Apartment.

5—11 分市城镇单位在岗职工平均工资(2003 年)

Average Wages of Staff and Workers in Urban Units by City(2003)

单位:元 (yuan)

地区别	Region	在岗职工 Staff and Workers at Post	国有单位 State-owned Units	城镇集体单位 Urban Collective Owned Units	其他类型单位 Others
全区总计	Total	11953	12331	7962	12118
南宁市	Nanning	13049	13927	8864	11561
柳州市	Liuzhou	13832	13802	10023	14944
桂林市	Guilin	12279	12882	8114	11502
梧州市	Wuzhou	10764	11228	6675	10974
北海市	Beihai	11651	11969	8930	11177
防城港市	Fangchenggang	11524	11817	6948	10860
钦州市	Qinzhou	9191	9572	7329	7787
贵港市	Guigang	9717	10148	7104	8775
玉林市	Yulin	10363	10433	7271	12377
百色市	Baise	11920	12342	6774	10904
贺州市	Hezhou	10568	11042	6808	9044
河池市	Hechi	11222	11866	6660	10490
来宾市	Laibin	11350	11339	6779	13059
崇左市	Chongzuo	9550	9647	6421	10417

注:总计包括柳州铁路局、广西建工集团、总后勤部等单位。

Note: The total data includes Liuzhou Railway Bureau, Guangxi Building Engineering Group Corporation and Central Logistics Apartment.

5—12 离休、退休、退职人员和保险福利费用情况

Number of VCSR, Retired and Resigned, Insurance and Welfare Funds

项 目	Item	2001	2002	2003
一、截止年末离休、退休、退职人员数总计(人)	**Total Number of VCSR, Retired and Resigned at Year End (person)**	**810777**	**849360**	**994741**
企业	Enterprise	539339	547224	669039
(一)内资企业	Domestic Capital	537500	545015	666653
国有企业	State Owned Units	388025	399830	501834
集体企业	Collective Owned Units	103747	103596	102292
其他企业	Others	45728	41589	62527
(二)港澳台投资企业	Enterprise Funded by Hong Kong, Macao and Taiwan	965	901	1385
(三)外商投资企业	Foreign Investment	874	1308	1001
事业	Institution	202518	213224	215912
机关	Agency	68920	88912	109790
二、保险福利费用总计(万元)	**Total Insurance and Welfare Funds (10000 yuan)**	**604917**	**749622**	**900086**
企业	Enterprise	349350	405857	518565
离休金	Pensions for VCSR	11365	11166	12810
退休金	Pensions for Retired	277601	344776	417655
退职生活费	Pensions for RRSW	3147	3413	3259
医疗卫生费	Medical Care	37601	33452	30552
其他	Others	19637	13050	54289
事业	Institution	188477	238853	239557
离休金	Pensions for VCSR	7405	6764	6160
退休金	Pensions for Retired	156407	206892	208715
退职生活费	Pensions for RRSW	985	1319	1407
医疗卫生费	Medical Care	16681	12645	9658
其他	Others	6999	11234	13617
机关	Agency	67089	104912	141964
离休金	Pensions for VCSR	7654	8871	9780
退休金	Pensions for Retired	51011	84519	115201
退职生活费	Pensions for RRSW	382	401	604
医疗卫生费	Medical Care	5478	4479	5902
其他	Others	2565	6642	10477

5—13 主要年份参加社会保险人员

Number of Persons Joined Social Security in Main Years

单位:人(person)

项 目	Item	1995	2000	2002	2003
一、截止年末参加城镇基本养老保险人员总数	**Total Number of Persons Joined Urban Basic Pension Insurance at Year End**	**1877974**	**2393591**	**2571600**	**2647986**
#离休退休退职人数	Total Retired, VCSR & RRSW	311777	544752	634834	662590
(一)企业	Enterprise	1872739	2344595	2426566	2443936
1. 内资企业	Domestic Capital	1849675	2326409	2393603	2406477
2. 港、澳、台及外资企业	Foreign Investment & Enterprise Funded by Hong Kong, Macao and Taiwan	23064	18186	32963	37459
(二)事业	Institution		21679	36127	41538
(三)机关	Agency		1970	519	1585
(四)其他	Others	5235	25347	108388	160927
二、截止年末参加失业保险人员总数	**Total Number of Persons Joined Unemployment Insurance at Year End**	**1695402**	**2246213**	**2155275**	**2190713**
(一)企业	Enterprise	1614170	1534533	1426747	1343463
1. 内资企业	Domestic Capital	1594891	1506561	1396493	1307271
2. 港、澳、台及外资企业	Foreign Investment & Enterprise Funded by Hong Kong, Macao and Taiwan	19279	27972	30254	36192
(二)事业	Institution	81232	707429	725228	845275
(三)其他	Others		4251	3300	1975
三、截止年末参加城镇基本医疗保险人员总数	**Total Number of Persons Joined the Urban Basic Health Care Program at Year End**		**985230**	**2017817**	**2350361**
#退休人数	Total Number of VCSR		215418	540514	660550
(一)企业	Enterprise		414074	787854	1032077
1. 内资企业	Domestic Capital		413914	785107	
2. 港、澳、台及外资企业	Foreign Investment & Enterprise Funded by Hong Kong, Macao and Taiwan		160	2747	
(二)事业	Institution		397472	879391	925577
(三)机关	Agency		172913	344954	368994
(四)其他	Others		771	5618	23713
四、截止年末参加工伤保险人员总数	**Total Number of Persons Joined the Industrial Injury Insurance at Year-End**		**1265640**	**1172636**	**1203323**
五、截止年末参加生育保险人员总数	**Total Number of Persons Joined the Bearing Insurance at Year-End**		**1125761**	**1067871**	**1110668**

注:①表中基本养老保险人数不含在人事部门参加基本养老保险的人数;

②1995-1997 年基本养老保险人数尚未分企业、事业、机关统计,故该年份事业、机关基本养老保险人数空缺。

Note: 1. The number of persons joined basic pension insurance excludes the persons joined basic pension insurance in the administrative departments.

2. Since the the number of persons joined basic pension insurance from 1995 to 1997 hadnt been divided into enterprise, institution and agency, the number of persons joined urban basic pension insurance are vacant.

5—14　分市社会保险参保人数(2003 年)

Number of Persons Joined Social Security by City(2003)

单位:人(person)

城　市	Cities	基本养老保险人数 Number of Persons Participating in the Basic Retirement Security Program	#在职职工人数 Number of Staff & Workers at Post	失业保险人数 Number of Persons Participating in the Unemployment Insurance Program	基本医疗保险人数 Number of Persons Participating in the Basic Health Care Program	工伤保险人数 Number of Persons Participating in the Industrial Injury Insurance	生育保险人数 Number of Persons Participating in the Bearing Insurance
全区总计	Total	2647986	1985396	2190713	2350361	1203323	1110668
南宁市	Nanning	382069	291993	282395	345277	181523	171599
柳州市	Liuzhou	390610	299613	246638	411190	263989	241744
桂林市	Guilin	312176	235947	240934	273032	106340	106340
梧州市	Wuzhou	148722	106916	113858	176057	52105	52631
北海市	Beihai	103060	75683	72932	53250	37221	49818
防城港市	Fangcheng-gang	37208	30493	39496	36088	19289	19276
钦州市	Qinzhou	72766	54748	65182	80278	33375	36353
贵港市	Guigang	78032	59287	105013	123150	33803	33498
玉林市	Yulin	126727	99365	156756	145873	71691	71932
百色市	Baise	103809	82248	125954	110928	51402	47037
贺州市	Hezhou	54993	43386	59668	68507	23909	22736
河池市	Hechi	96829	76097	129714	147710	53809	46750
来宾市	Laibin	48983	36079	57206	94796	22359	5426
崇左市	Chongzuo	64462	49807	83303	82504	28690	22130
自治区本级	Autonomous Bureau	627540	443734	411664	201721	223818	183398

5—15　分市职业介绍机构基本情况(2003 年)

Basic Statistics of Careers Service by City(2003)

城　市	Cities	本年职业介绍机构数(个) Number of Situations of Careers Service at Current Year (unit)	劳动保障部门 Run by Labor Security Department	公民个人及其他组织 Run by Private & Other Organizations	本年末职业介绍机构人数(人) Number of Persons in Situations of Careers Service at Current Year (person)	劳动保障部门 Run by Labor Security Department	公民个人及其他组织 Run by Private & Other Organizations
全区总计	Total	237	136	101	1103	814	289
南宁市	Nanning	32	13	19	235	171	64
柳州市	Liuzhou	18	11	7	117	96	21
桂林市	Guilin	38	18	20	137	90	47
梧州市	Wuzhou	11	9	2	61	54	7
北海市	Beihai	11	3	8	24	8	16
防城港市	Fangcheng-gang	6	5	1	17	15	2
钦州市	Qinzhou	29	18	11	76	40	36
贵港市	Guigang	6	6	0	31	31	0
玉林市	Yulin	32	8	24	113	43	70
百色市	Baise	13	13	0	72	72	0
贺州市	Hezhou	14	5	9	40	14	26
河池市	Hechi	13	13	0	40	40	0
来宾市	Laibin	6	6	0	40	40	0
崇左市	Chongzuo	7	7	0	49	49	0
自治区本级	Autonomous Bureau	1	1	0	51	51	0

5—16 分市劳动保障部门职业介绍情况(2003 年)

Situations of Careers Service of Labor Security Department by City(2003)

单位:人(person)

城市	Cities	本年登记招聘人数 Total Registered Recruitment	本年登记求职人数 Registered Persons in This Year			
				下岗职工 Laid-off Workers	失业人员 Former Unemployed	获得职业资格人数 Persons with Certificates
全区总计	Total	463933	687182	30380	234543	59024
南宁市	Nanning	108146	244443	1154	69859	2762
柳州市	Liuzhou	29004	48819	2148	46415	6836
桂林市	Guilin	69402	99131	6711	15459	27554
梧州市	Wuzhou	27106	48054	2822	35081	4239
北海市	Beihai	9732	10342	1784	5495	2001
防城港市	Fangchenggang	4108	8012	0	1862	154
钦州市	Qinzhou	6102	16090	2128	3936	160
贵港市	Guigang	8136	9745	108	9637	2274
玉林市	Yulin	34109	36319	1340	5931	2260
百色市	Baise	69776	62015	1146	16841	2619
贺州市	Hezhou	28972	29675	3765	3267	1567
河池市	Hechi	31838	42690	3660	10766	4831
来宾市	Laibin	12464	9707	652	4595	411
崇左市	Chongzuo	4875	4768	916	727	327
自治区本级	Autonomous Bureau	20163	17372	2046	4672	1029

5—16 续表 continued

单位:人(person)

城市	Cities	本年介绍成功人次数 Number of Persons Actually Employed			
			下岗职工 Laid-off Workers	失业人员 Former Unemployed	获得职业资格人数 Persons with Certificates
全区总计	Total	345530	16107	155375	33331
南宁市	Nanning	80831	0	61464	2307
柳州市	Liuzhou	27109	1021	25811	4407
桂林市	Guilin	50302	3855	8628	12515
梧州市	Wuzhou	24508	2095	16983	3379
北海市	Beihai	6013	1134	3266	1176
防城港市	Fangchenggang	4172	0	1872	154
钦州市	Qinzhou	7387	2265	4113	130
贵港市	Guigang	2157	68	2089	657
玉林市	Yulin	12402	642	4151	1196
百色市	Baise	58350	733	14887	2196
贺州市	Hezhou	27834	933	1726	1357
河池市	Hechi	23414	2254	4766	2776
来宾市	Laibin	8367	294	3242	359
崇左市	Chongzuo	3077	492	495	195
自治区本级	Autonomous Bureau	9607	321	1927	527

主要统计指标解释

劳动力资源总数 指在劳动年龄内人口(16周岁以上)总数中,具有劳动能力,在正常情况下,可能或实际参加社会劳动的人口数。

从业人员 指从事一定社会劳动并取得劳动报酬或经营收入的人员。从业人员按从业身份分组包括:(1)职工;(2)再就业的离退休人员;(3)私营业主;(4)个体户主;(5)私营企业和个体从业人员;(6)乡镇企业从业人员;(7)农村从业人员;(8)其他从业人员(包括现役军人)。

职工 指在国有、城镇集体、联营、股份制、外商和港、澳、台投资、其他单位及其附属机构中工作,并由其支付工资的各类人员。不包括下列人员:(1)乡镇企业从业人员;(2)私营企业从业人员;(3)城镇个体劳动者;(4)离休、退休、退职人员;(5)再就业的离、退休人员;(6)民办教师;(7)其他按有关规定不列入职工统计范围的人员。

城镇登记失业人员 指有非农业户口,在一定的劳动年龄内(16岁及以上男50岁以下,女45岁以下),有劳动能力,无业而要求就业,并在当地就业服务机构进行求职登记的人员。

城镇登记失业率 城镇登记失业人员与城镇单位从业人员(扣除使用的农村劳动力、聘用的离退休人员、港澳台及外方人员)、城镇单位中的不在岗职工、城镇私营业主、个体户主、城镇私营企业和个体从业人员、城镇登记失业人员之和的比。计算公式为:

$$城镇登记失业率=\frac{城镇登记失业人数}{\begin{array}{l}城镇登记单位从业人员-使用的农村劳动力-聘用的离退休人员-\\聘用的港澳台及外方人员)+不在岗职工+城镇私营业主+城镇\\个体户主+城镇私营企业及个体从业人员+城镇登记失业人数\end{array}}\times100\%$$

工资总额 指各单位在一定时期内直接支付给本单位全部职工的劳动报酬总额。工资总额的计算应以直接支付给职工的全部劳动报酬为根据。各单位支付给职工的劳动报酬以及其他根据有关规定支付的工资,不论是计入成本的还是不计入成本的,不论是以货币形式支付的还是以实物形式支付的,均应列入工资总额的计算范围。工资总额包括计时工资、计件工资、奖金、津贴和补贴、加班加点工资、特殊情况下支付的工资。

平均工资 指企业、事业、机关等单位的职工在一定时期内平均每人所得的货币工资额。其计算公式为:

$$平均工资=\frac{报告期实际支付的全部职工工资总额}{报告期全部职工平均人数(人)}$$

平均实际工资 是指扣除物价变动因素后的职工平均工资。其计算公式为:

$$平均实际工资=\frac{报告期职工平均工资}{报告期城市居民消费价格指数}$$

参加城镇基本养老保险人员总数 指截止报告期末参加城镇基本养老保险并在社会保险机构已建立缴费记录档案的人数,包括不能正常缴费、已中断缴费但未终止养老保险关系的人数,包括已参加基本养老保险、后进入再就业服务中心、并继续缴费的下岗职工人数。不包括只登记而未建立缴费记录档案的人数。

参加城镇基本养老保险的离退职人数 指报告期末参加城镇基本养老保险并由养老保险基金支付养老金的离休人员、退休人员、退职人员人数。

参加失业保险人员总数 指截止报告期末按照国家法律、法规和有关政策规定,参加了失业保险的城镇企业事业单位职工和地方政府规定的参加失业保险的其他人员的总数。

参加城镇基本医疗保险人员总数 指截止报告期末参加城镇基本医疗保险(实施统帐结合和单建统筹基金)的职工人数和退休人数的总数。

第六篇
CHAPTER 6

固定资产投资

INVESTMENT IN FIXED ASSETS

全社会固定资产投资（亿元）

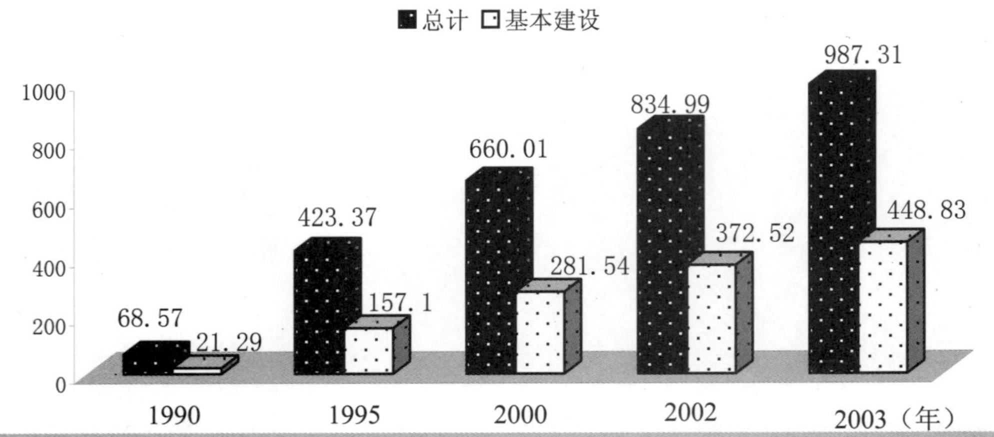

国有单位投资构成

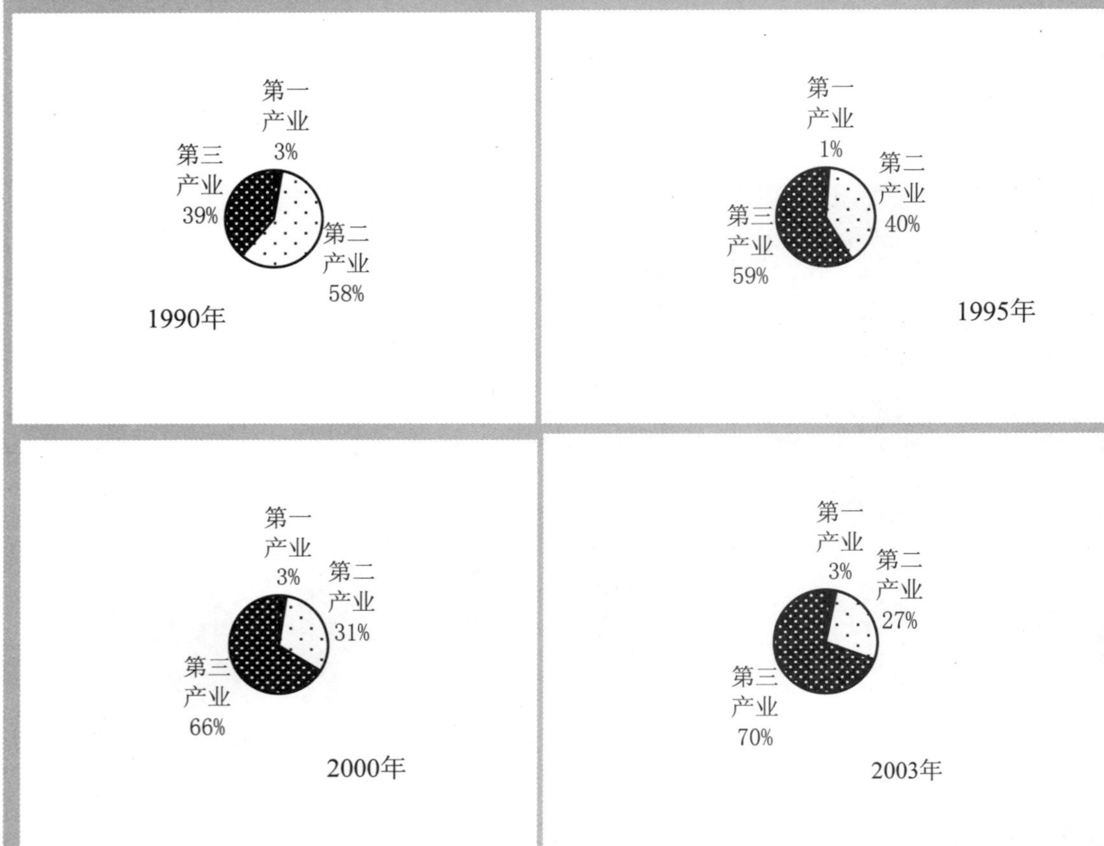

商品房销售

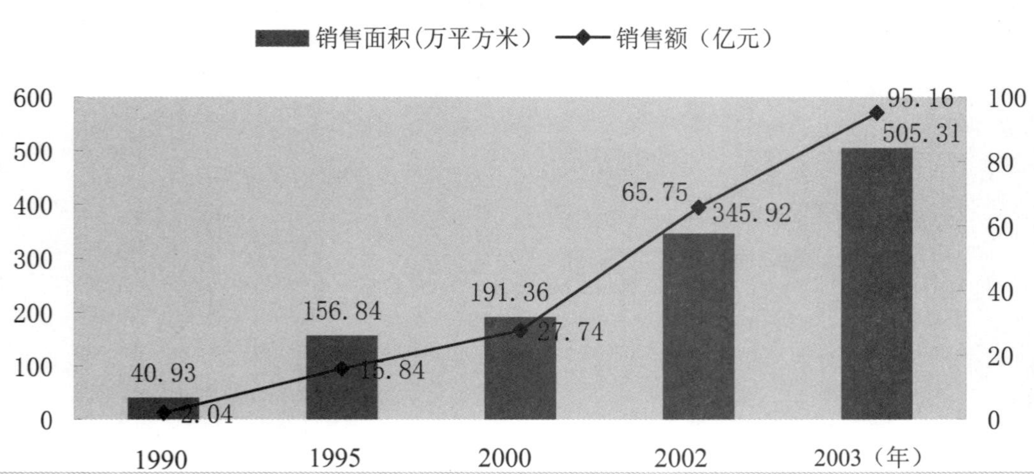

6—1 主要年份全社会固定资产投资总额
Total Investment in Fixed Assets in Main Years

单位:亿元(100 million yuan)

指 标	Items	1990	1995	2000	2002	2003
总 计	**Total**	**68.57**	**423.37**	**660.01**	**834.99**	**987.31**
基本建设投资	**Capital Investment**	**21.29**	**157.10**	**281.54**	**372.52**	**448.83**
按经济类型分	By Economic Type					
国有经济	State - owned Units	21.29	137.15	249.95	320.14	361.53
联营经济	Joint - owned		0.86	0.45	1.28	2.35
其他经济	Others		19.09	31.14	51.10	84.95
按隶属关系分	By Administrative Relationship					
中 央	Central	6.23	43.58	71.48	80.48	96.28
地 方	Local	15.06	113.52	210.06	292.04	352.55
更新改造投资	**Innovation**	**16.96**	**68.56**	**80.16**	**105.54**	**142.74**
按经济类型分	By Economic Type					
国有经济	State - owned Units	16.96	55.24	64.41	63.66	66.91
联营经济	Joint - owned		0.07	0.08		
其他经济	Others		13.25	15.67	41.88	75.83
按隶属关系分	By Administrative Relationship					
中 央	Central	2.39	18.81	38.51	39.64	30.45
地 方	Local	14.57	49.75	41.65	65.90	112.29
其他固定资产投资	**Others**	**3.58**	**16.27**	**59.26**	**73.65**	**62.29**
按经济类型分	By Economic Type					
国有经济	State - owned Units	0.72	5.41	2.96	3.13	5.76
集体经济	Joint - owned	2.86	8.10	6.92	7.71	7.24
其他经济	Others		2.76	49.38	62.81	49.29
按隶属关系分	By Administrative Relationship					
中 央	Central	0.03	0.17	0.15	0.13	0.77
地 方	Local	3.55	16.10	59.11	73.52	61.52
房地产开发投资	**Real Estate Development**	**2.20**	**51.51**	**38.67**	**75.28**	**120.31**
按经济类型分	By Economic Type					
国有经济	State - owned Units	2.20	18.28	11.45	15.43	15.05
集体经济	Joint - owned		9.23	3.25	5.32	7.29
其他经济	Others		23.80	23.97	54.53	97.97
农村集体固定资产投资	**Rural Collective - owned**	**2.61**	**39.67**	**50.32**	**42.50**	**28.81**
私人固定资产投资	**Individual**	**21.93**	**90.28**	**150.06**	**165.49**	**184.33**
城镇和工矿区私人建房	Housing Contruction by Urban & Industrial & Mining Areas Individuals	3.11	27.23	64.47	66.19	83.09
农村私人投资	Rural Individuals	18.82	63.05	85.59	99.30	101.24

注:1999 年以后其他固定资产投资包括私营投资和计划总投资 5 - 50 万元的基建、更改、国有其他及城镇集体等投资。

Note: Other investment in fixed assets include individuals and investment from capital construction, innovation, other stated - owned and urban collective - owned units whose total planned investment during 50 000 - 500 000 yuan.

6—2 固定资产投资及增长速度

Investment in Fixed Assets and Its Growth Rate

年份 Year	投资总额 Total Investment	按管理渠道分 By Channel of Management				投资总额中:住宅 Residential Buildings
		基本建设投资 Capital Investment	更新改造投资 Innovation	其他固定资产投资 Others	房地产开发投资 Real Estate Development	
投资额(万元) Investment (10 000 yuan)						
1978	96055	96055				6745
1980	121815	103067	18748			23185
1985	422191	167327	71218	17599		142092
1990	685666	212880	169619	35800	21933	221077
1991	896479	288923	220662	42900	23310	285398
1992	1410395	522135	341696	76855	45413	378228
1993	2780754	1099415	527724	210325	316451	680317
1994	3825871	1407722	658346	146333	328408	1102233
1995	4233742	1570988	685572	162654	515050	1208881
1996	4764200	1744608	713293	105148	432305	1537400
1997	4798023	1829651	591029	145175	335374	1664245
1998	5717025	2405296	697162	156963	326838	1851688
1999	6202035	2630000	700972	394008	329735	1918970
2000	6600146	2815412	801593	592572	386747	1644650
2001	7312523	3243086	865975	646851	555826	1734899
2002	8349852	3725200	1055354	736548	752807	2008016
2003	9873063	4488309	1427401	622937	1203112	2549373
增长速度(上年=100) Growth Rate(preceding year=100)						
1978	22.1	22.1				17.2
1980	24.2	7.4	809.7			84.2
1985	49.9	54.9	55.9	129.4		72.7
1990	-4.6	2.5	-13.1	-33.5		16.4
1991	30.7	35.7	30.1	19.8	6.3	29.1
1992	57.3	80.7	54.9	79.1	94.8	32.5
1993	97.2	110.6	54.4	173.7	596.8	79.9
1994	37.6	28.0	24.8	-30.4	3.8	62.0
1995	10.7	11.6	4.1	11.2	56.8	9.7
1996	12.5	11.1	4.0	-35.4	-16.1	27.2
1997	0.7	4.9	-17.1	38.1	-22.4	8.3
1998	19.2	31.5	18.0	8.1	-2.5	11.3
1999	8.5	9.3	0.5	151.0	0.9	3.6
2000	6.4	7.0	14.4	50.4	17.3	-14.3
2001	10.8	15.2	8.0	9.2	43.7	5.5
2002	14.2	14.9	21.9	13.9	35.4	15.7
2003	18.2	20.5	35.3	-15.4	59.8	27.0

注:1978年~1981年为全民投资总额,1982年以后为全社会投资总额。

Note: Investment in fixed assets during the years 1978 to 1981 refer to total people investment, and since 1982 are total social investment in fixed assets.

6—3 国有单位固定资产投资及增长速度

Investment in Fixed Assets of State - owned Units and Its Growth Rate

年 份 Year	投资总额 Total Investment	中央项目 Central	地方项目 Local	地方投资占总额比重（%） Proportion of Local Investment in Total Investment(%)	新 增 固定资产 Newly Increased Fixed Assets
投资额(万元) **Investment (10 000 yuan)**					
1978	96055	15710	80345	83.6	54677
1980	121815	28129	93686	76.9	89031
1985	247349	88319	159030	64.3	163230
1990	411663	88657	323006	78.5	374779
1991	542295	128015	414280	76.4	419072
1992	926799	229885	696914	75.2	609629
1993	1693664	393855	1299809	76.7	960428
1994	1939743	518424	1421319	73.3	1089639
1995	2162880	623052	1539828	71.2	1917553
1996	2361406	550378	1811028	76.7	1753595
1997	2228299	467362	1760937	79.0	1946615
1998	2765781	581435	2184346	79.0	2141607
1999	3034692	689587	2345105	77.3	2112000
2000	3287710	994743	2292967	69.7	3140709
2001	3575582	922303	2653279	74.2	2332310
2002	4023603	990379	3033224	75.4	2270341
2003	4492504	1052907	3439597	76.6	3142566
增长速度(上年=100) **Growth Rate** **(preceding year=100)**					
1978	20.9	32.3	18.8		-8.5
1980	24.2	-4.3	36.5		13.0
1985	50.6	57.4	47.0		19.6
1990	-0.6	-8.0	1.6		2.5
1991	31.7	44.4	28.3		11.8
1992	70.9	79.6	68.2		45.5
1993	82.7	71.3	86.5		57.5
1994	14.5	31.6	9.3		13.5
1995	11.5	20.2	8.3		76.0
1996	9.2	-11.7	17.6		-8.6
1997	-5.6	-15.1	-2.8		11.0
1998	24.1	24.4	24.0		10.0
1999	9.7	18.6	7.4		-1.4
2000	8.3	44.3	-2.2		48.7
2001	8.8	-7.3	15.7		-25.7
2002	12.5	7.4	14.3		-2.7
2003	11.7	6.3	13.4		38.4

6—4 主要年份固定资产投资资金来源

Investment in Fixed Assets by Sources of Finance in Main years

单位：万元（10 000 yuan）

指 标	Item	1990	1995	2000	2002	2003
资金来源总计	**Total Fund**	**421509**	**2939513**	**4198133**	**6313970**	**8172384**
#地 方	Local	323006	2331578	3066097	5059804	6766501
#国家预算内	State Budgetary Appropriation	53806	78769	378744	703265	725367
#地 方	Local	25434	57511	280640	631648	630470
国内贷款	Domestic Loans	140117	854107	1029012	1659920	2366625
#地 方	Local	111604	611133	617914	1163269	1668396
利用外资	Foreign Investment	22642	220117	154224	177086	247563
#地 方	Local	25185	177239	154224	175586	246043
自筹投资	Fundraising	176221	1264132	1901390	2769851	3442882
#地 方	Local	135069	1012207	1330788	2147391	2860569
在资金来源总计中：	In Total Fund					
基本建设资金来源	**Capital Construction**	**217702**	**1540377**	**2714050**	**3729953**	**4575373**
#地 方	Local	150572	1117568	1966652	2914561	3486031
#国家预算内	State Budgetary Appropriation	50472	69741	369687	669556	687494
#地 方	Local	20065	48550	272429	606842	597185
国内贷款	Domestic Loans	50079	435347	738631	1119544	1626422
#地 方	Local	36147	216517	357399	670146	943248
利用外资	Foreign Investment	9008	139004	126656	103544	145707
#地 方	Local	8298	103334	126656	102044	145707
自筹投资	Fundraising	92117	653431	1084562	1475883	1754069
#地 方	Local	71626	547660	863847	1232605	1461314
更新改造资金来源	**Innovation**	**169675**	**669422**	**790952**	**1279028**	**1444027**
#地 方	Local	145652	490525	410096	844741	1139162
#国家预算内	State Budgetary Appropriation	3087	3511	3881	26303	26749
#地 方	Local	5129	3444	3035	17400	22161
国内贷款	Domestic Loans	82847	204597	172464	280509	334383
#地 方	Local	69552	180841	143345	233256	320958
利用外资	Foreign Investment	13634	16959	7076	47424	55400
#地 方	Local	16887	9751	7076	47424	53880
自筹投资	Fundraising	65042	401512	579146	888847	946716
#地 方	Local	48608	257846	231174	511121	665456

注：资金来源为规模以上的基建、更改、其他和房地产四部分当年资金到位数。

Note: Sources of funds refer to the funds reaching the designated positions in the current year, including capital construction, innovation, other investment and real estate over designated size.

6—5 按登记注册类型分的固定资产投资(2003年)

Investment in Fixed Assets Grouped by Types of Registration(2003)

单位：万元（10 000 yuan）

指 标	Item	投资合计 Total Investment	基本建设投资 Capital Construction	更新改造投资 Innovation	其他 Others	房地产 Real Estate Development
合 计	**Total**	**7650201**	**4488309**	**1427401**	**531379**	**1203112**
内 资	**Domestic Fund**	**7036022**	**4307600**	**1260075**	**474340**	**994007**
国有	State - owned	4101759	3282574	623276	57046	138863
集体	Collective - owned	89636			34725	54911
股份合作	Cooperative Share Holding	46653			28845	17808
国有联营	State Joint - owned	66785	58329	5781	500	2175
集体联营	Collective Joint - owned	9046			8861	185
国有与集体联营	State & Collective Joint-owned	5383	5313			70
其他联营	Other Joint - owned	21704	18204			3500
国有独资公司	State Sole Investment	323960	274355	40045	103	9457
其他有限责任公司	Other Limited Companies	785414	220943	263088	25817	275566
股份有限公司	Share Holding Limited	852635	407600	320825	21147	103063
私营	Individual	673380			288410	384970
其他	Others	59667	40282	7060	8886	3439
港澳台商投资	**Hongkong, Macao & Taiwan Funded**	**281823**	**95919**	**72416**	**4079**	**109409**
合资经营	Joint Venture	194627	68330	54430	560	71307
合作经营	Cooperative Operation	36014	4736	13042	560	17676
独资	Sole Investment	37112	15143	4944	2181	14844
股份有限	Share Holding Limited	14070	7710		778	5582
外商投资	**Foreign - funded**	**304258**	**84790**	**94910**	**24862**	**99696**
合资经营	Joint Venture	103383	6182	32030	4271	60900
合作经营	Cooperative Operation	29589	8288	233	650	20418
独资	Sole Investment	105428	65061	18513	10652	11202
股份有限	Share Holding Limited	65758	5259	44134	9289	7076
个体经营	**Individual**	**28098**			**28098**	
个体户	Private	16371			16371	
个人合伙	Individual Partnership	11727			11727	

注：本表数据合计含规模以上的基建、更改、其他和房地产四部分。

Note: Total investment in this table includes capital construction, innovation, other investment and real estate development over designated size 4 parts.

6—6 按登记注册类型分的

Sources of Finance for Investment in Fixed

项目	Item	资金来源合计 Total Sources of Fund	上年末结余资金 Surplus of Fund of 2003's End
合计	**Total**	**8930574**	**758190**
内资	**Domestic Fund**	**8129561**	**625977**
国有	State - owned	4458533	335665
集体	Collective - owned	130436	12284
股份合作	Cooperative Share Holding	54194	2222
国有联营	State Joint - owned	82682	8082
集体联营	Collective Joint - owned	9108	47
国有与集体联营	State & Collective Joint - owned	5597	10
其他联营	Other Joint - owned	20738	302
国有独资公司	State Sole Investment	286524	63433
其他有限责任公司	Other Limited Companies	973489	85600
股份有限公司	Share Holding Limited	1134579	48974
私营	Individual	905519	68782
其他	Others	68162	576
港澳台商投资	**Hongkong, Macao & Taiwan Funded**	**363494**	**59147**
合资经营	Joint Venture	244718	27547
合作经营	Cooperative Operation	55472	25326
独资	Sole Investment	48673	5337
股份有限	Share Holding Limited	14631	937
外商投资	Foreign - funded	404293	73051
合资经营	Joint Venture	120568	5768
合作经营	Cooperative Operation	39275	2440
独资	Sole Investment	130061	24185
股份有限	Share Holding Limited	114389	40658
个体经营	Individual	33226	15
个体户	Private	16512	15
个人合伙	Individual Partnership	16714	

注：本表含规模以上的基建、更改、其他和房地产四项。

Note: Total investment in this table includes capital construction, innovation, other investment and real estate development over designated size 4 parts.

投资资金来源(2003 年)
Assets Grouped by Types of Registration(2003)

单位:万元(10 000 yuan)

本年资金来源小计 Surplus of Fund in This Year	预算内资金 Budgetary Appropria－tion	国内贷款 Domestic Loans	利用外资 Foreign Investment	自筹资金 Fundraising	其他资金 Others
8172384	**725367**	**2366625**	**247563**	**3442882**	**1389947**
7503584	725346	2261517	122494	3181150	1213077
4122868	674688	1150274	79046	1844385	374475
118152	1723	9789	187	37917	68536
51972		10111	250	26944	14667
74600	4	49316		19682	5598
9061		100		1560	7401
5587	1117	196	180	3430	664
20436		2036		14988	3412
223091	26323	81115	1512	96174	17967
887889	5829	234825	23554	384223	239458
1085605	14360	575592	2820	381240	111593
836737	40	143488	7710	341268	344231
67586	1262	4675	7235	29339	25075
304347	**21**	**70615**	**57604**	**86264**	**89843**
217171	21	57376	36230	66037	57507
30146		6109	2599	3378	18060
43336		4880	18525	8678	11253
13694		2250	250	8171	3023
331242		33255	67404	161539	69044
114800		22048	10867	53579	28306
36835		7172	7524	1675	20464
105876		35	42840	50268	12733
73731		4000	6173	56017	7541
33211		1238	61	13929	17983
16497		714	61	8165	7557
16714	524		5764	10426	

6—7 按登记注册类型分的新增固定资产投资(2003 年)

Newly Increased Fixed Assets Grouped by Types of Registration(2003)

单位：万元（10 000 yuan）

指　标	Item	投资合计 Total Investment	基本建设投资 Capital Construction	更新改造投资 Innovation	其他 Others	房地产 Real Estate Development
合　计	**Total**	**4607110**	**2822508**	**934168**	**354352**	**496082**
内　资	**Domestic Fund**	**4207390**	**2695228**	**799595**	**315808**	**396759**
国有	State - owned	3013891	2416575	490159	40376	66781
集体	Collective - owned	56487			32708	23779
股份合作	Cooperative Share Holding	36061			24709	11352
国有联营	State Joint - owned	10178	4690	900	1100	3488
集体联营	Collective Joint - owned	3258			2170	1088
国有与集体联营	State & Collective Joint-owned	3735	3665			70
其他联营	Other Joint - owned	1853	1853			
国有独资公司	State Sole Investment	118497	95730	16152	103	6512
其他有限责任公司	Other Limited Companies	363759	94266	144634	17077	107782
股份有限公司	Share Holding Limited	250780	61379	141795	18700	28906
私营	Individual	315341			170551	144790
其他	Others	33550	17070	5955	8314	2211
港澳台商投资	**Funded by Enterprises from Hongkong, Macao & Taiwan**	**187478**	**60583**	**58215**	**1621**	**67059**
合资经营	Joint Venture	127994	44352	32894	560	50188
合作经营	Cooperative Operation	36031	4390	20342	240	11059
独资	Sole Investment	20650	9546	4979	313	5812
股份有限	Share Holding Limited	2803	2295		508	
外商投资	Foreign - funded	188327	66697	76358	13008	32264
合资经营	Joint Venture	61663	3453	44559	2221	11430
合作经营	Cooperative Operation	23872	6596		650	16626
独资	Sole Investment	73505	51569	13378	8136	422
股份有限	Share Holding Limited	29287	5079	18421	2001	3786
个体经营	Individual	23915			23915	
个体户	Private	14336			14336	
个人合伙	Individual Partnership	9579			9579	

6—8 国有单位分行业固定资产投资(2003 年)

Investment in Fixed Assets of States - owned Units by Sector(2003)

单位：万元（10 000 yuan）

指 标	Item	投资总额 Total Investment	按隶属关系分 By Administrative Relationship		新增固定资产 Newly Increased Fixed Assets
			中 央 Central	地 方 Local	
总 计	**Total**	**4342009**	**1049961**	**3292048**	**3065785**
按三次产业分	**By Industry**				
第一产业	Primary Industry	140645	1870	138775	85212
第二产业	Secondary Industry	1183676	584056	599620	964426
第三产业	Tertiary Industry	3017688	464035	2553653	2016147
按国民经济行业分	**By Sector**				
农、林、牧、渔业	Farming, Forestry, Animal Husbandry & Fishery	140645	1870	138775	85212
农业	Farming	13062		13062	9591
林业	Forestry	80693	1870	78823	44343
工业	Industry	1166490	578010	588480	953202
采矿业	Mining	35414		35414	28438
制造业	Manufacturing	466679	120098	346581	416167
电力、燃气及水的生产供应业	Power, Gas and Water Production and Supply	664397	457912	206485	508597
建筑业	Construction	17186	6046	11140	11224
交通运输、仓储及邮电通讯业	Transportation, Storage, Postal, & Telecommunication Services	999850	74247	925603	929001
交通运输业	Transportation	2035889	399490	1636399	1109398
仓储业	Storage	6273	164	6109	11531
邮电通讯业	Telecommunication Services	11261	9538	1723	9998
信息传输、计算机服务和软件业	Information Transmission, Computer Service & Software Industries	380624	360733	19891	232071
批发和零售业	Wholesale & Retail Trade	36513	1448	35065	23576
批发业	Wholesale	11514	888	10626	8794
零售业	Retail Trade	24999	560	24439	14782
住宿和餐饮业	Hotel & Catering Trade	33442	501	32941	16916
餐饮业	Catering Trade	1160		1160	1060
金融业	Finance	7955	7729	226	6701
房地产业	Real Estate	6495		6495	6044
租赁和商务服务业	Leasing & Business Service	53283		53283	77770
科学研究、技术服务地质勘查业	Scientific Research, Technology Service & Geological Prospecting	21152	4807	16345	8149
水利、环境和公共设施管理业	Water Conservancy, Environment & Public Facility Management	946894	1324	945570	357625
水利管理业	Water Conservancy	258194	589	257605	104195
公共设施管理业	Public Facility Management	651658	735	650923	250769
居民服务和其他服务业	Resident & Other Services	3054		3054	16783
教育事业	Education	218050	576	217474	164259
卫生、社会保障和社会福利业	Public Health, Social Security & Social Welfare	91775	200	91575	58225
卫生事业	Public Health	82974	200	82774	51834
文化、体育和娱乐业	Culture, Sports & Entertainment	41015		41015	22055
公共管理和社会组织	Public Administration & Social Organizations	177586	12470	165116	96972

注：本表仅含基建、更改、其他三部分。

Note: Investment in this table just includes 3 parts of capital construction, innovation and other investment.

6—9 国有单位工业分行业固定资产投资(2003年)

Investment in Fixed Assets of States - owned Units by Industrial Sector(2003)

单位:万元(10 000 yuan)

指 标	Item	投资总额 Total Investment	按隶属关系分 By Administrative Relationship		新增固定资产 Newly Increased Fixed Assets
			中 央 Central	地 方 Local	
合 计	**Total**	**1166490**	**578010**	**588480**	**953202**
煤炭采选业	Coal Mining & Processing	6854		6854	4518
黑色金属矿采选业	Ferrous Metals Mining & Processing	4795		4795	4585
有色金属矿采选业	Nonferrous Metals Mining & Processing	7138		7138	4170
非金属矿采选业	Nonmetal Mining & Processing	16627		16627	15165
农副食品加工	Major Grain & Sideline Food Processing	13107		13107	8769
#制糖业	Sugar Production	8084		8084	7440
食品制造业	Food Production	3520		3520	4567
饮料制造业	Beverage Production	4630	12	4618	532
烟草加工业	Tobacco Processing	60333	60333	0	17983
纺织业	Textile Industry	9168		9168	2953
皮革、毛皮、羽毛(绒)及其制品业	Leathers, Furs, Down & Related Products	50		50	
木材加工及竹、藤、棕、草制品业	Timber, Bamboo, Cane, Palm Fiber, Straw Products	22510		22510	3765
家具制造业	Furniture Manufacting	200		200	
造纸及纸制品业	Papermaking & Paper Products	15590		15590	19088
印刷业、记录、媒介的复制	Printing & Record Medium Reproduction	763		763	887
石油加工、炼焦及核燃料加工业	Petroleum Processing, Coking Products & Nuclear Fuel Processing	1072	278	794	1412
化学原料及化学制品制造业	Raw Chemical Materials & Chemical Products	15580		15580	2125
医药制造业	Medical &Pharmaceutical Products	12138		12138	1319
化学纤维制造业	Chemical Fiber	600		600	
橡胶制品业	Rubber Products	2533		2533	151
塑料制品业	Plastic Products	200	200	0	200
非金属矿物制品业	Nonmetal Mineral Products	27338		27338	5016
#水泥制造业	Cement Products	20642		20642	3288
黑色金属冶炼及压延加工业	Smelting & Pressing of Ferrous Metals	164184		164184	185198
有色金属冶炼及压延加工业	Smelting & Pressing of Nonferrous Metals	72843	48306	24537	149645
金属制品业	Metal Products	5468		5468	1068
通用机械制造业	General Machinery Manufacturing	4833	269	4564	3491
专用设备制造业	Special Purpose Equipment	4000		4000	1537
交通运输设备制造业	Transport Equipment	16145	10700	5445	4143
电气、机械及器材制造业	Electric Equipment & Machinery Manufacturing	3053		3053	768
通信设备、计算机及其他电子设备制造业	Communications Equipment, Computer & Other Electric Equipment Manufacturing	6172		6172	739
仪器仪表及文化、办公用机械制造业	Instruments, Meters, Cultural & Clerical Machinery	244		244	811
工艺品及其他制造业	Artworks & Other Products Manufacturing	405		405	
电力、蒸气、热水的生成和供应业	Electricity, Steam, Hot Water Production & Supply	576960	457832	119128	435118
#电力生产业	Electricity Production	213128	114222	98906	21203
#水力发电业	Hydropower	144021	45846	98175	13614
煤气生成和供应业	Gas Production & Supply	6210		6210	70
自来水的生成和供应业	Tap Water Production & Supply	81227	80	81147	73409

6—10 国有单位分行业投资项目和新增固定资产(2003 年)

Investment Projects and Newly Increased Fixed Assets of States - owned Units by Sector(2003)

指　标	Item	施工项目(个) Project under Construction (unit)	全部建成投产项目(个) Projects Fully Completed Put into Operation (unit)	项目建成投产率(%) Rate of Investment of Projects Completed (%)	投资总额(万元) Total Investment (10 000 yuan)	新增固定资产(万元) Newly Increased Fixed Assets (10 000 yuan)	固定资产交付使用率(%) Rate of Fixed Assets Put into Use(%)
总　计	**Total**	**6523**	**3599**	**55.2**	**4342009**	**3065785**	**70.6**
按三次产业分	**By Industry**						
第一产业	Primary Industry	390	213	54.6	140645	85212	60.6
第二产业	Secondary Industry	1107	617	55.7	1183676	964476	81.5
第三产业	Tertiary Industry	5026	2769	55.1	3017688	2016147	66.8
按国民经济行业分	**By Sector**						
农、林、牧、渔业	Farming, Forestry, Animal Husbandry & Fishery	390	213	54.6	140645	85212	60.6
农业	Farming	50	33	66.0	13062	9591	73.4
林业	Forestry	205	103	50.2	80693	44343	55.0
工业	Industry	1076	601	55.9	1166490	953202	81.7
采矿业	Mining	43	28	65.1	35414	28438	80.3
制造业	Manufacturing	346	147	42.5	466679	416167	89.2
电力、燃气及水的生产供应业	Power, Gas and Water Production and Supply	687	426	62.0	664397	508597	76.6
建筑业	Construction	31	16	51.6	17186	11224	65.3
交通运输、仓储及邮电通讯业	Transportation, Storage, Postal & Telecommunication Services	972	538	55.3	999850	929001	92.9
交通运输业	Transportation	4147	2290	55.2	2035889	1109398	54.5
仓储业	Storage	22	12	54.5	6273	11531	183.8
邮电通讯业	Telecommunication Services	68	45	66.2	11261	9998	88.8
信息传输、计算机服务和软件业	Information Transmission, Computer Service & Software Industries	708	518	73.2	380624	232071	61.0
批发和零售业	Wholesale & Retail Trade	146	75	51.4	36513	23576	64.6
批发业	Wholesale	60	29	48.3	11514	8794	76.4
零售业	Retail Trade	86	46	53.5	24999	14782	59.1
住宿和餐饮业	Hotel & Catering Trade	50	23	46.0	33442	16916	50.6
餐饮业	Catering Trade	8	7	87.5	1160	1060	91.4
金融业	Finance	40	25	62.5	7955	6701	84.2
房地产业	Real Estate	22	8	36.4	6495	6044	93.1
租赁和商务服务业	Leasing & Business Service	13	6	46.2	53283	77770	146.0
科学研究、技术服务地质勘查业	Scientific Research, Technology Service & Geological Prospecting	71	25	35.2	21152	8149	38.5
水利、环境和公共设施管理业	Water Conservancy, Environment & Public Facility Management	903	405	44.9	946894	357625	37.8
水利管理业	Water Conservancy	323	162	50.2	258194	104195	40.4
公共设施管理业	Public Facility Management	543	230	42.4	651658	250769	38.5
居民服务和其他服务业	Resident & Other Services	14	6	42.9	3054	16783	549.5
教育事业	Education	913	582	63.7	218050	164259	75.3
卫生、社会保障和社会福利业	Public Health, Social Security & Social Welfare	335	166	49.6	91775	58225	63.4
卫生事业	Public Health	260	122	46.9	82974	51834	62.5
文化、体育和娱乐业	Culture, Sports & Entertainment	123	53	43.1	41015	22055	53.8
公共管理和社会组织	Public Administration & Social Organizations	716	339	47.3	177586	96972	54.6
国际组织	International Organizations						

6—11 固定资产投资本年新增生产能力(或工程效益)(2003 年)

Newly Increased Production Capacity or Project Efficiency of Investment in Fixed Assets(2003)

能力名称	Production Capacity	总计 Total	#基本建设 Capital Construction	更新改造 Innovation
煤炭(万吨/年)	Coal Mining (10 000 tons/year)	40		40
锰矿石原矿开采(万吨/年)	Manganese Ore Mining (10 000 tons/year)	1.3		
生铁(万吨/年)	Pig Iron (10 000 tons/year)	73.5		73.5
连铸坯(万吨/年)	Continuous Casting (10 000 tons/year)	120		120
方坯连铸(含矩形坯)	Squar Continuous Casting(included rectangular figures)	120		120
铁合金(万吨/年)	Ferroalloy (10 000 tons/year)	2		
热轧钢材(万吨/年)	Hot - rolled Material (10 000 tons/year)	161.8	10.8	71
线材	Wire - Rod	106.8	10.8	71
铜选矿:(1)处理原矿(万吨/年)	Copper Ore Dressing: (1) Crude Ore Dressing (10 000 tons/year)	16		16
(2)铜含量(吨/年)	Copper Content (ton/year)	2865		2865
铅锌选矿:(1)处理原矿(万吨/年)	Lead & Zinc Ore Dressing: (1) Crude Ore Dressing (10 000 tons/year)	11		11
(2)铅含量(吨/年)	Lead Content (ton/year)	3000		3000
(3)锌含量(吨/年)	Zinc Content (ton/year)	6000		6000
氧化铝(吨/年)	Oxide of Aluminium(ton/year)	400000	400000	
铝加工(吨/年)	Aluminium Processing (ton/year)	45000	25000	
铝型材	Aluminium Section Material	45000	25000	
金采矿(原矿)(万吨/年)	Gold Ore Mining (10 000 tons/year)	5	5	
水力发电组容量(万千瓦)	Capacity of Thermal Power Generating Sets (10 000 kw)	10.95	3.5	0.78
输电线路长度(11 万伏及以上)(公里)	Length of Electric Cable over 110 000V (km)	1207.48	1207.48	
变电设备能力(11 万伏及以上)(万千伏安)	Substation Capacity over 110 000V (10 000 kva)	137.25	134.1	3.15
水泥(万吨/年)	Cement (10 000 tons/year)	96.5	8	88.5
平板玻璃(万重量箱/年)	Plate Glass (10 000 weight cases/year)	270		270
墙地砖(万平方米)	Ceramics for Floor & Wall (10 000 sq. m)	70.18		70
耐火材料制品(吨/年)	Fire - proof Materials(ton/year)	9400	9400	
石墨及炭素制品(吨/年)	Graphite & Carbon Products(ton/year)	50000		
木材(万立方米/年)	Timber (10 000 cu. m/year)	0.3		
锯材(万立方米/年)	Wood Sawn (10 000 cu. m/year)	14.11		
胶合板(万立方米/年)	Plywood (10 000 cu. m/year)	25.21	2	
纤维板(万立方米/年)	Fiber Boards (10 000 cu. m/year)	24.2	23	
人造板装饰加工板(万立方米/年)	Artificial Boards & Processed Decorative Boards (10 000 cu. m/year)	0.05		
家具(万件/年)	Furniture (10 000 pcs/year)	100.8		
硫酸(吨/年)	Sulfuric Acid (ton/year)	15000	15000	
纯碱(吨/年)	Soda Ash (ton/year)	6600		6600

6—11 续表 1 continued

能力名称	Production Capacity	总计 Total	#基本建设 Capital Construction	更新改造 Innovation
电石（吨/年）	Calcium Carbide (ton/year)	800		
氮肥（吨/年）	Nitrogen Fertilizer (ton/year)	50000		50000
塑料树脂及共聚物（吨/年）	Plastics & Copolyment (ton/year)	1610		110
松香（吨/年）	Rosin(ton/year)	13242		
化学原料药（吨/年）	Chemical Raw Medicine (ton/year)	500		
片剂（万片/年）	Tablets (10 000 tablets/year)	8		
胶囊剂（万粒/年）	Capsules (10 000 pellets/year)	6		
医药中间体（吨/年）	Medical Intermediate (ton/year)	500.49		500
中成药（吨/年）	Prepared Chinese Medicine (ton/year)	2800		2800
泵（台/年）	Pumps (unit/year)	100000		100000
装载机（台/年）	Vehicles (unit/year)	50		50
载货汽车制造（辆/年）	Trucks (vehicle/year)	1000		1000
客车制造（辆/年）	Buses & Cars (vehicle/year)	30000		30000
食用植物油：日处理原料(吨)	Edible Vegetable Oil: Raw Materials Processing (ton/day)	4013	4000	
日精炼油(吨)	Oil Refining (ton/day)	1303.9	1300	
机制糖：年生产糖(吨)	Machine - made Sugar (ton/year)	131020		131020
日处理原料(吨)	Raw Materials Processing (ton/day)	7500		7500
啤酒（万吨/年）	Beer (10 000 tons/year)	10		10
白酒（万吨/年）	Liquor (10 000 tons/year)	0.01		
其他酒（万吨/年）	Other Liquors (10 000 tons/year)	0.3		
冷冻饮品（吨/年）	Frozen Drinks (ton/year)	6000		6000
软饮料（吨/年）	Soft Drinks (ton/year)	22060		20000
其中:瓶装(或罐装)饮用水	Bottlted Potable Water	21460		20000
方便主食品（吨/年）	Convenient Main Food (ton/year)	50		
机制纸（万吨/年）	Machine - made Paper (10 000 tons/year)	4.46		0.01
服 装（万件/年）	Garments (10 000 pcs/year)	5		
塑料制品（万吨/年）	Plastic Products (10 000 tons/year)	0.03		
日用陶瓷器（万件/年）	Porcelain & Pottery Ware for Daily Use (10 000 units/year)	3560	2300	
日用玻璃制品（万吨/年）	Emamel Products for Daily Use (10 000 tons/year)	0.4		0.4
移动通信基站设备（个/年）	Baseline Equipment of Mobile Communication Stations (unit/year)	116	87	29
程控交换机（万线/年）	Program - Controlled Telephone Exchanges (10 000 lines/year)	21.61	3.58	18.03
新建公路（公里）	Length of Newly Built Highways (km)	1940.99	1940.99	
其中:高速公路	High Speed Highways	189	189	
一级公路	First Class	51	51	
二级公路	Second Class	146	146	

6—11 续表 2 continued

能 力 名 称	Production Capacity	总 计 Total	#基本建设 Capital Construction	更新改造 Innovation
改建公路（公里）	Length of Reconstructed HighWays (km)	1592.47	1550.71	17.76
二级公路	Second Class	400.5	400.5	
新建独立公路桥梁（延长米）	Length of New Highway – bridges (Extended Length)	3317.03	3317.03	
（座）	Number of New Highway – bridges (unit)	6	6	
新(扩)建港口码头（年吞吐量:万吨）	Newly Built or Expanded Ports Annual Handling Capacity (10 000 tons)	15	15	
（泊位:个）	Number of Berths (unit)	6	6	
新(扩)建客、货运站（个）	Newly Built or Expanded Passenger or Freight Traffic Stations (unit)	10	9	1
（平方米）	Area of Newly Built or Expanded Passenger or Freight Traffic Stations (sq. m)	32875	32375	500
造林面积（万亩）	New Forest Areas (10 000 mu)	113.2	99.49	
有效灌溉面积（万亩）	Effective Irrigated Area (10 000 mu)	21.54	5.76	15.78
商业石油库（万立方米）	Commercial Oil Tank (10 000 cu. m)	2		
粮食仓库（万公斤）	Grain Storehouses (10 000 kilos)	9840	9840	
（平方米）	Area of Grain Storehouses (sq. m)	40234	40234	
高等院校:学生席位（个）	Institutions of Higher Education: Students Capacity (unit)	12782	12782	
建筑面积（平方米）	Floor Space of Buildings (sq. m)	45504	45504	
中等学校:学生席位（个）	Academy: Students Capacity (unit)	88037	86837	1200
建筑面积（平方米）	Floor Space of Buildings (sq. m)	351900	348450	3450
小学校:学生席位（个）	Primary Schools: Students Capacity (unit)	45736	44936	800
建筑面积（平方米）	Floor Space of Buildings (sq. m)	129426	126226	3200
其他学校:学生席位（个）	Other Schools: Students Capacity (unit)	4185	4185	
建筑面积（平方米）	Floor Space of Buildings (sq. m)	11817	11817	
影剧院:座席（个）	Cinema & Theatre: Number of Seats (unit)	1630	1630	
（平方米）	Area of Cinema & Theatre (sq. m)	3098	3098	
医院病床（张）	Number of Hospital Beds (bed)	3101	3101	
宾馆、旅馆、招待所客房数（间）	Number of Hotel Rooms (unit)	491	161	
（平方米）	Area of Hotel Rooms (sq. m)	14018	2938	
城市自来水供水能力（万吨/日）	Tap Water Supply Capacity (10 000 tons/day)	38	37	
城市自来水管道长度（公里）	Length of Tap Water Supply Pipelines (km)	90.27	43.4	46.87
城市公共交通车辆购置（辆）	Number of Public Transportation Vehicles Bought (vehicle)	907		827
城市道路扩建长度（公里）	Length of Road Expanded (km)	57.95	55.81	
城市道路扩建面积（万平方米）	Area of Road Expanded (10 000 sq. m)	209.2	207.4	
城市排水管道铺设长度（公里）	Length of Sewer Pipelines (km)	79.28	79.28	
城市污水处理能力（万吨/日）	Disposal Capacity of Sewer (10 000 tons/day)	10	10	
城市永久性桥梁（座）	City Permanent Highway – bridges (unit)	35	35	
城市防洪堤长度（公里）	Length of City Embankment (km)	54.72	54.72	

6—12 基本建设分行业固定资产投资(2003 年)

Investment in Capital Construction by Sectors(2003)

单位:万元(10 000 yuan)

指　标	Item	投资总额 Total Investment	按隶属关系分 By Administrative Relationship		新增固定资产 Newly Increased Fixed Assets
			中　央 Central	地　方 Local	
合　计	**Total**	**4488309**	**962836**	**3525473**	**2822508**
按三次产业分	**By Industry**				
第一产业	Primary Industry	133819	1870	131949	79362
第二产业	Secondary Industry	1351577	661881	689696	862667
第三产业	Tertiary Industry	3002913	299085	2703828	1880479
按国民经济行业分	**By Sector**				
农、林、牧、渔业	Farming, Forestry, Animal Husbandry & Fishery	133819	1870	131949	79362
农业	Farming	14970		14970	10093
林业	Forestry	71177	1870	69307	40410
工业	Industry	1340217	660445	679772	854006
采矿业	Mining	29836		29836	26723
制造业	Manufacturing	363378	47436	315942	340871
电力、燃气及水的生产供应业	Power, Gas and Water Production and Supply	947003	613009	333994	486412
建筑业	Construction	11360	1436	9924	8661
交通运输、仓储及邮电通讯业	Transportation, Storage, Postal, & Telecommunication Services	981457	41455	940002	871724
交通运输业	Transportation	2035679	263681	1771998	1027640
仓储业	Storage	6342	80	6262	11287
邮电通讯业	Telecommunication Services	7364	5971	1393	6875
信息传输、计算机服务和软件业	Information Transmission, Computer Service & Software Industries	278686	226725	51961	138126
批发和零售业	Wholesale & Retail Trade	60778	4188	56590	38981
批发业	Wholesale	25582	2902	22680	14760
零售业	Retail Trade	35196	1286	33910	24221
住宿和餐饮业	Hotel & Catering Trade	45431	501	44930	20108
餐饮业	Catering Trade	2360		2360	1860
金融业	Finance	11367	7726	3641	6926
房地产业	Real Estate	14157		14157	6599
租赁和商务服务业	Leasing & Business Service	62595		62595	88650
科学研究、技术服务地质勘查业	Scientific Research, Technology Service & Geological Prospecting	21074	4726	16348	7553
水利、环境和公共设施管理业	Water Conservancy, Environment & Public Facility Management	989518	1324	988194	358836
水利管理业	Water Conservancy	259240	589	258651	100267
公共设施管理业	Public Facility Management	690415	735	689680	255892
居民服务和其他服务业	Resident & Other Services	3054		3054	16783
教育事业	Education	218185		218185	158285
卫生、社会保障和社会福利业	Public Health, Social Security & Social Welfare	80613		80613	47636
卫生事业	Public Health	71812		71812	41245
文化、体育和娱乐业	Culture, Sports & Entertainment	55983		55983	20177
公共管理和社会组织	Public Administration & Social Organizations	180015	12440	167575	100095

6—13 工业行业基本建设(2003 年)

Investment in Capital Construction by Industrial Sectors(2003)

单位:万元(10 000 yuan)

指 标	Item	投资总额 Total Investment	按隶属关系分 By Administrative Relationship 中 央 Central	地 方 Local	新增固定资产 Newly Increased Fixed Assets
合 计	**Total**	**1340217**	**660445**	**679772**	**854006**
煤炭采选业	Coal Mining & Processing	2602		2602	854
黑色金属矿采选业	Ferrous Metals Mining & Processing	4308		4308	4098
有色金属矿采选业	Nonferrous Metals Mining & Processing	4695		4695	2570
非金属矿采选业	Nonmetal Mining & Processing	17831		17831	18821
其他采矿业	Other Mining	400		400	380
农副食品加工	Major Grain & Sideline Food Processing	34614		34614	30113
#制糖业	Sugar Production	6471		6471	7357
食品制造业	Food Production	2197		2197	879
饮料制造业	Beverage Production	17699	12	17687	3723
烟草加工业	Tobacco Processing	1335	1335		
纺织业	Textile Industry	7347		7347	4421
纺织服装、鞋、帽制造业	Textile Garments, Shoes & Hats Production	9142		9142	2929
皮革、毛皮、羽毛(绒)及其制品业	Leather, Furs, Down & Related Products	1630		1630	436
木材加工及竹、藤、棕、草制品业	Timber, Bamboo, Cane, Palm Fiber, Straw Products	42008		42008	42242
家具制造业	Furniture Manufacting	1333		1333	
造纸及纸制品业	Papermaking & Paper Products	8826		8826	653
印刷业、记录、媒介的复制	Printing & Record Medium Reproduction	10855		10855	10623
石油加工、炼焦及核燃料加工业	Petroleum Processing, Coking Products & Nuclear Fuel Processing	5229	278	4951	1392
化学原料及化学制品制造业	Raw Chemical Materials & Chemical Production	15256		15256	12879
医药制造业	Medical & Pharmaceutical Production	17616		17616	8780
化学纤维制造业	Chemical Fiber Production	2124		2124	300
橡胶制品业	Rubber Products	3581		3581	151
塑料制品业	Plastic Products	2217	200	2017	1282
非金属矿物制品业	Nonmetal Mineral Products	22702		22702	11561
#水泥制造业	Cement Products	4693		4693	4650
黑色金属冶炼及压延加工业	Smelting & Pressing of Ferrous Metals	36628		36628	22106
有色金属冶炼及压延加工业	Smelting & Pressing of Nonferrous Metals	55644	43261	12383	151163
金属制品业	Metal Products	18925		18925	15336
通用机械制造业	General Machinery Manufacturing	3774	79	3695	2816
专用设备制造业	Special Purpose Equipment Manufacturing	8232		8232	5391
交通运输设备制造业	Transport Equipment Manufacturing	5177	407	4770	4934
电气、机械及器材制造业	Electric Equipment & Machinery Manufacturing	2142		2142	977
通信设备、计算机及其他电子设备制造业	Communications Equipment, Computer & Other Electric Equipment Manufacturing	22118	1864	20254	2155
仪器仪表及文化、办公用机械制造业	Instruments, Meters, Cultural & Clerical Machinery	244		244	811
工艺品及其他制造业	Artworks & Other Products Manufacturing	4783		4783	2818
电力、蒸气、热水的生成和供应业	Electricity, Steam, Hot Water Production & Supply	850600	612929	237671	414446
#电力生产业	Electricity Production	506818	287027	219791	23078
#水力发电业	Hydropower	437984	226892	211092	22879
煤气生成和供应业	Gas Production & Supply	11583		11583	390
自来水的生成和供应业	Tap Water Production & Supply	84820	80	84740	71576

6—14 主要工业行业国有单位基本建设投资
Investment in Capital Construction of States－owned Units by Industrial Sectors

单位:万元(10 000 yuan)

时期(年份) Period(Year)	全部工业投资 Total Investment in Industry	#食品工业 Food Industry	#制糖业 Sugar Production	纺织工业 Texile Industry	机械工业 Machinery
1978	60304	5054		4237	6799
1980	43624	2082		6041	4226
"六五"时期 The "Sixth Five－year Plan" Period	223261	29658	23316	8562	13781
1985	68797	3589	952	1235	5530
"七五"时期 The "Seventh Five－year Plan" Period	438577	46539	38583	2236	4550
1990	98135	10410	8251	794	1127
"八五"时期 The "Eighth Five－year Plan" Period	1740520	73665	48647	14884	52000
1991	134342	7348	5371	1291	1765
1992	213780	12333	7729	3367	2712
1993	410081	15374	3134	3601	14983
1994	485309	14548	11226	3891	15212
1995	497008	24062	21187	2734	17328
"九五"时期 The "Ninth Five－year Plan" Period	2322503	90786	67272	10792	59566
1996	397004	41520	33556	2678	16786
1997	333485	26528	22983	1372	12417
1998	371059	8887	4656	1037	8424
1999	492202	8902	3658	4534	13876
2000	728753	4949	2419	1171	8063
"十五"时期 The "Tenth Five－year Plan" Period					
2001	590429	3834	1451	416	5622
2002	755763	5068	1301	2694	12914
2003	730411	4167	399	3464	6849

6—14 续表 continued

时期(年份) Period(Year)	电力工业 Electric Power Industry	#火力发电 Thermal Power	水力发电 Hydropower	有色黑色金属工业 Ferrous & Nonferrous Industry	建材工业 Construction Material Industry
1978	14882	3560	9879	12802	2719
1980	9694	954	7617	7028	3555
"六五"时期 The "Sixth Five - year Plan "Period	84047	13128	54303	21838	30278
1985	31497	4678	17546	7625	10832
"七五"时期 The "Seventh Five - year Plan"Period	218556	55223	134427	54916	24420
1990	54654	7572	38663	7937	5280
"八五"时期 The "Eighth Five - year Plan" Period	550697	114770	393636	458957	88307
1991	65354	6491	46122	24771	2880
1992	100083	5031	65629	47920	5481
1993	116725	33736	82862	111515	23348
1994	154603	39801	114802	110566	31790
1995	113932	29711	84221	164185	24808
"九五"时期 The "Ninth Five - year Plan"Period	1227579	31783	300880	92957	31302
1996	73955	17571	56384	30048	11009
1997	173187	5963	88038	9425	4634
1998	139867	5198	63418	11728	6014
1999	274889	2117	57712	29613	7660
2000	565681	934	35328	12143	1985
"十五"时期 The "Tenth Five - year Plan"Period					
2001	423573	5203	27231	34567	5777
2002	555116	4922	81865	89686	20581
2003	539547	60256	138251	58229	21100

6—15 基本建设分行业投资项目和新增固定资产(2003 年)

Capital Construction Projects and Newly Increased Fixed Assets by Sector(2003)

项　目	Item	施工项目(个) Projects under Construction (unit)	全部建成投产项目(个) Projects Fully Completed & Put into Operation(unit)	项目建成投产率(%) Rate of Investment of Projects Completed (%)	投资总额(万元) Total Investment (10 000 yuan)	新增固定资产(万元) Newly Increased Fixed Assets (10 000 yuan)	固定资产交付使用率(%) Rate of Fixed Assets Put into Use (%)
总　计	**Total**	**5594**	**2740**	**49.0**	**4488309**	**2822508**	**62.9**
按三次产业分	By Industry						
第一产业	Primary Industry	370	197	53.2	133819	79362	59.3
第二产业	Secondary Industry	963	430	44.7	1351577	862667	63.8
第三产业	Tertiary Industry	4261	2113	49.6	3002913	1880479	62.6
按国民经济行业分	By Sector						
农、林、牧、渔业	Farming, Forestry, Animal Husbandry & Fishery	370	197	53.2	133819	79362	59.3
农业	Farming	54	33	61.1	14970	10093	67.4
林业	Forestry	182	92	50.5	71177	40410	56.8
工业	Industry	927	410	44.2	1340217	854006	63.7
采矿业	Mining	34	19	55.9	29836	26723	89.6
制造业	Manufacturing	446	202	45.3	363378	340871	93.8
电力、燃气及水的生产供应业	Power, Gas and Water Production and Supply	447	189	42.3	947003	486412	51.4
建筑业	Construction	36	20	55.6	11360	8661	76.2
交通运输、仓储及邮电通讯业	Transportation, Storage, Postal, & Telecommunication Services	740	342	46.2	981457	871724	88.8
交通运输业	Transportation	3562	1788	50.2	2035679	1027640	50.5
仓储业	Storage	21	9	42.9	6342	11287	178.0
邮电通讯业	Telecommunication Services	17	6	35.3	7364	6875	93.4
信息传输、计算机服务和软件业	Information Transmission, Computer Service & Software Industries	133	74	55.6	278686	138126	49.6

项 目	Item	施工项目(个) Project under Construction (unit)	全部建成投产项目(个) Projects Fully Completed & Put into Operation(unit)	项目建成投产率(%) Rate of Investment of Projects Completed (%)	投资总额(万元) Total Investment (10 000 yuan)	新增固定资产(万元) Newly Increased Fixed Assets (10 000 yuan)	固定资产交付使用率(%) Rate of Fixed Assets Put into Use (%)
批发和零售业	Wholesale & Retail Trade	192	100	52.1	60778	38981	64.1
批发业	Wholesale	81	40	49.4	25582	14760	57.7
零售业	Retail Trade	111	60	54.1	35196	24221	68.8
住宿和餐饮业	Hotel & Catering Trade	72	28	38.9	45431	20108	44.3
餐饮业	Catering Trade	11	8	72.7	2360	1860	78.8
金融业	Finance	41	25	61.0	11367	6926	60.9
房地产业	Real Estate	32	11	34.4	14157	6599	46.6
租赁和商务服务业	Leasing & Business Service	18	8	44.4	62595	88650	141.6
科学研究、技术服务地质勘查业	Scientific Research, Technology Service & Geological Prospecting	71	24	33.8	21074	7553	35.8
水利、环境和公共设施管理业	Water Conservancy, Environment & Public Facility Management	861	362	42.0	989518	358836	36.3
水利管理业	Water Conservancy	292	138	47.3	259240	100267	38.7
公共设施管理业	Public Facility Management	528	210	39.8	690415	255892	37.1
居民服务和其他服务业	Resident & Other Services	14	6	42.9	3054	16783	549.5
教育事业	Education	904	570	63.1	218185	158285	72.5
卫生、社会保障和社会福利业	Public Health, Social Security & Social Welfare	330	162	49.1	80613	47636	59.1
卫生事业	Public Health	255	118	46.3	71812	41245	57.4
文化、体育和娱乐业	Culture, Sports & Entertainment	121	49	40.5	55983	20177	36.0
公共管理和社会组织	Public Administration & Social Organizations	732	352	48.1	180015	100095	55.6

6—16 主要年份基本建设投资情况

Statistics of Investment in Capital Construction in Main years

单位:万元(10 000 yuan)

项　目	Item	1990	1995	2000	2002	2003
一、按资金来源分	**By Sources of Finance**	**212880**	**1540377**	**2714050**	**3729953**	**4575373**
#国家预算内	State Appropriation	49388	69741	369687	669556	687494
国内贷款	Domestic Loans	47030	435347	738631	1119544	1626422
利用外资	Foreign Investment	9813	139004	126656	103544	145707
自筹投资	Fund Raising	88258	653431	1084562	1475883	1754069
中央各部	Central	7911	56764	138162	121355	120483
地方各级	Local	37610	307086	458173	595485	727068
企事业单位	Enterprises & Institutions	42737	289581	488227	759043	906518
其他投资	Others	18391	242854	394514	361426	361681
二、基本建设投资额	**Investment in Capital Construction**	**212880**	**1570988**	**2815412**	**3725200**	**4488309**
按隶属关系分	By Administrative Relationship					
中央项目	Central	62308	435826	714830	804849	962836
地方项目	Local	150572	1135162	2100582	2920351	3525473
按构成分	By Use of Funds					
#建筑工程	Construction Projects	140872	978884	1898677	2357631	2775298
安装工程	Installation Projects	10937	83873	160844	178542	191754
设备、工、器具购置	Purchase of Equipment, Tools & Instruments	28902	291422	385419	509984	594052
#住宅	Residential Buildings	36489	207414	164043	205431	208289

注:1994 年及以后资金来源为当年到位数。

Note: Sources of finance refer to the funds reaching the desighated positions in current years since 1994

6—17 主要年份更新改造投资情况

Statistics of Investment in Innovation in Main years

单位:万元(10 000 yuan)

项　目	Item	1990	1995	2000	2002	2003
一、按资金来源分	**By Sources of Finance**	**169619**	**685572**	**790952**	**1279028**	**1444027**
国家预算内	State Appropriation	5194	3595	3881	26303	26749
国家预算外	Out of State Appropriation	164425	681977	787071	1252725	1417278
二、更新改造投资额	**Investment in Innovation**	**169619**	**685572**	**801593**	**1055354**	**1427401**
按隶属关系分	By Administrative Relationship					
中央项目	Central	23967	188122	385052	396351	304470
地方项目	Local	145652	497450	416541	659003	1122931
按构成分	By Use of Funds					
#建筑工程	Construction Projects	55381	210431	124547	240584	352193
安装工程	Installation Projects	15061	101452	96538	85439	136889
设备、工、器具购置	Purchase of Equipment, Tools & Instruments	89460	346638	537965	637789	819575
#住宅	Residential Buildings			2846	7334	12125

注:1994 年及以后资金来源为当年到位数。

Note: Sources of finance refer to the funds reaching the designated positions in current years since 1994.

6—18 分行业更新改造投资(2003 年)

Investment in Innovation by Sector(2003)

单位:万元(10 000 yuan)

指　标	Item	投资总额 Total Investment	按隶属关系分 By Administrative Relationship		新增固定资产 Newly Increased Fixed Assets
			中央 Central	地方 Local	
总　计	**Total**	**1427401**	**304470**	**1122931**	**934168**
按三次产业分	By Industry				
第一产业	Primary Industry	6990		6990	5778
第二产业	Secondary Industry	1131307	105303	1026004	677464
第三产业	Tertiary Industry	289104	199167	89937	250926
按国民经济行业分	By Sector				
农、林、牧、渔业	Farming, Forestry, Animal Husbandry & Fishery	6990		6990	5778
农业	Farming	70		70	70
林业	Forestry	1096		1096	243
工业	Industry	1130876	105303	1025573	677033
采矿业	Mining	11502		11502	5541
制造业	Manufacturing	941909	74931	866978	629743
电力燃气及水的生产供应业	Power, Gas and Water Production and Supply	177465	30372	147093	41749
建筑业	Construction	431		431	431
交通运输、仓储及邮电通讯业	Transportation, Storage, Postal, & Telecommunication Services	78752	35618	43134	81592
交通运输业	Transportation	217209	170026	47183	172469
仓储业	Storage	3082	3032	50	134
邮电通讯业	Telecommunication Services	3775	3445	330	3001

6—18 续表 continued

指 标	Item	投资总额 Total Investment	按隶属关系分 By Administrative Relation ship		新增固定资产 Newly Increased Fixed Assets
			中央 Central	地方 Local	
信息传输、计算机服务和软件业	Information Transmission, Computer Service & Software Industries	183706	159904	23802	150733
批发和零售业	Wholesale & Retail Trade	6763	2079	4684	5188
批发业	Wholesale	2306		2306	1106
零售业	Retail Trade	4457	2079	2378	4082
住宿和餐饮业	Hotel & Catering Trade	1010		1010	780
餐饮业	Catering Trade				
金融业	Finance	690	690		690
房地产业	Real Estate				
租赁和商务服务业	Leasing & Business Service				
科学研究、技术服务地质勘查业	Scientific Research, Technology Service & Geological Prospecting	110		110	167
水利、环境和公共设施管理业	Water Conservancy, Environment & Public Facility Management	10339		10339	4495
水利管理业	Water Conservancy	6426		6426	2546
公共设施管理业	Public Facility Management	3913		3913	1949
居民服务和其他服务业	Resident & Other Services				
教育事业	Education	1248	576	672	1512
卫生、社会保障和社会福利业	Public Health, Social Security & Social Welfare	4458	200	4258	4017
卫生事业	Public Health	4458	200	4258	4017
文化、体育和娱乐业	Culture, Sports & Entertainment	1836		1836	1590
公共管理和社会组织	Public Administration & Social Organizations	192	100	92	162
国际组织	International Organizations				

6—19 工业分行业更新改造投资(2003 年)

Investment in Innovation by Industrial Sector(2003)

单位:万元(10 000 yuan)

指 标	Item	投资总额 Total Investment	按隶属关系分 By Administrative Relationship		新增固定资产 Newly Increased Fixed Assets
			中央 Central	地方 Local	
合 计	**Total**	**1130876**	**105303**	**1025573**	**677033**
煤炭采选业	Coal Mining & Processing	1183		1183	595
黑色金属矿采选业	Ferrous Metals Mining & Processing	1095		1095	1095
有色金属矿采选业	Nonferrous Metals Mining & Processing	6642		6642	3336
非金属矿采选业	Nonmetal Mining & Processing	2582		2582	515
农副食品加工	Major Grain & Sideline Food Processing	133564		133564	86611
#制糖业	Sugar Production	91207		91207	71968
食品制造业	Food Production	7477		7477	8404
饮料制造业	Beverage Production	19117		19117	12589
烟草加工业	Tobacco Processing	58998	58998		17983
纺织业	Textile Industry	10660		10660	2415
纺织服装、鞋、帽制造业	Textile Garments, Shoes & Hats Production	305		305	250
皮革、毛皮、羽毛(绒)及其制品业	Leather, Furs, Down & Related Products	405		405	483
木材加工及竹、藤、棕、草制品业	Timber, Bamboo, Cane, Palm Fiber, Straw Products	36455		36455	7561
家具制造业	Furniture Manufacting	300		300	
造纸及纸制品业	Papermaking & Paper Products	62457		62457	46231
印刷业、记录、媒介的复制	Printing & Record Medium Reproduction	3622		3622	1027
文教体育用品制造业	Cultural & Sports Facilities Production	1035		1035	1035
石油加工、炼焦及核燃料加工业	Petroleum Processing, Coking Products & Nuclear Fuel Processing	11250		11250	14250
化学原料及化学制品制造业	Raw Chemical Materials & Chemical Products	38695		38695	13920
医药制造业	Medical &Pharmaceutical Products	85199		85199	75348

6—19 续表 continued

指 标	Item	投资总额 Total Investment	按隶属关系分 By Administrative Relation ship		新增固定资产 Newly Increased Fixed Assets
			中央 Central	地方 Local	
化学纤维制造业	Chemical Fiber	3674		3674	51
橡胶制品业	Rubber Products	832		832	
塑料制品业	Plastic Products	2971		2971	5956
非金属矿物制品业	Nonmetal Mineral Products	88930		88930	51016
#水泥制造业	Cement Products	62356		62356	30793
黑色金属冶炼及压延加工业	Smelting & Pressing of Ferrous Metals	181470		181470	192995
有色金属冶炼及压延加工业	Smelting & Pressing of Nonferrous Metals	65205	5045	60160	5896
金属制品业	Metal Products	1750		1750	900
通用机械制造业	General Machinery Manufacturing	37809	190	37619	31418
专用设备制造业	Special Purpose Equipment	16662		16662	6979
交通运输设备制造业	Transport Equipment	35818	10698	25120	27698
电气、机械及器材制造业	Electric Equipment & Machinery Manufacturing	8226		8226	128
通信设备、计算机及其他电子设备制造业	Communications Equipment, Computer & Other Electric Equipment Manufacturing	26894		26894	15833
仪器仪表及文化、办公用机械制造业	Instruments, Meters, Cultural & Clerical Machinery	2129		2129	2766
电力、蒸气、热水的生成和供应业	Electricity, Steam, Hot Water Production & Supply	164351	30372	133979	40052
#电力生产业	Electricity Production	140152	11335	128817	17577
#水力发电业	Hydropower	6618	3094	3524	8625
煤气生成和供应业	Gas Production & Supply				
自来水的生成和供应业	Tap Water Production & Supply	13114		13114	1697

6—20 分行业更新改造投资项目和新增固定资产(2003 年)

Investment in Innovation Projects and Newly Increased Fixed Assets by Sector (2003)

指 标	Item	施工项目(个) Projects under Construction (unit)	全部建成投产项目(个) Projects Fully Completed & Put into Operation (unit)	项目建成投产率(%) Rate of Investment of Projects Completed (%)	投资总额(万元) Total Investment (10 000 yuan)	新增固定资产(万元) Newly Increased Fixed Assets (10 000 yuan)	固定资产交付使用率(%) Rate of Fixed Assets Put into Use (%)
总 计	**Total**	**2015**	**1328**	**65.9**	**1427401**	**934168**	**65.4**
按三次产业分	**By Industry**						
第一产业	Primary Industry	19	14	73.7	6990	5778	82.7
第二产业	Secondary Industry	1018	579	56.9	1131307	677464	59.9
第三产业	Tertiary Industry	978	735	75.2	289104	250926	86.8
按国民经济行业分	**By Sector**						
农、林、牧、渔业	Farming, Forestry, Animal Husbandry & Fishery	19	14	73.7	6990	5778	82.7
农业	Farming	1	1	100.0	70	70	100.0
林业	Forestry	6	3	50.0	1096	243	22.2
工业	Industry	1018	579	56.9	1130876	677033	59.9
采矿业	Mining	30	19	63.3	11502	5541	48.2
制造业	Manufacturing	668	307	46.0	941909	629743	66.9
电力、燃气及水的生产供应业	Power, Gas and Water Production and Supply	320	253	79.1	177465	41749	23.5
建筑业	Construction				431	431	100.0
交通运输、仓储及邮电通讯业	Transportation, Storage, Postal, & Telecommunication Services	232	181	78.0	78752	81592	103.6
交通运输业	Transportation	800	595	74.4	217209	172469	79.4
仓储业	Storage	3	2	66.7	3082	134	4.3
邮电通讯业	Telecommunication Services	51	39	76.5	3775	3001	79.5
信息传输、计算机服务和软件业	Information Transmission, Computer Service & Software Industries	637	491	77.1	183706	150733	82.1

6—20 续表 continued

指 标	Item	施工项目(个) Projects under Construction (unit)	全部建成投产项目(个) Projects Fully Completed & Put into Operation (unit)	项目建成投产率(%) Rate of Investment of Projects Completed (%)	投资总额(万元) Total Investment (10 000 yuan)	新增固定资产(万元) Newly Increased Fixed Assets (10 000 yuan)	固定资产交付使用率(%) Rate of Fixed Assets Put into Use (%)
批发和零售业	Wholesale & Retail Trade	22	12	54.5	6763	5188	76.7
批发业	Wholesale	5	1	20.0	2306	1106	48.0
零售业	Retail Trade	17	11	64.7	4457	4082	91.6
住宿和餐饮业	Hotel & Catering Trade	5	3	60.0	1010	780	77.2
餐饮业	Catering Trade						
金融业	Finance				690	690	100.0
房地产业	Real Estate						
租赁和商务服务业	Leasing & Business Service						
科学研究、技术服务地质勘查业	Scientific Research, Technology Service & Geological Prospecting	1			110	167	151.8
水利、环境和公共设施管理业	Water Conservancy, Environment & Public Facility Management	60	32	53.3	10339	4495	43.5
水利管理业	Water Conservancy	25	19	76.0	6426	2546	39.6
公共设施管理业	Public Facility Management	35	13	37.1	3913	1949	49.8
居民服务和其他服务业	Residents & Other Services						
教育事业	Education	8	8	100.0	1248	1512	121.2
卫生、社会保障和社会福利业	Public Health, Social Security & Social Welfare	3	2	66.7	4458	4017	90.1
卫生事业	Public Health	3	2	66.7	4458	4017	90.1
文化、体育和娱乐业	Culture, Sports & Entertainment	7	4	57.1	1836	1590	86.6
公共管理和社会组织	Public Administration & Social Organizations	3	2	66.7	192	162	84.4

6—21 城镇集体分行业投资项目和新增固定资产(2003 年)
Investment Projects by Sector and Newly Increased Fixed Assets of Urban Collective - owned Units(2003)

指 标	Item	施工项目(个) Projects under Construction (unit)	全部建成投产项目(个) Projects Fully Completed & Put into Operation (unit)	项目建成投产率(%) Rate of Investment of Projects Completed (%)	投资总额(万元) Total Investment (10 000 yuan)	新增固定资产(万元) Newly Increased Fixed Assets (10 000 yuan)	固定资产交付使用率(%) Rate of Fixed Assets Put into Use (%)
总 计	**Total**	**255**	**135**	**52.9**	**72431**	**59587**	**82.3**
按三次产业分	By Industry						
第一产业	Primary Industry	10	4	40.0	1503	1237	82.3
第二产业	Secondary Industry	153	79	51.6	38249	32361	84.6
第三产业	Tertiary Industry	92	52	56.5	32679	25989	79.5
按国民经济行业分	By Sector						
农、林、牧、渔业	Farming, Forestry, Animal Husbandry & Fishery	10	4	40.0	1503	1237	82.3
农业	Farming	2			186		
林业	Forestry	4	2	50.0	917	887	96.7
工业	Industry	140	73	52.1	36330	31476	86.6
采矿业	Mining	8	4	50.0	1355	503	37.1
制造业	Manufacturing	110	58	52.7	27871	19930	71.5
电力、燃气及水的生产供应业	Power, Gas and Water Production and Supply	22	11	50.0	7104	11043	155.4
建筑业	Construction	13	6	46.2	1919	885	46.1
交通运输、仓储及邮电通讯业	Transportation, Storage, Postal, & Telecommunication Services	15	6	40.0	7412	5618	75.8
交通运输业	Transportation	77	46	59.7	25267	20371	80.6
仓储业	Storage						
邮电通讯业	Telecommunication Services						
信息传输、计算机服务和软件业	Information Transmission, Computer Service & Software Industries	2	2	100.0	2680	2680	100.0

指 标	Item	施工项目（个）Projects under Construction (unit)	全部建成投产项目（个）Projects Fully Completed & Put into Operation (unit)	项目建成投产率（%）Rate of Investment of Projects Completed (%)	投资总额（万元）Total Investment (10 000 yuan)	新增固定资产（万元）Newly Increased Fixed Assets (10 000 yuan)	固定资产交付使用率（%）Rate of Fixed Assets Put into Use (%)
批发和零售业	Wholesale & Retail Trade	33	20	60.6	9144	11711	128.1
批发业	Wholesale	21	12	57.1	7367	10479	142.2
零售业	Retail Trade	12	8	66.7	1777	1232	69.3
住宿和餐饮业	Hotel & Catering Trade	5	4	80.0	1130	2240	198.2
餐饮业	Catering Trade	3	3	100.0	690	1790	259.4
金融业	Finance	4	2	50.0	425	342	80.5
房地产业	Real Estate	3	0	0.0	651		
租赁和商务服务业	Leasing & Business Service	1	1	100.0	44	400	909.1
科学研究、技术服务地质勘查业	Scientific Research, Technology Service & Geological Prospecting						
水利、环境和公共设施管理业	Water Conservancy, Environment & Public Facility Management	12	6	50.0	6029	1218	20.2
水利管理业	Water Conservancy						
公共设施管理业	Public Facility Management	11	6	54.5	5949	1218	20.5
居民服务和其他服务业	Resident & Other Services	1	1	100.0	50	50	100.0
教育事业	Education	6	4	66.7	2973	835	28.1
卫生、社会保障和社会福利业	Public Health, Social Security & Social Welfare	2	2	100.0	242	242	100.0
卫生事业	Public Health	1	1	100.0	185	185	100.0
文化、体育和娱乐业	Culture, Sports & Entertainment						
公共管理和社会组织	Public Administration & Social Organizations	8	4	50.0	1899	653	34.4
国际组织	International Organizations						

6—22 城镇私营个体固定资产投资和新增固定资产(2003 年)

Investment in Fixed Assets and Newly Increased Fixed Assets of Rural Privately Owned and Individual(2003)

指 标	Item	施工项目(个) Projects under Construction (unit)	投产项目(个) Projects Fully Completed Put into Operation (unit)	项目建成投产率(%) Rate of Investment of Projects Completed (%)	投资完成额(万元) Investment Made (10 000 yuan)	新增固定资产(万元) Newly Increased Fixed Assets (10 000 yuan)	固定资产交付使用率(%) Rate of Fixed Assets Put into Use (%)
总 计	**Total**	**1277**	**786**	**61.6**	**316508**	**194466**	**61.4**
按三次产业分	By Industry						
第一产业	Primary Industry	48	28	58.3	8508	5151	60.5
第二产业	Secondary Industry	1095	672	61.4	263532	162508	61.7
第三产业	Tertiary Industry	134	86	64.2	44468	26807	60.3
按国民经济行业分	By Sector						
农、林、牧、渔业	Farming, Forestry, Animal Husbandry & Fishery	48	28	58.3	8508	5151	60.5
农业	Farming	14	6	42.9	1935	715	37.0
林业	Forestry	9	7	77.8	2346	2046	87.2
工业	Industry	1093	670	61.3	261862	160838	61.4
采矿业	Mining	72	46	63.9	9687	7104	73.3
制造业	Manufacturing	793	543	68.5	193808	133817	69.0
电力、燃气及水的生产供应业	Power, Gas and Water Production and Supply	228	81	35.5	58367	19917	34.1
建筑业	Construction	2	2	100.0	1670	1670	100.0
交通运输、仓储及邮电通讯业	Transportation, Storage, Postal, & Telecommunication Services	9	5	55.6	4595	4076	88.7
交通运输业	Transportation	128	82	64.1	40213	22821	56.8
仓储业	Storage	3	1	33.3	340	90	26.5
邮电通讯业	Telecommunication Services						
信息传输、计算机服务和软件业	Information Transmission, Computer Service & Software Industries						

6—22 续表 continued

指 标	Item	施工项目（个）Projects under Construction (unit)	投产项目（个）Projects Fully Completed & Put into Operation (unit)	项目建成投产率(%) Rate of Investment of Projects Completed (%)	投资完成额（万元）Investment Made (10 000 yuan)	新增固定资产（万元）Newly Increased Fixed Assets (10 000 yuan)	固定资产交付使用率(%) Rate of Fixed Assets Put into Use (%)
批发和零售业	Wholesale & Retail Trade	57	39	68.4	15997	8701	54.4
批发业	Wholesale	10	4	40.0	4798	1230	25.6
零售业	Retail Trade	47	35	74.5	11199	7471	66.7
住宿和餐饮业	Hotel & Catering Trade	22	16	72.7	12577	8855	70.4
餐饮业	Catering Trade	9	9	100.0	3760	3660	97.3
金融业	Finance						
房地产业	Real Estate	2	2	100.0	1023	1023	100.0
租赁和商务服务业	Leasing & Business Service						
科学研究、技术服务地质勘查业	Scientific Research, Technology Service & Geological Prospecting	4	1	25.0	294	160	54.4
水利、环境和公共设施管理业	Water Conservancy, Environment & Public Facility Management	25	16	64.0	4085	718	17.6
水利管理业	Water Conservancy	1			700		
公共设施管理业	Public Facility Management	24	16	66.7	3385	718	21.2
居民服务和其他服务业	Resident & Other Services	2	1	50.0	560	150	26.8
教育事业	Education	4	1	25.0	2500	2440	97.6
卫生、社会保障和社会福利业	Public Health, Social Security & Social Welfare	2			233		
卫生事业	Public Health	2			233		
文化、体育和娱乐业	Culture, Sports & Entertainment	6	4	66.7	2484	564	22.7
公共管理和社会组织	Public Administration & Social Organizations	1	1	100.0	120	120	100.0
国际组织	International Organizations						

6—23 主要年份房地产开发主要指标
Major Indicators of Real Estate Development in Main Years

指 标	Item	1990	1995	2000	2002	2003
一、企业(单位)(个)	**Number of Enterprises(unit)**	**67**	**626**	**528**	**577**	**749**
内资企业	Domestic Funds	67	437	407	470	641
#国有	State-owned	67	251	164	132	138
集体	Collective-owned		152	78	61	62
港澳台商投资企业	Funded by Enterprises form Hongkong, Macao & Taiwan		64	92	88	81
外商投资企业	Foreign Funded		86	29	19	27
二、土地开发及购置(万平方米)	**Land Development & Purchase (10 000 sq. m)**					
完成开发土地面积	Land Space Developed		1274.35	176.47	400.03	413.96
购置土地面积	Land Space Purchased		682.18	195.3	517.02	599.78
三、完成投资(万元)	**Investment Completed(10 000 yuan)**	**21933**	**515050**	**386747**	**752807**	**1203112**
#商品房建设投资额	Commercial Building Construction Investment	21933	326474	314337	683835	1138352
#住宅	Residential Building	17341	260541	207861	447149	732095
#经济适用房	Economical Houses		65078	32545	34169	29304
四、资金来源小计(万元)	**Sources of Funds(10 000 yuan)**	**24809**	**566735**	**502039**	**1024403**	**1591269**
#国内贷款	Domestic Loans	4904	168318	92998	236889	369154
利用外资	Foreign Investment		53886	12916	18034	23017
自筹资金	Fundraising	12928	137817	131654	228534	421576
五、房屋建筑面积及价值	**Floor Space & Value of Buildings**					
施工面积(万平方米)	Floor Space under Construction (10 000 sq. m)	114.29	867.27	766.19	1257.2	1929.78
#住宅	Residential Building	86.54	625.77	595.25	1002.32	1567.25
#经济适用房	Economical Houses		133.4	112.59	83.54	76.25

6—23 续表 continued

指 标	Item	1990	1995	2000	2002	2003
竣工面积(万平方米)	Floor Space Completed(10 000 sq. m)	57.31	276.09	226.74	352.49	558.73
#住宅	Residential Building	42.72	231.99	191.17	298.5	472.62
#经济适应房	Economical Houses		59.9	50.39	36.88	30.25
竣工价值	Value of Floor Space Completed	18634	188746	164650	280593	426583
#住宅	Residential Building	12708	148492	131042	225739	347414
#经济适应房	Economical Houses		37461	31137	23966	18660
六、商品房屋销售	**Sales of Commercial Buildings**					
销售面积(万平方米)	Floor Space of Sales(10 000 sq. m)	40.93	156.84	191.36	345.92	505.31
#住宅	Residential Building	36.98	133.98	177.8	308.58	451.67
#经济适用房	Economical Houses		38.58	43.32	33.91	27.66
销售额(万元)	Total Sales of Commercial Buildings (10 000 yuan)	20384	158387	277384	657516	951643
#住宅	Residential Building	18840	133779	245721	500324	767366
#经济适用房	Economical Houses		27149	39800	34613	38532
七、商品房空置面积(万平方米)	**Vacant Space of Commercial Buildings(10 000 sq. m)**		**109.98**	**119.29**	**113**	**119.86**
#住宅	Residential Building		85.83	74.15	62.97	65.23
#经济适用房	Economical Houses		17.6	6.09	8.16	1.05
八、新增固定资产(万元)	**Newly Increased Fixed Assets(10 000 yuan)**	**18019**	**226874**	**183837**	**343193**	**496082**
九、实收资本合计(万元)	**Total Capital Hold(10 000 yuan)**		**502690**	**543513**	**658001**	**867679**
十、经营收入总计(万元)	**Total Revenue(10 000 yuan)**		**205908**	**338043**	**695146**	**995439**
#土地转让收入	Land Transferred		38567	44056	57163	66252

注:1990 年部分指标没有纳入统计。

Note: Parts of items in 1990 are not accounted into statistics.

6—24 按登记注册类型分组

Major Indicators of Real Estates Development

指 标	Item
企业个数(个)	Number of Enterprises(unit)
#四级及以上	Fouth Class & above
本年完成投资(万元)	Investment Completed in This Year(10 000 yuan)
#四级及以上企业	Enterprises of Fouth Class & Above
完成投资按房屋用途分	Investment Completed Grouped by Purpose of Buildings
住宅(万元)	Residential Building(10 000 yuan)
#别墅、高档公寓	Willas & Good Apartments
经济适应房(万元)	Economical Houses(10 000 yuan)
办公楼(万元)	Office Buildings(10 000 yuan)
商业营业用房(万元)	Houses for Business Use(10 000 yuan)
其他(万元)	Others(10 000 yuan)
新增固定资产(万元)	Newly Increased Fixed Assets(10 000 yuan)
完成土地开发投资额(万元)	Investment for Land Development Completed(10 000 yuan)
完成开发土地面积(万平方米)	Land Space Development(10 000 sq. m)
待开发土地面积(万平方米)	Land Space Needed to Development(10 000 sq. m)
本年购置土地面积(万平方米)	Land Space Purchased This Year(10 000 sq. m)
资金来源合计(万元)	Total Sources of Funds(10 000 yuan)
上年末结余资金(万元)	Funds in the Year - end(10 000 yuan)
本年资金来源小计(万元)	Sources of Funds in This Year(10 000 yuan)
国内贷款	Domestic Loans
利用外资	Foreign Investment
自筹资金	Fundraising
其他资金	Others
实际需要的总投资(万元)	Total Investment Actually Needed(10 000 yuan)
自开始建设累计完成投资(万元)	Accumulative Investment Actually Made Since Starting of Construction(10 000 yuan)
自开始建设累计新增固定资产(万元)	Accumulative Newly Increased Fixed Assets Since Starting of Construction(10 000 yuan)
全部建成尚需投资(万元)	Further Investment Required for the Completion of Construction(10 000 yuan)

注:本表国有包括登记注册类型中的国有,国有联营及国有独资三小类;集体包括集体股份合作和集体联营三小类。

Note: State - owned items in this table include 3 parts by status registration: state - owned, state joint - owned & state sole enterprises; collective - owned items include collective, cooperative " share holding and collective joint ownership enterprises.

的房地产开发主要指标(2003 年)

Grouped by Status Registration(2003)

合计 Total	内资 Domestic Funds	#国有 State - owned	集体 Collective - owned	港澳台商投资 Funded by Enterprises from Hong Kong, Macao & Taiwan	外商投资 Foreign Funded
749	641	138	62	81	27
483	421	118	53	51	11
1203112	994007	150495	72904	109409	99696
765241	645161	134114	62660	77720	42360
732095	596750	95206	41489	73313	62032
41615	36471	10683	2964	3490	1654
29304	26577	8780	1860	2727	0
17572	12380	422	585	4980	212
159421	129167	8304	15731	11189	19065
294024	255710	46563	15099	19927	18387
496082	396759	76781	36219	67059	32264
54469	44818	8055	4568	6311	3340
413.96	390.11	108.1	38.55	21.54	2.32
479.04	426.02	188.68	47.3	44.08	8.94
599.78	545.87	98.7	54.78	38.18	15.73
1811330	1503749	223320	114857	177636	129945
220061	185490	29685	12750	25221	9350
1591269	1318259	193635	102107	152415	120595
369154	301714	49531	11285	42430	25010
23017	4917	0	70	7703	10397
421576	361677	54769	27960	20269	39630
777522	649951	89335	62792	82013	45558
5043296	4015896	917845	287250	724838	302562
2916042	2279527	538068	157421	459960	176555
1339756	1020690	337396	88371	273245	45821
1907013	1569463	341667	125529	218514	119036

6—25 房地产建设建筑面积、造价

Floor Space of Buildings, Cost and Commercial

指 标	Item
房屋施工面积(万平方米)	Floor Space under Construction(10 000 sq. m)
房屋竣工面积(万平方米)	Floor Space Completed(10 000 sq. m)
房屋建筑面积竣工率(%)	Rate of Floor Space Completed(%)
房屋竣工价值(万元)	Value of Buildings Completed(10 000 yuan)
房屋竣工造价(元/平方米)	Cost of Buildings Completed(yuan/sq. m)
住宅施工面积(万平方米)	Floor Space of Residential Buildings under Construction(10 000 sq. m)
住宅竣工面积(万平方米)	Floor Space of Residential Buildings Completed(10 000 sq. m)
住宅建筑面积竣工率(%)	Rate of Floor Space of Residential Buildings Completed(%)
住宅竣工价值(万元)	Value of Residential Buildings Completed(10 000 yuan)
住宅竣工造价(元/平方米)	Cost of Residential Buildings Completed(yuan/sq. m)
房屋销售面积(万平方米)	Floor Space of Sales(10 000 sq. m)
#住宅	Residential Buildings
#经济适用房	Economical Houses
商业营业用房	Commercial Buildings
个人购买商品住宅(万平方米)	Personal Purchases of Commercial Buildings(10 000 sq. m)
商品房销售额(万元)	Sales Revenue of Commercial Buildings(10 000 yuan)
#住宅	Residential Buildings
#经济适用房	Economical Houses
商业营业用房	Commercial Buildings
商品房销售价格(元/平方米)	Selling Price of Commercial Buildings(yuan/sq. m)
#住宅	Residential Buildings
#经济适用房	Economical Houses
商业营业用房	Commercial Buildings

和销售主要指标(2003 年)

Houses in Real Estate Construction (2003)

合计 Total	内资 Domestic Funds	#国有 State - owned	#集体 Collective - owned	港澳台商投资 Hong Kong, Macao & Taiwan Funded	外商投资 Foreign Funded
1929.78	1575.98	275.01	133.41	240.2	113.6
558.73	463.69	91.67	50.37	66.03	29.01
28.95	29.42	33.33	37.75	27.49	25.53
426583	340223	65462	31001	58133	28227
763	734	714	615	880	973
1567.25	1290.7	244.64	108.27	193.55	83.01
472.62	392.88	81	38.87	54.96	24.77
30.16	30.44	33.11	35.9	28.4	29.84
347414	280373	54501	23022	43871	23170
735	714	673	592	798	935
505.31	422.24	80.06	45.75	59.25	23.82
451.67	385.47	77.03	38.75	45.98	20.21
27.66	26.96	5.36	2.38	0.7	0
29.45	22.22	1.68	3.56	3.68	3.55
486.41	415.14	78.31	43.64	47.44	23.82
951643	772760	124565	78254	123637	55246
767366	628067	115397	55640	91762	47537
38532	37580	6041	2267	952	0
133522	107985	5928	14303	17888	7649
1883	1830	1556	1711	2087	2319
1699	1629	1498	1436	1996	2352
1393	1394	1128	952	1355	0
4534	4861	3535	4012	4862	2152

6—26 房地产开发
Real Estate Development

指 标	Item	经营收入合计 Total Revenue	土地转让收入 Land Transferred
合 计	**Total**	**995439**	**66252**
内资	**Domestic Funds**	**832790**	**57268**
国有	State - owned	183875	17234
集体	Collective - owned	29577	895
股份合作	Share Holding	11260	2694
国有联营	State Joint - owned	6164	
集体联营	Collective Joint - owned	120	
国有与集体联营	State & Collective Joint - owned	182	
国有独资公司	State Sole Investment	14451	2162
其他有限责任公司	Other Limited Companies	222151	9946
股份有限公司	Share Holding Limited	76927	5866
私营独资	Individual Sole Investment	5330	1240
私营合伙	Individual Partnership	3	
私营有限责任公司	Individual Limited	246822	16005
私营股份有限公司	Individua Share Holding Limited	30567	1226
其他内资企业	Others	5361	
港澳台商投资	**Hong Kong, Macao & Taiwan Funded**	**134461**	**8418**
合资经营	Joint Venture	95001	7793
合作经营	Cooperative Operation	27821	
独资	Sole Investment	7896	206
股份有限	Share Holding Limited	3743	419
外商投资	**Foreign - funded**	**28188**	**566**
合资经营	Joint Venture	9871	78
合作经营	Cooperative Operation	9300	488
独资	Exclusive Foreign - funded	1371	
股份有限	Share Holding Limited	7646	

经营情况(2003 年)
and Management (2003)

单位:万元(10 000 yuan)

			经营成本 Cost of Business	经营税金及附加 Business Tax & Extra Charges	利润总额 Total Profits
商品房销售收入 Commercial Houses Sold	房屋出租收入 Houses Leased	其他收入 Other Revenue			
840738	**36676**	**51773**	**772633**	**66196**	**27986**
726957	**2825**	**45740**	**668754**	**58326**	**-5021**
161839	1763	3039	145493	10620	3353
26855	76	1751	36438	1753	-12940
8535		31	10386	1037	-1082
6129	35		3907	362	645
108	12		99	5	-19
182			70	9	95
11934		355	11327	788	1068
195418	374	16413	173312	17501	1444
59198	22	11841	53477	7092	5584
4090			3911	482	102
		3	1	1	-70
219447	493	10877	204521	16649	-5405
27861	50	1430	21013	1793	2370
			4799	234	-168
86210	**33805**	**6028**	**78319**	**6377**	**36855**
51381	33805	2022	47560	3891	36525
24005		3816	22149	1423	1509
7503		187	5685	808	-1261
3321		3	2925	255	82
27571	**46**	**5**	**25560**	**1493**	**-3848**
9742	46	5	5912	569	890
8812			8669	487	-1780
1371			3629	47	-2547
7646			7350	390	-411

6—27 房地产开发资产负债情况(2003 年)

Asset Balance of Real Estate Development(2003)

单位:万元(10 000 yuan)

指 标	Item	实收资本合计 Total Capital Hold	国家资本 State Capital	资产合计 Total Capital	累计折旧 Total Depricia-tion	本年折旧 Depriciat-ion in This Year	负债总计 Total Liabilities	所有者权益 Creditors´ Equity	资产负债率(%) Ratio of Liabilities to Assets (%)
合 计	**Total**	**867679**	**31184**	**4170909**	**42586**	**9164**	**3247403**	**923506**	**77.86**
内资	**Domestic Funds**	**668091**	**27757**	**3316036**	**33853**	**6906**	**2556998**	**759038**	**77.11**
国有	State - owned	102853		651488	13063	2674	546271	105217	83.85
集体	Collective - owned	34019		182974	1925	392	145914	37060	79.75
股份合作	Share Holding	11349	1946	30317	902	138	22014	8303	72.61
国有联营	State Joint - owned	4000		24876	442	18	20829	4047	83.73
集体联营	Collective Joint - owned	800		2723			2023	700	74.29
国有与集体联营	State & Collective Joint - owned	800		992			200	792	20.16
其他联营	Other Joint - owned	930		10979	4	1	10352	627	94.29
国有独资公司	State Sole Investment	10062		50109	1283	157	35956	14153	71.76
其他有限责任公司	Other Limited Companies	151137	16672	885732	6241	1041	694426	191306	78.40
股份有限公司	Share Holding Limited	95318	9139	334633	2227	382	223806	110827	66.88
私营独资	Individual Sole Invest-ment	7020		62267	976	103	57971	4296	93.10
私营合伙	Individual Partnership	1600		3632	17	5	1448	2184	39.87
私营有限责任公司	Individual Limited	193348		879739	5492	1630	652728	227011	74.20
私营股份有限公司	Individua Share Holding Limited	53025		184135	1250	343	133129	51006	72.30
其他内资企业	Others	1830		11440	31	22	9931	1509	86.81
港澳台商投资	**Hong Kong, Macao & Taiwan Funded**	**134090**	**3427**	**630423**	**6643**	**1014**	**510002**	**120421**	**80.90**
合资经营	Joint Venture	66541	2685	343317	3231	350	287103	56214	83.63
合作经营	Cooperative Operation	48330		188374	1661	177	141557	46817	75.15
独资	Sole Investment	16624		84958	1600	455	70395	14563	82.86
股份有限	Share Holding Limited	2595	742	13774	151	32	10947	2827	79.48
外商投资	**Foreign - funded**	**65498**		**224450**	**2090**	**1244**	**180403**	**44047**	**80.38**
合资经营	Joint Venture	42303		144660	414	92	122538	22122	84.71
合作经营	Cooperative Operation	9552		51509	1479	1113	39307	12202	76.31
独资	Exclusive Foreign-funded	6659		14169	125	26	5558	8611	39.23
股份有限	Share Holding Limited	6984		14112	72	13	13000	1112	92.12

6—28 商品房屋空置面积(2003 年)

Vacant Space of Commercial Houses(2003)

单位:万平方米(10 000 sq. m)

指标	Item	商品房空置面积 Vacant Space of Commercial Houses	住宅 Residential Buildings	办公楼 Office Buildings	商业营业用房 Commercial Houses	其他 Others
合　计	**Total**	**119.86**	**65.23**	**8.11**	**14.58**	**18.43**
内资	**Domestic Funds**	**92.16**	**48.18**	**5.88**	**10.18**	**15.62**
国有	State-owned	24.83	14.43	0.67	3.08	4.26
集体	Collective-owned	8.20	4.42	0.43	2.12	0.34
股份合作	Share Holding	2.26	0.35			0.20
国有联营	State Joint-owned	1.52	0.93		0.07	0.24
国有独资公司	State Sole Investment	1.96	1.37			0.59
其他有限责任公司	Other Limited Companies	15.73	8.43	0.96	1.12	2.60
股份有限公司	Share Holding Limited	8.99	5.76	0.53	1.21	1.21
私营独资	Individual Sole Investment	0.42	0.42			
私营有限责任公司	Individual Limited	21.33	8.77	3.15	2.22	3.60
私营股份有限公司	Individua Share Holding Limited	6.93	3.31	0.13	0.36	2.58
港澳台商投资	**Hong Kong, Macao & Taiwan Funded**	**22.68**	**12.48**	**2.23**	**4.09**	**2.70**
合资经营	Joint Venture	14.17	8.37	1.00	2.55	1.16
合作经营	Cooperative Operation	2.47	1.69	0.06		0.68
独资	Sole Investment	4.66	2.41	0.00	1.32	0.87
股份有限	Share Holding Limited	1.38		1.17	0.21	
外商投资	**Foreign-funded**	**5.03**	**4.58**		**0.32**	**0.11**
合资经营	Joint Venture	1.38	1.21		0.17	
合作经营	Cooperative Operation	2.98	2.85			0.11
股份有限	Share Holding Limited	0.67	0.52		0.15	
其中:空置一年以上合计	**Be Vacant above 1 Year:**	**48.65**	**18.77**	**6.01**	**16.33**	**7.54**
内资	**Domestic Funds**	**35.07**	**13.54**	**3.84**	**11.81**	**5.88**
国有	State-owned	12.47	5.30	0.67	4.32	2.18
集体	Collective-owned	4.67	1.88	0.27	2.25	0.28
股份合作	Share Holding	0.46	0.25		0.04	0.17
国有联营	State Joint-owned	0.61	0.46		0.07	0.08
其他有限责任公司	Other Limited Companies	4.43	2.11	0.48	1.19	0.65
股份有限公司	Share Holding Limited	3.34	1.30		1.23	0.81
私营独资	Individual Sole Investment	0.33	0.33			
私营有限责任公司	Individual Limited	7.29	1.23	2.43	2.34	1.28
私营股份有限公司	Individual Share Holding Limited	1.46	0.68		0.36	0.42
港澳台商投资	**Hong Kong, Macao & Taiwan Funded**	**12.09**	**4.06**	**2.17**	**4.20**	**1.66**
合资经营	Joint Venture	6.55	2.36	1.00	2.67	0.52
合作经营	Cooperative Operation	1.03	0.75			0.28
独资	Sole Investment	3.13	0.94		1.32	0.87
股份有限	Share Holding Limited	1.38		1.17	0.21	
外商投资	**Foreign-funded**	**1.49**	**1.17**		**0.32**	
合资经营	Joint Venture	1.30	1.13		0.17	
股份有限	Share Holding Limited	0.19	0.04		0.15	

6—29 各市固定资产投资主要指标(2003 年)

Main Indicators of Investment in Fixed Assets by City

指 标	Item	合计 Total	南宁市 Nanning	柳州市 Liuzhou	桂林市 Guilin	梧州市 Wuzhou	北海市 Beihai	防城港市 Fang cheng gang	钦州市 Qinzhou
项目个数(个)	Number of Projects(unit)								
施工项目	Projects under Construction	9430	1526	666	1365	387	333	221	688
投产项目	Projects Put into Use	5174	878	333	636	195	135	135	423
完成投资(万元)	Investment Completed (10 000 yuan)	6447089	1135884	737781	649124	297867	338957	143123	263465
按隶属关系分	By Administrative Relationship								
中央	Central	1275003	160458	64516	55911	56718	76419	16875	41798
地方	Local	5172086	975426	673265	593213	241149	262538	126248	221667
按登记注册类型分	By Registration								
国有	State-owned	4342009	867247	585919	365536	212132	206332	82602	155961
集体	Collective-owned	72431	11061	4290	18631	9498	2918	1060	4216
其他	Others	2032649	257576	147572	264957	76237	129707	59461	103288
资金来源小计(万元)	Sources of Fund(10 000 yuan)	6581115	1144056	667367	660228	311682	330886	151594	256626
国家预算内资金	State Budgetary Appropriation	725367	220309	37749	50277	40751	46590	12471	25392
国内贷款	Domestic Loans	1997471	226671	165626	165478	69644	112294	19352	29428
利用外资	Foreign Investment	224546	41489	5909	24914	25363	12787	21983	14961
自筹资金	Fundraising	3021306	564286	408091	330086	136126	125079	78278	161273
其他资金来源	Others	612425	91301	49992	89473	39798	34136	19510	25572
本年新增固定资产(万元)	Newly Increased Fixed Assets in this Year(10 000 yuan)	4111028	808869	481226	321401	137056	171815	75005	154658

6—29 续表 continued

指 标	Item	贵港市 Guigang	玉林市 Yulin	百色市 Baise	贺州市 Hezhou	河池市 Hechi	来宾市 Laibin	崇左市 Chongzuo	柳铁 Liuzhou Railway Bureau
项目个数(个)	Number of Projects(unit)								
施工项目	Projects under Construction	427	886	702	330	1003	352	368	152
投产项目	Projects Put into Use	292	496	362	171	514	212	264	125
完成投资(万元)	Investment Completed (10 000 yuan)	226597	326681	583751	146726	438346	288130	172010	63768
按隶属关系分	By Administrative Relationship								
中央	Central	55297	25075	133768	13572	219994	45070	27744	63768
地方	Local	171300	301606	449983	133154	218352	243060	144266	0
按登记注册类型分	By Registration								
国有	State-owned	136328	119731	460865	49691	196010	161355	84810	63768
集体	Collective-owned	3420	4006	1704	2951	2178	729	5769	0
其他	Others	86849	202944	121182	94084	240158	126046	81431	0
资金来源小计(万元)	Sources of Fund(10 000 yuan)	256612	323343	591547	149869	632150	288848	171914	63848
国家预算内资金	State Budgetary Appropriation	33118	15765	90562	12188	58563	11726	23655	33751
国内贷款	Domestic Loans	38301	11344	289626	17924	362146	163826	36033	0
利用外资	Foreign Investment	23065	4241	4825	5716	928	978	629	0
自筹资金	Fundraising	134031	251616	161921	64183	154206	97609	86952	26060
其他资金来源	Others	28097	40377	44613	49858	56307	14709	24645	4037
本年新增固定资产(万元)	Newly Increased Fixed Assets in this Year(10 000 yuan)	141541	162868	449346	78548	121741	75779	144873	230981

注:只含基建、更改、其他三部分。

Note: Investment in this table just includes 3 parts of capifal construction, innovation and other investment.

6—30 各市基本建设投资完成情况(2003 年)
Investment in Capital Construction by City(2003)

单位:万元(10 000 yuan)

市	City	投资合计 Total Investment	按隶属关系分 By Administrative Relationship		按经济结构分 By Economic Structure	
			中央 Central	地方 Local	国有 State-owned	其他 Others
南宁市	Nanning	806705	81499	725206	745017	56386
柳州市	Liuzhou	421185	22062	399123	341749	69301
桂林市	Guilin	470220	33359	436861	319999	89773
梧州市	Wuzhou	212242	41124	171118	164543	40601
北海市	Beihai	234569	70286	164283	193377	41012
防城港市	Fangchenggang	121490	11591	109899	69258	50222
钦州市	Qinzhou	194645	18743	175902	113448	59006
贵港市	Guigang	114640	35496	79144	93688	16439
玉林市	Yulin	179792	10954	168838	92068	68699
百色市	Baise	513580	119641	393939	430835	54710
贺州市	Hezhou	84571	7416	77155	37462	44819
河池市	Hechi	377898	202871	175027	168154	201511
来宾市	Laibin	148720	33792	114928	137858	7330
崇左市	Chongzuo	121550	24911	96639	80429	32085
柳 铁	Liuzhou Railway Bureau	33751	33751		33751	

6—31 各市更新改造投资完成情况(2003 年)
Investment in Innovation by City(2003)

单位:万元(10 000 yuan)

市	City	投资合计 Total Investment	按隶属关系分 By Administrative Relationship		按经济结构分 By Economic Structure	
			中央 Central	地方 Local	国有 State-owned	其他 Others
南宁市	Nanning	279853	78878	200975	107894	169941
柳州市	Liuzhou	307778	42454	265324	242575	64144
桂林市	Guilin	142625	17942	124683	38105	95588
梧州市	Wuzhou	64937	15594	49343	47009	11663
北海市	Beihai	92764	6133	86631	10583	82181
防城港市	Fangchenggang	12964	5284	7680	8768	3973
钦州市	Qinzhou	65887	23055	42832	42162	18760
贵港市	Guigang	63320	19801	43519	35500	24660
玉林市	Yulin	80913	14018	66895	23457	48237
百色市	Baise	64988	14127	50861	25910	37928
贺州市	Hezhou	25489	6156	19333	8094	15962
河池市	Hechi	52991	16972	36019	23986	26350
来宾市	Laibin	134660	11206	123454	20847	112853
崇左市	Chongzuo	50254	2833	47421	4195	46059
柳 铁	Liuzhou Railway Bureau	30017	30017		30017	

6—32 各市基本建设投资资金来源情况(2003 年)

Investment in Capital Construction by Sources of Finance by City(2003)

单位:万元(10 000 yuan)

市	City	合计 Total	# 国家预算内拨款 State Budgetary Appropriation	国内贷款 Domestic Loans	利用外资 Foreign Investment	自筹资金 Fundraising	#自治区 Autonomous	市 City	企事业 Enterprises & Institutions
南宁市	Nanning	807311	213428	154695	17103	350232	49333	89891	164266
柳州市	Liuzhou	352879	33022	123343	3319	152801	16363	58041	61631
桂林市	Guilin	410234	47554	113536	21693	185220	13878	27866	84272
梧州市	Wuzhou	212042	40653	60520	9649	90031	9536	25216	43690
北海市	Beihai	229510	44360	82823	10990	63671	6779	4703	42439
防城港市	Fangchenggang	123039	11678	18126	15865	64412	3111	2491	41078
钦州市	Qinzhou	167554	24045	25872	12330	95811	8083	11257	58721
贵港市	Guigang	120842	30022	33195	5094	43028	730	11587	21647
玉林市	Yulin	156217	11561	9069	2613	103779	15033	8299	68722
百色市	Baise	484649	87613	248331	4645	117331	25912	13849	62513
贺州市	Hezhou	79123	10626	9194	4996	35303	4685	8870	18785
河池市	Hechi	559718	54458	355819	28	119311	53038	8629	22924
来宾市	Laibin	146291	11291	82896	288	41456	5857	3487	26479
崇左市	Chongzuo	111768	20932	19225	336	50274	3711	2131	32992
柳铁	Liuzhou Railway Bureau	33751	33751						

6—33 各市更新改造投资资金来源情况(2003 年)

Investment in Innovation by Source of Finance by City(2003)

单位:万元(10 000 yuan)

市	City	合计 Total	# 国家预算内拨款 State Budgetary Appropriation	国内贷款 Domestic Loans	利用外资 Foreign Investment	自筹资金 Fundraising	#自治区 Autonomous	市 City	企事业 Enterprises & Institutions
南宁市	Nanning	278206	4200	67812	23056	178606	10295	5673	162638
柳州市	Liuzhou	293384	3577	40240	2590	241955	1131	425	239968
桂林市	Guilin	141897	2071	33942	1473	99989	103	2150	95189
梧州市	Wuzhou	65946	98	8424	6601	34808	14486	530	19017
北海市	Beihai	89545	1200	29381	1397	52067		4950	45917
防城港市	Fangchenggang	14054		700		9354	465		8769
钦州市	Qinzhou	57773	1347	1936	2220	46086	7652	1156	36992
贵港市	Guigang	72508	2572	3691	16000	48552	300	740	47512
玉林市	Yulin	72308	4000	200		64043	14572		47191
百色市	Baise	65664	2949	39635	180	22865	2701	1210	18716
贺州市	Hezhou	27155		6628		17095	6286	1189	9374
河池市	Hechi	52904	3372	5491	900	24362	9722	1100	9697
来宾市	Laibin	133120	300	80245	690	50679	3506	386	46561
崇左市	Chongzuo	49466	1063	16058	293	30195		150	27894
柳铁	Liuzhou Railway Bureau	30097				26060			

6—34 各市房地产开发主要指标(2003 年)
Main Indicators of Real Estate Development by City(2003)

市	City	企业个数(个) Number of Enterprises (unit)	本年完成投资(万元) Investment Completed in This Year (10 000 yuan)	#住宅 Residential Buildings	本年新增固定资产(万元) Newly Increased Fixed Assets (10 000 yuan)	本年开发土地面积(万平方米) Area of Land Developed in This Year (10 000 sq. m)	本年购置土地面积(万平方米) Area of Land Purchased in This Year (10 000 sq. m)
南宁市	Nanning	190	394830	229928	224274	90.40	103.60
柳州市	Liuzhou	121	278999	201884	75622	24.66	113.82
桂林市	Guilin	168	262400	144286	101182	88.48	121.61
梧州市	Wuzhou	77	54389	34400	37869	74.24	42.18
北海市	Beihai	48	47385	33514	9516	31.95	60.16
防城港市	Fangchenggang	12	12065	8308	3157	12.66	12.55
钦州市	Qinzhou	20	18004	11977	5660	10.55	15.88
贵港市	Guigang	28	47384	25696	20667	38.99	67.70
玉林市	Yulin	28	30366	16635	7814	11.40	8.44
百色市	Baise	18	25774	16495	4421	14.63	27.51
贺州市	Hezhou	12	12653	1793	1885	11.09	14.30
河池市	Hechi	17	9525	4278	2978	0.41	2.74
来宾市	Laibin	7	9227	2901	582	4.49	9.30
崇左市	Chongzuo	3	111		455		

6—35 各市房地产开发房屋施工竣工面积及价值(2003 年)
Floor Space of Buildings under Construction, Completed and Value of Real Estate Development by City(2003)

市	City	房屋施工面积(万平方米) Floor Space under Construction (10 000 sq. m)	#住宅施工面积 Residential Buildings	房屋竣工面积(万平方米) Floor Space Completed (10 000 sq. m)	#住宅竣工面积 Residential Buildings	房屋竣工价值(万元) Value of Buildings Completed (10 000 yuan)	#住宅竣工价值 Residential Buildings
南宁市	Nanning	726.54	577.26	215.03	179.22	187641	148020
柳州市	Liuzhou	369.16	303.48	103.45	95.44	66500	60393
桂林市	Guilin	404.06	317.21	122.64	94.43	83288	61867
梧州市	Wuzhou	97.67	77.10	40.64	33.23	33980	27975
北海市	Beihai	110.14	95.09	11.26	8.06	9353	5353
防城港市	Fangchenggang	28.16	27.33	3.42	3.42	2951	2951
钦州市	Qinzhou	28.95	25.22	7.38	6.66	5294	4815
贵港市	Guigang	56.92	49.53	29.18	27.77	20667	20007
玉林市	Yulin	47.61	45.31	11.98	11.98	7495	7495
百色市	Baise	30.55	27.22	5.03	4.92	4400	4313
贺州市	Hezhou	6.38	4.63	2.61	2.32	1599	1425
河池市	Hechi	15.57	12.81	4.36	3.97	2378	2218
来宾市	Laibin	7.51	5.07	1.19	1.19	582	582
崇左市	Chongzuo	0.55		0.55		455	

6—36 各市房地产开发房屋销售情况(2003 年)
Houses Selling of Real Estate Development by City(2003)

市	City	房屋销售面积（万平方米）Floor Space of Buildings Sold (10 000 sq. m)	#住宅 Residential Buildings	个人购买商品房（万平方米）Personal Purchases of Commercial Buildings (10 000 sq. m)	#住宅 Residential Buildings	商品房销售额(万元) Sales Revenue of Commercial Buildings (10 000 yuan)	#住宅 Residential Buildings
南宁市	Nanning	192.20	169.28	180.19	166.71	432749	367110
柳州市	Liuzhou	97.21	92.46	96.68	92.23	157776	132516
桂林市	Guilin	105.32	87.32	99.29	82.34	224603	146832
梧州市	Wuzhou	32.96	29.83	32.96	29.83	46130	40631
北海市	Beihai	14.09	10.59	14.00	10.50	17268	9768
防城港市	Fangchenggang	4.07	4.07	4.07	4.07	3761	3761
钦州市	Qinzhou	9.92	9.52	9.92	9.52	11943	11064
贵港市	Guigang	26.92	26.92	26.92	26.92	32438	32438
玉林市	Yulin	9.98	9.46	9.75	9.46	11588	10668
百色市	Baise	3.94	3.93	3.94	3.93	4149	4145
贺州市	Hezhou	2.08	1.83	2.08	1.83	3560	2896
河池市	Hechi	5.90	5.78	5.90	5.78	5159	5042
来宾市	Laibin	0.69	0.69	0.69	0.69	495	495
崇左市	Chongzuo	0.03		0.03		24	

6—37 城镇和工矿区私人建房情况(2003 年)
Building Construction by Privates in Industrial and Mining Areas of Cities and Towns(2003)

项目	Item	城镇、工矿区个数(个) Number of Cities & Towns, Industrial & Mining Areas(unit)	本年竣工房屋建筑面积(万平方米) Floor Space of Building Completed in This Year(10 000 sq. m) 合计 Total	#住宅 Residential Buildings	本年竣工房屋价值(万元) Value of Building Completed in This Year(10 000 yuan) 合计 Total	#住宅 Residential Buildings	建房户数(户) Households with Building Construction (household)
总计	**Total**	**856**	**2346.77**	**2263.13**	**830886**	**802953**	**156620**
其中:农业户建房	Building Construction by Rural Household		1480.60	1447.46	462863	450467	123022
1. 市	Municipality	21	251.02	234.23	110053	104690	8616
其中:农业户建房	Building Construction by Rural Household		54.02	50.72	23207	21795	2737
2. 县城	County	69	527.99	519.18	208395	205275	23687
其中:农业户建房	Building Construction by Rural Household		164.28	162.35	55186	54559	9959
3. 镇	Town	751	1521.98	1463.93	493237	473787	122532
其中:农业户建房	Building Construction by Rural Household		1257.26	1229.35	383002	372645	110022
4. 工矿区	Industrial & Mining Areas	15	45.79	45.79	19201	19201	1785
其中:农业户建房	Building Construction by Rural Household		5.03	5.03	1468	1468	304

主要统计指标解释

全社会固定资产投资　是以货币形式表现的在一定时期内全社会建造和购置固定资产活动的工作量以及与此有关的费用的总称，它是反映固定资产投资规模、结构和发展速度的综合性指标，又是观察工程进度和考核投资效果的重要依据。全社会固定资产投资按登记注册类型可分为国有、集体、个体、联营、股份制、外商、港澳台商、其他等。按照管理渠道可分为：基本建设、更新改造、房地产开发和其他固定资产投资四个部分。

基本建设投资　基本建设指企业、事业、行政单位以扩大生产能力或工程效益为主要目的的新建、扩建工程及有关工作。其范围为总投资50万元以上（含50万元）的基本建设项目。

更新改造投资　更新改造指企业、事业单位对原有设施进行技术改造（包括固定资产更新）以及相应配套的辅助性生产、生活福利设施等工程和有关工作。其范围为总投资50万元以上的更新改造单位（或项目）。

其他固定资产投资　指全社会固定资产投资中未列入基本建设、更新改造和房地产开发投资的建造和购置固定资产的活动。

固定资产投资的资金来源　根据固定资产投资的资金来源不同，分为国家预算内资金、国内贷款、利用外资、自筹资金和其他资金来源。

（1）国家预算内资金：指中央财政和地方财政中由国家统筹安排的基本建设拨款和更新改造拨款，以及中央财政安排的专项拨款中用于基本建设的资金和基本建设拨款改贷款的资金等。

（2）国内贷款：指报告期内企、事业单位向银行及非银行金融机构借入的用于固定资产投资的各种国内借款。

（3）利用外资：指报告期内收到的用于固定资产投资的国外资金，包括统借统还、自借自还的国外贷款，中外合资项目中的外资，以及对外发行债券和股票等。国家统借统还的外资指由我国政府出面同外国政府、团体或金融组织签订贷款协议、并负责偿还本息的国外贷款。

（4）自筹资金：指建设单位报告期内收到的，用于进行固定资产投资的上级主管部门、地方和企、事业单位自筹资金。

（5）其他资金来源：指报告期内收到的除以上各种拨款、借款、自筹资金以外其他用于固定资产投资的资金。

固定资产投资按国民经济行业分　建设项目归哪个行业，按其建成投产后的主要产品或主要用途及社会经济活动性质来确定。基本建设按建设项目划分国民经济行业，更新改造、国有单位其他固定资产投资及城镇集体投资根据整个企业、事业单位所属的行业来划分。一般情况下，一个建设项目或一个企业、事业单位只能属于一种国民经济行业。为了更准确地反映国民经济各行业之间的比例关系，联合企业（总厂）所属分厂属于不同行业的，原则上按分厂划分行业。

固定资产投资按建设性质分　建设项目的性质一般分为新建、扩建、改建、迁建、恢复。基本建设按建设项目划分建设性质，更新改造、国有单位其他固定资产投资及城镇集体投资等按整个企业、事业单位的建设情况确定建设性质，房地产开发单位、农村投资、城镇工矿区私人建房等投资不划分建设性质。

（1）新建：一般是指从无到有、“平地起家”新开始建设的单位。有的单位原有的基础很小，经过建设后其新增加的固定资产价值超过原有固定资产价值（原值）三倍以上的也算新建。

（2）扩建：一般是指为扩大原有产品的生产能力，在厂内或其他地点增建主要生产车间（或主要工程）、独立的生产线或分厂的企业，事业单位和行政单位在原单位增建业务用房（如学校增建教学用房、医院增建门诊部或病床用房、行政机关增建办公楼等）也作为扩建。

（3）改建：一般是指现有企业、事业单位为了技术进步，提高产品质量，增加花色品种，促进产品升级换代，降低消耗和成本，加强资源综合利用和三废治理、劳保安全等，采用新技术、新工艺、新设备、新材料等对现有设施、工艺条件进行技术改造或更新（包括相应配套的辅助性生产、生活福利设施）。有的企业为充分发挥现有生产能力，进行填平补齐而增建不增加本单位主要产品生产能力的车间等，也属于改建。

大中小型基本建设项目划分　是根据基本建设项目的建设总规模（设计生产能力或工程效益）或计划总投资，按照《基本建设项目大中小型划分标准》划分的建设项目类型。建设项目总规模或计划总投资划分标准原则上应按照上级批准的设计任务书或初步设计所确定的总规模或总投资为准；没有正式批准设计任务书或初步设计的，按国家或省、自治区、直辖市基本建设投资计划中所列的总规模或总投资划分；上述两条均不具备的，按本年计划施工工程的建设总规模或总投资划分。

施工项目　指报告期内曾进行建筑或安装工程施工活动的建设项目，凡是报告期内施过工的建设项目，不论施工时间长短，均作为施工项目统计。施工项目个数可以反映一定时期固定资产投资的实际规模，与同期建成投产的建设项目个数相比，可以从建设速度的角度反映固定资产投资的效果。根据建设项目施工活动的不同性质，施工项目又分为本年正式施工项目，本年收尾项目和以前年度全部停缓建项目。

全部建成投产项目　工业项目是指设计文件规定形成生产能力的主体工程及其相应配套的辅助设施全部建成，经负荷试运转，证明具备生产设计规定合格产品的条件，并经过验收鉴定合格或达到竣工验收标准，与生产性工程配套的生活福利设施可以满足近期正常生产的需要，正式移交生产的建设项目。非工业项目是指设计文件规定的主体工程和相应的配套工程全部建成，能够发挥设计规定的全部效益，经验收鉴定合格或达到竣工验收标准，正式移交使用的建设项目。

新增生产能力　指通过固定资产投资活动而增加的设计能力或工程效益，它是用实物形态表示的固定资产投资的成果的指标，也是考核投资经济效果的重要依据之一。

房屋建筑面积　指从房屋外墙线算起的各层平面面积的总和，包括可供使用的有效面积和房屋结构（如柱、墙）占用的面积。多层建筑按各层(包括地下室)面积总和计算。

住宅建筑面积 指施工和竣工房屋建筑面积中供居住用的施工和竣工房屋建筑面积。

施工面积 指报告期内施工的全部房屋建筑面积。包括本期新开工的面积、上期跨入本期继续施工的房屋面积、上期停建在本期恢复施工的房屋面积、本期竣工及本期施工后又停缓建的房屋面积。

竣工面积 指在报告期内房屋建筑按照设计要求已全部完工,达到住人和使用条件,经验收鉴定合格(或达到竣工验收标准),正式移交使用单位的各栋房屋建筑面积的总和。

房屋建筑面积竣工率 指一定时期内房屋竣工面积占同期房屋施工面积的比率。它是从房屋建筑施工速度的角度反映投资效果和建筑业经济效益的指标。

新增固定资产 指报告期内已经完成建造和购置过程,并已交付生产或使用单位的固定资产价值。该指标是表示固定资产投资成果的价值指标,也是反映建设进度,计算固定资产投资效果的指标。

建设项目投产率 指一定时期内全部建成投入生产项目个数与同期正式施工项目个数的比率。它是从项目建设速度的角度反映投资效果的指标。

固定资产交付使用率 指一定时期新增固定资产与同期完成投资额的比率。它是反映各个时期固定资产动用速度,衡量建设过程中投资效果的一个综合性指标。

房地产开发投资 指各种登记注册类型的房地产开发公司、商品房建设公司及其他房地产开发法人单位和附属于其他法人单位实际从事房地产开发或经营的活动单位统一开发的包括统代建、拆迁还建的住宅、厂房、仓库、饭店、宾馆、度假村、写字楼、办公楼等房屋建筑物和配套的服务设施,土地开发工程(如道路、给水、供电、供热、通讯、平整场地等基础设施工程)的投资,不包括单纯的土地交易活动。

商品房建设投资额 是指房地产开发企业(单位)开发建设的供出售、出租用的商品住宅、厂房、仓库、饭店、度假村、写字楼、办公楼、拆迁、回迁还建用房等房屋工程及其配套的服务设施所完成的投资额。

住宅 是指专供居住的房屋,包括别墅、公寓、职工家属宿舍和集体宿舍、职工单身宿舍和学生宿舍等。但不包括住宅楼中作为人防用、不住人的地下室等。

经济适用房 是指根据国家经济适用房计划安排建设的住宅。由国家统一下达计划,地方政府统一组织建设;用地一般实行行政划拨的方式,免收土地出让金,对各种经批准的收费实行减半征收;出售价格实行政府指导价,按保本微利的原则确定。

商业营业用房 是指商业、粮食、供销、饮食服务业等部门对外营业的用房,如度假村、饭店、商店、门市部、粮店、书店、供销店、饮食店、菜店、加油站、日杂等房屋。

完成开发土地面积 是指报告期内对土地进行开发并已完成七通一平等前期开发工程,具备进行房屋建筑物施工或出让条件的土地面积。

待开发土地面积 是指经过有关部门批准,通过各种方式获得土地使用权,但报告期尚未进行开发的土地面积。

购置土地面积 是指报告期内通过各种方式获得土地使用权的土地面积。

商品房实际销售面积 是指报告期已经竣工的房屋面积中已经正式交付给购房者或已经签订正式销售合同的商品房屋面积。不包括已经签订预售合同正在建设的商品房屋面积,但包括报告期或报告期以前签订了预售合同,在报告期又竣工的商品房屋面积。

商品房空置面积 指报告期末已竣工的可供销售或出租的商品房屋建筑面积中,尚未销售或出租的商品房屋面积,包括以前年度竣工和本期竣工的房屋面积,但不包括报告期已竣工的拆迁还建、统建代建、公共配套建筑、房地产公司自用及周转房等不可销售或出租的房屋面积。

商品房实际销售额 指报告期内出售房屋的总收入(即双方签署的正式买卖合同中所确定的合同总价)。该指标与实际销售面积同口径,包括正式交付的商品房屋在建设前期预收的定金、预收的款项及结算尾款和拖欠款。不包括未交付的商品房所预收的款项。收取的外汇按当时外汇调节市场价折算成人民币计算。如果商品房是跨年完成的,应包括以前年度所收的定金及预收款。

实收资本 是指企业实际收到的所有投资人投入的资本,包括以实物形式、货币形式、发明创造或技术成果等无形资产投入企业的资本。

国家资本 是指有权代表国家投资的政府部门或机构以国有资产投入企业形成的资本。

资产总计 指企业拥有或控制的全部资产。包括流动资产、长期投资、固定资产、无形及递延资产、其他长期资产。

负债总计 指企业所承担的以货币计量,将以资产或劳务偿付的债务。其偿还形式可以用货币,也可以用资产或提供劳务的方式偿还。包括长期负债和流动负债。

所有者权益合计 指企业投资人对企业净资产的所有权。企业净资产等于企业全部资产减去全部负债的余额,其中包括企业投资人对企业的最初投入以及资本公积金、盈余公积金和未分配利润。对股份制企业,所有者权益即股东权益。

经营收入总计 指企业对外转让、销售、结算和出租开发产品所取得的经营收入。具体包括:土地转让收入、商品房销售收入、房屋出租收入、其他收入。

利润总额 指企业在一定时期内实现的盈亏总额,反映企业最终的财务成果。

城镇和工矿区私人建房投资和农村个人投资 城镇和工矿区私人建房包括市、县城、城关镇、工矿区所辖范围内的全部私人建房,不论其房主是否系本地的常住户口均应包括。农村个人投资包括农村个人建房及购置生产性固定资产的投资。

第七篇
CHAPTER 7

能源生产与消费

ENERGY PRODUCTION AND CONSUMPTION

1990 1995 2000 2002 2003（年）

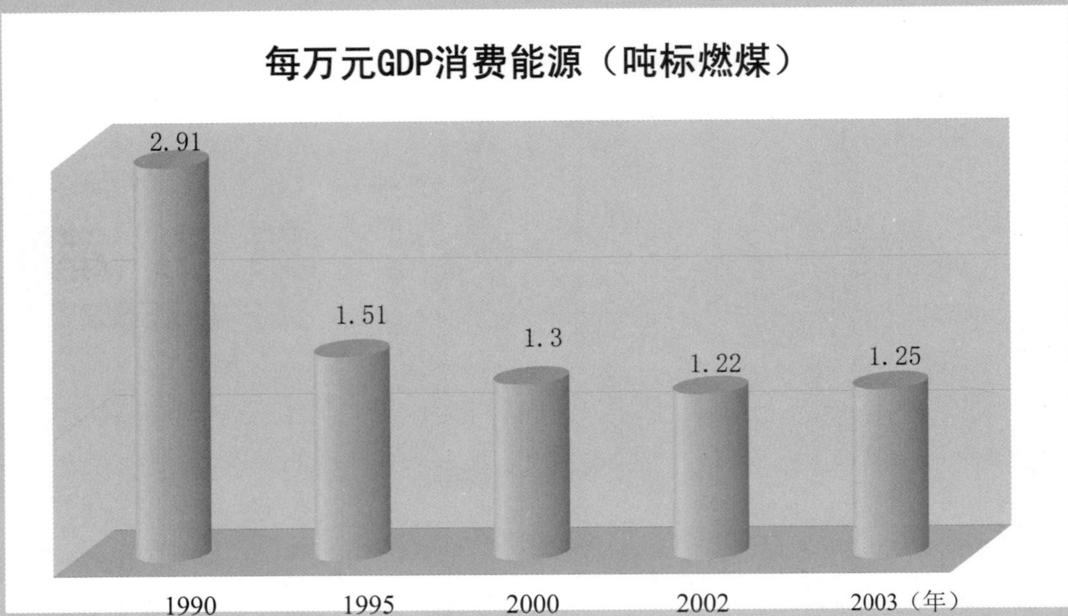

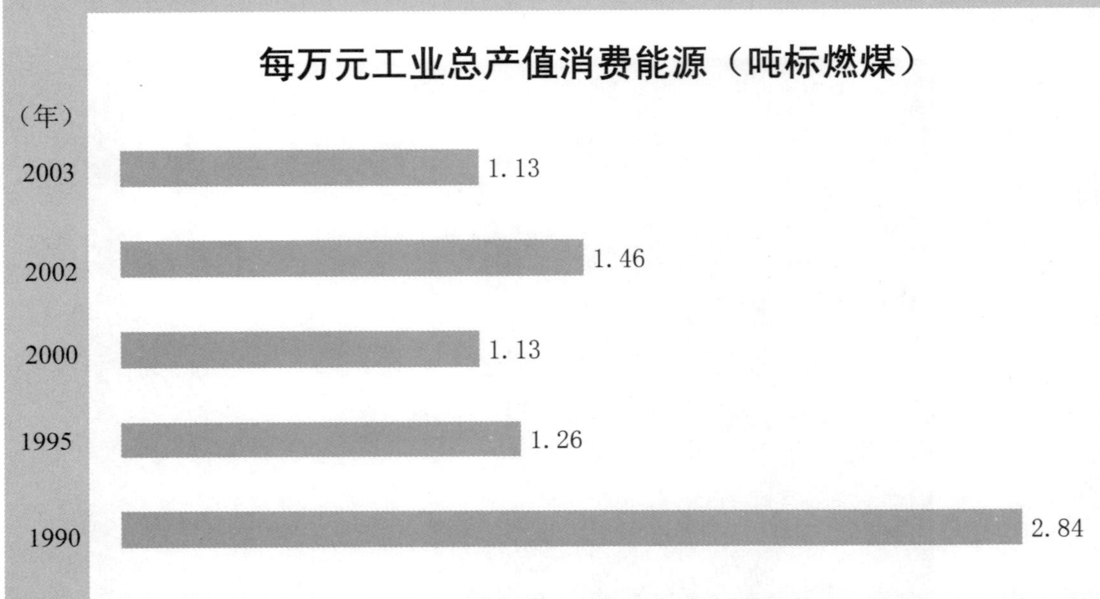

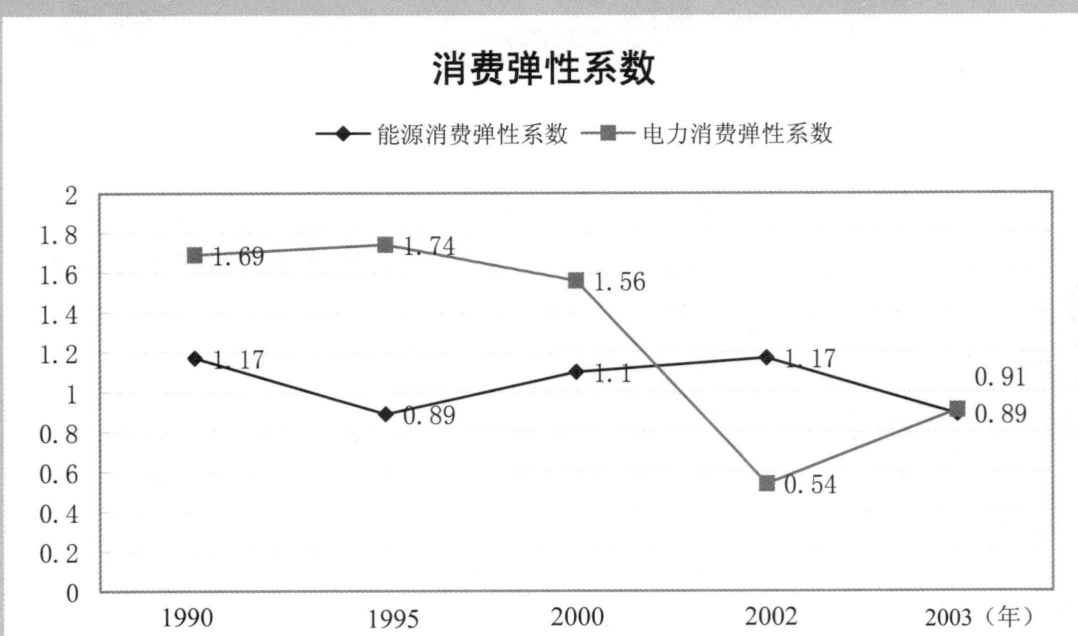

7—1　能源生产、消费总量及构成(1978－2003年)

Production and Consumption of Energy and Its Composition(1978－2003)

年份 Year	能源生产总量(万吨) Total Production of Energy (10 000 tons)	占能源生产总量(%) As Percentage of Total Energy Production (%)			能源消费总量(万吨) Total Consumption of Energy (10 000 tons)	占能源消费总量(%) As Percentage of Total Energy Consumption (%)		
		原煤 Coal	原油 Crude oil	水电 Hydro－Power		煤炭 Coal	石油 Oil	水电 Hydro－Power
1978	508.59	75.2		24.8	781.00	61.4	22.4	16.2
1980	415.21	69.3		30.7	730.00	56.7	25.9	17.5
1985	638.52	51.7	0.8	47.5	1008.21	52.6	12.4	30.1
1990	704.63	59.1	2.4	38.5	1308.21	62.7	11.6	20.7
1991	693.59	61.6	0.6	37.8	1386.88	65.1	11.2	18.9
1992	783.88	62.9	0.6	36.5	1549.30	66.8	10.1	18.5
1993	958.47	52.4	0.5	47.1	1809.21	59.1	9.9	25.0
1994	1064.73	54.1	0.4	45.5	2047.95	60.2	9.5	23.6
1995	1103.39	50.9	1.3	47.8	2256.52	55.9	10.1	23.4
1996	1035.50	51.3	0.5	48.2	2301.11	56.6	10.6	21.7
1997	1065.84	44.4	0.5	55.1	2327.74	51.1	10.6	25.2
1998	975.93	44.1	0.5	55.4	2417.68	50.4	13.2	22.4
1999	855.47	40.5	0.6	58.9	2472.73	52.5	13.6	20.4
2000	833.28	36.0	0.6	63.4	2669.34	49.3	15.2	20.5
2001	838.35	31.1	0.6	68.3	2898.53	50.8	17.1	20.8
2002	770.23	24.1	0.7	75.2	2981.82	47.6	19.3	20.6
2003	729.67	25.8	0.6	73.6	3420.82	51.2	21.3	17.3

注:①本表指标均为常规能源的折合标准燃料煤。②从1988年起电力折标系数调整。

Note: (1) The items in this table are converted into SCE.

(2) Since 1988, the ratio of Hydro－Power converted into SCE has been adjusted.

7—2 主要年份分行业能源消费量和构成

Consumption and Composition of Energy by Sector in Main Years

行业名称	Sector	1990		1995		2002		2003	
		消费总量（万吨）Total Consumption (10 000 tons)	构成（%）Composition（%）	消费总量（万吨）Total Consumption (10 000 tons)	构成（%）Composition（%）	消费总量（万吨）Total Consumption (10 000 tons)	构成（%）Composition（%）	消费总量（万吨）Total Consumption (10 000 tons)	构成（%）Composition（%）
能源消费总量	**Total Consumption of Energy**	**1308.21**	**100.0**	**2256.52**	**100.0**	**2981.82**	**100**	**3420.82**	**100**
物质生产部门	**Material Production Sector**	**1188.87**	**90.9**	**2035.77**	**90.2**	**2596.50**	**87.2**	**3029.56**	**88.56**
工业	**Industry**	**1001.86**	**76.6**	**1848.13**		**2374.90**	**81.2**	**2621.20**	**86.52**
#煤炭采选业	Coal Mining & Processing	20.45	1.6	34.62	1.5	32.10	1	34.97	1.33
食品、饮料和烟草制造业	Food, Beverage & Tobacco Production	128.04	9.8	257.62	11.4	338.00	10.4	459.70	13.44
纺织业	Textile Industry	31.57	2.4	34.56	1.5	22.60	0.7	15.89	0.46
电力工业	Electric Power Industry	65.18	5.0	186.17	8.2	153.70	6.2	133.12	3.89
非金属矿物制品业	Nonmetal Mineral Products	205.80	15.7	448.60	19.9	630.20	21.2	504.34	14.74
化学工业	Chemical Industry	183.97	14.1	225.29	9.9	342.30	11.5	299.36	8.75
冶金工业	Smelting Industry	185.87	14.2	333.60	14.8	725.40	24.4	890.70	26.04
机械工业	Machinery Industry	24.36	1.9	57.69	2.6	82.30	2.7	44.34	1.30
农、林、牧、渔业	**Farming, Forestry, Animal Husbandry & Fishery**	**35.16**	**2.7**	**45.37**	**2.0**	**62.50**	**2.1**	**58.17**	**1.70**
建筑业	**Construction**	**6.80**	**0.5**	**12.34**	**0.5**	**4.10**	**0.2**	**14.38**	**0.42**
交通运输、邮电通讯业	**Transportation, Postal & Telecommunication Services**	**128.18**	**9.8**	**106.17**	**4.7**	**301.50**	**10.1**	**354.21**	**10.35**
批发零售贸易、餐饮业	**Wholesale & Retail Trade & Catering Trade**	**16.87**	**1.3**	**23.76**	**1.1**	**44.20**	**1.49**	**62.29**	**1.82**
非物质生产部门	**Non - material Production Sector**	**12.51**	**1.0**	**46.06**	**2.0**	**60.20**	**2**	**74.54**	**2.18**
生活消费	**Households Consumption**	**106.83**	**8.1**	**174.69**	**7.8**	**310.20**	**10.4**	**316.72**	**9.26**

注：能源消费总量为折合标准燃料煤。

Note: Total Consumption of Energy is converted into SCE.

7—3 主要年份电力消费量

Consumption of Electricity in Main Years

单位:亿千瓦时 (100 million kwh)

指　标	Item	1990	1995	2000	2002	2003
消费总计	**Total Consumption**	**125.62**	**228.08**	**322.02**	**356.95**	**414.93**
工业	**Industry**	**82.13**	**174.53**	**238.24**	**255.84**	**269.41**
#煤炭采选业	Coal Mining & Processing	3.62	5.86	4.30	3.14	4.52
食品、饮料和烟草制造业	Food, Beverage & Tobacco Production	8.89	18.31	17.52	20.72	23.71
纺织业	Textile Industry	3.43	3.96	3.58	3.44	3.56
电力工业	Electric Power Industry	5.95	18.61	13.45	36.98	45.61
非金属矿物制品业	Nonmetal Mineral Products	8.54	20.01	24.27	27.7	33.37
化学工业	Chemical Industry	16.32	18.46	26.18	30.27	32.83
冶金工业	Smelting Industry	16.62	35.17	82.17	88.28	103.1
机械工业	Machinery Industry	2.28	7.91	8.95	9.26	10.32
农、林、牧、渔业	**Farming, Forestry, Animal Husbandry & Fishery**	**6.47**	**8.68**	**13.17**	**19.93**	**18.4**
建筑业	**Construction**	**0.94**	**2.04**	**1.00**	**1.94**	**2.86**
交通运输、邮电通讯业	**Transportation, Postal & Telecommunication Services**	**1.15**	**2.09**	**4.39**	**5.65**	**6.54**
批发零售贸易、餐饮业	**Wholesale & Retail Trade & Catering Trade**	**0.88**	**3.49**	**5.97**	**7.47**	**10.16**
城乡居民生活	**Households in Urban & Rural Areas**	**19.85**	**31.19**	**49.58**	**55.31**	**61.44**
其他	**Others**	**14.2**	**6.06**	**9.67**	**10.74**	**46.12**

7—4 主要年份石油及燃料消费量

Consumption of Petroleum and Fuel in Main Years

品　名	Type	1990	1995	2000	2002	2003
原油(万吨)	Crude Oil (10 000 tons)	5.88	42.44	61.41	70.24	73.19
汽油(万吨)	Gasoline (10 000 tons)	33.19	41.32	65.87	84.37	116.7
煤油(万吨)	Kerosene (10 000 tons)	6.14	5.6	3.79	11.17	10.43
柴油(万吨)	Diesel Oil (10 000 tons)	55.45	72.43	146.82	214.48	217.73
燃 料 油(万吨)	Fuel Oil (10 000 tons)	8.08	13.57	7.67	13.13	20.85
液化石油气(万吨)	Liquefied Gas (10 000 tons)	0.1	15.89	35.27	47.26	52.39
煤气(亿立方米)	Gas (100 million cu. m)	1.62	1.16	5.83	7.5	51.47

7—5 能源利用效益主要指标

Main Indicators for the Efficiency of Energy Utilization

年份 Year	每万元国内生产总值消费能源（吨标燃煤） 10 000 yuan GDP Energy Consumption (ton of SCE)	每万元工农业总产值消费能源（吨标燃煤） 10 000 yuan Gross Output Value of Industry & Agriculture Energy Consumption (ton of SCE)	每万元工业总产值消费能源（吨标燃煤） 10 000 yuan Gross Output Value of Industry Energy Consumption (ton of SCE)	每吨能源消费实现的国内生产总值（元） Per Ton Energy Consumption Format Gross Domestic Product (yuan)	每吨能源消费实现的工农业总产值（元） Per Ton Energy Consumption Format Gross Industrial & Agricultural Output Value (yuan)	每吨能源消费实现的工业总产值（元） Per Ton Energy Consumption Format Gross Industrial Output Value (yuan)
1985	5.57	3.31	5.25	1795	3018	1905
1990	2.91	1.71	2.84	3431	5837	3526
1991	2.67	1.61	2.57	3739	6219	3891
1992	2.40	1.42	2.16	4173	7061	4640
1993	2.08	1.16	1.59	4818	8609	6276
1994	1.71	0.93	1.26	5851	10759	7912
1995	1.51	0.88	1.26	6637	11415	7917
1996	1.36	0.79	1.16	7379	12653	8597
1997	1.28	0.75	1.12	7807	13305	8928
1998	1.27	0.75	1.09	7871	13366	9161
1999	1.27	0.79	1.16	7899	12663	8649
2000	1.30	0.76	1.13	7680	13127	8859
2001	1.29	0.94	1.32	7698	10602	7580
2002	1.22	0.97	1.46	8234	9905	6830
2003	1.25	0.83	1.13	7996	11331	8370

注：价值指标按当年价格计算。因产值作调整，故本表资料相应变化。

Note: The data in value terms in this table are calculated at current prices. Due to the gross output value has been readjusted, the data in this table have been relatively changed.

7—6 能源消费弹性系数

Elasticity Ratio of Energy Consumption

年 份 Year	能源消费比上年增长(%) Growth Rate of Energy Consumption over Preceding Year (%)	电力消费比上年增长(%) Growth Rate of Electricity Consumption over Preceding Year (%)	国内生产总值比上年增长(%) Growth Rate of GDP over Preceding Year (%)	能源消费弹性系数 Elasticity Ratio of Energy Consumption	电力消费弹性系数 Elasticity Ratio of Electricity Consumption
1985	6.4	15.1	11	0.58	1.37
1990	8.2	11.8	7	1.17	1.69
1991	6	7.8	12.7	0.47	0.61
1992	11.7	13.1	18.3	0.64	0.72
1993	16.8	10.1	18.3	0.92	0.55
1994	13.2	13	15.2	0.87	0.86
1995	10.2	19.8	11.4	0.89	1.74
1996	2	7.5	8.3	0.24	0.9
1997	1.2	3.3	8	0.15	0.41
1998	3.9	7.9	9.1	0.43	0.87
1999	2.3	5.7	7.7	0.3	0.74
2000	8	11.4	7.3	1.1	1.56
2001	8.59	3.1	7.3	1.18	0.42
2002	2.8	7.7	10.5	1.17	0.54
2003	14.7	16.1	10.2	0.89	0.91

7—7 能源消费水平
Annual Average Per Capita Energy Consumption

年份 Year	每人每年平均用能 （千克标准煤） Annual Average Per Capita Energy Consumption (kilo of SCE)	每人每年平均用电 （千瓦小时） Annual Average Per Capita Electricity Consumption (kwh)	每人每年平均生活用能 （千克标准煤） Annual Average Per Capita Household Energy Consumption (kilo of SCE)	每人每年生活用电 （千瓦小时） Annual Average Per Capita Household Electricity Consumption (kwh)
1985	251	197	25	27
1990	299	275	25	41
1991	313	293	31	48
1992	345	327	31	51
1993	408	379	38	59
1994	456	424	36	64
1995	497	502	38	69
1996	501	535	42	73
1997	502	547	48	78
1998	517	585	49	84
1999	525	613	51	92
2000	562	678	54	104
2001	605	696	57	101
2002	620	743	62	115
2003	707	857	65	127

7—8 能源主要产品生活消费量
Energy Consumption for Non－production Purpose of Main Energy Products

年份 Year	生活用能合计 （万吨标准煤） Total Household Energy Consumption (10 000 tons of SCE)	原煤（万吨） Coal (10 000 tons)	液化石油气 （万吨） Liquefied Gas (10 000 tons)	煤气 （亿立方米） Gas (100 million cu. m)	电力 （亿千瓦时） Electricity (100 million kwh)
1985	76.12	66.71	0.07	0.00	10.56
1990	106.83	60.31	0.09	0.09	17.45
1991	133.21	59.07	6.03	0.12	20.59
1992	135.10	55.18	6.06	0.15	22.14
1993	169.27	57.57	7.89	0.21	25.97
1994	161.79	28.40	8.46	0.53	28.66
1995	174.69	27.65	15.66	0.60	31.19
1996	193.14	29.52	22.42	0.22	33.31
1997	221.23	26.16	24.40	0.37	36.30
1998	228.79	12.89	27.81	0.34	39.50
1999	238.00	10.64	32.26	0.30	43.27
2000	255.07	13.09	32.24	0.37	49.58
2001	273.02	12.96	38.94	0.25	48.44
2002	296.32	11.17	43.11	0.27	55.31
2003	316.72	13.38	45.76	0.36	61.48

7—9 主要年份每万元工业总产值电力消费量

Electricity Consumption of Gross Output Value of Industry Per 10,000 Yuan in Main Years

单位:千瓦小时 (kwh)

指标	Item	1990	1995	2000	2002	2003
总计	**Total**	**2214**	**1710**	**1961**	**2053**	**1999**
按轻重工业分	**By Light & Heavy Industry**					
#轻工业	Light Industry	1156	972	802	1136	1029
重工业	Heavy Industry	3833	2345	2793	2705	3050
按工业主要行业分	**By Main Sector of Industry**					
#煤炭采选业	Coal Mining & Processing	11346	9331	13282	10771	7139
黑色金属矿采选业	Ferrous Metals Mining & Processing	4465	2704	1242	6089	5252
有色金属矿采选业	Nonferrous Metals Mining & Processing	4494	2238	1405	2545	3211
食品、饮料、烟草业	Food ,Beverage & Tobacco Production	989	1009	887	883	749
纺织业	Textile Industry	1213	1126	1652	1545	1644
造纸及纸制品业	Papermaking & Paper Products	2209	1796	1954	2920	2991
化学工业	Chemical Industry	6113	3089	3385	3478	4758
医药制造业	Medical & Pharmaceutical Products	1151	390	183	162	159
非金属矿物制品业	Nonmetal Mineral Products	4158	2028	3863	4415	4433
黑色金属冶炼及压延加工业	Smelting & Pressing of Ferrous Metals	6923	5883	6114	8220	7554
有色金属冶炼及压延加工业	Smelting & Pressing of Nonferrous Metals	6631	3573	6076	7219	7839
金属制品业	Metal Products	1092	990	377	1732	1845
机械、电子、电气制造业	Machinery, Electronic & Electric Equipment Manufacturing	1071	374	305	391	410
电力工业	Electric Power Industry	4584	4736	5439	2908	3363
自来水生产和供应业	Tap Water Production & Supply	12151	11370	10728	14832	14192

注:从1998年起工业总产值按全部国有及年产品销售收入500万元及以上的非国有工业企业1990年不变价,电力消费口径也为规模以上工业企业。

Note: Since 1998, the gross industrial output values are calculated on the contant prices in 1990 of all the enterprises over designated size,and so as the electricity consumption.

7—10 能源可供量(2003年)

Energy Available for Consumption(2003)

品名	Type	综合能源可供量 Total Energy Available	生产量 Output	调入量 Transfer From Other Regions	进口量 Imports	调出量 Transfer to Other Regions	年初年末库存差额 Stock Changes in the Year
综合能源(万吨标准煤)	Total Energy (10 000 tons of SCE)	3554.62	729.67	2776.01	18.50	325.74	5.14
煤炭(万吨)	Coal(10 000 tons)	2463.71	443.47	2445.60	30.00	445.60	
原油(万吨)	Crude Oil (10 000 tons)	73.19	3.28	70.83			0.92
电力(亿千瓦时)	Electricity(100 million kwh)	244.61	362.91	54.43		2.45	

注:电力生产量为水电生产量和火电加工转换产出量。

Note:Data on electricity output refer to the total output of hydropower and output of thermal power processing and transforming.

主要统计指标解释

能源生产总量　指一定时期内一个国家或地区一次能源生产量的总和，是观察全国能源生产水平、规模、构成和发展速度的总量指标。一次能源生产量包括原煤、原油、天然气、水电、核能及其他动力能（如风能、地热能等）发电量，不包括低热值燃料生产量、生物质能、太阳能等的利用和由一次能源加工转换而成的二次能源产量。

能源消费总量　指一定时期内一个国家或地区物质生产部门、非物质生产部门和生活消费的各种能源的总和，是观察能源消费水平、构成和增长速度的总量指标。能源消费总量包括原煤和原油及其制品、天然气、电力，不包括低热值燃料、生物质能和太阳能等的利用。能源消费总量分为终端能源消费量、能源加工转换损失量和损失量三部分。

终端能源消费量　指一定时期内一个国家或地区生产和生活消费的各种能源在扣除了用于加工转换二次能源消费量和损失量以后的数量。

能源加工转换损失量　指一定时期内一个国家或地区投入加工转换的各种能源数量之和与产出各种能源产品之和的差额，是观察能源在加工转换过程中损失量变化的指标。

能源损失量　指一定时期内一个国家或地区能源在输送、分配、储存过程中发生的损失和由客观原因造成的各种损失量，不包括各种气体能源放空、放散量。

能源消费弹性系数　是反映能源消费增长速度与国民经济增长速度之间比例关系的指标。计算公式为：

$$能源消费弹性系数=\frac{能源消费量年平均增长速度}{国民经济年平均增长速度}$$

电力消费弹性系数　反映电力消费增长速度与国民经济增长速度之间比例关系的指标。计算公式为：

$$电力消费弹性系数=\frac{电力消费量年平均增长速度}{国民经济年平均增长速度}$$

第八篇
CHAPTER 8

财政、金融和保险

FINANCE,BANKING AND INSURANCE

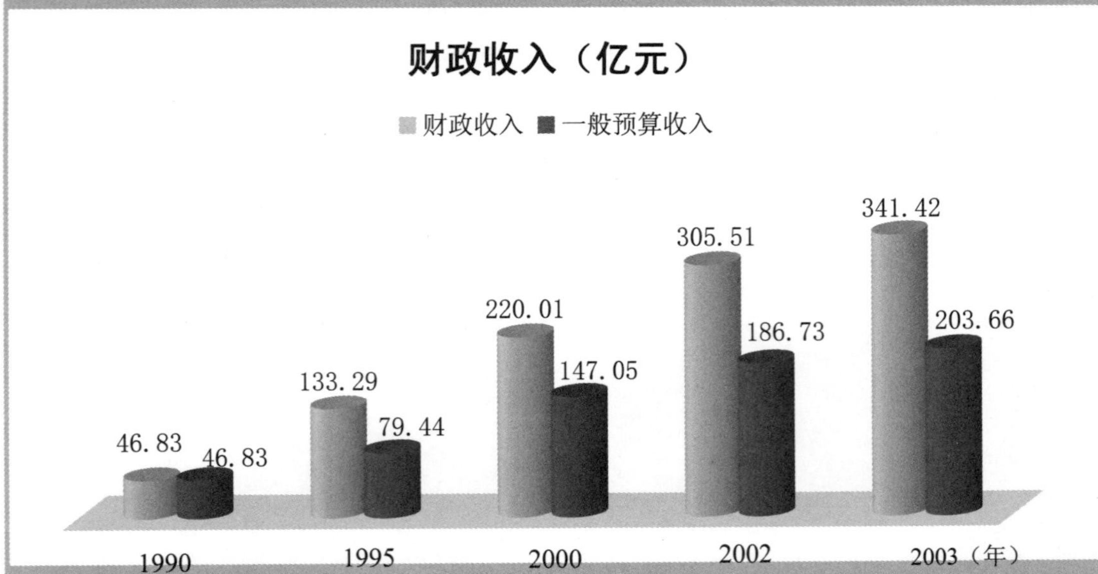

财政支出构成（%）

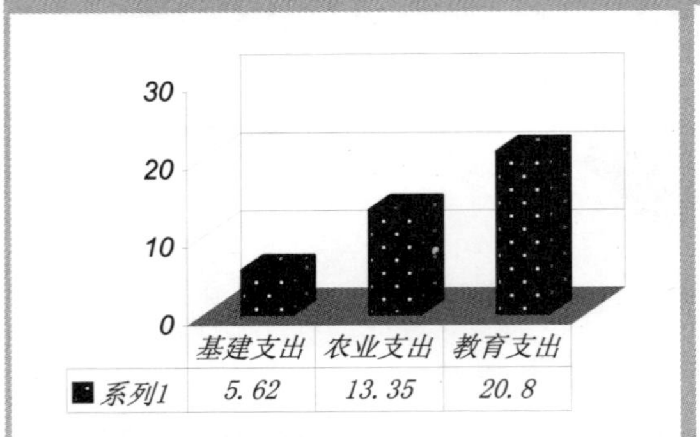

1990年

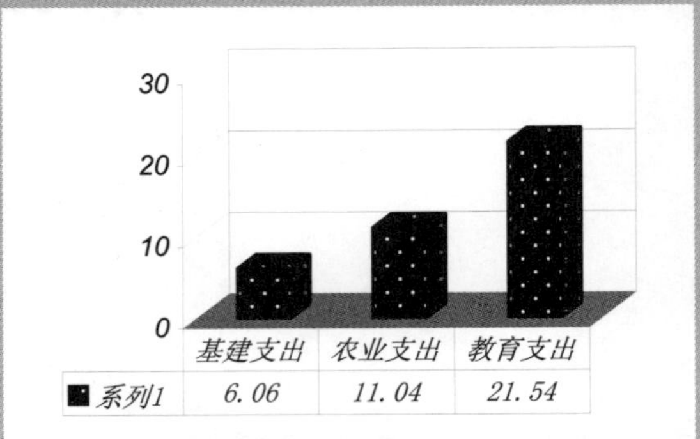

1995年

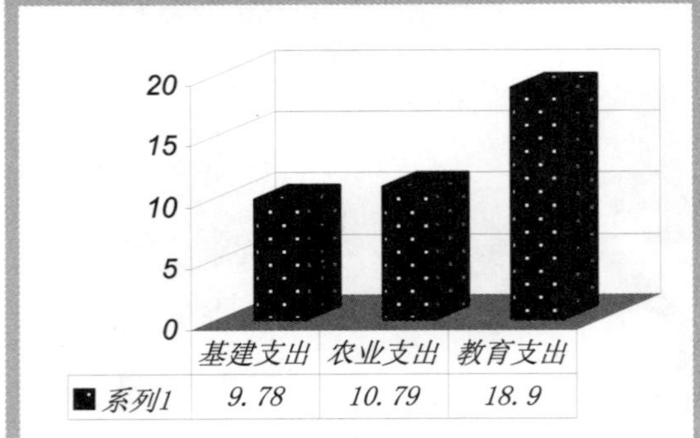

2000年

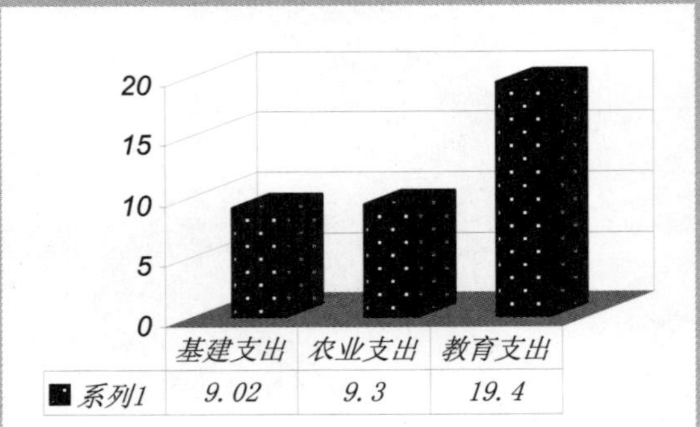

2003年

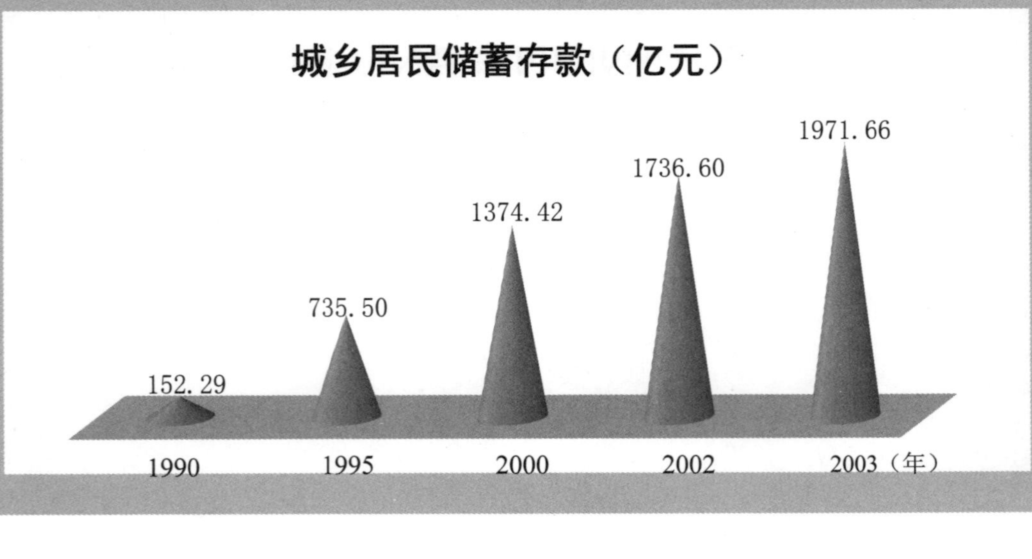

8—1 地方财政收支总额及指数(1978－2003 年)

Revenue and Expenditure of Local Government and Their Indices(1978－2003)

单位:万元 (10 000 yuan)

年份 Year	总收入 Total Revenue	总支出 Total Expenditure	收支差额 Income & Expenditure Balance	指数(以上年为 100) Index (preceding year =100)	
				总收入 Total Revenue	总支出 Total Expenditure
1978	143231	207838	－64607	118.6	143.2
1979	120539	205987	－85448	84.2	99.1
1980	125791	174440	－48649	104.4	84.7
1981	127250	160412	－33162	101.2	92.0
1982	130313	174423	－44110	102.4	108.7
1983	135830	188416	－52586	104.2	108.0
1984	134699	230559	－95860	99.2	122.4
1985	201774	297486	－95712	149.8	129.0
1986	252306	422199	－169893	125.0	141.9
1987	305368	476958	－171590	121.0	113.0
1988	338871	532723	－193852	111.0	111.7
1989	414130	577433	－163303	122.2	108.4
1990	468305	650005	－181700	113.1	112.6
1991	559225	716089	－156864	119.4	110.2
1992	611953	784754	－172801	109.4	109.6
1993	959269	1074853	－115584	156.8	137.0
1994	622617	1249283	－626666	64.9	116.2
1995	794422	1405892	－611470	127.6	112.5
1996	905102	1570121	－665019	113.9	111.7
1997	991568	1708345	－716777	109.6	108.8
1998	1196720	1983609	－786889	120.7	116.1
1999	1335647	2249775	－914128	111.6	113.4
2000	1470539	2584866	－1114327	110.1	114.9
2001	1786706	3516498	－1729792	121.5	136.0
2002	1867320	4198575	－2331255	104.5	119.4
2003	2036578	4436023	－2399445	109.1	105.7

8—2 主要年份财政分项目收入

Local Government Revenue by Source Items in Main Years

单位:万元（10 000 yuan）

指 标	Item	1990	1995	2000	2002	2003
财政总收入	Total Financial Revenue	468305	1332946	2200090	3055081	3414158
#上划中央两税收入	Turn Over Revenue to the Central Government		538524	729551	927943	1026518
地方财政收入	Local Government Revenue	468305	794422	1470539	1867320	2036578
工商税收	Industry & Commercial Tax	400378	463297	743349	995809	1095274
#增值税	Taxes on Value Added	100088	149203	206622	263372	286917
营业税	Run Taxes	116658	192075	284979	412792	479121
个人所得税	Individual Income Taxes	1910	21468	101497	115996	103496
农牧业税类	Agricultural & Animal Husbandary Taxes	32805	124307	134737	173100	238752
#农牧业税	Agricultural & Animal Husbandary Taxes	20805	57653	42808	45356	67753
农业特产税	Tax on Special Agricultural Products	9747	47205	64394	92387	111904
耕地占用税	Tax on Use of Cultivated Land	1841	15825	13406	9019	13740
企业所得税	Enterprises Income Taxes	57493	88361	147960	143823	130545
国有企业调节税	Tax on the Adjustment of State－owned Enterprise	6009				
国有企业上缴利润	Payed Profits by State－owned Enterprises	13191	13254	51579	66082	92251
国有企业计划亏损补贴	Subsidies to Loss－making State－owned Enterprise	－77309	－22236	－9420	－16055	－15372
国家能源交通重点建设基金收入	Income of National Energy & Transportation Construction Fund	7736	817			
基本建设贷款归还收入	Return for Capital Construction Loans		1500			
其他收入	Other Income	10504	22599	101113	70723	68021
国家预算调节基金	National Budgetary Adjusting Fund	8657	1545			
所得税退税	Return for Income Taxes	－13359	－9013	－322		
专项收入	Special Income	5536	29874	62290	66098	65425
#教育费附加	Income of Education Added	2916	21362	30822	41576	44756
罚没收入、行政性收费收入	Penalty, Confiscatory & Administration Income	16664	80117	239253	367740	361682

8—3 主要年份财政分项目支出

Local Government Expenditure by Accounting Items in Main Years

单位:万元（10 000 yuan）

指　标	Item	1990	1995	2000	2002	2003
地方财政支出	Local Government Expenditure	650005	1405892	2584866	4198575	4436023
基本建设支出	Expenditure for Capital Construction	36558	85162	252679	620818	399988
企业挖潜改造资金	Expenditure for Innovation Enterprise	16005	85516	71491	118544	126696
简易建筑费	Expenditure for Simple Buildings	1760	2926			
地质勘探费	Expenditure for Geological Promotion	104	134	11910	29452	28202
科技三项费用	Science & Technology Promotion Funds	2930	7669	15229	25795	28805
流动资金	Circulating Funds	188			4670	682
支援农村生产支出	Expenditure for Supporting Agricultural Production	45298	70448	83874	80853	129823
农林水利气象等部门事业费	Agriculture, Forestry, Irrigation & Meteorology Expenditures	27955	56147	86498	178926	132014
工业交通等部门事业费	Industry & Transportation Expenditures	7353	13284	16167	23922	30280
商业部门事业费	Expenditure for Commerce	1107	3112	2502	3337	4066
城市维护费	City Maintenance	18136	46005	81372	149386	187385
文教卫生事业费	Education, Culture & Health Care	176621	378285	645354	1014653	1136926
科学事业费	Science	5043	10325	21344	31457	35027
其他部门事业费	Other Sectors	26375	76597	174081	277755	325073
抚恤和社会福利救济费	Pensions & Social Welfare	11514	32028	39947	87132	112174
国防支出类	Expenditure for National Defense	881	1953	4027	6180	10794
行政管理费	Adiministration	67941	189004	282021	419887	463286
公检法支出	Expenditure for Public Security Agency, Procuratorial Agency & Court of Justice	29482	85979	215983	325242	365876
价格补贴支出	Price Subsidies	100291	61148	70576	55988	53162
支援不发达地区支出	Expenditure for Supporting Under-developed Areas	6599	12946	72148	75794	83635
其他支出	Other Expenditure	63139	148464	255542	407211	494162
专项支出	Special Expenditure	4725	27108	59205	55440	56899
#教育费附加	Expense of Education Added	2916	20104	26368	32589	39088
农业综合开发支出	Expenditure for Comprehensive Development of Agriculture		11652	27562	34080	37388
行政事业离退休经费	Expenditure for Retired Persons in Administrative Department			95354	172053	193680

8—4 主要年份地方财政用于农业的支出
Local Government Expenditure for Agriculture in Main Years

单位:万元(10 000 yuan)

指　标	Item	1990	1995	2000	2002	2003
农业支出	Agricultural Expenditure	86756	155273	278946	444242	412232
支援农业生产支出	Expenditures for Supporting Agricultural Production	45298	70448	83874	80853	129823
农林水气部门事业费	Agricultural, Foresty, Irrigation & Meteorology Expenditures	27955	56147	86498	178926	132014
基本建设支出	Capital Construction Expenditures	9565	8713	58386	126897	82684
挖潜改造资金	Expenditure for Innovation	25	447	1755	2680	2427
科技三项费用	New Products Promotion Funds	110	1090	3621	2616	7824
支援不发达地区资金中用于农业支出	Agriculture Expenditure of Expenditure for Supporting in Under-developed Areas	3773	6678	17250	18190	20072
其他	Others	30	11750	27562	34080	37388
农业支出占财政支出比重(%)	Percentage of Agricultural Expenditure to Local Government Expenditure (%)	13.3	11.0	10.8	10.6	9.3

8—5 主要年份地方财政用于教育的支出
Local Government Expenditure for Education in Main Years

单位:万元(10 000 yuan)

指　标	Item	1990	1995	2000	2002	2003
预算内教育支出	Education Expenditure on Budget	135275	302823	487884	793493	859676
教育事业费	Expenditure for Operating Expenses of Education	115761	251807	447127	721669	790977
教育基建投资	Capital Construction for Education	6217	9467	10227	34105	24158
部门事业费中教育支出	Expenditure for Education in Sector Expenditures	10381	21264	1161	1977	2108
教育费附加支出	Education Expenditure Added	2916	20104	26368	32589	39088
支援不发达地区资金中教育支出	Education Expenditure of Expenditure for Supporting in Underdeveloped Areas	0	181	3001	3153	3345
教育支出占财政支出比重(%)	Percentage of Education Expenditure to Local Government Expenditure(%)	20.8	21.5	18.9	18.9	19.4

8—6 主要年份全社会金融机构信贷收支平衡表

Deposit and Loans Balance of Total Financial Institutions in Main Years

（期末余额）（Year－end） 单位:亿元（100 million yuan）

资金来源项目	Sources of Finance	1990	1995	2000	2002	2003
一、各项存款合计	Total Deposits	271.17	1152.32	2269.06	2784.14	3175.34
（一）企业存款	Deposits of Enterprises	83.59	335.68	665.74	679.79	791.00
（二）财政性存款	Treasury Deposits	19.64	35.99	133.65	247.73	269.23
财政存款	Treasury Deposits	6.32	21.77	64.91	64.37	62.17
机关团体部队存款	Deposits of Government Agency, Organization & Army	13.32	14.22	68.74	183.36	207.06
（三）城乡居民储蓄存款	Urban & Rural Savings Deposits	152.29	735.50	1374.42	1736.60	1971.66
# 定期存款	Time	110.22	496.73	800.77	943.28	1032.77
（四）农业存款	Agricultural Deposits	1.58	7.24	32.26	41.77	50.62
（五）信托类存款	Trusted Deposits	2.03	27.90	2.70		
（六）其他类存款	Others	12.04	10.01	60.29	78.25	92.83
二、金融债券	Bonds	2.45	0.37	…	…	－19.26
三、国家投资债券	Nation Investment Bank	0.02	…			
四、同业往来	Dealings in the Same Trade	21.80	116.60			33.75
五、联行往来	Dealings in the Cooperative Trade		－105.91			
六、汇出汇款	Expenditure for Remittances		23.81			
七、所有者权益	Creditors´Epuity	35.78	65.06	－66.73	－79.78	－86.37
八、当年结益	Balance	3.43	－1.49			
九、其他	Others	193.23	513.59	－505.29	－617.07	－539.80
负债总计	Total Liabilities	527.88	1764.35	1697.06	2087.29	2563.66

8—6 续表 continued

(期末余额)(Year - end)　　　　单位:亿元(100 million yuan)

资金运用项目	Management of Finance	1990	1995	2000	2002	2003
一、各项贷款合计	Total Deposits	326.29	1055.67	1613.25	1941.07	2320.66
(一)短期贷款	Short - term Loans	245.84	707.23	942.60	1006.08	1087.88
工业贷款	Loans to Industrial Enterprises	83.74	212.51	251.38	295.79	319.89
商业贷款	Loans to Commercial Enterprises	98.97	226.15	252.33	214.99	200.60
建筑业贷款	Loans to Construction Enterprises	6.77	18.78	19.00	25.28	22.75
农业贷款	Loans to Agriculture	41.32	66.10	107.85	149.42	171.50
乡镇企业贷款	Loans to Township Enterprises	13.49	59.49	65.04	64.11	62.90
私营及个体工商企业贷款	Loans to Private & Individual Industrial & Commercial Enterprises	1.55	5.29	10.23	11.27	13.02
三资企业贷款	Loans to Joint Venture, Cooperative Operation & Foreign Enterprises		13.30	29.33	22.78	16.65
其他短期贷款	Others		105.61	207.45	222.44	280.57
(二)中期流动资金贷款	Medium - term Circulating Asset Loans			68.94	88.52	95.63
(三)中长期贷款	Medium & Long - term Loans	57.17	246.83	514.12	803.94	1072.43
# 技术改造贷款	Loans to Technical Transformation	21.11	58.67	51.07	18.89	24.39
基本建设贷款	Loans to Capital Construction	26.61	96.36	333.18	444.46	554.35
其他中长期贷款	Others	9.45	91.80	129.87	340.59	493.69
(四)信托类贷款	Trusted Loans	10.41	26.75	2.58		
(五)其他类贷款	Other Loans	12.87	74.86	84.98	42.53	64.71
二、有价证券及投资	Valuable Securities & Investment	4.82	68.76	36.94	37.31	36.59
三、国家投资债券贷款	Loan to Nation Investment Bank		0.34	0.04		
四、同业往来	Dealings in the Same Trade	28.52	77.22			14.99
五、金银占款	Purchase of Gold & Silver	0.62	2.84	3.00	1.09	0.36
六、外汇占款	Purchase of Foreign Excharges	2.55	4.71	0.41	0.38	1.30
七、库存现金	Storage Cash	6.11	41.89	38.11	37.45	36.39
八、其他	Others	158.97	512.92	5.31	69.99	153.37
资产总计	Total Assets	527.88	1764.35	1697.06	2087.29	2563.66

8—7 主要年份银行现金收支、货币投放及回笼

Cash Statistics of Bank in Main Years

单位:亿元 (100 million yuan)

指 标	Item	1990	1995	2000	2002	2003
收入合计	**Total Cash Income**	**444.93**	**3229.05**	**6518.35**	**7815.97**	**9393.39**
商品销售收入	Income from Commodity Sales	154.18	531.33	568.95	591.48	651.38
服务事业收入	Income from Services	29.16	133.31	300.93	346.18	366.59
税款收入	Income from Taxes	6.24	22.24	38.36	48.79	57.87
农村信用社收入	Income from Rural Credit Cooperatives	17.57	66.24			
城乡个体经营收入	Income from Individual Business	3.23	34.97	139.10	132.08	187.23
储蓄存款收入	Income from Saving Deposits	194.43	2005.30	4735.57	5949.65	7225.81
其他金融机构收入	Income from Other Financial Institutions	6.59	94.34	39.66	23.53	33.38
汇兑收入	Income from Remittances	5.85	31.86	153.36	77.91	61.14
其他收入	Other Income	27.68	299.13	529.26	637.36	801.63
债券收入	Income from Bonds		10.33	13.16	8.99	8.36
支出合计	**Total Cash Expenditure**	**428.48**	**3193.66**	**6371.76**	**7678.10**	**9239.30**
工资性支出	Wages	93.65	283.46	329.15	390.07	434.18
国家单位	Government Units	78.72	236.95	265.68	299.90	316.03
#职工工资	Wages of Staff & Workers	45.54	126.43	163.35	195.33	206.64
奖金	Bonus of Staff & Workers	7.77	30.91			
对个人其他	Other Payments to Individuals	25.41	79.61	102.33	104.57	109.39
部队存款	Saving Deposits from Army	3.15	6.60	15.20	19.26	18.97
城镇集体单位	Urban Collective Owned Enterprises	11.78	39.91	48.27	70.91	99.17
农副产品采购支出	Purchases of Agricultural & Sideline Products	48.29	124.55	169.82	170.36	206.99
工矿产品收购支出	Purchases of Industrial & Mineral Products & Other Products	11.87	65.86	119.59	115.28	147.29
行政企业管理费	Government & Enterprise Overhead	28.62	134.17	241.10	262.03	270.15
城乡个体经营支出	Expenditure for Individual Business	4.64	45.57	145.91	150.71	204.03
储蓄存款支出	Expenditure for Saving Deposits	173.18	2006.50	4673.15	5866.53	7128.77
其他金融机构支出	Expenditure for Other Financial Institutions	6.34	75.25	26.97	23.80	24.44
汇兑支出	Expenditure for Remittances	8.67	54.88		75.18	64.70
其他支出	Other Expenditure	53.22	396.10	659.12	618.54	752.11
债券支出	Expendifure for Bonds		7.32	6.95	5.60	6.64
净投放	**Cash Withdrawn**					
净回笼	**Currency Issuance**	**16.45**	**35.39**	**146.59**	**137.87**	**154.09**

8—8 主要年份保险业务
Major Indicators of Insurance Business in Main Years

项　目	Item	1990	1995	2000	2002	2003
财产保险业务	**Property Insurance Business**					
承保额(亿元)	Amount Issued(100 million yuan)	519.00	1419.00	1876.44	3732.50	5417.35
#企业财产	Enterprise Property	250.00	641.00	1198.40	1384.21	1549.52
家庭财产	Family Property	37.00	101.00	149.37	293.99	359.30
运输工具	Transport Tools	43.00	217.00	302.63	878.92	1476.22
货物险	Freight	126.00	261.00	253.06	341.82	458.94
保费收入(万元)	Premium(10 000 yuan)	24317	99793	121554	147593	174672
企业财产险	Enterprise Property Insurance	5973	18155	29131	30358	33662
家庭财产险	Family Property Insurance	862	2598	2045	6121	12411
运输工具及责任险	Transport Tools & Related Liability Insurance	8479	54208	74670	94405	105920
#汽车	Vehicles Insurance	7269	44379	62755	83216	90861
船舶	Ship Insurance	482	1510	902	1055	1664
货物运输险	Freight Transport Insurance	5421	10680	7324	8315	8296
#铁路	Railway Insurance	2136	3522	2507	1942	1410
进出口	Import & Export Insurance	2586	5666	1373	1758	1776
农业险	Agriculture Insurance	613	1626	1564	1800	922
其他财产险	Other Property Insurance	2969	12526	6820	6594	13461
保险储金收入(万元)	Insurance Deposits Income(10 000 yuan)	1723	7648	11867	6116	5798
财产险	Property Insurance	1441	6702	11445	5912	5612
农业险	Agriculture Insurance	282	946	422	204	186
赔案件数(件)	Cases of Claims(case)	109725	151647	121453	167283	230433
已决	Settled	106850	140249	109504	146079	203633
未决	Unsettled	2875	11398	11949	21204	26780
已决赔款(万元)	Indemnity Expenditure(10 000 yuan)	10735	56692	56084	66681	79016
企业财产险	Enterprise Property Insurance	2115	7894	10036	12051	12145
家庭财产险	Family Property	976	1612	332	538	565
运输工具及责任险	Transport Tools & Related Liability Insurance	5027	32766	39053	47204	57087

8—8 续表 continued

项目	Item	1990	1995	2000	2002	2003
#汽车	Vehicles Insurance	4334	28993	36241	44307	53567
船舶	Ship Insurance	322	895	456	781	778
货物运输险	Freight Transport Insurance	1894	6638	3243	3006	3805
#铁路	Railway Insurance	893	2546	1551	948	859
进出口	Import & Export Insurance	936	2805	664	492	973
农业险	Agriculture Insurance	524	6355	1027	664	592
其他财产险	Other Property Insurance	199	1427	2393	3218	4821
人寿保险业务	**Life Insurance Company**					
个人代理人员数(人)	Specialized Agent(person)			9055	20023	33516
承保人数合计(万人)	Person of Insurance(10 000 persons)	809.24	1499.69	1001.55	1918.00	2216.78
短期险	Short - term Insurance	611.17	1188.70	863.25	1838.00	1885.09
寿险业务	Life Insurance	198.07	310.99	138.30	90.00	331.69
承保金额合计(亿元)	Amount Insurance(100 million yuan)	136.00	1684.00	2412.76	4116.81	7200.53
短期险	Short - term Insurance	113.00	1585.00	1795.34	3959.71	7030.92
寿险业务	Life Insurance	23.00	99.00	617.42	157.10	169.61
保费收入合计(万元)	Premium(10 000 yuan)	13607	52782	188196	334252	400447
短期险	Short - term Insurance	3007	18421	27484	35593	39869
寿险业务	Life Insurance	10600	34361	160712	298659	360578
储金收入(万元)	Deposits Income(10 000 yuan)	2172	10469			
赔款及给付合计(万元)	Claim & Payment(10 000 yuan)	2026	14490	56697	58134	52805
短期险	Short - term Insurance	1316	9630	11447	15565	17603
寿险业务	Life Insurance	710	4860	45250	42569	35202

主要统计指标解释

财政收入　是指国家财政参与社会产品分配所取得的收入，是实现国家职能的财力保证。财政收入所包括的内容几经变化，目前主要包括：(1)各项税收，包括增值税、营业税、消费税、土地增值税、城市维护建设税、资源税、城市土地使用税、印花税、房产税、车船使用税、屠宰税、个人所得税、企业所得税、关税、契税、农牧业税和耕地占用税等。(2)专项收入：包括征收排污费收入、城市水资源费收入、教育费附加收入、矿产资源补偿费收入。(3)其他收入，包括国有资产经营收益、国有企业计划亏损补贴、基本建设贷款归还收入、基本建设收入、罚没收入、行政性收费收入、其他收入等。

地方财政收入　指按财政体制划分的地方本级收入。1994 年分税制财政体制改革以后，属于中央财政的收入包括关税、海关代征消费税和增值税，消费税，中央企业所得税，地方银行和外资银行及非银行金融企业所得税，铁道、银行总行、保险总公司等集中缴纳的营业税、所得税、利润和城市维护建设税，增值税的 75% 部分，证券交易税(印花税)50% 部分和海洋石油资源税。属于地方财政的收入包括营业税，地方企业所得税，个人所得税，城镇土地使用税，固定资产投资方向调节税，城镇维护建设税，房产税，车船使用税，印花税，屠宰税、农牧业税，农业特产税，耕地占用税，契税、增值税的 25% 部分，证券交易税(印花税)50% 部分和除海洋石油资源税以外的其他资源税。

财政支出　是指国家为行使其职能，对筹集的财政资金进行有计划的分配使用的总称。国家财政支出，体现政府的活动范围和方向，反映财政资金的分配关系。财政支出主要包括：(1)基本建设支出；(2)企业挖潜改造资金；(3)地质勘探费；(4)科技三项费用；(5)流动资金；(6)支援农村生产支出；(7)农林水利气象等部门的事业费；(8)工业交通等部门事业费；(9)商业部门事业费；(10)城市维护费；(11)文教卫生事业费；(12)科学事业费；(13)其他部门事业费；(14)抚恤和社会福利救济费；(15)国防支出类；(16)行政管理费；(17)公检法支出；(18)价格补贴支出；(19)支援不发达地区支出；(20)专项支出；(21)农业综合开发支出；(22)行政事业单位离退休经费(23)其他支出等。

地方财政支出　指根据政府在经济和社会活动中的不同职责，划分中央和地方政府的责权，按照政府的责权划分确定的支出。中央财政支出包括国防支出，武装警察部队支出，中央行政管理费和各项事业费，重点建设支出以及中央政府调整国民经济结构、协调地区发展、实施宏观调控的支出。地方财政支出主要包括地方行政管理和各项事业费，地方统筹的基本建设、技术改造支出，支援农村生产支出，城市维护和建设费，价格补贴支出等。

地方财政用于农业的支出　指国家财政预算内资金用于农业的各项投资支出。包括：(1)对农垦、农业、畜牧、林业、农机管理、水利、水产、气象等部门的各项事业经费和基本建设、流动资金、挖潜改造资金、科技三项费用等专项拨款；(2)支援农业的各项生产支出，如小型农田水利和水土保持补助费、扶持农业经济困难的乡镇企业，农业生产队(组、户)改善生产基本条件的资金和农村开荒补助、农村草场和畜禽保护补助费、农村造林和林木保护补助费、农村水产补助费、农业发展和发展粮食生产专项资金支出、支援不发达地区资金中用于农业的支出等；(3)农业综合开发支出。

地方财政用于教育的支出　指国家财政预算内资金安排用于教育的各项支出。包括：(1)教育部门的事业费和基本建设拨款；(2)各部门事业费中用于教育的支出。如中等专业学校、技工学校经费、干部培训费等；(3)专项经费中的教育费附加支出，支援不发达地区资金中用于教育的支出。

信贷资金　指金融机构以信用方式积聚和分配的货币资金。金融机构信贷资金的来源有各项存款，对省外(国际)金融机构负债、流通中货币、银行自有资金及当年结益等；信贷资金的运用有各项贷款、黄金占款、外汇占款、财政借款及在省外(国际)金融机构中的资产等。

存款　指企业、机关、团体或居民根据资金必须收回的原则，把货币资金存入银行或其他信用机构保管并取得一定利息的一种信用活动形式。根据存款对象的不同可划分为企业存款、财政存款、机关团体存款、基本建设存款、城镇储蓄存款、农村存款等科目。它是银行信贷资金的主要来源。

贷款　指银行或其他信用机构根据资金必须归还的原则，按一定利率，为企业、个人等提供资金的一种信用活动形式。我国银行贷款分为流动资金贷款、固定资产贷款、城乡个体工商户贷款以及农业贷款等科目。

保险公司　在中国境内的、经过保险监督部门批准设立，并依法登记注册的各类商业保险公司。

保险金额又叫承保额　是指保险人对被保险人负提损失补偿或约定给付的金额。它是保险合同上的最高责任额，也是计算保费的依据。

保费又叫保险费　是指投保人为取得保险人在约定范围内所承担赔偿责任而支付给保险人的费用。

赔款　指保险人根据保险合同的规定，向被保险人支付的赔偿保险责任损失的金额。

给付　包括死伤医疗给付和满期给付。死伤医疗给付是指保险人根据人寿保险及长期健康保险合同的规定，因被保险人在保险期内发生保险责任范围内的保险事故支付给被保险人(或受益人)的金额。满期给付是指被保险人生存期满，保险人按人寿保险合同规定支付给被保险人的满期保险金额。

第九篇

CHAPTER 9

物　价

PRICE

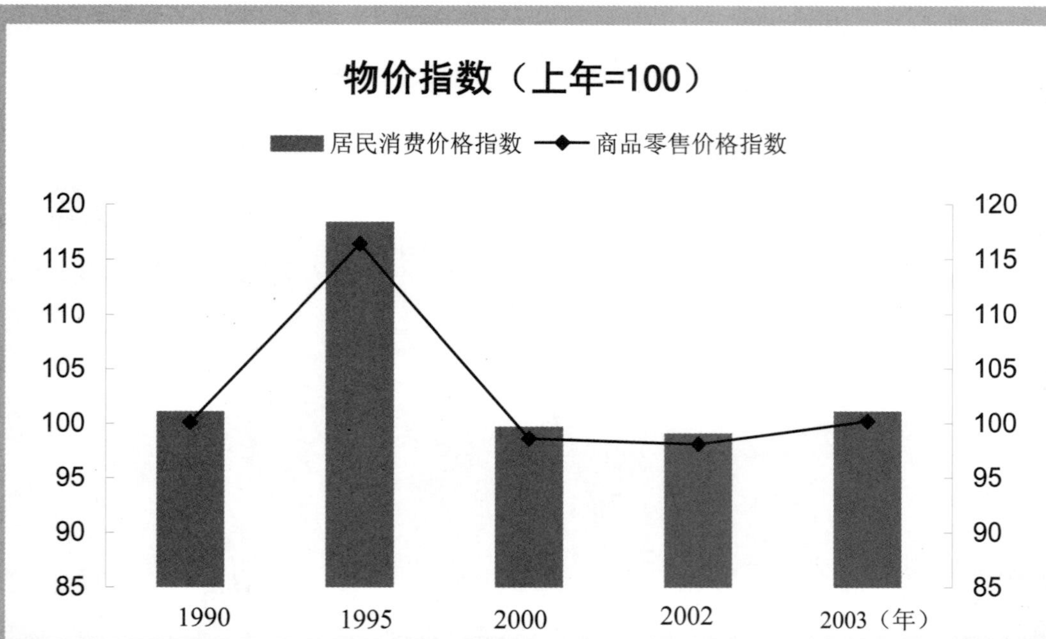
物价指数（上年=100）
居民消费价格指数
商品零售价格指数
120
115
110
105
100
95
90
85
1990
1995
2000
2002
2003（年）

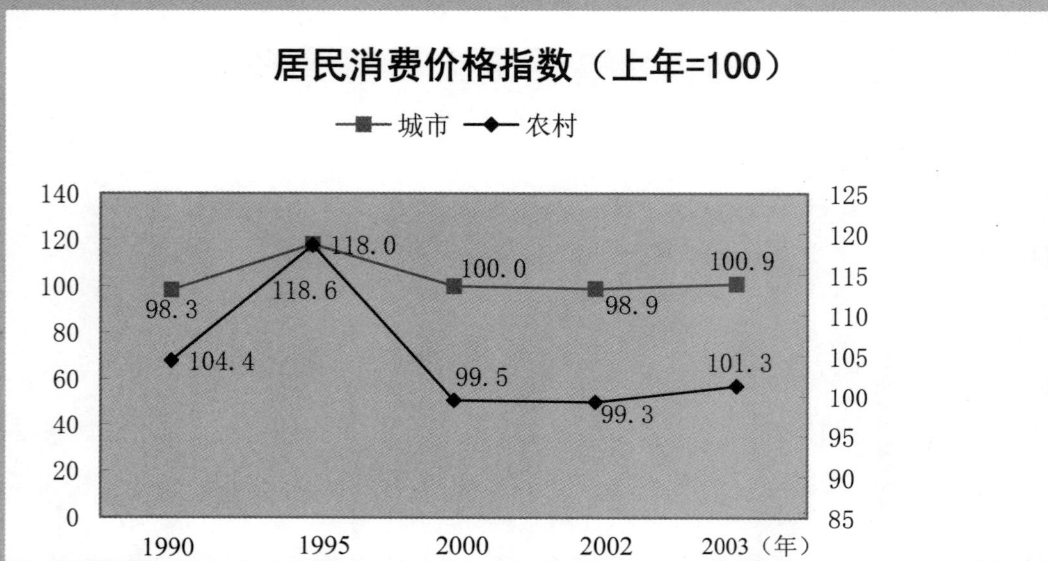
居民消费价格指数（上年=100）
城市
农村
140
120
100
80
60
40
20
0
125
120
115
110
105
100
95
90
85
98.3
118.0
100.0
98.9
100.9
104.4
118.6
99.5
99.3
101.3
1990
1995
2000
2002
2003（年）

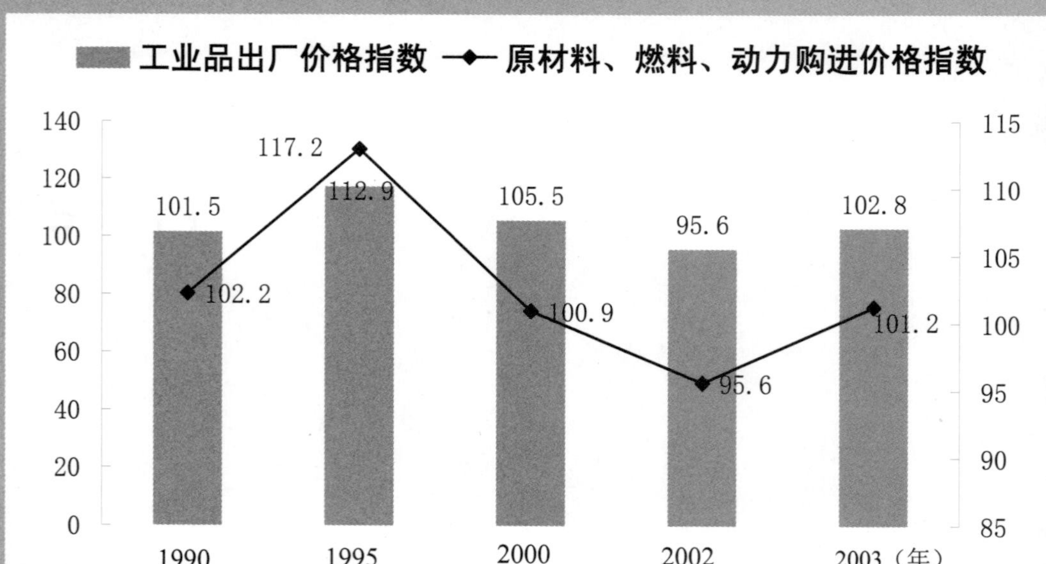
工业品出厂价格指数
原材料、燃料、动力购进价格指数
140
120
100
80
60
40
20
0
115
110
105
100
95
90
85
101.5
112.9
105.5
95.6
102.8
102.2
117.2
100.9
95.6
101.2
1990
1995
2000
2002
2003（年）

9—1 居民消费及商品零售价格总指数(1978—2003 年)

Consumer and Retail General Price Indices(1978—2003)

(以上年价格为 100)(preceding year = 100)

年份 Year	居民消费价格总指数 Consumer General Price Index			商品零售价格总指数 Retail General Price Index		
	全区 Total	城市 Urban Areas	农村 Rural Areas	全区 Total	城市 Urban Areas	农村 Rural Areas
1978	100.0	99.8	100.0	100.0	99.8	100.1
1979	102.6	102.8	101.1	102.3	102.9	101.7
1980	110.0	112.6	106.0	109.2	113.1	106.1
1981	101.6	102.7	100.1	101.7	103.0	100.5
1982	103.3	104.1	102.4	103.1	104.4	102.4
1983	102.7	103.0	102.7	102.8	103.0	102.7
1984	103.3	104.6	102.4	104.2	104.5	104.1
1985	113.0	114.7	111.8	111.2	114.2	109.3
1986	106.2	106.2	106.2	105.1	106.0	104.4
1987	108.2	110.2	105.8	108.0	110.5	105.5
1988	120.8	123.3	118.4	121.0	123.5	119.4
1989	121.1	119.7	123.3	121.3	119.1	123.5
1990	101.1	98.3	104.4	100.1	97.4	102.4
1991	102.8	102.7	103.0	102.5	102.5	102.5
1992	105.9	107.0	105.4	104.6	106.2	103.9
1993	122.0	123.3	119.1	118.9	121.9	114.8
1994	126.0	125.4	126.5	124.4	122.7	125.6
1995	118.4	118.0	118.6	116.4	115.0	117.7
1996	106.5	105.5	107.4	104.5	104.1	104.9
1997	100.8	100.7	100.8	99.6	99.9	99.4
1998	97.0	97.1	96.8	96.3	96.7	95.9
1999	97.7	97.2	98.2	97.2	96.8	97.6
2000	99.7	100.0	99.5	98.6	98.4	98.8
2001	100.6	101.3	99.6	97.8	97.3	99.0
2002	99.1	98.9	99.3	98.1	98.2	98.0
2003	101.1	100.9	101.3	100.2	99.6	100.8

注:1994 年起商品零售价格总指数不包含农资。

Note: Retail General Price Index since 1994 has excluded agricultural means of production.

9—2 各地区商品零售和农业生产资料价格指数(2003年)

Retail and Agricultural Means of Production Price Indices by Region(2003)

(以上年价格为100)(preceding year = 100)

地 区	Region	总指数 General Index	一、食品类 Food	粮食 Grain	油脂类 Oil or Fat	肉禽蛋 Meal and eggs	水产品 Aquatic Products	鲜菜 Fresh Vegetables	干菜 Dried Vegetables
全区平均	**Average of the Whole Autonomous Region**	**100.2**	**103.1**	**107.1**	**111.1**	**102.2**	**98.0**	**111.7**	**99.3**
城市平均	**Average of Urban Areas**	**99.6**	**101.9**	**104.5**	**108.0**	**102.2**	**97.5**	**109.5**	**97.7**
南宁市	Nanning	99.5	100.7	102.7	106.4	99.4	99.3	112.2	96.7
柳州市	Liuzhou	99.2	103.1	109.0	109.1	103.6	103.3	108.4	96.6
桂林市	Guilin	100.1	102.2	110.2	110.4	104.6	96.6	93.4	110.8
北海市	Beihai	99.2	101.4	100.5	110.2	100.8	99.8	110.4	99.1
梧州市	Wuzhou	100.4	102.4	109.2	114.4	101.8	100.6	105.0	89.7
农村平均	**Average of Rural Areas**	**100.8**	**104.1**	**109.0**	**113.2**	**102.1**	**98.4**	**114.5**	**100.6**
贵港市	Guigang	101.1	104.6	113.5	111.2	100.7	93.7	112.4	102.3
百色市	Baise	99.4	101.2	99.9	114.6	98.1	95.0	109.4	107.9
贺州市	Hezhou	101.0	104.6	108.5	115.2	106.9	100.9	112.5	94.3

9—2 续表1 continued

地 区	Region	鲜果 Fresh Fruits	干果 Dried Fruis	其他食品 Other Foods	二、饮料烟酒类 Beverages, Tobacco and Liquor	饮料 Beverages	三、服装鞋帽类 Garments, Shoes and Hats	服装 Garments	鞋 Shoes
全区平均	**Average of the Whole Autonomous Region**	**107.1**	**107.8**	**100.1**	**99.6**	**96.4**	**99.6**	**98.7**	**102.6**
城市平均	**Average of Urban Areas**	**102.2**	**106.6**	**98.6**	**97.9**	**92.3**	**101.1**	**99.6**	**106.5**
南宁市	Nanning	96.5	98.4	98.8	98.0	91.9	100.4	95.7	114.1
柳州市	Liuzhou	99.5	111.7	97.6	99.9	95.9	105.2	107.8	100.8
桂林市	Guilin	104.3	113.6	99.7	100.2	97.7	98.2	96.5	104.1
北海市	Beihai	106.1	105.9	1007.0	97.1	98.8	95.6	93.4	100.0
梧州市	Wuzhou	107.1	103.0	99.2	100.2	103.0	101.2	100.3	103.3
农村平均	**Average of Rural Areas**	**112.0**	**109.2**	**101.2**	**100.5**	**99.6**	**98.3**	**94.4**	**99.0**
贵港市	Guigang	122.3	114.2	107.7	111.0	101.2	105.7	104.8	103.0
百色市	Baise	108.9	117.0	100.3	101.0	99.4	93.6	90.8	99.4
贺州市	Hezhou	108.2	92.1	99.1	100.0	100.0	98.5	97.5	100.0

9—2 续表 2 continued

地 区	Region	其他衣着 Other Clothing	四、纺织品类 Textiles	棉布 Cotton Cloth	棉花化纤混纺布 Blend Cloth	化纤布 Chemical Fiber Cloth	其他纺织品 Other Textiles	五、日用品 Newspapers and Magazines	六、体育娱乐用品 Sports and Recreational Goods
全区平均	**Average of the Whole Autonomous Region**	**97.0**	**98.9**	**97.8**	**96.9**	**96.2**	**100.3**	**98.1**	**99.0**
城市平均	**Average of Urban Areas**	**97.7**	**97.9**	**96.2**	**98.3**	**94.0**	**99.5**	**98.0**	**99.3**
南宁市	Nanning	95.6	98.6	100.0	100.0	98.6	100.0	97.7	101.6
柳州市	Liuzhou	98.4	93.2	91.4	98.3	80.6	100.0	96.7	97.7
桂林市	Guilin	95.9	98.8	100.0	93.0	101.5	100.0	99.3	99.3
北海市	Beihai	98.3	100.0	100.0	100.0	100.0	100.0	100.3	98.4
梧州市	Wuzhou	104.0	98.8	93.4	85.6	96.7	107.2	100.2	98.1
农村平均	**Average of Rural Areas**	**96.7**	**100.3**	**98.5**	**96.3**	**97.8**	**100.0**	**98.1**	**98.4**
贵港市	Guigang	112.0	98.4	98.8	89.4	95.6	100.0	95.5	99.9
百色市	Baise	100.0	98.6	100.7	101.0	100.0	100.0	100.3	94.7
贺州市	Hezhou	100.0	99.8	97.3	99.4	100.7	100.0	99.7	96.7

9—2 续表 3 continued

地 区	Region	体育用品 Sports Goods	娱乐用品 Recreational Goods	七、交通、通信用品 Transportation and Communication Articles	1. 交通运输机械 Transport Equipment	2. 通讯器材类 Telecommunications Equipment	八、家具 Furniture	九、化妆品类 Cosmetics	十、金银珠宝类 Jewelry
全区平均	**Average of the Whole Autonomous Region**	**99.0**	**98.9**	**88.9**	**94.1**	**80.4**	**99.1**	**98.9**	**105.8**
城市平均	**Average of Urban Areas**	**99.3**	**99.3**	**90.5**	**94.7**	**82.5**	**96.3**	**98.3**	**106.5**
南宁市	Nanning	100.0	103.7	89.8	96.0	81.1	95.0	94.5	103.6
柳州市	Liuzhou	97.8	97.5	90.0	96.8	78.0	91.1	100.3	107.6
桂林市	Guilin	100.0	98.6	92.1	91.9	92.6	97.9	100.2	107.8
北海市	Beihai	100.0	96.9	92.6	96.3	84.4	100.0	98.7	105.5
梧州市	Wuzhou	99.2	97.9	89.1	91.9	84.2	96.3	100.7	106.4
农村平均	**Average of Rural Areas**	**98.6**	**98.2**	**86.7**	**93.1**	**78.1**	**102.1**	**99.8**	**104.6**
贵港市	Guigang	100.0	99.8	89.9	94.3	83.5	105.1	99.5	104.4
百色市	Baise	93.9	95.5	88.9	94.0	77.1	102.4	98.2	109.8
贺州市	Hezhou	100.0	92.5	92.4	99.4	86.1	98.2	100.7	104.6

9—2 续表 4 continued

地区	Region	十一、中西药品及医疗保健用品类 Traditional Chinese, Western Medicine and Medical Articles	中药 Traditional Chinese Medicine	西药 Western Medicine	医疗用品 Medical Articles	十二、书报杂志及电子出版物类 Newspapers, Magazines and E-lectrical Products	农业生产资料价格指数 Price Index of Agricultural Means of Production	小农具 Small Farm Tools	饲料 Forage
全区平均	**Average of the Whole Autonomous Region**	**101.5**	**94.9**	**98.2**	**97.5**	**99.6**	**102.4**	**100.4**	**98.8**
城市平均	**Average of Urban Areas**	**100.4**	**114.5**	**97.4**	**101.7**	**99.9**			
南宁市	Nanning	98.9	118.7	95.3	98.5	100.0			
柳州市	Liuzhou	103.2	109.7	100.2	92.1	99.8			
桂林市	Guilin	98.8	103.7	97.4	106.4	99.5			
北海市	Beihai	96.0	103.4	94.3	100.5	99.8			
梧州市	Wuzhou	105.8	121.2	104.4	91.4	95.8			
农村平均	**Average of Rural Areas**	**102.7**	**115.7**	**98.7**	**103.1**	**99.3**	**102.4**	**100.4**	**98.8**
贵港市	Guigang	106.0	122.7	99.9	97.2	98.8	100.9	99.8	96.2
百色市	Baise	99.4	117.5	93.9	96.7	100.5	97.6	120.2	97.4
贺州市	Hezhou	96.9	104.2	97.4	99.2	95.4	105.6	102.4	107.3

9—2 续表 5 continued

地区	Region	幼禽家畜 Young Livestock and Fowls	大牲畜 large animals	半机械化农具 Semimechanized Farm Tools	机械化农具 Mechanized Farm Machinery	化学肥料 Chemical Fertilizer	农药及农药械 Pesticide and Its Appliances	农用机油 Oil for Farm Machinery	其他 Others
全区平均	**Average of the Whole Autonomous Region**	**102.7**	**103.4**	**99.8**	**99.8**	**101.1**	**109.8**	**111.8**	**97.8**
贵港市	Guigang	101.4	103.1	100.0	98.2	99.2	97.9	111.9	97.8
百色市	Baise	99.1	102.5	93.3	92.4	94.4	100.7	103.9	99.2
贺州市	Hezhou	105.2	100.0	97.6	96.9	108.7	100.9	111.3	102.3

9—3 各地区居民消费价格指数(2003 年)

Consumer Price Indices by Region(2003)

(以上年价格为 100)(preceding year = 100)

地 区	Region	总指数 General Index	一、食品 Food	1. 粮食 Grain	2. 淀粉及薯类 Starches and Tubers	3. 干豆类及豆制品 Bean and Its Products	4. 油脂 Oil or Fat	5. 肉禽及制品 Meal, Poultry and Their Products	6. 蛋 Eggs
全区平均	**Average of the Whole Autonomous Region**	**101.1**	**102.9**	**106.8**	**98.0**	**105.5**	**113.1**	**101.9**	**99.2**
城市平均	**Average of Urban Areas**	**100.9**	**102.1**	**105.1**	**97.5**	**106.7**	**107.9**	**101.4**	**97.8**
南宁市	Nanning	100.8	100.6	102.7	99.6	109.0	106.4	99.5	97.3
柳州市	Liuzhou	100.6	102.9	108.8	94.8	106.2	109.2	103.4	93.8
桂林市	Guilin	100.6	102.0	109.8	94.3	106.4	110.1	103.7	98.9
北海市	Beihai	99.9	101.1	100.5	95.9	102.6	111.7	100.7	105.6
梧州市	Wuzhou	101.3	102.5	109.4	94.4	101.5	114.3	101.8	95.9
农村平均	**Average of Rural Areas**	**101.3**	**104.1**	**111.9**	**105.7**	**104.4**	**117.2**	**102.6**	**102.0**
贵港市	Guigang	102.5	105.4	114.9	105.1	104.6	117.6	100.6	99.1
百色市	Baise	101.4	101.3	99.7	106.8	101.6	116.5	97.5	99.5
贺州市	Hezhou	101.2	104.2	109.2	101.8	98.5	115.1	107.5	95.7

9—3 续表 1 continued

地 区	Region	7. 水产品 Aquatic Products	8. 菜 Vegetables	9. 调味品 Flavoring	10. 糖 Sugars	11. 茶及饮料 Tea and Beverages	12. 干鲜瓜果 Dried and Fresh Melons and Fruits	13. 糕点饼干面包 Cake, Biscuitand Bread	14. 奶及奶制品 Milk and Its Products
全区平均	**Average of the Whole Autonomous Region**	**97.9**	**109.4**	**100.9**	**97.9**	**97.8**	**105.9**	**99.8**	**95.0**
城市平均	**Average of Urban Areas**	**98.6**	**109.5**	**101.7**	**99.1**	**96.4**	**103.1**	**99.8**	**93.3**
南宁市	Nanning	99.3	110.2	102.4	110.1	95.4	96.7	100.1	99.5
柳州市	Liuzhou	103.5	107.1	99.8	106.0	96.4	101.5	101.8	98.0
桂林市	Guilin	97.7	95.0	100.0	101.0	98.4	106.3	98.8	100.1
北海市	Beihai	97.0	108.7	105.1	94.2	99.4	106.0	100.0	98.6
梧州市	Wuzhou	100.6	102.8	103.1	101.8	102.8	106.0	100.0	101.2
农村平均	**Average of Rural Areas**	**97.0**	**109.4**	**100.1**	**96.7**	**99.8**	**111.6**	**99.9**	**104.2**
贵港市	Guigang	93.8	110.0	105.5	102.4	118.8	121.0	99.9	105.9
百色市	Baise	94.8	109.0	98.8	90.3	99.1	109.9	100.1	101.9
贺州市	Hezhou	101.0	107.3	97.6	96.7	100.0	105.4	99.9	98.2

9—3 续表 2 continued

地 区	Region	15. 在外用膳食品 Outward Dinner	16. 其它食品及食品加工服务 Other Foods and Manufacturing Services	二、烟酒及用品 Tobacco, Liquor and Articles	1. 烟草 Tobacco	2. 酒 Liquor	3. 吸烟饮酒用品 Articles for Smoking and Drinking	三、衣着 Clothing	1. 服装 Garments
全区平均	**Average of the Whole Autonomous Region**	**99.5**	**100.0**	**100.0**	**98.5**	**102.3**	**99.6**	**98.5**	**96.3**
城市平均	**Average of Urban Areas**	**99.2**	**98.7**	**98.9**	**97.6**	**101.2**	**97.8**	**99.6**	**97.3**
南宁市	Nanning	98.6	98.9	98.3	97.5	100.4	96.2	99.8	95.4
柳州市	Liuzhou	99.4	98.0	100.1	98.0	102.7	101.1	103.6	106.1
桂林市	Guilin	100.2	99.7	100.8	102.2	99.4	100.0	98.1	96.3
北海市	Beihai	99.7	100.7	97.5	95.9	98.4	100.1	95.6	93.9
梧州市	Wuzhou	100.3	99.2	99.7	99.2	100.2	100.0	100.8	100.3
农村平均	**Average of Rural Areas**	**100.2**	**100.5**	**101.0**	**99.2**	**103.1**	**101.9**	**96.6**	**94.5**
贵港市	Guigang	101.0	106.6	112.4	99.5	131.8	93.2	104.5	104.3
百色市	Baise	100.6	100.8	101.9	100.1	104.4	100.9	94.3	92.6
贺州市	Hezhou	98.3	99.2	101.1	101.7	99.8	101.6	98.5	97.9

9—3 续表 3 continued

地 区	Region	2. 衣着材料 Clothing Material	3. 鞋袜帽 Footgear and Hats	4. 衣着加工服务业 Clothing Manufacturing Services	四、家庭设备用品及维修服务 Household Facilities, Articles and Services	1. 耐用消费品 Durable Consumer Goods	2. 室内装饰品 Interior Decorations	3. 床上用品 Bed Articles	4. 家庭日用杂品 Daily Use Household Articles
全区平均	**Average of the Whole Autonomous Region**	**98.0**	**104.0**	**99.4**	**97.4**	**94.6**	**97.2**	**100.1**	**97.7**
城市平均	**Average of Urban Areas**	**98.2**	**106.4**	**99.0**	**96.5**	**93.0**	**96.3**	**99.0**	**97.2**
南宁市	Nanning	98.9	112.7	100.0	97.0	93.9	94.1	98.3	95.9
柳州市	Liuzhou	90.7	100.5	94.1	92.4	89.6	106.2	98.7	95.7
桂林市	Guilin	100.8	103.2	100.0	95.2	91.9	98.1	99.4	98.8
北海市	Beihai	100.0	100.0	100.0	98.6	96.2	100.0	100.0	101.2
梧州市	Wuzhou	96.7	102.7	100.0	96.5	93.6	89.2	100.0	100.1
农村平均	**Average of Rural Areas**	**97.8**	**100.5**	**100.3**	**99.2**	**99.1**	**100.1**	**102.1**	**98.4**
贵港市	Guigang	98.5	106.5	100.5	95.8	95.9	80.6	97.1	96.2
百色市	Baise	96.4	96.9	100.4	101.6	99.7	113.1	100.6	102.8
贺州市	Hezhou	99.4	100.0	100.0	97.2	94.5	90.4	100.1	100.9

9—3 续表 4 continued

地 区	Region	5. 家庭服务及加工维修服务 Other Household Service and Manufacturing Upkeep	五、医疗保健和个人用品 Health Cares & Personal Articles	1. 医疗保健 Medical Applian-ces and Articles	2. 个人用品及服务 Personal Articles and Services	六、交通和通讯 Transporta-tion and Communica-tion	1. 交通 Transpor-tation	2. 通讯 Commun-ication	七、娱乐教育文化用品及服务 Recreation, Education and Culture Articles and Service
全区平均	**Average of the Whole Autonomous Region**	**106.2**	**102.8**	**103.9**	**100.8**	**96.4**	**97.9**	**94.4**	**100.6**
城市平均	**Average of Urban Areas**	**107.8**	**102.6**	**104.2**	**98.9**	**96.2**	**98.4**	**94.4**	**100.8**
南宁市	Nanning	114.1	102.6	105.5	96.4	95.4	98.0	92.6	102.7
柳州市	Liuzhou	91.2	105.0	106.4	101.7	93.9	98.3	89.9	98.9
桂林市	Guilin	100.0	99.3	99.6	98.6	96.9	102.1	93.8	101.4
北海市	Beihai	100.0	98.1	97.9	98.8	98.8	101.1	96.9	99.6
梧州市	Wuzhou	100.0	105.0	108.0	99.0	97.7	98.7	96.8	100.9
农村平均	**Average of Rural Areas**	**99.8**	**103.1**	**103.2**	**102.9**	**96.7**	**97.4**	**94.7**	**100.4**
贵港市	Guigang	100.0	103.9	104.8	102.1	96.6	97.5	94.9	99.9
百色市	Baise	99.1	106.1	104.7	108.1	93.0	94.5	88.4	107.4
贺州市	Hezhou	100.0	102.1	100.6	105.2	96.3	100.7	92.5	98.4

9—3 续表 5 continued

地 区	Region	1. 文娱用耐用消费品及服务 Durable Consumer Goods for Recreational Use	2. 教育 Education	3. 文化娱乐用品 Cultural and Recreational Articles	4. 旅游及外出 Touring and Outgoing	八、居住 Residence	1. 建房及装修材料 Building and Building Decoration Mat-erials	2. 租房 Rent	3. 自有住房 Private Housing	4. 水、电、燃料 Water, Electr-sicity and Fuels
全区平均	**Average of the Whole Autonomous Region**	87.8	104.8	100.9	98.1	102.3	99.9	108.7	99.4	105.0
城市平均	**Average of Urban Areas**	87.2	106.6	101.2	98.1	103.5	99.7	110.1	99.2	106.3
南宁市	Nanning	91.1	108.5	102.9	97.9	105.2	101.8	108.1	99.7	108.5
柳州市	Liuzhou	82.6	107.5	102.3	100.2	102.3	97.7	100.0	98.3	107.6
桂林市	Guilin	93.7	106.2	100.1	96.4	103.0	99.0	100.0	100.0	107.6
北海市	Beihai	90.9	102.9	99.9	98.7	102.3	101.0	100.0	99.1	105.1
梧州市	Wuzhou	97.4	103.4	100.2	95.9	101.8	101.5	100.0	99.1	104.0
农村平均	**Average of Rural Areas**	**88.8**	**103.2**	**100.0**	**96.4**	**100.6**	**99.9**	**100.2**	**100.0**	**102.3**
贵港市	Guigang	90.3	104.0	98.8	94.8	101.2	99.6	100.0	99.0	106.3
百色市	Baise	95.3	109.7	116.0	100.9	98.9	94.6	104.9	98.9	111.1
贺州市	Hezhou	95.3	98.9	100.6	94.1	103.0	101.9	100.0	98.9	107.8

9—4 主要年份工业品出厂价格分类指数

Ex-Factory Price Indices of Industrial Products in Main Years

(以上年价格为 100)(preceding year = 100)

指　标	Item	1990	1995	2000	2002	2003
总指数	**General Index**	**101.5**	**117.2**	**105.5**	**95.6**	**102.8**
按轻重工业分	**Grouped by Light & Heavy Industry**					
轻工业	Light Industry	101.0	123.8	109.0	90.6	98.8
以农产品为原料	Using Farm Products as Raw Materials	102.6	126.6	109.9	89.8	98.4
以非农产品为原料	Using Non-Farm Products as Raw Materials	97.4	113.1	100.4	97.0	99.8
重工业	Heavy Industry	102.0	111.2	103.1	98.4	105.7
采掘	Mining and Quarrying	90.1	126.6	106.1	102.5	107.5
原料	Raw Materials Industry	97.0	105.3	106.1	98.3	107.9
加工	Manufacturing Industry	108.6	115.8	96.0	98.3	103.1
按两大部类分	**Grouped by Producion& Living materials**					
生产资料	Production Materials	102.0	114.2	103.2	98.2	105.3
生活资料	Living Materials	100.8	121.4	110.4	88.5	96.3
按工业部门分	**Grouped by Department of Industry**					
冶金工业	Metallurgical Industry	97.4	111.0	108.5	94.3	115.9
电力工业	Power Industry	90.2	107.9	112.6	101.8	100.0
煤炭及炼焦工业	Coal and Coking Industry	98.7	100.9	104.1	113.0	100.9
化学工业	Chemical Industry	100.2	129.2	95.6	98.2	102.4
机械工业	Machine Industry	106.8	106.2	95.7	98.4	96.8
建筑材料工业	Building Materials Industry	97.2	95.2	100.6	99.3	100.9
森林工业	Timber Industry	89.0	99.8	101.4	94.9	97.1
食品工业	Food Indusrtry	99.3	124.4	111.1	88.1	96.9
纺织工业	Textile Industry	104.6	126.1	115.5	88.5	108.9
造纸工业	Paper Making Industry	105.8	146.6	111.2	96.8	102.1
其他工业	Other Industry	102.4	126.1	98.4	101.8	102.2

9—4 续表 continued

指　标	Item	1990	1995	2000	2002	2003
按工业行业分	**Grouped by Industrial Sector**					
煤炭采选业	Coal Mining and Dressing	98.5	109.4	104.1	118.7	100.9
黑色金属矿采选业	Ferrous Metals Mining and Dressing	98.4	96.9	111.0	104.9	101.8
有色金属矿采选业	Nonferrous Metals Miningand Dressing	94.9	143.4	107.4	94.3	116.5
非金属矿采选业	Building Materials and Other Non - metal Minerals Mining and Dressing	80.0	114.7	109.7	102.4	103.0
自来水生产和供应业	Production and Supply of Tap Water	105.6	116.9	106.7	101.7	102.9
食品制造业	Food Manufacturing	97.1	132.6	116.8	101.5	101.3
饮料制造业	Beverage Manufacturing	104.9	121.2	100.4	99.2	100.0
烟草加工业	Tobacco Processing	99.3	112.9	100.0	104.7	102.8
饲料工业	Feed Processing	95.3	126.7	92.7	98.8	101.4
纺织业	Textile Industry	104.7	123.6	118.0	88.8	108.8
木材加工及竹、藤、棕草制品业	Timber Processing, Bamboo, Cane, Palm Fiber and Straw Products	100.0	93.5	100.7	94.0	97.1
家具制造业	Furniture Manufacturing	106.2	139.2	111.2	100.4	97.0
造纸及纸制品业	Papermaking and Paper Products	105.8	146.6	97.9	96.4	102.1
文教体育用品制造业	Cultural, Educational and Sports Goods	121.5	127.1	112.6	100.1	100.3
电力、蒸气、热水生产和供应业	Production and Supply of Electric Power, Steam and Hot Water	90.2	107.9	102.3	101.8	100.0
化学工业	Chemical Industy	101.5	117.0	96.4	98.3	103.0
医药工业	Medicine Industry	93.9	137.7	96.6	103.5	101.5
化学纤维工业	Chemical Fiber Industy	99.8	118.8	110.5	94.1	111.3
橡胶制品业	Rubber Products	109.8	127.7	90.9	97.9	96.0
塑料制品业	Plastic Products	98.2	95.2	100.7	93.4	98.5
非金属矿物制品业	Building Materials and Other Non - metal Minerals Mining and Manufecturing	97.2	92.0	100.5	98.9	100.3
黑色金属冶炼及压延加工业	Smelting and Pressing of Ferrous Metals	100.0	116.8	103.1	97.5	125.5
有色金属冶炼及压延加工业	Smelting and Pressing of Nonferrous Metals	90.9	95.7	112.4	92.9	111.8
金属制品业	Metal Products	99.3	106.6	101.5	95.5	98.9
机械工业	Machinery Industry	104.8	104.4	97.8	98.2	95.2
交通、运输设备制造业	Transport Equipment	95.2	108.5	92.6	98.5	95.7
电气机械及器材制造业	Electric Equipment and Machinery	138.2	107.2	94.1	94.3	100.9
仪器、仪表及其他计量器具制造业	Instrument, Meters and Other Eqiupment Manufacturing	100.0	98.2	100.2	101.6	96.9

9—5 主要年份主要原材料、燃料、动力购进价格指数

Purchasing Price Indices of Major Raw Material, Fuel and Power in Main Years

（以上年价格为100）（preceding year = 100）

指　标	Item	1990	1995	2000	2002	2003
总指数	**General Index**	**102.2**	**112.9**	**100.9**	**95.6**	**101.2**
燃料、动力类	Fuel and Power	107.9	107.8	98.9	101.8	101.3
黑色金属材料类	Ferrous Metals	99.9	94.7	103.0	99.8	108.7
其中：钢材	During Perrous matals: steel	—	94.4	105.0	98.6	110.4
有色金属材料类	Nonferrous Metals	90.3	137.6	123.8	94.6	110.6
化工原料类	Raw Chemical Materials	101.3	125.2	104.5	97.9	106.3
木材及纸浆类	Timber and Paper Pulp	102.1	108.9	99.8	101.0	103.5
建筑材料类及非金属矿类	Building Materials and Nonmetal Mineral	97.7	88.1	92.5	98.3	98.8
其他工业原材料及半成品类	Other Industial Raw Materials	—	91.7	104.7	91.4	98.2
农副产品类	Agricultural Products	100.4	148.2	90.3	94.6	92.7
纺织原料类	Textile Materials	105.8	150.5	106.3	89.8	119.7

9—6 主要年份固定资产投资价格指数

Price Indices of Investment in Fixed Assets in Main Years

（以上年价格为100）（preceding year = 100）

指　标	Item	1990	1995	2000	2002	2003
总指数	**General Index**	**103.8**	**103.4**	**101.4**	**100.3**	**101.8**
建筑安装工程	Construction and Installation	103.2	101.8	102.4	100.8	103.5
建筑业产值	Output Value of Construction	103.2	101.8	102.4	100.8	103.5
材料费	Material Expenses	102.9	97.9	101.5	100.1	104.3
人工费	Labour Expenses	105.6	121.6	104.1	102.6	102.1
设备、工器具购置	Purchase of Equipment, Tools and Instruments	102.4	106.2	95.7	98.4	96.9
其他费用	Others	112.5	105.5	104.5	100.1	100.3

9—7 房地产价格指数（2002－2003年）

Price Indices of Real Estate (2002－2003)

（以上年价格为100）（preceding year = 100）

指　标	Item	2002	2003
房屋销售	Selling Price Indices of Houses	102.1	102.1
房屋租赁	Renting Price Indices of Houses	99.6	101.3
土地交易	Transactions Price Indices of Land	103.2	101.9

注：全区房地产价格调查从2002年开始。

Note: Price of real estate of the whole autonomous region has been surveyed from 2002.

主要统计指标解释

居民消费价格指数 是反映一定时期(年、季、月)内城市、农村居民所购买的消费品价格和服务项目价格变动趋势和程度的相对数,是对城市居民消费价格指数和农村居民消费价格指数进行综合汇总的结果。利用居民生活费用价格指数,可以观察、分析消费品的零售价格和服务项目价格变动对城乡居民实际生活费用支出的影响程度。

商品零售价格指数 是反映一定时期内城乡商品零售价格变动趋势的一种经济指数。零售物价的调整变动直接影响城乡居民的生活支出和国家财政的收入,影响居民购买力和市场供需平衡,影响消费与积累的比例。零售物价指数是编制财政计划,制定物价政策和工资政策的重要依据。零售物价指数是根据物价抽样调查资料采取加权算术平均公式计算的,由统计部门按月、季、年编制并公布。

工业品出厂价格指数 是反映一定时期内全部工业产品出厂价格总水平的变动趋势和程度的相对数,其出厂产品包括工业企业出售给本企业以外的所有单位的各种产品和直接售给居民用于生活消费的产品。通过工业品出厂价格指数,能够观察工业品出厂价格变动对工业总产值、增加值、产品成本、利润、税金、工资等的影响。

原材料、燃料、动力购进价格指数 是反映全部工业原材料、燃料、动力购进价格总水平的变动趋势和程度的相对数。用其可以观察和研究工业企业原材料价格变动对生产的影响,以及企业对原材料变动的消化能力和承受能力,为制订价格政策提供依据。

固定资产投资价格指数 是反映固定资产投资额价格变动趋势和程度的相对数。固定资产投资额是由建筑安装工程投资完成额和设备、工器具购置投资完成额和其他费用投资完成额三部分组成的。编制固定资产投资价格指数,先分别编制上述三部分投资的价格指数,然后采用加权算术平均法,计算出固定资产投资价格总指数。

房地产价格指数 是反映全社会及各类房地产价格变动趋势和程度的相对数,包括房屋销售价格指数、房屋租赁价格指数和土地交易价格指数三部分。编制房地产价格指数可以剔除房地产统计指标中的价格变动因素,真实地反映房地产业的发展规模和结构,定期为社会主义市场经济运行主体提供国民经济景气度的变化趋势。

第十篇
CHAPTER 10

人民生活

PEOPLE'S LIVELIHOOD

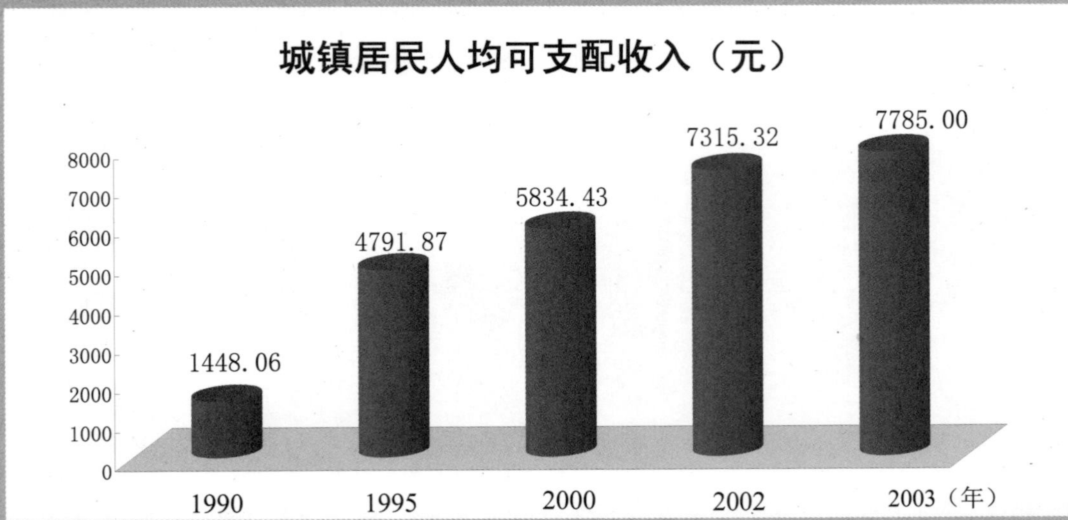
城镇居民人均可支配收入（元）
8000
7000
6000
5000
4000
3000
2000
1000
0
1448.06
4791.87
5834.43
7315.32
7785.00
1990
1995
2000
2002
2003（年）

城镇居民消费支出构成（%）

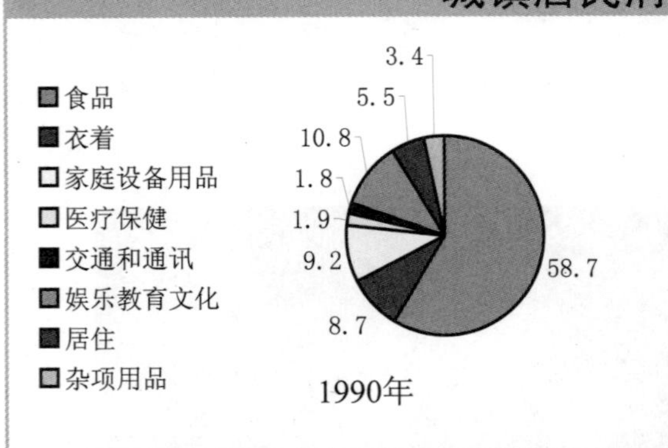
食品
衣着
家庭设备用品
医疗保健
交通和通讯
娱乐教育文化
居住
杂项用品
3.4
5.5
10.8
1.8
1.9
9.2
8.7
58.7
1990年

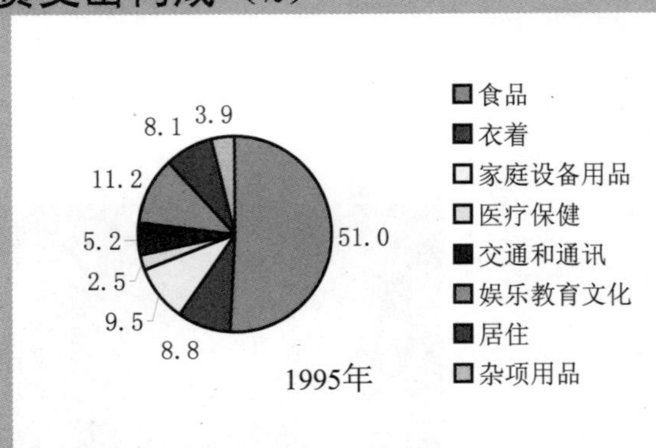
8.1
3.9
11.2
5.2
2.5
9.5
8.8
51.0
1995年
食品
衣着
家庭设备用品
医疗保健
交通和通讯
娱乐教育文化
居住
杂项用品

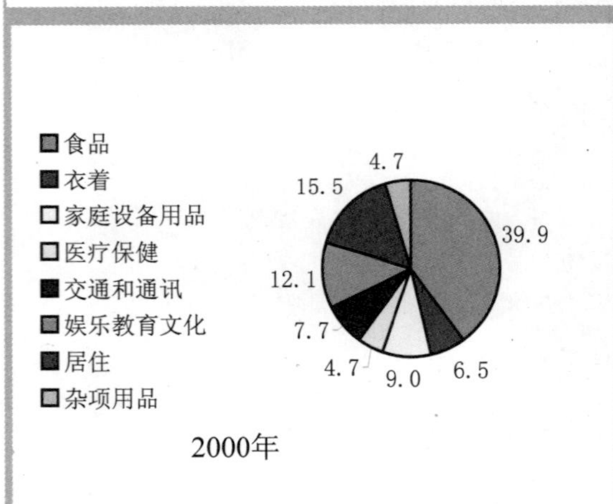
食品
衣着
家庭设备用品
医疗保健
交通和通讯
娱乐教育文化
居住
杂项用品
4.7
15.5
39.9
12.1
7.7
4.7
9.0
6.5
2000年

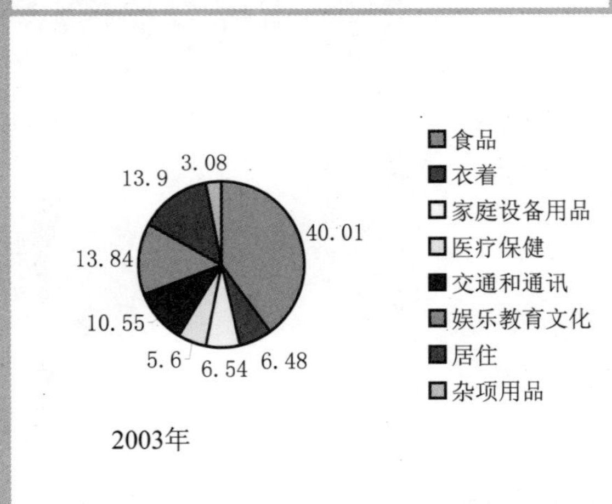
13.9
3.08
40.01
13.84
10.55
5.6
6.54
6.48
2003年
食品
衣着
家庭设备用品
医疗保健
交通和通讯
娱乐教育文化
居住
杂项用品

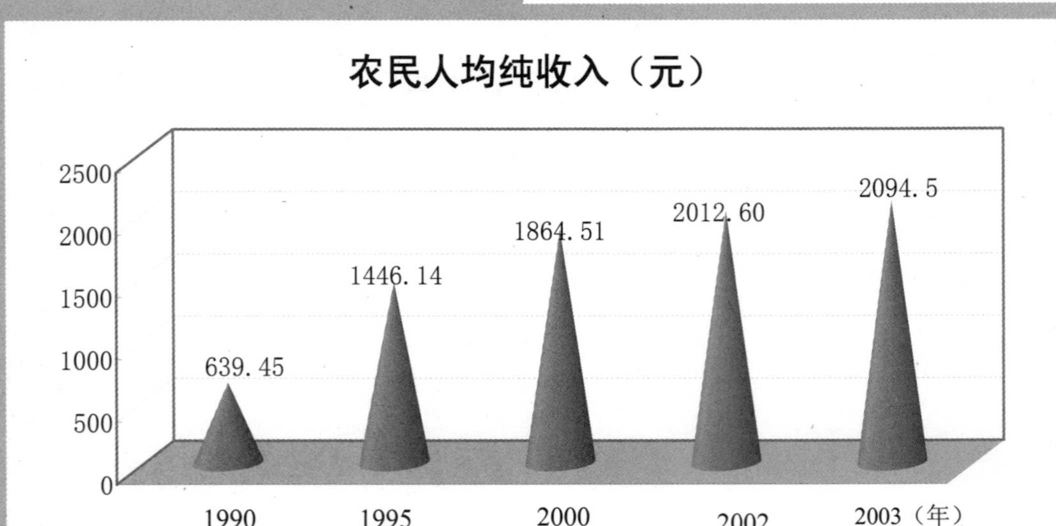
农民人均纯收入（元）
2500
2000
1500
1000
500
0
639.45
1446.14
1864.51
2012.60
2094.5
1990
1995
2000
2002
2003（年）

10—1 主要年份城镇居民家庭人均年收入

Per Capita Annual Income of Urban Households in Main Years

单位:元(yuan)

项　目	Item	1990	1995	2000	2002	2003
现金收入	Cash Income	1814.21	6043.62	7834.04	9438.72	10705.2
实际收入	Actual Income	1601.97	4809.43	5881.65	7756.92	8293.92
可支配收入	Disposable Income	1448.06	4791.87	5834.43	7315.32	7785
国有经济单位职工收入	Income of Staff and Workers in State-owned Units	1175.75	3517.24	3813.90		
工资性收入	Wages Income	1057.77	3364.27	3593.03	工薪收入	工薪收入
#奖金	Bonus	203.38	721.08	552.30	5835.84	6149.76
非工资性收入	Income from Non-wages	117.98	152.97	220.87	工资及补贴	工资及补贴
集体经济单位职工收入	Income of Staff and Workers in State-owned Units	117.59	213.33	132.75	5659.8	5931.36
工资性收入	Wages Income	105.79	204.05	128.68	其它劳动收入	其它劳动收入
#奖金	Bonus	12.97	31.22	10.23	176.04	218.4
非工资性收入	Income from Non-wages	11.80	9.28	4.07		
经营净收入	Net Income from Management	27.76	120.39	260.14	354.6	402.48
财产性收入	Property Income	19.68	210.62	305.85	142.08	169.2
转移性收入	Transfer Income	137.45	565.44	1027.72	1424.4	1572.48
#离、退休金	Pension	70.11	277.09	693.31	1074.96	1140.96

注:由于统计调查制度改变,自2002年职工收入分为工薪收入、工资及补贴、其它劳动收入三项(以下同)。

Note: Because of the change of statistical survey scheme, wages of staff and workers have been divided into 3 parts: income of pay, wage and subsidy and other working income from 2002(same as follows).

10—2 主要年份城镇居民家庭人均年支出

Per Capita Annual Expenditure of Urban Households in Main Years

单位:元(yuan)

项　目	Item	1990	1995	2000	2002	2003
现金支出	Cash Expenditure	1767.04	5990.40	7589.88	9234.24	10597.8
实际支出	Actual Expenditure	1466.31	4879.15	6097.68	6877.2	7582.32
消费支出	Consumption Expenditure	1338.10	4045.83	4852.31	5413.44	5763.48
非消费支出	Non-consumption Expenditure	46.01	816.33	1228.37		
贷款利息	Loan Interest	0.10	0.69	3.50	0.96	1.08
个人所得税	Personal Income Tax	0.78	0.57	7.19	27.72	35.4
各种税金	Total Taxes	1.03	1.27	4.65		
非储蓄性保险支出	Non-saving-deposits Insurance	0.93	2.11	10.14	7.44	22.8
赡养支出	Supporting Expenditure	41.80	161.40	218.38	310.44	301.44
赠送支出	Giving Expenditure	71.61	257.94	411.37	410.52	396
购房与建房支出	Expenditure for Residence	2.06	349.01	517.21	302.16	602.28
其他非消费性支出	Others	1.36	43.29	55.92		
借贷支出	Loan Expenditure	300.73	1111.25	1492.21	2357.04	3015.48
存入储蓄款	Deposit Saving Money	218.97	824.48	1015.89	2090.04	2681.76
存入储金会款	Deposit Saving Fund	21.66	17.96	2.07		
归还借款	Returned Loan	18.27	64.77	167.46	43.68	75.6
借出款	Lending Money	21.77	53.28	44.77	36	21.12
储蓄性保险支出	Insurance Expenditure for Saving	6.24	25.85	62.12	79.92	84.96
购买有价证券	Expenditure for Securities	6.91	56.89	42.24	14.4	9.36
预购	Purchases in Advance	0.13	0.46	0.08		
归还购房贷款	Return the Housing Loan	2.20	2.67	52.50	57	105.6
其他借贷支出	Other Debt-credit Expenditure	4.57	64.89	105.10	24.12	20.4
期末手存现金	Cashes in Hand at Year-end	131.93	266.58	429.78	500.46	509.38

10—3 主要年份城镇居民家庭情况

Basic Conditions of Urban Households in Main Years

项　　目	Item	1990	1995	2000	2002	2003
调查户数(户)	Number of Households Surveyed (household)	940	1000	1150	1400	1300
平均每户家庭人口(人)	Average Household Size(person)	3.62	3.30	3.19	3.09	3.07
平均每户就业人口(人)	Average Number of Employed Persons per Household(person)	2.01	1.80	1.77	1.62	1.63
平均每户就业面(%)	Percentage of Employment per Household(%)	55.52	57.27	55.49	52.43	53.09
平均每一就业者负担人数(人)	Number of Persons Supported by Each Employee(person)	1.80	1.75	1.80	1.9	1.88
平均每人全年可支配收入(元)	Per Capita Annual DisposableIncome(yuan)	1448.06	4791.87	5834.43	7315.32	7785
平均每人全年实际收入(元)	Per Capita Annual Real Income (yuan)	1601.97	4809.43	5881.65	7756.92	8293.92
按每人每月可支配收入分	Grouped by Per Capita Disposable Income Every Month					
分组户数占总户数比重(%)	Composition of the Grouped Households in Total Households (%)	100.00	100.00	100.00	100	100
100 元以下	Under 100 yuan	29.60	0.20	0.30	6.59	6.1
100—200 元	100—200 yuan	70.40	10.90	4.60		
200—300 元	200—300 yuan		26.30	14.40	24.24	21.8
300—400 元	300—400 yuan		29.00	20.00		
400—500 元	400—500 yuan		17.20	17.50	27.22	25.6
500—600 元	500—600 yuan		9.00	16.80		
600—700 元	600—700 yuan		2.90	8.50	18.09	18.5
700—800 元	700—800 yuan		2.30	5.80		
800—900 元	800—900 yuan		2.20	4.60	10.3	11.5
900—1000 元	900—1000 yuan			2.90		
1000—1100 元	1000—1100 yuan			2.10	8.86	11
1100—1200 元	1100—1200 yuan			0.90		
1200—1300 元	1200—1300 yuan			0.60		
1300—1400 元	1300—1400 yuan			0.20		
1400—1500 元	1400—1500 yuan			0.20		
1500 元以上	Above 1500 yuan			0.60	4.7	5.5
平均每人全年实际支出(元)	Per Capita Annual Real Expenditure (yuan)	1466.31	4879.15	6097.68	6877.2	7582.32
#消费支出	Consumption Expenditure	1338.10	4045.83	4852.31	5413.44	5763.48
年末平均每人居住面积(平方米)	Per Capita Living Floor Space at Year-end(sq. m)	10.90	14.51	18.91	21.01	21.6

注:1990 年消费性支出为生活费支出,可支配收入为生活费收入(下同)。

Note: Consumption expenditure of 1990 was living expenditure, disposable income was income for living expenditure(same as follows).

10—4　主要年份城镇居民家庭人均年收支

Per Capita Annual Income and Expenditure of Urban Households in Main Years

单位:元(yuan)

项　目	Item	1990	1995	2000	2002	2003
现金收入	**Cash Income**	**1814.21**	**6043.62**	**7834.04**	**9438.72**	**10705.2**
实际收入	Actual Income	1601.97	4809.43	5881.65	7756.92	8293.92
可支配收入	Disposable Income	1448.06	4791.87	5834.43	7315.32	7785
国有经济单位职工收入	Income of Staff and Workers in State-owned Units	1175.75	3517.24	3813.90		
工资性收入	Wages Income	1057.77	3364.27	3593.03	工薪收入	工薪收入
#奖金	Bonus	203.38	721.08	552.30	5835.84	6149.76
非工资性收入	Income from Non-wages	117.98	152.97	220.87	工资及补贴	工资及补贴
集体经济单位职工收入	Income of Staff and Workers in state-owned Units	117.59	213.33	132.75	5659.8	5931.36
工资性收入	Wages Income	105.79	204.05	128.68	其它劳动收入	其它劳动收入
#奖金	Bonus	12.97	31.22	10.23	176.04	218.4
非工资性收入	Income from Non-wages	11.80	9.28	4.07		
经营净收入	Net Income from Management	27.76	140.81	260.14	354.6	402.48
财产性收入	Property Income	19.68	210.62	305.85	142.08	169.2
转移性收入	Transfer Income	137.45	565.44	1027.72	1424.4	1572.48
#离、退休金	Pension	70.11	277.09	693.31	1074.96	1140.96
借贷收入	Loan Income	212.24	1234.19	1952.39	1646.04	2370.24
#提取储蓄存款	Withdraw Saving Deposit	161.15	909.03	1295.14	1375.56	1919.16
提取储蓄会款	Withdraw Saving Fund	18.43	28.75	9.25		
现金支出	**Cash Expenditure**	**1767.04**	**5990.40**	**7589.88**	**9234.24**	**10597.8**
实际支出	Actual Expenditure	1466.31	4879.15	6097.68	6877.2	7582.32
消费支出	Consumption Expenditure	1338.10	4045.83	4852.31	5413.44	5763.48
非消费支出	Non-consumption Expenditare	46.01	816.33	1228.38		
借贷支出	Loan Expenditure	300.73	1111.25	1492.21	2357.04	3015.48
存入储蓄款	Deposit Saving Money	218.97	824.48	1015.89	2090.04	2681.76
存入储金会款	Deposit Saving Fund	21.66	17.96	2.07		
归还购房贷款	Return the Housing Loan	2.20	2.67	52.50	57	105.6
其他借贷支出	Other Debt-credit Expenditure	4.57	64.89	105.10	24.12	20.4
期末手存现金	Cash in Hand at Year-end	131.96	266.58	429.78	500.46	509.38

10—5 主要年份城镇居民家庭人均年消费支出和构成

Per Capita Annual Living Expenditure of Urban Households and Its Composition in Main Years

项目	Item	1990	1995	2000	2002	2003
实际支出(元)	Actual Expenditure(yuan)	1466.30	4879.15	6097.68	6877.2	7582.32
消费支出	Consumption Expenditure	1338.10	4045.83	4852.31	5413.44	5763.48
食品	Food	784.60	2061.47	1936.10	2201.4	2305.92
衣着	Clothing	117.20	355.00	313.43	408.96	373.56
家庭设备用品及服务	Household Facilities, Articles and Service	122.60	384.18	436.89	362.76	376.8
#日用耐用消费品	Durable Consumption Goods for Daily Use	70.60	250.31	259.50	206.76	199.44
医疗保健	Medicine and Medical Service	25.20	99.02	228.01	241.68	322.68
交通和通讯	Transport, Post and Communication Services	24.70	211.41	372.78	606.96	608.28
娱乐教育文化服务	Recreation, Education and Cultural Services	144.50	452.25	585.68	869.16	797.76
#文娱用耐用消费品	Durable Consumer Goods for Recreation Use	70.60	122.15	133.43	267.48	217.68
教育	Education	49.80	253.90	348.93	446.76	442.08
学杂费	Tuition and Miscellaneous	43.00	191.58	273.24	282.6	302.64
书报杂志	Newspapers and Magazines	16.50	23.88	32.56	37.08	34.2
居住	Residence	73.80	325.52	752.54	552	801.12
#房租	Tenancy	7.80	69.40	242.24	29.88	37.92
水	Water	6.20	25.00	43.57	51.36	56.88
电	Electricity	25.40	74.90	131.83	166.44	190.44
燃料	Fuels	18.00	75.47	155.87	145.2	164.04
杂项商品和服务	Miscellaneous Commodities and Services	45.50	156.98	226.97	170.52	177.12
消费支出构成(%)	Composition of Expenditure for Consumption(%)	100.00	100.00	100.00	100	100
食品	Food	58.70	50.95	39.90	40.67	40.01
衣着	Clothing	8.70	8.77	6.46	7.55	6.48
家庭设备用品及服务	Household Facilities, Articles and Service	9.20	9.49	9.00	6.7	6.54
#日用耐用消费品	Durable Consumer Goods for Daily Use	5.30	6.19	5.35	3.82	3.46
医疗保健	Medicine and Medical Service	1.90	2.45	4.70	4.46	5.6
交通和通讯	Transport, Post and Communication Services	1.80	5.23	7.68	11.21	10.55
娱乐教育文化服务	Recreation, Education and Cultural Services	10.80	11.18	12.07	16.06	13.84
#文娱用耐用消费品	Durable Consumer Goods for Recreationuse	5.30	3.02	2.75	4.94	3.78
教育	Education	3.70	6.28	7.19	8.25	7.67
学杂费	Tuition and Miscellaneous	3.20	4.74	5.63	5.22	5.25
书报杂志	Newspapers and Magazines	1.20	0.59	0.67	0.68	0.59
居住	Residence	5.50	8.05	15.51	10.2	13.9
#房租	Tenancy	0.60	1.72	4.99	0.55	0.66
水	Water	0.50	0.62	0.90	0.95	0.99
电	Electricity	1.90	1.85	2.72	3.07	3.3
燃料	Fuels	1.40	1.87	3.21	2.68	2.85
杂项商品和服务	Miscellaneous Commodities and Services	3.40	3.88	4.68	3.15	3.08

10—6 主要年份城镇居民家庭人均购买主要商品数量

Per Capita Annual Purchases of Major Commodities of Urban Households in Main Years

项　　目	Item	1990	1995	2000	2002	2003
粮食(千克)	Grain(kg)	124.76	92.96	70.42	68.88	71.04
鲜菜(千克)	Fresh Vegetables(kg)	100.04	104.92	99.42	105.96	108.84
油脂类(千克)	Oil and Fat(kg)	4.80	7.32	7.59	7.68	8.04
猪肉(千克)	Pork(kg)	25.94	23.57	21.19	30.84	31.32
牛羊肉(千克)	Beef and Mutton(kg)	2.75	2.67	2.73	3.24	3.36
家禽(千克)	Poultry(kg)	7.82	13.97	16.22	18.48	18.48
鲜蛋(千克)	Egg(kg)	3.92	6.54	6.47	5.88	6.48
鱼(千克)	Fish(kg)	9.84	11.09	10.31	12.72	12.96
鲜果(千克)	FreshFruits(kg)	28.20	36.29	38.50	45.84	37.8
鲜瓜(千克)	Fresh Melons(kg)	12.10	12.25	14.70	9	11.88
酒(千克)	Liquor(kg)	5.20	5.90	7.29	6	3
糕点(千克)	Cakes(kg)	2.08	2.30	2.20	2.4	2.52
鲜奶(千克)	Milk(kg)	1.38	1.34	3.88	7.44	8.28
奶粉(千克)	Milk Powder(kg)		0.28	0.41	0.6	0.48
服装(件)	Garments(piece)	3.91	6.12	6.69	7.8	6.72
水(吨)	Water(ton)		44.16	48.10	52.56	54.96
电(千瓦时)	Electricity(kw · hour)		204.31	254.60	322.56	370.8
煤炭(千克)	Coal(kg)	89.79	19.10	18.33	17.88	17.52
液化石油气(千克)	Liquefied Petroleum Gas(kg)	5.23	21.68	38.09	61.2	59.28

10—7 主要年份城镇居民家庭平均每百户年末耐用品拥有量

Per 100 Urban Households Year-end Owned Number of Durable Consumer Goods in Main Years

项　　目	Item	1990	1995	2000	2002	2003
自行车(辆)	Bicycle(unit)	237.85	245.24	183.98	184.04	186.62
摩托车(辆)	Motorcycle(unit)	0.79	10.01	38.32	46.12	46.87
家用汽车(辆)	Automobile(unit)			0.21	0.65	0.82
电风扇(台)	Electric Fan(set)	251.08	315.34	309.18	287.84	290.31
洗衣机(台)	Washing Machine(set)	81.22	88.52	88.33	89	90.67
电冰箱(台)	Refrigerator(set)	34.82	63.94	80.17	84.05	85.46
家用电脑(台)	Computer(set)			9.36	21.27	23.36
淋浴热水器(台)	Shower(set)		45.76	83.63	91.05	93.99
消毒碗柜(台)	Disinfect Cupboard(unit)				37.08	39.72
影碟机(台)	Video Disc Player(set)			57.31	68.11	69.04
彩色电视机(台)	Color Television Set(set)	38.61	78.17	114.76	125.77	126.83
录放像机(台)	Video Recorders(set)	1.70	14.51	14.90	13.35	11.66
组合音响(套)	Hi-Fi Stereo Component System(set)	0.93	11.96	28.91	31.71	33.04
收录机(台)	Radio Cassette Player(set)	70.81	73.80	40.25	41.12	40.65
照相机(架)	Camera(set)	16.04	22.95	33.55	39.15	39.36
空调器(台)	Air conditioner(unit)		5.71	24.33	41.59	46.82
微波炉(台)	Oven(unit)			14.66	30.39	33.02
移动电话(部)	Mobile Telephone(unit)			16.81	58.04	75.76

10—8 主要年份城镇居民家庭居住构成

Housing Conditions of Urban Households at Year-end in Main Years

单位:%(%)

项 目	Item	1990	1995	2000	2002	2003
总计	**Total**	**100.00**	**100.00**	**100.00**	**100.00**	**100.00**
按自来水使用情况分组	Grouped by Using of Tap Water					
无自来水	No Tap Water	0.80				
独用自来水	Private Tap Water	93.80	98.50	99.00	97.29	97.42
公用自来水	Public Shared Tap Water	5.40	1.50	1.00	2.71	2.58
按卫生设备拥有情况分组	Grouped by Sanitary Equipment					
无卫生设备	No Sanitary Equipment	15.70	7.00	4.50	3.48	3.04
有浴室厕所	With Toilet and Shower Room	64.30	85.00	87.40	92.48	93.56
有厕所无浴室	With Toilet but No Shower Room	4.80	0.50	2.90	1.38	0.98
公用卫生设备	Public Sanitary Equipment	15.20	7.50	5.20	2.66	2.42
按房屋产权分组	Grouped by Property of Dwelling					
公房	Public Housing	86.20	40.70	19.70	17.67	16.06
租赁私房	Rent Housing		1.60	0.60	0.65	0.9
自有房	Private Owned Housing	13.80	57.70	79.70	81.68	83.04
按燃料使用情况分	Grouped by Using of Fuel					
管道煤气	Pipeline Petroleum Gas	0.50	2.70	2.50	2.69	2.86
液化石油气	Liquefied Petroleum Gas	23.10	78.50	90.40	92.87	92.66
煤	Coal	47.00	6.20	2.80	2.38	2.34
其它	Others	29.40	12.60	4.30	2.07	2.14
按电话拥有情况分	Grouped by Using of Telephone					
无电话	No Telephone		67.00	15.40	4.7	4.22
公费电话	Unit-paid Telephone		15.00	1.50		
自费电话	Self-paid Telephone		18.00	83.00	95.3	95.78
公用电话	Public Telephone			0.10		
按住宅建筑式样分	Grouped by Style ofResident Building					
家庭单栋配套房	Independent House		4.40	7.20	9.73	10.23
单元式配套住宅	Flat		78.70	78.40	80.19	80.44
一居室	Single Room		8.20	7.00	3.73	3.92
二居室	Two Rooms		46.90	38.90	43.01	43.35
三居室	Three Rooms		19.30	29.60	30.73	30.74
四居室以上	Four Rooms and Above		4.30	2.90	2.72	2.43
普通楼房	Ordinary Multi-storey Building		6.90	6.30	5.06	5.1
其它住宅	Others		10.00	8.10	5.02	4.23

10—9 城镇居民家庭生活基本情况(2003 年)

Basic Indicators of Urban Households(2003)

项 目	Item	总平均 Total Average	最低收入户 Lowest Income Households	低收入户 Low Income Households	中等偏下户 Lower Middle Income Households
调查户数(户)	Number of Households Surveyed(household)	1300.00	130.00	130.00	260.00
各组户数所占的比重(%)	Composition of the Grouped Households in Total Households(%)	100	10	10	20
平均每户家庭人口数(人)	Average Household Size(person)	3.07	3.56	3.42	3.19
平均每户就业人口数(人)	Average Number of Employed Persons per Household(person)	1.63	1.49	1.55	1.62
平均每户就业面(%)	Percentage of Employment per Household(%)	53.09	41.85	45.32	50.78
平均每就业者负担人数(人)	Number of Persons Supported by Each Employee(person)	1.88	2.39	2.21	1.97
家庭人均全年总收入(元)	Per Capita Annual Total Revenue(yuan)	8293.92	2375.28	3759	5421.6
全年人均可支配收入	Annual Disposable Income	7785	2074.56	3503.52	5038.56
家庭人均全年总支出(元)	Per Capita Annual Expenditure(yuan)	7582.32	2978.88	3699.48	5090.04
家庭人均全年消费支出	Per Capita Annual Living Expenditures for Consumption	5763.48	2513.64	3222.6	4254.36
食品	Food	2305.92	1378.56	1624.56	1996.08
粮食	Grain	170.04	149.28	154.2	166.32
油脂类	Oil and Fat	80.4	62.4	74.64	81.96
肉类	Meat	468.12	343.56	404.4	437.16
禽类	Poultry	247.92	136.56	177.24	224.16
蛋类	Eggs	41.76	29.76	35.88	38.88
水产品类	Aquatic Products	175.92	106.92	119.04	161.16
蔬菜类	Vegetables	216.12	164.64	190.2	197.16
烟草类	Tobacco	52.8	29.64	23.88	43.32
酒类	Wine	40.44	15.12	23.88	33.72
饮料	Beverages	25.32	4.92	12.12	17.16
干鲜瓜果类	Dried and Fresh Melons and Fruits	153.6	61.92	96.12	126.72
奶及奶制品	Milk and Its Products	85.32	20.28	37.32	61.44
衣着	Clothing	373.56	83.4	163.44	253.56
服装	Garments	272.88	60.24	112.44	187.56
家庭设备用品及服务	HouseholdFacilities, Articles and Services	376.8	104.88	190.56	175.2
耐用消费品	Durable Consumer Goods	199.44	41.28	86.16	68.88
医疗保健	Medical Appliances and Articles	322.68	124.8	116.04	251.16
交通和通讯	Transportation and Communication	608.28	157.68	225.72	406.56
交通	Transportation	281.64	52.68	80.64	174.48
通信	Communication	326.64	105	145.08	232.18
教育文化娱乐服务	Education Cultural and Recreation Services	797.76	262.92	272.76	507
文化娱乐用品	Consumption Goods for Recreational Use	217.68	30.24	54.84	100.44
书报杂志	Newspapers and Magazines	34.2	8.88	15.96	20.64
教育	Education	442.08	208.44	183.24	341.28
教育费用	Education Expenses	412.68	185.64	165.48	316.08
文化娱乐服务	Cultural and Recreation Services	138	24.36	34.68	65.28
居住	Residence	801.12	337.92	557.88	546.96
住房	Housing	363.72	51.12	219.84	164.4
水费	Water Fee	56.88	40.44	45.48	50.4
电费	Electricity Fee	190.44	109.08	139.56	168.72
燃料	Fuel	164.04	130.08	144.24	146.88
杂项商品和服务	Miscellaneous Commodities and Services	177.12	63.48	71.52	117.72

10—9 续表 continued

项　目	Item	中等收入户 Middle Income Households	中等偏上户 Upper Middle Income Households	高收入户 High Income Households	最高收入户 Highest Income Households
调查户数(户)	Number of Households Surveyed(household)	260.00	260.00	130.00	130.00
各组户数所占的比重(%)	Composition of the Grouped Households in Total Households(%)	20	20	10	10
平均每户家庭人口数(人)	Average Household Size(person)	3.04	2.90	2.68	2.68
平均每户就业人口数(人)	Average Number of Employed Persons per Household(person)	1.69	1.67	1.62	1.71
平均每户就业面(%)	Percentage of Employment per Household(%)	55.59	57.59	60.45	63.81
平均每就业者负担人数(人)	Number of Persons Supported by Each Employee(person)	1.80	1.74	1.65	1.57
家庭人均全年总收入(元)	Per Capita Annual Total Revenue(yuan)	7451.88	9914.88	13358.28	24515.28
全年人均可支配收入(元)	Annual Disposable Income(yuan)	6930.72	9299.4	12570.00	23544.96
家庭人均全年总支出(元)	Per Capita Annual Expenditure(yuan)	6952.08	9394.32	11594.4	20031.00
家庭人均全年消费支出	Per Capita Annual Living Expenditures for Consumption	5397.96	6635.16	9113.16	13787.76
食品	Food	2351.28	2686.68	3096.84	3708.48
粮食	Grain	177.84	184.20	172.92	179.52
油脂类	Oil and Fat	79.08	93.60	92.04	72.36
肉类	Meat	492.84	527.76	549.96	543.48
禽类	Poultry	256.20	287.16	326.52	387.96
蛋类	Egg	44.16	48.00	49.08	48.24
水产品类	Aquatic Products	186.12	213.24	211.20	255.60
蔬菜类	Vegetables	224.52	247.80	258.96	241.80
烟草类	Tobacco	57.96	55.20	90.60	98.64
酒类	Wine	36.36	38.88	61.20	112.92
饮料	Beverages	25.08	35.40	44.04	55.32
干鲜瓜果类	Dried and Fresh Melons and Fruits	160.80	192.00	226.56	263.64
奶及奶制品	Milk and Its Products	97.92	122.28	140.04	143.28
衣着	Clothing	331.32	515.04	712.08	861.60
服装	Garments	235.44	372.36	528.96	650.52
家庭设备用品及服务	Household Facilities, Articles and Services	358.44	407.52	732.84	1192.32
耐用消费品	Durable Consumer Goods	186.24	210.00	437.40	707.16
医疗保健	Medical Appliances and Articles	325.68	431.52	520.92	655.32
交通和通讯	Transportation and Communication	599.64	696.36	998.88	1796.76
交通	Transportation	262.64	271.56	445.68	1107.00
通信	Communication	337.00	424.80	553.20	689.76
教育文化娱乐服务	Education Cultural and Recreation Services	673.56	958.20	1649.04	2207.76
文化娱乐用品	Consumption Goods for Recreational Use	160.80	260.52	584.52	711.24
书报杂志	Newspapers and Magazines	36.36	43.08	67.80	73.56
教育	Education	399.36	507.84	778.80	1053.84
教育费用	Education Expenses	370.56	469.44	745.32	1008.96
文化娱乐服务	Cultural and Recreation Services	113.40	189.84	285.60	442.68
居住	Residence	594.36	733.80	1071.72	2896.44
住房	Housing	143.52	235.20	520.44	2236.20
水费	Water Fee	58.56	60.12	82.20	78.24
电费	Electricity Fee	209.76	214.32	256.20	273.12
燃料	Fuel	163.68	191.40	190.80	199.56
杂项商品和服务	Miscellaneous Commodities and Services	163.80	206.04	330.72	469.20

10—10 城镇居民家庭人均年现金收入和支出(2003 年)

Per Capita Annual Cash Income and Expenditure of Urban Households(2003)

单位:元(yuan)

项　目	Item	总平均 Total Average	最低收入户 Lowest Income Households	低收入户 Low Income Households	中等偏下户 Lower Middle Income Households
家庭总收入	Total Revenue	8293.92	2375.28	3759.00	5421.60
可支配收入	Disposable Income	7785.00	2074.56	3503.52	5038.56
工薪收入	Income of Pay	6149.76	1580.76	2662.20	3962.40
工资及补贴收入	Wage and Subsidy	5931.36	1442.64	2422.20	3815.04
其他劳动收入	Other Working Income	218.40	138.00	240.00	147.36
经营净收入	Net Income from Management	402.48	312.36	310.68	387.84
财产性收入	Property Income	169.20	18.84	23.4	29.16
利息收入	Interest	12.36	0.96	0.24	4.20
股息与红利收入	Dividend and Bonus	61.56	0	0.24	0.96
保险收益	Insurance	8.28	0	0	0
其它投资收入	Other Investment Income	30.60	0.48	0.36	2.76
出租房屋收入	House Rent Income	53.40	17.40	22.68	20.52
转移性收入	Transfer Income	1572.48	463.44	762.60	1042.20
养老金或离退休金	Pensions for Old People and Retired Veterans	1140.96	337.80	603.00	885.24
社会救济收入	Social Relief Income	8.28	28.80	16.68	7.20
保险收入	Insurance Income	23.04	23.88	35.04	35.88
提取住房公积金	Withdraw House Accumulation Fund	35.40	0	0.36	1.20
辞退金	Dismiss Pensions	8.52	1.68	2.16	0.60
赡养收入	Old Alimony	63.48	10.80	19.44	18.60
捐赠收入	Contribution Income	155.04	9.12	16.08	33.24
出售财物收入	Income from Selling Property	41.04	73.44	8.64	2.64
借贷收入	Loan Income	2370.24	822.84	920.40	1266.72
提取储蓄存款	Withdraw Saving Diposit	1919.16	662.40	814.92	1185.00
借入款	Borrowing Money	167.16	132.72	51.72	40.08
住房贷款	Loan for Residence	220.92	7.56	0	0
家庭总支出	Total Expenditure	7582.32	2978.88	3699.48	5090.04
消费支出	Expenditures for Consumption	5763.48	2513.64	3222.6	4254.36
购房与建房支出	Expenditures for Residence	602.28	65.76	58.8	117.96
转移性支出	Transfer Expenditures	797.52	157.44	218.52	395.04
财产性支出	Property Expenditures	2.40	0	0.12	0.12
社会保障支出	Social Relief Expenditures	416.64	241.92	199.44	322.56
借贷支出	Loan Expenditures	3015.48	453.36	1040.40	1528.92
存入储蓄款	Deposit Saving Money	2681.76	418.56	941.64	1352.52
储蓄性保险支出	Insurance Expenditure for Saving	84.96	6.12	8.28	58.56
购买有价证券	Expenditure for Securities	9.36	0.24	0	0.36

10—10 续表 continued 单位:元(yuan)

项　　目	Item	中等收入户 Middle Income Households	中等偏上户 Upper Middle Income Households	高收入户 High Income Households	最高收入户 Highest Income Households
家庭总收入	Total Revenue	7451.88	9914.88	13358.28	24515.28
可支配收入	Disposable Income	6930.72	9299.40	12570.00	23544.96
工薪收入	Income of Pay	5691.72	7637.16	10494.36	17103.96
工资及补贴收入	Wage and Subsidy	5573.88	7475.28	10308.48	16207.08
其他劳动收入	Other Working Income	117.84	161.88	185.88	896.88
经营净收入	Net Income from Management	318.36	388.20	239.40	1124.04
财产性收入	Property Income	42.24	80.52	201.48	1464.60
利息收入	Interest	10.44	13.20	19.56	63.96
股息与红利收入	Dividend and Bonus	4.08	10.08	60.96	666.96
保险收益	Insurance	0	1.56	13.20	85.08
其它投资收入	Other Investment Income	1.32	1.20	0.36	364.56
出租房屋收入	House Rent Income	26.40	54.12	81.36	274.68
转移性收入	Transfer Income	1399.56	1809.00	2423.04	4822.56
养老金或离退休金	Pensions for Old People and Retired Veterans	1206.36	1463.88	1998.00	2012.88
社会救济收入	Social Relief Income	1.80	3.48	0.96	2.88
保险收入	Insurance Income	16.92	10.80	12.12	23.52
提取住房公积金	Withdraw House Accumulation Fund	0.12	1.08	16.56	416.16
辞退金	Dismiss Pensions	2.16	0.96	0.60	90.36
赡养收入	Old Alimony	29.64	80.04	86.64	347.04
捐赠收入	Contribution Income	31.20	87.24	119.88	1399.32
出售财物收入	Income from Selling Property	3.60	5.04	21.00	342.00
借贷收入	Loan Income	2108.28	3083.04	3367.68	7726.32
提取储蓄存款	Withdraw Saving Diposit	1837.44	2442.00	2770.32	5492.76
借入款	Borrowing Money	67.56	82.20	448.68	881.52
住房贷款	Loan for Residence	185.64	517.32	1.44	1083.24
家庭总支出	Total Expenditure	6952.08	9394.32	11594.40	20031.00
消费支出	Expenditures for Consumption	5397.96	6635.16	9113.16	13787.76
购房与建房支出	Expenditures for Residence	422.16	1251.48	341.76	2712.48
转移性支出	Transfer Expenditures	688.68	994.92	1506.24	2757.84
财产性支出	Property Expenditures	0.24	3.60	14.64	4.80
社会保障支出	Social Relief Expenditures	442.92	509.28	618.72	768.00
借贷支出	Loan Expenditures	2780.76	3486.72	4735.44	11390.52
存入储蓄款	Deposit Saving Money	2474.52	3141.12	4130.76	10087.56
储蓄性保险支出	Insurance Expenditure for Saving	64.80	81.84	237.48	286.80
购买有价证券	Expenditure for Securities	0	2.76	47.52	59.88

10—11 城镇居民家庭消费性支出构成(2003 年)

Expenditure Composition for Consumption of Urban Households(2003)

单位:%(%)

项 目	Item	总平均 Total Average	最低收入户 Lowest Income Households	低收入户 Low Income Households	中等偏下户 Lower Middle Income Households	中等收入户 Middle Income Households	中等偏上户 Upper Middle Income Households	高收入户 High Income Households	最高收入户 Highest Income Households
家庭人均全年消费支出	Per Capita Annual Expenditures for Consumption	100.00	100.00	100.00	100.00	100.00	100.00	100.00	100.00
食品	Food	40.01	54.84	50.41	46.92	43.56	40.49	33.98	26.90
粮食	Grain	2.95	5.94	4.78	3.91	3.29	2.78	1.90	1.30
油脂类	Oil and Fat	1.39	2.48	2.32	1.93	1.46	1.41	1.01	0.52
肉类	Meat	8.12	13.67	12.55	10.28	9.13	7.95	6.03	3.94
禽类	Poultry	4.30	5.43	5.50	5.27	4.75	4.33	3.58	2.81
蛋类	Eggs	0.72	1.18	1.11	0.91	0.82	0.72	0.54	0.35
水产品类	Aquatic Products	3.32	4.65	3.92	4.10	3.70	3.47	2.48	2.17
蔬菜类	Vegetables	3.75	6.55	5.90	4.63	4.16	3.73	2.84	1.75
烟草类	Tobacco	0.92	1.18	0.74	1.02	1.07	0.83	0.99	0.72
酒类	Wine	0.70	0.60	0.74	0.79	0.67	0.59	0.67	0.82
饮料	Beverages	0.44	0.20	0.38	0.40	0.46	0.53	0.48	0.40
干鲜瓜果类	Dried and Fresh Melons and Fruits	2.67	2.46	2.98	2.98	2.98	2.89	2.49	1.91
奶及奶制品	Milk and Its Products	1.48	0.81	1.16	1.44	1.81	1.84	1.54	1.04
衣着	Clothing	6.48	3.32	5.07	5.96	6.14	7.76	7.81	6.25
服装	Garments	4.73	2.40	3.49	4.41	4.36	5.61	5.80	4.72
家庭设备用品及服务	Household Facilities, Articles and Services	6.54	4.17	5.92	4.12	6.64	6.14	8.04	8.65
耐用消费品	Durable Consumer Goods	3.46	1.64	2.67	1.62	3.45	3.16	4.80	5.13
医疗保健	Medical Appliances and Articles	5.60	4.96	3.60	5.90	6.03	6.51	5.72	4.75
交通和通讯	Transportation and Communication	10.55	6.27	7.00	9.56	11.11	10.49	10.96	13.03
交通	Transportation	4.89	2.10	2.50	4.10	4.87	4.09	4.89	8.03
通信	Communication	5.66	4.17	4.50	5.46	6.24	6.40	6.07	5.00
教育文化娱乐服务	Education Cultural and Recreation Services	13.84	10.46	8.47	11.92	12.48	14.44	18.10	16.01
文化娱乐用品	Consumer Goods for Cultural and Recreational Use	3.78	1.20	1.70	2.36	2.98	3.93	6.41	5.16
书报杂志	Newspapers and Magazines	0.59	0.35	0.50	0.49	0.67	0.65	0.74	0.53
教育	Education	7.67	8.29	5.69	8.02	7.40	7.65	8.55	7.64
教育费用	Education Expenses	7.16	7.39	5.13	7.43	6.86	7.08	8.18	7.32
文化娱乐服务	Cultural and Recreation Services	2.39	0.97	1.08	1.53	2.10	2.86	3.13	3.21
居住	Residence	13.90	13.44	17.31	12.86	11.01	11.06	11.76	21.01
住房	Housing	6.31	2.03	6.82	3.86	2.66	3.54	5.71	16.22
水费	Water Fee	0.99	1.61	1.41	1.18	1.08	0.91	0.90	0.57
电费	Electricity Fee	3.30	4.34	4.33	3.97	3.89	3.23	2.81	1.98
燃料	Fuel	2.85	5.17	4.48	3.45	3.03	2.88	2.09	1.45
杂项商品和服务	Miscellaneous Commodities and Services	3.08	2.53	2.22	2.76	3.03	3.11	3.63	3.40

10—12 城镇居民家庭人均购买的主要商品数量(2003 年)

Per Capita Annual Purchases of Major Commodities in Urban Households(2003)

项　目	Item	总平均 Total Average	最低收入户 Lowest Income Households	低收入户 Low Income Households	中等偏下户 Lower Middle Income Households	中等收入户 Middle Income Households	中等偏上户 Upper Middle Income Households	高收入户 High Income Households	最高收入户 Highest Income Households
粮食(千克)	Grain(kg)	71.04	69.60	70.20	72.60	72.48	73.08	65.52	67.56
油脂类(千克)	Oil and Fat(kg)	8.04	6.60	7.68	8.16	7.80	8.88	8.88	7.44
猪肉(千克)	Pork(kg)	31.32	25.44	29.64	30.36	32.76	33.60	35.64	32.28
牛肉(千克)	Beef(kg)	2.88	2.28	2.40	2.64	2.64	3.24	3.12	3.84
羊肉(千克)	Mutton(kg)	0.48	0.24	0.24	0.36	0.48	0.60	0.72	0.84
肉制品(千克)	Production of Meat(kg)	2.76	1.44	2.04	2.4	2.88	3.36	3.48	4.20
禽类(千克)	Poultry	18.48	11.28	14.40	17.4	19.32	20.76	23.4	26.28
鸡(千克)	Chicken(kg)	11.16	6.60	8.52	10.44	11.28	12.72	14.04	17.52
鸭(千克)	Duck(kg)	4.32	2.76	3.72	4.44	4.68	4.56	5.52	4.92
蛋类(千克)	Eggs(kg)	6.48	4.8	5.76	6.12	6.84	7.2	7.68	7.32
鱼类(千克)	Fish(kg)	12.96	10.8	11.64	12.24	12.96	14.16	15.36	14.88
虾类(千克)	Shrimp(kg)	1.08	0.72	0.72	0.96	1.2	1.2	1.08	1.32
鲜菜(千克)	Fresh Vegetables(kg)	108.84	87.24	105.00	103.80	110.4	119.76	126.24	111.36
酒类(千克)	Wine(kg)	5.64	3.36	4.68	6.00	5.76	5.64	8.16	7.44
白酒(千克)	Liquor(kg)	3.00	2.28	2.88	3.24	2.64	2.76	3.84	3.96
果酒(千克)	Fruit Wine(kg)	0.12	0	0.12	0.12	0.12	0.24	0.24	0.48
啤酒(千克)	Beer(kg)	2.40	1.08	1.68	2.52	2.88	2.16	4.08	2.76
鲜果(千克)	Fresh Fruits(kg)	37.80	18.12	26.76	33.00	40.32	44.76	53.64	56.64
鲜瓜(千克)	Fresh Melons(kg)	11.88	6.24	9.96	10.56	13.92	14.52	15.36	12.36
糕点(千克)	Cake(kg)	2.52	0.84	1.56	2.04	2.52	3.00	3.72	4.80
鲜乳品(千克)	Fresh Dairy Products(kg)	8.28	1.92	3.12	6.00	8.28	12.12	15.84	14.76
奶粉(千克)	Milk Powder(kg)	0.48	0.12	0.36	0.48	0.60	0.60	0.48	0.72
服装(件)	Garments(piece)	6.72	2.28	4.08	5.40	6.72	9.24	10.08	11.76
男士服装(件)	Men's Clothing(piece)	2.28	0.96	1.44	1.92	2.04	2.88	3.36	4.20
女士服装(件)	Women's Clothing(piece)	3.48	0.96	2.04	2.76	3.60	4.68	5.40	5.88
童装(件)	Children's Clothing(piece)	1.06	0.36	0.60	0.72	1.08	1.68	1.32	1.68
鞋类(双)	Shoes(pair)	2.16	0.84	1.56	1.92	2.04	2.76	2.88	3.00
水(吨)	Water(ton)	54.96	37.68	44.16	48.60	57.96	57.48	79.56	73.92
电(度)	Electricity(kw · hour)	370.80	209.16	269.64	321.00	408.48	431.16	507.36	517.92
煤炭(千克)	Coal(kg)	17.52	42.96	25.80	16.68	9.84	15.60	6.84	4.44
液化石油气(千克)	Liquefied Petroleum(kg)	59.28	43.80	51.48	52.68	60.60	67.68	71.40	75.36
管道煤气(立方米)	Coal Gas Through Pipelines(m^3)	2.52	1.92	0.48	1.92	0.96	3.24	6.12	6.24

10—13 城镇居民家庭平均每百户家庭年末主要消费品拥有量(2003年)

Per 100 Urban Households Year-end Owned Major Consumer Goods(2003)

项目	Item	总平均 Total Average	最低收入户 Lowest Income Households	低收入户 Low Income Households	中等偏下户 Lower Middle Income Households
成套家具(套)	Composite Furniture(sets)	82.37	64.41	73.47	77.30
摩托车(辆)	Motorcycle(unit)	46.87	18.83	30.25	40.94
自行车(辆)	Bicycle(unit)	186.62	187.85	192.86	193.35
助力车(辆)	Helping Hand Car(unit)	4.05	0.24	1.45	2.98
家用汽车(辆)	Automobile(unit)	0.82	0.10	0.04	0.13
洗衣机(台)	Washing Machine(set)	90.67	70.59	77.95	87.39
电风扇(台)	Electric Fan(set)	290.31	274.58	278.13	279.79
电冰箱(台)	Refrigerator(set)	85.46	61.67	71.53	78.62
冰柜(台)	Freezer(set)	2.23	4.49	1.37	2.72
彩色电视机(台)	Color Television Set(set)	126.83	103.49	111.42	120.06
影碟机(台)	Video Disc Player(set)	69.04	47.71	57.08	61.99
录音机(台)	Tape Recorder(set)	40.65	29.90	36.41	36.85
录放像机(台)	Video-recorder(set)	11.66	6.21	6.91	10.46
家用电脑(台)	Computer(set)	23.36	4.77	9.10	14.53
组合音响(套)	Hi-Fi Stereo Component System(set)	33.04	12.72	20.30	30.56
摄像机(架)	Pickup Camera(set)	1.37	0.75	1.77	2.30
照相机(架)	Camera(set)	39.36	16.01	19.85	29.78
钢琴(架)	Piano(set)	1.16	0.26	0.36	1.09
其他中高档乐器(件)	Other Medium and High Grade Musical Instrument(unit)	6.36	0.61	3.75	8.29
微波炉(台)	Oven(unit)	33.02	10.48	15.48	23.38
空调器(台)	Air Conditioner(unit)	46.82	7.27	13.75	24.97
取暖器(台)	Room Heating(unit)	21.08	9.31	11.94	15.53
电炊具(台)	Electric Cooking Appliances(unit)	124.94	87.05	116.02	104.97
淋浴热水器(台)	Shower(unit)	93.99	67.56	81.94	90.78
排油烟机(台)	Smoke Absorber(unit)	56.81	28.89	54.15	50.45
消毒碗柜(台)	Disinfect Cupboard(unit)	39.72	18.84	32.00	32.55
洗碗机(台)(台)	Dishwasher(unit)	0.35	1.11	0.13	0.37
饮水机(台)	Drinking Machine(unit)	22.80	8.74	15.11	14.04
吸尘器(台)	Dust Catcher(unit)	4.73	2.22	1.32	3.45
健身器材(套)	Healthy Equipment(unit)	3.47	0.25	1.53	1.56
普通电话(部)	Telephone(unit)	95.04	82.84	85.90	93.44
移动电话(部)	Mobile Telephone(unit)	75.76	21.95	38.03	48.71
传真机(部)	Fax-Machine(unit)	0.68	0.51	0.39	0.47

10—13 续表 continued

项　　目	Item	中等收入户 Middle Income Households	中等偏上户 Upper Middle Income Households	高收入户 High Income Households	最高收入户 Highest Income Households
成套家具(套)	Composite Furniture(sets)	83.04	91.22	91.45	98.50
摩托车(辆)	Motorcycle(unit)	50.66	56.06	60.79	62.19
自行车(辆)	Bicycle(unit)	190.30	177.39	174.54	172.13
助力车(辆)	Helping Hand Car(unit)	4.87	4.33	3.40	3.93
家用汽车(辆)	Automobile(unit)	0.65	0.90	1.41	2.35
洗衣机(台)	Washing Machine(set)	97.27	97.39	100.27	98.74
电风扇(台)	Electric Fan(set)	280.05	299.96	327.01	293.62
电冰箱(台)	Refrigerator(set)	91.16	92.09	95.62	98.11
冰柜(台)	Freezer(set)	1.60	3.07	1.68	1.21
彩色电视机(台)	Color Television Set(set)	127.13	129.39	146.35	149.71
影碟机(台)	Video Disc Player(set)	68.48	75.18	79.56	87.73
录音机(台)	Tape Recorder(set)	42.51	38.93	46.29	48.01
录放像机(台)	Video-recorder(set)	12.66	11.18	16.25	19.13
家用电脑(台)	Computer(set)	24.27	28.28	36.90	41.19
组合音响(套)	Hi-Fi Stereo Component System(set)	36.96	43.29	36.79	39.02
摄像机(架)	Pickup Camera(set)	0.48	0.19	3.24	2.81
照相机(架)	Camera(set)	44.25	46.02	53.81	66.18
钢琴(架)	Piano(set)	0.49	1.69	1.54	3.53
其他中高档乐器(件)	Other Medium and High Grade Musical Instrument(unit)	5.62	5.47	7.53	12.82
微波炉(台)	Oven(unit)	33.78	39.96	47.98	55.43
空调器(台)	Air Conditioner(unit)	45.99	55.16	83.35	96.07
取暖器(台)	Room Heating(unit)	22.37	24.62	28.74	34.56
电炊具(台)	Electric Cooking Appliances(unit)	121.43	137.00	147.03	155.78
淋浴热水器(台)	Shower(unit)	96.76	100.43	102.54	105.93
排油烟机(台)	Smoke Absorber(unit)	59.47	68.25	61.71	60.80
消毒碗柜(台)	Disinfect Cupboard(unit)	45.25	42.96	50.25	51.10
洗碗机(台)(台)	Dishwasher(unit)	0.16	0.24	0.56	0.09
饮水机(台)	Drinking Machine(unit)	24.19	26.62	35.92	35.40
吸尘器(台)	Dust Catcher(unit)	3.72	6.37	9.58	7.42
健身器材(套)	Healthy Equipment(unit)	3.74	2.95	9.53	7.78
普通电话(部)	Telephone(unit)	98.57	98.84	98.70	101.48
移动电话(部)	Mobile Telephone(unit)	77.73	84.89	99.68	111.67
传真机(部)	Fax-Machine(unit)	0.48	0.63	2.17	0.66

10—14　七城市居民家庭人均年现金收入和支出(2003年)

Per Capita Annual Cash Income and Expenditure of Urban Households in 7 Cities(2003)

单元:元(yuan)

项　目	Item	南宁市 Nanning	柳州市 Liuzhou	桂林市 Guilin	梧州市 Wuzhou	北海市 Beihai	防城港市 Fang-chenggang	钦州市 Qinzhou
家庭总收入	**Total Income of Households**	**9999.6**	**9136.56**	**8741.88**	**7633.56**	**8471.04**	**8216.28**	**7894.56**
可支配收入	Disposable Income	9162	8369.28	8246.16	7062.12	8007.48	7832.64	7440.96
工薪收入	Income of Pay	7606.92	6191.76	6068.88	5373	5882.16	6666.72	6417.96
工资及补贴收入	Wage and Subsidy	7409.04	6113.28	5916.48	5241	5709.36	6511.44	5941.32
其他劳动收入	Other Working Income	197.88	78.48	152.28	132	172.8	155.16	476.64
经营净收入	Net Income from Management	297.72	213.24	468.72	89.76	1064.04	668.16	638.88
财产性收入	Property Income	113.76	363.24	216.6	62.88	64.08	72.48	228.12
利息收入	Interest	15.36	2.04	23.04	7.68	13.2	4.56	21.6
股息与红利收入	Dividend and Bonus	40.44	220.44	31.44	15.72	27.12	4.92	152.28
保险收益	Insurance	0.96	74.16	3	5.76	0	0	5.76
其它投资收入	Other Investment Income	14.28	0	128.64	5.04	6.72	0.96	0
出租房屋收入	House Rent Income	41.52	57.96	30.36	28.56	17.04	62.04	32.4
转移性收入	Transfer Income	1981.2	2368.32	1987.68	2107.92	1460.64	809.04	609.48
养老金或离退休金	Pensions for Old People and Retired Veterans	1396.8	1843.56	1511.04	1650.84	1048.44	581.52	460.32
社会救济收入	Social Relief Income	20.88	5.04	11.76	23.4	0.84	4.2	8.04
保险收入	Insurance Income	27	47.16	28.2	38.16	43.08	23.76	0.36
提取住房公积金	Withdraw House Accumulation Fund	40.56	71.28	2.52	0	47.16	27.48	0
辞退金	Dismiss Pensions	0	0.84	0	0	0	23.04	0
赡养收入	Old Alimony	141.12	115.32	90.12	54	82.32	26.88	6.36
捐赠收入	Contribution Income	178.32	132.72	190.56	170.88	48.12	57.72	92.52
出售财物收入	Income from Selling Property	7.68	1.08	93.96	2.64	9.48	0.12	0.24
借贷收入	Loan Income	1568.28	1238.88	3455.28	1616.76	1179.48	1932.48	1698.84
提取储蓄存款	Withdraw Saving Deposit	1411.56	1014.12	3164.28	883.08	1080.96	1907.4	1634.4
借入款	Borrowed Money	81.24	75.96	174.12	154.08	72.96	11.4	33.12
住房贷款	Loan for Residence	0	116.64	68.76	436.92	0	0	0
家庭总支出	**Total Expendtiure**	**9039.84**	**7572.48**	**8171.4**	**7998.36**	**7714.08**	**6010.44**	**6210.96**
消费支出	Consumption Expenditures	7216.92	6033.48	6326.04	6136.2	5865	4836.84	4714.44
购房与建房支出	Expenditures for Residence	302.28	132.12	679.92	664.44	487.32	139.08	606
转移性支出	Transfer Expenditures	814.44	783.12	774.48	705.84	984.84	777.72	480.36
财产性支出	Property Expenditures	0.12	3.72	4.92	3.96	0	0	8.76
社会保障支出	Social Relief Expenditures	706.08	620.16	386.16	487.8	376.92	256.8	401.28
借贷支出	Loan Expenditures	2390.16	2153.88	4324.44	952.56	1604.52	4302.96	3422.04
存入储蓄款	Diposit Saving Money	2097.12	1909.44	4016.04	681.12	1364.28	4236.12	3127.56
储蓄性保险支出	Insurance Expenditure for Saving	155.52	103.56	102.24	36.12	41.4	8.64	93.24
购买有价证券	Expenditure for Securities	32.16	4.08	1.44	16.8	14.52	32.76	0

10—15 七城市居民家庭人均年消费支出(2003 年)

Per Capita Annual Consumption Expenditure of Urban Households in 7 Cities(2003)

单位:元(yuan)

项　目	Item	南宁市 Nanning	柳州市 Liuzhou	桂林市 Guilin	梧州市 Wuzhou	北海市 Beihai	防城港市 Fang-chenggang	钦州市 Qinzhou
家庭人均全年消费支出	**Per Capita Annual Expenditures for Consumption**	**7216.92**	**6033.48**	**6326.04**	**6136.20**	**5865.00**	**4836.84**	**4714.44**
食品	Food	2707.80	2459.52	2552.76	2855.40	2716.32	2226.00	2015.04
粮食	Grain	193.20	176.16	167.64	206.16	163.44	151.32	191.76
油脂类	Oil and Fat	96.24	71.40	69.12	102.36	80.88	38.88	54.36
肉类	Meat	467.88	510.12	424.68	551.04	441.36	523.08	453.72
禽类	Poultry	288.24	266.28	203.88	322.92	293.16	280.68	225.12
蛋类	Eggs	44.28	47.64	45.84	40.92	52.80	44.76	40.32
水产品类	Aquatic Products	174.96	156.72	129.60	165.72	569.76	387.84	333.72
蔬菜类	Vegetables	221.64	234.96	222.48	232.68	225.60	243.96	209.28
烟草类	Tobacco	34.44	59.40	88.80	51.84	21.72	32.88	32.76
酒类	Wine	37.80	45.48	69.12	22.44	27.48	32.64	13.20
饮料	Beverages	33.24	27.48	38.76	26.04	41.40	15.96	16.92
干鲜瓜果类	Dried and Fresh Melons and Fruits	177.12	187.2	189.12	188.28	179.40	135.12	122.88
奶及奶制品	Milk and Its Products	140.76	106.08	116.76	84.84	87.12	36.72	61.20
衣着	Clothing	489.12	455.04	414.48	355.8	378.60	313.08	315.72
服装	Garments	352.20	313.44	293.04	256.08	281.52	248.04	248.40
家庭设备用品及服务	HouseholdFacilities, Articles andServices	423.84	367.80	428.76	414.72	314.28	227.16	202.32
耐用消费品	Durable Consumer Goods	220.80	196.68	233.64	219.84	155.64	108.96	84.36
医疗保健	Medical Appliances and Articles	491.76	361.08	347.16	429.96	254.52	164.40	271.44
交通和通讯	Transportation and Communication	897.36	646.80	724.68	568.56	722.76	564.12	484.44
交通	Transportation	413.36	355.08	378.72	225.36	283.80	240.96	241.20
通信	Communication	484.00	291.72	345.96	343.26	438.96	323.16	243.24
教育文化娱乐服务	Education Cultural and Recreation Services	1236.40	873.84	918.60	742.20	608.52	602.04	639.60
文化娱乐用品	Consumer Goods for Cultual and Recreational Use	383.40	255.48	250.92	228.96	215.40	165.00	139.80
书报杂志	Newspapers and Magazines	72.72	38.40	33.00	39.00	28.20	12.48	25.92
教育	Education	540.48	386.16	542.16	406.08	334.20	372.48	382.80
教育费用	Education Expenses	508.80	378.60	526.68	346.92	304.56	335.88	364.08
文化娱乐服务	Cultural and Recreation Services	312.36	232.20	125.52	107.16	58.92	64.44	116.88
居住	Residence	716.64	634.68	789.72	573.48	666.96	574.80	654.00
住房	Housing	200.28	188.64	347.64	41.04	162.48	131.52	268.44
水费	Water Fee	65.88	63.48	60.24	52.92	73.08	56.64	49.44
电费	Electricity Fee	219.36	193.44	195.00	229.92	207.96	219.30	179.16
燃料	Fuel	177.60	150.24	164.88	225.00	186.96	159.24	152.88
杂项商品和服务	Miscellaneous Commodities and Services	253.92	234.84	149.76	196.20	203.04	165.24	131.88

10—16 七市县居民家庭人均年现金收入和支出(2003 年)

Per Capita Annual Cash Income and Expenditure of Urban Households in 7 Cities and Counties Towns(2003)

单位:元(yuan)

项目	Item	贵港 Guigang	百色 Baise	贺州 Hezhou	宜州 Yizhou	融安 Rong'an	兴安 Xing'an	崇左 Chongzuo
家庭总收入	**Total Revenue**	**7944.48**	**7871.40**	**8349.12**	**7003.92**	**7326.12**	**7913.52**	**6717.96**
可支配收入	Disposable Income	7607.04	7361.64	7868.64	6690.84	7031.64	7659.24	6304.32
工薪收入	Income of Pay	6392.64	5563.80	5843.76	4698.48	5125.68	5984.52	4598.16
工资及补贴收入	Wage and Subsidy	6180.00	5233.08	5249.04	4613.28	4959.48	5792.16	4391.16
其他劳动收入	Other Working Income	212.64	330.72	594.72	85.20	166.20	192.48	207.12
经营净收入	Net Income from Management	131.64	321.60	193.44	399.96	150.24	132.36	532.80
财产性收入	Property Income	69.36	82.20	667.32	127.08	153.48	122.28	237.36
利息收入	Interest	12.12	10.32	35.28	11.52	0.36	5.76	1.68
股息与红利收入	Dividend and Bonus	40.68	45.24	301.08	10.20	0	26.88	0
保险收益	Insurance	0	0	0	0	0	0	0
其它投资收入	Other Investment Income	0	0.72	142.92	39.00	0	9.72	77.52
出租房屋收入	House Rent Income	16.56	26.04	186.24	66.48	153.12	79.92	158.16
转移性收入	Transfer Income	1350.96	1903.92	1644.60	1778.40	1896.72	1674.36	1349.64
养老金或离退休金	Pensions for Old People and Retired Veterans	681.84	1345.32	1011.00	1425.12	1549.92	1514.16	1162.08
社会救济收入	Social Relief Income	2.64	6.12	14.64	13.20	0	0	4.32
保险收入	Insurance Income	19.56	40.56	41.88	28.56	0	3.84	14.16
提取住房公积金	Withdraw House Accumulation Fund	56.52	0	2.64	0	96.24	0	52.32
辞退金	Dismiss Pensions	0	208.44	154.32	72.84	0	0	0
赡养收入	Old Alimony	41.28	25.44	52.68	40.8	90.24	35.88	7.08
捐赠收入	Contrribution Income	312.84	186.96	262.08	148.56	41.88	79.2	57.36
出售财物收入	Income from Selling Property	14.40	7.08	0.36	0	177.72	0.48	137.52
借贷收入	Loan Income	2695.32	1313.52	2309.64	1696.68	1700.88	1415.28	4765.80
提取储蓄存款	Withdraw Saving Diposit	1473.36	1223.64	1337.52	1266.36	1314.12	1068.48	3892.20
借入款	Borrowed Money	591.36	41.88	394.80	111.36	107.88	180.12	19.68
住房贷款	Loan for Residence	519.48	0	0	235.08	275.88	0	774.60
家庭总支出	**Total Expenditure**	**8015.64**	**7258.56**	**7055.16**	**6231.24**	**6539.28**	**7170.6**	**7156.56**
消费支出	Consumption Expenditures	5660.64	5765.88	5286.60	4790.88	4858.8	5235.96	5165.52
购房与建房支出	Expenditures for Residence	1366.2	195.48	134.16	245.76	13.56	419.88	702.24
转移性支出	Transfer Expenditures	749.28	893.64	1257.12	933.96	1404.00	1285.32	907.56
财产性支出	Property Expenditures	0	0	0	0	0	2.16	0.12
社会保障支出	Social Relief Expenditures	239.52	403.56	377.16	260.64	262.92	227.28	381.24
借贷支出	Loan Expenditures	2554.08	1908.96	3720.60	2591.88	2242.92	2180.04	4355.28
存入储蓄款	Deposit Saving Money	2128.20	1636.08	2714.88	2327.52	1552.44	1860.48	3922.44
储蓄性保险支出	Insurance Expenditure for Saving	84.72	120.96	155.64	14.52	74.40	109.08	15.72
购买有价证券	Expenditure for Securities	0	0	539.28	0	0	0	0

10—17 七市县居民家庭人均年消费支出(2003年)

Per Capita Annual Consumption Expenditure of Urban Households in 7 Cities and Counties(2003)

单位:元(yuan)

项　目	Item	贵港 Guigang	百色 Baise	贺州 Hezhou	宜州 Yizhou	融安 Rong'an	兴安 Xing'an	崇左 Chongzuo
家庭人均全年消费支出	**Per Capita Annual Expenditures for Consumption**	**5660.64**	**5765.88**	**5286.6**	**4790.88**	**4858.8**	**5235.96**	**5165.52**
食品	Food	2030.88	2249.88	2217.96	1963.08	2040.84	2067.84	1972.56
粮食	Grain	140.88	155.88	175.80	163.44	161.64	138.72	168.36
油脂类	Oil and Fat	116.88	56.04	86.40	46.92	57.84	40.20	90.12
肉类	Meat	447.84	454.44	438.24	498.96	448.68	433.44	516.36
禽类	Poultry	217.56	293.52	258.96	191.76	168.84	166.92	284.88
蛋类	Eggs	39.12	44.52	47.52	40.56	43.44	40.80	26.76
水产品类	Aquatic Products	110.52	84.96	94.20	76.32	96.48	70.92	102.36
蔬菜类	Vegetables	216.36	189.12	196.32	174.48	234.00	132.72	179.88
烟草类	Tobacco	36.84	105.12	70.80	83.16	70.68	106.32	66.36
酒类	Wine	27.00	73.56	29.16	52.32	26.52	48.00	65.40
饮料	Beverages	17.16	30.48	36.00	15.48	12.60	19.80	19.68
干鲜瓜果类	Dried and Fresh Melons and Fruits	111.36	146.40	165.84	131.76	154.44	157.56	139.44
奶及奶制品	Milk and Its Products	77.64	67.80	75.72	50.76	61.92	83.04	37.20
衣着	Clothing	330.36	405.00	373.92	251.88	339.36	493.20	284.64
服装	Garments	244.56	295.20	272.04	169.08	233.16	351.72	213.72
家庭设备用品及服务	Household Facilities, Articles and Services	427.32	423.36	465.36	278.88	368.04	354.00	469.92
耐用消费品	Durable Consumer Goods	233.88	264.00	310.92	155.40	219.60	190.32	244.20
医疗保健	Medical Appliances and Articles	263.64	363.96	304.56	188.16	282.00	203.64	294.48
交通和通讯	Transportation and Communication	392.52	746.76	557.76	451.80	450.84	544.20	568.44
交通	Transportation	151.56	342.48	262.32	199.80	162.12	213.48	254.40
通信	Communication	240.96	404.28	295.44	252.00	288.72	330.72	314.04
教育文化娱乐服务	Education Cultural and Recreation Services	722.88	844.68	665.76	941.52	792.12	843.48	524.40
文化娱乐用品	Consumer Goods for Cultural and Recreational Use	140.04	311.64	134.04	242.76	144.96	163.68	182.16
书报杂志	Newspapers and Magazines	18.96	51.96	33.60	36.84	36.48	29.64	23.88
教育	Education	507.00	356.76	364.20	602.40	509.88	558.96	283.92
教育费用	Education Expenses	417.48	278.52	352.32	587.28	501.60	553.08	232.08
文化娱乐服务	Cultural and Recreation Services	75.84	176.16	167.64	96.48	137.28	120.72	58.32
居住	Residence	1334.52	488.64	544.08	540.96	479.76	532.08	897.48
住房	Housing	901.44	75.24	48.72	108.72	67.80	137.76	544.92
水费	Water Fee	47.40	54.96	51.72	49.44	48.60	42.96	58.92
电费	Electricity Fee	177.72	205.80	217.68	174.84	186.24	148.20	147.84
燃料	Fuel	167.16	124.80	194.88	172.80	172.56	172.68	145.80
杂项商品和服务	Miscellaneous Commodities and Services	158.52	243.48	157.32	174.72	105.96	197.52	153.48

10—18 市、县城镇居民家庭基本情况(2003 年)

Basic Indicators of Urban Household by Cities and County(2003)

地　区	Region	平均每户家庭人口(人) Average Household Size (person)	平均每户就业人口(人) Average Number of Employed Persons per Household (persons)	平均每一就业者负担人数(人) Average Number of Person Supported by a Laborer (persons)	人均全年可支配收入(元) Per Capita Annual Disposable Income (yuan)	平均每人全年家庭总收入(元) Per Capita Annual Total Revenue (yuan)	平均每人全年家庭总支出(元) Per Capita Annual Expenditure (yuan)	平均每人消费支出(元) Per Capita Annual Living Expenditures for Consumption (yuan)	平均每人年末居住面积(平方米) Per Capita Living Floor Spaceat Year-end (sq. m)
全区合计	**Total**	**3.07**	**1.63**	**1.88**	**7785.00**	**8293.92**	**7582.32**	**5763.48**	**21.60**
南宁市	Nanning City	2.97	1.64	1.81	9162.00	9999.60	9039.84	7216.92	18.44
柳州市	Liuzhou City	3.05	1.42	2.15	8369.28	9136.56	7572.48	6033.48	17.99
桂林市	Guilin City	2.91	1.39	2.09	8246.16	8741.88	8171.40	6326.04	17.20
北海市	Beihai City	3.10	1.72	1.80	8007.48	8471.04	7714.08	5865.00	30.88
梧州市	Wuzhou City	2.98	1.64	1.82	7062.12	7633.56	7998.36	6136.20	17.88
钦州市	Qinzhou City	3.45	2.00	1.73	7440.96	7894.56	6210.96	4714.44	17.29
防城港	Fangchenggang	3.09	1.82	1.70	7832.64	8216.28	6010.44	4836.84	26.42
贵港市	Guigang City	3.08	1.66	1.86	7607.04	7944.48	8015.64	5660.64	26.58
百色市	Baise City	3.07	1.74	1.76	7361.64	7871.40	7258.56	5765.88	19.21
贺州市	Hezhou City	2.98	1.82	1.64	7868.64	8349.12	7055.16	5286.60	22.45
宜州市	Yizhou City	3.23	1.74	1.86	6690.84	7003.92	6231.24	4790.88	26.77
融安县	Rong'an County	2.90	1.48	1.96	7031.64	7326.12	6539.28	4858.80	29.34
兴安县	Xing'an County	2.96	1.73	1.71	7659.24	7913.52	7170.60	5235.96	25.87
江洲区	Jiangzhou District	3.10	1.58	1.96	6304.32	6717.96	7156.56	5165.52	22.70

10—19 主要年份市县人均可支配收入

Per Capita Annual Disposable Income by Cities and County in Main Years

单位:元(yuan)

地 区	Region	1990	1995	2000	2002	2003
南宁市	Nanning City	1454.33	5544.09	7447.78	8796.24	9162.00
柳州市	Liuzhou City	1515.36	4884.13	5740.07	7927.68	8369.28
桂林市	Guilin City	1500.60	5505.97	6996.93	7852.32	8246.16
北海市	Beihai City	1591.48	6365.05	6167.29	7692.36	8007.48
梧州市	Wuzhou City	1545.49	4909.01	5221.07	6282.12	7062.12
钦州市	Qinzhou City	1500.94	4635.39	5691.62	6734.16	7440.96
防城港	Fangchenggang			6199.51	7663.68	7832.64
贵港市	Guigang City	1421.39	5258.11	5468.40	6926.88	7607.04
百色市	Baise City	1410.37	5035.19	5747.21	7215.36	7361.64
贺州市	Hezhou City	1589.91	4354.75	5549.37	7029.6	7868.64
宜州市	Yizhou City	1214.53	3741.44	5232.44	6451.92	6690.84
融安县	Rong'an County	1359.33	4189.83	5706.09	6860.16	7031.64
兴安县	Xing'an County	1327.71	4882.20	5551.11	7500.84	7659.24
江洲区	Jiangzhou District		3848.54	4960.37	5891.52	6304.32

10—20 主要年份市县人均消费支出

Per Capita Annual Consumption Expenditure by Cities and County in Main Years

单位:元(yuan)

地 区	Region	1990	1995	2000	2002	2003
南宁市	Nanning City	1359.98	5055.27	6705.27	6969.72	7216.92
柳州市	Liuzhou City	1461.95	4385.07	4457.64	5992	6033.48
桂林市	Guilin City	1444.90	4531.36	5893.48	6122.64	6326.04
北海市	Beihai City	1448.55	5014.40	5092.22	5898.24	5865.00
梧州市	Wuzhou City	1417.87	4404.64	4604.35	5128.56	6136.20
钦州市	Qinzhou City	1394.03	4454.63	5000.95	5163.12	4714.44
防城港	Fangchenggang			4758.33	4666.44	4836.84
贵港市	Guigang City	1344.30	4091.63	4133.53	4563.12	5660.64
百色市	Baise City	1333.66	4396.21	5409.27	5635.08	5765.88
贺州市	Hezhou City	1335.65	3562.32	4075.96	5075.4	5286.60
宜州市	Yizhou City	1099.98	3367.77	4648.87	4432.08	4790.88
融安县	Rong'an County	1271.32	3413.11	4376.01	4582.56	4858.80
兴安县	Xing'an County	1195.27	3862.91	4707.66	5483.4	5235.96
江洲区	Jiangzhou District		3083.74	3775.21	4265.28	5165.52

注:1. 1990年为生活费支出。

2. 可支配收入指居民家庭在支付个人所得税后所余下的实际收入。计算公式为:可支配收入=实际收入—个人所得税—家庭事业生产支出—记帐补贴

Note: A) The figures of 1990 were Expenditure for Living.

B) Disposable Income refers to actual revenue after paying for personal income tax . It is calculated as follows:

Disposable Income = Actual Revenue-Personal Income Tax - Productive Expenditure of Household Business the Recording Replenishing of the Households Surveyed

10—21 主要年份农民家庭基本情况

Basic Indicators of Rural Households in Main Years

单位:人 (person)

项　目	Item	1990	1995	2000	2002	2003
调查户数(户)	Number of Households Surveyed (household)	2320	2240	2310	2310	2310
平均每户常住人口	Average Number of Permanent Residents Per Household	5.62	5.32	4.82	4.79	4.73
平均每户整半劳动力	Average Number of Able-bodied and Semi-able-bodied Laborers Per Household	3.14	3.06	3.09	3.20	3.23
整劳动力	Able-bodied Laborers	2.61	2.62	2.29	2.32	2.34
半劳动力	Semi-able-bodied Laborers	0.53	0.44	0.80	0.88	0.89
平均每个劳动力负担人口	Average Number of Persons Supported by a Laborer	1.79	1.74	1.56	1.50	1.46
平均每百个劳动力中:	In Per 100 Rural Labor Force:					
文盲或半文盲人数	Illiteracy and Semi-Illiteratcy	13.12	8.31	5.43	4.70	4.43
小学程度人数	Primary School	48.31	44.28	35.97	33.57	32.58
初中程度人数	Junior Secondary School	31.02	38.52	47.38	49.66	50.51
高中程度人数	Senior Secondary School	7.12	8.21	8.94	9.48	9.73
中专程度人数	Specialized Secondary School	0.40	0.63	2.10	2.42	2.50
大专程度人数	College and Higher Level	0.03	0.06	0.02	0.18	0.24
平均每百户	Per 100 Households					
乡村企业从业人数	Number of Employees of Rural Enterprise	0.39	0.76	0.95	1.08	1.00
在外从事其他劳动人数	Number of laborers Outside Engaged in Other Work	0.99	11.88	46.37	49.57	64.85

10—22 主要年份农民人均纯收入及构成

Per Capita Annual Net Income of Rural Households and Its Composition in Main Years

项目	Item	1990	1995	2000	2002	2003
平均每人纯收入(按来源分)(元)	**Per Capita Annual Net Income (By Source of Income)(yuan)**	**639.45**	**1446.14**	**1864.51**	**2012.6**	**2094.51**
工资性收入	Wages Income	59.94	202.10	483.75	686.57	784.60
家庭经营纯收入	Household Business Income	552.96	1158.07	1297.16	1236.25	1229.88
财产性收入	Property Income	26.55	11.43	7.47	9.11	16.77
转移性收入	Transfer Income		74.54	76.13	80.67	63.26
平均每人纯收入(按来源分)构成(%)	**Composition of Per Capita Annual Net Income (By Source of Income)(%)**	**100.0**	**100.0**	**100.0**	**100.0**	**100.0**
工资性收入	Wages Income	9.4	14.0	26.0	34.1	37.5
家庭经营纯收入	Household Business Income	86.5	80.1	69.6	61.5	58.7
财产性收入	Property Income	4.2	0.8	0.4	0.5	0.8
转移性收入	Transfer Income		5.2	4.1	4.0	3.0
平均每人纯收入(按性质分)(元)	**Per Capita Annual Net Income (By Type of Income)(yuan)**	**639.45**	**1446.14**	**1864.51**	**2012.6**	**2094.51**
生产性收入	Productive Income	608.44	1347.15	1764.2	1912.26	2003.11
农业(种植业)生产收入	Productive of Income Farming (Planting)	328.75	593.49	674	709.6	699.41
非农业生产收入	Non-productive Income of Farming	279.69	753.66	1090.2	1202.66	1303.70
非生产性收入	Non-productive Income	31.01	98.99	100.31	100.34	91.40
平均每人纯收入(按性质分)构成(%)	**Composition ofPer Capita Annual Net Income(By Type of Income)(%)**	**100.0**	**100.0**	**100.0**	**100.0**	**100.0**
生产性收入	Productive Income	95.2	93.2	94.6	95.0	95.6
农业(种植业)生产收入	Productive Income of Farming (Planting)	51.4	41.0	36.1	35.3	33.4
非农业生产收入	Other Productive Income Excludes Farming	43.7	52.1	58.5	59.8	62.2
非生产性收入	Non-productive Income	4.9	6.9	5.4	5.0	4.4
平均每人纯收入(按收入分)(%)	**Per Capita Annual Net Income (By Income)(%)**	**100.0**	**100.0**	**100.0**	**100.0**	**100.0**
2000 元及以上的户	2000 yuan and above	0.7	20.7	36.6	42.7	46.9
1500—2000 元的户	1500—2000 yuan	1.4	18.5	24.7	23.1	20.8
1000—1500 元的户	1000—1500 yuan	9.9	30.5	23.5	21.5	20.3
800—1000 元的户	800—1000 yuan	13.3	13.4	6.6	6.4	6.2
500—800 元的户	500—800 yuan	40.3	13.6	6.9	5.5	4.2
300—500 元的户	300—500 yuan	29.0	2.3	1.5	0.5	1.1
300 元以下的户	Under 300 yuan	5.4	0.4	0.3	0.4	0.4

10—23 主要年份农户平均每人经济收支情况

Per Capita Annual Income and Expenditures of Rural Households in Main Years

单位:元(yuan)

项　目	Item	1990	1995	2000	2002	2003
全年总收入	**Annual Total Revenue**	**898.53**	**2101.41**	**2649.18**	**2864.58**	**2916.20**
工资性收入	Wages Income	59.94	202.10	483.75	686.57	784.60
家庭经营收入	Household Business Income	803.51	1802.88	2042.38	2027.67	2024.45
财产性收入	Property Income	35.08	11.43	7.47	9.11	16.77
转移性收入	Transfer Income		84.99	115.58	141.22	90.37
平均每人纯收入(按来源分)	**Per Capita Annual Net Income(By Source of Income)**	**639.45**	**1446.14**	**1864.51**	**2012.60**	**2094.51**
工资性收入	Wages Income	59.94	202.10	483.75	686.57	784.60
家庭经营纯收入	Household Business Income	552.96	1158.07	1297.16	1236.25	1229.88
财产性收入	Property Income	26.55	11.43	7.47	9.11	16.77
转移性收入	Transfer Income		74.54	76.13	80.67	63.26
平均每人纯收入(按性质分)	**Per Capita Annual Net Income(By Type of Income)**	**639.45**	**1446.14**	**1864.51**	**2012.6**	**2094.51**
生产性收入	Productive Income	608.44	1347.15	1764.20	1912.26	2003.11
农业(种植业)生产收入	Productive Income of Farming (Planting)	328.75	593.49	674.00	709.60	699.41
非农业生产收入	Other Productive Income Excludes Farming	279.69	753.66	1090.20	1202.66	1303.70
非生产性收入	Non-productive Income	31.01	98.99	100.31	100.34	91.40
全年总支出	**Annual Total Expenditure**	**803.08**	**1830.12**	**2317.08**	**2598.71**	**2631.28**
家庭经营费用支出	Expenditure for Household Business	226.92	589.84	662.18	709.33	716.53
税费支出	Expenditure for Taxes and Fees	10.84	29.88	41.47	39.49	33.80
购置生产性固定资产	Purchasing Productive Fixed Assets	18.07	43.74	50.87	59.78	56.66
生活消费支出	Expenditure for Consumption	536.97	1143.04	1487.96	1686.11	1751.23

10—24 主要年份农户平均每人家庭经营总收入

Per Capita Gross on Household Business of Rural Households in Main Years

单位:元(yuan)

项 目	Item	1990	1995	2000	2002	2003
家庭经营总收入	**Total Income from Household Business**	**803.51**	**1802.88**	**2042.38**	**2027.67**	**2024.45**
农业收入	Farming	469.28	860.66	943.57	1028.56	1061.00
林业收入	Forestry	12.23	27.52	49.94	46.46	59.40
牧业收入	Animal Husbandry	220.41	623.8	701.66	667.52	640.33
渔业收入	Fishery	10.56	27.16	49.59	55.97	62.27
工业收入	Industry	38.10	62.38	57.66	44.76	38.84
建筑业收入	Construction	9.41	50.01	47.53	21.40	16.81
交通、运输和邮电业收入	Transport, Post and Telecommunication Services	15.62	47.01	43.91	36.10	37.56
批发零售贸易、餐饮业收入	Wholesale, Retail Trades, and Catering Services	17.76	51.86	94.10	86.87	75.45
社会服务业收入	Social Services	3.96	15.01	17.92	13.25	13.88
文教卫生业收入	Culture, Education and Health Care	–	–	6.44	8.10	8.19
其他家庭经营收入	Others	6.18	37.57	30.06	18.68	10.72

注:2003 年农业、林业、牧业收入的计算口径与往年不同,使用资料时请注意。

Note: The calculation standard of the farming, forestry and animal husbandry incomes in 2003 is different with the years before.

10—25 主要年份农户平均每人生活消费支出和构成

Per Capita Consumption Expenditures of Rural Households and Its Composition in Main Years

项 目	Item	1990	1995	2000	2002	2003
平均每人生活消费支出(元)	**Per Capita Living Expenditures for Consumption(yuan)**	**536.97**	**1143.04**	**1487.96**	**1686.11**	**1751.23**
食品消费	Food	349.96	700.4	824.97	875.08	899.07
衣着消费	Clothing	26.64	49.17	51.58	63.83	61.12
居住消费	Residence	81.05	139.48	201.12	288.42	323.28
家庭设备、用品及服务	Household Facilities, Articles and Services	24.54	51.98	62.95	64.98	63.69
医疗保健	Medicines and Medical Services	11.95	29.04	52.38	66.19	74.81
交通通讯	Transport, Post and Telecommunication Services	7.11	27.33	64.83	114.26	121.45
文教娱乐用品及服务	Cultural, Educational and Recreational Articles and Services	31.81	127.69	186.76	173.17	175.55
其他商品和服务	Other Commodities and Services	3.91	17.95	43.37	40.18	32.26
构成(%)	**Composition(%)**	**100.00**	**100.00**	**100.00**	**100.00**	**100.00**
食品消费	Food	65.17	61.28	55.44	51.9	51.34
衣着消费	Clothing	4.96	4.3	3.47	3.78	3.49
居住消费	Residence	15.09	12.2	13.52	17.11	18.46
家庭设备、用品及服务	Household Facilities, Articles and Services	4.57	4.55	4.23	3.85	3.64
医疗保健	Medicines and Medical Services	2.23	2.54	3.52	3.93	4.27
交通通讯	Transport, Post and Telecommunication Services	1.33	2.39	4.36	6.78	6.94
文教娱乐用品及服务	Cultural, Educational and Recreational Articles and Services	5.92	11.17	12.55	10.27	10.02
其他商品和服务	Other Commodities and Services	0.73	1.57	2.91	2.38	1.84

10—26 主要年份农户平均每人全年现金收支情况

Per Capita Annual Cash Income and Expenditures of Rural Households in Main Years

单位:元(yuan)

项 目	Item	1990	1995	2000	2002	2003
期内现金收入合计	**Annual Cash Income**	**569.46**	**1522.44**	**1975.68**	**2232.35**	**2323.17**
工资性收入	Wages Income	59.92	201.92	483.75	686.42	784.60
出售产品的现金收入	From Selling Production	400.23	1005.4	1101.88	1188.69	1242.22
工业加工业的现金收入	From Industry Processing	6.95	10.84	31.11	22.80	20.89
建筑业的现金收入	From Construction	9.41	50.01	47.53	21.40	15.96
交通运输业的现金收入	From Transportation	15.62	47.01	43.91	36.10	37.56
批发和零售贸易、餐饮业	Wholesale and Retail Trade and Catering Services	17.76	51.86	94.10	86.87	75.45
社会服务业的现金收入	Social Services	3.96	15.01	17.92	13.25	13.88
文教卫生业的现金收入	Culture, Education and Health Care	–	–	6.44	8.10	8.19
其他家庭经营收入的现金收入	Other Cash Income from Household Business	5.62	33.52	26.11	15.17	18.34
财产性收入	Property Income	49.44	16.11	7.42	9.11	16.77
转移性收入	Transfer Income		90.24	115.51	139.78	89.31
期内现金支出合计	**Annual Cash Expenditure**	**507.05**	**1389.54**	**1809.36**	**2068.92**	**2122.86**
生产费用支出的现金	Cash Expenditure of Productive Costs	176.73	534.08	618.20	664.37	664.37
家庭经营费用支出	Expenditure for Household Business	158.66	490.34	567.34	604.59	607.43
购置生产性固定资产支出	Purchasing Productive Fixed Assets	18.07	43.74	50.87	59.78	56.66
税费支出	Expenditure for Taxes and Fees	10.42	19.25	30.31	31.23	33.07
生活消费支出	Consumption Expenditure	290.33	784.17	1087.20	1270.72	1354.81
食品	Food	130.59	369.14	437.01	511.30	547.74
衣着	Clothing	26.17	49.17	51.56	63.72	61.05
居住	Residence	67.40	112.21	188.35	237.02	278.46
家庭设备、用品及服务	Household Facilities, Articles and Services	12.04	51.65	62.95	64.88	63.66
医疗保健	Medicines and Medical Services	11.95	29.04	52.38	66.19	74.81
交通和通讯	Transport, Post and Telecommunication Services	7.07	27.33	64.83	114.26	121.45
文化教育、娱乐用品及服务	Cultural, Educational and Recreational Articles and Services	30.62	127.69	186.76	173.17	175.55
其他商品及服务	Other Commodities and Services	4.49	17.93	43.37	40.18	32.10
财产性支出	Property Expenditure	29.57	52.04	6.44	8.67	2.42
转移性支出	Transfer Expenditure			67.21	93.95	68.19

10—27 主要年份农户主要农副产品人均生产量和商品率情况

Per Capita Major Grain and Sideline Products and Their Commodity Rate of Rural Households in Main Years

产品名称	Item	1995			2000		
		生产量(千克) Output (kg)	出售量(千克) Sold Amount (kg)	商品率(%) Commodity Rate (%)	生产量(千克) Output (kg)	出售量(千克) Sold Amount (kg)	商品率(%) Commodity Rate (%)
粮食	Grain	453.97	59.82	13.18	452.67	72.24	15.96
油料	Oil-bearing Crops	12.50	2.44	19.52	13.05	3.84	29.43
麻类	Fiber Crops	0.37	0.34	91.89	0.94	0.86	91.49
糖料	Sugar	456.93	450.75	98.65	866.89	854.89	98.62
烟叶	Tobacco	0.39	0.34	87.18	0.97	0.95	97.94
蔬菜	Vegetables	166.01	50.66	30.52	208.31	90.54	43.46
果用瓜	Melons	14.13	12.98	91.86	30.55	29.09	95.22
水果	Fruits	39.02	32.56	83.44	40.61	35.07	86.36
茶叶	Tea	0.34	0.31	91.18	0.30	0.20	66.67
猪肉	Pork	40.70	36.45	89.56	55.32	51.62	93.31
羊肉	Mutton	0.17	0.14	82.35	0.58	0.53	91.38
家禽	Poultry	3.56	2.04	57.30	5.27	2.91	55.22
鱼虾	Fish and Shrimps	3.89	3.14	80.72	6.45	4.90	75.97
蛋类	Eggs	0.52	0.20	38.46	0.79	0.25	31.64
蜂蜜	Honey	0.01	0.01	100.00	0.10	0.04	40.00
蚕茧	Silkworm Cocoons	0.88	0.87	98.86	0.81	0.81	100.00

10—27 续表 continued

产品名称	Item	2002			2003		
		生产量(千克) Output (kg)	出售量(千克) Sold Amount (kg)	商品率(%) Commodity Rate (%)	生产量(千克) Output (kg)	出售量(千克) Sold Amount (kg)	商品率(%) Commodity Rate (%)
粮食	Grain	419.07	80.03	19.10	418.03	87.23	20.87
油料	Oil-bearing Crops	10.14	1.91	18.84	9.11	2.18	23.93
麻类	Fiber Crops	0.83	0.72	86.75	0.71	0.62	87.32
糖料	Sugar	1136.16	1113.71	98.02	1420.87	1385.79	97.53
烟叶	Tobacco	0.52	0.43	82.69	0.49	0.47	95.92
蔬菜	Vegetables	209.33	96.31	46.01	196.46	92.70	47.19
果用瓜	Melons	26.91	25.23	93.76	35.05	32.98	94.09
水果	Fruits	69.33	58.75	84.71	48.29	43.29	89.65
茶叶	Tea	0.11	0.10	90.91	0.09	0.09	100.00
猪肉	Pork	54.99	51.78	95.70	48.96	46.59	95.16
羊肉	Mutton	0.53	0.48	90.57	0.50	0.48	96.00
家禽	Poultry	9.02	4.07	45.12	9.96	5.22	52.41
鱼虾	Fish and Shrimps	5.95	5.22	87.73	5.56	4.93	88.67
蛋类	Eggs	0.60	0.09	15.00	0.61	0.19	31.15
蜂蜜	Honey	0.11	0.10	90.91	0.08	0.07	87.50
蚕茧	Silkworm Cocoons	2.67	2.66	99.63	2.99	2.98	99.67

10—28 主要年份农户平均每人粮食收支情况

Per Capita Major Grain Gross and Consumption of Rural Households in Main Years

单位：千克（kg）

项目	Item	1990	1995	2000	2002	2003
年初粮食结存（原粮）	**Grain at Year-head (Crude Grain)**	**229.78**	**263.66**	**200.41**	**252.13**	**287.31**
年内粮食收入	**Annual Income of Grain**	**460.78**	**491.37**	**499.41**	**456.02**	**452.52**
家庭经营生产的	Of Household Business	414.25	453.97	452.67	419.07	418.03
购入	Purchase	32.24	33.21	46.26	34.65	31.00
借入	Of Borrowing	3.29	1.65	0.15	0.16	0.13
收回借出粮	Retracting Lent Grain	5.11	2.18	0.27	0.95	2.43
其他粮食收入	Others	5.85	0.35	0.06	1.19	0.93
年内粮食支出	**Annual Expenditure of Grain**	**435.83**	**426.69**	**440.53**	**424.12**	**399.50**
主食用粮	Staple Grain	22.34	243.72	233.75	219.6	206.38
其他生活用粮	Other Grain for living	3.59	2.51	0.22	0.59	0.03
出售	For Sale	74.46	59.82	72.24	80.03	87.23
种籽	Seeds	8.74	5.17	5.22	3.58	3.91
饲料	Feed	82.21	96.03	115.87	108.00	98.70
借出	Lending	4.97	4.64	1.11	1.62	0.78
归还借粮	Returning back Borrowed Grain	3.34	2.37	0.16	1.04	–
其他粮食支出	Others	15.41	11.11	11.95	9.66	2.46
年末粮食结存	**Grain at Year-end**	**254.73**	**328.34**	**254.19**	**265.65**	**263.23**
#口粮	For Food	167.09	188.81	159.61	167.98	147.97
饲料	Feed	41.9	71.58	52.22	54.4	56.68
种籽	Seeds	6.69	3.65	2.56	2.45	2.13

10—29 主要年份农户平均每人主要消费品消费量

Per Capita Consumption for Major Consumer Goods of Rural Households in Main Years

项目	Item	1990	1995	2000	2002	2003
粮食（原粮）（千克）	Grain (Crude Grain) (kg)	245.93	243.73	231.80	218.46	206.38
蔬菜（千克）	Vegetables (kg)	126.35	117.69	118.64	117.61	108.94
食用油（千克）	Edible Oil (kg)	4.57	4.49	6.20	6.30	4.92
植物油	Vegetable Oil	1.97	2.40	3.98	4.16	2.80
动物油	Animal Oil	2.60	2.09	2.22	2.14	2.11
肉类（千克）	Meat (kg)	10.74	11.07	14.07	14.33	14.44
猪肉	Pork	10.41	10.82	13.86	14.14	14.17
牛羊肉	Beef and Mutton	0.33	0.25	0.21	0.19	0.27
家禽（千克）	Poultry (kg)	2.89	3.68	6.29	7.02	7.33
蛋类（千克）	Eggs (kg)	0.74	0.88	1.28	1.12	1.12
鱼虾（千克）	Fish and Shrimp (kg)	1.45	1.94	3.08	3.55	3.33
食糖（千克）	Sugar (kg)	1.37	1.04	1.27	1.31	1.18
卷烟（盒）	Cigarettes (pack)	13.66	12.03	11.07	10.33	10.53
酒（千克）	Wine (kg)	6.46	5.99	5.53	6.13	6.14
糖果、糕点（千克）	Candy and Cake (kg)	0.41	1.38	0.59	0.70	5.13
水果（千克）	Fruits (kg)	3.70	7.23	10.05	12.72	8.03
服装（件）	Garments (unit)	0.97	1.14	1.19	1.43	1.12

10—30 主要年份农户平均每百户耐用消费品年末拥有量

Per 100 Rural Households Year-end Owned Number of Durable Consumer Goods in Main Years

项　目	Item	1990	1995	2000	2002	2003
大型家具(件)	Large Furniture(set)	102.16	148.88	140.43	157.10	162.60
洗衣机(台)	Washing Machine(set)	1.16	1.29	3.25	3.46	3.59
电风扇(台)	Electric Fan(set)	52.28	124.02	180.82	192.77	202.08
电冰箱(台)	Refrigerator(set)			2.94	3.46	3.42
空调机(台)	Air conditioner(unit)			0.17	0.04	0.04
抽油烟机(台)	Smoke Absorber(unit)			0.30	0.30	0.30
中高档乐器(件)	Medium and High Grade Musical Instrument(unit)			0.17	0.13	0.22
微波炉(台)	Oven(unit)			0.13	0.09	0.26
热水器(台)	Shower(unit)			2.6	3.12	3.55
自行车(辆)	Bicycle(unit)	136.85	159.60	124.98	121.26	119.48
摩托车(台)	Motorcycle(unit)	0.17	2.28	18.01	27.14	32.34
汽车(生活用)(台)	Automobile(unit)			0.09	0.04	-
电话机(部)	Telephone(unit)			8.14	20.56	31.08
移动电话(部)	Mobile Telephone(unit)			0.69	4.59	9.78
寻呼机(台)	Pager(unit)			5.54	9.57	7.40
彩色电视机(台)	Color Television Set(set)	0.65	5.04	30.04	39.91	47.66
黑白电视机(台)	Black and White TV Set(set)	24.70	59.38	60.78	59.13	57.19
录放像机(台)	Video-recorder(set)			1.69	1.08	1.26
摄像机(台)	Pickup Camera(set)			0.13	0.08	0.17
影碟机(台)	Video Disc Player(set)			11.90	17.75	22.94
组合音响(台)	Hi-Fi Stereo Component System(set)			6.23	8.27	9.44
收录机(台)	Radio Cassette Player(set)	13.97	23.57	14.24	13.16	13.38
照相机(架)	Camera(set)			0.87	1.00	1.21

注:1990年和1995年大型家具按2000年指标口径调整。

Note: Large Furniture of 1990 and 1995 were adjusted by the statistical standard of 2000.

10—31 主要年份农户房屋情况

Housing Conditions of Rural Households in Main Years

项　目	Item	1990	1995	2000	2002	2003
平均每人年末住房面积(平方米)	Per Capita Living Floor Space At Year-end(sq. m)	15.80	18.21	23.40	24.91	26.08
#钢筋混凝土结构面积(平方米)	Reinforced Concrete Structure(sq. m)	1.04	3.24	9.40	11.32	12.76
砖木结构面积(平方米)	Brick and Wood Structure(sq. m)	6.14	7.81	8.71	8.26	8.29
年内新建(购)住房面积(平方米)	Rooms Newly Built(bought) within the Year(sq. m)	0.49	0.51	1.11	0.95	1.21
#钢筋混凝土结构面积(平方米)	Reinforced Concrete Structure(sq. m)	0.24	0.43	0.94	0.88	1.15
砖木结构面积(平方米)	Brick and Wood Structure(sq. m)	0.15	0.05	0.17	0.06	0.05
平均每平方米新建(购)住房价值(元)	Value of Per Square Meter Rooms Newly built(bought)(yuan)	76.78	195.47	224.64	203.87	214.43

10—32 农户生活基本情况(按五等份分组,2003年)

Basic Indicators of Rural Households by Five Grades(2003)

项　目	Item	低收入户 Low Income Households	中低收入户 Lower Middle Income Households	中等收入户 Middle Income Households	中高收入户 Upper Middle Income Households	高收入户 High Income Households
调查户数(户)	Number of Households Surveyed (household)	462	462	462	462	462
常住人口(人)	Permanent Residents(person)	2343	2264	2205	2176	1941
#整半劳动力	Able-bodied and Semi-able-bodied Laborers	1430	1515	1498	1561	1464
人均新建房屋面积(平方米)	Per Capita Floor Space of Houses Newly Built(sq. m)	0.70	0.83	0.98	1.78	1.89
人均年末住房面积(平方米)	Per Capita Floor Space of Houses At Year-end(sq. m)	20.54	24.52	25.03	28.39	33.20
人均经营耕地面积(亩)	Per Capita Has Cultivated Land under Management(mu)	1.06	1.17	1.32	1.45	1.79
#自留地面积	Family Plots	0.07	0.08	0.08	0.08	0.10
平均每人全年总收入(元)	Per Capita Annual Total Revenue (yuan)	1484.06	2120.49	2698.05	3379.20	5301.82
工资性收入	Wages Income	251.74	496.77	717.56	1041.67	1551.54
家庭经营收入	Household Business	1193.96	1578.57	1920.15	2215.16	3451.71
#农业收入	Farming	665.84	853.22	989.77	1199.27	1706.24
林业收入	Forestry	22.47	54.38	85.27	50.74	90.16
牧业收入	Animal Husbandry	426.92	525.01	649.50	690.14	966.19
渔业收入	Fishery	5.21	22.59	29.42	59.73	217.60
财产性收入	Property Income	2.30	3.66	4.06	10.42	71.09
转移性收入	Transfer Income	36.07	41.48	56.29	111.95	227.48
平均每人全年纯收入(元)	Per Capita Annual Net Income(yuan)	889.34	1450.64	1926.62	2525.36	4008.00
平均每人全年总支出(元)	Per Capita Annual Total Expenditure (yuan)	1698.70	2078.73	2436.59	3016.91	4190.35
家庭经营费用支出	Expenditure for Household Business	516.14	582.38	679.94	738.32	1132.04
购置生产性固定资产支出	Expenditure for Purchasing Productive Fixed Assets	43.77	32.11	40.74	54.18	121.70
税费支出	Expenditure for Tax and Fee	27.82	28.92	32.78	36.23	45.17
生活消费支出	Expenditure for Consumption	1078.06	1387.75	1627.57	2103.50	2733.36
食品	Food	621.51	777.07	883.22	1031.04	1246.46
衣着	Clothing	31.23	47.23	56.96	73.74	103.99
居住	Residence	166.65	228.54	227.17	441.82	599.15
家庭设备、用品及服务	Household Facilities, Articles and Services	38.66	48.71	59.72	76.43	101.60
医疗保健用品及服务	Medicine and Medical Articles and Services	48.86	59.24	95.24	70.81	105.60
交通和通讯用品及服务	Transport, Post and Communication Articles and Services	47.80	68.64	109.72	157.52	244.83
文化娱乐用品及服务	Cultural, Educational and Recreational Articles and Services	106.95	129.45	168.31	219.66	270.90
其他商品和服务	Other Commodities and Services	16.39	28.87	27.23	32.49	60.85
财产性支出	Property Expenditure	0.13	1.06	1.38	4.13	6.03
转移性支出	Transfer Expenditure	32.73	46.51	53.11	80.51	151.75

10—33 各市县区农村居民家庭基本情况(2003 年)

Basic Indicators of Rural Households by City and County(2003)

市　县	Cities and Counties	调查户数(户) Number of Households Surveyed (household)	家庭常住人口(人) Number of Permanent Residents in the Households (person)	在校学生(人) Student Enrollment (person)	整半劳动力(人) Able-bodied and Semi-able-bodied Laborers(person)	人均住房面积(平方米) Per Capita Residence Floor Space(sq. m)
南宁市	**Nanning City**	**970**	**4526**	**880**	**3228**	**29.8**
市辖区	Urban District	120	494	133	325	25.6
邕宁县	Yongning County	140	668	156	426	24.1
武鸣县	Wuming County	120	520	93	387	38.0
隆安县	Long'an County	100	494	76	366	23.5
马山县	Mashan County	130	616	94	466	33.5
上林县	Shanglin County	120	573	94	417	31.9
宾阳县	Binyang County	120	594	137	417	30.0
横　县	Hengxian County	120	567	97	424	30.3
柳州市	**Liuzhou City**	**860**	**3748**	**701**	**2680**	**24.6**
城中区	Chengzhong District	30	114	30	78	28.6
鱼峰区	Yufeng District	30	141	20	95	48.8
柳南区	Liunan District	60	252	55	176	20.3
柳北区	Liubei District	100	408	79	297	31.8
柳江县	Liujiang County	120	553	132	371	24.2
柳城县	Liucheng County	100	418	80	310	31.7
鹿寨县	Luzhai County	100	434	82	302	29.7
融安县	Rong'an County	100	444	89	302	20.6
融水县	Rongshui County	120	471	60	359	23.6
三江县	Sanjiang County	100	513	74	390	13.7
桂林市	**Guilin City**	**1440**	**5914**	**1138**	**4213**	**28.9**
秀峰区	Xiufeng District	30	126	23	83	64.1
叠彩区	Diecai District	30	123	23	84	35.7
象山区	Xiangshan District	50	228	47	157	39.4
七星区	Qixing District	60	259	46	178	58.0
雁山区	Yanshan District	50	199	42	138	30.7
阳朔县	Yangshuo County	100	420	82	293	24.6
临桂县	Lingui County	100	450	100	310	27.4
灵川县	Lingchuan County	100	410	72	307	32.4
全州县	Quanzhou County	120	440	105	304	29.0
兴安县	Xing'an County	100	389	68	303	31.3
永福县	Yongfu County	100	406	87	290	24.6
灌阳县	Guanyang County	100	374	88	264	25.6
龙胜县	Longsheng County	100	432	78	308	27.7
资源县	Ziyuan County	100	398	84	298	30.2
平乐县	Pingle County	100	454	74	326	30.9
荔浦县	Lipu County	100	371	52	273	30.3
恭城县	Gongcheng County	100	435	67	297	22.5
梧州市	**Wuzhou City**	**660**	**3335**	**783**	**2123**	**21.4**
万秀区	Wanxiu District	60	313	76	192	30.1
蝶山区	Dieshan District	60	238	50	157	22.8
长洲区	Changzhou District	60	301	66	183	30.2

10—33 续表 1 continued

市 县	Cities and Counties	调查户数(户) Number of Households Surveyed (household)	家庭常住人口(人) Number of Permanent Residents in the Households (person)	在校学生(人) Student Enrollment (person)	整半劳动力(人) Able-bodied and Semi-able-bodied Laborers (person)	人均住房面积(平方米) Per Capita Residence Floor Space (sq. m)
苍梧县	Cangwu County	120	627	138	408	18.8
藤 县	Tengxian County	140	759	206	458	20.2
蒙山县	Mengshan County	100	501	92	358	22.3
岑溪市	Cenxi City	120	596	155	367	22.4
北海市	**Beihai City**	**370**	**1548**	**442**	**1023**	**28.3**
海城区	Haicheng District	50	198	53	144	35.0
银海区	Yinhai District	100	415	124	269	36.3
铁山港区	Tieshangang District	100	449	138	289	27.8
合浦县	Hepu County	120	486	127	321	26.7
防城港市	**Fangchenggang City**	**400**	**1649**	**321**	**1193**	**21.9**
港口区	Gangkou District	100	361	67	276	26.8
防城区	Fangcheng District	100	425	80	305	22.6
上思县	Shangsi County	100	415	104	282	18.5
东兴市	Dongxing City	100	448	70	330	23.3
钦州市	**Qinzhou City**	**500**	**2418**	**503**	**1677**	**24.7**
钦南区	Qinnan District	120	565	114	406	21.1
钦北区	Qinbei District	120	515	118	335	26.1
灵山县	Lingshan County	140	732	137	525	24.3
浦北县	Pubei County	120	606	134	411	26.4
贵港市	**Guigang City**	**640**	**3256**	**825**	**2123**	**28.6**
覃塘区	Qintang District	120	586	132	416	27.8
港北区	Gangbei District	120	623	181	393	26.2
港南区	Gangnan District	120	581	139	394	30.3
平南县	Pingnan County	140	642	191	373	32.2
桂平市	Guiping City	140	824	182	547	26.4
玉林市	**Yulin City**	**840**	**4040**	**965**	**2685**	**24.3**
玉州区	Yuzhou District	100	445	86	313	23.5
福绵区	Fumian District	100	420	88	300	29.1
容 县	Rongxian County	120	621	139	406	22.2
陆川县	Luchuan County	120	570	135	378	24.5
博白县	Bobai County	140	767	215	481	23.0
兴业县	Xingye County	120	550	116	394	20.0
北流市	Beiliu City	140	667	186	413	28.5
百色市	**Baise City**	**1240**	**5787**	**1078**	**3911**	**24.0**
右江区	Youjiang District	100	428	54	313	26.2
田阳县	Tianyang County	100	408	58	314	30.0
田东县	Tiandong County	100	473	94	320	25.4
平果县	Pingguo County	120	548	116	382	24.8

10—33 续表 2 continued

市 县	Cities and Counties	调查户数(户) Number of Households Surveyed (household)	家庭常住人口(人) Number of Permanent Residents in the Households (person)	在校学生(人) Student Enrollment (person)	整半劳动力(人) Able-bodied and Semi-able-bodied Laborers(person)	人均住房面积(平方米) Per Capita Residence Floor Space(sq. m)
德保县	Debao County	100	474	77	307	24.9
靖西县	Jingxi County	120	547	97	372	23.0
那坡县	Napo County	100	475	74	333	23.2
凌云县	Lingyun County	100	493	99	320	21.3
乐业县	Leye County	100	497	127	279	21.1
田林县	Tianlin County	100	508	87	350	19.1
西林县	Xilin County	100	487	108	327	19.4
隆林县	Longlin County	100	449	87	294	24.1
贺州市	**Hezhou City**	**460**	**2246**	**531**	**1472**	**24.3**
八步区	Babu District	140	643	149	433	27.3
昭平县	Zhaoping County	100	484	120	293	19.5
钟山县	Zhongshan County	120	629	135	430	22.5
富川县	Fuchuan County	100	490	127	316	24.2
河池市	**Hechi City**	**1160**	**5340**	**999**	**3652**	**25.9**
金城江区	Jinchengjiang District	100	419	62	313	24.1
南丹县	Nandan County	120	594	108	402	22.7
天峨县	Tian'e County	100	461	78	311	29.1
凤山县	Fengshan County	100	464	109	301	23.4
东兰县	Donglan County	100	486	90	325	24.1
罗城县	Luocheng County	100	458	63	344	21.8
环江县	Huanjiang County	100	415	98	278	26.5
巴马县	Bama County	100	481	96	304	23.7
都安县	Du'an County	120	566	109	394	26.9
大化县	Dahua County	100	461	112	283	24.4
宜州市	Yizhou City	120	535	74	397	31.6
来宾市	**Laibin City**	**640**	**2967**	**661**	**2005**	**26.7**
兴宾区	Xingbin District	140	688	167	451	24.0
忻城县	Xincheng County	100	446	96	308	24.4
象州县	Xiangzhou County	100	463	73	335	32.6
武宣县	Wuxuan County	100	480	127	302	31.0
金秀县	Jinxiu County	100	446	78	323	26.3
合山市	Heshan City	100	444	120	286	23.7
崇左市	**Chongzuo City**	**700**	**3230**	**599**	**2359**	**26.1**
江州区	Jiangzhou District	100	443	82	329	23.8
扶绥县	Fusui County	100	432	61	343	34.8
宁明县	Ningming County	100	474	86	362	20.5
龙州县	Longzhou County	100	429	87	287	25.5
大新县	Daxin County	100	503	72	370	24.4
天等县	Tiandeng County	100	483	110	326	28.5
凭祥市	Pingxiang City	100	466	101	342	19.6

10—34 各市县区农村居民总收入(2003年)

Per Capita Annual Income of Rural Households by City and County(2003)

单位:元/人(yuan/person)

市 县	Cities and Counties	总收入 Annual Income	工资性收入 Wages Income	家庭经营收入 Household Business Income	财产性收入 Property Income	转移性收入 Transfer Income
南宁市	**Nanning City**	**3284.4**	**527.7**	**2601.5**	**79.1**	**76.1**
市辖区	Urban District	4601.5	580.2	3409.0	555.3	57.0
邕宁县	YongningCounty	3440.2	331.1	3045.0	9.2	54.8
武鸣县	Wuming County	4365.1	721.1	3469.5	99.0	75.6
隆安县	Long'an County	2854.8	550.4	2200.8	12.3	91.2
马山县	Mashan County	2531.5	970.3	1511.1	10.7	39.4
上林县	Shanglin County	2794.7	599.8	2031.1	21.9	141.9
宾阳县	Binyang County	3019.2	429.7	2441.1	4.8	143.6
横 县	Hengxian County	2951.2	390.3	2440.6	92.6	27.6
柳州市	**Liuzhou City**	**3055.3**	**419.6**	**2502.7**	**34.6**	**98.4**
城中区	Chengzhong District	4205.5	554.7	2152.1	1450.3	48.4
鱼峰区	Yufeng District	3970.4	698.9	1605.8	1062.6	603.1
柳南区	Liunan District	3770.9	177.7	3422.7	140.4	30.2
柳北区	Liubei District	5119.5	381.4	4211.6	289.3	237.3
柳江县	Liujiang County	3420.2	578.8	2669.4	27.3	144.7
柳城县	Liucheng County	4354.9	362.1	3910.0	8.0	74.7
鹿寨县	Luzhai County	3535.5	394.3	3025.4	3.3	112.6
融安县	Rong'an County	2435.6	368.6	1990.4	7.5	69.1
融水县	Rongshui County	2117.4	253.1	1746.2	9.9	108.2
三江县	Sanjiang County	1663.3	552.2	1060.9	27.4	22.9
桂林市	**Guilin City**	**3360.8**	**713.3**	**2486.2**	**48.1**	**113.2**
秀峰区	Xiufeng District	4342.3	1006.9	1759.5	1456.8	119.1
叠彩区	Diecai District	3748.8	1937.6	1662.0	16.3	133.0
象山区	Xiangshan District	5233.1	732.9	4106.5	332.7	61.1
七星区	Qixing District	4590.9	911.6	1707.6	1772.9	198.8
雁山区	Yanshan District	2836.7	873.0	1834.9	52.5	76.3
阳朔县	Yangshuo County	2790.6	912.4	1804.6	11.0	62.7
临桂县	Lingui County	2991.4	761.3	2017.3	18.0	194.8
灵川县	Lingchuan County	4125.1	864.4	3163.4	45.2	52.1
全州县	Quanzhou County	3454.0	833.3	2437.0	37.4	146.3
兴安县	Xing'an County	4211.7	1134.7	2979.6	23.6	73.8
永福县	Yongfu County	3551.7	386.8	3009.0	35.2	120.8
灌阳县	Guanyang County	2619.9	367.0	2156.7	8.4	87.7
龙胜县	Longsheng County	2573.6	354.3	2040.4	31.8	147.2
资源县	Ziyuan County	2193.0	542.5	1547.9	14.2	88.4
平乐县	Pingle County	3069.4	856.5	2110.8	23.7	78.5
荔浦县	Lipu County	4011.1	470.4	3366.9	14.5	159.4
恭城县	Gongcheng County	3322.3	211.6	3016.3	17.0	77.3
梧州市	**Wuzhou City**	**2596.8**	**852.5**	**1650.8**	**51.0**	**42.6**
万秀区	Wanxiu District	3666.8	919.8	2531.8	152.1	63.2
蝶山区	Dieshan District	3589.9	538.7	2908.1	114.3	28.8
长洲区	Changzhou District	3265.4	1149.4	2085.1	8.3	22.5

单位:元/人(yuan/person)

市 县	Cities and Counties	总收入 Annual Income	工资性收入 Wages Income	家庭经营收入 Household Business Income	财产性收入 Property Income	转移性收入 Transfer Income
苍梧县	Cangwu County	2516.0	769.9	1606.4	125.9	13.9
藤 县	Tengxian County	2449.2	811.7	1567.0	43.8	26.6
蒙山县	Mengshan County	2563.3	561.2	1897.5	34.2	70.4
岑溪市	Cenxi City	2595.5	1015.1	1500.2	2.9	77.3
北海市	**Beihai City**	**4410.9**	**447.1**	**3840.5**	**29.7**	**93.7**
海城区	Haicheng District	5463.5	946.4	4371.7	80.5	65.0
银海区	Yinhai District	4534.5	268.7	4199.2	45.6	21.0
铁山港区	Tieshangang District	3582.9	153.5	3417.1	3.3	9.0
合浦县	Hepu County	4477.1	493.1	3833.0	28.8	122.1
防城港市	**Fangchenggang City**	**3769.2**	**417.8**	**3214.0**	**42.0**	**95.5**
港口区	Gangkou District	10144.4	379.1	9562.0	27.5	175.7
防城区	Fangcheng District	2870.3	570.0	2172.7	2.4	125.2
上思县	Shangsi County	3324.6	137.6	3076.1	84.2	26.7
东兴市	Dongxing City	3401.1	530.9	2685.5	98.7	86.0
钦州市	**Qinzhou City**	**3230.6**	**938.2**	**2112.0**	**5.1**	**175.2**
钦南区	Qinnan District	3477.9	449.0	2856.3	16.2	156.4
钦北区	Qinbei District	3390.0	548.9	2481.0	3.4	356.7
灵山县	Lingshan County	3057.7	1247.4	1723.8	4.0	82.6
浦北县	Pubei County	3257.0	1008.0	2053.6	2.3	193.1
贵港市	**Guigang City**	**3261.9**	**887.2**	**2288.5**	**16.0**	**70.2**
覃塘区	Qintang District	2884.1	893.0	1931.9	43.2	15.9
港北区	Gangbei District	2885.2	649.6	2148.1	32.4	55.1
港南区	Gangnan District	2874.7	735.1	2055.5	26.2	58.0
平南县	Pingnan County	3007.3	887.0	2008.2	13.3	98.8
桂平市	Guiping City	3815.4	1002.0	2736.9	0.9	75.7
玉林市	**Yulin City**	**2859.3**	**805.7**	**1908.6**	**36.2**	**108.8**
玉州区	Yuzhou District	3198.9	740.8	2124.3	178.9	154.9
福绵区	Fumian District	2693.0	676.7	1919.1	3.5	93.8
容 县	Rongxian County	2376.8	1270.1	1024.8	0.9	81.1
陆川县	Luchuan County	2875.0	495.9	2121.2	2.4	255.5
博白县	Bobai County	2995.3	745.7	2076.3	72.1	101.2
兴业县	Xingye County	2999.5	865.2	2043.7	19.0	71.6
北流市	Beiliu City	2824.2	848.9	1928.0	8.2	39.1
百色市	**Baise City**	**2116.2**	**395.6**	**1640.5**	**15.8**	**64.3**
右江区	Youjiang District	2780.8	295.7	2441.4	12.1	31.7
田阳县	Tianyang County	2639.7	302.6	2221.1	1.2	114.8
田东县	Tiandong County	2447.4	401.9	1924.6	32.7	88.3
平果县	Pingguo County	2126.7	526.9	1564.8	21.8	13.3

市 县	Cities and Counties	总收入 Annual Income	工资性收入 Wages Income	家庭经营收入 Household Business Income	财产性收入 Property Income	转移性收入 Transfer Income
德保县	Debao County	1911.7	586.9	1220.2	2.9	101.6
靖西县	Jingxi County	1893.2	490.9	1309.7	5.9	86.8
那坡县	Napo County	1499.5	245.7	1183.9	11.4	58.6
凌云县	Lingyun County	1630.9	339.3	1261.3	17.4	12.9
乐业县	Leye County	1784.8	290.0	1393.6	31.1	70.2
田林县	Tianlin County	2297.6	226.3	2027.0	3.7	40.7
西林县	Xilin County	2071.4	236.7	1799.6		35.0
隆林县	Longlin County	2073.8	361.9	1607.8	41.5	62.6
贺州市	**Hezhou City**	**2615.3**	**687.3**	**1877.3**	**27.5**	**23.1**
八步区	Babu District	2865.6	761.6	2031.6	54.8	17.6
昭平县	Zhaoping County	2218.6	522.8	1664.6	2.5	28.8
钟山县	Zhongshan County	2377.5	772.6	1578.5	7.4	19.0
富川县	Fuchuan County	2757.0	538.8	2170.2	8.2	39.8
河池市	**Hechi City**	**2267.0**	**544.4**	**1618.3**	**34.7**	**69.6**
金城江区	Jinchengjiang District	2413.7	595.2	1721.3	0.9	96.3
南丹县	Nandan County	2493.6	493.8	1601.3	326.0	72.5
天峨县	Tian'e County	2351.4	318.2	1938.2	21.3	73.8
凤山县	Fengshan County	1628.9	494.4	955.8	35.4	143.2
东兰县	Donglan County	1951.3	570.7	1225.4	55.9	99.3
罗城县	Luocheng County	1953.3	278.2	1656.8	0.8	17.5
环江县	Huanjiang County	2201.0	477.3	1607.8	3.0	112.9
巴马县	Bama County	1953.8	400.1	1471.4	3.9	78.5
都安县	Du'an County	1907.2	726.7	1116.5		64.1
大化县	Dahua County	1931.5	532.9	1298.1	35.1	65.4
宜州市	Yizhou City	3444.4	677.2	2734.3	5.1	27.9
来宾市	**Laibin City**	**3013.0**	**430.0**	**2487.1**	**6.0**	**90.0**
兴宾区	Xingbin District	3161.2	459.1	2627.4	1.5	73.1
忻城县	Xincheng County	2888.2	636.7	2079.2	20.5	151.8
象州县	Xiangzhou County	3216.8	294.2	2870.5	6.1	46.1
武宣县	Wuxuan County	2950.2	341.3	2504.5	2.9	101.4
金秀县	Jinxiu County	2516.3	334.2	2146.4	1.7	33.9
合山市	Heshan City	2279.2	268.8	1804.3	8.0	198.2
崇左市	**Chongzuo City**	**3215.2**	**388.5**	**2780.9**	**7.1**	**38.7**
江州区	Jiangzhou District	3376.0	93.9	3267.0	0.2	15.1
扶绥县	Fusui County	3769.2	269.7	3450.7	9.7	39.1
宁明县	Ningming County	2859.7	137.6	2711.5	0.4	10.2
龙州县	Longzhou County	2749.8	244.3	2439.8	11.1	54.6
大新县	Daxin County	2640.2	779.5	1798.3	2.6	59.8
天等县	Tiandeng County	3876.1	679.7	3135.5	2.2	58.7
凭祥市	Pingxiang City	2332.1	576.4	1640.8	87.5	27.5

10—35 各市县区农村居民总支出(2003 年)

Annual Expenditures of Rural Households by City and County(2003)

单位:元/人(yuan/person)

市县	Cities and Counties	总支出 Annual Expenditures	家庭经营支出 Expenditure for Household Business	生活消费支出 Consumption Expenditure	财产性支出 Property Expenditure	转移性支出 Transfer Expenditure
南宁市	**Nanning City**	**2845.2**	**943.4**	**1740.4**	**4.1**	**54.4**
市辖区	Urban District	4027.9	1514.0	2262.0	0.8	48.2
邕宁县	Yongning County	2812.8	770.4	1927.6	0.7	28.6
武鸣县	Wuming County	3592.8	1314.0	2082.8	4.8	41.9
隆安县	Long'an County	2489.2	928.7	1448.5	0.4	20.0
马山县	Mashan County	2473.8	762.5	1584.0		85.8
上林县	Shanglin County	2634.5	803.0	1609.7	0.3	119.1
宾阳县	Binyang County	2907.1	894.4	1818.1	0.2	98.1
横县	Hengxian County	2313.5	841.7	1346.0	15.8	17.9
柳州市	**Liuzhou City**	**2801.8**	**878.8**	**1729.9**	**6.1**	**69.7**
城中区	Chengzhong District	4194.6	1228.3	2895.9		50.4
鱼峰区	Yufeng District	3174.5	358.2	2632.9		175.2
柳南区	Liunan District	3225.7	960.4	2140.8	11.5	33.9
柳北区	Liubei District	4502.9	2232.1	2077.7	30.2	51.3
柳江县	Liujiang County	2915.1	871.2	1692.4		131.6
柳城县	Liucheng County	4006.3	1657.9	2068.9	21.6	117.1
鹿寨县	Luzhai County	3454.8	1075.3	2171.0	7.3	49.9
融安县	Rong'an County	2319.5	495.6	1672.5	5.9	35.2
融水县	Rongshui County	2070.9	614.1	1391.8		24.8
三江县	Sanjiang County	1396.9	178.6	1169.6		38.3
桂林市	**Guilin City**	**2958.5**	**874.9**	**1876.4**	**4.1**	**87.9**
秀峰区	Xiufeng District	2401.8	406.4	1912.1	41.3	34.8
叠彩区	Diecai District	2002.7	612.9	1239.0		87.0
象山区	Xiangshan District	4820.9	2356.8	2225.8		81.2
七星区	Qixing District	2336.1	332.5	1917.9	0.6	63.2
雁山区	Yanshan District	1792.6	471.5	1285.9	1.0	18.8
阳朔县	Yangshuo County	2538.6	642.6	1750.0	8.0	86.5
临桂县	Lingui County	2142.5	652.0	1367.4		57.5
灵川县	Lingchuan County	3861.9	1482.0	2172.4	0.6	81.5
全州县	Quanzhou County	2931.4	839.6	1711.5	2.3	178.8
兴安县	Xing'an County	4076.0	1273.4	2532.7		139.9
永福县	Yongfu County	2936.9	1059.6	1711.3	17.7	56.2
灌阳县	Guanyang County	2881.0	687.9	2068.0	7.0	54.5
龙胜县	Longsheng County	2590.1	620.7	1838.4	3.4	87.1
资源县	Ziyuan County	1865.9	292.9	1386.8	0.6	34.9
平乐县	Pingle County	2690.2	605.9	1969.5	1.6	62.4
荔浦县	Lipu County	3377.3	1051.0	2186.7	7.6	39.9
恭城县	Gongcheng County	3436.4	1145.3	1963.6	7.1	48.0
梧州市	**Wuzhou City**	**1990.8**	**506.7**	**1379.2**	**12.4**	**44.4**
万秀区	Wanxiu District	2208.3	721.4	1437.6		19.6
蝶山区	Dieshan District	2829.4	873.6	1868.7	0.9	35.4
长洲区	Changzhou District	2335.7	540.0	1704.6		25.1

单位:元/人(yuan/person)

市 县	Cities and Counties	总支出 Annual Expenditures	家庭经营支出 Expenditure for Household Business	生活消费支出 Consumption Expenditure	财产性支出 Property Expenditure	转移性支出 Transfer Expenditure
苍梧县	Cangwu County	1890.9	570.4	1220.9	44.0	2.0
藤 县	Tengxian County	1948.3	422.8	1436.9	2.5	41.4
蒙山县	Mengshan County	2216.6	709.5	1338.0	0.1	91.7
岑溪市	Cenxi City	1931.8	463.2	1348.8	8.4	71.4
北海市	**Beihai City**	**3834.5**	**1644.1**	**1935.7**	**8.2**	**145.5**
海城区	Haicheng District	5165.0	2611.0	2423.0	55.2	71.3
银海区	Yinhai District	4065.9	1704.3	2265.1	7.5	40.9
铁山港区	Tieshangang District	2563.8	747.7	1750.4	1.7	16.6
合浦县	Hepu County	3950.3	1738.4	1890.1	6.2	190.1
防城港市	**Fangchenggang City**	**3034.2**	**1305.7**	**1609.4**	**8.2**	**22.1**
港口区	Gangkou District	8910.6	6730.0	2097.9		22.8
防城区	Fangcheng District	2129.8	484.6	1547.4		20.7
上思县	Shangsi County	3057.2	1279.6	1586.1	27.1	25.0
东兴市	Dongxing City	1996.3	404.6	1532.6	0.6	20.4
钦州市	**Qinzhou City**	**2465.0**	**551.7**	**1829.2**	**0.9**	**30.8**
钦南区	Qinnan District	2530.2	821.4	1630.2	0.3	28.8
钦北区	Qinbei District	2593.1	724.0	1740.5	0.2	36.3
灵山县	Lingshan County	2311.2	379.6	1855.8	1.3	23.9
浦北县	Pubei County	2589.3	552.8	1973.1	0.9	39.2
贵港市	**Guigang City**	**2694.8**	**944.0**	**1652.4**	**3.4**	**45.4**
覃塘区	Qintang District	2401.1	563.5	1715.0	15.0	31.1
港北区	Gangbei District	1952.3	545.5	1359.9		18.1
港南区	Gangnan District	2210.6	497.8	1569.3		47.2
平南县	Pingnan County	2319.1	677.7	1584.4	5.3	37.3
桂平市	Guiping City	3440.3	1534.0	1787.9	0.1	62.7
玉林市	**Yulin City**	**2421.2**	**714.4**	**1569.5**	**1.1**	**49.9**
玉州区	Yuzhou District	2560.3	800.6	1515.4		104.8
福绵区	Fumian District	2003.7	522.1	1330.2	13.4	57.4
容 县	Rongxian County	1978.0	378.8	1515.0		41.8
陆川县	Luchuan County	2497.8	828.7	1567.0		38.8
博白县	Bobai County	2874.1	930.2	1726.3		61.6
兴业县	Xingye County	2203.3	972.1	1109.2	1.5	45.2
北流市	Beiliu City	2279.6	434.1	1785.4	0.3	28.9
百色市	**Baise City**	**2104.4**	**636.6**	**1347.6**	**2.0**	**40.2**
右江区	Youjiang District	2746.0	1088.7	1487.1	4.6	103.9
田阳县	Tianyang County	2619.1	852.2	1655.1	9.5	32.8
田东县	Tiandong County	2479.5	685.7	1633.2		57.3
平果县	Pingguo County	1823.8	527.8	1225.2	1.8	11.6

市 县	Cities and Counties	总支出 Annual Expenditures	家庭经营支出 Expenditure for Household Business	生活消费支出 Consumption Expenditure	财产性支出 Property Expenditure	转移性支出 Transfer Expenditure
德保县	Debao County	2165.8	653.6	1414.5		55.5
靖西县	Jingxi County	1669.2	389.9	1184.4	1.8	34.1
那坡县	Napo County	1433.2	274.4	977.5	2.0	10.2
凌云县	Lingyun County	1526.9	508.5	976.3	0.2	5.0
乐业县	Leye County	1756.4	639.9	1077.4	0.3	8.7
田林县	Tianlin County	2606.3	836.8	1589.1	0.1	32.8
西林县	Xilin County	2087.5	585.4	1307.7		23.1
隆林县	Longlin County	2349.0	781.8	1415.0	2.1	78.3
贺州市	**Hezhou City**	**2195.5**	**654.2**	**1412.7**	**4.6**	**45.7**
八步区	Babu District	2290.8	751.1	1461.7	10.1	40.3
昭平县	Zhaoping County	2052.0	429.3	1487.2		83.3
钟山县	Zhongshan County	1917.0	399.1	1335.1		26.9
富川县	Fuchuan County	2547.5	1075.7	1280.2	1.3	41.7
河池市	**Hechi City**	**2189.6**	**676.3**	**1371.7**	**2.2**	**34.1**
金城江区	Jinchengjiang District	2235.5	744.6	1330.3		25.7
南丹县	Nandan County	2440.9	496.0	1658.1		53.3
天峨县	Tian'e County	2458.6	890.3	1443.5	0.1	35.0
凤山县	Fengshan County	1736.2	373.4	1167.7	0.6	119.5
东兰县	Donglan County	1897.9	595.7	1187.9	0.7	43.0
罗城县	Luocheng County	1828.6	781.3	892.5	0.2	14.9
环江县	Huanjiang County	2393.7	645.5	1562.0	2.8	48.6
巴马县	Bama County	1931.6	547.8	1240.7		39.9
都安县	Du'an County	1706.6	522.1	1123.5	9.6	13.9
大化县	Dahua County	1846.6	482.3	1313.0		16.4
宜州市	Yizhou City	3253.9	1126.7	1941.8	0.9	31.1
来宾市	**Laibin City**	**2738.2**	**974.1**	**1615.1**	**2.9**	**49.0**
兴宾区	Xingbin District	2680.4	950.3	1630.6	0.5	23.5
忻城县	Xincheng County	2722.9	1150.4	1403.4	5.2	61.9
象州县	Xiangzhou County	3338.4	1016.5	1955.3	7.2	102.1
武宣县	Wuxuan County	2664.6	944.7	1619.9	4.0	62.4
金秀县	Jinxiu County	2393.7	888.7	1420.9		27.7
合山市	Heshan City	1916.7	528.7	1351.6		23.6
崇左市	**Chongzuo City**	**3056.4**	**1182.7**	**1704.9**	**0.9**	**37.1**
江州区	Jiangzhou District	3115.6	1079.0	1776.2	1.7	27.4
扶绥县	Fusui County	3925.1	1537.9	2186.4	0.8	115.0
宁明县	Ningming County	2258.3	939.7	1273.9		12.8
龙州县	Longzhou County	2715.1	834.7	1762.3	1.9	5.4
大新县	Daxin County	2930.7	723.9	2078.8		49.8
天等县	Tiandeng County	3587.8	1917.9	1397.2	0.4	10.1
凭祥市	Pingxiang City	1770.5	391.4	1292.6	5.7	32.1

10—36 各市县区农村居民纯收入(2003 年)

Annual Net Income of Rural Households by City and County(2003)

单位:元/人(yuan/person)

市 县	Cities and Counties	纯收入 Net Income	工资性收入 Wages Income	家庭经营纯收入 Household Business Net Income	财产性收入 Property Income	转移性纯收入 Transfer Net Income
南宁市	**Nanning City**	**2230.5**	**527.7**	**1561.6**	**79.1**	**62.1**
市辖区	Urban District	2912.9	580.2	1726.6	555.3	50.9
邕宁县	Yongning County	2589.8	331.1	2197.8	9.2	51.6
武鸣县	Wuming County	2840.7	721.1	1979.7	99.0	41.0
隆安县	Long'an County	1819.5	550.4	1180.4	12.3	76.5
马山县	Mashan County	1700.7	970.3	690.0	10.7	29.7
上林县	Shanglin County	1888.3	599.8	1142.6	21.9	124.0
宾阳县	Binyang County	2005.5	429.7	1453.9	4.8	117.1
横 县	Hengxian County	2041.3	390.3	1533.3	92.6	25.1
柳州市	**Liuzhou City**	**2082.1**	**419.6**	**1551.5**	**34.6**	**76.4**
城中区	Chengzhong District	2928.3	554.7	907.0	1450.3	16.4
鱼峰区	Yufeng District	3586.6	698.9	1230.9	1062.6	594.2
柳南区	Liunan District	2718.5	177.7	2383.3	140.4	17.1
柳北区	Liubei District	2708.4	381.4	1838.3	289.3	199.5
柳江县	Liujiang County	2414.4	578.8	1714.4	27.3	93.9
柳城县	Liucheng County	2579.5	362.1	2145.9	8.0	63.4
鹿寨县	Luzhai County	2306.5	394.3	1818.1	3.3	90.8
融安县	Rong'an County	1858.5	368.6	1440.1	7.5	42.3
融水县	Rongshui County	1486.7	253.1	1115.7	9.9	108.1
三江县	Sanjiang County	1449.6	552.2	860.0	27.4	10.0
桂林市	**Guilin City**	**2353.9**	**713.3**	**1515.9**	**48.1**	**76.6**
秀峰区	Xiufeng District	3886.8	1006.9	1305.9	1456.8	117.2
叠彩区	Diecai District	3064.7	1937.6	995.5	16.3	115.3
象山区	Xiangshan District	2702.2	732.9	1613.7	332.7	22.8
七星区	Qixing District	4009.4	911.6	1256.8	1772.9	68.1
雁山区	Yanshan District	2297.9	873.0	1309.1	52.5	63.3
阳朔县	Yangshuo County	2069.8	912.4	1099.2	11.0	47.3
临桂县	Lingui County	2200.4	761.3	1291.4	18.0	129.7
灵川县	Lingchuan County	2473.5	864.4	1524.6	45.2	39.2
全州县	Quanzhou County	2414.5	833.3	1463.8	37.4	80.0
兴安县	Xing'an County	2760.5	1134.7	1587.6	23.6	14.5
永福县	Yongfu County	2372.8	386.8	1881.5	35.2	69.5
灌阳县	Guanyang County	1848.5	367.0	1389.9	8.4	83.2
龙胜县	Longsheng County	1824.3	354.3	1373.1	31.8	65.2
资源县	Ziyuan County	1839.7	542.5	1207.5	14.2	75.6
平乐县	Pingle County	2380.4	856.5	1436.5	23.7	63.7
荔浦县	Lipu County	2881.9	470.4	2241.1	14.5	155.9
恭城县	Gongcheng County	2032.2	211.6	1735.8	17.0	67.8
梧州市	**Wuzhou City**	**2005.7**	**852.5**	**1074.1**	**51.0**	**28.2**
万秀区	Wanxiu District	2865.0	919.8	1731.1	152.1	62.1
蝶山区	Dieshan District	2559.5	538.7	1884.4	114.3	22.1
长洲区	Changzhou District	2652.1	1149.4	1491.1	8.3	3.2

市县	Cities and Counties	纯收入 Net Income	工资性收入 Wages Income	家庭经营纯收入 Household Business Net Income	财产性收入 Property Income	转移性纯收入 Transfer Net Income
苍梧县	Cangwu County	1894.6	769.9	989.7	125.9	9.1
藤县	Tengxian County	1951.7	811.7	1088.2	43.8	8.0
蒙山县	Mengshan County	1787.5	561.2	1137.5	34.2	54.6
岑溪市	Chenxi City	2011.7	1015.1	933.2	2.9	60.5
北海市	**Beihai City**	**2586.8**	**447.1**	**2049.0**	**29.7**	**61.0**
海城区	Haicheng District	2694.6	946.4	1628.5	80.5	39.3
银海区	Yinhai District	2644.2	268.7	2317.6	45.6	12.2
铁山港区	Tieshangang District	2637.7	153.5	2475.4	3.3	5.5
合浦县	Hepu County	2561.4	493.1	1959.4	28.8	80.1
防城港市	**Fangchenggang City**	**2334.7**	**417.8**	**1790.8**	**42.0**	**84.2**
港口区	Gangkou District	2921.3	379.1	2365.7	27.5	149.0
防城区	Fangcheng District	2319.7	570.0	1635.4	2.4	111.8
上思县	Shangsi County	1925.4	137.6	1682.2	84.2	21.5
东兴市	Dongxing City	2885.1	530.9	2175.2	98.7	80.3
钦州市	**Qinzhou City**	**2609.9**	**938.2**	**1510.2**	**5.1**	**156.4**
钦南区	Qinnan District	2580.8	449.0	1974.6	16.2	141.0
钦北区	Qinbei District	2550.5	548.9	1679.3	3.4	318.9
灵山县	Lingshan County	2617.5	1247.4	1297.7	4.0	68.5
浦北县	Pubei County	2664.5	1008.0	1473.9	2.3	180.3
贵港市	**Guigang City**	**2228.3**	**887.2**	**1272.3**	**16.0**	**52.8**
覃塘区	Qintang District	2238.2	893.0	1301.2	43.2	0.8
港北区	Gangbei District	2273.2	649.6	1538.8	32.4	52.4
港南区	Gangnan District	2246.3	735.1	1458.6	26.2	26.5
平南县	Pingnan County	2238.2	887.0	1257.3	13.3	80.6
桂平市	Guiping City	2199.4	1002.0	1137.2	0.9	59.3
玉林市	**Yulin City**	**2034.6**	**805.7**	**1116.1**	**36.2**	**76.6**
玉州区	Yuzhou District	2148.9	740.8	1096.1	178.9	133.1
福绵区	Fumian District	2047.0	676.7	1314.2	3.5	52.6
容县	Rongxian County	1895.5	1270.1	596.6	0.9	28.0
陆川县	Luchuan County	1975.9	495.9	1241.5	2.4	236.1
博白县	Bobai County	1933.1	745.7	1065.9	72.1	49.4
兴业县	Xingye County	1948.0	865.2	998.8	19.0	65.1
北流市	Beiliu City	2307.7	848.9	1431.2	8.2	19.4
百色市	**Baise City**	**1403.3**	**395.6**	**940.3**	**15.8**	**51.7**
右江区	Youjiang District	1615.8	295.7	1277.7	12.1	30.3
田阳县	Tianyang County	1683.0	302.6	1282.5	1.2	96.8
田东县	Tiandong County	1627.7	401.9	1142.5	32.7	50.7
平果县	Pingguo County	1527.9	526.9	971.8	21.8	7.4

市 县	Cities and Counties	纯收入 Net Income	工资性收入 Wages Income	家庭经营纯收入 Household Business Net Income	财产性收入 Property Income	转移性纯收入 Transfer Net Income
德保县	Debao County	1197.0	586.9	513.0	2.9	94.2
靖西县	Jingxi County	1424.1	490.9	862.8	5.9	64.4
那坡县	Napo County	1157.0	245.7	841.5	11.4	58.5
凌云县	Lingyun County	1072.6	339.3	703.0	17.4	12.9
乐业县	Leye County	1116.0	290.0	728.0	31.1	67.0
田林县	Tianlin County	1409.3	226.3	1151.5	3.7	27.8
西林县	Xilin County	1393.6	236.7	1133.2		23.7
隆林县	Longlin County	1237.4	361.9	776.0	41.5	58.0
贺州市	**Hezhou City**	**1892.6**	**687.3**	**1161.0**	**27.5**	**16.7**
八步区	Babu District	2047.2	761.6	1217.9	54.8	12.8
昭平县	Zhaoping County	1732.8	522.8	1178.1	2.5	29.5
钟山县	Zhongshan County	1914.7	772.6	1119.8	7.4	15.0
富川县	Fuchuan County	1584.1	538.8	1023.2	8.2	13.9
河池市	**Hechi City**	**1496.7**	**544.4**	**867.5**	**34.7**	**50.1**
金城江区	Jinchengjiang District	1551.4	595.2	879.3	0.9	76.0
南丹县	Nandan County	1890.3	493.8	1020.5	326.0	50.1
天峨县	Tian'e County	1357.9	318.2	967.9	21.3	50.6
凤山县	Fengshan County	1146.6	494.4	518.1	35.4	98.7
东兰县	Donglan County	1251.9	570.7	558.1	55.9	67.2
罗城县	Luocheng County	1099.3	278.2	817.1	0.8	3.3
环江县	Huanjiang County	1473.2	477.3	896.3	3.0	96.6
巴马县	Bama County	1327.6	400.1	867.7	3.9	55.9
都安县	Du'an County	1325.1	726.7	541.9		56.5
大化县	Dahua County	1396.9	532.9	792.6	35.1	36.3
宜州市	Yizhou City	2157.8	677.2	1460.9	5.1	14.7
来宾市	**Laibin City**	**1927.5**	**430.0**	**1418.5**	**6.0**	**73.0**
兴宾区	Xingbin District	2128.0	459.1	1602.1	1.5	65.2
忻城县	Xincheng County	1589.5	636.7	807.2	20.5	125.1
象州县	Xiangzhou County	1979.1	294.2	1665.3	6.1	13.5
武宣县	Wuxuan County	1926.1	341.3	1500.7	2.9	81.1
金秀县	Jinxiu County	1563.0	334.2	1200.7	1.7	26.4
合山市	Heshan City	1723.5	268.8	1256.2	8.0	190.6
崇左市	**Chongzuo City**	**1928.0**	**388.5**	**1505.8**	**7.1**	**26.6**
江州区	Jiangzhou District	2183.5	93.9	2077.8	0.2	11.7
扶绥县	Fusui County	2062.9	269.7	1763.5	9.7	20.0
宁明县	Ningming County	1874.3	137.6	1726.3	0.4	9.9
龙州县	Longzhou County	1829.5	244.3	1520.3	11.1	53.8
大新县	Daxin County	1799.4	779.5	996.4	2.6	20.8
天等县	Tiandeng County	1850.3	679.7	1119.6	2.2	48.8
凭祥市	Pingxiang City	1873.0	576.4	1188.3	87.5	20.9

10—37 各市县区农村居民家庭经营收入(2003 年)

Per Capita Annual Income on Household Business of Rural Households by City and County(2003)

单位:元/人(yuan/person)

市 县	Cities and Counties	家庭经营收入 Household Business Income	第一产业收入 Primary Industry	第二产业收入 Secondary Industry	第三产业收入 Tertiary Industry
南宁市	**Nanning City**	**2601.5**	**2350.5**	**56.8**	**194.1**
市辖区	Urban District	3409.0	3217.9	2.6	188.5
邕宁县	Yongning County	3045.0	2859.2	59.4	126.5
武鸣县	Wuming County	3469.5	2804.7	35.2	629.6
隆安县	Long'an County	2200.8	2147.2	8.0	45.7
马山县	Mashan County	1511.1	1349.3	81.3	80.4
上林县	Shanglin County	2031.1	1776.0	186.1	69.1
宾阳县	Binyang County	2441.1	2096.9	72.0	272.2
横 县	Hengxian County	2440.6	2335.9	27.1	77.7
柳州市	**Liuzhou City**	**2502.7**	**2204.5**	**50.1**	**248.1**
城中区	Chengzhong District	2152.1	1821.3	24.2	306.6
鱼峰区	Yufeng District	1605.8	973.9		631.9
柳南区	Liunan District	3422.7	3001.1	212.0	209.6
柳北区	Liubei District	4211.6	3018.5	22.8	1170.4
柳江县	Liujiang County	2669.4	2120.1	95.0	454.3
柳城县	Liucheng County	3910.0	3698.2	65.1	146.7
鹿寨县	Luzhai County	3025.4	2740.8	22.3	262.3
融安县	Rong'an County	1990.4	1736.3	39.1	215.0
融水县	Rongshui County	1746.2	1635.7	6.1	104.4
三江县	Sanjiang County	1060.9	924.6	56.3	80.0
桂林市	**Guilin City**	**2486.2**	**2207.4**	**53.0**	**225.8**
秀峰区	Xiufeng District	1759.5	809.9	396.8	552.8
叠彩区	Diecai District	1662.0	1566.3		95.8
象山区	Xiangshan District	4106.5	3731.3	22.1	353.1
七星区	Qixing District	1707.6	1273.7	234.8	199.1
雁山区	Yanshan District	1834.9	1538.4		296.5
阳朔县	Yangshuo County	1804.6	1667.2	29.6	107.7
临桂县	Lingui County	2017.3	1742.1	91.0	184.2
灵川县	Lingchuan County	3163.4	2564.8	1.1	597.5
全州县	Quanzhou County	2437.0	2139.0	76.8	221.1
兴安县	Xing'an County	2979.6	2725.1	30.6	223.9
永福县	Yongfu County	3009.0	2792.0	101.8	115.2
灌阳县	Guanyang County	2156.7	2056.6	49.5	50.6
龙胜县	Longsheng County	2040.4	1512.8	45.1	482.4
资源县	Ziyuan County	1547.9	1462.3	26.0	59.6
平乐县	Pingle County	2110.8	1994.5	44.0	72.3
荔浦县	Lipu County	3366.9	2890.5	33.4	443.0
恭城县	Gongcheng County	3016.3	2831.3	35.0	150.0
梧州市	**Wuzhou City**	**1650.8**	**1399.9**	**90.2**	**160.7**
万秀区	Wanxiu District	2531.8	1614.4	20.6	896.9
蝶山区	Dieshan District	2908.1	2351.4	142.1	414.6
长洲区	Changzhou District	2085.1	1763.3	22.3	299.5

单位:元/人(yuan/person)

市 县	Cities and Counties	家庭经营收入 Household Business Income	第一产业收入 Primary Industry	第二产业收入 Secondary Industry	第三产业收入 Tertiary Industry
苍梧县	Cangwu County	1606.4	1425.3	75.7	105.4
藤 县	Tengxian County	1567.0	1430.4	47.6	89.1
蒙山县	Mengshan County	1897.5	1586.1	72.2	239.2
岑溪市	Cenxi City	1500.2	1162.4	167.0	170.9
北海市	**Beihai City**	**3840.5**	**3252.4**	**97.7**	**490.5**
海城区	Haicheng District	4371.7	4069.4	88.4	213.9
银海区	Yinhai District	4199.2	3703.2	5.0	491.0
铁山港区	Tieshangang District	3417.1	3151.2	29.3	236.7
合浦县	Hepu County	3833.0	3150.2	124.5	558.4
防城港市	**Fangchenggang City**	**3214.0**	**2874.4**	**68.8**	**270.8**
港口区	Gangkou District	9562.0	8344.2	115.4	1102.4
防城区	Fangcheng District	2172.7	2012.4	92.1	68.2
上思县	Shangsi County	3076.1	2849.8	29.0	197.3
东兴市	Dongxing City	2685.5	2082.5	41.5	561.5
钦州市	**Qinzhou City**	**2112.0**	**1716.2**	**96.9**	**298.9**
钦南区	Qinnan District	2856.3	2415.4	180.1	260.8
钦北区	Qinbei District	2481.0	2086.0	49.3	345.7
灵山县	Lingshan County	1723.8	1347.7	80.8	295.3
浦北县	Pubei County	2053.6	1648.0	118.9	286.7
贵港市	**Guigang City**	**2288.5**	**1747.9**	**433.2**	**107.4**
覃塘区	Qintang District	1931.9	1807.6	19.8	104.6
港北区	Gangbei District	2148.1	2031.4	30.0	86.7
港南区	Gangnan District	2055.5	1874.0	59.7	121.8
平南县	Pingnan County	2008.2	1868.1	59.0	81.1
桂平市	Guiping City	2736.9	1519.3	1089.5	128.1
玉林市	**Yulin City**	**1908.6**	**1654.4**	**65.4**	**188.7**
玉州区	Yuzhou District	2124.3	1246.8	277.0	600.6
福绵区	Fumian District	1919.1	1497.7	185.4	236.0
容 县	Rongxian County	1024.8	938.6	43.5	42.7
陆川县	Luchuan County	2121.2	1854.6	26.1	240.5
博白县	Bobai County	2076.3	1819.9	27.9	228.6
兴业县	Xingye County	2043.7	1878.5	28.2	137.0
北流市	Beiliu City	1928.0	1800.2	66.0	61.8
百色市	**Baise City**	**1640.5**	**1387.9**	**46.5**	**206.1**
右江区	Youjiang District	2441.4	1612.1	81.2	748.1
田阳县	Tianyang County	2221.1	2021.6	72.7	126.8
田东县	Tiandong County	1924.6	1529.3	45.0	350.4
平果县	Pingguo County	1564.8	1368.8	55.3	140.6

单位：元/人(yuan/person)

市 县	Cities and Counties	家庭经营收入 Household Business Income	第一产业收入 Primary Industry	第二产业收入 Secondary Industry	第三产业收入 Tertiary Industry
德保县	Debao County	1220.2	1044.9	41.2	134.1
靖西县	Jingxi County	1309.7	1213.1	27.0	69.6
那坡县	Napo County	1183.9	1073.4	2.9	107.6
凌云县	Lingyun County	1261.3	931.4	34.0	295.8
乐业县	Leye County	1393.6	1323.0	12.0	58.6
田林县	Tianlin County	2027.0	1781.6	60.7	184.8
西林县	Xilin County	1799.6	1456.8	59.5	283.3
隆林县	Longlin County	1607.8	1352.9	59.1	195.8
贺州市	**Hezhou City**	**1877.3**	**1635.2**	**75.1**	**167.0**
八步区	Babu District	2031.6	1778.1	48.7	204.8
昭平县	Zhaoping County	1664.6	1266.2	207.0	191.4
钟山县	Zhongshan County	1578.5	1383.4	35.4	159.7
富川县	Fuchuan County	2170.2	2104.7	41.4	24.0
河池市	**Hechi City**	**1618.3**	**1417.8**	**59.1**	**141.4**
金城江区	Jinchengjiang District	1721.3	1496.2	55.3	169.8
南丹县	Nandan County	1601.3	1471.4	13.6	116.3
天峨县	Tian'e County	1938.2	1128.7	38.1	771.4
凤山县	Fengshan County	955.8	783.0	11.1	161.7
东兰县	Donglan County	1225.4	1054.4	57.4	113.6
罗城县	Luocheng County	1656.8	1582.0	47.6	27.1
环江县	Huanjiang County	1607.8	1425.4	72.3	110.1
巴马县	Bama County	1471.4	1203.6	58.3	209.5
都安县	Du'an County	1116.5	911.7	126.8	78.1
大化县	Dahua County	1298.1	1189.6	43.8	64.6
宜州市	Yizhou City	2734.3	2522.8	36.5	175.0
来宾市	**Laibin City**	**2487.1**	**2253.3**	**59.8**	**173.9**
兴宾区	Xingbin District	2627.4	2506.0	28.6	92.9
忻城县	Xincheng County	2079.2	1702.0	176.0	201.2
象州县	Xiangzhou County	2870.5	2597.9	19.9	252.7
武宣县	Wuxuan County	2504.5	2313.4	14.6	176.6
金秀县	Jinxiu County	2146.4	1638.9	195.3	312.2
合山市	Heshan City	1804.3	1436.5	7.2	360.6
崇左市	**Chongzuo City**	**2780.9**	**2351.9**	**32.4**	**396.6**
江州区	Jiangzhou District	3267.0	3018.7		248.3
扶绥县	Fusui County	3450.7	3369.1	27.5	54.2
宁明县	Ningming County	2711.5	2627.8	1.8	81.9
龙州县	Longzhou County	2439.8	2268.0	54.6	117.2
大新县	Daxin County	1798.3	1677.5	22.6	98.2
天等县	Tiandeng County	3135.5	1497.0	88.0	1550.5
凭祥市	Pingxiang City	1640.8	1455.6	13.5	171.8

10—38 各市县区农村居民家庭经营费用支出(2003 年)

Per Capita Annual Expenditure on Household Business of Rural Households by City and County(2003)

单位:元/人(yuan/person)

市 县	Cities and Counties	家庭经营费用支出 Expenditure for Household Business	第一产业支出 Primary Industry	第二产业支出 Secondary Industry	第三产业支出 Tertiary Industry
南宁市	**Nanning City**	**943.4**	**874.1**	**19.3**	**50.0**
市辖区	Urban District	1514.0	1484.5	0.3	29.2
邕宁县	YongningCounty	770.4	762.7	4.4	3.3
武鸣县	Wuming County	1314.0	1094.5	10.8	208.7
隆安县	Long'an County	928.7	915.4	1.9	11.4
马山县	Mashan County	762.5	690.1	54.4	18.0
上林县	Shanglin County	803.0	757.0	39.0	7.1
宾阳县	Binyang County	894.4	786.6	12.8	94.9
横 县	Hengxian County	841.7	803.6	30.6	7.6
柳州市	**Liuzhou City**	**878.8**	**747.1**	**15.4**	**116.3**
城中区	Chengzhong District	1228.3	1146.9	0.9	80.6
鱼峰区	Yufeng District	358.2	137.4		220.8
柳南区	Liunan District	960.4	857.9	29.3	73.2
柳北区	Liubei District	2232.1	1362.5	4.7	864.9
柳江县	Liujiang County	871.2	636.5	35.2	199.5
柳城县	Liucheng County	1657.9	1610.3	12.7	34.9
鹿寨县	Luzhai County	1075.3	966.5	10.8	98.0
融安县	Rong'an County	495.6	444.7	9.0	42.0
融水县	Rongshui County	614.1	486.5	5.4	122.2
三江县	Sanjiang County	178.6	129.5	14.0	35.1
桂林市	**Guilin City**	**874.9**	**786.4**	**15.4**	**73.1**
秀峰区	Xiufeng District	406.4	252.0	0.1	154.4
叠彩区	Diecai District	612.9	580.2	0.5	32.2
象山区	Xiangshan District	2356.8	2104.9	9.3	242.6
七星区	Qixing District	332.5	323.8	0.1	8.6
雁山区	Yanshan District	471.5	461.9		9.5
阳朔县	Yangshuo County	642.6	628.2	1.4	13.0
临桂县	Lingui County	652.0	587.6	21.0	43.4
灵川县	Lingchuan County	1482.0	1123.6	0.1	358.4
全州县	Quanzhou County	839.6	813.8	22.7	3.1
兴安县	Xing'an County	1273.4	1192.4	10.5	70.6
永福县	Yongfu County	1059.6	1029.2	24.3	6.1
灌阳县	Guanyang County	687.9	672.8	11.9	3.3
龙胜县	Longsheng County	620.7	418.6	10.1	192.1
资源县	Ziyuan County	292.9	279.5	2.6	10.8
平乐县	Pingle County	605.9	583.2	11.1	11.6
荔浦县	Lipu County	1051.0	824.9	27.2	198.9
恭城县	Gongcheng County	1145.3	1025.5	32.2	87.6
梧州市	**Wuzhou City**	**506.7**	**417.0**	**34.4**	**55.3**
万秀区	Wanxiu District	721.4	464.7	2.2	254.5
蝶山区	Dieshan District	873.6	729.9	9.7	134.0
长洲区	Changzhou District	540.0	475.1	0.9	64.0

单位:元/人(yuan/person)

市　县	Cities and Counties	家庭经营费用支出 Expenditure for Household Business	第一产业支出 Primary Industry	第二产业支出 Secondary Industry	第三产业支出 Tertiary Industry
苍梧县	Cangwu County	570.4	507.2	20.5	42.7
藤　县	Tengxian County	422.8	359.0	14.6	49.2
蒙山县	Mengshan County	709.5	554.9	16.6	137.9
岑溪市	Cenxi City	463.2	353.8	81.6	27.8
北海市	**Beihai City**	**1644.1**	**1498.4**	**37.2**	**108.6**
海城区	Haicheng District	2611.0	2534.1		76.9
银海区	Yinhai District	1704.3	1671.2	1.2	31.8
铁山港区	Tieshangang District	747.7	709.5	0.4	37.8
合浦县	Hepu County	1738.4	1551.3	51.9	135.2
防城港市	**Fangchenggang City**	**1305.7**	**1187.1**	**29.0**	**89.6**
港口区	Gangkou District	6730.0	6000.2	40.9	688.9
防城区	Fangcheng District	484.6	467.2	13.5	3.9
上思县	Shangsi County	1279.6	1166.7	62.2	50.7
东兴市	Dongxing City	404.6	350.7	1.5	52.4
钦州市	**Qinzhou City**	**551.7**	**514.4**	**4.8**	**32.5**
钦南区	Qinnan District	821.4	758.0	1.9	61.5
钦北区	Qinbei District	724.0	639.8	8.8	75.4
灵山县	Lingshan County	379.6	360.3	3.1	16.2
浦北县	Pubei County	552.8	539.1	6.1	7.6
贵港市	**Guigang City**	**944.0**	**554.4**	**368.3**	**21.3**
覃塘区	Qintang District	563.5	512.4	16.2	34.8
港北区	Gangbei District	545.5	540.7	2.8	2.1
港南区	Gangnan District	497.8	421.1	33.5	43.1
平南县	Pingnan County	677.7	647.3	9.9	20.5
桂平市	Guiping City	1534.0	551.0	968.4	14.6
玉林市	**Yulin City**	**714.4**	**639.0**	**12.2**	**63.2**
玉州区	Yuzhou District	800.6	480.0	56.9	263.8
福绵区	Fumian District	522.1	468.6	3.9	49.6
容　县	Rongxian County	378.8	350.3	26.6	2.0
陆川县	Luchuan County	828.7	666.0	4.5	158.2
博白县	Bobai County	930.2	864.6	8.2	57.4
兴业县	Xingye County	972.1	952.6	6.4	13.1
北流市	Beiliu City	434.1	425.9	4.7	3.5
百色市	**Baise City**	**636.6**	**522.1**	**23.7**	**90.9**
右江区	Youjiang District	1088.7	553.0	133.4	402.2
田阳县	Tianyang County	852.2	760.5	22.7	69.0
田东县	Tiandong County	685.7	588.8	4.1	92.8
平果县	Pingguo County	527.8	454.7	36.5	36.7

市 县	Cities and Counties	家庭经营费用支出 Expenditure for Household Business	第一产业支出 Primary Industry	第二产业支出 Secondary Industry	第三产业支出 Tertiary Industry
德保县	Debao County	653.6	450.5	16.8	186.3
靖西县	Jingxi County	389.9	374.9	4.9	10.1
那坡县	Napo County	274.4	220.1	0.3	54.1
凌云县	Lingyun County	508.5	373.5	3.3	131.7
乐业县	Leye County	639.9	608.1	12.1	19.8
田林县	Tianlin County	836.8	737.1	9.3	90.4
西林县	Xilin County	585.4	378.8	41.9	164.8
隆林县	Longlin County	781.8	735.8	28.2	17.7
贺州市	**Hezhou City**	**654.2**	**596.4**	**15.3**	**42.5**
八步区	Babu District	751.1	650.7	22.9	77.6
昭平县	Zhaoping County	429.3	407.2	12.1	10.0
钟山县	Zhongshan County	399.1	371.6	4.8	22.7
富川县	Fuchuan County	1075.7	1054.9	12.4	8.4
河池市	**Hechi City**	**676.3**	**594.5**	**29.7**	**52.1**
金城江区	Jinchengjiang District	744.6	648.1	37.1	59.3
南丹县	Nandan County	496.0	428.7	24.8	42.5
天峨县	Tian'e County	890.3	357.2	14.7	518.4
凤山县	Fengshan County	373.4	327.0	27.0	19.5
东兰县	Donglan County	595.7	526.5	32.2	37.0
罗城县	Luocheng County	781.3	772.9	6.6	1.7
环江县	Huanjiang County	645.5	594.7	14.8	36.1
巴马县	Bama County	547.8	384.2	58.3	105.3
都安县	Du'an County	522.1	453.9	60.6	7.6
大化县	Dahua County	482.3	466.3	2.1	13.9
宜州市	Yizhou City	1126.7	1049.5	27.8	49.4
来宾市	**Laibin City**	**974.1**	**851.0**	**41.1**	**82.0**
兴宾区	Xingbin District	950.3	886.3	2.8	61.2
忻城县	Xincheng County	1150.4	859.9	153.6	136.9
象州县	Xiangzhou County	1016.5	959.3	12.8	44.4
武宣县	Wuxuan County	944.7	870.9	1.1	72.7
金秀县	Jinxiu County	888.7	550.9	140.9	197.0
合山市	Heshan County	528.7	403.3	64.8	60.6
崇左市	**Chongzuo City**	**1182.7**	**899.3**	**19.0**	**264.4**
江州区	Jiangzhou District	1079.0	938.2		140.8
扶绥县	Fusui County	1537.9	1526.4	2.0	9.4
宁明县	Ningming County	939.7	915.4		24.4
龙州县	Longzhou County	834.7	751.8	30.8	52.2
大新县	Daxin County	723.9	713.1	4.8	6.0
天等县	Tiandeng County	1917.9	666.6	71.2	1180.1
凭祥市	Pingxiang City	391.4	330.3	14.4	46.7

10—39 各市县区农村居民生活消费支出(2003 年)(一)

Per Capita Annual Consumption Expenditure of Rural Households by City and County(2003)(A)

单位:元/人(yuan/person)

市 县	Cities and Counties	生活消费支出 Consumption Expenditures	食品支出 Food	衣着支出 Clothing	居住支出 Residence
南宁市	**Nanning City**	**1740.4**	**979.6**	**42.7**	**204.1**
市辖区	Urban District	2262.0	1168.6	65.9	184.2
邕宁县	YongningCounty	1927.6	1090.8	47.8	240.5
武鸣县	Wuming County	2082.8	1035.5	49.5	271.8
隆安县	Long'an County	1448.5	808.4	57.2	241.5
马山县	Mashan County	1584.0	951.7	44.8	236.0
上林县	Shanglin County	1609.7	792.4	45.8	344.6
宾阳县	Binyang County	1818.1	1125.0	32.0	156.8
横 县	Hengxian County	1346.0	806.6	27.6	95.1
柳州市	**Liuzhou City**	**1729.9**	**965.3**	**55.0**	**250.3**
城中区	Chengzhong District	2895.9	1237.8	102.2	366.1
鱼峰区	Yufeng District	2632.9	1526.0	107.3	453.4
柳南区	Liunan District	2140.8	1226.8	58.9	199.1
柳北区	Liubei District	2077.7	1039.3	85.3	227.4
柳江县	Liujiang County	1692.4	804.4	47.1	281.8
柳城县	Liucheng County	2068.9	1048.3	60.0	372.4
鹿寨县	Luzhai County	2171.0	903.5	70.3	575.0
融安县	Rong'an County	1672.5	1083.1	51.2	103.6
融水县	Rongshui County	1391.8	1075.8	54.5	44.3
三江县	Sanjiang County	1169.6	880.8	37.2	56.8
桂林市	**Guilin City**	**1876.4**	**1025.5**	**64.0**	**248.4**
秀峰区	Xiufeng District	1912.1	1129.6	87.6	258.5
叠彩区	Diecai District	1239.0	689.9	48.3	192.3
象山区	Xiangshan District	2225.8	1360.4	64.7	276.7
七星区	Qixing District	1917.9	1102.4	90.1	217.8
雁山区	Yanshan District	1285.9	711.6	22.7	222.8
阳朔县	Yangshuo County	1750.0	952.8	76.0	255.6
临桂县	Lingui County	1367.4	788.5	34.4	157.8
灵川县	Lingchuan County	2172.4	1257.4	67.2	169.2
全州县	Quanzhou County	1711.5	870.2	66.7	232.5
兴安县	Xing'an County	2532.7	1420.5	120.2	334.9
永福县	Yongfu County	1711.3	976.5	59.1	131.3
灌阳县	Guanyang County	2068.0	891.2	47.0	576.0
龙胜县	Longsheng County	1838.4	1237.8	51.9	158.4
资源县	Ziyuan County	1386.8	928.1	48.9	43.1
平乐县	Pingle County	1969.5	1034.6	73.7	367.6
荔浦县	Lipu County	2186.7	1359.8	48.0	160.3
恭城县	Gongcheng County	1963.6	844.5	62.3	309.2
梧州市	**Wuzhou City**	**1379.2**	**810.8**	**45.2**	**119.3**
万秀区	Wanxiu District	1437.6	943.3	63.9	78.6
蝶山区	Dieshan District	1868.7	1095.7	63.2	111.9
长洲区	Changzhou District	1704.6	956.9	29.2	293.5

市　县	Cities and Counties	生活消费支出 Consumption Expenditures	食品支出 Food	衣着支出 Clothing	居住支出 Residence
苍梧县	Cangwu County	1220.9	777.5	24.9	74.9
藤　县	Tengxian County	1436.9	836.2	53.9	122.3
蒙山县	Mengshan County	1338.0	689.5	35.1	137.8
岑溪市	Cenxi City	1348.8	783.0	50.6	124.6
北海市	**Beihai City**	**1935.7**	**1061.0**	**54.1**	**158.3**
海城区	Haicheng District	2423.0	1388.7	64.4	131.8
银海区	Yinhai District	2265.1	1244.1	85.3	327.6
铁山港区	Tieshangang District	1750.4	1121.3	48.1	68.6
合浦县	Hepu County	1890.1	1000.5	50.1	153.3
防城港市	**Fangchenggang City**	**1609.4**	**947.3**	**44.0**	**129.4**
港口区	Gangkou District	2097.9	1450.1	65.6	137.3
防城区	Fangcheng District	1547.4	887.8	33.2	100.3
上思县	Shangsi County	1586.1	926.3	54.3	166.0
东兴市	Dongxing City	1532.6	845.9	44.2	145.0
钦州市	**Qinzhou City**	**1829.2**	**979.9**	**55.5**	**325.3**
钦南区	Qinnan District	1630.2	892.5	42.9	230.7
钦北区	Qinbei District	1740.5	999.6	44.8	255.4
灵山县	Lingshan County	1855.8	1006.2	55.3	315.5
浦北县	Pubei County	1973.1	966.1	72.4	457.6
贵港市	**Guigang City**	**1652.4**	**816.6**	**49.6**	**255.1**
覃塘区	Qintang District	1715.0	833.4	34.8	290.9
港北区	Gangbei District	1359.9	620.7	31.0	196.6
港南区	Gangnan District	1569.3	779.2	26.4	282.3
平南县	Pingnan County	1584.4	797.9	54.3	198.8
桂平市	Guiping City	1787.9	889.4	64.3	290.4
玉林市	**Yulin City**	**1569.5**	**875.9**	**40.4**	**124.6**
玉州区	Yuzhou District	1515.4	816.3	48.5	126.4
福绵区	Fumian District	1330.2	686.3	38.6	84.5
容　县	Rongxian County	1515.0	816.2	38.6	122.1
陆川县	Luchuan County	1567.0	1006.4	36.8	64.2
博白县	Bobai County	1726.3	843.1	53.7	208.4
兴业县	Xingye County	1109.2	582.1	29.1	79.1
北流市	Beiliu City	1785.4	1125.9	31.8	102.8
百色市	**Baise City**	**1347.6**	**760.3**	**43.9**	**180.9**
右江区	Youjiang District	1487.1	754.8	51.9	302.8
田阳县	Tianyang County	1655.1	792.1	35.8	324.2
田东县	Tiandong County	1633.2	793.2	53.1	303.6
平果县	Pingguo County	1225.2	573.6	28.5	189.7

市 县	Cities and Counties	生活消费支出 Consumption Expenditures	食品支出 Food	衣着支出 Clothing	居住支出 Residence
德保县	Debao County	1414.5	866.4	65.9	175.6
靖西县	Jingxi County	1184.4	694.5	32.8	163.2
那坡县	Napo County	977.5	685.7	20.1	66.3
凌云县	Lingyun County	976.3	714.6	38.9	28.3
乐业县	Leye County	1077.4	698.8	33.6	73.3
田林县	Tianlin County	1589.1	850.0	72.1	167.4
西林县	Xilin County	1307.7	734.7	64.3	171.7
隆林县	Longlin County	1415.0	974.4	45.7	77.9
贺州市	**Hezhou City**	**1412.7**	**845.8**	**45.9**	**135.4**
八步区	Babu District	1461.7	922.1	46.7	102.4
昭平县	Zhaoping County	1487.2	899.4	70.2	137.4
钟山县	Zhongshan County	1335.1	765.1	29.1	217.8
富川县	Fuchuan County	1280.2	659.9	37.2	103.3
河池市	**Hechi City**	**1371.7**	**720.0**	**49.6**	**217.9**
金城江区	Jinchengjiang District	1330.3	764.2	37.8	159.3
南丹县	Nandan County	1658.1	949.1	61.7	264.6
天峨县	Tian'e County	1443.5	662.8	90.9	313.1
凤山县	Fengshan County	1167.7	553.3	44.9	134.9
东兰县	Donglan County	1187.9	780.1	29.8	107.3
罗城县	Luocheng County	892.5	507.7	33.6	54.7
环江县	Huanjiang County	1562.0	774.7	60.9	282.3
巴马县	Bama County	1240.7	678.9	38.9	161.2
都安县	Du'an County	1123.5	558.8	38.2	254.8
大化县	Dahua County	1313.0	752.9	45.3	117.0
宜州市	Yizhou City	1941.8	908.2	72.8	388.7
来宾市	**Laibin City**	**1615.1**	**850.5**	**57.7**	**201.3**
兴宾区	Xingbin District	1630.6	923.2	65.8	120.9
忻城县	Xincheng County	1403.4	755.4	57.7	115.6
象州县	Xiangzhou County	1955.3	964.2	64.3	377.0
武宣县	Wuxuan County	1619.9	784.1	39.3	309.8
金秀县	Jinxiu County	1420.9	676.3	51.2	194.2
合山市	Heshan City	1351.6	634.4	38.8	274.0
崇左市	**Chongzuo City**	**1704.9**	**860.7**	**46.0**	**357.2**
江州区	Jiangzhou District	1776.2	864.9	55.6	387.5
扶绥县	Fusui County	2186.4	949.0	52.5	599.9
宁明县	Ningming County	1273.9	839.9	42.5	88.1
龙州县	Longzhou County	1762.3	901.6	49.8	356.6
大新县	Daxin County	2078.8	1021.6	36.2	692.4
天等县	Tiandeng County	1397.2	652.6	43.1	165.6
凭祥市	Pingxiang City	1292.6	834.6	43.4	92.4

10—39 各市县区农村居民生活消费支出(2003年)(二)

Per Capita Annual Consumption Expenditure of Rural Households by Prefecture, City and County(2003) (B)

单位:元/人(yuan/person)

市 县	Cities and Counties	家庭设备、用品及服务 Household Facilities, Articles and Services	医疗保健 Medicine and Medical Services	交通通讯 Transport, Post and Communication Services	文化娱乐用品及服务 Cultural, Educational and Recreational Articles and Services	其他商品和服务 Other Commodities and Services
南宁市	**Nanning City**	**64.7**	**76.5**	**120.5**	**224.4**	**28.0**
市辖区	Urban District	74.3	161.9	175.5	393.1	38.4
邕宁县	Yongning County	63.8	59.0	105.6	275.9	44.4
武鸣县	Wuming County	76.9	113.8	190.6	306.9	37.7
隆安县	Long'an County	35.6	57.2	67.3	161.3	20.1
马山县	Mashan County	61.4	48.9	119.4	104.7	17.1
上林县	Shanglin County	60.1	57.2	124.3	154.5	30.8
宾阳县	Binyang County	58.6	82.0	118.3	230.8	14.7
横 县	Hengxian County	73.5	59.6	89.2	171.4	22.9
柳州市	**Liuzhou City**	**62.8**	**76.9**	**110.3**	**171.7**	**37.6**
城中区	Chengzhong District	87.0	178.5	142.6	717.2	64.7
鱼峰区	Yufeng District	133.4	67.0	113.4	200.0	32.4
柳南区	Liunan District	69.4	149.7	167.9	249.3	19.8
柳北区	Liubei District	115.7	91.0	176.0	311.2	31.9
柳江县	Liujiang County	58.4	87.3	117.2	241.7	54.5
柳城县	Liucheng County	70.0	107.8	157.3	217.4	35.9
鹿寨县	Luzhai County	93.7	109.7	193.5	149.5	75.8
融安县	Rong'an County	54.1	63.9	112.5	196.1	8.0
融水县	Rongshui County	52.8	25.5	23.6	95.4	20.0
三江县	Sanjiang County	31.6	49.4	36.2	60.5	17.2
桂林市	**Guilin City**	**63.8**	**94.4**	**123.7**	**223.4**	**33.4**
秀峰区	Xiufeng District	55.1	70.4	84.4	208.9	17.8
叠彩区	Diecai District	58.4	54.8	59.5	121.2	14.7
象山区	Xiangshan District	66.9	81.1	144.5	170.2	61.4
七星区	Qixing District	77.5	36.5	187.0	196.0	10.6
雁山区	Yanshan District	25.2	68.3	50.1	169.6	15.8
阳朔县	Yangshuo County	54.1	112.4	103.9	137.7	57.5
临桂县	Lingui County	35.7	68.6	81.5	175.7	25.2
灵川县	Lingchuan County	72.3	127.9	129.0	318.2	31.2
全州县	Quanzhou County	74.6	98.2	94.9	244.0	30.4
兴安县	Xing'an County	96.5	79.9	171.1	274.6	35.1
永福县	Yongfu County	60.9	99.6	79.4	285.0	19.5
灌阳县	Guanyang County	61.1	59.3	81.4	319.6	32.5
龙胜县	Longsheng County	64.8	57.8	92.4	152.1	23.2
资源县	Ziyuan County	45.1	79.2	82.2	131.2	29.1
平乐县	Pingle County	52.3	78.5	127.6	205.5	29.7
荔浦县	Lipu County	57.2	140.5	208.1	181.2	31.6
恭城县	Gongcheng County	86.5	131.9	252.5	208.4	68.2
梧州市	**Wuzhou City**	**55.6**	**60.5**	**78.6**	**172.7**	**36.6**
万秀区	Wanxiu District	39.6	51.5	97.2	153.3	10.4
蝶山区	Dieshan District	74.5	117.4	148.2	220.1	37.9
长洲区	Changzhou District	64.8	72.9	73.1	171.9	42.5

市 县	Cities and Counties	家庭设备、用品及服务 Household Facilities, Articles and Services	医疗保健 Medicine and Medical Services	交通通讯 Transport, Post and Communication Services	文化娱乐用品及服务 Cultural, Educational and Recreational Articles and Services	其他商品和服务 Other Commodities and Services
苍梧县	Cangwu County	56.6	38.4	50.5	172.1	25.9
藤　县	Tengxian County	56.6	63.6	89.3	183.6	31.5
蒙山县	Mengshan County	48.7	93.7	119.9	169.0	44.2
岑溪市	Chenxi City	54.1	59.1	69.0	158.7	49.8
北海市	**Beihai City**	**62.3**	**57.5**	**246.4**	**257.5**	**38.7**
海城区	Haicheng District	74.7	61.6	292.0	370.4	39.5
银海区	Yinhai District	44.4	58.3	219.7	264.0	21.7
铁山港区	Tieshangang District	63.2	113.8	95.6	220.3	19.6
合浦县	Hepu County	63.8	46.3	275.7	255.7	44.7
防城港市	**Fangchenggang City**	**73.4**	**67.7**	**119.3**	**187.6**	**40.7**
港口区	Gangkou District	86.8	49.5	123.6	136.0	48.8
防城区	Fangcheng District	65.6	92.6	101.7	230.6	35.6
上思县	Shangsi County	60.2	33.9	133.5	163.7	48.3
东兴市	Dongxing City	121.2	67.7	146.9	125.3	36.3
						34.9
钦州市	**Qinzhou City**	**60.9**	**68.5**	**132.1**	**172.2**	**22.1**
钦南区	Qinnan District	53.8	47.9	104.6	235.8	38.5
钦北区	Qinbei District	64.0	60.8	108.1	169.2	37.3
灵山县	Lingshan County	62.6	89.0	137.7	152.1	34.9
浦北县	Pubei County	59.1	50.5	158.6	174.0	37.9
						34.0
贵港市	**Guigang City**	**79.5**	**65.8**	**130.5**	**217.5**	**19.7**
覃塘区	Qintang District	61.8	61.6	133.8	264.8	36.9
港北区	Gangbei District	53.4	39.7	78.4	320.5	37.2
港南区	Gangnan District	53.6	86.5	84.2	220.3	44.8
平南县	Pingnan County	86.2	58.4	130.7	220.9	35.7
桂平市	Guiping City	96.6	72.2	159.5	170.7	24.2
						16.1
玉林市	**Yulin City**	**59.7**	**81.8**	**118.4**	**233.0**	**20.4**
玉州区	Yuzhou District	62.1	117.8	86.5	241.7	37.3
福绵区	Fumian District	66.4	85.0	100.7	244.6	24.6
容　县	Rongxian County	68.5	97.8	134.2	217.4	51.1
陆川县	Luchuan County	64.8	88.2	97.7	184.3	52.8
博白县	Bobai County	64.8	89.9	169.0	260.1	23.9
兴业县	Xingye County	46.5	49.5	94.5	177.3	16.7
北流市	Beiliu City	48.6	62.5	89.7	271.3	43.0
						23.4
百色市	**Baise City**	**51.4**	**65.3**	**86.4**	**135.4**	**22.8**
右江区	Youjiang District	44.7	66.8	91.7	157.7	21.3
田阳县	Tianyang County	81.2	90.6	129.1	159.0	18.7
田东县	Tiandong County	80.8	86.5	122.3	170.3	44.6
平果县	Pingguo County	42.9	132.0	77.3	158.6	5.0

10—39(二)　续表 2 continued　　单位:元/人(yuan/person)

市　县	Cities and Counties	家庭设备、用品及服务 Household Facilities, Articles and Services	医疗保健 Medicine and Medical Services	交通通讯 Transport, Post and Communication Services	文化娱乐用品及服务 Cultural, Educational and Recreational Articles and Services	其他商品和服务 Other Commodities and Services
德保县	Debao County	42.6	45.3	93.8	103.7	18.5
靖西县	Jingxi County	33.7	60.7	84.1	96.8	42.7
那坡县	Napo County	23.8	39.9	32.7	64.4	4.4
凌云县	Lingyun County	34.6	39.2	53.8	61.9	22.8
乐业县	Leye County	50.0	39.3	43.7	120.3	
田林县	Tianlin County	69.9	56.8	123.4	206.8	
西林县	Xilin County	67.0	29.0	54.6	182.1	
隆林县	Longlin County	52.0	24.2	70.0	148.1	
贺州市	**Hezhou City**	**55.4**	**41.6**	**78.3**	**184.0**	**26.4**
八步区	Babu District	67.3	34.7	77.2	193.4	18.0
昭平县	Zhaoping County	35.0	56.4	94.9	163.7	30.3
钟山县	Zhongshan County	47.9	34.7	47.1	154.2	39.3
富川县	Fuchuan County	57.7	54.2	109.9	231.3	26.8
						20.9
河池市	**Hechi City**	**51.2**	**72.2**	**87.1**	**152.7**	**23.3**
金城江区	Jinchengjiang District	40.2	71.5	113.3	120.8	31.0
南丹县	Nandan County	42.3	48.8	142.7	117.8	20.1
天峨县	Tian'e County	55.0	75.3	106.1	120.2	22.9
凤山县	Fengshan County	51.9	89.8	102.9	167.2	17.0
东兰县	Donglan County	27.8	34.0	46.9	144.9	21.1
罗城县	Luocheng County	38.9	87.2	33.9	115.5	14.8
环江县	Huanjiang County	56.9	92.1	62.6	217.6	20.9
巴马县	Bama County	43.0	46.6	91.8	159.4	20.7
都安县	Du'an County	59.2	67.9	38.9	85.2	16.1
大化县	Dahua County	53.1	65.0	71.5	192.0	24.3
宜州市	Yizhou City	67.2	94.4	172.6	213.7	29.5
						32.3
来宾市	**Laibin City**	**61.5**	**73.9**	**124.5**	**216.2**	**31.2**
兴宾区	Xingbin District	69.9	76.5	138.7	203.4	44.2
忻城县	Xincheng County	51.4	66.9	111.8	213.4	15.2
象州县	Xiangzhou County	55.7	72.1	147.8	230.1	18.3
武宣县	Wuxuan County	55.5	89.7	83.0	243.3	15.9
金秀县	Jinxiu County	73.7	52.0	132.2	222.9	46.5
合山市	Heshan City	49.2	50.6	109.3	179.5	25.2
						16.2
崇左市	**Chongzuo City**	**58.8**	**69.3**	**108.5**	**157.9**	**21.8**
江州区	Jiangzhou District	64.4	50.5	126.4	201.6	38.0
扶绥县	Fusui County	78.6	158.4	208.9	122.9	19.5
宁明县	Ningming County	58.0	18.7	73.1	131.9	146.2
龙州县	Longzhou County	61.1	68.8	119.9	166.7	6.9
大新县	Daxin County	41.6	62.9	87.0	117.6	
天等县	Tiandeng County	52.1	66.7	64.6	206.3	
凭祥市	Pingxiang City	53.6	40.1	55.2	166.3	

10—40 各市县区农村居民家庭经营纯收入(2003 年)

Per Capita Annual Net Income on Household Business of Rural Households by City and county(2003)

单位:元/人(yuan/person)

市　县	Cities and Counties	家庭经营纯收入 Household Business Net Income	第一产业纯收入 Primary Industry	第二产业纯收入 Secondary Industry	第三产业纯收入 Tertiary Industry
南宁市	**Nanning City**	**1561.6**	**1394.0**	**36.4**	**131.1**
市辖区	Urban District	1726.6	1631.8	2.3	92.5
邕宁县	Yongning County	2197.8	2020.2	54.8	122.8
武鸣县	Wuming County	1979.7	1576.7	23.9	379.1
隆安县	Long'an County	1180.4	1141.6	5.9	32.9
马山县	Mashan County	690.0	606.7	24.0	59.3
上林县	Shanglin County	1142.6	954.1	138.4	50.1
宾阳县	Binyang County	1453.9	1218.1	59.2	176.7
横　县	Hengxian County	1533.3	1472.7	…	64.2
柳州市	**Liuzhou City**	**1551.5**	**1393.6**	**34.0**	**123.9**
城中区	Chengzhong District	907.0	666.4	14.5	226.1
鱼峰区	Yufeng District	1230.9	821.1		409.8
柳南区	Liunan District	2383.3	2075.9	182.7	124.7
柳北区	Liubei District	1838.3	1573.4	18.1	246.8
柳江县	Liujiang County	1714.4	1407.3	58.6	248.5
柳城县	Liucheng County	2145.9	1992.6	52.4	101.0
鹿寨县	Luzhai County	1818.1	1658.3	9.5	150.3
融安县	Rong'an County	1440.1	1238.9	30.1	171.1
融水县	Rongshui County	1115.7	1132.8	0.7	…
三江县	Sanjiang County	860.0	779.3	42.1	38.6
桂林市	**Guilin City**	**1515.9**	**1347.2**	**35.0**	**133.7**
秀峰区	Xiufeng District	1305.9	543.0	396.8	366.2
叠彩区	Diecai District	995.5	936.4	…	61.2
象山区	Xiangshan District	1613.7	1538.9	…	82.7
七星区	Qixing District	1256.8	897.4	196.1	163.4
雁山区	Yanshan District	1309.1	1022.2		286.9
阳朔县	Yangshuo County	1099.2	983.2	27.0	89.0
临桂县	Lingui County	1291.4	1099.4	69.9	122.1
灵川县	Lingchuan County	1524.6	1352.9	1.0	170.8
全州县	Quanzhou County	1463.8	1239.7	46.8	177.3
兴安县	Xing'an County	1587.6	1427.8	19.5	140.4
永福县	Yongfu County	1881.5	1695.3	77.6	108.6
灌阳县	Guanyang County	1389.9	1310.8	37.2	42.0
龙胜县	Longsheng County	1373.1	1065.3	35.0	272.8
资源县	Ziyuan County	1207.5	1135.5	23.4	48.6
平乐县	Pingle County	1436.5	1356.6	26.6	53.3
荔浦县	Lipu County	2241.1	1996.7	5.9	238.6
恭城县	Gongcheng County	1735.8	1675.3	1.6	59.0
梧州市	**Wuzhou City**	**1074.1**	**924.2**	**54.0**	**95.9**
万秀区	Wanxiu District	1731.1	1124.0	18.3	588.8
蝶山区	Dieshan District	1884.4	1510.6	131.1	242.7
长洲区	Changzhou District	1491.1	1255.0	21.0	215.2

单位:元/人(yuan/person)

市县	Cities and Counties	家庭经营纯收入 Household Business Net Income	第一产业纯收入 Primary Industry	第二产业纯收入 Secondary Industry	第三产业纯收入 Tertiary Industry
苍梧县	Cangwu County	989.7	877.4	54.8	57.6
藤县	Tengxian County	1088.2	1025.8	30.0	32.3
蒙山县	Mengshan County	1137.5	981.6	55.6	100.3
岑溪市	Chenxi City	933.2	716.7	83.3	133.1
北海市	**Beihai City**	**2049.0**	**1643.0**	**58.3**	**347.7**
海城区	Haicheng District	1628.5	1426.7	88.3	113.5
银海区	Yinhai District	2317.6	1893.9	2.3	421.5
铁山港区	Tieshangang District	2475.4	2271.8	28.8	174.8
合浦县	Hepu County	1959.4	1502.9	69.7	386.8
防城港市	**Fangchenggang City**	**1790.8**	**1586.1**	**37.0**	**167.6**
港口区	Gangkou District	2365.7	1940.0	66.2	359.5
防城区	Fangcheng District	1635.4	1496.8	75.5	63.1
上思县	Shangsi County	1682.2	1592.2	…	124.4
东兴市	Dongxing City	2175.2	1637.1	39.3	498.8
钦州市	**Qinzhou City**	**1510.2**	**1157.9**	**90.4**	**261.9**
钦南区	Qinnan District	1974.6	1604.0	176.9	193.7
钦北区	Qinbei District	1679.3	1375.9	40.5	262.9
灵山县	Lingshan County	1297.7	948.3	74.1	275.3
浦北县	Pubei County	1473.9	1084.6	112.8	276.6
贵港市	**Guigang City**	**1272.3**	**1131.3**	**61.2**	**79.8**
覃塘区	Qintang District	1301.2	1229.5	3.2	68.5
港北区	Gangbei District	1538.8	1430.6	25.5	82.7
港南区	Gangnan District	1458.6	1370.5	26.2	61.9
平南县	Pingnan County	1257.3	1157.6	48.1	51.7
桂平市	Guiping City	1137.2	914.7	112.4	110.1
玉林市	**Yulin City**	**1116.1**	**952.6**	**50.1**	**113.4**
玉州区	Yuzhou District	1096.1	678.2	182.1	235.9
福绵区	Fumian District	1314.2	957.6	181.2	175.4
容县	Rongxian County	596.6	544.5	15.9	36.2
陆川县	Luchuan County	1241.5	1138.2	21.1	82.2
博白县	Bobai County	1065.9	888.5	19.0	158.4
兴业县	Xingye County	998.8	856.1	21.6	121.0
北流市	Beiliu City	1431.2	1311.6	61.3	58.3
百色市	**Baise City**	**940.3**	**820.3**	**20.2**	**99.8**
右江区	Youjiang District	1277.7	1014.0	…	319.0
田阳县	Tianyang County	1282.5	1183.1	47.0	52.4
田东县	Tiandong County	1142.5	897.5	40.8	204.1
平果县	Pingguo County	971.8	862.8	18.1	90.8

单位:元/人(yuan/person)

市 县	Cities and Countiess	家庭经营纯收入 Household Business Net Income	第一产业纯收入 Primary Industry	第二产业纯收入 Secondary Industry	第三产业纯收入 Tertiary Industry
德保县	Debao County	513.0	565.8	20.2	…
靖西县	Jingxi County	862.8	784.9	19.6	58.4
那坡县	Napo County	841.5	811.3	…	30.7
凌云县	Lingyun County	703.0	522.5	30.8	149.7
乐业县	Leye County	728.0	689.3	…	38.7
田林县	Tianlin County	1151.5	1013.7	51.2	86.7
西林县	Xilin County	1133.2	1021.1	12.1	100.0
隆林县	Longlin County	776.0	578.8	22.8	174.4
贺州市	**Hezhou City**	**1161.0**	**988.0**	**55.7**	**117.3**
八步区	Babu District	1217.9	1077.9	17.5	122.5
昭平县	Zhaoping County	1178.1	819.3	192.5	166.3
钟山县	Zhongshan County	1119.8	960.1	30.6	129.1
富川县	Fuchuan County	1023.2	981.2	29.0	12.9
河池市	**Hechi City**	**867.5**	**765.4**	**26.3**	**75.9**
金城江区	Jinchengjiang District	879.3	794.8	16.4	68.1
南丹县	Nandan County	1020.5	960.1	…	71.8
天峨县	Tian'e County	967.9	712.8	22.7	232.4
凤山县	Fengshan County	518.1	394.5	…	139.6
东兰县	Donglan County	558.1	477.7	23.2	57.3
罗城县	Luocheng County	817.1	751.4	40.7	24.9
环江县	Huanjiang County	896.3	779.4	48.4	68.4
巴马县	Bama County	867.7	775.8	…	93.4
都安县	Du'an County	541.9	422.2	56.7	63.0
大化县	Dahua County	792.6	702.5	41.7	48.5
宜州市	Yizhou City	1460.9	1361.7	7.7	91.6
来宾市	**Laibin City**	**1418.5**	**1328.1**	**16.1**	**74.3**
兴宾区	Xingbin District	1602.1	1545.4	25.6	31.1
忻城县	Xincheng County	807.2	772.3	16.2	18.8
象州县	Xiangzhou County	1665.3	1499.7	…	165.8
武宣县	Wuxuan County	1500.7	1398.6	13.5	88.7
金秀县	Jinxiu County	1200.7	1044.4	48.2	108.2
合山市	Heshan City	1256.2	1015.9	…	298.4
崇左市	**Chongzuo City**	**1505.8**	**1376.2**	**12.2**	**117.4**
江州区	Jiangzhou District	2077.8	1988.3		89.5
扶绥县	Fusui County	1763.5	1710.2	22.8	30.5
宁明县	Ningming County	1726.3	1671.1	1.8	53.4
龙州县	Longzhou County	1520.3	1445.5	23.8	51.0
大新县	Daxin County	996.4	891.0	17.8	87.7
天等县	Tiandeng County	1119.6	769.7	13.5	336.4
凭祥市	Pingxiang City	1188.3	1071.0	…	120.0

10—41 各市县区农村居民家庭第一产业纯收入(2003)

Per Capita Annual Net Income on Primary Industry of Rural Households by City and County(2003)

单位:元/人(yuan/person)

市 县	Cities and Counties	第一产业纯收入 Primary Industry	农业纯收入 Framing	林业纯收入 Forestry	牧业纯收入 Animal Husbandry	渔业纯收入 Fishery
南宁市	**Nanning City**	**1394.0**	**970.5**	**44.1**	**356.0**	**23.5**
市辖区	Urban District	1631.8	1282.3	5.8	200.4	143.3
邕宁县	Yongning County	2020.2	1721.4	21.2	268.5	9.2
武鸣县	Wuming County	1576.7	989.7	80.7	455.6	50.7
隆安县	Long'an County	1141.6	754.9	158.0	230.2	…
马山县	Mashan County	606.7	439.5	35.9	117.2	14.1
上林县	Shanglin County	954.1	471.9	81.3	380.5	20.4
宾阳县	Binyang County	1218.1	863.1	13.2	335.0	6.8
横 县	Hengxian County	1472.7	846.2	30.8	592.6	3.1
柳州市	**Liuzhou City**	**1393.6**	**952.9**	**138.9**	**279.7**	**22.2**
城中区	Chengzhong District	666.4	916.1	6.0	…	13.2
鱼峰区	Yufeng District	821.1	847.0		…	
柳南区	LiunanDistrict	2075.9	1680.0	77.3	53.6	265.0
柳北区	Liubei District	1573.4	1403.7	53.4	28.8	87.5
柳江县	Liujiang County	1407.3	1096.2	43.5	263.4	4.3
柳城县	Liucheng County	1992.6	1517.5	110.1	316.9	48.1
鹿寨县	Luzhai County	1658.3	1098.1	84.3	459.1	16.9
融安县	Rong'an County	1238.9	673.5	188.6	371.7	5.1
融水县	Rongshui County	1132.8	707.7	209.2	195.2	20.8
三江县	Sanjiang County	779.3	320.7	280.0	169.9	8.6
桂林市	**Guilin City**	**1347.2**	**925.8**	**102.5**	**303.0**	**16.0**
秀峰区	Xiufeng District	543.0	200.0	…	192.2	154.7
叠彩区	Diecai District	936.4	380.9	317.9	200.3	37.4
象山区	Xiangshan District	1538.9	605.6	0.6	791.7	141.0
七星区	Qixing District	897.4	448.0	1.1	391.9	56.4
雁山区	Yanshan District	1022.2	428.0	25.4	560.6	8.2
阳朔县	Yangshuo County	983.2	581.4	139.9	254.4	7.4
临桂县	Lingui County	1099.4	696.0	108.8	280.4	14.3
灵川县	Lingchuan County	1352.9	893.4	247.6	207.3	4.5
全州县	Quanzhou County	1239.7	830.4	32.9	363.2	13.2
兴安县	Xing'an County	1427.8	1021.3	126.9	267.3	12.3
永福县	Yongfu County	1695.3	1377.4	100.1	200.4	17.5
灌阳县	Guanyang County	1310.8	789.6	57.2	457.0	7.0
龙胜县	Longsheng County	1065.3	605.9	122.7	332.0	4.7
资源县	Ziyuan County	1135.5	554.1	283.8	248.5	49.1
平乐县	Pingle County	1356.6	1028.9	47.4	259.6	20.7
荔浦县	Lipu County	1996.7	1385.1	106.7	476.0	28.9
恭城县	Gongcheng County	1675.3	1510.6	73.2	90.9	0.5
梧州市	**Wuzhou City**	**924.2**	**395.9**	**226.4**	**288.9**	**13.0**
万秀区	Wanxiu District	1124.0	305.5	522.8	295.7	0.1
蝶山区	Dieshan District	1510.6	915.3	195.6	368.1	31.7
长洲区	Changzhou District	1255.0	770.8	227.0	227.1	30.0

市 县	Cities and Counties	第一产业纯收入 Primary Industry	农业纯收入 Framing	林业纯收入 Forestry	牧业纯收入 Animal Husbandry	渔业纯收入 Fishery
苍梧县	Cangwu County	877.4	306.8	209.8	326.6	34.3
藤 县	Tengxian County	1025.8	467.3	327.2	220.5	10.9
蒙山县	Mengshan County	981.6	395.1	41.5	541.9	3.0
岑溪市	Chenxi City	716.7	293.2	139.8	283.3	0.5
北海市	**Beihai City**	**1643.0**	**786.0**	**16.4**	**405.5**	**435.1**
海城区	Haicheng District	1426.7	87.2	2.0	910.1	427.4
银海区	Yinhai District	1893.9	1195.6	11.3	350.0	337.1
铁山港区	Tieshangang District	2271.8	1141.4	40.2	465.1	625.1
合浦县	Hepu County	1502.9	709.7	13.6	366.4	413.3
防城港市	**Fangchenggang City**	**1586.1**	**575.4**	**397.7**	**260.8**	**352.3**
港口区	Gangkou District	1940.0	264.3	109.4	308.2	1258.1
防城区	Fangcheng District	1496.8	632.7	427.5	245.4	191.3
上思县	Shangsi County	1592.2	708.4	534.8	303.5	45.5
东兴市	Dongxing City	1637.1	296.1	190.8	186.4	963.8
钦州市	**Qinzhou City**	**1157.9**	**753.7**	**80.7**	**259.9**	**63.5**
钦南区	Qinnan District	1604.0	940.7	91.8	254.8	316.7
钦北区	Qinbei District	1375.9	898.6	151.4	292.2	33.7
灵山县	Lingshan County	948.3	649.9	22.5	246.7	29.1
浦北县	Pubei County	1084.6	704.9	116.4	258.4	5.0
贵港市	**Guigang City**	**1131.3**	**727.7**	**11.9**	**376.6**	**15.1**
覃塘区	Qintang District	1229.5	782.9	18.6	418.3	9.7
港北区	Gangbei District	1430.6	890.8	21.8	502.0	16.1
港南区	Gangnan District	1370.5	959.1	14.0	387.4	10.1
平南县	Pingnan County	1157.6	755.3	5.6	365.3	31.5
桂平市	Guiping City	914.7	563.3	11.1	334.0	6.3
玉林市	**Yulin City**	**952.6**	**624.6**	**98.3**	**208.6**	**21.2**
玉州区	Yuzhou District	678.2	541.5	5.8	119.2	11.6
福绵区	Fumian District	957.6	643.7	22.4	276.5	15.1
容 县	Rongxian County	544.5	387.5	94.2	63.0	-0.2
陆川县	Luchuan County	1138.2	750.5	199.9	123.1	64.7
博白县	Bobai County	888.5	469.5	64.5	351.3	3.2
兴业县	Xingye County	856.1	649.3	168.7	18.1	20.0
北流市	Beiliu City	1311.6	891.0	83.7	305.2	31.8
百色市	**Baise City**	**820.3**	**472.6**	**140.3**	**204.4**	**3.0**
右江区	Youjiang District	1014.0	656.9	178.3	160.3	18.5
田阳县	Tianyang County	1183.1	743.7	165.8	271.8	1.8
田东县	Tiandong County	897.5	547.7	119.8	227.0	3.1
平果县	Pingguo County	862.8	586.9	59.3	215.8	0.8

10—41 续表2 continued

单位:元/人(yuan/person)

市 县	Cities and Counties	第一产业纯收入 Primary Industry	农业纯收入 Framing	林业纯收入 Forestry	牧业纯收入 Animal Husbandry	渔业纯收入 Fishery
德保县	Debao County	565.8	393.8	87.9	83.0	1.2
靖西县	Jingxi County	784.9	459.8	33.7	286.0	5.4
那坡县	Napo County	811.3	401.1	222.1	187.0	1.0
凌云县	Lingyun County	522.5	260.9	141.7	119.6	0.3
乐业县	Leye County	689.3	436.0	112.5	136.5	4.3
田林县	Tianlin County	1013.7	529.0	403.8	80.7	0.2
西林县	Xilin County	1021.1	430.6	246.5	339.8	4.2
隆林县	Longlin County	578.8	157.4	193.4	229.9	…
贺州市	**Hezhou City**	**988.0**	**616.4**	**103.1**	**252.9**	**15.6**
八步区	Babu District	1077.9	629.6	112.3	321.4	14.7
昭平县	Zhaoping County	819.3	524.7	132.4	137.0	25.2
钟山县	Zhongshan County	960.1	631.1	98.1	217.3	13.6
富川县	Fuchuan County	981.2	677.7	41.5	253.8	8.2
河池市	**Hechi City**	**765.4**	**398.2**	**67.2**	**292.1**	**8.0**
金城江区	Jinchengjiang District	794.8	453.7	112.8	240.7	…
南丹县	Nandan County	960.1	560.8	143.6	254.5	1.2
天峨县	Tian'e County	712.8	244.3	214.0	241.3	13.2
凤山县	Fengshan County	394.5	160.8	117.7	115.1	1.0
东兰县	Donglan County	477.7	315.8	70.0	109.4	…
罗城县	Luocheng County	751.4	528.1	25.7	196.8	0.9
环江县	Huanjiang County	779.4	393.5	55.1	314.5	16.3
巴马县	Bama County	775.8	446.9	128.1	200.1	0.6
都安县	Du'an County	422.2	245.5	38.3	111.1	27.4
大化县	Dahua County	702.5	282.8	32.6	369.7	17.4
宜州市	Yizhou City	1361.7	612.4	24.2	718.3	6.9
来宾市	**Laibin City**	**1328.1**	**934.4**	**54.8**	**326.5**	**12.5**
兴宾区	Xingbin District	1545.4	1144.6	45.4	355.8	…
忻城县	Xincheng County	772.3	548.6	23.2	200.5	
象州县	Xiangzhou County	1499.7	906.7	44.8	501.3	47.0
武宣县	Wuxuan County	1398.6	1060.9	52.1	253.5	32.0
金秀县	Jinxiu County	1044.4	518.4	256.6	268.6	0.8
合山市	Heshan City	1015.9	678.4	28.4	307.4	1.7
崇左市	**Chongzuo City**	**1376.2**	**1116.3**	**69.5**	**182.8**	**7.6**
江州区	Jiangzhou District	1988.3	1865.5	33.3	84.2	5.4
扶绥县	Fusui County	1710.2	1512.1	31.7	159.1	7.2
宁明县	Ningming County	1671.1	1308.6	130.2	214.6	17.7
龙州县	Longzhou County	1445.5	1230.7	104.3	118.5	…
大新县	Daxin County	891.0	680.5	49.1	161.3	0.1
天等县	Tiandeng County	769.7	436.4	40.4	282.4	10.5
凭祥市	Pingxiang City	1071.0	561.7	202.9	275.6	30.8

主要统计指标解释

家庭常住人口 指经常住在家庭中的人口数，包括家庭成员中（仅指直系亲属）在部队服役的战士（不包括干部），户口在本市学校或工作单位住单身宿舍的学生或职工、入全托的儿童。对于职工家庭中已成家、经济自立，连用饭也不在一起的子女，虽因住房问题，仍住在一户内，不计算为家庭人口，其居住面积也不包括。为了反映实际的居住情况，对于家庭中已婚，不在一起居住，而户口未迁出的子女，也不计算为该户的“家庭常住人口”。

家庭人口数 指居住在一起，经济上合在一起共同生活的家庭成员。凡计算为家庭人口的成员其全部收支应包括在一起。

现金收入 包括实际收入和借贷收入。

可支配收入 指居民家庭在支付个人所得税之后，所余下的实际收入。计算公式为：

可支配收入＝实际收入－个人所得税－家庭副业生产支出－记帐补贴

实际收入 指调查户的全部的现金收入；不包括借贷收入，如提取银行存款、向亲友借入款、收回借出款以及其他各种暂收款。

借贷收入 指周转性收入。包括提取银行存款、储金会款、借入款、收回借出款、兑售有价证券、赊购、为购买房屋从银行贷款等。

实际支出 包括消费性支出、非消费性支出和家庭副业生产支出。

消费性支出 指调查户购买商品和用于服务的全部支出，共分八类：食品；衣着；家庭设备用品及服务；医疗保健；交通和通信；娱乐教育文化服务；居住；杂项商品和服务。购买商品支出是指从商店、集市、饮食业、工作单位食堂以及直接从工厂和农村购买各种商品支出，包括自用的和赠送亲友的在内；服务支出是指调查户用于社会提供的各种文化和生活服务方面的支出，包括各种修理费、加工费、洗理美容费、保姆费、劳务费等。

非消费性支出 包括直接税、消费性贷款利息支出、经常性转移支出等。如贷款利息、个人所得税、各种税金、赡养支出、各种非储蓄性保险支出、其他非消费性支出等。

家庭副业生产支出 指居民家庭从事喂猪、养鸡、种瓜菜等家庭副业生产购买的幼畜、幼禽及饲料、种籽、工具等各项支出。

借贷支出 包括存入储蓄款、存入储金会款、归还借款、借出款、储蓄性保险支出、购买有价证券、预购、归还为购买房屋的银行贷款等。

全年总收入 是指调查期内农村住户和住户成员从各种来源渠道得到的收入总和。按收入的性质划分为工资性收入、家庭经营收入、财产性收入和转移性收入。

全年总支出 是指农村住户用于生产、生活和再分配的全部支出。包括家庭经营费用支出、购置生产性固定资产支出、生产性固定资产折旧、税费支出、生活消费支出、财产性支出和转移性支出。

全年生活消费支出 是指农村住户用于日常生活的全部开支。生活消费支出按消费类别划分包括：食品、衣着、居住、家庭设备用品及服务、医疗保健、交通和通讯、文化教育娱乐用品及服务、其他商品和服务等消费支出。

全年纯收入 是指农村住户当年从各个来源渠道得到的总收入扣除相应的生产费用后可用于生活消费、扩大再生产和积累的收入总和。计算公式为：

农村住户全年纯收入＝全年总收入－家庭经营费用支出－缴纳税款－上交集体承包任务－上交集体提留和摊派－调查补贴－农村内部亲友赠送－生产性固定资产折旧。

农村住户全年纯收入除以农村住户常住人口，即得出农村居民人均纯收入，简称农民人均纯收入。

全年纯收入按收入形式分类 分为现金纯收入和实物纯收入两部分。

现金纯收入 指当年从各个来源得到的现金总收入相应地扣除所发生的现金费用支出后的收入总和。“现金纯收入”是“纯收入”中已经“变现”的部分，反映的是在当年“纯收入”中，农民对外进行商品交换的现实支付能力。

实物纯收入 “纯收入”减去“现金纯收入”就是“实物纯收入”。

第十一篇

CHAPTER 11

环境保护及城市公用设施

ENVIRONMENTAL PROTECTION AND PUBLIC FACILITIES IN CITIES

污染治理投资完成额（亿元）

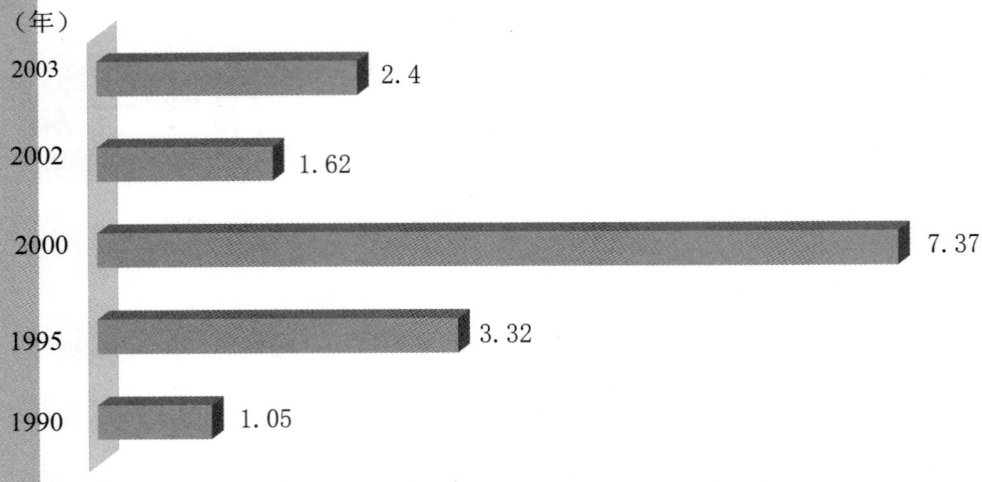

人均公共绿地面积（平方米）

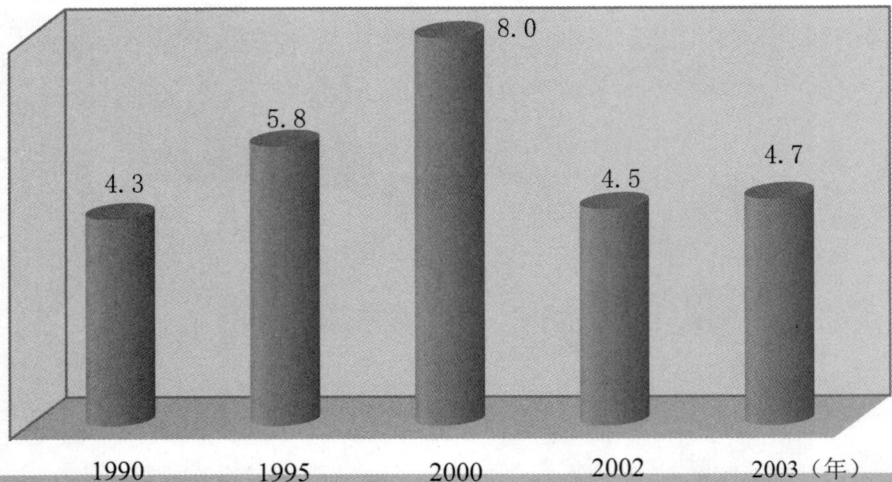

建成区绿化覆盖率（%）

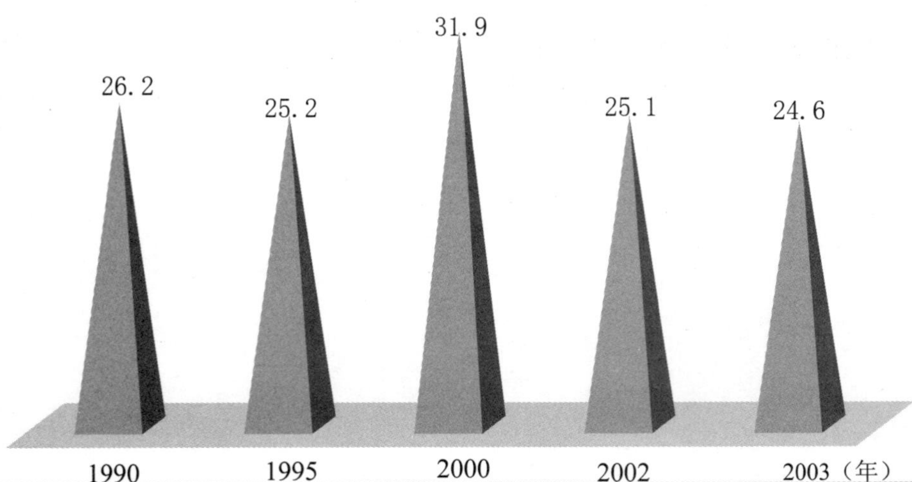

11—1 主要年份企事业单位污染治理情况
Treatment of Waste Water, Waste Gas and Residue by Enterprises and Institutions in Main Years

指　　标	Item	1990	1995	2000	2002	2003
施工项目本年投资来源合计(万元)	**Total Funds of Projects under Construction (10 000 yuan)**				**16165**	**24029.8**
#国家预算内资金	National Bugetary Assets				1112	870.8
环保补助资金	Subsidies for Environmental Protection				1418	1704.6
环保贷款	Loans for Environmental Protection				85	
其他资金	Others				13551	21454.4
#国内贷款	Domestic Loans				6643	3715
利用外资	Utilization of Foreign Capital				27	0
企业自筹	Self – raising by Enterprises				17257.2	
污染治理资金使用总计(万元)	**Total Expenditures (10 000 yuan)**	**10469**	**33191**	**73659**	**16165**	**24029.8**
治理废水	Treatment of Waste Water	6058	17867	40020	5809	15405.8
治理废气	Treatment of Waste Gas	2987	10184	26895	4078	5052.4
治理固体废物	Treatment of Solid Wastes	1015	3771	2716	743	676.4
治理噪声(万元)	Treatment of Noise Pollution	99	389	102	37	67
治理污染搬迁	Treatment of Moving away for Pollution					2079.8
治理其他	Treatment of Other Pollution	310	980	3927	5498	748.4
污染治理概况	**Treatment of Pollution**					
当年施工治理项目(个)	Projects under Construction(unit)	781	1002	1270	320	355
当年竣工项目(个)	Projects Completed(unit)	696	844	1060	295	322
#治理废水	Treatment of Waste Water	261	292	443	126	145
治理废气	Treatment of Waste Gas	278	355	553	130	147
治理固体废物	Treatment of Solid Wastes	76	100	32	20	13
治理噪声	Treatment of Noise Pollution	31	62	4	2	4
治理污染搬迁	Treatment of Moving away for Pollution					3
治理其他	Treatment of Other Pollution			28	17	10
排污费收支情况	**Pollution Charges & Levy Charges**					
交纳排污费单位(个)	Number of Units Charged Levied(unit)	1607	5101	24533	26336	31329
交纳排污费收入(万元)	Amount of Pollution Charges (10 000 yuan)	4073	14483	24762	17431	15620
污染情况	**Pollution**					
污染事故(次)	Pollution Accidents(case)	234	296	242	358	406
污染赔、罚款金额(万元)	Amount of Reparations & Fines (10 000 yuan)	196	583	597	354	337

11—2 重点调查企业工业废水排放及治理情况(2003 年)

Discharge and Treatment of Waste Water by Branch of Industry(2003)

指标名称	Item	汇总工业企业数(个) Number of Industrial Enterprises (unit)	工业废水排放总量(万吨) Total Discharged Volume of Industrial Waste Water (10 000 tons)	#直接排入海的 Discharged to Sea Directly	工业废水排放达标量(万吨) Industrial Waste Water up to Discharge Standards (10 000 tons)	废水治理设施数(套) Number of Facilities for Treatment of Waste Water(set)	工业废水排放达标率(%) Rate of Industrial Waste Water up to Discharge Standards (%)
总计	**Total**	**1731**	**103665**	**475**	**90777**	**2188**	**87.57**
煤炭采选业	Coal Mining & Processing	7	1566	0	1566	9	100.00
石油和天然气开采业	Petroleum & Natural Gas Extraction	3	46	19	45	4	96.70
黑色金属矿采选业	Ferrous Metals Mining & Processing	10	363	0	299	11	82.38
有色金属矿采选业	Nonferrous Metals Mining & Processing	56	2446	0	2243	91	91.69
非金属矿采选业	Nonmetal Mining & Processing	17	178	0	177	16	99.76
其他矿采业	Other Minings	1	1	0	0	0	0.00
农副食品加工业	Major Grain & Sideline Product Processing	259	35607	345	29076	494	81.66
食品制造业	Food Production	53	618	0	492	52	79.63
饮料制造业	Beverage Production	58	1061	11	808	86	76.15
烟草制造业	Tobacco Processing	3	89	0	89	2	100.00
纺织业	Textile Industry	65	771	0	475	71	61.64
皮革、毛皮、羽绒及其制造业	Leather, Furs, Down & Related Products	19	140	0	92	19	65.92
木材加工及竹、藤、棕、草制品业	Timber, Bamboo, Cane, Palm Fiber, Straw Products	27	328	8	245	26	74.52
家具制造业	Furniture Manufacting	2	0	0	0	0	0.00
造纸及纸制品业	Papermaking & Paper Products	167	15109	44	11935	226	78.99
印刷业和记录媒介的复制	Printing & Record Medium Reproduction	3	354	0	354	2	100.00
文教体育用品制造业	Cultural, Educational & Sports Goods	2	6	0	6	0	100.00

11—2 续表 1 continued

指 标 名 称	Item	汇总工业企业数(个) Number of Industrial Enterprises (unit)	工业废水排放总量(万吨) Total Discharged Volume of Industrial Waste Water (10 000 tons)	#直接排入海的 Discharged to Sea Directly	工业废水排放达标量(万吨) Industrial Waste Water up to Discharge Standards (10 000 tons)	废水治理设施数(套) Number of Facilities for Treatment of Waste Water(set)	工业废水排放达标率(%) Rate of Industrial Waste Water up to Discharge Standards (%)
石油加工、炼焦及核燃料	Petroleum Refining, Coking & Nuclear Fuel	2	77	0	75	27	97.40
化学原料及化学制品制造业	Raw Chemical Materials & Chemical Products	163	15137	30	14218	242	93.93
医药制造业	Medical & Pharmaceutical Products	62	615	1	538	61	87.38
化学纤维制造业	Chemical Fiber	2	29	0	29	1	100.00
橡胶制品业	Rubber Products	9	207	0	202	15	97.56
塑料制品业	Plastic Products	9	25	0	25	0	99.95
非金属矿物制品业	Nonmetal Mineral Products	447	2955	8	2784	348	94.23
#水泥制造业	Cement Products	237	2265	7	2259	140	99.74
黑色金属冶炼及压延加工业	Smelting & Pressing of Ferrous Metals	49	6773	0	6647	106	98.14
有色金属冶炼及压延加工业	Smelting & Pressing of Nonferrous Metals	81	1137	4	842	99	74.08
金属制品业	Metal Products	18	86	0	85	17	99.07
通用设备制造业	Ordinary Machinery	32	354	0	309	37	87.21
专用设备制造业	Special Purpose Equipment	16	73	0	69	8	94.98
交通运输设备制造业	Transport Equipment	31	15595	6	15420	42	98.88
电气机械及器材制造业	Electric Equipment & Machinery	16	169	0	154	7	91.44
通信设备、计算机及其他	Electronic & Telecommunication Equipment	10	103	0	103	18	100.00
仪器仪表及文化、办公用机械制造业	Instruments, Meters, Cultural & Clerical Machinery	3	21	0	21	2	100.00
工艺品及其他制造业	Other Manufacturing	6	8	0	8	6	100.00
电力、热力的生产和供应业	Electricity, Steam, Hot Water Production & Supply	15	1585	0	1312	35	82.83
#火力发电业	Thermal Power	15	1585	0	1312	35	82.83
其他行业	Others	8	33	0	33	8	100.00

11—3 重点调查企业工业废气

Discharge and Treatment of Waste

指标名称	Item	汇总工业企业数(个) Number of Industrial Enterprises (unit)	废气治理设施数(套) Number of Facilities for Treatment of Waste Gas(set)	工业废气排放量(万标立方米) Total Discharged Volume of Industrial Waste Gas (10 000 cu. m)	二氧化硫去除量(吨) Removed Volume of Sulphur Dioxide(ton)
总　计	**Total**	**1731**	**5024**	**66359511**	**364055**
煤炭采选业	Coal Mining & Processing	7	2	262964	2
石油和天然气开采业	Petroleum & Natural Gas Extraction	3	6	16262	0
黑色金属矿采选业	Ferrous Metals Mining & Processing	10	13	62628	17
有色金属矿采选业	Nonferrous Metals Mining & Processing	56	9	161415	2989
非金属矿采选业	Nonmetal Mining & Processing	17	21	228674	0
其他矿采业	Other Minings	1	0	0	0
农副食品加工业	Major Grain & Sideline Product Processing	259	402	8201173	20312
食品制造业	Food Production	53	47	213287	383
饮料制造业	Beverage Production	58	82	236967	329
烟草制造业	Tobacco Processing	3	3	137851	766
纺织业	Textile Industry	65	67	153964	169
皮革、毛皮、羽绒及其制造业	Leather, Furs, Down & Related Products	19	14	19088	273
木材加工及竹、藤、棕、草制品业	Timber, Bamboo, Cane, Palm Fiber, Straw Products	27	27	182242	242
家具制造业	Furniture Manufacting	2	20	66073	0
造纸及纸制品业	Papermaking & Paper Products	167	190	1733909	7312
印刷业和记录媒介的复制	Printing & Record Medium Reproduction	3	4	229562	1226
文教体育用品制造业	Cultural, Educational & Sports Goods	2	0	55	0
石油加工、炼焦及核燃料	Petroleum Refining, Coking & Nuclear Fuel	2	1	96360	474
化学原料及化学制品制造业	Raw Chemical Materials & Chemical Products	163	339	2934539	28300
医药制造业	Medical &Pharmaceutical Products	62	69	198093	1089
化学纤维制造业	Chemical Fiber	2	2	2825	0
橡胶制品业	Rubber Products	9	17	63823	199
塑料制品业	Plastic Products	9	1	4266	2
非金属矿物制品业	Nonmetal Mineral Products	447	2913	16542360	18719
# 水泥制造业	Cement Products	237	2659	11880603	18269
黑色金属冶炼及压延加工业	Smelting & Pressing of Ferrous Metals	49	194	8005619	5980
有色金属冶炼及压延加工业	Smelting & Pressing of Nonferrous Metals	81	234	18692433	249057
金属制品业	Metal Products	18	22	15853	1
通用设备制造业	Ordinary Machinery	32	73	20792	32
专用设备制造业	Special Purpose Equipment	16	8	8900	19
交通运输设备制造业	Transport Equipment	31	165	1126658	268
电气机械及器材制造业	Electric Equipment & Machinery	16	39	113601	30
通信设备、计算机及其他	Electronic & Telecommunication Equipment	10	1	6725	0
仪器仪表及文化、办公用机械制造业	Instruments, Meters, Cultural & Clerical Machinery	3	0	91	0
工艺品及其他制造业	Other Manufacturing	6	0	0	0
电力、热力的生产和供应业	Electricity, Steam, Hot Water Production & Supply	15	39	6619794	25868
# 火力发电业	Thermal Power	15	39	6619794	25868
其他行业	Others	8	0	665	0

排放及治理情况(2003 年)
Gas by Branch of Industry(2003)

二氧化硫排放量(吨) Volume of Sulphur Dioxide Discharged (ton)	#排放达标量 Up to Discharge Standards	烟尘去除量(吨) Removed Volume of Soot (ton)	烟尘排放量(吨) Volume of Soot Discharged (ton)	#排放达标量 Up to Discharge Standards	工业粉尘去除量(吨) Volume of Dust Removed (ton)	工业粉尘排放量(吨) Vdume of Industrial Dust Discharged (ton)	#排放达标量 Up to Discharge Standards
611662	**458921**	**3345719**	**415846**	**314842**	**3493974**	**411956**	**237325**
145	70	10	568	568	0	0	0
1452	1154	0	1625	1625	1658	1322	1322
2785	252	1320	1464	214	752	288	288
2571	200	191	151	55	42	449	63
889	29	0	427	128	12770	1599	228
0	0	0	0	0	0	0	0
31402	25470	280297	54559	41532	19620	2139	1525
2130	952	3539	780	498	98	47	38
5166	2752	48150	5889	2067	1	69	0
130	130	2832	140	140	0	0	0
3788	951	5843	2157	961	5	7	7
326	219	859	470	403	0	0	0
1930	796	9891	2587	1120	7546	1389	809
255	255	3575	95	95	5213	21	21
25484	16562	220985	21698	11267	492	314	164
209	209	1370	27	27	0	0	0
2087	3	15	2	0	0	0	0
2903	2903	0	42	42	0	0	0
44129	29111	155701	18051	14513	9711	15314	12196
5198	2025	14114	1899	1113	0	0	0
62	62	1212	243	243	0	0	0
2703	2574	29104	185	98	4	2	2
76	27	9	75	27	0	0	0
176839	90750	328480	133611	74265	2629578	324434	169480
109262	63820	316389	45582	33324	2623092	303295	150500
10259	9531	47843	12349	8827	712332	24556	13406
46415	35383	143278	11087	10129	90036	9933	7900
45	17	240	76	74	2	0	0
205	61	590	828	265	1263	101	68
158	110	443	96	61	0	8	7
23410	23396	1796	38623	38509	2827	29961	29801
196	35	376	61	28	22	1	1
12	12	0	0	0	0	0	0
1	1	0	0	0	0	0	0
0	0	0	0	0	0	0	0
220384	212895	2043657	105961	105930	0	0	0
220384	212895	2043657	105961	105930	0	0	0
4	4	215	19	19	0	0	0

11—4 重点调查企业工业固体废物

Production, Treatment and Utilization

指 标 名 称	Item	汇总工业企业数(个) Number of Industrial Enterprises (unit)	工业固体废物产生量(万吨) Volume of Industrial Solid Waste Produced (10 000 tons)	#危险废物(吨) Dangerous Wastes (ton)
总计	**Total**	**1731**	**2840.11**	**547601.61**
煤炭采选业	Coal Mining & Processing	7	65.18	0.00
石油和天然气开采业	Petroleum & Natural Gas Extraction	3	0.09	0.00
黑色金属矿采选业	Ferrous Metals Mining & Processing	10	29.15	0.00
有色金属矿采选业	Nonferrous Metals Mining & Processing	56	495.32	0.00
非金属矿采选业	Nonmetal Mining & Processing	17	2.35	0.00
其他矿采业	Other Minings	1	0.00	0.00
农副食品加工业	Major Grain & Sideline Product Prcessing	259	600.11	51.00
食品制造业	Food Production	53	6.22	44.00
饮料制造业	Beverage Production	58	11.15	0.00
烟草制造业	Tobacco Processing	3	1.01	0.00
纺织业	Textile Industry	65	3.17	0.00
皮革、毛皮、羽绒及其制造业	Leather, Furs, Down & Related Products	19	0.38	272.00
木材加工及竹、藤、棕、草制品业	Timber, Bamboo, Cane, Palm Fiber, Straw Products	27	6.93	0.00
家具制造业	Furniture Manufacting	2	0.03	0.00
造纸及纸制品业	Papermaking & Paper Products	167	92.64	2.00
印刷业和记录媒介的复制	Printing & Record Medium Reproduction	3	0.92	0.00
文教体育用品制造业	Cultural, Educational & Sports Goods	2	0.00	0.00
石油加工、炼焦及核燃料	Petroleum Refining & Coking	2	0.16	449.59
化学原料及化学制品制造业	Raw Chemical Materials & Chemical Products	163	219.44	174898.31
医药制造业	Medical &Pharmaceutical Products	62	5.16	0.00
化学纤维制造业	Chemical Fiber	2	0.28	0.00
橡胶制品业	Rubber Products	9	4.39	0.00
塑料制品业	Plastic Products	9	0.10	0.00
非金属矿物制品业	Nonmetal Mineral Products	447	194.62	9.00
# 水泥制造业	Cement Products	237	89.50	9.00
黑色金属冶炼及压延加工业	Smelting & Pressing of Ferrous Metals	49	466.16	7030.00
有色金属冶炼及压延加工业	Smelting & Pressing of Nonferrous Metals	81	351.21	363196.00
金属制品业	Metal Products	18	0.10	272.62
通用设备制造业	Ordinary Machinery	32	1.90	84.50
专用设备制造业	Special Purpose Equipment	16	0.61	0.70
交通运输设备制造业	Transport Equipment	31	13.44	574.78
电气机械及器材制造业	Electric Equipment & Machinery	16	0.44	646.38
通信设备、计算机及其他	Electronic & Telecommunication Equipment	10	0.08	5.50
仪器仪表及文化、办公用机械制造业	Instruments, Meters, Cultural & Clerical Machinery	3	0.01	2.00
工艺品及其他制造业	Other Manufacturing	6	0.02	0.00
电力、热力的生产和供应业	Electricity, Steam, Hot Water Production & Supply	15	267.34	0.00
# 火力发电业	Thermal Power	15	267.34	0.00
其他行业	Others	8	0.01	63.23

排放、治理及利用情况(2003 年)
of Industrial Solid Wastes(2003)

工业固体废物综合利用量(万吨) Volume of Industrial Solid Wastes Utilized (10 000 tons)	工业固体废物综合利用率(%) Rate of Industrial Solid Wastes Utilized (%)	工业固体废物贮存量(万吨) Volume of Industrial Solid Wastes Accumulated (10 000 tons)	#危险废物贮存量(吨) Dangerous Wastes (ton)	工业固体废物处置量(万吨) Volume of Industrial Solid Wastes Treated (10 000 tons)	工业固体废物排放量(万吨) Volume of Industrial Solid Wastes Discharged (10 000 tons)
1768.14	**61.95**	**836.94**	**99890.99**	**167.12**	**94.53**
24.43	37.48	1.89	0.00	0.30	38.56
0.06	67.35	0.03	0.00	0.00	0.00
16.81	57.67	2.87	0.00	14.31	3.47
83.88	16.93	374.19	0.00	17.52	20.34
1.38	58.89	0.58	0.00	0.36	0.03
0.00	0.00	0.00	0.00	0.00	0.00
563.71	93.60	4.61	0.00	21.92	12.09
5.32	85.42	0.11	0.00	0.43	0.37
10.76	96.53	0.15	0.00	0.21	0.03
0.24	23.66	0.00	0.00	0.00	0.77
3.12	98.44	0.00	0.00	0.04	0.01
0.32	83.67	0.00	0.00	0.06	0.01
6.80	98.10	0.00	0.00	0.00	0.13
0.03	100.00	0.00	0.00	0.00	0.00
81.33	87.78	2.18	0.00	3.20	5.93
0.92	100.00	0.00	0.00	0.00	0.00
0.00	100.00	0.00	0.00	0.00	0.00
0.01	8.64	0.00	0.00	0.07	0.08
145.72	65.03	70.37	46054.49	5.65	4.48
4.48	86.96	0.04	0.00	0.19	0.44
0.28	100.00	0.00	0.00	0.00	0.00
4.39	100.00	0.00	0.00	0.00	0.00
0.10	100.00	0.00	0.00	0.00	0.00
196.10	97.27	0.06	1.00	1.18	4.27
88.86	99.28	0.06	1.00	0.28	0.31
383.65	82.30	14.40	0.00	67.40	0.71
32.14	9.15	287.14	53648.00	32.68	0.56
0.08	79.03	0.00	0.00	0.02	0.00
1.14	60.11	0.10	0.00	0.65	0.00
0.60	97.74	0.00	0.50	0.01	0.00
10.16	75.54	0.22	187.00	0.82	2.25
0.38	84.77	0.00	0.00	0.07	0.00
0.08	99.82	0.00	0.00	0.00	0.00
0.01	98.40	0.00	0.00	0.00	0.00
0.02	100.00	0.00	0.00	0.00	0.00
189.80	70.86	78.00	0.00	0.00	0.01
189.70	70.86	78.00	0.00	0.00	0.01
0.00	0.00	0.00	0.00	0.01	0.00

11—5 主要年份“三废”排放、处理及综合利用情况

Discharge, Treatment and Utilization of Waste Water, Waste Gas and Solid Waste in Main Years

指　　标	Item	1990	1995	2000	2002	2003
废水排放总量(万吨)	Volume of Waste water Discharged (10 000 tons)	138889	160135	164024	184657	214814
#工业废水	Industrial Waste Water	105248	96563	81571	97126	119291
#经过处理达标	Treated Waste Water up to Discharge Standard	33235	42227	30303		103212
工业废气排放总量(亿标立方米)	Volume of Indus frial waste Gas Discharged (100 million cu. m)	1429	2797	4607	5693	6636
#燃料燃烧过程中废气排放量	Volume of Waste Gas in the Process of Fuel Burning	861	1699	1787	2425	2937
生产工艺过程中废气排放量	Volume of Waste Gas in the Process of Production	568	1098	2820	3268	3699
二氧化硫排放总量(万吨)	Volume of Sulphur Dioxide Discharged (10 000 tons)	62	76	83	68	72
烟尘排放总量(万吨)	Volume of Soot Discharged (10 000 tons)	31	50	59	46	50
工业粉尘排放量(万吨)	Volume of Dust Discharged (10 000 tons)	21	28	57	43	48
工业固体废物产生、排放及处理利用情况(万吨)	Production, Discharge, Treatment & Utilization of Industrial Solid Wastes (10 000 tons)					
工业固体废物产生量	Volume of Industrial Solid Waste Product	1211	1588	2108	2535	3224
工业固体废物处置量	Volume of Industrial Solid Waste Treated	638	238	227	490	190
工业固体废物综合利用量	Volume of Comprehensive Utilization of Industrial Solid Waste	310	727	1058	1887	1997
#冶炼废渣	Residues from Melting	52	85	131	309	361
煤粉灰	Powdered Coal Ash	63	131	171	280	277
炉渣	Slag	71	126	125	141	166
煤矸石	Gangue	3	99	55	66	37
工业固体废物排放量(万吨)	Volume of Industrial Solid Wastes Discharged (10 000 tons)	118	99	127	98	109
“三废”综合利用产品产值(万元)	Output Value of Products Made from Utilization of Waste Gas, Waste Water & Waste Residues (10 000 yuan)	17398	110322	84856	148063	146625

11—6 主要年份城市公用事业基本情况

Basic Statistics on Public utilites in Cities in Main Years

指　标	Item	1990	1995	2000	2002	2003
自来水全年供水总量(万吨)	Total Volume of Tap Water Supply (10 000 tons)	132334	166175	135826	174830	134412
#生活用水量	Households	30939	51154	57442	70450	75646
人均日生活用水量(升)	Per Capita Daily Water Consumpution(liter)	292	298	294	277	307
自来水用水普及率(%)	Percentage of Population with Access Tap Water (%)	95.0	96.2	98.4	71.99	65.92
年末实有公共汽车营运车辆(辆)	Year - end Total Operating Public Buses(vehicle)	722	1395	2718	4021	4148
平均每万人拥有公共汽车(辆)	Operating Buses Owned Per 10 000 Persons(vehicle)	2.7	3.6	6.4	3.1	4.4
铺装道路长度(公里)	Lenth of Paved Roads(km)	1386	3026	3722	6419	4268
平均每万人拥有道路长度(公里)	Length of Roads Owned Per 10 000 Persons (km)	5.3	7.7	8.7		4.6
铺装道路面积(万平方米)	Area of Paved Roads (10 000 sq. m)	1342	3039	4362	9158	6326
平均每万人拥有道路面积(平方米)	Area of Roads Owned Per 10 000 Persons (sq. m)	5.1	7.8	10.2		7
下水道总长度(公里)	Length of Drainpipes(km)	782	2142	2885	5439	3430
平均每万人拥有下水道长度(公里)	Length of Drainpipes Owned Per 10 000 Persons (km)	3.0	5.5	6.7		3.8
液化石油气供气总量(吨)	Total Liquefied Petroleum Gas Supply(ton)	23340	118924	204904	368768	249740
#家庭用量	Used by Residential Households	22766	114761	190552	335937	228729
用气普及率(%)	Rate of Households with Accesst to Natural Gas (%)	28.3	70.6	90.8	59.6	53.8
园林绿地面积(公顷)	Area of Gardens & Green Area(hectare)	6313	37350	44149	52908	25542
公共绿地面积(公顷)	Area of Public Green Area(hectare)	1135	2275	3407	5519	4234
平均每人公共绿地面积(平方米)	Per Capita Public Green Land(sq. m)	4.3	5.8	8	4.5	4.7
建成区绿化覆盖率(%)	Coverage Area of Afforestation of Developed Area(%)	26.2	25.2	31.9	25.1	24.6
公园个数(个)	Number of Parks(unit)	36	69	86	197	99
公园面积(公顷)	Area of Parks(hectare)	984	2100	2766	4011	2967
实际清扫面积(万平方米)	Area Under Cleaning Program (10 000 sq. m)	1164	1941	3550	6102	4926
生活垃圾及粪便清运量(万吨)	Volume of Garbage, Excrement & Urine Disposal (10 000 tons)	78	196	196	398	246
平均每天清运垃圾及粪便量(吨)	Daily Average Volume of Garbage, Excrement & Urine Disposal(ton)	2137	5370	5370	10904	6740
公共厕所数(座)	Number of Public Lavatories(unit)	655	1158	1422	1881	1216
平均每万人拥有公共厕所(座)	Number of Public Lavatories per 10 000 Persons (unit)	2.5	3.0	3.3		1.3

注:本资料由自治区建设厅提供,人均指标按城市中的非农业人口计算。

Note: Data is provided by autonomous construction bureau, and the capita items are calculated at the non - agricultural population in cities.

11—7 城市设施水平(2003年)

Level of Urban Public Utilities in Cities(2003)

城市名称	City	人口密度(人/平方公里) Population Density (person/sq. km)	人均日生活用水量(升) Per Capita Daily Consumption of Tap Water for Residential Use (litre)	用水普及率(%) Rate of Population with Access to Water(%)	用气普及率(%) Rate of Population with Access to Gas(%)	每万人拥有公共汽车(标台) Buses Owned Per 10 000 persons(vehicle)
全区城市	**All Cities**	**583**	**306.59**	**65.92**	**53.80**	**4.39**
南宁市	Nanning	795	396.70	82.80	68.60	10.02
柳州市	Liuzhou	1457	361.58	97.78	77.47	8.66
桂林市	Guilin	1257	404.21	79.44	73.83	7.46
梧州市	Wuzhou	1129	279.43	85.49	80.76	4.15
北海市	Beihai	564	193.15	66.75	51.18	2.61
防城港市	Fangchenggang	2533	297.36	100.00	100.00	5.72
钦州市	Qinzhou	259	146.66	28.71	23.45	0.68
贵港市	Guigang	488	358.09	28.20	15.59	0.53
玉林市	Yulin	322	220.17	95.88	91.90	2.31
百色市	Baise	6722	414.56	44.12	35.70	1.76
贺州市	Hezhou	2438	225.75	85.23	80.45	6.25
河池市	Hechi	2186	216.48	100.00	61.01	5.32
来宾市	Laibin	2333	172.24	95.47	78.32	1.81
崇左市	Chongzuo	3840	235.77	56.98	56.98	1.25

11－7 续表 continued

城市名称	City	排水管道密度(公里/平方公里) Density of Sewer Piplines(km/sq. km)	人均拥有道路面积(平方米) Area of Paved Roads Per Population (sq. m)	人均公共绿地面积(平方米) Public Green Areas Per Popu lation (sq. m)	建成区绿地率(%) Rate of Green Land of Developed Area(%)	建成区绿化覆盖率(%) Coverage Area of Afforestation of Developed Area (%)	污水处理率(%) Treatment Rate of Polluted Water (%)	生活垃圾无害化处理率(%) Rate of Garbages No Harmful Disposal(%)
全区城市	**All Cities**	**5.01**	**6.95**	**4.65**	**24.60**	**29.94**	**33.03**	**60.54**
南宁市	Nanning	4.29	9.32	7.08	31.30	39.09	25.46	89.45
柳州市	Liuzhou	4.92	8.04	6.02	23.87	28.13	57.90	100.00
桂林市	Guilin	7.63	7.04	6.76	36.10	39.20	47.23	100.00
梧州市	Wuzhou	3.72	5.76	7.39	42.55	44.57	19.63	100.00
北海市	Beihai	5.82	10.47	3.56	30.74	52.44	41.80	99.38
防城港市	Fangchenggang	5.57	20.64	6.27	10.22	12.77		
钦州市	Qinzhou	2.84	3.73	1.33	7.11	17.68	50.29	
贵港市	Guigang	2.69	2.59	1.14	16.18	18.00		
玉林市	Yulin	3.41	7.01	11.53	20.07	22.18		100.00
百色市	Baise	2.83	2.71	2.59	30.14	30.86		
贺州市	Hezhou	7.66	25.28	9.35	26.95	29.24		
河池市	Hechi	6.92	6.82	4.08	27.79	29.89	83.13	
来宾市	Laibin	4.12	6.80	6.20	5.99	7.25		
崇左市	Chongzuo	5.02	10.91	7.72	58.75	60.05		

11—8 城市人口和建设用地(2003 年)
Population and Developed Areas in Cities(2003)

城市名称	City	城市人口(万人) Urban Population (10 000 persons)	#非农业人口 Non – agricultural Population	城市面积(平方公里) Area of Cities(sq. km)	建成区面积(平方公里) Developed Area (sq. km)	#居住用地 Land for Residence	公共设施用地 Land for Public Facilities	工业用地 Land for Industry
全区城市	**All Cities**	**910.43**	**474.97**	**15606.65**	**685.35**	**199.33**	**82.38**	**143.01**
南宁市	Nanning	145.77	108.97	1834	124.70	39.99	16.90	22.79
柳州市	Liuzhou	95.89	84.35	658.31	98.65	20.53	10.7	33.78
桂林市	Guilin	71.00	55.17	565	58.1	16.1	5.01	14.14
梧州市	Wuzhou	34.67	26.82	307	23.11	6.98	1.11	5.96
北海市	Beihai	53.93	24.84	957	34.10	5.81	6.83	7.61
防城港市	Fangchenggang	10.31	9.67	40.7	18.39	6.35	1.78	1.68
钦州市	Qinzhou	120.32	20.32	4651	63.86	20.86	7.09	12.47
贵港市	Guigang	172.44	23.22	3533	53.63	14.04	4.75	6.38
玉林市	Yulin	40.26	18.38	1251.3	45.47	17.15	8.63	8.83
百色市	Baise	33.61	12.86	50	29.21	10.62	2.16	6.4
贺州市	Hezhou	8.8	7.4	36.1	21	3.5	2.7	3.6
河池市	Hechi	17.49	11.31	80	15.2	4.15	1.74	3.38
来宾市	Laibin	12.13	10.3	52	18.2	4.03	2.93	3.51
崇左市	Chongzuo	8.81	6.35	22.94	7.71	2.44	1.25	1

11—9 城市供水情况(2003 年)
Statistics of Water Supply in Cities(2003)

城市名称	City	供水综合生产能力(万立方米/日) Comprehensive Productive Capacity of Water Supply (10 000 cu. m/day)	供水管道长度(公里) Length of Water Supply Pipel ines (km)	供水总量(万立方米) Total Volume of Water Supply (10 000 cu. m)	#家庭用量 Households	用水人口(万人) Numbar of Residents with Access to Tap Water (10 000 persons)
全区城市	**All Cities**	**634.58**	**6923.14**	**134412**	**50085**	**600.16**
南宁市	Nanning	109.9	847	26351	11321	120.7
柳州市	Liuzhou	160.29	1516.8	39199	10476	93.76
桂林市	Guilin	65.3	664	13281	5623	56.40
梧州市	Wuzhou	38.50	293	4492	1935	29.64
北海市	Beihai	34.60	601	4446	1752	36.00
防城港市	Fangchenggang	11.50	185.75	1798	777	10.31
钦州市	Qinzhou	15.63	353	2578	1716	34.54
贵港市	Guigang	35.12	597	13009	5523	48.63
玉林市	Yulin	17.9	371.17	3924	2278	38.6
百色市	Baise	15	199.22	4397	1197	14.83
贺州市	Hezhou	6.5	277.3	1400	521	7.5
河池市	Hechi	43	215	4816	1260	17.49
来宾市	Laibin	13.3	78.5	1636	682	11.58
崇左市	Chongzuo	7.00	59.08	1236	341	5.02

11—10　城市园林绿化情况（2003 年）

Basic Statistics on Parks, Gardens and Green Areas in Cities(2003)

城市名称	City	绿化覆盖面积（公顷）Coverage Area of Afforestation (hectare)	#建成区 Developed Area	园林绿地面积 Area of Gardens & Green Area(hectare)	#建成区 Developed Area	公共绿地面积（公顷）Area of Public Green Area (hectare)	公园面积（公顷）Area of Parks (hectare)
全区城市	**All Cities**	**29701.6**	**20519.2**	**25541.9**	**16857.2**	**4234.10**	**2966.72**
南宁市	Nanning	6086.5	4874.5	5119.7	3902.8	1031.92	852.63
柳州市	Liuzhou	3419.6	2775.3	2966.4	2354.9	576.78	395.13
桂林市	Guilin	2277.5	2277.5	2097.4	2097.4	479.98	341.00
梧州市	Wuzhou	1865.1	1030.0	1818.5	983.3	256.29	231.92
北海市	Beihai	3878.2	1788.2	3550.2	1048.2	192.00	76.00
防城港市	Fangchenggang	288.9	234.9	229.9	187.9	64.63	31.00
钦州市	Qinzhou	2948.3	1129.3	2254.3	454.3	160.40	19.54
贵港市	Guigang	1586.1	965.1	868.8	867.8	196.90	93.40
玉林市	Yulin	1328.8	1008.3	1172.3	912.6	464.17	416.23
百色市	Baise	1096.3	901.3	1087.3	880.3	87.21	59.37
贺州市	Hezhou	614.0	614.0	566.0	566.0	82.30	80.77
河池市	Hechi	484.4	454.4	453.4	422.4	71.38	67.00
来宾市	Laibin	180.0	132.0	148.0	109.0	75.20	37.00
崇左市	Chongzuo	554.0	463.0	517.0	453.0	68.00	43.00

11—11　城市市政设施情况(2003 年)

Vasic Statistics on Municipal Utilities in Cities(2003)

城市名称	City	城市道路长度(公里) Length of Roads(km)	城市道路面积(万平方米) Area of Roads (10 000sq. m)	路灯盏数(盏) Number of Street Lights (unit)	排水管道长度(公里) Length of Drain pipes (km)	污水年排放量(万吨) Discharged Volume of Polluted Water (10 000 tons)	污水处理能力(万吨/日) Treatment Capacity of Polluted Water (10 000 tons/day)	污水处理量(万吨) Treated Vdume of Polluted Water (10 000 tons)
全区城市	**All Cities**	**4268.4**	**6323.9**	**271357**	**3430.45**	**120297.4**	**57.85**	**9776.27**
南宁市	Nanning	816.57	1358.10	29562	534.69	32596	10	4000
柳州市	Liuzhou	675.77	770.5	30271	484.94	31359	10.00	900
桂林市	Guilin	410	499.9	45744	443.47	10691	17.85	4859.27
梧州市	Wuzhou	149.74	199.6	13694	85.87	4024		
北海市	Beihai	298.85	564.9	12859	198.60	3285	20.00	17
防城港市	Fangchenggang	102.44	212.8	6024	102.41	1258		
钦州市	Qinzhou	360.5	448.5	8466	181.42	2068		
贵港市	Guigang	295.97	446.5	21597	144.00	11151		
玉林市	Yulin	157.69	282.3	9705	154.84	3556.8		
百色市	Baise	61.98	91	47200	82.81	3513		
贺州市	Hezhou	105.83	222.5	4928	160.90	570		
河池市	Hechi	93.53	119.3	7812	105.15	3959		
来宾市	Laibin	35.52	82.5	3930	75.00	1308		
崇左市	Chongzuo	92.3	96.1	2084	38.70	1112.3		

11—12 城市公共交通、清洁卫生和供气情况（2003年）
Basic Statistics on Public Traffic, Urban Sanitation and Gas Supply in Cities(2003)

城市名称	City	年末实有公共汽车营运车辆（辆）Year - end Operating Public Buses(vehicle)	运营线路网长度（公里）Lenght of Public Transportation Routes(km)	客运总量（万人次）Total Passenger Traffic (10 000 person - times)	出租汽车（辆）Taxis (vehicle)	实际清扫面积（万平方米）Area under Cleaning Program (10 000 sq. m)	生活垃圾清运量（万吨）Vdume of Garbages Disposal (10 000 tons)	粪便清运量（万吨）Night Soil Disposal Cleared (10 000 tons)
全区城市	**All Cities**	4148	2199	75444.48	11140	4926.4	225	21
南宁市	Nanning	1444	484	28626.45	4167	1230.4	38	3.3
柳州市	Liuzhou	687	285	19685	1074	732.0	33	3.5
桂林市	Guilin	531	186	12393	2820	760.0	23	
梧州市	Wuzhou	144	98	2936.57	419	200.0	13	0.9
北海市	Beihai	171	154	1546	576	354.5	16	0.7
防城港市	Fangchenggang	74	80	594	99	176.5	8	
钦州市	Qinzhou	115	229	646.5	200	228.9	9	
贵港市	Guigang	104	41	795	295	126	25	1.2
玉林市	Yulin	99	90	1675	417	299	12	3.0
百色市	Baise	79	50	932	200	82	7	6.5
贺州市	Hezhou	79	74	910		148	7	
河池市	Hechi	115	92	1850	169	73	5	
来宾市	Laibin	32	33	335		51.5	4	
崇左市	Chongzuo	15	13	65.7	42	44.9	3	

11—12 续表 continued

城市名称	City	垃圾无害化处理量（万吨）Volume of Garbages & Urine No Harmful Dis posal (10 000 tons)	公共厕所座数（座）Number of Public Lavatories (unit)	环卫机械总数（台）Envir on mantal Sani tation Equipment (unit)	年末职工人数（人）Year - end Population of Staff & Workers (person)	液化气供气总量（吨）Total Volume of Liquid Petrol Gas Supply (ton)	#家庭用量 Households	液化气用气人口（万人）Popul ation with Access to Liquid Petrol Gas Supply (10 000 persons)
全区城市	**All City**	136.4	1216	876	14937	249739.8	228728.5	466.64
南宁市	Nanning	33.9	174	175	4014	48756	46461	100.00
柳州市	Liuzhou	33	234	167	2968	31957	31855	55.19
桂林市	Guilin	23	274	155	1930	15526	14135	52.42
梧州市	Wuzhou	13.2	62	21	889	9974	9574	28.00
北海市	Beihai	15.9	120	72	1022	17504	16804	24.20
防城港市	Fangchenggang		17	17	284	9569	5632	10.31
钦州市	Qinzhou		66	40	536	21870	19260	28.22
贵港市	Guigang		36	44	74	21918	20603	26.88
玉林市	Yulin	12	40	42	562	19238	17050	37
百色市	Baise		16	9	227	4690	4350	12
贺州市	Hezhou		32	12	379	5440	5040	7.08
河池市	Hechi		29	23	249	4564	4339	10
来宾市	Laibin		10	9	336	6300	4110	9.5
崇左市	Chongzuo		20	5	191	2987	2096	5.02

主要统计指标解释

工业废水排放量 指经过企业厂区所有排放口排到企业外部的工业废水量。包括生产废水、外排的直接冷却水、超标排放的矿井地下水和与工业废水混排的厂区生活污水，不包括外排的间接冷却水(清污不分流的间接冷却水应计算在内)。

工业废水排放达标量 指各项指标都达到国家或地方排放标准的外排工业废水量，包括未经处理外排达标和经过处理后外排达标两部分。

工业废气排放量 指企业厂内燃料燃烧和生产工艺过程中产生的各种排入空气的含有污染物的气体总量，按标准状态(273K,101325Pa)计算。

二氧化硫排放量 指企业在燃料燃烧和生产工艺过程中排入大气的二氧化硫数量

烟尘排放量 指企业厂内燃料燃烧产生的烟气中夹带的颗粒物数量。

工业粉尘排放量 指企业在生产工艺过程中排放的颗粒物重量，如钢铁企业的耐火材料粉尘、焦化企业的筛焦系统粉尘、烧结机的粉尘、石灰窑的粉尘、建材企业的水泥粉尘等。不包括电厂排入大气的烟尘。

工业固体废物产生量 指企业在生产过程中产生的固体状、半固体状和高浓度液体废弃物的总量，包括危险废物、冶炼废渣、粉煤灰、炉渣、煤矸石、尾矿、放射性废物和其他废物等；不包括矿山开采的剥离废石和掘进废石(煤矸石和呈酸性或碱性的废石除外)。酸性或碱性废石指采掘的废石其流经水、雨淋水的pH值小于4或pH值大于10.5者。

工业固体废物综合利用量 指通过回收、加工、循环、交换等方式，从固体废物中提取或者使其转化为可以利用的资源、能源和其他原材料的固体废物量(包括当年利用往年的工业固体废物累计贮存量)，如用作农业肥料、生产建筑材料、筑路等。综合利用量由原产生固体废物的单位统计。

工业固体废物处置量 指将固体废物焚烧或者最终置于符合环境保护规定要求的场所，并不再回取的工业固体废物量(包括当年处置往年的工业固体废物累计贮存量)。处置方法有填埋(其中危险废物应安全填埋)、焚烧、专业贮存场(库)封场处理、深层灌注、回填矿井等。

工业固体废物排放量 指将所产生的固体废物排到固体废物污染防治设施、场所以外的数量，不包括矿山开采的剥离废石和掘进废石(煤矸石和呈酸性或碱性的废石除外)。

“三废”综合利用产品产值 指利用“三废”(废液、废气、废渣)作为主要原料生产的产品价值(现行价)；已经销售或准备销售的应计算产品价值，留作生产自用的不应计算产品价值。

“三废”综合利用产品利润 指利用“三废”(废液、废气、废渣)生产的产品，销售后所得到的利润。

第十二篇

CHAPTER 12

城市概况

GENERAL SURVEY OF CITIES

12—1 自治区辖市社会经济主要指标(2003 年)
Main Social and Economic Indicators of Cities(2003)

指　标	Item	南宁 Nanning	柳州 Liuzhou	桂林 Guilin	梧州 Wuzhou
年末总人口（万人）	Total Population at the Year－end（10 000 persons）	145.77	95.89	71	47.24
#非农业人口	Non－agriculture	108.97	84.35	55.17	27.46
年平均人口（万人）	Annual Average Population（10 000 persons）	143.1	95.14	70.05	46.88
暂住人口(一个月以上)（万人）	Temporary Population（1 month above）(10 000 persons)	23	20.5	6.58	1.68
年出生人口（人）	Annual Birth Population（person）	13757	8276	5670	4645
年死亡人口（人）	Annual Mortality Population（person）	3999	3856	1429	1970
年末总户数（万户）	Total Households at the Year－end（10 000 households）	42.29	28.66	18.98	14.29
年末单位从业人员数（万人）	Total Employment in Units at the Year－end（10 000 persons）	34.58	28.34	16.12	7.57
第一产业（农、林、牧、渔业）	Primary Industry（Farming，Forestry，Animal Husbandry & Fishery）	0.96	0.33	0.13	0.01
第二产业	Secondary Industry	11.6	15.72	6.9	3.86
(1)采矿业	Mining	0.07	1.04	0	0.02
(2)制造业	Manufacturing	7.38	11.19	5.73	2.92
(3)电力、燃气及水的生产和供应业	Electricity，Gas & Water Production & Supply	0.47	0.33	0.2	0.18
(4)建筑业	Construction	3.68	3.16	0.97	0.74
第三产业	Tertiary Industry	22.02	12.29	9.09	3.7
(1)交通运输、仓储及邮政业	Transportation，Storage & Postal	3.59	3.9	0.8	0.54
(2)信息传输、计算机服务和软件业	Information Transmission，Computer Service & Software Industries	0.55	0.34	0.28	0.18
(3)批发和零售业	Wholesale & Retail Trade	2.78	1.37	0.71	0.38
(4)住宿、餐饮业	Hotel & Catering Trade	1.11	0.42	1.09	0.15
(5)金融业	Finance	1.14	0.63	0.44	0.28
(6)房地产业	Real Estate	0.85	0.24	0.35	0.11
(7)租赁和商业服务业	Leasing & Commercial Services	0.64	0.52	0.88	0.12
(8)科学研究、技术服务和地质勘查业	Scientific Research，Technology Services & Geological Prospecting	1.73	0.37	0.38	0.14
(9)水利、环境和公共设施管理业	Water Conservancy，Environment & Public Facility Management	0.77	0.39	0.31	0.13
(10)居民服务和其他服务业	Resident & Other Services	0.11	0.17	0.08	0.01
(11)教育	Education	3.42	1.55	1.34	0.49
(12)卫生、社会保障和社会福利业	Public Health，Social Security & Social Welfare	1.72	0.89	0.89	0.39
(13)文化、体育和娱乐业	Culture，Sports & Entertainment	0.72	0.21	0.28	0.09
(14)公共管理和社会组织	Public Administration & Social Organizations	2.89	1.29	1.26	0.69
私营和个体从业人员（人）	Private & Self－employed Individuals（person）	165664	90543	88547	31302

12—1 续表 1 continued

指 标	Item	南宁 Nanning	柳州 Liuzhou	桂林 Guilin	梧州 Wuzhou
年末城镇登记失业人员数(人)	Registered Unemployment in Urban Areas at the Year-end (person)	13670	13212	7202	3776
行政区域土地面积(平方公里)	Gross Area (sq. km)	1834	658	565	1097
#建成区面积	Developed Area	125	99	58	23
城市建设用地面积	Area of City Construction	155	99	58	19
居住用地面积	Area of Living Space	40	21	16	7
公共设施用地面积	Area of Public Facilities	17	11	5	1
工业用地面积	Area of Industry	23	34	14	6
地区生产总值(当年价格)(万元)	Gross Domestic Product (current prices) (10 000 yuan)	3036343	2192196	1375794	742056
第一产业	Primary Industry	119062	41303	41217	28515
第二产业	Secondary Industry	909379	1258729	560438	266228
#工业	Industry	588301	1075235	462078	211798
第三产业	Tertiary Industry	2007902	892164	774139	447314
#交通运输仓储及邮政业	Transportation, Storage & Postal	149448	163156	91219	84758
信息传输、计算机服务和软件业	Information Transmission, Computer Service & Software Industries	198976	72691	47852	14017
金融业	Finance	263683	103629	77634	28784
房地产业	Real Estate	144285	35922	32842	82725
科学研究、综合技术服务和地质勘查业	Scientific Research, Polytechnic Services & Geological Prospecting	71181	9655	13277	3358
地区生产总值(2000年价格)(万元)	Gross Domestic Product (prices in the year of 2000) (10 000 yuan)	3035129	2236428	1396322	679116
人均地区生产总值(元)	Per Capita Gross Domestic Product (yuan)	21221	23042	19640	15829
地区生产总值增长率(%)	Growth Rate of Gross Domestic Product (%)	12	13.7	7.5	15.4
地方财政一般预算内收入(万元)	Local Financial Government Intrabudgetary Ordinary Revenue (10 000 yuan)	258984	198846	131021	52541
地方财政一般预算内支出(万元)	Local Financial Government Intrabudgetary Ordinary Revenue (10 000 yuan)	331847	243184	181824	99930
#基本建设支出	Expenditure for Capital Construction	43354	22238	19753	19697
企业挖潜改造资金	Expenditure for Enterprise Technical Updates & Innovation	16711	16389	9279	5842
科技三项费用	Expenditure for Science & Technology Promotion	4185	3058	3097	301
城市维护费	Expenditure for City Maintenance	67888	40824	8474	2120
科学支出	Expenditure for Science	1172	874	1037	163
教育支出	Expenditure for Education	30368	23292	22178	12860
医疗卫生支出	Expenditure for Health Care	18185	10075	12345	4984
抚恤和社会福利救济	Expenditure for Pensions & Relif Funds for Social Welfare	10616	6860	5500	2039
社会保障补助支出	Expenditure for Social Security & Commiseration	12739	15567	19038	10928
政策性补贴支出	Expenditure for Price Subsidies	1016	1500	0	0
年末金融机构存款余额(万元)	Year-end Deposit Balance of Financial Institutions (10 000 yuan)	8000212	3525564	2517207	794799

12—1 续表 2 continued

指　　标	Item	南宁 Nanning	柳州 Liuzhou	桂林 Guilin	梧州 Wuzhou
#城乡居民储蓄年末余额	Year - end Urban & Rural Savings Deposits	3374694	1963589	1546593	539356
年末金融机构各项贷款余额(万元)	Year - end Loans Balance of Financial Institutions (10 000 yuan)	8977312	2266554	1505762	629658
保费收入(万元)	Premium Income (10 000 yuan)	117280	68118	47269	17845
#财产险	Insurance of Property	33020	22609	8093	5052
人身险	Insurance of Life	84260	45509	39176	12793
赔款、给付(万元)	Indemnity Expenditure & Payment (10 000 yuan)	20507	14229	5296	4148
#财产险	Insurance of Property	12795	9163	4290	2253
人身险	Insurance of Life	7712	5066	999	1895
国有及年销售收入500万元以上非国有工业企业数(个)	Number of State - owned Industrial Enterprises and Non - state - owned Ones Sales Volume above 5 million yuan (unit)	260	281	182	87
(1)内资企业	Domestic Investment	232	259	157	70
(2)港、澳、台商投资企业	Enterprises with Funds from HongKong, Macao & Taiwan	15	14	8	11
(3)外商投资企业	Foreign Funded Enterprises	13	8	17	6
工业总产值(当年价)(万元)	Industrial Gross Output Value (current prices) (10 000 yuan)	1411602	3688501	1045360	466661
(1)内资企业	Domestic Investment	1281478	2982295	899955	365373
(2)港、澳、台商投资企业	Enterprises with Funds from HongKong, Macao & Taiwan	51466	88796	18467	52455
(3)外商投资企业	Foreign Funded Enterprises	78658	617411	126938	48833
从业人员年平均人数(万人)	Annual Average Population of Employees (10 000 persons)	7	12.55	6.31	3.22
流动资产年平均余额(万元)	Annual Average Balance of Value of Circulating Funds (10 000 yuan)	728170	2195734	835618	310530
固定资产净值年平均余额(万元)	Annual Average Balance of Net Value of Fixed Assets (10 000 yuan)	1094667	1574945	520523	342718
产品销售收入(万元)	Sales Revenue of Products (10 000 yuan)	1305914	3743939	995737	429633
#产品销售税金及附加	Tax & Extra Charges on Sales of Products	71099	102700	15407	3383
本年应交增值税(万元)	Value Added Taxes Receivable in This Year (10 000 yuan)	77209	209187	55185	21319
利润总额(万元)	Total After - tax Profits (10 000 yuan)	30601	190027	44823	2743
年末邮政局(所)数(处)	Number of Post Offices in the Year - end (unit)	65	62	38	17
邮政业务收入(万元)	Income of Postal Business (10 000 yuan)	18237	6264	5576	2579
电信业务收入(万元)	Income of Telecommunication Business (10 000 yuan)	178236	81591	58004	38075
固定电话用户数(万户)	Number of Telephone Sets Subscribers (10 000 households)	79	38.14	36.79	15.97
年末移动电话用户数(户)	Year - end Mobile Telephone Subscribers (household)	911099	421877	328202	135685
国际互联网用户数(户)	Year - end Internet Subscribers (household)	280859	219451	161587	63739
能源消费量(万吨标准煤)	Energy Consumption (10 000 tons of SCE)	137	0	160	0
全年用电量(万千瓦时)	Electricity Consumption (10 000 kwh)	317085	391257	171864	63331

指　　标	Item	南宁 Nanning	柳州 Liuzhou	桂林 Guilin	梧州 Wuzhou
#工业用电	Electricity Consumption by Industry	155727	319379	104249	39567
城乡居民生活用电	Residential Consumption by Resident in Urban & Rural Areas	66642	56712	41984	9953
限额以上批发零售贸易业商品销售总额(万元)	Total Sales of Enterprises above Designated Size in Wholesale & Retail Trades (10 000 yuan)	2246397	720350	330891	162562
社会消费品零售额(万元)	Total Retail Sales of Consumer Goods (10 000 yuan)	1817493	676427	547119	342310
限额以上批发零售贸易企业数(法人数)(个)	Number of Enterprises above Designated Size in Wholesale & Retail Trades (unit)	240	63	23	15
#零售业:按经营方式分组	Retail Trade : By Management Mode				
1. 连锁商店	Chain Store	7	0	1	5
2. 非连锁商店	Non－chain Store	113	0	22	1
按零售业态分组	By Type of Retait Trade				
1. 百货商店	Depart ment Store	7	2	4	0
2. 超级市场	Supermarket	9	5	0	2
外国和港澳台地区在华直接投资:	Investment from Foreign Countries, Hong Kong, Macao & Taiwan:				
当年新签项目(合同)个数(个)	Newly Signed Projects (contracts) in This Year (unit)	52	17	36	68
当年合同外资金额(万美元)	Newly Signed Contracted Value in This Year (10 000 dollars)	32659	2571	4520	20242
当年实际使用外资金额(万美元)	Amount of Foreign Capital Actually Utilized (10 000 dollars)	8137	6272	5539	8300
已投产(营业)企业数(年末实有数)(个)	Number of Enterprises Put into Use or Operating (unit)	310	150	434	416
从业人员数(人)	Number of Employees (person)	15806	10288	43665	38057
全社会固定资产投资总额(万元)	Total Investment in Fixed Assets (10 000 yuan)	1312636	831104	409253	237387
#固定资产投资完成额(不含农村)	Actually Completed Investment in Fixed Assets(excluding rural areas)	1275377	823254	393208	229227
#房地产开发投资完成额	Actually Completed Investment in Real Estate Development	353820	267266	162623	46608
#住宅	Residential Buildings	210433	195537	89965	33550
全年新增固定资产(万元)	Newly Increased Fixed Assets (10 000 yuan)	884925	468469	218370	88686
本年施工住宅面积(万平方米)	Floor Space of Residential Buildings under Construction in This Year (10 000 sq. m)	644.7	315.68	191.08	78.03
本年竣工住宅面积(万平方米)	Floor Space of Residential Buildings Completed in This Year (10 000 sq. m)	222.98	107.77	58.36	36.01
商品房屋销售面积(万平方米)	Floor Space of Selling Commercial Houses (10 000 sq. m)	186.12	93.47	67.74	32.2
#销售给个人	Sold to Individuals	174.11	92.94	61.86	32.2
商品房屋空置面积(万平方米)	Vacant Space of Commercial Buildings (10 000 sq. m)	38	13.53	20.65	20.4
商品房屋销售额(万元)	Total Sales of Commercial Buildings (10 000 yuan)	423036	154040	179521	45410
#销售给个人	Sold to Individuals	406180	152141	164899	45400
学校数(所)	Number of Schools(unit)				

12—1 续表 4 continued

指 标	Item	南宁 Nanning	柳州 Liuzhou	桂林 Guilin	梧州 Wuzhou
高等学校	Institutions of Higher Education	18	6	7	1
中等职业学校	Vocational Secondary Schools	35	20	29	13
普通中学	Regular Secondary Schools	122	77	41	23
小学	Primary Schools	258	216	96	85
专任教师数(人)	Number of Full - time Teachers(person)				
高等学校	Institutions of Higher Education	7392	1832	3523	316
中等职业学校	Vocational Secondary Schools	2712	1497	1172	566
普通中学	Regular Secondary Schools	5660	4165	2586	1405
小学	Primary Schools	3763	5316	3070	1983
在校学生数	Student Enrollment				
高等学校（人）	Institutions of Higher Education (person)	98697	27686	58548	6287
中等职业学校（人）	Vocational Secondary Schools (person)	82355	28899	25598	17421
普通中学（万人）	Regular Secondary Schools (10 000 persons)	10.2	7.2	4.08	2.68
小学（万人）	Primary Schools (10 000 persons)	14	9.55	4.52	4.22
成人高等教育学校在校学生数(人)	Student Enrollment of Adult Education Schools (person)	128425	22023	5757	5038
各类专业技术人员(人)	Special Technical Personnel (person)	25070	84227	39700	21355
#中级职称以上人员数	Number of Persons Obtained Titles of Middle Level & above Professinal Positions	12760	35923	19900	8712
体育场馆数（个）	Gymnasium (unit)	10	1	7	0
剧场、影剧院数（个）	Cinemas & Theatres (unit)	7	6	6	4
公共图书馆图书总藏量（千册、件）	Total Collection of Public Libraries (1000 copies)	2417	655	1617	450
医院、卫生院数（个）	Number of Hospitals (unit)	49	67	34	21
医院、卫生院床位数（张）	Total Number of Beds in Hospitals (bed)	10756	7647	4670	3966
医生数(人)	Number of Doctors (person)	5916	3081	2100	1771
在岗职工平均人数（万人）	Average Number of Working Staff & Workers (10 000 persons)	33	26.22	16.03	7.35
在岗职工工资总额（万元）	Total Wages of Working Staff & Workers (10 000 yuan)	503696	402700	219882	93875
居民人均可支配收入（元）	Per Capita Annual Disposable Income of Household (yuan)	9162	8370	8246	7062
居民人均消费支出(元)	Per Capita Annual Consumption Expenditures of Household (yuan)	7217	6033	6326	6136
#(1)食品	Food	2708	2460	2553	2855
(2)衣着用品	Clothing	489	455	414	356
(3)家庭设备、用品及服务	Household Facilities, Articles & Services	424	368	429	415
(4)医疗保健	Medicines & Medical Services	492	361	347	430
(5)交通和通讯	Traffic & Communications	897	646	725	569
(6)娱乐、教育、文化服务	Recreation, Education & Cultural Services	1236	873	919	742
(7)居住	Residence	717	635	790	573
每百户居民家庭拥有：	Per 100 Households:				
(1)家用汽车（辆）	Automobil (unit)	1	2	2	0

指标	Item	南宁 Nanning	柳州 Liuzhou	桂林 Guilin	梧州 Wuzhou
(2)家用电脑(台)	Computer (set)	41	24	23	34
人均住房使用面积(平方米)	Per Capital Living Floor Space (sq. m)	18	18	17	18
居民消费价格指数(上年为100)	Residents Consumer Price Indices (preceding year = 100)	100.8	100.6	100.6	101.3
年末离休、退休、退职人员数(万人)	Number of Retired & Resigned Persons in the Year - end (10 000 persons)	8.56	12.34	5.38	3.19
基本养老保险参保人数(人)	Number of Staff & Workers Joined Basic Pension Insurance (person)	229299	255351	162708	69976
基本医疗保险参保人数(人)	Number of Persons Joined the Urban Basic Health Care Program (person)	243530	332580	120972	103690
失业保险参保人数(人)	Number of Persons Joined Unemployment Insurance (person)	162549	185472	134000	59626
社会福利院数(个)	Number of Social Welfare Homes (unit)	22	1	13	4
社会福利院床位数(张)	Number of Beds in Social Welfare Homes (bed)	2189	130	1005	510
社区服务设施数(个)	Number of Social Service Facilities (unit)	429	367	186	213
居民最低生活保障线以下人数(人)	Number of Residents under Lowest Cost - of - living Level (person)	53311	33320	9820	12413
交通事故件数(件)	Number of Traffic Accidents (case)	312	822	527	51
交通事故死亡人数(人)	Death of Traffic Accidents (person)	161	81	64	44
刑事案件立案数(件)	Number of Criminal Cases Registered (case)	16474	11625	12165	5250
犯罪人数(人)	Number of Criminals (person)	1964	2545	2271	1380
城市维护建设资金支出(万元)	Expenditure for City Maintenance & Construction (10 000 yuan)	468578	226406	98203	45873
年末实有城市道路面积(万平方米)	Area of City Road in the Year - end (10 000 sq. m)	1358	771	500	566
排水管道长度(公里)	Length of Sewer Pipelines (km)	534	485	443	203
供水综合生产能力(包括自备水源)(万立方米/日)	Comprehensive Productive Capacity of Water Supply (including those owned by individual enterprises & institutions) (10 000 cu. m/day)	109	160.29	65.3	52
供水总量(万立方米)	Volume of Water Supply (10 000 cu. m)	26351	39199	13061	6736
#居民家庭用水量	Residential Use	11321	10476	5623	3321
用水人口(万人)	Number of Residents with Access to Tap Water (10 000 persons)	121	93.76	56.4	58
煤气(人工、天然气)供气总量(万立方米)	Total Volume of Gas Supply (10 000 cu. m)	0	3354	0	0
#家庭用量	Residential Use	0	3151	0	0
用煤气人口(人)	Number of Residents with Access to Nature Gas (person)	0	191000	0	0
液化石油气供气总量(吨)	Total Volume of Liquid Petrol Gas Supply (ton)	48756	31957	15526	19058
#家庭用量	Residential Use	46461	31855	14135	18131
用液化气人口(人)	Population with Access to Liquid Petrol Gas Supply (person)	1000000	551900	524200	542300
年末实有公共汽(电)车营运车辆数(辆)	Year - end Total Operating Public Buses & Trolleys (unit)	1444	687	531	184

12—1 续表 6 continued

指标	Item	南宁 Nanning	柳州 Liuzhou	桂林 Guilin	梧州 Wuzhou
全年公共汽(电)车客运总量(万人次)	Annual Passenger Traffic Volume of Public Buses & Trolleys (10 000 person - times)	28626	19685	12393	3208
年末实有出租汽车数(辆)	Year - end Total Number of Taxi (unit)	4167	1074	2820	534
园林绿地面积(公顷)	Area of Gardens & Green Area (hectare)	5120	2966	2097	1583
#公共绿地面积	Area of Public Green Area	1032	577	480	255
建成区绿化覆盖面积(公顷)	Coverage Area of Afforestation in Developed Areas (hectare)	4875	2775	2278	813

12—1 续表 7 continued

项目	Item	北海 Beihai	防城港 Fangchenggang	钦州 Qinzhou	贵港 Guigang
年末总人口(万人)	Total Population at the Year - end (10 000 persons)	53.93	47.44	120.32	172.44
# 非农业人口	Non - agriculture	24.84	13.09	19.86	23.22
年平均人口(万人)	Annual Average Population (10 000 persons)	53.42	47.44	119.83	170.01
暂住人口(一个月以上)(万人)	Temporary Population (1 month above) (10 000 persons)	1.34	0.85	1.09	0.95
年出生人口(人)	Annual Birth Population (person)	6409	6279	14621	9480
年死亡人口(人)	Annual Mortality Population (person)	1124	1849	4647	3232
年末总户数(万户)	Total Households at the Year - end (10 000 households)	16.04	13.58	28.62	45.59
年末单位从业人员数(万人)	Total Employment in Units at the Year - end (10 000 persons)	5.8	3.27	5.52	6.81
第一产业(农、林、牧、渔业)	Primary Industry (Farming, Forestry, Animal Husbandry & Fishery)	0.32	0.38	0.2	0.35
第二产业	Secondary Industry	1.45	0.39	1.38	2.16
(1)采矿业	Mining	0.12	0	0.18	0.03
(2)制造业	Manufacturing	1.06	0.16	0.69	1.51
(3)电力、燃气及水的生产和供应业	Electricity, Gas & Water Production & Supply	0.11	0.12	0.13	0.15
(4)建筑业	Construction	0.16	0.12	0.38	0.47
第三产业	Tertiary Industry	4.03	2.5	3.94	4.3
(1)交通运输、仓储及邮政业	Transportation, Storage & Postal	0.51	0.72	0.48	0.32
(2)信息传输、计算机服务和软件业	Information Transmission, Computer Service & Software Industries	0.11	0.02	0.14	0.02
(3)批发和零售业	Wholesale & Retail Trade	0.25	0.12	0.31	0.5
(4)住宿、餐饮业	Hotel & Catering Trade	0.36	0.09	0.1	0.06
(5)金融业	Finance	0.38	0.15	0.14	0.18
(6)房地产业	Real Estate	0.1	0.02	0.02	0.02
(7)租赁和商业服务业	Leasing & Commercial Services	0.17	0.07	0.06	0.01
(8)科学研究、技术服务和地质勘查业	Scientific Research, Technology Services & Geological Prospecting	0.12	0.02	0.09	0.07
(9)水利、环境和公共设施管理业	Water Conservancy, Environment & Public Facility Management	0.15	0.05	0.09	0.09
(10)居民服务和其他服务业	Resident & Other Services	0.02	0	0	0.01

12—1 续表 8 continued

项　　目	Item	北海 Beihai	防城港 Fangchenggang	钦州 Qinzhou	贵港 Guigang
(11)教育	Education	0.71	0.5	1.36	1.72
(12)卫生、社会保障和社会福利业	Public Health, Social Security & Social Welfare	0.36	0.16	0.35	0.39
(13)文化、体育和娱乐业	Culture, Sports & Entertainment	0.08	0.03	0.04	0.02
(14)公共管理和社会组织	Public Administration & Social Organizations	0.71	0.55	0.76	0.89
私营和个体从业人员(人)	Private & Self - employed Individuals (person)	45152	14535	80775	37432
年末城镇登记失业人员数(人)	Registered Unemployment in Urban Areas at the Year - end (person)	5129	2013	4882	3243
行政区域土地面积(平方公里)	Gross Area (sq. km)	957	2822	4772	3543
#建成区面积	Developed Area	34	18	64	54
城市建设用地面积	Area of City Construction	34	18	62	47
居住用地面积	Area of Living Space	6	6	21	14
公共设施用地面积	Area of Public Facilities	7	2	7	5
工业用地面积	Area of Industry	8	2	12	6
地区生产总值(当年价格)(万元)	Gross Domestic Product (current prices) (10 000 yuan)	843157	489155	763652	584015
第一产业	Primary Industry	175379	111272	342764	181788
第二产业	Secondary Industry	259581	168989	132979	183494
#工业	Industry	182188	129849	90259	149114
第三产业	Tertiary Industry	408197	208894	287909	218733
#交通运输仓储及邮政业	Transportation, Storage & Postal	101867	72898	56845	68242
信息传输、计算机服务和软件业	Information Transmission, Computer Service & Software Industries	36775	9868	14581	2466
金融业	Finance	5002	2967	11194	19966
房地产业	Real Estate	44795	9301	22319	38018
科学研究、综合技术服务和地质勘查业	Scientific Research, Polytechnic Services & Geological Prospecting	4547	402	1896	3352
地区生产总值(2000 年价格)(万元)	Gross Domestic Product (prices in the year of 2000) (10 000 yuan)	818151	470730	816816	573218
人均地区生产总值(元)	Per Capita Gross Domestic Product (yuan)	15787	10311	6373	3435
地区生产总值增长率(%)	Growth Rate of Gross Domestic Product (%)	16.5	11.1	10.41	12.88
地方财政一般预算内收入(万元)	Local Financial Government Intrabudgetary Ordinary Revenue (10 000 yuan)	62649	22622	40905	48162
地方财政一般预算内支出(万元)	Local Financial Government Intrabudgetary Ordinary Revenue (10 000 yuan)	89000	55396	79418	80963
#基本建设支出	Expenditure for Capital Construction	7256	7346	9578	10714
企业挖潜改造资金	Expenditure for Enterprise Technical Updates & Innovation	2913	1497	2644	1375
科技三项费用	Expenditure for Science & Technology Promotion	1287	77	83	135
城市维护费	Expenditure for City Maintenance	5093	2049	3514	1871
科学支出	Expenditure for Science	210	33	151	57
教育支出	Expenditure for Education	14149	7599	11894	19118
医疗卫生支出	Expenditure for Health Care	5238	1172	2327	1424

12—1 续表 9 continued

项目	Item	北海 Beihai	防城港 Fangchenggang	钦州 Qinzhou	贵港 Guigang
抚恤和社会福利救济	Expenditure for Pensions & Relif Funds for Social Welfare	2281	1864	2481	3070
社会保障补助支出	Expenditure for Social Security & Commiseration	6067	2515	4600	3237
政策性补贴支出	Expenditure for Price Subsidies	9	4	439	251
年末金融机构存款余额(万元)	Year – end Deposit Balance of Financial Institutions (10 000 yuan)	1082942	380500	551364	740537
#城乡居民储蓄年末余额	Year – end Urban & Rural Savings Deposits	614925	263372	395762	512930
年末金融机构各项贷款余额(万元)	Year – end Loans Balance of Financial Institutions (10 000 yuan)	1103211	239989	412776	397656
保费收入(万元)	Premium Income (10 000 yuan)	15989	6846	10867	15239
#财产险	Insurance of Property	5221	2168	3107	4851
人身险	Insurance of Life	10768	4678	7758	10388
赔款、给付(万元)	Indemnity Expenditure & Payment (10 000 yuan)	2889	1641	2523	4784
#财产险	Insurance of Property	2169	1400	2523	2586
人身险	Insurance of Life	720	241	1935	2198
国有及年销售收入 500 万元以上非国有工业企业数(个)	Number of State – owned Industrial Enterprises and Non – state – owned Ones Sales Volume above 5 million yuan (unit)	65	31	69	51
(1)内资企业	Domestic Investment	57	26	65	46
(2)港、澳、台商投资企业	Enterprises with Funds from HongKong, Macao & Taiwan	1	2	4	4
(3)外商投资企业	Foreign Funded Enterprises	5	3	0	1
工业总产值(当年价)(万元)	Industrial Gross Output Value (current prices) (10 000 yuan)	374377	439373	158585	376415
(1)内资企业	Domestic Investment	345344	33748	119520	351286
(2)港、澳、台商投资企业	Enterprises with Funds from HongKong, Macao & Taiwan	16019	7118	39065	23195
(3)外商投资企业	Foreign Funded Enterprises	13014	398507	0	1934
从业人员年平均人数(万人)	Annual Average Population of Employees (10 000 persons)	1.58	0.43	1.23	2.11
流动资产年平均余额(万元)	Annual Average Balance of Value of Circulating Funds (10 000 yuan)	270101	110006	90151	182564
固定资产净值年平均余额(万元)	Annual Average Balance of Net Value of Fixed Assets (10 000 yuan)	247147	97181	158197	414907
产品销售收入(万元)	Sales Revenue of Products (10 000 yuan)	359084	420183	141243	376559
#产品销售税金及附加	Tax & Extra Charges on Sales of Products	10492	234	1466	2018
本年应交增值税(万元)	Value Added Taxes Receivable in This Year (10 000 yuan)	31295	3205	5664	19453
利润总额(万元)	Total After – tax Profits (10 000 yuan)	31852	18953	–1573	456
年末邮政局(所)数(处)	Number of Post Offices in the Year – end (unit)	17	21	34	38
邮政业务收入(万元)	Income of Postal Business (10 000 yuan)	2740	979	1895	2525
电信业务收入(万元)	Income of Telecommunication Business (10 000 yuan)	56386	7176	22012	19440

12—1 续表 10 continued

项目	Item	北海 Beihai	防城港 Fangchenggang	钦州 Qinzhou	贵港 Guigang
固定电话用户数(万户)	Number of Telephone Sets Subscribers (10 000 households)	16.53	8.15	12.92	25.27
年末移动电话用户数(户)	Year - end Mobile Telephone Subscribers (household)	233364	90906	121810	71126
国际互联网用户数(户)	Year - end Internet Subscribers (household)	7377	32854	28215	24897
能源消费量(万吨标准煤)	Energy Consumption (10 000 tons of SCE)	237	5	78	0
全年用电量 (万千瓦时)	Electricity Consumption (10 000 kwh)	56892	31069	43549	123482
#工业用电	Electricity Consumption by Industry	25542	13067	24091	92714
城乡居民生活用电	Residential Consumption by Resident in Urban & Rural Areas	15438	6320	13354	17710
限额以上批发零售贸易业商品销售总额(万元)	Total Sales of Enterprises above Designated Size in Wholesale & Retail Trades (10 000 yuan)	181727	21766	74411	191855
社会消费品零售额(万元)	Total Retail Sales of Consumer Goods (10 000 yuan)	231475	106880	319120	237849
限额以上批发零售贸易企业数(法人数)(个)	Number of Enterprises above Designated Size in Wholesale & Retail Trades (unit)	19	4	13	25
#零售业:按经营方式分组	Retail Trade : By Management Mode				
1. 连锁商店	Chain Store	0	0	0	0
2. 非连锁商店	Non - chain Store	5	1	5	0
按零售业态分组	By Type of Retail Trade				
1. 百货商店	Department Store	0	0	3	4
2. 超级市场	Supermarket	1	0	0	1
外国和港澳台地区在华直接投资:	Investment from Foreign Countries, Hong Kong, Macao & Taiwan:				
当年新签项目(合同)个数(个)	Newly Signed Projects (contracts) in This Year (unit)	0	13	11	2
当年合同外资金额(万美元)	Newly Signed Contracted Value in This Year (10 000 dollars)	10908	4779	1965	285
当年实际使用外资金额(万美元)	Amount of Foreign Capital Actually Utilized (10 000 dollars)	2200	2191	531	221
已投产(营业)企业数(年末实有数)(个)	Number of Enterprises Put into Use or Operating (unit)	0	63	7	11
从业人员数(人)	Number of Employees (person)	0	1250	932	2050
全社会固定资产投资总额(万元)	Total Investment in Fixed Assets (10 000 yuan)	325878	121881	266388	225033
#固定资产投资完成额(不含农村)	Actually Completed Investment in Fixed Assets (excluding rurdareas)	324611	119218	264032	218807
#房地产开发投资完成额	Actually Completed Investment in Real Estate Development	45938	5197	11073	30671
#住宅	Residential Buildings	32722	4415	8719	16982
全年新增固定资产(万元)	Newly Increased Fixed Assets (10 000 yuan)	131019	71133	164134	194703
本年施工住宅面积 (万平方米)	Floor Space of Residential Buildings under Construction in This Year (10 000 sq. m)	130.48	61.8	153.64	103.2
本年竣工住宅面积 (万平方米)	Floor Space of Residential Buildings Completed in This Year (10 000 sq. m)	37.05	46.26	135.55	89.87

项 目	Item	北海 Beihai	防城港 Fangchenggang	钦州 Qinzhou	贵港 Guigang
商品房屋销售面积（万平方米）	Floor Space of Selling Commercial Houses (10 000 sq. m)	13.26	0.59	7.06	22.79
#销售给个人	Sold to Individuals	13.17	0.59	7.06	22.79
商品房屋空置面积（万平方米）	Vacant Space of Commercial Buildings (10 000 sq. m)	1.69	1.19	2.67	1.17
商品房屋销售额（万元）	Total Sales of Commercial Buildings (10 000 yuan)	16531	367	8159	28688
#销售给个人	Sold to Individuals	16496	367	8159	28688
学校数(所)	Number of Schools (unit)				
高等学校	Institutions of Higher Education	3	0	1	0
中等职业学校	Vocational Secondary Schools	0	2	3	1
普通中学	Regular Secondary Schools	37	31	62	113
小学	Primary Schools	140	230	380	449
专任教师数(人)	Number of Full – time Teachers (person)				
高等学校	Institutions of Higher Education	113	0	199	0
中等职业学校	Vocational Secondary Schools	0	126	197	106
普通中学	Regular Secondary Schools	2275	1529	3099	6628
小学	Primary Schools	3217	3024	4160	7137
在校学生数	Student Enrollment				
高等学校（人）	Institutions of Higher Education (person)	1500	0	3278	0
中等职业学校（人）	Vocational Secondary Schools (person)	0	1399	7335	0
普通中学（万人）	Regular Secondary Schools (10 000 persons)	4.35	2.98	6.82	14.02
小学（万人）	Primary Schools (10 000 persons)	6.47	4.76	11.2	20.01
成人高等教育学校在校学生数(人)	Student Enrollment of Adult Education Schools (person)	5623	2218	589	8752
各类专业技术人员(人)	Special Technical Personnel (person)	6000	8560	12083	19559
#中级职称以上人员数	Number of Persons Obtuined Titles of Middle Level & above Professional Positions	1700	3255	6169	7582
体育场馆数（个）	Gymnasium (unit)	4	5	919	1
剧场、影剧院数（个）	Cinemas & Theatres (unit)	7	3	1	4
公共图书馆图书总藏量（千册、件）	Total Collection of Public Libraries (1000 copies)	204	122	195	129
医院、卫生院数（个）	Number of Hospitals (unit)	22	23	31	38
医院、卫生院床位数（张）	Total Number of Beds in Hospitals (bed)	1484	880	1943	2082
医生数(人)	Number of Doctors (person)	1277	500	790	1107
在岗职工平均人数（万人）	Average Number of Working Staff & Workers (10 000 persons)	5.45	3.09	4.79	6.37
在岗职工工资总额（万元）	Total Wages of Working Staff & Workers (10 000 yuan)	69852	39371	46931	64930
居民人均可支配收入（元）	Per Capita Annual Disposable Income of Household (yuan)	8015	7833	7437	7620
居民人均消费支出(元)	Per Capita Annual Consumption Expenditures of Household (yuan)	5864	4834	4712	5661

12—1 续表 12 continued

项　目	Item	北海 Beihai	防城港 Fangchenggang	钦州 Qinzhou	贵港 Guigang
#(1)食品	Food	2715	2226	2014	2032
(2)衣着用品	Clothing	378	316	316	336
(3)家庭设备、用品及服务	Household Facilities, Articles & Services	314	227	202	425
(4)医疗保健	Medicines & Medical Services	255	164	271	263
(5)交通和通讯	Traffic & Communications	723	564	484	393
(6)娱乐、教育、文化服务	Recreation, Education & Cultural Services	609	602	639	723
(7)居住	Residence	667	575	654	1330
每百户居民家庭拥有:	Per 100 Households:				
(1)家用汽车（辆）	Automobil (unit)	1	1	0	0
(2)家用电脑（台）	Computer (set)	20	17	16	15
人均住房使用面积（平方米）	Per Capital Living Floor Space (sq. m)	31	27	17	27
居民消费价格指数(上年为100)	Residents Consumer Price Indices (preceding year = 100)	99.9	100.6	98.5	102.5
年末离休、退休、退职人员数(万人)	Number of Retired & Resigned Persons in the Year - end (10 000 persons)	2.29	0.84	0.93	2.24
基本养老保险参保人数(人)	Number of Staff & Workers Joined Basic Pension Insurance (person)	43361	20333	24978	31887
基本医疗保险参保人数(人)	Number of Persons Joined the Urban Basic Health Care Program (person)	36714	25245	41016	67735
失业保险参保人数(人)	Number of Persons Joined Unemployment Insurance (person)	42351	25939	26016	46256
社会福利院数（个）	Number of Social Welfare Homes (unit)	3	26	26	30
社会福利院床位数（张）	Number of Beds in Social Welfare Homes (bed)	456	694	756	707
社区服务设施数（个）	Number of Social Service Facilities (unit)	51	15	40	11
居民最低生活保障线以下人数(人)	Number of Residents under Lowest Cost - of - living Level (person)	13057	12043	18141	17994
交通事故件数（件）	Number of Traffic Accidents (case)	327	496	127	641
交通事故死亡人数(人)	Death of Traffic Accidents (person)	41	47	64	94
刑事案件立案数（件）	Number of Criminal Cases Registered (case)	5156	1205	1894	4367
犯罪人数(人)	Number of Criminals (person)	784	303	685	1418
城市维护建设资金支出(万元)	Expenditure for City Maintenance & Construction (10 000 yuan)	17978	25812	28300	36533
年末实有城市道路面积（万平方米）	Area of City Road in the Year - end (10 000 sq. m)	565	213	449	447
排水管道长度（公里）	Length of Sewer Pipelines (km)	199	102	181	144
供水综合生产能力(包括自备水源)(万立方米/日)	Comprehensive Productive Capacity of Water Supply (including those owned by individual enterprises & institutions) (10 000 cu. m/day)	34.6	11.5	15.62	35.12
供水总量（万立方米）	Volume of Water Supply (10 000 cu. m)	4446	1798	2578	13009
#居民家庭用水量	Residential Use	1752	777	1716	5523
用水人口（万人）	Number of Residents with Access to Tap Water (10 000 persons)	36	10.31	34.54	48.63

12—1 续表 13 continued

项目	Item	北海 Beihai	防城港 Fangchenggang	钦州 Qinzhou	贵港 Guigang
煤气(人工、天然气)供气总量(万立方米)	Total Volume of Gas Supply (10 000 cu. m)	154			
#家庭用量	Residential Use	36			
用煤气人口(人)	Number of Residents with Access to Nature Gas (person)	34000			
液化石油气供气总量(吨)	Total Volume of Liquid Petrol Gas Supply (ton)	17504	9569	21870	21918
#家庭用量	Residential Use	16804	5632	19261	20603
用液化气人口(人)	Population with Access to Liquid Petrol Gas Supply (person)	242000	103100	282200	268800
年末实有公共汽(电)车营运车辆数(辆)	Year - end Total Operating Public Buses & Trolleys (unit)	171	74	115	104
全年公共汽(电)车客运总量(万人次)	Annual Passenger Traffic Volume of Public Buses & Trolleys (10 000 person - times)	1546	594	646.5	795
年末实有出租汽车数(辆)	Year - end Total Number of Taxi (unit)	576	99	200	295
园林绿地面积(公顷)	Area of Gardens & Green Area (hectare)	3550	230	2254	896
#公共绿地面积	Area of Public Green Area	192	57	160	197
建成区绿化覆盖面积(公顷)	Coverage Area of Afforestation in Developed Areas (hectare)	1788	235	1129	965

12—1 续表 14 continued

项目	Item	玉林 Yulin	百色 Baise	贺州 Hezhou	河池 Hechi	来宾 Laibin	崇左 Chongzuo
年末总人口(万人)	Total Population at the Year - end (10 000 persons)	90.05	32.82	92.64	30.92	99.24	33.5
# 非农业人口	Non - agriculture	20.03	12.69	13.92	11.35	15.25	8.82
年平均人口(万人)	Annual Average Population (10 000 persons)	89.87	32.77	92.77	31.07	97.96	33.45
暂住人口(一个月以上)(万人)	Jemporary Population (1 month above) (10 000 persons)	1.77	0.67	0	1	2.19	0.36
年出生人口(人)	Annual Birth Population (person)	9693	3055	8061	2736	10984	3798
年死亡人口(人)	Annual Mortality Population (person)	1864	1605	2810	1323	2918	1860
年末总户数(万户)	Total Households at the Year - end (10 000 households)	24.65	8.1	23.01	8.37	22.97	8.42
年末单位从业人员数(万人)	Total Employment in Units at the Year - end (10 000 persons)	6.99	4.69	3.99	3.52	4.65	19.08
第一产业(农、林、牧、渔业)	Primary Industry (Farming, Forestry, Animal Husbandry & Fishery)	0.08	0.34	0.19	0.06	0.68	13.99
第二产业	Secondary Industry	2.29	1.63	1.34	1.38	1.27	2.28
(1)采矿业	Mining	0.02	0.22	0.07	0.08	0	0.19
(2)制造业	Manufacturing	1.51	1.1	0.72	0.91	0.98	1.67
(3)电力、燃气及水的生产和供应业	Electricity, Gas & Water Production & Supply	0.24	0.18	0.32	0.15	0.24	0.1
(4)建筑业	Construction	0.52	0.13	0.23	0.24	0.05	0.32
第三产业	Tertiary Industry	4.62	2.72	2.46	2.08	2.7	2.81

项目	Item	玉林 Yulin	百色 Baise	贺州 Hezhou	河池 Hechi	来宾 Laibin	崇左 Chongzuo
(1)交通运输、仓储及邮政业	Transportation, Storage & Postal	0.51	0.49	0.09	0.21	0.04	0.38
(2)信息传输、计算机服务和软件业	Information Transmission, Computer Service & Software Industries	0.05	0.15	0.04	0.09	0.02	0.14
(3)批发和零售业	Wholesale & Retail Trade	0.45	0.17	0.14	0.26	0.18	0.39
(4)住宿、餐饮业	Hotel & Catering Trade	0.22	0.1	0.05	0.05	0.05	0.25
(5)金融业	Finance	0.35	0.17	0.14	0.18	0.09	0.05
(6)房地产业	Real Estate	0.05	0.01	0.02	0.01	0	0
(7)租赁和商业服务业	Leasing & Commercial Services	0.21	0.02	0.03	0.03	0.03	0.04
(8)科学研究、技术服务和地质勘查业	Scientific Research, Technology Services & Geological Prospecting	0.12	0.1	0.07	0.06	0.07	0.02
(9)水利、环境和公共设施管理业	Water Conservancy, Environment & Public Facility Management	0.14	0.06	0.07	0.05	0.04	0.02
(10)居民服务和其他服务业	Resident & Other Services	0.01	0	0.01	0	0	0.07
(11)教育	Education	1.16	0.63	0.97	0.48	1.31	0.49
(12)卫生、社会保障和社会福利业	Public Health, Social Security & Social Welfare	0.57	0.27	0.22	0.19	0.28	0.13
(13)文化、体育和娱乐业	Culture, Sports & Entertainment	0.07	0.04	0.03	0.03	0.03	0.14
(14)公共管理和社会组织	Public Administration & Social Orgnizations	0.71	0.51	0.58	0.44	0.56	0.69
私营和个体从业人员(人)	Private & Self - employed Individuals (person)	66852	16961	46378	26238	19528	12354
年末城镇登记失业人员数(人)	Registered Unemployment in Urban Areas at the Year - end (person)	4040	3264	2989	3866	3700	1545
行政区域土地面积(平方公里)	Gross Area (sq. km)	1251	3702	5152	2340	4364	2951
#建成区面积	Developed Area	45	29	21	15	18	8
城市建设用地面积	Area of City Construction	48	28	16	13	18	8
居住用地面积	Area of Living Space	17	11	4	4	4	3
公共设施用地面积	Area of Public Facilities	9	2	3	2	3	1
工业用地面积	Area of Industry	9	6	4	3	4	1
地区生产总值(当年价格)(万元)	Gross Domestic Product (current prices) (10 000 yuan)	770443	340095	466330	232651	582577	189482
第一产业	Primary Industry	108506	67292	182460	36709	211101	76446
第二产业	Secondary Industry	409164	118036	172837	75482	245815	58591
#工业	Industry	397482	97271	141849	55101	234006	50803
第三产业(万元)	Tertiary Industry	252773	154767	111033	120461	125661	54445
#交通运输仓储及邮政业	Transportation, Storage & Postal	42779	16780	23795	21361	32840	7485
信息传输、计算机服务和软件业	Information Transmission, Computer Service & Software Industries	23500	8742	6612	9117	6868	3341

12—1 续表 16 continued

项目	Item	玉林 Yulin	百色 Baise	贺州 Hezhou	河池 Hechi	来宾 Laibin	崇左 Chongzuo
金融业	Finance	32598	11622	10002	18636	10227	3963
房地产业(万元)	Real Estate	11621	9392	10782	7908	13914	6392
科学研究、综合技术服务和地质勘查业	Scientific Research, Polytechnic Services & Geological Prospecting	3616	2430	1871	1920	1693	24
地区生产总值(2000 年价格)(万元)	Gross Domestic Product (prices in the year of 2000) (10 000 yuan)	718635	334594	454654	221050	587899	219192
人均地区生产总值(元)	Per Capita Gross Domestic Product (yuan)	8573	10378	5027	7488	5947	5656
地区生产总值增长率(%)	Growth Rate of Gross Domestic Product (%)	18.6	17.25	14.6	1.22	9.42	3.1
地方财政一般预算内收入(万元)	Local Financial Government Intrabudgetary Ordinary Revenue (10 000 yuan)	55756	8059	16296	6672	30523	19392
地方财政一般预算内支出(万元)	Local Financial Government Intrabudgetary Ordinary Revenue (10 000 yuan)	92249	21188	29818	19271	70406	27035
#基本建设支出	Expenditure for Capital Construction	12648	605	1034	0	7756	1194
企业挖潜改造资金	Expenditure for Enterprise Technical Updates & Innovation	2274	138	772	968	115	1168
科技三项费用	Expenditure for Science & Technology Promotion	421	98	3	18	126	53
城市维护费	Expenditure for City Maintenance	3276	0	211	0	1716	888
科学支出	Expenditure for Science	160	3	29	60	159	25
教育支出	Expenditure for Education	13170	6922	11118	6575	16215	6114
医疗卫生支出	Expenditure for Health Care	4206	1326	555	893	159	1654
抚恤和社会福利救济	Expenditure for Pensions & Relif Funds for Social Welfare	1901	906	1202	523	1717	801
社会保障补助支出	Expenditure for Social Security & Commiseration	4417	490	1076	578	2624	814
政策性补贴支出	Expenditure for Price Subsidies	0	137	16	0	104	0
年末金融机构存款余额(万元)	Year - end Deposit Balance of Financial Institutions (10 000 yuan)	1264945	432382	363971	431109	294805	160104
#城乡居民储蓄年末余额	Year - end Urban & Rural Savings Deposits	838540	238872	263623	279357	171179	106002
年末金融机构各项贷款余额(万元)	Year - end Loans Balance of Financial Institutions (10 000 yuan)	771280	262435	236479	276788	217370	55472
保费收入(万元)	Premium Income (10 000 yuan)	16003	7479	9477	7066	5276	2556
#财产险	Insurance of Property	5247	2711	812	2161	1522	406
人身险	Insurance of Life	10756	4768	1008	4906	3047	101
赔款、给付(万元)	Indemnity Expenditure & Payment (10 000 yuan)	3816	1202	1757	1389	1173	606

12—1 续表 17 continued

项目	Item	玉林 Yulin	百色 Baise	贺州 Hezhou	河池 Hechi	来宾 Laibin	崇左 Chongzuo
#财产险	Insurance of Property	2796	855	256	0	791	182
人身险	Insurance of Life	1020	347	466	0	202	138
国有及年销售收入500万元以上非国有工业企业数(个)	Number of State - owned Industrial Enterprises and Non - state - owned Ones Sales Volume above 5 million yuan (unit)	67	46	43	28	19	17
(1)内资企业	Domestic Investment	58	46	38	28	16	14
(2)港、澳、台商投资企业	Enterprises with Funds from HongKong, Macao & Taiwan	2	0	3	0	0	2
(3)外商投资企业	Foreign Funded Enterprises	7	0	2	0	3	1
工业总产值(当年价)(万元)	Industrial Gross Output Value (current prices) (10 000 yuan)	687235	186340	145184	163007	411348	117385
(1)内资企业	Domestic Investment	219372	186340	2105	163007	226763	42804
(2)港、澳、台商投资企业	Enterprises with Funds from HongKong, Macao & Taiwan	2741	0	2224	0	0	65516
(3)外商投资企业	Foreign Funded Enterprises	465122	0	15400	0	184585	9065
从业人员年平均人数(万人)	Annual Average Population of Employees (10 000 persons)	2.11	1.38	11.69	1.43	1.13	0
流动资产年平均余额(万元)	Annual Average Balance of Value of Circulating Funds (10 000 yuan)	359614	100551	147969	140842	230023	47725
固定资产净值年平均余额(万元)	Annual Average Balance of Net Value of Fixed Assets (10 000 yuan)	365173	168508	164884	256403	590682	103439
产品销售收入(万元)	Sales Revenue of Products (10 000 yuan)	686528	182578	1207	164771	415233	119510
#产品销售税金及附加	Tax & Extra Charges on Sales of Products	1589	968	12389	779	1792	203
本年应交增值税(万元)	Value Added Taxes Receivable in This Year (10 000 yuan)	41994	7974	10093	8319	33480	9262
利润总额(万元)	Total After - tax Profits (10 000 yuan)	51333	4419	0	-5683	51695	10682
年末邮政局(所)数(处)	Number of Post Offices in the Year - end (unit)	28	0	30	20	30	10
邮政业务收入(万元)	Income of Postal Business (10 000 yuan)	2643	1432	1400	0	1232	539
电信业务收入(万元)	Income of Telecommunication Business (10 000 yuan)	30888	11281	14359	0	9748	2147
固定电话用户数(万户)	Number of Telephone Sets Subscribers (10 000 households)	18.63	10.12	9.69	0	9.45	3.49
年末移动电话用户数(户)	Year - end Mobile Telephone Subscribers (household)	188700	73441	98744	63100	84000	25779
国际互联网用户数(户)	Year - end Internet Subscribers (household)	19923	14618	5063	0	4287	1419
能源消费量(万吨标准煤)	Energy Consumption (10 000 tons of SCE)	78	61	14	58	122	45
全年用电量(万千瓦时)	Electricity Consumption (10 000 kwh)	108472	96159	71542	55685	130919	18211

12—1 续表 18 continued

项目	Item	玉林 Yulin	百色 Baise	贺州 Hezhou	河池 Hechi	来宾 Laibin	崇左 Chongzuo
#工业用电	Electricity Consumption by Industry	84573	95805	54568	54370	117630	13566
城乡居民生活用电	Residential Consumption by Resident in Urban & Rural Areas	10962	0	9325	0	8049	2794
限额以上批发零售贸易业商品销售总额(万元)	Total Sales of Enterprises above Designated Size in Wholesale & Retail Trades (10 000 yuan)	202186	70082	42415	58966	22387	57983
社会消费品零售额(万元)	Total Retail Sales of Consumer Goods (10 000 yuan)	416524	76632	113781	89747	134309	46856
限额以上批发零售贸易企业数(法人数)(个)	Number of Enterprises above Designated Size in Wholesale & Retail Trades (unit)	15	8	4	10	2	2
#零售业:按经营方式分组	Retail Trade : By Management Mode						
1. 连锁商店	Chain Store	0	0	0	1	0	0
2. 非连锁商店	Non – chain Store	0	5	2	9	0	1
按零售业态分组	By Type of Retail Trade						
1. 百货商店	Department Store	1	0	0	1	0	0
2. 超级市场	Supermarket	0	1	0	1	0	0
外国和港澳台地区在华直接投资:	Investment from Foreign Countries, Hong Kong, Macao & Taiwan:						
当年新签项目(合同)个数(个)	Newly Signed Projects (contracts) in This Year (unit)	5	4	16	0	1	0
当年合同外资金额(万美元)	Newly Signed Contracted Value in This Year (10 000 dollars)	220	1425	1448	0	1254	0
当年实际使用外资金额(万美元)	Amount of Foreign Capital Actually Utilized (10 000 dollars)	3930	1370	1376	0	0	0
已投产(营业)企业数(年末实有数)(个)	Number of Enterprises Put into Use or Operating (unit)	56	7	30	0	3	0
从业人员数(人)	Number of Employees (person)	15006	700	3766	0	832	0
全社会固定资产投资总额(万元)	Total Investment in Fixed Assets (10 000 yuan)	166724	216012	117807	81395	66575	49120
#固定资产投资完成额(不含农村)	Actually Completed Investment in Fixed Assets (exduding rural areas)	165137	191826	110438	63870	57499	32634
#房地产开发投资完成额	Actually Completed Investment in Real Estate Development	24839	12063	9818	6127	5053	0
#住宅	Residential Buildings	14490	8082	832	4040	1975	0
全年新增固定资产(万元)	Newly Increased Fixed Assets (10 000 yuan)	68841	65233	44543	30903	44734	22189
本年施工住宅面积(万平方米)	Floor Space of Residential Buildings under Construction in This Year (10 000 sq. m)	117.4	57.86	17.33	11.7	68.22	7.42
本年竣工住宅面积(万平方米)	Floor Space of Residential Buildings Completed in This Year (10 000 sq. m)	86.21	33.97	19.02	6.12	63.2	7.42

12—1 续表 19 continued

项目	Item	玉林 Yulin	百色 Baise	贺州 Hezhou	河池 Hechi	来宾 Laibin	崇左 Chongzuo
商品房屋销售面积（万平方米）	Floor Space of Selling Commercial Houses (10 000 sq. m)	8.1	3.94	1.32	2.03	0	0
#销售给个人	Sold to Individuals	8.1	3.94	1.32	2.03	0	0
商品房屋空置面积（万平方米）	Vacant Space of Commercial Buildings (10 000 sq. m)	3.37	0.09	0.16	0	0	0
商品房屋销售额（万元）	Total Sales of Commercial Buildings (10 000 yuan)	9462	4149	2977	1499	0	0
#销售给个人	Sold to Individuals	9462	4149	2977	1499	0	0
学校数(所)	Number of Schools (unit)						
高等学校	Institutions of Higher Education	1	2	1	0	1	0
中等职业学校	Vocational Secondary Schools	5	0	5	9	7	1
普通中学	Regular Secondary Schools	58	33	57	24	61	20
小学	Primary Schools	241	131	303	137	267	111
专任教师数(人)	Number of Full - time Teachers (person)						
高等学校	Institutions of Higher Education	469	451	211	0	235	0
中等职业学校	Vocational Secondary Schools	415	0	252	354	96	57
普通中学	Regular Secondary Schools	4059	1194	2841	1445	2670	856
小学	Primary Schools	3567	1957	3932	1874	3643	1369
在校学生数	Student Enrollment						
高等学校（人）	Institutions of Higher Education (person)	9378	8043	4194	0	3909	0
中等职业学校（人）	Vocational Secondary Schools (person)	6676	0	5301	5720	3404	680
普通中学（万人）	Regular Secondary Schools (10 000 persons)	7.31	2.49	5.29	2.4	7.99	1.44
小学（万人）	Primary Schools (10 000 persons)	8.46	2.53	12.42	2.38	12.61	2.82
成人高等教育学校在校学生数(人)	Student Enrollment of Adult Education Schools (person)	9478	0	2122	2838	3033	0
各类专业技术人员(人)	Special Technical Personnel (person)	18430	7400	8300	5003	12300	8162
#中级职称以上人员数	Number of Persons Obtained Titles of Middle Level & above Professional Positions	8569	3514	2700	1610	4200	2394
体育场馆数（个）	Gymnasium (unit)	9	3	0	1	0	2
剧场、影剧院数（个）	Cinemas & Theatres (unit)	10	0	8	2	1	1
公共图书馆图书总藏量（千册、件）	Total Collection of Public Libraries (1000 copies)	374	114	120	140	131	10
医院、卫生院数（个）	Number of Hospitals (unit)	25	82	21	243	35	18
医院、卫生院床位数（张）	Total Number of Beds in Hospitals (bed)	3296	2014	312	4687	995	488
医生数(人)	Number of Doctors (person)	1614	834	160	5579	688	519

12—1 续表 20 continued

项目	Item	玉林 Yulin	百色 Baise	贺州 Hezhou	河池 Hechi	来宾 Laibin	崇左 Chongzuo
在岗职工平均人数（万人）	Average Number of Working Staff & Workers (10 000 persons)	6.44	4.5	3.88	3.44	4.55	1.91
在岗职工工资总额（万元）	Total Wages of Working Staff & Workers (10 000 yuan)	92185	56503	42013	46995	57167	20452
居民人均可支配收入（元）	Per Capita Annual Disposable Income of Household (yuan)	0	7378	7868	0	0	6304
居民人均消费支出(元)	Per Capita Annual Consumption Expenditures of Household (yuan)	0	5775	5286	2790	0	4295
#(1)食品	Food	0	2249	2218	1276	0	1868
(2)衣着用品	Clothing	0	405	374	230	0	278
(3)家庭设备、用品及服务	Household Facilities, Articles & Services	0	423	465	139	0	268
(4)医疗保健	Medicines & Medical Services	0	363	305	100	0	164
(5)交通和通讯	Traffic & Communications	0	747	558	227	0	583
(6)娱乐、教育、文化服务	Recreation, Education & Cultural Services	0	856	465	333	0	500
(7)居住	Residence	0	489	544	312	0	623
每百户居民家庭拥有：	Per 100 Households:						
(1)家用汽车（辆）	Automobil (unit)	0	0	0	0	0	0
(2)家用电脑（台）	Computer (set)	0	30	21	0	0	12
人均住房使用面积（平方米）	Per Capital Living Floor Space (sq. m)	0	19	22	26	0	22
居民消费价格指数(上年为100)	Residents Consumer Price Indices (preceding year = 100)	0	101.4	101.2	0	0	103.9
年末离休、退休、退职人员数（万人）	Number of Retired & Resigned Persons in the Year - end (10 000 persons)	1.89	0.38	0.62	0	0.69	0.37
基本养老保险参保人数（人）	Number of Staff & Workers Joined Basic Pension Insurance (person)	41952	11866	15447	35590	16095	7657
基本医疗保险参保人数（人）	Number of Persons Joined the Urban Basic Health Care Program (person)	46743	8153	18169	45612	38389	11204
失业保险参保人数(人)	Number of Persons Joined Unemployment Insurance (person)	52476	11006	17428	11000	11846	11000
社会福利院数（个）	Number of Social Welfare Homes (unit)	11	1	9	1	24	1
社会福利院床位数（张）	Number of Beds in Social Welfare Homes (bed)	590	116	346	259	160	20
社区服务设施数（个）	Number of Social Service Facilities (unit)	41	0	7	0	6	3
居民最低生活保障线以下人数	Number of Residents under Lowest Cost - of - living Level (person)	8232	7852	13389	3464	13134	3014

项 目	Item	玉林 Yulin	百色 Baise	贺州 Hezhou	河池 Hechi	来宾 Laibin	崇左 Chongzuo
交通事故件数（件）	Number of Traffic Accidents (case)	313	208	781	133	654	420
交通事故死亡人数(人)	Death of Traffic Accidents (person)	294	39	130	82	49	33
刑事案件立案数（件）	Number of Criminal Cases Registered (case)	5593	1856	2066	1159	2296	713
犯罪人数(人)	Number of Criminals (person)	1288	422	425	335	635	194
城市维护建设资金支出(万元)	Expenditure for City Maintenance & Construction (10 000 yuan)	3276	2956	2851	509	3398	888
年末实有城市道路面积(万平方米)	Area of City Road in the Year－end (10 000 sq. m)	282	91	223	119	83	109
排水管道长度（公里）	Length of Sewer Pipelines (km)	155	83	161	105	75	36
供水综合生产能力(包括自备水源)(万立方米/日)	Comprehensive Productive Capacity of Water Supply (including those owned by individual enterprises & institutions) (10 000 cu. m/day)	17.9	15	6.5	43	13.3	7
供水总量（万立方米）	Volume of Water Supply (10 000 cu. m)	3924	2171	1400	4816	1636	1188
#居民家庭用水量	Residential Use	2278	1197	521	1260	682	392
用水人口（万人）	Number of Residents with Access to Tap Water (10 000 persons)	38.6	14.83	7.5	17	11.58	5.22
煤气(人工、天然气)供气总量(万立方米)	Total Volume of Gas Supply (10 000 cu. m)	0	0	0	2500	0	0
#家庭用量	Residential Use	0	0	0	1600	0	0
用煤气人口(人)	Number of Residents with Access to Nature Gas (person)	0	0	0	6700	0	0
液化石油气供气总量(吨)	Total Volume of Liquid Petrol Gas Supply (ton)	19238	4690	5440	4564	6300	2923
#家庭用量	Residential Use	17050	4350	5040	4339	4110	2231
用液化气人口(人)	Population with Access to Liquid Petrol Gas Supply (person)	370000	120000	70800	100000	95000	50400
年末实有公共汽(电)车营运车辆数（辆）	Year－end Total Operating Public Buses & Trolleys (unit)	99	79	79	115	32	8
全年公共汽(电)车客运总量（万人次）	Annual Passenger Traffic Volume of Public Buses & Trolleys (10 000 person－times)	1675	932	910	1850	335	6.12
年末实有出租汽车数(辆)	Year－end Total Number of Taxi (unit)	417	200	184	45	283	54
园林绿地面积（公顷）	Area of Gardens & Green Area (hectare)	1172	1087	566	4224	148	519
#公共绿地面积	Area of Public Green Area	464	87	82	35	75	68
建成区绿化覆盖面积(公顷)	Coverage Area of Afforestation in Developed Areas (hectare)	1008	1096	614	454	132	465

主要统计指标解释

建成区面积 指市政区范围内经过征用的土地和实际建设发展起来的非农业生产生活建设地段，包括市区集中连片的部分以及分散在近郊区与城市有着密切联系，具有基本完善的市政公用设施的城市建设用地（如机场、污水处理厂、通讯电台）。

居住用地面积 指在城市中包括住宅及相当于居住小区及以下的公共服务设施、道路和绿地等设施的建设用地。

公共设施用地 城市中为社会服务的行政、经济、文化、教育、卫生、体育、科研及设计等机构或设施的建设用地。

工业用地 城市中工矿企业的生产车间、库房、堆场、建筑物等的建设用地。

社区服务设施数 指报告期末城镇设立以非盈利为目的，为本社区居民服务，特别是为老年人、残疾人、儿童服务的社区服务中心、活动站、服务站、养老院、老年公寓、残疾人工疗站、家务服务站、婚姻介绍所等福利性设施以及职工社会保险管理服务的机构数。几种不同类型的社区服务单位，共用一个场所的，只能统计为一个社区服务设施。条件是(1)独立核算单位；(2)有固定的从业人员；(3)有一定的服务项目；(4)有一定的场所。

居民最低生活保障线以下人数 指在报告期末，家庭平均收入在当地规定的最低生活保障线以下的城镇居民数，包括“三无对象”，失业人员和在职、下岗，退休人员。

居民最低生活保障已保人数 指在开展居民最低生活保障制度的城市领取最低保障费的城镇居民数。包括“三无对象”，失业人员和在职、下岗，退休人员。

年末实有铺装道路面积 是指除土路以外，路面经过铺筑的路面宽度在3.5米以上（含3.5米）的道路。包括高级、次高级道路和普通道路，不包括土路和街道内部路面宽度不足3.5米的胡同，里弄。道路面积只包括路面面积和与道路相通的广场、桥梁、停车场面积。不包括街心花坛、侧石、人行道和路肩的面积。

排水管道总长度 排水道是指汇集和排放污水、废水和雨水的管渠及其附属设施所组成的系统。包括干管、支管以及通往处理厂的管道，无论修建在街道上或其它任何地方，只要是起排水作用的管道，都应作排水管道统计。排水管道按其排水性质分为污水管、雨水管、合流管三种。

供水综合生产能力 是指城建部门系统自来水公司所属自来水厂及各单位自备水源取水、净化、送水、出厂输水干管等环节的综合生产能力，以四个环节的薄弱环节为主，超负荷运行增加的能力不应计算。

全年供水总量 是指自来水厂供出厂外的全部水量，包括有效供水量及损失水量。

生活用水量 是指居民日常生活与行政、事业单位、部队营区、商业及服务等行业的用水量。包括饮食店、旅馆、理发店、浴室、洗衣店、游泳池、商店、学校、机关、部队等单位，以及生产单位和基建单位装有专用水表计量的生活用水量（不能分开者，可计入生产用水量中）。街道、里弄的生产组织的生产用水，如不易分开计算，亦可包括在生活用水量内。

用水普及率 指城市用水人口数与城市人口数之比。计算公式

$$用水普及率=\frac{城市用水人口数}{城市人口数}\times 100\%$$

用水人口 指供应生活用水的年末实际人口。包括大量非农业人口和农业人口。

煤气（人工煤气、天然气）供气总量 是指城市煤气企业向城市生产用户、家庭用户和其他用户供应的全部煤气量，包括外购及损失量。

气化率 指使用燃气的城市非农业人口数与城市非农业人口总数之比。计算公式

$$气化率=\frac{城市非农业用气人口数}{城市非农业人口数}\times 100\%$$

用煤气人口 指报告期末家庭用户的用气人口。

年末实在公共汽（电）车运营车辆数 是指城市公共交通企业可参加营运的全部车辆数。包括技术完好的、在修的、待修的、长期停驶的，以及拟报废尚未经上级主管部门批准报废的运营车辆数。不包括公交企业的油罐车、货车和其他专用车等非运营车，也不包括借入、租入的客运车辆。

全年公共汽（电）车客运总量 指运送乘客的总人数。包括普通票乘客人次，月票乘客人次和包车乘客人次。普通票乘客人次按上车付现金购票，一张票计算一个人次；月票日乘车次按5个人次计算；团体包车，一个乘客按一个人次计算，往返按二个人次计算。

年末实有出租汽车数 指经有关部门批准的专门从事出租业务的一切营业车辆。包括轿车、面包车、大客车。

园林绿地面积 指用作园林绿化的各种绿地面积。包括公共绿地、单位附属绿地、居住区绿地、生产绿地、防护绿地和风景林地的总面积。

$$人均园林绿地面积=\frac{公共绿地+单位附属绿地+居住区绿地+生产防护绿地}{城市非农业人口}$$

公共绿地面积 指开放的各级各类公园和街头绿地。

建成区绿化覆盖面积 指城市建成区内各单位管理的一切用于绿化的乔灌木和多年生草本植物的垂直投影面积。包括园林绿地以外的道路绿化覆盖面积（即道路的隔车带、中心绿岛和林荫道及行道树的覆盖面积）和单株树木的覆盖面积。行

道和单株树覆盖面积，可按各种树的平均垂直投影面积乘以各种树木的总株数求得。乔木树冠下重叠的灌木和草本植物不再重复计算。

环境污染治理投资额 指城市用于环境污染治理的实际投资额。包括建设部系统的城市环境基础设施建设投资、老污染源工业污染治理投资（污染治理项目本年完成投资合计）、当年新建项目“三同时”污染治理投资（环保工程实际投资）。

环境噪声达标面积 指在建成区内建成并达到国家规定标准要求的环境噪声达标区总数及面积。环境噪声达标区，指在国家《城市区域环境噪声标准》适用区域划分的基础上，对工业噪声、交通噪声、施工噪声、社会生活噪声进行强化管理，综合整治，达到规定要求的城市区域。

生活垃圾粪便清运量 指从城市各生活垃圾点、粪便点运到指定的生活垃圾和粪便处理场地的数量。

生活垃圾无害化处理量 无害化处理生活垃圾、粪便的数量，包括填埋、焚烧、堆肥以及厌气消化法和三格化粪池等方法的处理量。

第十三篇
CHAPTER 13

农　业

AGRICULTURE

农林牧渔业总产值（当年价，亿元）

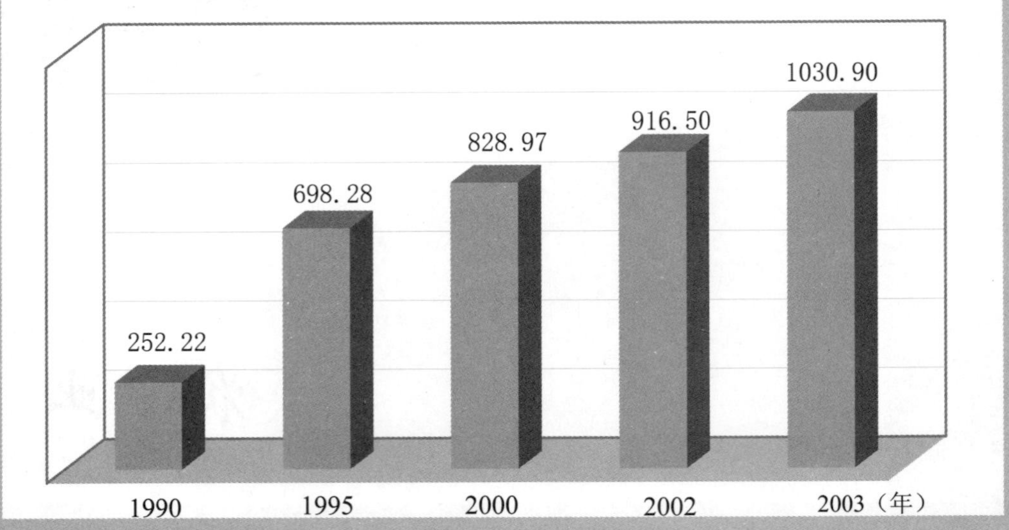

农林牧渔业产值构成

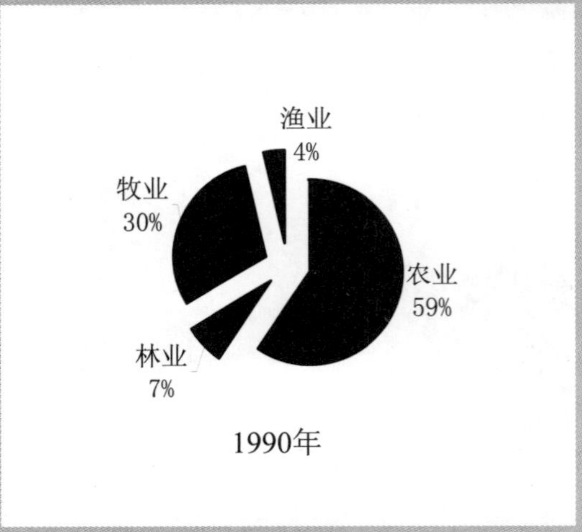

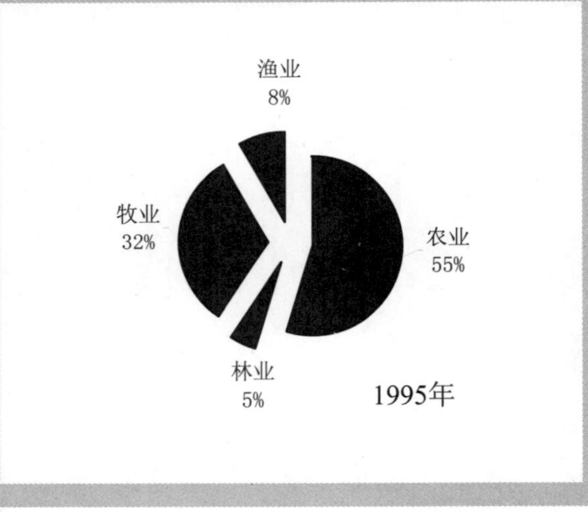

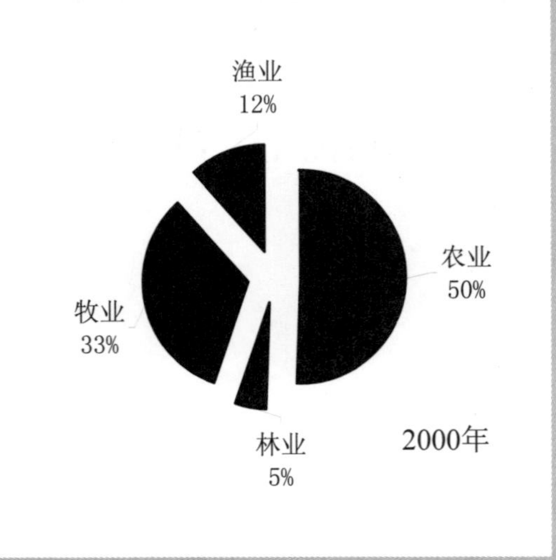

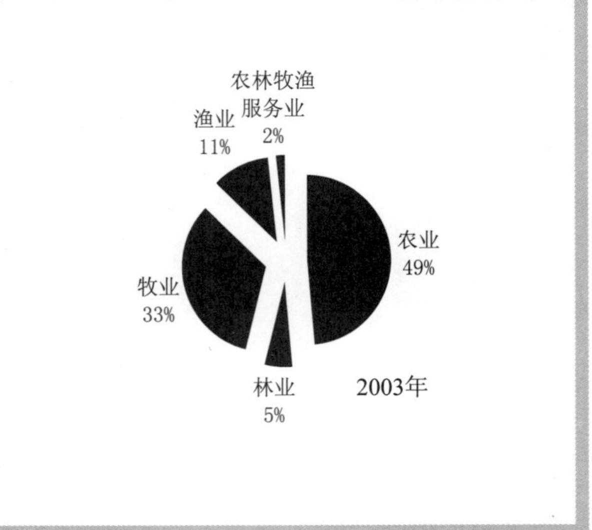

13—1 主要年份农村基本情况

Basic Statistics of Rural Area in Main years

指　　标	Item	1990	1995	2000	2002	2003
乡镇个数(个)	Number of Township and Town Governments (unit)	1359	1362	1360	1337	1325
#镇个数	Number of Town Governments	357	618	745	752	747
村委会个数(个)	Number of Villagers' Committees (unit)	14769	14803	14849	14660	14601
通汽车村数	Villages with Bus Services	–	12072	14182	13874	13930
通电话村数	Villages with Telephone Communication	–	4842	11812	12569	12916
自来水受益村数	Villages with Tap Water	–	5617	7832	7872	7968
乡(镇)村户数、人口	Number of Rural (Town Governments) Households and Population					
乡(镇)村户数(万户)	Number of Rural (Town Governments) Households (10 000 households)	756.50	827.88	913.95	936.74	950.24
乡(镇)村人口(万人)	Rural Population (10 000 persons)	3710.63	3881.89	4026.44	4064.21	4088.67
乡(镇)村从业人员(万人)	Number of Rural (Town Governments) Laborers (10 000 persons)	1767.79	1964.60	2145.35	2189.00	2216.26
按性别分	By Sex					
男	Male	919.64	1030.85	1129.86	1153.61	1170.83
女	Female	848.15	933.75	1015.49	1035.39	1045.43
按产业分	By Industry					
第一产业	Primary Industry	1589.12	1562.88	1556.84	1557.01	1541.02
第二产业	Secondary Industry	70.51	125.97	148.57	157.89	171.81
第三产业	Tertiary Industry	108.16	275.75	439.94	474.10	503.43
农业机械总动力(亿瓦特)	Total Agricultural Machinery Power (100 million watts)	78.42	107.54	146.79	163.95	169.63
农用大中型拖拉机(万台)	Large and Medium Agricultural Tractors (10000 units)	1.64	1.18	6.41	11.78	12.75
(亿瓦特)	(100 million watts)	4.91	4.02	12.31	21.29	23.28
农用小型及手扶拖拉机(万台)	Number of Mini-tractors and Walking Tractors (10000 unit)	23.00	27.04	26.10	22.78	32.46
(亿瓦特)	(100 million watts)	20.34	24.81	26.60	22.44	26.59
机引农具(万台)	Towing Farm Machinery (100 million watts)	19.00	26.22	40.11	53.95	57.79
农用排灌动力机械(亿瓦特)	Motor Machinery for Agricultural Drainage and Irrigation (100 million watts)	7.23	10.12	16.05	18.27	19.10
农用水泵(台)	Pumps (unit)	76839	130684	228198	437096	452103
农用载重汽车(台)	Trucks for Agricultural use (unit)	15448	24423	27501	27227	26851
渔业机动船 (台)	Motorized Fishing Boats (unit)	9394	11123	13294	13785	13435
(亿瓦特)	(100 million watts)	1.91	3.48	4.46	4.88	4.78

注:1990 年、1995 年乡(镇)村从业人员为"乡(镇)村实有劳动力"。

Note: Number of rural (town governments) laborers of 1990 and 1995 was "Number of Rural (Town Governments) Actual Laborers".

13—2 农林牧渔业总产值(1978－2003年)

Gross Output Value of Farming, Forestry, Animal Husbandry and Fishery (at Current Prices, 1978—2003)

(按当年价格计算) (at current prices)　　单位:亿元(100 million yuan)

年 份	Year	农林牧渔业总产值 Total	农业产值 Farming	林业产值 Forestry	牧业产值 Animal Husbandry	渔业产值 Fishery	农林牧渔服务业产值 Output Value of Service Industry for Farming, Forestry, Animal Husbandry and Fishery
一、总产值	**Gross Output Value**						
1978		46.17	36.99	2.28	6.37	0.53	
1980		63.31	44.41	4.39	13.64	0.87	
1985		108.02	66.34	8.09	30.43	3.16	
1990		252.22	149.69	18.05	75.50	8.98	
1991		278.15	164.73	20.87	81.99	10.56	
1992		333.12	188.65	26.77	100.71	16.99	
1993		378.62	214.24	27.47	114.15	22.76	
1994		516.46	283.71	31.78	164.02	36.95	
1995		698.28	384.17	32.56	225.57	55.98	
1996		821.55	450.52	38.14	263.80	69.09	
1997		882.60	482.48	38.64	280.67	80.81	
1998		865.90	476.24	37.75	263.96	87.95	
1999		844.78	454.85	37.48	261.87	90.58	
2000		828.97	418.83	38.76	275.33	96.05	
2001		872.90	439.93	39.44	292.34	101.19	
2002		916.50	465.47	39.81	306.50	104.72	
2003		1030.89	500.82	53.80	342.83	115.53	17.91
二、构成(以总产值合计为100)	**Composition (Gross Output Value = 100)**						
1978		100.0	80.1	4.9	13.8	1.2	
1980		100.0	70.1	6.9	21.6	1.4	
1985		100.0	61.4	7.5	28.2	2.9	
1990		100.0	59.3	7.2	29.9	3.6	
1991		100.0	59.2	7.5	29.5	3.8	
1992		100.0	56.6	8.1	30.2	5.1	
1993		100.0	56.6	7.3	30.1	6.0	
1994		100.0	54.9	6.1	31.8	7.2	
1995		100.0	55.0	4.7	32.3	8.0	
1996		100.0	54.8	4.7	32.1	8.4	
1997		100.0	54.7	4.4	31.8	9.1	
1998		100.0	55.0	4.4	30.5	10.1	
1999		100.0	53.9	4.4	31.0	10.7	
2000		100.0	50.6	4.6	33.2	11.6	
2001		100.0	50.4	4.5	33.5	11.6	
2002		100.0	50.8	4.4	33.4	11.4	
2003		100.0	48.6	5.2	33.3	11.2	1.7

注:从2003年起,农林牧渔业总产值包括农业、林业、牧业、渔业以及农林牧渔服务业产值。

Note: From 2003, the gross output value of farming, forestry, animal husbandry and fishery has included the output value of farming, forestry, animal husbandry, fishery and service indnstry for farming, forestry, animal husbandry and fishery.

13—3 农林牧渔业总产值指数(1978－2003年)

Indices of Gross Output Value of Farming, Forestry, Animal Husbandry and Fishery(1978—2003)

(按可比价格计算,以上年为100)(by comparable prices , preceding year = 100)

单位:%(%)

年　份 Year	农林牧渔业总产值 Total	农业产值 Farming	林业产值 Forestry	牧业产值 Animal Husbandry	渔业产值 Fishery	农林牧渔服务业产值 Output Value of Service Industry for Farming, Forestry, Animal Husbandry and Fishery
1978	101.8	101.9	100.8	105.0	72.8	
1979	104.8	106.1	109.7	96.9	85.2	
1980	104.2	105.2	98.9	99.0	112.8	
1981	106.0	104.1	122.7	111.7	106.4	
1982	116.2	115.4	104.6	123.5	126.3	
1983	100.7	100.6	92.5	102.7	112.0	
1984	99.7	97.0	113.7	105.6	104.2	
1985	102.1	99.6	110.5	107.2	112.5	
1986	103.4	103.1	104.2	103.3	114.5	
1987	104.9	106.6	93.1	102.7	112.5	
1988	98.1	96.7	102.7	100.4	107.0	
1989	110.3	111.4	94.5	111.8	109.4	
1990	108.0	105.4	125.1	111.3	113.9	
1991	108.1	105.3	113.0	112.9	112.2	
1992	114.9	115.3	106.7	116.1	122.9	
1993	104.7	101.3	104.2	108.9	126.6	
1994	107.3	102.4	108.0	111.5	136.0	
1995	114.9	114.0	96.2	117.2	135.9	
1996	105.0	99.6	100.3	112.5	120.4	
1997	109.9	110.7	97.4	107.7	120.4	
1998	105.2	106.5	95.5	102.9	110.1	
1999	107.9	111.4	99.8	103.6	106.2	
2000	100.2	94.7	101.9	109.4	105.3	
2001	104.9	104.9	103.5	106.0	103.4	
2002	107.8	111.2	100.7	105.2	102.7	
2003	104.3	100.0	114.8	109.2	106.9	104.0

13—4 耕地面积(1978－2003年)
Cultivated Area(1978—2003)

单位:千公顷(1 000 hectares)

年 份 Year	年末实有耕地面积 Cultivated Area at Year-end			占耕地面积% Percentage to Total Area(%)	
		水田 Paddy Fields	旱地 Dry Fields	水田 Paddy Fields	旱 地 Dry Fields
1978	2624.8	1670.3	954.5	63.6	36.4
1979	2627.5	1668.1	959.4	63.5	36.5
1980	2636.9	1653.9	983.0	62.7	37.3
1981	2634.5	1656.2	978.3	62.9	37.1
1982	2630.9	1649.3	981.6	62.7	37.3
1983	2620.1	1641.6	978.5	62.7	37.3
1984	2573.7	1633.5	940.2	63.5	36.5
1985	2572.2	1616.3	955.9	62.8	37.2
1986	2563.8	1605.2	958.6	62.6	37.4
1987	2564.9	1597.9	967.0	62.3	37.7
1988	2569.4	1590.4	979.0	61.9	38.1
1989	2578.5	1587.2	991.3	61.6	38.4
1990	2595.9	1584.9	1011.0	61.1	38.9
1991	2612.9	1583.1	1029.8	60.6	39.4
1992	2610.7	1573.0	1037.7	60.3	39.7
1993	2606.6	1566.5	1040.1	60.1	39.9
1994	2601.8	1555.1	1046.7	59.8	40.2
1995	2614.2	1540.3	1073.9	58.9	41.1
1996	2632.3	1532.6	1099.7	58.2	41.8
1997	2648.6	1519.3	1129.3	57.4	42.6
1998	2655.2	1515.0	1140.2	57.1	42.9
1999	2658.3	1509.0	1149.3	56.8	43.2
2000	2652.6	1498.6	1154.0	56.5	43.5
2001	2648.5	1488.3	1160.2	56.2	43.8
2002	2631.4	1480.9	1150.5	56.3	43.7
2003	2548.7	1443.1	1105.6	56.6	43.4

注:1 公顷＝15 亩

Note:1 hectare＝15 mu

13—5 主要年份主要农作物播种面积

Sown Area of Major Farm Crops in Main Years

单位：千公顷(1 000 hectares)

指　标	Item	1990	1995	2000	2002	2003
农作物总播种面积	Total Sown Area	5141.3	5745.7	6258.6	6164.4	6107.4
粮食作物	Grain Crops	3639.9	3662.7	3653.8	3421.4	3298.3
占总播种面积比重(%)	Percentage to Total Area(%)	78.8	63.7	58.4	55.5	54.0
#稻　谷	Rice	2543.7	2433	2301.6	2161.3	2099.6
#早　稻	Early Rice	1190.3	1150.8	1078	1001.3	985.0
晚　稻	Late Rice	1187.5	1137.7	1068.7	1005.1	968.1
玉　米	Corn	536.9	550.1	608.7	578.6	553.6
大　豆	Soybean	213.4	252.5	281.4	258.5	246.5
薯　类	Tubers	248.4	312.6	341.1	315.4	297.7
花　生	Peanuts	167.3	208.4	240.6	233.5	228.0
油菜籽	Rape Seeds	14.3	61.5	89.2	67.6	61.1
芝　麻	Sesame	11.2	9.4	7.3	6.6	5.3
黄红麻	Jute and Ambary Hemp	10.0	6.7	5.8	5.6	5.1
苎　麻	Ramie	2.0	1.2	0.9	0.5	0.5
甘　蔗	Sugarcane	319.9	454.3	508.7	670.7	708.6
烤　烟	Flue-Cured Tobacco	21.3	10.1	11.4	7.8	9.8
木　薯	Cassava	219.4	272.9	264.3	250.7	244.8
蔬　菜	Vegetables	260.5	555.8	899.5	967.9	1006.8

13—6 主要年份主要农作物产品产量

Yield of Major Farm Crops in Main Years

单位：万吨(10000 tons)

指　标	Item	1990	1995	2000	2002	2003
粮食作物	Grain Crops	1402.57	1553.31	1667.24	1549.38	1484.82
#稻　谷	Rice	1239.02	1307.66	1360.77	1249.49	1191.55
#早　稻	Early Rice	655.71	699.25	706.82	623.81	594.43
晚　稻	Late Rice	516.70	536.72	570.25	543.17	517.90
玉　米	Corn	118.75	155.47	188.44	183.02	178.91
大　豆	Soybean	13.56	28.97	36.43	35.74	34.53
薯　类	Tubers	24.88	49.68	67.61	67.72	66.82
油　料	Oil-bearing Crops	25.19	45.35	58.61	55.99	55.70
#花　生	Peanuts	24.20	39.17	49.55	48.09	48.14
油菜籽	Rapeseeds	0.52	5.34	8.16	6.96	6.36
芝　麻	Sesame	0.35	0.52	0.57	0.53	0.47
黄红麻	Jute and Ambary Hemp	2.08	1.29	1.15	1.12	1.02
苎　麻	Ramie	0.18	0.18	0.17	0.12	0.11
甘　蔗	Sugarcane	1501.84	2555.73	2937.89	4593.38	4861.84
烤　烟	Flue-Cured Tobacco	2.97	1.24	1.69	1.11	1.48
蔬菜(含菌类)	Vegetables (including edible mushrooms)			1620.75	1788.78	1870.96
木　薯	Cassava	64.59	124.51	132.56	149.21	139.73
茶　叶	Tea	1.64	1.94	1.79	1.96	2.13
水　果(含园林和瓜果类)	Fruits (including grove and melon fruits)	91.61	266.60	526.69	612.51	641.16
#园林水果	Grove Fruits	91.61	266.60	360.14	455.78	462.24
#蕉　类	Banana	21.38	96.35	127.32	125.80	121.43
沙田柚	Shatian Pomeloe	1.85	8.77	18.36	23.68	25.21
柑桔橙	Citrus and Orange	34.09	72.58	87.99	111.02	124.00
菠　萝	Pineapple	12.93	12.22	8.00	7.07	6.79
龙　眼	Longyan	3.44	11.86	15.67	35.58	30.72
荔　枝	Litchi	5.89	14.85	14.55	36.10	20.81

注：2000 年以后的水果产量包括园林水果和瓜果类。

Note: The output of fruits after 2000 have included grove fruits and melon fruits.

13—7 主要年份主要农作物单位面积产量

Yield of Major Farm Crops Per Hectare in Main Years

单位:公斤/公顷(kg/hectare)

指　标	Item	1990	1995	2000	2002	2003
粮食作物	Grain Crops	3853	4241	4563	4528	4502
#稻　谷	Rice	4871	5375	5912	5781	5675
#早　稻	Early Rice	5509	6076	6557	6230	6035
晚　稻	Late Rice	4351	4718	5336	5404	5350
玉　米	Corn	2212	2826	3095	3163	3232
大　豆	Soybean	635	1147	1295	1383	1401
薯　类	Tubers	1002	1589	1982	2147	2245
花　生	Peanuts	1447	1879	2059	2060	2112
烤　烟	Flue-Cured Tobacco	1394	1231	1475	1424	1503
甘　蔗	Sugarcane	46947	56254	57756	68488	68608

13—8 主要年份农业生产条件基本情况

Basic Statistics on Agricultural Production Conditions in Main Years

指　标	Item	1990	1995	2000	2002	2003
机耕面积(千公顷)	Tractor Ploughed Area (1000 hectares)	679.3	791.0	971.1	978.0	997.2
农村用电量(亿千瓦小时)	Electricity Consumed in Rural Areas(100 million kwh)	12.60	23.61	29.58	31.20	31.17
化肥施用量(折纯量)(万吨)	Consumption of Chemical Fertilizers (10 000 tons)	86	123	158	177	184
氮　肥	Nitrogenous Fertilizer	45	54	57	60	59
磷　肥	Phosphate Fertilizer	15	21	23	24	24
钾　肥	Potash Fertilizer	16	25	36	42	45
复合肥	Compound Fertilizer	10	23	42	51	56
农田有效灌溉面积(千公顷)	Irrigated Area(1 000 hectares)	1490.4	1472.1	1501.6	1518.5	1516.7
水　库(座)	Number of Reservoirs (set)	4536	4444	4386	4380	4367
#大型水库	Large Reservoirs	25	25	26	27	31
中型水库	Medium-sizes Reservoirs	166	172	178	179	178
水库库容量(亿立方米)	Capacity of Reservoirs(100 million cu. m)	220.22	222.7	228.79	228.98	242.04
#大型水库	#Large Reservoirs	130.64	130.13	132.95	133.61	147.76
中型水库	Medium-sizes Reservoirs	48.28	49.42	51.42	51.08	50.10
水库兴利库容量(亿立方米)	Effective Capacity of Reservoirs (100 million cu. m)	106.69	107.35	110.84	111.36	111.41
#大型水库	Large Reservoirs	47.95	46.42	47.84	49.02	49.74
中型水库	Medium-sizes Reservoirs	29.45	30.44	31.95	31.65	30.98
水库有效灌溉面积(千公顷)	Effective Irrigated Area of Reservoirs (1000 hectares)	696.9	659.9	666.1	674.8	693.3
#大型水库	Large Reservoirs	209.5	171.8	181.0	178.8	204.6
中型水库	Medium-sizes Reservoirs	236.2	239.4	239.4	252.0	245.4
节水灌溉面积(千公顷)	Water-saving Irrigated Area (1000 hectares)		458.2	591.2	663.4	661.9
#喷滴灌面积	Sprinkling and Drip Irrigation	2.3	2.0	2.3	5.0	4.8
除涝面积(千公顷)	Flooded or Waterlogged Area (1000 hectares)	184.1	191.8	200.9	202.1	202.3
水土流失治理面积(千公顷)	Area of Soil Erosion under Control(1000 hectares)	887.4	1021.3	1155.3	1251.4	1327.7
治碱面积(千公顷)	Improved Area of Saline - Alkaline Land (1000 hectares)	81.0	94.0	115.0	121.8	112.8
堤防总长度(公里)	Total Length of Dikes (km)	2170	2354	2468	2633	2655
堤防保护耕地面积(千公顷)	Area of Land Protected by Dikes(1000 hectares)	138.1	178.3	229.4	298.5	306.7

13—9 主要年份畜牧业生产情况

Basic Statistics on Animal Husbandry in Main Years

指　标	Item	1990	1995	2000	2002	2003
牲畜年底存栏数	**Number of Animals at Year - end**					
大牲畜(万头)	Large Animals(10 000 heads)	730.85	771.95	814.51	799.89	783.89
#从事农事劳役的(万头)	Drough (10 000 heads)	490.98	522.60	560.45	553.77	529.58
牛(万头)	Cattle and Buffaloes (10 000 heads)	703.90	738.77	775.25	758.41	741.78
#能繁殖的母牛	Reproducible Cow	287.06	299.16	315.18	308.78	299.28
水牛	Buffaloes	371.26	411.43	437.78	426.97	417.11
黄牛	Cattle	332.11	326.84	336.46	329.80	322.28
良种及改良种奶牛	Milch Cows of Fine Breed and Improved Varieties	0.53	0.50	1.01	1.64	2.39
马(万匹)	Horses(10 000 heads)	26.11	31.59	36.82	38.36	38.74
驴(万头)	Donkeys(10 000 heads)	0.05	0.05	0.06	0.05	0.07
骡(万头)	Mules(10 000 heads)	0.79	1.54	2.38	3.07	3.30
猪(万头)	Hogs(10 000 heads)	1742.49	2075.65	2415.56	2478.36	2492.14
#能繁殖的母猪	Reproducable Hogs	132.15	186.13	224.34	238.49	249.63
羊(万只)	Sheep and Goats(10 000 heads)	80.56	131.51	241.80	231.36	244.89
#山羊	Goats	80.56	131.51	241.80	231.36	244.89
畜产品产量	**Output of Animal Products**					
肉猪出栏头数(万头)	Number of Slaughtered Fattened Hogs (10000 heads)	1063.86	1905.84	2756.91	3123.27	3324.99
肉类总产量(万吨)	Output of Meat (10 000 tons)	104.15	195.61	287.26	329.67	353.52
#猪肉	Pork	87.19	153.63	217.87	245.06	257.78
牛肉	Beef	3.04	6.54	9.79	11.82	13.55
羊肉	Mutton	0.29	0.77	2.47	2.65	2.93
禽肉	Poultry		34.52	55.85	68.22	76.97
其他畜产品	**Other Animal Products**					
牛奶(吨)	Milk (ton)	8589	9006	16816	31007	38166
蜂蜜(吨)	Honey (ton)	2528	4016	5563	6360	6269
蚕茧(吨)	Silkworm Cocoons (ton)	7475	21248	29542	74310	87429

13—10 主要年份林业生产情况

Basic Statistics on Forestry in Main Years

指　　标	Item	1990	1995	2000	2002	2003
造林面积(年末成活率达85%以上)(千公顷)	Afforested Area (survival rate above 85% at year-end) (1000 hectares)	424.6	130.2	57	174.7	278.0
#飞机播种	Sown by Airplane	114.3	–	–	–	–
用材林	Timber Forest	375.6	63.8	30.5	69.8	125.4
经济林	Economic Forest	45.5	64.2	19.5	52.6	48.4
防护林	Shelter-forest	1.5	1.7	6.0	52.1	103.6
其他林	Others	2.0	0.5	1.0	0.2	0.6
当年迹地更新面积(千公顷)	Slash Reforestation Areas of the Current Year (1000 hectares)	35.2	69.6	100.7	60.1	39.3
育苗面积(千公顷)	Grow Seedlings Area (1000 hectares)	3.1	2.1	1.4	3.0	3.3
当年四旁零星植树(按实际成活计)(万株)	Oddly (all around) Tree Planting of the Current Year (by actual survival rate) (10 000 roots)	3052	3519	3355	3609	3294
当年幼林抚育作业面积(千公顷次)	Operative Areas of Young Growth Fostering of the Current Year (1000 hectares times)	378.2	623.3	390.5	416.9	463.2
成林抚育实际面积(千公顷)	Actual Areas of Mature Timber Fostering (1000 hectares)	150.6	310.2	280.3	295.2	225.3
现有封山育林面积(千公顷)	Close Hillsides to Facilitate Afforesation Areas (1000 hectares)	1658.7	4339.2	4251.2	4064.6	3819.8
林木种籽采集量(吨)	Forestry Seed Collection (ton)	681	100	154	164	388
林产品产量(吨)	Output of Forestry Products (ton)					
油茶籽	Tea-oil Seeds	58645	86098	118620	108479	92714
油桐籽	Tung-oil Seeds	30789	50854	63002	57349	60989
松　脂	Pine Resin	154595	247202	216015	225330	252079
八　角	Anise	8484	18382	30966	47479	51502
桂　皮	Cassia Bark	4191	16716	16605	16613	14997
板　栗	Chestnuts	3955	11162	22008	31668	32910
核　桃	Walnuts	153	478	262	233	201
白　果	Ginkgo	1625	2217	3629	3877	4276
茴　油	Fennel Oil	402	1186	1601	1647	1714
桂　油	Laurel Oil	107	642	779	727	671
竹笋干	Bamboo Shoots	1838	7453	16208	17448	16843
橡　胶	Rubber	3181	2672	1403	1159	1074
村及村以下竹木采伐	Bamboo Wood Felled Under Village and Village					
木材采伐量(万立方米)	Felling Amount of Timber (10 000 cu. m)	329.23	372.9	270.27	330.77	384.79
毛竹(万根)	Mao Bamboo (10 000 roots)	838.00	2679.71	4655.48	4424.44	4069.77

13—11 主要年份渔业生产情况

Basic Statistics on Fishery in Main Years

指　　标	Item	1990	1995	2000	2002	2003
养殖面积(千公顷)	Cultured Areas (1000 hectares)	132.4	191.2	239.6	261.4	254.3
淡水养殖面积	Freshwater Cultured Areas	126.9	150.2	178.2	199.7	192.1
#山塘水库	Mountain Ponds and Reservoirs	85.2	85.2	93.2	112.8	101.7
池塘	Ponds	37.1	58.1	74.7	75.3	77.8
海水养殖面积	SeawaterCultured Areas	5.5	41	61.4	61.7	62.2
水产品产量(吨)	Aquatic Products(ton)	323493	1032871	2398592	2551456	2646137
海水产品产量	Seawater Aquatic Products	202672	645706	1594505	1664169	1687368
按生产性质分	By Production Character					
天然生产	Naturally Grow	199324	498192	888417	862969	851042
人工养殖	Artificially Cultured	3348	147514	706088	801200	836326
按类别分	By Category					
#鱼　类	Fish	165645	396294	586269	591269	605260
虾蟹类	Shrimps, Prawns and Crabs	25584	69871	171003	194473	200784
贝　类	Shell-fish	10882	172984	790393	840871	839159
淡水产品产量	Freshwater Aquiculture	120821	387165	804087	887287	958769
按生产性质分	By Production Character					
天然生产	Naturally Grow	10549	45818	91538	98832	105284
人工养殖	Artificially Cultured	110272	341347	712549	788455	853485
按类别分	By Category					
#鱼　类	Fish	119116	375464	772067	852042	919316
虾蟹类	Shrimps, Prawns and Crabs	992	5809	9357	9985	13344
贝　类	Shell-fish	686	4771	19516	20981	20728

注:1996 年以前水产品产量按旧标准统计,即贝类 5 斤折 1 斤计量。1997 年起按新标准统计,即海蜇按三矾后的成品、海藻按干品计量,其余所有的水产品均按捕捞起水时的鲜活实际重量计量。

Note: Output of aquatic products before 1996 was calculated according to old standard, namely 5kg shellfish were equivalent to 1kg to count. According to new standard statistics from 1997, the jellyfish was measured according to finished product after three vitriol, marine alga was measured according to the dryproduct, and other aquatic products were all measured according to the lifelike actual weight while being caught from water.

13—12 主要年份农作物播种面积构成

Planting Structure of Farm Crops in Main Years

（以总播种面积为100）(Total Planting Structure = 100)　　单位:%（%）

指　标	Item	1990	1995	2000	2002	2003
农作物播种面积	Planting Structure of Farm Crops	100.0	100.0	100.0	100.0	100.0
一、粮食作物	Grain Crops	70.8	63.8	58.4	55.5	54.0
#稻　谷	Rice	49.5	42.3	36.8	35.1	34.4
#早　稻	Early Rice	23.2	20.0	17.2	16.2	16.1
晚　稻	Late Rice	23.1	19.8	17.1	16.3	15.9
小　麦	Wheat	0.5	0.4	0.3	0.2	0.2
玉　米	Corn	10.4	9.6	9.7	9.4	9.1
大　豆	Soybean	4.2	4.4	4.5	4.2	4.0
薯　类	Tubers	4.8	5.4	5.5	5.1	4.9
二、经济作物	Economic Crops	15.7	18.7	19.2	21.3	21.9
#油料合计	Total of Oil-bearing Crops	3.8	4.9	5.5	5.1	4.9
#花　生	Peanuts	3.3	3.6	3.8	3.8	3.7
油菜籽	Rapeseeds	0.3	1.1	1.4	1.1	1.0
芝　麻	Sesame	0.2	0.2	0.1	0.1	0.1
麻　类	Fiber Crops	0.2	0.1	0.1	0.1	0.1
#黄红麻	Jute and Ambary Hemp	0.2	0.1	0.1	0.1	0.1
甘　蔗	Sugarcane and Fruit Canes	6.2	7.9	8.1	10.9	11.6
#糖　蔗	Sugarcane	6.0	7.7	7.8	10.5	11.2
烟　叶	Tobacco	0.6	0.2	0.4	0.3	0.3
#烤　烟	Flue-Cured Tobacco	0.4	0.2	0.2	0.1	0.2
木　薯	Cassava	4.3	4.8	4.2	4.1	4.0
三、其他农作物	Other Farm Crops	13.5	17.5	22.4	23.2	24.1
#蔬　菜	Vegetables	5.1	9.7	14.4	15.7	16.5
绿　肥	Green Manure	5.8	3.7	2.5	1.8	1.6

13—13 各市农林牧渔业总产值及构成(2003年)

Gross Output Value and Its Composition of Farming, Forestry, Animal Husbandry and Fishery by City(2003)

(按当年价格计算)(calculated at current prices)

各市名称	City	农林牧渔业总产值 Total	农业产值 Farming	林业产值 Forestry	牧业产值 Animal Husbandry	渔业产值 Fishery	农林牧渔服务业产值 Output Value of Service Industry for Farming, Forestry, Animal Husbandry and Fishery
一、总产值(亿元)	**Gross Output Value (100 millon yuan)**						
南宁市	Nanning	151.9	93.6	4.4	43.1	9.0	1.8
柳州市	Liuzhou	72.8	42.8	4.2	22.1	2.8	0.9
桂林市	Guilin	153.8	97.3	7.7	41.5	5.5	1.8
梧州市	Wuzhou	68.9	34.3	6.3	24.7	2.7	0.9
北海市	Beihai	72.3	17.6	0.6	13.7	39.7	0.7
防城港市	Fangchenggang	32.8	9.9	2.7	4.3	15.6	0.3
钦州市	Qinzhou	111.0	54.6	2.0	25.0	29.1	0.3
贵港市	Guigang	85.7	44.6	2.7	30.7	7.1	0.6
玉林市	Yulin	126.2	58.1	3.0	56.7	6.5	1.9
百色市	Baise	78.8	47.4	5.9	22.8	2.1	0.6
贺州市	Hezhou	67.0	33.5	4.0	25.3	3.1	1.1
河池市	Hechi	71.6	35.6	6.1	27.5	1.7	0.7
来宾市	Laibin	76.2	43.2	1.5	29.1	2.3	0.1
崇左市	Chongzuo	63.7	44.4	3.5	12.3	3.0	0.5
二、构成(%)	**Composition (%)**						
南宁市	Nanning	100.0	61.6	2.9	28.4	5.9	1.2
柳州市	Liuzhou	100.0	58.8	5.8	30.4	3.8	1.2
桂林市	Guilin	100.0	63.3	5.0	27.0	3.5	1.2
梧州市	Wuzhou	100.0	49.8	9.2	35.9	3.9	1.2
北海市	Beihai	100.0	24.4	0.9	19.0	54.8	0.9
防城港市	Fangchenggang	100.0	30.2	8.2	13.1	47.6	0.9
钦州市	Qinzhou	100.0	49.2	1.8	22.5	26.2	0.3
贵港市	Guigang	100.0	52.0	3.2	35.8	8.3	0.7
玉林市	Yulin	100.0	46.1	2.3	45.0	5.1	1.5
百色市	Baise	100.0	60.2	7.5	28.9	2.7	0.7
贺州市	Hezhou	100.0	50.0	5.9	37.7	4.7	1.7
河池市	Hechi	100.0	49.7	8.5	38.4	2.4	1.0
来宾市	Laibin	100.0	56.7	2.0	38.2	3.0	0.1
崇左市	Chongzuo	100.0	69.7	5.4	19.3	4.8	0.8

13—14 各市农作物播种面积构成(2003年)

Planting Structure of Farm Crops by City(2003)

(以总播种面积为100)(Total Planting Structure = 100)　　单位:%(%)

各市名称	City	农作物播种面积 Planting Structure of Farm Crops	一、粮食作物 Grain Crops	#稻谷 Rice	玉米 Corn	二、经济作物 Economic Crops	#油料 Oil-bearing Crops
南宁市	Nanning	100.0	49.5	34.2	9.2	27.0	4.5
柳州市	Liuzhou	100.0	44.1	32.5	5.4	29.0	4.5
桂林市	Guilin	100.0	49.4	35.1	3.6	10.3	6.0
梧州市	Wuzhou	100.0	58.7	46.7	1.7	15.5	5.0
北海市	Beihai	100.0	50.4	30.9	5.4	28.8	8.6
防城港市	Fangchenggang	100.0	56.0	39.6	5.7	25.0	4.8
钦州市	Qinzhou	100.0	60.0	45.8	3.7	19.6	3.2
贵港市	Guigang	100.0	59.4	46.7	5.2	19.3	6.8
玉林市	Yulin	100.0	68.4	56.6	1.7	10.8	3.5
百色市	Baise	100.0	60.0	21.3	23.3	17.3	1.8
贺州市	Hezhou	100.0	53.7	37.6	5.9	16.6	7.7
河池市	Hechi	100.0	62.0	22.1	22.0	17.5	5.2
来宾市	Laibin	100.0	48.0	24.4	10.7	31.1	6.1
崇左市	Chongzuo	100.0	41.7	21.7	12.2	47.0	4.0

13—14 续表 continued

各市名称	City	麻类 Fiber Crops	甘蔗 Sugarcane	烟叶 Tobacco	木薯 Cassava	三、其他农作物 Other Farm Crops	#蔬菜 Vegetables
南宁市	Nanning	…	16.4		5.1	23.5	16.2
柳州市	Liuzhou	0.1	21.0	0.1	2.0	26.9	19.7
桂林市	Guilin	0.1	0.6	0.1	1.6	40.3	22.0
梧州市	Wuzhou	…	1.1	0.4	8.7	25.8	18.0
北海市	Beihai	0.7	13.3		6.2	20.7	16.9
防城港市	Fangchenggang		17.5		2.7	18.9	17.7
钦州市	Qinzhou	…	8.9	…	6.4	20.4	17.6
贵港市	Guigang	0.1	7.9	0.2	3.3	21.2	14.2
玉林市	Yulin	…	1.7	…	4.6	20.8	14.8
百色市	Baise	…	10.0	1.0	3.8	22.7	16.6
贺州市	Hezhou	…	0.6	2.3	4.6	29.6	22.4
河池市	Hechi	…	8.0	0.2	3.8	20.5	12.9
来宾市	Laibin	0.1	21.0	0.1	2.9	20.9	13.2
崇左市	Chongzuo	0.5	37.3	…	4.1	11.3	10.2

13—15 各市主要农产品人均占有量(2003 年)
Per Capita Owned of Major Agricultural Products by City (2003)

单位:公斤(kg)

各市名称	City	粮食产量 Grain	油料产量 Oil-bearing Crops	甘蔗产量 Sugarcane	水果产量 Fruits	肉类产量 Meat	蔬菜产量 Vegetables	水产品产量 Aquatic Products
全　　区	Total	307	12	1005	96	73	387	55
南 宁 市	Nanning	275	12	1454	90	60	389	23
柳 州 市	Liuzhou	228	8	1798	56	60	401	13
桂 林 市	Guilin	387	19	58	271	85	669	17
梧 州 市	Wuzhou	302	11	64	36	79	404	16
北 海 市	Beihai	290	25	1086	38	78	330	626
防城港市	Fangchenggang	310	13	1580	67	50	302	546
钦 州 市	Qinzhou	332	8	535	273	67	321	165
贵 港 市	Guigang	285	14	531	27	58	264	25
玉 林 市	Yulin	335	7	99	44	84	298	18
百 色 市	Baise	292	2	859	94	63	425	9
贺 州 市	Hezhou	361	19	51	82	123	765	27
河 池 市	Hechi	281	7	677	40	68	223	8
来 宾 市	Laibin	375	22	3129	69	116	363	16
崇 左 市	Chongzuo	281	12	5047	79	54	307	22

注:按平均总人口计算。

Note: Data in the table are calculated by average of total population

13—16 各市主要农产品劳均生产量(2003 年)
Per Rural Labor Force Output of Major Agricultural Products by City (2003)

单位:公斤 (kg)

各市名称	City	粮食产量 Grain	油料产量 Oil-bearing Crops	甘蔗产量 Sugarcane	水果产量 Fruits	肉类产量 Meat	蔬菜产量 Vegetables	水产品产量 Aquatic Products
全　　区	Total	670	25	2194	209	160	844	119
南 宁 市	Nanning	623	28	3299	204	136	883	52
柳 州 市	Liuzhou	604	21	4753	148	159	1060	35
桂 林 市	Guilin	883	42	132	618	194	1527	39
梧 州 市	Wuzhou	670	23	142	81	177	898	35
北 海 市	Beihai	694	61	2598	91	186	790	1497
防城港市	Fangchenggang	763	32	3886	165	122	743	1343
钦 州 市	Qinzhou	654	15	1053	537	131	632	325
贵 港 市	Guigang	642	32	1195	61	130	595	57
玉 林 市	Yulin	685	13	203	90	172	611	37
百 色 市	Baise	578	5	1700	185	125	840	18
贺 州 市	Hezhou	769	40	108	174	262	1631	57
河 池 市	Hechi	597	14	1439	86	145	475	16
来 宾 市	Laibin	786	46	6567	146	244	762	33
崇 左 市	Chongzuo	530	22	9517	149	102	579	42

注:按乡(镇)村从业人员平均人数计算。

Note: Data in the table are calculated by average number of rural(town governments) laborers.

13—17 主要年份农民家庭生产性固定资产原值

Original Value of Productive Fixed Assets Per Rural Household in Main Years

（平均每户）(average per household)

指　标	Item	1990	1995	2000	2002	2003
合计(元)	**Total (yuan)**	**1082.59**	**2004.32**	**3006.05**	**3057.83**	**3139.39**
役畜产品畜(元)	Draught Animals and Commodity Animals (yuan)	512.61	791.08	773.52	773.81	769.06
大中型铁木农具(元)	Large (Medium) Ironwood Farm Tools (yuan)	47.36	110.73	165.83	192.98	191.19
农林牧渔业工具(元)	Agricultural Machinery (yuan)	139.02	284.39	489.48	554.08	624.87
工业机械(元)	Industrial Machinery (yuan)	54.9	98.62	236.37	239.92	140.15
运输机械(元)	Transportation Machinery (yuan)	97.7	295.08	463.53	375.64	376.39
生产用房(元)	Buildings for Productive Purpose (yuan)	195.9	386.43	678.5	703.15	713.52
其他(元)	Others (yuan)	35.1	37.99	198.82	218.25	324.21

13—18 主要年份农民家庭拥有主要生产性固定资产

Owned Number of Major Productive Fixed Assets by Rural Households in Main Years

（平均每百户）(average per 100 households)

指　标	Item	1990	1995	2000	2002	2003
汽车(辆)	Motor Vehicles (set)	0.16	0.36	0.3	0.48	0.40
大中型拖拉机(台)	Large and Medium Tractors (set)	0.22	0.13	0.26	0.3	0.43
小型和手扶拖拉机(台)	Mini and Walking Tractors (set)	4.14	6.37	7.98	8.04	8.40
机动脱粒机(台)	Motorized Threshing Machines (set)	0.43	4.64	10	12	12.60
役畜(头)	Draught Animals (head)	81.69	76.54	63.72	61.02	56.94
胶轮手推车(辆)	Carts with Rubber Tyres (set)	11.04	18.28	3.49	3.65	4.24
农用动力机械(台)	Agricultural Motive Power Machine (unit)	1.2	4.14	9.74	11.62	12.64
水泵(台)	Pumps (unit)	0.95	4.44	10.35	12.25	12.46

13—19 主要年份农民家庭经营耕地情况

Per Capita Area of Cultivated and Managed by Rural Households in Main Years

（平均每人）(average per capita)

指　标	Item	1990	1995	2000	2002	2003
经营耕地面积(亩))	Area of Cultivated Land under Management (mu)	1.16	1.2	1.25	1.32	1.34
#承包耕地面积(亩)	Contracted Cultivated Area(mu)	0.97	1	1.16	1.24	1.26
所占比重(%)	Composition (%)	83.62	83.33	92.8	93.94	94.03
自留地面积(亩)	Family Plots (mu)	0.1	0.1	0.09	0.08	0.08
所占比重(%)	Composition (%)	8.62	8.33	7.2	6.06	5.97
经营山地面积(亩)	Hilly Area under Management (mu)	0.49	0.45	0.51	0.45	0.43
经营水面面积(亩)	Water Areaunder Management (mu)	0.01	0.02	0.03	0.04	0.04

主要统计指标解释

农林牧渔业总产值 指以货币表现的农、林、牧、渔业全部产品的总量。它用价值量形式反映一定时期内农业生产的总成果或总规模。它是观察农业生产水平和发展速度,研究农业内部比例关系和农业在国民经济中的地位与布局的一个重要综合指标。同时,也是计算农业劳动生产率和农业增加值的基础资料。农业总产值的计算方法,一般采用“产品法”计算,农业总产值的计算范围,是指在日历年度内行政辖区的各种经济类型与各种经营方式所生产的农产品总量。农总产值的计算价格,一是现行价格,二是不变价格,又称可比价格。

耕地面积 指种植农作物、经常进行耕锄的田地,包括熟地、当年新开荒地、连续撂荒未满三年的耕地和当年的休闲地(轮歇地),还包括以种植农作物为主并附带种植桑树、茶树、果树和其他林木的土地,以及沿海、沿湖地区已围垦利用的“海涂”、“湖田”等面积。不包括属于专业性的桑园、茶园、果园、果木苗圃、林地、芦苇地、天然或人工草地面积。

农业机械总动力 指主要用于农、林、牧、渔业生产经营活动的各种动力机械的动力总和。包括耕作机械、农用排灌机械、收获机械、植保护机械、林业机械、畜牧机械、渔业机械、农用运输机械等。

农作物播种面积 指实际播种或移植有农作物的面积。凡是实际种植有农作物的面积,不论种植在耕地上还是种植在非耕地上,均包括在农作物播种面积中。在播种季节基本结束后,因遭灾而重新改种和补种的农作物面积,也包括在内。

粮食产量 指全社会的产量。包括稻谷、小麦、玉米、高粱、谷子、薯类、豆类及其他杂粮外。其产量计算方法,除玉米按脱粒后原粮计算;豆类按去豆荚后的干豆计算;薯类(包括甘薯与马铃薯,不包括芋头和木薯)1963 年以前按 4 公斤鲜薯折 1 公斤粮食计算,从 1964 年开始及以后改为按 5 公斤鲜薯折 1 公斤粮食计算。广西的马铃薯和芋头作为蔬菜统计,并按鲜品计算。

油料产量 包括花生、油菜籽、芝麻、向日葵籽、胡麻籽(亚麻籽)和其他油料产量。不包括大豆,也不包括木本油料和野生油料的产量。花生以带壳干花生计算。

水果产量 指调查期内收获的全部水果产量。不论自食的或者是出售的,都应计算在内。水果产量包括果用瓜(西瓜、香瓜、白兰瓜、哈蜜瓜和脆瓜等),不包括主要作蔬菜食用的藕、西红柿等,也不包括采集的野生水果。水果的产量按鲜果计算,干枣、葡萄干、柿饼、桔饼等应统一折成鲜果计算。

肉类总产量 指当年出栏并已屠宰的猪、牛、羊、驴、马、骡、家禽、特种家禽和其它饲养动物肉类产量之和。即屠宰的猪、大牲畜、羊、狗除去头、蹄、下水以后带骨肉(即胴体重)的重量,家禽、特种家禽和其它饲养动物除去毛和内脏后的重量。

水产品产量 指调查年度内捕捞供自食或出售的水产品(包括人工养殖并捕获的水产品和捕捞天然生长的水产品)数量。鱼苗不作为产量统计,出售前已变质的水产品不作为产量统计。水产品产量按属地原则统计。

有效灌溉面积 指具有一定的水源,地块比较平整,灌溉工程或设备已经配套,在一般年景下当年能够进行正常灌溉的耕地面积。

农用化肥施用量 指调查年内实际用于农业生产的化肥数量,包括氮肥、磷肥、钾肥和复合肥。化肥施用量要求按折纯量计算数量,即各类化学肥料的施用量按其含氮、五氧化二磷、氧化钾的比例折成 100% 计算。其计算公式为:

折纯量 = 实物量 × 某种化肥有效成份含量的百分比

第十四篇
CHAPTER 14

工　业

INDUSTRY

全部工业总产值（当年价，亿元）

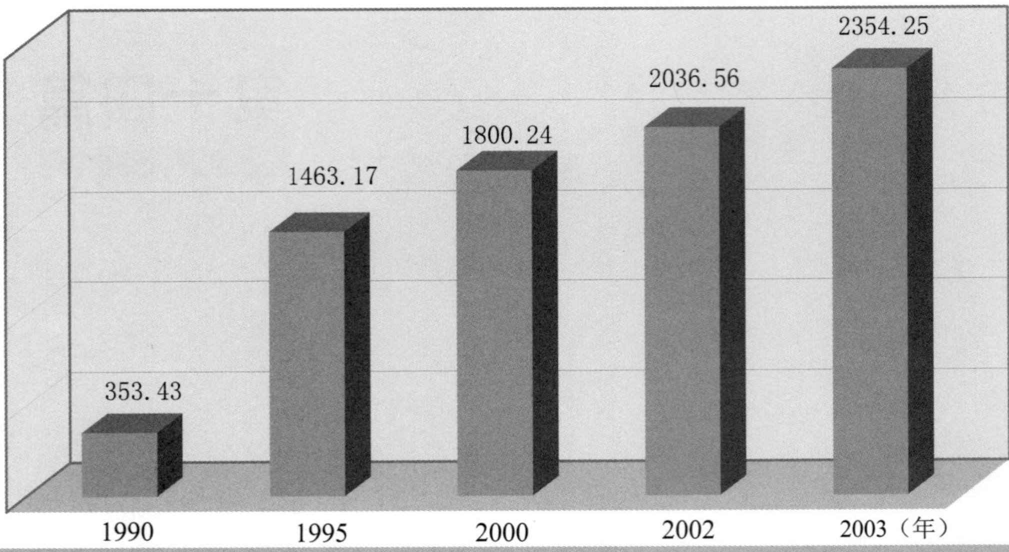

全部工业总产值构成（%）

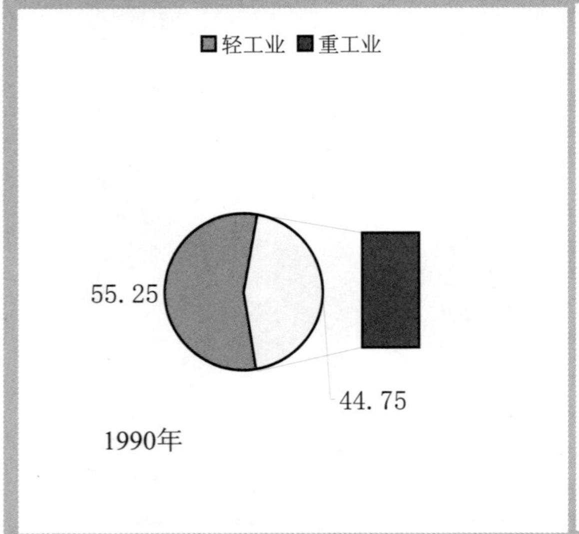

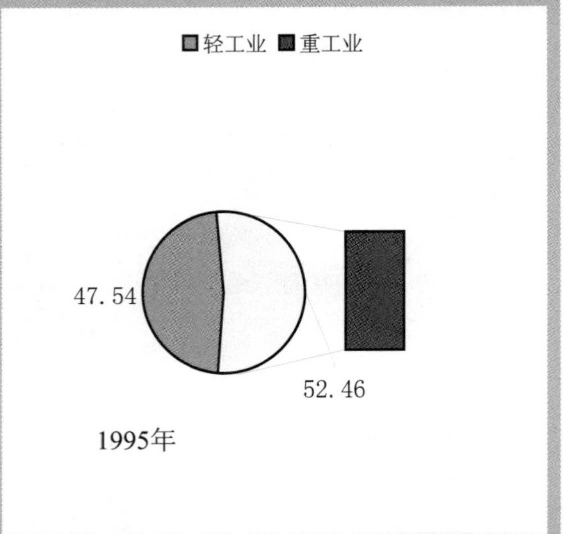

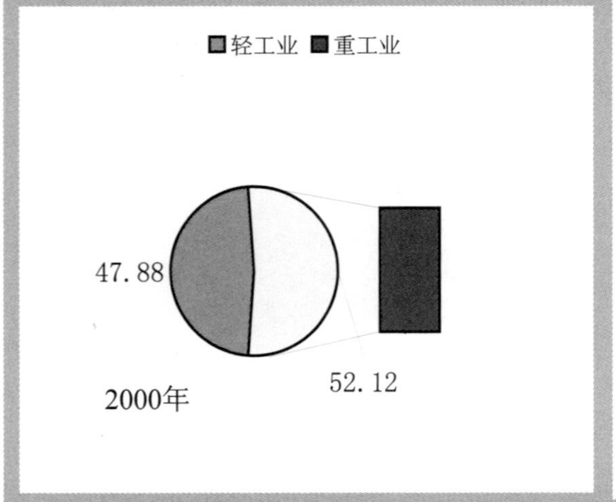

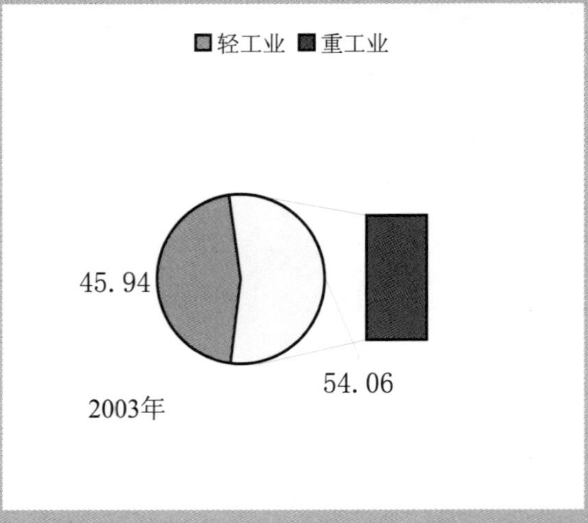

14—1 全部工业总产值及指数

All Included Gross Industrial Output Value and Its Related Index

年份	Year	全部工业总产值 Total	按登记注册类型分类 Grouped by Status of Registration			按轻、重工业 Grouped by Light & Heavy Industry	
			国有 State-owned	集体 Collective-owned	其他 Others	轻工业 Light Industry	重工业 Heavy Industry
总产值（当年价，万元）	Gross Output Value (At Current Prices, 10 000 yuan)						
1978		699727	551690	116121	31916	382292	317435
1980		786344	612702	136125	37517	468411	317933
1985		1393949	1084159	228070	81720	753461	640488
1990		3534331	2550882	586910	396539	1953243	1581088
1991		4214681	3000710	696019	517952	2270524	1944157
1992		5828107	3824655	955270	1048182	3041305	2786803
1993		9029300	5013602	1548821	2466877	4223400	4805900
1994		13216300	5921631	2246881	5047788	6492200	6724100
1995		14631700	5825904	2569475	6236321	6955900	7675800
1996		15984500	5798228	3014812	7171460	7951900	8032600
1997		16710300	5693497	3347962	7668841	8464900	8245400
1998		17276800	4980222	3601904	8694674	9103500	8173300
1999		16673250	4368813	3342196	8962241	8130100	8543200
2000		18002396	4105570	2769606	11127220	8620042	9382354
2001		19031372	3574148	2331629	13125595	9123525	9907847
2002		20365560	3489093	1942627	14933840	9760647	10604913
2003		23542453	3854711	1451699	18236043	10815312	12727141
指数（上年=100）	Index (preceding year=100)						
1978		109.7	109.7	109.2	117.1	107.6	112.3
1980		107.1	106.5	111.7	101.8	114.5	97.9
1985		120.8	121.1	112.2	148.3	116.7	128.0
1990		108.3	106.7	106.9	120.6	110.0	105.8
1991		115.3	111.9	119.1	190.8	117.1	113.2
1992		135.4	125.5	132.7	195.8	135.7	134.9
1993		135.2	109.1	146.7	220.3	125.7	146.3
1994		130.8	104.3	140.2	193.6	131.0	131.5
1995		115.1	105.2	113.5	110.7	103.2	121.9
1996		110.8	100.7	116.3	128.8	115.2	106.6
1997		107.2	100.5	113.7	99.8	109.7	98.2
1998		106.5	97.7	106.2	107.0	110.7	108.6
1999		106.5	97.8	85.4	118.0	100.2	102.6
2000		107.4	88.8	83.0	125.8	89.2	116.3
2001		108.0	89.5	85.6	120.0	104.5	110.6
2002		111.0	97.6	89.3	118.0	113.2	108.9
2003		115.4	100.4	75.3	127.4	117.2	116.2

注：1. 本表从1995年起工业总产值按新规定计算，国有指纯国有企业，其他则包括国有控股。
2. 工业总产值指数按可比价格计算。

Note: 1. Gross industrial output value have been calculated in accordance with the new standards from 1995, state-owned refers to pure state-owned enterprises, others contain state-holding enterprises.
2. Related index of gross industrial output value are calculated in accordance with comparable prices.

14—2 主要年份主要工业产品产量

Output of Major Industrial Products in Main Years

产品名称	Item	1990	1995	2000	2002	2003
锰矿石(万吨)	Manganese Ore (10 000 tons)	138.39	265.40	118.65	74.90	69.01
铁矿石(万吨)	Iron Ore (10 000 tons)	86.43	272.32	68.61	49.89	51.14
钢(万吨)	Steel (10 000 tons)	52.41	88.78	104.73	165.32	206.20
生 铁(万吨)	Pig Iron (10 000 tons)	57.98	96.76	125.32	191.12	249.80
钢 材(万吨)	Rolled Steel(10 000 tons)	45.48	80.50	102.63	184.13	228.84
铁合金(万吨)	Ferroalloys (10 000 tons)	11.49	31.14	41.58	58.52	71.14
十种有色金属(吨)	10 Nonferrous Metal (ton)	86755	272700	605902	610318	659265
#铝	Aluminium	6423	64960	185867	198885	249059
锌	Zinc	55369	129076	235535	262505	251791
锡	Tin	8908	23457	45874	17986	21668
氧化铝(万吨)	Oxide of Aluminium (10 000 tons)			40.81	43.92	68.90
木材(万立方米)	Timber (10 000 cu. m)	234.63	420.71	315.17	376.80	445.92
发电量(亿千瓦小时)	Electricity (100 million kwh)	125.62	217.29	289.09	317.03	363.67
火电	Thermal Power	56.72	74.32	120.22	130.69	170.79
水电	Hydropower	68.90	136.54	168.87	186.34	192.88
原煤(万吨)	Coal (10 000 tons)	979.45	1391.42	706.67	436.75	443.47
焦炭(万吨)	Coke(10 000 tons)	44.34	63.69	60.68	77.99	99.44
硫酸(万吨)	Sulfuric Acid (10 000 tons)	40.53	57.43	86.04	101.20	129.13
烧碱(吨)	Caustic Soda (ton)	61232	101700	140719	187940	213617
农用化肥(折100%)(万吨)	Chemical Fertilizers (10 000 tons)	41.35	43.12	53.30	71.84	68.87
化学农药(吨)	Chemical Pesticide (ton)	6500	6000	18429	11851	14803
松香(吨)	Resin(ton)	109900	244313	198039	197417	228128
水泥(万吨)	Cement (10 000 tons)	765.28	1980.47	2198.35	2401.18	2665.19
化学纤维(吨)	Chemical Fiber (ton)	13717	21800	26165	23763	13580
汽车(辆)	Motor Vehicles (unit)	14492	73824	131238	172274	208987
#客车	Buses			59137	92365	140252

14—2 续表 1 continued

产品名称	Item	1990	1995	2000	2002	2003
小型拖拉机(台)	Mini-tractors (set)	29057	100900	90966	98395	102839
内燃机(万千瓦)	Internal Combustion Engines (10 000 kw)	246.14	1096.00	1035.30	2450.73	2914.62
纱(万吨)	Yarn (10 000 tons)	6.48	7.70	9.22	10.66	11.10
布(万米)	Cloth(10 000 m)	17711	16800	8714	8185	4671
麻袋(万条)	Sack(10 000 cartons)	2927	1535	217	23	69
针棉织品折用纱量(吨)	Cotton Knitwear (ton)	18409	11700	8328	6533	9969
丝(吨)	Silk(ton)	635	3001	895	1703	2164
丝织品(万米)	Silk Fabrics (10 000 m)	1392.04	622.00	742.48	205.96	27.03
纸浆(吨)	Paper Pupl(ton)	245300	214774	907999	252724	313240
机制纸及纸板(万吨)	Machine-made Paper and Paperboard (10 000 tons)	33.50	95.02	82.55	86.71	96.47
#机制纸	Machine-made Paper	24.42	58.29	76.89	84.16	93.59
机制糖(万吨)	Machine-made Sugar (10 000 tons)	136.64	178.12	325.76	480.03	601.41
发酵酒精(万吨)	Liquor (10 000 tons)	7.70	13.93	21.46	16.05	18.54
化学原料药(吨)	Chemical Medicine (ton)	3719	2804	2482	2229	2962
中成药(吨)	Traditional Chinese Medicine (ton)	13747	57071	49719	57169	58056
表(万只)	Watches (10 000 units)	82.98	86.90	1016.88	475.33	1096.66
原盐(万吨)	Salt (10 000 tons)	10.42	9.69	15.62	5.44	11.04
卷烟(万箱)	Cigarettes (10 000 cases)	108.45	98.35	72.33	88.90	98.90
罐头(吨)	Canned Food (ton)	144400	234700	135747	136338	162517
饮料酒(混合量)(万吨)	Alcoholic Beverages (mixed weight) (10 000 tons)	26.14	37.97	65.94	73.82	72.14
肥皂(吨)	Soap (ton)	30348	18234	18238	20640	24635
合成洗涤剂 (吨)	Synthetic Detergents (ton)	34215	43684	31266	48547	72490
牙膏(万支)	Toothpaste (10 000 units)	19777	1326459	38869	55645	98955
塑料制品(吨)	Plastics (ton)	46372	343757	124860	139849	152702
#农用薄膜	Agricultural Film		11299	6340	2790	2166
平板玻璃(万重量箱)	Plain Glass (10 000 weight cases)	147.55	224.32	192.73	172.76	452.17
电子元件(万只)	Electronic Components (10 000 units)	33834	148378	743053	1329411	1520692

14—3 主要年份工业

Major Indicators of Industrial

项目	Item	企业 Number 1990	1995
总计	**Total**	**8981**	**12603**
内资企业	**Domestic Funded Enterprises**	**8945**	**11903**
国有经济	State-owned	2510	2685
中央企业	Central Enterprises	64	82
地方企业	Local Enterprises	2446	2603
集体经济	Collective-owned	6323	8878
股份合作企业	Cooperative Enterprises		
联营企业	Joint Ownership Enterprises		138
有限责任公司	Limited Liability Corporations		
股份有限公司	Share Holding Enterprises		
私营企业	Private Enterprises		34
港澳台商投资企业	**Enterprises with Funds from Hong Kong, Macao and Taiwan**		**521**
外商投资企业	**Foreign Funded Enterprises**	**36**	**179**
在总计中:	Of the Total:		
国有及国有控股企业	State-owned and State-holding Enterprises		
在总计中:	Of the Total:		
轻工业	**Light Industry**	**5097**	**5931**
以农产品为原料	Using Farm Produces as Raw Materials	3229	4009
以非农产品为原料	Using Non-Farm Produces as Raw Materials	1868	1922
重工业	**Heavy Industry**	**3884**	**6672**
采掘工业	Mining and Quarrying	630	923
原料工业	Raw Materials Industry	1243	2021
加工工业	Manufacturing Industry	2011	3728
在总计中:	Of the Total:		
大型企业	Large-scale Industrial Enterprises	109	136
中型企业	Medium-scale Industrial Enterprises	219	439
小型企业	Small-scale Industrial Enterprises	8653	12028

注:本表的统计范围1990年、1995年为全部乡及乡以上独立核算工业企业,2000—2003年为全部国有工业及年销售收入500万元以上非国有工业企业。

Note: The statistical coverage of 1990、1995 in the table was all of the township industrial enterprises and above, while the coverage from 2000 to 2003 referred to all state-owned industrial enterprises and the non-state-owned industvial enterprises with an annual sales revenue of over 5 million yuan.

企业主要指标
Enterprises in Main Years

单位数(个) of Enterprises (unit)			工业总产值(当年价,万元) Gross Industrial Output Value(At Current Prices,10 000 yuan)				
2000	2002	2003	1990	1995	2000	2002	2003
3155	**2911**	**2871**	**2989212**	**9642783**	**10032391**	**11805502**	**14364314**
2948	**2665**	**2594**	**2971415**	**8668013**	**8887051**	**9400546**	**11282437**
1821	1410	1071	2395878	5549655	4105570	3489093	3854711
63	59	49	342421	863028	869987	909064	1222048
1758	1351	1022	2053457	4686627	3235583	2580030	2632664
548	353	301	541426	2434225	1326206	808962	693567
82	76	69			202516	222638	232263
13	8	8		107232	32322	104496	138188
163	305	370			1499467	2352949	2714622
88	91	109			1159125	1361442	1820751
231	421	665		5904	557693	1060363	1827642
103	**132**	**152**		**346258**	**303508**	**577549**	**769984**
104	**114**	**125**	**17797**	**628512**	**841832**	**1827408**	**2311893**
2027	1600	1252			6643575	7086866	7979478
1426	**1299**	**1218**	**1617118**	**4377100**	**3995063**	**4704280**	**5328430**
1028	891		1244342	3493288	3209535	3860216	
398	408		372777	883813	785528	844064	
1729	**1612**	**1653**	**1372094**	**5265683**	**6037328**	**7101222**	**9035884**
284	163		163349	565835	647158	356284	
718	758		559860	2124634	2872261	3198752	
727	691		648886	2575214	2517909	3546186	
198	196	25	808801	3007222	4679394	6148353	3701346
400	366	373	749283	2402327	2024944	2006986	6034269
2557	2349	2473	1431129	4233234	3328053	3650163	4628699

14—3 续表 1 continued

项　目	Item	全部从业人员 Average Employed	
		1990	1995
总　计	**Total**	**1230439**	**1530034**
内资企业	**Domestic Funded Enterprises**	**1223188**	**1445734**
国有经济	State-owned	863437	913240
中央企业	Central Enterprises	79592	84269
地方企业	Local Enterprises	783845	828971
集体经济	Collective-owned	350841	463188
股份合作企业	Cooperative Enterprises		
联营企业	Joint Ownership Enterprises		7718
有限责任公司	Limited Liability Corporations		
股份有限公司	Share Holding Enterprises		
私营企业	Private Enterprises		1174
港澳台商投资企业	**Enterprises with Funds from Hong Kong, Macao and Taiwan**		**42655**
外商投资企业	**Foreign Funded Enterprises**	**7251**	**41645**
在总计中:	Of the Total:		
国有及国有控股企业	State-owned and State-holding Enterprises		
在总计中:	Of the Total:		
轻工业	**Light Industry**	**571595**	**643944**
以农产品为原料	Using Farm Produces as Raw Materials	402414	458482
以非农产品为原料	Using Non-Farm Produces as Raw Materials	169181	185462
重工业	**Heavy Industry**	**658844**	**886090**
采掘工业	Mining and Quarrying	146733	163596
原料工业	Raw Materials Industry	187196	300389
加工工业	Manufacturing Industry	324915	422105
在总计中:	Of the Total:		
大型企业	Large-scale Industrial Enterprises	190520	339762
中型企业	Medium-scale Industrial Enterprises	237949	346902
小型企业	Small-scale Industrial Enterprises	801970	843370

注:1990 年的"流动资产年平均余额"为"流动资金年平均余额"

Note: "Annual Average Balance of Circulating Funds" of 1990 was "Annual Average Balance of Funds".

年平均人数(人) Persons (person)			流动资产年平均余额(万元) Annual Average Balance of Circulating Funds(10 000 yuan)				
2000	2002	2003	1990	1995	2000	2002	2003
912488	**823067**	**829338**	**1515439**	**5460530**	**6638402**	**7210960**	**7927728**
852564	**744486**	**735140**	**1504416**	**5210222**	**5904494**	**6112849**	**6591679**
499646	366548	300278	1237517	3414121	3293473	2953366	2872557
47509	37109	36057	172296	490322	550005	607962	713222
452137	329439	264221	1065222	2923799	2743468	2345404	2159336
113488	69415	57903	253368	1087887	610234	421719	349620
22490	16218	15301			117024	119507	125737
2752	4847	4731		33265	23641	45381	55494
103282	134399	146848			907714	1351426	1456763
66217	70837	80414			786486	805804	970309
44008	82170	129609		1489	160086	414922	760949
26210	**39145**	**48863**		**219585**	**204492**	**253121**	**340101**
33714	**39436**	**45335**	**11023**	**30723**	**529416**	**844991**	**995948**
653007	517575	442508			5016849	4885253	4929348
367066	**342792**	**346809**	**723338**	**2292982**	**2444950**	**2455835**	**2512499**
261415	229201		532084	1720196	1864377	1862150	
105651	113591		191255	572787	580573	593686	
545422	**480275**	**482529**	**792100**	**3167548**	**4193452**	**4755125**	**5415229**
77958	66912		78102	242535	316111	287010	
240368	220987		258467	1283195	1912567	2148958	
227096	192376		455531	1641818	1964774	2319158	
310704	272066	112726	368548	1803926	3231741	3624294	1723654
201162	168513	293000	419290	1468802	1497109	1492886	3672867
400622	382488	423612	727600	2187802	1909552	2093780	2531207

14—3 续表 2 continued

项目	Item	固定 Original 1990	1995
总计	**Total**	**2284895**	**8332719**
内资企业	**Domestic Funded Enterprises**	**2262863**	**7748352**
国有经济	State-owned	1953004	6263717
中央企业	Central Enterprises	356699	1559733
地方企业	Local Enterprises	1596305	4703984
集体经济	Collective-owned	287707	1070458
股份合作企业	Cooperative Enterprises		
联营企业	Joint Ownership Enterprises		27166
有限责任公司	Limited Liability Corporations		
股份有限公司	Share Holding Enterprises		
私营企业	Private Enterprises		3354
港澳台商投资企业	**Enterprises with Funds from Hong Kong, Macao and Taiwan**		**262204**
外商投资企业	**Foreign Funded Enterprises**	**22032**	**322163**
在总计中:	Of the Total:		
国有及国有控股企业	State-owned and State-holding Enterprises		
在总计中:	Of the Total:		
轻工业	**Light Industry**	**847571**	**2779697**
以农产品为原料	Using Farm Produces as Raw Materials	645673	2146839
以非农产品为原料	Using Non-Farm Produces as Raw Materials	201898	632858
重工业	**Heavy Industry**	**1437324**	**5553022**
采掘工业	Mining and Quarrying	231275	468196
原料工业	Raw Materials Industry	729743	3337714
加工工业	Manufacturing Industry	476307	1747113
在总计中:	Of the Total:		
大型企业	Large-scale Industrial Enterprises	678922	3330509
中型企业	Medium-scale Industrial Enterprises	579135	2205546
小型企业	Small-scale Industrial Enterprises	1026838	2796664

单位:万元（10 000 yuan)

资产原价 Value of Fixed Assets			固定资产净值 Net Value of Fixed Assets				
2000	2002	2003	1990	1995	2000	2002	2003
12964147	**13820507**	**14895541**	**1667576**	**6514676**	**9346627**	**9463879**	**10044723**
11424337	**12033214**	**12923735**	**1647792**	**6010265**	**8110169**	**8179760**	**8678726**
7418098	6944174	7048345	1416184	4852225	5207488	4717962	4713268
2197845	2510079	2985857	250932	1313078	1566070	1700984	2029395
5220253	4434094	4062488	1165252	3539147	3641418	3016978	2683873
672445	463401	439198	212945	840188	468787	307459	289003
144689	137510	127950			101877	95528	86569
20426	41651	39387		21184	16369	25649	27891
2077567	2623604	2907317			1586998	1819365	2021426
908918	1380704	1714082			580225	863028	1074062
182009	441387	647420		2920	148317	350122	466492
247456	**325829**	**412099**		**221000**	**183498**	**219377**	**281507**
1292354	**1461465**	**1559707**	**19784**	**283411**	**1052960**	**1064743**	**1084489**
10419967	10676775	11032541			7377249	7172740	7313140
4006214	**3989166**	**4009689**	**642881**	**2161570**	**2910112**	**2744726**	**2732188**
3201899	3169903		493541	1685799	2351723	2194310	
804315	819263		149340	475772	558389	550416	
8957933	**9831341**	**10885852**	**1024696**	**4353106**	**6436515**	**6719154**	**7312535**
633246	599281		148121	326883	440103	384778	
5894232	6973233		555696	2712555	4261013	4888337	
2430455	2258827		320879	1313668	1735399	1446038	
6799517	7418348	2808027	512593	2661756	4923367	4982626	1795406
2878663	3190151	7775015	407729	1658698	1999046	2202236	5220229
3285967	3212009	4312499	747254	2194222	2424214	2279017	3029088

14—3 续表 3 continued

项 目	Item	全部 Total 1990	全部 Total 1995
总 计	**Total**	**2590553**	**10475831**
内资企业	**Domestic Funded Enterprises**	**2565652**	**9503105**
国有经济	**State-owned**	**2168549**	**6962757**
中央企业	Central Enterprises	348211	1597799
地方企业	Local Enterprises	1820338	5364958
集体经济	Collective-owned	372349	1835563
股份合作企业	Cooperative Enterprises		
联营企业	Joint Ownership Enterprises		52926
有限责任公司	Limited Liability Corporations		
股份有限公司	Share Holding Enterprises		630056
私营企业	Private Enterprises		3263
港澳台商投资企业	**Enterprises with Funds from Hong Kong, Macao and Taiwan**		**415299**
外商投资企业	**Foreign Funded Enterprises**	**24901**	**557427**
在总计中:	Of the Total:		
国有及国有控股企业	State-owned and State-holding Enterprises		
在总计中:	Of the Total:		
轻工业	**Light Industry**	**1078300**	**3977965**
以农产品为原料	Using Farm Produces as Raw Materials	808728	3042191
以非农产品为原料	Using Non-Farm Produces as Raw Materials	269572	935774
重工业	**Heavy Industry**	**1512253**	**6497866**
采掘工业	Mining and Quarrying	191598	499515
原料工业	Raw Materials Industry	695759	3384968
加工工业	Manufacturing Industry	624896	2613384
在总计中:	Of the Total:		
大型企业	Large-scale Industrial Enterprises	724667	3855573
中型企业	Medium-scale Industrial Enterprises	671115	2686844
小型企业	Small-scale Industrial Enterprises	1194771	3933414

单位:万元(10 000 yuan)

资金 Funds			实收资本 Total Capital Hold			
2000	2002	2003	1995	2000	2002	2003
15839704	**16582999**	**17761561**	**3874403**	**4407587**	**4921608**	**4965666**
13893872	**14181136**	**15082146**	**3331813**	**3577502**	**3942177**	**3922132**
8470914	**7610911**	**7446975**	**2273333**	**2042639**	**1879254**	**1741328**
2073838	2239138	2647904	423128	388898	347129	385199
6397076	5371773	4799072	1850205	1653741	1532124	1356129
1047471	737926	638662	777400	268002	214970	143930
219276	216105	208715		55598	98782	90585
40033	72750	83238	26437	9180	29704	31537
2389219	3152423	3485452		716846	1086033	1068478
1420998	1630629	1977423		370963	394504	522126
298653	759115	1241405	3291	108812	238253	323985
384355	**476081**	**608804**	**295688**	**179367**	**230923**	**267016**
1561477	**1925782**	**2070612**	**246901**	**650718**	**748507**	**776518**
12325318	11954322	12083828		3126600	3282525	3067425
5333152	**5169430**	**5170555**	**1558750**	**1524190**	**1749002**	**1754328**
4199603	4012511		1105399	1219032	1403466	
1133549	1156919		453351	305158	345535	
10506552	**11413569**	**12591006**	**2315652**	**2883397**	**3172606**	**3211338**
756342	670463		223068	203051	289230	
6115606	6955761		1224261	1655663	1816857	
3634604	3787346		868323	1024683	1066519	
8075381	8547686	3442363	1201780	2086221	2357916	876984
3474523	3671950	8738803	884069	892996	990812	2254773
4289800	4363364	5580395	1788553	1428370	1572880	1833909

项　目	Item	负债 Total	
		1995	2000
总　计	**Total**	**9568635**	**12932824**
内资企业	**Domestic Funded Enterprises**	**8815231**	**11587555**
国有经济	State-owned	6461313	7303345
中央企业	Central Enterprises	1494221	2057981
地方企业	Local Enterprises	4967092	5245364
集体经济	Collective-owned	1771872	966565
股份合作企业	Cooperative Enterprises		159274
联营企业	Joint Ownership Enterprises	42256	32034
有限责任公司	Limited Liability Corporations		1874049
股份有限公司	Share Holding Enterprises		1022749
私营企业	Private Enterprises	2048	227736
港澳台商投资企业	**Enterprises with Funds from Hong Kong, Macao and Taiwan**	**363331**	**285815**
外商投资企业	**Foreign Funded Enterprises**	**390073**	**1059454**
在总计中:	Of the Total:		
国有及国有控股企业	State-owned and State-holding Enterprises		10119721
在总计中:	Of the Total:		
轻工业	**Light Industry**	**3777956**	**4513151**
以农产品为原料	Using Farm Produces as Raw Materials	2900405	3618029
以非农产品为原料	Using Non-Farm Produces as Raw Materials	877551	895122
重工业	**Heavy Industry**	**5790679**	**8419672**
采掘工业	Mining and Quarrying	448433	598144
原料工业	Raw Materials Industry	3119116	5151614
加工工业	Manufacturing Industry	2223131	2669915
在总计中:	Of the Total:		
大型企业	Large-scale Industrial Enterprises	3413311	6462542
中型企业	Medium-scale Industrial Enterprises	2540874	3022973
小型企业	Small-scale Industrial Enterprises	3614450	3447309

单位:万元 (10 000 yuan)

合计 Liabilities		产品销售收入 Sales Revenue				
2002	2003	1990	1995	2000	2002	2003
13220718	**14313602**	**2828963**	**9001304**	**9875056**	**11604084**	**14181775**
11671529	**12541711**	**2814927**	**8138446**	**8782692**	**9362375**	**11236704**
6620637	6365996	2309993	5314734	4085024	3686234	4149184
2221217	2616893	353924	876828	832871	881569	1192921
4399420	3749103	1956070	4437905	3252152	2804665	2956263
686164	608033	475743	2209092	1273077	757389	665277
146366	140363			192191	209018	219531
46299	62012		99009	32163	93480	111635
2330652	2754600			1520614	2271179	2623641
1261381	1566201			1167736	1326498	1749110
579249	1044382		6068	507548	1018049	1717805
324088	**451911**		**294526**	**301552**	**508022**	**689631**
1225101	**1319980**	**14036**	**568332**	**790812**	**1733687**	**2255440**
9752872	9867149			6650384	7167345	8154526
4093608	**4141772**	**1524726**	**3984614**	**3763708**	**4416511**	**4990968**
3190784		1191393	3157551	3013287	3658974	
902824		333333	827063	750421	757538	
9127110	**10171830**	**1304237**	**5016690**	**6111348**	**7187572**	**9190807**
537562		143279	530024	621697	347909	
5683575		574350	2109682	3038313	3424592	
2905973		586608	2376984	2451338	3415071	
6740426	2344151	807813	2821346	4587387	6015977	3682015
3111009	7398726	693822	2255388	1972244	1952896	6086467
3369283	4570725	1327328	3924570	3315425	3635211	4413293

14—3 续表 5 continued

项目	Item	利润 Total 1990	1995
总计	**Total**	**108803**	**161051**
内资企业	**Domestic Funded Enterprises**	**108365**	**120622**
国有经济	State-owned	102001	82466
中央企业	Central Enterprises	4868	56647
地方企业	Local Enterprises	97134	25819
集体经济	Collective-owned	7967	14805
股份合作企业	Cooperative Enterprises		
联营企业	Joint Ownership Enterprises		162
有限责任公司	Limited Liability Corporations		
股份有限公司	Share Holding Enterprises		
私营企业	Private Enterprises		219
港澳台商投资企业	**Enterprises with Funds from Hong Kong, Macao and Taiwan**		**-11486**
外商投资企业	**Foreign Funded Enterprises**	**438**	**51915**
在总计中:	Of the Total:		
国有及国有控股企业	State-owned and State-holding Enterprises		
在总计中:	Of the Total:		
轻工业	**Light Industry**	**44724**	**52737**
以农产品为原料	Using Farm Produces as Raw Materials	32382	51120
以非农产品为原料	Using Non-Farm Produces as Raw Materials	12341	1617
重工业	**Heavy Industry**	**64080**	**108315**
采掘工业	Mining and Quarrying	6287	15516
原料工业	Raw Materials Industry	33539	35096
加工工业	Manufacturing Industry	24254	57703
在总计中:	Of the Total:		
大型企业	Large-scale Industrial Enterprises	42451	142090
中型企业	Medium-scale Industrial Enterprises	31346	40460
小型企业	Small-scale Industrial Enterprises	35006	-21498

单位:万元(10 000 yuan)

总额 Profits			利税总额 Total Profits and Taxes				
2000	2002	2003	1990	1995	2000	2002	2003
359400	**356245**	**664166**	**416829**	**850130**	**1170124**	**1227636**	**1734766**
313139	**216946**	**485870**	**415869**	**761478**	**1057283**	**964718**	**1393477**
127266	41142	181659	374828	556946	476799	377229	654105
114801	63427	112967	108084	205268	225470	207269	372604
12465	-22285	68692	266744	351678	251328	169960	281501
26869	-5368	1293	41668	131174	96542	31324	38099
13609	16770	20729			28511	33494	37920
-628	2953	5186		2011	115	7267	10032
80830	48743	98377			273400	250620	258458
54496	93923	141951			147523	202796	285087
10315	18790	36674		430	33858	61904	109741
1775	**26763**	**26762**		**-1580**	**15224**	**49787**	**53985**
44486	**112536**	**151534**	**960**	**90232**	**97617**	**213131**	**287305**
248305	172571	381371			866662	801493	1139669
108689	**135613**	**170077**	**247874**	**378526**	**462188**	**529607**	**608842**
88066	131473		206683	321633	390766	480525	
20623	4140		41191	56893	71422	49083	
250711	**220631**	**494089**	**168955**	**471603**	**707935**	**698029**	**1125924**
21987	-42670		13941	80787	71825	-13361	
188794	175564		96106	214004	469609	470100	
39930	87737		58908	176813	166502	241290	
283872	287313	274555	185505	393116	737433	808605	536210
55541	16466	291514	104221	242289	204874	151634	843045
19987	52466	98097	127103	214725	227817	267398	355511

14—4 工业企业分行业
Major Indicators of Industrial Enterprises

行　业	Sector	企业单位数（个） Number of Enterprises (unit)
工业企业	Industrial Enterprises	2871
煤炭的开采和洗选业	Coal Mining and Dressing	17
黑色金属矿采选业	Ferrous Metals Mining and Dressing	28
有色金属矿采选业	Nonferrous Metals Mining and Dressing	52
非金属矿采选业	Nonmetal Minerals Mining and Dressing	35
其他矿采选业	Other Mining and Dressing	2
农副食品加工业	Farm and Sideline Products Processing	267
#制糖业	Carbohydrate Processing	89
食品制造业	Food Production	89
#罐头制造业	Canned Food Manufacturing	26
饮料制造业	Beverage Production	68
#酒精制造	Liquor Manufacturing	10
#酒的制造	Beverage Manufacturing	24
烟草制品业	Tobacco Processing	6
#卷烟制造	Cigarettes Manufacturing	3
纺织业	Textile Industry	68
纺织服装、鞋、帽制造业	Garments, Shoes and Accessories Manufacturing	10
皮革、毛皮、羽毛(绒)及其制品业	Leather, Fur, Wool Products	34
木材加工及木、竹、藤、棕、草制	Timber Processing, Bamboo, Cane, Palm Fiber and Straw Products	88
家具制造业	Furniture Manufacturing	8
造纸及纸制品业	Papermaking and Paper Products	89
#造纸业	Papermaking	54
印刷业和记录媒介的复制	Printing and Record Duplicating	87
#印刷业	Printing	71
文教体育用品制造业	Cultural, Educational and Sports Goods	4
石油加工、炼焦及核燃料加工业	Oil Processing, Coking and Nuclear Fuel Processing	12
化学原料及化学制品制造业	Raw Chemical Materials and Chemical Products	269
医药制造业	Medical and Pharmaceutical Products	121
化学纤维制造业	Chemical Fiber	4
橡胶制品业	Rubber Products	13
塑料制品业	Plastic Products	63
非金属矿物制品业	Nonmetal Mineral Products	340
#水泥制造	Cement Products	207
黑色金属冶炼及压延加工业	Smelting and Pressing of Ferrous Metals	108
有色金属冶炼及压延加工业	Smelting and Pressing of Nonferrous Metals	82
金属制品业	Metal Products	42
通用设备制造业	General Equipment Manufacturing	97
专用设备制造业	For Special Purposes Equipment Manufacturing	105
交通运输设备制造业	Transport Equipment Manufacturing	143
#汽车制造	Automobile Manufacturing	118
电气机械及器材制造业	Electric Equipment and Machinery	74
通信设备、计算机及其他电子设备	Communication Equipment, Computer and Other Electronic Equipment Manufacturing	34
仪器仪表及文化、办公用机械制造	Instruments, Meters, Cultural and Office Machinery	16
电力、热力的生产和供应业	Production and Supply of Electric Power ,Steam and Hot Water	235
#电力生产	Electric Power Production	146
#水力发电	Hydropower	133
燃气生产和供应业	Production and Supply of Gas	4
自来水的生产和供应	Production and Supply of Water	98

注：工业企业分行业主要指标统计范围为全部国有工业及年产品销售收入500万元以上非国有工业。

Note: The statistical coverage of major indicators of industrial enterprises by industrial sectors is all state-owned industrial enterprises and the non-state-owned industrial enterprises with an annual sales income of over 5 million yuan.

主要指标(2003 年)
by Industrial Sectors(2003)

单位:万元(10 000 yuan)

工业总产值(当年价格) Gross Industrial Output Value (At Current Prices)	工业总产值(不变价格) Gross Industrial Output Value (At Constant Prices)	工业增加值(当年价) Value of added of Industry (At Current Prices)	全部从业人员年平均人数(人) Average Employed Persons (person)	固定资产原价 Original Value of Fixed Assets
14364314	13480088	4464803	829338	14895541
66779	32470	31728	17747	105231
38336	28407	13315	4949	40945
222935	180135	68163	29080	333946
63535	42145	27546	7379	74981
2230	1277	476	415	2016
2423528	2522329	583580	85755	1549396
1403908	1693405	414302	66081	1315856
171854	189022	40575	16733	118077
63053	58946	13023	8694	34878
221807	194658	81747	11585	247268
8117	7484	2198	933	21992
133799	93821	58095	6478	172081
360283	259344	232696	4248	176236
353178	252274	229082	3249	162718
237381	216669	63142	36008	173251
11913	13826	3796	3080	6436
118804	113734	29264	7148	21403
232250	259920	67743	18149	178992
4913	4774	2131	985	2464
337689	327037	80129	24387	582850
216327	205402	56264	15863	249138
63056	56981	27514	8856	82034
59571	51910	26826	8336	78858
2410	2695	717	486	1910
210847	78921	59823	2168	67545
1061730	1061732	281899	61404	879857
516830	614931	213294	30943	353943
12983	23545	-388	2034	42921
54678	75145	9932	8077	70955
130325	148386	39671	10046	67969
823719	752646	254042	118192	1066283
469985	391476	141524	57823	806795
1085200	702952	284247	37222	744307
818291	637117	276656	33911	1029850
136380	142072	28923	6490	54013
352370	339784	89971	28976	289499
529041	566581	121941	26430	247476
2277403	2571547	507616	52525	771262
2185331	2510277	479258	39898	653738
351223	422395	101928	18317	173207
141439	286662	48556	7883	78655
62994	91719	22289	6003	41079
1022890	389421	686139	65328	4818918
687003	248389	426368	29478	2715171
291262	142309	231572	22502	1806770
6154	5156	72	601	31373
82304	23672	48763	14242	341506

14—4 续表 1 continued

行　业	Sector	固定资产净值 Net Value of Fixed Assets
工业企业	Industrial Enterprises	10044723
煤炭的开采和洗选业	Coal Mining and Dressing	65234
黑色金属矿采选业	Ferrous Metals Mining and Dressing	26574
有色金属矿采选业	Nonferrous Metals Mining and Dressing	206633
非金属矿采选业	Nonmetal Minerals Mining and Dressing	41092
其他矿采选业	Other Mining and Dressing	909
农副食品加工业	Farm and Sideline Products Processing	1007394
#制糖业	Carbohydrate Processing	849938
食品制造业	Food Production	79611
#罐头制造业	Canned Food Manufacturing	25886
饮料制造业	Beverage Production	167738
#酒精制造	Liquor Manufacturing	18195
#酒的制造	Beverage Manufacturing	121050
烟草制品业	Tobacco Processing	131138
#卷烟制造	Cigarettes Manufacturing	119420
纺织业	Textile Industry	106387
纺织服装、鞋、帽制造业	Garments, Shoes and Accessories Manufacturing	4640
皮革、毛皮、羽毛(绒)及其制品业	Leather, Fur, Wool Products	13345
木材加工及木、竹、藤、棕、草制	Timber Processing, Bamboo, Cane, Palm Fiber and Straw Products	113366
家具制造业	Furniture Manufacturing	1615
造纸及纸制品业	Papermaking and Paper Products	433809
#造纸业	Papermaking	179015
印刷业和记录媒介的复制	Printing and Record Duplicating	54264
#印刷业	Printing	52453
文教体育用品制造业	Cultural, Educational and Sports Goods	1106
石油加工、炼焦及核燃料加工业	Oil Processing, Coking and Nuclear Fuel Processing	36261
化学原料及化学制品制造业	Raw Chemical Materials and Chemical Products	609107
医药制造业	Medical and Pharmaceutical Products	277551
化学纤维制造业	Chemical Fiber	26103
橡胶制品业	Rubber Products	36365
塑料制品业	Plastic Products	43312
非金属矿物制品业	Nonmetal Mineral Products	741183
#水泥制造	Cement Products	566184
黑色金属冶炼及压延加工业	Smelting and Pressing of Ferrous Metals	560716
有色金属冶炼及压延加工业	Smelting and Pressing of Nonferrous Metals	671670
金属制品业	Metal Products	43280
通用设备制造业	General Equipment Manufacturing	158435
专用设备制造业	For Special Purposes Equipment Manufacturing	145410
交通运输设备制造业	Transport Equipment Manufacturing	438588
#汽车制造	Automobile Manufacturing	360376
电气机械及器材制造业	Electric Equipment and Machinery	108495
通信设备、计算机及其他电子设备	Communication Equipment, Computer and Other Electronic Equipment Manufacturing	49279
仪器仪表及文化、办公用机械制造	Instruments, Meters, Cultural and Office Machinery	19229
电力、热力的生产和供应业	Production and Supply of Electric Power ,Steam and Hot Water	3352788
#电力生产	Electric Power Production	1751175
#水力发电	Hydropower	1138571
燃气生产和供应业	Production and Supply of Gas	23759
自来水的生产和供应	Production and Supply of Water	227275

单位:万元(10 000 yuan)

流动资产年平均余额 Annual Average Balance of Circulating Funds	固定资产净值年平均余额 Annual Average Balance of Net Value of Fixed Assets	利润总额 Total Profits	利税总额 Total Profits and Taxes	产品销售收入 Sales Revenue
7927728	9833833	664166	1734766	14181775
46940	65695	-1478	4881	63778
26862	26769	1422	4333	37158
153930	212709	3671	17823	216445
49689	42451	5431	11458	60498
3121	951	97	248	1860
899112	975093	88517	193556	2270951
622161	814876	67769	162060	1297609
103592	79709	3017	10311	155323
47869	22933	3659	6715	63178
82008	170224	13126	41338	203929
5508	18341	-97	223	7026
41194	122495	10858	34602	120265
214473	110486	28937	196719	357889
208635	98759	28953	196420	353520
156361	114542	-4120	7683	229313
5960	4725	365	757	11728
31897	14760	1412	4215	110053
113792	109956	4990	16567	209571
2231	1783	286	646	5621
188633	441333	-12786	6610	336549
127709	179478	1273	13378	217473
43599	52173	-361	3488	58931
41820	50355	-371	3304	55547
2020	1065	-34	127	2458
57507	36752	12017	39890	209824
501576	605181	4882	54990	1000945
355806	238382	47664	95241	460873
41310	26733	-4948	-4569	12147
76128	36834	-7543	-3664	53594
62260	40494	4411	8282	115526
430885	731837	10286	70584	823920
266399	567807	-693	39750	464873
459673	525878	89054	166291	1125705
369078	657994	69708	119993	795583
61744	43531	3327	6376	105430
352405	167187	-5869	11093	341595
338790	150428	25145	42006	499165
1147445	435620	116172	238331	2282887
1041153	355911	115463	232979	2189310
310606	109565	17619	31012	314378
143957	47289	6226	11733	117430
52876	20028	737	2929	34780
920585	3269407	140857	309376	1360507
481019	1782017	132601	226178	723860
230346	1138732	68257	116187	323872
16882	23994	39	359	12838
67549	221592	637	6132	77890

14—5 国有及国有控股企业

Major Indicators of State - owned and

项　目	Item	企业单位数（个）Number of Enterprises (unit)
国有及国有控股工业企业	State-owned and State Holding Industrial Enterprises	1252
在总计中:轻工业	Of the Total:Light Industry	480
重工业	Heavy Industry	772
在总计中:大型企业	Of the Total:Large-scale Industrial Enterprises	20
中型企业	Medium-scale Industrial Enterprises	221
小型企业	Small-scale Industrial Enterprises	1011
煤炭的开采和洗选业	Coal Mining and Dressing	13
黑色金属矿采选业	Ferrous Metals Mining and Dressing	16
有色金属矿采选业	Nonferrous Metals Mining and Dressing	33
非金属矿采选业	Nonmetal Minerals Mining and Dressing	22
其他矿采选业	Other Mining and Dressing	1
农副食品加工业	Farm and Sideline Products Processing	86
#制糖业	Carbohydrate Processing	42
食品制造业	Food Production	42
#罐头制造业	Canned Food Manufacturing	6
饮料制造业	Beverage Production	32
#酒精制造	Liquor Manufacturing	6
#酒的制造	Beverage Manufacturing	14
烟草制品业	Tobacco Processing	5
#卷烟制造	Cigarettes Manufacturing	2
纺织业	Textile Industry	24
纺织服装、鞋、帽制造业	Garments, Shoes and Accessories Manufacturing	3
皮革、毛皮、羽毛(绒)及其制品业	Leather, Fur, Wool Products	5
木材加工及木、竹、藤、棕、草制	Timber Processing, Bamboo, Cane, Palm Fiber and Straw Products	22
家具制造业	Furniture Manufacturing	3
造纸及纸制品业	Papermaking and Paper Products	24
#造纸业	Papermaking	16
印刷业和记录媒介的复制	Printing and Record Duplicating	68
#印刷业	Printing	53
文教体育用品制造业	Cultural, Educational and Sports Goods	1
石油加工、炼焦及核燃料加工业	Oil Processing, Coking and Nuclear Fuel Processing	5
化学原料及化学制品制造业	Raw Chemical Materials and Chemical Products	80
医药制造业	Medical and Pharmaceutical Products	44
化学纤维制造业	Chemical Fiber	3
橡胶制品业	Rubber Products	5
塑料制品业	Plastic Products	8
非金属矿物制品业	Nonmetal Mineral Products	137
#水泥制造	Cement Products	79
黑色金属冶炼及压延加工业	Smelting and Pressing of Ferrous Metals	16
有色金属冶炼及压延加工业	Smelting and Pressing of Nonferrous Metals	20
金属制品业	Metal Products	8
通用设备制造业	General Equipment Manufacturing	53
专用设备制造业	For Special Purposes Equipment Manufacturing	60
交通运输设备制造业	Transport Equipment Manufacturing	59
#汽车制造	Automobile Manufacturing	40
电气机械及器材制造业	Electric Equipment and Machinery	22
通信设备、计算机及其他电子设备	Communication Equipment, Computer and Other Electronic Equipment Manufacturing	14
仪器仪表及文化、办公用机械制造	Instruments, Meters, Cultural and Office Machinery	3
电力、热力的生产和供应业	Production and Supply of Electric Power ,Steam and Hot Water	217
#电力生产	Electric Power Production	129
#水力发电	Hydropower	119
燃气生产和供应业	Production and Supply of Gas	1
自来水的生产和供应	Production and Supply of Water	95

主要指标(2003 年)

State Holding Industrial Enterprises(2003)

单位:万元 (10 000 yuan)

工业总产值(当年价格) Gross Industrial Output Value (At Current Prices)	工业总产值(不变价格) Gross Industrial Output Value (At Constant Prices)	工业增加值(当年价) Value of added of Industry (At Current Prices)	全部从业人员年平均人数(人) Average Employed Persons (person)	固定资产原价 Original Value of Fixed Assets
7979478	7167054	2686063	442508	11032541
1987621	1997274	736010	130965	2320767
5991857	5169780	1950053	311543	8711774
3451178	3269429	920604	96238	2605187
3376690	3007424	1355112	190182	6171458
1151610	890201	410347	156088	2255896
61619	29419	28791	16330	103859
24122	16680	7755	3800	38862
184656	148869	55326	23456	312347
36541	20798	18136	5635	61850
1354	670	197	174	1102
818056	945809	238610	39385	784954
747315	895692	220362	34426	724120
35469	32743	7700	4260	51694
13482	13587	1583	1614	16571
22625	25632	9961	2424	30969
1435	1287	294	244	4350
12722	7165	6994	1171	12641
356308	255369	231189	4168	175977
349203	248299	227575	3169	162459
133717	120670	32737	18339	119865
2525	1712	912	649	2864
5086	4891	705	907	6755
92128	118879	29882	3921	98290
434	419	177	91	305
170591	179643	34244	10019	479475
100784	107951	24712	7267	165958
36411	28501	17223	6685	61637
35396	27234	16818	6215	59048
547	547	114	84	231
151777	33996	40811	1552	60344
426145	378303	121030	28684	620273
180540	225419	70778	12702	120436
10209	18587	-811	1534	42921
46519	66955	7610	5710	54499
6606	12551	2103	450	14397
308614	272574	97828	43536	547075
243683	193965	79049	28750	454797
729523	424343	209939	21044	649173
463150	334101	198944	16833	794391
8768	10969	1399	1025	10930
211516	203114	55787	20124	210106
425364	445308	93035	18964	206477
1942547	2215344	404570	37907	658705
1859429	2163816	379351	25914	546589
107709	127645	27819	8016	75087
63217	80976	21476	4512	49731
10643	16567	4578	1842	20087
822752	344499	566815	62977	4227190
487471	203513	307187	27178	2124435
259340	132371	207371	20579	1665982
1122	789	1073	338	7834
79900	23143	47584	13919	329465

14—5 续表 1 continued

项　　目	Item	固定资产净值 Net Value of Fixed Assets
国有及国有控股工业企业	State-owned and State Holding Industrial Enterprises	7313140
在总计中:轻工业	Of the Total:Light Industry	1579853
重工业	Heavy Industry	5733287
在总计中:大型企业	Of the Total:Large-scale Industrial Enterprises	1681673
中型企业	Medium-scale Industrial Enterprises	4116852
小型企业	Small-scale Industrial Enterprises	1514615
煤炭的开采和洗选业	Coal Mining and Dressing	64093
黑色金属矿采选业	Ferrous Metals Mining and Dressing	25078
有色金属矿采选业	Nonferrous Metals Mining and Dressing	192602
非金属矿采选业	Nonmetal Minerals Mining and Dressing	32227
其他矿采选业	Other Mining and Dressing	770
农副食品加工业	Farm and Sideline Products Processing	509753
#制糖业	#Carbohydrate Processing	471050
食品制造业	Food Production	34607
#罐头制造业	Canned Food Manufacturing	11002
饮料制造业	Beverage Production	20098
#酒精制造	Liquor Manufacturing	3487
#酒的制造	Beverage Manufacturing	8506
烟草制品业	Tobacco Processing	130976
#卷烟制造	Cigarettes Manufacturing	119257
纺织业	Textile Industry	74347
纺织服装、鞋、帽制造业	Garments, Shoes and Accessories Manufacturing	2057
皮革、毛皮、羽毛(绒)及其制品业	Leather, Fur, Wool Products	4171
木材加工及木、竹、藤、棕、草制	Timber Processing, Bamboo, Cane, Palm Fiber and Straw Products	62112
家具制造业	Furniture Manufacturing	196
造纸及纸制品业	Papermaking and Paper Products	362832
#造纸业	Papermaking	121530
印刷业和记录媒介的复制	Printing and Record Duplicating	39881
#印刷业	Printing	38448
文教体育用品制造业	Cultural, Educational and Sports Goods	137
石油加工、炼焦及核燃料加工业	Oil Processing, Coking and Nuclear Fuel Processing	30254
化学原料及化学制品制造业	Raw Chemical Materials and Chemical Products	435759
医药制造业	Medical and Pharmaceutical Products	83943
化学纤维制造业	Chemical Fiber	26102
橡胶制品业	Rubber Products	31589
塑料制品业	Plastic Products	8343
非金属矿物制品业	Nonmetal Mineral Products	361519
#水泥制造	Cement Products	299279
黑色金属冶炼及压延加工业	Smelting and Pressing of Ferrous Metals	483529
有色金属冶炼及压延加工业	Smelting and Pressing of Nonferrous Metals	517041
金属制品业	Metal Products	6942
通用设备制造业	General Equipment Manufacturing	111170
专用设备制造业	For Special Purposes Equipment Manufacturing	122956
交通运输设备制造业	Transport Equipment Manufacturing	361271
#汽车制造	Automobile Manufacturing	287279
电气机械及器材制造业	Electric Equipment and Machinery	46072
通信设备、计算机及其他电子设备	Communication Equipment, Computer and Other Electronic Equipment Manufacturing	30807
仪器仪表及文化、办公用机械制造	Instruments, Meters, Cultural and Office Machinery	8498
电力、热力的生产和供应业	Production and Supply of Electric Power ,Steam and Hot Water	2866390
#电力生产	Electric Power Production	1265741
#水力发电	Hydropower	1034587
燃气生产和供应业	Production and Supply of Gas	4099
自来水的生产和供应	Production and Supply of Water	219105

单位:万元 (10 000 yuan)

流动资产年平均余额 Annual Average Balance of Circulating Funds	固定资产净值年平均余额 Annual Average Balance of Net Value of Fixed Assets	利润总额 Total Profits	利税总额 Total Profits and Taxes	产品销售收入 Sales Revenue
4929348	7154480	381371	1139669	8154526
1227972	1550578	37742	315843	1885317
3701376	5603902	343629	823826	6269209
1601652	1606818	260775	499185	3410042
2377953	4037422	146006	568101	3575075
949743	1510240	-25410	72383	1169409
45362	64706	-1177	4615	58088
22142	25295	1102	2854	23410
135453	199212	581	12256	181001
27438	33322	3935	7673	33792
1831	775	2	27	911
373724	492243	29577	86285	772399
327587	449508	30193	84439	702275
34202	35045	-522	1214	33811
19079	10682	292	926	13964
19946	19781	-754	2178	18867
1449	3518	-180	-116	1496
12531	8334	-223	1849	8959
213356	110403	28931	196612	354114
207518	98676	28947	196313	349745
102392	78994	-3653	4581	132222
1729	2085	49	183	2539
6088	4397	-622	-565	5013
69639	61953	364	3625	74645
69	208		27	422
102920	372877	-15323	-4043	173244
60717	124698	176	6299	103785
31119	37824	-1309	1250	33371
30155	36364	-1245	1229	32459
325	69	-92	-28	543
33406	30700	6318	31840	151815
237173	432317	-7397	10559	395883
144196	83426	7209	23238	164337
39707	26732	-4914	-4547	9995
65565	32271	-5960	-2517	46029
4938	3869	-723	-517	6543
206479	371983	-2188	24050	301903
148305	308408	1019	22716	239502
368095	450989	84887	148158	782698
145962	505372	64910	103508	419312
6908	6920	-364	7	8346
258683	112334	4628	16822	211531
261364	125058	22598	35741	405189
940781	359461	86834	194504	1956336
839616	284134	87244	190761	1871384
84256	45556	316	4428	102179
55940	31468	-1895	-721	43960
27610	8698	-74	795	10332
787291	2768536	85406	229309	1159298
347867	1282108	77124	146116	523257
202954	1030262	59546	103505	290725
5559	4404	58	218	4536
66352	213376	918	6248	75486

14—6 国有工业企业

Major Iadicators of state-owned

项　　目	Item	企业单位数（个）Number of Enterprises (unit)
国有工业企业	State-owned and State Holding Industrial Enterprises	1071
在总计中:轻工业	Of the Total:Light Industry	416
重工业	Heavy Industry	655
在总计中:大型企业	Of the Total:Large-scale Industrial Enterprises	7
中型企业	Medium-scale Industrial Enterprises	145
小型企业	Small-scale Industrial Enterprises	919
煤炭的开采和洗选业	Coal Mining and Dressing	13
黑色金属矿采选业	Ferrous Metals Mining and Dressing	15
有色金属矿采选业	Nonferrous Metals Mining and Dressing	27
非金属矿采选业	Nonmetal Minerals Mining and Dressing	21
其他矿采选业	Other Mining and Dressing	1
农副食品加工业	Farm and Sideline Products Processing	57
#制糖业	Carbohydrate Processing	17
食品制造业	Food Production	39
#罐头制造业	Canned Food Manufacturing	5
饮料制造业	Beverage Production	29
#酒精制造	Liquor Manufacturing	6
#酒的制造	Beverage Manufacturing	14
烟草制品业	Tobacco Processing	3
#卷烟制造	Cigarettes Manufacturing	2
纺织业	Textile Industry	20
纺织服装、鞋、帽制造业	Garments, Shoes and Accessories Manufacturing	3
皮革、毛皮、羽毛(绒)及其制品业	Leather, Fur, Wool Products	5
木材加工及木、竹、藤、棕、草制	Timber Processing, Bamboo, Cane, Palm Fiber and Straw Products	22
家具制造业	Furniture Manufacturing	3
造纸及纸制品业	Papermaking and Paper Products	18
#造纸业	Papermaking	13
印刷业和记录媒介的复制	Printing and Record Duplicating	67
#印刷业	Printing	52
文教体育用品制造业	Cultural, Educational and Sports Goods	1
石油加工、炼焦及核燃料加工业	Oil Processing, Coking and Nuclear Fuel Processing	3
化学原料及化学制品制造业	Raw Chemical Materials and Chemical Products	63
医药制造业	Medical and Pharmaceutical Products	33
化学纤维制造业	Chemical Fiber	3
橡胶制品业	Rubber Products	5
塑料制品业	Plastic Products	7
非金属矿物制品业	Nonmetal Mineral Products	118
#水泥制造	Cement Products	63
黑色金属冶炼及压延加工业	Smelting and Pressing of Ferrous Metals	14
有色金属冶炼及压延加工业	Smelting and Pressing of Nonferrous Metals	15
金属制品业	Metal Products	7
通用设备制造业	General Equipment Manufacturing	37
专用设备制造业	For Special Purposes Equipment Manufacturing	50
交通运输设备制造业	Transport Equipment Manufacturing	47
#汽车制造	Automobile Manufacturing	29
电气机械及器材制造业	Electric Equipment and Machinery	19
通信设备、计算机及其他电子设备	Communication Equipment, Computer and Other Electronic Equipment Manufacturing	10
仪器仪表及文化、办公用机械制造	Instruments, Meters, Cultural and Office Machinery	3
电力、热力的生产和供应业	Production and Supply of Electric Power ,Steam and Hot Water	196
#电力生产	Electric Power Production	113
#水力发电	Hydropower	108
燃气生产和供应业	Production and Supply of Gas	1
自来水的生产和供应	Production and Supply of Water	94

主要指标(2003年)
Industrial Enterprises(2003)

单位:万元 (10 000 yuan)

工业总产值(当年价格) Gross Industrial Output Value (At Current Prices)	工业总产值(不变价格) Gross Industrial Output Value (At Constant Prices)	工业增加值(当年价) Value of added of Industry (At Current Prices)	全部从业人员年平均人数(人) Average Employed Persons (person)	固定资产原价 Original Value of Fixed Assets
3854711	2969628	1555810	300278	7048345
889692	758393	407988	75023	1081500
2965019	2211235	1147822	225255	5966845
1122264	689290	400775	40688	1385405
1943665	1625086	870906	122525	3926983
788782	655252	284129	137065	1735957
61619	29419	28791	16330	103859
22237	15809	7313	3629	34162
60980	48198	19998	8546	67821
31278	17979	14882	5083	33758
1354	670	197	174	1102
181549	195418	50945	11131	188681
134480	166096	38069	7361	147285
31002	26073	8911	3636	39319
11193	10336	2580	1227	12306
16707	18592	7438	1944	21730
1435	1287	294	244	4350
12722	7165	6994	1171	12641
349511	248572	227692	3313	165522
349203	248299	227575	3169	162459
55636	54080	15314	9725	71250
2525	1712	912	649	2864
5086	4891	705	907	6755
92128	118879	29882	3921	98290
434	419	177	91	305
53241	53603	14179	5669	89594
48864	48327	13057	4894	84184
34138	26229	16623	6545	54505
33124	24962	16219	6075	51917
547	547	114	84	231
31422	7080	10578	1172	27927
151858	135706	44022	17634	252914
26489	27519	10582	3645	33904
10209	18587	-811	1534	42921
46519	66955	7610	5710	54499
2658	2737	1239	302	10280
189426	178354	60123	34953	336593
131014	105784	42747	20538	249069
642334	343007	197673	17663	513851
382777	241292	177803	11581	723096
5323	5471	903	956	8935
57536	58276	17372	11645	94257
112619	119098	32763	13057	129117
468855	484225	88670	20380	216092
386652	433612	63742	8507	104442
70029	88538	20203	5422	57915
26035	41058	8215	3226	31160
10643	16567	4578	1842	20087
548432	252227	388973	54297	3226585
227254	117972	135364	21436	1168744
147091	92538	102630	17985	1026817
1122	789	1073	338	7834
69785	20433	40132	13032	278244

项目	Item	固定资产净值 Net Value of Fixed Assets
国有工业企业	State-owned and State Holding Industrial Enterprises	4713268
在总计中:轻工业	Of the Total: Light Industry	713896
重工业	Heavy Industry	3999372
在总计中:大型企业	Of the Total: Large-scale Industrial Enterprises	941357
中型企业	Medium-scale Industrial Enterprises	2591969
小型企业	Small-scale Industrial Enterprises	1179942
煤炭的开采和洗选业	Coal Mining and Dressing	64093
黑色金属矿采选业	Ferrous Metals Mining and Dressing	21189
有色金属矿采选业	Nonferrous Metals Mining and Dressing	37912
非金属矿采选业	Nonmetal Minerals Mining and Dressing	19067
其他矿采选业	Other Mining and Dressing	770
农副食品加工业	Farm and Sideline Products Processing	119772
#制糖业	Carbohydrate Processing	90993
食品制造业	Food Production	25716
#罐头制造业	Canned Food Manufacturing	8787
饮料制造业	Beverage Production	14917
#酒精制造	LiquorManufacturing	3487
#酒的制造	Beverage Manufacturing	8506
烟草制品业	Tobacco Processing	120893
#卷烟制造	Cigarettes Manufacturing	119257
纺织业	Textile Industry	40639
纺织服装、鞋、帽制造业	Garments, Shoes and Accessories Manufacturing	2057
皮革、毛皮、羽毛(绒)及其制品业	Leather, Fur, Wool Products	4171
木材加工及木、竹、藤、棕、草制	Timber Processing, Bamboo, Cane, Palm Fiber and Straw Products	62112
家具制造业	Furniture Manufacturing	196
造纸及纸制品业	Papermaking and Paper Products	58077
#造纸业	Papermaking	54678
印刷业和记录媒介的复制	Printing and Record Duplicating	33530
#印刷业	Printing	32097
文教体育用品制造业	Cultural, Educational and Sports Goods	137
石油加工、炼焦及核燃料加工业	Oil Processing, Coking and Nuclear Fuel Processing	13402
化学原料及化学制品制造业	Raw Chemical Materials and Chemical Products	174070
医药制造业	Medical and Pharmaceutical Products	25441
化学纤维制造业	Chemical Fiber	26102
橡胶制品业	Rubber Products	31589
塑料制品业	Plastic Products	6112
非金属矿物制品业	Nonmetal Mineral Products	234001
#水泥制造	Cement Products	175666
黑色金属冶炼及压延加工业	Smelting and Pressing of Ferrous Metals	373367
有色金属冶炼及压延加工业	Smelting and Pressing of Nonferrous Metals	477338
金属制品业	Metal Products	5632
通用设备制造业	General Equipment Manufacturing	51842
专用设备制造业	For Special Purposes Equipment Manufacturing	77306
交通运输设备制造业	Transport Equipment Manufacturing	134500
#汽车制造	Automobile Manufacturing	60784
电气机械及器材制造业	Electric Equipment and Machinery	33249
通信设备、计算机及其他电子设备	Communication Equipment, Computer and Other Electronic Equipment Manufacturing	20368
仪器仪表及文化、办公用机械制造	Instruments, Meters, Cultural and Office Machinery	8498
电力、热力的生产和供应业	Production and Supply of Electric Power ,Steam and Hot Water	2201977
#电力生产	Electric Power Production	633138
#水力发电	Hydropower	587605
燃气生产和供应业	Production and Supply of Gas	4099
自来水的生产和供应	Production and Supply of Water	187313

单位:万元(10 000yuan)

流动资产年平均余额 Annual Average Balance of Circulating Funds	固定资产净值年平均余额 Annual Average Balance of Net Value of Fixed Assets	利润总额 Total Profits	利税总额 Total Profits and Taxes	产品销售收入 Sales Revenue
2872557	4574418	181659	654105	4149184
673426	691012	14731	216006	861336
2199131	3883406	166928	438099	3287848
601529	899792	144922	246161	1143352
1534738	2487652	79631	393467	2190543
736290	1186974	-42894	14477	815289
45362	64706	-1177	4615	58088
20566	21376	919	2521	21337
39825	41064	-670	4142	56115
20164	19489	3768	6443	28520
1831	775	2	27	911
98491	116961	5687	15703	173485
73111	85298	7160	15936	126038
25990	26139	-441	973	27393
13730	8830	44	425	9516
15647	14517	-418	2263	13682
1449	3518	-180	-116	1496
12531	8334	-223	1849	8959
208686	100321	28879	196273	349997
207518	98676	28947	196313	349745
51135	45012	-3126	314	55605
1729	2085	49	183	2539
6088	4397	-622	-565	5013
69639	61953	364	3625	74645
69	208		27	422
43302	61014	-1524	1724	54329
37682	56848	-1126	1839	50166
27713	33006	-1609	737	31374
26749	31545	-1545	716	30462
325	69	-92	-28	543
12829	13331	858	5440	31500
118301	174552	-3426	2622	150876
29672	25124	-218	1653	24015
39707	26732	-4914	-4547	9995
65565	32271	-5960	-2517	46029
2494	1454	-726	-625	2565
136322	242129	-7712	7731	181380
82103	182301	-4129	7131	124909
329268	345037	83252	143329	691474
89298	468397	65159	100543	341481
6108	5550	-274		5214
90258	51300	-7691	-4163	52949
120961	80349	-3789	-1248	110616
311942	136938	17674	32587	500955
211004	61903	18098	28914	416769
67737	33974	-188	3484	68430
41426	20937	-1592	-598	16352
27610	8698	-74	795	10332
639355	2108968	22733	127204	880691
212063	647907	18066	49158	266941
149225	595485	16127	39473	181796
5559	4404	58	218	4536
60232	179362	-1214	3420	65371

14—7 集体工业企业

Major Indicators of Collective Owned

项　目	Item	企业单位数（个）Number of Enterprises (unit)
集体工业企业	Collective Owned Industrial Enterprises	301
在总计中:轻工业	Of the Total: Light Industry	85
重工业	Heavy Industry	216
在总计中:大型企业	Of the Total: Large-scale Industrial Enterprises	1
中型企业	Medium-scale Industrial Enterprises	15
小型企业	Small-scale Industrial Enterprises	285
黑色金属矿采选业	Ferrous Metals Mining and Dressing	4
有色金属矿采选业	Nonferrous Metals Mining and Dressing	4
非金属矿采选业	Nonmetal Minerals Mining and Dressing	5
其他矿采选业	Other Mining and Dressing	1
农副食品加工业	Farm and Sideline Products Processing	14
#制糖业	Carbohydrate Processing	3
食品制造业	Food Production	3
#罐头制造业	Canned Food Manufacturing	
饮料制造业	Beverage Production	4
#酒精制造	Liquor Manufacturing	1
#酒的制造	Beverage Manufacturing	
烟草制品业	Tobacco Processing	1
#卷烟制造	Cigarettes Manufacturing	1
纺织业	Textile Industry	5
纺织服装、鞋、帽制造业	Garments, Shoes and Accessories Manufacturing	1
皮革、毛皮、羽毛(绒)及其制品业	Leather, Fur, Wool Products	3
木材加工及木、竹、藤、棕、草制	Timber Processing, Bamboo, Cane, Palm Fiber and Straw Products	8
家具制造业	Furniture Manufacturing	1
造纸及纸制品业	Papermaking and Paper Products	19
#造纸业	Papermaking	10
印刷业和记录媒介的复制	Printing and Record Duplicating	2
#印刷业	Printing	2
文教体育用品制造业	Cultural, Educational and Sports Goods	
石油加工、炼焦及核燃料加工业	Oil Processing, Coking and Nuclear Fuel Processing	
化学原料及化学制品制造业	Raw Chemical Materials and Chemical Products	39
医药制造业	Medical and Pharmaceutical Products	2
化学纤维制造业	Chemical Fiber	
橡胶制品业	Rubber Products	1
塑料制品业	Plastic Products	11
非金属矿物制品业	Nonmetal Mineral Products	65
#水泥制造	Cement Products	50
黑色金属冶炼及压延加工业	Smelting and Pressing of Ferrous Metals	20
有色金属冶炼及压延加工业	Smelting and Pressing of Nonferrous Metals	13
金属制品业	Metal Products	13
通用设备制造业	General Equipment Manufacturing	11
专用设备制造业	For Special Purposes Equipment Manufacturing	12
交通运输设备制造业	Transport Equipment Manufacturing	16
#汽车制造	Automobile Manufacturing	13
电气机械及器材制造业	Electric Equipment and Machinery	13
通信设备、计算机及其他电子设备	Communication Equipment, Computer and Other Electronic Equipment Manufacturing	2
仪器仪表及文化、办公用机械制造	Instruments, Meters, Cultural and Office Machinery	2
电力、热力的生产和供应业	Production and Supply of Electric Power ,Steam and Hot Water	1
#电力生产	Electric Power Production	1
#水力发电	Hydropower	

主要指标(2003 年)

Industrial Enterprises(2003)

单位:万元 (10 000 yuan)

工业总产值(当年价格) Gross Industrial Output Value (At Current Prices)	工业总产值(不变价格) Gross Industrial Output Value (At Constant Prices)	工业增加值(当年价) Value of added of Industry (At Current Prices)	全部从业人员年平均人数(人) Average Employed Persons (person)	固定资产原价 Original Value of Fixed Assets
693567	655433	172661	57903	439198
152916	145523	43079	17426	80769
540651	509910	129582	40477	358429
42071	37608	-666	2103	51643
149714	148003	39557	11010	80374
501782	469822	133770	44790	307181
3207	2256	1000	177	834
11520	7542	3504	3138	8159
7191	4151	2972	726	3395
876	607	279	241	915
31028	29827	8096	1156	9789
7002	6332	720	429	3659
3796	3631	1188	516	1991
8168	6704	2534	551	9698
3211	3025	1078	340	7866
3975	3975	1507	80	259
3975	3975	1507	80	259
12663	11852	3141	1510	8063
592	712	274	313	553
4469	4040	1174	203	1195
17288	15638	6969	1423	2293
536	531	104	103	1142
27957	22100	7377	2149	18231
14421	10169	3044	1125	10477
1310	1310	467	84	1446
1310	1310	467	84	1446
75421	67163	19149	6906	29119
5641	6058	2307	365	1609
1574	1574	456	97	124
20006	21968	5286	2039	10617
116127	111313	29131	16248	151452
65942	61525	16979	9605	134207
44565	37780	10288	2833	13331
77190	68798	7608	3681	65459
35003	34313	6738	1366	11512
32402	27806	6603	1638	6728
13838	14440	4029	1328	6994
38550	37999	10483	2221	33662
33558	33706	8071	1857	30141
69185	78275	17877	2972	31673
9172	13411	3709	175	691
6949	12039	4015	1063	6299
5814	464	1795	110	788
5814	464	1795	110	788

14—7 续表 1 continued

项　目	Item	固定资产净值 Net Value of Fixed Assets
集体工业企业	Collective Owned Industrial Enterprises	289003
在总计中:轻工业	Of the Total:Light Industry	51544
重工业	Heavy Industry	237459
在总计中:大型企业	Of the Total:Large-scale Industrial Enterprises	22428
中型企业	Medium-scale Industrial Enterprises	55885
小型企业	Small-scale Industrial Enterprises	210690
黑色金属矿采选业	Ferrous Metals Mining and Dressing	674
有色金属矿采选业	Nonferrous Metals Mining and Dressing	5517
非金属矿采选业	Nonmetal Minerals Mining and Dressing	2155
其他矿采选业	Other Mining and Dressing	139
农副食品加工业	Farm and Sideline Products Processing	7833
#制糖业	Carbohydrate Processing	3343
食品制造业	Food Production	1471
#罐头制造业	Canned Food Manufacturing	
饮料制造业	Beverage Production	6510
#酒精制造	LiquorManufacturing	5073
#酒的制造	Beverage Manufacturing	
烟草制品业	Tobacco Processing	162
#卷烟制造	Cigarettes Manufacturing	162
纺织业	Textile Industry	3911
纺织服装、鞋、帽制造业	Garments, Shoes and Accessories Manufacturing	89
皮革、毛皮、羽毛(绒)及其制品业	Leather, Fur, Wool Products	381
木材加工及木、竹、藤、棕、草制	Timber Processing, Bamboo, Cane, Palm Fiber and Straw Products	1349
家具制造业	Furniture Manufacturing	709
造纸及纸制品业	Papermaking and Paper Products	8505
#造纸业	Papermaking	54678
印刷业和记录媒介的复制	Printing and Record Duplicating	1140
#印刷业	Printing	1140
文教体育用品制造业	Cultural, Educational and Sports Goods	
石油加工、炼焦及核燃料加工业	Oil Processing, Coking and Nuclear Fuel Processing	
化学原料及化学制品制造业	Raw Chemical Materials and Chemical Products	20100
医药制造业	Medical and Pharmaceutical Products	894
化学纤维制造业	Chemical Fiber	
橡胶制品业	Rubber Products	112
塑料制品业	Plastic Products	4971
非金属矿物制品业	Nonmetal Mineral Products	234001
#水泥制造	Cement Products	96418
黑色金属冶炼及压延加工业	Smelting and Pressing of Ferrous Metals	9056
有色金属冶炼及压延加工业	Smelting and Pressing of Nonferrous Metals	31640
金属制品业	Metal Products	9353
通用设备制造业	General Equipment Manufacturing	4760
专用设备制造业	For Special Purposes Equipment Manufacturing	4666
交通运输设备制造业	Transport Equipment Manufacturing	134500
#汽车制造	Automobile Manufacturing	25050
电气机械及器材制造业	Electric Equipment and Machinery	18692
通信设备、计算机及其他电子设备	Communication Equipment, Computer and Other Electronic Equipment Manufacturing	395
仪器仪表及文化、办公用机械制造	Instruments, Meters, Cultural and Office Machinery	1910
电力、热力的生产和供应业	Production and Supply of Electric Power ,Steam and Hot Water	109
#电力生产	Electric Power Production	109
#水力发电	Hydropower	

单位:万元(10 000 yuan)

流动资产年平均余额 Annual Average Balance of Circulating Funds	固定资产净值年平均余额 Annual Average Balance of Net Value of Fixed Assets	利润总额 Total Profits	利税总额 Total Profits and Taxes	产品销售收入 Sales Revenue
349620	289042	1293	38099	665277
63372	49408	-59	7558	142800
286248	239634	1352	30540	522477
53785	21460	-7054	-5188	53097
59889	54216	-39	7197	129925
235946	213366	8386	36089	482255
1522	617	83	461	3620
4746	5407	134	708	10619
16320	2042	141	631	7721
1290	176	95	221	949
7067	7950	-647	-210	28634
909	3342	-357	-277	5917
2098	1461	424	627	2926
4347	6659	303	465	8206
1457	5216	200	298	3025
1117	83	6	107	3775
1117	83	6	107	3775
6584	3903	-445	49	13278
1389	90	-41	-1	540
831	420	-51	123	4346
4008	1360	956	2518	16705
382	738		65	832
12475	11366	-545	845	26107
4707	6738	-1186	-474	13932
703	1135	180	272	1268
703	1135	180	272	1268
26445	19191	111	6162	69867
2266	559	206	452	3984
587	96	83	146	1328
9978	5353	313	1252	20018
40455	114074	-1711	5207	109857
31698	101687	-3227	2404	64257
11567	8859	1339	3331	43019
69369	27471	-9768	-5067	84589
14134	9471	905	1586	29590
10538	7458	1309	2266	30206
6698	4172	69	661	13316
36879	26819	3816	4918	38121
34172	23889	2764	3462	33422
41176	19070	1154	4524	67335
3107	514	2692	3550	6269
5704	1769	40	405	4605
2735	127	28	250	5660
2735	127	28	250	5660

14—8 工业企业主要经济效益指标(2003 年)

Major Economic Efficiency Indicators of Industrial Enterprises(2003)

单位:%(%)

项目	Item	企业亏损面 Composition of Loss-making Enterprises	产值利税率 Ratio of Profits to Output Value	销售利税率 Ratio of Per-tax Profits to Sales	工业增加值率 Ratio of Value-added to Gross Industrial Output Value	资金利税率 Ratio of Per-tax Profits to Capital
总计	**Total**	**38.59**	**12.08**	**12.23**	**27.03**	**9.77**
在总计中:国有企业	Of the Total:State-owned	52.29	16.97	15.76	34.45	8.78
中央企业	Central Enterprises	30.61	30.49	31.23	45.23	14.07
地方企业	Local Enterprises	53.33	10.69	9.52	29.54	5.87
集体企业	Collective-owned	31.89	5.49	5.73	22.15	5.97
其他经济	Others	30.15	10.62	11.13	24.38	10.77
#外商及港澳台商投资企业	Foreign Funded Enterprises and Enterprises with Funds from Hong Kong ,Macao and Taiwan	30.69	11.07	11.59	23.31	12.74
在总计中:轻工业	Of the Total:Light Industry	39.16	11.43	12.20	27.19	11.78
重工业	Heavy Industry	38.17	12.46	12.25	26.93	8.94
在总计中:大中型企业	Of the Total:Large-scale and Medium-scale Industrial Enterprises	19.60	14.17	14.12	26.89	11.32
大型企业	Large-scale Industrial Enterprises	20.00	14.49	14.56	22.96	15.58
中型企业	Medium-scale Industrial Enterprises	19.57	13.97	13.85	29.36	9.65
小型企业	Small-scale Industrial Enterprises	41.65	7.68	8.06	27.32	6.37
煤炭的开采和洗选业	Coal Mining and Dressing	58.82	7.31	7.65	39.67	4.33
黑色金属矿采选业	Ferrous Metals Mining and Dressing	32.14	11.30	11.66	31.24	8.08
有色金属矿采选业	Nonferrous Metals Mining and Dressing	26.92	7.99	8.23	24.24	4.86
非金属矿采选业	Nonmetal Minerals Mining and Dressing	28.57	18.03	18.94	39.07	12.44
其他矿采选业	OtherMining and Dressing	0.00	11.12	13.33	19.26	6.09
农副食品加工业	Farm and Sideline Products Processing	39.33	7.99	8.52	21.61	10.33
#制糖	Carbohydrate Processing	35.96	11.54	12.49	25.68	11.28
食品制造业	Food Production	43.82	6.00	6.64	20.72	5.63
#罐头制造	Canned Food Manufacturing	26.92	10.65	10.63	18.28	9.48
饮料制造业	Beverage Production	42.65	18.64	20.27	32.22	16.39
#酒的制造	Liquor and Beverage Manufacturing	54.17	25.86	28.77	38.03	21.14
烟草制品业	Tobacco Processing	16.67	54.60	54.97	55.23	60.54
#卷烟制造	Cigarettes Manufecturing	0.00	55.62	55.56	55.41	63.90

14—8 续表 1 continued

单位:%(%)

项　目	Item	企业亏损面 Composition of Loss-making Enterprises	产值利税率 Ratio of Profits to Output Value	销售利税率 Ratio of Per-tax Profits to Sales	工业增加值率 Ratio of Value-added to Gross Industrial Output Value	资金利税率 Ratio of Per-tax Profits to Capital
纺织业	Textile Industry	45.59	3.24	3.35	23.00	2.84
纺织服装、鞋、帽制造业	Garments, Shoes and Accessories Manufacturing	60.00	6.35	6.45	29.86	7.08
皮革、毛皮、羽毛(绒)及其制品业	Leather, Fur, Wool Products	35.29	3.55	3.83	22.87	9.03
木材加工及木、竹、藤、棕、草制品业	Timber Processing, Bamboo, Cane, Palm Fiber and Straw Products	23.86	7.13	7.91	25.69	7.40
家具制造业	Furniture Manufacturing	12.50	13.15	11.49	39.59	16.09
造纸及纸制品业	Papermaking and Paper Products	43.82	1.96	1.96	20.41	1.05
#造纸	Papermaking	44.44	6.18	6.15	22.36	4.36
印刷业和记录媒介的复制	Printing and Record Duplicating	54.02	5.53	5.92	38.22	3.64
文教体育用品制造业	Cultural, Educational and Sports Goods	25.00	5.27	5.17	26.87	4.12
石油加工、炼焦及核燃料加工业	Oil Processing, Coking and Nuclear Fuel Processing	25.00	18.92	19.01	24.38	42.32
化学原料及化学制品制造业	Raw Chemical Materials and Chemical Products	37.17	5.18	5.49	23.82	10.83
医药制造业	Medical and Pharmaceutical Products	28.10	18.43	20.67	36.12	16.03
化学纤维制造业	Chemical Fiber	50.00	-35.19	-37.61	-2.66	-6.71
橡胶制品业	Rubber Products	61.54	-6.70	-6.84	16.08	-3.24
塑料制品业	Plastic Products	28.57	6.35	7.17	27.26	8.06
非金属矿物制品业	Nonmetal Mineral Products	43.53	8.57	8.57	27.15	6.07
#水泥制业	Cement Products	46.86	8.46	8.55	26.31	4.77
黑色金属冶炼及压延加工业	Smelting and Pressing of Ferrous Metals	29.63	15.32	14.77	22.56	16.87
有色金属冶炼及压延加工业	Smelting and Pressing of Nonferrous Metals	43.90	14.66	15.08	29.27	11.68
金属制品业	Metal Products	33.33	4.68	6.05	19.89	10.33
通用设备制造业	General Equipment Manufacturing	45.36	3.15	3.25	21.52	2.13
专用设备制造业	For Special Purposes Equipment Manufacturing	46.67	7.94	8.42	19.98	12.40
交通运输设备制造业	Transport Equipment Manufacturing	29.37	10.47	10.44	18.94	15.06
#汽车制业	Automobile Manufacturing	27.12	10.66	10.64	18.61	16.68
电气机械及器材制造业	Electric Equipment and Machinery	41.89	8.83	9.86	25.35	7.38
通信设备、计算机及其他电子设备制业	Communication Equipment, Computer and Other Electronic Equipment Manufacturing	29.41	8.30	9.99	31.85	24.81
仪器仪表及文化、办公用机械制造业	Instruments, Meters, Cultural and Office Machinery	31.25	4.65	8.42	33.01	5.54
工艺品及其他制造业	Handicraft and Other Manufacturing	27.12	7.07	7.28	29.79	13.34
电力、热力的生产和供应业	Production and Supply of Electric Power, Steam and Hot Water	38.72	30.25	22.74	54.95	7.38
#电力生糖	Electric Power Production	45.21	32.92	31.25	53.53	12.69
#水力发电	Hydropower	48.87	39.89	35.87	68.97	8.49
燃气生产和供应业	Production and Supply of Gas	25.00	5.83	2.80	0.95	0.88
水的生产和供应业	Production and Supply of Water	50.00	7.45	7.87	56.48	2.12

14—8 续表 2 continued

项目	Item	百元固定资产原价实现利税(元) Per-tax Profits per 100 yuan of Original Value of Fixed Assets (yuan)	百元销售收入实现利润(元) Per-tax Profits Per 100 yuan of Sales Revenue (yuan)	成本费用利润率(%) Ratio of Profits to Industrial (%)	流动资产周转率(次/年) Ratio of Annual of Turnover Circulating Funds (time/year)	全员劳动生产率(元/人) Overall Labor Productivity (yuan/person)
总计	**Total**	**11.65**	**4.68**	**4.96**	**1.79**	**53836**
在总计中:国有企业	Of the Total:State-owned	9.28	4.38	4.69	1.44	51812
中央企业	Central Enterprises	12.48	9.47	11.59	1.67	177363
地方企业	Local Enterprises	6.93	2.32	2.37	1.37	34679
集体企业	Collective-owned	8.67	0.19	0.20	1.90	29819
其他经济	Others	14.07	5.14	5.44	1.99	58077
#外商及港澳台商投资企业	Foreign Funded Enterprises and Enterprises with Funds from Hong Kong , Macao and Taiwan	17.31	6.05	6.46	2.20	87161
在总计中:轻工业	Of the Total:Light Industry	15.18	3.41	3.66	1.99	47065
重工业	Heavy Industry	10.34	5.38	5.66	1.70	58702
在总计中:大中型企业	Of the Total: Large-scale and Medium-scale Industrial Enterprises	13.03	5.79	6.23	1.81	75139
大型企业	Large-scale Industrial Enterprises	19.10	7.46	8.12	2.14	88879
中型企业	Medium-scale Industrial Enterprises	10.84	4.79	5.11	1.66	69852
小型企业	Small-scale Industrial Enterprises	8.24	2.22	2.29	1.74	33432
煤炭的开采和洗选业	Coal Mining and Dressing	4.64	-2.32	-2.17	1.36	17878
黑色金属矿采选业	Ferrous Metals Mining and Dressing	10.58	3.83	4.00	1.38	26904
有色金属矿采选业	Nonferrous Metals Mining and Dressing	5.34	1.70	1.72	1.41	23440
非金属矿采选业	Nonmetal Minerals Mining and Dressing	15.28	8.98	9.35	1.22	37330
其他矿采选业	OtherMining and Dressing	12.30	5.22	5.64	0.60	11470
农副食品加工业	Farm and Sideline Products Processing	12.49	3.90	4.12	2.53	68052
#制糖	Carbohydrate Processing	12.32	5.22	5.53	2.09	62696
食品制造业	Food Production	8.73	1.94	1.98	1.50	24248
#罐头制业	Canned Food Manufacturing	19.25	5.79	6.05	1.32	14979
饮料制造业	Beverage Production	16.72	6.44	7.31	2.49	70563
#酒的制业	Liquor and Beverage Manufacturing	20.11	9.03	11.09	2.92	89680
烟草制品业	Tobacco Processing	111.62	8.09	14.33	1.67	547778
#卷烟制业	Cigarettes Manufacturing	120.71	8.19	14.68	1.69	705085

项　目	Item	百元固定资产原价实现利税(元) Per-tax Profits per 100 yuan of Original Value of Fixed Assets (yuan)	百元销售收入实现利润(元) Per-tax Profits Per 100 yuan of Sales Revenue (yuan)	成本费用利润率(%) Ratio of Profits to Industrial (%)	流动资产周转率(次/年) Ratio of Annual of Turnover Circulating Funds (time/year)	全员劳动生产率(元/人) Overall Labor Productivity (yuan/person)
纺织业	Textile Industry	4.43	-1.80	-1.77	1.47	17536
纺织服装、鞋、帽制造业	Garments, Shoes and Accessories Manufacturing	11.76	3.11	3.19	1.97	12325
皮革、毛皮、羽毛(绒)及其制品业	Leather, Fur, Wool Products	19.69	1.28	1.28	3.45	40940
木材加工及木、竹、藤、棕、草制品业	Timber Processing, Bamboo, Cane, Palm Fiber and Straw Products	9.26	2.38	2.40	1.84	37326
家具制造业	Furniture Manufacturing	26.22	5.09	5.51	2.52	21635
造纸及纸制品业	Papermaking and Paper Products	1.13	-3.80	-3.65	1.78	32857
#造纸	Papermaking	5.37	0.59	0.59	1.70	35469
印刷业和记录媒介的复制	Printing and Record Duplicating	4.25	-0.61	-0.60	1.35	31068
文教体育用品制造业	Cultural, Educational and Sports Goods	6.65	-1.38	-1.37	1.22	14753
石油加工、炼焦及核燃料加工业	Oil Processing, Coking and Nuclear Fuel Processing	59.06	5.73	6.39	3.65	275936
化学原料及化学制品制造业	Raw Chemical Materials and Chemical Products	6.25	0.49	0.49	2.00	45909
医药制造业	Medical and Pharmaceutical Products	26.91	10.34	11.51	1.30	68931
化学纤维制造业	Chemical Fiber	-10.65	-40.73	-29.95	0.29	-1908
橡胶制品业	Rubber Products	-5.16	-14.07	-12.55	0.70	12297
塑料制品业	Plastic Products	12.18	3.82	4.01	1.86	39489
非金属矿物制品业	Nonmetal Mineral Products	6.62	1.25	1.26	1.91	21494
#水泥制业	Cement Products	4.93	-0.15	-0.15	1.75	24475
黑色金属冶炼及压延加工业	Smelting and Pressing of Ferrous Metals	22.34	7.91	8.74	2.45	76365
有色金属冶炼及压延加工业	Smelting and Pressing of Nonferrous Metals	11.65	8.76	9.60	2.16	81583
金属制品业	Metal Products	11.80	3.16	3.25	1.71	44565
通用设备制造业	General Equipment Manufacturing	3.83	-1.72	-1.67	0.97	31050
专用设备制造业	For Special Purposes Equipment Manufacturing	16.97	5.04	5.30	1.47	46137
交通运输设备制造业	Transport Equipment Manufacturing	30.90	5.09	5.35	1.99	96643
#汽车制业	Automobile Manufacturing	35.64	5.27	5.56	2.10	120121
电气机械及器材制造业	Electric Equipment and Machinery	17.90	5.60	5.67	1.01	55647
通信设备、计算机及其他电子设备制业	Communication Equipment, Computer and Other Electronic Equipment Manufacturing	14.92	5.30	5.83	0.80	61596
仪器仪表及文化、办公用机械制造业	Instruments, Meters, Cultural and Office Machinery	7.13	2.12	2.09	0.66	37130
工艺品及其他制造业	Handicraft and Other Manufacturing	27.73	1.20	1.25	2.87	16315
电力、热力的生产和供应业	Production and Supply of Electric Power ,Steam and Hot Water	6.42	10.35	11.32	1.48	105030
#电力生糖	Electric Power Production	8.33	18.32	21.76	1.50	144639
#水力发电	Hydropower	6.43	21.08	26.18	1.41	102912
燃气生产和供应业	Production and Supply of Gas	1.14	0.30	0.29	0.76	1198
水的生产和供应业	Production and Supply of Water	1.80	0.82	0.79	1.15	34239

14—9 国有及国有控股工业企业主要经济效益指标(2003 年)

Major Economic Efficiency Indicators of State - owned and State Holding Industrial Enterprises(2003)

单位:%(%)

项 目	Item	企业亏损面 Composition of Loss-making Enterprises	产值利税率 Ratio of Profits to Output Value	销售利税率 Ratio of Per-tax Profits to Sales	工业增加值率 Ratio of Value-added to Gross Industrial Output Value	资金利税率 Ratio of Per-tax Profits to Capital
总 计	**Total**	**48.96**	**14.28**	**13.98**	**28.73**	**9.43**
在总计中:中央企业	Of the Total:Central Enterprises	27.27	26.68	27.05	38.29	15.01
地方企业	Local Enterprises	49.96	10.69	10.36	25.99	7.43
在总计中:轻工业	Of the Total:Light Industry	53.54	15.89	16.75	32.20	11.37
重工业	Heavy Industry	46.11	13.75	13.14	27.61	8.85
在总计中:大型企业	Of the Total:Large-scale Industrial Enterprises	20.00	14.46	14.64	22.60	15.56
中型企业	Medium-scale Industrial Enterprises	19.00	16.82	15.89	34.24	8.86
小型企业	Small-scale Industrial Enterprises	56.08	6.29	6.19	31.15	2.94
煤炭的开采和洗选业	Coal Mining and Dressing	46.15	7.49	7.94	40.64	4.19
黑色金属矿采选业	Ferrous Metals Mining and Dressing	50.00	11.83	12.19	29.10	6.02
有色金属矿采选业	Nonferrous Metals Mining and Dressing	30.30	6.64	6.77	23.11	6.15
非金属矿采选业	Nonmetal Minerals Mining and Dressing	27.27	21.00	22.71	44.70	12.63
其他矿采选业	Other Mining and Dressing	0.00	1.99	2.96	13.39	1.04
农副食品加工业	Farm and Sideline Products Processing	37.21	10.55	11.17	25.28	9.96
#制糖	Carbohydrate Processing	23.81	11.30	12.02	25.38	10.87
食品制造业	Food Production	59.52	3.42	3.59	19.07	1.75
#罐头制业	Canned Food Manufacturing	50.00	6.87	6.63	10.07	3.11
饮料制造业	Beverage Production	65.63	9.63	11.54	39.08	5.48
#酒的制业	Liquor and Beverage Manufacturing	71.43	14.53	20.64	49.76	8.86
烟草制品业	Tobacco Processing	20.00	55.18	55.52	55.39	60.73
#卷烟制业	Cigarettes Manufacturing	0.00	56.22	56.13	55.58	64.11
纺织业	Textile Industry	54.17	3.43	3.46	20.85	2.53
纺织服装、鞋、帽制造业	Garments, Shoes and Accessories Manufacturing	66.67	7.25	7.21	33.35	4.80
皮革、毛皮、羽毛(绒)及其制品业	Leather, Fur, Wool Products	60.00	-11.11	-11.27	12.11	-5.39
木材加工及木、竹、藤、棕、草制品业	Timber Processing, Bamboo, Cane, Palm Fiber and Straw Products	31.82	3.93	4.86	28.62	2.75
家具制造业	Furniture Manufacturing	33.33	6.22	6.40	40.78	9.75
造纸及纸制品业	Papermaking and Paper Products	75.00	-2.37	-2.33	17.18	-0.85

14—9 续表 1 continued

单位:%(%)

项　目	Item	企业亏损面 Composition of Loss-making Enterprises	产值利税率 Ratio of Profits to Output Value	销售利税率 Ratio of Per-tax Profits to Sales	工业增加值率 Ratio of Value-added to Gross Industrial Output Value	资金利税率 Ratio of Per-tax Profits to Capital
#造纸	Papermaking	68.75	6.25	6.07	21.03	3.40
印刷业和记录媒介的复制	Printing and Record Duplicating	63.24	3.43	3.75	41.12	1.81
文教体育用品制造业	Cultural, Educational and Sports Goods	100.00	-5.12	-5.16	17.81	-7.11
石油加工、炼焦及核燃料加工业	Oil Processing, Coking and Nuclear Fuel Processing	40.00	20.98	20.97	23.05	49.67
化学原料及化学制品制造业	Raw Chemical Materials and Chemical Products	43.75	2.48	2.67	25.54	1.58
医药制造业	Medical and Pharmaceutical Products	47.73	12.87	14.14	34.36	10.21
化学纤维制造业	Chemical Fiber	33.33	-44.54	-45.49	-6.88	-6.84
橡胶制品业	Rubber Products	60.00	-5.41	-5.47	14.51	-3.84
塑料制品业	Plastic Products	50.00	-7.83	-7.90	27.49	-5.87
非金属矿物制品业	Nonmetal Mineral Products	48.18	7.79	7.97	27.81	4.16
#水泥制业	Cement Products	43.04	9.32	9.48	28.37	4.97
黑色金属冶炼及压延加工业	Smelting and Pressing of Ferrous Metals	31.25	20.31	18.93	24.47	18.09
有色金属冶炼及压延加工业	Smelting and Pressing of Nonferrous Metals	60.00	22.35	24.69	37.01	15.89
金属制品业	Metal Products	75.00	0.08	0.08	13.72	0.05
通用设备制造业	General Equipment Manufacturing	58.49	7.95	7.95	21.56	4.53
专用设备制造业	For Special Purposes Equipment Manufacturing	66.67	8.40	8.82	18.87	9.25
交通运输设备制造业	Transport Equipment Manufacturing	50.85	10.01	9.94	17.66	14.96
#汽车制业	Automobile Manufacturing	52.50	10.26	10.19	17.28	16.98
电气机械及器材制造业	Electric Equipment and Machinery	59.09	4.11	4.33	23.17	3.41
通信设备、计算机及其他电子设备制业	Communication Equipment, Computer and Other Electronic Equipment Manufacturing	50.00	-1.14	-1.64	32.59	-0.82
仪器仪表及文化、办公用机械制造业	Instruments, Meters, Cultural and Office Machinery	33.33	7.47	7.69	37.50	2.19
工艺品及其他制造业	Handicraft and Other Manufacturing	50.00	-29.06	-45.67	4.74	-14.44
电力、热力的生产和供应业	Production and Supply of Electric Power, Steam and Hot Water	41.47	27.87	19.78	55.70	6.45
#电力生糖	Electric Power Production	51.16	29.97	27.92	54.27	8.96
#水力发电	Hydropower	54.62	39.91	35.60	69.21	8.39
燃气生产和供应业	Production and Supply of Gas	0.00	19.43	4.81	61.88	2.19
水的生产和供应业	Production and Supply of Water	50.53	7.82	8.28	56.80	2.23

14—9 续表 2 continued

项目	Item	百元固定资产原价实现利税(元) Per-tax Profits per 100 yuan of Original Value of Fixed Assets (yuan)	百元销售收入实现利润(元) Per-tax Profits Per 100 yuan of Sales Revenue (yuan)	成本费用利润率(%) Ratio of Profits to Industrial (%)	流动资产周转率(次/年) Ratio of Annual of Turnover Circulating Funds (time/year)	全员劳动生产率(元/人) Overall Labor Productivity (yuan/person)
总　计	**Total**	**10.33**	**4.68**	**4.97**	**1.65**	**60701**
在总计中:中央企业	Of the Total:Central Enterprises	13.63	9.18	10.91	1.96	195464
地方企业	Local Enterprises	8.79	3.43	3.54	1.59	47021
在总计中:轻工业	Of the Total:Light Industry	13.61	2.00	2.19	1.54	56199
重工业	Heavy Industry	9.46	5.48	5.78	1.69	62593
在总计中:大型企业	Of the Total: Large-scale Industrial Enterprises	19.16	7.65	8.33	2.13	95659
中型企业	Medium-scale Industrial Enterprises	9.21	4.08	4.36	1.50	71253
小型企业	Small-scale Industrial Enterprises	3.21	-2.17	-2.13	1.23	26289
煤炭的开采和洗选业	Coal Mining and Dressing	4.44	-2.03	-1.90	1.28	17631
黑色金属矿采选业	Ferrous Metals Mining and Dressing	7.34	4.71	4.99	1.06	20408
有色金属矿采选业	Nonferrous Metals Mining and Dressing	3.92	0.32	0.32	0.00	23587
非金属矿采选业	Nonmetal Minerals Mining and Dressing	12.41	11.64	12.08	1.23	32185
其他矿采选业	OtherMining and Dressing	2.45	0.22	0.22	0.50	11322
农副食品加工业	Farm and Sideline Products Processing	10.99	3.83	4.01	2.07	60584
#制糖	Carbohydrate Processing	11.66	4.30	4.52	2.14	64010
食品制造业	Food Production	2.35	-1.54	-1.48	0.99	18075
#罐头制业	Canned Food Manufacturing	5.59	2.09	1.99	0.73	9808
饮料制造业	Beverage Production	7.03	-4.00	-4.07	0.95	41093
#酒的制业	Liquor and Beverage Manufacturing	14.63	-2.49	-2.92	0.71	59727
烟草制品业	Tobacco Processing	111.73	8.17	14.61	1.66	554676
#卷烟制业	Cigarettes Manufacturing	120.84	8.28	14.96	1.69	718129
纺织业	Textile Industry	3.82	-2.76	-2.71	1.29	17851
纺织服装、鞋、帽制造业	Garments, Shoes and Accessories Manufacturing	6.39	1.93	1.93	1.47	14052
皮革、毛皮、羽毛(绒)及其制品业	Leather, Fur, Wool Products	-8.36	-12.41	-10.47	0.82	7773
木材加工及木、竹、藤、棕、草制品业	Timber Processing, Bamboo, Cane, Palm Fiber and Straw Products	3.69	0.49	0.47	1.07	76210
家具制造业	Furniture Manufacturing	8.85	0.00	0.00	6.12	19451

14—9 续表 3 continued

项　目	Item	百元固定资产原价实现利税(元) Per-tax Profits per 100 yuan of Original Value of Fixed Assets (yuan)	百元销售收入实现利润(元) Per-tax Profits Per 100 yuan of Sales Revenue (yuan)	成本费用利润率(%) Ratio of Profits to Industrial (%)	流动资产周转率(次/年) Ratio of Annual of Turnover Circulating Funds (time/year)	全员劳动生产率(元/人) Overall Labor Productivity (yuan/person)
造纸及纸制品业	Papermaking and Paper Products	-0.84	-8.84	-8.10	1.68	34179
#造纸	Papermaking	3.80	0.17	0.17	1.71	34006
印刷业和记录媒介的复制	Printing and Record Duplicating	2.03	-3.92	-3.66	1.07	25764
文教体育用品制造业	Cultural, Educational and Sports Goods	-12.12	-16.94	-14.56	1.67	13571
石油加工、炼焦及核燃料加工业	Oil Processing, Coking and Nuclear Fuel Processing	52.76	4.16	4.62	4.54	262957
化学原料及化学制品制造业	Raw Chemical Materials and Chemical Products	1.70	-1.87	-1.80	1.67	42194
医药制造业	Medical and Pharmaceutical Products	19.29	4.39	4.55	1.14	55722
化学纤维制造业	Chemical Fiber	-10.59	-49.16	-34.28	0.25	-5287
橡胶制品业	Rubber Products	-4.62	-12.95	-11.71	0.70	13327
塑料制品业	Plastic Products	-3.59	-11.05	-9.73	1.33	46733
非金属矿物制品业	Nonmetal Mineral Products	0.00	-0.72	-0.72	1.46	22471
#水泥制业	Cement Products	4.99	0.43	0.42	1.61	27495
黑色金属冶炼及压延加工业	Smelting and Pressing of Ferrous Metals	22.82	10.85	12.46	2.13	99762
有色金属冶炼及压延加工业	Smelting and Pressing of Nonferrous Metals	13.03	15.48	18.42	2.87	118187
金属制品业	Metal Products	0.06	-4.36	-4.06	1.21	13649
通用设备制造业	General Equipment Manufacturing	8.01	2.19	2.19	0.82	27722
专用设备制造业	For Special Purposes Equipment Manufacturing	17.31	5.58	5.80	1.55	49059
交通运输设备制造业	Transport Equipment Manufacturing	29.53	4.44	4.65	2.08	106727
#汽车制业	Automobile Manufacturing	34.90	4.66	4.90	2.23	146388
电气机械及器材制造业	Electric Equipment and Machinery	5.90	0.31	0.31	1.21	34704
通信设备、计算机及其他电子设备制业	Communication Equipment, Computer and Other Electronic Equipment Manufacturing	0.00	-4.31	-4.51	0.79	47598
仪器仪表及文化、办公用机械制造业	Instruments, Meters, Cultural and Office Machinery	3.96	-0.72	-0.67	0.37	24853
工艺品及其他制造业	Handicraft and Other Manufacturing	-8.17	-66.98	-39.94	0.32	703
电力、热力的生产和供应业	Production and Supply of Electric Power, Steam and Hot Water	5.42	7.37	7.77	1.47	90003
#电力生糖	Electric Power Production	6.88	14.74	16.61	1.50	113028
#水力发电	Hydropower	6.21	20.48	25.19	1.43	100768
燃气生产和供应业	Production and Supply of Gas	2.78	1.28	1.19	0.82	31746
水的生产和供应业	Production and Supply of Water	1.90	1.22	1.17	1.14	34186

14—10 大中型工业企业主要经济效益指标(2003年)

Major Economic Efficiency Indicators of Large and Medium Industrial Enterprises(2003)

单位:%(%)

项目	Item	企业亏损面 Composition of Loss-making Enterprises	产值利税率 Ratio of Profits to Output Value	销售利税率 Ratio of Per-tax Profits to Sales	工业增加值率 Ratio of Value-added to Gross Industrial Output Value	资金利税率 Ratio of Per-tax Profits to Capital
总计	**Total**	**19.60**	**14.17**	**14.12**	**26.89**	**11.32**
在总计中:国有企业	Of the Total:State-owned	21.05	20.86	19.19	35.17	11.58
中央企业	Central Enterprises	8.70	31.91	32.59	45.77	14.38
地方企业	Local Enterprises	23.26	14.15	12.27	28.88	9.14
集体企业	Collective-owned	37.50	1.05	1.10	17.58	1.06
其他经济	Others	17.39	11.39	11.80	23.18	11.40
#外商及港澳台商投资企业	Foreign Funded Enterprises and Enterprises with Funds from Hong Kong ,Macao and Taiwan	15.91	11.08	11.40	20.56	16.45
在总计中:轻工业	Of the Total:Light Industry	18.54	15.49	16.30	28.40	15.65
重工业	Heavy Industry	20.24	13.41	12.98	26.06	9.58
在总计中:大型企业	Of the Total:Large-scale Industrial Enterprises	20.00	14.49	14.56	22.96	15.58
中型企业	Medium-scale Industrial Enterprises	19.57	13.97	13.85	29.36	9.65
煤炭的开采和洗选业	Coal Mining and Dressing	25.00	9.39	9.89	38.60	5.42
黑色金属矿采选业	Ferrous Metals Mining and Dressing	0.00	15.65	15.65	22.91	13.22
有色金属矿采选业	Nonferrous Metals Mining and Dressing	18.18	7.45	7.54	21.94	4.16
非金属矿采选业	Nonmetal Minerals Mining and Dressing	0.00	24.43	25.49	39.26	18.44
农副食品加工业	Farm and Sideline Products Processing	17.39	9.95	10.59	22.09	12.16
#制糖	Carbohydrate Processing	17.74	12.12	13.06	25.93	12.10
食品制造业	Food Production	0.00	14.99	16.07	25.65	16.85
#罐头制业	Canned Food Manufacturing	0.00	16.95	15.82	15.50	66.61
饮料制造业	Beverage Production	14.29	24.26	25.56	36.29	22.24
#酒的制业	Liquor and Beverage Manufacturing	25.00	27.28	29.71	39.00	23.75
烟草制品业	Tobacco Processing	0.00	56.22	56.13	55.58	64.11
#卷烟制业	Cigarettes Manufacturing	0.00	56.22	56.13	55.58	64.11
纺织业	Textile Industry	42.86	6.24	6.51	21.41	5.68
皮革、毛皮、羽毛(绒)及其制品业	Leather, Fur, Wool Products	0.00	0.76	0.93	26.07	4.54
木材加工及木、竹、藤、棕、草制品业	Timber Processing, Bamboo, Cane, Palm Fiber and Straw Products	25.00	9.94	12.23	30.48	7.40

单位:%(%)

项　目	Item	企业亏损面 Composition of Loss-making Enterprises	产值利税率 Ratio of Profits to Output Value	销售利税率 Ratio of Per-tax Profits to Sales	工业增加值率 Ratio of Value- added to Gross Industrial Output Value	资金利税率 Ratio of Per-tax Profits to Capital
造纸及纸制品业	Papermaking and Paper Products	35.71	1.44	1.41	19.12	0.59
#造纸	Papermaking	25.00	8.90	8.67	22.53	5.75
印刷业和记录媒介的复制	Printing and Record Duplicating	50.00	8.52	8.51	33.47	5.73
石油加工、炼焦及核燃料加工业	Oil Processing, Coking and Nuclear Fuel Processing	0.00	17.53	17.61	29.06	21.01
化学原料及化学制品制造业	Raw Chemical Materials and Chemical Products	20.69	5.27	5.57	24.94	4.04
医药制造业	Medical and Pharmaceutical Products	0.00	22.18	24.10	37.11	20.44
化学纤维制造业	Chemical Fiber	0.00	3.28	3.25	10.62	1.06
橡胶制品业	Rubber Products	100.00	-5.42	-5.47	14.25	-2.58
塑料制品业	Plastic Products	25.00	6.19	6.72	25.61	4.92
非金属矿物制品业	Nonmetal Mineral Products	35.14	10.04	9.50	26.69	7.03
#水泥制业	Cement Products	43.48	11.32	11.06	26.49	6.22
黑色金属冶炼及压延加工业	Smelting and Pressing of Ferrous Metals	0.00	19.75	18.71	22.99	18.53
有色金属冶炼及压延加工业	Smelting and Pressing of Nonferrous Metals	42.11	16.20	17.00	31.49	12.06
金属制品业	Metal Products	0.00	5.30	8.28	19.93	6.90
通用设备制造业	General Equipment Manufacturing	31.58	7.00	6.99	19.97	4.70
专用设备制造业	For Special Purposes Equipment Manufacturing	30.00	10.22	10.53	18.42	12.24
交通运输设备制造业	Transport Equipment Manufacturing	8.70	10.57	10.52	18.13	16.01
#汽车制业	Automobile Manufacturing	10.53	10.75	10.71	17.84	17.53
电气机械及器材制造业	Electric Equipment and Machinery	21.43	7.66	8.11	22.80	7.60
通信设备、计算机及其他电子设备制业	Communication Equipment, Computer and Other Electronic Equipment Manufacturing	50.00	4.51	4.90	33.92	3.69
仪器仪表及文化、办公用机械制造业	Instruments, Meters, Cultural and Office Machinery	25.00	10.43	12.19	46.05	5.09
工艺品及其他制造业	Handicraft and Other Manufacturing	50.00	-0.81	-0.82	32.04	-0.50
电力、热力的生产和供应业	Production and Supply of Electric Power, Steam and Hot Water	5.08	28.97	20.59	55.90	6.65
#电力生糖	Electric Power Production	5.56	30.71	27.73	50.66	10.05
#水力发电	Hydropower	0.00	47.19	38.45	68.34	9.59
燃气生产和供应业	Production and Supply of Gas	0.00	19.43	4.81	61.88	2.19
水的生产和供应业	Production and Supply of Water	20.00	13.45	14.61	61.41	4.14

14—10 续表 2 continued

项　　目	Item	百元固定资产原价实现利税(元) Per-tax Profits per 100 yuan of Original Value of Fixed Assets (yuan)	百元销售收入实现利润(元) Per-tax Profits Per 100 yuan of Sales Revenue (yuan)	成本费用利润率(%) Ratio of Profits to Industrial (%)	流动资产周转率(次/年) Ratio of Annual of Turnover Circulating Funds (time/year)	全员劳动生产率(元/人) Overall Labor Productivity (yuan/person)
总　　计	**Total**	**13.03**	**5.79**	**6.23**	**1.81**	**75139**
在总计中:国有企业	Of the Total:State-owned	12.04	6.74	7.48	1.56	77915
中央企业	Central Enterprises	12.68	9.92	12.30	1.69	206757
地方企业	Local Enterprises	11.26	5.10	5.37	1.50	49127
集体企业	Collective-owned	1.52	-3.88	-3.74	1.61	29658
其他经济	Others	14.35	5.58	5.91	1.99	75763
#外商及港澳台商投资企业	Foreign Funded Enterprises and Enterprises with Funds from Hong Kong , Macao and Taiwan	23.27	5.92	6.31	2.47	140599
在总计中:轻工业	Of the Total:Light Industry	19.13	5.42	6.00	2.03	79498
重工业	Heavy Industry	10.77	5.99	6.34	1.71	72737
在总计中:大型企业	Of the Total:Large-scale Industrial Enterprises	19.10	7.46	8.12	2.14	88879
中型企业	Medium-scale Industrial Enterprises	10.84	4.79	5.11	1.66	69852
煤炭的开采和洗选业	Coal Mining and Dressing	5.62	-0.17	-0.17	1.36	17374
黑色金属矿采选业	Ferrous Metals Mining and Dressing	14.58	9.60	11.07	1.33	25318
有色金属矿采选业	Nonferrous Metals Mining and Dressing	4.53	1.53	1.53	1.34	21227
非金属矿采选业	Nonmetal Minerals Mining and Dressing	18.01	14.30	15.49	1.47	57510
农副食品加工业	Farm and Sideline Products Processing	14.30	5.25	5.58	2.41	77727
#制糖	Carbohydrate Processing	13.24	5.67	6.04	2.11	69196
食品制造业	Food Production	43.52	9.81	10.67	1.38	38399
#罐头制业	Canned Food Manufacturing	34.46	9.72	10.51		18604
饮料制造业	Beverage Production	19.83	8.81	10.58	3.78	110704
#酒的制业	Liquor and Beverage Manufacturing	21.11	9.90	12.38	4.42	136284
烟草制品业	Tobacco Processing	120.84	8.28	14.96	1.69	718129
#卷烟制业	Cigarettes Manufacturing	120.84	8.28	14.96	1.69	718129
纺织业	Textile Industry	9.28	0.82	0.82	1.51	24073
皮革、毛皮、羽毛(绒)及其制品业	Leather, Fur, Wool Products	8.07	0.78	0.78	7.02	159416
木材加工及木、竹、藤、棕、草制品业	Timber Processing, Bamboo, Cane, Palm Fiber and Straw Products	9.75	6.77	7.06	1.10	158994
造纸及纸制品业	Papermaking and Paper Products	0.60	-5.29	-5.01	1.74	38941

14—10 续表 3 continued

项　目	Item	百元固定资产原价实现利税(元) Per-tax Profits per 100 yuan of Original Value of Fixed Assets (yuan)	百元销售收入实现利润(元) Per-tax Profits Per 100 yuan of Sales Revenue (yuan)	成本费用利润率(%) Ratio of Profits to Industrial (%)	流动资产周转率(次/年) Ratio of Annual of Turnover Circulating Funds (time/year)	全员劳动生产率(元/人) Overall Labor Productivity (yuan/peson)
#造纸	Papermaking	6.66	2.39	2.44	1.72	37892
印刷业和记录媒介的复制	Printing and Record Duplicating	5.39	0.91	0.90	1.79	30195
石油加工、炼焦及核燃料加工业	Oil Processing, Coking and Nuclear Fuel Processing	19.54	2.80	3.02	2.46	91546
化学原料及化学制品制造业	Raw Chemical Materials and Chemical Products	4.51	0.42	0.42	1.89	51933
医药制造业	Medical and Pharmaceutical Products	31.37	12.53	14.34	1.42	95401
化学纤维制造业	Chemical Fiber	1.36	0.00	0.00	0.54	12751
橡胶制品业	Rubber Products	-4.64	-12.90	-11.69	0.70	13182
塑料制品业	Plastic Products	7.12	3.34	3.46	1.19	33582
非金属矿物制品业	Nonmetal Mineral Products	7.62	2.62	2.67	1.79	32257
#水泥制业	Cement Products	6.53	2.48	2.51	1.48	37634
黑色金属冶炼及压延加工业	Smelting and Pressing of Ferrous Metals	23.69	10.69	12.23	2.18	90666
有色金属冶炼及压延加工业	Smelting and Pressing of Nonferrous Metals	11.17	10.18	11.39	2.19	97190
金属制品业	Metal Products	14.30	5.51	5.77	1.52	160942
通用设备制造业	General Equipment Manufacturing	8.77	1.47	1.48	0.93	35021
专用设备制造业	For Special Purposes Equipment Manufacturing	26.45	7.29	7.72	1.58	68841
交通运输设备制造业	Transport Equipment Manufacturing	33.27	5.02	5.28	2.06	122331
#汽车制业	Automobile Manufacturing	37.44	5.18	5.46	2.17	151726
电气机械及器材制造业	Electric Equipment and Machinery	16.67	3.35	3.47	1.29	57221
通信设备、计算机及其他电子设备制业	Communication Equipment, Computer and Other Electronic Equipment Manufacturing	5.68	3.54	4.18	1.20	56653
仪器仪表及文化、办公用机械制造业	Instruments, Meters, Cultural and Office Machinery	9.26	5.10	5.16	0.55	44694
工艺品及其他制造业	Handicraft and Other Manufacturing	-0.96	-2.25	-2.24	0.94	32392
电力、热力的生产和供应业	Production and Supply of Electric Power ,Steam and Hot Water	5.64	7.86	8.28	1.45	120127
#电力生糖	Electric Power Production	7.85	14.87	16.50	1.56	185500
#水力发电	Hydropower	7.16	23.26	28.77	1.49	200775
燃气生产和供应业	Production and Supply of Gas	2.78	1.28	1.19	0.82	31746
水的生产和供应业	Production and Supply of Water	3.30	7.92	7.83	1.17	72760

主要统计指标解释

工业　指从事自然资源的开采，对采掘品和农产品进行加工和再加工的物质生产部门。具体包括：(1)对自然资源的开采，如采矿、晒盐、森林采伐等(但不包括禽兽捕猎和水产捕捞)；(2)对农副产品的加工、再加工，如粮油加工、食品加工、轧花、缫丝、纺织、制革等；(3)对采掘品的加工、再加工，如炼铁、炼钢、化工生产、石油加工、机器制造、木材加工等，以及电力、自来水、煤气的生产和供应等；(4)对工业品的修理、翻新，如机器设备的修理、交通运输工具(包括小卧车)的修理等.

工业企业单位数　指全部国有工业及年产品销售收入500万元以上的非国有工业企业(简称规模以上工业)。一般分为两类：独立核算法人工业企业和工业活动单位。

独立核算法人工业企业　指从事工业生产经营活动的单位。独立核算法人工业企业应同时具备以下条件：①依法成立，有自己的名称、组织机构和场所，能够承担民事责任；②独立拥有和使用资产，承担负债，有权与其他单位签订合同；③独立核算盈亏，并能够编制资产负债表。

工业活动单位　指在一个场所从事一种或主要从事一种工业生产活动的经济单位。它包括独立核算工业企业按主营业务活动(即工业生产活动)划分的主营业务活动单位和非工业企业所属的工业生产活动单位(即原非独立核算工业生产单位)。工业活动单位，一般应同时具备以下三个条件：①具有一个场所，从事一种或主要从事一种工业活动；②单独组织工业生产、经营或业务活动；③单独核算收入和支出。

国有经济工业　即过去的全民所有制工业或国营工业的纯国有部分。指生产资料归国家所有的一种经济类型。包括中央和地方各级国家机关、部队、科研机构、学校、人民团体和国有经济企事业单位等举办的国有经济工业。1957年以前的公私合营和私营工业，后均改造为国营工业，1992年改为国有经济工业，这部分工业的资料不单独分列时，均包括在国有工业内。从1998年起国有经济不含国有独资公司和国有联营企业。

集体经济工业　指生产资料归公民集体所有的一种经济类型，是社会主义公有制经济的组成部分。包括城乡所有使用集体投资举办的企业，以及部分个人通过集资自愿放弃所有权并依法经工商行政管理机关认定为集体所有制的企业。1998年后不含股份合作企业和集体联营企业。

国有控股企业　是指在企业的全部资本中，国家资本(股本)占较多比例，并且由国家实际控制的企业。分为“国有绝对控股企业”和“国有相对控股企业(含协议控制)”。

国有绝对控股企业　是指在企业的全部资本中，国家酱(股本)所占比例大于50%(含50%)的企业。包括：(1)纯国有企业。即“登记注册类型”为“国有”、“国有独资企业”、“国有联营”。(2)国家资本占实收资本比例≥50%。(3)在有一个或多个国有法人投资时，其中一个国有法人资本在实收资本中的比例超过50%。

国有相对控股企业(含协议控制)　是指国家资本比例不足50%，但相对大于企业中的其他经济成分所占比例的企业(相对控股)，或者虽不大于其他经济成分，但根据协议规定由国家拥有实际控制权的企业(协议控制)。

股份制经济　是指以合作制为基础，由企业职工共同出资入股，吸收一定比例的社会资产投资组建，实行自主经营，自负盈亏，按劳分配与按股分红相结合的一种集体经济组织。

联营企业　是指两个及两个以上相同或不同所有制性质的企业法人或事业单位法人，按自愿、平等、互利的原则，共同投资组成的经济组织。包括国有联营、集体联营、国有与集体联营、其他联营等。

有限责任公司　是指根据《中化人民共和国公司登记管理条例》规定登记注册，由两个以上，五十个以下的股东共同出资，每个股东以其所认缴的出资额对公司承担有限责任，公司以其全部资产对其债务承担责任的经济组织。包括国有独资公司和其他有限责任公司两种。

股份有限公司　是指根据《中化人民共和国公司登记管理条例》规定登记注册，其全部注册资本由等额股份构成并通过发行股票筹集资本，股东以其认购的股份对公司承担有限责任，公司以其全部资产对其债务承担责任的经济组织。

私营企业　是指由自然人投资设立或由自然人控股，以亡雇佣劳动为基础的盈利性经济组织。包括按照《公司法》、《合伙企业法》、《私营企业暂行条例》规定登记注册的私营独资企业、私营合伙企业、私营有限责任公司、私营股份有限公司。

轻工业　指主要提供生活消费品和制作手工工具的工业。按其所使用的原料不同，可分为两大类：(1)以农产品为原料的轻工业，是指直接或间接以农产品为基本原料的轻工业。主要包括食品制造、饮料制造、烟草加工、纺织、缝纫、皮革和毛皮制作、造纸以及印刷等工业；(2)以非农产品为原料的轻工业，是指以工业品为原料的轻工业。主要包括文教体育用品、化学药品制造、合成纤维制造、日用化学制品、日用玻璃制品、日用金属制品、手工工具制造、医疗器械制造、文化和办公用机械制造等工业。

重工业　指为国民经济各部门提供物质技术基础的主要生产资料的工业。按其生产性质和产品用途，可以分为下列三类：(1)采掘(伐)工业，是指对自然资源的开采，包括石油开采、煤炭开采、金属矿开采、非金属矿开采和木材采伐等工业；(2)原材料工业，指向国民经济各部门提供基本材料、动力和燃料的工业。包括金属冶炼及加工、炼焦及焦炭化学、化工原料、水泥、人造板以及电力、石油和煤炭加工等工业；(3)加工工业，是指对工业原材料进行再加工制造的工业。包括装备国民经济各部门的机械设备制造工业、金属结构、水泥制品等工业，以及为农业提供的生产资料如化肥、农药等工业。

根据上述划分原则，修理业中以重工业产品为修理作业对象的划为重工业，反之划为轻工业。

工业总产值　是以货币表现的工业企业在一定时期内生产的已出售或可供出售工业产品总量，它反映一定时期内工业生产的总规模和总水平。包括在本企业内不再进行加工,经检验、包装入库(规定不需包装的产品除外)的成品价值,对外加工费收入,自制半成品、在产品期末期初差额价值。工业总产值采用"工厂法"计算,即以工业企业作为一个整体,按企业工业生产活动的最终成果来计算,企业内部不允许重复计算,不能把企业内部各个车间(分厂)生产的成果相加。但在企业之间、行业之间、地区之间存在着重复计算。

轻重工业总产值的划分也是按"工厂法"计算的,即一个工业企业在正常情况下生产的主要产品的性质属于轻工业,则该企业的全部总产值作为轻工业总产值;一个工业企业生产的主要产品的性质属于重工业,则该企业的全部总产值作为重工业总产值。

工业增加值 指工业企业在报告期内以货币形式表现的工业生产活动的最终成果,是企业全部生产活动的总成果扣除了在生产过程中消耗或转移的物质产品和劳务价值后的余额,是企业生产过程中新增加的价值。

固定资产原价 指企业在建造、购置、安装、改建、扩建、技术改造某项固定资产时所支出的全部货币总额。它一般包括买价、包装费、运杂费和安装费等。

固定资产净值 指固定资产原价减去历年已提折旧额后的净额。

流动资产年平均余额 指1至12月各月月初、月末流动资产余额之和除以24的商。

全部资金 指流动资产年平均余额与固定资产净值年平均余额之和。

产品销售收入 指企业销售产品的销售收入和提供劳务等主要经营业务取得的收入总额。

第十五篇
CHAPTER 15

建筑业

CONSTRUCTION

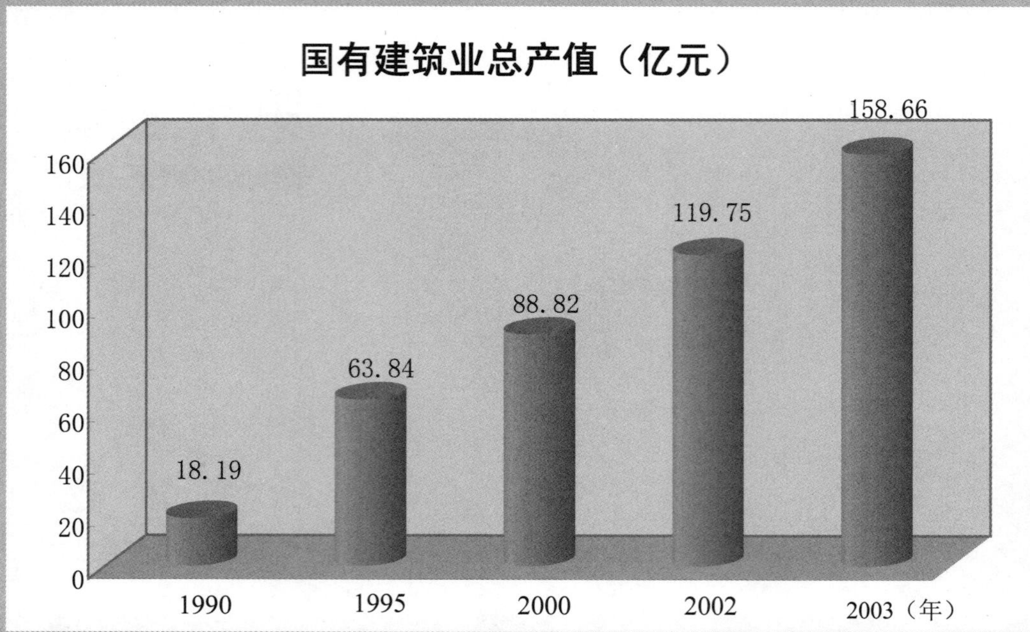
国有建筑业总产值（亿元）
160
140
120
100
80
60
40
20
0
18.19
63.84
88.82
119.75
158.66
1990
1995
2000
2002
2003（年）

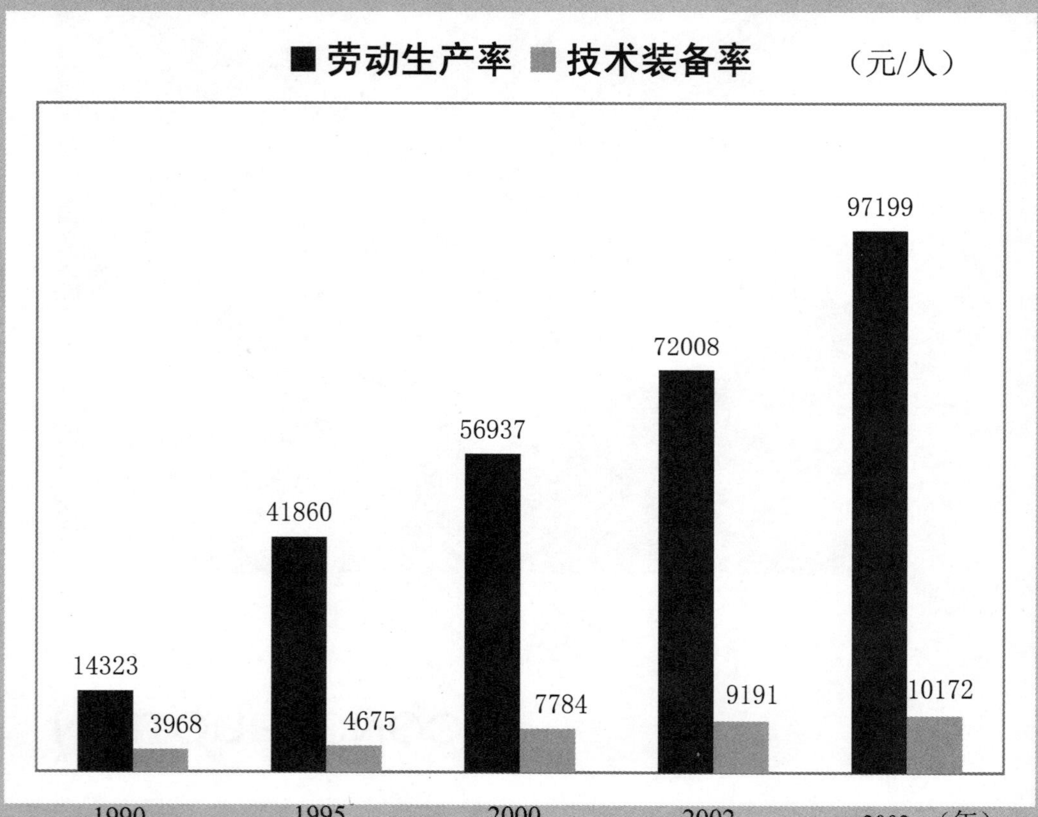
劳动生产率
技术装备率
（元/人）
14323
3968
41860
4675
56937
7784
72008
9191
97199
10172
1990
1995
2000
2002
2003 （年）

15—1 三级及三级以上建筑企业主要指标(2000—2003年)

Major Indicators of the Third and Higher Grade Construction Enterprises(2000—2003)

指　　标	Item	2000	2001	2002	2003
三级及三级以上建筑业企业个数(个)	**Number of the Third and Higher Grade Construction Enterprises(unit)**	**1078**	**969**	**922**	**892**
# 国有企业	State-owned Enterprises	260	244	199	181
城镇集体企业	Urban Collective-owned Enterprises	623	541	388	343
1. 内资企业	1. Domestic Enterprises	1067	960	912	886
2. 港澳台商投资企业	2. Enterprises Funded by Entrepreneurs from Hong Kong, Macao and Taiwan	4	4	6	3
3. 外商投资企业	3. Foreign Funded Enterprises	7	5	4	3
三级及三级以上建筑业企业总产值(万元)	**Gross Output Value of the Third and Higher Grade Construction Enterprises(10 000 yuan)**	**1509158**	**1802891**	**2213304**	**2818466**
# 国有企业	State-owned Enterprises	888224	1059689	1197494	1586648
城镇集体企业	Urban Collective-owned Enterprises	466152	532528	521186	589562
1. 内资企业	1. Domestic Enterprises	1502681	1796663	2206863	2806789
2. 港澳台商投资企业	2. Enterprises Funded by Entrepreneurs from Hongkong, Macao and Taiwan	670	593	2063	861
3. 外商投资企业	3. Foreign Funded Enterprises	5807	5636	4378	10816
三级及三级以上建筑业企业年末从业人员(万人)	**Number of Employed Persons in the Third and Higher Grade Construction Enterprises(10 000 persons)**	**33.3**	**33.9**	**34.9**	**35.4**
# 国有企业	State-owned Enterprises	16.1	17.3	16.8	16.3
城镇集体企业	Urban Collective-owned Enterprises	13.5	12.5	11.0	10.5
1. 内资企业	1. Domestic Enterprises	15.5	33.8	34.8	35.3
2. 港澳台商投资企业	2. Enterprises Funded by Entrepreneurs from Hong Kong, Macao and Taiwan	…	…	…	…
3. 外商投资企业	3. Foreign Funded Enterprises	0.1	0.1	0.1	…

15—2 国有建筑企业主要指标(2000—2003 年)

Major Indicators of State-owned Construction Enterprises(2000—2003)

指　　标	Item	2000	2001	2002	2003
企业个数(个)	Number of Enterprises(unit)	260	244	199	181
计算建筑业劳动生产率的平均人数(万人)	Average Number of Staff and Workers to Calculating Labor Productivity (10 000 persons)	15.6	17.2	16.6	16.3
建筑业总产值(万元)	Gross Output Value of Construction (10 000 yuan)	888224	1059689	1197494	1586648
建筑业增加值(万元)	Value Added of Construction (10 000 yuan)	222954	237340	261783	341815
竣工产值(万元)	Output Value of Construction Completed (10 000 yuan)	824396	835450	818243	1149603
房屋建筑施工面积(万平方米)	Floor Space of Buildings under Construction (10 000 sq. m)	1050.1	1118.6	1327.4	1660.9
#本年新开工	Newly Started Buildings in the Year	416.6	534.1	699.9	829.3
房屋建筑竣工面积(万平方米)	Floor Space of Buildings Completed (10 000 sq. m)	464.9	405.9	484.9	663.0
#住　宅	Residential Building	281.6	241.8	269.9	421.1
年末自有机械设备总台数(台)	Number of Machinery and Equipment Owned at Year-end(set)	42514	44806	44229	44600
年末自有机械设备净值(万元)	Net Value of Machinery and Equipment Owned at Year-end(10 000 yuan)	125314	138574	152839	165806
年末自有机械设备总功率(万千瓦)	Total Power of Machinery and Equipment Owned at Year-end(10 000 kw)	98.2	98.7	98.5	102.2
年末固定资产原值(万元)	Original Value of Fixed Assets (10 000 yuan)	751637	808502.1	954565	852765
年末固定资产净值(万元)	Net Value of Fixed Assets (10 000 yuan)	597232	631905	756960	766380
本年固定资产折旧(万元)	Depreciation of Fixed Assets (10 000 yuan)	20662	22257.9	26320	26370
利润总额(万元)	Total Profits (10 000 yuan)	440	5641	12745	13657
利税总额(万元)	Total Pre-tax Profits (10 000 yuan)	30485	35412	54255	66773
按建筑业总产值计算的劳动生产率(元/人)	Overall Labor Productivity In Terms of Gross Output Value (yuan/person)	56937	61610	72008	97340
按建筑业增加值计算的(元/人)	Overall Labor Productivity In Terms of Value-added (yuan/person)	14292	13799	15742	20970
按竣工面积计算的劳动生产率(平方米/人)	Overall Labor Productivity In Terms of Floor Space of Buildings Completed(sq. m/person)	29.8	23.6	29.2	40.7
产值利润率(%)	Ratio of Profit to Gross Output Value (%)	0.1	0.5	1.1	0.9
产值利税率(%)	Ratio of Pre-tax Profit to Gross Output Value (%)	3.4	3.3	4.5	4.2
房屋建筑面积竣工率(%)	Rate of Floor Space of Buildings Completed (%)	44.3	36.3	36.5	39.9
技术装备率(元/人)	Value of Machines per Laborer (yuan/person)	7784	8057	9191	10172
动力装备率(千瓦/人)	Power of Machines per Laborer (kw/person)	6	6	6	6

15—3 地方国有建筑企业主要指标(2000—2003年)
Major Indicators of Local State-owned Construction Enterprises(2000—2003)

指　　标	Item	2000	2001	2002	2003
企业个数(个)	Number of Enterprises(unit)	238	228	183	164
计算建筑业劳动生产率的平均人数(万人)	Average Number of Staff and Workers to Calculating Labor Productivity (10 000 persons)	13.3	14.6	14.4	13.5
建筑业总产值(万元)	Gross Output Value of Construction (10 000 yuan)	691699	876440	987216	1274607
建筑业增加值(万元)	Value Added of Construction (10 000 yuan)	174825	181924	202914	248702
竣工产值(万元)	Output Value of Construction Completed (10 000 yuan)	601947	590665	684080	933740
房屋建筑施工面积(万平方米)	Floor Space of Buildings under Construction (10 000 sq. m)	1004.7	1062.8	1281.8	1599.6
#本年新开工	Newly Started Buildings in the Year	400.3	513.5	675.3	802.2
房屋建筑竣工面积(万平方米)	Floor Space of Buildings Completed (10 000 sq. m)	444.3	384.3	467.5	629.0
#住　宅	Residential Building	273.2	228.5	261.9	397.5
年末自有机械设备总台数(台)	Number of Machinery and Equipment Owned at Year-end(set)	34428	36513	34163	31580
年末自有机械设备净值(万元)	Net Value of Machinery and Equipment Owned at Year-end(10 000 yuan)	93670	102980	108782	107630
年末自有机械设备总功率(万千瓦)	Total Power of Machinery and Equipment Owned at Year-end(10 000 kw)	74.9	75.0	68.5	67.2
年末固定资产原值(万元)	Original Value of Fixed Assets (10 000 yuan)	647397	699724	785194	622148
年末固定资产净值(万元)	Net Value of Fixed Assets (10 000 yuan)	532899	566594	661795	620851
本年固定资产折旧(万元)	Depreciation of Fixed Assets (10 000 yuan)	14028	15866	16047	13556
利润总额(万元)	Total Profits (10 000 yuan)	3789	4343	9119	6673
利税总额(万元)	Total Pre-tax Profits (10 000 yuan)	25426	28615	44180	49109
按建筑业总产值计算的劳动生产率(元/人)	Overall Labor Productivity In Terms of Gross Output Value (yuan/person)	52007	64921	68700	94415
按建筑业增加值计算的(元/人)	Overall Labor Productivity In Terms of Value-added (yuan/person)	13145	12461	14121	18422
按竣工面积计算的劳动生产率(平方米/人)	Overall Labor Productivity In Terms of Floor Space of Buildings Completed (sq. m/person)	33	28.5	33	46.6
产值利润率(%)	Ratio of Profit to Gross Output Value (%)	0.5	0.5	0.9	0.5
产值利税率(%)	Ratio of Pre-tax Profit to Gross Output Value (%)	3.7	2.2	4.5	3.9
房屋建筑面积竣工率(%)	Rate of Floor Space of Buildings Completed (%)	44.2	24.0	36.5	39.3
技术装备率(元/人)	Value of Machines per Laborer (yuan/person)	6788	7053	7570	7973
动力装备率(千瓦/人)	Power of Machines per Laborer (kw/person)	5	5	5	5

15—4 建筑企业生产情况(2003年)

Major Production Indicators of Construction Enterprises(2003)

指标	Item	总计 Total	# 国有经济 State-owned Economic	中央企业 Central	地方企业 Local	# 城镇集体经济 Urban Collective-owned Economic
企业个数(个)	Number of Enterprises(unit)	892	181	17	164	343
# 亏损企业个数	Number of Loss-making Enterprises	194	47	1	46	63
建筑业总产值(万元)	Gross Output Value of Construction(10 000 yuan)	2818466	1586648	312041	1274607	589562
建筑工程	Construction Projects	2427466	1393828	205352	1188476	540270
安装工程	Installation Projects	277609	131912	87270	44642	32948
其他	Others	113391	60926	19419	41507	16344
建筑业增加值(万元)	Value Added of Construction (10 000 yuan)	611221	341815	93113	248702	126954
竣工产值(万元)	Output Value of Construction Completed(10 000 yuan)	2093124	1149603	215863	933740	457068
单位工程施工个数(个)	Number of Projects in Operation (unit)	25826	8657	1608	7049	7950
# 本年新开工	Newly Started Buildings in the Year	17105	5291	989	4302	5065
# 投标承包	Number of Bidding Projects	12643	5744	877	4867	3737
单位工程竣工个数(个)	Number of Projects Completed (unit)	17096	5464	1065	4399	5016
房屋建筑施工面积(万平方米)	Floor Space of Buildings under Construction(10 000 sq. m)	3791.7	1660.9	61.3	1599.6	1287.8
# 本年新开工	Newly Started Buildings in the Year	2091.2	829.3	27.1	802.2	770.2
# 投标承包	Number of Bidding Projects	2957.4	1442.4	38.5	1403.9	869.6
房屋建筑竣工面积(万平方米)	Floor Space of Buildings Completed(10 000 sq. m)	1721.6	663.0	34.0	629	661.6
# 住宅面积	Residential Buildings	1035.4	421.1	23.6	397.5	367.4
年末自有机械设备总台数(台)	Number of Machinery and Equipment Owned at Year-end(set)	187732	44600	13020	31580	97228
年末自有机械设备总功率(万千瓦)	Total Power of Machinery and Equipment Owned at Year-end (10 000 kw)	238.8	102.2	35.0	67.2	79.8
# 施工机械功率	Power of Construction Machines	177.1	75.1	27.5	47.6	57.7
年末自有机械设备净值(万元)	Net Value of Machinery and Equipment Owned at Year-end (10 000 yuan)	365119	165806	58176	107630	112899
计算建筑业劳动生产率的平均人数(万人)	Average Number of Staff and Workers to Calculating Labor Productivity(10 000 persons)	36.4	16.3	2.8	13.5	10.4

15—5 按主要行业分组的建筑企业生产情况(2003年)

Major Production Indicators of Construction Enterprises by Sector(2003)

指标	Item	总计 Total	房屋和土木工程建筑业 Building and Civil Engineering	房屋工程建筑 Building Project	建筑安装业 Construction and Installation	建筑装饰业 Building Decoration	其他建筑业 Others
企业个数(个)	Number of Enterprises(unit)	892	639	526	89	117	47
#亏损企业个数	Number of Loss-making Enterprises	194	126	100	21	30	17
建筑业总产值(万元)	Gross Output Value of Construction (10 000 yuan)	2818466	2431054	1725214	272633	52082	62697
建筑工程	Construction Projects	2427466	2250319	1593534	94056	38486	44605
安装工程	Installation Projects	277609	99550	68700	164537	3660	9862
其他	Others	113391	81185	62980	14040	9936	8230
建筑业增加值(万元)	Value Added of Construction(10 000 yuan)	611221	510384	363979	79906	11632	9299
竣工产值(万元)	Output Value of Construction Completed(10 000 yuan)	2093124	1783401	1241864	224430	36322	48971
单位工程施工个数(个)	Number of Projects in Operation (unit)	25826	19986	14049	4889	2	949
#本年新开工	Newly Started Buildings in the Year	17105	12518	7952	3839	1	747
#投标承包	Number of Bidding Projects	12643	10676	8802	1756	2	209
单位工程竣工个数(个)	Number of Projects Completed(unit)	17096	12868	8122	3470	0	758
房屋建筑施工面积(万平方米)	Floor Space of Buildings under Construction(10 000 sq. m)	3791.7	3736.4	3634.0	41.9	2.1	11.3
#本年新开工	Newly Started Buildings in the Year	2091.2	2058.6	1982.3	21.7	2.0	8.9
#投标承包	Number of Bidding Projects	2957.4	2914.7	2826.2	32.3	2.1	8.3
房屋建筑竣工面积(万平方米)	Floor Space of Buildings Completed (10 000 sq. m)	1721.6	1703.0	1655.0	15.7	0.0	2.9
#住宅面积	Residential Buildings	1035.4	1026.6	996.1	6.1	0.0	2.7
年末自有机械设备总台数(台)	Number of Machinery and Equipment Owned at Year-end(set)	187732	167843	148751	12315	4553	3021
年末自有机械设备总功率(万千瓦)	Total Power of Machinery and Equipment Owned at Year-end(10 000 kw)	238.8	206	141.1	23.6	3.6	5.6
#施工机械功率	Power of Construction Machines	177.1	151.5	104.8	18.4	2.4	4.8
年末自有机械设备净值(万元)	Net Value of Machinery and Equipment Owned at Year-end (10 000 yuan)	365119	310885	207253	36929	6390	10915
计算建筑业劳动生产率的平均人数(万人)	Average Number of Staff and Workers to Calculating Labor Productivity(10 000 persons)	36.4	32.4	25.5	2.6	0.7	0.7

15—6 建筑企业主要财务状况(2003 年)

Major Financial Indicators of Construction Enterprises(2003)

单位:万元(10 000 yuan)

指标	Item	总计 Total	# 国有经济 State-owned Economic	中央企业 Central	地方企业 Local	# 城镇集体经济 Urban Collective-owned Economic
实收资本合计	Total Capital Hold	1131585	535239	95795	439444	298498
流动资产合计	Total Circulating Funds	2286295	1413338	287501	1125837	379338
固定资产合计	Total Fixed Assets	1255135	766380	145529	620851	294036
固定资产原价	Original Value of Fixed Assets	1362209	852765	230617	622148	291184
# 生产经营用	Used for Production and Operating	1037475	701334	195303	506031	193745
累计折旧	Add Up Depreciation	354314	244309	114259	130050	55854
# 本年折旧	Depreciation of the Year	44053	26370	12814	13556	7129
资产总计	Total Assets	3859244	2361059	541159	1819900	730979
流动负债合计	Total Liquid Liabilities	1962759	1309960	252083	1057877	311737
长期负债合计	Total Long-term Liabilities	249224	195570	103137	92433	17204
所有者权益合计	Total Creditors Equity	1647261	855529	185939	669590	402038
工程结算收入	Revenue of Project Settle Accounts	2672104	1575487	348806	1226681	503126
工程结算成本	Costs of Project Settle Accounts	2368211	1410310	299038	1111272	443610
工程结算税金及附加	Taxes and Extra Charges on Project Settle Accounts	98562	50710	10285	40425	23869
工程结算利润	Profits of Project Settle Accounts	205331	114467	39483	74984	35647
其他业务收入	Other Revenue from Business	84116	70985	30699	40286	4420
其他业务利润	Other Profits from Business	17520	12817	3457	9360	1911
管理费用	Management Expenses	165602	104405	35995	68410	22791
财务费用	Property Expenses	11827	7683	2093	5590	2545
利润总额	Total Profits	47087	13657	6984	6673	11044
利税总额	Total Pre-tax Profits	151801	66773	17664	49109	36937

15—7 按主要行业分组的建筑企业财务状况(2003 年)

Major Financial Indicators of Construction Enterprises by Sector(2003)

单位:万元(10 000 yuan)

指标	Item	总计 Total	房屋和土木工程建筑业 Building and Civil Engineering	房屋工程建筑 Building Project	建筑安装业 Construction and Installation	建筑装饰业 Building Decoration	其他建筑业 Others
实收资本合计	Total Capital Hold	1131585	939465	571244	132671	32739	26710
流动资产合计	Total Circulating Funds	2286295	1872627	1295529	311194	55674	46800
固定资产合计	Total Fixed Assets	1255135	1053801	544332	138782	32274	30278
固定资产原价	Original Value of Fixed Assets	1362209	1080317	572923	200739	45373	35780
#生产经营用	Used for Production and Operating	1037475	832275	381555	157480	21252	26468
累计折旧	Add Up Depreciation	354314	235869	124407	96367	15978	6100
#本年折旧	Depreciation of the Year	44053	32208	17207	8775	2023	1047
资产总计	Total Assets	3859244	3125883	1971145	546427	101149	85785
流动负债合计	Total Liquid Liabilities	1962759	1638466	1127683	240047	45297	38949
长期负债合计	Total Long-term Liabilities	249224	148646	67172	82201	11040	7337
所有者权益合计	Total Creditors Equity	1647261	1338771	776290	224179	44812	39499
工程结算收入	Revenue of Project Settle Accounts	2672104	2277073	1665169	299279	46574	49178
工程结算成本	Cost of Project Settle Accounts	2368211	2031532	1505270	254302	39017	43360
工程结算税金及附加	Taxes and Extra Charges on Project Settle Accounts	98562	86595	67320	8791	1711	1465
工程结算利润	Profits of Project Settle Accounts	205331	158946	92579	36186	5846	4353
其他业务收入	Other Revenue from Business	84116	49598	35153	32035	1073	1410
其他业务利润	Other Profits from Business	17520	13354	9164	3408	488	270
管理费用	Management Expenses	165602	126493	74501	29796	5358	3955
财务费用	Property Expenses	11827	9626	6020	1826	193	182
利润总额	Total Profits	47087	34549	2254	10952	904	682
利税总额	Total Pre-tax Profits	151801	126419	73678	20284	2733	2365

15—8 各种分组的建筑企业主要经济效益指标(2003 年)

Major Economic Efficiency Indicators of Construction Enterprises by Various Groups(2003)

指　　标	Item	劳动生产率 Labor Productivity			房屋建筑面积竣工率(%) Rate of Floor Space of Buildings Completed (%)
		按总产值计算(元/人) Calculated by Gross Output Value(yuan/person)	按增加值计算(元/人) Calculated by Added Value (yuan/person)	按房屋竣工面积计算(平方米/人) Calculated by Floor Space of Building Completed (sq. m/person)	
总　计	**Total**	**77430**	**16792**	**47.3**	**45.4**
按经济类型分	By Economic units				
# 国有经济	State-owned Economic	97340	20970	40.7	39.9
中央企业	Central Enterprises	111443	33255	12.1	55.5
地方企业	Local Enterprises	94415	18422	46.6	39.3
集体经济	Collective-owned Economic	56689	12207	63.6	51.4
按企业资质等级分	By the Classes of Enterprises				
0、一级	Zero, One Classes	99665	21833	41.9	36.7
二、三级	Two, Three Classes	67371	14511	49.8	49.9
按行业分	By Sector				
房屋和土木工程建筑业	Building and Civil Engineering	75033	15753	52.6	45.6
房屋工程建筑	Building Project	67655	14274	64.9	45.5
土木工程建筑	Civil Engineering	102296	21218	7	46.9
建筑安装业	Construction and Installation	104859	30733	6	37.5
建筑装饰业	Building Decoration	74403	16617	—	—
其他建筑业	Others	89567	13284	4.1	25.7

15—8 续表 continued

指　　标	Item	资产利润率(%) Ratio of Profit to Funds(%)	资产利税率(%) Ratio of Pre-tax Profit to Funds(%)	产值利润率(%) Ratio of Profit to Gross Output Value(%)	产值利税率(%) Ratio of Pre-tax Profit to Gross Output Value(%)
总　计	**Total**	**1.2**	**3.9**	**1.7**	**5.4**
按经济类型分	By Economic units				
# 国有经济	State-owned Economic	0.6	2.8	0.9	4.2
中央企业	Central Enterprises	1.3	3.3	2.2	5.7
地方企业	Local Enterprises	0.4	2.7	0.5	3.9
集体经济	Collective-owned Economic	1.5	5.1	1.9	6.3
按企业资质等级分	By the Classes of Enterprises				
0、一级	Zero, One Classes	0.8	4.1	0.9	4.5
二、三级	Two, Three Classes	2.2	6.0	1.4	3.8
按行业分	By Sector				
房屋和土木工程建筑业	Building and Civil Engineering	1.1	4.0	1.4	5.2
# 房屋工程建筑	Building Project	0.1	3.7	0.1	4.3
土木工程建筑	Civil Engineering	2.8	4.6	4.6	7.5
建筑安装业	Construction and Installation	2.0	3.7	4.0	7.4
建筑装饰业	Building Decoration	0.9	2.7	1.7	5.2
其他建筑业	Others	0.8	2.8	1.1	3.8

主要统计指标解释

建筑业统计单位 指从事房屋、构筑物建造和设备安装活动的法人企业。

建筑业总产值(自行完成施工产值) 建筑业总产值是以货币表现的建筑安装企业在一定时期内生产的建筑业产品的总和。建筑业总产值包括四部分内容:

建筑工程产值 指列入建筑工程预算内的各种工程价值。

设备安装工程产值 指设备安装工程价值,不得包括被安装设备本身价值。

其他产值 建筑业总产值中除建筑工程、安装工程以外的产值。包括房屋构筑物修理产值、非标准设备制造产值、总包企业向分包企业收取的管理费以及不能明确划分的施工活动所完成的产值。

竣工产值 指以货币表现的建筑业生产所形成的成品的价值。竣工产值一般是以单位工程为对象,当该工程按照设计所规定工程内容全部完成,达到了设计规定的交工条件,经有关部门检查验收鉴定合格的单位工程价值。竣工产值包括报告期内竣工单位工程从开工到竣工的全部自行完成的价值。如果一个单位工程跨两个年度施工,其竣工价值应当包括上年度完成的价值。竣工产值不包括附属辅助企业或内部核算的其他单位为外单位生产和服务的价值。

单位工程施工个数 是指报告期施过工的全部单位工程。它包括本期新开工的单位工程、上期施工跨入本期继续施工的单位工程、上期停缓建本期复工的单位工程,还包括本期开工又停缓建和本期竣工的单位工程个数。

单位工程竣工个数 是指报告期内按设计所规定的工程内容全部完成,达到了使用条件,经有关部门检查验收鉴定合格的全部单位工程个数。其数量多少可以反映在一定时期内为国民经济各部门提供可使用工程的规模,也是反映建筑施工企业生产成果、检查竣工计划的重要指标和依据。

房屋建筑施工面积 是指报告期内施过工的全部房屋建筑面积,它包括本期新开工的面积、上期跨入本期继续施工的房屋面积、上期停缓建在本期恢复施工的房屋面积、本期竣工的房屋面积以及本期施工后又停缓建的房屋面积。

房屋竣工面积 是指在报告期内房屋建筑按照设计要求已全部完工,达到了使用条件,经检查验收鉴定合格的房屋建筑面积。计算房屋竣工面积,必须严格执行房屋竣工验收标准。

建筑业增加值 是建筑业企业在报告期内以货币表现的建筑业生产经营活动的最终成果。目前建筑业增加值采用分配法(收入法)计算,即从收入的角度出发根据生产要素在生产过程中应得的收入份额计算,具体计算公式:

建筑业增加值 = 本年提取的固定资产折旧 + 主营业务应付工资总额 + 主营业务应付福利费 + 管理费用中的劳动待业保险费、税金 + 工程结算税金及附加 + 工程结算利润

自有机械设备年末总功率 是指本企业(或单位)自有施工机械、生产设备、运输设备以及其他设备等列为固定资产的生产性机械设备年末总功率,按设定能力或查定能力计算。包括机械本身的动力和为该机械服务的单独动力设备,如电动机等。计量单位用千瓦,动力换算可按 1 马力 = 0.735 千瓦折合成千瓦数。电焊机、变压器、锅炉不计算动力。

自有机械设备净值 是指本企业(或单位)自有机械设备经过使用、磨损后实际存在的价值,即原值减去折旧后的净额。

工程结算收入 指本企业承包工程实现的工程价款结算收入以及向发包单位收取的除工程价款以外按规定列作营业收入的各种款项,如临时设施费、劳动保险费、施工机构调迁费等以及向发包单位收取的各种索赔款。

房屋建筑面积竣工率 是指报告期内房屋建筑竣工面积占同期房屋建筑施工面积的比重。

技术装备率 指在报告期末自有机械设备净值与期末从业人数的比重。

动力装备率 指在报告期末自有机械设备总功率与期末从业人数的比重。

产值利润率 指在报告期内每百元产值所实现的利润。它的计算方法是:利润总额除以建筑业总产值。

产值利税率 指在报告期内每百元产值所实现的利税。它的计算方法是:利税总额除以建筑业总产值。

第十六篇

CHAPTER 16

交通、运输和邮电通信业

TRANSPORTATION,POSTAL AND TELECOMMUNICATIONS SEVERICES

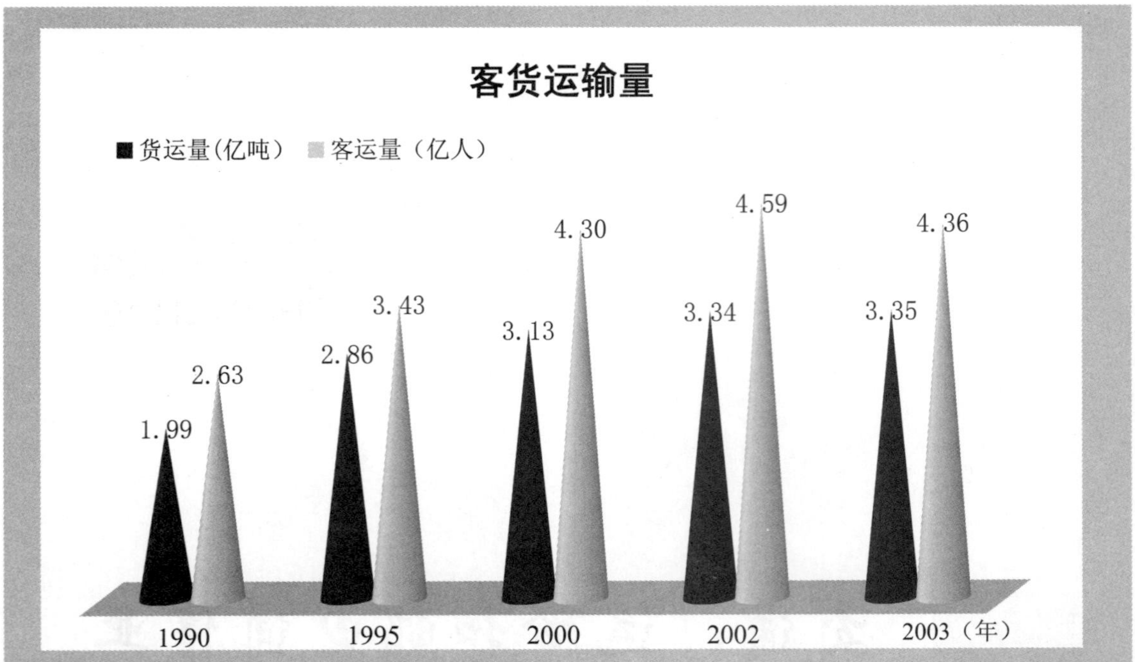
客货运输量
货运量(亿吨)
客运量（亿人）
1.99
2.63
2.86
3.43
3.13
4.30
3.34
4.59
3.35
4.36
1990
1995
2000
2002
2003（年）

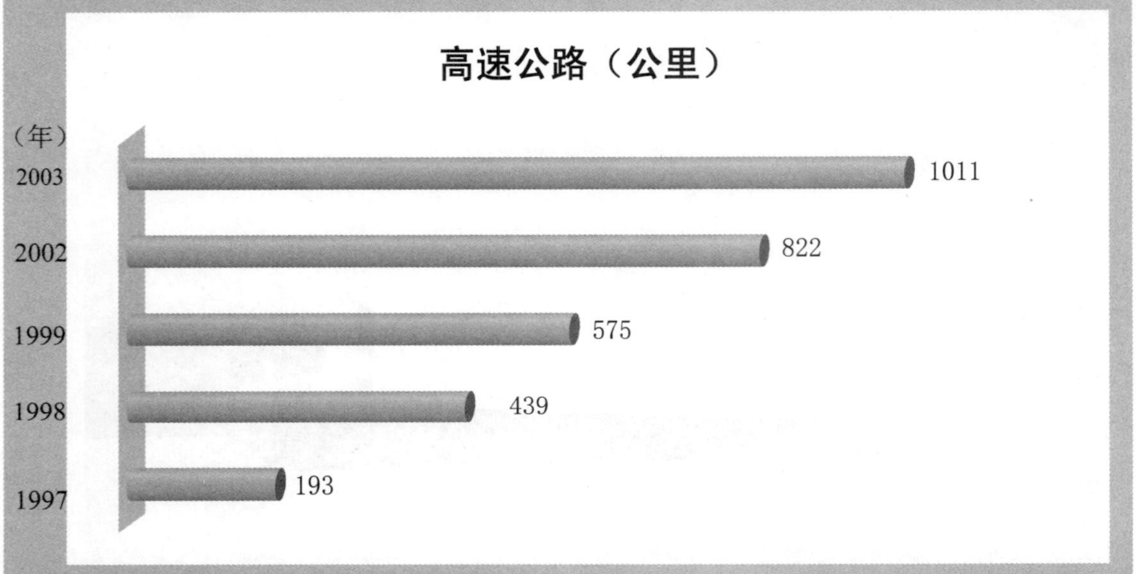
高速公路（公里）
（年）
2003
1011
2002
822
1999
575
1998
439
1997
193

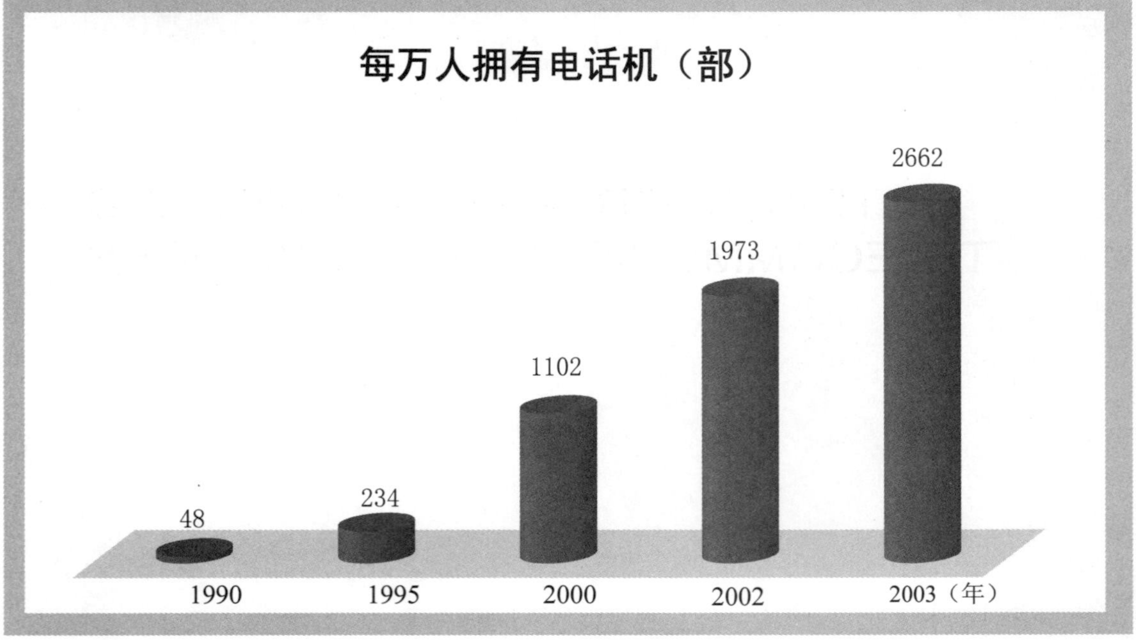
每万人拥有电话机（部）
48
234
1102
1973
2662
1990
1995
2000
2002
2003（年）

16—1 主要年份民用车辆拥有量

Number of Civil Motor Vehicles Owned in Main Years

指　　标	Item	1990	1995	2000	2002	2003
民用汽车(辆)	Civil Motor Vehicles (unit)	124223	248960	291315	401353	434436
#私人	Private	25614	65128	132719	162758	218250
载客汽车(辆)	Number of Buses and Cars (unit)	39365	107181	152285	232080	253152
#私人	Private	6335	18886	60347	93433	131372
载客量(客位)	Passenger Vehicles Seats (set)	612230	1111582	1925688	2078714	
#私人	Private	104102	215546	789610	727707	
# 大型(辆)	large (unit)		12994	16962	19902	20756
#私人	Private		3082	5277	3438	3182
载客量(客位)	Passenger Vehicles Seats (set)		480165	686011	636787	
#私人	Private		80518	198149	110003	
普通载货汽车(辆)	Ordinary Trucks (unit)	77931	130721	131570	159918	112316
#私人	Private	19168	45860	71508	68904	61809
载重量(吨位)	General Trucks (ton)	331898	487644	581998	1379715	
#私人	Private	78618	176157	277830	529958	
# 大型(辆)	large (unit)		89295	73786	79080	78990
#私人	Private		32406	39841	30658	37519
载重量(吨位)	General Trucks (ton)		443300	397026	1181377	
#私人	Private		164057	215153	438455	
专用载货汽车(辆)	Trucks for Special Use (unit)	1034	1537	2601	8813	
#私人	Private		101	505	1698	
载重量(吨位)	General Trucks (ton)		7519	13158		
#私人	Private		454	2481		
其他专用汽车(辆)	Other Special Motor Vehicles (unit)	2038	2097	2703	9355	
#私人	Private		166	279	421	
特种汽车(辆)	Special Motor Vehicles (unit)	3855	7424	2156	16173	14245
#私人	Private	2	115	80		
轮胎式拖拉机(辆)	Wheel Tractor (unit)	194209	235159	291680	298858	179407
#私人	Private	171641	226099	283670	289734	179057
# 手扶拖拉车(辆)	Walking Tractor (unit)	176080	191617	212073	296257	
#私人	Private		185954	208964	266454	
摩托车(辆)	Motorcycles(unit)	89048	456925	1601483	2298196	3055930
#私人	Private	58760	375517	1455698	2061862	2958473
# 两轮摩托车(辆)	Motor Bikes (unit)	54240	374510	1454993	2205659	
#私人	Private		333386	1370940	1952552	
其他机动车(辆)	Other Motor Vehicles (unit)	3137	10913	33959	35332	
#私人	Private	1777	8565	19346	32194	
载货挂车(辆)	Trailers (unit)	8167	9145	4509	4805	6120
#私人	Private	2343	3881	2190	1979	2240

16—2 主要年份民用运输船舶拥有量

Number of Civil Transport Vessels Owned in Main Years

指　　标	Item	1990	1995	2000	2002	2003
一、机动船(艘)	**Motor Vessels (unit)**	**10782**	**12360**	**8472**	**8641**	**8352**
#私人	Private	5084	6457	3978	3955	4080
载客量(客位)	Passenger Vehicles Seats (set)	87932	93152	83676	91881	95688
净载重量(吨位)	Net Haulage Capacity (ton)	462937	917539	849281	1118569	1388701
总功率(千瓦)	Total Power (kw)	314741	491044	411586	465039	522298
1. 客船(艘)	Passenger Vessels (unit)	1364	1379	1872	2248	2385
#私人	Private	1069	998	1456	1726	1903
载客量(客位)	Passenger Vehicles Seats (set)	51540	59758	74087	85021	93071
2. 客货船(艘)	Passenger and Cargo Vessels (unit)	887	1150	166	108	21
#私人	Private	466	1084	143	108	12
载客量(客位)	Passenger Vehicles Seats (set)	36392	33394	9589	331	2617
净载重量(吨位)	Net Haulage Capacity (ton)	4047	11912	2420	1620	1332
3. 货船(艘)	Cargo Boat (unit)	8323	9638	6403	6051	5938
#私人	Private	3549	4367	2379	1923	2165
净载重量(吨位)	Net Haulage Capacity (ton)	451148	905627	846861	1116841	1387052
4. 拖船(艘)	Drawing (unit)	166	193	31	11	7
#私人	Private		8			
二、驳船(艘)	**Barges (unit)**	**791**	**597**	**110**	**29**	**20**
#私人	Private		96		1	
载客量(客位)	Passenger Vehicles Seats (set)	38	1688			
净载重量(吨位)	Net Haulage Capacity (ton)	143575	106289	32725		9440

16—3 主要年份内河、沿海主要港口基本情况

Basic Statistics of Major Ports of Inland and Coast in Main Years

指　　标	Item	码头长度（米）Length of Quay Lines (m)				
		1990	1995	2000	2002	2003
内　　河	**Navigable Inland Waterways**					
梧州港	Wuzhou	849	1559	6376	6315	5351
贵港港	Guigang	630	890	5150	5625	5625
南宁港	Nanning	398	1115	2197	1989	1643
柳州港	Liuzhou	480	350	1150	1006	1006
百色港	Baise	167	1005	569	1005	806
桂平港	Guiping	32	662	618	618	618
沿　海	**Coast**					
北海港	Beihai	757	1210	1900	2582	2504
防城港	Fangchenggang	1636	2371	3211	3491	3786
钦州港	Qinzhou	–	360	1730	1951	2505

16—4 主要年份运输线路里程
Length of Transportation Routes in Main Years

单位:公里(km)

项　　目	Item	1990	1995	2000	2002	2003
中央铁路延展里程	Extension Length of Central Railways	3139	3248	4268	4422	4434
#广西	Guangxi	1809	1861	2432	2537	2537
中央铁路营业里程	Central Railways in Operation	1893	1893	2385	2417	2417
#广西	Guangxi	1666	1670	2012	2052	2052
地方铁路延展里程	Extension Length of local Railways	418	760	917	895	863
地方铁路正线里程	Length of local Railways	309	579	723	699	698
地方铁路营业里程	Local Railways in Operation	293	566	713	699	699
公路里程	Length of Highways	36214	40904	52910	56297	58451
内河航道里程	Length of Navigable Inland Waterways	4521	4521	5618	5582	6157

注:中央铁路延展里程为总延展里程数。

Note:Extension length of central railways are total extension length of railways.

16—5 主要年份主要港口货物吞吐量
Cargo Handled at Major Ports in Main Years

单位:万吨(10 000 ton)

港口名称	Name of Ports	1990	1995	2000	2002	2003
港口货物吞吐量	**Volume of Cargo Handled in Ports**	**1101**	**1717**	**2917**	**3729**	**4409**
#内河港口	Ports of Navigable Inland Waterways	781	998	1149	1680	2005
梧州港	Wuzhou	261	160	85	110	113
贵港港	Guigang	244	362	468	752	1043
南宁港	Nanning	63	82	58	76	82
柳州港	Liuzhou	52	74	36	49	58
百色港	Baise	23	28	29	26	17
桂平港	Guiping	20	22	31	55	74
沿海港口	**Ports of Coast**	**320**	**719**	**1768**	**2050**	**2404**
北海港	Beihai	82	201	265	311	433
防城港	Fangchenggang	220	464	919	1116	1320
钦州港	Qinzhou		9	140	203	263

16—6 全社会客运量及旅客周转量(1978－2003年)

Total Traffic of Passenger and Turnover Volume of Passenger(1978－2003)

年份	Year	总计 Total	铁路 Railways	公路 Highways	水运 Waterways	民航 Civil Aviation
客运量(万人)	**Passenger Traffic(10 000 persons)**					
1978		6398	1368	4628	383	10
1980		9369	1869	7054	429	17
1985		20018	2456	16993	526	43
1990		26272	2391	22826	984	69
1991		24685	2346	21175	1089	75
1992		27262	2703	23189	1273	95
1993		39398	2980	33968	2344	106
1994		34274	3030	29954	1177	113
1995		34317	2819	30024	1192	283
1996		36066	2385	32582	805	294
1997		38343	2495	34752	802	294
1998		39670	2576	36006	786	302
1999		41009	2496	37412	779	322
2000		42952	2508	39321	766	357
2001		44451	2270	41020	755	373
2002		45868	2148	42459	850	410
2003		43595	1936	40524	785	350
旅客周转量(亿人公里)	**Passenger－Kilometers (100 million passenger－km)**					
1978		41.20	21.64	16.89	2.67	
1980		60.25	31.11	25.05	4.09	
1985		127.77	55.72	66.50	5.55	
1990		174.79	66.79	101.21	6.76	
1991		183.70	71.33	105.18	7.19	
1992		223.94	83.19	133.39	7.31	
1993		283.77	112.00	164.04	7.72	
1994		289.39	118.59	165.32	5.48	
1995		298.41	112.14	180.78	5.49	
1996		323.69	93.79	225.97	3.93	
1997		378.18	94.40	280.32	3.46	
1998		386.97	91.77	292.63	2.57	
1999		440.19	105.36	332.30	2.52	
2000		464.96	114.48	347.94	2.54	
2001		490.92	116.23	372.07	2.63	
2002		502.42	117.02	382.70	2.70	
2003		475.09	105.46	367.35	2.27	

注:2003年铁路客运量扣除中央铁路和地方铁路交口重复部分。

Note:The passenger traffic of railway of 2003 had taken out the repetitive part of central and local railway.

16—7 全社会货运量及货物周转量（1978－2003年）

Total Traffic of Freight and Turnover Volume of Freight (1978－2003)

年份	Year	总计 Total	铁路 Railways	公路 Highways	水运 Waterways	民航 Civil Aviation
货运量(万吨)	**Freight Traffic(10 000 tons)**					
1978		5885	2118	2697	1070	
1980		4496	1833	1772	891	0.10
1985		12909	2224	9898	787	0.58
1990		19888	3798	14711	1338	0.50
1991		22469	3920	17146	1403	0.70
1992		23457	4167	17567	1666	0.90
1993		35509	4434	27723	3352	1.00
1994		28132	4920	20391	2820	1.00
1995		28622	5072	20686	2862	1.60
1996		29441	5166	22386	1887	1.70
1997		31473	5315	24349	1808	1.00
1998		32671	5364	25482	1823	1.80
1999		30862	5293	23720	1846	3.20
2000		31270	5843	23514	1910	3.38
2001		33267	6316	23747	2024	3.76
2002		33392	6636	24325	2423	7.64
2003		33457	6516	24164	2774	3.80
货物周转量(亿吨公里)	**Freight Ton－kilometers(100 million ton－km)**					
1978		183.78	153.93	7.54	22.31	
1980		160.46	132.52	5.77	22.17	
1985		276.26	200.52	47.30	28.44	
1990		428.02	268.17	116.95	42.82	
1991		429.61	286.31	91.62	51.68	
1992		487.27	310.98	102.72	64.42	
1993		511.96	335.21	103.23	73.51	
1994		588.98	348.14	140.36	100.48	
1995		592.93	351.61	143.39	97.93	
1996		606.12	346.30	170.58	89.23	
1997		642.30	366.73	183.48	92.08	
1998		695.35	413.46	190.48	91.41	
1999		698.20	414.60	202.10	81.50	
2000		770.61	485.14	209.44	76.03	
2001		799.42	504.15	212.10	83.16	
2002		860.74	540.92	218.51	101.31	
2000		770.61	485.14	209.44	76.03	
2001		799.42	504.15	212.1	83.16	
2002		860.74	540.92	218.51	101.31	
2003		942.55	606.39	217.10	119.06	

注:2002年民航货运量为货物、邮件、行李吞吐量,2001年以前仅为货物吞吐量,2003年铁路货运量扣除中央铁路和地方铁路交口重复部分。

Note :The volume of goods transported of the civil aviation was goods , mail , throughput of luggage in 2002, while before 2001, it was only the throughput of goods, and the passenger traffic of railway of 2003 have taken out the repetitive part of central and local railway.

16—8　公路线路长度(按等级分类,1978—2003 年)

Total Length of Highways(Grouped by Class,1978 – 2003)

单位:公里(km)

年份 Year	公路里程总计 Total Length of Highways	等级公路合计 Expressway and Class I to IV Highway	高速 Expressway	一级 Class I	二级 Class Ⅱ	三级 Class Ⅲ	四级 Class IV	等外 below Class Ⅳ	公路等级里程占总里程(%) Proportion of Expressway and Class I to IV Highway in Total Length of Highways(%)
1978	29773							14996	
1979	30692	13771			83	1341	12347	16921	44.87
1980	31624	14703			83	1348	13272	16921	46.49
1981	31823	14902			83	1373	13446	16921	46.83
1982	32156	15264			83	1465	13716	16892	47.47
1983	32529	15740			84	1531	14125	16789	48.39
1984	32757	16061			84	1531	14446	16696	49.03
1985	32972	16329			104	1633	14592	16643	49.52
1986	33222	16703			105	1670	14928	16519	50.28
1987	33928	17604			139	1763	15702	16324	51.89
1988	35400	19193			202	1803	17188	16207	54.22
1989	35945	19829			214	1875	17740	16116	55.16
1990	36214	20098		8	358	2031	17701	16116	55.50
1991	36660	20711		11	428	1919	18353	15949	56.49
1992	37291	21488		11	682	1917	18878	15803	57.62
1993	38495	22754		11	1035	1910	19798	15741	59.11
1994	39550	23890		48	1074	2017	20751	15660	60.40
1995	40904	25509		66	1330	2163	21950	15395	62.36
1996	42696	27375		66	1448	2222	23639	15321	64.12
1997	45378	30283	193	189	1670	2208	26023	15095	66.73
1998	51073	43319	439	389	2107	16741	23643	7754	84.82
1999	51378	43671	575	389	2319	16721	23667	7707	85.00
2000	52910	45430	812	442	2628	16620	24928	7480	85.86
2001	54752	40192	822	449	4316	5213	29392	14560	73.40
2002	56297	42155	822	449	4773	5348	30763	14142	74.86
2003	58451	45284	1011	482	5351	5611	32829	13167	77.47

注:从 2001 年起以第二次全国公路普查数据为调整基数。

Note: From 2001, the data in the table have been readjusted basing on the data of the Second National Highway Census.

16—9 主要年份邮电通信水平

Level of Postal and Telecommunications Services in Main Years

指标	Item	1990	1995	2000	2002	2003
平均每人每年发函件数（件）	Per Capita Annual Average Number of Letters (piece)	3.41	4.59	3.60	4.66	4.78
平均每人每年订报刊数（件）	Annual Average Number of Newspapers and Magazines Per Capita Subscribed (piece)	10.01	13.06	9.5	8.5	8.37
平均每万人拥有电话机数(部)	Average Number of Telephone Subscribers per 10 000 Persons Owned(set)	47.79	233.64	1102.30	1973.29	2662.05
设有邮电局、所乡(镇)比重(%)	Proportion of townships with Post and Telecommunication Office (%)	81.91	85.4	90.30	92.7	98.2
邮政储蓄市场占有率(%)	Ratio of market shares of Postal Deposit (%)	–	4.04	7.1	8	8.54
通电话的乡(镇)比重(%)	Proportion of townships with Telephone Communication (%)	97.66	96.78	100	100	100
按固定班期投递邮件的乡(镇)比重(%)	Proportion of townships with Delivery by Regularly Time (%)	–	98.24	99.9	99.8	100
通电话的行政村比重(%)	Proportion of Administrative Village with-Telephone (%)	–	–	91.5	93.6	92.5

注:1995 年以来的"平均每万人拥有电话机数"含移动电话用户。

Note :" Number of Telephone Subscribers Per 10 000 Persons Owned" have included mobile telephones subscribers from 1995.

16—10 主要年份邮政和电信主要指标

Major Indicators of Postal and Telecommunications Services in Main Years

指标	Item	1990	1995	2000	2002	2003
邮电局、所总数(个)	Number of Post and Telecommunication Offices (unit)	1416	1503	1674	1645	1650
邮路总长度(含农村投递线路)(万公里)	Length of Postal Routes(including Rural Delivery Routes) (10 000 km)	16.52	16.33	17.7	20.01	17.55
邮政汽车(辆)	Motor Vehicles for Poet (unit)	328	683	1084	1198	1238
长途业务电路总数(路)	Total Lines of Long Distance Business (line)	2079	21905	84027	144408	247350
邮电业务总量(万元)	Business Volume of Post and Telecommunication Services (10 000 yuan)	14235	205600	963559	1265902	1622611
函件(万件)	Number of Letters (10 000 pcs)	14547	20833	16695	22387	23127.5
报刊期发数(万份)	Newspapers and Magazines Circulation (10 000 copies)	562.6	720.0	667.4	411.2	454.6
公众电报(万份)	Express Mail of Public(10 000 copies)	810	458	159		
长途电话(万次)	Long Distance of Telephone (10 000 times)	1459	24369	44848		
市内电话年末户数(户)	Number of Subscribers of Urban Telephone at Year－end (subscriber)	89108	656469	2334789	3557424	4292000
农村电话年末户数(户)	Number of Subscribers of Rural Telephone at Year－end (subscriber)	34979	110368	856379	1608184	2092000
订销报纸累计数(万份)	Total Number of Newspaper Subscribed and sold (10 000 copies)	39062	54392	40934	37239	37303
订销杂志累计数(万份)	Total Number of Magazines Subscribed and sold (10 000 copies)	3626	4284	3324	3133	3192
计算机互联网用户(专线、拨号用户)(户)	Number of Subscribers of Internet Services (special line,dialing)(subscriber)	–	10	237646	982535	1480300
无线寻呼用户(户)	Number of Subscribers of Pagering Services (special line,dialing)(subscriber)	5438	552927	2604794	2302721	312000
移动电话用户合计(户)	Number of Mobile Telephone Subscribers (subscriber)	–	99156	1668574	4310172	6498000
公用电话(户)	Public Telephone(subscriber)	383	22554	99242	243847	410000

注:1. 邮电业务总量 1990 年、1995 年为 1990 年价格,2001、2002、2003 年为 2000 年价格;
2. 2002 年邮政函件包括邮送广告。

Note:1. Business volume of post and telecommunication services of 1990 and 1995 used the price of 1995, and that of 2001,2002, 2003 used the price of 2000;
2. The post letters of 2002 included delivery advertisement.

主要统计指标解释

铁路营业里程 又称营业长度(包括正式营业和临时营业里程),指办理客货运输业务的铁路正线总长度。

公路里程 指在一定时期内实际达到《公路工程[WTBZ]技术标准 JTJ01－88》规定的等级公路,并经公路主管部门正式验收交付使用的公路里程数。包括大中城市的郊区公路以及通过小城镇街道部分的公路里程和桥梁、渡口的长度,不包括大中城市的街道、厂矿、林区生产用道和农业生产用道的里程。两条或多条公路共同经由同一路段,只计算一次,不得重复计算里程长度。它是反映公路建设发展规模的重要指标,也是计算运输网密度等指标的基础资料。

内河航道里程 指在一定时期内能通行机动船、帆船以及运输排筏(指利用排筏经营运输)河段里程,不包括仅供木材流放的河道。在计算航道里程中,应将两条交叉航线共同经由同一区段的重复里程剔除;省与省之间的重复航线作剔除统计时,各按重复里程的一半扣除。

民用航空航线里程 指民用运输机飞行的航线长度。航线长度指机场之间的距离。航空航线里程以年末到达数为准,因气候关系不能全年通航的航线,按年末情况统计,如果年末能继续通航则计入总长度,否则应扣除不计。计算航线里程可按重复和不重复两种方法,前者是指各航线相加的总和,后者则要扣除各航线之间的重复区段计算。

货(客)运量 指在一定时期内,各种运输工具实际运送的货物(旅客)数量。它是反映运输业为国民经济和人民生活服务的数量指标,也是制定和检查运输生产计划、研究运输发展规模和速度的重要指标。货运按吨计算,客运按人计算。货物不论运输距离长短、货物类别,均按实际重量统计。旅客不论行程远近或票价多少,均按一人一次客运量统计;半价票、小孩票也按一人统计。

货物周转量 指在一定时期内,由各种运输工具运送的货物数量与其相应运输距离的乘积之总和。它是反映运输业生产总成果的重要指标。运输的距离按计费距离计算。货物周转量分铁路、公路、水运、航运和管道等各种运输方式完成的各类货物周转量,各类货物周转量相加得货物总周转量。其计算公式为:

货物周转量(吨公里)=∑[货物周转量(吨)×运送距离(公里)]

旅客周转量 又称客运周转量。是指在一定时期内,由各种运输工具运送的旅客数量与其相应的运输距离乘积之总和。它是反映在一定时期内,由各种运输工具运送的旅客量与其相应的运输距离乘积之总和。它是反映运输业生产总成果的重要指标之一。旅客运输的距离按计费距离计算。旅客周转量按运输方式有铁路旅客周转量、公路旅客周转量、水运旅客周转量和民航旅客周转量,各类旅客周转量相加得旅客总周转量。其计算公式为:

旅客周转量(人公里)=∑[旅客运输量(人)×运输距离(公里)或=实际运送的旅客人数×旅客平均运程

沿海主要港口货物吞吐量 指由水运进出沿海主要港区范围,并经过装卸的货物数量。港口货物吞吐量按流向分,有进港吞吐量和出港吞吐量;按货物交流性质分为,外贸吞吐量和内贸吞吐量。

邮电业务总量 是指以价值量形式表现的邮电通讯企业为社会提供各类邮电通讯服务的总数量。它综合反映一定时期邮电通讯企业为社会提供通讯服务的总成果,是研究邮电通讯业务量构成和发展趋势的重要指标。邮电通讯业务包括:函件、包件、汇票、报刊发行、邮政快件、特快专递、邮政储蓄、集邮、电报、传真、长途电话、出租电路、移动电话、无线寻呼、分组交换数据通讯、出租及代理维修业务等。其计算公式为:

邮电业务总量=∑(各类邮电业务量×不变单价)+出租代维修及其他收入

第十七篇
CHAPTER 17

国内贸易

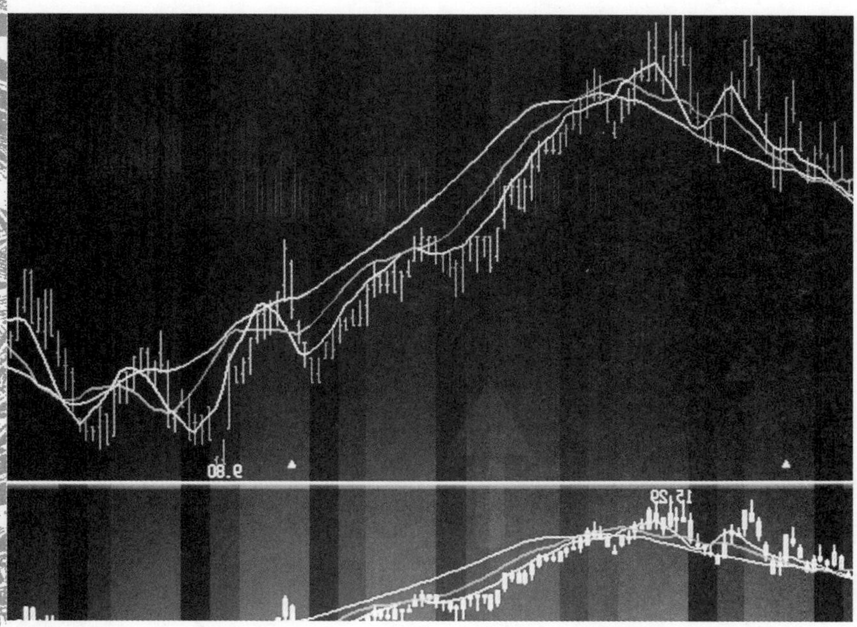

DOMESTIC TRADE

社会消费品零售总额（亿元）

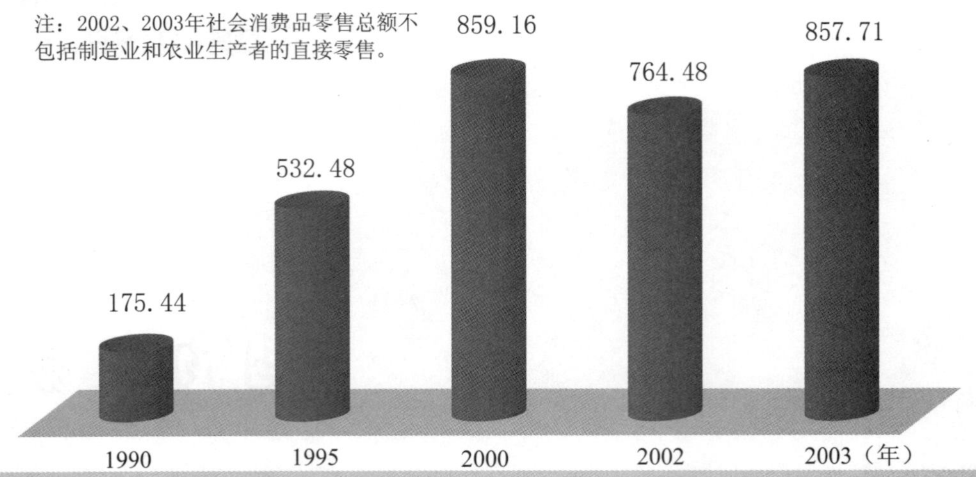

社会消费品零售总额构成（%）

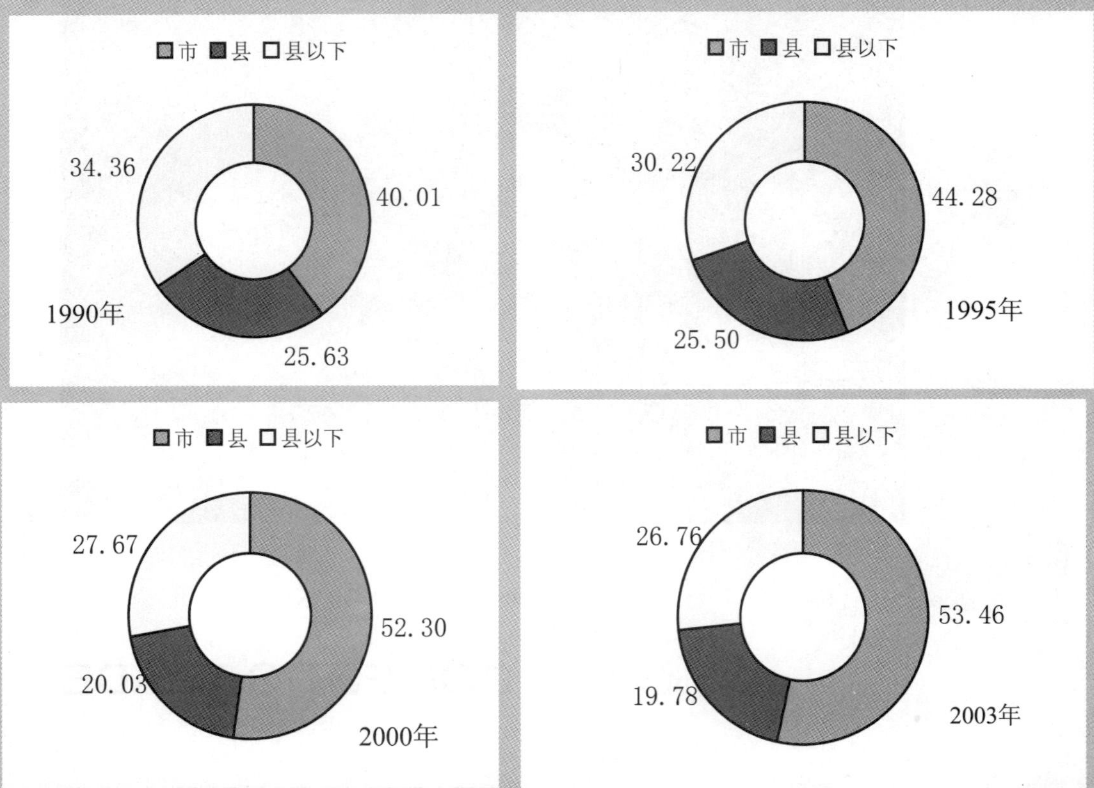

17—1 限额以上批发零售贸易、餐饮业基本情况(2003年)
Basic Conditions of Enterprises above Designated Size in Wholesale and Retail, Catering Trades(2003)

项目	Item	法人企业(个) Corporation Enterprises(unit)	产业活动单位(个) Number of Economic Active Units(unit)	从业人员(人) Persons Employed (person)
总计	**Total**	**693**	**838**	**109542**
一、批发业	**Wholesale**	**319**	**385**	**39728**
其中:国有及国有控股	State－owned and State－holding	178	228	27936
1.按登记注册类型分组	Grouped by Status of Registration			
内资企业	Domestic Funded Enterprises	316	378	39464
国有企业	State－owned Industry	153	185	20142
集体企业	Collective－owned Industry	44	42	3010
股份合作企业	Cooperative Enterprises	6	7	668
有限责任公司	Limited Liability Corporations	49	52	4367
国有独资企业	Sole State－funded Corporations	5	6	1083
其他有限责任公司	Other Limited Liability Corporations	44	46	3284
股份有限公司	Share Holding Enterprises	20	48	9346
私营企业	Private Enterprises	42	42	1819
私营独资企业	Private－funded Enterprises	1	1	50
私营有限责任公司	Private Limited Liability Corporations	38	38	1489
私营股份有限公司	Private Share Holding Enterprises	3	3	280
其他企业	Others	2	2	112
港、澳、台商投资企业	Enterprises with Funds from Hong Kong, Macao and Taiwan	2	5	160
合资经营企业	Joint Venture Enterprises		1	20
独资经营企业	Enterprises with Sole Investment		2	104
投资股份有限公司	Share－holding Corporations Ltd. with Investment	2	2	36
外商投资企业	Foreign－investment Enterprise	1	2	104
中外合资经营企业	Chinese－foreign Joint Venture Enterprises	1	2	104
2.按国民经济行业分组	Grouped by National Economic Sector			
农畜产品批发业	Wholesale of the agricultural and animal products	12	12	1141
食品、饮料及烟草制品批发业	Wholesale of Food, Beverage and Tobacco Products	91	110	14388
米、面制品及食用油批发业	Wholesale of Rice, Flour Products and Edible Oil	7	7	623
烟草制品批发业	Wholesale of Tobacco Products	53	71	7667
纺织、服装及日用品批发业	Wholesale of Textile, Garments and Daily Necessities	8	7	759
服装批发业	Wholesale of Garments	1	1	198
文化、体育用品及器材批发业	Wholesale of Culture, Sports Goods and Apparatus	12	11	1111
医药及医疗器材批发业	Wholesale of Medicine and Medical Apparatus	22	19	3639
矿产品、建材及化工产品批发业	Wholesale of Mineral Products, Building Materials and Chemical Products	95	138	12934
煤炭及制品批发业	Wholesale of Coal and Related Products	7	7	239
石油及制品批发业	Wholesale of Petroleum and Related Products	25	65	9627
金属及金属矿批发业	Wholesale of Metal and Metallic Ore	24	28	853
建材批发业	Wholesale of Building Materials	3	4	218
化肥批发业	Wholesale of Chemical Fertilizer	30	27	1849
机械设备、五金交电及电子产品批发业	Wholesale of Mechanical Equipment, Hardware and Electrical Equipment and Electronic Product	66	75	4960
汽车、摩托车及零配件批发业	Wholesale of Motor Vehicles, Motorcycle and Parts	19	20	1246
家用电器批发业	Wholesale of Household Appliances	15	18	1742
计算机、软件及辅助设备批发业	Wholesale of Computer, Software and Auxiliary Equipment	2	3	180
贸易经纪与代理	Trade Manager and Acting as Agent	1	1	17
其他批发业	Others	12	12	779

17—1 续表 1 continued

项　　目	Item	法人企业(个) Corporation Enterprises(unit)	产业活动单位(个) Number of Economic Active Units(unit)	从业人员(人) Persons Employed (person)
二、零售业	**Retail**	**276**	**282**	**47090**
其中:国有及国有控股	State - owned and State - holding	122	121	28521
1. 按登记注册类型分组	Grouped by Status of Registration			
内资企业	Domestic Funded Enterprises	273	277	45999
国有企业	State - owned Industry	107	108	19451
集体企业	Collective - owned Industry	34	31	2773
股份合作企业	Cooperative Enterprises	8	8	644
联营企业	Joint Ownership Enterprises	1	1	141
国有联营企业	State Joint Ownership Enterprises	1	1	141
有限责任公司	Limited Liability Corporations	43	44	9983
其他有限责任公司	Other Limited Liability Corporations	43	44	9983
股份有限公司	Share Holding Enterprises	18	21	8237
私营企业	Private Enterprises	60	61	3586
私营独资企业	Private - funded Enterprises	7	7	590
私营有限责任公司	Private Limited Liability Corporations	50	51	2811
私营股份有限公司	Private Share Holding Enterprises	3	3	185
其他企业	Others	2	3	1184
外商投资企业	Enterprises With Foreign Investment	3	5	1091
中外合资经营企业	Chinese - foreign Joint Venture Enterprises	1	2	165
中外合作经营企业	Chinese - foreign Cooperation Enterprises		1	24
外资企业	Overseas - funded Enterprise	1	1	13
外商投资股份有限公司	Share - holding Corporations Ltd. with Foreign Investment	1	1	889
2. 按国民经济行业分组	Grouped by National Economic Sector			
综合零售业	Comprehensive Retail	77	79	21282
百货零售业	Retail of Consumer Goods	40	39	12479
超级市场零售业	Retail of Supermarket	20	23	6221
食品、饮料及烟草制品专门零售业	Special Retail of Food, Beverage and Tobacco Products	14	12	2775
纺织、服装及日用品专门零售业	Special Retail of Textile, Garments and Daily Necessities	4	5	631
文化、体育用品及器材专门零售业	Special Retail of Culture, Sports Goods and Apparatus	25	23	3146
图书零售业	Retail of Books	20	18	1608
医药及医疗器材专门零售业	Special Retail of Medicine and Medical Apparatus	35	36	7356
药品零售业	Retail of Medicines	35	36	7356
汽车、摩托车、燃料及零配件专门零售业	Special Retail of Motor Vehicles, Motorcycles and Parts	44	49	3895
汽车零售业	Retail of Motor Vehicles	34	33	3129
机动车燃料零售业	Fuel Retail of Motor Vehicle	5	10	614
家用电器及电子产品专门零售业	Special Retail of Household Appliances and Electronic Products	54	53	5982
家用电器零售业	Retail of Household Appliances	18	16	1439
计算机、软件及辅助设备零售业	Retail of Computer, Software and Auxiliary Equipment	24	24	677
通讯设备零售业	Retail of Communication Apparatus	8	9	3758
五金、家具及室内装修材料专门零售业	Special Retail of Hardware, Furniture and Indoor Renovation Material	10	11	700
无店铺及其他零售业	Retail without Shop and Others	13	14	1323

17—1 续表 2 continued

项　目	Item	法人企业(个) Corporation Enterprises(unit)	产业活动单位(个) Number of Economic Active Units(unit)	从业人员(人) Persons Employed(person)
三、餐饮业	**Catering Trades**	**98**	**171**	**22724**
1.按登记注册类型分组	Grouped by Status of Registration			
内资企业	Domestic Funded Enterprises	92	155	20791
国有企业	State - owned Industry	32	59	9102
集体企业	Collective - owned Industry	10	20	2277
股份合作企业	Cooperative Enterprises	4	4	281
联营企业	Joint Ownership Enterprises	2	2	141
集体联营企业	Collective Joint Ownership Enterprises	1	1	40
其他联营企业	Other Joint Ownership Enterprises	1	1	101
有限责任公司	Limited Liability Corporations	11	22	4022
其他有限责任公司	Other Limited Liability Corporations	11	22	4022
股份有限公司	Share Holding Enterprises	5	10	1305
私营企业	Private Enterprises	27	37	3633
私营独资企业	Private - funded Enterprises	8	11	941
私营合伙企业	Private Partnership Enterprises	3	4	209
私营有限责任公司	Private Limited Liability Corporations	15	19	2204
私营股份有限公司	Private Share Holding Enterprises	1	3	279
其他企业	Others	1	1	30
港、澳、台商投资企业	Enterprises with Funds from Hong Kong, Macao and Taiwan	5	10	1378
合资经营企业	Joint - venture Enterprises	4	6	940
合作经营企业	Cooperative Enterprises		2	298
独资经营企业	Enterprises with Sole Investment	1	2	140
外商投资企业	Foreign Funded Enterprises	1	6	555
中外合资经营企业	Chinese - foreign Joint Venture Enterprises	1	3	360
中外合作经营企业	Chinese - foreign Cooperation Enterprises		1	3
外资企业	Overseas - funded Enterprise		1	97
外商投资股份有限公司	Share - holding Corporations Ltd. with Foreign Investment		1	95
2.按国民经济行业分组	By Sector			
正餐服务业	Dinner	94	161	21626
快餐服务业	Snack	3	8	968
饮料及冷饮服务业	Beverage and Cold Drink	1	1	35
其他餐饮服务业	Others		1	95

17—2 社会消费品零售总额及指数

Total Retail Sales of Consumer Goods and Relate Indices

年 份 Year		合 计 Total	市 City	县 County	县以下 Under County Level
绝对数(万元)	Absolute Number(10 000 yuan)				
1978		335918	64621	116439	154858
1980		457228	116797	151543	188888
1985		886005	299701	249384	336920
1990		1754369	701925	449653	602791
1991		2002276	806073	523474	672729
1992		2436189	1009302	629186	797701
1993		3224031	1452179	861952	909900
1994		4165108	1815716	1109003	1240389
1995		5324847	2357849	1357684	1609314
1996		6113439	2854382	1252349	2006708
1997		6737174	3204852	1369897	2162425
1998		7340151	3523272	1468030	2348849
1999		7912683	3813562	1578592	2520529
2000		8591591	4163337	1764012	2664242
2001		9358820	4630424	1946228	2782168
2002		10255395	5124935	2156208	2974252
2003		8577074	4585199	1696915	2294960
指数(上年=100)	Relate Indices(preceding year=100)				
1978		—	—	—	—
1980		117.9	132.8	109.7	116.7
1985		129.1	129.8	132.3	126.1
1990		103.2	108.1	102.3	98.7
1991		114.1	114.8	116.4	111.6
1992		121.7	125.2	120.2	118.6
1993		132.3	143.9	137.0	114.1
1994		129.2	125.0	128.7	136.3
1995		127.8	129.9	122.4	129.7
1996		114.8	121.1	92.2	124.7
1997		110.2	112.3	109.4	107.8
1998		109.0	109.9	107.2	108.6
1999		107.8	108.2	107.5	107.3
2000		108.6	109.2	111.8	105.7
2001		108.9	111.2	110.3	104.4
2002		109.6	110.7	110.8	106.9
2003		112.2	114.7	110.8	108.5

注:2003 年数据是按新的统计口径统计,指数按可比口径计算。

Note: The data of 2003 were counted according to new statistical standard, and indices were calculated according to the comparable requirements.

17—3 主要年份社会消费品零售总额

Total Retail Sales of Consumer Goods in Main Years

单位:万元(10 000 yuan)

项　　目	Item	1990	1995	2000	2002	2003
社会消费品零售总额	**Total Retail Sales of Consumer Goods**	**1754369**	**5324847**	**8591591**	**10255395**	**8577074**
(一)按销售地区分	By Location of Retailers					
市的零售额	City	701925	2357849	4163337	5124935	4585199
县的零售额	County	449653	1357684	1764012	2156208	1696915
县以下的零售额	Under County Level	602791	1609314	2664242	2974252	2294960
(二)按经济类型分	By Economic Units					
国有经济	State - owned		1447013	1370104	1299736	1012753
集体经济	Collective - owned		796383	1045452	1034553	756480
私营经济	Private		107903	291328	482673	667308
个体经济	Personal		1948752	4414084	5617046	5064650
联营经济	Joint Ownership		6790	6602	7365	29953
股份制经济	Share Holding		177614	238910	376880	757857
外商投资经济	Foreign Funded		16510	37388	50768	78027
港澳台投资经济	Funds from Hong Kong, Macao and Taiwan		38594	17912	24042	11735
其他经济	Others		785288	1169811	1362332	198311
(三)按行业分	By Sector					
批发零售贸易业	Wholesale and Retail		3497771	5908822	6880114	7167882
餐饮业	Catering Trades		438832	963030	1276360	1152817
制造业	Manufacturing		427331	441420	534521	
其他	Others		960913	1278319	1564400	256375

注:2003 年数据是按新的统计口径统计。

Note: The data of 2003 were counted according to new statistical standard .

17—4 主要年份限额以上批发零售贸易业商品购进、销售和库存总额

Total Purchases, Sales and Inventory of Enterprises above Designated in Wholesale And Retail Sale Trade in Main Years

单位:万元(10 000 yuan)

项　　目	Item	1990	1995	2000	2002	2003
一、商品购进总额	Total Purchases		5009775	3890602	4269777	5000923
#进口	Imports		214441	66953	62563	41536
二、商品销售总额	Total Sales		5637665	4181138	4480859	5234351
1.批　发	1. Wholesale		4654163	3071302	3108369	3562578
# 出口	Exports		690372	371065	298526	326623
2.零　售	2. Retail		983502	1109836	1372490	1671773
三、年末库存总额	Total Inventory at Year - end		720914	394164	424291	353941

17—5 限额以上批发零售贸易业商品购进、销售、库存总额(2003年)

Total Purchases, Sales and Inventory of Enterprises above Designated in Wholesale And Retail Sale Trade by Sector(2003)

单位：万元(10 000 yuan)

项目	Item	购进总额 Total Purchases	#进口 Imports	销售总额 Total Sales 合计 Total	批发 Wholesale	#出口 Exports	零售 Retail Sale	年末库存总额 Total Inventory at Year-end
总计	**Total**	**5000923**	**41536**	**5234351**	**3562578**	**326623**	**1671773**	**353941**
一、批发业	**Wholesale**	**3719988**	**20082**	**3831166**	**3343993**	**321956**	**487173**	**203371**
其中:国有及国有控股	State - owned and State - holding	2896611	19637	2972007	2587980	289253	384027	141664
1. 按登记注册类型分组	Grouped by Status of Registration							
内资企业	Domestic Funded Enterprises	3677324	20082	3786281	3299108	321956	487173	202170
国有企业	State - owned Industry	1746372	15670	1883113	1738462	188390	144651	110482
集体企业	Collective - owned Industry	153525		171628	154502	1867	17126	10654
股份合作企业	Cooperative Enterprises	54164		55397	39290		16107	3308
有限责任公司	Limited Liability Corporations	568004	3521	586305	531901	119251	54405	32642
国有独资企业	Sole State - funded Corporations	257267	3423	254565	252684	93547	1881	6702
其他有限责任公司	Other Limited Liability Corporations	310737	98	331741	279217	25704	52524	25940
股份有限公司	Share Holding Enterprises	969574	505	898242	665799	7316	232443	26635
私营企业	Private Enterprises	178134	386	183342	161416	5133	21925	18339
私营独资企业	Private - funded Enterprises	6021		5904	5904			726
私营有限责任公司	Private Limited Liability Corporations	164653	386	169708	149736	5133	19972	17164
私营股份有限公司	Private Share Holding Enterprises	7460		7730	5777		1953	449
其他企业	Others	7552		8255	7739		516	110
港、澳、台商投资企业	Enterprises with Funds from Hong Kong, Macao and Taiwan	30048		31386	31386			856
合资经营企业	Joint Venture Enterprises	4143		4819	4819			86
独资经营企业	Enterprises with Sole Investment	12994		14589	14589			598
投资股份有限公司	Share - holding Corporations Ltd. with Investment	12911		11978	11978			172
外商投资企业	Foreign - investment Enterprise	12617		13499	13499			345
中外合资经营企业	Chinese - foreign Joint Venture Enterprises	12617		13499	13499			345
2. 按国民经济行业分组	Grouped by National Economic Sector							
农畜产品批发业	Wholesale of the agricultural and animal products	41049	83	43531	41216	20897	2314	6336
食品、饮料及烟草制品批发业	Wholesale of Food, Beverage and Tobacco Products	966581	1029	996372	985762	47112	10610	49578
米、面制品及食用油批发业	Wholesale of Rice, Flour Products and Edible Oil	38433	220	53543	51417	41212	2126	2709

单位:万元(10 000 yuan)

项目	Item	购进总额 Total Purchases	#进口 Imports	销售总额 Total Sales 合计 Total	批发 Wholesale	#出口 Exports	零售 Retail Sale	年末库存总额 Total Inventory at Year-end
烟草制品批发业	Wholesale of Tobacco Products	650268		679910	677526		2384	39108
纺织、服装及日用品批发业	Wholesale of Textile, Garments and Daily Necessities	81196	2665	88158	86008	79515	2149	3690
服装批发业	Wholesale of Garments	51989	2209	57165	57165	52961		2385
文化、体育用品及器材批发业	Wholesale of Culture, Sports Goods and Apparatus	124499	54	141695	132664	16644	9031	13353
医药及医疗器材批发业	Wholesale of Medicine and Medical Apparatus	195020	693	210044	110419	7207	99626	25419
矿产品、建材及化工产品批发业	Wholesale of Mineral Products, Building Materials and Chemical Products	1728934	7190	1738516	1439332	115899	299185	58636
煤炭及制品批发业	Wholesale of Coal and Related Products	41984		55344	55344			762
石油及制品批发业	Wholesale of Petroleum and Related Products	1123895		1101910	814542		287368	29933
金属及金属矿批发业	Wholesale of Metal and Metallic Ore	371244	7092	379140	376584	99935	2556	12377
建材批发业	Wholesale of Building Materials	51110		50716	50597	3756	119	5565
化肥批发业	Wholesale of Chemical Fertilizer	122042		131493	122352	1867	9141	8259
机械设备、五金交电及电子产品批发业	Wholesale of Mechanical Equipment, Hardware and Electrical Equipment and Electronic Product	520478	8368	533090	469954	22368	63136	39305
汽车、摩托车及零配件批发业	Wholesale of Motor Vehicles, Motorcycle and Parts	212087	6806	218519	168411	3018	50108	14641
家用电器批发业	Wholesale of Household Appliances	121847		122514	117558		4956	7954
计算机、软件及辅助设备批发业	Wholesale of Computer, Software and Auxiliary Equipment	11598		11773	9819		1953	207
贸易经纪与代理	Trade Manager and Acting as Agent	153		173	173	173		
其他批发业	Others	62079		79588	78465	12141	1123	7054
二、零售业	**Retail**	**1280934**	**21454**	**1403185**	**218584**	**4667**	**1184600**	**150570**
其中:国有及国有控股	State-owned and State-holding	675328	27	718171	78079	4599	640092	62759
1.按登记注册类型分组	Grouped by Status of Registration							
内资企业	Domestic Funded Enterprises	1230279	21454	1340463	217957	4667	1122506	146825
国有企业	State-owned Industry	356748		369943	42111		327833	45949
集体企业	Collective-owned Industry	61514	19	61269	19938		41331	4847
股份合作企业	Cooperative Enterprises	32021		33269	2398		30871	2313
联营企业	Joint Ownership Enterprises	19942		20498			20498	799
国有联营企业	State Joint Ownership Enterprises	19942		20498			20498	799
有限责任公司	Limited Liability Corporations	288490	21419	347947	81299	68	266648	43031
其他有限责任公司	Other Limited Liability Corporations	288490	21419	347947	81299	68	266648	43031
股份有限公司	Share Holding Enterprises	305236	16	336612	41397	4599	295214	28243

单位:万元(10 000 yuan)

项目	Item	购进总额 Total Purchases	#进口 Imports	销售总额 Total Sales 合计 Total	批发 Wholesale	#出口 Exports	零售 Retail Sale	年末库存总额 Total Inventory at Year-end
私营企业	Private Enterprises	160186		164388	30814		133574	20805
私营独资企业	Private - funded Enterprises	17700		17994			17994	1858
私营有限责任公司	Private Limited Liability Corporations	136883		141061	30814		110246	18408
私营股份有限公司	Private Share Holding Enterprises	5603		5334			5334	539
其他企业	Others	6144		6538			6538	839
外商投资企业	Enterprises With Foreign Investment	50655		62721	627		62094	3745
中外合资经营企业	Chinese - foreign Joint Venture Enterprises	3563		3383	627		2756	73
中外合作经营企业	Chinese - foreign Cooperation Enterprises	11083		13872			13872	470
外资企业	Overseas - funded Enterprise	293		270			270	0
外商投资股份有限公司	Share - holding Corporations Ltd. with Foreign Investment	35716		45196			45196	3202
2.按国民经济行业分组	Grouped by National Economic Sector							
综合零售业	Comprehensive Retail	502186	1173	556130	59445	4599	496686	77998
百货零售业	Retail of Consumer Goods	266207	1173	307143	20406	1051	286738	51111
超级市场零售业	Retail of Supermarket	205183		216048	28835	3548	187213	24736
食品、饮料及烟草制品专门零售业	Special Retail of Food, Beverage and Tobacco Products	45825		54049	4532		49517	2453
纺织、服装及日用品专门零售业	Special Retail of Textile, Garments and Daily Necessities	8265		8283	2333		5949	843
文化、体育用品及器材专门零售业	Special Retail of Culture, Sports Goods and Apparatus	63322		64595	11147		53448	11708
图书零售业	Retail of Books	46710		46063	4483		41580	9384
医药及医疗器材专门零售业	Special Retail of Medicine and Medical Apparatus	99445		119615	28259		91356	19440
药品零售业	Retail of Medicines	99445		119615	28259		91356	19440
汽车、摩托车、燃料及零配件专门零售业	Special Retail of Motor Vehicles, Motorcycles and Parts	356180	20270	385284	38515	68	346769	19420
汽车零售业	Retail of Motor Vehicles	296946	20270	315385	24253	68	291133	17045
机动车燃料零售业	Fuel Retail of Motor Vehicle	50387		60103	12579		47525	1113
家用电器及电子产品专门零售业	Special Retail of Household Appliances and Electronic Products	138995		176734	67916		108818	15874
家用电器零售业	Retail of Household Appliances	34347		49177	12852		36325	6047
计算机、软件及辅助设备零售业	Retail of Computer, Software and Auxiliary Equipment	52056		53072	20089		32983	5986
通讯设备零售业	Retail of Communication Apparatus	48073		68549	33365		35184	3263
五金、家具及室内装修材料专门零售业	Special Retail of Hardware, Furniture and Indoor Renovation Material	5984		6268	827		5441	1008
无店铺及其他零售业	Retail without Shop and Others	60732	11	32226	5611		26615	1825

17—6 限额以上批发零售贸易业商品销售类值(2003 年)

Total Sales Value of Enterprises above Designated in Wholesale And Retail Sale Trade(2003)

单位:万元(10 000 yuan)

项　　目	Item	合 计 Total	批 发 Wholesale	零 售 Retail
合　计	**Total**	**5342030**	**3709052**	**1632978**
食品、饮料、烟酒类	Food, Beverages, Tobacco and Liquor	1159407	993437	165970
#肉禽蛋类	Meat, Poultry and Eggs	174591	136373	38218
饮料类	Beverages	27964	10387	17577
烟酒类	Tobacco and Liquor	678234	651887	26347
服装鞋帽、针、纺织品类	Clothing, Shoes, Hats and Textiles	159078	34802	124276
#服装类	Clothing	86896	14800	72096
鞋帽类	Shoes and Hats	33733	6329	27404
针、纺织品类	Knitwear and Textiles	38449	13673	24776
化妆品类	Cosmetics	25360	914	24446
金银珠宝类	Gold, Silver and Jewelry	16928	97	16831
日用品类	Articles for Daily Use	102473	27275	75198
#洗涤用品类	Washing Articles	31465	2027	29438
五金、电料类	Hardware and Electrical Materials	19187	9400	9787
体育、娱乐用品类	Sports and Recreation Articles	8712	86	8626
书报杂志类	Newspapers and Magazines	176166	116891	59275
电子出版物及音像制品类	E－journal and Video Products	6708	1581	5127
家用电器和音响器材类	Household Appliances and Video Appliances	281318	139119	142199
中西药品类	Traditional Chinese and Western Medicines	326992	139792	187200
文化办公用品类	Cultural and Official Goods	79299	37338	41961
家俱类	Furniture	1107	552	555
通讯器材类	Communication Appliances	109937	82707	27230
煤炭及制品类	Coal and Related Products	43620	42816	804
木材及制品类	Wood and Wooden Products	11445	10541	904
石油及制品类	Petroleum and Related Products	1278607	931118	347489
化工材料及制品类	Raw Chemical Materials	220468	218514	1954
金属材料类	Metal Materials	364249	354717	9532
建筑及装潢材料类	Building and Decoration Materials	42827	38676	4151
机电产品及设备类	Mechanical and Electrical Products	737384	389005	348379
#汽车类	Automobile	551494	235146	316348
种子饲料类	Seed and Feedstuff	2973	2973	
棉麻土畜类	Cotton, Ambery and Animal Products	12712	12365	347
其他类	Others	155073	124336	30737

17—7 限额以上批发零售贸易业主要商品销售数量(2003 年)

Number of Sales of Major Commodities of Enterprises above Designated in Wholesale and Retail Sale Trade(2003)

项目	Item	销售 Sales	批发 Wholesale	零售 Retail
粮食(吨)	Grain (ton)	98202	80342	17860
食用植物油(吨)	Edible Vegetable Oil(ton)	10582	1115	9467
食糖(吨)	Sugar (ton)	659540	653741	5799
棉花(吨)	Cotton (ton)	21	14	7
鞋(百双)	Shoes (100 pairs)	61564	19135	42429
布(百米)	Cloth (100 m)	70580	59475	11105
电视机(台)	Television Set (set)	612289	406769	205520
组合音响(台)	Hi - Fi Stereo Component System (set)	8802	332	8470
摄像机(台)	Pickup Camera (set)	2247	283	1964
影碟机(台)	Video Disc Player (set)	88415	5395	83020
家用电冰箱(台)	Household Refrigerator (set)	243925	125930	117995
家用洗衣机(台)	Household Washing Machine (set)	200486	106838	93648
房间空调器(台)	Room Air Conditioner (unit)	327923	206420	121503
微波炉(台)	Micro - oven (unit)	116386	45704	70682
微型计算机(台)	Personal Computer (unit)	67672	28961	38711
普通电话机(部)	Telephone (unit)	148812	48899	99913
移动电话机(部)	Hand Telephone (unit)	714988	423832	291156
化学肥料(吨)	Chemical Fertilizers (ton)	1537405	1537405	
化学农药(吨)	Chemical Pesticide (ton)	12572	12572	
农用薄膜(吨)	Farming Pellicle (ton)	302	302	
煤炭(吨)	Coal (ton)	2026149	2000784	25365
木材(立方米)	Wood (cu. m)	131263	131263	
汽油(吨)	Gasoline (ton)	1081460	642578	438882
煤油(吨)	Kerosene (ton)	99642	90349	9293
柴油(吨)	Diesel Oil (ton)	2271915	1666023	605892
钢材(吨)	Steel Products (ton)	496050	474391	21659
铝(吨)	Aluminum (ton)	47406	47406	
水泥(吨)	Cement (ton)	682207	682059	148
汽车(辆)	Motor Vehicles (unit)	46110	16130	29980
其中:轿车	Car	20691	5001	15690
摩托车(辆)	Motorcycles (unit)	80791	35899	44892
拖拉机(台)	Tractors (unit)	18275	18275	

17—8 限额以上餐饮企业财务状况(2003年)

Main Financial Indicator of Enterprises above Designated in Catering Services(2003)

单位:万元((10 000 yuan)

项　　目	Item	营业收入 Sales Revenue	营业成本 Cost of Sales	营业费用 Management Cost	营业税金及附加 Sales Tax and Extra Changes	营业利润 Profits of Sales
总　计	**Total**	**50528**	**23906**	**15693**	**2444**	**-1669**
其中:国有及国有控股	State - owned and State - holding	15132	5882	5708	745	-1604
一、按登记注册类型分组	Grouped by Status of Registration					
内资企业	Domestic Funded Enterprises	47251	22856	14439	2288	-1302
国有企业	State - owned Enterprises	12327	4964	4403	624	-1714
集体企业	Collective - owned Enterprises	4951	2081	2054	246	-199
股份合作企业	Cooperative Enterprises	1389	859	255	58	27
联营企业	Joint Ownership Enterprises	436	211	123	29	-10
国有联营企业	State Joint Ownership Enterprises	0	0	0	0	0
集体联营企业	Collective Joint Ownership Enterprises	125	85	18	5	-14
国有与集体联营企业	Joint State - collective Enterprises	0	0	0	0	0
其他联营企业	Other Joint Ownership Enterprises	311	125	105	24	4
有限责任公司	Limited Liability Corporations	8454	4236	2359	369	66
国有独资企业	State Sole funded Corporations					
其他有限责任公司	Other Limited Liability Corporations	8454	4236	2359	369	66
股份有限公司	Share Holding Enterprises	4496	1990	1283	238	7
私营企业	Private Enterprises	15127	8490	3941	722	501
私营独资企业	Private - funded Enterprises	2404	1405	467	132	137
私营合伙企业	Private Partnership Enterprises	1180	738	324	98	-7
私营有限责任公司	Private Limited Liability Corporations	11273	6199	3150	479	368
私营股份有限公司	Private Share Holding Enterprises	269	148		12	3
其他企业	Other Enterprises	71	25	22	3	19
港、澳、台商投资企业	Enterprises with Funds from Hong Kong, Macao and Taiwan	3042	920	1187	147	-257
合资经营企业	Joint - venture Enterprises	2783	810	1128	123	-243
独资经营企业	Enterprises with Sole Investment	260	110	59	24	-13
外商投资企业	Foreign Funded Enterprises	234	130	66	9	-111
中外合资经营企业	Joint - venture Enterprises	234	130	66	9	-111
二、按国民经济行业分组	By Sector					
正餐服务业	Dinner	47963	22660	14788	2333	-1658
快餐服务业	Snack	2447	1152	868	106	43
饮料及冷饮服务业	Beverage and Cold Drink	118	94	37	4	-54

17—9 限额以上批发零售贸易企业主要财务指标(2003年)

Main Financial Indicator of Enterprises above Designated in Wholesale And Retail Sale Trade (2003)

单位:万元 (10 000 yuan)

项　　目	Item	流动资产小计 Circulating Funds	#存货 Deposit Products	固定资产小计 Fixed Asset	累计折旧 Add Up Depreciation
总　计	**Total**	**1342786**	**346691**	**733859**	**224317**
一、批发业	**Wholesale**	**874381**	**218099**	**410005**	**135007**
其中:国有及国有控股	State-owned and State-holding	641795	154298	352853	115024
1.按登记注册类型分组	Grouped by Status of Registration				
内资企业	Domestic Funded Enterprises	871694	217803	409959	134891
国有企业	State-owned Industry	494154	106010	148039	58396
集体企业	Collective-owned Industry	64588	10949	16567	6500
股份合作企业	Cooperative Enterprises	12410	2822	6447	1920
有限责任公司	Limited Liability Corporations	157344	38611	33597	12237
国有独资企业	Sole State-funded Corporations	59383	11588	17960	7234
其他有限责任公司	Other Limited Liability Corporations	97961	27023	15637	5003
股份有限公司	Share Holding Enterprises	89055	40304	198780	53367
私营企业	Private Enterprises	53909	18993	6503	2399
私营独资企业	Private-funded Enterprises	813	620	57	32
私营有限责任公司	Private Limited Liability Corporations	48927	17471	6319	2247
私营股份有限公司	Private Share Holding Enterprises	4168	902	126	120
其他企业	Others	236	115	26	73
港、澳、台商投资企业	Enterprises with Funds from Hong Kong, Macao and Taiwan	1407	168	30	55
投资股份有限公司	Share-holding Corporations Ltd. with Investment	1407	168	30	55
外商投资企业	Foreign-investment Enterprise	1280	128	17	61
中外合资经营企业	Chinese-foreign Joint Venture Enterprises	1280	128	17	61
2.按国民经济行业分组	Grouped by National Economic Sector				
农畜产品批发业	Wholesale of the agricultural and animal products	27348	5665	9408	5750
食品、饮料及烟草制品批发业	Wholesale of Food, Beverage and Tobacco Products	259085	60751	94773	40910
米、面制品及食用油批发业	Wholesale of Rice, Flour Products and Edible Oil	47053	11258	18830	7103
烟草制品批发业	Wholesale of Tobacco Products	135843	37024	48078	21780
纺织、服装及日用品批发业	Wholesale of Textile, Garments and Daily Necessities	68088	3854	11218	3809
服装批发业	Wholesale of Garments	34658	1119	5086	2025
文化、体育用品及器材批发业	Wholesale of Culture, Sports Goods and Apparatus	52458	14894	16995	4437
医药及医疗器材批发业	Wholesale of Medicine and Medical Apparatus	81119	24938	15220	6571
矿产品、建材及化工产品批发业	Wholesale of Mineral Products, Building Materials and Chemical Products	225885	62122	234608	64068
煤炭及制品批发业	Wholesale of Coal and Related Products	9822	765	731	489
石油及制品批发业	Wholesale of Petroleum and Related Products	65611	32291	215218	56131
金属及金属矿批发业	Wholesale of Metal and Metallic Ore	72343	13222	2898	2317
建材批发业	Wholesale of Building Materials	12106	3472	523	199
化肥批发业	Wholesale of Chemical Fertilizer	49304	10765	12205	3955
机械设备、五金交电及电子产品批发业	Wholesale of Mechanical Equipment, Hardware and Electrical Equipment and Electronic Product	129660	39408	20708	7047
汽车、摩托车及零配件批发业	Wholesale of Motor Vehicles, Motorcycle and Parts	52982	13139	6966	2133
家用电器批发业	Wholesale of Household Appliances	14343	6943	359	415
计算机、软件及辅助设备批发业	Wholesale of Computer, Software and Auxiliary Equipment	3845	687	109	133
贸易经纪与代理	Trade Manager and Acting as Agent	1018		499	86
其他批发业	Others	29721	6467	6576	2328

单位：万元（10 000 yuan）

项　　目	Item	本年折旧 Depreciation of the Year	资产合计 Total Assets	负债合计 Total Liabilities	所有者权益合计 Total Creditors Equity	实收资本 Capital Hold	国家资本 State Capital
总　计	**Total**	**39035**	**2304604**	**1680640**	**623964**	**405295**	**180371**
一、批发业	**Wholesale**	**23867**	**1431061**	**1095190**	**335871**	**229139**	**118554**
其中：国有及国有控股	State-owned and State-holding	20677	1118415	854055	264360	170717	112240
1. 按登记注册类型分组	Grouped by Status of Registration						
内资企业	Domestic Funded Enterprises	23848	1428324	1092452	335871	229139	118554
国有企业	State-owned Industry	10638	719031	607477	111554	79196	67438
集体企业	Collective-owned Industry	508	84028	67885	16143	19087	791
股份合作企业	Cooperative Enterprises	409	22526	14451	8076	4831	
有限责任公司	Limited Liability Corporations	1299	211844	156900	54945	34954	17012
国有独资企业	Sole State-funded Corporations	478	83216	61039	22177	13728	12738
其他有限责任公司	Other Limited Liability Corporations	821	128628	95861	32768	21225	4274
股份有限公司	Share Holding Enterprises	10066	323694	195243	128451	76947	33313
私营企业	Private Enterprises	913	66921	50218	16703	14016	
私营独资企业	Private-funded Enterprises	11	939	766	174	150	
私营有限责任公司	Private Limited Liability Corporations	873	61364	47994	13370	10936	
私营股份有限公司	Private Share Holding Enterprises	29	4618	1459	3159	2930	
其他企业	Others	15	280	279	1	108	
港、澳、台商投资企业	Enterprises with Funds from Hong Kong, Macao and Taiwan	12	1440	1440			
投资股份有限公司	Share-holding Corporations Ltd. with Investment	12	1440	1440			
外商投资企业	Foreign-investment Enterprise	7	1297	1297			
中外合资经营企业	Chinese-foreign Joint Venture Enterprises	7	1297	1297			
2. 按国民经济行业分组	Grouped by National Economic Sector						
农畜产品批发业	Wholesale of the agricultural and animal products	349	39352	31485	7867	8209	4864
食品、饮料及烟草制品批发业	Wholesale of Food, Beverage and Tobacco Products	7010	389857	261923	127935	50390	36313
米、面制品及食用油批发业	Wholesale of Rice, Flour Products and Edible Oil	1958	70001	59462	10539	13393	8244
烟草制品批发业	Wholesale of Tobacco Products	3676	196168	107131	89038	14554	14554
纺织、服装及日用品批发业	Wholesale of Textile, Garments and Daily Necessities	152	86216	86916	-701	11502	10205
服装批发业	Wholesale of Garments	43	41792	36833	4959	6375	5385
文化、体育用品及器材批发业	Wholesale of Culture, Sports Goods and Apparatus	2239	76226	60548	15677	9976	7541
医药及医疗器材批发业	Wholesale of Medicine and Medical Apparatus	1399	105025	100241	4784	8813	4725
矿产品、建材及化工产品批发业	Wholesale of Mineral Products, Building Materials and Chemical Products	11785	522443	378958	143485	104622	37051
煤炭及制品批发业	Wholesale of Coal and Related Products	136	12593	9737	2857	2000	250
石油及制品批发业	Wholesale of Petroleum and Related Products	10852	329020	181696	147323	71905	28194
金属及金属矿批发业	Wholesale of Metal and Metallic Ore	311	82579	108870	-26291	12744	6744
建材批发业	Wholesale of Building Materials	43	14183	11011	3172	1385	
化肥批发业	Wholesale of Chemical Fertilizer	349	62815	48079	14736	14523	739
机械设备、五金交电及电子产品批发业	Wholesale of Mechanical Equipment, Hardware and Electrical Equipment and Electronic Product	766	161531	132652	28880	24114	11496
汽车、摩托车及零配件批发业	Wholesale of Motor Vehicles, Motorcycle and Parts	242	66861	53265	13596	8112	3715
家用电器批发业	Wholesale of Household Appliances	108	13120	14105	-985	1241	
计算机、软件及辅助设备批发业	Wholesale of Computer, Software and Auxiliary Equipment	30	4167	1386	2781	2550	
贸易经纪与代理	Trade Manager and Acting as Agent	14	1517	1252	265	300	
其他批发业	Others	153	48894	41215	7679	11213	6359

单位:万元(10 000 yuan)

项目	Item	流动资产小计 Circulating Funds	#存货 Deposit Products	固定资产小计 Fixed Asset	累计折旧 Add Up Depreciation
二、零售业	**Retail**	**468405**	**128592**	**323853**	**89310**
其中:国有及国有控股	State-owned and State-holding	237573	66051	239711	60132
1.按登记注册类型分组	Grouped by Status of Registration				
内资企业	Domestic Funded Enterprises	459107	128359	302018	80882
国有企业	State-owned Industry	123907	32441	141685	38325
集体企业	Collective-owned Industry	18561	2663	6765	2680
股份合作企业	Cooperative Enterprises	13716	2181	4564	1374
联营企业	Joint Ownership Enterprises	2412	799	1170	339
国有联营企业	State Joint Ownership Enterprises	2412	799	1170	339
有限责任公司	Limited Liability Corporations	107483	29390	34226	12967
国有独资企业	Sole State-funded Corporations				
其他有限责任公司	Other Limited Liability Corporations	107483	29390	34226	12967
股份有限公司	Share Holding Enterprises	131829	39982	107113	23194
私营企业	Private Enterprises	59671	20293	6346	1984
私营独资企业	Private-funded Enterprises	3859	2698	654	454
私营有限责任公司	Private Limited Liability Corporations	54861	17094	5572	1506
私营股份有限公司	Private Share Holding Enterprises	950	501	121	24
其他企业	Others	1529	609	149	20
外商投资企业	Enterprises With Foreign Investment	9298	233	21836	8428
中外合资经营企业	Joint-venture Enterprises	789		780	20
外资企业	Overseas-funded Enterprise	723		2615	1008
外商投资股份有限公司	Share-holding Corporations Ltd. with Foreign Investment	7787	233	18441	7401
2.按国民经济行业分组	Grouped by National Economic Sector				
综合零售业	Comprehensive Retail	195396	59271	182351	43102
百货零售业	Retail of Consumer Goods	117504	37845	144186	30280
超级市场零售业	Retail of Supermarket	66703	20305	30869	9757
食品、饮料及烟草制品专门零售业	Special Retail of Food, Beverage and Tobacco Products	16702	2267	19285	5765
纺织、服装及日用品专门零售业	Special Retail of Textile, Garments and Daily Necessities	3318	627	5509	1448
文化、体育用品及器材专门零售业	Special Retail of Culture, Sports Goods and Apparatus	32819	9908	54453	15464
图书零售业	Retail of Books	18317	7379	21540	4480
医药及医疗器材专门零售业	Special Retail of Medicine and Medical Apparatus	49958	16392	16129	6885
药品零售业	Retail of Medicines	49958	16392	16129	6885
汽车、摩托车、燃料及零配件专门零售业	Special Retail of Motor Vehicles, Motorcycles and Parts	71554	17719	21035	5832
汽车零售业	Retail of Motor Vehicles	68097	16410	19255	5316
机动车燃料零售业	Fuel Retail of Motor Vehicle	1220	609	1169	226
家用电器及电子产品专门零售业	Special Retail of Household Appliances and Electronic Products	56577	20141	8512	2245
家用电器零售业	Retail of Household Appliances	21624	5849	3817	849
计算机、软件及辅助设备零售业	Retail of Computer, Software and Auxiliary Equipment	14320	4594	1495	795
通讯设备零售业	Retail of Communication Apparatus	19500	9065	3044	585
五金、家具及室内装修材料专门零售业	Special Retail of Hardware, Furniture and Indoor Renovation Material	4528	594	2140	507
无店铺及其他零售业	Retail without Shop and Others	37555	1672	14439	8063
3.按业态分组	By Operation Form				
百货商店	Department Stores	141106	36969	158772	33944
超级市场	Supermarkets	47556	22223	18235	7334
专业(专卖)商店	Specialized Stores	196972	58846	103164	33652
其他	Others	82771	10554	43683	14381

17—9 续表 3 continued

单位:万元(10 000 yuan)

项目	Item	本年折旧 Depreciation of the Year	资产合计 Total Assets	负债合计 Total Liabilities	所有者权益合计 Total Creditors Equity	实收资本 Capital Hold	国家资本 State Capital
二、零售业	**Retail**	**15169**	**873543**	**585450**	**288093**	**176156**	**61817**
其中:国有及国有控股	State-owned and State-holding	9248	496782	344264	152518	87260	51939
1. 按登记注册类型分组	Grouped by Status of Registration						
内资企业	Domestic Funded Enterprises	14084	842455	555762	286693	171506	60666
国有企业	State-owned Industry	5921	282241	179855	102386	50052	36534
集体企业	Collective-owned Industry	298	28597	23633	4965	8847	454
股份合作企业	Cooperative Enterprises	179	17169	10337	6832	3505	666
联营企业	Joint Ownership Enterprises	76	4443	2714	1729	1576	1576
国有联营企业	State Joint Ownership Enterprises	76	4443	2714	1729	1576	1576
有限责任公司	Limited Liability Corporations	2952	185228	116821	68408	29146	8761
国有独资企业	Sole State-funded Corporations						
其他有限责任公司	Other Limited Liability Corporations	2952	185228	116821	68408	29146	8761
股份有限公司	Share Holding Enterprises	4205	256618	178394	78224	58288	12677
私营企业	Private Enterprises	440	66247	42834	23413	19492	
私营独资企业	Private-funded Enterprises	6	4517	2904	1613	1547	
私营有限责任公司	Private Limited Liability Corporations	428	60590	39021	21569	17705	
私营股份有限公司	Private Share Holding Enterprises	6	1140	909	231	240	
其他企业	Others	11	1912	1175	737	600	
外商投资企业	Enterprises With Foreign Investment	1085	31087	29688	1399	4651	1150
中外合资经营企业	Joint-venture Enterprises	20	789	720	69	90	
外资企业	Overseas-funded Enterprise		3758	1998	1760	2260	
外商投资股份有限公司	Share-holding Corporations Ltd. with Foreign Investment	1065	26541	26970	-429	2301	1150
2. 按国民经济行业分组	Grouped by National Economic Sector						
综合零售业	Comprehensive Retail	7551	422793	331107	91686	76228	23682
百货零售业	Retail of Consumer Goods	4910	272133	218784	53349	46512	19199
超级市场零售业	Retail of Supermarket	2222	130878	95513	35365	23856	4134
食品、饮料及烟草制品专门零售业	Special Retail of Food, Beverage and Tobacco Products	1040	40744	23829	16916	9131	8588
纺织、服装及日用品专门零售业	Special Retail of Textile, Garments and Daily Necessities	38	8130	10564	-2434	1741	1533
文化、体育用品及器材专门零售业	Special Retail of Culture, Sports Goods and Apparatus	2186	91950	29877	62074	15957	5237
图书零售业	Retail of Books	640	43308	25230	18078	5237	5237
医药及医疗器材专门零售业	Special Retail of Medicine and Medical Apparatus	981	71525	56469	15056	12757	4563
药品零售业	Retail of Medicines	981	71525	56469	15056	12757	4563
汽车、摩托车、燃料及零配件专门零售业	Special Retail of Motor Vehicles, Motorcycles and Parts	2125	100633	68861	31772	20893	9389
汽车零售业	Retail of Motor Vehicles	1960	94944	65236	29707	19846	9389
机动车燃料零售业	Fuel Retail of Motor Vehicle	90	2875	2243	632	117	
家用电器及电子产品专门零售业	Special Retail of Household Appliances and Electronic Products	535	64417	40589	23829	15398	1874
家用电器零售业	Retail of Household Appliances	145	26091	15187	10905	4145	601
计算机、软件及辅助设备零售业	Retail of Computer, Software and Auxiliary Equipment	151	15678	7506	8172	7419	1130
通讯设备零售业	Retail of Communication Apparatus	235	21557	17215	4342	3554	143
五金、家具及室内装修材料专门零售业	Special Retail of Hardware, Furniture and Indoor Renovation Material	18	6400	4827	1574	1674	796
无店铺及其他零售业	Retail without Shop and Others	695	66949	19329	47620	22377	6156
3. 按业态分组	By Operation Form						
百货商店	Department Stores	5249	313710	255247	58463	52543	24493
超级市场	Supermarkets	1917	96996	66103	30893	19253	314
专业(专卖)商店	Specialized Stores	5899	319246	187256	131990	66286	25136
其他	Others	2104	143591	76845	66747	38075	11874

项　　目	Item	商品销售收入净额 Net value of Sales of Commodities	商品销售成本 Sales Cost of Commodities	经营费用 Operating Expenses	商品销售利润 Sales Profits of Commodities
总　计	**Total**	**4189373**	**3765744**	**185818**	**225986**
一、批发业	**Wholesale**	**3066388**	**2767699**	**129324**	**161794**
其中:国有及国有控股	State-owned and State-holding	2395841	2158226	89961	142753
1. 按登记注册类型分组	Grouped by Status of Registration				
内资企业	Domestic Funded Enterprises	3043669	2746835	127988	161274
国有企业	State-owned Industry	1423746	1290382	48013	82129
集体企业	Collective-owned Industry	125775	119000	3284	3360
股份合作企业	Cooperative Enterprises	31701	28673	1663	1317
有限责任公司	Limited Liability Corporations	413479	370750	29642	12389
国有独资企业	Sole State-funded Corporations	122095	113205	3808	4915
其他有限责任公司	Other Limited Liability Corporations	291385	257545	25833	7474
股份有限公司	Share Holding Enterprises	864440	765955	38836	58091
私营企业	Private Enterprises	176272	164564	6006	4092
私营独资企业	Private-funded Enterprises	5046	4708	157	179
私营有限责任公司	Private Limited Liability Corporations	163666	153293	5350	3466
私营股份有限公司	Private Share Holding Enterprises	7560	6562	498	447
其他企业	Others	8255	7511	545	-103
港、澳、台商投资企业	Enterprises with Funds from Hong Kong, Macao and Taiwan	12285	11013	730	542
投资股份有限公司	Share-holding Corporations Ltd. with Investment	12285	11013	730	542
外商投资企业	Foreign-investment Enterprise	10433	9851	605	-23
中外合资经营企业	Chinese-foreign Joint Venture Enterprises	10433	9851	605	-23
2. 按国民经济行业分组	Grouped by National Economic Sector				
农畜产品批发业	Wholesale of the agricultural and animal products	32168	30055	1071	1025
食品、饮料及烟草制品批发业	Wholesale of Food, Beverage and Tobacco Products	778032	690912	26460	58280
米、面制品及食用油批发业	Wholesale of Rice, Flour Products and Edible Oil	50705	48677	2130	-113
烟草制品批发业	Wholesale of Tobacco Products	548019	475480	18733	52630
纺织、服装及日用品批发业	Wholesale of Textile, Garments and Daily Necessities	87821	82119	2633	3053
服装批发业	Wholesale of Garments	61271	57321	1323	2622
文化、体育用品及器材批发业	Wholesale of Culture, Sports Goods and Apparatus	106781	91204	7293	8054
医药及医疗器材批发业	Wholesale of Medicine and Medical Apparatus	196883	179555	7966	9192
矿产品、建材及化工产品批发业	Wholesale of Mineral Products, Building Materials and Chemical Products	1381240	1242024	65732	70889
煤炭及制品批发业	Wholesale of Coal and Related Products	54221	39772	14087	276
石油及制品批发业	Wholesale of Petroleum and Related Products	957806	849309	43686	63018
金属及金属矿批发业	Wholesale of Metal and Metallic Ore	195761	187835	4222	3127
建材批发业	Wholesale of Building Materials	48592	46826	408	1320
化肥批发业	Wholesale of Chemical Fertilizer	108615	103435	2322	2768
机械设备、五金交电及电子产品批发业	Wholesale of Mechanical Equipment, Hardware and Electrical Equipment and Electronic Product	414776	387853	15712	9467
汽车、摩托车及零配件批发业	Wholesale of Motor Vehicles, Motorcycle and Parts	200575	191690	4122	4625
家用电器批发业	Wholesale of Household Appliances	103461	95461	5295	1436
计算机、软件及辅助设备批发业	Wholesale of Computer, Software and Auxiliary Equipment	5791	4967	430	346
贸易经纪与代理	Trade Manager and Acting as Agent	174	153	16	4
其他批发业	Others	68513	63824	2441	1830

单位:万元(10 000 yuan)

项目	Item	主营业务利润 Main Business Profits	管理费用 Management Expenses	财务费用 Financial Expenses	利息支出 Interest Expenditure	营业利润 Business Profits	利润总额 Gross Profits
总计	**Total**	**227216**	**162512**	**31520**	**26648**	**68434**	**62640**
一、批发业	**Wholesale**	**162943**	**94507**	**19867**	**18600**	**62453**	**55489**
其中:国有及国有控股	State-owned and State-holding	143690	75172	16867	15881	59668	51115
1.按登记注册类型分组	Grouped by Status of Registration						
内资企业	Domestic Funded Enterprises	162424	94504	19865	18600	62511	55562
国有企业	State-owned Industry	82884	54041	13948	12924	38509	22681
集体企业	Collective-owned Industry	3360	2942	1002	973	444	876
股份合作企业	Cooperative Enterprises	1317	1222	266	156	244	250
有限责任公司	Limited Liability Corporations	12637	17375	2647	2589	-1927	2925
国有独资企业	Sole State-funded Corporations	4951	7556	1790	1804	-3646	318
其他有限责任公司	Other Limited Liability Corporations	7686	9819	857	784	1719	2607
股份有限公司	Share Holding Enterprises	58237	15520	1790	1784	24708	28270
私营企业	Private Enterprises	4092	3390	238	174	648	675
私营独资企业	Private-funded Enterprises	179	141	25		26	23
私营有限责任公司	Private Limited Liability Corporations	3466	2736	213	174	620	579
私营股份有限公司	Private Share Holding Enterprises	447	514	0		2	72
其他企业	Others	-103	13	-26		-115	-114
港、澳、台商投资企业	Enterprises with Funds from Hong Kong, Macao and Taiwan	542	3	-1		-31	-46
投资股份有限公司	Share-holding Corporations Ltd. with Investment	542	3	-1		-31	-46
外商投资企业	Foreign-investment Enterprise	-23		2		-27	-27
中外合资经营企业	Chinese-foreign Joint Venture Enterprises	-23		2		-27	-27
2.按国民经济行业分组	Grouped by National Economic Sector						
农畜产品批发业	Wholesale of the agricultural and animal products	1044	1724	596	582	-641	-273
食品、饮料及烟草制品批发业	Wholesale of Food, Beverage and Tobacco Products	58321	35852	4949	3812	22367	27193
米、面制品及食用油批发业	Wholesale of Rice, Flour Products and Edible Oil	-113	3908	2273	912	-5561	-1035
烟草制品批发业	Wholesale of Tobacco Products	52630	24711	790	682	28013	27118
纺织、服装及日用品批发业	Wholesale of Textile, Garments and Daily Necessities	3103	3392	2263	2244	-2063	-2008
服装批发业	Wholesale of Garments	2658	2649	1001	988	-893	-682
文化、体育用品及器材批发业	Wholesale of Culture, Sports Goods and Apparatus	8220	3702	800	719	3853	3912
医药及医疗器材批发业	Wholesale of Medicine and Medical Apparatus	9228	8204	2251	1961	-721	-1220
矿产品、建材及化工产品批发业	Wholesale of Mineral Products, Building Materials and Chemical Products	71534	27595	6402	6356	25359	29479
煤炭及制品批发业	Wholesale of Coal and Related Products	276	4205	130	151	-665	-631
石油及制品批发业	Wholesale of Petroleum and Related Products	63018	17752	882	682	27890	31389
金属及金属矿批发业	Wholesale of Metal and Metallic Ore	3333	2183	4348	4504	-3222	-3006
建材批发业	Wholesale of Building Materials	1320	606	47	44	735	763
化肥批发业	Wholesale of Chemical Fertilizer	2910	2281	842	828	432	708
机械设备、五金交电及电子产品批发业	Wholesale of Mechanical Equipment, Hardware and Electrical Equipment and Electronic Product	9632	11840	1232	1536	15971	186
汽车、摩托车及零配件批发业	Wholesale of Motor Vehicles, Motorcycle and Parts	4625	5914	747	675	16884	1298
家用电器批发业	Wholesale of Household Appliances	1436	1219	-13	-74	-151	-255
计算机、软件及辅助设备批发业	Wholesale of Computer, Software and Auxiliary Equipment	346	468	0		-57	-1
贸易经纪与代理	Trade Manager and Acting as Agent	5	40	0	0	-36	-36
其他批发业	Others	1856	2159	1375	1391	-1638	-1744

17—9 续表6 continued 单位:万元(10 000 yuan)

项目	Item	商品销售收入净额 Net value of Sales of Commodities	商品销售成本 Sales Cost of Commodities	经营费用 Operating Expenses	商品销售利润 Sales Profits of Commodities
二、零售业	**Retail**	**1122986**	**998045**	**56495**	**64193**
其中:国有及国有控股	State-owned and State-holding	576948	505568	28240	40602
1.按登记注册类型分组	Grouped by Status of Registration				
内资企业	Domestic Funded Enterprises	1082545	965393	54540	58427
国有企业	State-owned Industry	270551	233504	18175	17511
集体企业	Collective-owned Industry	37818	35791	1212	695
股份合作企业	Cooperative Enterprises	32455	30758	452	1214
联营企业	Joint Ownership Enterprises	20498	19517	355	608
国有联营企业	State Joint Ownership Enterprises	20498	19517	355	608
有限责任公司	Limited Liability Corporations	303439	270835	13051	18160
其他有限责任公司	Other Limited Liability Corporations	303439	270835	13051	18160
股份有限公司	Share Holding Enterprises	260328	228309	12727	18499
私营企业	Private Enterprises	152163	141701	8479	1513
私营独资企业	Private-funded Enterprises	16119	14432	1624	2
私营有限责任公司	Private Limited Liability Corporations	130917	122464	6682	1367
私营股份有限公司	Private Share Holding Enterprises	5128	4805	173	144
其他企业	Others	5293	4979	87	227
外商投资企业	Enterprises With Foreign Investment	40441	32652	1955	5766
中外合资经营企业	Joint-venture Enterprises	1516	1493		16
外资企业	Overseas-funded Enterprise	266	231	34	
外商投资股份有限公司	Share-holding Corporations Ltd. with Foreign Investment	38659	30928	1921	5750
2.按国民经济行业分组	Grouped by National Economic Sector				
综合零售业	Comprehensive Retail	421398	362698	24688	32600
百货零售业	Retail of Consumer Goods	243470	207351	11070	24204
超级市场零售业	Retail of Supermarket	159341	141118	12981	4925
食品、饮料及烟草制品专门零售业	Special Retail of Food, Beverage and Tobacco Products	15493	11986	1473	1939
纺织、服装及日用品专门零售业	Special Retail of Textile, Garments and Daily Necessities	3295	3151	115	4
文化、体育用品及器材专门零售业	Special Retail of Culture, Sports Goods and Apparatus	64908	50111	5704	8272
图书零售业	Retail of Books	40320	29590	5005	5568
医药及医疗器材专门零售业	Special Retail of Medicine and Medical Apparatus	109608	96288	7532	5475
药品零售业	Retail of Medicines	109608	96288	7532	5475
汽车、摩托车、燃料及零配件专门零售业	Special Retail of Motor Vehicles, Motorcycles and Parts	311307	293553	9072	8207
汽车零售业	Retail of Motor Vehicles	290592	274778	8085	7343
机动车燃料零售业	Fuel Retail of Motor Vehicle	14081	12595	832	637
家用电器及电子产品专门零售业	Special Retail of Household Appliances and Electronic Products	169584	156072	5659	6911
家用电器零售业	Retail of Household Appliances	43373	41297	1608	425
计算机、软件及辅助设备零售业	Retail of Computer, Software and Auxiliary Equipment	49475	46660	1607	1084
通讯设备零售业	Retail of Communication Apparatus	71099	63218	2059	5055
五金、家具及室内装修材料专门零售业	Special Retail of Hardware, Furniture and Indoor Renovation Material	4452	4120	198	71
无店铺及其他零售业	Retail without Shop and Others	22939	20067	2055	716
3.按业态分组	By Operation Form				
百货商店	Department Stores	264727	225555	11496	26730
超级市场	Supermarkets	147181	131562	12723	2679
专业(专卖)商店	Specialized Stores	616416	558418	27340	28191
其他	Others	94662	82510	4936	6593

单位：万元(10 000 yuan)

项目	Item	主营业务利润 Main Business Profits	管理费用 Management Expenses	财务费用 Financial Expenses	利息支出 Interest Expenditure	营业利润 Business Profits	利润总额 Gross Profits
二、零售业	**Retail**	**64273**	**68005**	**11653**	**8048**	**5982**	**7151**
其中：国有及国有控股	State-owned and State-holding	40645	38978	6507	5358	4471	3335
1. 按登记注册类型分组	Grouped by Status of Registration						
内资企业	Domestic Funded Enterprises	58507	64877	10242	6783	4389	5574
国有企业	State-owned Industry	17536	21134	3078	2092	53	-1415
集体企业	Collective-owned Industry	701	2169	194	188	-599	379
股份合作企业	Cooperative Enterprises	1214	772	124	152	502	386
联营企业	Joint Ownership Enterprises	608	322	116	116	212	213
国有联营企业	State Joint Ownership Enterprises	608	322	116	116	212	213
有限责任公司	Limited Liability Corporations	18160	21537	2148	1918	2541	3973
其他有限责任公司	Other Limited Liability Corporations	18160	21537	2148	1918	2541	3973
股份有限公司	Share Holding Enterprises	18517	15007	3467	3836	3213	3211
私营企业	Private Enterprises	1544	3856	1099	-1535	-1664	-1303
私营独资企业	Private-funded Enterprises	2	287	60	2	-160	-88
私营有限责任公司	Private Limited Liability Corporations	1398	3502	1030	-1538	-1584	-1294
私营股份有限公司	Private Share Holding Enterprises	144	67	8	1	81	79
其他企业	Others	227	80	16	16	131	131
外商投资企业	Enterprises With Foreign Investment	5766	3128	1412	1266	1592	1577
中外合资经营企业	Joint-venture Enterprises	16	13	2			2
外商投资股份有限公司	Share-holding Corporations Ltd. with Foreign Investment	5750	3044	1405	1266	1664	1647
2. 按国民经济行业分组	Grouped by National Economic Sector						
综合零售业	Comprehensive Retail	32639	32260	7885	6716	2897	5823
百货零售业	Retail of Consumer Goods	24233	21780	6061	4940	3865	4685
超级市场零售业	Retail of Supermarket	4936	7779	1644	1595	-516	667
食品、饮料及烟草制品专门零售业	Special Retail of Food, Beverage and Tobacco Products	1939	3445	531	493	-1196	-308
纺织、服装及日用品专门零售业	Special Retail of Textile, Garments and Daily Necessities	4	678	61	55	-572	-749
文化、体育用品及器材专门零售业	Special Retail of Culture, Sports Goods and Apparatus	8272	7367	496	141	1290	1511
图书零售业	Retail of Books	5568	4691	472	128	1015	1471
医药及医疗器材专门零售业	Special Retail of Medicine and Medical Apparatus	5475	8616	1122	1143	-887	-2607
药品零售业	Retail of Medicines	5475	8616	1122	1143	-887	-2607
汽车、摩托车、燃料及零配件专门零售业	Special Retail of Motor Vehicles, Motorcycles and Parts	8214	5150	1261	825	3392	3506
汽车零售业	Retail of Motor Vehicles	7351	4806	1155	786	2894	3094
机动车燃料零售业	Fuel Retail of Motor Vehicle	637	148	31	2	433	430
家用电器及电子产品专门零售业	Special Retail of Household Appliances and Electronic Products	6942	7791	362	-1442	181	-80
家用电器零售业	Retail of Household Appliances	425	976	249	220	-295	-420
计算机、软件及辅助设备零售业	Retail of Computer, Software and Auxiliary Equipment	1115	1582	49	42	186	68
通讯设备零售业	Retail of Communication Apparatus	5055	5092	64	-1704	269	256
五金、家具及室内装修材料专门零售业	Special Retail of Hardware, Furniture and Indoor Renovation Material	71	435	10	1	-255	-254
无店铺及其他零售业	Retail without Shop and Others	719	2263	-74	118	1131	309
3. 按业态分组	By Operation Form						
百货商店	Department Stores	26763	24174	5963	5666	3583	4064
超级市场	Supermarkets	2679	6353	1969	1223	-914	493
专业(专卖)商店	Specialized Stores	28201	28138	2932	496	4117	2441
其他	Others	6630	9340	789	663	-804	153

17—10 主要年份城乡集市贸易情况

Basic Conditions of Free Markets in Urban and Rural Areas in Main Years

项　　目	Item	1990	1995	2000	2002	2003
集市贸易市场(个)	**Free Markets(unit)**	**2208**	**2826**	**3268**	**3293**	**3135**
城　市	Urban	151	245	459	542	526
农　村	Rural	2057	2581	2809	2751	2609
集市贸易成交总额(万元)	**Transaction Value of Free Markets (10 000 yuan)**	**884875**	**3552826**	**6715267**	**7639404**	**7773472**
城　市	Urban	149050	954598	2333068	2517137	2344999
农　村	Rural	735825	2598228	4382199	5122267	5428473
在城乡集市贸易成交额中	Transaction Value of Free Markets in Urban and Rural Areas					
粮食类(万元)	Grain(10 000 yuan)	49982	196348	403745	601902	522574
#粮食(吨)	Grain(ton)	355114	708105	2086227	2397457	2026914
油脂油料类(万元)	Fat and Oil(10 000 yuan)	22861	97973	218652	293443	338694
棉烟麻类(万元)	Cotton, Tobacco and Ambery (10 000 yuan)	19792	22920	23386	46191	58923
肉禽蛋类(万元)	Meat, Poultry and Eggs(10 000 yuan)	427686	1233980	1920860	2276511	2431321
#猪肉(吨)	Port(ton)	470413	613259	972006	1170947	1251349
牛肉(吨)	Beef(ton)	44937	72955	97775	184147	182959
羊肉(吨)	Mutton(ton)	861	2246	20437	56386	57120
家禽(吨)	Poultry(ton)	87552	128965	303350	313001	284821
水产品类(万元)	Aquatic Products(10 000 yuan)	43601	142642	400116	476151	479643
蔬菜类(万元)	Vegetables(10 000 yuan)	54574	199105	477462	595736	522238
干鲜果类(万元)	Dried and Fresh Fruits(10 000 yuan)	57504	242302	553158	569385	515663
大牲畜类(万元)	Large Animals(10 000 yuan)	18284	56520	58332	89899	91859
家畜幼禽类(万元)	Fowls and Young Livestock (10 000 yuan)	66962	292069	313813	328374	332643
工业品类(万元)	Industry Products(10 000 yuan)	71152	337499	1215654	1363230	1434662
其他类(万元)	Others(10 000 yuan)	52477	731468	1130089	998582	1045252

注:集市贸易市场和集市贸易成交总额的城市系指南宁市、柳州市、桂林市、梧州市和北海市。

Note: "Urban" in "Free Markets" and "Transaction Value of Free Markets" refer to Nanning, Liuzhou, Guilin, Wuzhou and Beihai.

17—11 主要年份个体工商业发展情况

Development of Individual Industrial and Commercial Enterprises in Main Years

项　　目	Item	1990	1995	2000	2002	2003
一、户数(户)	**Number of Households(household)**	**560518**	**923679**	**967512**	**1018204**	**990286**
按城乡分	By Urban and Rural					
城 镇	Urban	192518	362450	451020	515014	502367
农 村	Rural	368000	561229	516492	503190	487919
按行业分	By Sector					
农林牧渔业	Farming, Forestry, Animal Husbandry & Fishery		2432	12888	15856	15295
采掘业	Mining and Quarrying	778	3562	1972	4338	4469
制造业	Manufacturing	43831	76662	85900	79734	78769
建筑业	Construction	374	762	1164	1276	1212
交通运输、仓储业	Transport and Storage	44717	82886	85435	108660	101525
批发零售贸易业	Wholesale and Retail Trade	336167	546260	529569	554902	503181
餐饮业	Catering Services	60802	97128	137143	126323	164885
社会服务业	Social Services	54684	102206	104507	120586	115162
其他行业	Others	19165	11781	8934	6529	5788
二、从业人员(人)	**Number of Employed Persons(person)**	**775589**	**1307050**	**1394187**	**1508033**	**1490508**
按城乡分	By Urban and Rural					
城 镇	Urban	267690	529941	678565	763653	775750
农 村	Rural	507899	777109	715622	744380	714758
按行业分	By Sector					
农林牧渔业	Farming, Forestry, Animal Husbandry & Fishery		3515	23066	27487	27611
采掘业	Mining and Quarrying	2855	7960	5702	13738	15208
制造业	Manufacturing	69537	139534	146868	153429	153567
建筑业	Construction	1144	1759	3627	2853	2806
交通运输、仓储业	Transport and Storage	53373	104559	117835	132404	124189
批发零售贸易业	Wholesale and Retail Trade	445771	732757	726665	762152	688744
餐饮业	Catering Services	97464	159363	199147	222130	288055
社会服务业	Social Services	71466	142052	157557	182984	180681
其他行业	Others	33979	15551	13720	10856	9647
三、销售总额或营业收入(万元)	**Total Sales or Sales Revenue(10 000 yuan)**	**549833**	**2207961**	**3780945**	**4454079**	**4837321**
按城乡分	By Urban and Rural					
城 镇	Urban	245437	1079079	2289149	2671102	2992284
农 村	Rural	304396	1128882	1491796	1782977	1845037
按行业分	By Sector					
农林牧渔业	Farming, Forestry, Animal Husbandry & Fishery		1802	26672	38128	32636
采掘业	Mining and Quarrying					
制造业	Manufacturing					
建筑业	Construction					
交通运输、仓储业	Transport and Storage		446543	554342	719860	720900
批发零售贸易业	Wholesale and Retail Trade	435960	1314567	2163885	2655665	2705841
餐饮业	Catering Services	65699	243321	690281	575878	850968
社会服务业	Social Services	41307	181030	323732	438494	500979
其他行业	Others	6867	20698	22033	26054	25997

主要统计指标解释

批发零售贸易业 指专门从事商品流通活动行业。根据其经营方式不同可分为批发贸易业和零售贸易业两大部分。

批发业 指批发商向批发和零售单位及其他企事业、机关单位批量销售生活用品和生产资料的活动，以及从事进出口贸易和贸易经纪与代理的活动。批发商可以对所批发的货物拥有所有权，并以本单位、公司的名义进行交易活动；也可以不拥有货物的所有权，而以中介身份做代理销售商。

零售业 指百货商店、超级市场、专门零售商店、品牌专卖店、售货摊等主要面向最终消费者（如居民等）的销售活动。包括以互连网、邮政、电话、售货机等方式的销售活动。还包括在同一地点，前面销售，后面加工生产的店铺（如前店后厂的面包房）。兼营批发、零售业务的商品流通企业，应以其主营业务来划分批发业或零售业，即以批发业务为主的作为批发业，以零售业务为主的作为零售业。

餐饮业 指在一定场所，对食品进行现场烹饪、调制并直接售给顾客主要供现场消费的服务活动。包括中西餐馆、饭馆、各种小吃店、冷饮店、酒店、茶楼等。

法人单位 指各种经济类型独立核算法人批发零售贸易企业、餐饮企业的单位个数。它应同时具备以下条件：(1)依法成立、有自己的名称、组织机构和场所，能独立承担民事责任；(2)独立拥有和使用资产、承担负债，有权与其他单位签订合同；(3)独立核算盈亏，并能编制资产负债表。

活动单位 也称产业活动单位。指经工商行政管理部门注册登记，领取营业执照从事批发零售贸易业、餐饮业单位个数。它必须同时具备以下三个条件：(1)在一个场所内从事或主要从事批发零售贸易业、餐饮业活动；(2)相对独立组织经营活动；(3)能够掌握收入和支出等业务核算资料。一个法人单位至少有一个活动单位。

人员 即从业人员。指报告期末从事批发零售贸易业、餐饮业劳动并取得劳动报酬或经营收入的人员。包括职工（含长期职工、合同制职工、临时职工）和其他从业人员（含再就业的离退休人员、三资企业中的外方人员和港澳台方人员）。

商品购进总额 指从本企业（单位）以外的单位和个人购进的（包括从境外直接进口）作为转卖或加工后转卖的商品总额。它反映批发和零售业从国内、国外市场购进商品的总量，是研究批发和零售市场变化趋势的重要统计指标。商品购进总额包括：(1)从工农业生产者购进的商品；(2)从各种登记注册的批发零售企业（单位）购进的商品额；(3)从国外直接进口和委托外贸部门代理进口的商品额；(4)从出版发行部门购进的书报及其他单位购进的剩余物资、缉私没收商品、废旧商品额等。它不包括企业为自身消费用的商品，以及未通过买卖行为而收入的物品以及销售退回商品升溢等。

商品销售总额 指对本企业（单位）以外的单位和个人出售的商品（包括对境外直接出口）。包括：(1)售给城乡居民和社会集团消费用的商品；(2)售给工业、农业、建筑业、运输邮电业、餐饮业、服务业、公共事业等作为生产、经营使用的商品；(3)售给批发和零售业作为转卖或加工后转卖的商品；(4)对国外、境外直接出口的商品。它不包括未通过买卖行为而交付的商品；经本单位介绍，由买卖双方直接结算，本单位只收取手续费的业务；购货退出的商品以及商品的损耗等。

它反映批发和零售业在国内市场上销售商品以及出口商品的总量。

零售 指售给城乡居民直接用于生活消费的商品和社会集团直接用于公共消费的商品。

批发 指除零售以外的一切商品销售活动，包括对生产经营单位批发、对批发、零售企业批发和出口。

年末库存 指报告期末各种登记注册类型的批发零售贸易企业（单位）已取得所有权的商品。这指标反映批发零售贸易企业（单位）的商品库存情况对市场商品供应的的保证程度。

社会消费品零售总额 指各种经济类型的批发和零售业、餐饮业以及其他行业对城乡居民和社会集团的消费品零售额总和。这个指标反映通过各种商品流通渠道向居民和社会集团供应生活消费品的总规模，它是研究居民生活、国内零售市场变动情况、反映经济景气程度的重要指标。

实收资本 指实际收到投资者投入的资本总额，包括国家资本金、法人资本金、个人资本金和外商资本金。

商品销售收入净额 指批发零售贸易企业商品销售收入减去商品销售折扣与折让后的净额。

商品销售成本（营业成本） 指批发零售贸易企业已销售商品应负担的进货原价和餐饮企业的原材料成本、商品进价成本。

经营费用（营业费用） 指批发零售贸易企业在商品购、销、存过程中发生的各种经营费用和餐饮企业在经营中发生的各项费用。包括运输费、包装费、保险费、展览费、差旅费、广告费、商品损耗、进出口商品累计佣金、经营人员的工资及福利费等。

商品销售利润 指批发零售贸易企业由于商品销售得到的利润。

营业利润 指企业营业收入扣除成本、费用和各种销售税金及附加费（或营业税金及附加）后的数额。

利润总额 指批发零售贸易企业全年实现的利润。包括营业利润、投资净收益以及营业外收支净额。

城乡集市贸易成交额 指在城市和农村集市上买卖双方（包括农民、城镇居民、机关、团体、企事业单位和个体商贩）成交的全部商品金额。目前农民在集市外对城镇居民的商品销售也包括在内。

第十八篇
CHAPTER 18

对外经济贸易和旅游

FOREIGN ECONOMY,TRADE AND TOURISM

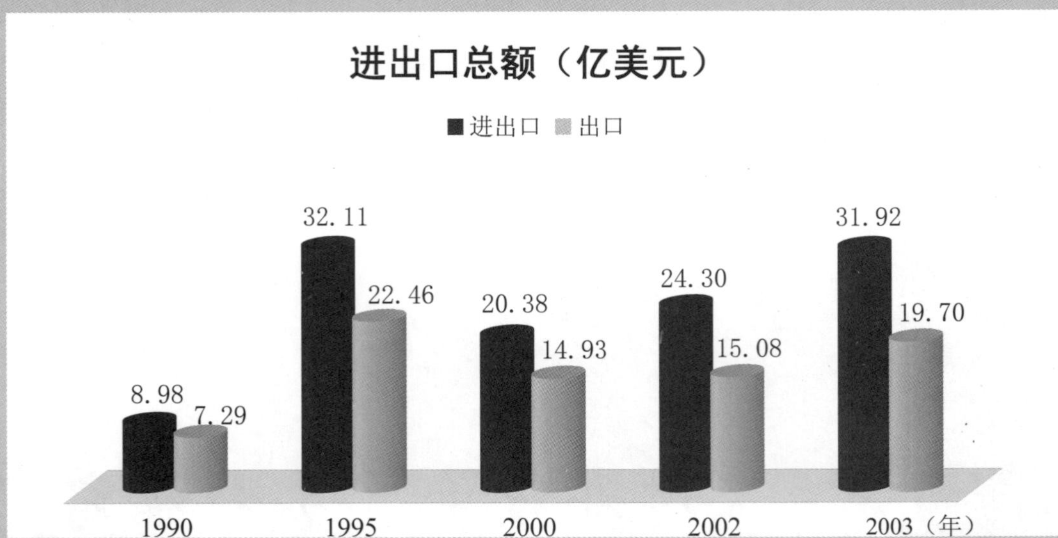
进出口总额（亿美元）
■进出口 ■出口
8.98
7.29
32.11
22.46
20.38
14.93
24.30
15.08
31.92
19.70
1990
1995
2000
2002
2003（年）

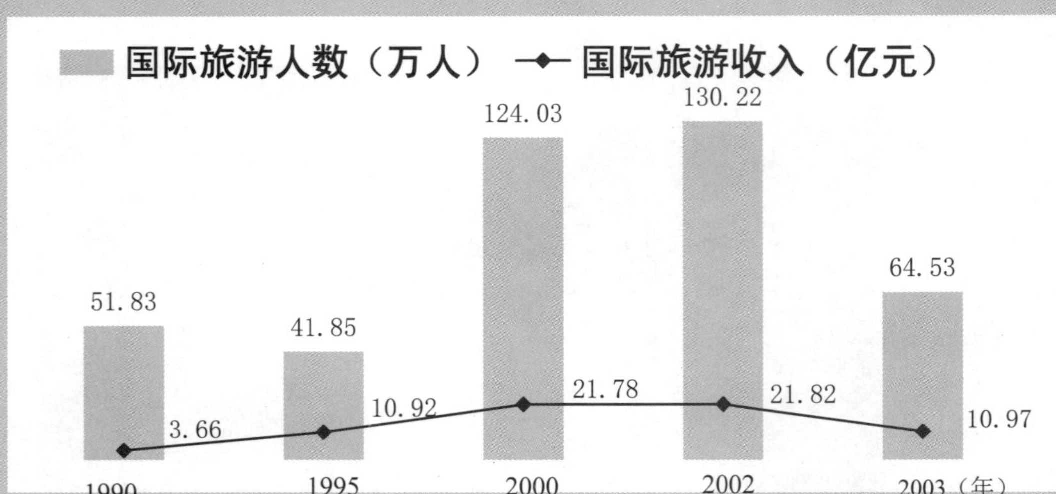
国际旅游人数（万人）
国际旅游收入（亿元）
51.83
41.85
124.03
130.22
64.53
3.66
10.92
21.78
21.82
10.97
1990
1995
2000
2002
2003（年）

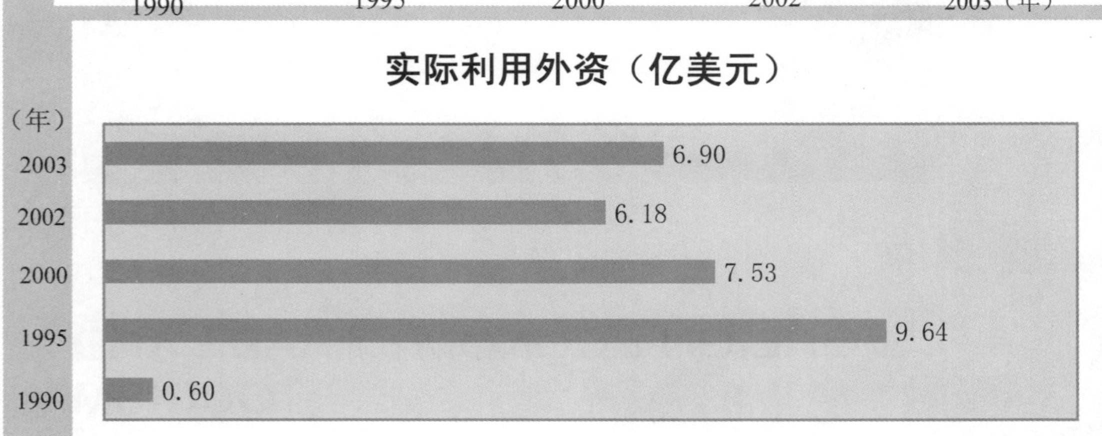
实际利用外资（亿美元）
（年）
2003
6.90
2002
6.18
2000
7.53
1995
9.64
1990
0.60

18—1 主要年份外贸进出口总额(按贸易方式分)

Total Import and Export Value of Foreign Trade by Type of Trade in Main Years

单位:万美元(USD 10 000)

项　目	Item	1990	1995	2000	2002	2003
合计	**Total**	**89797**	**321111**	**203789**	**243032**	**319173**
一般贸易	Original Trade	86859	261645	149839	160439	205294
国家间、国际组织无偿援助和赠送的物资	Donation between Countries and from International Organizations			2	5	3
华侨、港澳台同胞、外籍华人捐赠物资	Donation from Overseas Chineses Compatriots in Hong Kong, Macao and Foreign Chinese			3	1	9
补偿贸易	Compensation Trade	1646	3706			
来料加工装配贸易	Processing and Assembly Trade from Income Material	1292	25112	16317	21689	19917
进料加工贸易	Processing Trade from Imported Material			21221	21476	28107
寄售、代销贸易	Consign and Commission Trade			8	6	3
边境小额贸易	Frontier Small Value Trade		24652	15013	34474	53519
来料加工装配进口的设备	Import Equipments for Processing and Assembly Trade from Income Material			7	67	115
对外承包工程出口货物	Constructed Projects in Foreign Countries			18	2	7
租赁贸易	International Lease					
外商投资企业作为投资进口的设备物资	Import Equipments and Materials as Investment of Foreign Investment Enterprises			1134	4830	11657
出料加工贸易	Processing Trade of Exported Material			1		
易货贸易	Barter Trade		5996	5	1	
免税外汇商品	Tax Free Foreign Exchange Commodities			6		
保税仓库进出境货物	Import and Export Commodities in Protective Tariff Zone			156	8	515
保税区仓储转口货物	Transit Goods in Protective Tariff Zone					
其它	Others			59	34	27

注:外贸进出口数字自1999年起(含1999年)采用海关统计数据。

Note: The imports and exports figure of the foreign trade have adopted customs statistical data since 1999 (including 1999).

18—2 主要年份外贸出口总额(按贸易方式分)

Total Export Value of Foreign Trade by Type of Trade in Main Years

单位:万美元(USD 10 000)

项　目	Item	1990	1995	2000	2002	2003
合计	**Total**	**72944**	**224585**	**149319**	**150775**	**197007**
一般贸易	Original Trade	70147	188402	118392	105607	139192
国家间、国际组织无偿援助和赠送的物资	Donation between Countries and from International Organizations					
补偿贸易	Compensation Trade	1508	3429			
来料加工装配贸易	Processing and Assembly Trade from Income Material	1289	16037	7976	10214	9713
进料加工贸易	Processing Trade from Imported Material			14509	14350	16666
寄售、代销贸易	Consign and Commission Trade			8	6	3
边境小额贸易	Frontier Small Value Trade		11369	8351	20582	31422
对外承包工程出口货物	Constructed Projects in Foreign Countries			18	2	7
租赁贸易	International Lease				1	
出料加工贸易	Processing Trade of Exported Material			1		
易货贸易	Barter Trade		5348	2		
免税外汇商品	Tax Free Foreign Exchange Commodities					
保税仓库进出境货物	Import and Export Commodities in Protective Tariff Zone			59	8	2
保税区仓储转口货物	Transit Goods in Protective Tariff Zone					
其它	Others			3	5	2

18—3 主要年份外贸进口总额(按贸易方式分)

Total Import Value of Foreign Trade by Type of Trade in Main Years

单位:万美元(USD 10 000)

项 目	Item	1990	1995	2000	2002	2003
合计	**Total**	**16853**	**96526**	**54470**	**92257**	**122166**
一般贸易	Original Trade	16712	73243	31447	54831	66102
国家间、国际组织无偿援助和赠送的物资	Donation between Countries and from International Organizations			2	5	3
华侨、港澳台同胞、外籍华人捐赠物资	Donation from Overseas Chineses Compatriots in Hongkong, Macao and Foreign Chineses			3	1	9
补偿贸易	Compensation Trade	138	277			
来料加工装配贸易	Processing and Assembly Trade from Income Material	3	9075	8341	11475	10204
进料加工贸易	Processing Trade from Imported Material			6712	7126	11441
寄售、代销贸易	Consign and Commission Trade					
边境小额贸易	Frontier Small Value Trade		13283	6662	13892	22097
来料加工装配进口的设备	Import Equipments for Processing and Assembly Trade from Income Material			7	67	115
租赁贸易	International Lease					
外商投资企业作为投资进口的设备物资	Import Equipments and Materials as Investment of Foreign Investment Enterpriese			1134	4830	11657
出料加工贸易	Processing Trade of Exported Material					
易货贸易	Barter Trade		648	3	1	
免税外汇商品	Tax Free Foreign Exchange Commodities			6		
保税仓库进出境货物	Import and Export Commodities in Protective Tariff Zone			97		513
其它	Others			56	29	25

18—4 外贸进出口总额

Total Import and Export Value of Foreign Trade

年份 Year	按人民币计算(万元) Calculated by RMB (10 000 yuan)			按美元计算(万美元) Calculated by USD (USD 10 000)			
	进出口总额 Total Import and Export Value	出口总额 Total Export Value	差额顺差+、逆差− Balance +, −	进出口总额 Total Import and Export Value	出口总额 Total Export Value	进口总额 Total Import Value	差额顺差+、逆差− Balance +, −
1978	45783	42305	38827	26931	24885	2046	22839
1980	57112	55234	53356	37823	36579	1244	35335
1985	153619	109260	64901	52310	37205	15105	22100
1990	429517	348906	268295	89797	72944	16853	56091
1991	544732	443062	341392	102351	83248	19103	64145
1992	903567	611189	318811	163850	110831	53019	57812
1993	1197113	763413	329713	207760	132491	75269	57222
1994	2119857	1380777	641697	245983	160222	85761	74461
1995	2689369	1880944	1072519	321111	224585	96526	128059
1996	2349656	1590216	830776	283132	191620	91512	100108
1997	2543484	1975177	1406870	306821	238266	68555	169711
1998	2469994	2001785	1533576	298377	241817	56560	185257
1999	1451332	1032287	613242	175322	124701	50621	74080
2000	1686986	1236078	785170	203789	149319	54470	94849
2001	1487461	1022629	557797	179715	123554	56161	67393
2002	2011854	1248137	484420	243032	150775	92257	58518
2003	2642161	1630853	619545	319173	197007	122166	74841

18—5 外贸进出口总额(按贸易方式及企业性质分,2003 年)

Total Import and Export Value of Foreign Trade by Type of Trade and Ownership (Customs Statistics,2003)

单位:万美元(USD 10 000)

项目	Item	合计 Total	国有企业 State-owned	外商投资企业 Foreign Investment Enterprises 小计 Total	中外合作 Cooperation Enterprises	中外合资 Joint-venturel Enterprises	外商独资 Enterprises with Sole Foreign Funds	集体企业 Collective-owned Enterprises	其它 Others
进口总值	Total Import Value	122166	36456	65976	3079	39472	23425	4795	14939
一般贸易	Original Trade	66102	20776	40430	1755	23342	15333	1540	3356
国家间、国际组织无偿援助和赠送的物资	Donation between Countries and from International Organizations	3							3
华侨、港澳台同胞、外籍华人捐赠物资	Donation from Overseas Chinese Compatriots in Hong Kong, Macao and Foreign Chinese	9	1						8
来料加工装配贸易	Processing Trade from Imported Material	10204	32	9133	27	4619	4487	1019	20
进料加工贸易	Processing Trade from Imported Material	11441	4204	4625		2690	1935	1604	1008
寄售代销贸易	Consign and Commission Trade								
边境小额贸易	Frontier Small Value Trade	22097	11416					632	10049
来料加工装配进口的设备	Import Equipments for Processing and Assembly Trade from Income Material	115		115		10	105		
租赁贸易	International Lease								
外商投资企业作为投资进口的设备物资	Import Equipments and Materials as Investment of Foreign Investment Enterprises	11657		11657	1296	8801	1560		
易货贸易	Barter Trade								
免税外汇商品	Tax Free Foreign Exchange Commodities								
保税仓库进出境货物	Import and Export Commodities in Protective Tariff Zone	513	20						493
保税区仓储转口货物	Transit Goods in Protective Tariff Zone								
其它	Others	25	7	16	1	10	5		2
出口总值	Total Export Value	197007	102729	37737	2114	21027	14596	16953	39588
一般贸易	Original Trade	139192	81650	23358	2055	15209	6094	12192	21992
补偿贸易	Compensation Trade								
来料加工装配贸易	Processing and Assembly Trade from Income Material	9713	129	8386	59	2281	6046	1175	23
进料加工贸易	Processing Trade from Imported Material	16666	7769	5990		3534	2456	2660	247
寄售代销贸易	Consign and Commission Trade	3	3						
边境小额贸易	Frontier Small Value Trade	31422	13171					926	17325
来料加工装配进口的设备	Import Equipments for Processing and Assembly Trade from Income Material								
对外承包工程出口货物	Constructed Projects in Foreign Countries	7	7						
租赁贸易	International Lease								
出料加工贸易	Processing Trade of Exported Material								
易货贸易	Barter Trade								
免税外汇商品	Tax Free Foreign Exchange Commodities								
保税仓库进出境货物	Import and Export Commodities in Protective Tariff Zone	2		2		2			
保税区仓储转口货物	Transit Goods in Protective Tariff Zone								
其它	Others	2		1		1			1

18—6 广西同主要国家(地区)进出口商品总值(2003 年)

Total Import and Export Value by Country and Region(Customs Statistics,2003)

单位:万美元(USD 10 000)

进口原产国(地) Imported from Countries (Regions) of Origin	出口最终目的(地) Exported to Final Destination	进出口 Import and Export	出口 Export	进口 Import	2003 年比 2002 年增减% 2003 as % of 2002		
					进出口 Import and Export	出口 Export	进口 Import
总　值	**Total**	**319173**	**197007**	**122166**	**31.4**	**30.8**	**32.3**
亚洲	**Asia**	**176974**	**123556**	**53418**	**30.0**	**25.3**	**42.3**
香港	Hong Kong	29597	27590	2007	8.9	7.2	39.4
印度	India	4428	2163	2265	89.7	10.9	489.2
印度尼西亚	Indonesia	3333	2775	558	49.3	40.0	122.6
日本	Japan	28836	18070	10766	55.4	49.7	66.0
马来西亚	Malaysia	4967	2451	2516	37.5	4.6	98.2
菲律宾	Philippines	897	870	27	-45.4	-28.6	-93.5
新加坡	Singapore	1786	1481	305	-18.3	-9.3	-45.0
韩国	Republic of Korea	9100	5617	3483	34.2	41.2	24.2
泰国	Thailand	4636	3262	1374	14.6	24.4	-3.4
越南	Vietnam	66555	44016	22539	36.7	29.2	54.4
台湾省	Taiwan Province	12958	7104	5854	4.8	12.2	-2.9
非洲	**Africa**	**8449**	**4862**	**3587**	**-8.1**	**22.2**	**-31.2**
加蓬	Gabon	2128	1	2127	-5.0	3.3	-5.0
南非	South Africa	1879	489	1390	-41.7	51.6	-52.0
欧洲	**Europe**	**58736**	**38628**	**20108**	**46.4**	**49.3**	**41.2**
比利时	Belgium	3051	1709	1342	57.8	47.0	74.1
英国	United Kingdom	4837	3708	1129	14.8	26.1	-11.2
德国	Germany	14483	6258	8225	124.7	86.8	165.8
法国	France	4961	3197	1764	4.5	36.8	-28.5
意大利	Italy	6247	4574	1673	33.7	29.8	45.6
荷兰	Netherlands	8760	8480	280	35.6	48.0	-61.5
西班牙	Spain	4313	4024	289	37.6	35.4	76.0
奥地利	Austria	646	383	263	-60.7	135.7	-82.3
芬兰	Finland	1453	303	1150	-4.1	243.8	-19.4
俄罗斯联邦	Russia	782	439	343	65.4	44.1	104.0
拉丁美洲	**Latin America**	**25073**	**4273**	**20800**	**14.3**	**20.8**	**13.1**
北美洲	**North America**	**40154**	**23058**	**17096**	**34.4**	**38.1**	**29.8**
加拿大	Canada	3518	1186	2332	27.2	21.7	30.2
美国	United States	36636	21872	14764	35.2	39.1	29.7
大洋洲	**Oceanic**	**9780**	**2630**	**7150**	**72.1**	**37.4**	**89.7**
澳大利亚	Australia	9409	2357	7052	75.2	39.1	91.9
东南亚国家联盟	**Association of Southeast Asia**	**82619**	**55235**	**27384**	**31.5**	**24.8**	**47.6**
欧洲联盟	**European Union**	**54277**	**35374**	**18903**	**45.7**	**48.3**	**40.9**
亚太经济合作组织	**Asia Pacific Economic Cooperation**	**217134**	**140606**	**76528**	**30.2**	**25.7**	**39.6**

注:东南亚国家联盟包括:文莱、印度尼西亚、马来西亚、菲律宾、新加坡、泰国、越南、缅甸、柬埔寨、老挝

欧洲联盟包括:比利时、丹麦、英国、德国、法国、爱尔兰、意大利、卢森堡、荷兰、希腊、葡萄牙、西班牙、奥地利、芬兰、瑞典

亚太经济合作组织包括:文莱、香港、印度尼西亚、日本、马来西亚、菲律宾、新加坡、韩国、泰国、中华人民共和国、台湾省、智利、墨西哥、加拿大、美国、澳大利亚、新西兰、巴布亚新几内亚、越南、俄罗斯、秘鲁

Note: Association of Southeast Asia include: Brunei, Indonesia, Malaysia, Philippines, Singapore, Thailand, Vietnam, Myanmar, Democratic Kampuchea, Laos

European Union include: Belgium, Denmark, United Kingdom, Germany, France, Ireland, Italy, Luxembourg, Netherlands, Greece, Portugal, Spain, Austria, Finland, Sweden

Asia Pacific Economic Cooperation include: Brunei, Hong Kong, Indonesia, Japan, Malaysia, Philippines, Singapore, Republic of Korea, Thailand, People's Republic of China, Taiwan Province, Chile, Mexico, Canada, United States, Australia, New Zealand, Papua New Guinea, Vietnam, Russia, Peru

18—7 主要出口商品数量和金额(2003 年)

Volume and Value of Major Export Commodities(2003, Customs Statistics)

金额单位:万美元(USD 10 000)

商品名称	Item	数量 Volume	金额 Value
活猪(万头)	Live Hogs(10 000 heads)	10	1229
活家禽(万只)	Live Poultry (10 000 heads)	146	366
鲜、冻猪肉(万吨)	Fresh and Frozen Pork (10 000 tons)		352
水海产品(万吨)	Aquatic and Seawater Products (10 000 tons)		1233
谷物及谷物粉(万吨)	Cereals and Cereals Flour (10 000 tons)	1	368
蔬菜(万吨)	Vegetables (10 000 tons)	14	3123
干豆(万吨)	Dried Plusles (10 000 tons)	3	946
鲜、干水果及坚果(万吨)	Fresh, Dried Fruits and Nuts (10 000 tons)	16	4249
食用油籽(万吨)	Edible Oil Seeds (10 000 tons)	3	701
茶叶(吨)	Tea (ton)	1960	298
蘑菇罐头(吨)	Canned Mushroom (ton)	8983	1109
植物榨油后的剩余物(万吨)	Remainder after Plant Extract Oil (10 000 tons)	6	1308
填充用羽毛、羽绒(吨)	Feathers and Down for Stuffing (ton)	728	293
药材(吨)	Medicinal Materials (ton)	15262	2577
生丝(吨)	Raw Silk (ton)	338	501
黏土及其他耐火矿物(万吨)	Clay and Other Refractory Minerals (10 000 tons)	20	294
重晶石(万吨)	Barite (10 000 tons)	91	2415
滑石(万吨)	Talcum (10 000 tons)	24	2310
氧化锌及过氧化锌(吨)	Zinc Oxide and Zinc Peroxide (ton)	70508	4749
锌钡白(立德粉)(吨)	Lithopone (ton)	16562	424
医药品(吨)	Medicinal and Pharmaceutical Products (ton)	937	1086
烟花、爆竹(吨)	Fireworks and Firecrackers (ton)	32748	4890
松香及树脂酸(吨)	Resin and Resin Acids (ton)	106258	4819
轮胎(万条)	Rubber Tire (10 000 units)	18	631
家用或装饰用木制品(吨)	Wooden Products for household Use or Decoration (ton)	8132	921
纸及纸板(未切成形的)(万吨)	Paper and Paperboard in Rolls (10 000 tons)	1	645
纺织纱线、织物及制品	Spin Yarn, Fabric and the Products		5347
水泥(万吨)	Cement (10 000 tons)	36	1086

18—7 续表 continued

金额单位:万美元(USD 10 000)

商品名称	Item	数量 Volume	金额 Value
平板玻璃(万平方米)	Plain Glass (10 000 sq. m)	364	625
家用陶瓷器皿(吨)	Porcelain and Pottery Wares for Family Use (ton)	164217	8686
装饰用陶瓷制品(吨)	Porcelain and Pottery Wares for Decoration Use (ton)	2365	445
珍珠、宝石及半宝石(千克)	Pearls , Precious or Semi – Stones (kg)	17828	854
钢材(万吨)	Rolled Steel (10 000 tons)	2	905
未锻造的铜及铜材(吨)	Unwrought Copper and Related Products (ton)	5153	1324
未锻造的铝及铝材(吨)	Unwrought Aluminium and Related Products (ton)	3238	630
未锻造的锌及锌合金(吨)	Unwrought zinc and zinc Alloy (ton)	38755	3023
未锻造的锡及锡合金(吨)	Unwrought Tin and Tin Alloy (ton)	10783	4941
未锻造的锰(吨)	Unwrought Manganese (ton)	4578	465
餐桌、厨房及其它家用搪瓷器(吨)	Enamelware for Table,Kitchen and other Household Use (ton)	267	287
手用或机用工具(吨)	Hand Tools and Tools for Machines (ton)	3046	458
金属加工机床(万台)	Machine Tools (10 000 units)	3	458
轴承(万套)	Bearings (10 000 units)	81	105
原电池(万个)	Primary Cells and Batteries (10 000 units)	55100	2399
录音机及收录(放)音组合机(包括整套散件)(万台)	Tape Recorder and Sound Recording Apparatus (including a Complete Set of Spare Parts) (10 000 sets)	1	1
录、放像机(台)	Video – recorder (set)	23770	77
电容器(吨)	Electrical Capacitors (ton)	124	227
电线和电缆(吨)	Electric Wires and Cables (ton)	6605	1295
汽车和汽车底盘(辆)	Motor Vehicles and Chassis (unit)	1205	781
汽车零件	Parts of Motor Vehicles		1072
家具	Furniture		1172
床垫、寝具及类似品	Mattress , Bedding Articles and Similar Articles		277
灯具、照明装置及类似品	Lights ,Lighting Apparatus and Similar Articles		705
旅行用品及箱包	Travel Goods ,Boxes and Bags		336
服装及衣着附件	Garments and Clothing Accessories		18583
鞋类	Footwear		1236
塑料制品(吨)	Plastic Articles (ton)	14849	1861
玩具	Toys		338
贵金属或包贵金属的首饰	Precious Metal or Jewelry of Rolled Precious Metal		753
伞(万把)	Umbrellas (10 000 units)	26	28
竹编结品(吨)	Bamboo Products (ton)	6143	1315
藤编结品(吨)	Rattan Products (ton)	11499	2022
草编结品(吨)	Straw Mats and Straw Products (ton)	6630	1425
柳编结品(吨)	Wickerwork (ton)	701	208
摩托车(辆)	Motorcycle (unit)	6821	198
机电产品(包括本目录已具体列名的机电产品)	Mechanical and Electrical Products (including those have been show in this content)		39289
高技术产品(包括本目录已具体列名的机电产品)	High and New – tech Products (including those have been show in this content)		3203

18—8 主要进口商品数量和金额(2003年)

Volume and Value of Major Import Commodities(2003, Customs Statistics)

金额单位:万美元(USD 10 000)

商品名称	Item	数量 Volume	金额 Value
香蕉(吨)	Banana (ton)	78146	378
食用植物油(万吨)	Edible Vegetable Oil (10 000 tons)	8	3550
其他植物油(万吨)	Other Vegetable Oil (10 000 tons)	1	498
天然橡胶(包括胶乳)(万吨)	Natural Rubber (including Latex) (10 000 tons)	2	2024
合成橡胶(包括胶乳)(吨)	Synthetic Rubber (including Latex) (ton)	636	120
原木(万立方米)	Logs (10 000 cu. m)	1	350
锯材(立方米)	Wood Sawn (cu. m)	6123	68
纸浆(万吨)	Paper Pulp (10 000 tons)	1	550
纺织用合成纤维(万吨)	Synthetic Fibers Suitable for Spinning (10 000 tons)		127
铁矿砂(万吨)	Iron Ore (10 000 tons)	188	5263
锰矿砂(万吨)	Manganese Ores (10 000 tons)	62	5002
成品油(万吨)	Petroleum Products Refined (10 000 tons)	0	9
异氰酸酯(吨)	Isocyanate Ester (ton)	2386	424
医药品(吨)	Pharmaceutical Products (ton)	5	93
肥料(万吨)	Chemical Fertilizers, Manufactured (10 000 tons)		0.1
初级形状的塑料(万吨)	Primary Plastic (10 000 tons)	1	1057
牛皮革及马皮革(吨)	Cattle Hide and Horsehide (ton)	34509	2424
纸及纸板(未切成形的)(万吨)	Paper and Paperboard (Unchopped in Shape) (10 000 tons)		311
合成纤维纱线(吨)	Synthetic Fibers, Continuous Filament and Yarn (ton)	215	53
合成纤维长丝机织物(万米)	Synthetic Fibers, Continuous Filament Woven Fabrics (10 000 m)	214	305
针织或钩编织物(吨)	Knitted or Crocheted Products (ton)	96	43
钻石(千克)	Diamond (kg)	101	1254
钢材(万吨)	Rolled Steel (10 000 tons)	1	597
未锻造的铜及铜材(吨)	Unwrought Copper and Related Products (ton)	1415	289
废铝(吨)	Waste Aluminium (ton)	948	96
液泵及液体提升机(台)	Liquid Pump and Machine with Liquid Exaltation (unit)	6989	259
活塞式内燃机的零件(吨)	Accessories of Gas Engine with Liquid Exaltation (ton)	7083	821
空气调节器(台)	Air Conditioners (set)	1	0.1
机械提升搬运装卸设备及零件	Portage ,Load and Unload Equipments and Accessories with Machine Exaltation		1589
建筑及采矿机械	Building and Mining Machinery		2011
食品加工机械	Food Processing Machinery		363
制造纸及纸制品用机械	Papermaking and Paper Products Machinery		2586
印刷、装订机械	Printing and Binding Machinery		890
纺织机械	Spinning Machinery		121
金属加工机床(台)	Machine Tools (unit)	290	2390
橡胶或塑料加工机械	Rubber or Plastic Processing Machinery		158
阀门(万套)	Valves (10 000 sets)	3	357
自动数据处理设备及其部件(台)	Automatic Data Processing Machines and Components (set)	16621	492
有线电话电报设备的零附件(吨)	Line Telephonic or Telegraphic Switching Apparatus (ton)	51	1816
通断及保护电路装置及零件(万个)	Electrical Apparatus for Switching or Protecting Electrical Circuit (10 000 units)		500
电线和电缆(吨)	Electric Wires and Cables (ton)	36	43
汽车和汽车底盘(辆)	Motor Vehicles and Chassis (unit)	883	953
汽车零件	Parts of Motor Vehicles		1011
医疗仪器及器械	Medical Instruments and Appliances		296
计量检测分析自控仪器及器具	Automatic Instruments and Appliances for Measuring and Checking		912
机电产品(包括本目录具体列名的机电产品)	Mechanical and Electrical Products (including those have been listed in this content)		33593

18—9 边境贸易主要商品进出口数量和金额(2003年)

Volume and Value of Major Import and Export Commodities of Frontier Trade(2003)

金额单位:万元(10 000 yuan)

项目	Item	进口 Import		出口 Export	
		数量 Volume	金额 Value	数量 Volume	金额 Value
总额(万元)	**Total (10 000 yuan)**		**221191**		**401474**
一、农副土特产品(万元)	**Major Grain, Sideline, Native and Special Products (10 000 yuan)**		**97361**		**99735**
#粮食(吨)	Grain (ton)	593	74	26838	6105
肉禽蛋(吨)	Meat, Poultry and Eggs (ton)	105	64	40	20
蔬菜(吨)	Vegetables (ton)			120779	20043
水产品(吨)	Aquatic Products (ton)	87812	43020		
干鲜果(吨)	Fresh and Dried Fruits (ton)	220439	30775	209210	39042
中草药(吨)	Chinese Herbal (ton)	6121	1244	81464	28482
二、工业品(万元)	**Industry Products (10 000 yuan)**		**64924**		**152521**
#服装(万件)	Garment (10 000 pcs)			4095	19171
布匹(万米)	Clothing (10 000 m)			5107	51318
啤酒(吨)	Beer (ton)			17711	11736
水泥(吨)	Cement (ton)			51627	1927
煤炭(吨)	Coal (ton)	700170	14559		
玻璃(平方米)	Glass (sq. m)				
锌矿(吨)	Zinc Ore (ton)	1745	114		
干电池(万只)	Dry Cell (10 000 units)			13	12
化肥(吨)	Chemical Fertilizer (ton)			1120	104
农药(吨)	Pesticides (ton)			2694	1190
自行车(辆)	Bicycles (unit)			140700	2814
家用电器(万元)	Household Electric Appliances (10 000 yuan)				2209
复合橡胶(吨)	Rubber (ton)	27292	27794		
中成药(万元)	Chinese Patent Medicines (10 000 yuan)				
木材(立方米)	Timber (cu. m)	22044	1389	109	5
三、其他商品(万元)	**Other Commodities (10 000 yuan)**		**58906**		**149218**
#废旧物资(万元)	Waste and old (10 000 yuan)				5

18—10 实际利用外资额

Value of Foreign Capital Actually Used

单位:万美元(USD 10 000)

年 份 Year	合 计 Total	对外借款 Foreign Loans	外商直接投资 Foreign Direct Investments	外商其他投资 Other Foreign Investments
1979 - 1983	4651		1226	3875
1985	4493	1405	1251	1837
1990	6031	1780	3025	1226
1991	6636	1624	3871	1141
1992	23741	4355	18026	1360
1993	92415	3891	87203	1321
1994	104724	22036	81506	1182
1995	96395	29042	66952	401
1996	102010	34697	66618	695
1997	126991	38412	87986	593
1998	128254	39641	88613	
1999	92108	28378	63730	
2000	75281	22515	52466	300
2001	57576	19161	38415	
2002	61804	20078	41726	
2003	69000	23381	45619	

18—11 主要年份实际利用外资情况

Basic Statistics of Foreign Capital Actually Used in Main Years

单位:万美元(USD 10 000)

项　　目	Item	1990	1995	2000	2003
总计	**Total**	**6031**	**96395**	**75281**	**69000**
对外借款	**Foreign Loans**	**1780**	**29042**	**22515**	**23381**
外国政府贷款	Foreign Government Loans	920	6943	6630	6038
国际金融组织贷款	International Financial Organizations Loans	389	5301	11835	17343
国际商业性贷款	International Commercial Loans		14195	4050	
出口信贷	Export Credit	471	2603		
外商直接投资	**Foreign Direct Investments**	**3025**	**66952**	**52466**	**45619**
按投资方式分	By Investment Manner				
独资经营	Sole Investment	141	15163	18476	24464
合资经营	Joint – venture	1861	41367	16413	16072
合作经营	Cooperative	1023	10422	15477	4216
按国民经济行业分	By National Economic Sector				
1. 农林牧渔业	Farming, Forestry, Animal Husbandry and Fishery	89	2917	2092	2551
2. 工业	Industry	2271	33316	22697	24388
3. 建筑业	Construction		3517	6157	2981
4. 运输、邮电业	Transport, Post and Telecommunication	29	4587	2147	441
5. 批发和零售贸易、餐饮业	Wholesale and Retail Trade, Catering Services		1369	492	108
6. 房地产、公用服务业	Real Estate, Public Services	633	19997	18563	14514
7. 其他行业	Other Sectors	3	1249	318	636
按国别、地区分	By Countries, Region				
#香港	Hong Kong	2623	37226	20204	20945
澳门	Macao	31	2420	1321	2269
日本	Japan	5	3175	524	772
新加坡	Singapore	66	4039	1407	3337
台湾	Taiwan	138	4295	4750	2390
泰国	Thailand		4464	609	151
美国	United States	42	2004	1282	3519
维尔京群岛	Virgin Islands			6815	6579
外商其他投资	**Other Foreign Investments**	**1226**	**401**	**300**	
加工装配	Processing and Assembly		92		
补偿贸易	Compensation Trade	646	309	300	
国际租赁	Processing and Assembly	580			

18—12 主要年份各市新签外商直接投资项目和金额

Items and Value of Utilization of Foreign Capital Through Newly Signed Agreement by cities in Main Years

城　　市	City	1990	1995	2000	2002	2003
新签项目个数(个)	**Number of Items Newly signed (unit)**	**114**	**571**	**246**	**279**	**340**
南宁市	Nanning	13	88	31	53	60
柳州市	Liuzhou	7	36	8	24	18
桂林市	Guilin	28	116	45	47	57
梧州市	Wuzhou	15	85	41	44	68
北海市	Beihai	20	56	17	21	25
防城港市	Fangchenggang	–	24	23	12	17
钦州市	Qinzhou	3	20	8	16	16
贵港市	Guigang	–	–	9	12	12
玉林市	Yulin	11	62	43	22	19
百色市	Baise	1	2	3	7	7
贺州市	Hezhou	8	30	7	13	25
河池市	Hechi	1	9	5	0	7
来宾市	Laibin	1	18	5	4	3
崇左市	Chongzuo	1	4	1	4	6
新签项目合同外资额(万美元)	**Foreign Capital to Be Utilized through the Newly Signed Agreements and Contracts (USD 10 000)**	**12523**	**104177**	**71549**	**49233**	**67198**
南宁市	Nanning	934	23557	10637	14752	21585
柳州市	Liuzhou	208	8275	3380	10140	2611
桂林市	Guilin	5751	10772	6550	5862	7335
梧州市	Wuzhou	170	5837	3151	3731	11702
北海市	Beihai	3584	10155	821	4469	5384
防城港市	Fangchenggang	18	3746	34536	2485	5149
钦州市	Qinzhou	60	12048	3057	2858	2107
贵港市	Guigang	–	–	521	342	2592
玉林市	Yulin	1255	16465	2210	1021	808
百色市	Baise	40	429	412	1136	2109
贺州市	Hezhou	324	2303	559	2086	2496
河池市	Hechi	14	2605	4345	85	612
来宾市	Laibin	40	947	530	176	1429
崇左市	Chongzuo	17	903	840	90	1279

18—13 主要年份各市外商实际投入金额和年末实有企业数

Values of Foreign Capital Actually Invested and Number of Enterprises at Year – end by City in Main Years

城　市	City	1990	1995	2000	2002	2003
外商实际投入金额(万美元)	**Values of Foreign Capital Actually Invested (USD 10 000)**	**3025**	**66952**	**52466**	**41726**	**45619**
南宁市	Nanning	–	8657	8105	11901	8903
柳州市	Liuzhou	319	3424	1018	3668	5596
桂林市	Guilin	894	9142	11563	8252	6354
梧州市	Wuzhou	124	4032	5860	6283	7560
北海市	Beihai	932	21977	3629	2260	3001
防城港市	Fangchenggang	–	1800	3110	2055	2639
钦州市	Qinzhou	356	2948	646	780	757
贵港市	Guigang	–	–	660	750	2540
玉林市	Yulin	70	6004	7564	963	4014
百色市	Baise	139	418	352	1160	1533
贺州市	Hezhou	128	2303	1550	1807	2061
河池市	Hechi	–	1679	907	67	400
来宾市	Laibin	22	1527	752	100	43
崇左市	Chongzuo	41	35	6750	1680	218
年末实有企业数(个)	**Number of Enterprises at Year – end (unit)**	**376**	**5175**	**3427**	**3279**	**2657**
南宁市	Nanning	47	468	531	671	546
柳州市	Liuzhou	38	284	211	167	155
桂林市	Guilin	98	623	426	438	434
梧州市	Wuzhou	33	537	433	443	416
北海市	Beihai	69	1142	514	491	296
防城港市	Fangchenggang	1	229	86	80	96
钦州市	Qinzhou	24	221	293	324	92
贵港市	Guigang	–	–	96	122	94
玉林市	Yulin	34	907	440	336	337
百色市	Baise	6	48	36	50	57
贺州市	Hezhou	15	471	70	47	71
河池市	Hechi	–	64	93	96	45
来宾市	Laibin	4	139	170	6	7
崇左市	Chongzuo	6	42	28	8	11

18—14 主要年份对外承包工程

Overseas Contracted Projects in Main Years

项　目	Item	1990	1995	2000	2002	2003
合同项目(个)	**Contracted Projects(unit)**	**40**	**19**	**14**	**7**	**15**
#巴基斯坦	Pakistan	2	3	–	–	–
孟加拉国	Bangladesh	–	–	–	2	–
越南	Vietnam	–	11	8	2	10
泰国	Thailand	–	–	–	2	1
安哥拉	Angola	–	–	–	–	1
纳米比亚	Namibia	–	–	–	–	1
冈比亚	Gambia	–	–	–	–	2
合同金额(万美元)	**Contracted Value (USD 10 000)**	**2945**	**7634**	**2994**	**2595**	**3865**
#巴基斯坦	Pakistan	1700	930	–	–	
孟加拉国	Bangladesh	–	–	–	1876	
越南	Vietnam	–	5137	699	200	2818
泰国	Thailand	–	–	–	256	550
安哥拉	Angola	–	–	–	–	208
纳米比亚	Namibia	–	–	–	–	181
冈比亚	Gambia	–	–	–	–	108
当年完成营业额(万美元)	**Volume of Business Fulfilled in the Year (USD 10 000)**	**3353**	**8292**	**5042**	**1361**	**1895**
#境内国际招标工程	Domestic International Bidding Process Projects	–	–	–	–	–

18—15 旅游部门职工人数(2003 年)

Number of Staff and Workers of Tourist Department(2003)

单位:人(person)

城　市	Cities	合计 Total	管理机构人员 Number of Staff and Workers of Management Agencies	旅行社员工 Number of Staff and Workers of Travel Agencies	涉外饭店员工 Number of Staff and Workers of Tourist Hotels	其它人员 Other Related Persons
总　计	**Total**	**71189**	**642**	**8622**	**47908**	**14017**
南宁市	Nanning	13933	87	1556	11089	1201
柳州市	Liuzhou	4899	12	628	3684	575
桂林市	Guilin	19671	167	3304	10159	6041
梧州市	Wuzhou	2347	26	223	1796	302
北海市	Beihai	8992	39	1434	4453	3067
防城港市	Fangchenggang	2240	17	332	1393	498
钦州市	Qinzhou	1178	24	66	989	99
贵港市	Guigang	2214	13	140	1691	370
玉林市	Yulin	4496	34	301	3713	448
百色市	Baise	3226	63	104	2775	284
贺州市	Hezhou	2066	28	129	1303	606
河池市	Hechi	2765	53	146	2318	248
来宾市	Laibin	841	43	29	732	37
崇左市	Chongzuo	2321	36	230	1814	241

18—16 旅游机构数(2003年)

Number of Tourist Institution(2003)

单位:家(unit)

城市	Cities	总计 Total	旅游管理部门 Tourist Management Department	旅行社 Travel Agencies	#国际社 International Travel Agencies	#国内社 Domestic Travel Agencies	旅游涉外饭店 Tourist Hotels	星级饭店 Star-rated Hotels	五星 5-Star	四星 4-Star	三星 3-Star	二星 2-Star	一星 1-Star
总计	**Total**	**734**	**93**	**348**	**50**	**298**		**293**	**5**	**17**	**97**	**155**	**19**
南宁市	Nanning	131	9	73	16	57		49	1	6	9	28	5
柳州市	Liuzhou	64	7	39	4	35		18	0	2	9	7	0
桂林市	Guilin	163	13	90	18	72		60	3	7	28	22	0
梧州市	Wuzhou	40	5	16	2	14		19	0	0	7	8	4
北海市	Beihai	78	2	38	7	31		38	1	2	14	20	1
防城港市	Fangcheng-gang	26	4	10	1	9		12	0	0	7	4	1
钦州市	Qinzhou	17	5	7	0	7		5	0	0	2	3	0
贵港市	Guigang	25	3	13	0	13		9	0	0	3	6	0
玉林市	Yulin	43	6	15	1	14		22	0	0	8	13	1
百色市	Baise	38	12	10	0	10		16	0	0	3	13	0
贺州市	Hezhou	24	4	9	0	9		11	0	0	2	8	1
河池市	Hechi	33	11	11	0	11		11	0	0	4	7	0
来宾市	Laibin	11	5	3	0	3		3	0	0	1	2	0
崇左市	Chongzuo	41		14	1	13		20	0	0	0	14	6

注:"旅游管理部门"指各地市县旅游局。

Note:"Tourist Management Department" refers to tourist bureaus of cities and counties.

18—17 旅游部门旅游客车和游船年末实有数(2003年)

Number of Tourist Vehicles and Boats of Tourist Department at Year-end(2003)

城市	Cities	合计(辆) Total(unit)	大型客车(辆) Large Passenger Vehicles (unit)	中型客车(辆) Medium Passenger Vehicles (unit)	小型客车(辆) Small Passenger Vehicles (unit)	游船总数(艘) Total Tourist Vessel (unit)	游船总座位(座) Total Seats of Tourist Vessel (seat)
总计	**Total**	**1760**	**737**	**563**	**460**	**287**	**25221**
南宁市	Nanning	187	38	72	77	3	350
柳州市	Liuzhou	52	14	15	23	2	320
桂林市	Guilin	1103	605	272	226	188	19278
梧州市	Wuzhou	75	57	14	4	4	910
北海市	Beihai	190	12	119	59	1	100
防城港市	Fangchenggang	16	0	10	6	1	235
钦州市	Qinzhou	35	2	9	24	33	710
贵港市	Guigang	2	0	0	2	5	546
玉林市	Yulin	35	4	20	11	15	1200
百色市	Baise	20	3	6	11	8	292
贺州市	Hezhou	1	0	1	0	8	346
河池市	Hechi	14	2	3	9	6	540
来宾市	Laibin	7	0	2	5	1	60
崇左市	Chongzuo	23	0	20	3	12	334

18—18 主要年份国际旅游接待人数及收入

Number of International Tourists Received and Exchange Income in Main Years

项目	Item	1990	1995	2000	2002	2003
接待旅游人数(人次)	**Number of Tourists Received (person - time)**	**518263**	**418499**	**1240265**	**1302160**	**645262**
港澳和台湾同胞	Compatriots from Hong Kong, Macao and Taiwan	340758	107672	730706	663708	315825
华侨	Overseas Chinese	24120	3399	3271	1096	719
外国人	Foreigners	153385	307428	506288	637356	328718
#日本	Japan	50378	72706	86469	109253	74549
新加坡	Singapore	2803	7164	6174	6036	3668
泰国	Thailand	3610	5166	8256	15084	7191
越南	Vietnam	-	1110	66327	91036	63758
印度尼西亚	Indonesia	357	15057	14351	14692	7899
美国	United States	19505	34878	58517	61227	23162
加拿大	Canada	3243	5497	6376	12680	5094
英国	United Kingdom	10041	12374	15795	21629	9376
法国	France	8078	23241	40519	30304	8423
德国	Germany	8070	22987	27802	34425	9378
意大利	Italy	5036	10075	8732	8778	1495
澳大利亚	Australia	3697	5587	7782	11394	4590
新西兰	New Zealand	543	1178	1440	2121	969
旅游收入(万元)	**Tourist Income (10 000 yuan)**	**36595**	**109243**	**217841**	**218174**	**109694**
商品收入	Commodity Income	7312	24331	71399	79060	39063
商品销售收入	Commodity Sales Income	4457	7314	46914	54215	26323
饮食销售收入	Food - Beverage Sales Income	2855	17017	24485	24845	12740
劳务性收入	Service Income	29283	84912	146442	139114	70631
交通费收入	Transportation	18085	36502	74300	68357	33107
旅行社收入	Travel Agencies	2998	16543	12071	9113	4776
住宿费收入	Hotel Accommodation	6579	23254	32655	26347	15137
其它收入	Others	1621	8613	27416	35297	17611

18—19 主要年份各市接待国际旅游人数和旅游收入

Number of International Tourists Received and Exchange Income by City in Main Years

项目	Item	1990 合计 Total	1990 外国人 Foreigners	1995 合计 Total	1995 外国人 Foreigners	2000 合计 Total	2000 外国人 Foreigners	2002 合计 Total	2002 外国人 Foreigners	2003 合计 Total	2003 外国人 Foreigners
接待旅游人数（人次）	**Number of Tourists Received (person－time)**	**518263**	**153385**	**418499**	**307428**	**1240265**	**506288**	**1302160**	**637356**	**645262**	**328718**
#南宁市	Nanning	7937	2337	20128	9982	45586	23746	59180	36695	34940	24276
柳州市	Liuzhou	3761	333	10250	2519	20268	4148	20546	11727	12973	7015
桂林市	Guilin	484929	147748	355863	285025	950172	403872	984323	487792	445659	217973
梧州市	Wuzhou	12710	2142	13692	2856	49858	3110	36756	8132	17968	6163
北海市	Beihai	2203	667	3940	1631	38087	4523	17863	7294	6913	2576
旅游收入（万元）	**Tourist Income (10 000 yuan)**	**36595**		**109243**		**217841**		**218174**		**109694**	
#南宁市	Nanning	527		6895		5736		12248		6782	
柳州市	Liuzhou	201		811		1031		940		575	
桂林市	Guilin	25551		92981		188712		185249		89395	
梧州市	Wuzhou	226		6530		3004		2220		1220	
北海市	Beihai	43		1013		8367		3380		1415	
平均每一旅游者消费额（元）	**Average Per Capita Spending (yuan)**	**706**		**2610**		**1756**		**1675**		**1700**	
#南宁市	Nanning	664		3426		1258		2070		1941	
柳州市	Liuzhou	534		791		509		456		443	
桂林市	Guilin	733		2613		1986		1882		2006	
梧州市	Wuzhou	178		4769		603		604		679	
北海市	Beihai	134		2571		2197		1892		2047	

18—20 旅游涉外饭店经营情况（2003 年）

Business Status of Foreign Tourist Hotels (2003)

城市	Cities	客房数（间）Guest－Rooms (room)	床位数（张）Number of Beds (unit)	接待总人数（人次）Total Number of Tourists Received (person－time)	营业总收入（万元）Total Income of Business (10 000 yuan)	营业税及附加（万元）Sales Tax and Extra Changes (10 000 yuan)	利润总额（万元）Total Profits (10 000 yuan)
总计	**Total**	**42303**	**82277**	**9867936**	**214134.77**	**10691.32**	**－42381.7**
南宁市	Nanning	8531	15976	2148249	70978.32	3012.87	－6685.43
柳州市	Liuzhou	2852	5283	854245	22706.97	929.19	－1129.72
桂林市	Guilin	9434	18249	1256662	43454.16	1928.4	－22937.38
梧州市	Wuzhou	1909	3756	399331	6140.48	327.17	－1160.3
北海市	Beihai	5146	10564	1123797	19100.55	954.99	－7049.19
防城港市	Fangchenggang	1507	2875	318637	2430.31	125.84	－948.8
钦州市	Qinzhou	935	1970	232649	4924.49	302.38	－1149.08
贵港市	Guigang	1497	3044	357166	3804.33	195.67	－166
玉林市	Yulin	2181	4308	750765	12397.06	699.14	－212.16
百色市	Baise	2248	4265	510061	11677	1425	－603
贺州市	Hezhou	1424	2745	1101573	4479.48	204.03	－194.67
河池市	Hechi	2509	4968	342146	5027.46	272.34	－190.53
来宾市	Laibin	299	559	89985	2454.15	123.76	12.42
崇左市	Chongzuo	1831	3715	382670	4560.01	190.54	32.14

18—21 广西与国外缔结友好城市一览表
List of Friendly Cities with Guangxi

国　别	Countries	区(市)名称	Regions (Cities)	缔结日期 Relactionship Eastablished Date	
日　本	Japan	熊本市—桂林市	Kumamoto – Guilin	1979 年 10 月 1 日	Oct. 1,1979
新西兰	New Zealand	黑斯廷市—桂林市	Hastings – Guilin	1981 年 3 月 4 日	Mar. 4,1981
日　本	Japan	熊本县—广西壮族自治区	Kumamoto – Guangxi	1982 年 5 月 20 日	May 20,1982
意大利	Italy	西西里大区—广西壮族自治区	Sicily – Guangxi	1982 年 6 月 14 日	Jun. 14,1982
美　国	United States	奥兰多市—桂林市	Orlando – Guilin	1986 年 5 月 14 日	May 14,1986
奥地利	Austria	克恩滕州—广西壮族自治区	Kamten – Guangxi	1987 年 2 月 10 日	Feb. 10,1987
美　国	United States	塔尔萨市—北海市	Tulsa – Beihai	1987 年 3 月 6 日	Mar. 6,1987
英　国	United Kingdom	纽波特市—梧州市	Newport – Wuzhou	1987 年 7 月 7 日	Jul. 7,1987
冈比亚	Gambia	班珠尔市—南宁市	Banjul – Nanning	1987 年 6 月 22 日	Jun. 22,1987
美　国	United States	辛辛那提市—柳州市	Cincinnati – Liuzhou	1988 年 5 月 5 日	May 5,1988
巴　西	Brazil	北里约格朗德州—广西壮族自治区	Rio – Grande – Do – Norte – Guangxi	1995 年 11 月 28 日	Nov. 28,1995
日　本	Japan	八代市—北海市	Yatusiro – Beihai	1996 年 3 月 5 日	Mar. 5,1996
乍　得	Chad	恩贾梅纳市—柳州市	Ndijamena – Liuzhou	1997 年 4 月 10 日	Apr. 10,1997
澳大利亚	Australia	黄金海岸市—北海市	Gold Coast – Beihai	1997 年 9 月 17 日	Sep. 17,1997
韩　国	Korea Rep	济州市—桂林市	Cheju – Guilin	1997 年 10 月 29 日	Oct. 29,1997
俄罗斯	Russia	沃罗涅日州—广西壮族自治区	Voronezh – Guangxi	1997 年 12 月 16 日	Dec. 16,1997
斐　济	Fiji	苏瓦市—北海市	Suva – Beihai	1998 年 4 月 2 日	Apr. 2,1998
澳大利亚	Australia	班伯格市—南宁市	Bundaber – Nanning	1998 年 5 月 12 日	May 12,1998
美　国	United States	蒙大那州—广西壮族自治区	Montana – Guangxi	1999 年 10 月 26 日	Oct. 26,1999
美　国	United States	普罗沃市—南宁市	Provo – Nanning	2000 年 9 月 27 日	Sep. 27,2000
德　国	Germany	帕绍市—柳州市	Pasau – Liuzhou	2001 年 4 月 25 日	Apr. 25,2001
奥地利	Austria	克拉根福市—南宁市	Klagenfurt – Nanning	2002 年 6 月 13 日	Jun. 13,2002
泰　国	Thailand	孔敬市—南宁市	Khon Kaen – Nanning	2002 年 8 月 25 日	Aug. 25,2002
法　国	France	普瓦图—夏朗特大区—广西壮族自治区	Poitou – Charentes – Guangxi	2002 年 11 月 23 日	Nov. 23,2002

18—22 广西风景名胜区

Scenic Spots

类　别	Classification	风景名胜区名称	Name	所在地	local
国家级	National Class	桂林漓江风景名胜区	Lijiang River Scenic Spot of Guilin	桂林市、阳朔县	Guilin City, Yangshuo County
自治区级	Atonomous Region	桂平西山风景名胜区	Xishan Scenic Spot of Guiping	桂平市	Guiping City
		花山风景名胜区	Huanshan Scenic Spot	宁明县	Ningning County
		龙虎山风景名胜区	Longhu Mountain Scenic Spot	隆安县	Long'an County
		澄碧湖风景名胜区	Chengbihu Scenic Spot	百色市	Baise City
		南山—东胡风景名胜区	Nanshan – Donghu Scenic Spot	贵港市	Guigang City
		水月岩—龙珠湖风景名胜区	Shuiyue Rock – Longzhuhu Scenic Spot	玉林市、北流市、陆川县	Yulin City, Beiliu City, Luchuan County
		谢鲁山庄风景名胜区	Xielu Mountain Villa Scenic Spot	陆川县	Luchuan County
		林溪—八江风景名胜区	Linxi – Bajiang Scenic Spot	三江侗族自治县	Dong Autonomous County of Sanjiang
		香桥岩风景名胜区	Xiangqiao Rock Scenic Spot	鹿寨县	Luzhai County
		勾漏洞风景名胜区	Goulou Hole Scenic Spot	北流市	Beiliu City
		都峤山—真武阁风景名胜区	Dujiao Mountain – Zhenwuge Scenic Spot	容县	Rongxian County
		南湾—涠洲岛海滨风景名胜区	Nanwan – Weizhou Island Scenic Spot	北海市	Beihai City
		古龙河—白龙洞风景名胜区	Gulong River – Bailong Hole Scenic Spot	宜州市	Yizhou City
		六峰山—三海岩风景名胜区	Liufeng Mountain – Sanhai Rock Scenic Spot	灵山县	Lingshan County
		太平石山风景名胜区	Taipingshishan Scenic Spot	藤县	Tengxian County
		八角寨—资江风景名胜区	Bajiaozhai – Zijiang River Scenic Spot	资源县	Ziyuan County
		青狮潭风景名胜区	Qingshitan Scenic Spot	灵川县	Lingchuan County
		龙胜龙脊风景名胜区	Longqi Scenic Spot of Longsheng	龙胜各族自治县	Multinational Autonomons County of Longsheng
		元宝山—贝江风景名胜区	Yuanbao Mountain – Beijiang River Scenic Spot	龙胜各族自治县、融水苗族自治县	Multinational Autonomous County of Longsheng , Miao Autonomous County of Rongshui
		八仙天地—百崖槽风景名胜区	Baxian Tiandi – Baiyachao Scenic Spot	武宣县	Wuxuan County
		龙潭—都乐岩风景名胜区	Longtan – Dule Rock Scenic Spot	柳州市	Liuzhou City
		大瑶山风景名胜区	Dayao Mountain Scenic Spot	金秀瑶族自治县	Yao Autonomous County of Jinxiu
		白云山风景名胜区	Baiyun Mountain Scenic Spot	梧州市	Wuzhou City
		青秀山风景名胜区	Qingxiu Mountain Scenic Spot	南宁市	Nanning City
		碧水风景名胜区	Bishui Scenic Spot	钟山县	Zhongshan County
		宴石山风景名胜区	Yanshi Mountain Scenic Spot	博白县	Bobai County
		江山半岛风景名胜区	Jiangshan Peninsula Scenic Spot	防城港市	Fangchenggang City
		京岛风景名胜区	Jingdao Island Scenic Spot	东兴市	Dongxing City
		龙泉岩风景名胜区	Longquan Rock Scenic Spot	玉林市	Yulin City
		浮山风景名胜区	Fushan Scenic Spot	贺州市	Hezhou City
		黄姚风景名胜区	Huangyao Scenic Spot	昭平县	Zhaoping County
		珍珠岩—金城江风景名胜区	Zhenzhu Rock – Jinchengjiang Scenic Spot	河池市	Hechi City
		大化红水河—七百弄风景名胜区	Dahua Hongshuihe River-Qibailong Scenic Spot	大化瑶族自治县	Yao Autonomous County of Dahua

18—23 广西各类对外经济开发区
Various Foreign Economy Development Zones

类别	Classification	开发区类型	Development Zones	开发区名称	Name	规划面积（平方公里）Area Planned (sq. km)	批准时间 Agreement Time
国家级	National Class	边境经济合作区	Frontier Economic Cooperation Zones	凭祥边境经济合作区	Pingxiang Frontier Economic Cooperation Zone	7.2	1992.9.26
				东兴边境经济合作区	Dongxing Frontier Economic Cooperation Zone	4	1992.9.26
		高新技术开发区	High and New - tech Development Zones	桂林高新技术产业开发区	Guilin High and New - tech Development Zone	12	1991.3.6
				南宁高新技术产业开发区	Nanning High and New - tech Development Zone	12	1992.12.22
		经济技术开发区	Economy and Technical Development Zones	南宁经济技术开发区	Nanning Economy and Technical Development Zone	10.8	2001.5.26
		出口加工区	Export Processing Zones	北海出口加工区	Beihai Export Processing Zone	1.45	2003.3.10
		旅游度假区	Tourist Zones	北海银滩国家旅游度假区	Beihai Yintan National Tourist Zone	12	1992.10.4
自治区级	Autonomous Region Class	经济开发区	Economic Development Zones	梧州市对外加工区	Wuzhou Foreign Processing District	0.27	1991.5.8
				容县侨乡经济开发区	Qiaoxiang Economic Development Zone of Rongxian County	0.1	1991.9.15
				柳州古亭山经济开发区	Gutingshan Economic Development Zone of Liuzhou	4	1992.3.19
				桂林八里街经济开发区	Balijie Economic Development Zone of Guilin	2	1992.6.12
				合浦平田阳塘经济开发区	Pingtianyangtang Economic Development Zone of Hepu	1.41	1992.7.7
				柳州高新技术产业开发区	Liuzhou High and New - tech Industrial Development Zone	1	1992.9.10
				金城江民族经济开发区	Jinchengjiang National Economic Development Zone	0.65	1992.10.24
				鹿寨城南综合经济开发区	Southern Comprehensive Economic Development Zone of Luzhai	1.2	1992.12.12
				柳江县经济开发区	Liujiang Economic Development Zone	1.5	1992.12.21
				荔浦县龙口经济开发区	Longkou Economic Development of Lipu County	0.66	1992.12.23

类别	Classification	开发区类型	Development Zones	开发区名称	Name	规划面积(平方公里) Area Planned (sq. km)	批准时间 Agreement Time
自治区级	Autonomous Region Class	**经济开发区**	Economic Development Zones	宜州市城西经济开发区	Western Economic Development Zone of Yizhou	0.59	1992.12.29
				环江县城西经济开发区	Western Economic Development Zone of Huanjiang	1.2	1993.1.14
				南宁大沙田经济开发区	Dashatian Economic Development Zone of Nanning	6.5	1994.11.30
				柳州市阳和开发区	Yanghe Development Zone of Liuzhou	15.73	1994.11.30
				桂林西城经济开发区	Western Economic Development Zone of Guilin	16.05	1994.11.30
				钦州港经济开发区	Qinzhou Port Economic Development Zone	10	1996.6.14
				邕宁沿海经济走廊开发区	Yongning Coastal Economic Corridor Development Zone	8	1998.3.22
				南宁市仙葫经济开发区	Xianhu Economic Development Zone of Nanning	18	2001.1.16
				贺州旺高工业区	Wanggao Industrial Zone of Hezhou	6	2002.5.20
				梧州市外向型工业园区	Wuzho Export - oriented Industrial Park	19.2	2002.9.4
				玉林市经济开发区	Yulin Economic Development Zone	9.57	2002.12.3
				南宁六景工业园区	Liujing Industrial Parks of Nanning	7	2002.12.6
				北海市工业园区	Beihai City Industrial Parks	21.6	2003.3.24
		旅游度假区	Tourist Zones	桂林桃花江旅游度假区	Taohuajiang Tourist Zone of Guilin	11	1994.12.17
				龙胜温泉旅游度假区	Hotspring Travel Resort of Long Sheng	10	1994.12.17
				灵川青狮潭旅游度假区	Qingshitan Tourist Zone of Lingchuan	10	1994.12.17
				桂平西山旅游度假区	Xishan Tourist Zone of Guiping	5	1994.12.17
				玉林佛子山旅游度假区	Fozishan Tourist Zone of Yulin	6.5	1994.12.17

18—23 续表 continued

类别	Classification	开发区类型	Development Zones	开发区名称	Name	规划面积（平方公里）Area Planned（sq. km）	批准时间 Agreement Time
自治区级	Autonomous Region Class	**旅游度假区**	Tourist Zones	防城江山半岛旅游度假区	Jiangshan Peninsula Tourist Zone of Fangcheng	63	1994.12.17
				合浦南国星岛湖旅游度假区	Nanguo Xingdaohu Tourist Zone of Hepu	73.5	1995.3.2
				北海涠洲岛旅游度假区	Weizhou Island Tourist Zone of Beihai	24.74	1995.12.4
				荔浦丰鱼岩田园旅游度假区	Yufeng Rock Rural Tourist Zone of Lipu	55	1996.9.10
		华侨投资区	Oversea Chinese Investment Zones	南宁华侨投资区	Overseas Chinese Investment Zone of Nanning	34	1990.12.20
				北海华侨投资开发区	Overseas Chinese Investment and Development Zone of Beihai	3	1991.10.31

主要统计指标解释

进出口总额 海关进出口总额指实际进出我国国境的货物总金额,它可用以观察一个国家在对外贸易方面的总规模。进出口总额统计范围包括:对外贸易实际进出口货物,来料加工装配进出口货物,国家间、联合国及国际组织无偿援助物资和赠送品,华侨、港澳台同胞和外籍华人捐赠品,租赁期满归承租人所有的租赁货物,进料加工进出口货物,边境地方贸易及边境地区小额贸易进出口货物(边民互市贸易除外),中外合资、合作、外商独资企业进出口货物和公共物品,到、离岸价格在规定限额以上的进出口货样和广告品(无商业价值、无使用价值和免费提供出口的除外),从保税仓库提取在中国境内销售的进口货物,以及其他进出口货物。我国规定出口货物按离岸价格统计,进口货物按到岸价格统计。

利用外资 指我国各级政府、部门、企业和其他经济组织通过对外借款(政府贷款、国际金融组织贷款、出口信贷、外国银行商业贷款、对外发行债券),吸收外商直接投资(合资、合作、外商独资经营和合作开发),以及外商补偿贸易、加工装配、国际租赁、对外发行股票等其他方式筹集的境外现汇、设备、技术等。其计量单位都折算成美元统计。

对外借款 是我国利用外资的重要组成部分。指通过对外正式签订借款协议,从境外筹措的资金,包括外国政府贷款、国际金融组织贷款、外国银行商业贷款、出口信贷及对外发行债券等。1996 年以前还包括对外发行股票。

外国政府贷款 指一国家政府利用国库资金向另一发展中国家提供的优惠贷款。

国际金融组织贷款 指国际金融业务机构对我国的贷款。

国际商业性贷款 指国家批准的商业贷款项目。有权对外签订借款协议(合同)的单位和中国银行按利用外资计划借入的各种现汇资金。

外商直接投资 指外国企业和经济组织或个人(包括华侨、港澳台同胞以及我国在境外注册的企业),按我国有关政策、法规,用现汇、实物、工业产权、技术等在我国境内开办的外商独资、中外合资、合作经营的企业或合作开发资源的投资(包括外商投资收益的再投资)。

实际利用外资 指利用外资协议(合同)的执行数。即对外借款实际提取数或拨交的使用数,客商直接投资项目(合同)中实际投入的现金、实物、工业产权及专有技术的计价投资款。

对外承包工程 指各对外承包公司以招标议标承包方式承揽的下列业务:(1)承包国外工程建设项目;(2)承包我国对外经援项目;(3)承包我国驻外机构的工程建设项目;(4)承包我国境内利用外资进行建设的工程项目;(5)与外国承包公司合营或联合承包工程项目时我国公司分包部分;(6)对外承包兼营的房屋开发业务。

旅游人数 包括入境国际旅游者人数、出境居民人数和国内旅游者人数。

旅游收入 指国内各行业为来我国旅游的外国人、华侨、港澳和台湾同胞提供商品和劳务而得到的收入。

边境贸易 指在两国的边境地区,通过居民、贸易机构或指定的企业进行的进出口贸易。是实际到达我国边境(口岸)和实际离开我国边境(口岸)直接进出口的所有商品贸易(我区试行包括边民互市贸易)。

第十九篇
CHAPTER 19

教育、科技和文化

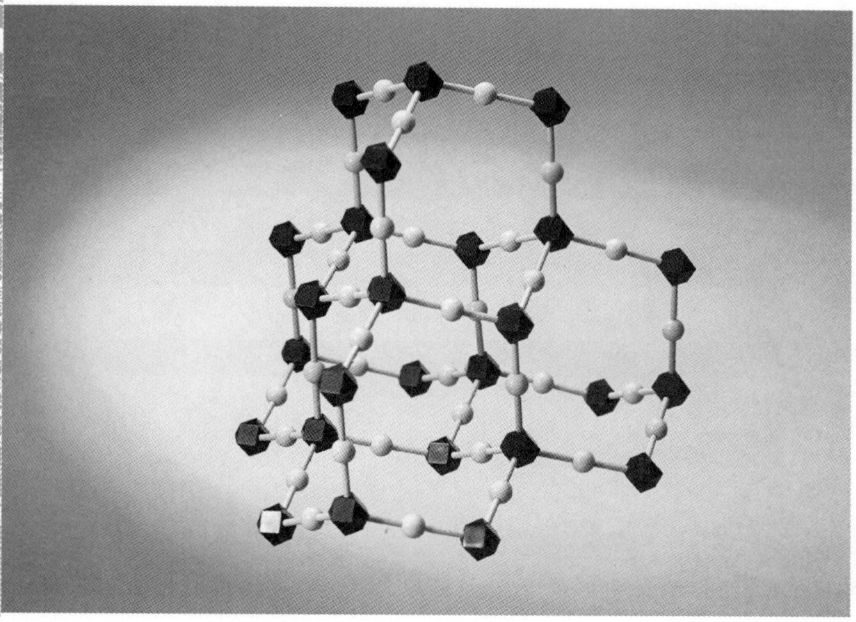

EDUCATION,SCIENCE AND CULTURE

每万人拥有在校大学生（人）

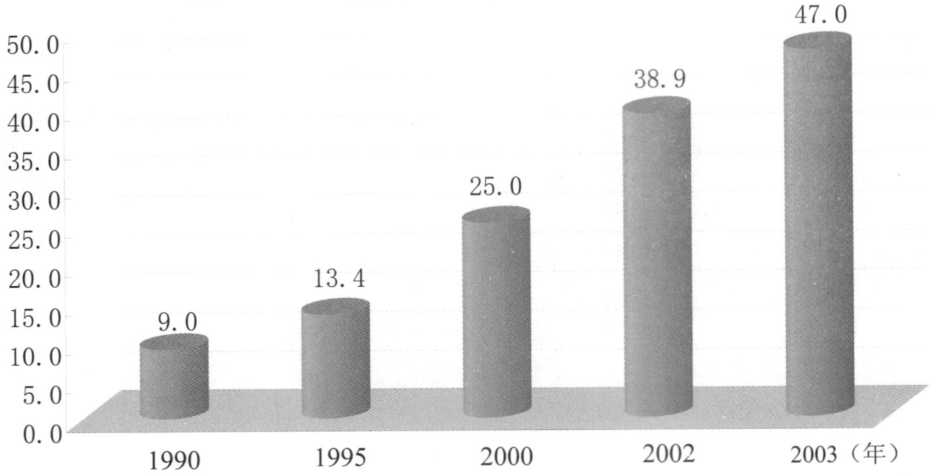

每万人拥有专业技术人员（人）

报纸、图书出版数量

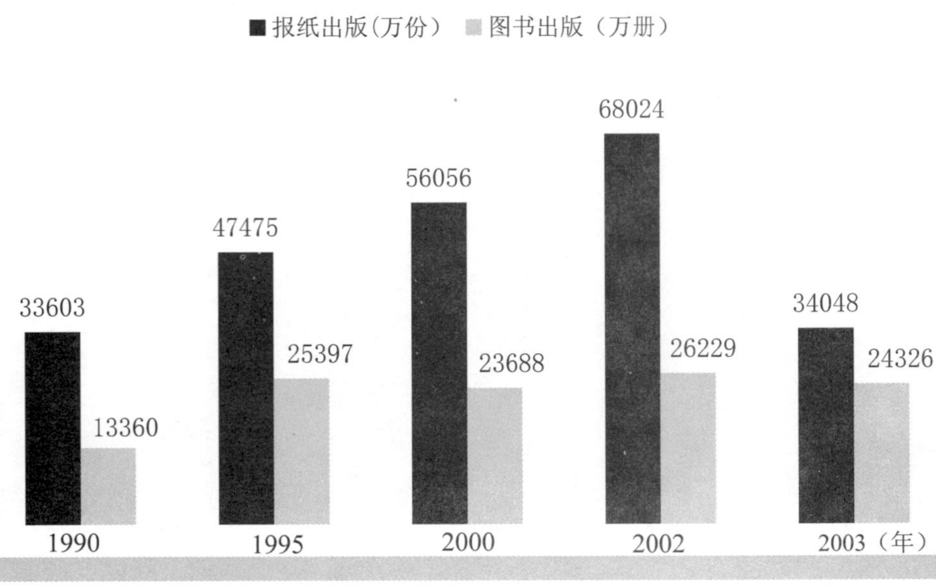

19—1 主要年份各类学校基本情况

Basic Statistics of Schools by Type in Main Years

项　　目	Item	1990	1995	2000	2002	2003
培养研究生单位(所)	Institutions of Postgraduate Education(unit)	7	9	9	9	9
毕业生人数(人)	Graduates(person)	157	228	444	580	886
招生人数(人)	New Student Enrollment(person)	116	318	912	1756	2643
在校学生数(人)	Student Enrollment(person)	375	747	2057	4020	5774
普通高等学校(所)	Regular Institutions of Higher Education(unit)	24	27	30	36	45
毕业生人数(万人)	Graduates(10 000 persons)	1.07	1.78	2.02	3.20	4.02
招生人数(万人)	New Student Enrollment(10 000 persons)	1.08	2.04	4.72	6.85	8.25
在校学生数(万人)	Student Enrollment(10 000 persons)	3.78	6.00	11.79	18.63	22.73
专任教师(人)	Number of Full - time Teachers(person)	6834	7542	9326	12115	14106
普通中等专业学校(所)	(Regular Secondary Schools)(unit)	121	123	127	126	106
毕业生人数(万人)	Graduates(10 000 persons)	2.25	3.83	4.17	4.43	5.79
招生人数(万人)	New Student Enrollment(10 000 persons)	2.18	4.07	4.10	6.03	6.37
在校学生数(万人)	Student Enrollment(10 000 persons)	7.17	11.67	15.87	17.18	17.32
专任教师(人)	Number of Full - time Teachers(person)	7268	7797	8800	9170	7969
职业中学(所)	Vocational Secondary Schools(unit)	210	274	240	192	221
毕业生人数(万人)	Graduates(10 000 persons)	1.46	2.68	4.08	4.24	3.79
招生人数(万人)	New Student Enrollment(10 000 persons)	3.16	4.57	4.73	4.75	5.53
在校学生数(万人)	Student Enrollment(10 000 persons)	7.04	11.35	12.53	11.25	12.30
专任教师(人)	Number of Full - time Teachers(person)	4600	6758	6532	6709	7043
技工学校(所)	Skilled Workers' Schools(unit)	104	120	82	72	60
毕业生人数(万人)	Graduates(10 000 persons)	0.72	2.05	1.60	1.39	1.42
招生人数(万人)	New Student Enrollment(10 000 persons)	1.08	3.07	1.80	2.35	2.59
在校学生数(万人)	Student Enrollment(10 000 persons)	2.81	6.39	4.14	5.15	5.79
专任教师(人)	Number of Full - time Teachers(person)	2623	3780	3405	3672	4156
普通中学(所)	Regular Secondary Schools(unit)	2751	3077	3019	2884	2990
毕业生人数(万人)	Graduates(10 000 persons)	36.89	48.73	74.07	82.85	88.84
招生人数(万人)	New Student Enrollment(10 000 persons)	51.04	76.73	109.84	110.00	109.32
在校学生数(万人)	Student Enrollment(10 000 persons)	140.88	194.05	285.63	298.71	303.50
专任教师(人)	Number of Full - time Teachers(person)	81518	97749	126660	140697	144975
#普通高中(所)	Senior Secondary Schools(unit)	457	437	464	516	519
毕业生人数(万人)	Graduates(10 000 persons)	5.75	6.60	8.20	11.54	14.10
招生人数(万人)	New Student Enrollment(10 000 persons)	7.83	7.84	15.34	20.60	21.68
在校学生数(万人)	Student Enrollment(10 000 persons)	21.26	20.93	36.93	51.58	58.51
专任教师(人)	Number of Full - time Teachers(person)	14885	14344	18913	25825	29258
普通初中(所)	Junior Secondary Schools(unit)	2294	2640	2555	2368	2471
毕业生人数(万人)	Graduates(10 000 persons)	31.14	42.13	65.87	71.30	74.74
招生人数(万人)	New Student Enrollment(10 000 persons)	43.21	68.89	94.50	89.40	87.63
在校学生数(万人)	Student Enrollment(10 000 persons)	119.62	173.12	248.70	247.13	244.99
专任教师(人)	Number of Full - time Teachers(person)	66633	83405	107747	114872	115717
普通小学(所)	Regular Primary Schools(unit)	15789	16005	16109	16070	16102
毕业生人数(万人)	Graduates(10 000 persons)	69.03	81.05	103.70	94.80	92.37
招生人数(万人)	New Student Enrollment(10 000 persons)	97.95	107.48	76.76	80.15	77.08
在校学生数(万人)	Student Enrollment(10 000 persons)	560.55	639.92	536.79	510.04	491.85
专任教师(人)	Number of Full - time Teachers(person)	204686	194780	198977	205469	205142
幼儿园(所)	Kindergartens(unit)	2368	2555	3846	2460	2670
在园儿童(万人)	Student Enrollment(10 000 persons)	81.28	100.07	72.84	79.74	84.33
专任教师(人)	Number of Full - time Teachers(person)	20471	22956	22942	19789	20629

19—2 普通高等学校分科学生数(2003 年)

Student Enrollment in Institutions of Higher Education by Field of Study(2003)

单位:人(person)

项 目	Item	毕业生数 Graduates 本科 Regular College Course	毕业生数 Graduates 专科 Specialized Subject	招生数 New Student Enrollment 本科 Regular College Course	招生数 New Student Enrollment 专科 Specialized Subject	在校学生数 Student Enrollment 本科 Regular College Course	在校学生数 Student Enrollment 专科 Specialized Subject	预计毕业生数 Number of Expecting Graduates 本科 Regular College Course	预计毕业生数 Number of Expecting Graduates 专科 Specialized Subject
总 计	Total	14462	25245	30931	48513	103209	119186	18734	31946
哲 学	Philosophy	35		57		232		55	
经济学	Economics	215	933	818	1612	2230	4267	319	1171
法 学	Law	587	1164	1432	2135	4141	5591	545	1479
教育学	Education	605	4440	1363	5006	3768	12573	504	4890
文 学	Literature	1816	4292	5830	7650	18035	19145	3092	5065
历史学	History	173		205		810		208	
理 学	Scinece	1339	2796	4095	3302	12330	9442	2026	2661
工 学	Engineering	5531	6185	8163	14155	29526	36235	6357	9365
农 学	Agriculture	726	250	674	1448	2578	2720	728	481
医 学	Medicine	1928	1627	4004	2898	16895	6359	2837	1564
管理学	Administration	1507	3558	4290	10307	12664	22854	2063	5270

19—3 普通中等专业学校分科学生数(2003 年)

Number of Students by Field of Study in Specialized Secondly Schools(2003)

单位:人(person)

项 目	Item	毕业生数 Graduates	招生数 New Student Enrollment	其中:初中毕业 Graduates from Junior Secondary Schools	在校生数 Student Enrollment	预计毕业生数 Number of Expecting Graduates
合 计	Total	57941	63742	61201	17317	50215
农林类	Agriculture & Forestry	9061	2612	2028	9145	3709
资源与环境类	Resources & Environment	1602	143	94	702	403
能源类	Energy	441	1037	1037	2393	422
土木水利工程类	Civil Engineering & Water Conservancy	2324	1461	1416	3730	719
加工制造类	Processing & Manufacture	9091	8054	7959	17250	3817
交通运输类	Transportation	2346	2452	2428	5388	1214
信息技术类	Information & Technology	6529	11312	11090	26668	6301
医药卫生类	Medicine & Health Care	6071	13591	12631	45444	16716
商贸与旅游类	Trade & Tourism	3041	8264	8163	18368	3548
财经类	Finance & Economycs	5449	3036	3032	8870	3036
文化艺术与体育类	Culture, Art & Sports	2558	2078	1930	6689	2052
社会公共事务类	Social Pubilc Affairs	3322	1865	1642	5455	1832
师范类	Teacher Training	5621	7528	7442	21127	5700
其他	Others	485	309	309	1944	746

19—4 主要年份教师负担学生数

Student - teacher Ratio of School in Main Years

单位:人(person)

指　　标	Item	1990	1995	2000	2002	2003
普通高等学校	Regular Institutions of Higher Education					
教师人数	Number of Teachers	6834	7542	9326	12115	14106
平均每个教师负担学生数	Student - teacher Ratio	5.6	8	12.6	15.4	16.1
中等学校	Secondary Schools					
教师人数	Number of Teachers	96009	116084	145397	160248	164143
平均每个教师负担学生数	Student - teacher Ratio	16.4	19.2	20.6	20.7	20.6
小学	Primary Schools					
教师人数	Number of Teachers	204686	194780	198977	205469	205142
平均每个教师负担学生数	Student - teacher Ratio	27.4	32.9	27	24.8	24

注:中等学校包括初中、普通高中、普通中专、职业高中、技工学校。

Note: Secondary school includes junior secondary schools, senior secondary schools, specialized secondary schools, vacational secondary schools and skilled workers´schools.

19—5 主要年份各级各类教育平均每万人在校学生数

Student Enrollment by Level & Type per 10 000 Persons in Main Years

单位:人(person)

指　　标	Item	1990	1995	2000	2002	2003
1、高等学校	Institutions of Higher Education	16	25	46	75	90
普通高校	Regular Institutions of Higher Education	9	13	25	39	47
成人高校	Adult Education Schools	7	12	21	36	43
2、高中阶段	Step of Senior Schools	103	135	158	185	199
其中:中专学校	Specialized Secondary Schools	17	26	34	36	36
普通高中	Regular Senior Secondary Schools	51	47	78	108	120
3、初中阶段	Step of Junior Schools	288	387	535	521	507
其中:普通初中	Regular Junior Secondary Schools	285	385	528	516	504
4、小学	Primary Schools	1336	1424	1139	1065	1013
5、幼儿园	Kindergartens	194	189	155	161	174

19—6 主要年份各级成人教育在校学生数

Student Enrollment in Various Adult Education in Main Years

单位：人(person)

项　　目	Item	1990	1995	2000	2002	2003
总　　计	Total	1997489	3000298	3714884	3634644	2506985
成人高等学校	Adult Education Schools	31092	52200	100992	173329	207433
广播电视大学	Ratio & TV Universities	11671	12142	13784	12053	12022
职工(农民)高等学校	Schools of Higher Education for Staff, Workers & Peasants	3351	5517	3180	3148	3275
管理干部学院	Colleges for Management Cadres	1494	4142	10502	16662	19868
教育学院	Pedagogical Colleges	7954	10996	6421	11252	12886
普通高等学校举办	Run by Institutions of Higher Schools	6622	19403	67105	130214	159382
成人中等学校	Secondary Schools for Adults	655525	2788519	3448494	3345187	2112920
成人中等专业学校	Specialized Secondary Schools for Adults	59585	125679	95147	61359	39666
成人中学	Secondary Schools for Adults	11397	41465	3347	24178	22141
成人技术培训学校	Technical Training Schools for Adults	584543	2621375	3350000	3259650	2051113
成人初等学校	Primary Schools for Adults	1310872	159579	165398	116128	186632
职工初等学校	Primary Schools for Staff & Workers	4249	5244	225	3616	1070
农民初等学校	Primary Schools for Peasants	1306623	154335	165173	112512	185562
其中：扫盲班	Literacy Courses	234632	43912	79713	24335	120301

19—7 主要年份义务教育普及程度

Level of Compulsory Education Popularization in Main Years

单位：%(%)

指　　标	Item	1995	2000	2002	2003
小学学龄儿童入学率	Percentage of School - age Children Enrolled	98.2	98.7	98.5	98.9
其中：男童	Male Students	98.8	98.7	98.6	98.9
女童	Female students	97.5	98.6	98.5	98.9
初中毛入学率	Crude Percentage of Children Enrolled in Junior schools	66.3	91.7	99.3	101.3
其中：男生	Male Students	69.3	92.4	100.2	101.8
女生	Female Students	62.8	90.9	98.4	100.7
小学生辍学率	Drop - out Rate of Primary Schools	3.0	0.8	0.4	0.7
其中：男生	Male Students	2.9	0.9	0.4	0.7
女生	Female Students	3.2	0.8	0.4	0.6
普通初中辍学率	Drop - out Rate of Junior Schools	7.4	5.0	3.2	6.0
其中：男生	Male Students	8.4	5.5	3.8	7.1
女生	Female Students	6.2	4.3	2.6	4.7
小学毕业生升学率	Percentage of Graduates of Primary Schools Entering Junior Schools	85.9	92.6	95.0	95.3
其中：男生	Male Students	89.1	93.9	95.7	95.5
女生	Female Students	81.9	91.1	94.0	95.1
初中毕业生升学率	Percentage of Gradutes of Junior Schools Entering Senior Schools		39.8	48.2	48.8
小学生五年保留率	Percentage of 5 - year Primary Schools Maintained	73.5	91.6	104.4	104.8
其中：男生	Male Students	73.3	91.9	105.1	106.5
女生	Female Students	73.7	91.1	103.6	102.9
普通初中生三年保留率	Percentage of 3 - year Primary Schools Maintained	83.5	82.0	79.3	82.6
其中：男生	Male Students	79.4	79.8	76.0	79.3
女生	Female Students	89.5	84.8	83.3	86.6

19—8 主要年份科技活动基本情况

Basic Statistics for Scientific and Technical Activities in Main Years

指标	Item	1995	1996	2000	2002	2003
科技机构数(个)	Number of Scientific & Technological Research Institutions(unit)	620	644	441	584	532
#科学研究与技术开发机构	Institutions of Research & Technological Development	210	206	203	196	192
科技情报与文献机构	Scientific & Technological Information & Literature Institutions	20	20	21	20	20
大中型工业企业属技术开发机构	Technological Development Institutions in Large & Medium Industrial Enterprises	262	266	189	165	108
全日制高等院校属科研机构	Institutions of Research in Full－time Universities & Colleges	123	161	126	69	78
科技活动人员数(万人)	Number of Persons Engaged in Scientific & Technological Activities(10 000 persons)	4.17	4.89	4.07	4.87	4.6
#科学家、工程师	Scientists & Engineers	2.37	3.31	2.93	3.31	3.24
科技活动经费筹集总额(万元)	Funding for Scientific & Technological Activities(10 000 yuan)	127322	137486.7	166563.95	264016	374154
政府拨款	Funds from Government	18724	21796.2	42990.39	75324	84902
企业资金	Funds from Enterprises	71775	76908.3	107028.4	149547	212679
金融机构贷款	Funds from Financial Institutions	16346	29129.4	12177.9	18676	40619
其　他	Others	20477	9652.8	4367.26	20469	35954
科技活动经费使用总额(万元)	Expenditure of Funds for Scientific & Technological Activities (10 000 yuan)	104545	131460.4	155206.9	276942	362236
#内部支出	Inner Expenditure	102917.1	129352.3	147862.4	261205	348087
#劳务费	Remuneration for Personnel	22143	23372.9	52352.1	77732	89589
业务费	Remuneration for Business	25360	43175.6	48295.8		
固定资产购建支出	Purchanses of Fixed Assets	38998	44864.8	30024.4	67745	84389
其　他	Others	11953	17939	17217.1		
研究与发展经费内部支出(万元)	Inner Expenditure of Funds for Research & Development(10 000 yuan)		9578	59755	91363	112389

注:2001－2003年数据包括小型工业企业、建筑企业、交通运输仓储及邮电通信企业、农业及地质水利企事业单位、医疗卫生机构、软件开发等企事业单位的数据。

Note: The data during 2001～2003 includes data from small industrial enterprises, construction enterprises, transportation, storage, postal & telecommunication enterprises, agricultural, geological & water conservancy enterprises and institutions, medicine and health care institutions, software development and other enterprises and institutions.

19—9 主要年份县及县以上政府部门所属研究与开发机构

Basic Statistics on Government Department Research and Development Institutions above County Level in Main Years

项　　目	Item	1995	1996	2000	2002	2003
机构数(个)	Number of Institutions(unit)	230	226	224	216	212
从事科技活动人员(人)	Number of Persons Engaged in Scientific & Technological Activities(person)	9227	9042	7954	7403	7298
#科学家、工程师	Scientists & Engineers	5048	5130	4787	4568	4491
经费筹集总额(万元)	Funds for Scientific & Technological Activities(10 000 yuan)	44526	40368.5	54820	74065	87274
#政府拨款	Funds from Government	16910	17224.2	31272	47870	53426
经费使用总额(万元)	Expenditure of Funds for Scientific & Technological Activities (10 000 yuan)	39087	37638.5	53090	72557	79965
#固定资产购建支出	Purchanses of Fixed Assets	8910	8674.7	7818	10955	7868

19—10 主要年份大中型工业企业技术开发情况

Basic Statistics for Technical Development of Large and Medium Industrial Enterprises in Main Years

指　　标	Item	1990	1995	2000	2002	2003
企业数(个)	Number of Enterprises(unit)	270	574	610	546	398
#有科技活动机构的企业数	Units Engaged in Scientific & Technological Activities	127	262		165	148
企业办科技活动机构数(个)	Number of Scientific & Technological Institutions of Enterprises(unit)	137	262	189	165	109
从事科技活动的人员总计(万人)	Personnel in Scientific & Technological Activities(10 000 persons)	0.88	1.82	2.16	2.04	1.67
#科技活动机构中的人员	Personnel in Scientific & Technological Activities Institutions	0.35	0.57	0.67	0.77	0.65
#有高中级职称或大学本科以上学历人员	Persons Completed University or Higher Education or Obtained Titles of Senior & Middle Level Professional Positions	0.13	0.29	0.43	0.50	0.43
科技活动经费筹集总额(万元)	Funds for Scientific & Technological Activities(10 000 yuan)	14044	80032	102233	126543	209189
#政府拨款	Government Funds	807	803	4710	4532	5638
银行贷款	Bank Loans	1924	9853	10450	11045	32220

19—10 续表 continued

指　　标	Item	1990	1995	2000	2002	2003
企业自筹	Funds Self - raised by Enterprises	10619	55474	86384	109986	168131
接受外单位委托	Acceptting Consignment from Other Units	257	244		455	
科技活动经费支出总额（万元）	Expenditure of Funds for Scientific & Technological Activities (10 000 yuan)	13628	63320	92977	125156	208290
#劳务费	Remuneration for Personnel	1945	7525	26953	25726	29018
原材料费	Expenditure for Raw Materials	4783	18256	23407	36616	69362
固定资产购建费	Purchanses of Fixed Assets	3468	29933	19288	20448	53304
开发新产品用款	Expenditure for New Product Development	6615	30878	50349	59946	76529
技术改造支出总额（万元）	Expenditure for Technical Transformation (10 000 yuan)	43037	149461	127063	285054	446931
技术引进支出总额（万元）	Expenditure for Technical Recommendation (10 000 yuan)	9055	20409	27910	47902	29996
#引进设计、图纸、工艺、专利用款	Expenditure for Design Recommendation	828	1083	14460	36737	25406
用于消化吸收的经费	Expenditure for Technical Digestering & Absorbing	261	745	754	1317	3239
科技活动产出	Output from Scientific & Technological Activities					
新产品销售收入合计（万元）	Sales Revenue of New Products (10 000 yuan)	116421	420591	1206963	1182812	1797380
新产品实现利税（万元）	Pre - tax Profits of New Products (10 000 yuan)	11515	43576		–	–
企业开发的科技成果转让收入（万元）	Income from Technical Achievements Transfer (10 000 yuan)	20	631		–	–
企业对外技术服务收入（万元）	Income from Technical Services (10 000 yuan)	28	521		–	–
企业科技活动成果获奖数（项）	Number of Scientific & Technological Achievements Won Prize (unit)		206		–	–
企业专利申请数（项）	Patent Applications of Enterprises Examined (unit)	23	63	162	198	279
企业专利获准数（项）	Patent Applications of Enterprises Authorized (unit)	9	35		–	–

19—11 县及县以上政府部门所属研究与开发机构情况(2003年)

Basic Statistics on Government Department Research and Development Institutions above County Level(2003)

项目	Item	机构数(个) Number of Institutions (unit)	从事科技活动人员合计(人) Personnel in Scientific & Technological Activities (person)	科学家工程师 Scientists & Engineers	经费筹集总额(万元) Funds for Scientific & Technological Activities	政府拨款 Funds from Government	经费使用总额(万元) Total Expenditure (10 000 yuan)
总计	Total						
一、按单位类型分	By Unit Type	212	7298	4491	87274	53426	79965
科学研究与技术开发机构	Institutions of Research & Technological Development	192	6491	4228	84329	51292	77365
科技情报与文献机构	Scientific & Technological Information & Literature Institutions	20	357	263	2945	2134	2600
二、按隶属关系分	By Relationship						
中央属	Central	8	840	595	14688	7502	12181
自治区属	Autonomous	67	4182	2864	61259	38344	56434
地(市)属	Prefectural	80	1828	938	10228	6770	10106
县属	County	57	448	94	1099	809	1245
三、按学科领域分	By Programmes						
自然科学	Natural Sciences	11	600	501	10118	7855	8592
农业科学	Agricultural Sciences	97	2759	1284	31701	21994	29778
医药科学	Medical Sciences	14	904	656	12124	8301	11968
工程与技术科学	Engineering & Technology	50	2283	1506	27581	10594	23876
人文与社会科学	Humanities & Social Sciences	40	752	544	5752	4681	5752

19—12 县及县以上政府部门所属研究与开发机构成果情况

Achievement of Governmental Department Research and Development Institutions above County Level(1990－2003)

年份 Year	科学著作(万字) Scientific & Technological Works (10 000 words)	科学论文(篇) Scientific & Technological Works(unit)	获奖成果(项) Achievements in Scientific & Technological Research & National Prizes Won(item)
1990	887	579	185
1991	1520	675	189
1992	881	945	170
1993	1027	1072	135
1994	841	1135	202
1995	583	1274	176
1996	35	1403	192
1997	23	1691	124
1998	50	1505	121
1999	79	1525	128
2000	84	1839	
2001	62	1456	
2002	58	1400	
2003	71	1673	

注：1999年以后科学著作计量单位为：种；1990年科学著作、科学论文不包含科技情报与文献机构数。

Note：Since 1999，the term of scientific and technological works is ：Kind. In the year of 1990，scientific and technological works and papers exclude ones from scientificand fechnological in formation and literuture instirutions.

19—13 县及县以上政府部门所属研究与开发机构课题情况(2003年)

Projects of Government Department Researchs and Development Institutions above County Level(2003)

项 目	Item	课题数（项）Projects (unit)	投入人员（人年）Personnel Engaged in Projects (person-year)	#科学家工程师 Scientists & Engineers	投入经费（万元）Funds of Projects (10 000 yuan)
总 计	**Total**	**1366**	**2918**	**1884**	**13311**
一、按单位类型分	**By Unit Type**				
科学研究与技术开发机构	Institutions of Research & Technological Development	1312	2811	1817	13023
科技情报与文献机构	Scientific & Technological Information & Literature Institutions	54	107	67	287
二、按活动类型分	**By Activity Type**				
基础研究	Basic Rearch	22	30	27	105
应用研究	Application Research	207	295	233	1018
实验发展	Testing Development	396	754	598	4503
研究与实验发展成果应用	Application of R&D Achievements	468	1209	692	4801
科技服务	Technological Services	273	630	333	2885

注：投入的人员和经费为直接投入数据，不包括间接投入数据。

Note: The Personnel engaged in and funds of projects are directly engaged excluding indirect engaging.

19—14 主要年份国有企事业单位各类专业技术人员

Scientific and Technical Personnel in State－owned Units by Type in Main Years

单位：万人(10 000 persons)

指 标	Item	1990	1995	2000	2002	2003
各类专业技术人员总计	**Total**	**24.86**	**69.19**	**79.50**	**78.13**	**77.01**
#工程技术人员	Engineering	9.03	10.68	12.85	11.72	10.93
农业技术人员	Agriculture	2.29	1.99	2.36	2.31	2.29
科学研究人员	Scientific Research	0.41	0.33	0.28	0.30	0.3
卫生技术人员	Health Care	8.23	9.15	10.42	10.46	10.53
教学人员	Teaching	4.91	32.96	39.82	40.97	41.43

19—15 主要年份文化事业机构和人员

Cultural Institutions and Personnel in Main Years

项　　目	Item	1990	1995	2000	2002	2003
电影事业	Films					
机构(个)	Institutions(unit)	5575	3530	1180	962	
人员(人)	Personnel(person)	16924	12870	5963	5674	
艺术表演团体	Art Performance Troupes					
机构(个)	Institutions(unit)	115	116	118	118	118
人员(人)	Personnel(person)	4610	4386	4518	4532	4519
图书馆	Libraries					
机构(个)	Institutions(unit)	90	99	94	96	96
人员(人)	Personnel(person)	1208	1335	1540	1494	1485
群众文化事业	Mass Art					
机构(个)	Institutions(unit)	1422	1523	1408	1451	1438
人员(人)	Personnel(person)	3630	5716	3387	3729	3999
其他文化事业	Other Cultural Units					
机构(个)	Institutions(unit)	14	54	34	44	
人员(人)	Personnel(person)	321	1129	466	905	

19—16 艺术表演团体演出情况(2003 年)

Basic Statistics on Art Performance Troupes(2003)

项　　目	Item	国内演出场数(千场) Number of Domistic Performances (1000 shows)	到农村演出 In Rural Areas	观众人数(千人次) Number of Spectators (1000 person - times)
总　　计	**Total**	**11**	**6**	**14697**
按经济类型分	**By Economic Type**			
#国有剧团	Troupes Sponsored by State - owned Units	11	6	14697
集体剧团	Troupes Sponsored by Collective Units			
按剧种分	**By Art Troupe**			
#话剧、儿童剧、滑稽剧团	Drama, Children's Play & Comedy Troupes			62
歌剧、歌舞剧团、舞蹈	Opera, Dance Drama, Song & Dance Drama Troupes			
歌舞团、轻音乐团	Song & Dance Troupes , Light Music Troupes	2	1	3387
文工团、文宣队、乌兰牧骑	Cultural & Performance Troupes & Ulanmuchi(equstrian art troupes)	5	3	6522
戏曲剧团	Local Opera Troupes	3	2	3804
曲艺、木偶、杂技团、皮影团	Recitation & Ballad Troupes, Acrobatics & Circus Troupes, Puppet Show Troupes & Shadow Play Troupes	1		922

19—17 主要年份电影放映情况

Film Showing in Main Years

项　　目	Item	1990	1995	2000	2002	2003
放映单位(个)	Projection Units(unit)	5455	3414	1079	862	
放映场数(万场)	Number of Projection(10 000 shows)	115.14	51.20	8.50	3.21	2.88
观众人次(万人次)	Number of Audiences(10 000 person – times)	52800	11306	1046	212	158
放映收入(万元)	Projection Income(10 000 yuan)	8987	7998	1898	1596	1347
发行收入(万元)	Income from Publishing(10 000 yuan)	3876	2837	785	788	673

19—18 主要年份广播事业发展情况

Basic Statistics on Broadcasting Pevelopment in Main Years

项　　目	Item	1990	1995	2000	2002	2003
基本情况	Basic Statistics					
电　台(座)	Broadcasting Stations(set)	13	26	27	11	10
发射台及转播台(座)	Broadcasting Transmision Stations & Relaying Stations(set)	27	24	25	22	22
节目(套)	Programmes(unit)	15	31	33	39	42
平均每日播出时间(小时)	Broadcasting Hours Per Day(hour)	130	322	434	509	549
广播人口覆盖率(%)	Listener Rating(%)	63.2	66.3	85	86.7	86.7
制作广播节目	Broadcasting Programmes Producing					
新闻节目(小时)	News Programmes(hour)	1875	6801	9780	13529	14671
文艺节目(小时)	Entertainment Programmes(hour)	2685	17362	17983	29701	36976
专题节目(小时)	Special Subject Programmes(hour)	2765	11999	20712	28087	22738
教育节目(小时)	Educational Programmes(hour)	512	3034	7493	5931	8727
服务节目(小时)	Service Programmes(hour)	1803	7856	14688	15285	15229

19—19 主要年份电视事业发展情况
Basic Statistics on Television Development in Main Years

项目	Item	1990	1995	2000	2002	2003
基本情况	Basic Statistics					
电视台(座)	Television Stations(set)	9	19	21	15	15
1千瓦以上发射及转播台(座)	Number of TV Transmission Stations & Relaying Stations at 1 kw & Higher Level(set)	14	24	27	34	20
节　目(套)	Programmes(unit)	9	20	23	50	56
平均每周播出时间(小时)	Broadcasting Hours Per Week (hour)	530	818	1426	6631	4271
电视人口覆盖率(%)	Viewer Rating(%)	77.5	79.5	90.0	91.5	91.5
制作电视节目	Programmes Producing					
新闻节目(小时)	News Programmes(hour)	463	1591	2452	5731	8018
文艺节目(小时)	Entertainment Programmes(hour)	259	768	1268	2218	4552
电视剧(部/集)	TV Plays(collection/episode)			11/80	9/149	5/68
专题节目(小时)	Special Subject Programmes (hour)	234	1387	1925	3179	5941
服务节目(小时)	Service Programmes(hour)	273	1884	1382	6269	21655

19—20 主要年份图书、报纸及杂志出版情况
Basic Statistics of Publication of Books, Newspaper and Magazines in Main Years

项目	Item	1990	1995	2000	2002	2003
图　书	Books					
种　数(种)	Number of Publications(kind)	1672	2694	2727	3138	3761
印　数(万册)	Printed Copies(10 000 copies)	13360	25397	23688	26229	24326
印　张(千印张)	Printed Sheets(1000 sheets)	515829	1031173	1166654	1423208	1399240
报　纸	Newspapers					
种　数(种)	Number of Publications(kind)	48	66	76	84	82
印　数(万份)	Printed Copies(10 000 copies)	33603	47475	56056	68024	34048
印　张(千印张)	Printed Sheets(1000 sheets)	242066	451524	834491	1390232	806356
杂　志	Magazines					
种　数(种)	Number of Publications(kind)	124	159	190	202	199
印　数(万册)	Printed Copies(10 000 copies)	3226	4630	5243	5492	6152
印　张(千印张)	Printed Sheets(1000 sheets)	76671	129001	149238	185069	198663

主要统计指标解释

普通高等学校 指按照国家规定的设置标准和审批程序批准举办，通过全国普通高等学校统一招生考试，招收高中毕业生为主要培养对象，实施高等教育的全日制大学、独立设置的学院和高等专科学校、高等职业学校和其他机构。

成人高等学校 指按照国家有关规定审批，招收通过全国成人高教统一招生考试的具有高中毕业或同等学历的在职从业人员，利用脱产、半脱产、业余或函授等多种形式对其实施高等学历教育，培养高等教育专科或本科毕业水平的专门人才，修业年限、课程设置和总学时数均按高等学历教育要求付诸实施的学校。包括广播电视大学、职工高等学校、农民高等学校、管理干部学院、教育学院、独立设置的函授学院等。

艺术表演团体 指从事戏曲、音乐、舞蹈、杂技等专业艺术表演，有独立帐户的单位，不包括半工半艺、半农半艺和民间职业剧团 。

电影放映单位 指具有放映机器设备、固定或不固定的放映场所与专职或兼职的放映技术人员，经有关部门登记批准，经常为一定的观众对象放映电影的机构。包括经批准对外开放进行营业，并与电影发行放映管理机构分帐的专用放映单位和军委系统租片单位。

科技活动 指在自然科学、农业科学、医药科学、工程与技术科学、人文与社会科学领域（简称科学技术领域）中，与科技知识的产生、发展、传播和应用密切相关的有组织的活动。可分为研究与试验发展（R&D）、研究与试验发展成果应用及相关的科技服务三类活动。

科学家与工程师 指科技活动人员中具有高、中级技术职称（职务）的人员和不具有高、中级技术职称（职务）的大学本科及以上学历人员。

研究与试验发展（R&D） 指在科学技术领域，为增加知识总量、以及运用这些知识去创造新的应用而进行的系统的创造性的活动，包括基础研究、应用研究、试验发展三类活动。

基础研究 指为获得关于现象和可观察事实的基本原理的新知识（揭示客观事物的本质、运动规律，获得新发现、新学说）而进行的实验性或理论性研究，它不以任何专门或特定的应用或使用为目的。其成果以科学论文和科学著作为主要形式。

应用研究 指为获得新知识而进行的创造性研究，主要针对某一特定的目的或目标。应用研究是为了确定基础研究成果可能的用途，或是为达到预定的目标探索应采取的新方法（原理性）或新途径。其成果形式以科学论文、专著、原理理性模型或发明专利为主。

试验发展 指利用从基础研究、应用研究和实际经验所获得的现有知识，为产生新的产品、材料和装置，建立新的工艺、系统和服务，以及对已产生和建立的上述各项作实质性的改进而进行的系统性工作。其成果形式主要是专利、专有技术，具有新产品基本特征的产品原型或具有新装置基本特征的原始样机等。在社会科学领域，试验发展是指把通过基础研究、应用研究获得的知识转变成可以实施的计划（包括为进行检验和评估实施示范项目）的过程。人文科学领域没有对应的试验发展活动。

研究与试验发展人员 指参与研究与试验发展项目研究、管理和辅助工作的人员，包括项目（课题）组人员，企业科技行政管理人员和直接为项目（课题）活动提供服务的辅助人员。

科技活动经费筹集 指从各种渠道筹集到的计划用于科技活动的经费，包括政府资金、企业资金、事业单位资金、金融机构贷款、国外资金和其他资金等。

政府资金 指从各级政府部门获得的计划用于科技活动的经费，包括科学事业费、科技三项费、科研基建费、科学基金、教育等部门事业费中计划用于科技活动的经费以及政府部门预算外资金中计划用于科技活动的经费等。

第二十篇
CHAPTER 20

体育、卫生、社会福利及服务业

SPORT,PUBLIC HEALTH,
SOCIAL WELFARE AND OTHERS

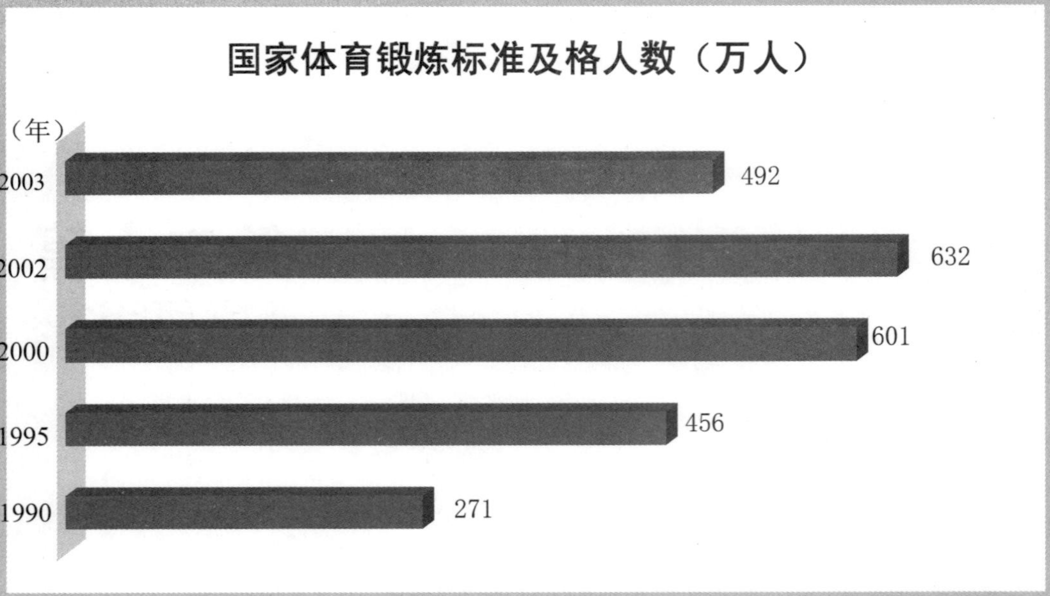
国家体育锻炼标准及格人数（万人）
（年）
2003
492
2002
632
2000
601
1995
456
1990
271

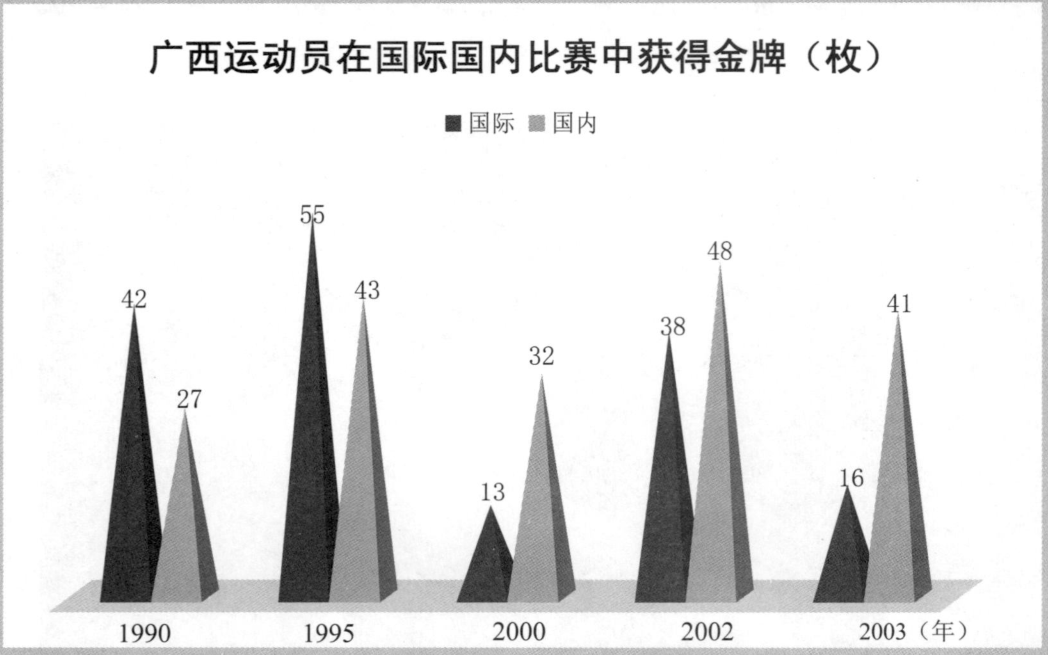
广西运动员在国际国内比赛中获得金牌（枚）
■国际 ■国内
42
27
55
43
13
32
38
48
16
41
1990
1995
2000
2002
2003（年）

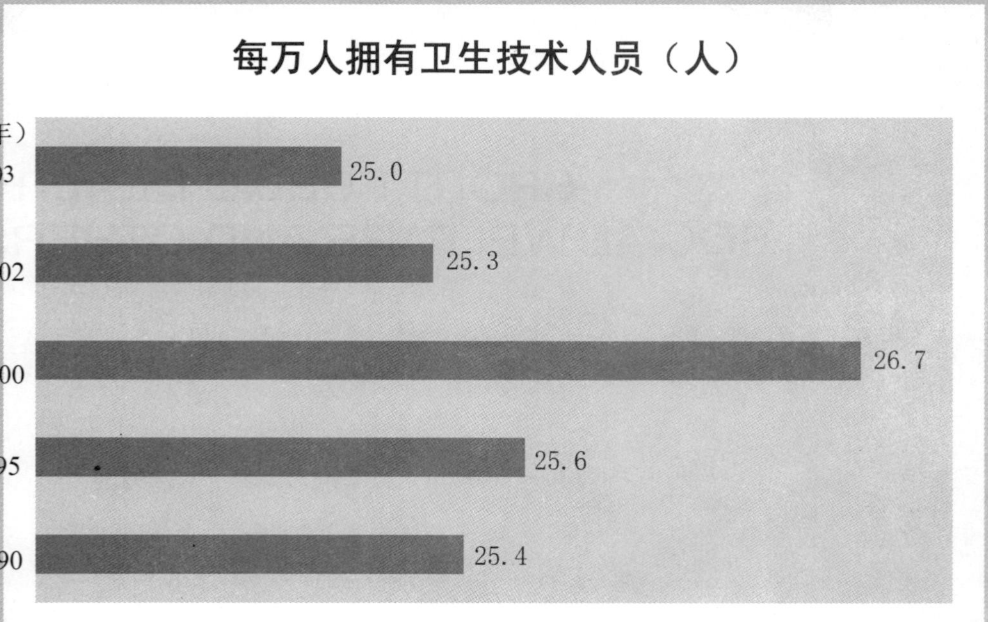
每万人拥有卫生技术人员（人）
（年）
2003
25.0
2002
25.3
2000
26.7
1995
25.6
1990
25.4

20—1 主要年份体育事业发展情况

Statistics on Sports in Main Years

项　　目	Item	1990	1995	2000	2002	2003
体育系统固定职工人数(人)	**Number of Fixed Staff & Workers in Sports Commissions(person)**	**3234**	**3335**	**3824**	**3860**	**3874**
#体育运动学校	Physical Education & Sports Schools	174	180	178	165	221
业余体校	Sparetime Sports Schools	779	1028	1202	1178	1067
训练基地	Training Bases	119	184	216	132	152
公共体育场、馆	Public Sports Places	146	272	289	281	308
体育场地(个)	**Sports Ground & Gymnasiums(unit)**			**40564**		
体育场	Sports Grounds	15	27			
体育馆	Gymnasiums	7	18			
游泳池	Swimming Pools	166	142			
灯光球场	Illuminated Fields	614	891			
运动场	Stadiums	92	127			
各级体委举办运动会次数(次)	**Number of Sports Meets Held by Sports Commissions at All Levels in the Autonomous(time)**	**6502**	**3535**	**1019**	**331**	**308**
国家体育锻炼标准及格人数(万人)	**Number of Persons Who Have Passed the State Physical Training Standards(10 000 persons)**	**271**	**456**	**601**	**632**	**492**
等级运动员发展人数(人)	**Number of Athletes in Grades(person)**	**1216**	**2552**	**1281**	**553**	**761**
#国际级健将	International Masters of Sports			1		
运动健将	Smasters of Sports		27	34		26
一级运动员	First Grade Sportsmen	27	41	27	23	39
二级运动员	Second Grade Sportsmen	269	354	219	530	696
等级裁判员发展人数(人)	**Number of Referees in Grades(person)**	**1550**	**2154**	**2211**	**1050**	**583**
#国家级裁判	National Referees		10	16		7
打破纪录情况	**Break Records**					
破世界纪录	**Break International Records**					
项　数(项)	Number of Items(item)	1				2
人　数(人)	Number of Persons(person)	1				2
次　数(次)	Number of Times(time)	1				4
破全国纪录	**Break National Records**					
项　数(项)	Number of Items(item)	3	2		4	1
人　数(人)	Number of Persons(person)	3	3		1	1
次　数(次)	Number of Times(time)	4	3		4	1
获奖情况	**Awards Won**					
在国际比赛中	**International Race**					
金　牌(枚)	Gold Metal(piece)	42	55	13	38	1
银　牌(枚)	Silver Metal(piece)	15	22	8	5	1
铜　牌(枚)	Copper Metal(piece)	21	9	3	4	1
在全国比赛中	**National Race**					
金　牌(枚)	Gold Metal(piece)	27	43	32	48	41
银　牌(枚)	Silver Metal(piece)	38	23	43	73	43
铜　牌(枚)	Copper Metal(piece)	34	28	42	92	40

20—2 主要年份卫生基本情况
Basic Statistics on Public Health in Main Years

项　目	Item	1995	2000	2002	2003
一、各类卫生机构、卫生技术人员	Health Care Institutions & Medical Technical Personnel by Type				
卫生机构数(个)	Number of Health Care Institutions(unit)	5571	13707	10107	7966
其中:医院、卫生院	Hospitals	1709	1868	1762	1749
疗养院	Sanatoriums	11	8	9	9
门诊部、诊所、医务室	Clinics	3333	11361	7873	5658
疾病预防控制中心(防疫站)	Sanitation & Antiepidemic Agencies	132	136	107	105
卫生监督所(局)	Sanitation Supervision Agencies			9	11
专科疾病防治院(所、站)	Specialized Prevention Hospitals(Stations)	66	66	77	76
妇幼保健院(所、站)	Maternity & Child Care Hospitals (Stations)	81	103	105	103
医学学科研究机构	Research Institutions of Medical Science	26	22	12	13
其他卫生机构	Others	126	147	131	77
病床总数(张)	Total Number of Beds(bed)	83963	85422	88156	89291
医院、卫生院病床数	Hospitals	78788	82975	83153	83089
每千人中医院、卫生院病床数(张)	Number of Hospital Beds Per 1000 Persons (bed)	1.73	1.74	1.72	1.66
卫生技术人员(人)	Medical Technical Personnel(person)	116547	127036	122005	121686
执业医师、执业助理医师	Practitioner Doctors & Practitioner Assistant Doctors	41305	45981	51959	43709
注册护士	Registered Nurses	35636	40331	41121	38530

20—2 续表 continued

项 目	Item	1995	2000	2002	2003
每千人中有卫生技术人员数(人)	Number of Medical Technical Personnel Per 1000 persons(person)	2.56	2.67	2.53	2.18
疾病预防控制机构(个)	Disease Protecting & Controlling Centers(unit)	132	136	107	105
卫生技术人员(人)	Medical Technical Personnel(person)	5152	5340	5037	4780
妇幼保健机构(个)	Maternity & Child Care Institutions(unit)	81	103	105	103
卫生技术人员(人)	Medical Technical Personnel(person)	2190	5879	6372	6457
乡镇卫生院(个)	Rural Hospitals(unit)	1273	1134	1299	1305
床位数(张)	Number of Beds(bed)	18470	12720	19532	20344
卫生技术人员(人)	Medical Technical Personnel(person)	23829	20134	27818	27328
农村有医疗点的村占总村数的比重(%)	Proportion of Villages Which Have Medical Point in Total Villages(%)	95.83	97.51	83.54	
乡村医生和卫生员人数(人)	Doctors or Health Workers in Rural Areas(person)	44617	47099	32773	36203
二、医院病床使用情况	Utilization of Hospital Beds				
病床周转次数(次)	Turnover of Beds(time)	18.5	18.7	20.9	25.8
病床工作日数(日)	Days Per Bed in Use(day)	263.70	218.79	244.21	213.31
病床使用率(%)	Utilization Rate of Beds(%)	72.70	59.78	66.91	58.44
出院者平均住院日数(日)	Average Hospitalization Period(day)	13.60	11.34	11.18	7.84

注:①2002年的卫生机构数不包括高中等医学院校、药检机构和非卫生部门举办的计划生育指导站。②1995年、2000年的执业医师、执业助理医师为中医师、西医师、中西医结合医师,注册护士为护师、护士。

Note: 1) The number of health institutions in 2002 exclude higher and medium medical colleges and schools, medical quarantine institutions and family planting centers which are not held by health institutions.

2) The practitioner doctors and practitioner assistant doctors in 1995, 2000 refer to doctors of Chinese medicine, doctors of Western medicine, senior doctors who integrate traditianal Chinese thrapeutics with Western thrapeutics in practice, registered nurses refer to senior nurses and nurses.

20—3 医院住院病人前十位主要疾病死亡原因及构成（2003 年）
The Top 10 Death-causing Diseases and Composition in Hospital Patients Discharged(2003)

项　　目	Item	死亡人数(人) Number of Deaths(person)	占死亡人数% As % of Total Deaths
合计	**Total**	**9900**	**94.60**
损伤、中毒和外因的某些其他后果	Trauma, Toxicosis & Certain Other Results of Exopathic Factors	1337	12.78
损伤和体内损伤	Trauma & Internal Tranma	866	8.28
呼吸系统疾病	Respiratory Disease	1118	10.68
消化系统疾病	Digestive System Diseases	767	7.33
肿瘤	Tumour	2364	22.59
恶性肿瘤	Malignant Tumour	2314	22.11
泌尿生殖系统疾病	Genitourinary Diseases	249	2.38
内分泌、营养和代谢疾病	Internal System, Nutrition & MetaboliteDiseases	232	2.22
循环系统疾病	Circulation Diseases	2603	24.87
心脏病	Heart Trouble	487	4.65
脑血管病	Cerebrovasular Disease	1406	13.44
某些传染病和寄生虫病小计	Sub - summary of Certain Infections Disease & Parasitic Diseases	590	5.64
症状、体征和临床与实验异常所见，不可分断分处者小计	Exceptional Diseases	274	2.62
起源于围产期的某些情况	Several Instances Coming of Perinatal Period	366	3.50

20—4 医院诊疗人次和入院人数(2003 年)
Number of Hhospital Patients & Admission(2003)

医院类别	Hospital Type	诊疗人数（万人次）Total Number of Patients Treated (10 000 person - times)	#门、急诊 Out - patients & Emergency Patients	入院人数（万人次）Hospital Admissions (10 000 person - times)	每百门、急诊次的入院人数（人次）Hospital Admissions Per 100 Patient - times (person - time)
总计	**Total**	**7434.90**	**7044.82**	**201.11**	**2.85**
医院	Hospitals	3803.65	3625.48	123.55	3.41
政府办	Run by Government	3414.11	3252.23	116.79	3.59
社区卫生服务中心	Community Sanitation Service Centers	3.06	3.06	0.02	0.49
卫生院	Rural Hospitals	2799.05	2624.50	58.26	2.22
门诊部	Out - Patients Department	66.98	65.63	0.05	0.08
妇幼保健院（所、站）	Hospitals for Maternity and Child Care	670.16	634.33	19.06	3.01
专科疾病防治院（所、站）	Specialized Stations	92.00	91.83	0.17	0.18

20—5 优抚和社会福利收养性单位基本情况(2003 年)

Basic Statistics on Special Care and Social Welfare(2003)

项 目	Item	机构(个) Number of Institutions (unit)	职工人数(人) Number of Staff & Workers (person)	床位(张) Number of Beds(bed)	年在院总人天数(人天) Number of Persons in Social Welfare Home(person-day)
总计	**Total**	**877**	**4852**	**25888**	**4720746**
荣誉军人康复医院	Recuperative Hospitals for Soldiers with Honour	1	79	159	43269
光荣院	Homes for Disabled Veterans	20	140	778	94554
复退军人精神病院	Mental Hospitals for Demobilized Soldiers & Veterans	4	343	700	146277
社会福利院	Social Welfare Homes	68	1594	6242	1400139
儿童福利机构	Social Welfare Homes for Children	7	342	990	130456
社会福利医院	Social Welfare Homes for Mental Patients	4	427	880	206261
城镇老年福利机构	Homes for the Elderly in Urban Areas	310	1199	8307	1319833
农村收养性老年福利机构	Adopting Institutions for the Elderly in Rural Areas	459	668	7725	1369517
其他收养性福利单位	Others	4	60	107	10440

20—6 主要年份优抚和社会福利事业单位机构和人员

Number of Institutions and Personnel of Special Care and Social Welfare in Main Years

项 目	Item	1990	1995	2000	2002	2003
机构(个)	**Institutions(unit)**					
一、收养性社会福利单位	**Social Adopting Units**	**190**	**423**	**634**	**749**	**877**
其中:优抚类收养性单位	Adopting Units for Martyrs	21	20	22	23	25
福利类收养性单位	Adopting Units for Welfare	169	403	612	726	852
其中:国家办收养性单位	Run by Government				90	132
集体办收养性单位	Run by Communities				625	697
民办收养性单位	Run by the Local People				34	48
二、优抚安置单位	**Administration Units for Martyrs**				**42**	**43**
其中:军队离退休干休所	Homes for Retired & Resigned Sddiers	10	10	18	21	21
军供站	Institutions for Army Facilities Supply	11	11	12	12	12
烈士纪念建筑物管理单位	Administrative Agencies of Martyr Memorial Buildings				9	10
三、社会福利企业单位	**Number of Total Social Welfare Enterprises**	**317**	**482**	**325**	**305**	**285**
其中:国有社会福利企业	Run by Government				38	34

20—6 续表 continued

项　　目	Item	1990	1995	2000	2002	2003
集体社会福利企业	Run by Communities				234	202
民办社会福利企业	Run by the Local People				33	49
四、救助类单位	**Units for Relief**	**17**	**17**	**17**	**17**	**17**
其中:救助管理站	Stations for Relief Management	15	15	15	15	15
安置农场	Farms for Martyr	2	2	2	2	2
五、殡仪服务单位	**Funeral & Inerment Institutions**	**24**	**24**	**44**	**43**	**45**
六、福利彩票单位	**Welfare Lotteryticked Issuance Units**				**71**	**79**
七、慈善团体	**Charities**				**8**	**6**
八、社区服务单位	**Community Service Units**			**70**	**78**	**101**
职工人数(人)	**Number of Staff & Workers(person)**					
一、收养性社会福利单位	**Social Adopting Units**	**1390**	**2135**	**3134**	**4161**	**4852**
其中:优抚类收养性单位	Adopting Uunits for Martyrs	356	409	446	498	562
福利类收养性单位	Adopting Uints for Welfare	1034	1704	2688	3663	4290
其中:国家办收养性单位	Run by Government				2496	2988
集体办收养性单位	Run by Communities				1159	1240
民办收养性单位	Run by the Local People				506	624
二、优抚安置单位	**Administration Units for Martyrs**				**792**	**746**
其中:军队离退休干休所	Homes for Retired & Resigned soldiers	78	93	141	157	172
军供站	Institutions for Army Facilities Supply	297	388	395	396	398
烈士纪念建筑物管理单位	Administrative Agencies of Martyr Memorial Buildings				239	176
三、社会福利企业单位	**Number of Total Staff & Workers Engaged in Social Welfare Enterprises**	**8198**	**12398**	**9981**	**10106**	**9827**
其中:国有社会福利企业	Run by Government				1826	1563
集体社会福利企业	Run by Communities				7466	6692
民办社会福利企业	Run by the Local People				814	1572
四、救助类单位	**Units for Relief**	**675**	**715**	**645**	**603**	**602**
其中:救助管理站	Stations for Relief Management	237	245	255	256	266
安置农场	Farms for Martyr	438	470	390	347	336
五、殡仪服务单位	**Funeral & Inerment Institutions**	**442**	**613**	**784**	**1004**	**1080**
六、福利彩票单位	**Welfare Lottery - ticked Issuance**				**383**	**405**
七、慈善团体	**Charities**				**25**	**24**
八、社区服务单位	**Community Service Units**			**413**	**463**	**457**

20—7 主要年份社会救济对象享受救济情况

Basic Statistics Persons Receiving Subsidies or Relief Funds in Main Years

项　　目	Item	2000	2002	2003
社会救济户总人数(人)	Number of Persons Receiving Social Relief Funds (person)	493678	810627	1084272
一、城镇居民最低生活保障人数(人)	Number of Persons Receiving Lowest Cost-of-living in Urban Area(person)	108173	534763	595477
城镇居民最低生活保障家庭数(户)	Number of Families Receiving Lowest Cost-of-living in Urban Area(household)		202411	247534
城镇临时救济人次数(人次)	Number of Persons Receiving Temporary Almsgiving in Urban Area(person-time)	31226	40191	290535
二、农村居民最低生活保障人数(人)	Number of Persons Receiving Lowest Cost-of-living in Rural Area(person)	204293	78797	71349
农村居民最低生活保障家庭数(户)	Number of Families Receiving Lowest Cost-of-living in Rural Area(household)		45363	42368
三、农村传统定期定量救济人数(人)	Number of Persons Receiving Tranditional Relief in Rural Area(person)	50292	66794	417446
农村定期救济户数(户)	Number of Households Receiving Relief in Rural Area(household)			253574
其中:困难户	Poor Households			56019
五保户	Households with Livelihood Guaranteed in Five Aspects			184124
其他	Others			13431
农村临时救济人次数(人次)	Number of Persons Receiving Temporary Almsgiving(person-time)	1298570	1026896	1823440
四、精减退职老职工救济人数(人)	Number of Laid - off, Retired, Eldely & Disabled Staff & Workers Receiving Relief Funds(person)	6054	5712	
享受原工资40%的救济人数	Persons Receiving 40% of Their Original Wages	3967	3553	
享受定期定量救济人数	Persons Receiving Periodical & Fixed Government Relief Funds	2087	2159	
五、五保户集体供养人数(人)	Households with Livelihood Guaranteed in Five Aspects Taken Care of by the Collective Units(person)	124866	124561	

注:"社会救济总人数"含"五保户集体供养人数"

Note: The number of persons receiving social relief funds includes the number of households with livelihood guaranteed in five aspects taken care of by the collective units.

20—8 服务业主要财务指标
Major Finance Indicators on Service Industry

指标	Item	单位数（个）Number of Units（unit）	从业人员（人）Employed Persons（person）	本年收入合计 Total Income	事业收入 Income from Business
总计	**Total**	**39663**	**1080121**	**4533369**	**1571126**
按国民经济行业分组	By National Economy Types				
1. 广播电视卫星传输服务业	Radio & TV Satellite - transmiting Service	198	1975	15999	12846
2. 计算机服务业	Computer Services	7	50	326	133
3. 软件业	Software Industry	1	60	414	176
4. 租赁业	Leasing	0	0	0	0
5. 商务服务业	Commercial Services	846	14414	60684	38555
6. 研究与试验发展	Research & Experiment Developing	191	10365	73919	27860
7. 专业技术服务业	Professional Technology Service	720	12459	86693	45783
8. 科技交流和推广服务业	Science & Technology Intercommunion & Populization Service	649	5294	28686	4699
9. 地质勘查业	Geological Prospecting	27	3233	16887	11400
10. 水利管理业	Water Conservancy Management	525	8708	19383	8419
11. 环境管理业	Environment Management	243	19788	41614	12027
12. 公共设施管理业	Public Facilities Management	163	8554	47460	12962
13. 居民服务业	Resident Services	45	1130	10894	8537
14. 其他服务业	Other Services	13	307	1578	1160
15. 教育	Education	14962	524486	1267043	444904
16. 卫生	Health Care	2577	136531	827756	686641
17. 社会保障业	Social Security	246	2404	16709	4354
18. 社会福利业	Social Welfare	134	2735	13789	3378
19. 新闻出版业	Journalism & Publication	61	1977	17434	10213
20. 广播、电视、电影和音像业	Radio, Television, Film, Phonotape & Vidiotape	341	7735	61544	45595
21. 文化艺术业	Culture & Art	720	9798	30196	7566
22. 体育	Sports	73	2124	12985	1131
23. 娱乐业	Recreational	3	13	143	114
24. 中国共产党机关	Chinese Communist Party Organs	1111	11863	291147	1649
25. 国家机构	Government Agencies	14728	284998	1550153	177076
26. 人民政协和民主党派	People's Political Consultative Conference & Democratic Parties	152	2081	14614	768
27. 群众团体、社会团体和宗教组织	Mass Organizations, Social Groups & Religious Organizations	499	3986	23527	2849
28. 基层群众自治组织	Grass Roots Autonomy Organizations	423	3007	1585	309
29. 国际组织	International Organizations	1	16	86	0

（行政、事业单位，2003 年）
(Administrative Units & Institutions, 2003)

单位：万元（10 000 yuan）

本年支出合　计 Total Expenditure	预算外支出 Extra - budgetary Expenditure	专用基金支　出 Expendi ture of Special Funds	专项资金支　出 Expenditure for Special Items	年末固定资产原值 Original Value of Fixed Assets in the Year - end
3716843	**509502**	**106482**	**325721**	**6541097**
17616	2083	172	131	20452
331	0	2	0	462
240	0	0	163	621
0	0	0	0	0
48335	3340	1194	5861	183494
66637	2438	2407	3199	67329
72694	10238	2201	3626	66946
14562	998	299	4464	19035
15761	962	11	55	13981
16070	424	676	5250	164126
38000	8291	225	2537	34055
30791	5380	734	5369	56229
8526	3583	444	859	15190
1687	1218	15	19	1217
1099255	279803	17292	71851	2122555
779718	47557	50128	11586	756240
13550	477	1411	318	29737
12350	2935	184	3120	23160
15833	832	122	51	12268
54399	8346	5581	674	79051
28360	4702	397	1609	47689
10800	613	65	675	18155
172	0	0	0	197
66677	1349	1422	9375	73155
1267686	122078	21268	192109	2672694
14262	25		466	19612
20220	1798	226	2351	41176
1627	33	1	3	1886
86	0	0	0	4

20—9 服务业企业和企业化管理的

Main Financial Indicators of Service Enterprises

指　　标	Item	单位数(个) Number of Units (unit)	从业人员(人) Employed Persons (person)	资　产 总　计 Total Assets
总　　计	**Total**	**1318**	**47949**	**1412866**
按国民经济行业分组	By National Economy Types			
1. 广播电视卫星传输服务业	Ratio & TV Satellites - transmiting Service	1	29	3793
2. 计算机服务业	Computer Services	24	448	27346
3. 软件业	Software Industry	35	740	18051
4. 租赁业	Leasing	12	167	15985
5. 商务服务业	Commercial Services	467	19528	714610
6. 研究与试验发展	Research & Experiment Developing	30	2107	41982
7. 专业技术服务业	Professional Technology Service	127	5294	57019
8. 科技交流和推广服务业	Science & Technology Intercommunion & Populization Service	49	1027	33346
9. 地质勘查业	Geological Prospecting	6	442	1069
10. 水利管理业	Water Conservancy Management	33	1611	36830
11. 环境管理业	Environment Management	11	577	13840
12. 公共设施管理业	Public Facilities Management	44	1825	42556
13. 居民服务业	Resident Services	60	1760	16105
14. 其他服务业	Other Services	43	1661	7179
15. 教育	Education	100	2167	14928
16. 卫生	Health Care	69	670	6122
17. 社会保障业	Social Security	0	0	0
18. 社会福利业	Social Welfare	3	86	1261
19. 新闻出版业	Journalism and Publication	31	2519	169959
20. 广播、电视、电影和音像业	Radio, Television, Film, Phonotape & Vidiotape	130	2399	40909
21. 文化艺术业	Culture & Art	7	327	7176
22. 体育	Sports	3	54	140
23. 娱乐业	Recreational	30	2491	142189
24. 中国共产党机关	Chinese Communist Party Organs	0	0	0
25. 国家机构	Government Agencies	0	0	0
26. 人民政协和民主党派	People's Political Consultative Conference & Democratic Parties	0	0	0
27. 群众团体、社会团体和宗教组织	Mass Organizations, Social Groups & Religious Organizations	3	20	475
28. 基层群众自治组织	Grass Roots Autonomy Organizations	0	0	0
29. 国际组织	International Organizations	0	0	0

事业单位主要财务指标(2003 年)
& Institutions Run as Enterprises(2003)

单位:万元(10 000 yuan)

负债总计 Total Liability	所有者权益 Creditors' Equity	主营业务收入 Income of Major Business	利润总额 Total Profits	年末固定资产原值 Original Value of Fixed Assets in the Year - end
656373	**757930**	**535137**	**7072**	**641649**
2831	962	249	-150	481
22296	5049	9369	-147	1029
7043	11008	15131	592	1938
7289	8696	1598	166	11155
354406	360395	262353	-9928	301855
27855	14127	20560	-4066	26719
30982	26037	38142	1785	22831
17872	15474	6419	-644	6187
709	359	2129	-113	393
6879	29951	4228	-615	40724
2606	11234	2517	190	9328
17811	24745	5335	-743	22731
9239	6875	9443	175	7904
3684	3495	4091	88	3078
5135	9793	6586	2457	12135
3439	3523	3937	109	5609
0	0	0	0	0
903	357	342	-98	1119
40232	129727	128201	25090	61908
16783	24522	3280	-1037	27550
5054	2122	1448	-477	5988
13	127	78	-1	237
72900	69288	9653	-5565	70653
0	0	0	0	0
0	0	0	0	0
0	0	0	0	0
411	64	51	3	99
0	0	0	0	0
0	0	0	0	0

20—10 文化产业机构数和从业人员数(2003 年)

Number of Institutions and Persons Engaged of Cultural Industry (2003)

单位:个、人 (unit, person)

指　标	Item	总　计 Total		文化部门 Culture Department		其他部门 Other Departments	
		机构数 Number of Institutions	从业人员数 Number of Persons Engaged	机构数 Number of Institutions	从业人员数 Number of Persons Engaged	机构数 Number of Institutions	从业人员数 Number of Persons Engaged
总　计	**Total**	**14248**	**54985**	**2260**	**13986**	**11988**	**40999**
文化产业	Cultural Industry	14245	54938	2257	13939	11988	40999
艺术业	Art	150	4846	147	4825	3	21
图书馆业	Libraries	96	1485	96	1485	0	0
群众文化业	Mass Culture	1438	3999	1434	3995	4	4
艺术教育业	Culture & Education	11	314	11	314	0	0
娱乐业	Recreation	7236	31994	168	649	7068	31345
文艺科研	Art Research	13	114	13	114	0	0
文物业	Culture Relics	109	981	109	981	0	0
其他文化产业	Others	5192	11205	279	1576	4913	9629
非文化产业	Non - cultural Industry	3	47	3	47	0	0

主要统计指标解释

等级运动员人数　指经考核正式批准授予等级运动员称号的人数。运动员等级分为国际级运动健将、运动健将、一级运动员、二级运动员、三级运动员、少年级运动员。

等级裁判员人数　指经考核正式批准授予等级裁判员称号的人数。裁判员等级分为国际裁判、国家级裁判、一级裁判、二级裁判、三级裁判。

体育场　指有400米跑道(中心含足球场),有固定道牙,跑道6条以上,并有固定看台的室外田径场地。体育场按看台容纳观众人数分为:甲级25000人以上,乙级15000-25000人,丙级5000-15000人,丁级5000人以下。

体育馆　指有固定看台,可供篮球、排球、羽毛球、乒乓球、体操等项目训练比赛活动用的室内运动场地。体育馆按看台容纳观众人数分为:甲级6000人以上,乙级4000-6000人,丙级2000-4000人,丁级2000人以下。

医院　指设有固定床位,能收容病人住院并能为病人提供医疗、护理服务的医疗机构,包括综合医院、中医医院、中西医结合医院、民族医院、各类专科医院和护理医院。

卫生技术人员　指卫生事业机构中医生、护理人员、药剂人员和检验人员等卫生技术人员。

经费实际支出　指行政单位本年经费实际支出合计,包括工资、补助工资、其他工资、职工福利费、社会保障费、助学金、公务费、设备购置费、修缮费、业务费、其他费用(以上十一项支出口径与会计"经费支出明细表"科目的规定相同)。

预算外支出　指核算行政单位用预算外资金开支的实际支出数。该指标根据会计"预算外支出"科目中的合计数填列。

专用基金支出　指行政单位本年用专用基金开支的实际支出合计。专用基金是行政单位根据国家规定提存或设置的由单位自有自用的专用基金,如奖励基金、机关基金和固定资产变价基金等。

专项资金支出　指从拨出的专项资金中开支的实际支出。专项资金是由同级财政机关或上级部门在正常的事业经费以外拨入的指定用途、专款专用、单独核算的资金,如设备购置费、大型修缮费、专项调查费。

业务(事业)支出　指单位本年发生的事业费及各项实际支出合计,包括工资、补助工资、其他工资、职工福利费、社会保障费、公务费、设备购置费、修缮费、业务费、其他费用(以上十项支出口径与会计"事业支出明细表"科目的规定相同)。

专用基金支出　指单位本年从专用基金中实际支出的合计。

专项资金支出　指单位本年从专项资金中实际支出的合计。

第二十一篇

CHAPTER 21

区域经济

ECONOMIC ZONES

21—1 各个经济区域主要经济指标(2003年)

Main Economic Indicators of Each Economic Zones(2003)

区 域	Region	土地面积(平方公里) Local Land Area (sq. km)	年末总人口(万人) Population at the Year-end (10 000 persons)	地区生产总值(亿元) Gross Domestic Product (100 million yuan)	第一产业 Primary Industry	第二产业 Secondary Industry	#工业 Industry	第三产业 Tertiary Industry
一、五大经济区域	**Five Main Economic Zones**							
桂东经济区	**Eastern Guangxi Economic Zones**	**47887**	**1562.81**	**656.14**	**213.12**	**220.91**	**191.22**	**222.11**
梧州市	Wuzhou City	12588	293.69	162.00	40.22	56.02	46.29	65.76
贵港市	Guigang City	10606	470.35	134.40	52.51	35.91	30.08	45.98
玉林市	Yulin City	12838	589.55	244.76	79.68	90.74	82.99	74.34
贺州市	Hezhou City	11855	209.22	114.98	40.71	38.24	31.86	36.03
桂南沿海经济区	**Coastal Southern Guangxi Economic Zones**	**42645**	**1204.03**	**869.98**	**224.46**	**252.45**	**184.50**	**393.07**
南宁市	Nanning City	22293	641.67	502.53	95.65	148.46	103.09	258.42
北海市	Beihai City	3337	146.77	140.14	39.08	42.82	33.29	58.24
防城港市	Fangchenggang City	6181	78.85	71.98	19.95	24.00	19.12	28.03
钦州市	Qinzhou City	10834	336.74	155.33	69.78	37.17	29.00	48.38
桂西经济区	**Western Guangxi Economic Zones**	**87060**	**977.33**	**412.28**	**135.26**	**133.61**	**95.90**	**143.42**
崇左市	Chongzuo City	17351	227.89	106.49	40.71	25.48	18.36	40.30
百色市	Baise City	36201	368.44	162.52	50.32	61.78	46.99	50.43
河池市	Hechi City	33508	381	143.27	44.23	46.35	30.55	52.69
桂北经济区	**Northern Guangxi Economic Zones**	**27809**	**490.47**	**388.28**	**105.64**	**137.74**	**109.99**	**144.90**
桂林市	Guilin City	27809	490.47	388.28	105.64	137.74	109.99	144.90
桂中经济区	**Central Guangxi Economic Zones**	**32028**	**595.4**	**445.89**	**93.33**	**202.55**	**171.25**	**150.01**
柳州市	Liuzhou City	18617	351.26	326.67	44.61	161.07	136.05	120.99
来宾市	Laibin City	13411	244.14	119.22	48.72	41.48	35.20	29.02
二、沿边经济区	**Guangxi Frontier Zones**	**18329**	**247.44**	**120.37**	**40.91**	**35.38**	**26.29**	**44.06**
防城港市辖区	Fangchenggang Urban District	2822	47.44	48.92	11.13	16.90	12.98	20.89
东兴市	Dongxing City	549	10.4	11.00	4.00	3.00	2.52	3.99
凭祥市	Pingxiang City	650	10.2	6.16	1.27	1.08	0.22	3.81
大新县	Daxin County	2742	35.5	11.91	4.91	3.89	3.03	3.12
宁明县	Ningming County	3695	39.6	13.54	6.07	3.10	2.13	4.37
龙州县	Longzhou County	2318	26.9	11.63	5.48	3.47	2.63	2.68
靖西县	Jingxi County	3322	58.1	13.30	6.42	3.40	2.51	3.48
那坡县	Napo County	2231	19.3	3.91	1.63	0.55	0.27	1.73

注:总人口数为公安户籍统计数。

Note: Total population use the data of residence registration population of public security.

21—1 续表 continued

区　域	Region	全社会固定资产投资（亿元）Investment in Fixed Assets (100 million yuan)	一般预算收入（亿元）Local Financial Revenue (100 million yuan)	一般预算支出（亿元）Local Financial Expenditure (100 million yuan)	粮食产量（万吨）Yield of Grain (10 000 tons)	肉类产量（万吨）Total Output of Meat (10 000 tons)	社会消费零售总额（亿元）Total Retail Sales of Consumer Goods (100 million yuan)	城乡居民储蓄存款（亿元）Saving Deposit of Urban and Rural Residents (100 million yuan)
一、五大经济区域	**Five Main Economic Zones**							
桂东经济区	**Eastern Guangxi Economic Zones**	**148.87**	**36.38**	**71.43**	**493.42**	**121.22**	**219.80**	**479.00**
梧州市	Wuzhou City	41.70	9.17	19.25	88.19	23.24	61.69	109.34
贵港市	Guigang City	36.35	8.09	15.47	133.04	26.91	38.18	117.49
玉林市	Yulin City	48.33	12.06	23.95	196.89	49.5	97.14	202.90
贺州市	Hezhou City	22.49	7.06	12.76	75.3	21.57	22.79	49.27
桂南沿海经济区	**Coastal Southern Guangxi Economic Zones**	**297.66**	**56.10**	**89.67**	**353.40**	**75.79**	**314.88**	**664.80**
南宁市	Nanning City	190.39	36.24	52.5	175.34	38.23	207.98	451.5
北海市	Beihai City	43.07	8.27	13.21	42.36	11.34	34.25	94.53
防城港市	Fangchenggang City	19.70	3.84	8.37	24.37	3.90	17.60	43.66
钦州市	Qinzhou City	44.50	7.75	15.59	111.33	22.32	55.05	75.11
桂西经济区	**Western Guangxi Economic Zones**	**169.61**	**30.34**	**70.68**	**278.04**	**61.55**	**99.21**	**240.21**
崇左市	Chongzuo City	32.49	8.86	18.38	63.81	12.26	20.10	64.30
百色市	Baise City	76.31	11.63	27.00	107.45	23.29	32.87	79.01
河池市	Hechi City	60.81	9.85	25.30	106.78	26.00	46.24	96.90
桂北经济区	**Northern Guangxi Economic Zones**	**111.05**	**22.13**	**40.95**	**189.21**	**41.54**	**103.95**	**282.69**
桂林市	Guilin City	111.05	22.13	40.95	189.21	41.54	103.95	282.69
桂中经济区	**Central Guangxi Economic Zones**	**144.29**	**32.99**	**52.62**	**170.72**	**49.3**	**115.81**	**304.94**
柳州市	Liuzhou City	109.37	27.13	38.37	79.89	21.05	90.9	257.78
来宾市	Laibin City	34.92	5.86	14.25	90.83	28.25	24.91	47.16
二、沿边经济区	**Guangxi Frontier Zones**	**38.42**	**8.32**	**18.28**	**70.69**	**13.71**	**30.83**	**82.83**
防城港市辖区	Fangchenggang Urban District	12.19	2.26	5.54	12.98	2.64	10.69	26.34
东兴市	Dongxing City	4.82	0.92	1.36	3.39	0.53	3.67	12.23
凭祥市	Pingxiang City	3.76	0.98	1.34	2.22	0.56	3.83	9.43
大新县	Daxin County	4.31	0.83	1.92	11.29	2.33	2.06	7.28
宁明县	Ningming County	3.72	1.31	2.36	7.78	2.41	2.86	9.44
龙州县	Longzhou County	3.66	0.93	1.77	7.18	1.41	2.02	9.70
靖西县	Jingxi County	4.47	0.89	2.60	20.88	3.13	4.31	6.25
那坡县	Napo County	1.49	0.20	1.39	4.97	0.70	1.39	2.16

21—2 桂东经济区(2003年)

Main Indicators of Eastern Guangxi Economic Zones(2003)

(按人口平均)(Average by population)

区　域	Region	地　区生产总值(元) Gross Domestic Product (yuan)	第一产业 Primary Industry	第二产业 Secondary Industry	#工业 Industry	第三产业 Tertiary Industry	全社会固定资产投资(元) Investment in Fixed Assets (yuan)
梧州市	**Wuzhou City**	**5538**	**1375**	**1915**	**1582**	**2248**	**1426**
梧州市辖区	Wuzhou Urban District	15829	704	6553	5214	11010	5844
苍梧县	Cangwu County	3539	1012	1280	1045	884	960
藤　县	Tengxian County	3374	1666	948	811	760	588
蒙山县	Mengshan County	4729	2256	1444	1095	1034	921
岑溪市	Cenxi City	3296	1389	1109	1013	798	617
贵港市	**Guigang City**	**2882**	**1126**	**770**	**645**	**986**	**779**
贵港市辖区	Guigang Urban District	3435	1069	1079	877	1286	1323
港北区	Gangbei District	2933	955	691	567	899	588
港南区	Gangnan District	2118	1070	388	297	659	662
覃塘区	Qintang District	2316	1247	532	386	583	846
平南县	Pingnan County	2829	1351	561	469	917	483
桂平市	Guiping City	2387	1012	616	544	759	455
玉林市	**Yulin City**	**4160**	**1354**	**1542**	**1411**	**1264**	**821**
玉林市辖区	Yulin Urban District	8573	1207	4553	4423	2813	1855
玉州区	Yuzhou District	4257	969	1686	1562	1602	807
福绵区	Fumian District	3355	1586	895	797	874	770
兴业县	Xingye County	3385	1766	791	563	827	843
容　县	Rongxian County	3783	1313	1292	1160	1177	871
陆川县	Luchuan County	3484	1079	1224	1117	1182	710
博白县	Bobai County	2938	1461	646	557	831	378
北流市	Beiliu City	3533	1332	1206	1054	994	788
贺州市	**Hezhou City**	**5505**	**1949**	**1831**	**1525**	**1725**	**1077**
贺州市辖区	Hezhou Urban District	5036	1994	1898	1560	1213	1287
八步区	Babu District	5036	1994	1898	1560	1213	1287
昭平县	Zhaoping County	4225	1949	1376	1098	901	681
钟山县	Zhongshan County	5124	1905	2213	1891	872	1043
富川瑶族自治县	Fuchuan County	4445	1881	1258	1063	1305	996

21—2 续表 continued

区域	Region	一般预算收入（元）Local Financial Revenue (yuan)	一般预算支出（元）Local Financial Expenditure (yuan)	粮食产量（公斤）Yield of Grain (kg)	社会消费品零售总额（元）Total Retail Sales of Consumer Goods (yuan)	农民人均纯收入（元）Per Capita Annual Net Income of Rural Households (yuan)	居民储蓄存款（元）Saving of Residents Deposit (yuan)
梧州市	**Wuzhou City**	**313**	**658**	**301**	**2118**	**2006**	**3723**
梧州市辖区	Wuzhou Urban District	1415	2459	147	7013	2701	13278
苍梧县	Cangwu County	145	351	314	1156	1895	2489
藤县	Tengxian County	113	312	320	1463	1952	1745
蒙山县	Mengshan County	190	617	315	953	1787	2909
岑溪市	Cenxi City	141	384	347	1398	2012	2529
贵港市	**Guigang City**	**173**	**332**	**285**	**819**	**2228**	**2498**
贵港市辖区	Guigang Urban District	284	476	298	1265	2248	3017
港北区	Gangbei District	151	257	247	1175	2273	
港南区	Gangnan District	72	212	351	614	2246	1369
覃塘区	Qintang District	73	235	326	717	2238	429
平南县	Pingnan County	103	249	268	634	2238	2285
桂平市	Guiping City	116	249	285	508	2199	2187
玉林市	**Yulin City**	**205**	**407**	**335**	**1651**	**2035**	**3449**
玉林市辖区	Yulin Urban District	621	1026	301	4634		9886
玉州区	Yuzhou District	262	452	207	5837	2149	
福绵区	Fumian District	104	294	452	754	2047	
兴业县	Xingye County	128	323	379	713	1948	
容县	Rongxian County	148	339	342	1748	1895	3266
陆川县	Luchuan County	134	287	317	976	1976	2495
博白县	Bobai County	93	253	319	949	1933	1910
北流市	Beiliu City	164	335	364	1238	2308	3244
贺州市	**Hezhou City**	**222**	**611**	**361**	**1091**	**1893**	**2359**
贺州市辖区	Hezhou Urban District	178	326	330	1244	2047	2842
八步区	Babu District	90	326	330	1244	2047	2842
昭平县	Zhaoping County	147	422	375	946	1733	1745
钟山县	Zhongshan County	109	454	383	969	1915	2009
富川瑶族自治县	Fuchuan County	152	657	396	1014	1584	2212

21—3 桂南沿海经济区(2003 年)

Main Indicators of Coastal Southern Guangxi Economic Zones(2003)

(按人口平均)(Average by population)

区域	Region	地区生产总值(元) Gross Domestic Product (yuan)	第一产业 Primary Industry	第二产业 Secondary Industry	#工业 Industry	第三产业 Tertiary Industry	全社会固定资产投资(元) Investment in Fixed Assets (yuan)
南宁市	**Nanning City**	**7874**	**1499**	**2327**	**1616**	**4050**	**2984**
南宁市辖区	Nanning Urban District	21221	832	6356	4112	14033	9177
邕宁县	Yongning County	5613	2368	1986	1573	1256	1728
武鸣县	Wuming County	6344	3154	1949	1402	1242	1725
隆安县	Long'an County	3392	1681	911	671	801	1007
马山县	Mashan County	2429	950	871	722	618	872
上林县	Shanglin County	2456	1199	453	289	804	743
宾阳县	Binyang County	3691	1051	1054	882	1586	784
横　县	Hengxian County	3184	1369	822	523	993	1191
北海市	**Beihai City**	**9590**	**2674**	**2930**	**2278**	**3985**	**2947**
北海市辖区	Beihai Urban Distrist	15787	3284	4860	3411	7642	5768
合浦县	Hepu County	6021	2324	1819	1626	1879	1129
防城港市	**Fangchenggang City**	**9159**	**2539**	**3054**	**2433**	**3567**	**2507**
防城港市辖区	Fangchenggang Urban Cistrict	10311	2346	3562	2736	4403	2570
防城区	Fangcheng District	5201	2174	1806	1642	1217	1112
上思县	Shangsi County	5799	2315	1969	1736	1513	1291
东兴市	Dongxing City	10645	3876	2909	2444	3870	4675
钦州市	**Qinzhou City**	**4636**	**2083**	**1109**	**865**	**1444**	**1328**
钦州市辖区	Qinzhou Urban District	6373	2860	1110	753	2403	2223
钦南区	Qinnan District	5757	3370	897	775	1035	694
钦北区	Qinbei District	3590	2220	693	581	678	588
灵山县	Lingshan County	3597	1571	1178	1026	848	770
浦北县	Pubei County	3793	1786	989	756	1017	934

区 域	Region	一般预算收入（元）Local Financial Revenue (yuan)	一般预算支出（元）Local Financial Expenditure (yuan)	粮食产量（公斤）Yield of Grain (kg)	社会消费品零售总额（元）Total Retail Sales of Consumer Goods (yuan)	农民人均纯收入（元）Per Capita Annual Net Income of Rural Households (yuan)	居民储蓄存款（元）Saving of Resdents Deposit (yuan)
南宁市	**Nanning City**	**568**	**823**	**2748**	**3260**	**2231**	**7075**
南宁市辖区	Nanning Urban District	1810	2319	68	11055	2913	23586
邕宁县	Yongning County	302	417	376	1059	2590	2443
武鸣县	Wuming County	272	513	467	1414	2841	3165
隆安县	Long'an County	211	486	328	621	1820	2232
马山县	Mashan County	93	372	249	441	1701	1106
上林县	Shanglin County	141	367	305	528	1888	1599
宾阳县	Binyang County	172	300	299	1166	2005	2383
横　县	Hengxian County	173	318	306	1167	2041	2447
北海市	**Beihai City**	**566**	**904**	**290**	**2344**	**2587**	**6441**
北海市辖区	Beihai Urban Distrist	1172	1666	125	4334	2587	11512
合浦县	Hepu County	216	465	385	1197	2561	3558
防城港市	**Fangchenggang City**	**489**	**1065**	**310**	**2240**	**2335**	**5556**
防城港市辖区	Fangchenggang Urban District	476	1168	274	2253	2421	5552
防城区	Fangcheng District	229	581	310	1836	2320	4192
上思县	Shangsi County	317	709	384	1560	1925	2449
东兴市	Dongxing City	889	1315	329	3553	2885	11831
钦州市	**Qinzhou City**	**231**	**465**	**332**	**1643**	**2610**	**2242**
钦州市辖区	Qinzhou Urban District	341	663	352	2261	2562	3303
钦南区	Qinnan District	168	346	278	2907	2581	751
钦北区	Qinbei District	170	315	415	1232	2550	1089
灵山县	Lingshan County	151	304	335	1049	2618	1557
浦北县	Pubei County	203	446	297	1707	2664	1813

21—4 桂西经济区(2003年)

Main Indicators of Western Guangxi Economic Zones(2003)

(按人口平均)(Average by population)

区　域	Region	地区生产总值(元) Gross Domestic Product (yuan)	第一产业 Primary Industry	第二产业 Secondary Industry	#工业 Industry	第三产业 Tertiary Industry	全社会固定资产投资(元) Investment in Fixed Assets (yuan)
崇左市	**Chongzuo City**	**4687**	**1792**	**1122**	**808**	**1774**	**1430**
崇左市辖区	Chongzuo Urban District	5656	2285	1752	1519	1628	1468
江州区	Jiangzhou District	5656	2285	1752	1519	1628	1468
扶绥县	Fusui County	5288	2762	1312	1039	1211	1792
宁明县	Ningming County	3424	1534	783	539	1105	939
龙州县	Longzhou County	4320	2044	1292	982	1001	1366
大新县	Daxin County	3358	1385	1095	855	878	1214
天等县	Tiandeng County	2329	969	556	241	802	1169
凭祥市	Pingxiang City	6022	1249	1057	213	3731	3687
百色市	**Baise City**	**4416**	**1369**	**1680**	**1278**	**1372**	**2076**
百色市辖区	Baise Urban District	10378	2054	3603	2969	4724	6593
右江区	Youjiang District	10378	2054	3603	2969	4724	6593
田阳县	Tianyang County	5997	2530	1793	1144	1720	1691
田东县	Tiandong County	5167	1821	2090	1500	1251	2007
平果县	Pingguo County	7831	1299	5260	5039	1275	2974
德保县	Debao County	2353	903	744	257	705	910
靖西县	Jingxi County	2295	1107	587	433	601	770
那坡县	Napo County	2037	849	287	141	897	774
凌云县	Lingyun County	2926	1340	767	242	816	1733
乐业县	Leye County	2363	888	608	131	864	1481
田林县	Tianlin County	3052	1462	566	347	1022	1402
西林县	Xilin County	2985	1441	597	185	950	1366
隆林各族自治县	Longlin County	2648	733	1184	544	755	2267
河池市	**Hechi County**	**3768**	**1163**	**1219**	**803**	**1386**	**1599**
河池市辖区	Hechi Urban District	7488	1182	2430	1774	3878	2620
金城江区	Jinchengjiang District	7488	1182	2430	1774	3878	2620
宜州市	Yizhou City	4781	1987	1195	962	1598	968
罗城仫佬族自治县	Luocheng County	2652	1086	534	330	1007	1033
环江毛南族自治县	Huanjiang County	2966	1264	580	321	1122	967
南丹县	Nandan County	5211	1818	1678	1099	1712	1530
天峨县	Tian'e County	5704	1286	2891	146	1535	13887
凤山县	Fengshan County	2132	805	432	127	894	1108
东兰县	Donglan County	2062	800	414	104	848	1093
巴马瑶族自治县	Bama County	2652	1284	458	203	912	1165
都安瑶族自治县	Du'an County	1934	661	472	219	802	809
大化瑶族自治县	Dahua County	3699	648	2249	2129	799	578

21—4 续表 continued

区 域	Region	一般预算收入（元）Local Financial Revenue (yuan)	一般预算支出（元）Local Financial Expenditure (yuan)	粮食产量（公斤）Yield of Grain (kg)	社会消费品零售总额（元）Total Retail Sales of Consumer Goods (yuan)	农民人均纯收入（元）Per Capita Annual Net Income of Rural Households (yuan)	居民储蓄存款（元）Saving of Residents Deposit (yuan)
崇左市	**Chongzuo City**	**390**	**809**	**281**	**885**	**1928**	**2803**
崇左市辖区	Chongzuo Urban District	580	817	256	1401	2184	3118
江州区	Jiangzhou District	580	817	256	1401	2184	3118
扶绥县	Fusui County	427	662	341	729	2063	3112
宁明县	Ningming County	331	595	197	723	1874	2386
龙州县	Longzhou County	347	658	268	752	1829	3602
大新县	Daxin County	234	541	318	582	1799	2051
天等县	Tiandeng County	161	440	314	407	1850	1597
凭祥市	Pingxiang City	961	1318	217	3752	1873	9682
百色市	**Baise City**	**316**	**734**	**292**	**894**	**1403**	**2149**
百色市辖区	Baise Urban District	246	647	223	2239	1616	7302
右江区	Youjiang District	246	647	223	2239	1616	7302
田阳县	Tianyang County	324	606	258	1071	1683	2115
田东县	Tiandong County	271	550	338	929	1628	2718
平果县	Pingguo County	610	718	271	910	1528	3819
德保县	Debao County	120	482	279	415	1197	1062
靖西县	Jingxi County	153	448	360	744	1424	1077
那坡县	Napo County	104	725	258	724	1157	1105
凌云县	Lingyun County	148	767	243	542	1073	1108
乐业县	Leye County	152	867	319	677	1116	1844
田林县	Tianlin County	243	666	354	738	1409	1552
西林县	Xilin County	198	911	383	714	1394	1103
隆林各族自治县	Longlin County	371	635	224	580	1237	1190
河池市	**Hechi County**	**259**	**665**	**281**	**1216**	**1497**	**2548**
河池市辖区	Hechi Urban District	215	620	248	2889	1551	8990
金城江区	Jinchengjiang District	215	620	248	2889	1551	8990
宜州市	Yizhou City	341	498	435	1376	2158	2777
罗城仫佬族自治县	Luocheng County	152	496	335	762	1099	1932
环江毛南族自治县	Huanjiang County	140	489	341	1231	1473	1870
南丹县	Nandan County	468	829	292	2040	1890	5060
天峨县	Tian'e County	417	966	321	1450	1358	2377
凤山县	Fengshan County	100	579	196	874	1147	1026
东兰县	Donglan County	115	536	193	850	1252	1162
巴马瑶族自治县	Bama County	123	568	263	1287	1328	1102
都安瑶族自治县	Du'an County	96	424	212	651	1325	1209
大化瑶族自治县	Dahua County	215	521	167	662	1397	1258

21—5 桂北经济区(2003年)

Main Indicators of Northern Guangxi Economic Zones(2003)

(按人口平均)(Average by population)

区域	Region	地区生产总值(元) Gross Domestic Product (yuan)	第一产业 Primary Industry	第二产业 Secondary Industry	#工业 Industry	第三产业 Tertiary Industry	全社会固定资产投资(元) Investment in Fixed Assets (yuan)
桂林市	**Guilin City**	**7940**	**2160**	**2817**	**2249**	**2963**	**2271**
桂林市辖区	Guilin Urban District	19640	588	8001	6597	11051	5843
阳朔县	Yangshuo County	4037	1871	802	482	1367	1416
临桂县	Lingui County	5945	2449	2074	1571	1425	1906
灵川县	Lingchuan County	7102	2947	2205	1671	1949	2005
全州县	Quanzhou County	5423	2225	1911	1613	1285	996
兴安县	Xing'an County	6373	2593	2174	1709	1603	2235
永福县	Yongfu County	7329	2870	3012	2589	1447	2522
灌阳县	Guanyang County	4023	1854	1014	694	1156	1258
龙胜各族自治县	Longsheng County	5616	1866	2093	1547	1651	2348
资源县	Ziyan County	4259	1729	1232	512	1294	1816
平乐县	Pingle County	5459	2783	1528	1208	1151	1489
荔浦县	Lipu County	6241	2443	2145	1694	1658	1710
恭城瑶族自治县	Gongcheng County	5577	2916	1347	948	1311	1611

21—5 续表 continued

区域	Region	一般预算收入(元) Local Financial Revenue (yuan)	一般预算支出(元) Local Financial Expenditure (yuan)	粮食产量(公斤) Yield of Grain (kg)	社会消费品零售总额(元) Total Retail Sales of Consumer Goods (yuan)	农民人均纯收入(元) Per Capita Annual Net Income of Rural Households (yuan)	居民储蓄存款(元) Saving of Residents Deposit (yuan)
桂林市	**Guilin City**	**453**	**837**	**387**	**2126**	**2354**	**5780**
桂林市辖区	Guilin Urban District	1870	2595	47	7811	3192	22487
阳朔县	Yangshuo County	248	610	343	965	2070	2982
临桂县	Lingui County	224	539	425	937	2200	2815
灵川县	Lingchuan County	292	575	471	1785	2473	4546
全州县	Quanzhou County	143	362	524	654	2415	2661
兴安县	Xing'an County	284	569	537	1978	2760	3847
永福县	Yongfu County	230	533	498	1638	2373	2741
灌阳县	Guanyang County	145	583	522	1101	1849	2658
龙胜各族自治县	Longsheng County	266	871	347	1275	1824	2974
资源县	Ziyan County	230	837	299	792	1840	3179
平乐县	Pingle County	165	402	385	748	2380	2456
荔浦县	Lipu County	260	631	332	1644	2882	3430
恭城瑶族自治县	Gongcheng County	213	609	458	1219	2032	2764

21—6 桂中经济区(2003年)

Main Indicators of Central Guangxi Economic Zones(2003)

(按人口平均)(Average by population)

区域	Region	地区生产总值(元) Gross Domestic Product (yuan)	第一产业 Primary Industry	第二产业 Secondary Industry	#工业 Industry	第三产业 Tertiary Industry	全社会固定资产投资(元) Investment in Fixed Assets (yuan)
柳州市	**Liuzhou City**	**9337**	**1275**	**4604**	**3888**	**3458**	**3126**
柳州市辖区	Liuzhou Urban District	23042	434	13231	11302	9378	8736
柳江县	Liujiang County	6190	2057	2605	2252	1530	1147
柳城县	Liucheng County	5212	2253	1560	1321	1398	1061
鹿寨县	Luzhai County	5189	1861	1899	1497	1429	1682
融安县	Rong'an County	3601	1299	800	549	1504	865
三江侗族自治县	Sanjiang County	1957	793	406	265	758	636
融水苗族自治县	Rongshui County	2211	988	426	294	797	521
来宾市	**Laibin City**	**4916**	**2009**	**1710**	**1451**	**1196**	**1440**
来宾市辖区	Laibin Urban District	5947	2156	2510	2389	1283	680
兴宾区	Xingbin District	5947	2156	2510	2389	1283	680
忻城县	Xincheng County	3677	1856	1032	613	788	1990
象州县	Xiangzhou County	4797	2345	1126	1011	1326	820
武宣县	Wuxuan County	3671	2053	623	446	994	653
金秀瑶族自治县	Jinxiu County	3388	1635	745	488	1008	993
合山市	Heshan City	6854	838	4372	2891	1653	9594

21—6 续表 continued

区域	Region	一般预算收入(元) Local Financial Revenue (yuan)	一般预算支出(元) Local Financial Expenditure (yuan)	粮食产量(公斤) Yield of Grain (kg)	社会消费品零售总额(元) Total Retail Sales of Consumer Goods (yuan)	农民人均纯收入(元) Per Capita Annual Net Income of Rural Households (yuan)	居民储蓄存款(元) Saving of Residents Deposit (yuan)
柳州市	**Liuzhou City**	**775**	**1097**	**228**	**2598**	**2082**	**7368**
柳州市辖区	Liuzhou Urban District	2090	2556	31	7110	2803	20640
柳江县	Liujiang County	328	538	312	844	2414	2910
柳城县	Liucheng County	655	862	407	959	2580	2487
鹿寨县	Luzhai County	281	448	348	918	2306	3246
融安县	Rong'an County	197	528	282	1036	1859	2502
三江侗族自治县	Sanjiang County	106	491	184	918	1450	1343
融水苗族自治县	Rongshui County	108	465	254	858	1487	1648
来宾市	**Laibin City**	**242**	**588**	**374**	**1027**	**1927**	**1944**
来宾市辖区	Laibin Urban District	311	719	377	1076	2128	1747
兴宾区	Xingbin District	102	341	377	1076	2128	1747
忻城县	Xincheng County	139	443	381	1063	1590	1361
象州县	Xiangzhou County	218	472	486	998	1979	2138
武宣县	Wuxuan County	161	405	336	896	1926	1697
金秀瑶族自治县	Jinxiu County	163	842	329	1001	1563	2427
合山市	Heshan City	430	638	220	1075	1724	4704

21—7 沿边经济区(2003年)

Main Indicators of Guangxi Frontier Zones(2003)

(按人口平均)(Average by population)

区　域	Region	地区生产总值(元) Gross Domestic Product (yuan)	第一产业 Primary Industry	第二产业 Secondary Industry	#工业 Industry	第三产业 Tertiary Industry	全社会固定资产投资(元) Investment in Fixed Assets (yuan)
防城港市辖区	Fangchenggang Urban District	10311	2346	3562	2736	4403	2570
东兴市	Dongxing City	10645	3876	2909	2444	3870	4675
凭祥市	Pingxiang City	6022	1249	1057	213	3731	3687
大新县	Daxin County	3358	1385	1095	855	878	1214
宁明县	Ningming County	3424	1534	783	539	1105	939
龙州县	Longzhou County	4320	2044	1292	982	1001	1366
靖西县	Jingxi County	2295	1107	587	433	601	770
那坡县	Napo County	2037	849	287	141	897	774

21—7 续表 continued

区　域	Region	一般预算收入(元) Local Financial Revenue (yuan)	一般预算支出(元) Local Financial Expenditure (yuan)	粮食产量(公斤) Grain Output (kg)	社会消费品零售总额(元) Total Retail Sales of Consumer Goods (yuan)	农民人均纯收入(元) Per Capita Annual Net Income of Rural Households (yuan)	居民储蓄存款(元) Saving of Residents Deposit (yuan)
防城港市辖区	Fangchenggang Urban District	476	1168	274	2253	2421	5552
东兴市	Dongxing City	889	1315	329	3553	2885	11831
凭祥市	Pingxiang City	961	1318	217	3752	1873	9682
大新县	Daxin County	234	541	318	582	1799	2051
宁明县	Ningming County	331	595	197	723	1874	2386
龙州县	Longzhou County	347	658	268	752	1829	3602
靖西县	Jingxi County	153	448	360	744	1424	1077
那坡县	Napo County	104	725	258	724	1157	1105

第二十二篇
CHAPTER 22

各市基本情况

BASIC STATISTICS OF CITY

22—1 各市社会经济主要指标(2003 年)

Main Social and Economic Indicators by City (2003)

指标	Item	南宁市 Nanning City	南宁市辖区 Nanning Urban District	柳州市 Liuzhou City	柳州市辖区 Liuzhou Urban District
行政区域土地面积(平方公里)	Administrative Region Land Area(sq. km)	22293	1834	18617	658
地区生产总值(亿元)	Gross Domestic Product (100 million yuan)	502.53	303.63	326.67	219.22
第一产业	Primary Industry	95.65	11.91	44.61	4.13
第二产业	Secondary Industry	148.46	90.94	161.07	125.87
工业	Industry	103.09	58.83	136.05	107.52
建筑业	Construction	45.37	32.11	25.02	18.35
第三产业	Tertiary Industry	258.42	200.79	120.99	89.22
#交通仓储和邮电通信业	Transport,post and Telecommunication Service	26.66	14.94	23.51	16.32
批发和零售贸易餐饮业	Wholesale,Retail Trade & Catering Services	48.59	40.08	25.80	22.36
人均地区生产总值(元)	Per Capita GDP(yuan)	7874	21221	9337	23042
地区生产总值指数(上年 = 100)	Indices of Gross Domestic Product (preceding year = 100)	110.9	112.3	111.88	113.7
第一产业	Primary Industry	103.7	101.1	104.55	109.2
第二产业	Secondary Industry	119.3	117.6	117.15	117.9
#工业	Industry	112.7	110.3	112.38	112.5
建筑业	Construction	140.5	136.9	157.62	171.7
第三产业	Tertiary Industry	109.4	110.7	108.65	108.6
#交通仓储和邮电通信业	Transport,Post and Telecommunication Service	115.1	121.9	108.95	109.7
批发和零售贸易餐饮业	Wholesale,Retail Trades & Catering Services	103.8	110	113.49	114.1
人均地区生产总值指数(上年 = 100)	Index of Per Capita GDP (preceding year = 100)	109.86	109.16	111.03	111.71
年末总人口(万人)	Total Population at Year – end (10 000 persons)	641.67	145.77	351.26	95.89
男性	Male	334.78	75.19	183.22	49.66
女性	Female	306.89	70.58	168.04	46.23
出生人口(人)	Birth (person)	63132	13757	38693	8276
死亡人口(人)	Death(person)	21843	3999	13464	3856
年末总户数(万户)	Total Households at Year – end (10 000 households)	165.66	42.29	95.10	28.66
经济活动人口(万人)	Economically Active Population (10 000 persons)	345.85	90.61	190.37	45.33
就业人员(万人)	Employed Persons (10 000 persons)	343.45	89.24	188.41	44.01
第一产业	Primary Industry	207.08	18.69	96.59	4.91
第二产业	Secondary Industry	43.84	16.53	31.25	17.69
第三产业	Tertiary Industry	92.53	54.02	60.57	21.41
城镇从业人员(万人)	Number of Employed Persons in Urban Units (10 000 persons)	75.46	51.08	56.04	37.39
城镇国有经济	Urban State – owned Economic	37.23	22.5	24.54	15.91
城镇集体经济	Urban Collective – owned Economic	3.69	2.6	4.31	3.76
城镇其他单位合计	Other Urban Units	12.18	9.41	10.08	8.66
内资	Domestic Funds	10.55	8.54	9.32	8.00
港澳台投资经济	Economic with Funds from Hong Kong, Macao and Taiwan	0.88	0.38	0.16	0.13

22—1 续表 1 continued

指 标	Item	南宁市 Nanning City	南宁市辖区 Nanning Urban District	柳州市 Liuzhou City	柳州市辖区 Liuzhou Urban District
外商投资经济	Foreign Funded Economic	0.75	0.49	0.60	0.53
城镇私营经济	Urban Private Economic	9.3	8.03	6.95	4.99
城镇个体	Urban Personal	13.06	8.54	10.16	4.07
职工人数(万人)	Number of Staff and Workers (10 000 persons)	50.63	33.21	36.15	25.89
国有经济	State - owned Economic	35.39	21.57	23.35	15.04
城镇集体经济	Urban Collective - owned Economic	3.5	2.49	3.07	2.52
其他单位合计	Other Units	11.73	9.14	9.73	8.33
城镇登记失业人员数(万人)	Number of Registered Unemployed Persons in Urban Areas (10 000 persons)	2.4	1.37	1.96	1.32
职工工资总额(亿元)	Total Wage of Staff and Workers (100 million yuan)	66.9	50.37	51.57	40.27
国有经济	State - owned Economic	49.93	36.5	34.00	24.51
城镇集体经济	Urban Collective - owned Economic	3.1	2.35	2.97	2.54
其他单位合计	Other Units	13.87	11.53	14.60	13.22
职工平均工资(元)	Average Wage of Staff and Workers (yuan)	13172	15117	14177	15356
全社会固定资产投资(亿元)	Total Investment in Fixed Assets (100 million yuan)	190.39	131.3	109.37	83.11
基本建设	Capital Construction	96.99	71.2	41.11	27.39
更新改造	Innovation	27.78	19.04	30.67	28.02
房地产开发	Real Estate Development	39.48	35.38	27.90	26.72
其他	Others	26.14	5.68	9.69	0.98
国有经济固定资产投资(亿元)	Investment in Fixed Assets of the State - owned Economy (100 million yuan)	109.79	83.98	61.14	51.04
国有经济投资新增固定资产(亿元)	Investment Newly - increased Fixed Assets of the State - owned Economy (100 million yuan)	77.07	60.91	39.56	31.80
商品房屋销售额(亿元)	Sales of Commercial Houses (100 million yuan)	43.27	42.3	15.78	15.40
商品房屋销售面积(万平方米)	Selling Space of Commercial Houses(10 000 sq. m)	192.2	186.12	97.21	93.47
财政收入(亿元)	Total Financial Revenue (100 million yuan)	61.06	45.38	58.19	47.41
#一般预算收入	Local Financial Revenue	36.24	25.9	27.13	19.88
#增值税	Value - added Tax	4.64	3.19	6.71	5.75
营业税	Sales Tax	13.5	11.44	5.79	4.81
企业所得税	Enterprises Income Tax	1.29	1.02	0.95	0.74
一般预算支出(亿元)	Local Financial Expenditure (100 million yuan)	52.5	33.18	38.37	24.32
#基建支出	Capital Construction	4.54	4.34	3.02	2.22
科技三项费	Science and Technology Promotion	0.51	0.42	0.36	0.31
文教科卫事业费	Culture, Education, Science and Health Care	12.58	6.1	7.42	3.58
农村居民人均纯收入(元)	Per Capita Annual Net Income of Rural Households (yuan)	2231	2913	2082	2803
农村居民人均生活费总支出(元)	Per Capita Annual Living Expenditure of Rural Households (yuan)	1740	2262	1730	2243
#食品支出	Food Expenditure	980	1169	965	1153
城镇居民人均可支配收入(元)	Per Capital Annual Disposable Income of Urban Households (yuan)		9162		8370

22—1 续表 2 continued

指　标	Item	南宁市 Nanning City	南宁市辖区 Nanning Urban District	柳州市 Liuzhou City	柳州市辖区 Liuzhou Urban District
城镇居民人均消费性支出(元)	Per Capita Living Expenditure of Urban Households (yuan)		7217		6033
#食品支出	Food Expenditure		2708		2460
农村人均住房面积(平方米)	Per Capita Living Floor Space of Rural Households (sq. m)	29.62	25.57	24.57	29.28
乡村户数(万户)	Rural Households(10 000 households)	119.16	12.34	58.19	3.12
乡村劳动力(万人)	Rural Labor Force(10 000 persons)	281.28	24.99	132.37	6.62
#农林牧渔业	Farming, Forestry, Animal Husbandry and Fishery	198.34	17.89	95.47	4.54
常用耕地面积(千公顷)	Daily Cultivated Areas (1000 hectares)	396.1	37.14	240.87	10.83
农林牧渔业总产值(亿元)	Gross Output Value of Farming, Forestry, Animal Husbandry and Fishery (100 million yuan)	151.93	19.15	72.79	7.12
农林牧渔业总产值指数(上年=100)	Indices of Gross Output Value of Farming, Forestry, Animal Husbandry and Fishery (preceding year = 100)	105.13	99.05	114.74	123.20
农业机械总动力(万千瓦)	Total Agricultural Machinery Power (10 000kw)	266.78	30.48	101.87	8.98
化肥使用量(折纯量)(万吨)	Consumption of Chemical Fertilizers (pure quantity) (10000 tons)	31.38	3.28	13.11	0.92
农村用电量(万千瓦小时)	Electricity Consumed in Rural Areas(10 000 kwh)	47817	8013	23698	2643
有效灌溉面积(千公顷)	Irrigated Area (1 000 hectares)	235.15	25.01	97.35	4.61
总播种面积(千公顷)	Total Sown Area (1 000 hectares)	821	73.21	412.77	23.09
#粮食作物	Grain Crops	406.37	21.72	181.99	6.47
粮食产量(万吨)	Grain Yield of (10 000 tons)	175.34	9.75	79.89	2.95
甘蔗产量(万吨)	Yield of Sugarcane (10 000 tons)	927.91	111.3	629.16	35.38
水果产量(万吨)	Yield of Fruits (10 000 tons)	57.24	15.07	19.57	1.61
棉花产量(吨)	Yield of Cotton (ton)	22	3	30	3
油料产量(万吨)	Yield of Oil Plants(10 000 tons)	7.83	0.95	2.72	0.23
肉类总产量(万吨)	Total Output of Meat (10 000 tons)	38.23	4.59	21.05	2.58
#猪肉产量(万吨)	Pork Output(10 000 tons)	26.79	2.31	15.56	1.61
牛肉产量(吨)	Beef Output(ton)	13212	279	15164	388
羊肉产量(吨)	Mutton Output(ton)	2278	24	2958	108
水产品产量(吨)	Output of Aquatic Products(ton)	145468	22728	46603	11747
工业企业单位数(个)	Number of Industrial Enterprises (unit)	491	260	421	281
大型企业	Large Enterprises	2	2	11	11
中型企业	Medium Enterprises	67	35	67	44
小型企业	Small Enterprises	422	223	343	226
工业总产值(亿元)	Gross Industrial Output Value(100 million yuan)	208.38	141.16	426.52	368.85
内资企业	Domestic Funds Enterprises	180.91	128.15	346.81	298.23
国有工业	State - owned Industry	47.96	37.65	132.42	122.98
集体工业	Collective - owned Industry	10.1	7.26	13.47	12.06
股份合作企业	Cooperative Enterprises	1.71	0.79	5.25	2.85
联营企业	Joint Ownership Enterprises	0.16	0.16	10.48	10.38
有限责任公司	Limited Liability Corporations	43.98	32.12	99.09	78.39

22—1 续表 3 continued

指 标	Item	南宁市 Nanning City	南宁市辖区 Nanning Urban District	柳州市 Liuzhou City	柳州市辖区 Liuzhou Urban District
股份有限公司	Share Holding Enterprises	35.83	26.07	48.66	43.97
私营企业	Private Enterprises	41.17	24.1	37.44	27.60
其他内资企业	Other Domestic Funds Enterprises				
港澳台商投资企业	Enterprises with Funds from Hong Kong, Macao and Taiwan	15.52	5.15	13.70	8.88
外商投资企业	Foreign Funded Enterprises	11.95	7.87	66.01	61.74
工业总产值指数(上年=100)	Related Index of Gross Industrial Output Value (preceding year = 100)	119.56	115.49	118.90	118.95
工业企业增加值(亿元)	Value - added of Industrial Enterprises (100 million yuan)	72.5	48.33	115.03	97.08
工业企业资产总计(亿元)	Total Assets of Industrial Enterprises (100 million yuan)	331.14	231.49	578.45	481.90
工业企业负债合计(亿元)	Total Liabilities of Industrial Enterprises (100 million yuan)	226.61	162.57	374.73	310.84
工业企业产品销售收入(亿元)	Revenue of Products Sales of Industrial Enterprises (100 million yuan)	202.27	130.59	434.57	374.39
工业企业利润总额(亿元)	Total Profits of Industrial Enterprises (100 million yuan)	6.76	3.06	20.09	19.00
建筑企业单位数(个)	Number of Construction Enterprises (unit)	288	248	69	49
建筑业企业从业人员(万人)	Number of Persons Employed in Construction Enterprises (10 000 persons)	12.46	11.73	4.71	4.39
建筑业总产值(亿元)	Gross Output Value of Construction (100 million yuan)	110.54	107.02	42.27	40.12
房屋建筑施工面积(万平方米)	Floor Space of Buildings under Construction (10 000 sq. m)	1027	950	683.00	627.41
#住宅	Residential Housing				
房屋建筑竣工面积(万平方米)	Floor Space of Buildings Completed (10 000 sq. m)	417.76	371.28	273.33	250.26
#住宅	Residential Housing	270.25	245.61	191.52	182.20
公路里程(公里)	Length of Highways (km)	6756.16	828.98	3488	191
#等级公路	Length of Expressway and Class I to IV Highway	5661.77	689.54	3093	179
民用汽车拥有量(辆)	Number of Civil Motor Vehicles Owned (unit)	92849		50643	
邮电业务总量(亿元)	Business Volume of Post and Telecommunications Service (100 million yuan)	19.16	14.49	17.34	12.26
本地电话用户(含小灵通)(万户)	Local Telephone Subscribers (10 000 subscribers)	120.2	78.56	62.64	40.72
移动电话用户(万户)	Number of Mobile Telephone Subscribers (10 000 subscribers)	147.65	91.11	63.78	42.19
社会消费品零售总额(亿元)	Total Retail Sales of Consumer Goods (100 million yuan)	207.98	158.17	90.90	67.64
贸易业	Trades	174.80	130.26	74.66	54.80
餐饮业	Catering Services	32.55	27.60	12.69	9.55

注:社会消费品零售总额不包括制造业和农业生产者的直接零售.

Note: Total retail sales of consumer goods does not include mannfacture and direct retail of agricultural producers.

22—1 续表 4 continued

指 标	Item	南宁市 Nanning City	南宁市辖区 Nanning Urban District	柳州市 Liuzhou City	柳州市辖区 Liuzhou Urban District
其它	Others	0.63	0.31	3.55	3.29
批发零售贸易业法人企业个数(个)	Number of Corporation Unit in Wholesale and Retail Trades(unit)	262	240	73	63
#零售贸易业	Retail Trades	133	124	27	24
批发零售贸易业从业人员(人)	Employed Persons in Wholesale and Retail Trades (person)	34846	31377	13864	12956
#零售贸易业	Retail Trades	22087	20523	8501	8289
批发零售贸易业购进总额(亿元)	Total Purchases of Wholesale and Retail Trades (100 million yuan)	226.72	216.37	74.12	65.84
批发零售贸易业销售总额(亿元)	Total Sales of Wholesale and Retail Trades (100 million yuan)	238.49	224.64	80.89	72.04
批发	Wholesale	154.00	144.45	59.00	51.27
零售	Retail	84.49	80.19	21.89	20.77
批发零售贸易业库存总额(亿元)	Total Inventory of Wholesale and Retail Trades (100 million yuan)	16.6	15.91	6.07	5.67
外商直接投资(万美元)	Foreign Direct Investments(USD 10 000)	8903	8716	6114	5989
入境国际旅游者人数(万人次)	Number of International tourists Through Guangxi (10 000 person – times)	3.49	3.49	1.30	0.81
#外国人	Foreigners	2.43	2.43	0.70	0.36
国际旅游外汇收入(万美元)	Foreign Exchange Earnings from International Tourism (USD 10 000)	6782	6695	70.12	44.2
国内旅游人数(万人次)	Number of Domestic Tourists (10 000 person – times)	1142.71		381.3	
国内旅游总收入(万元)	Total Domestic Tourism Receipts (10 000 yuan)	615222		215520	
星级饭店数(个)	Total Number of Tourist Hotel (unit)	49	40	17	15
金融机构存款(亿元)	Saving Deposit of Financial Institutions (100 million yuan)	943.4	800.02	433.68	352.56
#企业存款	Enterprises Deposit	334.74	316.64	146.62	135.14
居民储蓄存款余额	Saving Deposit of Residents	451.5	337.47	257.78	196.36
定期	Time Deposit	213.21	161.39	142.09	111.37
活期	Current Deposit	238.28	176.08	115.69	84.99
金融机构贷款(亿元)	Loans of Financial Institutions(100 million yuan)	959.77	897.73	274.30	226.66
#工业贷款	Industrial Loans	82.57	76.02	71.50	64.57
商业贷款	Commercial Loans	52.26	45.18	22.25	17.03
农业贷款	Agricultural Loans	21.85	5.23	13.82	2.95
幼儿园数(所)	Number of Kindergartens (unit)	486	137	193	131
入园儿童数(万人)	Student Enrollment (10 000 persons)	8.86	2.8	5.97	2.88
学龄儿童入学率(%)	Percentage of School – age Children Enrolled (%)	99.5	100	99.15	100
小学学校数(所)	Number of Primary Schools (unit)	1714	258	1205	216
小学专任教师数(人)	Full – time Teachers in Primary Schools (person)	26214	6763	16326	5316
小学在校学生数(万人)	Primary Student Enrollment (10 000 persons)	61.56	13.7	31.50	9.55

22—1 续表 5 continued

指标	Item	南宁市 Nanning City	南宁市辖区 Nanning Urban District	柳州市 Liuzhou City	柳州市辖区 Liuzhou Urban District
小学招生数(万人)	New Student Enrollment in Primary Schools (10 000 persons)	9.36	2.3	4.49	1.56
小学毕业生数(万人)	Graduates of Primary Schools (10 000 persons)	11.51	2.37	6.23	1.64
普通中等学校数	Number of Secondary Schools	507	185	264	97
#普通中学(所)	Regular Secondary Schools (unit)	432	122	238	77
普通中等学校专任教师数(人)	Full - time Teachers in Secondary Schools (person)	24916	9443	12414	5662
#普通中学	Regular Secondary Schools	20468	5660	10768	4165
普通中等学校在校学生数(万人)	Student Enrollment in Secondary Schools (10 000 persons)	52.65	19.98	23.49	10.09
#普通中学	Regular Secondary Schools	41.77	10.2	20.49	7.20
普通中等学校招生数(万人)	New Student Enrollment in Secondary Schools (10 000 persons)	18.75	7	8.31	3.48
#普通中学	Regular Secondary Schools	14.85	3.52	7.22	2.44
普通中等学校毕业生数(万人)	Graduates in Secondary Schools (10 000 persons)	16.9	6.72	7.16	3.06
#普通中学	Regular Secondary Schools	12.91	2.99	6.20	2.15
普通高等学校数(所)	Regular Institutions of Higher Education (unit)	20	18	6	6
普通高等学校专任教师(人)	Full - time Teachers in Regular Institutions of Higher Education (person)	7799	7392	1832	1832
普通高等学校在校学生数(万人)	Student Enrollment in Regular Institutions of Higher Education (10 000 persons)	10.73	9.87	2.77	2.77
普通高等学校招生数(万人)	New Student Enrollment in Regular Institutions of Higher Education (10 000 persons)	4.06	3.71	1.07	1.07
普通高等学校毕业生数(万人)	Graduates in Regular Institutions of Higher Education (10 000 persons)	1.91	1.76	0.49	0.49
公共图书馆(个)	Public Libraries (unit)	11	4	7	1
公共图书馆藏书量(万册)	Total Collections of Public Libraries (10 000 volumes)	314.1	241.7	103.21	65.51
广播覆盖率(%)	Broadcasting Rating (%)	88.91	100	92.52	100.00
电视覆盖率(%)	Television Rating (%)	91.06	98	95.00	100.00
卫生机构数(个)	Number of Health Institutions (unit)	1262	626	2039	740
#医院、卫生院	Hospitals	199	49	177	67
卫生防疫站	Epidemic Prevention Station	11	4	9	3
妇幼保健站	Maternity and Child Care Centers	10	3	9	2
卫生机构床位数(张)	Number of Beds in Health Institutions (unit)	17684	11390	10907	7746
#医院、卫生院	Hospitals	16552	10756	10511	7647
卫生机构人员数(人)	Number of Employed Personnel in Health Institutions (person)	28411	18410	17485	10554
医院、卫生院技术人员(人)	Medical and Technical Personnel (person)	17267	11080	10642	7220
#执业医师、助理医师	Certified Physicians, Certified Assistant Physicians	6439	3875	4058	2731
注册护师、护士	Senior and Junior Nurses	6482	4081	4492	3149

22—1 续表 6 continued

指 标	Item	桂林市 Guilin City	桂林市辖区 Guilin Urban District	梧州市 Wuzhou City	梧州市辖区 Wuzhou Urban District
行政区域土地面积(平方公里)	Administrative Region Land Area(sq. km)	27809	565	12588	1097
地区生产总值(亿元)	Gross Domestic Product (100 million yuan)	388.28	137.58	162.00	74.21
第一产业	Primary Industry	105.64	4.12	40.22	2.86
第二产业	Secondary Industry	137.74	56.04	56.02	26.62
工业	Industry	109.99	46.21	46.29	21.18
建筑业	Construction	27.75	9.83	9.73	5.44
第三产业	Tertiary Industry	144.90	77.41	65.76	44.73
#交通仓储和邮电通信业	Transport, post and Telecommunication Service	25.59	9.12	11.11	8.48
批发和零售贸易餐饮业	Wholesale, Retail Trade & Catering Services	25.83	12.50	13.25	8.70
人均地区生产总值(元)	Per Capita GDP(yuan)	7940	19640	5538	15829
地区生产总值指数(上年=100)	Indices of Gross Domestic Product(preceding year =100)	109.8	107.5	109.5	115.4
第一产业	Primary Industry	106.0	103.9	100.8	96.0
第二产业	Secondary Industry	112.1	101.9	120.2	133.4
#工业	Industry	110.2	102.7	116.5	131.0
建筑业	Construction	121.1	97.8	143.7	144.6
第三产业	Tertiary Industry	110.6	112.4	107.6	106.7
#交通仓储和邮电通信业	Transport, Post and Telecommunication Service	97.5	111.1	104.1	101.8
批发和零售贸易餐饮业	Wholesale, Retail Trade & Catering Services	114.4	109.5	108.8	108.3
人均地区生产总值指数(上年=100)	Index of Per Capita GDP(preceding year =100)	109.1	104.3	108.7	116.6
年末总人口(万人)	Total Population at Year-end(10 000 persons)	490.47	71.00	293.69	47.24
男性	Male	255.27	35.88	154.82	24.11
女性	Female	235.20	35.12	138.87	23.13
出生人口(人)	Birth (person)	43188	5670	36935	4645
死亡人口(人)	Death(person)	18576	2546	12373	1970
年末总户数(万户)	Total Households at Year-end (10 000 households)	139.71	18.98	76.59	14.29
经济活动人口(万人)	Economically Active Population (10 000 persons)	271.88	49.50	148.61	23.86
就业人员(万人)	Employed Persons (10 000 persons)	270.15	48.78	147.82	23.48
第一产业	Primary Industry	159.66	6.52	85.88	10.22
第二产业	Secondary Industry	51.91	11.88	27.01	7.99
第三产业	Tertiary Industry	58.58	30.38	34.93	5.27
城镇从业人员(万人)	Number of Employed Persons in Urban Units (10 000 persons)	42.83	24.98	24.03	10.70
城镇国有经济	Urban State-owned Economic	22.86	10.49	10.15	3.66
城镇集体经济	Urban Collective-owned Economic	2.29	1.21	1.47	0.84
城镇其他单位合计	Other Urban Units	6.20	4.43	3.59	3.07
内资	Domestic Funds	4.69	3.43	2.54	2.34
港澳台投资经济	Economic with Funds from Hong Kong, Macao and Taiwan	0.94	0.51	0.83	0.51
外商投资经济	Foreign Funded Economic	0.57	0.49	0.22	0.22
城镇私营经济	Urban Private Economic	1.57	1.20	2.67	1.61

指　标	Item	桂林市 Guilin City	桂林市辖区 Guilin Urban District	梧州市 Wuzhou City	梧州市辖区 Wuzhou Urban District
城镇个体	Urban Personal	9.91	7.65	6.15	1.52
职工人数(万人)	Number of Staff and Workers(10 000 persons)	30.72	15.74	14.60	7.48
国有经济	State – owned Economic	22.62	10.32	9.70	3.61
城镇集体经济	Urban Collective – owned Economic	2.16	1.16	1.40	0.83
其他单位合计	Other Units	5.94	4.26	3.50	3.04
城镇登记失业人员数(万人)	Number of Registered Unemployed Persons in Urban Areas (10 000 persons)	1.73	0.72	0.79	0.38
职工工资总额(亿元)	Total Wage of Staff and Workers (100 million yuan)	37.73	21.99	15.53	9.39
国有经济	State – owned Economic	29.13	15.78	10.87	5.49
城镇集体经济	Urban Collective – owned Economic	1.76	0.94	0.86	0.49
其他单位合计	Other Units	6.84	5.27	3.80	3.41
职工平均工资(元)	Average Wage of Staff and Workers(yuan)	12279	13720	10764	12780
全社会固定资产投资(亿元)	Total Investment in Fixed Assets (100 million yuan)	111.05	40.93	41.70	23.74
基本建设	Capital Construction(100 million yuan)	41.89	16.62	20.51	12.13
更新改造	Innovation	13.37	5.82	5.87	5.24
房地产开发	Real Estate Development	26.24	16.26	5.44	4.66
其他	Others	29.55	2.23	9.88	1.71
国有经济固定资产投资(亿元)	Investment in Fixed Assets of the State – owned Economy (100 million yuan)	39.59	19.12	22.00	0.8
国有经济投资新增固定资产(亿元)	Investment Newly – increased Fixed Assets of the State – owned Economy (100 million yuan)	18.07	9.12	10.77	0.8
商品房屋销售额(亿元)	Sales of Commercial Houses (100 million yuan)	22.41	17.95	4.61	4.54
商品房屋销售面积(万平方米)	Selling Space of Commercial Houses(10 000 sq. m)	105.15	67.74	32.96	32.2
财政收入(亿元)	Total Financial Revenue (100 million yuan)	37.04	22.57	14.26	6.92
#一般预算收入	Local Financial Revenue	22.13	13.10	9.17	5.75
#增值税	Value – added Tax	3.32	1.96	1.25	0.79
营业税	Sales Tax	6.05	3.89	1.92	1.24
企业所得税	Enterprises Income Tax	1.26	0.92	0.36	0.28
一般预算支出(亿元)	Local Financial Expenditure (100 million yuan)	40.95	18.18	19.25	9.99
#基建支出	Capital Construction	3.51	1.98	2.06	1.97
科技三项费	Science and Technology Promotion	0.33	0.31	0.03	0.03
文教科卫事业费	Culture, Education,Science and Health Care	11.82	4.24	5.81	2.01
农村居民人均纯收入(元)	Per Capita Annual Net Income of Rural Households (yuan)	2354	3192	2006	2701
农村居民人均生活费总支出(元)	Per Capita Annual Living Expenditure of Rural Households (yuan)	1876	1716.14	1379	1670.30
#食品支出	Food Expenditure	1026	998.75	811	998.63
城镇居民人均可支配收入(元)	Per Capital Annual Disposable Income of Urban Households (yuan)		8246		7062
城镇居民人均消费性支出(元)	Per Capita Living Expenditure of Urban Households (yuan)		6326		6136

22—1 续表 8 continued

指标	Item	桂林市 Guilin City	桂林市辖区 Guilin Urban District	梧州市 Wuzhou City	梧州市辖区 Wuzhou Urban District
#食品支出	Food Expenditure		2553		2855
农村人均住房面积(平方米)	Per Capita Living Floor Space of Rural Households (sq. m)	28.89	45.59	21.36	27.68
乡村户数(万户)	Rural Households(10 000 households)	102.89	3.70	58.24	5.14
乡村劳动力(万人)	Rural Labor Force(10 000 persons)	228.46	8.89	131.68	11.58
#农林牧渔业	Farming, Forestry, Animal Husbandry and Fishery	158.74	6.28	85.84	7.53
常用耕地面积(千公顷)	Daily Cultivated Areas (1000 hectares)	282.59	8.53	97.05	7.89
农林牧渔业总产值(亿元)	Gross Output Value of Farming, Forestry, Animal Husbandry and Fishery (100 million yuan)	153.79	6.37	68.90	5.25
农林牧渔业总产值指数(上年=100)	Indices of Gross Output Value of Farming, Forestry, Animal Husbandry and Fishery (preceding year=100)	106.80	105.06	101.07	116.15
农业机械总动力(万千瓦)	Total Agricultural Machinery Power (10 000kw)	175.03	6.18	68.27	9.47
化肥使用量(折纯量)(万吨)	Consumption of Chemical Fertilizers (pure quantity)(10000 tons)	19.02	0.54	5.76	0.49
农村用电量(万千瓦小时)	Electricity Consumed in Rural Areas(10 000 kwh)	35912	1697	16127	1677
有效灌溉面积(千公顷)	Irrigated Area (1 000 hectares)	220.44	6.23	69.32	5.38
总播种面积(千公顷)	Total Sown Area (1 000 hectares)	765.23	18.36	269.19	18.06
#粮食作物	Grain Crops	377.69	6.93	158.07	10.66
粮食产量(万吨)	Grain Yield of (10 000 tons)	189.21	3.29	88.19	5.97
甘蔗产量(万吨)	Yield of Sugarcane (10 000 tons)	28.22	0.15	18.73	0.50
水果产量(万吨)	Yield of Fruits (10 000 tons)	132.41	1.12	10.61	0.78
棉花产量(吨)	Yield of Cotton (ton)	184	---	6	0
油料产量(万吨)	Yield of Oil Plants(10 000 tons)	9.06	0.08	3.08	0.23
肉类总产量(万吨)	Total Output of Meat (10 000 tons)	41.54	2.89	23.24	2.07
#猪肉产量(万吨)	Pork Output(10 000 tons)	32.52	2.03	14.79	1.38
牛肉产量(吨)	Beef Output(ton)	10431	127	3876	96
羊肉产量(吨)	Mutton Output(ton)	2338	62	94	8
水产品产量(吨)	Output of Aquatic Products(ton)	82998	7729	45561	10106
工业企业单位数(个)	Number of Industrial Enterprises (unit)	479	182	181	87
大型企业	Large Enterprises	4	4	0	0
中型企业	Medium Enterprises	51	35	26	19
小型企业	Small Enterprises	424	143	155	68
工业总产值(亿元)	Gross Industrial Output Value(100 million yuan)	161.36	104.54	69.53	46.67
内资企业	Domestic Funds Enterprises	137.62	90.00	52.83	36.54
国有工业	State-owned Industry	52.07	37.79	19.17	12.78
集体工业	Collective-owned Industry	9.84	6.67	9.5	4.29
股份合作企业	Cooperative Enterprises	10.85	7.42	0.57	0.57
联营企业	Joint Ownership Enterprises	0.13		0.1	0
有限责任公司	Limited Liability Corporations	29.61	17.08	3.4	1.4
股份有限公司	Share Holding Enterprises	20.84	18.06	14.69	14.61
私营企业	Private Enterprises	14.28	2.98	5.4	2.89
其他内资企业	Other Domestic Funds Enterprises			0	0

22—1 续表 9 continued

指　　标	Item	桂林市 Guilin City	桂林市辖区 Guilin Urban District	梧州市 Wuzhou City	梧州市辖区 Wuzhou Urban District
港澳台商投资企业	Enterprises with Funds from Hong Kong, Macao and Taiwan	7.82	1.85	11.38	5.25
外商投资企业	Foreign Funded Enterprises	15.92	12.69	5.32	4.88
工业总产值指数(上年=100)	Related Index of Gross Industrial Output Value (preceding year=100)	111.2	110.7	132.5	142.5
工业企业增加值(亿元)	Value-added of Industrial Enterprises (100 million yuan)	53.64	34.77	20.02	13.22
工业企业资产总计(亿元)	Total Assets of Industrial Enterprises (100 million yuan)	254.27	176.72	99.07	74.47
工业企业负债合计(亿元)	Total Liabilities of Industrial Enterprises (100 million yuan)	158.40	109.62	69.31	54.69
工业企业产品销售收入(亿元)	Revenue of Products Sales of Industrial Enterprises (100 million yuan)	155.07	99.57	65.49	42.96
工业企业利润总额(亿元)	Total Profits of Industrial Enterprises (100 million yuan)	6.94	4.48	0.74	0.27
建筑企业单位数(个)	Number of Construction Enterprises (unit)	134	74	49	33
建筑业企业从业人员(万人)	Number of Persons Employed in Construction Enterprises (10 000 persons)	3.65	2.79	1.57	1.19
建筑业总产值(亿元)	Gross Output Value of Construction (100 million yuan)	36.61	30.08	8.50	6.02
房屋建筑施工面积(万平方米)	Floor Space of Buildings under Construction (10 000 sq. m)	606.00	439.00	194	131
#住宅	Residential Housing			116	79
房屋建筑竣工面积(万平方米)	Floor Space of Buildings Completed (10 000 sq. m)	253.96	168.41	90.58	54.92
#住宅	Residential Housing	143.47	98.48	55.95	35.11
公路里程(公里)	Length of Highways (km)	7054	215	3454	100
#等级公路	Length of Expressway and Class I to IV Highway	5524	195	2917	100
民用汽车拥有量(辆)	Number of Civil Motor Vehicles Owned (unit)	60713	33607	20476	
邮电业务总量(亿元)	Business Volume of Post and Telecommunications Service (100 million yuan)	17.57	9.25	8.18	4.07
本地电话用户(含小灵通)(万户)	Local Telephone Subscribers (10 000 subscribers)	76.05	36.79	36.04	15.97
移动电话用户(万户)	Number of Mobile Telephone Subscribers (10 000 subscribers)	71.16	32.82	31.53	13.57
社会消费品零售总额(亿元)	Total Retail Sales of Consumer Goods (100 million yuan)	103.95	54.71	61.96	28.49
贸易业	Trades	82.60	43.77	50.70	23.97
餐饮业	Catering Services	17.93	10.15	7.47	4.18
其它	Others	3.42	0.79	3.79	0.35
批发零售贸易业法人企业个数(个)	Number of Corporation Unit in Wholesale and Retail Trades (unit)	39	23	30	15

注:社会消费品零售总额不包括制造业和农业生产者的直接零售.

Note: Total retail sales of consumer goods does not include mannfacture and direct retail of agricultural producers.

22—1 续表 10 continued

指　标	Item	桂林市 Guilin City	桂林市辖区 Guilin Urban District	梧州市 Wuzhou City	梧州市辖区 Wuzhou Urban District
#零售贸易业	Retail Trades	18	12	11	6
批发零售贸易业从业人员(人)	Employed Persons in Wholesale and Retail Trades (person)	5873	4281	4046	1709
#零售贸易业	Retail Trades	3758	2975	1512	433
批发零售贸易业购进总额(亿元)	Total Purchases of Wholesale and Retail Trades (100 million yuan)	37.46	28.90	22.79	16.24
批发零售贸易业销售总额(亿元)	Total Sales of Wholesale and Retail Trades (100 million yuan)	42.56	33.09	23.48	16.26
批发	Wholesale	32.11	23.30	18.21	13.08
零售	Retail	10.45	9.79	5.27	3.18
批发零售贸易业库存总额(亿元)	Total Inventory of Wholesale and Retail Trades (100 million yuan)	2.71	2.16	1.76	1.31
外商直接投资(万美元)	Foreign Direct Investments(USD 10 000)	6354	5539	8300	8300
入境国际旅游者人数(万人次)	Number of International Tourists through Guangxi (10 000 person - times)	44.57	31.01	2	
#外国人	Foreigners	21.8	16.94	0.62	
国际旅游外汇收入(万美元)	Foreign Exchange Earnings from International Tourism (USD 10 000)	10848.91	8145.5	1220	
国内旅游人数(万人次)	Number of Domestic Tourists (10 000 person - times)	809.73	504.87	165	
国内旅游总收入(万元)	Total Domestic Tourism Receipts (10 000 yuan)	254009	203052	62576	
星级饭店数(个)	Total Number of Tourist Hotel (unit)	59	41	16	11
金融机构存款(亿元)	Saving Deposit of Financial Institutions (100 million yuan)	414.78	257.03	144.59	79.48
#企业存款	Enterprises Deposit	93.73	74.89	23.52	18.44
居民储蓄存款余额	Saving Deposit of Residents	282.69	157.51	109.34	53.94
定期	Time Deposit	165.24	95.75	61.42	30.89
活期	Current Deposit	117.45	61.76	47.92	23.04
金融机构贷款(亿元)	Loans of Financial Institutions(100 million yuan)	245.41	153.55	91.07	62.97
#工业贷款	Industrial Loans	38.26	30.89	14.32	12.88
商业贷款	Commercial Loans	25.76	13.91	13.97	9.9
农业贷款	Agricultural Loans	22.61	1.62	7.00	0.73
幼儿园数(所)	Number of Kindergartens (unit)	316	84	98	21
入园儿童数(万人)	Student Enrollment (10 000 persons)	5.49	0.80	6.28	0.52
学龄儿童入学率(%)	Percentage of School - age Children Enrolled (%)	99.26	100.00	99.6	100
小学学校数(所)	Number of Primary Schools (unit)	1725	96	906	85
小学专任教师数(人)	Full - time Teachers in Primary Schools (person)	20132	3070	12186	1983
小学在校学生数(万人)	Primary Student Enrollment (10 000 persons)	33.75	4.52	37.87	4.22
小学招生数(万人)	New Student Enrollment in Primary Schools (10 000 persons)	4.67	0.68	6.01	0.64

指　　标	Item	桂林市 Guilin City	桂林市辖区 Guilin Urban District	梧州市 Wuzhou City	梧州市辖区 Wuzhou Urban District
小学毕业生数(万人)	Graduates of Primary Schools (10 000 persons)	7.58	0.82	6.47	0.71
普通中等学校数(所)	Number of Secondary Schools (unit)	403	95	181	36
#普通中学	Regular Secondary Schools	333	41	156	23
普通中等学校专任教师数(人)	Full - time Teachers in Secondary Schools (person)	18739	4359	9066	1971
#普通中学	Regular Secondary Schools	16338	2586	8019	1405
普通中等学校在校学生数(万人)	Student Enrollment in Secondary Schools (10 000 persons)	34.70	7.59	20.42	4.43
#普通中学	Regular Secondary Schools	30.46	4.08	18.00	2.68
普通中等学校招生数(万人)	New Student Enrollment in Secondary Schools (10 000 persons)	12.28	2.98	7.96	1.79
#普通中学	Regular Secondary Schools	10.34	1.37	6.81	0.9
普通中等学校毕业生数(万人)	Graduates in Secondary Schools (10 000 persons)	11.60	2.32	5.17	1.33
#普通中学	Regular Secondary Schools	10.37	1.27	4.42	0.76
普通高等学校数(所)	Regular Institutions of Higher Education (unit)	7	7	1	1
普通高等学校专任教师(人)	Full - time Teachers in Regular Institutions of Higher Education (person)	3523	3523	316	316
普通高等学校在校学生数(万人)	Student Enrollment in Regular Institutions of Higher Education (10 000 persons)	5.85	5.85	0.63	0.63
普通高等学校招生数(万人)	New Student Enrollment in Regular Institutions of Higher Education (10 000 persons)	2.25	2.25	0.27	0.27
普通高等学校毕业生数(万人)	Graduates in Regular Institutions of Higher Education (10 000 persons)	2.01	2.01	0.12	0.12
公共图书馆(个)	Public Libraries (unit)	13	1	5	1
公共图书馆藏书量(万册)	Total Collections of Public Libraries (10 000 volumes)	336.10	161.70	89.09	45.00
广播覆盖率(%)	Broadcasting Rating (%)	92.65	100	92.52	98.73
电视覆盖率(%)	Television Rating (%)	95.24	100	94.37	96.23
卫生机构数(个)	Number of Health Institutions (unit)	1253	58	142	54
#医院、卫生院	Hospitals	196	34	88	21
卫生防疫站	Epidemic Prevention Station	13	1	5	1
妇幼保健站	Maternity and Child Care Centers	13	1	5	1
卫生机构床位数(张)	Number of Beds in Health Institutions (unit)	11528	5447	6031	4202
#医院、卫生院	Hospitals	10332	4670	5702	3966
卫生机构人员数(人)	Number of Employed Personnel in Health Institutions (person)	19231	7575	9002	5923
医院、卫生院技术人员(人)	Medical and Technical Personnel (person)	11552	5060	7301	4804
#执业医师、助理医师	Certified Physicians, Certified Assistant Physicians	4501	1783	2850	1771
注册护师、护士	Senior and Junior Nurses	4625	2271	2955	1990

22—1 续表 12 continued

指 标	Item	北海市 Beihai City	北海市辖区 Beihai Urban District	防城港市 Fangchenggang City	防城港市辖区 Fangchenggang Urban District
行政区域土地面积(平方公里)	Administrative Region Land Area(sq. km)	3337	957	6181	2822
地区生产总值(亿元)	Gross Domestic Product (100 million yuan)	140.14	84.32	71.98	48.92
第一产业	Primary Industry	39.08	17.54	19.95	11.13
第二产业	Secondary Industry	42.82	25.96	24.00	16.9
工业	Industry	33.29	18.22	19.12	12.98
建筑业	Construction	9.53	7.74	4.88	3.92
第三产业	Tertiary Industry	58.24	40.82	28.03	20.89
#交通仓储和邮电通信业	Transport, post and Telecommunication Service	18.31	13.86	8.9	7.29
批发和零售贸易餐饮业	Wholesale, Retail Trade & Catering Services	20.55	13.85	6.43	5.09
人均地区生产总值(元)	Per Capita GDP(yuan)	9590	15787	9159	10311
地区生产总值指数(上年=100)	Indices of Gross Domestic Product(preceding year =100)	111.8	116.5	110.7	111.1
第一产业	Primary Industry	102.9	101.3	106.2	104.7
第二产业	Secondary Industry	123.6	137.9	116.7	117.1
#工业	Industry	116.4	127.4	114.9	114.9
建筑业	Construction	160.9	175.8	124.5	125.2
第三产业	Tertiary Industry	110.7	111.8	109.6	110.4
#交通仓储和邮电通信业	Transport, Post and Telecommunication Service	112.6	116.5	114.6	119.5
批发和零售贸易餐饮业	Wholesale, Retail Trade & Catering Services	107.6	107.5	108.6	104.3
人均地区生产总值指数(上年=100)	Index of Per Capita GDP(preceding year =100)	111.0	115.6	110.0	110.9
年末总人口(万人)	Total Population at Year - end(10 000 persons)	146.77	53.93	78.85	47.44
男性	Male	76.8	27.68	43.07	25.78
女性	Female	69.97	26.25	35.78	21.66
出生人口(人)	Birth (person)	15672	6409	10774	6279
死亡人口(人)	Death(person)	4376	1124	3778	1849
年末总户数(万户)	Total Households at Year - end (10 000 households)	39.02	16.04	22.47	13.58
经济活动人口(万人)	Economically Active Population (10 000 persons)	85.02	40.12	43.55	27.76
就业人员(万人)	Employed Persons	84.18	39.90	43.25	27.56
第一产业	Primary Industry	45.52	11.51	22.99	12.2
第二产业	Secondary Industry	17.91	13.58	8.05	5.87
第三产业	Tertiary Industry	20.75	14.81	12.21	9.49
城镇从业人员(万人)	Number of Employed Persons in Urban Units (10 000 persons)	13.92	5.78	8.10	4.72
城镇国有经济	Urban State - owned Economic	7.62	4.53	4.78	2.98
城镇集体经济	Urban Collective - owned Economic	0.68	0.33	0.33	0.17
城镇其他单位合计	Other Urban Units	1.11	0.92	0.29	0.12
内资	Domestic Funds	0.82	0.7	0.17	0.02
港澳台投资经济	Economic with Funds from Hong Kong, Macao and Taiwan	0.14	0.07	0.02	0
外商投资经济	Foreign Funded Economic	0.15	0.15	0.1	0.1
城镇私营经济	Urban Private Economic	0.97		0.64	0.29

指　　标	Item	北海市 Beihai City	北海市辖区 Beihai Urban District	防城港市 Fangchenggang City	防城港市辖区 Fangchenggang Urban District
城镇个体	Urban Personal	3.54		2.06	1.16
职工人数(万人)	Number of Staff and Workers(10 000 persons)	8.74	5.48	4.99	3.09
国有经济	State - owned Economic	7.05	4.29	4.48	2.83
城镇集体经济	Urban Collective - owned Economic	0.65	0.33	0.25	0.15
其他单位合计	Other Units	1.04	0.86	0.26	0.11
城镇登记失业人员数(万人)	Number of Registered Unemployed Persons in Urban Areas (10 000 persons)	0.84	0.51	0.30	0.2
职工工资总额(亿元)	Total Wage of Staff and Workers (100 million yuan)	10.13	6.99	5.73	3.94
国有经济	State - owned Economic	8.4	5.73	5.27	3.7
城镇集体经济	Urban Collective - owned Economic	0.57	0.26	0.17	0.11
其他单位合计	Other Units	1.16	1.00	0.29	0.13
职工平均工资(元)	Average Wage of Staff and Workers(yuan)	11651	12820	11520	12757
全社会固定资产投资(亿元)	Total Investment in Fixed Assets (100 million yuan)	43.07	30.81	19.70	12.19
基本建设	Capital Construction	23.43	17.08	11.95	8.34
更新改造	Innovation	9.28	8.79	1.27	1.16
房地产开发	Real Estate Development	4.74	4.59	1.21	0.52
其他	Others	5.62	0.35	5.27	2.17
国有经济固定资产投资(亿元)	Investment in Fixed Assets of the State - owned Economy (100 million yuan)	21.76	16.49	8.84	5.53
国有经济投资新增固定资产(亿元)	Investment Newly - increased Fixed Assets of the State - owned Economy (100 million yuan)	7.82	3.10	5.18	3.7
商品房屋销售额(亿元)	Sales of Commercial Houses (100 million yuan)	1.73	1.65	0.38	0.04
商品房屋销售面积(万平方米)	Selling Space of Commercial Houses(10 000 sq. m)	14.09	13.26	4.07	0.59
财政收入(亿元)	Total Financial Revenue (100 million yuan)	13.06	10.00	5.61	3.39
#一般预算收入	Local Financial Revenue (100 million yuan)	8.27	6.26	3.84	2.26
#增值税	Value - added Tax (100 million yuan)	1.07	0.86	0.41	0.27
营业税	Sales Tax (100 million yuan)	2.11	1.73	1.01	0.68
企业所得税	Enterprises Income Tax (100 million yuan)	0.18	0.17	0.20	0.12
一般预算支出(亿元)	Local Financial Expenditure (100 million yuan)	13.21	8.9	8.37	5.54
#基建支出	Capital Construction	1.1	0.73	0.92	0.73
科技三项费	Science and Technology Promotion	0.13	0.13	0.01	0.01
文教科卫事业费	Culture, Education,Science and Health Care	3.63	2.19	1.74	1.03
农村居民人均纯收入(元)	Per Capita Annual Net Income of Rural Households (yuan)	2587	2587	2335	2421
农村居民人均生活费总支出(元)	Per Capita Annual Living Expenditure of Rural Households (yuan)	1936	1935.72	1609	1639
#食品支出	Food Expenditure	1061	1060.99	947	982
城镇居民人均可支配收入(元)	Per Capital Annual Disposable Income of Urban Households (yuan)		8015		7833
城镇居民人均消费性支出(元)	Per Capita Living Expenditure of Urban Households (yuan)		5864		4834

22—1 续表 14 continued

指　　标	Item	北海市 Beihai City	北海市辖区 Beihai Urban District	防城港市 Fangchenggang City	防城港市辖区 Fangchenggang Urban District
#食品支出	Food Expenditure		2715		2226
农村人均住房面积(平方米)	Per Capita Living Floor Space of Rural Households (sq. m)	28.25	28.25	21.87	23.28
乡村户数(万户)	Rural Households(10 000 households)	26.97	8.1	14.59	8.16
乡村劳动力(万人)	Rural Labor Force(10 000 persons)	64.94	18.08	31.94	18.68
#农林牧渔业	Farming, Forestry, Animal Husbandry and Fishery	45.49	11.48	22.99	12.65
常用耕地面积(千公顷)	Daily Cultivated Areas (1000 hectares)	80.66	24.4	47.13	17.32
农林牧渔业总产值(亿元)	Gross Output Value of Farming, Forestry, Animal Husbandry and Fishery (100 million yuan)	72.39	33.42	32.79	18.71
农林牧渔业总产值指数(上年=100)	Indices of Gross Output Value of Farming, Forestry, Animal Husbandry and Fishery (preceding year = 100)	102.77	100.8	104.34	101.92
农业机械总动力(万千瓦)	Total Agricultural Machinery Power (10 000kw)	78.16	44.19	40.34	21.31
化肥使用量(折纯量)(万吨)	Consumption of Chemical Fertilizers (pure quantity)(10000 tons)	5.7	2.37	3.24	1.10
农村用电量(万千瓦小时)	Electricity Consumed in Rural Areas(10 000 kwh)	10661	4617	7559	3421
有效灌溉面积(千公顷)	Irrigated Area (1 000 hectares)	46.53	9.95	26.89	12.04
总播种面积(千公顷)	Total Sown Area (1 000 hectares)	183.9	49.32	111.48	53.14
#粮食作物	Grain Crops	92.74	15.98	62.43	34.27
粮食产量(万吨)	Grain Yield of (10 000 tons)	42.36	6.68	24.37	12.98
甘蔗产量(万吨)	Yield of Sugarcane (10 000 tons)	158.63	70.46	124.12	10.86
水果产量(万吨)	Yield of Fruits (10 000 tons)	5.58	1.67	5.28	2.40
棉花产量(吨)	Yield of Cotton (ton)				
油料产量(万吨)	Yield of Oil Plants(10 000 tons)	3.72	1.4	1.02	0.55
肉类总产量(万吨)	Total Output of Meat (10 000 tons)	11.34	3.5	3.90	2.64
#猪肉产量(万吨)	Pork Output(10 000 tons)	5.69	1.93	2.94	2.00
牛肉产量(吨)	Beef Output(ton)	2399	1107	1142	686
羊肉产量(吨)	Mutton Output(ton)	119	53	188	130
水产品产量(吨)	Output of Aquatic Products(ton)	914024	529936	428900	308216
工业企业单位数(个)	Number of Industrial Enterprises (unit)	104	65	60	31
大型企业	Large Enterprises	-	-		
中型企业	Medium Enterprises	7	3	6	4
小型企业	Small Enterprises	97	62	54	27
工业总产值(亿元)	Gross Industrial Output Value(100 million yuan)	55.08	37.44	51.09	43.94
内资企业	Domestic Funds Enterprises	46.26	34.53	10.53	3.38
国有工业	State - owned Industry	8.47	6.07	3.83	1.67
集体工业	Collective - owned Industry	5.02	1.56	1.42	0.30
股份合作企业	Cooperative Enterprises	0.09	0.09		
联营企业	Joint Ownership Enterprises			2.78	
有限责任公司	Limited Liability Corporations	8.18	5.79	0.12	0.12
股份有限公司	Share Holding Enterprises	17.62	17.62		
私营企业	Private Enterprises	6.88	3.4	2.38	1.29
其他内资企业	Other Domestic Funds Enterprises	-	-		

22—1 续表 15 continued

指 标	Item	北海市 Beihai City	北海市辖区 Beihai Urban District	防城港市 Fangchenggang City	防城港市辖区 Fangchenggang Urban District
港澳台商投资企业	Enterprises with Funds from Hong Kong, Macao and Taiwan	7.52	1.6	0.71	0.71
外商投资企业	Foreign Funded Enterprises	1.3	1.3	39.85	39.85
工业总产值指数(上年=100)	Related Index of Gross Industrial Output Value (preceding year=100)	120.45	126.48	143.04	150.85
工业企业增加值(亿元)	Value-added of Industrial Enterprises (100 million yuan)	16.89	12.09	8.63	6.18
工业企业资产总计(亿元)	Total Assets of Industrial Enterprises (100 million yuan)	88.04	76.03	37.54	28.42
工业企业负债合计(亿元)	Total Liabilities of Industrial Enterprises (100 million yuan)	52.4	44.19	25.82	19.75
工业企业产品销售收入(亿元)	Revenue of Products Sales of Industrial Enterprises (100 million yuan)	50.83	35.91	48.18	42.02
工业企业利润总额(亿元)	Total Profits of Industrial Enterprises (100 million yuan)	3.14	3.19	2.02	1.90
建筑企业单位数(个)	Number of Construction Enterprises (unit)	54	44	28	25
建筑业企业从业人员(万人)	Number of Persons Employed in Construction Enterprises (10 000 persons)	1.37	1.13	0.72	0.59
建筑业总产值(亿元)	Gross Output Value of Construction (100 million yuan)	6.4	4.4	5.25	4.74
房屋建筑施工面积(万平方米)	Floor Space of Buildings under Construction (10 000 sq. m)	249.41	190.76	80	71
#住宅	Residential Housing	181.73	130.48		
房屋建筑竣工面积(万平方米)	Floor Space of Buildings Completed (10 000 sq. m)	105.74	48.93	31.96	28.33
#住宅	Residential Housing	86.46	37.05	14.60	13.44
公路里程(公里)	Length of Highways (km)	2019	638	1510	830
#等级公路	Length of Expressway and Class I to IV Highway	1732	474	958	586
民用汽车拥有量(辆)	Number of Civil Motor Vehicles Owned (unit)	19532	19532	10090	7025
邮电业务总量(亿元)	Business Volume of Post and Telecommunications Service (100 million yuan)	8.78	5.91	3.78	2.01
本地电话用户(含小灵通)(万户)	Local Telephone Subscribers (10 000 subscribers)	28.53	16.04	13.20	8.15
移动电话用户(万户)	Number of Mobile Telephone Subscribers (10 000 subscribers)	34.38	23.34	17.47	9.09
社会消费品零售总额(亿元)	Total Retail Sales of Consumer Goods (100 million yuan)	34.25	23.15	17.60	10.69
贸易业	Trades	25.82	18.34	13.93	8.54
餐饮业	Catering Services	5.59	4.22	2.24	1.32
其它	Others	2.84	0.59	1.43	0.83
批发零售贸易业法人企业个数(个)	Number of Corporation Unit in Wholesale and Retail Trades (unit)	23	19	6	4

注:社会消费品零售总额不包括制造业和农业生产者的直接零售.

Note: Total retail sales of consumer goods does not include mannfacture and direct retail of agricultural producers.

22—1 续表 16 continued

指标	Item	北海市 Beihai City	北海市辖区 Beihai Urban District	防城港市 Fangchenggang City	防城港市辖区 Fangchenggang Urban District
#零售贸易业	Retail Trades	9	5	1	1
批发零售贸易业从业人员(人)	Employed Persons in Wholesale and Retail Trades Trade(person)	3143	2581	251	225
#零售贸易业	Retail Trades	1001	439	13	13
批发零售贸易业购进总额(亿元)	Total Purchases of Wholesale and Retail Trades (100 million yuan)	15.35	15.01	2.72	2.62
批发零售贸易业销售总额(亿元)	Total Sales of Wholesale and Retail Trades (100 million yuan)	18.58	18.17	2.29	2.18
批发	Wholesale	17.36	17.35	2.10	1.99
零售	Retail	1.22	0.82	0.19	0.19
批发零售贸易业库存总额(亿元)	Total Inventory of Wholesale and Retail Trades (100 million yuan)	1.22	1.19	0.08	0.07
外商直接投资(万美元)	Foreign Direct Investments(USD 10 000)	3002		2639	2191
入境国际旅游者人数(万人次)	Number of International Tourists Through Guangxi (10 000 person - times)	1.32		1.80	0.36
#外国人	Foreigners	0.66		1.72	0.34
国际旅游外汇收入(万美元)	Foreign Exchange Earnings From International Tourism (USD 10 000)	280		291	58
国内旅游人数(万人次)	Number of Domestic Tourists (10 000 person - times)	368.5		113.59	22.72
国内旅游总收入(万元)	Total Domestic Tourism Receipts (10 000 yuan)	163900		33237	6647
星级饭店数(个)	Total Number of Tourist Hotel (unit)	17		12	3
金融机构存款(亿元)	Saving Deposit of Financial Institutions(100 million yuan)	144.78	108.29	58.73	38.05
#企业存款	Enterprises Deposit	29.71	27.37	9.12	7.14
居民储蓄存款余额	Saving Deposit of Residents	94.53	61.49	43.66	26.34
定期	Time Deposit	52.08	33.16	22.86	15.60
活期	Current Deposit	42.45	28.34	20.80	10.74
金融机构贷款(亿元)	Loans of Financial Institutions(100 million yuan)	132.07	110.32	33.24	24.00
#工业贷款	Industrial Loans	22.01	19.12	2.70	2.49
商业贷款	Commercial Loans	19.28	14.09	4.23	3.77
农业贷款	Agricultural Loans	9.78	4.71	4.64	2.57
幼儿园数(所)	Number of Kindergartens (unit)	187	98	65	34
入园儿童数(万人)	Student Enrollment (10 000 persons)	3.48	1.54	1.62	0.98
学龄儿童入学率(%)	Percentage of School - age Children Enrolled (%)	100.0	100.0	98.86	99.32
小学学校数(所)	Number of Primary Schools (unit)	432	140	372	230
小学专任教师数(人)	Full - time Teachers in Primary Schools (person)	7506	3217	5067	3024
小学在校学生数(万人)	Primary Student Enrollment (10 000 persons)	18.22	6.47	8.72	4.76
小学招生数(万人)	New Student Enrollment in Primary Schools (10 000 persons)	2.72	0.91	1.51	0.82

指　标	Item	北海市 Beihai City	北海市辖区 Beihai Urban District	防城港市 Fangchenggang City	防城港市辖区 Fangchenggang Urban District
小学毕业生数(万人)	Graduates of Primary Schools (10 000 persons)	3.04	1.17	1.46	0.84
普通中等学校数(所)	Number of Secondary Schools (unit)	89	39	60	33
#普通中学	Regular Secondary Schools	87	39	57	31
普通中等学校专任教师数(人)	Full - time Teachers in Secondary Schools (10 000 persons)	5382	2275	2710	1655
#普通中学	Regular Secondary Schools	5159	2275	2546	1529
普通中等学校在校学生数(万人)	Student Enrollment in Secondary Schools (10 000 persons)	11.39	4.35	4.91	3.12
#普通中学	Regular Secondary Schools	10.92	4.35	4.77	2.98
普通中等学校招生数(万人)	New Student Enrollment in Secondary Schools (10 000 persons)	4.14	2.21	1.77	1.10
#普通中学	Regular Secondary Schools	4	2.21	1.71	1.04
普通中等学校毕业生数(万人)	Graduates in Secondary Schools (10 000 persons)	3.31	1.36	1.55	0.98
#普通中学	Regular Secondary Schools	3.21	1.36	1.51	0.94
普通高等学校数(所)	Regular Institutions of Higher Education (unit)	3	3	0	0
普通高等学校专任教师(人)	Full - time Teachers in Regular Institutions of Higher Education (person)	113	113	0	0
普通高等学校在校学生数(万人)	Student Enrollment in Regular Institutions of Higher Education (10 000 persons)	0.15	0.15	0	0
普通高等学校招生数(万人)	New Student Enrollment in Regular Institutions of Higher Education (10 000 persons)	0.15	0.15	0	0
普通高等学校毕业生数(万人)	Graduates in Regular Institutions of Higher Education (10 000 persons)	0	0	0	0
公共图书馆(个)	Public Libraries (unit)	3	2	4	2
公共图书馆藏书量(万册)	Total Collections of Public Libraries (10 000 volumes)	36.1	20.4	19.50	12.20
广播覆盖率(%)	Broadcasting Rating (%)	98	99	82.71	87.08
电视覆盖率(%)	Television Rating (%)	99	99	86.07	92.78
卫生机构数(个)	Number of Health Institutions (unit)	273	232	138	77
#医院、卫生院	Hospitals	43	22	40	23
卫生防疫站	Epidemic Prevention Station	4	3	4	2
妇幼保健站	Maternity and Child Care Centers	3	2	0	0
卫生机构床位数(张)	Number of Beds in Health Institutions (unit)	3103	1718	1412	881
#医院、卫生院	Hospitals	2824	1484	1370	880
卫生机构人员数(人)	Number of Employed Personnel in Health Institutions (person)	6316	3829	2104	1354
医院、卫生院技术人员(人)	Medical and Technical Personnel (person)	4996	3017	1336	777
#执业医师、助理医师	Certified Physicians, Certified Assistant Physicians	2146	1277	603	337
注册护师、护士	Senior and Junior Nurses	1716	1086	544	325

22—1 续表 18 continued

指标	Item	钦州市 Qinzhou City	钦州市辖区 Qinzhou Urban District	贵港市 Guigang City	贵港市辖区 Guigang Urban District
行政区域土地面积(平方公里)	Administrative Region Land Area(sq. km)	10834	4772	10606	3543
地区生产总值(亿元)	Gross Domestic Product (100 million yuan)	155.33	76.37	134.4	58.4
第一产业	Primary Industry	69.78	34.28	52.51	18.18
第二产业	Secondary Industry	37.17	13.30	35.91	18.35
工业	Industry	29.00	9.03	30.08	14.91
建筑业	Construction	8.17	4.27	5.83	3.44
第三产业	Tertiary Industry	48.38	28.79	45.98	21.87
#交通仓储和邮电通信业	Transport, post and Telecommunication Service	10.48	7.05	10.81	6.82
批发和零售贸易餐饮业	Wholesale, Retail Trade & Catering Services	16.57	10.74	5.82	2.55
人均地区生产总值(元)	Per Capita GDP(yuan)	4636	6373	2882	3435
地区生产总值指数(上年=100)	Indices of Gross Domestic Product(preceding year =100)	105.8	110.4	110.96	112.88
第一产业	Primary Industry	100.1	103.5	104.86	105.69
第二产业	Secondary Industry	113.2	126.3	125.73	137.25
#工业	Industry	111.5	127.0	120.58	128.08
建筑业	Construction	120.1	124.8	166.42	213.19
第三产业	Tertiary Industry	111.0	114.5	109.13	101.84
#交通仓储和邮电通信业	Transport, Post and Telecommunication Service	115.9	119.1	115.51	114.84
批发和零售贸易餐饮业	Wholesale, Retail Trade & Catering Services	107.9	107.0	104.9	91.19
人均地区生产总值指数(上年=100)	Index of Per Capita GDP(preceding year=100)	104.8	109.4	109.44	110.74
年末总人口(万人)	Total Population at Year-end(10 000 persons)	336.74	120.32	470.35	172.44
男性	Male	180.78	65.58	245.81	89.03
女性	Female	155.96	54.74	224.54	83.41
出生人口(人)	Birth (person)	51616	14621	39337	9480
死亡人口(人)	Death(person)	13491	4647	13092	3232
年末总户数(万户)	Total Households at Year-end (10 000 households)	76.70	28.62	120.96	45.59
经济活动人口(万人)	Economically Active Population (10 000 persons)	193.98	78.24	228.23	85.57
就业人员(万人)	Employed Persons (10 000 persons)	193.98	77.75	227.64	85.25
第一产业	Primary Industry	107.87	28.00	124.31	47.44
第二产业	Secondary Industry	43.54	24.93	41.48	10.04
第三产业	Tertiary Industry	42.57	24.83	61.85	27.77
城镇从业人员(万人)	Number of Employed Persons in Urban Units (10000 persons)	17.34	7.96	20.27	10.55
城镇国有经济	Urban State-owned Economic	9.20	4.25	10.93	5.09
城镇集体经济	Urban Collective-owned Economic	1.05	0.38	1.66	0.8
城镇其他单位合计	Other Urban Units	1.08	0.89	1.28	0.92
内资	Domestic Funds	0.90	0.79	0.87	0.83
港澳台投资经济	Economic with Funds from Hong Kong, Macao and Taiwan	0.11	0.04	0.25	0.06
外商投资经济	Foreign Funded Economic	0.07	0.07	0.16	0.03

22—1 续表 19 continued

指标	Item	钦州市 Qinzhou City	钦州市辖区 Qinzhou Urban District	贵港市 Guigang City	贵港市辖区 Guigang Urban District
城镇私营经济	Urban Private Economic	1.52	1.17	1.39	0.82
城镇个体	Urban Personal	4.49	1.27	5.01	2.92
职工人数(万人)	Number of Staff and Workers(10 000 persons)	10.19	4.83	12.64	6.41
国有经济	State - owned Economic	8.27	3.65	10.18	4.76
城镇集体经济	Urban Collective - owned Economic	0.95	0.34	1.27	0.74
其他单位合计	Other Units	0.97	0.83	1.19	0.91
城镇登记失业人员数(万人)	Number of Registered Unemployed Persons in Urban Areas (10 000 persons)	0.84	0.49	0.59	0.32
职工工资总额(亿元)	Total Wage of Staff and Workers (100 million yuan)	9.05	4.69	12.22	6.49
国有经济	State - owned Economic	7.64	3.79	10.32	5.06
城镇集体经济	Urban Collective - owned Economic	0.66	0.26	0.91	0.57
其他单位合计	Other Units	0.75	0.64	0.99	0.86
职工平均工资(元)	Average Wage of Staff and Workers(yuan)	9191	9798	9717	10187
全社会固定资产投资(亿元)	Total Investment in Fixed Assets (100 million yuan)	44.50	26.64	36.35	22.5
基本建设	Capital Construction(100 million yuan)	17.74	13.26	13.61	10.55
更新改造	Innovation	6.49	4.82	6.01	3.45
房地产开发	Real Estate Development	1.63	1.36	4.74	3.07
其他	Others	18.64	7.20	11.99	5.43
国有经济固定资产投资(亿元)	Investment in Fixed Assets of the State - owned Economy (100 million yuan)	16.74	10.84	16.66	10.64
国有经济投资新增固定资产(亿元)	Investment Newly - increased Fixed Assets of the State - owned Economy (100 million yuan)	11.40	6.44	14.87	12.61
商品房屋销售额(亿元)	Sales of Commercial Houses (100 million yuan)	1.01	0.82	3.24	2.87
商品房屋销售面积(万平方米)	Selling Space of Commercial Houses(10 000 sq. m)	9.05	7.06	26.92	22.79
财政收入(亿元)	Total Financial Revenue (100 million yuan)	10.19	5.22	12.04	7.29
#一般预算收入	Local Financial Revenue	7.75	4.09	8.09	4.82
#增值税	Value - added Tax	0.56	0.29	1.04	0.67
营业税	Sales Tax	1.18	0.73	1.69	1.11
企业所得税	Enterprises Income Tax	0.15	0.07	0.22	0.13
一般预算支出(亿元)	Local Financial Expenditure (100 million yuan)	15.59	7.94	15.47	8.1
#基建支出	Capital Construction	1.86	0.96	1.41	1.07
科技三项费	Science and Technology Promotion	0.01	0.01	0.04	0.01
文教科卫事业费	Culture, Education, Science and Health Care	3.94	1.43	5.39	2.29
农村居民人均纯收入(元)	Per Capita Annual Net Income of Rural Households (yuan)	2610	2562	2228	2248
农村居民人均生活费总支出(元)	Per Capita Annual Living Expenditure of Rural Households (yuan)	1829	1697.03	1652	1564
#食品支出	Food Expenditure	980	957.41	817	755
城镇居民人均可支配收入(元)	Per Capital Annual Disposable Income of Urban Households (yuan)		7437.24		7620
城镇居民人均消费性支出(元)	Per Capita Living Expenditure of Urban Households (yuan)		4712.04		5661

指 标	Item	钦州市 Qinzhou City	钦州市辖区 Qinzhou Urban District	贵港市 Guigang City	贵港市辖区 Guigang Urban District
#食品支出	Food Expenditure		2014.08		2032
农村人均住房面积(平方米)	Per Capita Living Floor Space of Rural Households (sq. m)	24.46	24.11	28.64	28.3
乡村户数(万户)	Rural Households(10 000 households)	68.89	24.58	96.1	34.05
乡村劳动力(万人)	Rural Labor Force(10 000 persons)	190.07	67.40	207.37	74.89
#农林牧渔业	Farming, Forestry, Animal Husbandry and Fishery	107.25	40.55	123.72	47.23
常用耕地面积(千公顷)	Daily Cultivated Areas (1000 hectares)	155.16	62.15	206.41	83.97
农林牧渔业总产值(亿元)	Gross Output Value of Farming, Forestry, Animal Husbandry and Fishery (100 million yuan)	111.02	55.92	85.72	30.73
农林牧渔业总产值指数(上年=100)	Indices of Gross Output Value of Farming, Forestry, Animal Husbandry and Fishery (preceding year=100)	99.16	102.45	105.74	106.92
农业机械总动力(万千瓦)	Total Agricultural Machinery Power (10 000kw)	77.80	35.52	129.91	53.76
化肥使用量(折纯量)(万吨)	Consumption of Chemical Fertilizers (pure quantity)(10000 tons)	19.39	8.30	15.37	6.14
农村用电量(万千瓦小时)	Electricity Consumed in Rural Areas(10 000 kwh)	13971	3911	23639	9948
有效灌溉面积(千公顷)	Irrigated Area (1 000 hectares)	84.30	35.69	143.82	47.1
总播种面积(千公顷)	Total Sown Area (1 000 hectares)	352.82	160.67	444.45	173.15
#粮食作物	Grain Crops	211.62	93.04	264.02	101.68
粮食产量(万吨)	Grain Yield of (10 000 tons)	111.33	42.20	133.04	50.72
甘蔗产量(万吨)	Yield of Sugarcane (10 000 tons)	179.30	117.40	247.82	202.54
水果产量(万吨)	Yield of Fruits (10 000 tons)	91.37	16.32	12.72	1.74
棉花产量(吨)	Yield of Cotton (ton)	36		19	
油料产量(万吨)	Yield of Oil Plants(10 000 tons)	2.58	1.40	6.6	2.57
肉类总产量(万吨)	Total Output of Meat (10 000 tons)	22.32	8.86	26.91	11.99
#猪肉产量(万吨)	Pork Output(10 000 tons)	12.96	4.02	21.72	9.87
牛肉产量(吨)	Beef Output(ton)	4885	1606	7363	2163
羊肉产量(吨)	Mutton Output(ton)	336	156	306	80
水产品产量(吨)	Output of Aquatic Products(ton)	553394	477178	117204	34165
工业企业单位数(个)	Number of Industrial Enterprises (unit)	133	69	107	51
大型企业	Large Enterprises	0	0	1	1
中型企业	Medium Enterprises	11	5	21	14
小型企业	Small Enterprises	122	64	85	36
工业总产值(亿元)	Gross Industrial Output Value(100 million yuan)	31.10	15.86	48.24	37.64
内资企业	Domestic Funds Enterprises	25.83	11.95	45.35	35.13
国有工业	State-owned Industry	4.90	2.87	9.46	5.76
集体工业	Collective-owned Industry	3.12	0.60	1.35	1.07
股份合作企业	Cooperative Enterprises	1.45			
联营企业	Joint Ownership Enterprises				
有限责任公司	Limited Liability Corporations	7.66	3.59	8.41	4.73
股份有限公司	Share Holding Enterprises	1.80	1.13	11.94	11.94
私营企业	Private Enterprises	6.84	3.76	14.19	11.63
其他内资企业	Other Domestic Funds Enterprises	0.07			

指　　标	Item	钦州市 Qinzhou City	钦州市辖区 Qinzhou Urban District	贵港市 Guigang City	贵港市辖区 Guigang Urban District
港澳台商投资企业	Enterprises with Funds from Hong Kong, Macao and Taiwan	4.41	3.91	2.58	2.32
外商投资企业	Foreign Funded Enterprises	0.85		0.31	0.19
工业总产值指数(上年=100)	Related Index of Gross Industrial Output Value (preceding year=100)	124.4	132.9	124.15	116.17
工业企业增加值(亿元)	Value - added of Industrial Enterprises (100 million yuan)	8.70	4.79	13.58	10.14
工业企业资产总计(亿元)	Total Assets of Industrial Enterprises (100 million yuan)	42.80	31.27	87.96	70.77
工业企业负债合计(亿元)	Total Liabilities of Industrial Enterprises (100 million yuan)	32.06	24.39	53.08	40.85
工业企业产品销售收入(亿元)	Revenue of Products Sales of Industrial Enterprises (100 million yuan)	29.81	14.12	48.96	37.66
工业企业利润总额(亿元)	Total Profits of Industrial Enterprises (100 million yuan)		-0.16	-0.16	0.05
建筑企业单位数(个)	Number of Construction Enterprises (unit)	41	29	74	34
建筑业企业从业人员(万人)	Number of Persons Employed in Construction Enterprises (10 000 persons)	1.34	0.92	1.62	1.15
建筑业总产值(亿元)	Gross Output Value of Construction (100 million yuan)	8.41	6.85	10.15	7.16
房屋建筑施工面积(万平方米)	Floor Space of Buildings under Construction (10 000 sq. m)	147.00	113.00	208	141
#住宅	Residential Housing				
房屋建筑竣工面积(万平方米)	Floor Space of Buildings Completed (10 000 sq. m)	69.28	49.65	117.86	80.17
#住宅	Residential Housing	39.22	32.27	58.19	45.11
公路里程(公里)	Length of Highways (km)	3795	1650	2230	963
#等级公路	Length of Expressway and Class I to IV Highway	3078	1406	1574	631
民用汽车拥有量(辆)	Number of Civil Motor Vehicles Owned (unit)	15001	11832	18975	10642
邮电业务总量(亿元)	Business Volume of Post and Telecommunications Service (100 million yuan)	8.01	4.84	4.13	2.01
本地电话用户(含小灵通)(万户)	Local Telephone Subscribers (10 000 subscribers)	28.16	12.92	53.57	25.27
移动电话用户(万户)	Number of Mobile Telephone Subscribers (10 000 subscribers)	22.35	12.18	35.15	16.11
社会消费品零售总额(亿元)	Total Retail Sales of Consumer Goods (100 million yuan)	55.05	27.09	38.18	21.51
贸易业	Trades	49.43	24.26	33.64	20.2
餐饮业	Catering Services	5.41	2.87	2.71	1.19
其它	Others	0.21	0.16	1.82	0.12
批发零售贸易业法人企业个数(个)	Number of Corporation Unit in Wholesale and Retail Trades (unit)	23	13	37	25

注:社会消费品零售总额不包括制造业和农业生产者的直接零售.

Note: Total retail sales of consumer goods does not include mannfacture and direct retail of agricultural producers.

指　标	Item	钦州市 Qinzhou City	钦州市辖区 Qinzhou Urban District	贵港市 Guigang City	贵港市辖区 Guigang Urban District
#零售贸易业	Retail Trades	12	5	18	12
批发零售贸易业从业人员(人)	Employed Persons in Wholesale and Retail Trades Trade(person)	3507	1886	4140	2854
#零售贸易业	Retail Trades	1822	997	2088	1491
批发零售贸易业购进总额(亿元)	Total Purchases of Wholesale and Retail Trades (100 million yuan)	12.09	6.62	23.37	17.91
批发零售贸易业销售总额(亿元)	Total Sales of Wholesale and Retail Trades (100 million yuan)	13.21	7.44	25.13	19.19
批发	Wholesale	9.29	5.40	18.13	13.59
零售	Retail	3.92	2.04	7	5.6
批发零售贸易业库存总额(亿元)	Total Inventory of Wholesale and Retail Trades (100 million yuan)	0.61	0.37	0.94	0.56
外商直接投资(万美元)	Foreign Direct Investments(USD 10 000)	757	531	2540	221
入境国际旅游者人数(万人次)	Number of International tourists Through Guangxi (10 000 person－times)	…	…	0.34	0.18
#外国人	Foreigners	…	…	0.03	0.02
国际旅游外汇收入(万美元)	Foreign Exchange Earnings from International Tourism (USD 10 000)	23	23	112	57
国内旅游人数(万人次)	Number of Domestic Tourists (10 000 person－times)	136	103	230.58	117.59
国内旅游总收入(万元)	Total Domestic Tourism Receipts (10 000 yuan)	48607	46612	64300	32800
星级饭店数(个)	Total Number of Tourist Hotel (unit)	5	5	10	6
金融机构存款(亿元)	Saving Deposit of Financial Institutions(100 million yuan)	96.43	55.14	151.35	74.05
#企业存款	Enterprises Deposit	13.16	10.33	18.54	11.65
居民储蓄存款余额	Saving Deposit of Residents	75.11	39.58	117.49	51.29
定期	Time Deposit	40.93	20.50	57.64	23.51
活期	Current Deposit	34.18	19.08	59.85	27.78
金融机构贷款(亿元)	Loans of Financial Institutions(100 million yuan)	65.10	41.28	74.63	39.76
#工业贷款	Industrial Loans	5.87	4.67	8.56	7.16
商业贷款	Commercial Loans	8.47	6.03	8.85	3.87
农业贷款	Agricultural Loans	12.70	6.93	12.59	4.31
幼儿园数(所)	Number of Kindergartens (unit)	127	86	101	58
入园儿童数(万人)	Student Enrollment (10 000 persons)	6.08	2.00	8.28	2.92
学龄儿童入学率(%)	Percentage of School－age Children Enrolled (%)	98.09	98.37	98.8	98.83
小学学校数(所)	Number of Primary Schools (unit)	1116	380	1160	449
小学专任教师数(人)	Full－time Teachers in Primary Schools (person)	12107	4160	18534	7137
小学在校学生数(万人)	Primary Student Enrollment (10 000 persons)	33.98	11.20	54.46	20.01
小学招生数(万人)	New Student Enrollment in Primary Schools (10 000 persons)	5.86	1.98	9.06	3.36

22—1 续表23 continued

指　　标	Item	钦州市 Qinzhou City	钦州市辖区 Qinzhou Urban District	贵港市 Guigang City	贵港市辖区 Guigang Urban District
小学毕业生数(万人)	Graduates of Primary Schools (10 000 persons)	5.86	1.90	10.58	4.33
普通中等学校数(所)	Number of Secondary Schools (unit)	161	75	282	115
#普通中学	Regular Secondary Schools	142	62	275	113
普通中等学校专任教师数(人)	Full - time Teachers in Secondary Schools (person)	8749	3482	15946	6811
#普通中学	Regular Secondary Schools	8091	3099	15475	6628
普通中等学校在校学生数(万人)	Student Enrollment in Secondary Schools (10 000 persons)	20.78	7.81	34.54	14.09
#普通中学	Regular Secondary Schools	19.24	6.82	34.1	14.02
普通中等学校招生数(万人)	New Student Enrollment in Secondary Schools (10 000 persons)	7.49	2.98	12.97	5.12
#普通中学	Regular Secondary Schools	6.74	2.48	12.71	5.09
普通中等学校毕业生数(万人)	Graduates in Secondary Schools (10 000 persons)	6.50	2.22	9.7	4.05
#普通中学	Regular Secondary Schools	6.10	1.96	9.31	3.92
普通高等学校数(所)	Regular Institutions of Higher Education (unit)	1	1		
普通高等学校专任教师(人)	Full - time Teachers in Regular Institutions of Higher Education (person)	199	199		
普通高等学校在校学生数(万人)	Student Enrollment in Regular Institutions of Higher Education (10 000 persons)	0.33	0.33		
普通高等学校招生数(万人)	New Student Enrollment in Regular Institutions of Higher Education (10 000 persons)	0.13	0.13		
普通高等学校毕业生数(万人)	Graduates in Regular Institutions of Higher Education (10 000 persons)	0.10	0.10		
公共图书馆(个)	Public Libraries (unit)	3	1	3	1
公共图书馆藏书量(万册)	Total Collections of Public Libraries (10 000 volumes)	43.15	19.50	43.4	12.9
广播覆盖率(%)	Broadcasting Rating (%)	100.00	100.00	97	97.2
电视覆盖率(%)	Television Rating (%)	94.34	95.01	97.8	97
卫生机构数(个)	Number of Health Institutions (unit)	93	41	156	46
#医院、卫生院	Hospitals	76	31	95	38
卫生防疫站	Epidemic Prevention Station	5	3	4	2
妇幼保健站	Maternity and Child Care Centers	5	3	4	2
卫生机构床位数(张)	Number of Beds in Health Institutions	4435	2149	4214	2155
#医院、卫生院	Hospitals	4089	1943	4045	2082
卫生机构人员数(人)	Number of Employed Personnel in Health Institutions (person)	6779	3325	7760	3368
医院、卫生院技术人员(人)	Medical and Technical Personnel (person)	4605	2205	6046	2288
#执业医师、助理医师	Certified Physicians, Certified Assistant Physicians	1719	790	2357	1107
注册护师、护士	Senior and Junior Nurses	1528	740	1996	909

指 标	Item	玉林市 Yulin City	玉林市辖区 Yulin Urban District	百色市 Baise City	百色市辖区 Baise Urban District
行政区域土地面积(平方公里)	Administrative Region Land Area(sq. km)	12838	1251	36201	3702
地区生产总值(亿元)	Gross Domestic Product (100 million yuan)	244.76	77.05	162.52	34.01
第一产业	Primary Industry	79.68	10.85	50.32	6.37
第二产业	Secondary Industry	90.74	40.92	61.77	11.8
工业	Industry	82.99	39.75	46.99	9.73
建筑业	Construction	7.75	1.17	14.78	2.08
第三产业	Tertiary Industry	74.34	25.28	50.43	15.48
#交通仓储和邮电通信业	Transport, post and Telecommunication Service	11.94	4.31	7.09	1.68
批发和零售贸易餐饮业	Wholesale, Retail Trade & Catering Services	19.4	7.82		
人均地区生产总值(元)	Per Capita GDP(yuan)	4160	8573	4416	10378
地区生产总值指数(上年=100)	Indices of Gross Domestic Product(preceding year =100)	108.3	118.6	113.39	117.25
第一产业	Primary Industry	98.0	92.3	103.35	107.22
第二产业	Secondary Industry	116.8	124.9	130.65	130.16
#工业	Industry	116.4	126.1	135.28	125.83
建筑业	Construction	121.7	121.2	115.88	156.63
第三产业	Tertiary Industry	112.5	114.7	105.13	113.63
#交通仓储和邮电通信业	Transport, Post and Telecommunication Service	110.4	110.5	108.46	103.32
批发和零售贸易餐饮业	Wholesale, Retail Trades & Catering Services	112.9	113.0		
人均地区生产总值指数(上年=100)	Indices of Per Capita GDP(preceding year =100)	107.6	118.1	114.6	116.87
年末总人口(万人)	Total Population at Year - end(10 000 persons)	589.55	90.05	368.44	32.82
男性	Male	314.2	48.12	189.41	16.71
女性	Female	275.35	41.93	179.03	16.11
出生人口(人)	Birth (person)	62072	9693	40722	3055
死亡人口(人)	Death(person)	14221	1864	21296	1605
年末总户数(万户)	Total Households at Year - end (10 000 households)	147.3	24.85	86.02	8.10
经济活动人口(万人)	Economically Active Population (10 000 persons)	289.51	48.85	196.36	18.56
就业人员(万人)	Employed Persons (10 000 persons)	288.05	48.45	195.64	18.23
第一产业	Primary Industry	175.97	24.58	143.68	10.74
第二产业	Secondary Industry	60.44	12.35	17.44	3.11
第三产业	Tertiary Industry	51.64	11.52	34.52	4.38
城镇从业人员(万人)	Number of Employed Persons in Urban Units (10 000 persons)	34.10	11.55	24.9	6.29
城镇国有经济	Urban State - owned Economic	17.39	4.98	15.07	3.65
城镇集体经济	Urban Collective - owned Economic	2.56	0.83	0.96	0.30
城镇其他单位合计	Other Urban Units	3.18	1.17	1.59	0.74
内资	Domestic Funds	1.88	0.60	1.50	0.72
港澳台投资经济	Economic with Funds from Hong Kong, Macao and Taiwan	0.48	0.04	0.09	0.02
外商投资经济	Foreign Funded Economic	0.82	0.53		
城镇私营经济	Urban Private Economic	2.37	0.89	1.7	0.40

22—1 续表 25 continued

指　标	Item	玉林市 Yulin City	玉林市辖区 Yulin Urban District	百色市 Baise City	百色市辖区 Baise Urban District
城镇个体	Urban Personal	8.6	3.68	5.58	1.20
职工人数(万人)	Number of Staff and Workers(10 000 persons)	20.32	6.51	17.11	4.75
国有经济	State - owned Economic	15.18	4.65	14.68	3.56
城镇集体经济	Urban Collective - owned Economic	2.21	0.76	0.92	0.29
其他单位合计	Other Units	2.93	1.1	1.51	0.72
城镇登记失业人员数(万人)	Number of Registered Unemployed Persons in Urban Areas (10 000 persons)	1.46	0.4	0.72	0.33
职工工资总额(亿元)	Total Wage of Staff and Workers (100 million yuan)	20.97	9.22	20.38	5.65
国有经济	State - owned Economic	15.84	6.21	18.16	4.71
城镇集体经济	Urban Collective - owned Economic	1.6	0.59	0.62	0.21
其他单位合计	Other Units	3.53	2.42	1.60	0.73
职工平均工资(元)	Average Wage of Staff and Workers(yuan)	10363	14295	11920	12553
全社会固定资产投资(亿元)	Total Investment in Fixed Assets (100 million yuan)	48.33	16.67	76.31	21.6
基本建设	Capital Construction	16.08	4.9	48.55	16.73
更新改造	Innovation	7.16	4.83	6.38	1.25
房地产开发	Real Estate Development	3.04	2.48	2.58	1.21
其他	Others	22.05	4.46	18.79	2.42
国有经济固定资产投资(亿元)	Investment in Fixed Assets of the State - owned Economy (100 million yuan)	24.12	10.19	46.43	16.63
国有经济投资新增固定资产(亿元)	Investment Newly - increased Fixed Assets of the State - owned Economy (100 million yuan)	12.91	5.52	44.67	0.73
商品房屋销售额(亿元)	Sales of Commercial Houses (100 million yuan)	1.16	0.95	0.41	0.41
商品房屋销售面积(万平方米)	Selling Space of Commercial Houses(10 000 sq. m)	9.98	8.1	3.94	3.94
财政收入(亿元)	Total Financial Revenue (100 million yuan)	21.43	11.37	20.10	3.85
#一般预算收入	Local Financial Revenue	12.06	5.58	11.63	0.81
#增值税	Value - added Tax	2.34	1.4	9.53	0.53
营业税	Sales Tax	2.44	1.15	2.17	0.14
企业所得税	Enterprises Income Tax	0.73	0.6	0.73	0.02
一般预算支出(亿元)	Local Financial Expenditure (100 million yuan)	23.95	9.22	27.00	6.18
#基建支出	Capital Construction	1.8	1.26	1.99	0.06
科技三项费	Science and Technology Promotion	0.05	0.04	0.11	0.01
文教科卫事业费	Culture, Education,Science and Health Care	8.52	2.03	8.57	0.89
农村居民人均纯收入(元)	Per Capita Annual Net Income of Rural Households (yuan)	2035		1403	1616
农村居民人均生活费总支出(元)	Per Capita Annual Living Expenditure of Rural Households (yuan)	1570		1348	1487
#食品支出	Food Expenditure	876		760	755
城镇居民人均可支配收入(元)	Per Capital Annual Disposable Income of Urban Households (yuan)				7378
城镇居民人均消费性支出(元)	Per Capita Living Expenditure of Urban Households (yuan)				5775

指 标	Item	玉林市 Yulin City	玉林市辖区 Yulin Urban District	百色市 Baise City	百色市辖区 Baise Urban District
#食品支出(元)	Food Expenditure(yuan)				2249
农村人均住房面积(平方米)	Per Capita Living Floor Space of Rural Households (sq. m)			24	26
乡村户数(万户)	Rural Households(10 000 households)	118.35	17.61	73.41	4.97
乡村劳动力(万人)	Rural Labor Force(10 000 persons)	312.39	43.19	197.44	20.9
#农林牧渔业	Farming, Forestry, Animal Husbandry and Fishery	175.95	24.56	142.80	10.26
常用耕地面积(千公顷)	Daily Cultivated Areas (1000 hectares)	197.98	31.13	282.10	23.49
农林牧渔业总产值(亿元)	Gross Output Value of Farming, Forestry, Animal Husbandry and Fishery (100 million yuan)	126.15	17.93	78.79	10.55
农林牧渔业总产值指数(上年 = 100)	Indices of Gross Output Value of Farming, Forestry, Animal Husbandry and Fishery (preceding year = 100)	95.13	93.87	104.92	107.22
农业机械总动力(万千瓦)	Total Agricultural Machinery Power (10 000kw)	190.14	31.15	145.11	13.75
化肥使用量(折纯量)(万吨)	Consumption of Chemical Fertilizers (pure quantity)(10000 tons)	13.99	2.23	7.56	0.82
农村用电量(万千瓦小时)	Electricity Consumed in Rural Areas(10 000 kwh)	45405	9389	22481	405
有效灌溉面积(千公顷)	Irrigated Area (1 000 hectares)	147.6	26.44	108.92	9.42
总播种面积(千公顷)	Total Sown Area (1 000 hectares)	476.76	73	526.61	50.2
#粮食作物	Grain Crops	326.05	43.03	361.04	16.58
粮食产量(万吨)	Grain Yield of (10 000 tons)	196.89	27.07	107.45	7.32
甘蔗产量(万吨)	Yield of Sugarcane (10 000 tons)	58.27	12.62	315.92	94.75
水果产量 (万吨)	Yield of Fruits (10 000 tons)	25.97	1.94	34.36	9.06
棉花产量 (吨)	Yield of Cotton (ton)	42	…	55	11
油料产量(万吨)	Yield of Oil Plants(10 000 tons)	3.84	0.82	0.86	0.06
肉类总产量 (万吨)	Total Output of Meat (10 000 tons)	49.5	4.98	23.29	2.15
#猪肉产量(万吨)	Pork Output(10 000 tons)	33.98	3.48	17.89	1.28
牛肉产量(吨)	Beef Output(ton)	7355	1166	12386	1349
羊肉产量(吨)	Mutton Output(ton)	342	16	4456	90
水产品产量(吨)	Output of Aquatic Products(ton)	106569	25396	33274	6276
工业企业单位数(个)	Number of Industrial Enterprises (unit)	272	67	191	46
大型企业	Large Enterprises	2	1	1	
中型企业	Medium Enterprises	23	7	32	9
小型企业	Small Enterprises	247	59	158	37
工业总产值(亿元)	Gross Industrial Output Value(100 million yuan)	107.45	68.72	92.95	18.63
内资企业	Domestic Funds Enterprises	52.11	21.94	91.92	18.63
国有工业	State - owned Industry	7.9	4.05	54.94	8.12
集体工业	Collective - owned Industry	6.57	2.1	3.02	0.11
股份合作企业	Cooperative Enterprises	2.23	0	0.46	0.14
联营企业	Joint Ownership Enterprises			0.16	0.09
有限责任公司	Limited Liability Corporations	15.64	12.17	5.85	0.93
股份有限公司	Share Holding Enterprises	6.1	0.19	10.68	8.25
私营企业	Private Enterprises	13.67	3.43	16.81	0.99
其他内资企业	Other Domestic Funds Enterprises				

22—1 续表 27 continued

指 标	Item	玉林市 Yulin City	玉林市辖区 Yulin Urban District	百色市 Baise City	百色市辖区 Baise Urban District
港澳台商投资企业	Enterprises with Funds from Hong Kong, Macao and Taiwan	5.34	0.27	0.85	
外商投资企业	Foreign Funded Enterprises	50	46.51	0.18	
工业总产值指数(上年=100)	Related Index of Gross Industrial Output Value (preceding year = 100)	125.6	124.41	136.5	148.4
工业企业增加值(亿元)	Value - added of Industrial Enterprises (100 million yuan)	33.74	22.04	35.54	6.47
工业企业资产总计(亿元)	Total Assets of Industrial Enterprises (100 million yuan)	138.54	87.54	152.55	31.26
工业企业负债合计(亿元)	Total Liabilities of Industrial Enterprises (100 million yuan)	93.66	54.65	100.46	20.78
工业企业产品销售收入(亿元)	Revenue of Products Sales of Industrial Enterprises (100 million yuan)	110.93	68.65	85.78	18.26
工业企业利润总额(亿元)	Total Profits of Industrial Enterprises (100 million yuan)	5.17	5.13	8.52	0.44
建筑企业单位数(个)	Number of Construction Enterprises (unit)	58	18	48	13
建筑业企业从业人员(万人)	Number of Persons Employed in Construction Enterprises (10 000 persons)	2.96	0.8	1.38	0.84
建筑业总产值(亿元)	Gross Output Value of Construction (100 million yuan)	22.06	6.28	15.45	13.38
房屋建筑施工面积(万平方米)	Floor Space of Buildings under Construction (10 000 sq. m)	512.5	165.23	102.00	62.00
#住宅	Residential Housing	359.1	117.4		
房屋建筑竣工面积(万平方米)	Floor Space of Buildings Completed (10 000 sq. m)	400.09	108.41	62.69	37.36
#住宅	Residential Housing	394.68	86.21	33.46	23.56
公路里程(公里)	Length of Highways (km)	5401	887	7077	682
#等级公路	Length of Expressway and Class I to IV Highway	4805	827	3911	336
民用汽车拥有量(辆)	Number of Civil Motor Vehicles Owned (unit)	31530		23322	
邮电业务总量(亿元)	Business Volume of Post and Telecommunications Service (100 million yuan)	11.04	4.4	7.86	2.42
本地电话用户(含小灵通)(万户)	Local Telephone Subscribers (10 000 subscribers)	64.95	18.63	44.08	10.12
移动电话用户(万户)	Number of Mobile Telephone Subscribers (10 000 subscribers)	53.93	18.87	26.85	7.34
社会消费品零售总额(亿元)	Total Retail Sales of Consumer Goods (100 million yuan)	97.14	41.65	32.87	7.66
贸易业	Trades	84.69	38.19	28.47	6.23
餐饮业	Catering Services	11.49	3.4	3.90	1.28
其它	Others	0.96	0.06	0.50	0.15
批发零售贸易业法人企业个数(个)	Number of Corporation Unit in Wholesale and Retail Trades (unit)	29	15	29	8

注:社会消费品零售总额不包括制造业和农业生产者的直接零售.

Note: Total retail sales of consumer goods does not include mannfacture and direct retail of agricultural producers.

22—1 续表 28 continued

指　标	Item	玉林市 Yulin City	玉林市辖区 Yulin Urban District	百色市 Baise City	百色市辖区 Baise Urban District
#零售贸易业	Retail Trades	14	7	13	5
批发零售贸易业从业人员(人)	Employed Persons in Wholesale and Retail Trades (person)	8352	3762	3348	765
#零售贸易业	Retail Trades	2717	418	1219	398
批发零售贸易业购进总额(亿元)	Total Purchases of Wholesale and Retail Trades (100 million yuan)	36.28	18	20.11	6.39
批发零售贸易业销售总额(亿元)	Total Sales of Wholesale and Retail Trades (100 million yuan)	31.77	20.22	18.24	7.01
批发	Wholesale	25.48	17.87	14.62	6.23
零售	Retail	6.29	2.35	3.62	0.78
批发零售贸易业库存总额(亿元)	Total Inventory of Wholesale and Retail Trades (100 million yuan)	2.1	1.58	0.88	0.26
外商直接投资(万美元)	Foreign Direct Investments(USD 10 000)	4013	3930	1533	1370
入境国际旅游者人数(万人次)	Number of International Tourists Through Guangxi (10 000 person - times)	2		0.51	0.05
#外国人	Foreigners	0.1		0.39	0.04
国际旅游外汇收入(万美元)	Foreign Exchange Earnings From International Tourism (USD 10 000)	591.31		20.83	1.31
国内旅游人数(万人次)	Number of Domestic Tourists (10 000 person - times)	308.62			
国内旅游总收入(万元)	Total Domestic Tourism Receipts (10 000 yuan)	142459			
星级饭店数(个)	Total Number of Tourist Hotel (unit)	22	11	17	10
金融机构存款(亿元)	Saving Deposit of Financial Institutions (100 million yuan)	254.04	126.49	122.62	43.24
#企业存款	Enterprises Deposit	32.6	24.52	22.69	9.83
居民储蓄存款余额	Saving Deposit of Residents	202.9	88.85	79.01	23.93
定期	Time Deposit	114.95	45.75	38.14	12.70
活期	Current Deposit	87.95	43.71	40.87	11.23
金融机构贷款(亿元)	Loans of Financial Institutions(100 million yuan)	143.81	77.13	96.24	26.24
#工业贷款	Industrial Loans	22.04	12.14	12.61	5.73
商业贷款	Commercial Loans	14.88	10.71	8.46	2.59
农业贷款	Agricultural Loans	22.71	6.03	9.91	1.11
幼儿园数(所)	Number of Kindergartens (unit)	492	38	287	48
入园儿童数(万人)	Student Enrollment (10 000 persons)	11.47	1.54	5.65	0.36
学龄儿童入学率(%)	Percentage of School - age Children Enrolled (%)	99.4	98.78	99.23	99.80
小学学校数(所)	Number of Primary Schools (unit)	1512	241	1827	131
小学专任教师数(人)	Full - time Teachers in Primary Schools (person)	19603	3567	17363	1957
小学在校学生数(万人)	Primary Student Enrollment (10 000 persons)	68.76	8.46	33.97	2.53
小学招生数(万人)	New Student Enrollment in Primary Schools (10 000 persons)	10.86	1.24	5.30	0.42

指　　标	Item	玉林市 Yulin City	玉林市辖区 Yulin Urban District	百色市 Baise City	百色市辖区 Baise Urban District
小学毕业生数(万人)	Graduates of Primary Schools (10 000 persons)	13.48	1.83	6.16	0.50
普通中等学校数(所)	Number of Secondary Schools (unit)	364	73		
#普通中学	Regular Secondary Schools	343	58	250	33
普通中等学校专任教师数(人)	Full - time Teachers in Secondary Schools (person)	19445	4556		
#普通中学	Regular Secondary Schools	18788	4059	9625	1194
普通中等学校在校学生数(万人)	Student Enrollment in Secondary Schools (10 000 persons)	42.67	8.66		
#普通中学	Regular Secondary Schools	41.13	7.31	20.26	2.49
普通中等学校招生数(万人)	New Student Enrollment in Secondary Schools (10 000 persons)	15.74	3.37		
#普通中学	Regular Secondary Schools	14.89	2.6	7.31	0.88
普通中等学校毕业生数(万人)	Graduates in Secondary Schools (10 000 persons)	12.1	2.46		
#普通中学	Regular Secondary Schools	11.8	2.21	5.86	0.69
普通高等学校数(所)	Regular Institutions of Higher Education (unit)	1	1	2	2
普通高等学校专任教师(人)	Full - time Teachers in Regular Institutions of Higher Education (person)	469	469	451	451
普通高等学校在校学生数(万人)	Student Enrollment in Regular Institutions of Higher Education (10 000 persons)	0.94	0.94	0.80	0.80
普通高等学校招生数(万人)	New Student Enrollment in Regular Institutions of Higher Education (10 000 persons)	0.29	0.29	0.25	0.25
普通高等学校毕业生数(万人)	Graduates in Regular Institutions of Higher Education (10 000 persons)	0.17	0.17	0.14	0.14
公共图书馆(个)	Public Libraries (unit)	5	1	12	1
公共图书馆藏书量(万册)	Total Collections of Public Libraries (10 000 volumes)	106	37	107.60	11.42
广播覆盖率(%)	Broadcasting Rating (%)	95.03	95.01	85.26	87.00
电视覆盖率(%)	Television Rating (%)	96.87	100	76.00	90.00
卫生机构数(个)	Number of Health Institutions (unit)	989	303	406	91
#医院、卫生院	Hospitals	147	25	302	82
卫生防疫站	Epidemic Prevention Station	6	1	13	1
妇幼保健站	Maternity and Child Care Centers	8	2	13	2
卫生机构床位数(张)	Number of Beds in Health Institutions (unit)	8266	3500	6599	2014
#医院、卫生院	Hospitals	7745	3296	6143	1900
卫生机构人员数(人)	Number of Employed Personnel in Health Institutions (person)	14972	5246	9494	2708
医院、卫生院技术人员(人)	Medical and Technical Personnel (person)	12427	4165	7419	2103
#执业医师、助理医师	Certified Physicians , Certified Assistant Physicians	4238	1614	3441	834
注册护师、护士	Senior and Junior Nurses	3634	1485	2577	777

22—1 续表 30 continued

指　　标	Item	贺州市 Hezhou City	贺州市辖区 Hezhou Urban District	河池市 Hechi City	河池市辖区 Hechi Urban District
行政区域土地面积(平方公里)	Administrative Region Land Area(sq. km)	11855	5152	33508	2340
地区生产总值(亿元)	Gross Domestic Product (100 million yuan)	114.98	46.72	143.27	23.27
第一产业	Primary Industry	40.71	18.25	44.23	3.67
第二产业	Secondary Industry	38.24	17.37	46.35	7.55
工业	Industry	31.86	14.27	30.55	5.51
建筑业	Construction	6.38	3.1	15.5	2.04
第三产业	Tertiary Industry	36.03	11.1	52.69	12.05
#交通仓储和邮电通信业	Transport,post and Telecommunication Service	3.97	2.38	10.64	2.14
批发和零售贸易餐饮业	Wholesale,Retail Trade & Catering Services	4.51	1.38	9.56	2.19
人均地区生产总值(元)	Per Capita GDP(yuan)	5505	5036	3768	7488
地区生产总值指数(上年=100)	Indices of Gross Domestic Product(preceding year =100)	110.5	114.1	106.9	101.2
第一产业	Primary Industry	104.9	106.3	104.1	100.7
第二产业	Secondary Industry	121.3	123.7	108.4	101.1
#工业	Industry	117.5	117.4	103.5	98.0
建筑业	Construction	147.1	160.5	120.1	110.2
第三产业	Tertiary Industry	111.2	113.5	108.3	101.5
#交通仓储和邮电通信业	Transport,Post and Telecommunication Service	97.8	97.3	103.9	94.7
批发和零售贸易餐饮业	Wholesale,Retail Trades & Catering Services	109.4	111.9	110.3	111.5
人均地区生产总值指数(上年=100)	Indices of Per Capita GDP(preceding year=100)	110.0	112.9	106.6	101.7
年末总人口(万人)	Total Population at Year-end(10 000 persons)	209.22	92.64	381	30.92
男性	Male	109.6	48.09	195.85	15.91
女性	Female	99.62	44.55	185.15	15.01
出生人口(人)	Birth (person)	19297	8061	43011	2736
死亡人口(人)	Death(person)	5928	2818	16246	1323
年末总户数(万户)	Total Households at Year - end (10 000 households)	48.49	22.14	97.51	8.37
经济活动人口(万人)	Economically Active Population (10 000 persons)	105.71	44.72	183.58	16.06
就业人员(万人)	Employed Persons (10 000 persons)	105.14	44.42	182.13	15.67
第一产业	Primary Industry	76.71	31.66	133.14	8.67
第二产业	Secondary Industry	14.89	6.33	19.06	2.57
第三产业	Tertiary Industry	13.54	6.43	29.93	4.43
城镇从业人员(万人)	Number of Employed Persons in Urban Units (10 000 persons)	18.05	8.64	19.64	5.83
城镇国有经济	Urban State-owned Economic	6.6	2.9	14.23	3.17
城镇集体经济	Urban Collective-owned Economic	0.35	0.07	1.85	0.32
城镇其他单位合计	Other Urban Units	1.27	1.03	1.25	0.03
内资	Domestic Funds	1.19	1.02	1.02	0.02
港澳台投资经济	Economic with Funds from Hong Kong, Macao and Taiwan	0.08	0.01	0.04	
外商投资经济	Foreign Funded Economic			0.19	0.01
城镇私营经济	Urban Private Economic	3.71	1.25	-	-

22—1 续表 31 continued

指 标	Item	贺州市 Hezhou City	贺州市辖区 Hezhou Urban District	河池市 Hechi City	河池市辖区 Hechi Urban District
城镇个体	Urban Personal	6.12	3.39	2.31	2.31
职工人数(万人)	Number of Staff and Workers(10 000 persons)	7.72	3.79	16.53	3.44
国有经济	State - owned Economic (10 000 persons)	6.2	2.78	13.58	3.09
城镇集体经济	Urban Collective - owned Economic	0.35	0.07	1.73	0.32
其他单位合计	Other Units (10 000 persons)	1.17	0.94	1.22	0.03
城镇登记失业人员数(万人)	Number of Registered Unemployed Persons in Urban Areas (10 000 persons)	0.57	0.3	1.45	0.39
职工工资总额(亿元)	Total Wage of Staff and Workers (100 million yuan)	8.08	4.21	18.59	4.7
国有经济	State - owned Economic (100 million yuan)	6.87	3.28	16.16	4.44
城镇集体经济	Urban Collective - owned Economic	0.23	0.09	1.15	0.23
其他单位合计	Other Units	0.98	0.84	1.28	0.03
职工平均工资(元)	Average Wage of Staff and Workers(yuan)	10568	11431	11221	13644
全社会固定资产投资(亿元)	Total Investment in Fixed Assets (100 million yuan)	22.49	11.79	60.81	8.14
基本建设	Capital Construction	10.62	5.04	41.06	4.53
更新改造	Innovation	2.41	1.82	5.03	1.52
房地产开发	Real Estate Development	1.27	0.89	0.95	0.61
其他	Others	8.19	4.04	13.77	1.48
国有经济固定资产投资(亿元)	Investment in Fixed Assets of the State - owned Economy (100 million yuan)	7.53	3.37	24.4	5.06
国有经济投资新增固定资产(亿元)	Investment Newly - increased Fixed Assets of the State - owned Economy (100 million yuan)	3.1	1.65	10.16	3.09
商品房屋销售额(亿元)	Sales of Commercial Houses (100 million yuan)	0.36	0.3	0.52	0.15
商品房屋销售面积(万平方米)	Selling Space of Commercial Houses(10 000 sq. m)	2.08	1.32	5.9	2.03
财政收入(亿元)	Total Financial Revenue (100 million yuan)	7.06	4.63	16.65	2.77
#一般预算收入	Local Financial Revenue	4.63	1.63	9.85	0.67
#增值税	Value - added Tax	0.57	0.04	1.66	0.08
营业税	Sales Tax	0.87	0.11	1.9	0.14
企业所得税	Enterprises Income Tax	0.3	0.02	0.39	0.02
一般预算支出	Local Financial Expenditure	12.76	2.98	25.3	1.93
#基建支出	Capital Construction	0.89	0.1	1.58	-
科技三项费	Science and Technology Promotion			0.06	…
文教科卫事业费	Culture, Education, Science and Health Care	4.1	1.27	7.36	0.75
农村居民人均纯收入(元)	Per Capita Annual Net Income of Rural Households (yuan)	1893	2047	1497	1551
农村居民人均生活费总支出(元)	Per Capita Annual Living Expenditure of Rural Households (yuan)	1413	1462	1372	1330
#食品支出	Food Expenditure	846	922	720	764
城镇居民人均可支配收入(元)	Per Capital Annual Disposable Income of Urban Households (yuan)		7869		
城镇居民人均消费性支出(元)	Per Capita Living Expenditure of Urban Households (yuan)		5286		

指　标	Item	贺州市 Hezhou City	贺州市辖区 Hezhou Urban District	河池市 Hechi City	河池市辖区 Hechi Urban District
#食品支出(元)	Food Expenditure(yuan)		2218		
农村人均住房面积(平方米)	Per Capita Living Floor Space of Rural Households (sq. m)	21.39	22.45	25.87	24.12
乡村户数(万户)	Rural Households(10 000 households)	40.92	18.3	79.1	5.26
乡村劳动力(万人)	Rural Labor Force(10 000 persons)	102.87	45.21	178.93	11.97
#农林牧渔业	Farming, Forestry, Animal Husbandry and Fishery	73.09	31.4	133.14	8.63
常用耕地面积(千公顷)	Daily Cultivated Areas (1000 hectares)	92.98	39.06	211.16	14.41
农林牧渔业总产值(亿元)	Gross Output Value of Farming, Forestry, Animal Husbandry and Fishery (100 million yuan)	67.00	28.6	71.57	6.05
农林牧渔业总产值指数(上年=100)	Indices of Gross Output Value of Farming, Forestry, Animal Husbandry and Fishery (preceding year=100)	105.6	107.8	105.4	104.6
农业机械总动力(万千瓦)	Total Agricultural Machinery Power (10 000kw)	53.00	20.71	160.83	15.39
化肥使用量(折纯量)(万吨)	Consumption of Chemical Fertilizers (pure quantity)(10000 tons)	18.39	8.64	8.76	0.59
农村用电量(万千瓦小时)	Electricity Consumed in Rural Areas(10 000 kwh)	12909	6452	20462	2013
有效灌溉面积(千公顷)	Irrigated Area (1 000 hectares)	65.75	26.47	86.84	7.82
总播种面积(千公顷)	Total Sown Area (1 000 hectares)	282.2	117.57	540.26	35.95
#粮食作物	Grain Crops	151.67	57.04	334.89	21.81
粮食产量(万吨)	Grain Yield of (10 000 tons)	75.3	30.22	106.78	7.72
甘蔗产量(万吨)	Yield of Sugarcane (10 000 tons)	10.56	8.35	257.55	9.87
水果产量(万吨)	Yield of Fruits (10 000 tons)	17.06	6.29	15.3	1.58
棉花产量(吨)	Yield of Cotton (ton)	28	20	256	12
油料产量(万吨)	Yield of Oil Plants(10 000 tons)	3.92	1.68	2.51	0.13
肉类总产量(万吨)	Total Output of Meat (10 000 tons)	21.57	6.94	26	3.01
#猪肉产量(万吨)	Pork Output(10 000 tons)	20.64	6.62	19.57	2.27
牛肉产量(吨)	Beef Output(ton)	8637	2888	21241	1728
羊肉产量(吨)	Mutton Output(ton)	730	307	9639	632
水产品产量(吨)	Output of Aquatic Products(ton)	55736	21000	28900	4600
工业企业单位数(个)	Number of Industrial Enterprises (unit)	85	43	167	28
大型企业	Large Enterprises			2	1
中型企业	Medium Enterprises	6	5	25	8
小型企业	Small Enterprises	79	38	140	19
工业总产值(亿元)	Gross Industrial Output Value(100 million yuan)	21.26	14.52	57.93	16.3
内资企业	Domestic Funds Enterprises	19.77	14.09	52.37	16.3
国有工业	State-owned Industry	5.02	3.66	22.38	10.87
集体工业	Collective-owned Industry	1.44	1.36	1.44	0.12
股份合作企业	Cooperative Enterprises	0.31	0.31	0.3	
联营企业	Joint Ownership Enterprises				
有限责任公司	Limited Liability Corporations	4.55	3.33	12.3	0.1
股份有限公司	Share Holding Enterprises	4.82	3.63	4.43	0.15
私营企业	Private Enterprises	3.63	1.8	11.52	5.05
其他内资企业	Other Domestic Funds Enterprises				

22—1 续表 33 continued

指　　标	Item	贺州市 Hezhou City	贺州市辖区 Hezhou Urban District	河池市 Hechi City	河池市辖区 Hechi Urban District
港澳台商投资企业	Enterprises with Funds from Hong Kong, Macao and Taiwan	0.6	0.21		
外商投资企业	Foreign Funded Enterprises	0.89	0.22	5.56	
工业总产值指数(上年=100)	Related Index of Gross Industrial Output Value (preceding year = 100)	116.2	99.57	114.5	114.6
工业企业增加值(亿元)	Value - added of Industrial Enterprises (100 million yuan)	8.06	5.38	23.03	5.13
工业企业资产总计(亿元)	Total Assets of Industrial Enterprises (100 million yuan)	53.04	40.89	143.59	47.73
工业企业负债合计(亿元)	Total Liabilities of Industrial Enterprises (100 million yuan)	29.13	21.28	112.07	36.65
工业企业产品销售收入(亿元)	Revenue of Products Sales of Industrial Enterprises (100 million yuan)	23.5	16.49	58	16.48
工业企业利润总额(亿元)	Total Profits of Industrial Enterprises (100 million yuan)	1.31	10.09	3.38	-3.42
建筑企业单位数(个)	Number of Construction Enterprises (unit)	33	21	44	13
建筑业企业从业人员(万人)	Number of Persons Employed in Construction Enterprises (10 000 persons)	0.58	0.4	1.64	0.53
建筑业总产值(亿元)	Gross Output Value of Construction (100 million yuan)	1.81	1.36	8.12	3.4
房屋建筑施工面积(万平方米)	Floor Space of Buildings under Construction (10 000 sq. m)	39	31	145	57
#住宅	Residential Housing				
房屋建筑竣工面积(万平方米)	Floor Space of Buildings Completed (10 000 sq. m)	20.13	13.78	89.51	33.35
#住宅	Residential Housing	10.28	6.8	44.5	21.65
公路里程(公里)	Length of Highways (km)	2640	777	6262	490
#等级公路	Length of Expressway and Class I to IV Highway	1447	469	3213	327
民用汽车拥有量(辆)	Number of Civil Motor Vehicles Owned (unit)	16554	9234	21334	6246
邮电业务总量(亿元)	Business Volume of Post and Telecommunications Service (100 million yuan)	2.5	1.58	6.56	1.76
本地电话用户(含小灵通)(万户)	Local Telephone Subscribers (10 000 subscribers)	14.46	9.69	41.43	5.3
移动电话用户(万户)	Number of Mobile Telephone Subscribers (10 000 subscribers)	15.41	9.87	25.1	6.31
社会消费品零售总额(亿元)	Total Retail Sales of Consumer Goods (100 million yuan)	22.79	11.38	46.24	8.97
贸易业	Trades	18.92	10.13	36.79	7.02
餐饮业	Catering Services	2.03	0.88	5.84	1.86
其它	Others	1.84	0.37	3.61	0.1
批发零售贸易业法人企业个数(个)	Number of Corporation Unit in Wholesale and Retail Trades (unit)	5	4	25	10

注:社会消费品零售总额不包括制造业和农业生产者的直接零售.

Note: Total retail sales of consumer goods does not include mannfacture and direct retail of agricultural producers.

22—1 续表 34 continued

指 标	Item	贺州市 Hezhou City	贺州市辖区 Hezhou Urban District	河池市 Hechi City	河池市辖区 Hechi Urban District
#零售贸易业	Retail Trades	2	2	13	6
批发零售贸易业从业人员(人)	Employed Persons in Wholesale and Retail Trades Trade(person)	1435	992	2551	1524
#零售贸易业	Retail Trades	564	564	1555	1070
批发零售贸易业购进总额(亿元)	Total Purchases of Wholesale and Retail Trades (100 million yuan)	5	3.99	13.1	8.51
批发零售贸易业销售总额(亿元)	Total Sales of Wholesale and Retail Trades (100 million yuan)	5.84	4.24	10.82	5.9
批发	Wholesale	3.53	1.94	8.75	4.54
零售	Retail	2.31	2.3	2.07	1.36
批发零售贸易业库存总额(亿元)	Total Inventory of Wholesale and Retail Trades (100 million yuan)	0.43	0.39	0.86	0.53
外商直接投资(万美元)	Foreign Direct Investments(USD 10 000)	2058	1376	1664	
入境国际旅游者人数(万人次)	Number of International Tourists through Guangxi (10 000 person – times)	4.12	3.05	0.27	
#外国人	Foreigners	1.15	1.13	0.06	
国际旅游外汇收入(万美元)	Foreign Exchange Earnings From International Tourism (USD 10 000)	159	129	3.99	3.99
国内旅游人数(万人次)	Number of Domestic Tourists (10 000 person – times)	176.93	139.77	46.86	
国内旅游总收入(万元)	Total Domestic Tourism Receipts (10 000 yuan)	68391	54537	1500	
星级饭店数(个)	Total Number of Tourist Hotel (unit)	12	10	12	5
金融机构存款(亿元)	Saving Deposit of Financial Institutions(100 million yuan)	66.21	36.4	139.59	43.11
#企业存款	Enterprises Deposit	9.87	5.94	31.59	10.96
居民储蓄存款余额	Saving Deposit of Residents	49.27	26.36	96.9	27.93
定期	Time Deposit	26.01	13.24	48.03	14.6
活期	Current Deposit	23.26	12.12	48.87	13.33
金融机构贷款	Loans of Financial Institutions	38.45	23.65	83.46	27.68
#工业贷款	Industrial Loans	8.7	5.6	17.82	7.89
商业贷款	Commercial Loans	4.05	2.18	5.91	2.06
农业贷款	Agricultural Loans	6.16	3.19	8.19	0.78
幼儿园数(所)	Number of Kindergartens (unit)	37	14	121	31
入园儿童数(万人)	Student Enrollment (10 000 persons)	3.12	1.54	5.58	0.43
学龄儿童入学率(%)	Percentage of School – age Children Enrolled (%)	99.7	99.8	98.51	99.8
小学学校数(所)	Number of Primary Schools (unit)	808	303	1704	137
小学专任教师数(人)	Full – time Teachers in Primary Schools (person)	10149	3932	20405	1874
小学在校学生数(万人)	Primary Student Enrollment (10 000 persons)	28.73	12.42	37.38	2.38
小学招生数(万人)	New Student Enrollment in Primary Schools (10 000 persons)	4.06	1.82	7.26	0.36

指　　标	Item	贺州市 Hezhou City	贺州市辖区 Hezhou Urban District	河池市 Hechi City	河池市辖区 Hechi Urban District
小学毕业生数(万人)	Graduates of Primary Schools (10 000 persons)	5.25	2.26	6.1	0.45
普通中等学校数(所)	Number of Secondary Schools (unit)	127	54	298	48
#普通中学	Regular Secondary Schools	127	54	264	24
普通中等学校专任教师数(人)	Full – time Teachers in Secondary Schools (person)	6277	2519	11773	1886
#普通中学	Regular Secondary Schools	6277	2519	10728	1445
普通中等学校在校学生数(万人)	Student Enrollment in Secondary Schools (10 000 persons)	13.1	5.29	8.09	3.13
#普通中学	Regular Secondary Schools	13.1	5.29	6.27	2.4
普通中等学校招生数(万人)	New Student Enrollment in Secondary Schools (10 000 persons)	5.2	2.12	8.16	0.99
#普通中学	Regular Secondary Schools	5.2	2.12	7.4	0.74
普通中等学校毕业生数(万人)	Graduates in Secondary Schools (10 000 persons)	3.4	1.45	6.3	0.98
#普通中学	Regular Secondary Schools	3.4	1.45	5.54	0.72
普通高等学校数(所)	Regular Institutions of Higher Education (unit)	1	1	1	
普通高等学校专任教师(人)	Full – time Teachers in Regular Institutions of Higher Education (person)	211	211	166	
普通高等学校在校学生数(万人)	Student Enrollment in Regular Institutions of Higher Education (10 000 persons)	0.42	0.42	0.45	
普通高等学校招生数(万人)	New Student Enrollment in Regular Institutions of Higher Education (10 000 persons)	0.19	0.19	0.22	
普通高等学校毕业生数(万人)	Graduates in Regular Institutions of Higher Education (10 000 persons)	0.09	0.09	0.07	
公共图书馆(个)	Public Libraries (unit)	4	1	11	1
公共图书馆藏书量(万册)	Total Collections of Public Libraries (10 000 volumes)	41	12	81	14
广播覆盖率(%)	Broadcasting Rating (%)	85.78	86.7	62.67	60.23
电视覆盖率(%)	Television Rating (%)	96.39	97.3	76.24	75.28
卫生机构数(个)	Number of Health Institutions (unit)	141	21	1151	41
#医院、卫生院	Hospitals	78	21	243	22
卫生防疫站	Epidemic Prevention Station	4		12	3
妇幼保健站	Maternity and Child Care Centers	4		12	2
卫生机构床位数(张)	Number of Beds in Health Institutions (unit)	2616	312	6512	1328
#医院、卫生院	Hospitals	2351	312	4687	1268
卫生机构人员数(人)	Number of Employed Personnel in Health Institutions (person)	4516	553	9162	1951
医院、卫生院技术人员(人)	Medical and Technical Personnel (person)	3685	454	7654	1297
#执业医师、助理医师	Certified Physicians, Certified Assistant Physicians	1663	160	5579	645
注册护师、护士	Senior and Junior Nurses	1281	132	2624	622

指　标	Item	来宾市 Laibin City	来宾市辖区 Laibin Urban District	崇左市 Chongzuo City	崇左市辖区 Chongzuo Urban District
行政区域土地面积(平方公里)	Administrative Region Land Area(sq. km)	13411	4364	17351	2951
地区生产总值(亿元)	Gross Domestic Product (100 million yuan)	119.22	58.26	106.49	18.94
第一产业	Primary Industry	48.72	21.11	40.71	7.64
第二产业	Secondary Industry	41.48	24.58	25.48	5.86
工业	Industry	35.2	23.4	18.36	5.08
建筑业	Construction	6.28	1.18	7.12	0.78
第三产业	Tertiary Industry	29.02	12.57	40.30	5.44
#交通仓储和邮电通信业	Transport,Post and Telecommunication Service	8.08	3.97	8.14	0.75
批发和零售贸易餐饮业	Wholesae,Retail Trades & Catering Services	5.88	2.29	6.57	1.15
人均地区生产总值(元)	Per Capita GDP(yuan)	4916	5947	4687	5656
地区生产总值指数(上年=100)	Indices of Gross Domestic Product(preceding year = 100)	110.2	109.4	108.27	103.1
第一产业	Primary Industry	106.8	109.5	103.76	96.6
第二产业	Secondary Industry	115.5	103.6	115.05	101.5
#工业	Industry	115.7	105.6	109.82	99.8
建筑业	Construction	114.5	74.6	135.65	121.7
第三产业	Tertiary Industry	110.1	123.1	109.76	121.4
#交通仓储和邮电通信业	Transport,Post and Telecommunication Service	111.2	120.3	104.9	103.2
批发和零售贸易餐饮业	Wholesale,Retail Trades & Catering Services	111.7	114.7	111.32	109.9
人均地区生产总值指数(上年=100)	Index of Per Capita GDP(preceding year = 100)	108.9	107.1	107.83	102.7
年末总人口(万人)	Total Population at Year - end(10 000 persons)	244.14	99.24	227.89	33.5
男性	Male	128.47	52.47	117.89	17.43
女性	Female	115.67	46.77	110	16.04
出生人口(人)	Birth (person)	30534	10984	22761	3798
死亡人口(人)	Death(person)	13271	2918	11123	1860
年末总户数(万户)	Total Households at Year - end (10 000 households)	61.88	22.97	56.32	8.42
经济活动人口(万人)	Economically Active Population (10 000 persons)	132.56	49.53	130.33	19.23
就业人员(万人)	Employed Persons (10 000 persons)	131.96	49.34	129.75	19.08
第一产业	Primary Industry	90.07	34.71	93.37	13.99
第二产业	Secondary Industry	22.38	7.94	9.5	2.28
第三产业	Tertiary Industry	19.51	6.69	26.88	2.81
城镇从业人员(万人)	Number of Employed Persons in Urban Units (10 000 persons)	16.28	6.59	11.76	2.08
城镇国有经济	Urban State - owned Economic	8.47	3.78	9.4	1.66
城镇集体经济	Urban Collective - owned Economic	0.47	0.13	0.78	0.15
城镇其他单位合计	Other Urban Units	1.39	0.73	1.54	0.27
内资	Domestic Funds	1.09	0.63	1	0.04
港澳台投资经济	Economic with Funds from Hong Kong, Macao and Taiwan	0	0	0.34	0.23
外商投资经济	Foreign Funded Economic	0.3	0.1	0.2	0
城镇私营经济	Urban Private Economic	1.08	0.53		0

22—1　续表 37 continued

指　　标	Item	来宾市 Laibin City	来宾市辖区 Laibin Urban District	崇左市 Chongzuo City	崇左市辖区 Chongzuo Urban District
城镇个体	Urban Personal	4.87	1.42	0.04	0
职工人数(万人)	Number of Staff and Workers(10 000 persons)	10.16	4.59	10.86	1.93
国有经济	State - owned Economic	8.36	3.74	8.79	1.57
城镇集体经济	Urban Collective - owned Economic	0.46	0.12	0.64	0.1
其他单位合计	Other Units	1.34	0.73	1.43	0.26
城镇登记失业人员数(万人)	Number of Registered Unemployed Persons in Urban Areas (10 000 persons)	0.6	0.19	0.58	0.15
职工工资总额(亿元)	Total Wage of Staff and Workers (100 million yuan)	11.49	5.72	10.28	2.04
国有经济	State - owned Economic	9.45	4.51	8.5	1.68
城镇集体经济	Urban Collective - owned Economic	0.32	0.08	0.41	0.08
其他单位合计	Other Units	1.72	1.13	1.37	0.28
职工平均工资(元)	Average Wage of Staff and Workers(yuan)	11350	12568	9550	10687
全社会固定资产投资(亿元)	Total Investment in Fixed Assets (100 million yuan)	34.92	6.66	32.49	4.91
基本建设	Capital Construction	14.52	2.58	18.24	2.83
更新改造	Innovation	13.37	1.68	5.03	0.43
房地产开发	Real Estate Development	0.92	0.51	0.01	
其他	Others	6.11	1.89	9.21	1.65
国有经济固定资产投资(亿元)	Investment in Fixed Assets of the Ste - owned Economy (100 million yuan)	16.14	1.64	15.47	2.1
国有经济投资新增固定资产(亿元)	Investment Nwly - increased Fxed Asets of the Sate - owned Eonomy (100 million yuan)	5.35	1.29	8.29	0.3
商品房屋销售额(亿元)	Sales of Commercial Houses (100 million yuan)	495	0	0	0
商品房屋销售面积(万平方米)	Selling Space of Commercial Houses(10 000 sq. m)	0.69	0	0.03	0
财政收入(亿元)	Total Financial Revenue (100 million yuan)	11.31	6.54	13.01	2.89
#一般预算收入	Local Financial Revenue	5.86	3.05	8.86	1.94
#增值税	Value - added Tax	1.58	1.05	1.07	0.97
营业税	Sales Tax	0.87	0.39	0.86	0.28
企业所得税	Enterprises Income Tax	0.16	0.11	0.43	0.29
一般预算支出(亿元)	Local Financial Expenditure (100 million yuan)	14.25	7.04	18.38	2.73
#基建支出	Capital Construction	0.79	0.78	1.36	0.12
科技三项费	Science and Technology Promotion	0.03	0.01	0.03	0.01
文教科卫事业费	Culture, Education, Science and Health Care	4.5	2.16	4.56	0.78
农村居民人均纯收入(元)	Per Capita Annual Net Income of Rural Households (yuan)	1927	2128	1928	2184
农村居民人均生活费总支出(元)	Per Capita Annual Living Expenditure of Rural Households (yuan)	1615	1631	1705	1776
#食品支出	Food Expenditure	851	923	861	865
城镇居民人均可支配收入(元)	Per Capital Annual Disposable Income of Urban Households (yuan)				6304
城镇居民人均消费性支出(元)	Per Capita Living Expenditure of Urban Households (yuan)				4265

指　　标	Item	来宾市 Laibin City	来宾市辖区 Laibin Urban District	崇左市 Chongzuo City	崇左市辖区 Chongzuo Urban District
#食品支出	Food Expenditure				1868
农村人均住房面积(平方米)	Per Capita Living Floor Space of Rural Households (sq. m)	26.7	24	26.1	23.76
乡村户数(万户)	Rural Households(10 000 households)	47.72	17.6	45.71	6.7
乡村劳动力(万人)	Rural Labor Force(10 000 persons)	115.58	42.75	129.4	18.62
#农林牧渔业	Farming, Forestry, Animal Husbandry and Fishery	89.71	35.37	88.47	14.17
常用耕地面积(千公顷)	Daily Cultivated Areas (1000 hectares)	227.26	96.92	225.2	49.57
农林牧渔业总产值(亿元)	Gross Output Value of Farming, Forestry, Animal Husbandry and Fishery (100 million yuan)	76.22	32.75	63.68	12.21
农林牧渔业总产值指数(上年=100)	Indices of Gross Output Value of Farming, Forestry, Animal Husbandry and Fishery (preceding year=100)	107.24	109.48	101.42	96.99
农业机械总动力(万千瓦)	Total Agricultural Machinery Power (10 000kw)	93.83	34.18	115.22	17.23
化肥使用量(折纯量)(万吨)	Consumption of Chemical Fertilizers (pure quantity)(1000 tons)	18.19	8.9	17.72	5.06
农村用电量(万千瓦小时)	Electricity Consumed in Rural Areas(10 000 kwh)	19009	9598	14489	5160
有效灌溉面积(千公顷)	Irrigated Area (1 000 hectares)	100.71	39.4	78.72	11.02
总播种面积(千公顷)	Total Sown Area (1 000 hectares)	491.63	226.29	428.94	86.38
#粮食作物	Grain Crops	235.97	100.68	178.72	23.34
粮食产量(万吨)	Grain Yield of (10 000 tons)	90.83	36.91	63.81	8.57
甘蔗产量(万吨)	Yield of Sugarcane (10 000 tons)	759	452.85	1146.66	355.26
水果产量(万吨)	Yield of Fruits (10 000 tons)	16.83	4.95	17.95	2.88
棉花产量(吨)	Yield of Cotton (ton)	27	0		
油料产量(万吨)	Yield of Oil Plants(10 000 tons)	5.33	3.49	2.63	0.35
肉类总产量(万吨)	Total Output of Meat (10 000 tons)	28.25	13.32	12.26	1.19
#猪肉产量(万吨)	Pork Output(10 000 tons)	23.38	11.03	9.37	0.79
牛肉产量(吨)	Beef Output(ton)	21534	12486	5849	546
羊肉产量(吨)	Mutton Output(ton)	4153	2535	1332	338
水产品产量(吨)	Output of Aquatic Products(ton)	37525	17821	50012	8168
工业企业单位数(个)	Number of Industrial Enterprises (unit)	70	19	108	17
大型企业	Large Enterprises	1	1	1	0
中型企业	Medium Enterprises	18	9	14	3
小型企业	Small Enterprises	51	9	93	14
工业总产值(亿元)	Gross Industrial Output Value(100 million yuan)	63.36	41.13	42.17	11.74
内资企业	Domestic Funds Enterprises	39.89	22.68	26.04	4.28
国有工业	State-owned Industry	11.49	0.32	5.44	0.81
集体工业	Collective-owned Industry	1.37	0	1.68	0.19
股份合作企业	Cooperative Enterprises	0	0	0	
联营企业	Joint Ownership Enterprises	0	0	0	
有限责任公司	Limited Liability Corporations	19.76	17.57	12.94	0.06
股份有限公司	Share Holding Enterprises	4.67	4.57	0	
私营企业	Private Enterprises	2.6	0.22	5.98	3.22
其他内资企业	Other Domestic Funds Enterprises	0	0	0	

22—1 续表 39 continued

指　　标	Item	来宾市 Laibin City	来宾市辖区 Laibin Urban District	崇左市 Chongzuo City	崇左市辖区 Chongzuo Urban District
港澳台商投资企业	Enterprises with Funds from Hong Kong, Macao and Taiwan	0	0	6.55	6.55
外商投资企业	Foreign Funded Enterprises	23.47	18.46	9.58	0.91
工业总产值指数(上年=100)	Related Index of Gross Industrial Output Value (preceding year = 100)	130.1	128.7	118.98	109.1
工业企业增加值(亿元)	Value - added of Industrial Enterprises (100 million yuan)	22.62	14.75	14.61	4.39
工业企业资产总计(亿元)	Total Assets of Industrial Enterprises (100 million yuan)	122.22	87.86	61.18	16.75
工业企业负债合计(亿元)	Total Liabilities of Industrial Enterprises (100 million yuan)	71.82	50.9	31.89	8.15
工业企业产品销售收入(亿元)	Revenue of Products Sales of Industrial Enterprises (100 million yuan))	62.23	47.78	42.85	11.95
工业企业利润总额(亿元)	Total Profits of Industrial Enterprises (100 million yuan)	5.5	5.17	3.01	2.01
建筑企业单位数(个)	Number of Construction Enterprises (unit)	25	8	21	5
建筑业企业从业人员(万人)	Number of Persons Employed in Construction Enterprises (10 000 persons)	0.45	0.14	0.35	0.1
建筑业总产值(亿元)	Gross Output Value of Construction (100 million yuan)	1.37	0.48	1.51	0.19
房屋建筑施工面积(万平方米)	Floor Space of Buildings under Construction (10 000 sq. m)	43	12	94.95	35.22
#住宅	Residential Housing			64.06	35.22
房屋建筑竣工面积(万平方米)	Floor Space of Buildings Completed (10 000 sq. m)	26.56	8.36	81.46	31.95
#住宅	Residential Housing	18.32	6.63	52.82	31.95
公路里程(公里)	Length of Highways (km)	4012	1328	4637.69	586.8
#等级公路	Length of Expressway and Class I to IV Highway	1358	438	4149.86	556.3
民用汽车拥有量(辆)	Number of Civil Motor Vehicles Owned (unit)	16182	4726	22118	644
邮电业务总量(亿元)	Business Volume of Post and Telecommunications Service (100 million yuan)	2.51	1.1	3.20	0.27
本地电话用户(含小灵通)(万户)	Local Telephone Subscribers (10 000 subscribers)	19.74	9.45	18.70	3.03
移动电话用户(万户)	Number of Mobile Telephone Subscribers (10 000 subscribers)	17.85	8.4	25.86	2.58
社会消费品零售总额(亿元)	Total Retail Sales of Consumer Goods (100 million yuan)	24.92	10.54	20.10	4.68
贸易业	Trades	21.85		16.72	4.05
餐饮业	Catering Services	3.04		2.00	0.58
其它	Others	0.03	1.62	1.38	0.05
批发零售贸易业法人企业个数(个)	Number of Corporation Unit in Wholesale and Retail Trades (unit)	5	2	9	2

注：社会消费品零售总额不包括制造业和农业生产者的直接零售.

Note: Total retail sales of consumer goods does not include mannfacture and direct retail of agricultural producers.

22—1 续表 40 continued

指　标	Item	来宾市 Laibin City	来宾市辖区 Laibin Urban District	崇左市 Chongzuo City	崇左市辖区 Chongzuo Urban District
#零售贸易业	Retail Trades	1	1	4	1
批发零售贸易业从业人员(人)	Employed Persons in Wholesale and Retail Trades (person)	478	279	984	126
#零售贸易业	Retail Trades	79	79	174	31
批发零售贸易业购进总额(亿元)	Total Purchases of Wholesale and Retail Trades (100 million yuan)	3.49	2.22	5.56	1.2
批发零售贸易业销售总额(亿元)	Total Sales of Wholesale and Retail Trades (100 million yuan)	3.66	2.24	6.37	1.33
批发	Wholesale	3.39	1.97	4.51	1.26
零售	Retail	0.27	0.27	1.86	0.07
批发零售贸易业库存总额(亿元)	Total Inventory of Wholesale and Retail Trades (100 million yuan)	0.18	0.11	0.94	0.04
外商直接投资(万美元)	Foreign Direct Investments(USD 10 000)	88	0	1167	
入境国际旅游者人数(万人次)	Number of International Tourists through Guangxi (10 000 person – times)	0.06	0.02	4.69	
#外国人	Foreigners	0.03	0.02	3.95	
国际旅游外汇收入(万美元)	Foreign Exchange Earnings from International Tourism (USD 10 000)	98	36	2258	
国内旅游人数(万人次)	Number of Domestic Tourists (10 000 person – times)	132	35	183.31	23.6
国内旅游总收入(万元)	Total Domestic Tourism Receipts (10 000 yuan)	36430	16112	53984	2400
星级饭店数(个)	Total Number of Tourist Hotel (unit)	3	2	20	
金融机构存款(亿元)	Saving Deposit of Financial Institutions (100 million yuan)	70.67	29.48	84.25	16.01
#企业存款	Enterprises Deposit	12.34	6.43	10.89	3.23
居民储蓄存款余额	Saving Deposit of Residents	47.15	17.12	64.3	10.6
定期	Time Deposit	22.08	6.91	28.34	4.71
活期	Current Deposit	25.07	10.21	35.96	5.89
金融机构贷款(亿元)	Loans of Financial Institutions(100 million yuan)	43.98	21.74	35.04	5.55
#工业贷款	Industrial Loans	9.81	7.69	3.12	0.17
商业贷款	Commercial Loans	4.17	1.62	3.96	0.36
农业贷款	Agricultural Loans	8.96	3.08	10.16	1.86
幼儿园数(所)	Number of Kindergartens (unit)	89	20	81	22
入园儿童数(万人)	Student Enrollment (10 000 persons)	3.81	1.16	2.09	0.23
学龄儿童入学率(%)	Percentage of School – age Children Enrolled (%)	99.5	99.6	98.04	96.03
小学学校数(所)	Number of Primary Schools (unit)	772	267	849	111
小学专任教师数(人)	Full – time Teachers in Primary Schools (person)	9819	3643	9731	1369
小学在校学生数(万人)	Primary Student Enrollment (10 000 persons)	25.19	12.61	17.75	2.82
小学招生数(万人)	New Student Enrollment in Primary Schools (10 000 persons)	3.36	1.65	2.55	0.33

指标	Item	来宾市 Laibin City	来宾市辖区 Laibin Urban District	崇左市 Chongzuo City	崇左市辖区 Chongzuo Urban District
小学毕业生数(万人)	Graduates of Primary Schools (10 000 persons)	5.07	2.54	3.57	0.33
普通中等学校数(所)	Number of Secondary Schools (unit)	161	71	144	20
#普通中学	Regular Secondary Schools	146	61	137	19
普通中等学校专任教师数(人)	Full - time Teachers in Secondary Schools (person)	7257	3034	6593	942
#普通中学	Regular Secondary Schools	6747	2670	6054	856
普通中等学校在校学生数(万人)	Student Enrollment in Secondary Schools (10 000 persons)	17.51	8.6	12.28	1.51
#普通中学	Regular Secondary Schools	16.64	7.99	11.55	1.44
普通中等学校招生数(万人)	New Student Enrollment in Secondary Schools (10 000 persons)	6.5	3.37	4.45	0.46
#普通中学	Regular Secondary Schools	6.1	3.11	4.1	0.42
普通中等学校毕业生数(万人)	Graduates in Secondary Schools (10 000 persons)	4.86	2.05	3.85	0.66
#普通中学	Regular Secondary Schools	4.61	1.9	3.66	0.64
普通高等学校数(所)	Regular Institutions of Higher Education (unit)	1	1	1	
普通高等学校专任教师(人)	Full - time Teachers in Regular Institutions of Higher Education (person)	235	235	225	
普通高等学校在校学生数(万人)	Student Enrollment in Regular Institutions of Higher Education (10 000 persons)	0.39	0.39	0.51	
普通高等学校招生数(万人)	New Student Enrollment in Regular Institutions of Higher Education (10 000 persons)	0.15	0.15	0.18	
普通高等学校毕业生数(万人)	Graduates in Regular Institutions of Higher Education (10 000 persons)	0.11	0.11	0.19	
公共图书馆(个)	Public Libraries (unit)	6	1	7	1
公共图书馆藏书量(万册)	Total Collections of Public Libraries (10 000 volumes)	42.5	13.1	50.98	9.88
广播覆盖率(%)	Broadcasting Rating (%)	92.3	100	86.25	98
电视覆盖率(%)	Television Rating (%)	96.1	100	75.62	94
卫生机构数(个)	Number of Health Institutions (unit)	1409	444	468	18
#医院、卫生院	Hospitals	101	35	111	16
卫生防疫站	Epidemic Prevention Station	6	1	7	1
妇幼保健站	Maternity and Child Care Centers	6	1	7	1
卫生机构床位数(张)	Number of Beds in Health Institutions (unit)	3271	1147	3331	488
#医院、卫生院	Hospitals	3046	995	2020	302
卫生机构人员数(人)	Number of Employed Personnel in Health Institutions (person)	4947	1629	4766	844
医院、卫生院技术人员(人)	Medical and Technical Personnel (person)	4134	1431	4766	659
#执业医师、助理医师	Certified Physicians, Certified Assistant Physicians	1951	688	2231	293
注册护师、护士	Senior and Junior Nurses	1722	548	1511	223

第二十三篇

CHAPTER 23

县市基本情况

BASIC STATISTICS OF COUNTY AND CITY

23—1 各县市社会经济主要指标(2003 年)

Main Social and Economic Indicators by County and City(2003)

指　　标	Item	邕宁县 Yongning County	武鸣县 Wuming County	隆安县 Long'an County
行政区域土地面积(平方公里)	Administrative Region Land Area(sq. km)	4725	3470	2277
年末总人口(万人)	Total Population at Year－end (10 000 persons)	93.1	64.5	36.9
#乡村人口	Rural Population	82.8	60.5	34.9
出生人口(人)	Birth (person)	10118	5144	4170
死亡人口(人)	Death(person)	2965	1443	1905
年末总户数(户)	Total Households at Year－end(household)	238504	187196	88181
#乡村户数	Rural Households	195500	172400	81900
全社会从业人员(人)	Total Employed Persons(person)	482260	377965	196139
第一产业	Primary Industry	366136	288745	145186
第二产业	Secondary Industry	44233	48542	13707
#工业	Industry	34270	36018	6175
第三产业	Tertiary Industry	71891	40678	37246
年末职工人数(人)	Number of Staff and Workers at Year－end (person)	39168	37352	15047
#在岗职工	Working Staff and Workers	39145	35261	11945
城镇登记失业人数(人)	Number of Registered Unemployed Persons in Urban Areas (person)	1659	1786	724
地区生产总值(当年价)(万元)	Gross Domestic Product (at current price) (10 000 yuan)	520872	409908	125152
第一产业	Primary Industry	219868	203756	61994
第二产业	Secondary Industry	184402	125888	33602
#工业	Industry	146068	90546	24758
第三产业	Tertiary Industry	116602	80264	29556
人均地区生产总值(元)	Per Capital GDP (yuan)	5613	6344	3392
地区生产总值指数(上年=100)	Indices of Gross Domestic Product (preceding year=100)	107.6	101.9	105.1
第一产业	Primary Industry	102.9	102.2	99.7
第二产业	Secondary Industry	111.2	102.4	122.6
#工业	Industry	106.2	108.1	125
第三产业	Tertiary Industry	112.6	100.6	99.5
人均地区生产总值指数(上年=100)	Index of Per Capital GDP (preceding year=100)	107.0	102.2	104.9
财政收入(万元)	Government Revenue(10 000 yuan)	45895	28193	12298
#一般预算收入	Budgetary Revenue of Local Government	28048	17566	7770
财政支出(万元)	Government Expenditure (10 000 yuan)	38720	33145	17911
金融机构存款余额(万元)	Deposits of Financial Institutions (10 000 yuan)	332884	246756	104351
#城乡居民储蓄存款	Urban and Rural Savings Deposits	227442	204495	82353

23—1　续表 1 continued

指　　标	Item	邕宁县 Yongning County	武鸣县 Wuming County	隆安县 Long'an County
金融机构贷款余额(万元)	Loans of Financial Institutions (10 000 yuan)	145442	108197	58631
全社会固定资产投资(万元)	Total Investment in Fixed Assets(10 000 yuan)	160423	111415	37131
基本建设投资	Investment in Capital Construction	68813	42504	16858
更新改造投资	Investment in Innovation	19082	34642	2053
房地产开发	Real Estate Development	30201	2398	687
其他投资	Other Investment	42327	31871	17533
乡村从业人员(人)	Number of Rural Laborers (person)	490100	329900	197100
#农林牧渔业	Farming, Forestry, Animal Husbandry & Fishery	365700	247600	145100
年末实有耕地(公顷)	Cultivated Area at Year – end (hectare)	75732	59690	31941
#水田	Paddy Fields	48403	24422	9538
农林牧渔业总产值(当年价,万元)	Gross Output Value of Farming, Forestry, Animal Husbandry and Fishery (at current price,10 000 yuan)	219247	204365	70250
农林牧渔业总产值指数(上年=100,%)	Indices of Gross Output Value of Farming, Forestry, Animal Husbandry and Fishery (preceding year = 100, %)	104.2	103.5	100.2
农业机械总动力(万千瓦)	Total Agricultural Machinery Power (10 000 kw)	58.8	51	17.1
化肥施用折纯量(吨)	Consumption of Chemical Fertilizers (convert to pure amount) (ton)	92547	64149	21051
农村用电量(万千瓦时)	Electricity Consumed in Rural Areas (10 000 kwh)	8912	6670	2244
有效灌溉面积(公顷)	Irrigated Area (hectare)	43870	30300	15990
农作物总播种面积(公顷)	Total Sown Area of Major Farm Crops (hectare)	194444	142242	63470
#粮食作物	Grain Crops	79274	60145	31565
粮食产量(吨)	Yield of Grain (ton)	349463	301591	120998
油料产量(吨)	Yield of Oil – bearing Crops(ton)	20930	20418	1897
糖料产量(吨)	Yield of Sugar Crops (ton)	2376141	1691819	1207414
水果产量(吨)	Yield of Fruit (ton)	102925	202605	73480
肉类产量(吨)	Output of Meat (ton)	76968	84080	22589
奶类产量(吨)	Output of Milk (ton)	235	428	15
蔬菜产量(吨)	Yield of Vegetables (ton)	656478	497565	168803
水产品产量(吨)	Aquatic Products (ton)	21285	28012	8120
全部工业总产值(当年价)(万元)	All Included Gross Industrial Output Value (at current price) (10 000 yuan)	367377	250027	66254
全部工业总产值指数(上年=100)	Indices of All Included Gross Industrial Output Value (preceding year = 100)	105.8	95.2	107.4

23—1 续表 2 continued

指　　标	Item	邕宁县 Yongning County	武鸣县 Wuming County	隆安县 Long'an County
规模以上工业企业数(个)	Number of Industrial Enterprises above Designated Size (unit)	74	52	10
#内资企业	Domestic Funded Enterprises	63	45	10
规模工业企业总产值(当年价)(万元)	Gross Industrial Output Value above Designated Size (at current price) (10 000 yuan)	240142	89163	49944
内资企业	Domestic Funded Enterprises	165167	76371	49944
国有	State - owned	8255	26990	4719
集体	Collective - owned	11191	6935	0
股份合作企业	Cooperative Enterprises	1294	0	1360
联营企业	Joint Ownership Enterprises	0	0	0
有限责任公司	Limited Liability Corporations	42415	8059	10258
股份有限公司	Share Holding Enterprises	31658	0	32290
私营企业	Private Enterprises	70354	34387	1317
其他企业	Other Enterprises	0	0	0
港澳台投资企业	Enterprises with Funds from Hong Kong, Macao and Taiwan	43061	6414	0
外商投资企业	Foreign Funded Enterprises	31914	6378	0
工业企业增加值(万元)	Value - added of Industrial Enterprises (10 000 yuan)	79990	30539	17487
工业企业资产总计(万元)	Total Assets of Industrial Enterprises (10 000 yuan)	329609	137966	70060
工业企业负债合计(万元)	Total Liabilities of Industrial Enterprises (10 000 yuan)	172944	83775	38359
工业企业税金总额(万元)	Total Tax of Industrial Enterprises (10 000 yuan)	12036	710.6	461.9
工业企业产品销售收入(万元)	Sales Revenue of Industrial Enterprises (10 000 yuan)	252763	92977	54581
流动资产年平均余额(万元)	Annual Average Balance of Circulating Funds (10 000 yuan)	124492	42372	26975
固定资产净值年平均余额(万元)	Annual Average Balance of Net Value of Fixed Assets (10 000 yuan)	152958	69652	26158
利润总额(万元)	Total Profits (10 000 yuan)	12487	-2305	6163
规模以下工业:企业数(个)	Industries under Designated Size: Number of Enterprises (unit)	4185	5323	850
工业总产值(万元)	Gross Industrial Output Value (10 000 yuan)	127235	160864	16310
境内公路里程(公里)	Length of Domestic Highways (km)	817	1020	516
境内铁路里程(公里)	Length of Domestic Railways (km)	114	0	65
民用汽车拥有量(辆)	Number of Civil Motor Vehicles Owned (unit)	8927	4317	170
#载客汽车	Number of Buses and Cars	921	293	85

23—1 续表 3 continued

指　　标	Item	邕宁县 Yongning County	武鸣县 Wuming County	隆安县 Long'an County
私人汽车	Number of Private – owned Motor Vehicles	5745	3454	20
邮电业务总量（万元）	Business Volume Post and Telecommunication Services (10 000 yuan)	19096	9937	4391
本地电话用户（户）	Number of Subscribers of Local Telephone (subscriber)	89936	67899	29559
#农话	Rural	63580	34949	18173
年末移动用户（户）	Number of Mobile Telephone Subscribers at Year – end (subscriber)	70000	51638	12000
互联网上网用户（户）	Number of Subscribers of Internet Services (subscriber)	14317	13814	4375
社会消费品零售总额（万元）	Total Retail Sale of Consumer Goods (10 000 yuan)	98287	91344	22922
城镇在岗职工年平均人数（人）	Annual Average Number of Urban Working Staff and Workers (person)	39954	35326	12079
在岗职工工资总额（万元）	Total Wages of Working Staff and Workers (10 000 yuan)	40183.4	29612.2	11596
农民人均纯收入（元）	Annual Per Capita Disposable Income of Rural Residents (yuan)	2590	2841	1820
农民人均住房面积（平方米）	Per Capita Living Space in Rural Areas (sq. m)	24	38	23
社会福利院（个）	Social Welfare Homes (unit)	10	12	3
社会福利院床位数（张）	Number of Beds in Social Welfare Homes (unit)	301	263	80
参加基本养老保险的职工数（人）	Number of Employee Joining Basic Endowment Insurance (person)	17271	10870	12212
参加基本医疗保险的职工数（人）	Number of Employee Joining Basic Health Care Insurance (person)	26437	14133	9905
普通中学（所）	Regular Secondary Schools (unit)	67	45	22
小学（所）	Primary Schools (unit)	253	224	134
普通中学专任教师（人）	Full – time Teachers in Regular Secondary Schools (person)	2882	2127	1006
小学专任教师（人）	Full – time Teachers in Primary Schools (person)	3559	2395	1395
普通中学在校生（人）	Student Enrollment in Regular Secondary Schools (person)	64889	43514	21474
小学在校生（人）	Primary Student Enrollment (person)	84709	48407	28210
医院卫生院数（所）	Number of Hospitals (unit)	28	19	15
医院卫生院床位数（张）	Number of Beds in Hospitals (unit)	1234	724	476
卫生技术人员（人）	Medical and Technical Personnel (person)	1158	843	578
#医生	Doctors	431	334	248

23—1 续表 4 continued

指　　标	Item	马山县 Mashan County	上林县 Shanglin County	宾阳县 Binyang County
行政区域土地面积(平方公里)	Administrative Region Land Area (sq. km)	2345	1869	2308
年末总人口(万人)	Total Population at Year - end (10 000 persons)	50.1	45.6	97.9
#乡村人口	Rural Population	47.6	40.9	86.7
出生人口(人)	Birth (person)	5505	4489	7461
死亡人口(人)	Death(person)	2271	2065	1566
年末总户数(户)	Total Households at Year - end(household)	107237	110630	225313
#乡村户数	Rural Households	98900	90400	187100
全社会从业人员(人)	Total Employed Persons(person)	278600	192962	500346
第一产业	Primary Industry	163300	158516	350369
第二产业	Secondary Industry	18800	13632	53987
#工业	Industry	6300	6921	36904
第三产业	Tertiary Industry	96500	20814	95990
年末职工人数(人)	Number of Staff and Workers at Year - end (person)	12458	12968	35530
#在岗职工	Working Staff and Workers	11885	11613	35530
城镇登记失业人数(人)	Number of Registered Unemployed Persons in Urban Areas (person)	1393	876	2427
地区生产总值(当年价)(万元)	Gross Domestic Product (at current price) (10 000 yuan)	121671	111598	360895
第一产业	Primary Industry	47399	54508	102774
第二产业	Secondary Industry	43440	20564	103012
#工业	Industry	35999	13133	86235
第三产业	Tertiary Industry	30832	36526	155109
人均地区生产总值(元)	Per Capital GDP (yuan)	2429	2456	3691
地区生产总值指数(上年=100)	Indices of Gross Domestic Product (preceding year = 100)	111.4	105.5	112.8
第一产业	Primary Industry	106.9	105.4	104.4
第二产业	Secondary Industry	120.5	110.8	134.0
#工业	Industry	131.2	115.9	139.9
第三产业	Tertiary Industry	106.9	102.6	108.0
人均地区生产总值指数(上年=100)	Index of Per Capital GDP (preceding year = 100)	110.7	105.0	112.2
财政收入(万元)	Government Revenue(10 000 yuan)	7303	8919	26020
#一般预算收入	Budgetary Revenue of Local Government	4645	6386	16825
财政支出(万元)	Government Expenditure (10 000 yuan)	18554	16701	29364
金融机构存款余额(万元)	Deposits of Financial Institutions (10 000 yuan)	74148	86050	275566
#城乡居民储蓄存款	Urban and Rural Savings Deposits	56564	72632	232980

23—1 续表 5 continued

指标	Item	马山县 Mashan County	上林县 Shanglin County	宾阳县 Binyang County
金融机构贷款余额(万元)	Loans of Financial Institutions (10 000 yuan)	25598	30241	117032
全社会固定资产投资(万元)	Total Investment in Fixed Assets(10 000 yuan)	43481	33754	76658
基本建设投资	Investment in Capital Construction	26606	9346	24683
更新改造投资	Investment in Innovation	485	1250	22140
房地产开发	Real Estate Development	800	1600	4954
其他投资	Other Investment	15590	21558	24881
乡村从业人员(人)	Number of Rural Laborers (person)	258700	225400	506900
#农林牧渔业	Farming, Forestry, Animal Husbandry & Fishery	163300	158200	350400
年末实有耕地(公顷)	Cultivated Area at Year - end (hectare)	23084	25674	53952
#水田	Paddy Fields	10333	17426	34896
农林牧渔业总产值(当年价,万元)	Gross Output Value of Farming, Forestry, Animal Husbandry and Fishery (at current price, 10 000 yuan)	40617	48403	92695
农林牧渔业总产值指数(上年=100,%)	Indices of Gross Output Value of Farming, Forestry, Animal Husbandry and Fishery (preceding year = 100, %)	106.73	105.11	105.21
农业机械总动力(万千瓦)	Total Agricultural Machinery Power (10 000 kw)	13.3	26	30.9
化肥施用折纯量(吨)	Consumption of Chemical Fertilizers (convert to pure amount) (ton)	8049	15716	36896
农村用电量(万千瓦时)	Electricity Consumed in Rural Areas (10 000 kwh)	2178	4891	8027
有效灌溉面积(公顷)	Irrigated Area (hectare)	10670	17370	42730
农作物总播种面积(公顷)	Total Sown Area of Major Farm Crops (hectare)	51827	56623	107338
#粮食作物	Grain Crops	38985	37881	66184
粮食产量(吨)	Yield of Grain (ton)	124329	138437	291904
油料产量(吨)	Yield of Oil - bearing Crops(ton)	2150	4829	9313
糖料产量(吨)	Yield of Sugar Crops (ton)	149803	462038	1019819
水果产量(吨)	Yield of Fruit (ton)	5999	2327	6429
肉类产量(吨)	Output of Meat (ton)	29413	27352	39489
奶类产量(吨)	Output of Milk (ton)	0	50	24
蔬菜产量(吨)	Yield of Vegetables (ton)	127604	67830	220172
水产品产量(吨)	Aquatic Products (ton)	7603	10272	22716
全部工业总产值(当年价)(万元)	All Included Gross Industrial Output Value (at current price) (10 000 yuan)	49726	44943	306216
全部工业总产值指数(上年=100)	Indices of All Included Gross Industrial Output Value (preceding year = 100)	107.9	113.1	0

23—1 续表 6 continued

指　　标	Item	马山县 Mashan County	上林县 Shanglin County	宾阳县 Binyang County
规模以上工业企业数(个)	Number of Industrial Enterprises above Designated Size (unit)	9	15	35
#内资企业	Domestic Funded Enterprises	9	15	29
规模工业企业总产值(当年价)(万元)	Gross Industrial Output Value above Designated Size (at current price) (10 000 yuan)	36855	26336	127508
内资企业	Domestic Funded Enterprises	36855	26336	76350
国有	State - owned	1311	19854	27439
集体	Collective - owned	0	0	0
股份合作企业	Cooperative Enterprises	0	0	0
联营企业	Joint Ownership Enterprises	0	0	0
有限责任公司	Limited Liability Corporations	6566	2444	31392
股份有限公司	Share Holding Enterprises	27518	0	0
私营企业	Private Enterprises	1460	4038	17519
其他企业	Other Enterprises	0	0	0
港澳台投资企业	Enterprises with Funds from Hong Kong, Macao and Taiwan	0	0	49122
外商投资企业	Foreign Funded Enterprises	0	0	2036
工业企业增加值(万元)	Value - added of Industrial Enterprises (10 000 yuan)	31259	7528	38456
工业企业资产总计(万元)	Total Assets of Industrial Enterprises (10 000 yuan)	119239	43961	175245
工业企业负债合计(万元)	Total Liabilities of Industrial Enterprises (10 000 yuan)	111852	21539	122836
工业企业税金总额(万元)	Total Tax of Industrial Enterprises (10 000 yuan)	7219	2275	8192
工业企业产品销售收入(万元)	Sales Revenue of Industrial Enterprises (10 000 yuan)	39701	26399	139688
流动资产年平均余额(万元)	Annual Average Balance of Circulating Funds (10 000 yuan)	6189	23061	74052
固定资产净值年平均余额(万元)	Annual Average Balance of Net Value of Fixed Assets (10 000 yuan)	101239	20887	64464
利润总额(万元)	Total Profits (10 000 yuan)	11740	339	6072
规模以下工业:企业数(个)	Industries under Designated Size: Number of Enterprises (unit)	1180	832	4549
工业总产值(万元)	Gross Industrial Output Value (10 000 yuan)	12871	18607	178708
境内公路里程(公里)	Length of Domestic Highways (km)	751	524	593
境内铁路里程(公里)	Length of Domestic Railways (km)	0	0	55
民用汽车拥有量(辆)	Number of Civil Motor Vehicles Owned (unit)	2787	633	0
#载客汽车	Number of Buses and Cars	133	180	0

指　　　标	Item	马山县 Mashan County	上林县 Shanglin County	宾阳县 Binyang County
私人汽车	Number of Private - owned Motor Vehicles	1758	625	0
邮电业务总量（万元）	Business Volume Post and Telecommunication Services (10 000 yuan)	2944	4079	13000
本地电话用户（户）	Number of Subscribers of Local Telephone (subscriber)	25442	28200	88828
#农话	Rural	16879	18700	44463
年末移动用户（户）	Number of Mobile Telephone Subscribers at Year - end(subscriber)	35136	34000	126765
互联网上网用户（户）	Number of Subscribers of Internet Services (subscriber)	5369	6324	11193
社会消费品零售总额（万元）	Total Retail Sale of Consumer Goods (10 000 yuan)	22014	24004	114002
城镇在岗职工年平均人数（人）	Annual Average Number of Urban Working Staff and Workers (person)	11879	11972	35180
在岗职工工资总额（万元）	Total Wages of Working Staff and Workers (10 000 yuan)	10682.9	10981.9	35218.5
农民人均纯收入（元）	Annual Per Capita Disposable Income of Rural Residents (yuan)	1701	1888	2005
农民人均住房面积（平方米）	Per Capita Living Space in Rural Areas (sq. m)	34	32	30
社会福利院（个）	Social Welfare Homes (unit)	5	12	7
社会福利院床位数（张）	Number of Beds in Social Welfare Homes (unit)	83	282	174
参加基本养老保险的职工数（人）	Number of Employee Joining Basic Endowment Insurance (person)	11102	13084	34221
参加基本医疗保险的职工数（人）	Number of Employee Joining Basic Health Care Insurance (person)	8790	10494	23548
普通中学（所）	Regular Secondary Schools (unit)	30	32	56
小学（所）	Primary Schools (unit)	159	130	252
普通中学专任教师（人）	Full - time Teachers in Regular Secondary Schools (person)	1375	1493	3176
小学专任教师（人）	Full - time Teachers in Primary Schools (person)	1675	2051	3918
普通中学在校生（人）	Student Enrollment in Regular Secondary Schools (person)	31677	26789	64225
小学在校生（人）	Primary Student Enrollment (person)	49586	46798	113632
医院卫生院数（所）	Number of Hospitals (unit)	17	14	31
医院卫生院床位数（张）	Number of Beds in Hospitals (unit)	422	351	1479
卫生技术人员（人）	Medical and Technical Personnel (person)	426	407	1584
#医生	Doctors	204	197	608

23—1 续表 8 continued

指　　标	Item	横　县 Hengxian County	柳江县 Liujiang County	柳城县 Liucheng County
行政区域土地面积(平方公里)	Administrative Region Land Area (sq. km)	3465	2539	2110
年末总人口(万人)	Total Population at Year - end (10 000 persons)	107.8	53.1	40.7
#乡村人口	Rural Population	99.6	49.5	37.5
出生人口(人)	Birth (person)	12488	5258	5602
死亡人口(人)	Death (person)	5629	1096	1734
年末总户数(户)	Total Households at Year - end (household)	276712	150399	109497
#乡村户数	Rural Households	242000	123700	95900
全社会从业人员(人)	Total Employed Persons (person)	603201	285112	247218
第一产业	Primary Industry	400720	181805	153500
第二产业	Secondary Industry	87147	70578	66895
#工业	Industry	50464	63518	58771
第三产业	Tertiary Industry	115334	32729	26823
年末职工人数(人)	Number of Staff and Workers at Year - end (person)	32303	24407	19858
#在岗职工	Working Staff and Workers	27651	24212	19858
城镇登记失业人数(人)	Number of Registered Unemployed Persons in Urban Areas (person)	1489	1606	887
地区生产总值(当年价)(万元)	Gross Domestic Product (at current price) (10 000 yuan)	342351	328262	211928
第一产业	Primary Industry	147166	109051	91620
第二产业	Secondary Industry	88396	138100	63445
#工业	Industry	56276	119405	53737
第三产业	Tertiary Industry	106789	81112	56863
人均地区生产总值(元)	Per Capital GDP (yuan)	3184	6190	5212
地区生产总值指数(上年=100)	Indices of Gross Domestic Product (preceding year = 100)	107.9	117.0	103.6
第一产业	Primary Industry	102.8	102.6	104.5
第二产业	Secondary Industry	118.9	138.8	97.9
#工业	Industry	120.8	132.5	97.0
第三产业	Tertiary Industry	109.1	107.5	109.4
人均地区生产总值指数(上年=100)	Index of Per Capital GDP (preceding year = 100)	107.5	116.7	103.6
财政收入(万元)	Government Revenue (10 000 yuan)	28166.5	32033	32470
#一般预算收入	Budgetary Revenue of Local Government	18645	17411	26627
财政支出(万元)	Government Expenditure (10 000 yuan)	34232	28498	35046
金融机构存款余额(万元)	Deposits of Financial Institutions (10 000 yuan)	314048	205640	140874
#城乡居民储蓄存款	Urban and Rural Savings Deposits	263800	154317	101098

23—1 续表 9 continued

指标	Item	横县 Hengxian County	柳江县 Liujiang County	柳城县 Liucheng County
金融机构贷款余额(万元)	Loans of Financial Institutions (10 000 yuan)	135227	107036	89205
全社会固定资产投资(万元)	Total Investment in Fixed Assets(10 000 yuan)	128039	60810	44742
基本建设投资	Investment in Capital Construction	68525	30626	30388
更新改造投资	Investment in Innovation	7785	12362	1223
房地产开发	Real Estate Development	370	2015	1060
其他投资	Other Investment	51359	15807	12071
乡村从业人员(人)	Number of Rural Laborers (person)	554800	255500	199300
#农林牧渔业	Farming, Forestry, Animal Husbandry & Fishery	374200	181400	153500
年末实有耕地(公顷)	Cultivated Area at Year - end (hectare)	62532	52466	44259
#水田	Paddy Fields	39263	21372	19444
农林牧渔业总产值(当年价,万元)	Gross Output Value of Farming, Forestry, Animal Husbandry and Fishery (at current price,10 000 yuan)	159898	100600	105037
农林牧渔业总产值指数(上年=100,%)	Indices of Gross Output Value of Farming, Forestry, Animal Husbandry and Fishery (preceding year = 100, %)	102.81	105.03	105.29
农业机械总动力(万千瓦)	Total Agricultural Machinery Power (10 000 kw)	39.3	19.5	20.7
化肥施用折纯量(吨)	Consumption of Chemical Fertilizers (convert to pure amount) (ton)	42544	28547	38632
农村用电量(万千瓦时)	Electricity Consumed in Rural Areas (10 000 kwh)	6882	7522	3313
有效灌溉面积(公顷)	Irrigated Area (hectare)	49210	18790	18610
农作物总播种面积(公顷)	Total Sown Area of Major Farm Crops (hectare)	131847	91846	95935
#粮食作物	Grain Crops	70610	37705	37469
粮食产量(吨)	Yield of Grain (ton)	329126	165573	165329
油料产量(吨)	Yield of Oil - bearing Crops(ton)	9238	3799	9366
糖料产量(吨)	Yield of Sugar Crops (ton)	1259024	1909240	2596340
水果产量(吨)	Yield of Fruit (ton)	27886	35840	34460
肉类产量(吨)	Output of Meat (ton)	56501	43025	37231
奶类产量(吨)	Output of Milk (ton)	0	145	834
蔬菜产量(吨)	Yield of Vegetables (ton)	343014	477132	158669
水产品产量(吨)	Aquatic Products (ton)	24732	8579	9830
全部工业总产值(当年价)(万元)	All Included Gross Industrial Output Value (at current price) (10 000 yuan)	146290	385131	167068
全部工业总产值指数(上年=100)	Indices of All Included Gross Industrial Output Value (preceding year = 100)	124.6	127.8	99.4

指　　标	Item	横　县 Hengxian County	柳江县 Liujiang County	柳城县 Liucheng County
规模以上工业企业数(个)	Number of Industrial Enterprises above Designated Size (unit)	36	54	18
#内资企业	Domestic Funded Enterprises	33	51	18
规模工业企业总产值(当年价)(万元)	Gross Industrial Output Value above Designated Size (at current price) (10 000 yuan)	102213	270749	93744
内资企业	Domestic Funded Enterprises	96557	187300	93744
国有	State - owned	14561	21869	6148
集体	Collective - owned	4449	11184	498.3
股份合作企业	Cooperative Enterprises	6550	22872	1131
联营企业	Joint Ownership Enterprises	0	973.5	0
有限责任公司	Limited Liability Corporations	33833	78781.5	19715
股份有限公司	Share Holding Enterprises	632	0	46861
私营企业	Private Enterprises	36532	51620	19391
其他企业	Other Enterprises	0	0	0
港澳台投资企业	Enterprises with Funds from Hong Kong, Macao and Taiwan	5142	48232	0
外商投资企业	Foreign Funded Enterprises	514	35217	0
工业企业增加值(万元)	Value - added of Industrial Enterprises (10 000 yuan)	36480	82704	29813
工业企业资产总计(万元)	Total Assets of Industrial Enterprises (10 000 yuan)	120371	253880	131768
工业企业负债合计(万元)	Total Liabilities of Industrial Enterprises (10 000 yuan)	89087	138286	54108
工业企业税金总额(万元)	Total Tax of Industrial Enterprises (10 000 yuan)	7748	20925	6502
工业企业产品销售收入(万元)	Sales Revenue of Industrial Enterprises (10 000 yuan)	110708	280856	210000
流动资产年平均余额(万元)	Annual Average Balance of Circulating Funds (10 000 yuan)	39532	142836	56285
固定资产净值年平均余额(万元)	Annual Average Balance of Net Value of Fixed Assets (10 000 yuan)	59162	72660	46352
利润总额(万元)	Total Profits (10 000 yuan)	2466	21260	4327
规模以下工业:企业数(个)	Industries under Designated Size: Number of Enterprises (unit)	2817	4239	2568
工业总产值(万元)	Gross Industrial Output Value (10 000 yuan)	44077	114382	73324
境内公路里程(公里)	Length of Domestic Highways (km)	1000	556	531
境内铁路里程(公里)	Length of Domestic Railways (km)	73	108	74
民用汽车拥有量(辆)	Number of Civil Motor Vehicles Owned (unit)	1322	2642	0
#载客汽车	Number of Buses and Cars	479	132	0

指标	Item	横县 Hengxian County	柳江县 Liujiang County	柳城县 Liucheng County
私人汽车	Number of Private - owned Motor Vehicles	0	0	0
邮电业务总量（万元）	Business Volume Post and Telecommunication Services (10 000 yuan)	5731	9133	4699
本地电话用户（户）	Number of Subscribers of Local Telephone (subscriber)	86921	49337	40639
#农话	Rural	53816	19003	22451
年末移动用户（户）	Number of Mobile Telephone Subscribers at Year - end(subscriber)	68000	54539	40800
互联网上网用户（户）	Number of Subscribers of Internet Services (subscriber)	10649	2946	2592
社会消费品零售总额（万元）	Total Retail Sale of Consumer Goods (10 000 yuan)	125459	44734	39016
城镇在岗职工年平均人数（人）	Annual Average Number of Urban Working Staff and Workers (person)	27521	24212	18941
在岗职工工资总额（万元）	Total Wages of Working Staff and Workers (10 000 yuan)	27009.3	28313	21299
农民人均纯收入（元）	Annual Per Capita Disposable Income of Rural Residents (yuan)	2041	2414	2580
农民人均住房面积（平方米）	Per Capita Living Space in Rural Areas (sq. m)	30	24	32
社会福利院（个）	Social Welfare Homes (unit)	8	14	20
社会福利院床位数（张）	Number of Beds in Social Welfare Homes (unit)	186	235	291
参加基本养老保险的职工数（人）	Number of Employee Joining Basic Endowment Insurance (person)	9969	10202	9049
参加基本医疗保险的职工数（人）	Number of Employee Joining Basic Health Care Insurance (person)	22253	19800	18961
普通中学（所）	Regular Secondary Schools (unit)	58	37	25
小学（所）	Primary Schools (unit)	304	178	131
普通中学专任教师（人）	Full - time Teachers in Regular Secondary Schools (person)	2749	1596	1232
小学专任教师（人）	Full - time Teachers in Primary Schools (person)	4458	2448	1806
普通中学在校生（人）	Student Enrollment in Regular Secondary Schools (person)	63080	33755	21067
小学在校生（人）	Primary Student Enrollment (person)	107233	52315	32369
医院卫生院数（所）	Number of Hospitals (unit)	25	15	20
医院卫生院床位数（张）	Number of Beds in Hospitals (unit)	1002	445	495
卫生技术人员（人）	Medical and Technical Personnel (person)	1111	611	715
#医生	Doctors	512	217	272

23—1 续表 12 continued

指　　标	Item	鹿寨县 Luzhai County	融安县 Rong'an County	融水苗族自治县 Rongshui County
行政区域土地面积(平方公里)	Administrative Region Land Area (sq. km)	3355	2905	4624
年末总人口(万人)	Total Population at Year - end (10 000 persons)	48.2	31.8	46.8
#乡村人口	Rural Population	39.9	28.1	42.3
出生人口(人)	Birth (person)	6884	2739	5230
死亡人口(人)	Death (person)	1393	1053	2520
年末总户数(户)	Total Households at Year - end (household)	129208	86044	108135
#乡村户数	Rural Households	96500	69300	93400
全社会从业人员(人)	Total Employed Persons (person)	221270	163626	250900
第一产业	Primary Industry	153700	120060	200300
第二产业	Secondary Industry	23924	14771	17500
#工业	Industry	15055	10109	12290
第三产业	Tertiary Industry	43646	28795	33100
年末职工人数(人)	Number of Staff and Workers at Year - end (person)	23089	13409	14884
#在岗职工	Working Staff and Workers	23089	12981	13714
城镇登记失业人数(人)	Number of Registered Unemployed Persons in Urban Areas (person)	1189	1212	967
地区生产总值(当年价)(万元)	Gross Domestic Product (at current price) (10 000 yuan)	248781	114629	103185
第一产业	Primary Industry	89221	41330	46117
第二产业	Secondary Industry	91060	25454	19858
#工业	Industry	71758	17478	13708
第三产业	Tertiary Industry	68499	47845	37210
人均地区生产总值(元)	Per Capital GDP (yuan)	5189	3601	2211
地区生产总值指数(上年=100)	Indices of Gross Domestic Product (preceding year = 100)	111.0	104.2	102.2
第一产业	Primary Industry	106.5	103.0	102.7
第二产业	Secondary Industry	119.8	90.7	96.0
#工业	Industry	117.3	86.0	87.4
第三产业	Tertiary Industry	107.0	115.1	105.1
人均地区生产总值指数(上年=100)	Index of Per Capital GDP (preceding year = 100)	110.2	104.3	101.7
财政收入(万元)	Government Revenue (10 000 yuan)	20039	10017	8337
#一般预算收入	Budgetary Revenue of Local Government	13470	6259	5042
财政支出(万元)	Government Expenditure (10 000 yuan)	21466	16795	21690
金融机构存款余额(万元)	Deposits of Financial Institutions (10 000 yuan)	199556	101577	99415
#城乡居民储蓄存款	Urban and Rural Savings Deposits	155642	80154	76928

23—1 续表 13 continued

指　　标	Item	鹿寨县 Luzhai County	融安县 Rong'an County	融水苗族自治县 Rongshui County
金融机构贷款余额(万元)	Loans of Financial Institutions (10 000 yuan)	110495	63218	53917
全社会固定资产投资(万元)	Total Investment in Fixed Assets(10 000 yuan)	81774	34091	24310
基本建设投资	Investment in Capital Construction	38111	9475	13678
更新改造投资	Investment in Innovation	8673	1097	2080
房地产开发	Real Estate Development	5636	0	3022
其他投资	Other Investment	29354	23519	5530
乡村从业人员(人)	Number of Rural Laborers (person)	225200	158100	243000
#农林牧渔业	Farming, Forestry, Animal Husbandry & Fishery	153700	119600	185900
年末实有耕地(公顷)	Cultivated Area at Year - end (hectare)	46208	25409	31532
#水田	Paddy Fields	23164	16107	15278
农林牧渔业总产值(当年价,万元)	Gross Output Value of Farming, Forestry, Animal Husbandry and Fishery (at current price,10 000 yuan)	89986	39072	55200
农林牧渔业总产值指数(上年=100,%)	Indices of Gross Output Value of Farming, Forestry, Animal Husbandry and Fishery (preceding year = 100, %)	105.92	105.44	104.26
农业机械总动力(万千瓦)	Total Agricultural Machinery Power (10 000 kw)	27.5	8.6	10
化肥施用折纯量(吨)	Consumption of Chemical Fertilizers (convert to pure amount) (ton)	31013	9113	10606
农村用电量(万千瓦时)	Electricity Consumed in Rural Areas (10 000 kwh)	3012.2	2085	1825
有效灌溉面积(公顷)	Irrigated Area (hectare)	18060	14480	13690
农作物总播种面积(公顷)	Total Sown Area of Major Farm Crops (hectare)	82949	40710	50432
#粮食作物	Grain Crops	38673	20778	25735
粮食产量(吨)	Yield of Grain (ton)	166789	89784	118361
油料产量(吨)	Yield of Oil - bearing Crops(ton)	5907	1763	2978
糖料产量(吨)	Yield of Sugar Crops (ton)	944642	161790	325650
水果产量(吨)	Yield of Fruit (ton)	60026	19103	25392
肉类产量(吨)	Output of Meat (ton)	46992	18633	20510
奶类产量(吨)	Output of Milk (ton)	144	0	76
蔬菜产量(吨)	Yield of Vegetables (ton)	311482	115748	88049
水产品产量(吨)	Aquatic Products (ton)	5810	3518	4759
全部工业总产值(当年价)(万元)	All Included Gross Industrial Output Value (at current price) (10 000 yuan)	242622	54663	31283
全部工业总产值指数(上年=100)	Indices of All Included Gross Industrial Output Value (preceding year = 100)	125.1	0	87.0

指 标	Item	鹿寨县 Luzhai County	融安县 Rong'an County	融水苗族自治县 Rongshui County
规模以上工业企业数(个)	Number of Industrial Enterprises above Designated Size (unit)	35	15	11
#内资企业	Domestic Funded Enterprises	35	14	11
规模工业企业总产值(当年价)(万元)	Gross Industrial Output Value above Designated Size (at current price) (10 000 yuan)	154122	32196	19189
内资企业	Domestic Funded Enterprises	154122	24704	19189
国有	State - owned	38579	17920	7899
集体	Collective - owned	1063	1372	0
股份合作企业	Cooperative Enterprises	0	0	0
联营企业	Joint Ownership Enterprises	0	0	0
有限责任公司	Limited Liability Corporations	91985	3366	10422
股份有限公司	Share Holding Enterprises	2700	0	868
私营企业	Private Enterprises	19795	2046	0
其他企业	Other Enterprises	0	0	0
港澳台投资企业	Enterprises with Funds from Hong Kong, Macao and Taiwan	0	0	0
外商投资企业	Foreign Funded Enterprises	0	7492	0
工业企业增加值(万元)	Value - added of Industrial Enterprises (10 000 yuan)	45215	8755	9042
工业企业资产总计(万元)	Total Assets of Industrial Enterprises (10 000 yuan)	400442	83568	47305
工业企业负债合计(万元)	Total Liabilities of Industrial Enterprises (10 000 yuan)	292627	57081	26048
工业企业税金总额(万元)	Total Tax of Industrial Enterprises (10 000 yuan)	8091	92	1621
工业企业产品销售收入(万元)	Sales Revenue of Industrial Enterprises (10 000 yuan)	104258	35285	18490
流动资产年平均余额(万元)	Annual Average Balance of Circulating Funds (10 000 yuan)	77996	28795	11203
固定资产净值年平均余额(万元)	Annual Average Balance of Net Value of Fixed Assets (10 000 yuan)	284337	50284	27610
利润总额(万元)	Total Profits (10 000 yuan)	-14587	-1625	1614
规模以下工业:企业数(个)	Industries under Designated Size: Number of Enterprises (unit)	2240	811	2336
工业总产值(万元)	Gross Industrial Output Value (10 000 yuan)	88500	22467	12094
境内公路里程(公里)	Length of Domestic Highways (km)	808	452	645
境内铁路里程(公里)	Length of Domestic Railways (km)	89	34	25
民用汽车拥有量(辆)	Number of Civil Motor Vehicles Owned (unit)	3446	1358	0
#载客汽车	Number of Buses and Cars	1196	864	0

23—1 续表 15 continued

指　　标	Item	鹿寨县 Luzhai County	融安县 Rong'an County	融水苗族自治县 Rongshui County
私人汽车	Number of Private - owned Motor Vehicles	510	756	0
邮电业务总量（万元）	Business Volume Post and Telecommunication Services (10 000 yuan)	7619	5205	4317
本地电话用户（户）	Number of Subscribers of Local Telephone (subscriber)	51068	52016	26347
#农话	Rural	20000	11740	8361
年末移动用户（户）	Number of Mobile Telephone Subscribers at Year - end(subscriber)	36500	34161	27592
互联网上网用户（户）	Number of Subscribers of Internet Services (subscriber)	2283	2948	1492
社会消费品零售总额（万元）	Total Retail Sale of Consumer Goods (10 000 yuan)	44024	32981	40024
城镇在岗职工年平均人数（人）	Annual Average Number of Urban Working Staff and Workers (person)	23266	13073	13554
在岗职工工资总额（万元）	Total Wages of Working Staff and Workers (10 000 yuan)	26401	10714	14238.8
农民人均纯收入（元）	Annual Per Capita Disposable Income of Rural Residents (yuan)	2306	1859	1487
农民人均住房面积（平方米）	Per Capita Living Space in Rural Areas (sq. m)	30	21	24
社会福利院（个）	Social Welfare Homes (unit)	12	8	9
社会福利院床位数（张）	Number of Beds in Social Welfare Homes (unit)	263	146	154
参加基本养老保险的职工数（人）	Number of Employee Joining Basic Endowment Insurance (person)	11314	5547	5482
参加基本医疗保险的职工数（人）	Number of Employee Joining Basic Health Care Insurance (person)	23892	8165	10864
普通中学（所）	Regular Secondary Schools (unit)	32	20	28
小学（所）	Primary Schools (unit)	148	143	206
普通中学专任教师（人）	Full - time Teachers in Regular Secondary Schools (person)	1237	977	861
小学专任教师（人）	Full - time Teachers in Primary Schools (person)	1885	1415	2191
普通中学在校生（人）	Student Enrollment in Regular Secondary Schools (person)	24492	18793	20167
小学在校生（人）	Primary Student Enrollment (person)	36285	24678	41938
医院卫生院数（所）	Number of Hospitals (unit)	16	23	17
医院卫生院床位数（张）	Number of Beds in Hospitals (unit)	473	488	390
卫生技术人员（人）	Medical and Technical Personnel (person)	614	584	365
#医生	Doctors	232	243	186

23—1 续表16 continued

指　　标	Item	三江侗族自治县 Sanjiang County	阳朔县 Yangshuo County	临桂县 Lingui County
行政区域土地面积(平方公里)	Administrative Region Land Area (sq. km)	2430	1428	2202
年末总人口(万人)	Total Population at Year－end (10 000 persons)	34.7	29.9	45.3
#乡村人口	Rural Population	32.6	27.2	40.4
出生人口(人)	Birth (person)	4704	2617	4202
死亡人口(人)	Death(person)	1812	1088	1159
年末总户数(户)	Total Households at Year－end(household)	81204	82967	113287
#乡村户数	Rural Households	71900	66400	92200
全社会从业人员(人)	Total Employed Persons(person)	148050	144623	245584
第一产业	Primary Industry	115437	102795	162430
第二产业	Secondary Industry	15658	19404	20396
#工业	Industry	12800	13903	11979
第三产业	Tertiary Industry	16955	22424	62758
年末职工人数(人)	Number of Staff and Workers at Year－end (person)	8840	10804	18108
#在岗职工	Working Staff and Workers	8518	10402	17299
城镇登记失业人数(人)	Number of Registered Unemployed Persons in Urban Areas (person)	665	977	1759
地区生产总值(当年价)(万元)	Gross Domestic Product (at current price) (10 000 yuan)	67721	120757	269073
第一产业	Primary Industry	27459	55926	110807
第二产业	Secondary Industry	14035	23981	93820
#工业	Industry	9161	14399	71092
第三产业	Tertiary Industry	26227	40850	64446
人均地区生产总值(元)	Per Capital GDP (yuan)	1957	4037	5945
地区生产总值指数(上年=100)	Indices of Gross Domestic Product (preceding year=100)	96.4	109.9	115.5
第一产业	Primary Industry	98.6	109.0	105.3
第二产业	Secondary Industry	71.2	119.3	130.9
#工业	Industry	69.3	108.1	123.9
第三产业	Tertiary Industry	113.5	106.3	114.7
人均地区生产总值指数(上年=100)	Index of Per Capital GDP (preceding year=100)	95.8	109.7	115.1
财政收入(万元)	Government Revenue(10 000 yuan)	4868	9406	17496
#一般预算收入	Budgetary Revenue of Local Government	3653	7408	10114
财政支出(万元)	Government Expenditure (10 000 yuan)	16978	18233	24386
金融机构存款余额(万元)	Deposits of Financial Institutions (10 000 yuan)	64683	120622	178494
#城乡居民储蓄存款	Urban and Rural Savings Deposits	46611	89183	127380

23—1 续表 17 continued

指　　标	Item	三江侗族自治县 Sanjiang County	阳朔县 Yangshuo County	临桂县 Lingui County
金融机构贷款余额(万元)	Loans of Financial Institutions (10 000 yuan)	52583	54599	103607
全社会固定资产投资(万元)	Total Investment in Fixed Assets(10 000 yuan)	26120	42316	86222
基本建设投资	Investment in Capital Construction	14883	22363	19713
更新改造投资	Investment in Innovation	1116	1162	7235
房地产开发	Real Estate Development	0	5452	38174
其他投资	Other Investment	10121	13339	21100
乡村从业人员(人)	Number of Rural Laborers (person)	176400	148600	216500
#农林牧渔业	Farming, Forestry, Animal Husbandry & Fishery	115200	102800	161400
年末实有耕地(公顷)	Cultivated Area at Year – end (hectare)	13362	16952	34113
#水田	Paddy Fields	8719	10948	28217
农林牧渔业总产值(当年价,万元)	Gross Output Value of Farming, Forestry, Animal Husbandry and Fishery (at current price, 10 000 yuan)	26391	52826	87072
农林牧渔业总产值指数(上年=100,%)	Indices of Gross Output Value of Farming, Forestry, Animal Husbandry and Fishery (preceding year = 100, %)	98.91	108.94	107.44
农业机械总动力(万千瓦)	Total Agricultural Machinery Power (10 000 kw)	6.7	10.9	9.4
化肥施用折纯量(吨)	Consumption of Chemical Fertilizers (convert to pure amount) (ton)	3976	15137	20225
农村用电量(万千瓦时)	Electricity Consumed in Rural Areas (10 000 kwh)	3298	1481.5	1627.9
有效灌溉面积(公顷)	Irrigated Area (hectare)	9110	13460	26840
农作物总播种面积(公顷)	Total Sown Area of Major Farm Crops (hectare)	27810	54207	82996
#粮食作物	Grain Crops	15158	23789	43281
粮食产量(吨)	Yield of Grain (ton)	63533	102533	192344
油料产量(吨)	Yield of Oil – bearing Crops(ton)	1104	7333	1478
糖料产量(吨)	Yield of Sugar Crops (ton)	89	32709	76519
水果产量(吨)	Yield of Fruit (ton)	4730	93818	23891
肉类产量(吨)	Output of Meat (ton)	18225	23705	64788
奶类产量(吨)	Output of Milk (ton)	0	52	61
蔬菜产量(吨)	Yield of Vegetables (ton)	43917	137810	320455
水产品产量(吨)	Aquatic Products (ton)	2360	5514	10800
全部工业总产值(当年价)(万元)	All Included Gross Industrial Output Value (at current price) (10 000 yuan)	20544	48933	181845
全部工业总产值指数(上年=100)	Indices of All Included Gross Industrial Output Value (preceding year = 100)	0	110.6	124.3

23—1 续表 18 continued

指 标	Item	三江侗族自治县 Sanjiang County	阳朔县 Yangshuo County	临桂县 Lingui County
规模以上工业企业数(个)	Number of Industrial Enterprises above Designated Size (unit)	7	9	32
#内资企业	Domestic Funded Enterprises	7	8	28
规模工业企业总产值(当年价)(万元)	Gross Industrial Output Value above Designated Size (at current price) (10 000 yuan)	6717	4160	97306
内资企业	Domestic Funded Enterprises	6717	3634	74583
国有	State - owned	1930	1209	24938
集体	Collective - owned	0	0	7963
股份合作企业	Cooperative Enterprises	0	0	3361
联营企业	Joint Ownership Enterprises	0	0	0
有限责任公司	Limited Liability Corporations	2815	1655	33787
股份有限公司	Share Holding Enterprises	0	0	3323
私营企业	Private Enterprises	1972	770	1211
其他企业	Other Enterprises	0	0	0
港澳台投资企业	Enterprises with Funds from Hong Kong, Macao and Taiwan	0	0	910
外商投资企业	Foreign Funded Enterprises	0	526	21813
工业企业增加值(万元)	Value - added of Industrial Enterprises (10 000 yuan)	3205	2016	37364
工业企业资产总计(万元)	Total Assets of Industrial Enterprises (10 000 yuan)	48525	11443	134026
工业企业负债合计(万元)	Total Liabilities of Industrial Enterprises (10 000 yuan)	35633	4609	61691
工业企业税金总额(万元)	Total Tax of Industrial Enterprises (10 000 yuan)	178	404	5569
工业企业产品销售收入(万元)	Sales Revenue of Industrial Enterprises (10 000 yuan)	13287	6187	90480
流动资产年平均余额(万元)	Annual Average Balance of Circulating Funds (10 000 yuan)	18017	3098	54328
固定资产净值年平均余额(万元)	Annual Average Balance of Net Value of Fixed Assets (10 000 yuan)	7525	6877	42311
利润总额(万元)	Total Profits (10 000 yuan)	-106	65	12034
规模以下工业:企业数(个)	Industries under Designated Size: Number of Enterprises (unit)	4798	981	1577
工业总产值(万元)	Gross Industrial Output Value (10 000 yuan)	13827	44773	84539
境内公路里程(公里)	Length of Domestic Highways (km)	406	393	581
境内铁路里程(公里)	Length of Domestic Railways (km)	99	0	21
民用汽车拥有量(辆)	Number of Civil Motor Vehicles Owned (unit)	2623	1065	1943
#载客汽车	Number of Buses and Cars	100	207	204

23—1 续表 19 continued

指 标	Item	三江侗族自治县 Sanjiang County	阳朔县 Yangshuo County	临桂县 Lingui County
私人汽车	Number of Private - owned Motor Vehicles	2323	426	385
邮电业务总量（万元）	Business Volume Post and Telecommunication Services (10 000 yuan)	2316	2097	3779
本地电话用户（户）	Number of Subscribers of Local Telephone (subscriber)	22875	29323	30435
#农话	Rural	13128	12901	15647
年末移动用户（户）	Number of Mobile Telephone Subscribers at Year - end(subscriber)	13596	19460	21230
互联网上网用户（户）	Number of Subscribers of Internet Services (subscriber)	686	3038	2446
社会消费品零售总额（万元）	Total Retail Sale of Consumer Goods (10 000 yuan)	31779	28848	42390
城镇在岗职工年平均人数（人）	Annual Average Number of Urban Working Staff and Workers (person)	8491	10517	16933
在岗职工工资总额（万元）	Total Wages of Working Staff and Workers (10 000 yuan)	8752.8	11491	19253
农民人均纯收入（元）	Annual Per Capita Disposable Income of Rural Residents (yuan)	1450	2070	2200
农民人均住房面积（平方米）	Per Capita Living Space in Rural Areas (sq. m)	14	25	27
社会福利院（个）	Social Welfare Homes (unit)	2	7	4
社会福利院床位数（张）	Number of Beds in Social Welfare Homes (unit)	73	83	150
参加基本养老保险的职工数（人）	Number of Employee Joining Basic Endowment Insurance (person)	3632	8975	6095
参加基本医疗保险的职工数（人）	Number of Employee Joining Basic Health Care Insurance (person)	7552	7476	11600
普通中学（所）	Regular Secondary Schools (unit)	21	19	29
小学（所）	Primary Schools (unit)	188	106	172
普通中学专任教师（人）	Full - time Teachers in Regular Secondary Schools (person)	745	1072	1662
小学专任教师（人）	Full - time Teachers in Primary Schools (person)	1354	1255	2115
普通中学在校生（人）	Student Enrollment in Regular Secondary Schools (person)	15707	18379	30238
小学在校生（人）	Primary Student Enrollment (person)	34005	21053	42326
医院卫生院数（所）	Number of Hospitals (unit)	19	9	15
医院卫生院床位数（张）	Number of Beds in Hospitals (unit)	555	344	418
卫生技术人员（人）	Medical and Technical Personnel (person)	533	397	550
#医生	Doctors	177	155	241

指　　标	Item	灵川县 Lingchuan County	全州县 Quanzhou County	兴安县 Xing'an County
行政区域土地面积(平方公里)	Administrative Region Land Area (sq. km)	2257	4021	2348
年末总人口(万人)	Total Population at Year - end (10 000 persons)	35.2	76.9	37.1
#乡村人口	Rural Population	30.3	69.8	33.2
出生人口(人)	Birth (person)	3137	6736	2609
死亡人口(人)	Death (person)	1229	2832	1430
年末总户数(户)	Total Households at Year - end (household)	106676	228138	111901
#乡村户数	Rural Households	75900	199300	91900
全社会从业人员(人)	Total Employed Persons (person)	215045	445341	210167
第一产业	Primary Industry	131450	267125	143089
第二产业	Secondary Industry	37652	59711	35769
#工业	Industry	29890	50012	33828
第三产业	Tertiary Industry	45943	118505	31309
年末职工人数(人)	Number of Staff and Workers at Year - end (person)	17753	21282	14371
#在岗职工	Working Staff and Workers	17753	20108	14371
城镇登记失业人数(人)	Number of Registered Unemployed Persons in Urban Areas (person)	1213	948	1221
地区生产总值(当年价)(万元)	Gross Domestic Product (at current price) (10 000 yuan)	249547	416340	236212
第一产业	Primary Industry	103554	170904	96143
第二产业	Secondary Industry	77491	146725	80612
#工业	Industry	58709	123834	63359
第三产业	Tertiary Industry	68502	98711	59457
人均地区生产总值(元)	Per Capital GDP (yuan)	7102	5423	6373
地区生产总值指数(上年=100)	Indices of Gross Domestic Product (preceding year = 100)	113.2	112.4	110.7
第一产业	Primary Industry	104.3	103.5	107.6
第二产业	Secondary Industry	127.1	120.3	119.6
#工业	Industry	123.0	121.5	124.3
第三产业	Tertiary Industry	113.9	117.9	105.9
人均地区生产总值指数(上年=100)	Index of Per Capital GDP (preceding year = 100)	113.0	112.2	110.7
财政收入(万元)	Government Revenue (10 000 yuan)	16137	19019	15262
#一般预算收入	Budgetary Revenue of Local Government	10264	11010	10530
财政支出(万元)	Government Expenditure (10 000 yuan)	20216	27791	21082
金融机构存款余额(万元)	Deposits of Financial Institutions (10 000 yuan)	202333	252828	179262
#城乡居民储蓄存款	Urban and Rural Savings Deposits	160030	204199	142625

23—1 续表 21 continued

指 标	Item	灵川县 Lingchuan County	全州县 Quanzhou County	兴安县 Xing'an County
金融机构贷款余额(万元)	Loans of Financial Institutions (10 000 yuan)	134428	136036	95602
全社会固定资产投资(万元)	Total Investment in Fixed Assets(10 000 yuan)	70447	76110	82882
基本建设投资	Investment in Capital Construction	26534	32158	14004
更新改造投资	Investment in Innovation	3791	5447	29600
房地产开发	Real Estate Development	22696	7955	0
其他投资	Other Investment	17426	30550	39278
乡村从业人员(人)	Number of Rural Laborers (person)	171600	362800	192200
#农林牧渔业	Farming, Forestry, Animal Husbandry & Fishery	131100	265300	142700
年末实有耕地(公顷)	Cultivated Area at Year - end (hectare)	22561	46722	20600
#水田	Paddy Fields	18864	35092	16723
农林牧渔业总产值(当年价,万元)	Gross Output Value of Farming, Forestry, Animal Husbandry and Fishery (at current price,10 000 yuan)	74124	125284	78352
农林牧渔业总产值指数(上年=100,%)	Indices of Gross Output Value of Farming, Forestry, Animal Husbandry and Fishery (preceding year = 100, %)	105.21	104.23	108.31
农业机械总动力(万千瓦)	Total Agricultural Machinery Power (10 000 kw)	21.4	22.3	22.9
化肥施用折纯量(吨)	Consumption of Chemical Fertilizers (convert to pure amount) (ton)	15942	31156	17500
农村用电量(万千瓦时)	Electricity Consumed in Rural Areas (10 000 kwh)	6282	5157.6	1717.1
有效灌溉面积(公顷)	Irrigated Area (hectare)	18380	37550	20880
农作物总播种面积(公顷)	Total Sown Area of Major Farm Crops (hectare)	68852	143234	70031
#粮食作物	Grain Crops	33815	75269	39127
粮食产量(吨)	Yield of Grain (ton)	165622	402090	199080
油料产量(吨)	Yield of Oil - bearing Crops(ton)	3113	30292	5214
糖料产量(吨)	Yield of Sugar Crops (ton)	17274	17459	3632
水果产量(吨)	Yield of Fruit (ton)	59993	115756	118182
肉类产量(吨)	Output of Meat (ton)	35885	64552	44009
奶类产量(吨)	Output of Milk (ton)	16	20	5
蔬菜产量(吨)	Yield of Vegetables (ton)	461859	542161	262782
水产品产量(吨)	Aquatic Products (ton)	7529	16710	7788
全部工业总产值(当年价)(万元)	All Included Gross Industrial Output Value (at current price) (10 000 yuan)	211412	278069	22792
全部工业总产值指数(上年=100)	Indices of All Included Gross Industrial Output Value (preceding year = 100)	127.2	119.7	146.1

23—1 续表 22 continued

指标	Item	灵川县 Lingchuan County	全州县 Quanzhou County	兴安县 Xing'an County
规模以上工业企业数(个)	Number of Industrial Enterprises above Designated Size (unit)	33	32	40
#内资企业	Domestic Funded Enterprises	30	31	36
规模工业企业总产值(当年价)(万元)	Gross Industrial Output Value above Designated Size (at current price) (10 000 yuan)	95031	55597	46735
内资企业	Domestic Funded Enterprises	52915	55087	39821
国有	State - owned	14914	28002	8124
集体	Collective - owned	6071	10698	651
股份合作企业	Cooperative Enterprises	5998	3972	6326
联营企业	Joint Ownership Enterprises	0	0	0
有限责任公司	Limited Liability Corporations	8272	6847	4665
股份有限公司	Share Holding Enterprises	7376	0	0
私营企业	Private Enterprises	10284	5568	20054
其他企业	Other Enterprises	0	0	1
港澳台投资企业	Enterprises with Funds from Hong Kong, Macao and Taiwan	42116	510	6914
外商投资企业	Foreign Funded Enterprises	0	0	0
工业企业增加值(万元)	Value - added of Industrial Enterprises (10 000 yuan)	23765	22264	13437
工业企业资产总计(万元)	Total Assets of Industrial Enterprises (10 000 yuan)	115682	71713	69011
工业企业负债合计(万元)	Total Liabilities of Industrial Enterprises (10 000 yuan)	80458	37054	47748
工业企业税金总额(万元)	Total Tax of Industrial Enterprises (10 000 yuan)	4285	6098	6606
工业企业产品销售收入(万元)	Sales Revenue of Industrial Enterprises (10 000 yuan)	92916	59193	50708
流动资产年平均余额(万元)	Annual Average Balance of Circulating Funds (10 000 yuan)	48178	19544	22610
固定资产净值年平均余额(万元)	Annual Average Balance of Net Value of Fixed Assets (10 000 yuan)	48218	39736	25980
利润总额(万元)	Total Profits (10 000 yuan)	513	2881	2236
规模以下工业:企业数(个)	Industries under Designated Size: Number of Enterprises (unit)	1909	6287	2645
工业总产值(万元)	Gross Industrial Output Value (10 000 yuan)	116391	222472	181182
境内公路里程(公里)	Length of Domestic Highways (km)	657	1126	589
境内铁路里程(公里)	Length of Domestic Railways (km)	31	84	40
民用汽车拥有量(辆)	Number of Civil Motor Vehicles Owned (unit)	3617	2339	916
#载客汽车	Number of Buses and Cars	202	1528	391

指 标	Item	灵川县 Lingchuan County	全州县 Quanzhou County	兴安县 Xing'an County
私人汽车	Number of Private - owned Motor Vehicles	994	293	734
邮电业务总量（万元）	Business Volume Post and Telecommunication Services（10 000 yuan）	7452	7621	4399
本地电话用户（户）	Number of Subscribers of Local Telephone（subscriber）	37793	54704	41301
#农话	Rural	12778	30717	16524
年末移动用户（户）	Number of Mobile Telephone Subscribers at Year - end(subscriber)	43800	66000	50723
互联网上网用户（户）	Number of Subscribers of Internet Services（subscriber）	3687	3999	3260
社会消费品零售总额（万元）	Total Retail Sale of Consumer Goods（10 000 yuan）	62730	50223	73358
城镇在岗职工年平均人数（人）	Annual Average Number of Urban Working Staff and Workers（person）	17792	21436	14247
在岗职工工资总额（万元）	Total Wages of Working Staff and Workers（10 000 yuan）	18975	20215	15110
农民人均纯收入（元）	Annual Per Capita Disposable Income of Rural Residents（yuan）	2473	2415	2760
农民人均住房面积（平方米）	Per Capita Living Space in Rural Areas（sq. m）	32	29	31
社会福利院（个）	Social Welfare Homes（unit）	10	18	10
社会福利院床位数（张）	Number of Beds in Social Welfare Homes（unit）	120	313	231
参加基本养老保险的职工数（人）	Number of Employee Joining Basic Endowment Insurance（person）	8253	12717	6962
参加基本医疗保险的职工数（人）	Number of Employee Joining Basic Health Care Insurance（person）	14882	25800	13736
普通中学（所）	Regular Secondary Schools（unit）	30	58	23
小学（所）	Primary Schools（unit）	132	292	113
普通中学专任教师（人）	Full - time Teachers in Regular Secondary Schools（person）	1490	2616	1104
小学专任教师（人）	Full - time Teachers in Primary Schools（person）	1562	2566	1409
普通中学在校生（人）	Student Enrollment in Regular Secondary Schools（person）	24293	55045	24057
小学在校生（人）	Primary Student Enrollment（person）	20968	49201	20062
医院卫生院数（所）	Number of Hospitals（unit）	17	22	15
医院卫生院床位数（张）	Number of Beds in Hospitals（unit）	576	617	1017
卫生技术人员（人）	Medical and Technical Personnel（person）	695	1044	840
#医生	Doctors	270	388	302

23—1 续表 24 continued

指　　标	Item	永福县 Yongfu County	灌阳县 Guanyang County	龙胜各族自治县 Longsheng County
行政区域土地面积(平方公里)	Administrative Region Land Area (sq. km)	2806	1837	2538
年末总人口(万人)	Total Population at Year - end (10 000 persons)	26.8	27.1	16.6
#乡村人口	Rural Population	24.2	25.3	14.7
出生人口(人)	Birth (person)	3425	2403	1378
死亡人口(人)	Death (person)	1197	1084	1173
年末总户数(户)	Total Households at Year - end (household)	73628	86123	46093
#乡村户数	Rural Households	59000	74000	36600
全社会从业人员(人)	Total Employed Persons (person)	156291	135489	99518
第一产业	Primary Industry	99371	104514	65295
第二产业	Secondary Industry	25461	13738	7966
#工业	Industry	21599	9495	7456
第三产业	Tertiary Industry	31459	17237	26257
年末职工人数(人)	Number of Staff and Workers at Year - end (person)	9235	9711	9654
#在岗职工	Working Staff and Workers	8300	8220	9022
城镇登记失业人数(人)	Number of Registered Unemployed Persons in Urban Areas (person)	977	117	115
地区生产总值(当年价)(万元)	Gross Domestic Product (at current price) (10 000 yuan)	196419	108992	93063
第一产业	Primary Industry	76928	50214	30949
第二产业	Secondary Industry	80721	27470	34727
#工业	Industry	69388	18799	25664
第三产业	Tertiary Industry	38770	31308	27387
人均地区生产总值(元)	Per Capital GDP (yuan)	7329	4023	5616
地区生产总值指数(上年=100)	Indices of Gross Domestic Product (preceding year = 100)	119.9	108.7	109.8
第一产业	Primary Industry	109.7	104.6	102.7
第二产业	Secondary Industry	138.0	121.1	122.9
#工业	Industry	131.7	119.5	126.2
第三产业	Tertiary Industry	111.8	106.2	103.2
人均地区生产总值指数(上年=100)	Index of Per Capital GDP (preceding year = 100)	119.9	108.6	110.0
财政收入(万元)	Government Revenue (10 000 yuan)	11369	6045	8603
#一般预算收入	Budgetary Revenue of Local Government	6172	3940	4417
财政支出(万元)	Government Expenditure (10 000 yuan)	14284	15781	14457
金融机构存款余额(万元)	Deposits of Financial Institutions (10 000 yuan)	91236	87711	76045
#城乡居民储蓄存款	Urban and Rural Savings Deposits	73468	72006	49283

指　　标	Item	永福县 Yongfu County	灌阳县 Guanyang County	龙胜各族自治县 Longsheng County
金融机构贷款余额(万元)	Loans of Financial Institutions (10 000 yuan)	47701	44412	71464
全社会固定资产投资(万元)	Total Investment in Fixed Assets(10 000 yuan)	67577	34066	38960
基本建设投资	Investment in Capital Construction	24297	15816	20538
更新改造投资	Investment in Innovation	8156	350	2760
房地产开发	Real Estate Development	6238	30	0
其他投资	Other Investment	28886	17870	15662
乡村从业人员(人)	Number of Rural Laborers (person)	130800	138600	79500
#农林牧渔业	Farming, Forestry, Animal Husbandry & Fishery	98800	104200	64800
年末实有耕地(公顷)	Cultivated Area at Year – end (hectare)	21952	13606	12423
#水田	Paddy Fields	15940	10676	6271
农林牧渔业总产值(当年价,万元)	Gross Output Value of Farming, Forestry, Animal Husbandry and Fishery (at current price,10 000 yuan)	59142	40676	24602
农林牧渔业总产值指数(上年=100,%)	Indices of Gross Output Value of Farming, Forestry, Animal Husbandry and Fishery (preceding year = 100, %)	109.63	105.34	101.92
农业机械总动力(万千瓦)	Total Agricultural Machinery Power (10 000 kw)	9.4	13.8	6.5
化肥施用折纯量(吨)	Consumption of Chemical Fertilizers (convert to pure amount) (ton)	15236	10566	4034
农村用电量(万千瓦时)	Electricity Consumed in Rural Areas (10 000 kwh)	2715.9	2340.2	725.1
有效灌溉面积(公顷)	Irrigated Area (hectare)	16290	12250	6850
农作物总播种面积(公顷)	Total Sown Area of Major Farm Crops (hectare)	60522	42621	21595
#粮食作物	Grain Crops	28751	25233	12381
粮食产量(吨)	Yield of Grain (ton)	133495	141266	57485
油料产量(吨)	Yield of Oil – bearing Crops(ton)	4093	3011	639
糖料产量(吨)	Yield of Sugar Crops (ton)	51716	2402	0
水果产量(吨)	Yield of Fruit (ton)	43940	73054	31481
肉类产量(吨)	Output of Meat (ton)	26073	18334	10220
奶类产量(吨)	Output of Milk (ton)	0	15	385
蔬菜产量(吨)	Yield of Vegetables (ton)	277263	127974	101076
水产品产量(吨)	Aquatic Products (ton)	4604	3266	593
全部工业总产值(当年价)(万元)	All Included Gross Industrial Output Value (at current price) (10 000 yuan)	208615	60443	52011
全部工业总产值指数(上年=100)	Indices of All Included Gross Industrial Output Value (preceding year = 100)	126.9	101.0	116.2

23—1 续表 26 continued

指 标	Item	永福县 Yongfu County	灌阳县 Guanyang County	龙胜各族自治县 Longsheng County
规模以上工业企业数(个)	Number of Industrial Enterprises above Designated Size (unit)	31	14	13
#内资企业	Domestic Funded Enterprises	31	14	12
规模工业企业总产值(当年价)(万元)	Gross Industrial Output Value above Designated Size (at current price) (10 000 yuan)	73431	12663	27948
内资企业	Domestic Funded Enterprises	73431	12663	19799
国有	State - owned	10259	8930	17911
集体	Collective - owned	3517	0	0
股份合作企业	Cooperative Enterprises	670	0	0
联营企业	Joint Ownership Enterprises	0	0	0
有限责任公司	Limited Liability Corporations	45755	0	0
股份有限公司	Share Holding Enterprises	5787	0	0
私营企业	Private Enterprises	7443	3733	1888
其他企业	Other Enterprises	0	0	0
港澳台投资企业	Enterprises with Funds from Hong Kong, Macao and Taiwan	0	0	0
外商投资企业	Foreign Funded Enterprises	0	0	8149
工业企业增加值(万元)	Value - added of Industrial Enterprises (10 000 yuan)	23773	4562	15367
工业企业资产总计(万元)	Total Assets of Industrial Enterprises (10 000 yuan)	151903	15667	45505
工业企业负债合计(万元)	Total Liabilities of Industrial Enterprises (10 000 yuan)	121897	9545	25431
工业企业税金总额(万元)	Total Tax of Industrial Enterprises (10 000 yuan)	6361	1303	4761
工业企业产品销售收入(万元)	Sales Revenue of Industrial Enterprises (10 000 yuan)	70611	13543	26377
流动资产年平均余额(万元)	Annual Average Balance of Circulating Funds (10 000 yuan)	23422	5430	12026
固定资产净值年平均余额(万元)	Annual Average Balance of Net Value of Fixed Assets (10 000 yuan)	118554	8633	20804
利润总额(万元)	Total Profits (10 000 yuan)	8231	361	2446
规模以下工业:企业数(个)	Industries under Designated Size: Number of Enterprises (unit)	3208	1721	535
工业总产值(万元)	Gross Industrial Output Value (10 000 yuan)	135185	47780	24063
境内公路里程(公里)	Length of Domestic Highways (km)	509	446	477
境内铁路里程(公里)	Length of Domestic Railways (km)	59	0	0
民用汽车拥有量(辆)	Number of Civil Motor Vehicles Owned (unit)	403	789	2633
#载客汽车	Number of Buses and Cars	148	391	163

23—1 续表 27 continued

指 标	Item	永福县 Yongfu County	灌阳县 Guanyang County	龙胜各族自治县 Longsheng County
私人汽车	Number of Private - owned Motor Vehicles	225	465	199
邮电业务总量（万元）	Business Volume Post and Telecommunication Services (10 000 yuan)	3489	3215	1494.9
本地电话用户（户）	Number of Subscribers of Local Telephone (subscriber)	26504	21315	18831
#农话	Rural	12070	11092	9014
年末移动用户（户）	Number of Mobile Telephone Subscribers at Year - end(subscriber)	23274	22431	8050
互联网上网用户（户）	Number of Subscribers of Internet Services (subscriber)	2623	1870	1889
社会消费品零售总额（万元）	Total Retail Sale of Consumer Goods (10 000 yuan)	43911	29827	21144
城镇在岗职工年平均人数（人）	Annual Average Number of Urban Working Staff and Workers (person)	8517	8244	8997
在岗职工工资总额（万元）	Total Wages of Working Staff and Workers (10 000 yuan)	11338	9110	9426.7
农民人均纯收入（元）	Annual Per Capita Disposable Income of Rural Residents (yuan)	2373	1849	1824
农民人均住房面积（平方米）	Per Capita Living Space in Rural Areas (sq. m)	25	26	28
社会福利院（个）	Social Welfare Homes (unit)	5	3	1
社会福利院床位数（张）	Number of Beds in Social Welfare Homes (unit)	100	62	9
参加基本养老保险的职工数（人）	Number of Employee Joining Basic Endowment Insurance (person)	4902	4012	3907
参加基本医疗保险的职工数（人）	Number of Employee Joining Basic Health Care Insurance (person)	10756	7312	10337
普通中学（所）	Regular Secondary Schools (unit)	18	23	14
小学（所）	Primary Schools (unit)	110	141	85
普通中学专任教师（人）	Full - time Teachers in Regular Secondary Schools (person)	739	842	508
小学专任教师（人）	Full - time Teachers in Primary Schools (person)	1085	1139	859
普通中学在校生（人）	Student Enrollment in Regular Secondary Schools (person)	14543	16538	8149
小学在校生（人）	Primary Student Enrollment (person)	17480	18884	10795
医院卫生院数（所）	Number of Hospitals (unit)	10	11	12
医院卫生院床位数（张）	Number of Beds in Hospitals (unit)	367	296	289
卫生技术人员（人）	Medical and Technical Personnel (person)	419	461	256
#医生	Doctors	191	228	109

23—1 续表 28 continued

指 标	Item	资源县 Ziyuan County	平乐县 Pingle County	荔浦县 Lipu County
行政区域土地面积(平方公里)	Administrative Region Land Area (sq. km)	1954	1919	1758
年末总人口(万人)	Total Population at Year - end (10 000 persons)	16.7	43	36.9
#乡村人口	Rural Population	15.2	39.7	32.7
出生人口(人)	Birth (person)	1847	3261	3168
死亡人口(人)	Death(person)	855	1065	1248
年末总户数(户)	Total Households at Year - end(household)	51948	113973	110137
#乡村户数	Rural Households	42300	95300	94900
全社会从业人员(人)	Total Employed Persons(person)	93894	211336	220766
第一产业	Primary Industry	51183	149901	139098
第二产业	Secondary Industry	12156	41268	38832
#工业	Industry	9459	35327	30283
第三产业	Tertiary Industry	30555	20167	42836
年末职工人数(人)	Number of Staff and Workers at Year - end (person)	7496	14131	10986
#在岗职工	Working Staff and Workers	7209	12758	10778
城镇登记失业人数(人)	Number of Registered Unemployed Persons in Urban Areas (person)	571	1835	651
地区生产总值(当年价)(万元)	Gross Domestic Product (at current price) (10 000 yuan)	70913	234524	230124
第一产业	Primary Industry	28820	119480	90011
第二产业	Secondary Industry	20532	65612	79026
#工业	Industry	8525	51885	62419
第三产业	Tertiary Industry	21562	49432	61087
人均地区生产总值(元)	Per Capital GDP (yuan)	4259	5459	6241
地区生产总值指数(上年=100)	Indices of Gross Domestic Product (preceding year=100)	117.2	109.5	108.4
第一产业	Primary Industry	109.5	108.7	104.7
第二产业	Secondary Industry	136.5	112.5	110.2
#工业	Industry	133.2	106.9	106.5
第三产业	Tertiary Industry	111.8	107.9	111.8
人均地区生产总值指数(上年=100)	Index of Per Capital GDP (preceding year=100)	117.0	109.0	108.1
财政收入(万元)	Government Revenue(10 000 yuan)	5190	9981.5	16834
#一般预算收入	Budgetary Revenue of Local Government	3840	7064	9577
财政支出(万元)	Government Expenditure (10 000 yuan)	13942	17242	23253
金融机构存款余额(万元)	Deposits of Financial Institutions (10 000 yuan)	69151	123460	154509
#城乡居民储蓄存款	Urban and Rural Savings Deposits	52942	105485	126471

23—1 续表 29 continued

指 标	Item	资源县 Ziyuan County	平乐县 Pingle County	荔浦县 Lipu County
金融机构贷款余额(万元)	Loans of Financial Institutions (10 000 yuan)	33551	66379	100928
全社会固定资产投资(万元)	Total Investment in Fixed Assets(10 000 yuan)	30260	63939	63026
基本建设投资	Investment in Capital Construction	19050	25838	16190
更新改造投资	Investment in Innovation	1670	5870	4543
房地产开发	Real Estate Development	1180	347	17705
其他投资	Other Investment	8360	31884	24588
乡村从业人员(人)	Number of Rural Laborers (person)	84200	208300	196800
#农林牧渔业	Farming, Forestry, Animal Husbandry & Fishery	50600	149800	139100
年末实有耕地(公顷)	Cultivated Area at Year - end (hectare)	6704	18892	21099
#水田	Paddy Fields	5986	12476	13454
农林牧渔业总产值(当年价,万元)	Gross Output Value of Farming, Forestry, Animal Husbandry and Fishery (at current price,10 000 yuan)	23128	103070	70642
农林牧渔业总产值指数(上年=100,%)	Indices of Gross Output Value of Farming, Forestry, Animal Husbandry and Fishery (preceding year = 100, %)	109.96	108.91	104.73
农业机械总动力(万千瓦)	Total Agricultural Machinery Power (10 000 kw)	6.1	14.8	10.6
化肥施用折纯量(吨)	Consumption of Chemical Fertilizers (convert to pure amount) (ton)	2546	20707	12754
农村用电量(万千瓦时)	Electricity Consumed in Rural Areas (10 000 kwh)	735.5	5906.4	3834.7
有效灌溉面积(公顷)	Irrigated Area (hectare)	6810	14170	16680
农作物总播种面积(公顷)	Total Sown Area of Major Farm Crops (hectare)	24274	66275	54432
#粮食作物	Grain Crops	9387	30192	22861
粮食产量(吨)	Yield of Grain (ton)	49867	165390	122180
油料产量(吨)	Yield of Oil - bearing Crops(ton)	1955	13272	5663
糖料产量(吨)	Yield of Sugar Crops (ton)	8	10807	62444
水果产量(吨)	Yield of Fruit (ton)	17607	272714	97198
肉类产量(吨)	Output of Meat (ton)	6027	27808	40135
奶类产量(吨)	Output of Milk (ton)	2	41	96
蔬菜产量(吨)	Yield of Vegetables (ton)	90330	399025	238408
水产品产量(吨)	Aquatic Products (ton)	1142	6863	5445
全部工业总产值(当年价)(万元)	All Included Gross Industrial Output Value (at current price) (10 000 yuan)	3205	164804	21267
全部工业总产值指数(上年=100)	Indices of All Included Gross Industrial Output Value (preceding year = 100)	121.5	107.3	111.3

23—1 续表 30 continued

指标	Item	资源县 Ziyuan County	平乐县 Pingle County	荔浦县 Lipu County
规模以上工业企业数(个)	Number of Industrial Enterprises above Designated Size (unit)	17	21	36
#内资企业	Domestic Funded Enterprises	15	21	31
规模工业企业总产值(当年价)(万元)	Gross Industrial Output Value above Designated Size (at current price) (10 000 yuan)	13004	34964	78583
内资企业	Domestic Funded Enterprises	11315	34964	69231
国有	State - owned	5894	2258	10935
集体	Collective - owned	0	527	2278
股份合作企业	Cooperative Enterprises	2123	6732	258
联营企业	Joint Ownership Enterprises	1346	0	0
有限责任公司	Limited Liability Corporations	633	1340	17097
股份有限公司	Share Holding Enterprises	0	7357	0
私营企业	Private Enterprises	1319	16750	38663
其他企业	Other Enterprises	0	0	0
港澳台投资企业	Enterprises with Funds from Hong Kong, Macao and Taiwan	585	0	8709
外商投资企业	Foreign Funded Enterprises	1104	0	643
工业企业增加值(万元)	Value - added of Industrial Enterprises (10 000 yuan)	3723	10902	2004
工业企业资产总计(万元)	Total Assets of Industrial Enterprises (10 000 yuan)	18117	30045	41842
工业企业负债合计(万元)	Total Liabilities of Industrial Enterprises (10 000 yuan)	7443	13598	58759
工业企业税金总额(万元)	Total Tax of Industrial Enterprises (10 000 yuan)	1039	368	5173
工业企业产品销售收入(万元)	Sales Revenue of Industrial Enterprises (10 000 yuan)	13753	29102	81017
流动资产年平均余额(万元)	Annual Average Balance of Circulating Funds (10 000 yuan)	4886	9673	41066
固定资产净值年平均余额(万元)	Annual Average Balance of Net Value of Fixed Assets (10 000 yuan)	11295	19086	24164
利润总额(万元)	Total Profits (10 000 yuan)	166	691	212
规模以下工业:企业数(个)	Industries under Designated Size: Number of Enterprises (unit)	860	2221	1856
工业总产值(万元)	Gross Industrial Output Value (10 000 yuan)	19050	129840	134087
境内公路里程(公里)	Length of Domestic Highways (km)	492	548	526
境内铁路里程(公里)	Length of Domestic Railways (km)	0	0	0
民用汽车拥有量(辆)	Number of Civil Motor Vehicles Owned (unit)	812	1482	2477
#载客汽车	Number of Buses and Cars	359	721	1069

指　　标	Item	资源县 Ziyuan County	平乐县 Pingle County	荔浦县 Lipu County
私人汽车	Number of Private – owned Motor Vehicles	414	1016	900
邮电业务总量（万元）	Business Volume Post and Telecommunication Services（10 000 yuan）	1962	4154	4919
本地电话用户（户）	Number of Subscribers of Local Telephone（subscriber）	18129	36696	44000
#农话	Rural	9447	21792	21245
年末移动用户（户）	Number of Mobile Telephone Subscribers at Year – end（subscriber）	21000	33320	37000
互联网上网用户（户）	Number of Subscribers of Internet Services（subscriber）	1513	3460	3938
社会消费品零售总额（万元）	Total Retail Sale of Consumer Goods（10 000 yuan）	17965	32134	60596
城镇在岗职工年平均人数（人）	Annual Average Number of Urban Working Staff and Workers（person）	7509	12560	10920
在岗职工工资总额（万元）	Total Wages of Working Staff and Workers（10 000 yuan）	8904	12471	11330
农民人均纯收入（元）	Annual Per Capita Disposable Income of Rural Residents（yuan）	1840	2380	2882
农民人均住房面积（平方米）	Per Capita Living Space in Rural Areas（sq. m）	30	31	30
社会福利院（个）	Social Welfare Homes（unit）	2	9	11
社会福利院床位数（张）	Number of Beds in Social Welfare Homes（unit）	50	164	282
参加基本养老保险的职工数（人）	Number of Employee Joining Basic Endowment Insurance（person）	2067	9655	5549
参加基本医疗保险的职工数（人）	Number of Employee Joining Basic Health Care Insurance（person）	5822	9686	15078
普通中学（所）	Regular Secondary Schools（unit）	15	21	21
小学（所）	Primary Schools（unit）	82	136	144
普通中学专任教师（人）	Full – time Teachers in Regular Secondary Schools（person）	608	1234	959
小学专任教师（人）	Full – time Teachers in Primary Schools（person）	793	1525	1515
普通中学在校生（人）	Student Enrollment in Regular Secondary Schools（person）	8915	28302	20350
小学在校生（人）	Primary Student Enrollment（person）	10383	35951	22440
医院卫生院数（所）	Number of Hospitals（unit）	9	16	16
医院卫生院床位数（张）	Number of Beds in Hospitals（unit）	270	505	533
卫生技术人员（人）	Medical and Technical Personnel（person）	294	482	633
#医生	Doctors	135	201	270

指　　标	Item	恭城瑶族自治县 Gongcheng County	苍梧县 Cangwu County	藤　县 Tengxian County
行政区域土地面积(平方公里)	Administrative Region Land Area (sq. km)	2149	3506	3946
年末总人口(万人)	Total Population at Year - end (10 000 persons)	28	55	93.5
#乡村人口	Rural Population	24.8	50.4	86.5
出生人口(人)	Birth (person)	2735	6009	13512
死亡人口(人)	Death(person)	1670	1914	3858
年末总户数(户)	Total Households at Year - end(household)	82460	135803	232069
#乡村户数	Rural Households	64100	119300	197100
全社会从业人员(人)	Total Employed Persons(person)	150176	310157	475568
第一产业	Primary Industry	114300	172464	293583
第二产业	Secondary Industry	16011	52251	41650
#工业	Industry	13303	40297	20457
第三产业	Tertiary Industry	19865	85442	140335
年末职工人数(人)	Number of Staff and Workers at Year - end (person)	10654	17832	23801
#在岗职工	Working Staff and Workers	9952	17832	22317
城镇登记失业人数(人)	Number of Registered Unemployed Persons in Urban Areas (person)	639	1396	1450
地区生产总值(当年价)(万元)	Gross Domestic Product (at current price) (10 000 yuan)	155758	193724	314283
第一产业	Primary Industry	81474	61747	155189
第二产业	Secondary Industry	37640	78069	88338
#工业	Industry	26505	63769	75523
第三产业	Tertiary Industry	36644	53908	70756
人均地区生产总值(元)	Per Capital GDP (yuan)	5577	3539	3374
地区生产总值指数(上年=100)	Indices of Gross Domestic Product (preceding year=100)	109.3	106.4	106.1
第一产业	Primary Industry	108.1	89.7	104.6
第二产业	Secondary Industry	113.4	128.9	105.4
#工业	Industry	105.5	121.4	104.8
第三产业	Tertiary Industry	108.3	109.0	110.9
人均地区生产总值指数(上年=100)	Index of Per Capital GDP (preceding year=100)	109.1	105.9	105.3
财政收入(万元)	Government Revenue(10 000 yuan)	9345	13591	16300
#一般预算收入	Budgetary Revenue of Local Government	5959	8863	10528
财政支出(万元)	Government Expenditure (10 000 yuan)	17009	21403	29099
金融机构存款余额(万元)	Deposits of Financial Institutions (10 000 yuan)	94835	172080	185151
#城乡居民储蓄存款	Urban and Rural Savings Deposits	77174	136247	163150

指　　标	Item	恭城瑶族自治县 Gongcheng County	苍梧县 Cangwu County	藤　县 Tengxian County
金融机构贷款余额(万元)	Loans of Financial Institutions (10 000 yuan)	59637	90927	79245
全社会固定资产投资(万元)	Total Investment in Fixed Assets(10 000 yuan)	45019	58542	54789
基本建设投资	Investment in Capital Construction	15249	33094	21690
更新改造投资	Investment in Innovation	4953	2335	1301
房地产开发	Real Estate Development	0	1765	1835
其他投资	Other Investment	24817	21348	29963
乡村从业人员(人)	Number of Rural Laborers (person)	128600	286900	436400
#农林牧渔业	Farming, Forestry, Animal Husbandry & Fishery	114200	199200	293600
年末实有耕地(公顷)	Cultivated Area at Year - end (hectare)	17907	21936	31826
#水田	Paddy Fields	11751	18277	25977
农林牧渔业总产值(当年价,万元)	Gross Output Value of Farming, Forestry, Animal Husbandry and Fishery (at current price,10 000 yuan)	93196	64655	136218
农林牧渔业总产值指数(上年=100,%)	Indices of Gross Output Value of Farming, Forestry, Animal Husbandry and Fishery (preceding year = 100, %)	107.99	91.22	104.77
农业机械总动力(万千瓦)	Total Agricultural Machinery Power (10 000 kw)	20.7	20.3	16.9
化肥施用折纯量(吨)	Consumption of Chemical Fertilizers (convert to pure amount) (ton)	18964	14858	16510
农村用电量(万千瓦时)	Electricity Consumed in Rural Areas (10 000 kwh)	1691.6	4255	3777
有效灌溉面积(公顷)	Irrigated Area (hectare)	24050	18130	22760
农作物总播种面积(公顷)	Total Sown Area of Major Farm Crops (hectare)	57827	51213	92097
#粮食作物	Grain Crops	26675	39204	48292
粮食产量(吨)	Yield of Grain (ton)	127858	191555	297712
油料产量(吨)	Yield of Oil - bearing Crops(ton)	13723	4753	9265
糖料产量(吨)	Yield of Sugar Crops (ton)	5743	5235	21407
水果产量(吨)	Yield of Fruit (ton)	365310	14414	43223
肉类产量(吨)	Output of Meat (ton)	25042	36578	72184
奶类产量(吨)	Output of Milk (ton)	12	61	5
蔬菜产量(吨)	Yield of Vegetables (ton)	109473	88181	578880
水产品产量(吨)	Aquatic Products (ton)	5015	6910	12538
全部工业总产值(当年价)(万元)	All Included Gross Industrial Output Value (at current price) (10 000 yuan)	6971	198033	278992
全部工业总产值指数(上年=100)	Indices of All Included Gross Industrial Output Value (preceding year = 100)	102.0	123.2	121.8

指　　标	Item	恭城瑶族自治县 Gongcheng County	苍梧县 Cangwu County	藤　县 Tengxian County
规模以上工业企业数(个)	Number of Industrial Enterprises above Designated Size (unit)	20	16	19
#内资企业	Domestic Funded Enterprises	20	10	14
规模工业企业总产值(当年价)(万元)	Gross Industrial Output Value above Designated Size (at current price) (10 000 yuan)	28829	76703	43378
内资企业	Domestic Funded Enterprises	28829	51254	19584
国有	State - owned	9416	15607	10965
集体	Collective - owned	0	15331	3463
股份合作企业	Cooperative Enterprises	4884	0	0
联营企业	Joint Ownership Enterprises	0	0	0
有限责任公司	Limited Liability Corporations	5265	10861	4163
股份有限公司	Share Holding Enterprises	3957	0	0
私营企业	Private Enterprises	5307	9455	993
其他企业	Other Enterprises	0	0	0
港澳台投资企业	Enterprises with Funds from Hong Kong, Macao and Taiwan	0	23211	23794
外商投资企业	Foreign Funded Enterprises	0	2238	0
工业企业增加值(万元)	Value - added of Industrial Enterprises (10 000 yuan)	11517	2407	13122
工业企业资产总计(万元)	Total Assets of Industrial Enterprises (10 000 yuan)	20080	84960	44943
工业企业负债合计(万元)	Total Liabilities of Industrial Enterprises (10 000 yuan)	19515	56256	26738
工业企业税金总额(万元)	Total Tax of Industrial Enterprises (10 000 yuan)	1618	3696	2351
工业企业产品销售收入(万元)	Sales Revenue of Industrial Enterprises (10 000 yuan)	21090	73047	41217
流动资产年平均余额(万元)	Annual Average Balance of Circulating Funds (10 000 yuan)	13609	35056	15135
固定资产净值年平均余额(万元)	Annual Average Balance of Net Value of Fixed Assets (10 000 yuan)	10174	38815	24153
利润总额(万元)	Total Profits (10 000 yuan)	417	622	780
规模以下工业:企业数(个)	Industries under Designated Size: Number of Enterprises (unit)	1813	4025	4704
工业总产值(万元)	Gross Industrial Output Value (10 000 yuan)	40880	121330	235614
境内公路里程(公里)	Length of Domestic Highways (km)	511	1060	1063
境内铁路里程(公里)	Length of Domestic Railways (km)	0	0	0
民用汽车拥有量(辆)	Number of Civil Motor Vehicles Owned (unit)	1190	1937	2450
#载客汽车	Number of Buses and Cars	818	530	585

指　　标	Item	恭城瑶族自治县 Gongcheng County	苍梧县 Cangwu County	藤　县 Tengxian County
私人汽车	Number of Private - owned Motor Vehicles	765	1872	2052
邮电业务总量（万元）	Business Volume Post and Telecommunication Services（10 000 yuan）	3118	7087	7134
本地电话用户（户）	Number of Subscribers of Local Telephone（subscriber）	31343	48609	65549
#农话	Rural	15533	22583	38585
年末移动用户（户）	Number of Mobile Telephone Subscribers at Year - end(subscriber)	29700	45774	37530
互联网上网用户（户）	Number of Subscribers of Internet Services（subscriber）	2458	2638	2295
社会消费品零售总额（万元）	Total Retail Sale of Consumer Goods（10 000 yuan）	34067	70512	136257
城镇在岗职工年平均人数（人）	Annual Average Number of Urban Working Staff and Workers（person）	9947	17909	22199
在岗职工工资总额（万元）	Total Wages of Working Staff and Workers（10 000 yuan）	10022	16564	18226
农民人均纯收入（元）	Annual Per Capita Disposable Income of Rural Residents（yuan）	2032	1895	1952
农民人均住房面积（平方米）	Per Capita Living Space in Rural Areas（sq. m）	22	19	20
社会福利院（个）	Social Welfare Homes（unit）	2	10	11
社会福利院床位数（张）	Number of Beds in Social Welfare Homes（unit）	35	156	141
参加基本养老保险的职工数（人）	Number of Employee Joining Basic Endowment Insurance（person）	6430	8446	12253
参加基本医疗保险的职工数（人）	Number of Employee Joining Basic Health Care Insurance（person）	5222	15543	24500
普通中学（所）	Regular Secondary Schools（unit）	23	30	42
小学（所）	Primary Schools（unit）	116	192	274
普通中学专任教师（人）	Full - time Teachers in Regular Secondary Schools（person）	918	1543	2202
小学专任教师（人）	Full - time Teachers in Primary Schools（person）	1239	2224	3268
普通中学在校生（人）	Student Enrollment in Regular Secondary Schools（person）	14963	30123	60533
小学在校生（人）	Primary Student Enrollment（person）	22787	71385	134581
医院卫生院数（所）	Number of Hospitals（unit）	10	17	21
医院卫生院床位数（张）	Number of Beds in Hospitals（unit）	430	570	673
卫生技术人员（人）	Medical and Technical Personnel（person）	421	777	898
#医生	Doctors	208	302	395

23—1 续表 36 continued

指　　标	Item	蒙山县 Mengshan County	岑溪市 Cenxi City	合浦县 Hepu County
行政区域土地面积(平方公里)	Administrative Region Land Area (sq. km)	1279	2783	2380
年末总人口(万人)	Total Population at Year - end (10 000 persons)	19.6	78.4	92.8
#乡村人口	Rural Population	17.7	71	82.1
出生人口(人)	Birth (person)	2360	10409	9263
死亡人口(人)	Death(person)	939	3692	3252
年末总户数(户)	Total Households at Year - end(household)	55718	199425	229824
#乡村户数	Rural Households	48600	166000	188700
全社会从业人员(人)	Total Employed Persons(person)	98943	392303	465740
第一产业	Primary Industry	70138	222163	340095
第二产业	Secondary Industry	14429	89972	53336
#工业	Industry	8459	67403	33647
第三产业	Tertiary Industry	14376	80168	72309
年末职工人数(人)	Number of Staff and Workers at Year - end (person)	6791	24932	36405
#在岗职工	Working Staff and Workers	6791	23908	32655
城镇登记失业人数(人)	Number of Registered Unemployed Persons in Urban Areas (person)	2964	791	1132
地区生产总值(当年价)(万元)	Gross Domestic Product (at current price) (10 000 yuan)	93060	257410	558272
第一产业	Primary Industry	44346	108452	215431
第二产业	Secondary Industry	28386	86643	168642
#工业	Industry	21533	79112	150684
第三产业	Tertiary Industry	20328	62315	174199
人均地区生产总值(元)	Per Capital GDP (yuan)	4729	3296	6021
地区生产总值指数(上年=100)	Indices of Gross Domestic Product (preceding year = 100)	107.8	100.5	105.7
第一产业	Primary Industry	104.4	101.4	103.9
第二产业	Secondary Industry	114.0	94.4	106.0
#工业	Industry	108.3	91.6	104.8
第三产业	Tertiary Industry	107.6	108.4	108.2
人均地区生产总值指数(上年=100)	Index of Per Capital GDP (preceding year = 100)	108.0	99.9	105.4
财政收入(万元)	Government Revenue(10 000 yuan)	5640	17469	30536
#一般预算收入	Budgetary Revenue of Local Government	3744	11006	20018
财政支出(万元)	Government Expenditure (10 000 yuan)	12138	29975	43143
金融机构存款余额(万元)	Deposits of Financial Institutions (10 000 yuan)	67370	225507	364932
#城乡居民储蓄存款	Urban and Rural Savings Deposits	57225	197437	330364

23—1 续表 37 continued

指　　标	Item	蒙山县 Mengshan County	岑溪市 Cenxi City	合浦县 Hepu County
金融机构贷款余额(万元)	Loans of Financial Institutions (10 000 yuan)	28818	82098	217504
全社会固定资产投资(万元)	Total Investment in Fixed Assets(10 000 yuan)	18112	48156	104693
基本建设投资	Investment in Capital Construction	7564	21493	63594
更新改造投资	Investment in Innovation	1384	965	4900
房地产开发	Real Estate Development	0	4179	1477
其他投资	Other Investment	9164	21519	34722
乡村从业人员(人)	Number of Rural Laborers (person)	100200	377500	443900
#农林牧渔业	Farming, Forestry, Animal Husbandry & Fishery	69900	220400	340100
年末实有耕地(公顷)	Cultivated Area at Year – end (hectare)	8727	21110	53258
#水田	Paddy Fields	7540	17650	36251
农林牧渔业总产值(当年价,万元)	Gross Output Value of Farming, Forestry, Animal Husbandry and Fishery (at current price,10 000 yuan)	44442	120330	229942
农林牧渔业总产值指数(上年=100,%)	Indices of Gross Output Value of Farming, Forestry, Animal Husbandry and Fishery (preceding year = 100, %)	106.02	103.3	104.76
农业机械总动力(万千瓦)	Total Agricultural Machinery Power (10 000 kw)	6.2	15.3	34
化肥施用折纯量(吨)	Consumption of Chemical Fertilizers (convert to pure amount) (ton)	6098	15292	33424
农村用电量(万千瓦时)	Electricity Consumed in Rural Areas (10 000 kwh)	1264.5	5154	6044.3
有效灌溉面积(公顷)	Irrigated Area (hectare)	6590	18010	36573
农作物总播种面积(公顷)	Total Sown Area of Major Farm Crops (hectare)	21890	85976	134579
#粮食作物	Grain Crops	10407	49513	76754
粮食产量(吨)	Yield of Grain (ton)	62013	270978	356849
油料产量(吨)	Yield of Oil – bearing Crops(ton)	1291	13139	23139
糖料产量(吨)	Yield of Sugar Crops (ton)	80712	75012	881752
水果产量(吨)	Yield of Fruit (ton)	9216	31372	39150
肉类产量(吨)	Output of Meat (ton)	33463	69462	78485
奶类产量(吨)	Output of Milk (ton)	125	44	85
蔬菜产量(吨)	Yield of Vegetables (ton)	102617	317231	340850
水产品产量(吨)	Aquatic Products (ton)	4906	11101	384088
全部工业总产值(当年价)(万元)	All Included Gross Industrial Output Value (at current price) (10 000 yuan)	58826	318736	476889
全部工业总产值指数(上年=100)	Indices of All Included Gross Industrial Output Value (preceding year = 100)	0	95.2	107.2

23—1 续表 38 continued

指 标	Item	蒙山县 Mengshan County	岑溪市 Cenxi City	合浦县 Hepu County
规模以上工业企业数(个)	Number of Industrial Enterprises above Designated Size (unit)	12	45	39
#内资企业	Domestic Funded Enterprises	11	36	37
规模工业企业总产值(当年价)(万元)	Gross Industrial Output Value above Designated Size (at current price) (10 000 yuan)	19249	89268	176415
内资企业	Domestic Funded Enterprises	17476	74573	117281
国有	State - owned	4311	33006	24079
集体	Collective - owned	3164	30206	34611
股份合作企业	Cooperative Enterprises	0	0	0
联营企业	Joint Ownership Enterprises	0	1033	0
有限责任公司	Limited Liability Corporations	3478	1544	23825
股份有限公司	Share Holding Enterprises	0	720	0
私营企业	Private Enterprises	6523	8064	34766
其他企业	Other Enterprises	0	0	0
港澳台投资企业	Enterprises with Funds from Hong Kong, Macao and Taiwan	0	14354	59134
外商投资企业	Foreign Funded Enterprises	1773	341	0
工业企业增加值(万元)	Value - added of Industrial Enterprises (10 000 yuan)	6306	25296	48128
工业企业资产总计(万元)	Total Assets of Industrial Enterprises (10 000 yuan)	26328	85597	120066
工业企业负债合计(万元)	Total Liabilities of Industrial Enterprises (10 000 yuan)	18085	38099	82115
工业企业税金总额(万元)	Total Tax of Industrial Enterprises (10 000 yuan)	1515	3378	727
工业企业产品销售收入(万元)	Sales Revenue of Industrial Enterprises (10 000 yuan)	18225	91074	149183
流动资产年平均余额(万元)	Annual Average Balance of Circulating Funds (10 000 yuan)	9053	30038	39756
固定资产净值年平均余额(万元)	Annual Average Balance of Net Value of Fixed Assets (10 000 yuan)	10387	40505	63624
利润总额(万元)	Total Profits (10 000 yuan)	1504	1769	-456
规模以下工业:企业数(个)	Industries under Designated Size: Number of Enterprises (unit)	1534	3938	4727
工业总产值(万元)	Gross Industrial Output Value (10 000 yuan)	39577	229469	300474
境内公路里程(公里)	Length of Domestic Highways (km)	258	973	1377
境内铁路里程(公里)	Length of Domestic Railways (km)	0	0	40
民用汽车拥有量(辆)	Number of Civil Motor Vehicles Owned (unit)	355	2620	3498
#载客汽车	Number of Buses and Cars	103	905	302

指　　标	Item	蒙山县 Mengshan County	岑溪市 Cenxi City	合浦县 Hepu County
私人汽车	Number of Private - owned Motor Vehicles	235	1332	2351
邮电业务总量（万元）	Business Volume Post and Telecommunication Services (10 000 yuan)	1613	12292	16852
本地电话用户（户）	Number of Subscribers of Local Telephone (subscriber)	21215	65374	119572
#农话	Rural	6570	32084	58151
年末移动用户（户）	Number of Mobile Telephone Subscribers at Year - end(subscriber)	30000	55000	150812
互联网上网用户（户）	Number of Subscribers of Internet Services (subscriber)	1500	2746	10138
社会消费品零售总额（万元）	Total Retail Sale of Consumer Goods (10 000 yuan)	18733	109219	110943
城镇在岗职工年平均人数（人）	Annual Average Number of Urban Working Staff and Workers (person)	6781	23908	32447
在岗职工工资总额（万元）	Total Wages of Working Staff and Workers (10 000 yuan)	6896	18464	31439
农民人均纯收入（元）	Annual Per Capita Disposable Income of Rural Residents (yuan)	1787	2012	2561
农民人均住房面积（平方米）	Per Capita Living Space in Rural Areas (sq. m)	22	22	27
社会福利院（个）	Social Welfare Homes (unit)	4	8	32
社会福利院床位数（张）	Number of Beds in Social Welfare Homes (unit)	53	196	610
参加基本养老保险的职工数（人）	Number of Employee Joining Basic Endowment Insurance (person)	5116	30075	32236
参加基本医疗保险的职工数（人）	Number of Employee Joining Basic Health Care Insurance (person)	9745	24503	23565
普通中学（所）	Regular Secondary Schools (unit)	10	51	48
小学（所）	Primary Schools (unit)	77	278	292
普通中学专任教师（人）	Full - time Teachers in Regular Secondary Schools (person)	654	2215	2884
小学专任教师（人）	Full - time Teachers in Primary Schools (person)	919	3792	4289
普通中学在校生（人）	Student Enrollment in Regular Secondary Schools (person)	12988	49467	65724
小学在校生（人）	Primary Student Enrollment (person)	17803	112718	117495
医院卫生院数（所）	Number of Hospitals (unit)	11	20	21
医院卫生院床位数（张）	Number of Beds in Hospitals (unit)	393	829	1340
卫生技术人员（人）	Medical and Technical Personnel (person)	371	1318	1717
#医生	Doctors	150	503	724

指　　标	Item	防城区 Fangcheng District	上思县 Shangsi County	东兴市 Dongxing City
行政区域土地面积(平方公里)	Administrative Region Land Area (sq. km)	2445	2810	549
年末总人口(万人)	Total Population at Year－end (10 000 persons)	36.6	21	10.4
#乡村人口	Rural Population	29.1	18.3	8.2
出生人口(人)	Birth (person)	4431	2277	2218
死亡人口(人)	Death(person)	1485	1381	548
年末总户数(户)	Total Households at Year－end(household)	97505	56561	32333
#乡村户数	Rural Households	67600	44000	20300
全社会从业人员(人)	Total Employed Persons(person)	182778	104325	52547
第一产业	Primary Industry	131486	76320	31558
第二产业	Secondary Industry	21516	11960	9803
#工业	Industry	8716	9013	6303
第三产业	Tertiary Industry	29776	16045	11186
年末职工人数(人)	Number of Staff and Workers at Year－end (person)	16640	14992	5978
#在岗职工	Working Staff and Workers	14280	13442	5616
城镇登记失业人数(人)	Number of Registered Unemployed Persons in Urban Areas (person)	932	520	442
地区生产总值(当年价)(万元)	Gross Domestic Product (at current price) (10 000 yuan)	190834	120651	109964
第一产业	Primary Industry	79835	48188	39999
第二产业	Secondary Industry	66317	40977	30022
#工业	Industry	60271	36138	25221
第三产业	Tertiary Industry	44682	31485	39943
人均地区生产总值(元)	Per Capital GDP (yuan)	5201	5799	10645
地区生产总值指数(上年＝100)	Indices of Gross Domestic Product (preceding year＝100)	104.0	108.4	112.6
第一产业	Primary Industry	101.0	111.4	103.7
第二产业	Secondary Industry	108.9	107.2	130.6
#工业	Industry	109.4	105.3	133.3
第三产业	Tertiary Industry	103.7	104.2	111.1
人均地区生产总值指数(上年＝100)	Index of Per Capital GDP (preceding year＝100)	104.1	107.1	110.6
财政收入(万元)	Government Revenue(10 000 yuan)	10850	10195	11981
#一般预算收入	Budgetary Revenue of Local Government	8421	6602	9178
财政支出(万元)	Government Expenditure (10 000 yuan)	21317	14765	13572
金融机构存款余额(万元)	Deposits of Financial Institutions (10 000 yuan)	176249	65717	141040
#城乡居民储蓄存款	Urban and Rural Savings Deposits	153820	50963	122259

指　　标	Item	防城区 Fangcheng District	上思县 Shangsi County	东兴市 Dongxing City
金融机构贷款余额(万元)	Loans of Financial Institutions (10 000 yuan)	71423	45990	46380
全社会固定资产投资(万元)	Total Investment in Fixed Assets(10 000 yuan)	40839	26882	48245
基本建设投资	Investment in Capital Construction	17625	14380	21753
更新改造投资	Investment in Innovation	4830	656	465
房地产开发	Real Estate Development	2715	265	6603
其他投资	Other Investment	15669	11581	19424
乡村从业人员(人)	Number of Rural Laborers (person)	152500	90100	42500
#农林牧渔业	Farming, Forestry, Animal Husbandry & Fishery	103100	74900	28500
年末实有耕地(公顷)	Cultivated Area at Year - end (hectare)	13878	23468	3920
#水田	Paddy Fields	10961	12494	2508
农林牧渔业总产值(当年价,万元)	Gross Output Value of Farming, Forestry, Animal Husbandry and Fishery (at current price, 10 000 yuan)	70920	51911	39310
农林牧渔业总产值指数(上年=100,%)	Indices of Gross Output Value of Farming, Forestry, Animal Husbandry and Fishery (preceding year = 100, %)	101.01	110.44	103.58
农业机械总动力(万千瓦)	Total Agricultural Machinery Power (10 000 kw)	13.2	15.1	3.9
化肥施用折纯量(吨)	Consumption of Chemical Fertilizers (convert to pure amount) (ton)	9726	19469	1930
农村用电量(万千瓦时)	Electricity Consumed in Rural Areas (10 000 kwh)	3008.8	1038.2	3100
有效灌溉面积(公顷)	Irrigated Area (hectare)	10860	10770	4080
农作物总播种面积(公顷)	Total Sown Area of Major Farm Crops (hectare)	46657	46161	12173
#粮食作物	Grain Crops	29835	19763	8401
粮食产量(吨)	Yield of Grain (ton)	113726	80010	33930
油料产量(吨)	Yield of Oil - bearing Crops(ton)	4306	3838	814
糖料产量(吨)	Yield of Sugar Crops (ton)	107106	1129133	3451
水果产量(吨)	Yield of Fruit (ton)	23237	20016	8705
肉类产量(吨)	Output of Meat (ton)	22999	7285	5321
奶类产量(吨)	Output of Milk (ton)	157	2656	54
蔬菜产量(吨)	Yield of Vegetables (ton)	100133	89961	37768
水产品产量(吨)	Aquatic Products (ton)	118031	14607	106077
全部工业总产值(当年价)(万元)	All Included Gross Industrial Output Value (at current price) (10 000 yuan)	143294	119136	65959
全部工业总产值指数(上年=100)	Indices of All Included Gross Industrial Output Value (preceding year = 100)	119.4	102.6	107.5

23—1 续表 42 continued

指 标	Item	防城区 Fangcheng District	上思县 Shangsi County	东兴市 Dongxing City
规模以上工业企业数(个)	Number of Industrial Enterprises above Designated Size (unit)	21	20	9
#内资企业	Domestic Funded Enterprises	19	20	9
规模工业企业总产值(当年价)(万元)	Gross Industrial Output Value above Designated Size (at current price) (10 000 yuan)	24506	61319	10250
内资企业	Domestic Funded Enterprises	17388	61319	10250
国有	State - owned	9948	18413	3211
集体	Collective - owned	3041	11143	0
股份合作企业	Cooperative Enterprises	0	0	0
联营企业	Joint Ownership Enterprises	0	27844	0
有限责任公司	Limited Liability Corporations	536	0	0
股份有限公司	Share Holding Enterprises	0	0	0
私营企业	Private Enterprises	3864	3919	7040
其他企业	Other Enterprises	0	0	0
港澳台投资企业	Enterprises with Funds from Hong Kong, Macao and Taiwan	7118	0	0
外商投资企业	Foreign Funded Enterprises	0	0	0
工业企业增加值(万元)	Value - added of Industrial Enterprises (10 000 yuan)	5337	19216	5225
工业企业资产总计(万元)	Total Assets of Industrial Enterprises (10 000 yuan)	34783	83881	7286
工业企业负债合计(万元)	Total Liabilities of Industrial Enterprises (10 000 yuan)	16046	57939	2758
工业企业税金总额(万元)	Total Tax of Industrial Enterprises (10 000 yuan)	773	2844	958
工业企业产品销售收入(万元)	Sales Revenue of Industrial Enterprises (10 000 yuan)	23440	51619	9968
流动资产年平均余额(万元)	Annual Average Balance of Circulating Funds (10 000 yuan)	8223	31153	1698
固定资产净值年平均余额(万元)	Annual Average Balance of Net Value of Fixed Assets (10 000 yuan)	14968	36823	4718
利润总额(万元)	Total Profits (10 000 yuan)	-318	1430	-203
规模以下工业:企业数(个)	Industries under Designated Size: Number of Enterprises (unit)	1866	824	773
工业总产值(万元)	Gross Industrial Output Value (10 000 yuan)	118788	57817	55709
境内公路里程(公里)	Length of Domestic Highways (km)	737	492	173
境内铁路里程(公里)	Length of Domestic Railways (km)	20	0	0
民用汽车拥有量(辆)	Number of Civil Motor Vehicles Owned (unit)	3419	1410	1634
#载客汽车	Number of Buses and Cars	2324	550	866

指　　标	Item	防城区 Fangcheng District	上思县 Shangsi County	东兴市 Dongxing City
私人汽车	Number of Private – owned Motor Vehicles	2007	448	530
邮电业务总量（万元）	Business Volume Post and Telecommunication Services (10 000 yuan)	10067	3983	13720
本地电话用户（户）	Number of Subscribers of Local Telephone (subscriber)	38675	21252	29327
#农话	Rural	11209	6225	6170
年末移动用户（户）	Number of Mobile Telephone Subscribers at Year – end(subscriber)	51878	25097	58740
互联网上网用户（户）	Number of Subscribers of Internet Services (subscriber)	14784	619	2288
社会消费品零售总额（万元）	Total Retail Sale of Consumer Goods (10 000 yuan)	67402	32472	36670
城镇在岗职工年平均人数（人）	Annual Average Number of Urban Working Staff and Workers (person)	14306	13269	5626
在岗职工工资总额（万元）	Total Wages of Working Staff and Workers (10 000 yuan)	11817.2	11327.1	6623.9
农民人均纯收入（元）	Annual Per Capita Disposable Income of Rural Residents (yuan)	2320	1925	2885
农民人均住房面积（平方米）	Per Capita Living Space in Rural Areas (sq. m)	23	19	23
社会福利院（个）	Social Welfare Homes (unit)	21	8	4
社会福利院床位数（张）	Number of Beds in Social Welfare Homes (unit)	454	145	102
参加基本养老保险的职工数（人）	Number of Employee Joining Basic Endowment Insurance (person)	8541	6571	3589
参加基本医疗保险的职工数（人）	Number of Employee Joining Basic Health Care Insurance (person)	12068	6689	4154
普通中学（所）	Regular Secondary Schools (unit)	22	19	7
小学（所）	Primary Schools (unit)	190	104	38
普通中学专任教师（人）	Full – time Teachers in Regular Secondary Schools (person)	1113	664	353
小学专任教师（人）	Full – time Teachers in Primary Schools (person)	2262	1321	722
普通中学在校生（人）	Student Enrollment in Regular Secondary Schools (person)	22425	11175	6716
小学在校生（人）	Primary Student Enrollment (person)	37384	25973	13575
医院卫生院数（所）	Number of Hospitals (unit)	17	12	4
医院卫生院床位数（张）	Number of Beds in Hospitals (unit)	645	310	175
卫生技术人员（人）	Medical and Technical Personnel (person)	706	339	162
#医生	Doctors	313	158	84

23—1 续表 44 continued

指　　标	Item	钦南区 Qinnan District	钦北区 Qinbei District	灵山县 Lingshan County
行政区域土地面积(平方公里)	Administrative Region Land Area (sq. km)	2099	2179	3550
年末总人口(万人)	Total Population at Year－end (10 000 persons)	56.2	64.1	137.2
#乡村人口	Rural Population	41.7	64.1	131.3
出生人口(人)	Birth (person)	7072	7549	17693
死亡人口(人)	Death(person)	1802	2845	5564
年末总户数(户)	Total Households at Year－end(household)	142429	143803	291786
#乡村户数	Rural Households	99300	143800	272600
全社会从业人员(人)	Total Employed Persons(person)	197837	306454	751638
第一产业	Primary Industry	143700	246900	555737
第二产业	Secondary Industry	26090	32980	106425
#工业	Industry	15793	18986	69417
第三产业	Tertiary Industry	28047	26574	89476
年末职工人数(人)	Number of Staff and Workers at Year－end (person)	12813	10538	29011
#在岗职工	Working Staff and Workers	12813	10538	29011
城镇登记失业人数(人)	Number of Registered Unemployed Persons in Urban Areas (person)	1865	2764	2596
地区生产总值(当年价)(万元)	Gross Domestic Product (at current price) (10 000 yuan)	297937	229244	491573
第一产业	Primary Industry	189368	141763	214687
第二产业	Secondary Industry	50415	44221	160988
#工业	Industry	43543	37106	140263
第三产业	Tertiary Industry	58155	43259	115898
人均地区生产总值(元)	Per Capital GDP (yuan)	5757	3590	3597
地区生产总值指数(上年＝100)	Indices of Gross Domestic Product (preceding year＝100)	106.5	103.4	100.3
第一产业	Primary Industry	104.6	0	95.2
第二产业	Secondary Industry	113.3	110.9	106.0
#工业	Industry	114.7	110.4	104.6
第三产业	Tertiary Industry	107.8	112.6	103.8
人均地区生产总值指数(上年＝100)	Index of Per Capital GDP (preceding year＝100)	105.4	102.3	99.3
财政收入(万元)	Government Revenue(10 000 yuan)	11969	12945	26655
#一般预算收入	Budgetary Revenue of Local Government	9452	10880	20615
财政支出(万元)	Government Expenditure (10 000 yuan)	19462	20131	41477
金融机构存款余额(万元)	Deposits of Financial Institutions (10 000 yuan)	0	71974	248501
#城乡居民储蓄存款	Urban and Rural Savings Deposits	0	69564	212844

23—1 续表 45 continued

指标	Item	钦南区 Qinnan District	钦北区 Qinbei District	灵山县 Lingshan County
金融机构贷款余额(万元)	Loans of Financial Institutions (10 000 yuan)	0	25234	137591
全社会固定资产投资(万元)	Total Investment in Fixed Assets(10 000 yuan)	39023	37516	105158
基本建设投资	Investment in Capital Construction	16100	12755	24409
更新改造投资	Investment in Innovation	6892	2461	12178
房地产开发	Real Estate Development	4495	0	1833
其他投资	Other Investment	11536	22300	66738
乡村从业人员(人)	Number of Rural Laborers (person)	220900	388700	702000
#农林牧渔业	Farming, Forestry, Animal Husbandry & Fishery	155500	246900	422500
年末实有耕地(公顷)	Cultivated Area at Year - end (hectare)	28942	28318	58010
#水田	Paddy Fields	17422	21413	40371
农林牧渔业总产值(当年价,万元)	Gross Output Value of Farming, Forestry, Animal Husbandry and Fishery (at current price,10 000 yuan)	164554	153738	243775
农林牧渔业总产值指数(上年=100,%)	Indices of Gross Output Value of Farming, Forestry, Animal Husbandry and Fishery (preceding year = 100, %)	104.81	102.04	95.89
农业机械总动力(万千瓦)	Total Agricultural Machinery Power (10 000 kw)	19.5	16	22.7
化肥施用折纯量(吨)	Consumption of Chemical Fertilizers (convert to pure amount) (ton)	37669	45309	70881
农村用电量(万千瓦时)	Electricity Consumed in Rural Areas (10 000 kwh)	1666.5	2196.6	7163.7
有效灌溉面积(公顷)	Irrigated Area (hectare)	16670	19020	37860
农作物总播种面积(公顷)	Total Sown Area of Major Farm Crops (hectare)	83632	76788	125588
#粮食作物	Grain Crops	40653	52214	75162
粮食产量(吨)	Yield of Grain (ton)	156173	264981	457790
油料产量(吨)	Yield of Oil - bearing Crops(ton)	6097	7831	7525
糖料产量(吨)	Yield of Sugar Crops (ton)	806016	367949	552477
水果产量(吨)	Yield of Fruit (ton)	33945	129281	409102
肉类产量(吨)	Output of Meat (ton)	29121	59080	82712
奶类产量(吨)	Output of Milk (ton)	18	0	822
蔬菜产量(吨)	Yield of Vegetables (ton)	266847	259320	383737
水产品产量(吨)	Aquatic Products (ton)	395460	35992	35197
全部工业总产值(当年价)(万元)	All Included Gross Industrial Output Value (at current price) (10 000 yuan)	131287	107614	343378
全部工业总产值指数(上年=100)	Indices of All Included Gross Industrial Output Value (preceding year = 100)	117.0	112.7	109.0

23—1 续表 46 continued

指　　标	Item	钦南区 Qinnan District	钦北区 Qinbei District	灵山县 Lingshan County
规模以上工业企业数(个)	Number of Industrial Enterprises above Designated Size (unit)	22	23	29
#内资企业	Domestic Funded Enterprises	19	23	26
规模工业企业总产值(当年价)(万元)	Gross Industrial Output Value above Designated Size (at current price) (10 000 yuan)	54799	29519	80980
内资企业	Domestic Funded Enterprises	36953	29519	70961
国有	State - owned	7834	639	3532
集体	Collective - owned	2406	3604	6724
股份合作企业	Cooperative Enterprises	0	0	1436
联营企业	Joint Ownership Enterprises	0	0	0
有限责任公司	Limited Liability Corporations	6395	8474	36865
股份有限公司	Share Holding Enterprises	0	3560	4555
私营企业	Private Enterprises	20319	13243	17155
其他企业	Other Enterprises	0	0	694
港澳台投资企业	Enterprises with Funds from Hong Kong, Macao and Taiwan	17846	0	3671
外商投资企业	Foreign Funded Enterprises	0	0	6348
工业企业增加值(万元)	Value - added of Industrial Enterprises (10 000 yuan)	13934	8617	19753
工业企业资产总计(万元)	Total Assets of Industrial Enterprises (10 000 yuan)	51348	39916	50006
工业企业负债合计(万元)	Total Liabilities of Industrial Enterprises (10 000 yuan)	40430	35641	36409
工业企业税金总额(万元)	Total Tax of Industrial Enterprises (10 000 yuan)	2539	1846	3563
工业企业产品销售收入(万元)	Sales Revenue of Industrial Enterprises (10 000 yuan)	48541	27318	85893
流动资产年平均余额(万元)	Annual Average Balance of Circulating Funds (10 000 yuan)	20993	15563	17838
固定资产净值年平均余额(万元)	Annual Average Balance of Net Value of Fixed Assets (10 000 yuan)	25326	26053	23375
利润总额(万元)	Total Profits (10 000 yuan)	5	-40	-209
规模以下工业:企业数(个)	Industries under Designated Size: Number of Enterprises (unit)	1533	2220	5486
工业总产值(万元)	Gross Industrial Output Value (10 000 yuan)	76488	78096	262398
境内公路里程(公里)	Length of Domestic Highways (km)	909	728	1329
境内铁路里程(公里)	Length of Domestic Railways (km)	41	68	64
民用汽车拥有量(辆)	Number of Civil Motor Vehicles Owned (unit)	2506	618	1046
#载客汽车	Number of Buses and Cars	539	153	370

23—1 续表 47 continued

指 标	Item	钦南区 Qinnan District	钦北区 Qinbei District	灵山县 Lingshan County
私人汽车	Number of Private - owned Motor Vehicles	363	108	634
邮电业务总量（万元）	Business Volume Post and Telecommunication Services (10 000 yuan)	0	4522	17527
本地电话用户（户）	Number of Subscribers of Local Telephone (subscriber)	0	10920	88831
#农话	Rural	0	10920	66589
年末移动用户（户）	Number of Mobile Telephone Subscribers at Year - end(subscriber)	0	12600	50367
互联网上网用户（户）	Number of Subscribers of Internet Services (subscriber)	0	0	19171
社会消费品零售总额（万元）	Total Retail Sale of Consumer Goods (10 000 yuan)	163358	78648	143414
城镇在岗职工年平均人数（人）	Annual Average Number of Urban Working Staff and Workers (person)	13112	10222	26162
在岗职工工资总额（万元）	Total Wages of Working Staff and Workers (10 000 yuan)	10396	7701.7	21937
农民人均纯收入（元）	Annual Per Capita Disposable Income of Rural Residents (yuan)	2581	2550	2618
农民人均住房面积（平方米）	Per Capita Living Space in Rural Areas (sq. m)	21	26	24
社会福利院（个）	Social Welfare Homes (unit)	14	10	13
社会福利院床位数（张）	Number of Beds in Social Welfare Homes (unit)	340	216	370
参加基本养老保险的职工数（人）	Number of Employee Joining Basic Endowment Insurance (person)	7432	0	16575
参加基本医疗保险的职工数（人）	Number of Employee Joining Basic Health Care Insurance (person)	6839	8039	22260
普通中学（所）	Regular Secondary Schools (unit)	18	30	51
小学（所）	Primary Schools (unit)	168	206	400
普通中学专任教师（人）	Full - time Teachers in Regular Secondary Schools (person)	862	1117	3077
小学专任教师（人）	Full - time Teachers in Primary Schools (person)	1923	2061	4901
普通中学在校生（人）	Student Enrollment in Regular Secondary Schools (person)	15485	28952	81991
小学在校生（人）	Primary Student Enrollment (person)	44211	64529	139880
医院卫生院数（所）	Number of Hospitals (unit)	19	12	25
医院卫生院床位数（张）	Number of Beds in Hospitals (unit)	1584	359	1471
卫生技术人员（人）	Medical and Technical Personnel (person)	1623	582	1416
#医生	Doctors	609	181	534

23—1 续表 48 continued

指　　标	Item	浦北县 Pubei County	港北区 Gangbei District	港南区 Gangnan District
行政区域土地面积(平方公里)	Administrative Region Land Area (sq. km)	2521	1113	1089
年末总人口(万人)	Total Population at Year – end (10 000 persons)	79.2	58.8	59.8
#乡村人口	Rural Population	74.2	41.7	56.6
出生人口(人)	Birth (person)	19302	11836	17801
死亡人口(人)	Death(person)	3280	1023	2339
年末总户数(户)	Total Households at Year – end(household)	188962	178426	150180
#乡村户数	Rural Households	170500	86100	125000
全社会从业人员(人)	Total Employed Persons(person)	411586	237273	313045
第一产业	Primary Industry	243751	150817	155503
第二产业	Secondary Industry	70235	20677	27185
#工业	Industry	25700	8356	8257
第三产业	Tertiary Industry	97600	65779	130357
年末职工人数(人)	Number of Staff and Workers at Year – end (person)	24581	7900	9720
#在岗职工	Working Staff and Workers	24581	7711	9364
城镇登记失业人数(人)	Number of Registered Unemployed Persons in Urban Areas (person)	950	1204	178
地区生产总值(当年价)(万元)	Gross Domestic Product (at current price) (10 000 yuan)	298114	131542	125175
第一产业	Primary Industry	140396	49367	63254
第二产业	Secondary Industry	77763	35717	22954
#工业	Industry	59460	29322	17547
第三产业	Tertiary Industry	79954	46458	38968
人均地区生产总值(元)	Per Capital GDP (yuan)	3793	2933	2118
地区生产总值指数(上年=100)	Indices of Gross Domestic Product (preceding year = 100)	103.1	112.1	107.8
第一产业	Primary Industry	98.6	103.2	105.0
第二产业	Secondary Industry	108.6	130.4	115.3
#工业	Industry	107.0	124.2	111.6
第三产业	Tertiary Industry	109.7	110.4	108.6
人均地区生产总值指数(上年=100)	Index of Per Capital GDP (preceding year = 100)	102.3	110.9	106.2
财政收入(万元)	Government Revenue(10 000 yuan)	22961	11844	5845
#一般预算收入	Budgetary Revenue of Local Government	15990	7787	4271
财政支出(万元)	Government Expenditure (10 000 yuan)	35043	13305	12507
金融机构存款余额(万元)	Deposits of Financial Institutions (10 000 yuan)	164469	0	81469
#城乡居民储蓄存款	Urban and Rural Savings Deposits	142528	0	80922

23—1 续表 49 continued

指　　标	Item	浦北县 Pubei County	港北区 Gangbei District	港南区 Gangnan District
金融机构贷款余额(万元)	Loans of Financial Institutions (10 000 yuan)	100639	0	66792
全社会固定资产投资(万元)	Total Investment in Fixed Assets(10 000 yuan)	73416	30402	27460
基本建设投资	Investment in Capital Construction	19551	5613	4831
更新改造投资	Investment in Innovation	3682	0	2344
房地产开发	Real Estate Development	900	13977	0
其他投资	Other Investment	49283	10812	20285
乡村从业人员(人)	Number of Rural Laborers (person)	386500	209100	297700
#农林牧渔业	Farming, Forestry, Animal Husbandry & Fishery	244500	150700	155500
年末实有耕地(公顷)	Cultivated Area at Year－end (hectare)	27923	19381	25070
#水田	Paddy Fields	23687	12994	18261
农林牧渔业总产值(当年价,万元)	Gross Output Value of Farming, Forestry, Animal Husbandry and Fishery (at current price,10 000 yuan)	181059	47301	62711
农林牧渔业总产值指数(上年=100,%)	Indices of Gross Output Value of Farming, Forestry, Animal Husbandry and Fishery (preceding year=100, %)	97.98	104.57	104.92
农业机械总动力(万千瓦)	Total Agricultural Machinery Power (10 000 kw)	19.6	13.5	19.5
化肥施用折纯量(吨)	Consumption of Chemical Fertilizers (convert to pure amount) (ton)	39962	13195	18480
农村用电量(万千瓦时)	Electricity Consumed in Rural Areas (10 000 kwh)	2896.5	2600	3167
有效灌溉面积(公顷)	Irrigated Area (hectare)	10750	12980	17049
农作物总播种面积(公顷)	Total Sown Area of Major Farm Crops (hectare)	66560	42788	55875
#粮食作物	Grain Crops	43417	25605	38943
粮食产量(吨)	Yield of Grain (ton)	233587	127663	207571
油料产量(吨)	Yield of Oil－bearing Crops(ton)	4339	6916	7229
糖料产量(吨)	Yield of Sugar Crops (ton)	66596	584068	235083
水果产量(吨)	Yield of Fruit (ton)	341403	5531	6852
肉类产量(吨)	Output of Meat (ton)	51874	30057	35151
奶类产量(吨)	Output of Milk (ton)	142	167	140
蔬菜产量(吨)	Yield of Vegetables (ton)	165030	69210	106875
水产品产量(吨)	Aquatic Products (ton)	41019	8100	15005
全部工业总产值(当年价)(万元)	All Included Gross Industrial Output Value (at current price) (10 000 yuan)	247885	108767	61756
全部工业总产值指数(上年=100)	Indices of All Included Gross Industrial Output Value (preceding year=100)	110.3	125.4	114.0

23—1 续表50 continued

指 标	Item	浦北县 Pubei County	港北区 Gangbei District	港南区 Gangnan District
规模以上工业企业数(个)	Number of Industrial Enterprises above Designated Size (unit)	35	7	4
#内资企业	Domestic Funded Enterprises	33	5	4
规模工业企业总产值(当年价)(万元)	Gross Industrial Output Value above Designated Size (at current price) (10 000 yuan)	71425	91333	12474
内资企业	Domestic Funded Enterprises	67845	78193	12474
国有	State - owned	16755	0	0
集体	Collective - owned	18437	5145	3660
股份合作企业	Cooperative Enterprises	13023	0	0
联营企业	Joint Ownership Enterprises	0	0	0
有限责任公司	Limited Liability Corporations	3865	0	0
股份有限公司	Share Holding Enterprises	2145	0	0
私营企业	Private Enterprises	13620	73048	8814
其他企业	Other Enterprises	0	0	0
港澳台投资企业	Enterprises with Funds from Hong Kong, Macao and Taiwan	1406	13140	0
外商投资企业	Foreign Funded Enterprises	2175	0	0
工业企业增加值(万元)	Value - added of Industrial Enterprises (10 000 yuan)	19341	21806	2616
工业企业资产总计(万元)	Total Assets of Industrial Enterprises (10 000 yuan)	65316	51738	6647
工业企业负债合计(万元)	Total Liabilities of Industrial Enterprises (10 000 yuan)	40295	4019	3618
工业企业税金总额(万元)	Total Tax of Industrial Enterprises (10 000 yuan)	5422	377	306
工业企业产品销售收入(万元)	Sales Revenue of Industrial Enterprises (10 000 yuan)	70972	79013	12284
流动资产年平均余额(万元)	Annual Average Balance of Circulating Funds (10 000 yuan)	24784	28480	2473
固定资产净值年平均余额(万元)	Annual Average Balance of Net Value of Fixed Assets (10 000 yuan)	32988	14841	1784
利润总额(万元)	Total Profits (10 000 yuan)	1778	23	-176
规模以下工业:企业数(个)	Industries under Designated Size: Number of Enterprises (unit)	9812	1100	1192
工业总产值(万元)	Gross Industrial Output Value (10 000 yuan)	176459	17434	49283
境内公路里程(公里)	Length of Domestic Highways (km)	829	618	340
境内铁路里程(公里)	Length of Domestic Railways (km)	0	19	40
民用汽车拥有量(辆)	Number of Civil Motor Vehicles Owned (unit)	2123	3125	1650
#载客汽车	Number of Buses and Cars	671	1629	466

23—1 续表 51 continued

指 标	Item	浦北县 Pubei County	港北区 Gangbei District	港南区 Gangnan District
私人汽车	Number of Private - owned Motor Vehicles	1786	1563	1316
邮电业务总量（万元）	Business Volume Post and Telecommunication Services (10 000 yuan)	14194	0	0
本地电话用户（户）	Number of Subscribers of Local Telephone (subscriber)	63628	150889	57768
#农话	Rural	43333	21334	46889
年末移动用户（户）	Number of Mobile Telephone Subscribers at Year - end (subscriber)	51327	0	0
互联网上网用户（户）	Number of Subscribers of Internet Services (subscriber)	13001	0	0
社会消费品零售总额（万元）	Total Retail Sale of Consumer Goods (10 000 yuan)	134175	60757	36283
城镇在岗职工年平均人数（人）	Annual Average Number of Urban Working Staff and Workers (person)	24372	7679	9277
在岗职工工资总额（万元）	Total Wages of Working Staff and Workers (10 000 yuan)	21603	6242.4	8199
农民人均纯收入（元）	Annual Per Capita Disposable Income of Rural Residents (yuan)	2664	2273	2246
农民人均住房面积（平方米）	Per Capita Living Space in Rural Areas (sq. m)	26	26	30
社会福利院（个）	Social Welfare Homes (unit)	14	5	8
社会福利院床位数（张）	Number of Beds in Social Welfare Homes (unit)	247	123	120
参加基本养老保险的职工数（人）	Number of Employee Joining Basic Endowment Insurance (person)	13195	0	0
参加基本医疗保险的职工数（人）	Number of Employee Joining Basic Health Care Insurance (person)	17002	7123	7798
普通中学（所）	Regular Secondary Schools (unit)	29	33	29
小学（所）	Primary Schools (unit)	336	128	168
普通中学专任教师（人）	Full - time Teachers in Regular Secondary Schools (person)	1915	1690	1655
小学专任教师（人）	Full - time Teachers in Primary Schools (person)	3046	2449	2150
普通中学在校生（人）	Student Enrollment in Regular Secondary Schools (person)	42240	35771	33535
小学在校生（人）	Primary Student Enrollment (person)	87594	70257	59790
医院卫生院数（所）	Number of Hospitals (unit)	20	14	12
医院卫生院床位数（张）	Number of Beds in Hospitals (unit)	675	1235	492
卫生技术人员（人）	Medical and Technical Personnel (person)	984	1287	558
#医生	Doctors	395	518	239

23—1 续表 52 continued

指　　标	Item	覃塘区 Qintang District	平南县 Pingnan County	桂平市 Guiping City
行政区域土地面积(平方公里)	Administrative Region Land Area (sq. km)	1341	2989	4074
年末总人口(万人)	Total Population at Year - end (10 000 persons)	53.8	128.2	169.7
#乡村人口	Rural Population	53.8	117.4	158.6
出生人口(人)	Birth (person)	22938	14696	22508
死亡人口(人)	Death(person)	1896	4477	5625
年末总户数(户)	Total Households at Year - end(household)	127318	307245	446453
#乡村户数	Rural Households	127300	260600	359900
全社会从业人员(人)	Total Employed Persons(person)	255525	600569	823375
第一产业	Primary Industry	164961	310989	457718
第二产业	Secondary Industry	32972	89102	225309
#工业	Industry	24069	55096	181069
第三产业	Tertiary Industry	57592	200478	140348
年末职工人数(人)	Number of Staff and Workers at Year - end (person)	10690	35343	38899
#在岗职工	Working Staff and Workers	10202	29797	32536
城镇登记失业人数(人)	Number of Registered Unemployed Persons in Urban Areas (person)	236	706	1965
地区生产总值(当年价)(万元)	Gross Domestic Product (at current price) (10 000 yuan)	124713	361082	402922
第一产业	Primary Industry	65845	172461	170834
第二产业	Secondary Industry	28075	71629	103983
#工业	Industry	20386	59845	91805
第三产业	Tertiary Industry	30793	116991	128104
人均地区生产总值(元)	Per Capital GDP (yuan)	2316	2829	2387
地区生产总值指数(上年=100)	Indices of Gross Domestic Product (preceding year = 100)	110.2	108.8	110.4
第一产业	Primary Industry	104.3	105.7	103.1
第二产业	Secondary Industry	131.3	109.4	119.2
#工业	Industry	145.5	107.2	117.9
第三产业	Tertiary Industry	104.4	115.1	116.7
人均地区生产总值指数(上年=100)	Index of Per Capital GDP (preceding year = 100)	106.0	107.7	109.2
财政收入(万元)	Government Revenue(10 000 yuan)	5119	19042	28523
#一般预算收入	Budgetary Revenue of Local Government	3867	13113	19645
财政支出(万元)	Government Expenditure (10 000 yuan)	12407	31758	41954
金融机构存款余额(万元)	Deposits of Financial Institutions (10 000 yuan)	24965	334009	438948
#城乡居民储蓄存款	Urban and Rural Savings Deposits	23093	292849	369086

指　　标	Item	覃塘区 Qintang District	平南县 Pingnan County	桂平市 Guiping City
金融机构贷款余额(万元)	Loans of Financial Institutions (10 000 yuan)	19269	157252	191371
全社会固定资产投资(万元)	Total Investment in Fixed Assets(10 000 yuan)	30388	61612	76864
基本建设投资	Investment in Capital Construction	13219	9323	21244
更新改造投资	Investment in Innovation	696	16698	8907
房地产开发	Real Estate Development	641	3748	12965
其他投资	Other Investment	15832	31843	33748
乡村从业人员(人)	Number of Rural Laborers (person)	240300	555200	769600
#农林牧渔业	Farming, Forestry, Animal Husbandry & Fishery	164400	310400	454500
年末实有耕地(公顷)	Cultivated Area at Year - end (hectare)	31580	45328	68242
#水田	Paddy Fields	16092	34552	50040
农林牧渔业总产值(当年价,万元)	Gross Output Value of Farming, Forestry, Animal Husbandry and Fishery (at current price, 10 000 yuan)	68282	165030	173583
农林牧渔业总产值指数(上年=100,%)	Indices of Gross Output Value of Farming, Forestry, Animal Husbandry and Fishery (preceding year = 100, %)	104.29	106.74	103.61
农业机械总动力(万千瓦)	Total Agricultural Machinery Power (10 000 kw)	20.8	36.9	39.3
化肥施用折纯量(吨)	Consumption of Chemical Fertilizers (convert to pure amount) (ton)	26222	29164	55545
农村用电量(万千瓦时)	Electricity Consumed in Rural Areas (10 000 kwh)	3794	4348	9343.3
有效灌溉面积(公顷)	Irrigated Area (hectare)	20250	42030	54690
农作物总播种面积(公顷)	Total Sown Area of Major Farm Crops (hectare)	74490	104712	166580
#粮食作物	Grain Crops	37134	64292	98049
粮食产量(吨)	Yield of Grain (ton)	171939	341918	481332
油料产量(吨)	Yield of Oil - bearing Crops(ton)	11571	14507	25795
糖料产量(吨)	Yield of Sugar Crops (ton)	1206216	242047	210740
水果产量(吨)	Yield of Fruit (ton)	4713	62621	47183
肉类产量(吨)	Output of Meat (ton)	34871	57260	91933
奶类产量(吨)	Output of Milk (ton)	0	212	110
蔬菜产量(吨)	Yield of Vegetables (ton)	131527	483985	436923
水产品产量(吨)	Aquatic Products (ton)	9910	41039	42000
全部工业总产值(当年价)(万元)	All Included Gross Industrial Output Value (at current price) (10 000 yuan)	82486	217143	276431
全部工业总产值指数(上年=100)	Indices of All Included Gross Industrial Output Value (preceding year = 100)	135.7	110.2	123.0

23—1 续表 54 continued

指　　标	Item	覃塘区 Qintang District	平南县 Pingnan County	桂平市 Guiping City
规模以上工业企业数(个)	Number of Industrial Enterprises above Designated Size (unit)	9	15	41
#内资企业	Domestic Funded Enterprises	9	14	38
规模工业企业总产值(当年价)(万元)	Gross Industrial Output Value above Designated Size (at current price) (10 000 yuan)	39439	32834	73192
内资企业	Domestic Funded Enterprises	39439	32064	70130
国有	State - owned	10821	16435	20639
集体	Collective - owned	1868	1219	1649
股份合作企业	Cooperative Enterprises	0	0	0
联营企业	Joint Ownership Enterprises	0	0	0
有限责任公司	Limited Liability Corporations	2722	0	36718
股份有限公司	Share Holding Enterprises	24028	0	0
私营企业	Private Enterprises	0	14410	11124
其他企业	Other Enterprises	0	0	0
港澳台投资企业	Enterprises with Funds from Hong Kong, Macao and Taiwan	0	770	1887
外商投资企业	Foreign Funded Enterprises	0	0	1175
工业企业增加值(万元)	Value - added of Industrial Enterprises (10 000 yuan)	11297	10521	23870
工业企业资产总计(万元)	Total Assets of Industrial Enterprises (10 000 yuan)	67495	58337	113514
工业企业负债合计(万元)	Total Liabilities of Industrial Enterprises (10 000 yuan)	52525	52352	69958
工业企业税金总额(万元)	Total Tax of Industrial Enterprises (10 000 yuan)	3163	2254	4646
工业企业产品销售收入(万元)	Sales Revenue of Industrial Enterprises (10 000 yuan)	34615	38449	74597
流动资产年平均余额(万元)	Annual Average Balance of Circulating Funds (10 000 yuan)	26136	15752	43807
固定资产净值年平均余额(万元)	Annual Average Balance of Net Value of Fixed Assets (10 000 yuan)	24159	31842	46125
利润总额(万元)	Total Profits (10 000 yuan)	139	-656	-1432
规模以下工业:企业数(个)	Industries under Designated Size: Number of Enterprises (unit)	2084	4201	5525
工业总产值(万元)	Gross Industrial Output Value (10 000 yuan)	43047	184309	203239
境内公路里程(公里)	Length of Domestic Highways (km)	139	590	731
境内铁路里程(公里)	Length of Domestic Railways (km)	26	0	0
民用汽车拥有量(辆)	Number of Civil Motor Vehicles Owned (unit)	1136	3754	4579
#载客汽车	Number of Buses and Cars	394	1574	1861

指　　标	Item	覃塘区 Qintang District	平南县 Pingnan County	桂平市 Guiping City
私人汽车	Number of Private - owned Motor Vehicles	878	978	2504
邮电业务总量（万元）	Business Volume Post and Telecommunication Services (10 000 yuan)	1607	9131	12151
本地电话用户（户）	Number of Subscribers of Local Telephone (subscriber)	44063	121659	161313
#农话	Rural	43993	69348	79739
年末移动用户（户）	Number of Mobile Telephone Subscribers at Year - end(subscriber)	6528	18391	21996
互联网上网用户（户）	Number of Subscribers of Internet Services (subscriber)	37	8507	9398
社会消费品零售总额（万元）	Total Retail Sale of Consumer Goods (10 000 yuan)	37873	80941	85728
城镇在岗职工年平均人数（人）	Annual Average Number of Urban Working Staff and Workers (person)	10133	29470	32512
在岗职工工资总额（万元）	Total Wages of Working Staff and Workers (10 000 yuan)	8021	23853	33374
农民人均纯收入（元）	Annual Per Capita Disposable Income of Rural Residents (yuan)	2238	2238	2199
农民人均住房面积（平方米）	Per Capita Living Space in Rural Areas (sq. m)	28	32	26
社会福利院（个）	Social Welfare Homes (unit)	15	11	16
社会福利院床位数（张）	Number of Beds in Social Welfare Homes (unit)	218	213	358
参加基本养老保险的职工数（人）	Number of Employee Joining Basic Endowment Insurance (person)	523	12187	15213
参加基本医疗保险的职工数（人）	Number of Employee Joining Basic Health Care Insurance (person)	6925	24581	38079
普通中学（所）	Regular Secondary Schools (unit)	32	78	84
小学（所）	Primary Schools (unit)	138	282	429
普通中学专任教师（人）	Full - time Teachers in Regular Secondary Schools (person)	1863	3754	5093
小学专任教师（人）	Full - time Teachers in Primary Schools (person)	2134	5332	6065
普通中学在校生（人）	Student Enrollment in Regular Secondary Schools (person)	42124	88727	112104
小学在校生（人）	Primary Student Enrollment (person)	60819	148836	195648
医院卫生院数（所）	Number of Hospitals (unit)	12	26	31
医院卫生院床位数（张）	Number of Beds in Hospitals (unit)	355	925	1038
卫生技术人员（人）	Medical and Technical Personnel (person)	443	1231	1709
#医生	Doctors	175	464	563

23—1 续表 56 continued

指标	Item	玉州区 Yuzhou District	福绵区 Fumian District	容县 Rongxian County
行政区域土地面积(平方公里)	Administrative Region Land Area (sq. km)	464	787	2257
年末总人口(万人)	Total Population at Year - end (10 000 persons)	55.31	34.74	76.1
#乡村人口	Rural Population	37.5		67.2
出生人口(人)	Birth (person)	9693		5725
死亡人口(人)	Death (person)	1864		1865
年末总户数(户)	Total Households at Year - end (household)	246540		212866
#乡村户数	Rural Households	91100	85000	168000
全社会从业人员(人)	Total Employed Persons (person)	258783	173571	339834
第一产业	Primary Industry	112700	132900	242600
第二产业	Secondary Industry	78930	22772	45011
#工业	Industry	65420	19871	39288
第三产业	Tertiary Industry	67153	17899	52223
年末职工人数(人)	Number of Staff and Workers at Year - end (person)	17383	5415	25776
#在岗职工	Working Staff and Workers	16781	4419	23744
城镇登记失业人数(人)	Number of Registered Unemployed Persons in Urban Areas (person)	3806	234	1532
地区生产总值(当年价)(万元)	Gross Domestic Product (at current price) (10 000 yuan)	235093	116260	287336
第一产业	Primary Industry	53535	54966	99763
第二产业	Secondary Industry	93114	31017	98154
#工业	Industry	86236	27607	88143
第三产业	Tertiary Industry	88444	30277	89419
人均地区生产总值(元)	Per Capital GDP (yuan)	4257	3355	3783
地区生产总值指数(上年=100)	Indices of Gross Domestic Product (preceding year = 100)	105.0	105.7	107.7
第一产业	Primary Industry	91.0	93.6	102.4
第二产业	Secondary Industry	114.8	132.2	115.3
#工业	Industry	113.8	124.9	115.5
第三产业	Tertiary Industry	105.5	108.8	109.1
人均地区生产总值指数(上年=100)	Index of Per Capital GDP (preceding year = 100)	104.6	105.2	107.3
财政收入(万元)	Government Revenue (10 000 yuan)	25459	5003	18101
#一般预算收入	Budgetary Revenue of Local Government	14464	3614	11225
财政支出(万元)	Government Expenditure (10 000 yuan)	24986	10173	25765
金融机构存款余额(万元)	Deposits of Financial Institutions (10 000 yuan)	0	0	279560
#城乡居民储蓄存款	Urban and Rural Savings Deposits	0	0	248083

23—1 续表 57 continued

指标	Item	玉州区 Yuzhou District	福绵区 Fumian District	容县 Rongxian County
金融机构贷款余额(万元)	Loans of Financial Institutions (10 000 yuan)	0	0	129316
全社会固定资产投资(万元)	Total Investment in Fixed Assets(10 000 yuan)	44575	26672	66174
基本建设投资	Investment in Capital Construction	8672	16127	42766
更新改造投资	Investment in Innovation	1488	435	594
房地产开发	Real Estate Development	0	0	1054
其他投资	Other Investment	34415	10110	21760
乡村从业人员(人)	Number of Rural Laborers (person)	209100	190800	370100
#农林牧渔业	Farming, Forestry, Animal Husbandry & Fishery	112700	132900	242600
年末实有耕地(公顷)	Cultivated Area at Year - end (hectare)	12268	0	21637
#水田	Paddy Fields	11278	0	18215
农林牧渔业总产值(当年价,万元)	Gross Output Value of Farming, Forestry, Animal Husbandry and Fishery (at current price, 10 000 yuan)	46880	52939	99813
农林牧渔业总产值指数(上年=100,%)	Indices of Gross Output Value of Farming, Forestry, Animal Husbandry and Fishery (preceding year = 100, %)	93.18	94.49	105.97
农业机械总动力(万千瓦)	Total Agricultural Machinery Power (10 000 kw)	18.4	12.7	21.2
化肥施用折纯量(吨)	Consumption of Chemical Fertilizers (convert to pure amount) (ton)	9737	12569	18098
农村用电量(万千瓦时)	Electricity Consumed in Rural Areas (10 000 kwh)	6289.2	3099.8	6169.4
有效灌溉面积(公顷)	Irrigated Area (hectare)	7250	14390	18990
农作物总播种面积(公顷)	Total Sown Area of Major Farm Crops (hectare)	33014	39982	58039
#粮食作物	Grain Crops	19077	23957	39317
粮食产量(吨)	Yield of Grain (ton)	114193	156542	259700
油料产量(吨)	Yield of Oil - bearing Crops(ton)	3762	4476	4162
糖料产量(吨)	Yield of Sugar Crops (ton)	39578	86626	21457
水果产量(吨)	Yield of Fruit (ton)	7225	12213	50222
肉类产量(吨)	Output of Meat (ton)	27596	22154	47102
奶类产量(吨)	Output of Milk (ton)	118	960	73
蔬菜产量(吨)	Yield of Vegetables (ton)	254210	251166	221451
水产品产量(吨)	Aquatic Products (ton)	16716	8680	9754
全部工业总产值(当年价)(万元)	All Included Gross Industrial Output Value (at current price) (10 000 yuan)	374779	119493	274493
全部工业总产值指数(上年=100)	Indices of All Included Gross Industrial Output Value (preceding year = 100)	114.1	121.3	120.2

指　　　标	Item	玉州区 Yuzhou District	福绵区 Fumian District	容　县 Rongxian County
规模以上工业企业数(个)	Number of Industrial Enterprises above Designated Size (unit)	37	4	41
#内资企业	Domestic Funded Enterprises	30	4	33
规模工业企业总产值(当年价)(万元)	Gross Industrial Output Value above Designated Size (at current price) (10 000 yuan)	78728	3670	66080
内资企业	Domestic Funded Enterprises	62567	3670	52592
国有	State - owned	6518	0	9635
集体	Collective - owned	12090	1158	4678
股份合作企业	Cooperative Enterprises	0	0	15151
联营企业	Joint Ownership Enterprises	0	0	0
有限责任公司	Limited Liability Corporations	10251	0	11043
股份有限公司	Share Holding Enterprises	1916	0	0
私营企业	Private Enterprises	31791	2512	12086
其他企业	Other Enterprises	0	0	0
港澳台投资企业	Enterprises with Funds from Hong Kong, Macao and Taiwan	2741	0	7281
外商投资企业	Foreign Funded Enterprises	13420	0	6206
工业企业增加值(万元)	Value - added of Industrial Enterprises (10 000 yuan)	17655	856	19089
工业企业资产总计(万元)	Total Assets of Industrial Enterprises (10 000 yuan)	89323	7079	102892
工业企业负债合计(万元)	Total Liabilities of Industrial Enterprises (10 000 yuan)	69606	6996	76200
工业企业税金总额(万元)	Total Tax of Industrial Enterprises (10 000 yuan)	3396	248	4540
工业企业产品销售收入(万元)	Sales Revenue of Industrial Enterprises (10 000 yuan)	77865	3151	64150
流动资产年平均余额(万元)	Annual Average Balance of Circulating Funds (10 000 yuan)	36530	1399	45303
固定资产净值年平均余额(万元)	Annual Average Balance of Net Value of Fixed Assets (10 000 yuan)	30539	5468	39975
利润总额(万元)	Total Profits (10 000 yuan)	-66	49	1934
规模以下工业:企业数(个)	Industries under Designated Size: Number of Enterprises (unit)	3845	2028	2916
工业总产值(万元)	Gross Industrial Output Value (10 000 yuan)	296051	115823	208413
境内公路里程(公里)	Length of Domestic Highways (km)	365	374	723
境内铁路里程(公里)	Length of Domestic Railways (km)	0	0	0
民用汽车拥有量(辆)	Number of Civil Motor Vehicles Owned (unit)	0	0	2938
#载客汽车	Number of Buses and Cars	0	0	1724

23—1 续表 59 continued

指标	Item	玉州区 Yuzhou District	福绵区 Fumian District	容县 Rongxian County
私人汽车	Number of Private - owned Motor Vehicles	0	0	2142
邮电业务总量（万元）	Business Volume Post and Telecommunication Services (10 000 yuan)	0	0	11492
本地电话用户（户）	Number of Subscribers of Local Telephone (subscriber)	0	0	81827
#农话	Rural	0	0	43786
年末移动用户（户）	Number of Mobile Telephone Subscribers at Year - end(subscriber)	0	0	56823
互联网上网用户（户）	Number of Subscribers of Internet Services (subscriber)	0	0	5189
社会消费品零售总额（万元）	Total Retail Sale of Consumer Goods (10 000 yuan)	322337	26143	132791
城镇在岗职工年平均人数（人）	Annual Average Number of Urban Working Staff and Workers (person)	16762	4482	23485
在岗职工工资总额（万元）	Total Wages of Working Staff and Workers (10 000 yuan)	16042	4189	19636
农民人均纯收入（元）	Annual Per Capita Disposable Income of Rural Residents (yuan)	2149	2047	1895
农民人均住房面积（平方米）	Per Capita Living Space in Rural Areas (sq. m)	24	29	22
社会福利院（个）	Social Welfare Homes (unit)	5	5	3
社会福利院床位数（张）	Number of Beds in Social Welfare Homes (unit)	349	91	128
参加基本养老保险的职工数（人）	Number of Employee Joining Basic Endowment Insurance (person)	14332	790	12127
参加基本医疗保险的职工数（人）	Number · of Employee Joining Basic Health Care Insurance (person)	16067	4682	20317
普通中学（所）	Regular Secondary Schools (unit)	58	0	60
小学（所）	Primary Schools (unit)	241	0	221
普通中学专任教师（人）	Full - time Teachers in Regular Secondary Schools (person)	4059	0	2422
小学专任教师（人）	Full - time Teachers in Primary Schools (person)	3567	0	2668
普通中学在校生（人）	Student Enrollment in Regular Secondary Schools (person)	73148	0	52558
小学在校生（人）	Primary Student Enrollment (person)	84620	0	82324
医院卫生院数（所）	Number of Hospitals (unit)	25	0	18
医院卫生院床位数（张）	Number of Beds in Hospitals (unit)	3296	0	823
卫生技术人员（人）	Medical and Technical Personnel (person)	2601	0	1232
#医生	Doctors	819	0	475

指　　标	Item	陆川县 Luchuan County	博白县 Bobai County	兴业县 Xingye County
行政区域土地面积(平方公里)	Administrative Region Land Area (sq. km)	1551	3835	1487
年末总人口(万人)	Total Population at Year - end (10 000 persons)	88.6	149.2	66.4
#乡村人口	Rural Population	78.9	140.1	65.9
出生人口(人)	Birth (person)	9723	16235	7515
死亡人口(人)	Death (person)	3124	1973	2601
年末总户数(户)	Total Households at Year - end (household)	197842	327093	157957
#乡村户数	Rural Households	160500	280800	148800
全社会从业人员(人)	Total Employed Persons (person)	422991	670820	316598
第一产业	Primary Industry	283045	471900	203200
第二产业	Secondary Industry	82341	84607	59762
#工业	Industry	49839	81955	39728
第三产业	Tertiary Industry	57605	114313	53636
年末职工人数(人)	Number of Staff and Workers at Year - end (person)	30535	41474	13668
#在岗职工	Working Staff and Workers	26265	33482	12802
城镇登记失业人数(人)	Number of Registered Unemployed Persons in Urban Areas (person)	1980	2951	800
地区生产总值(当年价)(万元)	Gross Domestic Product (at current price) (10 000 yuan)	307805	438587	223823
第一产业	Primary Industry	95320	218121	116819
第二产业	Secondary Industry	108100	96488	52314
#工业	Industry	98651	83201	37258
第三产业	Tertiary Industry	104385	123979	54690
人均地区生产总值(元)	Per Capital GDP (yuan)	3484	2938	3385
地区生产总值指数(上年=100)	Indices of Gross Domestic Product (preceding year = 100)	105.8	103.9	100.9
第一产业	Primary Industry	98.5	99.8	95.4
第二产业	Secondary Industry	109.6	110.1	103.3
#工业	Industry	108.5	110.1	98.1
第三产业	Tertiary Industry	110.8	107.8	112.0
人均地区生产总值指数(上年=100)	Index of Per Capital GDP (preceding year = 100)	104.8	103.5	100.3
财政收入(万元)	Government Revenue (10 000 yuan)	17726	20871	11694
#一般预算收入	Budgetary Revenue of Local Government	11815	13880	8469
财政支出(万元)	Government Expenditure (10 000 yuan)	25330	37766	21371
金融机构存款余额(万元)	Deposits of Financial Institutions (10 000 yuan)	241786	312518	0
#城乡居民储蓄存款	Urban and Rural Savings Deposits	220479	285001	0

23—1 续表 61 continued

指　　　标	Item	陆川县 Luchuan County	博白县 Bobai County	兴业县 Xingye County
金融机构贷款余额(万元)	Loans of Financial Institutions (10 000 yuan)	151495	176356	0
全社会固定资产投资(万元)	Total Investment in Fixed Assets(10 000 yuan)	62769	56376	37576
基本建设投资	Investment in Capital Construction	13288	19475	12103
更新改造投资	Investment in Innovation	5573	3500	2533
房地产开发	Real Estate Development	1146	1226	0
其他投资	Other Investment	42762	32175	22940
乡村从业人员(人)	Number of Rural Laborers (person)	439000	753400	356800
#农林牧渔业	Farming, Forestry, Animal Husbandry & Fishery	283000	471900	203200
年末实有耕地(公顷)	Cultivated Area at Year – end (hectare)	25047	49978	25599
#水田	Paddy Fields	20525	38807	18824
农林牧渔业总产值(当年价,万元)	Gross Output Value of Farming, Forestry, Animal Husbandry and Fishery (at current price,10 000 yuan)	88351	205284	103609
农林牧渔业总产值指数(上年=100,%)	Indices of Gross Output Value of Farming, Forestry, Animal Husbandry and Fishery (preceding year = 100, %)	96.74	101.21	93.46
农业机械总动力(万千瓦)	Total Agricultural Machinery Power (10 000 kw)	29.8	44.8	24.1
化肥施用折纯量(吨)	Consumption of Chemical Fertilizers (convert to pure amount) (ton)	16835	37771	16889
农村用电量(万千瓦时)	Electricity Consumed in Rural Areas (10 000 kwh)	6104	11052	4743.3
有效灌溉面积(公顷)	Irrigated Area (hectare)	21120	36240	19290
农作物总播种面积(公顷)	Total Sown Area of Major Farm Crops (hectare)	61118	131441	63939
#粮食作物	Grain Crops	45929	94000	40549
粮食产量(吨)	Yield of Grain (ton)	279672	476364	250533
油料产量(吨)	Yield of Oil – bearing Crops(ton)	2980	11202	5029
糖料产量(吨)	Yield of Sugar Crops (ton)	59013	210819	62138
水果产量(吨)	Yield of Fruit (ton)	21390	82294	14231
肉类产量(吨)	Output of Meat (ton)	75871	161025	94968
奶类产量(吨)	Output of Milk (ton)	153	130	35
蔬菜产量(吨)	Yield of Vegetables (ton)	157068	323584	169372
水产品产量(吨)	Aquatic Products (ton)	13214	27702	7901
全部工业总产值(当年价)(万元)	All Included Gross Industrial Output Value (at current price) (10 000 yuan)	308723	225278	141266
全部工业总产值指数(上年=100)	Indices of All Included Gross Industrial Output Value (preceding year = 100)	109.4	111.5	112.2

23—1 续表 62 continued

指　　标	Item	陆川县 Luchuan County	博白县 Bobai County	兴业县 Xingye County
规模以上工业企业数(个)	Number of Industrial Enterprises above Designated Size (unit)	35	36	31
#内资企业	Domestic Funded Enterprises	32	24	30
规模工业企业总产值(当年价)(万元)	Gross Industrial Output Value above Designated Size (at current price) (10 000 yuan)	56690	59450	45633
内资企业	Domestic Funded Enterprises	50679	37804	43585
国有	State - owned	12282	3420	134
集体	Collective - owned	5034	7730	19156
股份合作企业	Cooperative Enterprises	896	0	0
联营企业	Joint Ownership Enterprises	0	0	0
有限责任公司	Limited Liability Corporations	8141	6791	0
股份有限公司	Share Holding Enterprises	3744	5722	0
私营企业	Private Enterprises	20582	14140	24294
其他企业	Other Enterprises	0	0	0
港澳台投资企业	Enterprises with Funds from Hong Kong, Macao and Taiwan	2931	2265	2048
外商投资企业	Foreign Funded Enterprises	3080	19382	0
工业企业增加值(万元)	Value - added of Industrial Enterprises (10 000 yuan)	18115	19452	5390
工业企业资产总计(万元)	Total Assets of Industrial Enterprises (10 000 yuan)	107571	69994	54697
工业企业负债合计(万元)	Total Liabilities of Industrial Enterprises (10 000 yuan)	78876	47472	71618
工业企业税金总额(万元)	Total Tax of Industrial Enterprises (10 000 yuan)	3125	4933	2587
工业企业产品销售收入(万元)	Sales Revenue of Industrial Enterprises (10 000 yuan)	61775	63701	42410
流动资产年平均余额(万元)	Annual Average Balance of Circulating Funds (10 000 yuan)	28861	27250	13917
固定资产净值年平均余额(万元)	Annual Average Balance of Net Value of Fixed Assets (10 000 yuan)	62725	17930	34566
利润总额(万元)	Total Profits (10 000 yuan)	-696	-1043	-2331
规模以下工业:企业数(个)	Industries under Designated Size: Number of Enterprises (unit)	2311	2329	1866
工业总产值(万元)	Gross Industrial Output Value (10 000 yuan)	252033	165828	95638
境内公路里程(公里)	Length of Domestic Highways (km)	680	1479	713
境内铁路里程(公里)	Length of Domestic Railways (km)	67	16	23
民用汽车拥有量(辆)	Number of Civil Motor Vehicles Owned (unit)	4099	5045	1604
#载客汽车	Number of Buses and Cars	168	435	550

指 标	Item	陆川县 Luchuan County	博白县 Bobai County	兴业县 Xingye County
私人汽车	Number of Private - owned Motor Vehicles	0	0	1319
邮电业务总量（万元）	Business Volume Post and Telecommunication Services (10 000 yuan)	11476	14474	9425
本地电话用户（户）	Number of Subscribers of Local Telephone (subscriber)	78928	113056	58726
#农话	Rural	49754	68249	45058
年末移动用户（户）	Number of Mobile Telephone Subscribers at Year - end(subscriber)	70718	87986	42768
互联网上网用户（户）	Number of Subscribers of Internet Services (subscriber)	4394	6433	5860
社会消费品零售总额（万元）	Total Retail Sale of Consumer Goods (10 000 yuan)	86264	141671	47196
城镇在岗职工年平均人数（人）	Annual Average Number of Urban Working Staff and Workers (person)	26600	33718	12898
在岗职工工资总额（万元）	Total Wages of Working Staff and Workers (10 000 yuan)	21631	26876	11268
农民人均纯收入（元）	Annual Per Capita Disposable Income of Rural Residents (yuan)	1976	1933	1948
农民人均住房面积（平方米）	Per Capita Living Space in Rural Areas (sq. m)	24	23	20
社会福利院（个）	Social Welfare Homes (unit)	9	14	8
社会福利院床位数（张）	Number of Beds in Social Welfare Homes (unit)	157	479	200
参加基本养老保险的职工数（人）	Number of Employee Joining Basic Endowment Insurance (person)	9286	17061	2950
参加基本医疗保险的职工数（人）	Number of Employee Joining Basic Health Care Insurance (person)	18358	23065	9903
普通中学（所）	Regular Secondary Schools (unit)	43	92	37
小学（所）	Primary Schools (unit)	176	381	204
普通中学专任教师（人）	Full - time Teachers in Regular Secondary Schools (person)	2739	4015	1999
小学专任教师（人）	Full - time Teachers in Primary Schools (person)	3098	4660	2144
普通中学在校生（人）	Student Enrollment in Regular Secondary Schools (person)	71740	93389	36826
小学在校生（人）	Primary Student Enrollment (person)	105672	200416	60313
医院卫生院数（所）	Number of Hospitals (unit)	22	39	14
医院卫生院床位数（张）	Number of Beds in Hospitals (unit)	835	1085	426
卫生技术人员（人）	Medical and Technical Personnel (person)	1095	2655	818
#医生	Doctors	448	979	312

23—1 续表 64 continued

指标	Item	北流市 Beiliu City	右江区 Youjiang District	田阳县 Tianyang County
行政区域土地面积(平方公里)	Administrative Region Land Area (sq. km)	2457	3702	2387
年末总人口(万人)	Total Population at Year - end (10 000 persons)	119.3	32.8	32.8
#乡村人口	Rural Population	106.2	20.9	28.6
出生人口(人)	Birth (person)	13181	3055	3276
死亡人口(人)	Death(person)	2794	1605	2303
年末总户数(户)	Total Households at Year - end(household)	330748	80958	84943
#乡村户数	Rural Households	249300	49700	70100
全社会从业人员(人)	Total Employed Persons(person)	645738	182310	179371
第一产业	Primary Industry	313200	107429	139929
第二产业	Secondary Industry	209145	31082	18965
#工业	Industry	131150	25712	15576
第三产业	Tertiary Industry	123393	43799	20477
年末职工人数(人)	Number of Staff and Workers at Year - end (person)	49951	50957	17534
#在岗职工	Working Staff and Workers	41913	45681	15820
城镇登记失业人数(人)	Number of Registered Unemployed Persons in Urban Areas (person)	3299	3264	387
地区生产总值(当年价)(万元)	Gross Domestic Product (at current price) (10 000 yuan)	419593	340095	197907
第一产业	Primary Industry	158239	67292	82857
第二产业	Secondary Industry	143243	118036	58714
#工业	Industry	125203	97271	37468
第三产业	Tertiary Industry	118111	154768	56336
人均地区生产总值(元)	Per Capital GDP (yuan)	3533	10378	5997
地区生产总值指数(上年=100)	Indices of Gross Domestic Product (preceding year=100)	100.3	117.3	106.3
第一产业	Primary Industry	86.5	107.2	99.8
第二产业	Secondary Industry	110.7	130.2	117.7
#工业	Industry	107.7	125.8	110.3
第三产业	Tertiary Industry	117.6	113.6	106.0
人均地区生产总值指数(上年=100)	Index of Per Capital GDP (preceding year=100)	99.4	116.9	106.3
财政收入(万元)	Government Revenue(10 000 yuan)	32314	12819	15669
#一般预算收入	Budgetary Revenue of Local Government	19479	8059	10615
财政支出(万元)	Government Expenditure (10 000 yuan)	39837	21188	19856
金融机构存款余额(万元)	Deposits of Financial Institutions (10 000 yuan)	441623	432382	86815
#城乡居民储蓄存款	Urban and Rural Savings Deposits	386900	238872	69292

23—1 续表 65 continued

指　　标	Item	北流市 Beiliu City	右江区 Youjiang District	田阳县 Tianyang County
金融机构贷款余额(万元)	Loans of Financial Institutions (10 000 yuan)	209614	262435	69316
全社会固定资产投资(万元)	Total Investment in Fixed Assets(10 000 yuan)	93660	216012	55380
基本建设投资	Investment in Capital Construction	24176	167284	18093
更新改造投资	Investment in Innovation	11153	12479	911
房地产开发	Real Estate Development	2101	12063	1685
其他投资	Other Investment	56230	24186	34691
乡村从业人员(人)	Number of Rural Laborers (person)	553300	123200	179800
#农林牧渔业	Farming, Forestry, Animal Husbandry & Fishery	313200	102600	139700
年末实有耕地(公顷)	Cultivated Area at Year - end (hectare)	34239	21834	21409
#水田	Paddy Fields	32134	6660	9638
农林牧渔业总产值(当年价,万元)	Gross Output Value of Farming, Forestry, Animal Husbandry and Fishery (at current price, 10 000 yuan)	164258	76711	81131
农林牧渔业总产值指数(上年=100,%)	Indices of Gross Output Value of Farming, Forestry, Animal Husbandry and Fishery (preceding year = 100, %)	84.42	107.72	100.33
农业机械总动力(万千瓦)	Total Agricultural Machinery Power (10 000 kw)	39.1	13.8	20.7
化肥施用折纯量(吨)	Consumption of Chemical Fertilizers (convert to pure amount) (ton)	28049	8200	17102
农村用电量(万千瓦时)	Electricity Consumed in Rural Areas (10 000 kwh)	7947.7	4040.6	1687.5
有效灌溉面积(公顷)	Irrigated Area (hectare)	25520	9420	13790
农作物总播种面积(公顷)	Total Sown Area of Major Farm Crops (hectare)	89230	50202	57897
#粮食作物	Grain Crops	63221	16583	21536
粮食产量(吨)	Yield of Grain (ton)	431910	73216	84391
油料产量(吨)	Yield of Oil - bearing Crops(ton)	6745	634	837
糖料产量(吨)	Yield of Sugar Crops (ton)	103068	947461	695400
水果产量(吨)	Yield of Fruit (ton)	72100	90597	70232
肉类产量(吨)	Output of Meat (ton)	66319	21451	35000
奶类产量(吨)	Output of Milk (ton)	588	245	5
蔬菜产量(吨)	Yield of Vegetables (ton)	373109	225372	505388
水产品产量(吨)	Aquatic Products (ton)	22602	6276	6568
全部工业总产值(当年价)(万元)	All Included Gross Industrial Output Value (at current price) (10 000 yuan)	573037	258398	105071
全部工业总产值指数(上年=100)	Indices of All Included Gross Industrial Output Value (preceding year = 100)	108.7	131.0	112.4

指标	Item	北流市 Beiliu City	右江区 Youjiang District	田阳县 Tianyang County
规模以上工业企业数(个)	Number of Industrial Enterprises above Designated Size (unit)	62	46	18
#内资企业	Domestic Funded Enterprises	43	46	18
规模工业企业总产值(当年价)(万元)	Gross Industrial Output Value above Designated Size (at current price) (10 000 yuan)	159489	186340	52980
内资企业	Domestic Funded Enterprises	117111	186340	52980
国有	State – owned	13073	81219	15669
集体	Collective – owned	8104	1091	818
股份合作企业	Cooperative Enterprises	6291	1420	3194
联营企业	Joint Ownership Enterprises	0	855	0
有限责任公司	Limited Liability Corporations	8706	9358	23968
股份有限公司	Share Holding Enterprises	49630	82485	0
私营企业	Private Enterprises	31307	9912	9331
其他企业	Other Enterprises	0	0	0
港澳台投资企业	Enterprises with Funds from Hong Kong, Macao and Taiwan	36165	0	0
外商投资企业	Foreign Funded Enterprises	6213	0	0
工业企业增加值(万元)	Value – added of Industrial Enterprises (10 000 yuan)	42406	64671	21324
工业企业资产总计(万元)	Total Assets of Industrial Enterprises (10 000 yuan)	174838	312570	89995
工业企业负债合计(万元)	Total Liabilities of Industrial Enterprises (10 000 yuan)	115970	207842	64389
工业企业税金总额(万元)	Total Tax of Industrial Enterprises (10 000 yuan)	8926	8942	4595
工业企业产品销售收入(万元)	Sales Revenue of Industrial Enterprises (10 000 yuan)	190772	182578	50805
流动资产年平均余额(万元)	Annual Average Balance of Circulating Funds (10 000 yuan)	58992	100557	31180
固定资产净值年平均余额(万元)	Annual Average Balance of Net Value of Fixed Assets (10 000 yuan)	75562	168508	45539
利润总额(万元)	Total Profits (10 000 yuan)	2517	4419	3689
规模以下工业:企业数(个)	Industries under Designated Size: Number of Enterprises (unit)	4259	2642	2966
工业总产值(万元)	Gross Industrial Output Value (10 000 yuan)	413548	72057	52091
境内公路里程(公里)	Length of Domestic Highways (km)	1111	682	536
境内铁路里程(公里)	Length of Domestic Railways (km)	0	87	30
民用汽车拥有量(辆)	Number of Civil Motor Vehicles Owned (unit)	3537	0	0
#载客汽车	Number of Buses and Cars	1228	0	0

23—1 续表 67 continued

指标	Item	北流市 Beiliu City	右江区 Youjiang District	田阳县 Tianyang County
私人汽车	Number of Private - owned Motor Vehicles	2712	0	0
邮电业务总量（万元）	Business Volume Post and Telecommunication Services (10 000 yuan)	19570	24150.9	6635
本地电话用户（户）	Number of Subscribers of Local Telephone (subscriber)	130681	101235	47211
#农话	Rural	69767	19014	24546
年末移动用户（户）	Number of Mobile Telephone Subscribers at Year - end (subscriber)	92349	73441	24830
互联网上网用户（户）	Number of Subscribers of Internet Services (subscriber)	7658	14618	3747
社会消费品零售总额（万元）	Total Retail Sale of Consumer Goods (10 000 yuan)	147003	76632	35088
城镇在岗职工年平均人数（人）	Annual Average Number of Urban Working Staff and Workers (person)	41167	45012	16020
在岗职工工资总额（万元）	Total Wages of Working Staff and Workers (10 000 yuan)	38107	56502.7	16013.7
农民人均纯收入（元）	Annual Per Capita Disposable Income of Rural Residents (yuan)	2308	1616	1683
农民人均住房面积（平方米）	Per Capita Living Space in Rural Areas (sq. m)	29	26	30
社会福利院（个）	Social Welfare Homes (unit)	12	14	5
社会福利院床位数（张）	Number of Beds in Social Welfare Homes (unit)	363	358	110
参加基本养老保险的职工数（人）	Number of Employee Joining Basic Endowment Insurance (person)	15989	41050	4532
参加基本医疗保险的职工数（人）	Number of Employee Joining Basic Health Care Insurance (person)	28001	21245	9687
普通中学（所）	Regular Secondary Schools (unit)	53	33	20
小学（所）	Primary Schools (unit)	289	131	159
普通中学专任教师（人）	Full - time Teachers in Regular Secondary Schools (person)	3554	1194	864
小学专任教师（人）	Full - time Teachers in Primary Schools (person)	3466	1957	1455
普通中学在校生（人）	Student Enrollment in Regular Secondary Schools (person)	83675	24860	17992
小学在校生（人）	Primary Student Enrollment (person)	154303	25280	20240
医院卫生院数（所）	Number of Hospitals (unit)	29	23	16
医院卫生院床位数（张）	Number of Beds in Hospitals (unit)	1280	1900	390
卫生技术人员（人）	Medical and Technical Personnel (person)	1744	1762	450
#医生	Doctors	646	668	206

23—1 续表 68 continued

指　　标	Item	田东县 Tiandong County	平果县 Pingguo County	德保县 Debao County
行政区域土地面积(平方公里)	Administrative Region Land Area (sq. km)	2806	2473	2575
年末总人口(万人)	Total Population at Year - end (10 000 persons)	39.4	45.8	34.1
#乡村人口	Rural Population	35.8	40.9	31.7
出生人口(人)	Birth (person)	4662	5070	3235
死亡人口(人)	Death (person)	2065	2365	2383
年末总户数(户)	Total Households at Year - end (household)	93705	110846	77900
#乡村户数	Rural Households	79700	92800	69300
全社会从业人员(人)	Total Employed Persons (person)	209768	208296	166197
第一产业	Primary Industry	160328	160301	128843
第二产业	Secondary Industry	21710	21848	11328
#工业	Industry	16610	12818	7395
第三产业	Tertiary Industry	27730	26147	26026
年末职工人数(人)	Number of Staff and Workers at Year - end (person)	20299	23377	10773
#在岗职工	Working Staff and Workers	16492	20934	9516
城镇登记失业人数(人)	Number of Registered Unemployed Persons in Urban Areas (person)	490	460	393
地区生产总值(当年价)(万元)	Gross Domestic Product (at current price) (10 000 yuan)	203049	358190	80134
第一产业	Primary Industry	71632	59389	30765
第二产业	Secondary Industry	82223	240521	25340
#工业	Industry	59007	230387	8763
第三产业	Tertiary Industry	49193	58280	24028
人均地区生产总值(元)	Per Capital GDP (yuan)	5167	7831	2353
地区生产总值指数(上年=100)	Indices of Gross Domestic Product (preceding year = 100)	108.2	137.6	113.5
第一产业	Primary Industry	107.4	104.5	103.5
第二产业	Secondary Industry	112.2	156.4	140.6
#工业	Industry	106.5	157.8	109.4
第三产业	Tertiary Industry	103.1	110.0	104.0
人均地区生产总值指数(上年=100)	Index of Per Capital GDP (preceding year = 100)	108.0	137.1	113.4
财政收入(万元)	Government Revenue (10 000 yuan)	21688	59423	5618
#一般预算收入	Budgetary Revenue of Local Government	10667	27906	4072
财政支出(万元)	Government Expenditure (10 000 yuan)	21645	32832	16434
金融机构存款余额(万元)	Deposits of Financial Institutions (10 000 yuan)	152752	174672	48747
#城乡居民储蓄存款	Urban and Rural Savings Deposits	106423	123704	36184

指　　标	Item	田东县 Tiandong County	平果县 Pingguo County	德保县 Debao County
金融机构贷款余额(万元)	Loans of Financial Institutions (10 000 yuan)	91243	223500	51120
全社会固定资产投资(万元)	Total Investment in Fixed Assets(10 000 yuan)	78945	136008	31015
基本建设投资	Investment in Capital Construction	15686	93076	17407
更新改造投资	Investment in Innovation	30867	6927	2456
房地产开发	Real Estate Development	3631	7480	0
其他投资	Other Investment	28761	28525	11152
乡村从业人员(人)	Number of Rural Laborers (person)	210100	238800	175500
#农林牧渔业	Farming, Forestry, Animal Husbandry & Fishery	159000	160000	128600
年末实有耕地(公顷)	Cultivated Area at Year - end (hectare)	25622	20316	20609
#水田	Paddy Fields	11199	8986	10138
农林牧渔业总产值(当年价,万元)	Gross Output Value of Farming, Forestry, Animal Husbandry and Fishery (at current price, 10 000 yuan)	76986	55605	27056
农林牧渔业总产值指数(上年=100,%)	Indices of Gross Output Value of Farming; Forestry, Animal Husbandry and Fishery (preceding year = 100, %)	107.36	104.49	103.27
农业机械总动力(万千瓦)	Total Agricultural Machinery Power (10 000 kw)	19.4	20.6	7
化肥施用折纯量(吨)	Consumption of Chemical Fertilizers (convert to pure amount) (ton)	8917	12274	6380
农村用电量(万千瓦时)	Electricity Consumed in Rural Areas (10 000 kwh)	2546	4059.5	3957
有效灌溉面积(公顷)	Irrigated Area (hectare)	15100	9500	10560
农作物总播种面积(公顷)	Total Sown Area of Major Farm Crops (hectare)	63978	57182	46107
#粮食作物	Grain Crops	28048	32383	36473
粮食产量(吨)	Yield of Grain (ton)	132806	123874	95198
油料产量(吨)	Yield of Oil - bearing Crops(ton)	508	438	307
糖料产量(吨)	Yield of Sugar Crops (ton)	977276	419699	16481
水果产量(吨)	Yield of Fruit (ton)	87493	20306	15430
肉类产量(吨)	Output of Meat (ton)	32592	43641	16526
奶类产量(吨)	Output of Milk (ton)	12	133	0
蔬菜产量(吨)	Yield of Vegetables (ton)	240501	117178	56250
水产品产量(吨)	Aquatic Products (ton)	7180	4686	962
全部工业总产值(当年价)(万元)	All Included Gross Industrial Output Value (at current price) (10 000 yuan)	156357	516018	30378
全部工业总产值指数(上年=100)	Indices of All Included Gross Industrial Output Value (preceding year = 100)	121.0	130.6	112.5

指　　标	Item	田东县 Tiandong County	平果县 Pingguo County	德保县 Debao County
规模以上工业企业数(个)	Number of Industrial Enterprises above Designated Size (unit)	15	19	12
#内资企业	Domestic Funded Enterprises	15	19	12
规模工业企业总产值(当年价)(万元)	Gross Industrial Output Value above Designated Size (at current price) (10 000 yuan)	116243	436811	16884
内资企业	Domestic Funded Enterprises	116243	436811	16884
国有	State - owned	61154	305100	10366
集体	Collective - owned	8616	18385	0
股份合作企业	Cooperative Enterprises	0	0	0
联营企业	Joint Ownership Enterprises	0	0	0
有限责任公司	Limited Liability Corporations	2631	13435	1114
股份有限公司	Share Holding Enterprises	13402	1652	0
私营企业	Private Enterprises	30441	98238	5404
其他企业	Other Enterprises	0	0	0
港澳台投资企业	Enterprises with Funds from Hong Kong, Macao and Taiwan	0	0	0
外商投资企业	Foreign Funded Enterprises	0	0	0
工业企业增加值(万元)	Value - added of Industrial Enterprises (10 000 yuan)	36216	190436	5573
工业企业资产总计(万元)	Total Assets of Industrial Enterprises (10 000 yuan)	175200	620200	41515
工业企业负债合计(万元)	Total Liabilities of Industrial Enterprises (10 000 yuan)	108912	418535	27938
工业企业税金总额(万元)	Total Tax of Industrial Enterprises (10 000 yuan)	11536	33298	1378
工业企业产品销售收入(万元)	Sales Revenue of Industrial Enterprises (10 000 yuan)	114388	370082	16571
流动资产年平均余额(万元)	Annual Average Balance of Circulating Funds (10 000 yuan)	47446	105062	11909
固定资产净值年平均余额(万元)	Annual Average Balance of Net Value of Fixed Assets (10 000 yuan)	88506	475307	20587
利润总额(万元)	Total Profits (10 000 yuan)	5910	68469	201
规模以下工业:企业数(个)	Industries under Designated Size: Number of Enterprises (unit)	1883	2764	1456
工业总产值(万元)	Gross Industrial Output Value (10 000 yuan)	40114	79207	13494
境内公路里程(公里)	Length of Domestic Highways (km)	464	463	531
境内铁路里程(公里)	Length of Domestic Railways (km)	50	31	0
民用汽车拥有量(辆)	Number of Civil Motor Vehicles Owned (unit)	0	0	0
#载客汽车	Number of Buses and Cars	0	0	0

23—1 续表 71 continued

指 标	Item	田东县 Tiandong County	平果县 Pingguo County	德保县 Debao County
私人汽车	Number of Private - owned Motor Vehicles	0	0	0
邮电业务总量（万元）	Business Volume Post and Telecommunication Services (10 000 yuan)	8585.4	10822.8	3700.1
本地电话用户（户）	Number of Subscribers of Local Telephone (subscriber)	56724	63657	22951
#农话	Rural	28112	25987	9960
年末移动用户（户）	Number of Mobile Telephone Subscribers at Year - end(subscriber)	31971	36736	12749
互联网上网用户（户）	Number of Subscribers of Internet Services (subscriber)	4471	6526	1844
社会消费品零售总额（万元）	Total Retail Sale of Consumer Goods (10 000 yuan)	36545	41598	14125
城镇在岗职工年平均人数（人）	Annual Average Number of Urban Working Staff and Workers (person)	17664	21018	9474
在岗职工工资总额（万元）	Total Wages of Working Staff and Workers (10 000 yuan)	22960.5	35475.2	9964.6
农民人均纯收入（元）	Annual Per Capita Disposable Income of Rural Residents (yuan)	1628	1528	1197
农民人均住房面积（平方米）	Per Capita Living Space in Rural Areas (sq. m)	25	25	25
社会福利院（个）	Social Welfare Homes (unit)	15	8	2
社会福利院床位数（张）	Number of Beds in Social Welfare Homes (unit)	157	184	41
参加基本养老保险的职工数（人）	Number of Employee Joining Basic Endowment Insurance (person)	4400	5060	3646
参加基本医疗保险的职工数（人）	Number of Employee Joining Basic Health Care Insurance (person)	10902	11058	8154
普通中学（所）	Regular Secondary Schools (unit)	27	25	21
小学（所）	Primary Schools (unit)	155	172	166
普通中学专任教师（人）	Full - time Teachers in Regular Secondary Schools (person)	1316	1369	733
小学专任教师（人）	Full - time Teachers in Primary Schools (person)	1915	1821	1433
普通中学在校生（人）	Student Enrollment in Regular Secondary Schools (person)	24095	28443	14391
小学在校生（人）	Primary Student Enrollment (person)	34140	43336	26397
医院卫生院数（所）	Number of Hospitals (unit)	17	19	21
医院卫生院床位数（张）	Number of Beds in Hospitals (unit)	625	619	436
卫生技术人员（人）	Medical and Technical Personnel (person)	721	797	346
#医生	Doctors	346	383	151

23—1 续表 72 continued

指标	Item	靖西县 Jingxi County	那坡县 Napo County	凌云县 Lingyun County
行政区域土地面积(平方公里)	Administrative Region Land Area (sq. km)	3322	2231	2039
年末总人口(万人)	Total Population at Year - end (10 000 persons)	58.1	19.3	18.6
#乡村人口	Rural Population	53.6	17.7	17.6
出生人口(人)	Birth (person)	5347	2467	2256
死亡人口(人)	Death (person)	3236	1413	1011
年末总户数(户)	Total Households at Year - end (household)	125683	44858	43186
#乡村户数	Rural Households	111700	38500	39600
全社会从业人员(人)	Total Employed Persons (person)	273901	98233	83377
第一产业	Primary Industry	210542	84029	64108
第二产业	Secondary Industry	18919	4954	10306
#工业	Industry	11105	4204	3464
第三产业	Tertiary Industry	44440	9250	8963
年末职工人数(人)	Number of Staff and Workers at Year - end (person)	16696	7826	6543
#在岗职工	Working Staff and Workers	15196	6943	6181
城镇登记失业人数(人)	Number of Registered Unemployed Persons in Urban Areas (person)	579	274	264
地区生产总值(当年价)(万元)	Gross Domestic Product (at current price) (10 000 yuan)	133045	39131	54104
第一产业	Primary Industry	64188	16335	24805
第二产业	Secondary Industry	34030	5528	14193
#工业	Industry	25122	2710	4487
第三产业	Tertiary Industry	34828	17268	15106
人均地区生产总值(元)	Per Capital GDP (yuan)	2295	2037	2926
地区生产总值指数(上年=100)	Indices of Gross Domestic Product (preceding year=100)	110.2	107.8	114.8
第一产业	Primary Industry	105.0	104.4	107.6
第二产业	Secondary Industry	116.1	110.3	132.8
#工业	Industry	128.7	112.1	112.5
第三产业	Tertiary Industry	112.8	110.6	112.6
人均地区生产总值指数(上年=100)	Index of Per Capital GDP (preceding year=100)	109.8	107.8	114.1
财政收入(万元)	Government Revenue (10 000 yuan)	11449	2666	3553
#一般预算收入	Budgetary Revenue of Local Government	8885	2009	2738
财政支出(万元)	Government Expenditure (10 000 yuan)	25950	13947	14205
金融机构存款余额(万元)	Deposits of Financial Institutions (10 000 yuan)	87731	30145	31578
#城乡居民储蓄存款	Urban and Rural Savings Deposits	62499	21643	20555

指 标	Item	靖西县 Jingxi County	那坡县 Napo County	凌云县 Lingyun County
金融机构贷款余额(万元)	Loans of Financial Institutions (10 000 yuan)	61532	23478	28281
全社会固定资产投资(万元)	Total Investment in Fixed Assets(10 000 yuan)	44650	14903	32087
基本建设投资	Investment in Capital Construction	25698	6991	27574
更新改造投资	Investment in Innovation	4716	286	0
房地产开发	Real Estate Development	915	0	0
其他投资	Other Investment	13321	7626	4513
乡村从业人员(人)	Number of Rural Laborers (person)	306800	103300	89500
#农林牧渔业	Farming, Forestry, Animal Husbandry & Fishery	209400	83800	61200
年末实有耕地(公顷)	Cultivated Area at Year – end (hectare)	33559	9598	8611
#水田	Paddy Fields	16714	4107	3342
农林牧渔业总产值(当年价,万元)	Gross Output Value of Farming, Forestry, Animal Husbandry and Fishery (at current price,10 000 yuan)	45455	16021	21998
农林牧渔业总产值指数(上年=100,%)	Indices of Gross Output Value of Farming, Forestry, Animal Husbandry and Fishery (preceding year = 100, %)	105.0	106.85	108.56
农业机械总动力(万千瓦)	Total Agricultural Machinery Power (10 000 kw)	12	9.8	5.6
化肥施用折纯量(吨)	Consumption of Chemical Fertilizers (convert to pure amount) (ton)	9776	1778	1629
农村用电量(万千瓦时)	Electricity Consumed in Rural Areas (10 000 kwh)	2065	557.3	441.4
有效灌溉面积(公顷)	Irrigated Area (hectare)	17000	4260	4750
农作物总播种面积(公顷)	Total Sown Area of Major Farm Crops (hectare)	82932	26729	28640
#粮食作物	Grain Crops	69489	19443	18150
粮食产量(吨)	Yield of Grain (ton)	208757	49664	45067
油料产量(吨)	Yield of Oil – bearing Crops(ton)	1126	126	773
糖料产量(吨)	Yield of Sugar Crops (ton)	46678	3642	1010
水果产量(吨)	Yield of Fruit (ton)	9216	7106	5914
肉类产量(吨)	Output of Meat (ton)	31330	7026	10039
奶类产量(吨)	Output of Milk (ton)	0	0	0
蔬菜产量(吨)	Yield of Vegetables (ton)	146966	38630	45100
水产品产量(吨)	Aquatic Products (ton)	3507	345	382
全部工业总产值(当年价)(万元)	All Included Gross Industrial Output Value (at current price) (10 000 yuan)	63625	7984	14100
全部工业总产值指数(上年=100)	Indices of All Included Gross Industrial Output Value (preceding year = 100)	124.6	106.6	106.7

指　　标	Item	靖西县 Jingxi County	那坡县 Napo County	凌云县 Lingyun County
规模以上工业企业数(个)	Number of Industrial Enterprises above Designated Size (unit)	21	10	6
#内资企业	Domestic Funded Enterprises	20	10	6
规模工业企业总产值(当年价)(万元)	Gross Industrial Output Value above Designated Size (at current price) (10 000 yuan)	26825	3334	5429
内资企业	Domestic Funded Enterprises	25051	3334	5429
国有	State - owned	5391	3334	5429
集体	Collective - owned	1326	0	0
股份合作企业	Cooperative Enterprises	0	0	0
联营企业	Joint Ownership Enterprises	0	0	0
有限责任公司	Limited Liability Corporations	2760	0	0
股份有限公司	Share Holding Enterprises	9204	0	0
私营企业	Private Enterprises	6370	0	0
其他企业	Other Enterprises	0	0	0
港澳台投资企业	Enterprises with Funds from Hong Kong, Macao and Taiwan	0	0	0
外商投资企业	Foreign Funded Enterprises	1774	0	0
工业企业增加值(万元)	Value - added of Industrial Enterprises (10 000 yuan)	10905	1290	2452
工业企业资产总计(万元)	Total Assets of Industrial Enterprises (10 000 yuan)	45487	18067	17364
工业企业负债合计(万元)	Total Liabilities of Industrial Enterprises (10 000 yuan)	21648	14678	10201
工业企业税金总额(万元)	Total Tax of Industrial Enterprises (10 000 yuan)	1974	249	451
工业企业产品销售收入(万元)	Sales Revenue of Industrial Enterprises (10 000 yuan)	29120	3538	5249
流动资产年平均余额(万元)	Annual Average Balance of Circulating Funds (10 000 yuan)	11544	4969	2130
固定资产净值年平均余额(万元)	Annual Average Balance of Net Value of Fixed Assets (10 000 yuan)	27765	7638	9681
利润总额(万元)	Total Profits (10 000 yuan)	491	8	31
规模以下工业:企业数(个)	Industries under Designated Size: Number of Enterprises (unit)	1750	873	676
工业总产值(万元)	Gross Industrial Output Value (10 000 yuan)	36800	4650	8671
境内公路里程(公里)	Length of Domestic Highways (km)	860	642	605
境内铁路里程(公里)	Length of Domestic Railways (km)	0	0	0
民用汽车拥有量(辆)	Number of Civil Motor Vehicles Owned (unit)	0	0	0
#载客汽车	Number of Buses and Cars	0	0	0

指标	Item	靖西县 Jingxi County	那坡县 Napo County	凌云县 Lingyun County
私人汽车	Number of Private - owned Motor Vehicles	0	0	0
邮电业务总量（万元）	Business Volume Post and Telecommunication Services (10 000 yuan)	6224.3	2751.5	2633.4
本地电话用户（户）	Number of Subscribers of Local Telephone (subscriber)	36189	14909	16389
#农话	Rural	16194	5589	6577
年末移动用户（户）	Number of Mobile Telephone Subscribers at Year - end(subscriber)	24266	8954	7755
互联网上网用户（户）	Number of Subscribers of Internet Services (subscriber)	2587	1204	1233
社会消费品零售总额（万元）	Total Retail Sale of Consumer Goods (10 000 yuan)	43145	13924	10035
城镇在岗职工年平均人数（人）	Annual Average Number of Urban Working Staff and Workers (person)	14889	6982	6090
在岗职工工资总额（万元）	Total Wages of Working Staff and Workers (10 000 yuan)	14116.8	6890.3	6197.8
农民人均纯收入（元）	Annual Per Capita Disposable Income of Rural Residents (yuan)	1424	1157	1073
农民人均住房面积（平方米）	Per Capita Living Space in Rural Areas (sq. m)	23	23	21
社会福利院（个）	Social Welfare Homes (unit)	3	8	7
社会福利院床位数（张）	Number of Beds in Social Welfare Homes (unit)	89	170	141
参加基本养老保险的职工数（人）	Number of Employee Joining Basic Endowment Insurance (person)	6306	2557	1896
参加基本医疗保险的职工数（人）	Number of Employee Joining Basic Health Care Insurance (person)	12821	6144	5302
普通中学（所）	Regular Secondary Schools (unit)	30	13	13
小学（所）	Primary Schools (unit)	285	127	107
普通中学专任教师（人）	Full - time Teachers in Regular Secondary Schools (person)	1427	363	468
小学专任教师（人）	Full - time Teachers in Primary Schools (person)	2677	1093	995
普通中学在校生（人）	Student Enrollment in Regular Secondary Schools (person)	28514	8500	9581
小学在校生（人）	Primary Student Enrollment (person)	50895	15072	22820
医院卫生院数（所）	Number of Hospitals (unit)	26	27	10
医院卫生院床位数（张）	Number of Beds in Hospitals (unit)	603	458	201
卫生技术人员（人）	Medical and Technical Personnel (person)	544	253	256
#医生	Doctors	247	112	104

指　　标	Item	乐业县 Leye County	田林县 Tianlin County	西林县 Xilin County
行政区域土地面积(平方公里)	Administrative Region Land Area (sq. km)	2620	5532	2963
年末总人口(万人)	Total Population at Year - end (10 000 persons)	15	23.8	13.1
#乡村人口	Rural Population	14	21.2	11.8
出生人口(人)	Birth (person)	1887	3155	1707
死亡人口(人)	Death(person)	527	1305	705
年末总户数(户)	Total Households at Year - end(household)	33254	55069	30262
#乡村户数	Rural Households	29900	48000	25600
全社会从业人员(人)	Total Employed Persons(person)	73588	128806	75825
第一产业	Primary Industry	59261	102783	62732
第二产业	Secondary Industry	5135	9042	3509
#工业	Industry	3035	6875	2174
第三产业	Tertiary Industry	9192	16981	9584
年末职工人数(人)	Number of Staff and Workers at Year - end (person)	7166	10926	5465
#在岗职工	Working Staff and Workers	6699	10033	4978
城镇登记失业人数(人)	Number of Registered Unemployed Persons in Urban Areas (person)	145	346	241
地区生产总值(当年价)(万元)	Gross Domestic Product (at current price) (10 000 yuan)	35191	72291	39040
第一产业	Primary Industry	13250	34648	18826
第二产业	Secondary Industry	9061	13421	7800
#工业	Industry	1948	8213	2411
第三产业	Tertiary Industry	12880	24222	12413
人均地区生产总值(元)	Per Capital GDP (yuan)	2363	3052	2985
地区生产总值指数(上年=100)	Indices of Gross Domestic Product (preceding year = 100)	112.3	104.0	105.2
第一产业	Primary Industry	107.1	101.3	100.4
第二产业	Secondary Industry	140.9	102.1	115.4
#工业	Industry	88.6	88.1	112.9
第三产业	Tertiary Industry	102.9	109.2	104.1
人均地区生产总值指数(上年=100)	Index of Per Capital GDP (preceding year = 100)	111.6	103.2	104.6
财政收入(万元)	Government Revenue(10 000 yuan)	2865	7149	4453
#一般预算收入	Budgetary Revenue of Local Government	2266	5755	2592
财政支出(万元)	Government Expenditure (10 000 yuan)	12928	15780	11904
金融机构存款余额(万元)	Deposits of Financial Institutions (10 000 yuan)	27460	53861	28247
#城乡居民储蓄存款	Urban and Rural Savings Deposits	16874	36765	14483

23—1 续表 77 continued

指　　标	Item	乐业县 Leye County	田林县 Tianlin County	西林县 Xilin County
金融机构贷款余额(万元)	Loans of Financial Institutions (10 000 yuan)	24963	46915	27775
全社会固定资产投资(万元)	Total Investment in Fixed Assets(10 000 yuan)	22083	33238	17842
基本建设投资	Investment in Capital Construction	17469	22386	8426
更新改造投资	Investment in Innovation	60	4831	265
房地产开发	Real Estate Development	0	0	0
其他投资	Other Investment	4554	6021	9151
乡村从业人员(人)	Number of Rural Laborers (person)	69100	123500	67000
#农林牧渔业	Farming, Forestry, Animal Husbandry & Fishery	59300	102400	62500
年末实有耕地(公顷)	Cultivated Area at Year – end (hectare)	12642	25275	22912
#水田	Paddy Fields	3615	6751	4140
农林牧渔业总产值(当年价,万元)	Gross Output Value of Farming, Forestry, Animal Husbandry and Fishery (at current price, 10 000 yuan)	14301	33711	16757
农林牧渔业总产值指数(上年=100,%)	Indices of Gross Output Value of Farming, Forestry, Animal Husbandry and Fishery (preceding year = 100, %)	107.4	99.26	100.83
农业机械总动力(万千瓦)	Total Agricultural Machinery Power (10 000 kw)	5.6	11.8	6.5
化肥施用折纯量(吨)	Consumption of Chemical Fertilizers (convert to pure amount) (ton)	689	2561	969
农村用电量(万千瓦时)	Electricity Consumed in Rural Areas (10 000 kwh)	315	541.7	655
有效灌溉面积(公顷)	Irrigated Area (hectare)	5090	7560	6840
农作物总播种面积(公顷)	Total Sown Area of Major Farm Crops (hectare)	16393	32502	29617
#粮食作物	Grain Crops	12018	22618	15728
粮食产量(吨)	Yield of Grain (ton)	47537	83909	50036
油料产量(吨)	Yield of Oil – bearing Crops(ton)	560	361	1171
糖料产量(吨)	Yield of Sugar Crops (ton)	3710	6552	8021
水果产量(吨)	Yield of Fruit (ton)	3456	21395	7161
肉类产量(吨)	Output of Meat (ton)	5687	12640	7288
奶类产量(吨)	Output of Milk (ton)	0	0	0
蔬菜产量(吨)	Yield of Vegetables (ton)	41020	49724	59518
水产品产量(吨)	Aquatic Products (ton)	298	870	790
全部工业总产值(当年价)(万元)	All Included Gross Industrial Output Value (at current price) (10 000 yuan)	7225	32341	8823
全部工业总产值指数(上年=100)	Indices of All Included Gross Industrial Output Value (preceding year = 100)	93.2	94.8	108.5

指 标	Item	乐业县 Leye County	田林县 Tianlin County	西林县 Xilin County
规模以上工业企业数(个)	Number of Industrial Enterprises above Designated Size (unit)	9	12	11
#内资企业	Domestic Funded Enterprises	9	9	11
规模工业企业总产值(当年价)(万元)	Gross Industrial Output Value above Designated Size (at current price) (10 000 yuan)	2345	18233	4381
内资企业	Domestic Funded Enterprises	2345	9722	4381
国有	State - owned	2345	3608	3587
集体	Collective - owned	0	0	0
股份合作企业	Cooperative Enterprises	0	0	0
联营企业	Joint Ownership Enterprises	0	0	793
有限责任公司	Limited Liability Corporations	0	5187	0
股份有限公司	Share Holding Enterprises	0	0	0
私营企业	Private Enterprises	0	927	0
其他企业	Other Enterprises	0	0	0
港澳台投资企业	Enterprises with Funds from Hong Kong, Macao and Taiwan	0	8511	0
外商投资企业	Foreign Funded Enterprises	0	0	0
工业企业增加值(万元)	Value - added of Industrial Enterprises (10 000 yuan)	841	4906	1381
工业企业资产总计(万元)	Total Assets of Industrial Enterprises (10 000 yuan)	10173	78043	21785
工业企业负债合计(万元)	Total Liabilities of Industrial Enterprises (10 000 yuan)	6984	54658	14703
工业企业税金总额(万元)	Total Tax of Industrial Enterprises (10 000 yuan)	225	308.8	182
工业企业产品销售收入(万元)	Sales Revenue of Industrial Enterprises (10 000 yuan)	2162	18127	4440
流动资产年平均余额(万元)	Annual Average Balance of Circulating Funds (10 000 yuan)	1070	26741	5909
固定资产净值年平均余额(万元)	Annual Average Balance of Net Value of Fixed Assets (10 000 yuan)	8372	30380	13055
利润总额(万元)	Total Profits (10 000 yuan)	-56	-1532	-93
规模以下工业:企业数(个)	Industries under Designated Size: Number of Enterprises (unit)	1270	1205	1103
工业总产值(万元)	Gross Industrial Output Value (10 000 yuan)	4880	14108	4443
境内公路里程(公里)	Length of Domestic Highways (km)	314	780	461
境内铁路里程(公里)	Length of Domestic Railways (km)	0	81	0
民用汽车拥有量(辆)	Number of Civil Motor Vehicles Owned (unit)	0	0	0
#载客汽车	Number of Buses and Cars	0	0	0

指 标	Item	乐业县 Leye County	田林县 Tianlin County	西林县 Xilin County
私人汽车	Number of Private - owned Motor Vehicles	0	0	0
邮电业务总量（万元）	Business Volume Post and Telecommunication Services (10 000 yuan)	2313.5	4175.4	2547.9
本地电话用户（户）	Number of Subscribers of Local Telephone (subscriber)	12519	27480	13402
#农话	Rural	4757	11935	4453
年末移动用户（户）	Number of Mobile Telephone Subscribers at Year - end(subscriber)	8097	14251	7956
互联网上网用户（户）	Number of Subscribers of Internet Services (subscriber)	913	1903	1088
社会消费品零售总额（万元）	Total Retail Sale of Consumer Goods (10 000 yuan)	10102	17500	9333
城镇在岗职工年平均人数（人）	Annual Average Number of Urban Working Staff and Workers (person)	6595	9878	4941
在岗职工工资总额（万元）	Total Wages of Working Staff and Workers (10 000 yuan)	7175.7	9356.7	5415.2
农民人均纯收入（元）	Annual Per Capita Disposable Income of Rural Residents (yuan)	1116	1409	1394
农民人均住房面积（平方米）	Per Capita Living Space in Rural Areas (sq. m)	21	19	19
社会福利院（个）	Social Welfare Homes (unit)	4	1	6
社会福利院床位数（张）	Number of Beds in Social Welfare Homes (unit)	82	26	122
参加基本养老保险的职工数（人）	Number of Employee Joining Basic Endowment Insurance (person)	990	3301	1803
参加基本医疗保险的职工数（人）	Number of Employee Joining Basic Health Care Insurance (person)	4700	7563	4423
普通中学（所）	Regular Secondary Schools (unit)	12	22	10
小学（所）	Primary Schools (unit)	86	160	85
普通中学专任教师（人）	Full - time Teachers in Regular Secondary Schools (person)	352	542	271
小学专任教师（人）	Full - time Teachers in Primary Schools (person)	844	1204	636
普通中学在校生（人）	Student Enrollment in Regular Secondary Schools (person)	8917	11432	6053
小学在校生（人）	Primary Student Enrollment (person)	20722	22769	17306
医院卫生院数（所）	Number of Hospitals (unit)	12	22	12
医院卫生院床位数（张）	Number of Beds in Hospitals (unit)	165	222	212
卫生技术人员（人）	Medical and Technical Personnel (person)	273	336	183
#医生	Doctors	118	158	83

23—1 续表 80 continued

指　　标	Item	隆林各族自治县 Longlin County	八步区 Babu District	昭平县 Zhaoping County
行政区域土地面积(平方公里)	Administrative Region Land Area (sq. km)	3551	5151	3273
年末总人口(万人)	Total Population at Year - end (10 000 persons)	35.8	92.6	39.4
#乡村人口	Rural Population	34	82.4	35.9
出生人口(人)	Birth (person)	4605	8061	3502
死亡人口(人)	Death(person)	2378	2810	978
年末总户数(户)	Total Households at Year - end(household)	79564	230140	91197
#乡村户数	Rural Households	70900	183000	81900
全社会从业人员(人)	Total Employed Persons(person)	185263	444265	236849
第一产业	Primary Industry	159216	316645	170032
第二产业	Secondary Industry	6149	63341	36591
#工业	Industry	3002	48257	29127
第三产业	Tertiary Industry	19898	64279	30226
年末职工人数(人)	Number of Staff and Workers at Year - end (person)	13344	39987	15284
#在岗职工	Working Staff and Workers	12589	37872	15203
城镇登记失业人数(人)	Number of Registered Unemployed Persons in Urban Areas (person)	360	2989	2040
地区生产总值(当年价)(万元)	Gross Domestic Product (at current price) (10 000 yuan)	95353	467197	166312
第一产业	Primary Industry	26164	182460	76685
第二产业	Secondary Industry	42251	173705	54157
#工业	Industry	19403	142717	43223
第三产业	Tertiary Industry	26938	111032	35471
人均地区生产总值(元)	Per Capital GDP (yuan)	2648	5036	4225
地区生产总值指数(上年=100)	Indices of Gross Domestic Product (preceding year = 100)	119.9	114.1	109.2
第一产业	Primary Industry	108.9	106.3	104.0
第二产业	Secondary Industry	135.2	123.7	124.1
#工业	Industry	139.6	118.3	119.3
第三产业	Tertiary Industry	111.5	113.4	107.9
人均地区生产总值指数(上年=100)	Index of Per Capital GDP (preceding year = 100)	119.9	114.00	108.9
财政收入(万元)	Government Revenue(10 000 yuan)	27989	10038	8212
#一般预算收入	Budgetary Revenue of Local Government	13236	8272	5766
财政支出(万元)	Government Expenditure (10 000 yuan)	22678	29818	16589
金融机构存款余额(万元)	Deposits of Financial Institutions (10 000 yuan)	71798	363971	83090
#城乡居民储蓄存款	Urban and Rural Savings Deposits	42851	263623	68671

23—1 续表 81 continued

指 标	Item	隆林各族自治县 Longlin County	八步区 Babu District	昭平县 Zhaoping County
金融机构贷款余额(万元)	Loans of Financial Institutions (10 000 yuan)	51792	236479	44825
全社会固定资产投资(万元)	Total Investment in Fixed Assets(10 000 yuan)	80924	117807	26784
基本建设投资	Investment in Capital Construction	65455	50357	12279
更新改造投资	Investment in Innovation	40	18172	1005
房地产开发	Real Estate Development	0	8918	2310
其他投资	Other Investment	15429	40360	11190
乡村从业人员(人)	Number of Rural Laborers (person)	172200	438900	189600
#农林牧渔业	Farming, Forestry, Animal Husbandry & Fishery	159500	314000	148700
年末实有耕地(公顷)	Cultivated Area at Year - end (hectare)	23542	39061	14299
#水田	Paddy Fields	6115	26620	11384
农林牧渔业总产值(当年价,万元)	Gross Output Value of Farming, Forestry, Animal Husbandry and Fishery (at current price, 10 000 yuan)	22508	149161	84378
农林牧渔业总产值指数(上年=100,%)	Indices of Gross Output Value of Farming, Forestry, Animal Husbandry and Fishery (preceding year = 100, %)	109.99	106.93	104.63
农业机械总动力(万千瓦)	Total Agricultural Machinery Power (10 000 kw)	12.5	20.7	14.3
化肥施用折纯量(吨)	Consumption of Chemical Fertilizers (convert to pure amount) (ton)	5358	23673	7895
农村用电量(万千瓦时)	Electricity Consumed in Rural Areas (10 000 kwh)	1614.8	6452	2310.3
有效灌溉面积(公顷)	Irrigated Area (hectare)	5050	26470	11860
农作物总播种面积(公顷)	Total Sown Area of Major Farm Crops (hectare)	34430	117574	47588
#粮食作物	Grain Crops	23571	57044	29971
粮食产量(吨)	Yield of Grain (ton)	80032	302245	147733
油料产量(吨)	Yield of Oil - bearing Crops(ton)	1771	16784	2191
糖料产量(吨)	Yield of Sugar Crops (ton)	33241	83537	8095
水果产量(吨)	Yield of Fruit (ton)	5299	62946	31713
肉类产量(吨)	Output of Meat (ton)	9719	80342	62309
奶类产量(吨)	Output of Milk (ton)	0	228	70
蔬菜产量(吨)	Yield of Vegetables (ton)	34946	1003261	153816
水产品产量(吨)	Aquatic Products (ton)	1410	21000	13670
全部工业总产值(当年价)(万元)	All Included Gross Industrial Output Value (at current price) (10 000 yuan)	78441	516921	74518
全部工业总产值指数(上年=100)	Indices of All Included Gross Industrial Output Value (preceding year = 100)	122.6	105.0	117.6

指　　标	Item	隆林各族自治县 Longlin County	八步区 Babu District	昭平县 Zhaoping County
规模以上工业企业数(个)	Number of Industrial Enterprises above Designated Size (unit)	12	43	10
#内资企业	Domestic Funded Enterprises	12	38	9
规模工业企业总产值(当年价)(万元)	Gross Industrial Output Value above Designated Size (at current price) (10 000 yuan)	59678	145184	21577
内资企业	Domestic Funded Enterprises	59678	140854	20953
国有	State - owned	52194	36583	3835
集体	Collective - owned	0	13554	0
股份合作企业	Cooperative Enterprises	0	3088.2	0
联营企业	Joint Ownership Enterprises	0	0	0
有限责任公司	Limited Liability Corporations	0	33269	4333
股份有限公司	Share Holding Enterprises	0	36281	8652
私营企业	Private Enterprises	7484	18080	4132
其他企业	Other Enterprises	0	0	0
港澳台投资企业	Enterprises with Funds from Hong Kong, Macao and Taiwan	0	2105	624
外商投资企业	Foreign Funded Enterprises	0	2224	0
工业企业增加值(万元)	Value - added of Industrial Enterprises (10 000 yuan)	15377	53824	11612
工业企业资产总计(万元)	Total Assets of Industrial Enterprises (10 000 yuan)	95063	408928	50417
工业企业负债合计(万元)	Total Liabilities of Industrial Enterprises (10 000 yuan)	54153	212789	43955
工业企业税金总额(万元)	Total Tax of Industrial Enterprises (10 000 yuan)	3371	13596	2151
工业企业产品销售收入(万元)	Sales Revenue of Industrial Enterprises (10 000 yuan)	60758	164884	24472
流动资产年平均余额（万元）	Annual Average Balance of Circulating Funds (10 000 yuan)	26917	116891	25097
固定资产净值年平均余额（万元）	Annual Average Balance of Net Value of Fixed Assets (10 000 yuan)	38263	147969	24237
利润总额（万元）	Total Profits (10 000 yuan)	3637	10093	2047
规模以下工业:企业数（个）	Industries under Designated Size: Number of Enterprises (unit)	714	5376	2288
工业总产值（万元）	Gross Industrial Output Value (10 000 yuan)	18763	371737	52941
境内公路里程（公里）	Length of Domestic Highways (km)	738	798	665
境内铁路里程（公里）	Length of Domestic Railways (km)	0	0	0
民用汽车拥有量（辆）	Number of Civil Motor Vehicles Owned (unit)	0	9234	1033
#载客汽车	Number of Buses and Cars	0	7554	137

23—1 续表 83 continued

指　　　标	Item	隆林各族自治县 Longlin County	八步区 Babu District	昭平县 Zhaoping County
私人汽车	Number of Private - owned Motor Vehicles	0	4896	548
邮电业务总量（万元）	Business Volume Post and Telecommunication Services（10 000 yuan）	4042.8	15759	4661
本地电话用户（户）	Number of Subscribers of Local Telephone（subscriber）	27153	96930	36504
#农话	Rural	9554	35430	18836
年末移动用户（户）	Number of Mobile Telephone Subscribers at Year - end（subscriber）	17478	98744	19463
互联网上网用户（户）	Number of Subscribers of Internet Services（subscriber）	2360	5063	1774
社会消费品零售总额（万元）	Total Retail Sale of Consumer Goods（10 000 yuan）	20693	113781	37220
城镇在岗职工年平均人数（人）	Annual Average Number of Urban Working Staff and Workers（person）	12391	36793	15395
在岗职工工资总额（万元）	Total Wages of Working Staff and Workers（10 000 yuan）	13711.9	42058	13412
农民人均纯收入（元）	Annual Per Capita Disposable Income of Rural Residents（yuan）	1237	2047	1733
农民人均住房面积（平方米）	Per Capita Living Space in Rural Areas（sq. m）	24	27	20
社会福利院（个）	Social Welfare Homes（unit）	7	8	7
社会福利院床位数（张）	Number of Beds in Social Welfare Homes（unit）	104	346	76
参加基本养老保险的职工数（人）	Number of Employee Joining Basic Endowment Insurance（person）	3236	15447	5391
参加基本医疗保险的职工数（人）	Number of Employee Joining Basic Health Care Insurance（person）	8929	18169	10724
普通中学（所）	Regular Secondary Schools（unit）	24	60	21
小学（所）	Primary Schools（unit）	194	303	150
普通中学专任教师（人）	Full - time Teachers in Regular Secondary Schools（person）	726	2949	1176
小学专任教师（人）	Full - time Teachers in Primary Schools（person）	1333	3932	2340
普通中学在校生（人）	Student Enrollment in Regular Secondary Schools（person）	19893	60646	24808
小学在校生（人）	Primary Student Enrollment（person）	40692	124185	56266
医院卫生院数（所）	Number of Hospitals（unit）	23	25	18
医院卫生院床位数（张）	Number of Beds in Hospitals（unit）	367	1041	357
卫生技术人员（人）	Medical and Technical Personnel（person）	295	1296	560
#医生	Doctors	134	536	263

指 标	Item	钟山县 Zhongshan County	富川瑶族自治县 Fuchuan County	金城江区 Jinchengjiang District
行政区域土地面积(平方公里)	Administrative Region Land Area (sq. km)	1858	1573	2340
年末总人口(万人)	Total Population at Year - end (10 000 persons)	47.2	30	30.9
#乡村人口	Rural Population	42.3	25.8	20.4
出生人口(人)	Birth (person)	3830	3904	2736
死亡人口(人)	Death (person)	1144	996	1323
年末总户数(户)	Total Households at Year - end (household)	99707	73366	83689
#乡村户数	Rural Households	84900	59400	52600
全社会从业人员(人)	Total Employed Persons (person)	215099	151712	155115
第一产业	Primary Industry	169875	111543	86949
第二产业	Secondary Industry	16557	8829	22556
#工业	Industry	10929	3329	20415
第三产业	Tertiary Industry	28667	31340	45610
年末职工人数(人)	Number of Staff and Workers at Year - end (person)	12251	13091	38748
#在岗职工	Working Staff and Workers	11783	11911	34441
城镇登记失业人数(人)	Number of Registered Unemployed Persons in Urban Areas (person)	595	1530	3866
地区生产总值(当年价)(万元)	Gross Domestic Product (at current price) (10 000 yuan)	241409	131750	232651
第一产业	Primary Industry	92176	55757	36709
第二产业	Secondary Industry	107068	37294	75482
#工业	Industry	91473	31506	55101
第三产业	Tertiary Industry	42165	38699	120461
人均地区生产总值(元)	Per Capital GDP (yuan)	5124	4445	7488
地区生产总值指数(上年=100)	Indices of Gross Domestic Product (preceding year = 100)	109.0	105.1	101.2
第一产业	Primary Industry	104.6	101.6	100.7
第二产业	Secondary Industry	114.9	116.5	101.1
#工业	Industry	109.4	113.5	98.0
第三产业	Tertiary Industry	105.8	100.7	101.5
人均地区生产总值指数(上年=100)	Index of Per Capital GDP (preceding year = 100)	108.7	103.4	101.7
财政收入(万元)	Government Revenue (10 000 yuan)	8434	6140	10059
#一般预算收入	Budgetary Revenue of Local Government	5260	4507	6672
财政支出(万元)	Government Expenditure (10 000 yuan)	21957	19476	19271
金融机构存款余额(万元)	Deposits of Financial Institutions (10 000 yuan)	130083	84621	431109
#城乡居民储蓄存款	Urban and Rural Savings Deposits	94794	65574	279357

23—1 续表 85 continued

指标	Item	钟山县 Zhongshan County	富川瑶族自治县 Fuchuan County	金城江区 Jinchengjiang District
金融机构贷款余额(万元)	Loans of Financial Institutions (10 000 yuan)	55863	47291	276788
全社会固定资产投资(万元)	Total Investment in Fixed Assets(10 000 yuan)	50556	29762	81395
基本建设投资	Investment in Capital Construction	26006	17522	45279
更新改造投资	Investment in Innovation	2595	2284	15205
房地产开发	Real Estate Development	325	1100	6127
其他投资	Other Investment	21630	8856	14784
乡村从业人员(人)	Number of Rural Laborers (person)	211500	139400	119700
#农林牧渔业	Farming, Forestry, Animal Husbandry & Fishery	157900	110300	86300
年末实有耕地(公顷)	Cultivated Area at Year - end (hectare)	22818	16800	14214
#水田	Paddy Fields	15927	12161	9430
农林牧渔业总产值(当年价,万元)	Gross Output Value of Farming, Forestry, Animal Husbandry and Fishery (at current price,10 000 yuan)	84116	51900	35480
农林牧渔业总产值指数(上年=100,%)	Indices of Gross Output Value of Farming, Forestry, Animal Husbandry and Fishery (preceding year = 100, %)	104.51	101.98	103.26
农业机械总动力(万千瓦)	Total Agricultural Machinery Power (10 000 kw)	11.5	6.5	15.4
化肥施用折纯量(吨)	Consumption of Chemical Fertilizers (convert to pure amount) (ton)	11538	9457	5854
农村用电量(万千瓦时)	Electricity Consumed in Rural Areas (10 000 kwh)	2449	1697.4	2013
有效灌溉面积(公顷)	Irrigated Area (hectare)	14410	13010	7820
农作物总播种面积(公顷)	Total Sown Area of Major Farm Crops (hectare)	56457	60578	35947
#粮食作物	Grain Crops	35580	29074	21810
粮食产量(吨)	Yield of Grain (ton)	185480	117518	77190
油料产量(吨)	Yield of Oil - bearing Crops(ton)	5615	14655	1272
糖料产量(吨)	Yield of Sugar Crops (ton)	10905	3014	98716
水果产量(吨)	Yield of Fruit (ton)	39739	36203	15843
肉类产量(吨)	Output of Meat (ton)	69505	44597	30122
奶类产量(吨)	Output of Milk (ton)	55	40	0
蔬菜产量(吨)	Yield of Vegetables (ton)	257489	178738	113725
水产品产量(吨)	Aquatic Products (ton)	15058	6008	4633
全部工业总产值(当年价)(万元)	All Included Gross Industrial Output Value (at current price) (10 000 yuan)	307273	66056	183091
全部工业总产值指数(上年=100)	Indices of All Included Gross Industrial Output Value (preceding year = 100)	113.6	113.9	92.0

23—1 续表 86 continued

指　　标	Item	钟山县 Zhongshan County	富川瑶族自治县 Fuchuan County	金城江区 Jinchengjiang District
规模以上工业企业数(个)	Number of Industrial Enterprises above Designated Size (unit)	18	14	28
#内资企业	Domestic Funded Enterprises	17	12	28
规模工业企业总产值(当年价)(万元)	Gross Industrial Output Value above Designated Size (at current price) (10 000 yuan)	27667	18156	163007
内资企业	Domestic Funded Enterprises	26661	9244	163007
国有	State - owned	7744	1991	108738
集体	Collective - owned	895	0	1182
股份合作企业	Cooperative Enterprises	0	0	0
联营企业	Joint Ownership Enterprises	0	0	0
有限责任公司	Limited Liability Corporations	4232	3701	1003
股份有限公司	Share Holding Enterprises	2591	703	1539
私营企业	Private Enterprises	11200	2850	50545
其他企业	Other Enterprises	0	0	0
港澳台投资企业	Enterprises with Funds from Hong Kong, Macao and Taiwan	1006	2272	0
外商投资企业	Foreign Funded Enterprises	0	6640	0
工业企业增加值(万元)	Value - added of Industrial Enterprises (10 000 yuan)	7754	7412	51348
工业企业资产总计(万元)	Total Assets of Industrial Enterprises (10 000 yuan)	36141	34895	477310
工业企业负债合计(万元)	Total Liabilities of Industrial Enterprises (10 000 yuan)	19620	14909	366490
工业企业税金总额(万元)	Total Tax of Industrial Enterprises (10 000 yuan)	1262	981	0
工业企业产品销售收入(万元)	Sales Revenue of Industrial Enterprises (10 000 yuan)	26887	18713	164771
流动资产年平均余额(万元)	Annual Average Balance of Circulating Funds (10 000 yuan)	11150	8556	140842
固定资产净值年平均余额(万元)	Annual Average Balance of Net Value of Fixed Assets (10 000 yuan)	16552	17000	256403
利润总额(万元)	Total Profits (10 000 yuan)	646	324	-568
规模以下工业:企业数(个)	Industries under Designated Size: Number of Enterprises (unit)	4765	2219	750
工业总产值(万元)	Gross Industrial Output Value (10 000 yuan)	279606	47900	210435
境内公路里程(公里)	Length of Domestic Highways (km)	600	574	493
境内铁路里程(公里)	Length of Domestic Railways (km)	0	0	109
民用汽车拥有量(辆)	Number of Civil Motor Vehicles Owned (unit)	1678	909	6246
#载客汽车	Number of Buses and Cars	1141	586	4226

指　　标	Item	钟山县 Zhongshan County	富川瑶族自治县 Fuchuan County	金城江区 Jinchengjiang District
私人汽车	Number of Private - owned Motor Vehicles	705	484	1735
邮电业务总量（万元）	Business Volume Post and Telecommunication Services (10 000 yuan)	5214	3347	15135
本地电话用户（户）	Number of Subscribers of Local Telephone (subscriber)	37028	28370	87211
#农话	Rural	18207	12350	12110
年末移动用户（户）	Number of Mobile Telephone Subscribers at Year - end(subscriber)	42135	8600	63148
互联网上网用户（户）	Number of Subscribers of Internet Services (subscriber)	2372	1755	32147
社会消费品零售总额（万元）	Total Retail Sale of Consumer Goods (10 000 yuan)	46886	30052	89747
城镇在岗职工年平均人数（人）	Annual Average Number of Urban Working Staff and Workers (person)	12281	11943	34441
在岗职工工资总额（万元）	Total Wages of Working Staff and Workers (10 000 yuan)	13407	11879	46995
农民人均纯收入（元）	Annual Per Capita Disposable Income of Rural Residents (yuan)	1915	1584	1551
农民人均住房面积（平方米）	Per Capita Living Space in Rural Areas (sq. m)	23	24	24
社会福利院（个）	Social Welfare Homes (unit)	13	5	11
社会福利院床位数（张）	Number of Beds in Social Welfare Homes (unit)	425	92	409
参加基本养老保险的职工数（人）	Number of Employee Joining Basic Endowment Insurance (person)	16119	13081	35590
参加基本医疗保险的职工数（人）	Number of Employee Joining Basic Health Care Insurance (person)	12493	8454	45612
普通中学（所）	Regular Secondary Schools (unit)	26	20	24
小学（所）	Primary Schools (unit)	160	195	137
普通中学专任教师（人）	Full - time Teachers in Regular Secondary Schools (person)	1064	1088	1445
小学专任教师（人）	Full - time Teachers in Primary Schools (person)	1975	1902	1874
普通中学在校生（人）	Student Enrollment in Regular Secondary Schools (person)	25661	19923	23975
小学在校生（人）	Primary Student Enrollment (person)	67290	39596	23843
医院卫生院数（所）	Number of Hospitals (unit)	21	14	22
医院卫生院床位数（张）	Number of Beds in Hospitals (unit)	571	382	1268
卫生技术人员（人）	Medical and Technical Personnel (person)	588	584	1297
#医生	Doctors	245	220	499

23—1 续表 88 continued

指　　标	Item	南丹县 Nandan County	天峨县 Tian'e County	凤山县 Fengshan County
行政区域土地面积(平方公里)	Administrative Region Land Area (sq. km)	3916	3196	1738
年末总人口(万人)	Total Population at Year - end (10 000 persons)	28.3	14.4	19
#乡村人口	Rural Population	22.9	13	17
出生人口(人)	Birth (person)	2543	1913	1812
死亡人口(人)	Death (person)	1278	874	763
年末总户数(户)	Total Households at Year - end (household)	78682	36138	42604
#乡村户数	Rural Households	55600	29900	37000
全社会从业人员(人)	Total Employed Persons (person)	139302	71920	80211
第一产业	Primary Industry	107391	54311	63596
第二产业	Secondary Industry	12363	5850	6828
#工业	Industry	11554	1340	3762
第三产业	Tertiary Industry	19548	11759	9787
年末职工人数(人)	Number of Staff and Workers at Year - end (person)	15355	6790	9723
#在岗职工	Working Staff and Workers	14659	6409	8893
城镇登记失业人数(人)	Number of Registered Unemployed Persons in Urban Areas (person)	1623	780	587
地区生产总值(当年价)(万元)	Gross Domestic Product (at current price) (10 000 yuan)	147208	82028	40364
第一产业	Primary Industry	51386	18464	15248
第二产业	Secondary Industry	47432	41515	8191
#工业	Industry	31052	2102	2411
第三产业	Tertiary Industry	48390	22049	16925
人均地区生产总值(元)	Per Capital GDP (yuan)	5211	5704	2132
地区生产总值指数(上年=100)	Indices of Gross Domestic Product (preceding year = 100)	113.1	112.5	111.0
第一产业	Primary Industry	113.0	103.7	103.1
第二产业	Secondary Industry	122.8	120.6	155.0
#工业	Industry	140.2	82.1	116.2
第三产业	Tertiary Industry	105.9	108.0	105.3
人均地区生产总值指数(上年=100)	Index of Per Capital GDP (preceding year = 100)	113.1	111.8	110.1
财政收入(万元)	Government Revenue (10 000 yuan)	24527	7571	2338
#一般预算收入	Budgetary Revenue of Local Government	13238	5985	1903
财政支出(万元)	Government Expenditure (10 000 yuan)	23423	13872	10966
金融机构存款余额(万元)	Deposits of Financial Institutions (10 000 yuan)	180668	69238	37647
#城乡居民储蓄存款	Urban and Rural Savings Deposits	149593	34285	19431

指　　标	Item	南丹县 Nandan County	天峨县 Tian'e County	凤山县 Fengshan County
金融机构贷款余额(万元)	Loans of Financial Institutions (10 000 yuan)	74192	76786	24039
全社会固定资产投资(万元)	Total Investment in Fixed Assets(10 000 yuan)	43247	199420	20980
基本建设投资	Investment in Capital Construction	14662	194548	17895
更新改造投资	Investment in Innovation	16982	804	0
房地产开发	Real Estate Development	0	0	0
其他投资	Other Investment	11603	4068	3085
乡村从业人员(人)	Number of Rural Laborers (person)	124900	64500	82500
#农林牧渔业	Farming, Forestry, Animal Husbandry & Fishery	106500	54100	63600
年末实有耕地(公顷)	Cultivated Area at Year - end (hectare)	16425	13854	6782
#水田	Paddy Fields	8760	3567	3187
农林牧渔业总产值(当年价,万元)	Gross Output Value of Farming, Forestry, Animal Husbandry and Fishery (at current price,10 000 yuan)	34265	19427	18147
农林牧渔业总产值指数(上年=100,%)	Indices of Gross Output Value of Farming, Forestry, Animal Husbandry and Fishery (preceding year = 100, %)	111.47	104.77	102.69
农业机械总动力(万千瓦)	Total Agricultural Machinery Power (10 000 kw)	8.8	10.7	8.7
化肥施用折纯量(吨)	Consumption of Chemical Fertilizers (convert to pure amount) (ton)	4690	1359	1434
农村用电量(万千瓦时)	Electricity Consumed in Rural Areas (10 000 kwh)	2155	453.1	358.9
有效灌溉面积(公顷)	Irrigated Area (hectare)	5590	3217	5010
农作物总播种面积(公顷)	Total Sown Area of Major Farm Crops (hectare)	34664	27498	29711
#粮食作物	Grain Crops	20680	17449	18620
粮食产量(吨)	Yield of Grain (ton)	82549	46117	37104
油料产量(吨)	Yield of Oil - bearing Crops(ton)	1624	263	243
糖料产量(吨)	Yield of Sugar Crops (ton)	163	7137	45
水果产量(吨)	Yield of Fruit (ton)	14295	5282	3913
肉类产量(吨)	Output of Meat (ton)	18975	10034	9108
奶类产量(吨)	Output of Milk (ton)	52	0	0
蔬菜产量(吨)	Yield of Vegetables (ton)	75715	30417	22330
水产品产量(吨)	Aquatic Products (ton)	969	439	255
全部工业总产值(当年价)(万元)	All Included Gross Industrial Output Value (at current price) (10 000 yuan)	94075	10793	11505
全部工业总产值指数(上年=100)	Indices of All Included Gross Industrial Output Value (preceding year = 100)	172.7	94.7	112.1

23—1 续表 90 continued

指标	Item	南丹县 Nandan County	天峨县 Tian'e County	凤山县 Fengshan County
规模以上工业企业数(个)	Number of Industrial Enterprises above Designated Size (unit)	15	9	9
#内资企业	Domestic Funded Enterprises	15	9	9
规模工业企业总产值(当年价)(万元)	Gross Industrial Output Value above Designated Size (at current price) (10 000 yuan)	62304	3471	4239
内资企业	Domestic Funded Enterprises	56382	3471	4239
国有	State - owned	18895	3471	4239
集体	Collective - owned	5009	0	0
股份合作企业	Cooperative Enterprises	0	0	0
联营企业	Joint Ownership Enterprises	0	0	0
有限责任公司	Limited Liability Corporations	11396	0	0
股份有限公司	Share Holding Enterprises	0	0	0
私营企业	Private Enterprises	21083	0	0
其他企业	Other Enterprises	0	0	0
港澳台投资企业	Enterprises with Funds from Hong Kong, Macao and Taiwan	5922	0	0
外商投资企业	Foreign Funded Enterprises	0	0	0
工业企业增加值(万元)	Value - added of Industrial Enterprises (10 000 yuan)	20770	1174	1343
工业企业资产总计(万元)	Total Assets of Industrial Enterprises (10 000 yuan)	45414	8955	7641
工业企业负债合计(万元)	Total Liabilities of Industrial Enterprises (10 000 yuan)	84234	6006	4421
工业企业税金总额(万元)	Total Tax of Industrial Enterprises (10 000 yuan)	907	4	11
工业企业产品销售收入(万元)	Sales Revenue of Industrial Enterprises (10 000 yuan)	54405	1548	2266
流动资产年平均余额(万元)	Annual Average Balance of Circulating Funds (10 000 yuan)	42904	2482	1054
固定资产净值年平均余额(万元)	Annual Average Balance of Net Value of Fixed Assets (10 000 yuan)	55185	6006	5944
利润总额(万元)	Total Profits (10 000 yuan)	535	-235	-157
规模以下工业:企业数(个)	Industries under Designated Size: Number of Enterprises (unit)	382	150	532
工业总产值(万元)	Gross Industrial Output Value (10 000 yuan)	31771	7322	7287
境内公路里程(公里)	Length of Domestic Highways (km)	561	587	475
境内铁路里程(公里)	Length of Domestic Railways (km)	78	0	0
民用汽车拥有量(辆)	Number of Civil Motor Vehicles Owned (unit)	4045	671	472
#载客汽车	Number of Buses and Cars	2491	466	357

23—1 续表 91 continued

指　　标	Item	南丹县 Nandan County	天峨县 Tian'e County	凤山县 Fengshan County
私人汽车	Number of Private - owned Motor Vehicles	2665	218	169
邮电业务总量（万元）	Business Volume Post and Telecommunication Services (10 000 yuan)	9143	2950	1153
本地电话用户（户）	Number of Subscribers of Local Telephone (subscriber)	44765	18961	10961
#农话	Rural	19907	4105	4975
年末移动用户（户）	Number of Mobile Telephone Subscribers at Year - end(subscriber)	31356	12025	8100
互联网上网用户（户）	Number of Subscribers of Internet Services (subscriber)	3012	1004	653
社会消费品零售总额（万元）	Total Retail Sale of Consumer Goods (10 000 yuan)	57668	20819	16562
城镇在岗职工年平均人数（人）	Annual Average Number of Urban Working Staff and Workers (person)	14529	6469	8887
在岗职工工资总额（万元）	Total Wages of Working Staff and Workers (10 000 yuan)	17877	6690.6	7859
农民人均纯收入（元）	Annual Per Capita Disposable Income of Rural Residents (yuan)	1890	1358	1147
农民人均住房面积（平方米）	Per Capita Living Space in Rural Areas (sq. m)	23	29	23
社会福利院（个）	Social Welfare Homes (unit)	12	3	3
社会福利院床位数（张）	Number of Beds in Social Welfare Homes (unit)	290	37	35
参加基本养老保险的职工数（人）	Number of Employee Joining Basic Endowment Insurance (person)	4207	2832	5671
参加基本医疗保险的职工数（人）	Number of Employee Joining Basic Health Care Insurance (person)	17950	5198	6372
普通中学（所）	Regular Secondary Schools (unit)	22	13	16
小学（所）	Primary Schools (unit)	149	93	108
普通中学专任教师（人）	Full - time Teachers in Regular Secondary Schools (person)	872	293	437
小学专任教师（人）	Full - time Teachers in Primary Schools (person)	1738	902	1098
普通中学在校生（人）	Student Enrollment in Regular Secondary Schools (person)	16904	5699	9474
小学在校生（人）	Primary Student Enrollment (person)	30597	17462	23284
医院卫生院数（所）	Number of Hospitals (unit)	16	12	12
医院卫生院床位数（张）	Number of Beds in Hospitals (unit)	608	239	246
卫生技术人员（人）	Medical and Technical Personnel (person)	602	247	260
#医生	Doctors	262	126	130

23—1 续表 92 continued

指　　标	Item	东兰县 Donglan County	罗城仫佬族自治县 Luocheng County	环江毛南族自治县 Huanjiang County
行政区域土地面积(平方公里)	Administrative Region Land Area (sq. km)	2414	2658	4553
年末总人口(万人)	Total Population at Year - end (10 000 persons)	28	36	36.7
#乡村人口	Rural Population	26.1	31.9	33.2
出生人口(人)	Birth (person)	3411	3924	3296
死亡人口(人)	Death(person)	1721	1195	1343
年末总户数(户)	Total Households at Year - end(household)	66591	91787	97553
#乡村户数	Rural Households	60200	76300	80700
全社会从业人员(人)	Total Employed Persons(person)	136125	187023	179401
第一产业	Primary Industry	116854	120222	126607
第二产业	Secondary Industry	6261	9852	12480
#工业	Industry	3161	6240	4961
第三产业	Tertiary Industry	13010	56949	40314
年末职工人数(人)	Number of Staff and Workers at Year - end (person)	9485	15991	14056
#在岗职工	Working Staff and Workers	7799	14461	12545
城镇登记失业人数(人)	Number of Registered Unemployed Persons in Urban Areas (person)	1012	904	1499
地区生产总值(当年价)(万元)	Gross Domestic Product (at current price) (10 000 yuan)	57665	94312	106150
第一产业	Primary Industry	22373	38990	45229
第二产业	Secondary Industry	11580	19171	20748
#工业	Industry	2895	11841	11477
第三产业	Tertiary Industry	23712	36150	40173
人均地区生产总值(元)	Per Capital GDP (yuan)	2062	2625	2966
地区生产总值指数(上年=100)	Indices of Gross Domestic Product (preceding year=100)	112.8	103.4	110.9
第一产业	Primary Industry	98.6	107.8	108.9
第二产业	Secondary Industry	161.0	94.4	124.0
#工业	Industry	137.5	85.6	141.1
第三产业	Tertiary Industry	109.9	104.2	106.8
人均地区生产总值指数(上年=100)	Index of Per Capital GDP (preceding year=100)	112.5	102.9	107.7
财政收入(万元)	Government Revenue(10 000 yuan)	6486	7549	8724
#一般预算收入	Budgetary Revenue of Local Government	3220	5463	4998
财政支出(万元)	Government Expenditure (10 000 yuan)	14986	17813	17518
金融机构存款余额(万元)	Deposits of Financial Institutions (10 000 yuan)	52590	87764	96409
#城乡居民储蓄存款	Urban and Rural Savings Deposits	32550	69633	68623

指　　标	Item	东兰县 Donglan County	罗城仫佬族自治县 Luocheng County	环江毛南族自治县 Huanjiang County
金融机构贷款余额(万元)	Loans of Financial Institutions (10 000 yuan)	33812	44959	65214
全社会固定资产投资(万元)	Total Investment in Fixed Assets(10 000 yuan)	30562	37090	34599
基本建设投资	Investment in Capital Construction	21783	14159	32435
更新改造投资	Investment in Innovation	2261	2826	2164
房地产开发	Real Estate Development	0	0	0
其他投资	Other Investment	6518	20105	0
乡村从业人员(人)	Number of Rural Laborers (person)	133000	172900	166000
#农林牧渔业	Farming, Forestry, Animal Husbandry & Fishery	116800	119900	125700
年末实有耕地(公顷)	Cultivated Area at Year - end (hectare)	10617	20925	24057
#水田	Paddy Fields	5522	13442	16053
农林牧渔业总产值(当年价,万元)	Gross Output Value of Farming, Forestry, Animal Husbandry and Fishery (at current price,10 000 yuan)	20685	40086	49151
农林牧渔业总产值指数(上年=100,%)	Indices of Gross Output Value of Farming, Forestry, Animal Husbandry and Fishery (preceding year = 100, %)	99.17	106.32	109.6
农业机械总动力(万千瓦)	Total Agricultural Machinery Power (10 000 kw)	15.9	13.8	21.5
化肥施用折纯量(吨)	Consumption of Chemical Fertilizers (convert to pure amount) (ton)	2792	14195	8734
农村用电量(万千瓦时)	Electricity Consumed in Rural Areas (10 000 kwh)	1724	2564	1597
有效灌溉面积(公顷)	Irrigated Area (hectare)	4520	12150	11080
农作物总播种面积(公顷)	Total Sown Area of Major Farm Crops (hectare)	26409	55747	55752
#粮食作物	Grain Crops	17938	31307	30908
粮食产量(吨)	Yield of Grain (ton)	54058	120124	122072
油料产量(吨)	Yield of Oil - bearing Crops(ton)	72	5765	2347
糖料产量(吨)	Yield of Sugar Crops (ton)	3106	420560	213957
水果产量(吨)	Yield of Fruit (ton)	12964	12239	11272
肉类产量(吨)	Output of Meat (ton)	14447	22958	24596
奶类产量(吨)	Output of Milk (ton)	0	0	0
蔬菜产量(吨)	Yield of Vegetables (ton)	42045	53127	121325
水产品产量(吨)	Aquatic Products (ton)	1375	2504	2314
全部工业总产值(当年价)(万元)	All Included Gross Industrial Output Value (at current price) (10 000 yuan)	12447	6349	40498
全部工业总产值指数(上年=100)	Indices of All Included Gross Industrial Output Value (preceding year = 100)	136.4	101.0	143.5

指　　标	Item	东兰县 Donglan County	罗城仫佬族自治县 Luocheng County	环江毛南族自治县 Huanjiang County
规模以上工业企业数(个)	Number of Industrial Enterprises above Designated Size (unit)	10	12	17
#内资企业	Domestic Funded Enterprises	10	12	17
规模工业企业总产值(当年价)(万元)	Gross Industrial Output Value above Designated Size (at current price) (10 000 yuan)	5431	22536	30028
内资企业	Domestic Funded Enterprises	5431	22536	30028
国有	State - owned	1134	9110	4499
集体	Collective - owned	0	748	2984
股份合作企业	Cooperative Enterprises	0	459	0
联营企业	Joint Ownership Enterprises	0	0	0
有限责任公司	Limited Liability Corporations	0	10676	13999
股份有限公司	Share Holding Enterprises	3179	0	558
私营企业	Private Enterprises	1118	1543	7988
其他企业	Other Enterprises	0	0	0
港澳台投资企业	Enterprises with Funds from Hong Kong, Macao and Taiwan	0	0	0
外商投资企业	Foreign Funded Enterprises	0	0	0
工业企业增加值(万元)	Value - added of Industrial Enterprises (10 000 yuan)	1334	6704	9452
工业企业资产总计(万元)	Total Assets of Industrial Enterprises (10 000 yuan)	11106	48150	60999
工业企业负债合计(万元)	Total Liabilities of Industrial Enterprises (10 000 yuan)	8606	30050	41743
工业企业税金总额(万元)	Total Tax of Industrial Enterprises (10 000 yuan)	474	405	2237
工业企业产品销售收入(万元)	Sales Revenue of Industrial Enterprises (10 000 yuan)	3821	20764	31274
流动资产年平均余额(万元)	Annual Average Balance of Circulating Funds (10 000 yuan)	4963	14466	17493
固定资产净值年平均余额(万元)	Annual Average Balance of Net Value of Fixed Assets (10 000 yuan)	3507	30050	30213
利润总额(万元)	Total Profits (10 000 yuan)	-26	-1375	-551
规模以下工业:企业数(个)	Industries under Designated Size: Number of Enterprises (unit)	936	2009	880
工业总产值(万元)	Gross Industrial Output Value (10 000 yuan)	7016	37896	10470
境内公路里程(公里)	Length of Domestic Highways (km)	619	413	579
境内铁路里程(公里)	Length of Domestic Railways (km)	0	43	102
民用汽车拥有量(辆)	Number of Civil Motor Vehicles Owned (unit)	744	1094	1790
#载客汽车	Number of Buses and Cars	602	569	1143

23—1 续表 95 continued

指标	Item	东兰县 Donglan County	罗城仫佬族自治县 Luocheng County	环江毛南族自治县 Huanjiang County
私人汽车	Number of Private - owned Motor Vehicles	273	900	926
邮电业务总量（万元）	Business Volume Post and Telecommunication Services (10 000 yuan)	1947	3000	3461
本地电话用户（户）	Number of Subscribers of Local Telephone (subscriber)	16788	31516	51347
#农话	Rural	8329	18208	21919
年末移动用户（户）	Number of Mobile Telephone Subscribers at Year - end(subscriber)	7800	12000	21769
互联网上网用户（户）	Number of Subscribers of Internet Services (subscriber)	858	1938	1942
社会消费品零售总额（万元）	Total Retail Sale of Consumer Goods (10 000 yuan)	23768	27362	44075
城镇在岗职工年平均人数（人）	Annual Average Number of Urban Working Staff and Workers (person)	7830	14490	10091
在岗职工工资总额（万元）	Total Wages of Working Staff and Workers (10 000 yuan)	8317.2	13261	10289.9
农民人均纯收入（元）	Annual Per Capita Disposable Income of Rural Residents (yuan)	1252	1099	1473
农民人均住房面积（平方米）	Per Capita Living Space in Rural Areas (sq. m)	24	22	26
社会福利院（个）	Social Welfare Homes (unit)	4	3	9
社会福利院床位数（张）	Number of Beds in Social Welfare Homes (unit)	133	37	206
参加基本养老保险的职工数（人）	Number of Employee Joining Basic Endowment Insurance (person)	2050	4871	5448
参加基本医疗保险的职工数（人）	Number of Employee Joining Basic Health Care Insurance (person)	7407	9095	13598
普通中学（所）	Regular Secondary Schools (unit)	14	20	27
小学（所）	Primary Schools (unit)	119	150	186
普通中学专任教师（人）	Full - time Teachers in Regular Secondary Schools (person)	569	938	1062
小学专任教师（人）	Full - time Teachers in Primary Schools (person)	1452	1684	2456
普通中学在校生（人）	Student Enrollment in Regular Secondary Schools (person)	14246	16472	20958
小学在校生（人）	Primary Student Enrollment (person)	26251	33192	34234
医院卫生院数（所）	Number of Hospitals (unit)	16	15	17
医院卫生院床位数（张）	Number of Beds in Hospitals (unit)	307	493	430
卫生技术人员（人）	Medical and Technical Personnel (person)	317	554	485
#医生	Doctors	135	272	236

23—1 续表 96 continued

指　　　　标	Item	巴马瑶族自治县 Bama County	都安瑶族自治县 Du'an County	大化瑶族自治县 Dahuan County
行政区域土地面积(平方公里)	Administrative Region Land Area (sq. km)	1971	4095	2716
年末总人口(万人)	Total Population at Year - end (10 000 persons)	24	61.1	41.2
#乡村人口	Rural Population	22.5	58.3	35.9
出生人口(人)	Birth (person)	3113	9428	5655
死亡人口(人)	Death(person)	1445	3325	1179
年末总户数(户)	Total Households at Year - end(household)	54996	146898	109837
#乡村户数	Rural Households	48800	132200	86100
全社会从业人员(人)	Total Employed Persons(person)	112285	274263	218920
第一产业	Primary Industry	81672	221173	133350
第二产业	Secondary Industry	10208	29354	16753
#工业	Industry	7536	8945	8260
第三产业	Tertiary Industry	20405	23736	68817
年末职工人数(人)	Number of Staff and Workers at Year - end (person)	10253	17583	14660
#在岗职工	Working Staff and Workers	9275	17034	12529
城镇登记失业人数(人)	Number of Registered Unemployed Persons in Urban Areas (person)	919	413	1475
地区生产总值(当年价)(万元)	Gross Domestic Product (at current price) (10 000 yuan)	63515	119543	151663
第一产业	Primary Industry	30729	40811	26598
第二产业	Secondary Industry	10959	29163	92282
#工业	Industry	4857	13504	87348
第三产业	Tertiary Industry	21826	49568	32783
人均地区生产总值(元)	Per Capital GDP (yuan)	2652	1934	3699
地区生产总值指数(上年=100)	Indices of Gross Domestic Product (preceding year=100)	109.1	97.4	96.8
第一产业	Primary Industry	102.4	103.8	94.8
第二产业	Secondary Industry	146.1	85.9	95.3
#工业	Industry	134.1	115.2	94.2
第三产业	Tertiary Industry	107.1	101.3	103.5
人均地区生产总值指数(上年=100)	Index of Per Capital GDP (preceding year=100)	108.7	98.5	96.6
财政收入(万元)	Government Revenue(10 000 yuan)	4936	10058	20615
#一般预算收入	Budgetary Revenue of Local Government	2947	5910	8817
财政支出(万元)	Government Expenditure (10 000 yuan)	13599	26226	21366
金融机构存款余额(万元)	Deposits of Financial Institutions (10 000 yuan)	41151	100754	76669
#城乡居民储蓄存款	Urban and Rural Savings Deposits	26474	74728	49848

23—1 续表 97 continued

指 标	Item	巴马瑶族自治县 Bama County	都安瑶族自治县 Du'an County	大化瑶族自治县 Dahuan County
金融机构贷款余额(万元)	Loans of Financial Institutions (10 000 yuan)	25200	43938	40830
全社会固定资产投资(万元)	Total Investment in Fixed Assets(10 000 yuan)	27882	49976	23698
基本建设投资	Investment in Capital Construction	17579	39513	11875
更新改造投资	Investment in Innovation	636	0	3097
房地产开发	Real Estate Development	0	0	0
其他投资	Other Investment	9667	10463	8726
乡村从业人员(人)	Number of Rural Laborers (person)	107400	314500	204200
#农林牧渔业	Farming, Forestry, Animal Husbandry & Fishery	81900	220700	132900
年末实有耕地(公顷)	Cultivated Area at Year－end (hectare)	8794	30542	14068
#水田	Paddy Fields	4076	6606	3537
农林牧渔业总产值(当年价,万元)	Gross Output Value of Farming, Forestry, Animal Husbandry and Fishery (at current price, 10 000 yuan)	29800	39677	24022
农林牧渔业总产值指数(上年=100,%)	Indices of Gross Output Value of Farming, Forestry, Animal Husbandry and Fishery (preceding year=100, %)	103.82	103.7	96.48
农业机械总动力(万千瓦)	Total Agricultural Machinery Power (10 000 kw)	5.7	19.5	9.9
化肥施用折纯量(吨)	Consumption of Chemical Fertilizers (convert to pure amount) (ton)	2556	7862	5715
农村用电量(万千瓦时)	Electricity Consumed in Rural Areas (10 000 kwh)	970	3316	2055
有效灌溉面积(公顷)	Irrigated Area (hectare)	3970	9370	4730
农作物总播种面积(公顷)	Total Sown Area of Major Farm Crops (hectare)	42285	70464	35002
#粮食作物	Grain Crops	21054	62520	28367
粮食产量(吨)	Yield of Grain (ton)	62927	130841	68702
油料产量(吨)	Yield of Oil－bearing Crops(ton)	872	244	381
糖料产量(吨)	Yield of Sugar Crops (ton)	75017	25632	5903
水果产量(吨)	Yield of Fruit (ton)	14254	12835	4183
肉类产量(吨)	Output of Meat (ton)	18350	38398	22391
奶类产量(吨)	Output of Milk (ton)	0	0	0
蔬菜产量(吨)	Yield of Vegetables (ton)	41213	43308	26509
水产品产量(吨)	Aquatic Products (ton)	2138	1167	5895
全部工业总产值(当年价)(万元)	All Included Gross Industrial Output Value (at current price) (10 000 yuan)	19170	44765	108554
全部工业总产值指数(上年=100)	Indices of All Included Gross Industrial Output Value (preceding year=100)	0	112.0	83.1

23—1 续表 98 continued

指标	Item	巴马瑶族自治县 Bama County	都安瑶族自治县 Du'an County	大化瑶族自治县 Dahuan County
规模以上工业企业数(个)	Number of Industrial Enterprises above Designated Size (unit)	7	20	12
#内资企业	Domestic Funded Enterprises	7	20	12
规模工业企业总产值(当年价)(万元)	Gross Industrial Output Value above Designated Size (at current price) (10 000 yuan)	8848	25480	92930
内资企业	Domestic Funded Enterprises	8848	25480	92930
国有	State - owned	0	5717	50936
集体	Collective - owned	864	512	1299
股份合作企业	Cooperative Enterprises	0	921	0
联营企业	Joint Ownership Enterprises	0	0	0
有限责任公司	Limited Liability Corporations	6454	0	1688
股份有限公司	Share Holding Enterprises	0	0	39007
私营企业	Private Enterprises	1530	18330	0
其他企业	Other Enterprises	0	0	0
港澳台投资企业	Enterprises with Funds from Hong Kong, Macao and Taiwan	0	0	0
外商投资企业	Foreign Funded Enterprises	0	0	0
工业企业增加值(万元)	Value - added of Industrial Enterprises (10 000 yuan)	3704	8030	80621
工业企业资产总计(万元)	Total Assets of Industrial Enterprises (10 000 yuan)	34377	36943	424311
工业企业负债合计(万元)	Total Liabilities of Industrial Enterprises (10 000 yuan)	18065	19693	395909
工业企业税金总额(万元)	Total Tax of Industrial Enterprises (10 000 yuan)	902	1220	18482
工业企业产品销售收入(万元)	Sales Revenue of Industrial Enterprises (10 000 yuan)	7681	25143	109687
流动资产年平均余额(万元)	Annual Average Balance of Circulating Funds (10 000 yuan)	9123	12317	42791
固定资产净值年平均余额(万元)	Annual Average Balance of Net Value of Fixed Assets (10 000 yuan)	18065	21118	368907
利润总额(万元)	Total Profits (10 000 yuan)	-140	196	33543
规模以下工业:企业数(个)	Industries under Designated Size: Number of Enterprises (unit)	788	901	1212
工业总产值(万元)	Gross Industrial Output Value (10 000 yuan)	10322	19285	15624
境内公路里程(公里)	Length of Domestic Highways (km)	513	767	504
境内铁路里程(公里)	Length of Domestic Railways (km)	0	0	0
民用汽车拥有量(辆)	Number of Civil Motor Vehicles Owned (unit)	514	1289	650
#载客汽车	Number of Buses and Cars	370	894	402

23—1 续表 99 continued

指 标	Item	巴马瑶族自治县 Bama County	都安瑶族自治县 Du'an County	大化瑶族自治县 Dahuan County
私人汽车	Number of Private - owned Motor Vehicles	120	812	383
邮电业务总量（万元）	Business Volume Post and Telecommunication Services (10 000 yuan)	974.6	2842	3716
本地电话用户（户）	Number of Subscribers of Local Telephone (subscriber)	16441	34223	25232
#农话	Rural	6614	16286	10579
年末移动用户（户）	Number of Mobile Telephone Subscribers at Year - end(subscriber)	9865	16405	17970
互联网上网用户（户）	Number of Subscribers of Internet Services (subscriber)	947	3268	1576
社会消费品零售总额（万元）	Total Retail Sale of Consumer Goods (10 000 yuan)	30815	40214	27155
城镇在岗职工年平均人数（人）	Annual Average Number of Urban Working Staff and Workers (person)	6990	17078	12583
在岗职工工资总额（万元）	Total Wages of Working Staff and Workers (10 000 yuan)	6538	9009	15244
农民人均纯收入（元）	Annual Per Capita Disposable Income of Rural Residents (yuan)	1328	1325	1397
农民人均住房面积（平方米）	Per Capita Living Space in Rural Areas (sq. m)	24	27	24
社会福利院（个）	Social Welfare Homes (unit)	6	8	11
社会福利院床位数（张）	Number of Beds in Social Welfare Homes (unit)	124	160	194
参加基本养老保险的职工数（人）	Number of Employee Joining Basic Endowment Insurance (person)	8216	18407	2370
参加基本医疗保险的职工数（人）	Number of Employee Joining Basic Health Care Insurance (person)	6500	13320	9329
普通中学（所）	Regular Secondary Schools (unit)	19	42	28
小学（所）	Primary Schools (unit)	118	249	180
普通中学专任教师（人）	Full - time Teachers in Regular Secondary Schools (person)	525	1569	1289
小学专任教师（人）	Full - time Teachers in Primary Schools (person)	1294	3057	1945
普通中学在校生（人）	Student Enrollment in Regular Secondary Schools (person)	11094	36837	24796
小学在校生（人）	Primary Student Enrollment (person)	27927	71466	41610
医院卫生院数（所）	Number of Hospitals (unit)	14	23	21
医院卫生院床位数（张）	Number of Beds in Hospitals (unit)	307	641	390
卫生技术人员（人）	Medical and Technical Personnel (person)	306	635	425
#医生	Doctors	134	311	220

23—1 续表 100 continued

指 标	Item	宜州市 Yizhou City	兴宾区 Xingbin District	忻城县 Xincheng County
行政区域土地面积(平方公里)	Administrative Region Land Area (sq. km)	3869	4364	2541
年末总人口(万人)	Total Population at Year - end (10 000 persons)	61.4	99.2	39.7
#乡村人口	Rural Population	52.7	87.6	37.6
出生人口(人)	Birth (person)	5180	10984	5466
死亡人口(人)	Death(person)	1800	2918	3736
年末总户数(户)	Total Households at Year - end(household)	166334	229703	113525
#乡村户数	Rural Households	131600	176000	86500
全社会从业人员(人)	Total Employed Persons(person)	313326	493405	234036
第一产业	Primary Industry	223431	360512	157148
第二产业	Secondary Industry	36317	31998	13805
#工业	Industry	23574	19610	5239
第三产业	Tertiary Industry	53578	100895	63083
年末职工人数(人)	Number of Staff and Workers at Year - end (person)	31371	48928	13059
#在岗职工	Working Staff and Workers	27271	45935	11862
城镇登记失业人数(人)	Number of Registered Unemployed Persons in Urban Areas (person)	1922	1882	619
地区生产总值(当年价)(万元)	Gross Domestic Product (at current price) (10 000 yuan)	292683	582577	146314
第一产业	Primary Industry	121680	211101	73890
第二产业	Secondary Industry	73189	245815	41073
#工业	Industry	58920	234006	24412
第三产业	Tertiary Industry	97814	125661	31351
人均地区生产总值(元)	Per Capital GDP (yuan)	4781	5947	3677
地区生产总值指数(上年=100)	Indices of Gross Domestic Product (preceding year=100)	110.5	109.4	108.8
第一产业	Primary Industry	108.6	109.5	108.0
第二产业	Secondary Industry	116.5	103.6	110.4
#工业	Industry	110.2	105.6	111.9
第三产业	Tertiary Industry	108.8	123.1	109.0
人均地区生产总值指数(上年=100)	Index of Per Capital GDP (preceding year=100)	110.0	107.1	109.0
财政收入(万元)	Government Revenue(10 000 yuan)	30830	13018	8258
#一般预算收入	Budgetary Revenue of Local Government	20899	9979	5523
财政支出(万元)	Government Expenditure (10 000 yuan)	30519	33393	17646
金融机构存款余额(万元)	Deposits of Financial Institutions (10 000 yuan)	225602	294804	81043
#城乡居民储蓄存款	Urban and Rural Savings Deposits	169981	171179	53990

指　　标	Item	宜州市 Yizhou City	兴宾区 Xingbin District	忻城县 Xincheng County
金融机构贷款余额(万元)	Loans of Financial Institutions (10 000 yuan)	125849	217372	64376
全社会固定资产投资(万元)	Total Investment in Fixed Assets(10 000 yuan)	59276	66575	79210
基本建设投资	Investment in Capital Construction	17054	25809	70958
更新改造投资	Investment in Innovation	6361	16795	919
房地产开发	Real Estate Development	3398	5053	109
其他投资	Other Investment	32463	18918	7224
乡村从业人员(人)	Number of Rural Laborers (person)	299700	427500	217200
#农林牧渔业	Farming, Forestry, Animal Husbandry & Fishery	223000	353700	156500
年末实有耕地(公顷)	Cultivated Area at Year – end (hectare)	42914	89510	29228
#水田	Paddy Fields	20861	37435	7419
农林牧渔业总产值(当年价,万元)	Gross Output Value of Farming, Forestry, Animal Husbandry and Fishery (at current price, 10 000 yuan)	126801	209162	64238
农林牧渔业总产值指数(上年=100,%)	Indices of Gross Output Value of Farming, Forestry, Animal Husbandry and Fishery (preceding year = 100, %)	105.5	111.21	109.31
农业机械总动力(万千瓦)	Total Agricultural Machinery Power (10 000 kw)	31	34.2	13.8
化肥施用折纯量(吨)	Consumption of Chemical Fertilizers (convert to pure amount) (ton)	32364	89030	18038
农村用电量(万千瓦时)	Electricity Consumed in Rural Areas (10 000 kwh)	3256.1	9589	2831
有效灌溉面积(公顷)	Irrigated Area (hectare)	19380	39400	12700
农作物总播种面积(公顷)	Total Sown Area of Major Farm Crops (hectare)	126783	226288	82709
#粮食作物	Grain Crops	64235	100675	48358
粮食产量(吨)	Yield of Grain (ton)	266134	369123	151796
油料产量(吨)	Yield of Oil – bearing Crops(ton)	12014	34892	3109
糖料产量(吨)	Yield of Sugar Crops (ton)	1725233	4528460	412632
水果产量(吨)	Yield of Fruit (ton)	45906	49470	15530
肉类产量(吨)	Output of Meat (ton)	50584	133222	36456
奶类产量(吨)	Output of Milk (ton)	0	435	16
蔬菜产量(吨)	Yield of Vegetables (ton)	275640	281214	232600
水产品产量(吨)	Aquatic Products (ton)	7180	17821	4410
全部工业总产值(当年价)(万元)	All Included Gross Industrial Output Value (at current price) (10 000 yuan)	204402	546653	61321
全部工业总产值指数(上年=100)	Indices of All Included Gross Industrial Output Value (preceding year = 100)	105.3	108.4	119.2

指　　标	Item	宜州市 Yizhou City	兴宾区 Xingbin District	忻城县 Xincheng County
规模以上工业企业数(个)	Number of Industrial Enterprises above Designated Size (unit)	28	19	11
#内资企业	Domestic Funded Enterprises	26	16	11
规模工业企业总产值(当年价)(万元)	Gross Industrial Output Value above Designated Size (at current price) (10 000 yuan)	161036	411348	25509
内资企业	Domestic Funded Enterprises	111344	226763	25509
国有	State - owned	17103	3200	3647
集体	Collective - owned	1793	0	0
股份合作企业	Cooperative Enterprises	1623	0	0
联营企业	Joint Ownership Enterprises	0	0	0
有限责任公司	Limited Liability Corporations	77786	175700	10184
股份有限公司	Share Holding Enterprises	0	45671	0
私营企业	Private Enterprises	13039	2192	11678
其他企业	Other Enterprises	0	0	0
港澳台投资企业	Enterprises with Funds from Hong Kong, Macao and Taiwan	0	0	0
外商投资企业	Foreign Funded Enterprises	49692	184586	0
工业企业增加值(万元)	Value - added of Industrial Enterprises (10 000 yuan)	45867	147482	11239
工业企业资产总计(万元)	Total Assets of Industrial Enterprises (10 000 yuan)	204973	878612	42810
工业企业负债合计(万元)	Total Liabilities of Industrial Enterprises (10 000 yuan)	69029	509114	25503
工业企业税金总额(万元)	Total Tax of Industrial Enterprises (10 000 yuan)	9231	2803	250
工业企业产品销售收入(万元)	Sales Revenue of Industrial Enterprises (10 000 yuan)	15617	415233	23017
流动资产年平均余额(万元)	Annual Average Balance of Circulating Funds (10 000 yuan)	80646	230023	17626
固定资产净值年平均余额(万元)	Annual Average Balance of Net Value of Fixed Assets (10 000 yuan)	95681	590682	20724
利润总额(万元)	Total Profits (10 000 yuan)	9175	51695	1819
规模以下工业:企业数(个)	Industries under Designated Size: Number of Enterprises (unit)	2067	5632	1360
工业总产值(万元)	Gross Industrial Output Value (10 000 yuan)	43366	135306	35812
境内公路里程(公里)	Length of Domestic Highways (km)	754	824	471
境内铁路里程(公里)	Length of Domestic Railways (km)	103	188	0
民用汽车拥有量(辆)	Number of Civil Motor Vehicles Owned (unit)	2886	4726	1043
#载客汽车	Number of Buses and Cars	1968	2838	517

指标	Item	宜州市 Yizhou City	兴宾区 Xingbin District	忻城县 Xincheng County
私人汽车	Number of Private - owned Motor Vehicles	1427	2175	887
邮电业务总量（万元）	Business Volume Post and Telecommunication Services (10 000 yuan)	9085	10980	3304
本地电话用户（户）	Number of Subscribers of Local Telephone (subscriber)	70274	94470	21480
#农话	Rural	31450	47367	13857
年末移动用户（户）	Number of Mobile Telephone Subscribers at Year - end (subscriber)	86226	84000	25462
互联网上网用户（户）	Number of Subscribers of Internet Services (subscriber)	4344	4287	1410
社会消费品零售总额（万元）	Total Retail Sale of Consumer Goods (10 000 yuan)	84258	105380	42317
城镇在岗职工年平均人数（人）	Annual Average Number of Urban Working Staff and Workers (person)	27263	37233	12255
在岗职工工资总额（万元）	Total Wages of Working Staff and Workers (10 000 yuan)	33141	42521	12162
农民人均纯收入（元）	Annual Per Capita Disposable Income of Rural Residents (yuan)	2158	2128	1590
农民人均住房面积（平方米）	Per Capita Living Space in Rural Areas (sq. m)	32	24	24
社会福利院（个）	Social Welfare Homes (unit)	5	24	13
社会福利院床位数（张）	Number of Beds in Social Welfare Homes (unit)	240	574	186
参加基本养老保险的职工数（人）	Number of Employee Joining Basic Endowment Insurance (person)	5751	5654	4265
参加基本医疗保险的职工数（人）	Number of Employee Joining Basic Health Care Insurance (person)	11288	25149	8443
普通中学（所）	Regular Secondary Schools (unit)	39	61	19
小学（所）	Primary Schools (unit)	215	267	130
普通中学专任教师（人）	Full - time Teachers in Regular Secondary Schools (person)	1729	2670	957
小学专任教师（人）	Full - time Teachers in Primary Schools (person)	2905	3643	1189
普通中学在校生（人）	Student Enrollment in Regular Secondary Schools (person)	32253	79854	24327
小学在校生（人）	Primary Student Enrollment (person)	43948	126070	31794
医院卫生院数（所）	Number of Hospitals (unit)	24	35	15
医院卫生院床位数（张）	Number of Beds in Hospitals (unit)	1046	1130	409
卫生技术人员（人）	Medical and Technical Personnel (person)	1159	1470	510
#医生	Doctors	455	613	203

23—1 续表 104 continued

指　　标	Item	象州县 Xiangzhou County	武宣县 Wuxuan County	金秀瑶族自治县 Jinxiu County
行政区域土地面积(平方公里)	Administrative Region Land Area (sq. km)	1898	1739	2518
年末总人口(万人)	Total Population at Year - end (10 000 persons)	34.9	41.6	14.8
#乡村人口	Rural Population	32.9	36.6	13.2
出生人口(人)	Birth (person)	7072	3924	1808
死亡人口(人)	Death(person)	3859	1135	1051
年末总户数(户)	Total Households at Year - end(household)	101423	98382	39128
#乡村户数	Rural Households	82100	81400	32900
全社会从业人员(人)	Total Employed Persons(person)	195310	250529	83270
第一产业	Primary Industry	132913	169465	56408
第二产业	Secondary Industry	12456	14068	3089
#工业	Industry	5635	7642	1478
第三产业	Tertiary Industry	49941	66996	23773
年末职工人数(人)	Number of Staff and Workers at Year - end (person)	12631	17885	5872
#在岗职工	Working Staff and Workers	12130	15727	5779
城镇登记失业人数(人)	Number of Registered Unemployed Persons in Urban Areas (person)	812	1264	219
地区生产总值(当年价)(万元)	Gross Domestic Product (at current price) (10 000 yuan)	166625	152000	49941
第一产业	Primary Industry	81442	85038	24104
第二产业	Secondary Industry	39114	25803	10975
#工业	Industry	35121	18455	7191
第三产业	Tertiary Industry	46069	41159	14862
人均地区生产总值(元)	Per Capital GDP (yuan)	4797	3671	3388
地区生产总值指数(上年=100)	Indices of Gross Domestic Product (preceding year = 100)	108.7	105.5	107.9
第一产业	Primary Industry	102.8	103.0	109.5
第二产业	Secondary Industry	121.4	111.7	106.3
#工业	Industry	122.3	110.1	108.0
第三产业	Tertiary Industry	109.9	109.5	106.0
人均地区生产总值指数(上年=100)	Index of Per Capital GDP (preceding year = 100)	108.1	104.2	107.2
财政收入(万元)	Government Revenue(10 000 yuan)	13012	10244	3554
#一般预算收入	Budgetary Revenue of Local Government	7570	6663	2401
财政支出(万元)	Government Expenditure (10 000 yuan)	16409	16768	12413
金融机构存款余额(万元)	Deposits of Financial Institutions (10 000 yuan)	97026	88592	52977
#城乡居民储蓄存款	Urban and Rural Savings Deposits	74620	70287	35939

23—1　续表 105 continued

指　　标	Item	象州县 Xiangzhou County	武宣县 Wuxuan County	金秀瑶族自治县 Jinxiu County
金融机构贷款余额(万元)	Loans of Financial Institutions (10 000 yuan)	47686	53442	30419
全社会固定资产投资(万元)	Total Investment in Fixed Assets(10 000 yuan)	28500	27035	14634
基本建设投资	Investment in Capital Construction	11079	6618	7017
更新改造投资	Investment in Innovation	4731	3161	978
房地产开发	Real Estate Development	0	4065	0
其他投资	Other Investment	12690	13191	6639
乡村从业人员(人)	Number of Rural Laborers (person)	172800	221100	71200
#农林牧渔业	Farming, Forestry, Animal Husbandry & Fishery	132300	166900	55800
年末实有耕地(公顷)	Cultivated Area at Year - end (hectare)	39226	34572	12267
#水田	Paddy Fields	20715	14014	5511
农林牧渔业总产值(当年价,万元)	Gross Output Value of Farming, Forestry, Animal Husbandry and Fishery (at current price,10 000 yuan)	82847	84649	21964
农林牧渔业总产值指数(上年=100,%)	Indices of Gross Output Value of Farming, Forestry, Animal Husbandry and Fishery (preceding year = 100, %)	104.12	103.84	107.68
农业机械总动力(万千瓦)	Total Agricultural Machinery Power (10 000 kw)	17.3	16.2	7.3
化肥施用折纯量(吨)	Consumption of Chemical Fertilizers (convert to pure amount) (ton)	47818	21600	2479
农村用电量(万千瓦时)	Electricity Consumed in Rural Areas (10 000 kwh)	1542.2	3016.6	1629.5
有效灌溉面积(公顷)	Irrigated Area (hectare)	20420	18300	6630
农作物总播种面积(公顷)	Total Sown Area of Major Farm Crops (hectare)	75898	72107	22199
#粮食作物	Grain Crops	36241	32170	11691
粮食产量(吨)	Yield of Grain (ton)	168924	139362	48525
油料产量(吨)	Yield of Oil - bearing Crops(ton)	5908	6915	1373
糖料产量(吨)	Yield of Sugar Crops (ton)	1174094	1263927	82784
水果产量(吨)	Yield of Fruit (ton)	20967	65120	16131
肉类产量(吨)	Output of Meat (ton)	49721	44004	13010
奶类产量(吨)	Output of Milk (ton)	8	211	0
蔬菜产量(吨)	Yield of Vegetables (ton)	86741	181657	60718
水产品产量(吨)	Aquatic Products (ton)	7807	6213	624
全部工业总产值(当年价)(万元)	All Included Gross Industrial Output Value (at current price) (10 000 yuan)	106027	83067	20693
全部工业总产值指数(上年=100)	Indices of All Included Gross Industrial Output Value (preceding year = 100)	112.9	107.5	112.8

23—1 续表 106 continued

指 标	Item	象州县 Xiangzhou County	武宣县 Wuxuan County	金秀瑶族自治县 Jinxiu County
规模以上工业企业数(个)	Number of Industrial Enterprises above Designated Size (unit)	11	12	8
#内资企业	Domestic Funded Enterprises	10	11	8
规模工业企业总产值(当年价)(万元)	Gross Industrial Output Value above Designated Size (at current price) (10 000 yuan)	49304	42534	9746
内资企业	Domestic Funded Enterprises	23464	18276	9746
国有	State - owned	12107	14582	1929
集体	Collective - owned	4460	0	3437
股份合作企业	Cooperative Enterprises	0	0	0
联营企业	Joint Ownership Enterprises	0	0	0
有限责任公司	Limited Liability Corporations	4709	0	4380
股份有限公司	Share Holding Enterprises	0	1072	0
私营企业	Private Enterprises	2189	2622	0
其他企业	Other Enterprises	0	0	0
港澳台投资企业	Enterprises with Funds from Hong Kong, Macao and Taiwan	0	0	0
外商投资企业	Foreign Funded Enterprises	25840	24258	0
工业企业增加值(万元)	Value - added of Industrial Enterprises (10 000 yuan)	17863	9505	3077
工业企业资产总计(万元)	Total Assets of Industrial Enterprises (10 000 yuan)	94880	58045	26536
工业企业负债合计(万元)	Total Liabilities of Industrial Enterprises (10 000 yuan)	54752	41387	13417
工业企业税金总额(万元)	Total Tax of Industrial Enterprises (10 000 yuan)	27	157	117
工业企业产品销售收入(万元)	Sales Revenue of Industrial Enterprises (10 000 yuan)	44185	44116	6659
流动资产年平均余额(万元)	Annual Average Balance of Circulating Funds (10 000 yuan)	37272	22889	4547
固定资产净值年平均余额(万元)	Annual Average Balance of Net Value of Fixed Assets (10 000 yuan)	34958	28715	14908
利润总额(万元)	Total Profits (10 000 yuan)	2178	2231	-300
规模以下工业:企业数(个)	Industries under Designated Size: Number of Enterprises (unit)	3110	1921	1111
工业总产值(万元)	Gross Industrial Output Value (10 000 yuan)	56723	40533	10947
境内公路里程(公里)	Length of Domestic Highways (km)	356	366	397
境内铁路里程(公里)	Length of Domestic Railways (km)	0	0	0
民用汽车拥有量(辆)	Number of Civil Motor Vehicles Owned (unit)	1100	1179	594
#载客汽车	Number of Buses and Cars	193	712	451

指　　标	Item	象州县 Xiangzhou County	武宣县 Wuxuan County	金秀瑶族自治县 Jinxiu County
私人汽车	Number of Private - owned Motor Vehicles	850	589	463
邮电业务总量（万元）	Business Volume Post and Telecommunication Services (10 000 yuan)	2410	3663	2154
本地电话用户（户）	Number of Subscribers of Local Telephone (subscriber)	24329	27011	15325
#农话	Rural	14228	13027	11733
年末移动用户（户）	Number of Mobile Telephone Subscribers at Year - end(subscriber)	20000	16810	16215
互联网上网用户（户）	Number of Subscribers of Internet Services (subscriber)	1092	2456	695
社会消费品零售总额（万元）	Total Retail Sale of Consumer Goods (10 000 yuan)	34655	37102	14761
城镇在岗职工年平均人数（人）	Annual Average Number of Urban Working Staff and Workers (person)	12034	15598	5785
在岗职工工资总额（万元）	Total Wages of Working Staff and Workers (10 000 yuan)	12060	15434	6018
农民人均纯收入（元）	Annual Per Capita Disposable Income of Rural Residents (yuan)	1979	1926	1563
农民人均住房面积（平方米）	Per Capita Living Space in Rural Areas (sq. m)	33	31	26
社会福利院（个）	Social Welfare Homes (unit)	10	13	1
社会福利院床位数（张）	Number of Beds in Social Welfare Homes (unit)	174	267	60
参加基本养老保险的职工数（人）	Number of Employee Joining Basic Endowment Insurance (person)	4970	5773	2430
参加基本医疗保险的职工数（人）	Number of Employee Joining Basic Health Care Insurance (person)	10227	12451	5640
普通中学（所）	Regular Secondary Schools (unit)	16	23	13
小学（所）	Primary Schools (unit)	121	153	69
普通中学专任教师（人）	Full - time Teachers in Regular Secondary Schools (person)	982	1212	377
小学专任教师（人）	Full - time Teachers in Primary Schools (person)	1681	1590	1030
普通中学在校生（人）	Student Enrollment in Regular Secondary Schools (person)	18696	26960	7189
小学在校生（人）	Primary Student Enrollment (person)	27414	43294	10977
医院卫生院数（所）	Number of Hospitals (unit)	12	15	12
医院卫生院床位数（张）	Number of Beds in Hospitals (unit)	318	468	322
卫生技术人员（人）	Medical and Technical Personnel (person)	399	700	265
#医生	Doctors	181	297	147

指 标	Item	合山市 Heshan City	江州区 Jiangzhou District	扶绥县 Fusui County
行政区域土地面积(平方公里)	Administrative Region Land Area (sq. km)	350	2951	2836
年末总人口(万人)	Total Population at Year - end (10 000 persons)	13.9	33.5	41.7
#乡村人口	Rural Population	8.4	28.3	33
出生人口(人)	Birth (person)	1280	3798	4073
死亡人口(人)	Death(person)	572	1860	1676
年末总户数(户)	Total Households at Year - end(household)	36621	84241	113027
#乡村户数	Rural Households	18300	67000	81000
全社会从业人员(人)	Total Employed Persons(person)	62032	225804	214169
第一产业	Primary Industry	32353	174900	165347
第二产业	Secondary Industry	9578	22841	16767
#工业	Industry	6978	19571	10767
第三产业	Tertiary Industry	20101	28063	32055
年末职工人数(人)	Number of Staff and Workers at Year - end (person)	11632	20804	21863
#在岗职工	Working Staff and Workers	10120	19330	21816
城镇登记失业人数(人)	Number of Registered Unemployed Persons in Urban Areas (person)	6328	1545	727
地区生产总值(当年价)(万元)	Gross Domestic Product (at current price) (10 000 yuan)	95299	189482	218294
第一产业	Primary Industry	11639	76446	114101
第二产业	Secondary Industry	60712	58591	54173
#工业	Industry	40143	50803	42907
第三产业	Tertiary Industry	22948	54445	50020
人均地区生产总值(元)	Per Capital GDP (yuan)	6854	5656	5288
地区生产总值指数(上年 = 100)	Indices of Gross Domestic Product (preceding year = 100)	137.4	103.1	110.8
第一产业	Primary Industry	106.1	96.6	103.1
第二产业	Secondary Industry	169.0	101.5	140.5
#工业	Industry	159.2	99.5	133.2
第三产业	Tertiary Industry	103.0	121.4	106.0
人均地区生产总值指数(上年 = 100)	Index of Per Capital GDP (preceding year = 100)	136.1	102.7	109.5
财政收入(万元)	Government Revenue(10 000 yuan)	12699	28871	27494
#一般预算收入	Budgetary Revenue of Local Government	5968	19394	17634
财政支出(万元)	Government Expenditure (10 000 yuan)	8857	27344	27364
金融机构存款余额(万元)	Deposits of Financial Institutions (10 000 yuan)	92199	160104	169235
#城乡居民储蓄存款	Urban and Rural Savings Deposits	65566	106002	128542

指　　标	Item	合山市 Heshan City	江州区 Jiangzhou District	扶绥县 Fusui County
金融机构贷款余额(万元)	Loans of Financial Institutions (10 000 yuan)	26553	55472	85499
全社会固定资产投资(万元)	Total Investment in Fixed Assets(10 000 yuan)	133207	49120	74033
基本建设投资	Investment in Capital Construction	24065	28321	41069
更新改造投资	Investment in Innovation	107116	4313	21403
房地产开发	Real Estate Development	0	0	0
其他投资	Other Investment	2026	16486	11561
乡村从业人员(人)	Number of Rural Laborers (person)	46000	174900	204900
#农林牧渔业	Farming, Forestry, Animal Husbandry & Fishery	31900	141700	165400
年末实有耕地(公顷)	Cultivated Area at Year - end (hectare)	5729	49574	54868
#水田	Paddy Fields	3195	8662	15538
农林牧渔业总产值(当年价,万元)	Gross Output Value of Farming, Forestry, Animal Husbandry and Fishery (at current price,10 000 yuan)	10121	92661	124912
农林牧渔业总产值指数(上年=100,%)	Indices of Gross Output Value of Farming, Forestry, Animal Husbandry and Fishery (preceding year = 100, %)	103.84	96.99	103.18
农业机械总动力(万千瓦)	Total Agricultural Machinery Power (10 000 kw)	5.1	17.2	25.7
化肥施用折纯量(吨)	Consumption of Chemical Fertilizers (convert to pure amount) (ton)	2908	50620	41650
农村用电量(万千瓦时)	Electricity Consumed in Rural Areas (10 000 kwh)	401.4	5160.4	2100
有效灌溉面积(公顷)	Irrigated Area (hectare)	3260	11020	18140
农作物总播种面积(公顷)	Total Sown Area of Major Farm Crops (hectare)	12424	86380	117497
#粮食作物	Grain Crops	6832	23344	37093
粮食产量(吨)	Yield of Grain (ton)	30612	85759	140700
油料产量(吨)	Yield of Oil - bearing Crops(ton)	1090	3536	14639
糖料产量(吨)	Yield of Sugar Crops (ton)	128149	3556025	3602651
水果产量(吨)	Yield of Fruit (ton)	1041	28767	59731
肉类产量(吨)	Output of Meat (ton)	6049	11907	21483
奶类产量(吨)	Output of Milk (ton)	0	48	18
蔬菜产量(吨)	Yield of Vegetables (ton)	36018	95248	372344
水产品产量(吨)	Aquatic Products (ton)	650	8168	12504
全部工业总产值(当年价)(万元)	All Included Gross Industrial Output Value (at current price) (10 000 yuan)	106118	138926	131747
全部工业总产值指数(上年=100)	Indices of All Included Gross Industrial Output Value (preceding year = 100)	154.0	107.0	139.3

23—1 续表 110 continued

指　　标	Item	合山市 Heshan City	江州区 Jiangzhou District	扶绥县 Fusui County
规模以上工业企业数(个)	Number of Industrial Enterprises above Designated Size (unit)	9	17	24
#内资企业	Domestic Funded Enterprises	9	16	23
规模工业企业总产值(当年价)(万元)	Gross Industrial Output Value above Designated Size (at current price) (10 000 yuan)	95144	117696	116114
内资企业	Domestic Funded Enterprises	95144	43115	67612
国有	State - owned	79465	8386	2673
集体	Collective - owned	5814	1866	1300
股份合作企业	Cooperative Enterprises	0	0	0
联营企业	Joint Ownership Enterprises	0	0	0
有限责任公司	Limited Liability Corporations	2578	573	51948
股份有限公司	Share Holding Enterprises	0	0	0
私营企业	Private Enterprises	7287	32290	11691
其他企业	Other Enterprises	0	0	0
港澳台投资企业	Enterprises with Funds from Hong Kong, Macao and Taiwan	0	65516	0
外商投资企业	Foreign Funded Enterprises	0	9065	48502
工业企业增加值(万元)	Value - added of Industrial Enterprises (10 000 yuan)	37010	43950	35428
工业企业资产总计(万元)	Total Assets of Industrial Enterprises (10 000 yuan)	121331	172535	174252
工业企业负债合计(万元)	Total Liabilities of Industrial Enterprises (10 000 yuan)	74106	81935	96051
工业企业税金总额(万元)	Total Tax of Industrial Enterprises (10 000 yuan)	906	2485	7904
工业企业产品销售收入(万元)	Sales Revenue of Industrial Enterprises (10 000 yuan)	89138	119510	113810
流动资产年平均余额（万元）	Annual Average Balance of Circulating Funds (10 000 yuan)	40616	49033	69575
固定资产净值年平均余额（万元）	Annual Average Balance of Net Value of Fixed Assets (10 000 yuan)	45097	103788	77982
利润总额（万元）	Total Profits (10 000 yuan)	-2583	10640	8871
规模以下工业:企业数（个）	Industries under Designated Size: Number of Enterprises (unit)	327	1120	927
工业总产值（万元）	Gross Industrial Output Value (10 000 yuan)	10974	21230	5805
境内公路里程（公里）	Length of Domestic Highways (km)	132	591	783
境内铁路里程（公里）	Length of Domestic Railways (km)	33	44	57
民用汽车拥有量（辆）	Number of Civil Motor Vehicles Owned (unit)	2771	644	2850
#载客汽车	Number of Buses and Cars	262	236	754

23—1 续表 111 continued

指标	Item	合山市 Heshan City	江州区 Jiangzhou District	扶绥县 Fusui County
私人汽车	Number of Private - owned Motor Vehicles	1720	560	2264
邮电业务总量（万元）	Business Volume Post and Telecommunication Services (10 000 yuan)	2603	2686	3171
本地电话用户（户）	Number of Subscribers of Local Telephone (subscriber)	21326	34885	39000
#农话	Rural	3721	16395	19000
年末移动用户（户）	Number of Mobile Telephone Subscribers at Year - end (subscriber)	16000	25779	50793
互联网上网用户（户）	Number of Subscribers of Internet Services (subscriber)	1030	5791	6328
社会消费品零售总额（万元）	Total Retail Sale of Consumer Goods (10 000 yuan)	14930	46856	30099
城镇在岗职工年平均人数（人）	Annual Average Number of Urban Working Staff and Workers (person)	10066	15752	21075
在岗职工工资总额（万元）	Total Wages of Working Staff and Workers (10 000 yuan)	12932	16848.8	19362
农民人均纯收入（元）	Annual Per Capita Disposable Income of Rural Residents (yuan)	1724	2184	2063
农民人均住房面积（平方米）	Per Capita Living Space in Rural Areas (sq. m)	24	24	35
社会福利院（个）	Social Welfare Homes (unit)	4	11	7
社会福利院床位数（张）	Number of Beds in Social Welfare Homes (unit)	138	375	136
参加基本养老保险的职工数（人）	Number of Employee Joining Basic Endowment Insurance (person)	8413	6025	5551
参加基本医疗保险的职工数（人）	Number of Employee Joining Basic Health Care Insurance (person)	19601	11687	17268
普通中学（所）	Regular Secondary Schools (unit)	14	20	24
小学（所）	Primary Schools (unit)	32	111	145
普通中学专任教师（人）	Full - time Teachers in Regular Secondary Schools (person)	549	856	1304
小学专任教师（人）	Full - time Teachers in Primary Schools (person)	686	1369	1281
普通中学在校生（人）	Student Enrollment in Regular Secondary Schools (person)	9332	14369	21192
小学在校生（人）	Primary Student Enrollment (person)	12367	28169	28811
医院卫生院数（所）	Number of Hospitals (unit)	8	13	18
医院卫生院床位数（张）	Number of Beds in Hospitals (unit)	621	457	574
卫生技术人员（人）	Medical and Technical Personnel (person)	490	542	707
#医生	Doctors	180	241	275

23—1 续表 112 continued

指标	Item	宁明县 Ningming County	龙州县 Longzhou County	大新县 Daxin County
行政区域土地面积(平方公里)	Administrative Region Land Area (sq. km)	3695	2318	2742
年末总人口(万人)	Total Population at Year - end (10 000 persons)	39.6	26.9	35.5
#乡村人口	Rural Population	37.1	22.9	31.3
出生人口(人)	Birth (person)	3559	2517	3571
死亡人口(人)	Death (person)	1403	1505	1884
年末总户数(户)	Total Households at Year - end (household)	96848	68752	85134
#乡村户数	Rural Households	85600	53000	70400
全社会从业人员(人)	Total Employed Persons (person)	211598	143833	217140
第一产业	Primary Industry	151912	109931	187268
第二产业	Secondary Industry	10443	8283	12875
#工业	Industry	6987	6236	12720
第三产业	Tertiary Industry	49243	25619	16997
年末职工人数(人)	Number of Staff and Workers at Year - end (person)	16142	16921	17922
#在岗职工	Working Staff and Workers	16142	16921	16231
城镇登记失业人数(人)	Number of Registered Unemployed Persons in Urban Areas (person)	321	1054	791
地区生产总值(当年价)(万元)	Gross Domestic Product (at current price) (10 000 yuan)	135406	116291	119145
第一产业	Primary Industry	60686	54803	49132
第二产业	Secondary Industry	30999	34653	38858
#工业	Industry	21337	26321	30327
第三产业	Tertiary Industry	43720	26835	31155
人均地区生产总值(元)	Per Capital GDP (yuan)	3424	4320	3358
地区生产总值指数(上年=100)	Indices of Gross Domestic Product (preceding year = 100)	100.6	105.3	105.7
第一产业	Primary Industry	100.2	104.6	100.7
第二产业	Secondary Industry	92.3	105.2	110.8
#工业	Industry	93.0	109.8	112.0
第三产业	Tertiary Industry	109.6	107.4	109.4
人均地区生产总值指数(上年=100)	Index of Per Capital GDP (preceding year = 100)	100.4	106.8	105.4
财政收入(万元)	Government Revenue (10 000 yuan)	18292	13838	14866
#一般预算收入	Budgetary Revenue of Local Government	13105	9293	8309
财政支出(万元)	Government Expenditure (10 000 yuan)	23558	17654	19211
金融机构存款余额(万元)	Deposits of Financial Institutions (10 000 yuan)	110281	101710	96823
#城乡居民储蓄存款	Urban and Rural Savings Deposits	94417	96975	72786

指　　标	Item	宁明县 Ningming County	龙州县 Longzhou County	大新县 Daxin County
金融机构贷款余额(万元)	Loans of Financial Institutions (10 000 yuan)	37757	40234	52561
全社会固定资产投资(万元)	Total Investment in Fixed Assets(10 000 yuan)	37159	36631	43075
基本建设投资	Investment in Capital Construction	23574	24654	16529
更新改造投资	Investment in Innovation	3767	6722	7822
房地产开发	Real Estate Development	0	0	0
其他投资	Other Investment	9818	5255	18724
乡村从业人员(人)	Number of Rural Laborers (person)	191400	134900	200600
#农林牧渔业	Farming, Forestry, Animal Husbandry & Fishery	149200	109900	140900
年末实有耕地(公顷)	Cultivated Area at Year - end (hectare)	31264	26746	32761
#水田	Paddy Fields	12975	10523	15266
农林牧渔业总产值(当年价,万元)	Gross Output Value of Farming, Forestry, Animal Husbandry and Fishery (at current price, 10 000 yuan)	68907	59320	51397
农林牧渔业总产值指数(上年=100,%)	Indices of Gross Output Value of Farming, Forestry, Animal Husbandry and Fishery (preceding year = 100, %)	100.53	103.03	101.0
农业机械总动力(万千瓦)	Total Agricultural Machinery Power (10 000 kw)	16.3	12.1	23.3
化肥施用折纯量(吨)	Consumption of Chemical Fertilizers (convert to pure amount) (ton)	26002	19726	24117
农村用电量(万千瓦时)	Electricity Consumed in Rural Areas (10 000 kwh)	947.7	2356.9	2492
有效灌溉面积(公顷)	Irrigated Area (hectare)	14470	8080	16290
农作物总播种面积(公顷)	Total Sown Area of Major Farm Crops (hectare)	52012	53193	57835
#粮食作物	Grain Crops	19954	20568	34702
粮食产量(吨)	Yield of Grain (ton)	77814	71769	112879
油料产量(吨)	Yield of Oil - bearing Crops(ton)	3231	2606	892
糖料产量(吨)	Yield of Sugar Crops (ton)	1406664	1571848	1025676
水果产量(吨)	Yield of Fruit (ton)	19797	38422	21371
肉类产量(吨)	Output of Meat (ton)	24148	14132	23329
奶类产量(吨)	Output of Milk (ton)	30	260	0
蔬菜产量(吨)	Yield of Vegetables (ton)	73068	49152	29790
水产品产量(吨)	Aquatic Products (ton)	6544	10924	7411
全部工业总产值(当年价)(万元)	All Included Gross Industrial Output Value (at current price) (10 000 yuan)	57938	64609	97815
全部工业总产值指数(上年=100)	Indices of All Included Gross Industrial Output Value (preceding year = 100)	0	0	116.9

23—1 续表 114 continued

指标	Item	宁明县 Ningming County	龙州县 Longzhou County	大新县 Daxin County
规模以上工业企业数(个)	Number of Industrial Enterprises above Designated Size (unit)	15	9	27
#内资企业	Domestic Funded Enterprises	13	9	27
规模工业企业总产值(当年价)(万元)	Gross Industrial Output Value above Designated Size (at current price) (10 000 yuan)	42026	49767	79054
内资企业	Domestic Funded Enterprises	3767	49767	79054
国有	State - owned	3767	2950	28876
集体	Collective - owned	0	0	13658
股份合作企业	Cooperative Enterprises	0	0	0
联营企业	Joint Ownership Enterprises	0	0	0
有限责任公司	Limited Liability Corporations	0	44851	22651
股份有限公司	Share Holding Enterprises	0	0	0
私营企业	Private Enterprises	0	1966	13870
其他企业	Other Enterprises	0	0	0
港澳台投资企业	Enterprises with Funds from Hong Kong, Macao and Taiwan	0	0	0
外商投资企业	Foreign Funded Enterprises	38259	0	0
工业企业增加值(万元)	Value - added of Industrial Enterprises (10 000 yuan)	12939	21263	25938
工业企业资产总计(万元)	Total Assets of Industrial Enterprises (10 000 yuan)	59160	27352	102646
工业企业负债合计(万元)	Total Liabilities of Industrial Enterprises (10 000 yuan)	24557	37943	57917
工业企业税金总额(万元)	Total Tax of Industrial Enterprises (10 000 yuan)	3847	3746	0
工业企业产品销售收入(万元)	Sales Revenue of Industrial Enterprises (10 000 yuan)	47091	48750	80158
流动资产年平均余额(万元)	Annual Average Balance of Circulating Funds (10 000 yuan)	21354	25334	44270
固定资产净值年平均余额(万元)	Annual Average Balance of Net Value of Fixed Assets (10 000 yuan)	31180	32008	43012
利润总额(万元)	Total Profits (10 000 yuan)	3407	4224	3232
规模以下工业:企业数(个)	Industries under Designated Size: Number of Enterprises (unit)	874	890	779
工业总产值(万元)	Gross Industrial Output Value (10 000 yuan)	15913	14842	18761
境内公路里程(公里)	Length of Domestic Highways (km)	895	776	764
境内铁路里程(公里)	Length of Domestic Railways (km)	51	0	0
民用汽车拥有量(辆)	Number of Civil Motor Vehicles Owned (unit)	2102	1864	2857
#载客汽车	Number of Buses and Cars	1019	202	953

指　　标	Item	宁明县 Ningming County	龙州县 Longzhou County	大新县 Daxin County
私人汽车	Number of Private - owned Motor Vehicles	1065	1562	2018
邮电业务总量（万元）	Business Volume Post and Telecommunication Services (10 000 yuan)	2013.8	4464	4525
本地电话用户（户）	Number of Subscribers of Local Telephone (subscriber)	31936	26813	23038
#农话	Rural	15000	8527	11625
年末移动用户（户）	Number of Mobile Telephone Subscribers at Year - end(subscriber)	65000	27900	34023
互联网上网用户（户）	Number of Subscribers of Internet Services (subscriber)	4388	5233	5123
社会消费品零售总额（万元）	Total Retail Sale of Consumer Goods (10 000 yuan)	28620	20169	20636
城镇在岗职工年平均人数（人）	Annual Average Number of Urban Working Staff and Workers (person)	16194	16983	16173
在岗职工工资总额（万元）	Total Wages of Working Staff and Workers (10 000 yuan)	14692	15169.3	14716.7
农民人均纯收入（元）	Annual Per Capita Disposable Income of Rural Residents (yuan)	1874	1829	1799
农民人均住房面积（平方米）	Per Capita Living Space in Rural Areas (sq. m)	21	25	24
社会福利院（个）	Social Welfare Homes (unit)	5	7	3
社会福利院床位数（张）	Number of Beds in Social Welfare Homes (unit)	111	124	98
参加基本养老保险的职工数（人）	Number of Employee Joining Basic Endowment Insurance (person)	11511	4633	5938
参加基本医疗保险的职工数（人）	Number of Employee Joining Basic Health Care Insurance (person)	11050	8300	12575
普通中学（所）	Regular Secondary Schools (unit)	19	22	21
小学（所）	Primary Schools (unit)	166	112	152
普通中学专任教师（人）	Full - time Teachers in Regular Secondary Schools (person)	1158	708	669
小学专任教师（人）	Full - time Teachers in Primary Schools (person)	2248	1159	1495
普通中学在校生（人）	Student Enrollment in Regular Secondary Schools (person)	21489	12962	17320
小学在校生（人）	Primary Student Enrollment (person)	37597	21857	21439
医院卫生院数（所）	Number of Hospitals (unit)	19	17	20
医院卫生院床位数（张）	Number of Beds in Hospitals (unit)	447	524	447
卫生技术人员（人）	Medical and Technical Personnel (person)	526	450	476
#医生	Doctors	223	164	200

23—1 续表 116 continued

指标	Item	天等县 Tiandeng County	凭祥市 Pingxiang City
行政区域土地面积(平方公里)	Administrative Region Land Area (sq. km)	2159	650
年末总人口(万人)	Total Population at Year - end (10 000 persons)	40.5	10.2
#乡村人口	Rural Population	38.6	7.4
出生人口(人)	Birth (person)	4804	439
死亡人口(人)	Death (person)	2494	300
年末总户数(户)	Total Households at Year - end (household)	86850	28390
#乡村户数	Rural Households	82900	17200
全社会从业人员(人)	Total Employed Persons (person)	264584	60120
第一产业	Primary Industry	142430	35559
第二产业	Secondary Industry	21737	2006
#工业	Industry	10441	1096
第三产业	Tertiary Industry	100417	22555
年末职工人数(人)	Number of Staff and Workers at Year - end (person)	11448	7815
#在岗职工	Working Staff and Workers	11191	6959
城镇登记失业人数(人)	Number of Registered Unemployed Persons in Urban Areas (person)	813	634
地区生产总值(当年价)(万元)	Gross Domestic Product (at current price) (10 000 yuan)	94096	61602
第一产业	Primary Industry	39178	12743
第二产业	Secondary Industry	22486	10787
#工业	Industry	9744	2174
第三产业	Tertiary Industry	32433	38073
人均地区生产总值(元)	Per Capital GDP (yuan)	2329	6022
地区生产总值指数(上年=100)	Indices of Gross Domestic Product (preceding year = 100)	107.3	115.3
第一产业	Primary Industry	105.0	103.7
第二产业	Secondary Industry	122.1	160.4
#工业	Industry	127.4	79.8
第三产业	Tertiary Industry	102.4	112.0
人均地区生产总值指数(上年=100)	Index of Per Capital GDP (preceding year = 100)	107.0	115.0
财政收入(万元)	Government Revenue (10 000 yuan)	8398	12357
#一般预算收入	Budgetary Revenue of Local Government	6499	9811
财政支出(万元)	Government Expenditure (10 000 yuan)	17778	13449
金融机构存款余额(万元)	Deposits of Financial Institutions (10 000 yuan)	81149	124265
#城乡居民储蓄存款	Urban and Rural Savings Deposits	64525	94315

23—1 续表 117 continued

指　　标	Item	天等县 Tiandeng County	凭祥市 Pingxiang City
金融机构贷款余额(万元)	Loans of Financial Institutions (10 000 yuan)	35941	42967
全社会固定资产投资(万元)	Total Investment in Fixed Assets(10 000 yuan)	47244	37621
基本建设投资	Investment in Capital Construction	18660	29635
更新改造投资	Investment in Innovation	3234	2993
房地产开发	Real Estate Development	0	111
其他投资	Other Investment	25350	4882
乡村从业人员(人)	Number of Rural Laborers (person)	253600	44500
#农林牧渔业	Farming, Forestry, Animal Husbandry & Fishery	142100	35500
年末实有耕地(公顷)	Cultivated Area at Year - end (hectare)	25847	4160
#水田	Paddy Fields	13119	2567
农林牧渔业总产值(当年价,万元)	Gross Output Value of Farming, Forestry, Animal Husbandry and Fishery (at current price, 10 000 yuan)	32519	12773
农林牧渔业总产值指数(上年=100,%)	Indices of Gross Output Value of Farming, Forestry, Animal Husbandry and Fishery (preceding year = 100, %)	107.12	103.58
农业机械总动力(万千瓦)	Total Agricultural Machinery Power (10 000 kw)	17	3.6
化肥施用折纯量(吨)	Consumption of Chemical Fertilizers (convert to pure amount) (ton)	13110	1984
农村用电量(万千瓦时)	Electricity Consumed in Rural Areas (10 000 kwh)	1135	297.2
有效灌溉面积(公顷)	Irrigated Area (hectare)	7876	2840
农作物总播种面积(公顷)	Total Sown Area of Major Farm Crops (hectare)	52966	9058
#粮食作物	Grain Crops	38168	4895
粮食产量(吨)	Yield of Grain (ton)	127010	22160
油料产量(吨)	Yield of Oil - bearing Crops(ton)	1179	246
糖料产量(吨)	Yield of Sugar Crops (ton)	211466	92280
水果产量(吨)	Yield of Fruit (ton)	7222	4151
肉类产量(吨)	Output of Meat (ton)	22004	5637
奶类产量(吨)	Output of Milk (ton)	0	0
蔬菜产量(吨)	Yield of Vegetables (ton)	59575	17750
水产品产量(吨)	Aquatic Products (ton)	2210	2251
全部工业总产值(当年价)(万元)	All Included Gross Industrial Output Value (at current price) (10 000 yuan)	26268	10862
全部工业总产值指数(上年=100)	Indices of All Included Gross Industrial Output Value (preceding year = 100)	129.1	165.0

指　　标	Item	天等县 Tiandeng County	凭祥市 Pingxiang City
规模以上工业企业数(个)	Number of Industrial Enterprises above Designated Size (unit)	12	9
#内资企业	Domestic Funded Enterprises	12	9
规模工业企业总产值(当年价)(万元)	Gross Industrial Output Value above Designated Size (at current price) (10 000 yuan)	13230	8027
内资企业	Domestic Funded Enterprises	13230	8027
国有	State - owned	3898	8027
集体	Collective - owned	0	0
股份合作企业	Cooperative Enterprises	0	0
联营企业	Joint Ownership Enterprises	0	0
有限责任公司	Limited Liability Corporations	9332	0
股份有限公司	Share Holding Enterprises	0	0
私营企业	Private Enterprises	0	0
其他企业	Other Enterprises	0	0
港澳台投资企业	Enterprises with Funds from Hong Kong, Macao and Taiwan	0	0
外商投资企业	Foreign Funded Enterprises	0	0
工业企业增加值(万元)	Value - added of Industrial Enterprises (10 000 yuan)	5471	4713
工业企业资产总计(万元)	Total Assets of Industrial Enterprises (10 000 yuan)	22666	15531
工业企业负债合计(万元)	Total Liabilities of Industrial Enterprises (10 000 yuan)	11625	5634
工业企业税金总额(万元)	Total Tax of Industrial Enterprises (10 000 yuan)	1129	6
工业企业产品销售收入(万元)	Sales Revenue of Industrial Enterprises (10 000 yuan)	13885	7249
流动资产年平均余额(万元)	Annual Average Balance of Circulating Funds (10 000 yuan)	6418	5912
固定资产净值年平均余额(万元)	Annual Average Balance of Net Value of Fixed Assets (10 000 yuan)	13714	6456
利润总额(万元)	Total Profits (10 000 yuan)	-88	421
规模以下工业:企业数(个)	Industries under Designated Size: Number of Enterprises (unit)	3232	84
工业总产值(万元)	Gross Industrial Output Value (10 000 yuan)	13038	2835
境内公路里程(公里)	Length of Domestic Highways (km)	512	330
境内铁路里程(公里)	Length of Domestic Railways (km)	0	31
民用汽车拥有量(辆)	Number of Civil Motor Vehicles Owned (unit)	1275	433
#载客汽车	Number of Buses and Cars	184	321

23—1 续表 119 continued

指　　标	Item	天等县 Tiandeng County	凭祥市 Pingxiang City
私人汽车	Number of Private - owned Motor Vehicles	315	389
邮电业务总量（万元）	Business Volume Post and Telecommunication Services (10 000 yuan)	3629	1815
本地电话用户（户）	Number of Subscribers of Local Telephone (subscriber)	24649	22126
#农话	Rural	11770	6745
年末移动用户（户）	Number of Mobile Telephone Subscribers at Year - end(subscriber)	25151	30000
互联网上网用户（户）	Number of Subscribers of Internet Services (subscriber)	4256	6401
社会消费品零售总额（万元）	Total Retail Sale of Consumer Goods (10 000 yuan)	16439	38296
城镇在岗职工年平均人数（人）	Annual Average Number of Urban Working Staff and Workers (person)	10376	6957
在岗职工工资总额（万元）	Total Wages of Working Staff and Workers (10 000 yuan)	9408.9	9813
农民人均纯收入（元）	Annual Per Capita Disposable Income of Rural Residents (yuan)	1850	1873
农民人均住房面积（平方米）	Per Capita Living Space in Rural Areas (sq. m)	28	20
社会福利院（个）	Social Welfare Homes (unit)	5	1
社会福利院床位数（张）	Number of Beds in Social Welfare Homes (unit)	130	30
参加基本养老保险的职工数（人）	Number of Employee Joining Basic Endowment Insurance (person)	5186	2354
参加基本医疗保险的职工数（人）	Number of Employee Joining Basic Health Care Insurance (person)	9176	5300
普通中学（所）	Regular Secondary Schools (unit)	25	6
小学（所）	Primary Schools (unit)	122	41
普通中学专任教师（人）	Full - time Teachers in Regular Secondary Schools (person)	1031	328
小学专任教师（人）	Full - time Teachers in Primary Schools (person)	1393	786
普通中学在校生（人）	Student Enrollment in Regular Secondary Schools (person)	22820	5358
小学在校生（人）	Primary Student Enrollment (person)	28622	11041
医院卫生院数（所）	Number of Hospitals (unit)	17	7
医院卫生院床位数（张）	Number of Beds in Hospitals (unit)	440	190
卫生技术人员（人）	Medical and Technical Personnel (person)	498	212
#医生	Doctors	221	87

附　录

APPENDIX

附录一　2003年广西国民经济和社会发展统计公报

广西壮族自治区统计局

2004年3月5日

2003年是贯彻落实党的十六大精神的第一年。全区各族人民在自治区党委、政府的正确领导下,以邓小平理论和“三个代表”重要思想为指导,以解放思想再讨论为动力,深化改革,扩大开放,在投资增量、工业增速、农业增收、出口增效等方面下足功夫,努力克服非典疫情和长期干旱等自然灾害带来的不利影响,国民经济实现快速增长,经济运行质量和效益创历史最好水平;各项社会事业全面进步,城乡居民生活水平稳步提高。

一、综合

国民经济持续快速发展。初步核算,2003年广西生产总值(GDP)为2733.21亿元,按可比价格计算,增长10.2%,成为“九五”以来快速增长的年份之一。其中,第一产业增加值628.18亿元,增长4.0%;第二产业增加值1005.92亿元,增长14.5%;第三产业增加值1099.11亿元,增长10.0%。三次产业对经济增长的贡献率分别为9.5%、52.2%和38.3%。产业结构不断优化。第一、二、三产业增加值占GDP的比重分别为23.0%、36.8%和40.2%,第一产业所占比重比上年下降1.3个百分点,第二产业所占比重比上年上升1.6个百分点,第三产业所占比重比上年下降0.3个百分点。人均GDP(按常住人口计算)5964元,增长9.4%。

市场物价总水平小幅上涨。全年居民消费价格总水平上涨1.1%。其中城市居民消费价格和农村居民消费价格分别上涨0.9%和1.3%;八大类商品价格中有四大类上升,三大类下降,一大类持平,其中,食品类上涨2.9%,医疗保健及个人用品类上涨2.8%,居住类上涨2.3%,娱乐教育文化用品及服务类上涨0.6%;衣着类下降1.5%,家庭设备用品及服务类下降2.6%,交通和通讯类下降3.6%;烟酒及用品类持平。工业品出厂价格指数上涨2.8%,其中,轻工业价格指数下降1.2%;重工业价格指数上涨5.7%。原材料燃料动力购进价格指数上涨1.2%。固定资产投资价格上涨1.8%。

就业和再就业工作取得新成果。年末全区就业人员2601万人,增长0.45%,其中城镇就业人员(含农村进城从业人员)656万人。城镇单位就业人员年平均劳动报酬11611元,增长10.7%,城镇单位在岗职工年平均工资11953元,增长10.9%。全年城镇新增就业人数17.5万人,其中下岗失业人员实现再就业7.02万人。年末城镇登记失业率为3.6%。

财政收入较快增长。全年财政收入341.42亿元,按同比口径计算,增长11.8%。其中,一般预算收入203.66亿元,增长12.2%。一般预算支出439.38亿元,增长4.6%。财政收入占GDP的比重达12.5%。

经济和社会发展中存在的主要问题:工业总量小,结构性矛盾仍较突出;农业生产受灾严重,农业抵御自然灾害的能力不强,农民增收渠道仍比较单一;就业和再就业形势依然严峻;部分低收入群体生活较困难;吸引外商投资不理想;电力、煤炭等能源供需矛盾比较突出。

二、农　业

农业生产平稳增长。初步统计,全年农林牧渔业总产值965.58亿元,增长4.0%。其中,牧业产值334.22亿元,增长8.8%;林业产值41.82亿元,增长3.4%;渔业产值108.68亿元,增长3.8%;种植业产值480.86亿元,增长1.7%。

粮食蔗糖等产量下降。全年粮食产量1484.82万吨,比上年减少64.56万吨,减产4.2%;甘蔗产量4861.84万吨,比上年实际减少497.16万吨,减产9.3%;油料产量55.70万吨,下降0.5%;蔬菜产量1863.90万吨,增长4.6%;水果产量462.24万吨,增长1.4%,其中,柑桔橙增长11.7%,荔枝、龙眼减产28.1%,香蕉减产3.5%。

林业生产持续发展,以退耕还林还草为主的生态建设得到加强。全年完成造林面积27.80万公顷,增长59.1%,其中完成退耕还林面积11.07万公顷,增长85.1%。

肉类产量增长。生猪出栏3324.99万头,增长6.5%;家禽出栏52014.61万只,增长12.9%;肉类产量353.52万吨,增长7.2%;牛奶产量3.82万吨,增长23.1%;蚕茧产量8.74万吨,增长17.7%;水产品产量

264.61 万吨，增长 3.7%，其中淡水产品产量 95.88 万吨，增长 8.1%。

农业结构调整继续推进。全年播种粮食面积比上年减少 3.6%；经济作物种植面积 2809.1 千公顷，增长 2.4%；粮食与经济作物种植之比由上年的 1∶0.80 调整为 1∶0.85。优质稻种植占水稻种植面积的 70%，比上年提高 5.6 个百分点；高产高糖甘蔗种植占甘蔗总面积的 32.8%，比上年提高 10.3 个百分点；畜牧水产业产值占农林牧渔业总产值的比重由上年的 44.9% 提高到 45.9%；农业产业化经营水平提高，乡镇企业加快发展。

农业生产条件进一步改善。年末全区农业机械总动力 1696.30 万千瓦，增长 3.5%；全年农村用电量 31.17 亿千瓦小时；农田有效灌溉面积 151.67 万公顷，保持原有规模。

三、工业和建筑业

工业生产高速增长。在电力、汽车、机械、有色金属、制糖、食品等重点行业和优势产业的强力拉动下，全区工业生产保持快速增长势头。全年全部工业增加值 811.48 亿元，增长 14.7%。国有工业企业及年产品销售收入 500 万元以上的非国有工业企业（简称规模以上工业，下同）增加值 436.92 亿元，增长 17.6%，为“九五”以来最高增速。其中，国有及国有控股企业增加值 276.64 亿元，增长 19.6%；大中型企业完成增加值 303.31 亿元，增长 19.8%。分所有制看，国有企业增加值 147.47 亿元，增长 10.5%；集体企业 19.70 亿元，增长 0.1%；股份合作企业 8.11 亿元，增长 6.6%；股份制企业 168.37 亿元，增长 23.7%；外商及港澳台投资企业 80.41 亿元，增长 24.3%；其他经济类型企业 12.86 亿元，增长 24.0%。分轻重工业看，轻工业增加值 163.36 亿元，增长 14.1%；重工业增加值 273.57 亿元，增长 20.0%。全年规模以上工业总产值 1413.29 亿元，增长 19.6%；规模以上工业产品销售率为 97.4%；工业新产品产值 191.77 亿元，增长 13.8%。

工业结构调整取得新成效。铝工业、林浆纸一体化等优势产业的培育发展取得实质性进展，电力、汽车、机械、有色金属、制糖、食品等重点行业成为工业增长的主要力量。分行业看，全年全区电力热力生产供应业增加值 66.27 亿元，增长 16.2%；黑色金属行业增加值 27.35 亿元，增长 11.0%；有色金属行业增加值 34.17 亿元，增长 29.6%；通用设备制造业增加值 12.16 亿元，增长 21.3%；运输设备制造业增加值 48.90 亿元，增长 30.5%，其中汽车制造业增加值 46.34 亿元，增长 36.2%；制糖业增加值 41.59 亿元，增长 19.5%。分产品产量看，发电量 363.67 亿千瓦小时，增长 14.7%，其中，火电 170.79 亿千瓦小时，增长 30.7%；水电 192.88 亿千瓦小时，增长 3.5%。十种有色金属产量 63.75 万吨，增长 4.5%；成品钢材产量 242.23 万吨，增长 31.6%；内燃机产量 2915 万千瓦，增长 18.9%；汽车产量 20.90 万辆，增长 21.3%；化学原料药产量 2962 吨，增长 32.9%；机制糖产量 601.41 万吨，增长 25.3%；机制纸及纸板产量 96.47 万吨，增长 11.3%；卷烟产量 98.9 万箱，增长 11.2%。

工业企业实现利润创历史最好水平。在黑色金属、有色金属、交通运输设备制造和烟草等行业利润大幅增长的推动下，工业企业实现利润创历史最好水平。初步统计，全年规模以上工业企业经济效益综合指数达 121.6%，比上年提高 15.6 个百分点；实现销售收入 1388.74 亿元，增长 20.9%；工业企业盈亏相抵后实现利润总额 63.68 亿元，增长 74.4%。

建筑业持续快速增长。全年全社会建筑业完成增加值 194.44 亿元，增长 14.0%。资质等级在三级及三级以上的建筑企业实现利润总额 6.39 亿元，增长 48%；上缴税金 11.18 亿元，增长 35.5%。全年施工单位工程 25059 个，增长 4.4%，其中，投标承包工程 14588 个，增长 22.4%；施工房屋建筑面积 4094.13 万平方米，增长 36.6%；房屋竣工面积 1663.78 万平方米，增长 25.5%。按施工产值计算的全员劳动生产率 7.2 万元，比上年提高 16.5%。

四、固定资产投资

固定资产投资规模跃上新台阶。全年固定资产投资一直保持高速增长势头，创下投资增量为历史最大、投资增幅为 1999 年以来最好的水平。初步统计，全年全社会固定资产投资完成 987 亿元，增长 18.2%，对经济增长的贡献率达到 52.5%，成为拉动经济增长的强大动力。国有及其他经济类型完成投资 723.97 亿元，增长 28.6%，其中，基本建设完成投资 446.51 亿元，增长 19.9%，主要项目有龙滩水电站、百色水利枢纽工程、乐滩水电站、南宁至水任高等级公路、北海电厂等；更新改造完成投资 142.74 亿元，增长 35.3%，主要有柳州钢铁集团、上汽五菱、南宁烟厂和北海银河高科技等重点技改项目；房地产开发投资大幅增长，全年房地产开发完成投资 120.26 亿元，增长 59.8%，商品房销售面积 490.67 万平方米，增长 44.5%，其中住宅销售

438.12 万平方米,增长 44.9%

投资结构不断优化。从产业投资看,在国有及其他经济类型投资中,第一产业投资大幅提高,完成投资 15.95 亿元,增长 100.8%;第二产业投资保持快速增长,完成投资 254.41 亿元,增长 41.8%;第三产业投资继续增长,完成投资 453.61 亿元,增长 21.1%。工业投资快速增长,全年全社会工业完成投资 300 亿元,增长 37.3%;其中完成工业技改投资 113.1 亿元,增长 67.6%,工业技改投资占技改总投资比重由上年的 64% 提高到 79.2%;工业技改投资中,轻工、黑色金属、机械和有色金属为主的制造业投资完成 94.2 亿元,增长 63.1%;电力、煤气及水的生产供应业投资完成 17.75 亿元,增长 119.9%。技改投资主体实现民间资本占主导地位的新格局,国有单位完成技改投资 66.82 亿元,增长 5%,占更改总投资的比重为 46.8%;非国有单位完成技改投资 75.92 亿元,增长 81.2%,占更改总投资的比重为 53.2%。

重大项目建设加快推进。全年累计新开工规模以上建设项目 5399 个,其中重大项目有 200 个。桂西氧化铝一期工程、钦州林浆纸一体化项目、长洲水利枢纽等重点项目正式启动,北海电厂一期工程、桂林和柳州过境公路等重点项目开工建设。龙滩水电站成功实现大江截流,百色水利枢纽工程等在建重大项目顺利推进。平果铝氧化铝二期工程、柳钢高速线材、六景至兴业高速公路、南宁至坛洛高速公路等重点项目竣工投产,高速公路通车里程突破 1000 公里,达到 1011 公里。农林水利、能源交通、城市基础设施、教育等一批国债项目建设进展顺利。

新增主要生产能力:大中型发电机组容量 2.8 万千瓦;11 万伏及以上变电设备 129.8 万千伏安;新建公路 2502 公里,增长 21.8%,其中新建成高速公路 189 公里;港口万吨级码头泊位新增吞吐能力 187 万吨;新增光缆线路长度 46145 芯公里,增长 214.8%;新增数字蜂窝移动电话交换机容量 240 万户,增长 26.3%。

五、 国内贸易

消费市场活跃,消费热点持续见旺。初步统计,全年实现社会消费品零售总额 1124.15 亿元,增长 9.6%。分城乡看,全年城市社会消费品零售额 574.62 亿元,增长 12.1%;农村(县及县以下)消费品零售额 549.53 亿元,增长 7.1%。分行业看,批发零售贸易业零售额 781.37 亿元,增长 13.6%;餐饮业零售额 139.38 亿元,增长 9.2%。分商品看,汽车、通讯器材、文化办公用品、建筑及装潢材料等商品继续旺销,限额以上批发零售贸易业汽车类、通讯器材类、文化办公用品类、建筑及装潢材料类零售额分别为 31.63 亿元、2.72 亿元、4.20 亿元和 0.42 亿元,分别增长 334.7%、93.4%、78.9%和 371.6%。

六、对外经济

外贸进出口高速增长。外贸出口在上年取得恢复性增长的基础上,一直保持强劲的增长势头,形成快进快出的良好格局。初步统计,全年全区外贸进出口总额 31.92 亿美元,增长 31.4%。其中,出口总额 19.70 亿美元,增长 30.7%,出口额创 1998 年以来最好水平;进口总额 12.22 亿美元,增长 32.3%。外贸出口呈现对欧盟、日本和美国市场出口持续加快、高附加值产品出口规模继续扩大、民营企业出口大幅增长的新特点。从出口方式看,一般贸易出口 13.92 亿美元,增长 31.8%;加工贸易出口 2.64 亿美元,增长 7.4%。从出口产品看,机电产品出口 3.93 亿美元,增长 33.4%;高技术产品出口 0.32 亿美元,增长 42.3%。从出口市场看,对美国出口 2.19 亿美元,增长 39.1%;对日本出口 1.81 亿美元,增长 49.7%;对欧盟出口 3.54 亿美元,增长 48.3%;对东南亚国家联盟出口 5.52 亿美元,增长 24.8%;对中国香港地区出口 2.76 亿美元,增长 7.2%;对拉丁美洲出口 0.43 亿美元,增长 20.8%;对非洲出口 0.49 亿美元,增长 22.2%。在进口产品中,机电产品进口 3.36 亿美元,增长 37.9%;高技术产品进口 0.9 亿美元,增长 56.1%。中国－－东盟博览会落户南宁,广西在全国对外开放格局中的地位进一步提高。

利用外资情况良好。初步统计,全年全区实际利用外资 6.9 亿美元,增长 11.6%;其中外商直接投资额 4.56 亿美元,增长 9.3%。全年有 28 家世界著名跨国公司在广西有合作项目。

引进区外境内资金取得新进展。一批国内大集团和民营企业到广西合作开发,“百企入桂”有新的进展,初步统计,全年实施国内经济协作项目 1700 多项,引进区外境内资金 110 亿元。

对外承包工程和劳务合作取得新成绩。全年新签对外承包工程和劳务合作合同金额 0.39 亿美元,增长 48.9%;对外承包工程和劳务合作完成营业额 0.22 亿美元,增长 22.3%。

七、交通、邮电和旅游

全年交通运输和邮电通讯业增加值 243.03 亿元,增长 10.5%。

交通运输业克服非典疫情影响持续发展。各种运输方式完成货物周转量936.77亿吨公里，增长8.8%。其中，铁路605.67亿吨公里，增长12.0%；公路217.10亿吨公里，下降0.7%；水路119.06亿吨公里，增长17.5%。完成货运量3.29亿吨，增长1.7%，其中铁路0.65亿吨，增长15.4%；公路2.42亿吨，下降0.7%；水路0.28亿吨，增长14.5%。完成旅客周转量478.83亿人公里，下降4.7%。其中，铁路105.21亿人公里，下降10.1%；公路367.35亿人公里，下降4.0%；水路2.27亿人公里，下降15.8%。完成客运量4.36亿人，下降5.0%，其中铁路0.19亿人，下降10.1%，公路4.05亿人，下降4.6%；水运0.08亿人，下降7.7%；民航0.04亿人，下降14.6%。全区港口货物吞吐量4409万吨，增长18.2%，其中，外贸货物吞吐量1642.7万吨，增长31.6%。

邮电通讯业高速增长。全年完成邮电业务总量(按2000年不变价计算)172.50亿元，增长39.1%。其中电信业务总量162.20亿元，增长41.5%；邮政业务总量10.3亿元，增长10.0%。年末局用交换机总容量达到829万门，增长25%；固定电话用户达638.7万户，增长23.5%，其中，城市电话用户429.5万户，增长20.2%；乡村电话用户209.2万户，增长30.7%。电话普及率达到26.4部/百人，增长7.0部/百人。年末移动电话用户达639万户，增长48%，其中，本年新增207.3万户。年末计算机互联网用户达150.1万户，增长37.2%。

旅游市场克服非典疫情影响得到逐步恢复。全年全区接待国内旅游人数4540.35万人次，下降7.1%；接待外国及港澳台过夜旅游人数64.53万人次，下降50.5%，其中，接待外国人32.87万人次，下降48.4%；接待港澳台同胞31.58万人次，下降52.4%。全年国内旅游收入193.36亿元，下降5.3%；国际旅游收入10.97亿元，下降49.7%。全年出境人数54.99万次，增长173.8%，其中因私出境53.85万人次，增长195.8%。

八、金融、证券和保险

金融机构存贷款规模扩大，金融运行平稳。年末，全区金融机构人民币各项存款余额3175.34亿元，比年初增长14.1%。其中，企业存款余额791.00亿元，比年初增长16.4%；城乡居民储蓄存款余额1971.66亿元，比年初增长13.6%。金融机构人民币各项贷款余额2320.66亿元，比年初增长19.5%。其中，短期贷款1087.88亿元，比年初增长8.2%；中长期贷款1072.43亿元，比年初增长33.3%；个人消费贷款255.80亿元，增长62.3%。

证券业继续发展。年末全区A股上市公司已达21家。上市公司股票市价总值达353.54亿元。全年通过发行、配售股票共筹集资金12.18亿元。

保险事业快速发展。全年保费收入57.41亿元，增长18.4%。其中，财产险保费收入16.84亿元，增长12.4%；寿险保费收入34.49亿元，增长16.2%；健康险和意外伤害险保费收入6.08亿元，增长58.8%。全年赔付额13.13亿元，增长8.9%，其中，财产险赔款7.84亿元，增长17.4%；寿险给付3.31亿元，增长12.8%；健康险和意外伤害险给付1.98亿元，增长24.7%。

九、科学技术和教育

科学研究与技术开发取得新成果。科技队伍基本保持稳定，年末全区国有企事业单位共有各类专业技术人员77.01万人。科学研究与技术开发成果显著。全年共组织实施创新计划项目1784项；取得重大科技成果306项，其中应用技术成果287项，软科学成果13项；专利申请量2250件，授权专利1331件；共签订各类技术合同748项，合同成交金额4.18亿元。

高新技术产业发展加快。到年末，全区高新技术企业已发展到373家。桂林、南宁、柳州、北海四个高新技术开发区总收入340.41亿元，利税36.23亿元，工业总产值292.78亿元，高新技术产品产值166.00亿元，分别增长30.8%、48.3%、32.5%和29.2%。

教育事业稳步发展。年末全区共有普通高等院校45所；招生8.25万人，在校生22.73万人，分别增长20.5%和22.0%。研究生培养单位9个，招收研究生0.26万人，增长50.5%；在校(学)研究生0.58万人，增长43.6%。中等职业技术教育学校424所，招生12.82万人，增长4.9%；在校生32.41万人，增长1.0%。普通高中519所，招生21.68万人，增长5.3%；在校生58.51万人，增长13.4%。初中2471所，招生87.63万人，在校生244.99万人。普通小学16102所，招生77.08万人，在校生491.85万人。小学学龄儿童入学率达98.93%。特殊教育学校招生0.29万人，在校生1.59万人。幼儿园在园幼儿84.33万人。

十、文化、卫生和体育

文化事业继续推进。实施文化精品战略取得丰硕成果，一批作品获国家级奖项。文化基础设施得到改善，文化活动健康活跃。至年末，全区有各种艺术表演团体118个，公共图书馆96个(不含乡镇部分)，文化馆100个，博物馆41个，档案馆126个，已开放各类档案41.5万卷(件)。全年报纸出版3.4亿份，各类杂志出版0.62亿册，图书出版2.43亿册(张)。全区共有电视台15座，广播电台11座，中短波广播发射台和转播台21座，电视、广播人口覆盖率分别达91.5%和86.7%。

非典防治工作取得重大胜利。面对突如其来的非典疫情，全区上下共同努力，实现了全区非典疫情无局部暴发流行、无医务人员感染、国家确定非典后无新死亡病例的目标。

卫生保健工作得到进一步加强。全区公共卫生突发事件处理责任网、信息报告网、紧急救助网初步建立并发挥了作用。城镇医药卫生体制改革逐步深入，城市社区卫生服务网络初具规模。农村缺医少药的局面进一步改善，村设医疗点的覆盖率进一步提高；常规孕产妇保健覆盖率扩大，计划免疫接种率保持较高水平。初步统计，年末全区共有卫生机构(其中包括医院、诊所、卫生所、医务室、社区卫生服务站、村卫生室)27130个，其中医院、卫生院1748个，妇幼保健院(所)103个，专科疾病防治院(所、站)76个，卫生所和医务室共有1644个，社区卫生服务站125个。医院、卫生院床位81267张；卫生技术人员104081人，其中执业医师和执业助理医师42837人，注册护士37660人。全区疾病预防控制中心(防疫站)105个，卫生技术人员4542人。卫生监督执法力度加大，食品卫生、化妆品、公共场所等卫生监督合格率稳中有升。年末全区共有卫生监督检验机构11个，卫生技术人员443人。

体育事业取得新成绩。在国际重大比赛上，广西体育健儿共获得世界冠军8个；1人1次2项创亚洲纪录。在国内重大比赛中，获金牌44枚，银牌47枚，铜牌40枚。体育基础设施和群众运动场所增加，群众健身活动蓬勃开展，各族人民体质进一步增强。

十一、城市建设和环境保护

城市基础设施建设取得新成绩。全年城市(县城以上)基础设施完成投资100.82亿元，增长43.1%。自来水供水综合生产能力890.65万立方米/日，增长2.0%；污水集中处理能力59.05万立方米/日，增长2.1%；污水集中处理率和生活垃圾无害化处理率分别为6.3%和37.7%。城市燃气普及率达61.2%，提高1.7个百分点；城市道路长度为6760.94公里，增长5.3%。公共交通运营车辆4709辆，增长17.1%。新建了一批绿地广场和游园绿地，城市公共绿地面积6110公顷，增长10.7%，人均公共绿地面积4.75平方米，增长4.9%。

环境保护工作力度加大。全年完成环境污染限期治理项目196个，总投资4503.2万元，增长6.8%。城市环境综合治理取得新成绩。到年末全区建成城市烟尘控制区77个，增加9个，面积达992.8平方公里，增长16.7%；建成城市噪声达标区53个，面积达410.5平方公里，增长10.5%。生态保护得到加强。全区建成各类自然保护区67个，其中，国家级11个，增加2个；自然保护区面积147万公顷。生态示范区建设试点地区和单位个数共9个，增加2个。

十二、人口、人民生活和社会保障

人口保持低速增长。2003年全区出生人口67万人，人口出生率为13.86‰；死亡人口32万人，死亡率为6.57‰；全年净增人口35万人，人口自然增长率为7.29‰，上升0.29个千分点。年末全区总人口4857万人，增长0.73%。其中，城镇人口1411万人，占总人口29.06%；乡村人口3446万人，占总人口70.94%。在总人口中，男性人口2542万人，占52.34%；女性人口2315万人，占47.66%。0—14岁人口1122万人，占总人口23.1%；15—64岁人口3317万人，占68.3%；65岁及以上人口418万人，占8.6%。

城乡居民收入继续增加。全年城镇居民人均可支配收入达7785元，增长6.4%；2003年全区农民人均纯收入2095元，增长4.1%。

生活质量继续提高。城镇居民人均消费性支出5763.5元，增长6.5%，其中，食品类支出2305.9元，增长4.8%；家庭设备用品及服务类支出376.8元，增长3.9%；医疗保健类支出322.7元，增长33.5%；居住类支出801.1元，增长45.1%；杂项商品和服务类支出177.1元，增长3.9%；娱乐教育文化用品及服务类支出797.8元，下降8.2%；衣着类支出373.6元，下降8.7%。城镇居民家庭恩格尔系数40.0%，下降0.7个百分点。农村居民家庭恩格尔系数51.3%，下降0.6个百分点。

居住条件不断改善。全年城镇竣工住宅面积0.28亿平方米，增长12.9%；农村竣工住宅面积0.32亿平方米，增长7.5%。城镇居民人均居住面积21.6平方米，比上年增加0.6平方米；农村居民人均居住面积26.1平方米，增加1.2平方米。

社会保障和福利事业进一步发展。年末全区参加失业保险职工人数219.07万人；领取失业保险金人数14.36万人，增长40.5%。年末参加城镇基本养老保险职工人数264.97万人，增长3.0%；参加基本养老保险的离退休人员人数66.23万人，增长4.3%；年末参加城镇基本医疗保险人数235.04万人，增长16.5%。基本养老金社会化发放率为98.1%。全区有58.7万人享受城镇最低生活保障。至年末，全区各类福利院床位2.59万张，比上年末增长12.12%；福利院收养人数1.77万人，增长18%。全年筹集社会福利资金3.68亿元，增长18.71%。接受社会捐赠0.133亿元。

注：

1. 本公报为初步统计数。

2. 公报中的广西生产总值、各产业增加值和总产值的绝对数按当年价格计算，增长速度按可比价格计算。

3. 根据国家统计局有关规定，从2004年1月起，地区国内生产总值的名称改为地区生产总值。例如原来的“广西国内生产总值”改为“广西生产总值”。

附录二　2020 年广西人均 GDP 达到 3000 美元所需经济增长速度及增长潜力分析

江泽民同志在党的十六大报告中提出了我国在本世纪头二十年全面建设小康社会的奋斗目标，到 2020 年国内生产总值比 2000 年翻两番。按此计算 2020 年全国 GDP 将达到 352758 亿元(2000 年不变价)，人均 GDP 24583 元，按 8.28 人民币/美元汇率计算约为 3000 美元。

那么，到 2020 年末，广西与全国同步实现人均 GDP 3000 美元的目标需要经济增长速度及支撑条件是什么，未来 18 年广西经济增长潜力如何，将是本文研究的重点。

一、现状与差距

（一）现状

邓小平同志在上个世纪 70 年代末提出了我国现代化建设“三步走”战略。广西按照“三步走”战略，以经济建设为中心，不断推进改革开放，加快发展，到二十世纪末基本实现前二步目标，人民生活总体上达到小康水平。

1. 广西提前 5 年实现 GDP 翻两番目标

1990 年实现 GDP 的第一个翻番。党的十一届三中全会以后，随着全党工作重心转移到以经济建设为中心，广西开始了具有划时代意义的改革开放，进行大规模经济建设。到 1990 年 GDP 达到 449.06 亿元，比 1980 年增长 100.5%，用 10 年时间实现了经济总量比 1980 年翻一番。

1995 年完成了 GDP 翻第二番的任务。广西在第一个翻番实现后，经过“八五”时期经济高速增长，到 1995 年，GDP 增加到 1497.56 亿元，比 1990 年增长 102.4%，用 5 年时间完成了翻第二番的任务。

广西与全国同在 1995 年提前 5 年实现 GDP 比 1980 年翻两番目标。

2. 2000 年广西人民生活总体上达到小康水平

2000 年，广西实现 GDP 2050.15 亿元，比 1980 年增加 1952.82 亿元，10 年间年均增长 9.4%；工业、第三产业是这一时期经济发展的主要动力。这期间广西产业结构调整取得积极进展，三次产业增加值结构由 1980 年的 45.1∶31.6∶23.3 调整为 2000 年的 26.3∶36.5∶37.2。

2000 年广西人均 GDP 达到 4319 元(522 美元)，比 1980 年增加了 4041 元，年均增长 7.7%。

到 2000 年，广西在 GDP 翻两番的基础上，继续加快发展，人民生活总体上达到小康水平。根据《全国人民小康生活水平的基本标准》测算，到 2000 年广西总体小康实现程度达到 90.0% 以上，总体上达到小康水平。

（二）差距

2000 年广西虽然总体上实现了小康，但与全国和发达地区(广东、福建、浙江)相比，仍然存在较大差距，表现在：

1. 经济增长速度低于全国平均水平

1981－2000 年广西 GDP 年均增长 9.4%，全国、广东、福建和浙江分别为 9.7%、13.7%、13.4% 和 13.1%，广西分别低于全国、广东、福建和浙江 0.3、4.3、4.0、3.7 个百分点，与发达地区相比速度差距是比较明显的。

2. 人均 GDP 低于全国平均水平，与发达地区差距扩大

广西人均 GDP 历年来均低于全国平均水平，二十世纪后 20 年与发达地区的差距呈现扩大趋势。

1980 年广西人均 GDP 278 元，相当于全国的 60.4%、广东的 57.9%、福建的 79.0% 和浙江的 59.1%；2000 年广西人均 GDP 为 4319 元，比全国落后 7 年(相当于全国 1993 年的水平)，相当于全国的 61.0%、广东的 33.5%、福建的 37.2% 和浙江的 36.7%。

预测到 2020 年，广西和全国同步实现 GDP 比 2000 年翻两番，GDP 年均增长速度达到 7.2% 即可。如果按这个增长速度测算，到2020年广西人均GDP也仅相当于全国的64.8%，也就是说届时全国GDP翻两番人均GDP将达到3000美元左右，广西GDP翻两番，人均GDP只能达到1950美元左右。

3. 目前广西总体小康是低水平、不全面和发展不平衡的

与全国比总体小康实现程度差距大。2000年广西总体小康实现程度与全国96.6%的实现程度相比，还有较大的差距。

城乡发展不平衡。从城乡居民收入水平看，1980年广西城镇居民人均可支配收入455.04元，农村居民人均纯收入173.44元，二者之比为2.62∶1，到2000年两者之比扩大为3.43∶1。20年来虽然城乡居民收入水平都得到了较大的提高，但收入差距不是缩小了，而是扩大了。

二、2020年广西人均GDP达到3000美元需要的支撑条件

（一）先进地区人均GDP从500美元到3000美元发展阶段的经验借鉴

我国目前人均GDP达到1500美元的广东、江苏、浙江、福建四省，人均GDP达到3000美元的上海、北京、深圳三市，尽管与我区的经济发展条件和经济结构存在较大差异，但先进地区的经济发展经验至少给我们以下三点启示：

1. 产业结构必将发生重大变化，第二、三产业将依次成为推动经济增长的主动力

人均GDP从500美元发展到1500美元阶段，是工业化进程加快，工业得到优先发展并由此带动第三产业发展的阶段，第二产业占据半壁江山，工业所占比重为45%左右；人均GDP从1500美元发展到3000美元阶段，金融、保险、房地产、旅游、社会服务业等新兴第三产业迅速崛起并不断壮大，第三产业占据半壁江山，工业所占比重为38%左右。

2. 投资必须实现较高的增长率，而且要保持较长的增长期

人均GDP从500美元发展到1500美元阶段，必然要依靠投资来推动工业化，投资要保持较长时期的高增长率，固定资产投资率要达到35%以上。人均GDP从1500美元发展到3000美元阶段，固定资产投资率要达到50%左右。

3. 对外开放必将有新的突破，外贸出口对经济增长产生较大的影响

人均GDP从500美元发展到1500美元阶段，外贸依存度要达到40%左右，出口依存度要达到20%左右，实际利用外资占国内生产总值的比率平均达到8%左右。

人均GDP从1500美元发展到3000美元阶段，外贸依存度要达到60%以上，出口依存度要达到35%以上，实际利用外资占国内生产总值的比率平均达到12%以上。

（二）2020年广西人均GDP达到3000美元需要具备的支撑条件

根据测算，到2020年广西人均GDP要达到3000美元，2001—2020年20年间GDP年平均增长速度必须达到10%左右。要实现这个增长速度，广西经济必须实现跨越式发展，并保持较长时间的较快增长。

2020年广西人均GDP达到3000美元时经济发展需要的支撑条件是：

——GDP年平均增长速度达到9.8%，一、二、三产业年平均增长速度分别为5.5%、10.7%、10.9%。

——全社会固定资产投资年平均增长12%以上，到2020年投资规模达到6370亿元，投资率达到50%左右。在资金筹集和运用上，要求金融机构贷款余额年平均增长速度达到13%左右，2020年达到18600亿元。2020年，自筹和其他投资占投资资金的比重提高到70%；利用外资达到120亿美元，占投资资金的比重提高到16%。

——社会消费品零售总额年平均增长11%；人均消费水平达到15000元，居民消费率达到60%。城乡消费差别缩小为2∶1。

——外贸依存度提高到35%。进出口总额年均增长速度达到18.0%，2020年进出口总额达到560亿美元；其中出口达到490亿美元，年均增长19.0%，出口依存度达到30%。

三、未来18年广西的经济增长潜力可以达到年均10.1%

（一）广西经济已进入快速发展的重要时期

其主要特征表现在三个方面：

1. 经济发展思路越来越清晰。

改革开放以来，特别是“九五”时期以来，自治区党委、政府紧紧围绕发展这一主题，在实践中逐步确立了自己的发展思路：从“三大战略、六大突破”重大决策的提出，到“富民兴桂新跨越”战略的确立；从产业结构调整的重点推进，到五大区域经济的建立；从西南出海大通道框架的构建，到西部大开发“355”工作思路的实施；从总体小康建设的迈进，到全面小康社会目标的建设。这都充分表明广西经济发展的思路是越来越清晰，越来越具有广西特色，实施的效果也越来越显现。

2. 经过多年的建设积累已经构筑了加快发展的平台。

“九五”计划主要经济指标胜利完成，国内生产总值比1980年翻两番目标提前5年实现，为未来18年经济发展奠定了基础。经济总量扩大、综合经济实力增强。2002年广西国内生产总值2455.36亿元，居全国第16位；地方财政收入186.70亿元，居全国第17位；主要工农业优势产品产量在全国居于前列。经济结构调整成效显著，区域经济和特色经济逐步显现。三次产业结构已由1990年的39.1∶26.4∶34.5逐步调整为2002年的24.3∶35.2∶40.5；国民经济所有制结构已从单一的公有制发展为以公有制为主体、多种所有制共同发展的格局，2002年非公有制经济已达到43.5%，比1990年提高7.5个百分点。五大区域经济的优势作用得到进一步发挥，全区初步形成糖业基地、汽车工业、林纸化工、铝、电生产基地，沿海港口经济、高新技术开发和工业园区作用明显增强。基础设施大为改善，西南出海通道初步建成，对广西今后发展将产生重大而深远的影响。

3. 经济出现了加快发展的良好势头。

“十五”以来，广西经济出现了加速发展的良好态势：2002年全区GDP比上年增长10.5%，是“九五”以来最好的年份。并呈现三次产业较快发展、三大需求快速增长的良好局面；固定资产投资实现了新的突破，2002年全社会固定资产投资首次突破800亿元大关，比上年增长14.2%，是4年来投资增长最快的年份；在扩大内需政策的推动下，市场消费升温，汽车、住宅和房地产以及电子信息产品等新的消费热点逐步形成，2002年实现社会消费品零售总额首次突破千亿元大关，比上年增长9.6%，也是5年来最好的水平；对外贸易形势好转，利用外资也呈恢复性快速增长；控制人口增长取得积极成效，全区人口进入低速增长时期，2002年自然增长率为0.7%，比上年降低0.7个千分点，并保持继续走低的趋势。

（二）广西的供给与需求潜力分析及预测

未来18年广西经济能否实现9.8%的增长速度，增长潜力何在？通过测算与分析，我们认为，存在这种可能，有这种增长潜力。

1. 供给增长潜力分析及预测

（1）从第一产业看，适应我国加入WTO、提高农产品国际竞争力及未来18年人民生活水平不断提高的要求，新的经济增长点将集中体现在以下几方面：一是通过实施农业名牌产品战略，优质、高效的现代农业将保持较快发展；二是通过调整和优化农业结构，畜牧、水产业将保持快速增长，在农业中所占比重明显上升；三是通过大力推进农业产业化经营，将会涌现一批集农副产品生产、加工、流通为一体、以公司加农户、贸工农一体化为主要形式的“龙头”企业。这些新的经济增长点，将会极大地拉动广西经济的快速增长，同时也是农民增收的新亮点。

（2）从第二产业看，一是资源优势将进一步凸现，以资源开发为依托的工业化进程加快，并将极大地推动经济的快速增长。丰富的铝电资源开发利用将取得重大突破，并成为推动广西经济增长和工业化进程的有生力量。林纸产业将成为后起之秀，对广西经济的快速增长注入新的活力。以得天独厚的中草药、海洋生物资源为依托的医药工业、渔业加工业也将得到快速发展，并成为新的工业优势产业。二是适应广西将由工业化初级阶段进入中期阶段，产业结构明显高度化的要求，信息化的发展将加快传统产业的改造升级，使传统优势产业仍将成为推动经济增长的主力军。三是广东等发达地区的经济辐射，将使广西东部及沿海地区的工业化步伐加快，并有力地推动经济的快速增长。

（3）从第三产业看，一是适应工业化、城镇化进程加快发展的要求，未来18年广西的南宁、柳州、桂林等中心城市的规模将较快扩张，加上撤地设市及小城镇建设步伐加快，以住宅建设为主的房地产业将保持较强的增长势头，与此同时，金融、保险、现代通信、社会服务业以及社区服务业等现代服务业也会得到迅速发展，这些行业将对经济增长起到明显的推动作用。二是特色旅游业蓬勃发展，并将带动相关产业的迅速发展。三是以沿海港口资源优势和地理区位优势为依托，现代物流业将成为广西的又一新的经济增长点。

(4) 供给增长潜力预测。根据供给增长潜力的分析，通过建立数学模型，预测出2001－2020年广西三次产业供给增长潜力年均分别为:6.2%、11.0%和11.0%，GDP年均增长潜力为10.1%。见表一。

表一　供给增长潜力预测表

(2000年价格)

单位:%

	GDP	第一产业	第二产业	#工业	第三产业
平均增长速度 2001－2020年	10.1	6.2	11.0	11.2	11.0
2001－2005年	10.8	6.7	11.6	11.8	12.7
2006－2010年	11.3	7.4	13.6	13.9	11.1
2011－2020年	9.1	5.3	9.5	9.7	10.2
各产业对GDP贡献率 2001－2020年	100.0	10.4	44.2	38.4	45.4
2001－2005年	100.0	15.0	39.6	33.5	45.4
2006－2010年	100.0	13.1	47.1	41.1	39.8
2011－2020年	100.0	8.8	44.1	38.4	47.1
产业结构					
2005年	100.0	21.8	37.7	31.5	40.5
2010年	100.0	18.2	41.6	35.5	40.2
2020年	100.0	12.7	43.1	37.2	44.2

2.需求增长潜力分析及预测

(1) 消费需求影响分析

随着经济发展和居民收入水平的提高，广西居民消费将在以下四个方面具有较大的消费潜力。

新增人口带动消费需求增加。预计到2020年广西人口将达到5355万，平均每年增加29万人左右，每年增加消费需求25亿元。拉动经济增长0.4个百分点。

城镇化进程加快，促进消费需求扩大。城镇化将使大量农村居民成为城镇居民，相应地提高消费水平，由此将增加新的消费需求。预计到2020年广西城镇化率将达到55%，城镇人口为2933万人，平均每年增加87万人，由城镇化增加的消费需求平均每年50亿元左右，将拉动经济增长0.8个百分点。

城乡居民家庭耐用品消费升级，潜在的消费空间巨大。未来18年将是城乡居民家庭耐用品消费升级换代时期，特别是城乡居民对汽车、电子信息产品等消费将出现较快增长，城乡居民消费总体上都有提高的空间。据预测，到2020年广西每百户农村居民彩电、洗衣机、冰箱的拥有量分别为100台、90台、80台，由此平均每年增加消费需求约10亿元，相应拉动经济增长0.1个百分点；广西城镇居民空调、计算机、汽车每百户拥有量分别达到100台、60台和15辆，平均每年增加消费需求70亿元左右，拉动经济增长约1.1个百分点。综合考虑，因提高城乡居民耐用品消费，平均每年增加需求80亿元左右，拉动经济增长1.2个百分点。

城镇居民服务消费将进一步扩大。随着居民收入水平的提高,服务性支出将是居民消费支出的重点。目前广西城镇居民服务性消费支出比重低,促进城镇居民服务消费的空间十分巨大。据预测到2020年城镇居民服务性支出比重将提高到30%左右,平均每年将增加消费需求约70亿元,拉动经济增长1.1个百分点。特别是城镇居民在教育、医疗保健、文化和旅游消费等现实需求和潜在需求都很大。

(2) 投资需求影响分析

未来18年投资需求潜力主要表现在以下五个方面:

政府投资需求潜力仍很大。一是基础设施建设投资。如农田水利设施和道路,城市水、电、交通、环境保护设施等。特别是推进城镇化水平提高意味着城市规模的扩大和一批新城市的建设,从而直接带动城市基础设施投资需求。二是公共服务领域投资,包括教育、文化、卫生设施投资等。三是国有企业战略性调整改组中需要加强的领域的投资。预计政府投资平均每年增加90亿元左右,拉动经济增长1.4个百分点。

城镇居民住房投资需求蕴藏巨大潜力。随着城镇人口的较快增加,人均居住面积的扩大,以及住房档次的提高,房地产投资需求相应增大。2020年城镇居民人均居住面积如按2002年的21平方米计算,需要新建住宅3.30亿平方米,建造这些面积所需投资估计平均每年增加130亿元左右,将拉动经济增长2.0个百分点。如果进一步考虑城镇人均居住面积的逐年增加,以及住房档次的不断提高,则住房投资需求会更大。

企业特别是民间投资的需求潜力大。目前广西企业投资需求潜力尤其是民间投资需求潜力尚未充分发挥出来。预计到2020年,广西民间投资占全社会投资比重将达到60%左右,即3500亿元,平均每年增加170亿元,扣除城镇居民住房投资需求平均每年增加的130亿元后,还增加40亿元,拉动经济增长0.7个百分点。

西部大开发将拓展广西投资需求的空间。中央财政和社会资金将加大对广西的西电东送、交通、节水和开发水资源等一批具有战略意义的重点工程的投资,使广西投资需求空间进一步拓展。

利用外资将呈现出强劲增势。外商投资的领域将进一步放宽乃至全面开放,包括现代农业,电子信息、生物工程、新材料和航空航天等高新技术产业,石化、化工、建材等基础产业;能源、交通、城建等基础设施领域;服务业中的某些行业等。未来18年外商直接投资将出现量和质的飞跃。

(3) 国外需求影响分析

广西作为后发展地区,劳动力成本相对较低,出口产品价格有较明显的竞争优势。随着中国加入WTO和中国-东盟自由贸易区的建立,以及经济结构调整,出口产品的科技含量和附加值将会继续提高。此外,出口退税,出口信贷、发展境外投资和支持非国有经济出口等鼓励出口政策措施的逐步完善,有利于在一个较长时期内保持出口需求的较快增长。未来18年国外需求对广西经济增长的贡献份额会越来越大。

(4) 需求增长潜力预测。

人口自然增长率按年均0.58%增长,城镇化率每年提高1.32个百分点,2020年折旧与总投资比率按1991-2000年的平均水平计算,通过建立数学模型预测未来18年消费、投资、净流出需求量。据预测,2001-2020年广西需求增长潜力年均增长分别为:总消费9.4%(其中居民消费为9.0%,政府消费为10.6%)、总投资11.4%,GDP潜在年均增长速度为10.1%。见表二。

表二　需求增长潜力预测表

(2000年价格)

单位:%

	GDP	总消费	居民消费	政府消费	总投资	净出口
平均增长速度						
2001-2020年	10.1	9.4	9.0	10.6	11.4	
2001-2005年	10.8	10.6	9.1	14.4	13.1	
2006-2010年	11.3	10.1	9.9	10.6	12.5	
2011-2020年	9.1	8.5	8.5	8.6	10.0	
拉动率						

续表

	GDP	总消费	居民消费	政府消费	总投资	净出口
2001－2020 年	100.0	68.5	45.6	22.8	43.3	－11.8
2001－2005 年	100.0	77.0	47.4	29.5	41.7	－18.6
2006－2010 年	100.0	68.6	45.9	22.6	41.5	－10.1
2011－2020 年	100.0	67.0	45.3	21.8	44.1	－11.1
结构						
2005 年	100.0	78.1	53.9	24.2	36.5	－14.6
2010 年	100.0	74.2	50.6	23.6	38.6	－12.7
2020 年	100.0	70.0	47.5	22.5	41.8	－11.8

四、发展建议

（一）加快经济发展速度的建议

到 2020 年广西要实现人均 GDP 3000 美元的目标，必须实施跨越式发展战略，加快经济发展速度。为此，建议将新世纪头二十年广西经济发展划分为三个阶段，具体是：

1.“十五”时期完成人均 GDP 800 美元的目标。预计“十五”后三年，随着西部大开发有关政策、措施的落实，在固定资产投资较快增长的推动下，经济增长有可能加快。因此，**建议力争“十五”时期 GDP 年均增长达到 10%左右，即在 2001 年增长 8.2%、2002 年增长 10.5%的基础上，2003—2005 年力争年均增长速度达到 11%左右。**到“十五”期末，全区 GDP 达到 3300 亿元左右、人均 GDP 达到 6700 元左右(约 800 美元)。

2.“十一五”时期完成人均 GDP 1300 美元的目标。据初步预测分析，第十一个五年计划时期，将是居民消费升级和产业结构调整加快的时期，同时，随着“十五”时期一大批建设项目的相继建成投产并发挥效益，广西经济发展空间将进一步拓宽，增长速度有可能进一步加快。**应该力争“十一五”时期 GDP 年均增长速度达到 11%左右，为后十年发展奠定更加坚实的基础。**到 2010 年，全区 GDP 达到 5560 亿元左右、人均 GDP 超过 10000 元(约 1300 美元)。

3. 2011 年至 2020 年完成人均 GDP **3000 美元的目标。**经过前十年经济结构调整和建设的积累，后十年广西仍有保持较快增长的可能，同时考虑到基数增大后增长速度有可能放慢，**2011 年至 2020 年力争 GDP 年均增长 9%左右。**到 2020 年，全区 GDP 总量将达到 13300 亿元左右，人均 GDP 达到 25000 元左右(约 3000 美元左右)，基本达到全面建设小康社会的经济增长目标要求。

（二）需要着重把握的几个重大问题

广西要实现跨越式发展、全面建设小康社会目标，将潜在的 GDP 年均增长 10.1%变为现实的年均增长 9.8%，在宏观上要认真把握好一系列事关全局的重大问题。

1. 必须紧紧抓住新世纪头二十年难得的发展机遇期

新世纪头二十年，将是广西可以大有作为的重要战略机遇期。在新的历史机遇面前，一要增强机遇意识；二要增强紧迫感；三要抓实、抓细。必须将各项应对措施分解落实到有关地区、有关部门，强化有关地区、有关部门的责任，将抓机遇的措施具体化，落到实处。

2. 必须进一步解放思想，实现观念创新和体制创新

广西要抓住机遇、加快发展，在解放思想再讨论中，实现观念创新和体制创新。一是突破经济发展的体制性障碍；二是不断拓宽发展思路，积极参与国际分工与合作；三是增强敢于争先的观念，坚定跨越式发展的信心；四是增强从我做起、从现在做起的主人翁意识。

3. 必须突出特色，集中力量把特色经济和优势产业做强做大

广西要从自身优势资源、优势区位出发，立足现有基础，着眼于未来市场需求和科技发展的趋势，从国际

中国统计出版社最新资料书简目

中国统计年鉴－2004
中国统计摘要－2004
2004 中国发展报告
中国城市统计年鉴－2003
中国农村统计年鉴－2004
中国劳动统计年鉴－2004
中国人口统计年鉴－2004
中国工业经济统计年鉴－2004
中国市场统计年鉴－2004
2003 中国城市发展报告
中国建筑业统计年鉴－2003
中国价格及城镇居民家庭收支调查统计年鉴－2004
国际统计年鉴－2004
中国对外经济贸易统计年鉴－2003
中国基本单位统计年鉴－2003
中国民政统计年鉴－2004
中国高技术产业统计年鉴－2004
中国房地产行业名录

北京统计年鉴－2004
天津统计年鉴－2004
河北经济年鉴－2004
山西统计年鉴－2004
内蒙古统计年鉴－2004
辽宁统计年鉴－2004
吉林统计年鉴－2004
黑龙江统计年鉴－2004
上海统计年鉴－2004
江苏统计年鉴－2004
浙江统计年鉴－2004
安徽统计年鉴－2004
福建统计年鉴－2004
江西统计年鉴－2004
山东统计年鉴－2004
河南统计年鉴－2004
湖北统计年鉴－2004
湖南统计年鉴－2004
广东统计年鉴－2004
广西统计年鉴－2004
海南统计年鉴－2004
重庆统计年鉴－2004
四川统计年鉴－2004
贵州统计年鉴－2004
云南统计年鉴－2004
西藏统计年鉴－2004
陕西统计年鉴－2004

甘肃年鉴－2004
青海统计年鉴－2004
宁夏统计年鉴－2004
新疆统计年鉴－2004
新疆生产建设兵团统计年鉴－2004
石家庄统计年鉴－2004
唐山统计年鉴－2004
邯郸统计年鉴－2004
呼和浩特经济统计年鉴－2004
鄂尔多斯市统计年鉴－2004
包头统计年鉴－2004
赤峰统计年鉴－2004
沈阳年鉴－2004
大连统计年鉴－2004
鞍山统计年鉴－2004
长春统计年鉴－2004
吉林市社会经济统计年鉴－2004
四平统计年鉴－2004
延吉统计年鉴－2004
哈尔滨统计年鉴－2004
齐齐哈尔经济统计年鉴－2004
牡丹江统计年鉴－2004
大庆统计年鉴－2004
黑龙江垦区统计年鉴－2004
上海浦东新区统计年鉴－2004
南京统计年鉴－2004
苏州统计年鉴－2004
无锡统计年鉴－2004
常州统计年鉴－2004
徐州统计年鉴－2004
南通统计年鉴－2004
盐城统计年鉴－2004
镇江统计年鉴－2004
江阴统计年鉴－2004
杭州统计年鉴－2004
宁波统计年鉴－2004
绍兴统计年鉴－2004
台州统计年鉴－2004
舟山统计年鉴－2004
温州统计年鉴－2004
金华统计年鉴－2004
嘉兴统计年鉴－2004
丽水统计年鉴－2004
安庆经济统计年鉴－2004
福州年鉴－2004
厦门经济特区年鉴－2004
福州经济技术开发区年鉴－2004

南昌经济社会统计年鉴－2004
九江经济统计年鉴－2004
济南统计年鉴－2004
青岛统计年鉴－2004
潍坊统计年鉴－2004
淄博统计年鉴－2004
郑州统计年鉴－2004
洛阳统计年鉴－2004
三门峡统计年鉴－2004
平顶山统计年鉴－2004
南阳经济统计年鉴－2004
武汉统计年鉴－2004
宜昌统计年鉴－2004
十堰统计年鉴－2004
荆州统计年鉴－2004
长沙统计年鉴－2004
广州统计年鉴－2004
东莞统计年鉴－2004
惠州统计年鉴－2004
深圳统计年鉴－2004
南宁统计年鉴－2004
桂林经济社会统计年鉴－2004
柳州经济统计年鉴－2004
来宾统计年鉴－2004
河池地区经济社会统计年鉴－2004
海口统计年鉴－2004
成都统计年鉴－2004
贵阳统计年鉴－2004
昆明统计年鉴－2004
西安统计年鉴－2004
兰州年鉴－2004
西宁统计年鉴－2004
银川统计年鉴－2004
乌鲁木齐统计年鉴－2004
巴音郭楞统计年鉴－2004
吐鲁番统计年鉴－2004

编辑部电话:(010)63262276　63266600—30607
欲购以上图书请与中国统计出版社发行部联系。电话:(010)63459084　同榻行书店电话:68585978
通讯地址:北京市西城区三里河月坛南街 75 号　邮政编码:100826